MANUEL

DES

ÉTUDIANS EN DROIT.

Cet Ouvrage se trouve aussi :

A PARIS,	chez	Alex-Goblet, rue Soufflot, 4.
AIX,		Aubin.
CAEN,		Mancel.
DIJON,		Victor Lagier.
GRENOBLE,		Prudhomme.
RENNES,		Belin.
STRASBOURG,		Lagier jeune.
TOULOUSE,		Corne et Murat.

PARIS. — TYPOGRAPHIE ÉVERAT,
rue du Cadran, n° 16.

MANUEL

DES

ÉTUDIANS EN DROIT

ET

des Jeunes Avocats;

Recueil

D'OPUSCULES DE JURISPRUDENCE,

par M. Dupin,

DOCTEUR EN DROIT, ANCIEN BATONNIER DE L'ORDRE DES AVOCATS,
PROCUREUR-GÉNÉRAL A LA COUR DE CASSATION, PRÉSIDENT DE LA CHAMBRE DES DÉPUTÉS.

Quod majus emolumentum Rei publicæ afferre possumus, quàm si erudimus juventutem, præsertim his temporibus!...

PARIS,

JOUBERT, LIBRAIRE-ÉDITEUR,
Rue des Grés, 14, près l'École de Droit.

1835.

INTRODUCTION.

En publiant ma dernière édition de la *Bibliothèque de Droit* (en 1832), j'ai rassemblé, dans le premier volume, tout ce qui pouvait intéresser la *profession d'avocat*, son histoire et son exercice: j'ai voulu en faire le *Code de la profession d'avocat*.

Aujourd'hui, je réunis tous les opuscules de jurisprudence que j'ai publiés à diverses époques, pour faciliter l'accès de la science du droit aux étudians et aux jeunes avocats. J'ai revu mes premiers écrits; j'ai complété ceux qui avaient besoin de l'être; j'en ai ajouté quelques-uns dont la composition était entrée dans mon plan, mais dont l'achèvement avait toujours été entravé et différé par les affaires: et de cette collection j'ai composé ce que j'ai plus que jamais le droit d'appeler le *Manuel des Étudians et des jeunes Avocats*.

Je veux seulement énumérer les Opuscules qu'il renferme; établir entre eux une sorte de liaison, et montrer aux jeunes gens comment ce petit volume, sans être *un cours de Droit*, peut cependant les aider dans leurs études et les guider au commencement de leur carrière.

En tête du *Manuel*, j'ai placé le *Discours* que j'ai prononcé comme Bâtonnier de l'Ordre des Avocats à l'ouverture des *Conférences* de la Bibliothéque en 1829. J'y parle des *études* et des *devoirs* de l'avocat : mes confrères ont écouté ce discours avec intérêt, j'ai pensé qu'ils le reliraient avec plaisir.

J'ai ensuite donné sous le titre de *Bibliothéque choisie* l'indication, non pas à beaucoup près de tous les livres de droit, mais de ceux-là seulement qu'il est le plus utile de connaître et d'étudier. En effet, « le vrai savoir ne consiste pas tant dans une vaste et immense lecture, que dans une *étude réfléchie des meilleurs ouvrages*, avec le discernement propre pour *consulter les autres livres*, et savoir y trouver le point fixe de la question controversée »[1].

Ces ouvrages, qui embrassent toutes les parties du droit, sont classés sous des divisions méthodiques, et, pour ainsi dire, dans l'ordre où il conviendrait de les étudier.

Quelques *Réflexions sur l'enseignement du Droit* ont pour objet de rappeler les principales règles suivies ou recommandées par les plus grands maîtres : Cujas, Duaren, Leibnitz, Heineccius, pour étudier avec méthode et apprendre avec solidité.

Un *Précis historique du Droit romain*, écrit et saisi sous Napoléon, souvent réimprimé depuis, retrace avec indépendance et rapidité toutes les phases de cette législation et des différens pouvoirs (royal, aristocratique, républicain, impérial) auxquels il dut son origine, ses progrès et ses diverses transformations.

[1] LENGLET, *Tablettes chronologiques*, tom. 1er, p. 190.

L'histoire du Droit français vient naturellement à la suite : le sage Fleury en a écrit les premières pages ; il s'est arrêté en 1674, j'ai continué jusqu'en 1834 ; puisse cette addition ne point offrir trop de disparate avec le travail du grand historien !

Ces notions historiques une fois acquises, l'élève peut lire les *Aphorismes de Bacon;* c'est l'ouvrage d'un grand génie, qui fut à la fois philosophe, législateur et magistrat : aussi je n'ai point hésité à intituler son opuscule *legum leges* ; car l'auteur parle en maître ; il donne réellement *des lois aux lois* en disant à quelles conditions elles sont bonnes ou défectueuses, utiles ou nuisibles à la cité ; quelles règles on doit suivre soit dans leur rédaction, soit dans leur application ; et comment on doit suppléer à leur insuffisance ou à leur obscurité.

A ces règles *théoriques* succèdent des règles *pratiques* du droit naturel et du droit civil, que j'ai réunies sous le titre de *Prolegomena.* C'est un choix de ces adages qu'il est d'usage de citer dans les discussions et dans les plaidoyers, pour appuyer son sentiment par une autorité généralement reconnue. Ces sortes de citations, dont au reste il ne faut pas abuser, donnent du trait au discours, et, sans trop ressentir l'érudition, elles procurent à ceux qui les possèdent et qui savent les employer à propos, l'avantage de ne point paraître aller seuls au combat. Cette partie toute romaine est terminée par un index des *abréviations usitées dans la citation des lois et des auteurs;* il est bon de les consulter (p. 312).

Les *Notions élémentaires sur la Justice, le Droit et les Lois*, sont le commencement d'un *Cours de Droit*, tel que je l'ai professé à M. le duc de Chartres en 1827, 1828 et 1829. Après 1830, je n'ai rien eu à y ajouter ni à en retrancher : j'avais parlé sous la restauration le langage que j'ai tenu depuis.

Un opuscule sur les *Magistrats d'autrefois*, *les Ma-*

gistrats de la révolution et les Magistrats à venir, publié pour la première fois en 1814, intéressera surtout ceux qui se destinent à la magistrature. Ils y trouveront des exemples à suivre, des écueils à éviter.

Après les magistrats viennent les *Arrêts*. Ma dissertation sur cette importante partie du droit est, comme l'indique le titre même, à *l'usage de ceux qui les font et de ceux qui les citent*. Aux uns elle peut apprendre à les faire bons, et aux autres à ne les invoquer qu'à propos.

La *Défense des Accusés* est une si grande partie des devoirs de l'avocat, même stagiaire, et la *liberté* de cette défense intéresse à un si haut point le Public et le Barreau, que j'ai cru devoir faire entrer, dans le *Manuel du jeune Avocat*, l'écrit que j'ai publié sur ce sujet en 1815, un mois avant le jugement du maréchal Ney, dont je dirai tant que je vivrai : « *La con-* » *damnation n'a pas été juste*, CAR SA DÉFENSE N'A PAS » ÉTÉ LIBRE. »[1]

Viennent ensuite quelques pages sur *l'improvisation*, sans le secours de laquelle on n'est pas complétement avocat.

Comment ceux qui se consacrent à l'étude des lois, et qui veulent à leur tour devenir jurisconsultes ou magistrats, ne chercheraient-ils pas avec avidité à connaître la vie de ceux qui les ont précédés dans la

[1] La protestation dont je lui avais fourni le modèle, pour la lire quand le moment en serait venu, avait pour but de constater *la violation du droit de défense* : et l'appel qu'elle contient à la Postérité sera relevé dans tous les temps par les hommes équitables et généreux. Je garde dans mes mains, comme un précieux dépôt, la copie de cette protestation, transcrite de la main du maréchal, telle qu'il l'a lue devant la chambre des pairs de 1815. C'est la première pièce d'une instance en révision que j'aurais vivement désiré voir prononcer par la chambre des pairs de 1830.

carrière ? La biographie de nos prédécesseurs est le miroir dans lequel chacun de nous doit aimer à chercher son modèle. Là se trouvent les bons exemples à suivre, les vertus à imiter. Une *Biographie abrégée des principaux auteurs de droit, jurisconsultes, magistrats* et *publicistes,* m'avait toujours paru une des choses les plus désirables pour le jeune barreau. Celle que j'offre ici est fort imparfaite, sans doute ; mais c'est un premier jet. Tout ne s'y trouve pas, mais j'ai tâché d'y mettre l'essentiel ; assez pour éveiller le génie, pour exciter l'émulation, pour prévenir les effets d'une ignorance absolue, et faire naître le désir de connaître à fond les grands hommes dont je n'ai fait qu'esquisser les principaux traits.

J'y ai joint la *suite chronologique de nos Chanceliers et Gardes-des-sceaux-Ministres de la justice, des Premiers-Présidens et des Procureurs-généraux* ; magnifique galerie où la France compte avec orgueil les plus beaux noms de son histoire : L'Hospital, Daguesseau, Séguier, La Vacquerie, Omer Talon, Servin, Matthieu Molé, Lamoignon, de Harlay, Henrion de Pansey, Joly de Fleury ! — Modèles d'érudition et d'éloquence, de patriotisme et de grandeur d'âme ; — admirables types de ce courage civil, si rare parmi les autres classes de citoyens ; — personnages consulaires dont l'intrépidité sur leurs chaires curules croît au sein des périls, et qui n'apparaissent jamais plus magnanimes que lorsque les temps sont plus mauvais : — grands citoyens, bien dignes de trouver place dans le *vaste musée de Versailles*, à côté des maréchaux et des hommes de guerre ! Car si de vaillantes épées ont noblement défendu contre l'étranger le sol sacré de la patrie : trop souvent, hélas ! les mêmes mains ont déchiré son sein par des guerres intestines ! Tandis qu'aux Magistrats appartient l'honneur sans tache d'avoir affermi l'ordre civil, mis le droit à la place de la force, élevé la justice au-dessus de l'arbitraire, et fondé la sécurité publique en offrant aux citoyens protection pour leurs personnes, pour leurs propriétés et pour leurs droits.

En parcourant ce Panthéon de toutes nos gloires, on se dirait encore avec Daguesseau : « Il est, n'en doutons point, des héros de tous les temps et de toutes les professions : la paix a les siens comme la guerre ; et ceux que la justice consacre ont au moins la gloire d'être plus utiles au genre humain. »

Le volume est terminé par un *Vocabulaire des termes de droit* ; non pas de tous, mais en assez grand nombre pour suffire à l'intelligence des mots qui se présentent le plus fréquemment. Assurément je ne garantis pas l'exactitude mathématique de toutes les définitions : j'avertis moi-même par l'épigraphe que j'ai placée en tête de ce vocabulaire, de la difficulté d'en donner d'assez justes pour satisfaire tous les esprits : *omnis definitio in jure civili periculosa* ; plusieurs auront besoin d'être retouchées pour arriver à une plus grande précision ; mais tel qu'il est, ce Vocabulaire, avec l'avantage qu'il offre d'être portatif, sera, je l'espère, d'un assez grand secours aux jeunes gens ; il leur sera utile et commode, c'est tout ce que j'ai voulu.

Paris, ce 5 janvier 1835.

DUPIN.

DISCOURS

PRONONCÉ A L'OUVERTURE DES CONFÉRENCES

DE LA

BIBLIOTHÈQUE DES AVOCATS,

Le 1er décembre 1829,

Par M. Dupin aîné, bâtonnier de l'ordre.

> Tout droit blessé trouvera parmi nous des défenseurs.

MESSIEURS ET CHERS CONFRÈRES,

Mon premier besoin, comme mon premier devoir, en ouvrant cette séance, est de renouveler ici l'expression de ma vive reconnaissance pour les *Anciens de l'Ordre* qui m'ont honoré de leurs suffrages en me nommant BATONNIER. Loin de le dissimuler, j'aime à le redire, cet honneur de famille déféré par mes égaux, par ceux au milieu desquels j'ai passé plus de la moitié de ma vie, m'a fait éprouver la joie la plus pure. J'y ai vu la plus belle récompense de mes travaux, le prix de mon attachement inaltérable aux maximes de notre profession, et le couronnement d'une carrière entièrement consacrée, comme le sera la vôtre, *à l'étude du droit de tous* et *à la défense du droit de chacun*. Puisse, Messieurs, mon élection trouver sa ratification auprès de vous, et devenir ainsi pour moi le gage le plus éclatant de l'estime et de l'amitié de tous mes confrères!

Messieurs, nous allons reprendre nos Conférences, et

je dois en conserver le ton; celui de l'abandon, de la confiance et de la confraternité. J'ai à vous entretenir de notre Profession, *des études qu'elle exige, des devoirs qu'elle impose.* Ce sujet a été maintes fois traité par des voix plus éloquentes que la mienne; mais je n'ai point à craindre d'en parler encore en présence d'un Ordre qui s'enrichit sans cesse par l'accession de nouveaux membres auxquels le devoir du bâtonnier est surtout d'expliquer nos usages et de transmettre nos traditions.

Ce serait une erreur de croire que l'on sort des écoles de droit avec toutes les connaissances nécessaires à l'avocat. Sans doute, on y apprend tous *les élémens de la science*, et trop d'éloges ne sauraient être accordés aux savans professeurs qui en déduisent les préceptes dans leurs leçons, et qui les fixent dans leurs doctes écrits. Honneur surtout à ceux d'entre eux qui, s'affranchissant d'une marche trop routinière, savent quitter les gloses pour s'attacher aux textes, remonter aux sources, interroger l'histoire, user de critique, et emprunter à l'esprit du siècle une activité inconnue à leurs devanciers.

Mais en rendant un juste hommage aux profondeurs de la théorie, on ne niera pas qu'il reste à l'homme des écoles à se rendre capable d'appliquer ses abstractions aux affaires de la société.

S'il veut être avocat, juge, arbitre, homme utile à ses concitoyens; s'il veut consulter, plaider, bien juger, tracer des conventions, diriger une procédure, faire valoir un droit; de nouveaux exercices lui sont nécessaires pour donner à ses premières études tout le développement pratique que comporte la profession d'avocat.

L'orateur romain, que j'essaie ici de traduire, distinguait avec une sorte d'orgueil quelque peu aristocratique, deux espèces de jurisprudence : l'une, pleine d'humilité et de simplesse, à l'usage des moindres citoyens, villageoise pour ainsi dire, et qu'on pourrait appeler, dans le langage moderne, la jurisprudence *de la petite propriété*; l'autre, au contraire, élevée, sublime, applicable aux plus grands intérêts de la Cité, et digne d'être cultivée par les plus nobles esprits; celle-ci, comme la nature elle-même, immense, universelle, dont il faut aller puiser les élémens, non dans l'édit du préteur, mais dans les intimités de la philosophie; source féconde, qui, une fois découverte, nous laisse apercevoir sans peine l'origine de toutes les lois et le fondement de tous les droits [1].

C'est sans doute à cette jurisprudence qu'il faut appliquer la définition qu'en ont tracée les jurisconsultes romains, lorsque, pour en donner la plus haute idée, ils l'ont appelée avec une sorte d'emphase, *divinarum atque humanarum rerum notitia, justi atque injusti scientia :* vaste science, en effet, qui s'applique à tout ce que les lois ont pour objet de régler; à tous les droits, à tous les devoirs, à toutes les obligations; à tout ce qui, sur la terre, peut s'appeler *juste* ou *injuste*.

S'il y a deux espèces de jurisprudence, il y a aussi deux classes de légistes : les uns n'aspirent qu'à se rendre capables de la direction ou de la défense des intérêts privés; d'autres veulent réaliser, dans toute son étendue, l'idée qu'on se fait du véritable jurisconsulte. Pour ceux-ci, de nouvelles études, des études plus relevées et plus complètes sont indispensables. Si tel est le but que vous voulez atteindre, ne vous contentez pas d'être *licenciés en droit* : étudiez encore la philosophie, l'histoire et la haute littérature; vous le pouvez facilement aujourd'hui que ces cours sont professés, près de vous, par des hommes aussi honorables par l'élévation de leur caractère, que distingués par l'éminence de leur talent.

Etudiez la *philosophie;* non cette scolastique obscure et futile qui, se comprenant à peine elle-même, ne peut que bien difficilement se communiquer à ses adeptes; mais cette philosophie morale et pratique [2] qu'anime et que rehausse le sentiment religieux, qui est fondée sur la nature et l'organisation de l'homme, sa dignité propre, la connaissance éclairée de ses droits, et la conscience intime de

[1] Una, humilis, simplex, et ut ita dicam, villicana, ad viliorem usum plebis comparata : altera verò, excelsa, digna quæ à maximis ingeniis coleretur; nempè, ut ipsa natura, universalis, ingens : quæ non à prætoris edicto, sed ex intimâ philosophiâ haurienda esset; et undè, semel explicatâ, fons legum et juris inveniri facilè posset. .. *Et ailleurs :* .... Quid enim est tantum quantùm jus civitatis? Quid autem tam exiguum, quàm est munus hoc eorum, qui consuluntur, quanquam est populo necessarium? *De legibus*, lib. I.

[2] ... Justitiæ sacerdotes... Veram philosophiam, non simulatam affectantes. Loi Ire, *ff. De justitiâ et jure.*

ses devoirs, envers Dieu, envers la patrie, envers les autres hommes; cette philosophie que nous irions chercher encore à l'école de Platon et de Socrate, ou dans les *Offices* de Cicéron, si elle n'avait pas trouvé son complément et sa sanction dans un livre plus parfait.

La *littérature* que je désire voir cultiver à l'avocat n'est point cette littérature bizarre et forcée qui, méprisant tous les modèles et dédaignant toutes les règles, se morfond à rechercher des effets extraordinaires, sous prétexte d'atteindre à de nouvelles beautés qu'elle est encore à produire! mais j'entends parler de cette littérature forte et raisonnable qui a pour base le naturel et le vrai, et qui, appliquée à l'art oratoire, se fonde sur l'imitation libre des grands écrivains que le suffrage des siècles éclairés a recommandés à notre juste admiration. C'est là et dans l'étude de la nature que vous irez chercher les grandes pensées, les belles images, les généreuses inspirations, et cette connaissance du cœur humain indispensable pour en déduire toutes les combinaisons et tous les mouvemens qui peuvent assurer le triomphe de la justice et de la vérité.

L'*histoire*, en tout temps et surtout à l'époque où nous nous trouvons, doit être l'objet des méditations de l'homme qui veut être orateur et publiciste. Voyez Cicéron : au Forum comme au Sénat, jamais il n'est plus fort, plus entraînant, plus beau, que lorsque s'interrompant tout à coup au milieu d'une discussion, d'une preuve, il appelle en témoignage la vie ou les maximes de quelqu'un de ces grands hommes qui avaient fait la gloire de Rome aux plus beaux jours de sa prospérité! Et Démosthène fut-il jamais plus éloquent, plus sublime que dans sa harangue de la Couronne, lorsqu'ayant à se justifier du reproche que lui adressait Eschine d'avoir conseillé des guerres fécondes en désastres, il adjura les mânes des guerriers morts à Marathon, à Salamine, à Platée, et leur demanda si la Grèce n'avait eu de couronnes que pour les victorieux, et si elle n'en avait pas aussi décerné à la valeur malheureuse et au patriotisme déçu dans ses plus légitimes espérances? — Mais cette étude aussi doit recevoir une direction particulière appliquée à notre profession. Sans négliger la connaissance des faits, l'avocat doit principalement s'attacher à l'historique des institutions : il faut savoir en rechercher l'origine, découvrir les élémens de leur formation, les suivre dans leur perfectionnement et les observer jusque dans leur déclin. C'est au jurisconsulte qu'il convient, suivant le conseil de Montesquieu, « d'éclairer les lois par l'his-» toire, et l'histoire par les lois. » Ayez donc toujours deux livres ouverts sous vos yeux, et conférez-les soigneusement : le livre des faits dans lequel vous chercherez à démêler le vrai d'avec ce que les apparences ont souvent de trompeur ; et le livre des lois que vous n'isolerez jamais des circonstances contemporaines qui ont influé sur les actes de la législation.

Approfondissez l'histoire de votre pays, de cette France si belle et presque toujours malheureuse, pour avoir été livrée aux factions et mal gouvernée. Lisez tant que vous le pourrez les relations et les actes des états-généraux, et les ordonnances rendues à leur sollicitation. Feuilletez les registres du Parlement [1] : là, vous trouverez, en parcourant les harangues de nos grands magistrats, des discours inspirés par le patriotisme le plus pur et le plus éclairé ; des morceaux dignes de l'antiquité, dans ce qu'elle eut de plus vertueux et de plus grand ; et vous resterez convaincus de la verité de ce qu'a dit un illustre écrivain : « Qu'en » France, c'est la liberté qui est ancienne et le despotisme » qui est moderne. » C'est là que vous verrez, dans ce qui retrace le mieux leur image, puisqu'on y trouve l'empreinte de leur génie, les harangues de L'Hôpital, de Servin, d'Omer Talon ; là, vous rencontrerez les noms glorieux des Lavacquerie et des Molé ; des de Harlay et de Malesherbes... Malesherbes, organe imposant des sages et véridiques remontrances de la magistrature quand son prince était sur le trône, et le consolateur assidu de ce roi malheureux [2] dans une prison où le secours du barreau n'a point manqué à la plus illustre des infortunes...

Relisez aussi, croyez-moi, nos vieux jurisconsultes : ils sont trop négligés. Gardons-nous de les oublier, et de les laisser tomber en désuétude. Au mérite d'un style qui,

[1] Outre les *minutes originales* qui reposent aux *Archives judiciaires*, et les recueils partiels qu'on a publiés, il en existe plusieurs *copies* fort belles dans les bibliothèques particulières, où il est toujours possible de les consulter. (Celles de M. Delessert, de M. Boissy-d'Anglas, de M. le duc d'Orléans, confiée à la garde de M. Casimir Delavigne.)

[2] On lit sur le monument élevé à Malesherbes dans la grand'-

dans sa franchise, a souvent toute l'énergie et la précision des langues anciennes; à la naïveté qui n'exclut pas la finesse, et qui place plusieurs d'entre eux, tels que Loysel et Pasquier, sur la ligne de Montaigne et d'Amyot, ils joignent la solidité des principes, la rectitude des raisonnemens, une érudition, j'en conviens, excessive alors, comme elle est trop faible à présent; mais, en tout, une connaissance approfondie des sujets qu'ils traitent, et une source féconde pour quiconque y saura puiser avec discernement. Dans cette partie de vos études, ne craignez pas de vous égarer en rebroussant chemin. Pour arriver aux mines d'or, il faut percer les entrailles de la terre. De même, traversez, s'il le faut, plusieurs siècles, et pénétrez jusqu'aux temps où écrivaient Bodin, Coquille, Loyseau et Dumoulin.

Bodin, il est vrai, malhabile à la plaidoirie et même à la consultation, mais savant publiciste, député indépendant aux états de Blois, et qui sut sacrifier à son devoir la faveur dont il jouissait à la cour de Henri II. Ce jurisconsulte connaissait à fond l'ancienne constitution de la monarchie française, et il a consigné, dans les six livres de sa *République*, des faits, des maximes et des recherches que l'on consultera toujours avec fruit.

Guy Coquille de Nivernais, son collègue aux mêmes états, animé du même amour de la patrie, jurisconsulte exact et profond, que d'Aguesseau n'appelle jamais que le *judicieux* Coquille; auteur également remarquable, soit qu'il explique les origines de notre droit dans ses *Institutes coutumières*, soit qu'il éclaircisse plusieurs points importans de notre *histoire politique* et de notre *droit public*, soit qu'il expose dans un traité *ex professo* les *Libertés de l'Église gallicane* défendues par lui au milieu des fureurs de la Ligue [1], soit qu'il annote et commente les *édits* et *or-*

salle du Palais de Justice, cette inscription, qu'on prétend avoir été composée par Louis XVIII :

STRENUÈ SEMPER FIDELIS,
REGI SUO
IN SOLIO VERITATEM,
PRÆSIDIUM IN CARCERE,
ATTULIT.

[1] « Ce traité lui avait été dérobé de son vivant, et on ne le re- » trouva que vers le milieu du XVIIe siècle. » (*Biog. univ.*)

donnances rendus à la demande des états-généraux auxquels il avait assisté [1].

Loyseau, si profond, si net en traitant les matières les plus abstraites du droit; historien et publiciste autant que jurisconsulte, dans son traité des *offices* et des *seigneuries*; écrivain libéral et d'un style si piquant dans l'opuscule où il attaque, par le ridicule, le criant abus des *justices de village* et des *juges guêtrés* des seigneurs, avec une verve et une liberté d'expressions qu'on n'eût pas tolérée du temps de nos tribunaux de district.

Ayrault, lieutenant criminel au présidial d'Angers, contemporain des *immolations* de la Saint-Barthélemy, écrivait sous Charles IX, mais avec indépendance, avec amour de l'humanité, respect pour le malheur et pour la défense des accusés. « Dénier cette défense, dit-il, serait un » crime. La donner, mais non pas libre, c'est tyrannie. » — Qu'a-t-on dit de mieux depuis cinquante ans ?

Enfin étudiez Dumoulin, le plus grand de tous les jurisconsultes français, non-seulement par sa profonde dialectique et son immense érudition, mais aussi par l'élévation et la force de son caractère; ayant pris pour devise *veritas vincit*, luttant corps à corps avec une constance inébranlable en faveur de l'ordre civil et politique contre les entreprises des ultramontains; défendant le roi et le royaume contre l'invasion du concile de Trente; résistant, comme à un *impôt illégal*, aux tarifs et aux exactions de la cour de Rome; bien supérieur en cela au timide Cujas, qui, pour éluder de répondre sur ces matières épineuses, disait prudemment à ceux qui le consultaient à ce sujet : *Nil hoc ad Edictum Prætoris*, cela ne tient pas à l'édit du préteur. Dumoulin, il est vrai, fut quelque temps calomnié et persécuté (calomnie et persécution sont les compagnes inséparables du génie!) mais sa gloire, achetée même à ce prix, n'en est demeurée que plus éclatante aux yeux de la postérité! et, même de son vivant, il mérita cet éloge que fit de

[1] Comme rapporteur des *Cahiers du tiers-état* aux seconds états de Blois, Coquille avait rassemblé des matériaux précieux que Guillaume Joly, éditeur de ses œuvres, a malheureusement retranchés de son édition : « Estant, dit cet éditeur dans sa pré- » face, des *matières d'estat* qui sont *au-dessus de la portée de* » *notre jugement*, nous avons pensé qu'il valait mieux supercé- » der.... » — Il en est résulté que ces manuscrits se sont perdus

lui le connétable de Montmorency, en le présentant au roi Henri II : « Sire, ce que votre majesté n'a pu faire et exé-
» cuter avec trente mille hommes, de forcer le pape Jules à
» lui demander la paix, ce petit homme (car Dumoulin
» était de petite stature) l'a achevé avec son petit livret. »
C'est son commentaire sur l'*Edit des petites dates* qui avait porté la conviction dans tous les esprits contre les abus et les malversations qui se pratiquaient alors dans la chancellerie romaine. Doit-on s'étonner après cela que les livres de ce jurisconsulte aient été mis à l'*index ?*

Le souvenir de ce trait historique me fait insister, auprès de vous, sur la nécessité de reprendre une étude jadis fort cultivée, et qui, depuis, a malheureusement cessé de faire partie de l'enseignement universitaire; je veux parler du *droit canonique.* Sans doute, il ne s'agit plus des *matières bénéficiales*, dont la connaissance serait aujourd'hui sans utilité. Mais ce qu'aucun avocat ne doit ignorer, ce qu'il ne lui suffirait pas de savoir imparfaitement, ce sont les principes sur la nature, le gouvernement, la hiérarchie de l'Église et sa discipline; l'histoire des usurpations toujours croissantes de la cour de Rome, et l'histoire corrélative des obstacles et des barrières que nos pères y ont apportés. Il faut qu'il connaisse ce que la loi civile ne saurait entreprendre sans porter atteinte à la liberté religieuse; et réciproquement qu'il sache bien ce qu'un roi, eût-il la piété de saint Louis, s'il n'a en même temps sa sagesse et sa fermeté, ne saurait négliger ni souffrir sans manquer à sa propre dignité, à l'indépendance de sa couronne, et à la protection qu'il doit à ses sujets. Ces principes importans, souvent controversés, rarement bien connus, doivent être étudiés, médités, à l'égal de nos autres lois politiques sur lesquelles ils exercent tant d'influence. Une connaissance exacte du *droit* sera toujours le meilleur moyen de confondre l'*usurpation*, et de lui résister avec succès.

Je sais qu'une philosophie, qui en cela se montre avec trop de présomption, et dont toutefois je ne prétends point médire, croit suffire seule à repousser les attaques de l'ordre ecclésiastique contre l'ordre civil, et à maintenir la paix des religions dans l'état; mais en cela évidemment elle s'abuse. Les argumens purement philosophiques, irrésistibles aux yeux des philosophes, n'ont pas la même puissance sur les hommes qui, par conviction, par habitude, ou même par respect humain, tiennent davantage aux croyances et aux pratiques de leur culte. L'ignorance ou la mauvaise foi accusent bientôt la philosophie d'*athéisme*, et ses seules doctrines ne font point *autorité*. En effet, je n'appelle *autorité* que ce qui est capable de faire impression sur l'esprit de ceux que l'on prétend convaincre. Or, tel est l'avantage que procure la doctrine toute faite des *libertés de l'Église gallicane*. Ces libertés ne sont pas une invention moderne; elles sont aussi anciennes que le christianisme parmi nous : elles ne constituent pas un *privilège* ou une *exception*; elles ne sont qu'un vestige de ce qui, dans l'origine, formait le *droit commun* de la chrétienté : elles ont pour elles la sanction du temps et celle des plus grands rois et des plus grands hommes que la France ait produits. Loin d'être opposées à la religion, elles en font, en quelque sorte, partie. Sachez donc les connaître, afin de pouvoir les invoquer. Les tartufes ne pourront point vous appeler *athées*, ni même *hérétiques*, quand, démasquant l'hypocrisie et résistant à des entreprises menaçantes pour notre liberté et notre régime intérieur, vous pourrez dire à vos adversaires : Ce n'est pas un ennemi de la religion qui s'exprime ainsi, c'est Arnault et Pascal, c'est Nicole et Bossuet, c'est toute l'Eglise gallicane de 1682 qui vous dit : « Conservez *ces* » *fortes maximes de nos pères*, que l'Église a trouvées dans » la tradition universelle. »

Sur cette ligne imposante, vous rencontrez les plus saintes lois du royaume, tous les actes de la magistrature française, les réquisitoires des avocats-généraux; vous marchez avec la puissance qui s'attache à cinq siècles de *précédens!* Dans cette carrière, tel d'entre vous peut se montrer encore comme autrefois Pithou, Loysel et Pasquier, et réveiller parmi ses juges, avec l'ancien esprit parlementaire, le désir d'en continuer les nobles traditions. Entrez donc dans cette étude, je vous y convie. Elle est d'ailleurs pleine d'attrait, puisqu'elle se lie aux faits les plus curieux de notre histoire, aux questions les plus élevées de notre droit public, à celles qui influent le plus puissamment sur la marche politique des affaires et sur la constitution de l'état.

Connaissez à fond la *législation criminelle*, afin de ne pas risquer, dans une défense mal présentée, la considération de votre Ordre, votre propre réputation, et le sort de l'accusé, qui a cru prendre un avocat...... Cherchez dans cette étude les moyens de venger l'innocent, de soutenir le faible, d'adoucir le sort des malheureux. Le criminel même a droit à votre pitié. Apportez à cette partie de votre profession tout le zèle que comporte le devoir de votre état, mais aussi toute la circonspection que peuvent réclamer les circonstances. C'est dans votre intérêt que je vous en avertis; qu'un dévouement louable dans son principe ne dégénère point en une folle témérité! En matière politique surtout, ne vous exposez point à être mal compris!... Que sous la robe du défenseur on sente battre le cœur du citoyen! Patronage difficile, mais bien honorable! Source, hélas! trop féconde de calomnies, de censures, et quelquefois d'inimitiés! mais qui laisse après soi des souvenirs et des consolations. Regardez en arrière, et jugez! Les accusations passionnées......, les condamnations de circonstance...., ont bien souvent entraîné des remords! La défense, jamais!

Aux études supplémentaires que je viens de vous recommander, il faut joindre, si je puis m'exprimer ainsi, *l'école d'application.* Soyez assidus aux audiences, surtout aux audiences solennelles, et à toutes celles où vous saurez que de graves questions doivent être agitées. Formez-vous à l'exercice de la parole, en vous attachant, à mesure que vous vous en sentirez capables, à ces réunions particulières de jeunes avocats, où, devant un tribunal simulé et dans des causes fictives, vous essaierez vos forces contre des rivaux de votre âge. Enfin, venez à nos *conférences;* elles sont instituées pour vous : apprenez à discuter nettement et brièvement, comme aussi à délibérer et à rédiger ces consultations que nous sommes en possession de donner aux indigens, en y apportant tout à la fois cette sollicitude qu'attend de nous le malheureux qui implore notre patronage, et cette attention que nous devons mettre à ce que nos consultations ne servent point à entretenir de vaines illusions.

Enfin, Messieurs, profitez de vos années de stage pour étudier les règles de notre profession; pour en prendre les mœurs, pour en recueillir les traditions. Vous les trouverez en partie retracées dans le dialogue des *Avocats*, de Loysel. Cet historien de notre Ordre nous montre les avocats tels qu'ils furent dans des temps bien anciens, et tels néanmoins qu'il importerait qu'ils fussent encore aujourd'hui. Vous y verrez leurs habitudes et leurs occupations décrites avec une attrayante simplicité, comment ils passaient leurs *après dîners*, se réunissant entre eux pour *deviser* sur les objets qui intéressaient leurs études et leur profession; comment les jeunes y donnaient leur avis, et recevaient la leçon des anciens.

Les avocats vivaient principalement entre eux, et dans l'intimité de quelques magistrats sans morgue, mais non pas sans vertu et sans amour de la science, qui venaient se mêler à ces doctes entretiens dont la solidité rappelle ces graves dialogues que nous a transmis l'antiquité.

Dans cette vie commune et plus rapprochée, moins dissipée que celle d'aujourd'hui, on voyait se resserrer incessamment les liens de cette *confraternité* si justement célébrée au milieu de vous par un de mes prédécesseurs [1]; doux sentiment, où chacun se trouve à l'aise, et qui a tant de charmes pour ceux qui savent s'y abandonner avec confiance, sans détour et sans vanité.

C'est la confraternité, Messieurs, qui nous impose le touchant devoir de jeter un dernier regard sur la tombe de ceux de nos confrères que la mort nous a ravis, et de payer un juste tribut d'éloges à ceux qui ont marqué leur passage au milieu de nous par une exacte observation des règles de leur profession. — Tel fut notre confrère Gautier, mort si jeune encore et si plein d'une dévorante activité. Je retracerais devant vous en cet instant les principaux traits d'une vie digne d'être racontée, si en me faisant, à la demande de sa famille, l'éditeur de l'ouvrage posthume qu'il nous a laissé sous le titre modeste d'*Etudes du Droit commercial*, je ne lui avais déjà payé ce tribut de l'amitié.

Tel apparut encore au milieu de nous notre jeune confrère Vulpian, si tôt enlevé à sa profession, qu'il honorait également par les qualités de son cœur et par son talent! Spirituel auteur d'ouvrages et d'écrits qui faisaient déjà pressentir jusqu'où son mérite aurait pu s'élever; *Vulpian aimé et regretté de tous!*

Nous confondrons dans les mêmes regrets Mérilhou (Xavier), dont l'émulation active marchait sur les traces d'un

[1] M. Thévenin, bâtonnier en 1827.

frère que les libertés publiques comptent au rang de leurs plus fermes défenseurs.

Je voudrais enfin vous tracer la vie si pure, si pleine de bonnes œuvres et de belles actions de Billecocq, mort après avoir fourni une noble carrière, laissant parmi nous un parfum de vertu qui rend l'ordre entier veuf de sa perte et père adoptif du plus jeune de ses fils. Ce parfait avocat nous a donné de beaux exemples et de bons écrits; il a été parmi nous le meilleur des confrères et le modèle des bâtonniers! On peut inscrire sur sa tombe, *Vir bonus!* — Ah! qu'il eut raison de choisir pour sujet d'un des discours qu'il vous adressait *la confiance que l'avocat doit avoir dans ses anciens!* Comme ses paroles sont empreintes d'un caractère de bienveillance, de justice, je dirai presque d'onction propre à inspirer le sentiment qu'il veut recommander! Relisez ce discours, Messieurs, abandonnez-vous aux paternelles inspirations qu'il contient; aimez vos anciens, sachez vous confier à eux : c'est un heureux moyen d'instruction pour ceux qui manquent d'expérience, et qui sentent tout le prix d'une bonne direction, d'un sage conseil et d'un généreux appui.

Je l'ai éprouvé à l'entrée de ma carrière, en m'attachant, dès que je l'ai pu, aux chefs de mon Ordre, à ceux dont la supériorité, objet de mon respect et de ma timide émulation, m'admit aux avantages d'une collaboration où j'ai trouvé instruction solide, avis sincères, heureux encouragemens. Ferey, Poirier, Delacroix-Frainville, qui tour à tour fûtes mes guides, et que j'aurais voulu prendre pour modèles, recevez ici l'hommage de ma reconnaissance! Elle vous serait acquise sans partage, si je ne devais la reporter d'abord sur un père qui fut mon premier et pendant long-temps mon seul maître. [1]

J'en dois aussi l'expression vivement sentie à cet autre jurisconsulte qui m'honorait de sa bienveillante amitié, dont j'ose à peine me vanter d'avoir été pendant huit ans le collègue (tant ce titre laissa toujours de distance entre nous), dans un Conseil [2], où son premier mouvement était toujours de plaider contre son illustre client, pour ne se

[1] Charles-André Dupin, reçu avocat au parlement de Paris en 1778, trois fois député de la Nièvre.

[2] Le Conseil d'apanage de S. A. R. Mgr. le duc d'Orléans, dont M. Henrion de Pansey était président.

rendre qu'après avoir épuisé toutes les objections. A ces traits, vous reconnaissez M. Henrion de Pansey, ce vieillard vénérable, dès long-temps appelé le Nestor de la magistrature française; le seul dans ces temps modernes qui n'ait redouté la comparaison avec aucun ancien; ami de nos institutions, et qui savait les défendre; digne organe de nos lois, leur plus sage et leur plus fidèle interprète; jadis avocat en exercice; n'ayant toutefois plaidé qu'une seule cause, mais ce fut une cause de liberté [1]! Admirateur de Dumoulin, docte abréviateur de son *Traité des fiefs*, et son panégyriste dans un discours prononcé devant une assemblée pareille à celle que nous tenons aujourd'hui [2]. C'est dans l'éloge de ce grand jurisconsulte qu'on trouve ce magnifique portrait de l'avocat, tracé dans une seule phrase que l'auteur m'a souvent récitée *comme celle qu'il était le plus fier d'avoir écrite* : « Libre des entraves qui captivent les autres » hommes; trop fier pour avoir des protecteurs, trop obs- » cur pour avoir des protégés; sans esclaves et sans maîtres, » ce serait l'homme dans sa dignité originelle, si un tel » homme existait encore sur la terre ! »

Cette haute estime que M. Henrion de Pansey accordait aux avocats; l'amitié qu'il avait conservée pour plusieurs d'entre eux; ce puissant encouragement qu'il accordait aux plus jeunes, versant pour eux tous les trésors de son immense érudition, avec une sûreté de mémoire et une précision dans les dates qu'il a conservées jusqu'au dernier moment; tant d'avantages que les plus habiles trouvaient dans le commerce aimable de cet homme supérieur, nous ramènent, à titre de réciprocité, à vous rappeler tout le respect que nous devons à nos magistrats.

Un de nos plus anciens auteurs français, Jean Desmare, qui écrivait en 1372, et qui nous a laissé, sous le titre de *Décisions*, une suite d'adages et d'aphorismes du Palais, a mis au nombre de ses maximes, que *li advocats doivent acquérir et garder l'amour du judge*. En effet, tous gagnent

[1] Celle d'un pauvre nègre esclave, que son maître avait amené en France en négligeant d'accomplir les formalités commandées alors par les lois pour le maintien de l'esclavage *en terre franche*. L'arrêt prononça la mise en liberté.

[2] A l'ouverture des *Conférences*, après la rentrée de 1772. Ces assemblées se tenaient alors les samedis. Voyez cet éloge en tête du *Traité des fiefs*, analysé par M. Henrion, 1773, in-4°.

dans cet heureux retour d'égards, de bienveillance mutuelle et de sentimens affectueux; les hommes s'en trouvent bien et les affaires aussi. Cette intimité réciproque existait surtout autrefois entre les avocats et messieurs les gens du roi. Ceux-ci s'honoraient d'être portés en tête de notre tableau, et le Barreau conservera long-temps le souvenir de cet Avocat général [1], qui prétendait obligeamment ne s'appeler ainsi que parce qu'il était, disait-il, *le général des avocats.*

Cet accord si désirable, que nous nous efforcerons toujours de soigneusement entretenir entre la Magistrature et le Barreau; ce respect profond dont nous faisons si hautement profession pour elle, n'ont jamais empêché les avocats de faire valoir leurs prérogatives et de soutenir leurs droits avec vigueur quand ils les ont crus violés ou méconnus. Témoin l'émotion qui saisit l'Ordre tout entier à l'apparition d'un article de l'ordonnance de Blois qui blessait leur délicatesse, et qui donna lieu au *Dialogue des avocats*, de Loysel; témoin encore la juste plainte que le bâtonnier, assisté d'une députation des anciens, alla porter au président de Thou, pour une insulte que ce magistrat s'était permise à l'audience contre Me Charles Dumoulin, et dont ce grand magistrat n'hésita point à leur faire réparation [2]. Enfin, jusque dans ces derniers temps, nous trouvons la preuve que l'Ordre des avocats a toujours su réclamer contre ce qui lui faisait grief, sans s'écarter en rien de la vénération dont il demeure inviolablement pénétré pour les magistrats. C'est ainsi que le Parlement savait quelquefois résister au trône même, sans cesser de demeurer dans les bornes de respect et de la fidélité.

Mes chers confrères, aimons notre état, c'est le moyen

[1] Antoine L. Séguier, père de M. le Premier Président.

[2] Dumoulin plaidait d'une manière peu agréable, au point que le premier président de Thou, fatigué de l'entendre, lui dit un jour : *Taisez-vous, Me Dumoulin, vous êtes un ignorant.* L'ordre des avocats ressentit vivement cette injure, et il fut arrêté que le bâtonnier, avec une députation des anciens, irait s'en plaindre à M. le premier président. Admis à son audience, le bâtonnier lui dit avec toute la gravité du temps : *Læsisti hominem doctiorem quàm unquàm eris.* — « Cela est vrai, dit avec autant de franchise « que de modestie M. de Thou, j'ai eu tort; je ne connaissais pas tout le mérite de Me Charles Dumoulin. »

le plus assuré d'y réussir et de s'y trouver heureux. Efforçons-nous d'honorer notre profession, et pour cela ne craignons pas de nous en former une trop haute idée. Jamais nous ne dirons rien d'elle qui puisse égaler ce qu'en ont dit avant nous les plus illustres magistrats, d'Aguesseau surtout. Ce sentiment ne peut pas nous être imputé à vanité; car il n'engendre pour nous que des obligations. Exalter cette noble profession, c'est dire que nous ne pouvons que bien difficilement atteindre à tout ce qu'elle impose de devoirs et de sacrifices, à tout ce qu'elle exige de capacité, d'application et de dévouement. Du reste, si le Barreau moderne reste inférieur à l'ancien, ce sera notre faute; car les grandes occasions de bien faire et de bien dire ne nous auront pas manqué !.... De nos jours, en effet, l'état d'avocat a acquis plus d'importance encore par le développement de nos institutions, par l'établissement du gouvernement représentatif, la publicité des débats judiciaires soutenue de la liberté de la presse, et cette tribune nationale dont le labeur, en variant seulement les formes de la discussion et du langage, n'est pour nous qu'une continuation de la profession d'avocat, puisqu'elle nous offre seulement *une cause de plus à défendre*, et la plus belle de toutes, *celle du pays!*

Un gouvernement constitutionnel est éminemment le gouvernement *du droit*. Le mot *légitimité* dans toute sa puissance n'a pas d'autre sens. *L'ordre légal* peut être raillé par les factieux; il sera toujours ce qu'il y a de plus saint et de plus respectable à nos yeux. Interprètes de la législation, nous saurons en garder le langage en invoquant son appui; amis de la règle, et par là même ennemis irréconciliables de l'arbitraire, *tout droit blessé trouvera parmi nous des défenseurs*. Fidèles à notre serment envers le prince, envers le pays; organes indéfectibles de la justice et des lois, et surtout de cette loi fondamentale, gage suprême de notre avenir, et à laquelle nous avons, comme au roi lui-même et avec lui, juré d'obéir, le droit public comme le droit privé nous trouvera prêts à faire, en toute rencontre, le devoir de notre profession.

C'est au sein de notre Ordre que doit se trouver le type de ce *courage civil* qui, dans les grandes épreuves de la vie sociale, rend l'homme capable des plus généreux efforts et des sacrifices les plus rigoureux pour obéir à sa conscience et rester fidèle à sa conviction. Ce genre de courage n'exige point la vigueur du corps, mais uniquement celle de l'ame : il s'appuie sur des doctrines arrêtées, et dont on s'est bien rendu compte ; il lui faut une vue nette du droit à exercer ou du devoir à remplir ; il exige la fermeté de la vertu, la constance du sage, qu'aucun revers ne peut ébranler,

La profession d'avocat peut aussi conduire à la gloire ; elle offre de quoi suffire à la plus noble ambition ; mais elle veut du dévouement, du travail, de la persévérance ; elle suppose dans ceux qui l'embrassent une active émulation.

Puisse, Messieurs cette émulation se développer de plus en plus au milieu de vous, mais sans jamais altérer le sentiment de la confraternité ! C'est assez vous dire qu'il faut se garder de l'envie ; elle rend plus malheureux encore ceux qui l'éprouvent que ceux qui en sont l'objet. L'envie dégrade l'envieux ; car il ne fonde son élévation que sur l'abaissement ou l'humiliation d'autrui : tandis que l'émulation, en laissant aux autres tout leur mérite, nous inspire seulement le louable désir de faire encore mieux.

Eh ! pourquoi se décourager ? Il n'y a parmi nous ni premier ni dernier. Aucun orateur ne réunit toutes les perfections ; la qualité qui manque à l'un se retrouve chez son confrère : tel est habile à plaider un ordre de questions, qui réussit moins bien dans un genre différent. Enfin le choix des causes sert encore, sous un autre point de vue, à rétablir l'équilibre des forces entre avocats d'ailleurs d'un mérite inégal ; car *je ne connais pas de bon avocat dans une mauvaise cause ;* et si l'on a su choisir la meilleure, il est bien difficile qu'on ne reste pas le plus fort.

Demeurez donc tous bien convaincus de la vérité de cette exhortation que Pasquier adresse aux fils de Loysel à la fin du *Dialogue des avocats*, et par laquelle je veux terminer aussi cette allocution :

« Vous devez tous prendre courage de travailler, et es-
» timer que, de quelque province que vous soyez, *il y a*
» *place pour tous au barreau ;*—n'y ayant prince, seigneur,
» ni personnage de si grande étoffe et fortune, qui n'ait
» affaire du conseil et de l'assistance de l'avocat à ses plus
» importantes affaires : — et non-seulement pour la conser-
» vation de ses biens temporels, mais aussi de son honneur
» et quelquefois de sa propre personne. — Vous exhortant
» surtout à servir de défense aux innocens, aux veuves et

» aux orphelins, contre l'oppression des puissans, selon le
» commandement de Dieu.

» Enfin, *vous devez vous efforcer de conserver à notre*
» *Ordre le rang et l'honneur que nos ancêtres lui ont ac-*
» *quis par leur mérite et par leurs travaux, pour le ren-*
» *dre à vos successeurs.* »

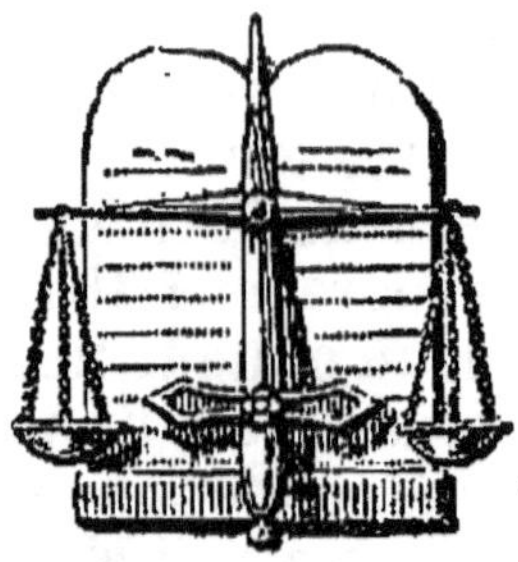

BIBLIOTHÈQUE CHOISIE

A L'USAGE

DES ÉTUDIANS EN DROIT

ET DES JEUNES AVOCATS,

OU

Notice des Livres de Droit qui leur sont le plus nécessaires;

Contenant l'indication des meilleures Éditions, du mérite des Ouvrages et de leur degré d'utilité.

NOTA. *L'indication du temps où les auteurs ont vécu trouve naturellement sa place dans la biographie ci-après.*

Ignoti nulla cupido.

1re édit. 1822.

DESSEIN DE L'AUTEUR.

Mon dessein, en composant une Notice des principaux Livres de Droit, n'a pas été d'ajouter aux Ecrits déjà publiés sur la même matière : j'ai voulu seulement en offrir un Extrait.

On compte beaucoup de Bibliographes, qui tous se sont efforcés de réunir et d'indiquer une grande quantité de volumes : on n'en trouve aucun qui se soit contenté de signaler *un* PETIT *nombre de* BONS *Auteurs*.

Je laisse aux riches et aux curieux qui veulent amasser de nombreuses bibliothèques, le soin de consulter Zilettus, Struvius, Nettelbladt, Beyerus, et les deux volumes *in-folio* de Lipennius, etc. Mon plan est moins vaste ; je n'écris que pour les Etudians et les jeunes Avocats ; et composant leur bibliothèque pour leurs besoins et suivant leurs ressources, je ne leur indiquerai que les ouvrages qui leur sont rigoureusement nécessaires.

Aussi bien, je suis persuadé de la vérité de ce mot de Pline, *multum legendum, non multa.* (Epist. VII. 9.) Sénèque a développé la même idée, en disant : A quoi bon tant de livres et de si nombreuses bibliothèques? Le trop de livres surcharge l'esprit de celui qui étudie, et ne l'instruit pas : il vaut donc beaucoup mieux s'attacher à un petit nombre de bons auteurs, que d'en feuilleter une grande quantité. *Quò mihi innumerabiles libros et bibliothecas?....... Onerat discentem turba, non instruit; multòque satiùs est paucis te auctoribus tradere, quàm errare per multa.* (De Tranquill. animi, *cap.* 9.)

En effet, « le vrai savoir ne consiste pas tant dans une » vaste et immense lecture, que dans une *étude réfléchie* » *des meilleurs ouvrages*, avec le discernement propre » pour *consulter les autres livres*, et savoir y trouver le

» point fixe de la question contestée. » Lenglet, *Tablettes chronolog.*, *t.* 1, *p.* CLXXX.

Mais, pour ne lire que les meilleurs ouvrages, il faut les connaître. *Ignoti nulla cupido*. C'est donc à ce premier point que les Étudians doivent s'attacher. « Vous ne devez » (leur dirai-je avec Lami dans son VIe entretien sur les » Sciences), vous ne devez jamais lire un livre que vous » ne sachiez quel en a été l'auteur, le temps auquel il l'a » écrit, sa vie, l'estime qu'on en fait, et quelle en est la » bonne impression. »

BIBLIOTHÈQUE CHOISIE

A L'USAGE

DES ÉTUDIANS EN DROIT

ET DES JEUNES AVOCATS.

CHAPITRE PREMIER.

Introduction à l'étude du droit en général.

1. INSTRUCTIONS sur les études propres à former un magistrat; par M. D'AGUESSEAU, au tom. 1er de ses œuvres.

2. Profession d'avocat; par MM. *Camus* et *Dupin*. Paris, Alex. — Gobelet, 1832, 2 vol. in-8°.

Cette nouvelle édition, encore augmentée, devient, désormais, le *Code de la profession d'avocat*.

Le premier volume contient 1° : *Le discours d'ouverture des conférences de la bibliothèque des avocats*, prononcé par M. Dupin, bâtonnier, le 1er décembre 1829; 2° l'*histoire abrégée de l'ordre des avocats*, par Boucher d'Argis, suivi d'un *appendice*, formant en quelque sorte l'*Histoire ancienne de l'ordre*, par M. Dupin; 3° le Dialogue des avocats de Loysel, suivi d'un l'*appendice au dialogue*, fragment d'un intéressant discours du vénérable M. Lacroix-Frainville; 4° les *sept lettres de Camus;* 5° des documens sur l'étude *du droit public*, *du droit constitutionnel français*, *du droit administratif*, *du droit commercial*, *de la procédure*, *du droit criminel;* et sur *la libre défense des accusés*, *l'utilité des sciences physiques dans l'exercice de la profession d'avocat*, *l'utilité des conférences*, *la manière d'exercer la profession d'avocat*, *l'éloquence du barreau comparée à celle de la tribune;* 6° deux mercuriales de d'Aguesseau, l'une sur *l'amour de son état* l'autre sur *l'indépendance de l'avocat*; 7° une pièce très-curieuse où l'on examine si *les juges qui président aux audiences peuvent légitimement interrompre les avocats quand ils plaident;* 8° l'extrait d'une consultation sur le *pouvoir disciplinaire du barreau:* 9° *le décret impérial* de 1810, et *l'ordonnance* de 1822; suivis de notes historiques, etc., etc.

Le second volume contient, sous le titre de *Bibliothèque choisie*, une indication des livres de droit *sur toutes les matières*.

L'ancien droit y est augmenté; la partie du nouveau a été refaite presqu'en entier : le nombre des auteurs indiqués est de 3702.

On y a joint trois tables qui en rendent l'usage fort commode : la première des *noms des auteurs*, la deuxième des *livres sans nom d'auteurs*, et la troisième des *matières*; elles renvoient toutes aux numéros sous lesquels les ouvrages sont annoncés.

3. Histoire des avocats au Parlement de Paris, depuis saint Louis jusqu'au 15 octobre 1790; par M. FOURNEL. Paris, 1813. 2 vol. in-8°.

Ces deux volumes, écrits d'une manière piquante et anecdotique, renferment l'*Histoire ancienne* du barreau de Paris. L'auteur travaillait à l'*Histoire moderne* de l'Ordre. Il en a même publié un demi-volume ;.... mais cette suite ne vaut pas le commencement : l'esprit de parti s'y fait sentir.

4. Examen de l'ordonnance du 21 novembre 1822 concernant l'ordre des avocats, faisant suite aux ouvrages précédens; par M. A. DAVIEL, avocat à Rouen. Paris, 1822. In-8° de 64 pages.

Cet opuscule est remarquable par la noble indépendance avec laquelle l'auteur revendique les droits des avocats.

CHAPITRE II.

Du Droit naturel et du Droit des gens.

5. ÉLÉMENS du Droit naturel; par BURLAMAQUI. Ouvrage posthume. Lausanne, 1774. In-8°. — Paris, 1820. In-8°.

Cette nouvelle édition est due aux soins de M. Cotelle fils.

L'ouvrage suivant est plus étendu et plus complet; il développe les principes qui ne sont qu'énoncés dans les *Élémens*.

6. Principes du Droit de la nature et des gens, par J.-J. BURLAMAQUI, avec la suite du droit de la nature; le tout considérablement augmenté par M. le professeur FÉLICE. Nouvelle édition, revue, corrigée et augmentée d'une table générale, analytique et raisonnée, par M. DUPIN. Paris, Warée oncle, 1820. 5 vol. in-8°.

L'édition qui a paru à Yverdun en 1766 et 1768, était en 8 volumes in-8°, et il était assez difficile de se la procurer en France. Celle-ci n'a éprouvé de réduction que dans le nombre des volumes. Elle a d'ailleurs, sur celle d'Yverdun, l'avantage d'être sur plus beau papier, plus correcte, et d'être accompagnée d'une *Table* fort détaillée qui équivaut presque à un dictionnaire, et qui manquait totalement à l'ouvrage.

7. Élémens de législation naturelle; par M. PERREAU, ex-tribun, professeur de droit naturel, inspecteur-général des écoles de droit. Troisième édition. Paris, Belin, 1834. 1 vol. in-8°.

Cet ouvrage réunit, à la pureté des principes, tous les agrémens d'un beau style. C'est le plus moderne des traités sur le droit naturel. Il est cité avec éloge dans le rapport fait par Chénier à l'empereur au nom de l'Institut.

8. Le droit de la nature et des gens, traduit du latin, de Samuel PUFFENDORF, par Jean BARBEYRAC, avec des notes et une préface du traducteur. La meilleure édition est celle d'Amsterdam, 1734. 2 vol. in-8°.

9. Les Devoirs de l'homme et du citoyen, tels qu'ils lui sont prescrits par la loi naturelle; traduit de PUFFENDORF, par BARBEYRAC. *Amsterdam*, 1760. 2 vol. in-12. — *Paris*, 1820. In-8°.

Cette dernière édition, qui contient le jugement de Leibnitz, a été donnée par les soins de M. Cotelle, fils du professeur de ce nom.

Cet ouvrage est un abrégé, donné par Puffendorf lui-même, de son grand ouvrage sur le Droit naturel.

10. Des Droits et des devoirs du citoyen, par l'abbé de MABLY. 2 vol. in-18. — 1 vol. in-12.

11. Hugonis GROTII, de jure belli ac pacis lib. 3. *Parisiis*, 1625. In-4°. — *Ibid.* 1632. — L'édition la plus complète est celle qui contient les commentaires de Coccéius, 5 vol. in-4°.

12. Le Droit des gens; par VATTEL; édition revue et corrigée, avec quelques remarques de l'éditeur. Amsterdam, Hartevelt, 1775. 2 vol. in-4°. Nouvelle édition. Paris, Janet et Cotelle, 1830. 2 vol. in-8°.

CHAPITRE III.

De la Législation.

13. Legum leges, sive FRANCISCI BACONII Angliæ quondam Cancellarii tractatus de fontibus universi juris, *per aphorismos*, cum notis A.-M.-J.-J. DUPIN. Parisiis, apud fratres Baudouin, 1822. In-18. 1834. Même format.

14. Je conseille encore aux étudians de lire :

1° Le traité de CICÉRON *de Legibus* ;

2° Et le *Traité des lois* qui se trouve en tête des Œuvres de DOMAT.

15. De l'Esprit des Lois, ou du rapport que les lois doivent avoir avec la constitution de chaque gouvernement, etc. ; par le P. de MONTESQUIEU. Genève, Barillot, 1750. 3 vol. in-12.

Entre une foule d'éditions, j'indique celle-ci de préférence : elle est correcte et portative : on y a joint une carte géographique et une table des matières fort commode.

16. De la Législation, ou principes des lois ; par MABLY. Deux parties en 1 vol. in-12. Amsterdam, Paris, 1776.

17. La Science de la législation, par GAETANO FILANGIERI ; traduit de l'italien. Paris, Cuchet, 1786 et années suivantes. 7 vol. in-8°. — An VII, 7 vol. in-8°. Nouvelle édition, revue et augmentée, avec un Commentaire, par M. BENJAMIN-CONSTANT. Paris, 1822. 5 vol. in-8°.

18. Du Contrat social, ou principes du Droit politique ; par J.-J. ROUSSEAU, citoyen de Genève.

Ce traité se trouve dans toutes les éditions des Œuvres de Rousseau : il a aussi été réimprimé séparément un grand nombre de fois.

19. Traité de la législation civile et pénale de BENTHAM, traduit par DUMONT. Paris, 1831. 3 vol. in-8°.

CHAPITRE IV.

Du Droit romain.

SECTION PREMIÈRE.

Préliminaires.

20. Précis historique du Droit romain, depuis Romulus jusqu'à nos jours; par A.-M.-J.-J. DUPIN. Paris, 1825. In-18.

Cet ouvrage a été traduit en allemand et en espagnol.

La première édition, de 1809, a eu l'honneur d'être saisie par la police de Napoléon.

21. Prolegomena juris ad usum scholæ et fori, auct. A.-M.-J.-J. DUPIN. Paris, Baudouin frères, 1820. 1 vol. in-18.

22. J. GOTHOFREDI Manuale juris, seu parva juris mysteria, ubi quatuor sequentia continentur : juris civilis romani; 1° historia; 2° bibliotheca; 3° florilegium sententiarum; 4° series librorum et titulorum in digestis et in codice 1 vol. in-12.

Cet ouvrage a eu beaucoup d'éditions; Camus en cite jusqu'à 17; il faut ajouter celle de *Naples* 1766, in-12, et celle donnée par M. Berthelot, professeur de droit romain à l'école de Paris. Paris, Metier, 1806, 1 vol. in-8°.

Cette édition renferme de plus que les autres : *Series institutionum scripta à J.-F. Bertholot*, *etc.* Paris, Gilbert, rue Serpente.

Observation sur la partie du Manuel de Godefroy, intitulée Series digestorum, etc.

Godefroy, dans cette partie de son Manuel, a eu pour but de montrer la suite et la liaison des titres du Digeste et du Code. Il est important de lire ce qu'il a écrit sur cette matière, non pas pour se convaincre de la bonté de l'ordre de ces deux corps de jurisprudence, ce que je crois d'autant plus difficile à prouver, qu'on y a suivi deux plans différens dont aucun n'est le naturel; mais pour se familiariser insensiblement avec cet ordre, tout défectueux qu'il est, prendre une légère idée de toutes les matières du droit, et se mettre en état de trouver aisément les titres et les lois qu'on sera obligé de chercher dans le Digeste et dans le Code.

23. Jo. Gotl. HEINECCII antiquitatum romanarum, jurisprudentiam illustrantium, syntagma. Halæ, 1719. — Basileæ, 1732. — Argent., 1734. — *Ibid.* 1741 (auctius). Argent., 1755. 2 vol. in-8°. *Francofurti*, 1771, 2 vol. in-8°. Edente Haubald, *ibid.*, 1822, in-8°.

Cet ouvrage d'Heineccius est regardé comme son chef-d'œuvre. Il conseille à ses élèves de le lire avant ses Élémens de droit. Vide *Heineccii recitationes*, au commencement.

SECTION II.

Textes du Droit romain.

24. Jurisprudentia vetus ante-justiniana, ex recensione et cum notis SCHULTINGII. *Lugd. Batav.*, 1717. — Editio nova collata cum codicibus manuscriptis, etc. *Lipsiæ*, 1737. 1. vol. in-4°.

L'édition de 1717 est mieux imprimée; celle de 1737 est plus ample.

Sa collection, accompagnée de variantes et d'excellentes notes, renferme entre autres les réponses de Papien, qui paraissent faites par un jurisconsulte bourguignon, pour accommoder la loi romaine à la loi gombette; l'abrégé des Codes grégorien et hémogénien, qu'Alaric, roi des Wisigoths, fit faire par Anien, son chancelier, lequel abrégea aussi, à l'usage des Goths, le Code Théodosien.

25. Codex Theodosianus cum commentariis Jacobi GOTHOFREDI, operâ et studio Antonii MARVILLI recognitus, *Lugduni*. Huguetan, 1665, 6 vol. in-fol. — On les relie en 2, en 3, en 4 vol.

Editio nova cum observationibus et additionibus Joan. Dan. RITTER. *Lipsiæ*, 1736—1745, 6 vol. in-fol.; le second divisé en deux parties.

Il est peu de livres aussi intéressans pour l'histoire des Gaules et du Bas-Empire, que cette dernière édition du Code Théodosien. Il y en a eu plusieurs autres; mais celle-ci est la plus parfaite.

26. Juris civilis Ecloga, quâ cum justinianeis institutionibus, novellisque 118 et 127 continentur: Gaii institutionum commentarii IV, Ulpiani regularum liber singu-

laris, Pauli sententiarum libri V, breviora quædam veteri jurisprudentiæ monumenta, etc. Parisiis, 1822. In-12.

27. D. Justiniani Institutiones cum novissimè repertis Gaii institutionibus collatæ : originibus et probationibus distinctæ et plurimis textibus ex recentiori jure descriptis auctæ. Parisiis, 1822, 1827. In-12.

Ces deux volumes sont précieux surtout en ce qu'ils renferment plusieurs fragmens de droit romain récemment découverts.

Il faut y joindre ce que les doctes éditeurs de la Thémis ont publié sous le titre de Vaticana juris romani fragmenta, Romæ nuper ab Angelo Maïo detecta et edita. 1823. In-8°.

28. Institutiones Justiniani cum rubro-nigris litteris. *Amstel.* Elzevir, 1664—1676. In-16.

Nota. Il y a des exemplaires identiquement semblables où tout est noir, le frontispice seul est différent.

Nova editio. *Paris*, Didot...

Ces éditions, avec lettres rouges, ont l'avantage de faire discerner aisément tout ce qui est définition ou principe, de ce qui n'est que conséquence ou développement.

29. Corpus juris civilis cum notis D. GOTHOFREDI.

La publication du Corps de droit de Denis Godefroy fait époque parmi les jurisconsultes. Son texte est celui qu'on a adopté pour leçon commune dans les Universités et au barreau : c'est l'*édition officielle ;* ses notes sont fort estimées.

Le texte et les notes ont eu une multitude d'éditions, parmi lesquelles les plus remarquables sont celles de Vitray. *Paris,* 1628, 2 vol. in-fol. Et celle d'Elzevir, donnée par les soins de Simon van Leeven. *Amsterdam*, 1663, 2 vol. in-fol. Cette dernière est la plus belle.

30. Corpus juris civilis academicum.

Ce corps de droit est très-commode pour y chercher les lois. Lorsqu'il est relié, il sort trois alphabets hors des marges, savoir : un pour les Institutes, un pour le Digeste, un pour le Code. On ouvre le livre à l'endroit de la lettre par laquelle commence le titre dont on a besoin, et à cette page même est un index des titres qui commencent par la même lettre. Le nombre qui suit immédiatement le titre et précède l'astérisque *, indique la page où se trouve le titre qu'on cherche, et les deux nombres qui suivent l'astérisque * indiquent le livre et le titre.

Au surplus, chaque exemplaire contient ordinairement, en regard du titre, un avis indicatif de l'usage du livre.—Cette note n'est que l'extrait d'un de ces avis.

Le *Corpus Academicum* a eu un grand nombre d'éditions.

31. Institutes de Justinien, nouvellement expliquées par M.-A.-M. DUCAURROY. Paris, 1832, 3 vol. in-8°.

SECTION III.

Commentateurs.

32. Arnoldi VINNII notæ in quatuor libros Institutionum. *Amstel.* Elzevir. Petit in-12, 2 vol. — *Aureliæ*, 1743, 1 vol. petit in-12. — *Parisiis*, 1808, 2 vol. in-12.

Ces notes sont à la fois savantes, instructives, élégantes et courtes.

33. Arnoldi VINNII comment. in quatuor lib. Institutionum. — *Amst.* Elzev. 1665. — *Lugd.*, 1666, 2 vol. in-4°. — *Norimb.*, 1676. — *Antuerpiæ*, 1692. — Idem cum notis HEINECCII, *Norimb.*, 1726, in-4°. — *Lugd. Batav.*, 1726, in-4°. — Cum iisdem et questionibus selectis Vinnii. *Lugd.*, 1771, 2 vol. in-4°. — *Norimb.*, 1676, in-4°. — *Antuerpiæ*, 1692, in-4°.

De toutes ces éditions, celle d'Elzevir, en 1665, est sans contredit la plus belle pour l'impression. On doit préférer les éditions données par Heineccius, à cause des notes dont ce savant jurisconsulte les a enrichies. Mais on peut se procurer, d'une part, les notes d'Heineccius, imprimées séparément à Lyon et à Francfort, en 1732, in-4°; d'autre part, les questions choisies de Vinnius, imprimées plusieurs fois, entre autres à Utrecht, 1722, in-4°, et joindre ces deux ouvrages à l'édition de 1665.

34. Jo.-Gott. HEINECCII elementa juris civilis secundùm ordinem Institutionum. *Franck.*, 1725, 1 vol. in-8°. — *Amstel.*, 1726 et 1728. — Cum notis J.-G. ESTORIS. *Argentor.*, 1727, in-8°. — *Giessæ*, 1729. — *Lugd. Batav.*, 1740 et 1751. — *Gœttingæ*, 1749, in-8°. — Cum annot. GESNERI. *Lipsiæ*, 1786, in-8°. — Cum animadversionibus Jo.-Ge. ESTORIS. Giessæ, 1774. In-8°. — Edente L.-J.-F. HŒPENER. *Giessæ*, 1775, in-8°, et 1787, in-8°. — Cum addit. et emend. J.-C. WOLTIER. *Halæ*, 1786, in-8°. Edente C.-G. BIENER. *Lipsiæ*, Beer, 1787, in-8°. — Cum emendatione. J.-P. WALDECK. *Gœttingæ*, 1788, in-8°.

— Ejusdem Heineccii dictata ad Elementa juris civilis secundùm ordinem Institutionum. Berolini, 1744, in-8°.

Réimprimées depuis sous ce titre :

— Observationes theoretico-practicæ ad Institutiones. *Francofurti*, 1763, in-8°.

35. Ejusdem HEINECCII recitationes in Elementa juris civilis secundùm ordinem Institutionum. Editio nova auctior et emendatior. *Uratislaviæ*, 1789, in-8°.

Ouvrage recommandable par sa clarté et l'enchaînement des principes. Je ne connais pas de meilleur livre élémentaire sur le droit romain. C'est ce qui m'a déterminé à en donner une nouvelle édition. *Paris*, Warée, 1810, 2 vol. in-8°.

Cette édition est beaucoup plus ample que les précédentes; elle est mieux traitée sous le rapport typographique, et contient d'ailleurs une conférence suivie du droit romain avec le droit français. On y a joint un arbre généalogique pour expliquer la parenté des agnats et celle des cognats; qui sont distingués dans ce tableau par des couleurs différentes.

36. J.-Gott. HEINECCII Elementa juris civilis secundùm ordinem Pandectarum. *Amstel.*, 1726, 1728, 1731, 1738, 1740, 1 vol. in-8°. — *Argent.*, 1734, in-8°. — *Francof.*, 1756, 1770, 2 vol. in-8°. — *Traj. ad Rh.*, 1772, 2 vol. in-8°. — *Lipsiæ*, 1775, curavit RICHTERUS, 1797, 2 vol., in-8°. — Ejusdem HEINECCII Observationes theoretico-praticæ ad Pandictas. *Berolini*, 1760, in-8°.

Ces deux ouvrages qui doivent être considérés comme n'en formant qu'un seul, sont, à mon avis, la plus savante analyse que nous ayons sur les Pandectes. Plus étendue que les Paratitles de Cujas, elle offre aussi des notions plus complètes et plus méthodiques. Il faut lire cet ouvrage immédiatement après les élémens sur les Institutes et les Recitationes.

37. Principia juris civilis romano-germanici, auctore Carolo-Christophoro HOFACKER, professore Tubingensi; editio secunda. *Tubingæ*, 1794, 1803, 3 vol. in-8°.

— Ejusdem elementa juris civilis Romanorum. *Gœttingæ*, Vanderhoeck, 1785, 1 vol. in-8°.

Les principes d'Hofacker sont déduits avec beaucoup de méthode et d'érudition. On peut les mettre à côté des élémens d'Heineccius.

38. Synopsis elementorum juris romani juxtà Heineccii doctrinam. Accesserunt notulæ in quibus variæ quæque definitiones à Lorry, Ferrière et Berroyer incomptæ, Heineccianis breviter apponuntur. Ad studiosorum juris com-

modiorem usum. Auctore A.-M.-J.-J. DUPIN. *Parisiis*, Durand, 1811, in-18.

Cet opuscule a dû son origine à la rivalité qui s'était établie entre le professeur de droit romain de l'école de Paris (M. Berthelot), qui suivait avec raison Heineccius, et quelques autres professeurs qui affectaient de préférer Lorry, Ferrière et Berroyer.

Il en résultait que, dans les examens, chaque professeur n'était satisfait qu'autant qu'on lui parlait le langage de son auteur favori.

Pour sortir de cet embarras, on a publié le *Synopsis* qui n'est au fond qu'un abrégé de la doctrine d'Heineccius, mais auquel on a joint les définitions données par Lorry et consorts, afin que les élèves trouvassent dans le même volume de quoi répondre à tout le monde.

39. Jacobi CUJACII opera omnia in decem tomos distributa.... operâ et curâ Caroli-Annibalis FABROTI jurisconsulti. *Lutet. Paris.* impensis societatis typogr. librorum officii ecclesiastici, 1658, 10 vol. *in-fol.* G. P. Edition belle et bien faite; le 10e vol. porte le titre d'*Appendix*. Curâ Libornii RANII. *Neap.* 1722-1727; 11 vol. in-fol. — Cum indice generali et novis additionibus. *Neap.*, *Venet.* et *Mutinæ*, 1758-1783, 11 vol. in-fol.

Les éditions de Fabrot et de Naples renferment tous les ouvrages de Cujas. L'édition de Fabrot est plus belle, mais la dernière de Naples est plus commode, à cause de la table générale qui l'accompagne. Au défaut de ces éditions, on peut acheter celle que l'on appelle *la grande barbe* (ainsi nommée, parce que Cujas est represente, dans le fleuron du frontispice, avec une grande barbe), donnée par La Noue en 1617. Elle est en 6 vol. in-folio, et moins complète que les autres. Elle a été réimprimée à Paris, en 1637, 6 vol. in-folio, par Th. Guérin et Cl. Colombet.

L'édition de Naples et celle de Venise contiennent les variantes de Mérille et des notes de Robert, auxquelles Cujas a répondu sous le nom d'*Antonius Mercator*. Fabrot n'avait pas voulu les insérer dans son édition *ne manes iratos Cujacii haberet*.

Il faut joindre au Cujas de Naples, *promptuarium operum Jac. Cujacii auctore Dominico Albunensi. Neap.*, 1763, 2 vol. in-fol. C'est une table, suivant l'ordre des Institutes, du Digeste, du Code et des Décrétales, au moyen de laquelle on trouve dans le moment tout ce que Cujas a dit sur une loi ou sur un paragraphe. Cette table peut servir à toutes les éditions de Cujas; mais il est plus commode d'avoir l'édition de Naples sur laquelle la table a été dressée.

Les vingt-huit livres *observationum et emendationum*, que

l'historien de Thou a appelés *divinum opus*, ont été réimprimés à Halle, par les soins de J. Ludwhul, en 1737, avec une préface d'Heineccius, où celui-ci traite des adversaires de Cujas et des auteurs qui l'attaquèrent. Dans cette édition on a imprimé en entier les textes cités, et traduit en latin les citations grecques.

Les ouvrages publiés par Cujas, de son vivant, avaient été imprimés en cinq tomes in-fol. (qu'on relie en trois volumes), chez Nivelle, en 1577. Cette édition est belle et exacte, mais elle ne contient qu'une portion de ses œuvres.—Dans la bibliothèque du collége de Troyes ou de F. Pithou, étaient les anciennes éditions de Cujas, avec des notes manuscrites de celui-ci et de P. et de F. Pithou, ainsi que des décisions manuscrites de Cujas.

Dans son commentaire, sur le titre XLVIII, du onzième livre du Code, Cujas promettait, sur notre droit coutumier concernant les fiefs, un commentaire qui n'a point paru. Ses observations sont, en particulier, un chef d'œuvre pour la science, et même pour le génie qui s'y fait remarquer.

— Edm. Merillii, variantes Cujacii interpretationes et defensæ lectiones Florentinæ. *Parisiis*, 1638. In-4°.

Mérille fut un des plus grands adversaires de Cujas. François Ory répondit, sous le nom d'Osius Aurelius, à l'ouvrage de Mérille, par un écrit que l'on a réimprimé dans le trésor d'Otton, tom. III., et qui porte le titre suivant : *Dispunctor ad Merillium de variantibus Cujacii interpretationibus, Aureliæ*, 1642, in-8. Cette réponse à Mérille a été insérée dans le *Promptuarium d'Albunensis*. Toutes les œuvres de Mérille ont été recueillies et imprimées à Naples, en 1720, 2 vol. in-4.

40. Pandectæ Justinianeæ, cum legibus Codicis et Novellarum quæ jus Pandectarum confirmant, explicant, aut abrogant; auctore Rob.-Jos. POTHIER. *Parisiis et Carnuti*, 1748, 3 vol in-fol. — Nova editio priori correctior et in quâ prætermissa et supplenda in suis locis restituuntur. *Lugd.* 1782, 3 vol. in fol.—Editio tertia. *Parisiis*, 1818, 5 vol in-4°.

M. de Guienne, d'Orléans, ami de Pothier, a beaucoup travaillé à cet ouvrage, Il est auteur de la belle et savante préface latine qui est à la tête du premier volume, dans laquelle, après avoir traité des différentes sources du droit romain et de ses différentes lois, et donné une ample notice de tous les jurisconsultes qui ont vécu depuis le commencement de la république jusqu'au règne de Constantin-le-Grand, il examine la manière dont les Pandectes ont été rédigées, quelle a été leur autorité, et les différens sorts qu'elles ont éprouvés. Le commentaire sur la loi des XII tables, qui est à la suite de cette préface, est aussi de lui, et il y a joint le fragment de l'édit perpétuel donné par Ranchin, avec des notes qui en facilitent l'intelligence, ce qui forme en tout 201 pages in-fol. Il est encore auteur des *Index* et d'une grande partie des notes qui sont dans les trois volumes.

M. Latruffe, avocat très-distingué du barreau de Paris, a donné, de 1818 à 1831, une nouvelle édition des Pandectes de Pothier, qui mérite, sous tous les rapports, la préférence. Elle est plus belle, plus ample, et surtout plus correcte que les précédentes éditions.

Une observation assez singulière, c'est que les deux Français qui ont le mieux connu le droit romain, ont suivi une méthode diamétralement opposée pour en faciliter l'étude. Cujas, en expliquant les lois dans ses écoles, réunissait tous les extraits du même jurisconsulte qui sont dispersés dans le Digeste : ce n'était pas, à proprement parler, le Digeste qu'il faisait lire, c'était Papinien, Paul, Ulpien, etc.—Au contraire, Pothier, dans ses Pandectes, a multiplié les divisions; il a conservé la même distribution et la même suite de livres et de titres, mais il a changé l'ordre des lois rapportées sous ces titres; souvent il a coupé ce qui ne fait qu'une loi dans le Digeste, et il en a distribué les différentes parties sous plusieurs titres. La manière de Cujas est plus propre à faire sentir le vrai sens du jurisconsulte; celle de Pothier réunit, sous un seul point de vue, tout ce qui est relatif à la même question. Il faut, dans la pratique, profiter des avantages de l'une et de l'autre.

41. Jo. — Gott. HEINECCII opera ad universam jurisprudentiam, philosophiam et litteras humaniores pertinentia. *Genevæ*, 1744 et ann. seq. 8 vol. in-4°. — 1771, 9 vol. in-4°. On les relie en 14.

L'édition de 1771 contient, de plus que celle de 1744, *observationes ad Institutiones, observationes ad Pandectas*, les notes de Ritterus et de Silbérard sur l'Histoire du Droit romain; plus, il doit s'y trouver, sous le titre de *supplément*, un recueil de dissertations qui n'avait pas encore paru. La plupart de ces écrits ont été publiés séparément et peuvent être rassemblés pour compléter l'édition de 1744.

Le recueil des dissertations a été aussi imprimé séparément sous le titre de *Jo.-Gott.* HEINECCII *operum omnium supplementum*. Genevæ, fratr. Detournes, 1771, in-4°, 236 p.

M. Camus a raison de dire que « la Collection des œuvres d'Heineccius est la plus nécessaire après celle des œuvres de Cujas. » J'ajoute que Cujas ne peut guères se lire de suite, mais doit seulement être consulté au besoin; au lieu qu'Heineccius, ayant réduit toutes les parties qu'il traite à leurs premiers élémens, doit être lu et médité comme un auteur vraiment classique.

42. J. VOET Comment. ad Pandectas. *Hagæ* 1716, 1734.

— *Genevæ*, 1757. 2 vol. in fol. — *Col. Allobr.* 1778. 2 vol. in-foi.

Ces deux dernières éditions ont une table générale des matières contenues dans les volumes; tandis que les éditions précédentes, mieux imprimées et plus correctes, en ont à chaque volume.—Tom. tertius, continens supplementum ad comment., etc, auct. Joan. Van der linden. *Traject ad Rhenum*, 1793, in-fol., dont les éditeurs promettaient une suite qui n'a pas parus.

Les ouvrages de J. Voet sont surtout remarquables par leur lucidité.

43. Petri et Franc. PITHÆorum observationes ad Codicem et Novellas Justiniani. *Parisiis*, ex typographiâ regiâ, 1789, *in-fol.*

On trouve dans ce volume l'Abrégé des Novelles de Justinien, par Julien l'antécesseur, et la collation des lois romaines et mosaïques.

44. Ant. PEREZII opera varia. *Venetiis*, 1738, 2 vol *in-fol.*

Cette édition est la plus complète de toutes.

45. Antonii GOVEANI opera. *Roterodami*, Henric. Beman, 1766, *in-fol.*, belle édition.

46. Gerardi NOODT opera omnia. *Lugd. Batav.*, 1713, in-4°. — Ibid., 1724. — Col. Agrip., 1733, 1735. — *Lugd. Batav.*, Curante J. BARBERACIO, 1735. Ibid., 1760, 2 vol. *in-fol.* — Col. 1763, 2 vol. *in-fol.*

47. Cornel. van BYNKERSHOECH opera omnia. *Col. Allobrog.* et *Lausanæ*, 1761. (Edit. publié par *Vicat.*) 2 vol. *in-fol.* — *Lugd. Batav.*, 1767, 2 vol. *in-fol.*

Heineccius, dans sa préface de l'édition de 1723, s'exprime en ces termes : *Nihil sanè ejus in operibus mihi se nunquam obtulit, nisi exquisitum, elegans et cum curâ pensitatum; nihil quod jam ab aliis sæpius dictum observatumque fuerit; nihil, undè non doctiores recedere possint meditationibus severis adsueti.*

48. D. GOTHOFREDI immò; hoc est, conciliatio legum in speciem pugnantium, quas in notis ad Pendectas D. Gothofredus, verbum *immò* usurpando, indicare atque arguere, omissâ plerumque solutione, assueverat; discussis contrariorum tenebris, evolvit et in concordiam adduxit Georg. Adam. STRUVIUS. *Francof.*, 1695. In-4°.

Cet ouvrage est rare; j'ai été obligé d'en faire venir un exemplaire d'Allemagne, et la difficulté que j'ai éprouvée à l'obtenir, jointe au mérite de l'ouvrage, m'avaient fait naître l'idée d'en donner une nouvelle édition. Voyez mes *Principia juris civilis*, *not. ad n.* 579. Ce dessein a été réalisé depuis (*Parisiis*, 1821, 3 vol. in-8°) par M. Pinel Granchamp, avocat à la Cour royale de Paris, qui a publié l'ouvrage de Struvius en 3 vol in-8° avec des solutions qui n'étaient pas dans l'édition première.

Ceux qui soutiennent thèse ne doivent pas négliger de consulter Struve.

Son livre est d'*argumens* un fertile trésor.

— Ejusdem evolutiones controversiarum in syntagmate juris civilis, etc. Jenæ, 1569. In-4°, *Francofurti*, 1684, in-4°.

Cet, ouvrage qu'il faut joindre au précédent, parce que Struve y renvoie souvent, est destiné à expliquer les antinomies indiquées dans son Syntagmata juris civilis.

49. Josephi Averanii interpretationes Juris, libri V. — *Lugd.*; 1758. 2 vol. in-4°.

Ses interprétations sont savantes. Son objet principal est de faire disparaître les contradictions des lois ou antinomies apparentes. Souvent il y réussit avec beaucoup d'habileté.

50. Résumé de l'Histoire de la Législation romaine, suivi de l'explication historique des Institutes de Justinien, avec le texte, la traduction en regard, et les explications sous chaque paragraphe, comprenant la législation sur les personnes et sur les choses. — Ier examen sur le droit romain, d'après les textes anciennement connus et ceux récemment découverts; par M. J. L. E. Ortolan, docteur en droit. Paris, Faujat aîné, 1834.

Cet ouvrage, où l'auteur s'est fait historien pour être meilleur jurisconsulte, est riche de science. Il offre à la jeunesse un plan d'études entièrement neuf.

SECTION IV.

Droit romain appliqué au Droit français.

51. Les Lois civiles dans leur ordre naturel; le droit public, et *Legum delectus*, par Domat, avec le supplément de d'Héricourt au droit public, les notes de Bouchevret, Berroyer et Chevalier; et le supplément de De Joui. Paris, 1756. 2 vol. in-fol. reliés en un.—*Ibid.* 1756. Cellot, 1767, Knapen, Valleyre, 1777.

« Quiconque posséderait bien son ouvrage, disait M. d'Agues-
» seau, ne serait peut-être pas le plus savant des jurisconsultes,
» mais il serait le plus solide et le plus sûr de tous les juges. »
Tom. I, pag. 389.

52. Principia juris civilis cum romani tum gallici, seu selecta legum romanarum ex corpore Justinianæo depromptarum et cum civili Napoleonis Codice aptè concordantium. Accesserunt notæ, quibus inter cœtera, variæ lectiones, leges similes, verborum legumque difficilium interpretationes, denique sedula romanarum et gallicarum legum collatio continentur; auctore A.-M.-J.-J. DUPIN, in scholis et curiis Parisiensibus doctore et advocato. Parisiis, Everat, 1806-1818, 5 vol. in-12.

Cet ouvrage contient un extrait de toutes les sentences du droit romain qui réunissent la justesse de la pensée à l'élégance et à la concision de l'expression. Ces sentences sont liées entre elles à la manière des Pandectes de Pothier, et sont disposées dans le même ordre que les titres du Code civil. L'auteur y a joint des notes qui contiennent le sentiment des meilleurs auteurs du droit romain, conféré avec la jurisprudence moderne (*usus hodiernus*). Cet ouvrage a été entrepris dans le dessein de faciliter aux jeunes gens l'étude du droit romain *dans ses rapports avec le droit français*.

53. Elementa juris civilis Justinianæi cum Codice Napoleoneo et reliquis qui in imperio franco-gallico obtinent legum Codicibus, juxtà ordinem Institutionum collati; auctore G.-D. ARNOLD, in Acad. Argentorat. facult. jur. prof. *Paris* et *Strasbourg*, 1812. In-8°.

Ces élémens sont d'un homme docte et exact.

54. Applications au Code Civil des Institutes de Justinien, et des quarante livres du Digeste, avec la traduction en regard, par BIRET. *Paris* 1824, 2 vol. in-8°.

CHAPITRE V.

Droit français.

SECTION PREMIÈRE.

Histoire du Droit français.

55. Précis historique du droit français, par l'abbé Fleury, avec continuation depuis 1674 jusqu'en 1789, par M. DUPIN. Paris, 1826 in-18.

Cette histoire est très-courte et très-bonne. On regrette, en la lisant, qu'elle n'ait pas toute l'étendue que le savant abbé pouvait lui donner.

56. Historiæ juris gallicani epitome; auctore J. Mart. SILBERADIO. *Argentorati*, Bacar, 1751, in-8°.—Ibid. 1765 in-8°.

Cet abrégé, qui est conduit jusqu'au milieu du 18e siècle, est imprimé à la suite de l'histoire du droit romain par Heineccius.

57. L'Europe au moyen âge, traduit de l'anglais de Henri HALLAM, par P. DUDOUIT, avocat à la Cour royale de Paris, et A.-R. BORGHERS. Tome Ier contenant 1° l'Histoire de France, depuis Clovis jusqu'à l'invasion de Naples par Charles VIII; 2° l'Exposition du système féodal. Paris, Delestre-Boulage, 1820, 4 vol. in-8°.

Cet ouvrage contient beaucoup de remarques très-curieuses qui ne sont pas dans nos historiens. Peu d'ouvrages offrent autant de choses importantes en si peu de mots. L'auteur ne rapporte les faits qu'en vue de les faire servir à expliquer les lois et les institutions contemporaines.

58. Conjectures sur l'origine du droit français; par Claude-Alexis LOGER.

Elles se trouvent au commencement de la *Bibliothèque des coutumes de France. Paris*, Gosselin, 1699. In-4°

59. Recherches pour servir à l'histoire du droit français; par GROSLEY, avocat à Troyes. *Paris*, 1652, 1788. 1 vol. in-12.

Ces Recherches ont deux objets particuliers : la source des coutumes, et l'origine de la noblesse utérine de Champagne. Le savant auteur de l'ouvrage examine l'influence que le droit romain peut avoir eue en France à différentes époques. Il met au rang des problèmes les plus incertains et les plus équivoques, la question de savoir si le droit romain a dû être regardé comme le droit commun de la France.

60. Discours sur l'origine, la succession et le progrès des lois. *Paris*, Prault, 1757, in-12.

Ce discours se trouve en tête d'un ouvrage généralement attribué à Grosley et qui sera indiqué ci-après, n° 74, sous le titre d'*Analyse historique des principes du droit français*.

61. Notices historiques, critiques et bibliographiques sur plusieurs livres de jurisprudence française, remarquables

par leur antiquité ou leur originalité, par M. DUPIN, avocat. *Paris*, 1820, in-8°.

Les *Notices* se trouvent ordinairement avec les Lettres sur la profession d'avocat et la Bibliothèque de Droit, dont elles forment l *supplément.*

Les ouvrages que ces *Notices* ont pour objet de faire connaître sont de trois sortes :

I. Les uns sont les ouvrages qu'on peut regarder comme *officiels;* ce sont : 1° les assises de Jérusalem ; 2° les lois anglo-normandes ; 3° les établissemens de Saint-Louis : 4° le songe du Vergier, composé par ordre de Charles V.

II. Les autres sont de vieux livres de droit et de pratique qui, les premiers, ont servi à débrouiller le chaos de notre procédure et de notre Droit coutumier ; tels sont : 1° le *Conseil de Pierre de Fontaines*, aussi appelé le *Livre de la reine Blanche*; 2° *les coutumes et usages de Beauvoisis*, par Beaumanoir ; 3° les arrêts de Montluc, appelés *Olim;* 4° *le Style du parlement*, par Guillaume du Breuil; 5° les *Décisions de Jean Desmares*, et les anciennes *Coutumes notoires du Châtelet de Paris;* 6° *le grand Coutumier* de Charles VI; 7° *la Somme rurale* de Boutilier ; 8° Imbert, Mazuer et Ayrault, praticiens renommés au quinzième siècle.

III. Dans la troisième classe, j'ai rangé quelques ouvrages remarquables par leur *originalité*, et parce qu'ils attestent la barbarie de leur siècle.

SECTION II.

Droit public français.

62. Maximes du droit public français, 1772. 2 vol in-12. — Amsterdam, M. Rey, 1775. 2 vol in-4° ou 6 vol. in-12.

On développe dans cet ouvrage, avec une érudition immense et une libre énergie, les principes de tout gouvernement en général, et, en particulier, ceux de l'ancien gouvernement français. La flatterie qui enhardit le despotisme, et la mollesse qui le laisse régner paisiblement, y sont combattues avec une égale force.

Les auteurs de ce traité sont :

1° Aubry, 2° Claude Mey, 3° Gabriel-Nicolas Maultrot.

63. Constitutions de la nation française, avec un Essai de Traité historique et politique sur la Charte, et un recueil de Pièces corrélatives ; par le comte LANJUINAIS. *Paris*, Baudouin frères. Janvier 1819. 2 vol. in-8°.

Le premier volume contient un traité méthodique sur la Charte, c'est-à-dire le droit public intérieur actuel de la France.

Le second renferme le texte de la Charte et tous les actes subséquens qui se réfèrent au régime constitutionnel.

J'ai donné l'analyse de cet ouvrage dans la *Revue encyclopédique*, mai 1819.

64. Cours public du droit politique et constitutionnel (histoire générale du droit politique et constitutionnel des peuples de l'Europe); par M. Ortolan. *Paris*, 1832, in-8.

Cet ouvrage instructif et remarquable est le fruit d'un esprit sage et positif.

SECTION III.

Ancien droit français.

§ 1.

Texte des anciennes lois.

65. Frider. LINDENBROGII codex legum antiquarum, in quo continentur Leges salicæ, Ripuariorum, Wisigothorum, etc. *Francof.*, 1613, in-fol.

On trouve dans ce recueil des morceaux très-précieux sur les anciennes lois des Français, des Bourguignons, etc. L'ouvrage est rare et cher.

66. Capitularia regum francorum : accedunt Marculfi et aliorum formulæ veteres, et notæ doctissimorum, edente Steph. BALUZIO. *Parisiis*, 1677. 2 vol. in-fol. — Rursùs edita à P. de CHINIAC (cum quibusdam argumentis). *Parisiis*, A. Guillau, 1780, 2 vol. in-fol.

Cette édition est la meilleure et la plus ample. Les pièces qui composent cette collection sont aussi précieuses que les notes qui l'accompagnent sont savantes. On trouve au commencement une préface très-instructive, la vie de Baluze et le catalogue de ses ouvrages.

Cette préface a été traduite et réimprimée séparément par Chiniac, sous ce titre :

— Histoire des Capitulaires des rois français de la première et de la seconde race, publiée par de CHINIAC. *Paris*, 1779. 1 vol. in-8°.

67. Ordonnances des rois de France de la troisième race, recueillies par ordre chronologique, avec des renvois des unes aux autres, des sommaires, des observations sur le texte, et cinq tables. *Paris*, Imprimerie Royale. 1723, 1828, 18 vol. in-fol., non compris un vol. de table.

Ce recueil est connu sous le titre d'*Ordonnances du Louvre*.

Il a fait tomber absolument les anciens recueils, qui ne servent plus aujourd'hui que pour les ordonnances des temps qui ne se trouvent pas encore compris dans la collection du Louvre.

Pour ces temps on a recours à des collections de trois genres : 1° générales pour toute la France, ou, si l'on veut, destinées à rassembler des ordonnances qui formaient le droit commun; 2° propres à certaines provinces, ou collection d'ordonnances enregistrées dans un parlement, ou autre cour souveraine dénommée; 3° propres à certaines corporations ou à certains objets.

68. Recueil général des anciennes lois françaises, depuis l'an 420, jusqu'à la révolution de 1789; par Jourdan, Decrusy, Isambert, Taillandier. *Paris*, 1821-1830. 30 vol. in-8°.

Il contient la notice des principaux monumens des Mérovingiens, Carlovingiens, et Capétiens, et le texte des ordonnances, édits, déclarations, lettres-patentes, réglemens, etc. etc. de la troisième race qui ne sont pas abrogés ou qui peuvent servir à l'interprétation, etc. etc.

Les auteurs de cette importante et utile collection, pour laquelle il a fallu rassembler tant de documens épars, ont élevé un beau monument à la législation française.

69. La grande Conférence des ordonnances et édits, divisée en 22 livres, à l'imitation du Code de Justinien; par Me Pierre Guenois. *Paris*, Thomas Moette, 1678. 3 vol. in fol.: dernière édition, en lettres rouges.

Cette conférence est accompagnée d'une table très-étendue; elle est très-commode pour les recherches.

70. Coutumier général; par Bourdot de Richebourg. *Paris*, 1724. 8 tom. in-fol., souvent reliés en 4.

C'est le meilleur recueil de nos coutumes; le compilateur en a cependant omis quelques-unes, qui se trouvent indiquées dans la bibliothèque du P. Lelong, tom. IV, page 443.

71. Conférences des Coutumes de France, par Guenois. *Paris*, Chaudière, 1596, 2 tom. *in-fol.*

Quelques exemplaires portent : *Paris*, Fouet 1628. Ce n'est qu'un changement de frontispice. (Camus, Biblioth. n° 603.)

(*Vide suprà*, n° 69, ce que j'ai dit sur la Conférence des ordonnances par le même auteur.)

72. Bibliothèque des Coutumes, contenant entre autres : 1° la Préface d'un Coutumier général, avec des con-

jectures sur l'origine du Droit français ; 2° une Liste historique des Coutumiers généraux; 3° une Liste alphabétique des textes et commentaires des coutumes, usances, statuts, etc. ; par M. Claude BERROYER et Eusèbe de LAURIÈRE. *Paris*, Gosselin, 1699, Rollin, 1754. 1 vol. in-4°.

§ 2.

Anciens Traités de droit français qui conservent encore aujourd'hui leur utilité.

73. Institutes coutumières de LOISEL, avec les notes de De Laurière. *Paris*, 1710, 1758, 1774, 1783, 2 vol. in-12.

On regarde ces notes de De Laurière comme ce qu'il a écrit de meilleur.

Les Institutes coutumières sont du reste le principal ouvrage de Loisel : il y travailla toute sa vie.

Les étudians ne doivent pas négliger de lire son *Dialogue des Avocats*, imprimé avec ses *Opuscules*. Paris, 1632, in-4°, et 1660, *in fol.* Ils y verront l'histoire de notre Ordre, depuis l'établissement du parlement de Paris jusqu'en 1602. Ils y trouveront des exemples de toutes les vertus de l'avocat, et ils désireront ajouter quelques pages aux annales qui attestent l'indépendance, le courage, le savoir, l'honneur de nos prédécesseurs : *Fortuna nostri nominis.*

74. Analyse historique des principes du Droit français. *Paris*, Prault, 1757, in-12.

Cet excellent petit abrégé de notre ancien Droit français, est généralement attribué à Grosley. Il existe très-peu de livres de Droit qui contiennent autant de choses en si peu de mots.

75. Règles du Droit français, par POCQUET DE LIVONIÈRE. *Paris*, 1730, 1732, 1737, 1744 et 1768, 1 vol. in-12.

76. Principes de la Jurisprudence française, par PRÉVÔT DE LAJANNÈS. *Paris*, 1750, 1759, 1768 et 1770, 2 vol. in-12.

La manière de Prévôt de Lajannès est très-claire; son style est coulant et facile. C'est le premier livre de Droit que mon père m'ait mis entre les mains. On peut, je crois, considérer cet ouvrage comme le plus élémentaire que nous ayons sur notre ancien Droit français.

77. Instructions faciles sur les Conventions, ou Notions simples et faciles sur les divers engagemens qu'on peut pren-

dre dans la société, par JUSSIEUX DE MONTLUEL. *Paris*, 1766 et 1779, in-12.

Ce livre est très-élémentaire. On trouve à la fin des réflexions fort justes sur les principes de la justice, divisées en trois parties, savoir : Des lois en général; des sources de nos lois en particulier; des jugemens.

78. OEuvres de Pothier, mises dans un nouvel ordre, revues et corrigées avec une notice sur sa vie et ses ouvrages, par M. Dupin. *Paris*, 1823, 11 vol. in-8°, y compris un vol. de table des matières, par M. Boudet.

Cet ouvrage, dont il existe plusieurs autres éditions presque toutes incorrectes, se compose de traités nombreux qui se vendent aussi séparément.

La plupart de ces traités. ceux auxquels l'auteur a pu donner la dernière main, sont des chefs-d'œuvre de droit et de raison.

79. OEuvres complètes de J. Domat, nouvelle édition, revue, corrigée et précédée d'une notice historique sur Domat; augmentée de l'indication des art. de nos codes qui se rapportent aux différentes questions traitées par cet auteur...., et des arrêts de la Cour de Cassation, par J. REMY. *Paris*, 1828-1830, 4 vol. in-8°.

SECTION IV.

Droit intermédiaire.

Observation.

On n'a pas cru devoir indiquer ici différens ouvrages de droit publiés depuis 1789 jusqu'à la promulgation du Code Civil. Tous se ressentent du désordre de la législation de cette époque. Ils sont ou mal digérés, ou relatifs à des matières qui ont cessé d'être en usage, tels que le papier-monnaie, l'émigration, etc.

SECTION V.

Droit nouveau.

§ 1.

Observation générale sur les six Codes.

La promulgation des six Codes est une grande époque dans notre législation. En rendant inutiles la plupart des anciens livres de Droit, elle a été pour les auteurs modernes l'occasion d'en composer de nouveaux.

Les uns ont donné des éditions du texte, et se sont bornés à l'enrichir ou à le surcharger de notes et de conférences. Les autres l'ont commenté tout du long, compilant péniblement, sous chaque article, les lambeaux des anciens jurisconsultes, ou les arrêts des tribunaux modernes.

Quelques-uns, en plus petit nombre, ont adopté une matière particulière, et l'ont traitée avec plus ou moins de profondeur.

Mais, entre tous ces auteurs, les plus remarquables sont les professeurs des diverses écoles de Droit, qui, chargés d'enseigner les nouveaux Codes à leurs élèves, en ont fait une étude plus approfondie, et des commentaires plus suivis.

Avant d'indiquer les principaux d'entre ces ouvrages, nous rappellerons d'abord que chacun des Codes a été imprimé en *projet*.

Ce projet a été envoyé aux Cours d'appel, pour avoir leurs *observations* (excepté le Code forestier, publié en 1827, et les Codes d'instruction criminelle et pénal, réformés en 1832).

Ensuite ces observations et le projet ont été *discutés* au Conseil-d'État et au Tribunat.

Les différens titres ont été successivement présentés au Corps législatif par les orateurs du gouvernement qui en ont *exposé les motifs*.

Cette présentation a été suivie de *rapports* et de *discours*, qui ont été le premier et le plus sûr commentaire de la loi.

Les Codes ainsi décrétés, le gouvernement en a donné des *éditions officielles*, dans les trois formats in-4°, in 8°, in-32.

Cela posé, quiconque veut entendre sainement les Codes doit avoir dans sa bibliothèque :

1° Le projet;
2° Les observations des Cours sur le projet;
3° Les discussions au Conseil d'État;
4° L'exposé des motifs;
5° Les rapports et discours:
6° L'édition officielle.

Sur les éditions officielles des Codes, il convient de remarquer que *l'édition officielle*, sous le gouvernement impérial, a cessé de l'être depuis la restauration, et que la seule édition des Codes qui puisse être maintenant citée et invoquée dans les plaidoiries, écritures, consultations et actes publics, est celle qui a été imprimée à l'Imprimerie royale en exécution de l'ordonnance du 30 août 1816, et insérée au Bulletin, 7e série, n° 109 *bis*.

On peut, à l'exemple du Code de Justinien, qui avait eu aussi deux éditions officielles, appeler ces Codes, *Codices repetitæ prælectionis*.

Outre l'édition officielle, qui ne renferme que le pur texte, il est bon d'avoir encore un de ces Codes annotés qui facilitent et abrègent les recherches par les renvois qu'ils contiennent, soit d'un article à l'autre, soit aux arrêts qui les ont interprétés.

Nous indiquerons comme les plus commodes en ce genre, les ouvrages suivans :

80. Manuel de droit français, contenant la Charte, les sept Codes, etc., et des notes renfermant des indications de lois; par M. PAILLET. *Paris* 1827, in-8° et in-12; 8e éd. *Ibid*, 1832, in-4°.

81. Codes annotés des dispositions interprétatives, modificatives et applicatives, 1800-1832, avec renvoi aux principaux recueils de jurisprudence; par M. SIREY. *Paris*, 1833, in-4°.

82. Codes expliqués par leurs motifs et par des exemples, avec la solution sous chaque article des difficultés; par M. Rogron. *Paris*, 1833, 5 vol. in-18.

83. Conférence des six Codes entre eux, et avec les lois et réglemens sur l'organisation et l'administration de la justice, et les tarifs des dépens en matière civile et criminelle; contenant en outre des notes, où sont indiqués les lois, les arrêts, décisions, etc., etc.; par M. BOURGUIGNON, avec des additions par M. Dalloz, Paris 1830, in-12.

Nous indiquerons encore comme renfermant des notions préliminaires applicables à toutes les lois nouvelles, l'ouvrage suivant :

84. LOIS DES LOIS; ou recueil de toutes les dispositions législatives concernant la *date*, l'*intitulé*, le *préambule*, la *sanction*, le *sceau*, le *contre-seing*, l'*impression*, l'*envoi*, la *promulgation*, la *rétroactivité*, l'*interprétation*, l'*abrogation* et la *classification* de lois; depuis 1788-1820. Par M. DUPIN, avocat. *Paris*. Guillaume et comp. 1820. 1 vol. in-12.

Ce volume forme le tome Ier de la collection des lois *par ordre de matières*, imprimée par ordre du Gouvernement.

§ 2.

Code civil.

85. Analyse raisonnée de la discussion du Code civil au Conseil-d'Etat, par Jacques de MALLEVILLE. *Paris* 1821, 4 vol. in-8°.

M. de Malleville a été l'un des rédacteurs de ce Code. Son commentaire n'est pas très-profond, mais il est exact et toujours clair.

86. Commentaire sur le Code civil, contenant l'explica-

tion de chaque article séparément, l'énonciation, au bas du commentaire, des questions, une solution motivée des questions qu'il a fait naître et l'indication des passages des divers ouvrages où elles sont agitées; par J. M. BOILEUX, revue par M. PONCELET. *Paris*, Joubert, 2e édit. 3 forts vol. in-8°.

Chaque volume, composé d'un examen, se vend séparément.

87. Cours du droit français; par M. PROUDHON, professeur de la Faculté de Droit, à Dijon. *Paris* 1810, 2e éd. 2 vol. in-8°.

Ces deux volumes, qui ne comprennent que le premier livre du Code civil, faisaient espérer une suite qui n'a point encore paru. La manière avec laquelle M. Proudhon avait traité son sujet, fait regretter qu'il n'ait pas continué.

88. Le droit civil français, suivant l'ordre du Code, ouvrage dans lequel on a tâché de réunir la théorie à la pratique; par M. C.-B.-M. TOULLIER. 5e édit., *Paris*, 1829-1834, 15 vol. in-8°.

La première édition a été publiée en 1811.

M. Toullier est le *Pothier moderne*. Même clarté, même méthode, même profondeur que le jurisconsulte d'Orléans. On ne parle pas des Œuvres posthumes de Pothier, qui ne sont que des ébauches restées imparfaites, mais de ses meilleurs Traités, de son *Traité des Obligations*, par exemple, regardé jusqu'ici comme un chef-d'œuvre de droit et de raison, et auquel M. Toullier a beaucoup ajouté. Peut-être qu'il n'eût pas traité cette matière avec autant de supériorité, si Pothier ne l'eût pas précédé; mais du moins on doit lui rendre cette justice, qu'il a très-habilement profité de cet avantage, et que son ouvrage est, sans contredit, le plus parfait de tous ceux qui, jusqu'à présent, ont paru sur le Code Civil. J'en dis franchement mon opinion, n'en déplaise aux autres commentateurs, et aux Zoïles qui l'ont critiqué. Cependant, pour être franc autant que juste, j'exprimerai le regret que les derniers volumes soient un peu diffus et moins élaborés que les précédens.

89. Cours de Droit français suivant le Code civil, avec des sommaires ou exposés analytiques en tête de chaque chapitres et section de la matière, une table générale à la fin de chaque volume, et des notes indicatives des lois romaines et anciennes ordonnances où ont été puisées les lois nouvelles, et contenant les observations qui ne pouvaient entrer dans ce texte, sans en interrompre la marche; par M. A.

DURANTON, 3e édit. *Paris*, Alexandre Gobelet, 1828-1834, 18 vol. in-8°.

Cet ouvrage, plein de vues neuves et judicieuses, est riche en doctrine. Chaque partie présente un Traité complet, dont la liaison avec d'autres a toutefois permis au savant auteur de resserrer son vaste sujet dans de justes bornes.

Il a été traduit en italien, à Naples, et contrefait en Belgique.

90. Traité du Voisinage, considéré dans l'ordre judiciaire et administratif; par M. FOURNEL. 4e édit., revue, corrigée et augmentée, par M. Tardif. *Paris*, B. Warée oncle, 1834, 2 vol. in-8°.

Il faut joindre à cet ouvrage :

Les lois rurales du même auteur. *Paris*, 7e édit., 1833, 2 vol. in-12.

91. Code rural français, ou recueil méthodique des lois civiles, administratives, publiées par l'Académie de l'Industrie agricole, revue par M. MALPEYRE. *Paris*, 1834, in-18.

92. Régime hypothécaire, ou commentaire sur le titre du Code civil relatif aux priviléges et hypothèques; par J.-C. Persil. 4e édit., *Paris*, Nève, 1833, 2 vol. in-8°.

93. Le Droit civil expliqué suivant l'ordre des articles du Code; par M. TROPLONG.

De cet ouvrage, qui fait suite à celui de M. Toullier, mais dans lequel on a adopté la forme du *Commentaire*, il a déjà paru, 1° le commentaire du titre des *Priviléges et Hypothèques*, 1833, 4 vol. in 8°; 2° celui du titre de la *Vente*, 1834, 2 vol. in-8°; 3° et celui du titre de la *Prescription*, 1834, 2 vol. in-8°.

§ 3.

Code de procédure.

94. De l'autorité judiciaire dans les gouvernemens monarchiques; par M. HENRION DE PANSEY, 3e édit. considérablement augmentée. *Paris*, 1827, 2 vol. in-8°.

95. Introduction à la procédure civile; par M. PIGEAU, 5e édit., augmentée des *justices de paix*, etc.; par M. Poncelet. *Paris*, Joubert, 1834, in-8°.

96. L'Annotateur judiciaire, ou le Code de procédure civile expliqué par divers rapprochemens, etc.; par M. DEBOUIS. *Rouen*, 1813. 3 vol. in-8°.

Cet ouvrage est conçu sur un bon plan. L'auteur rapporte l'article du Code de Procédure; il en rapproche les articles correspondans, soit du même Code, soit du Code civil, soit du tarif des frais et dépens. En outre, il classe, sous l'article qu'il commente, la partie des motifs, des rapports, discours et discussions, soit au Conseil-d'État, soit au Tribunat, qui s'y rapportent, avec les arrêts qui ont jugé des espèces particulières; le tout d'une manière fort analytique.

97. Les lois sur la procédure civile, ouvrage dans lequel l'auteur a refondu son analyse raisonnée et ses questions sur la Procédure; par M. G.-L-J. CARRÉ. *Paris*, 1829, 3 vol. in-4°.

M. Toullier, dans son *Cours de Droit*, tome VI, page 765, note (1), dit en parlant de M. Carré : « Notre savant collègue et » ami M. Carré, dont l'opinion mérite à tous égards d'être pesée, » *dans son utile et excellent ouvrage sur le Code de Procé-* » *dure*, etc., etc. »

98. La Procédure civile des tribunaux de France, démontrée par principes, et mise en action par des formules; par M. PIGEAU, ancien avocat et professeur de l'Ecole de Droit de Paris. 4e édit., *Paris*, 1826, 2 vol. in-4°.

Avant la révolution, l'auteur avait donné le même ouvrage sous le titre de *Procédure civile du Châtelet*. Cet ouvrage lui avait acquis une juste réputation. La nouvelle procédure civile de M. Pigeau a été traduite en italien avec des notes, à Florence, 4 vol. in-8°.

99. Cours de Procédure civile, par M. BERRYAT-SAINT-PRIX, professeur à la Faculté de Droit de Paris. 5e édit. *Paris*, 1825, 3 vol. in-8°.

C'est un bon livre. L'auteur possède au dernier degré le talent de l'analyse, et l'on peut bien dire de ses notes, *breves quidem, sed succi plenæ*.

100. De la Compétence des juges de paix, par M. HENRION DE PANSEY. *Paris*, 9e édition, 1831, in-8°.

Cet ouvrage, si parfait d'ailleurs, a peut-être un défaut, bien rare toutefois aujourd'hui, c'est d'être trop scientifique, étant destiné principalement à des gens peu érudiits, qui n'ont pas assez de connaissances pour apprécier des citations de Beaumanoir, des Assises de Jérusalem, et du Grand Coutumier de Charles VI.

101. Lois de compétence des fonctionnaires publics de

toutes les hiérarchies; par M. DUPIN, avocat. *Paris*, Guillaume, 1824, 4 vol. in-8°.

102. Le Parfait Notaire, ou la Science des Notaires, avec les formules; par A.-J. MASSÉ. 6e édition. *Paris*, 1827, 3 vol. in-4°.

103. Jurisprudence et style du notaire: par A.-J. MASSÉ. et A.-J. LHERBETTE, *Paris*, 1823-1830, 9 vol. in-8°.

104. Dictionnaire du notariat, par une Société de Notaires et de Jurisconsultes, rédacteurs du Journal des notaires. 3e édition, beaucoup augmentée. *Paris*, 1833, 6 forts volumes in-8°.

§ 4.

Droit commercial.

105. Élémens de Jurisprudence commerciale, par M. PARDESSUS, avocat, ancien professeur du Code de Commerce à la Faculté de Droit de Paris. *Paris*, 1811, in-4° et in-8°. — Cours de droit commercial, par le même. 4e édition, considérablement augmentée. *Paris*, 1831, 5 vol. in-8°.

L'auteur n'a pas cru devoir se borner à traiter les matières que contient le Code de Commerce; son ouvrage, divisé en sept parties, embrasse tout ce qui peut, dans l'ensemble des Codes, des lois, des réglemens ou usages, être du domaine de la législation et de la jurisprudence commerciales. La première partie traite de tout ce qui concerne les personnes, soit pour la qualité des actes ou la capacité, soit pour les droits ou devoirs de certaines professions; la seconde, des principes généraux sur la formation, l'extinction et la preuve des obligations commerciales; la troisième, de tous les contrats qui peuvent intervenir dans le commerce de terre; la quatrième, de tous ceux qui peuvent intervenir dans le commerce de mer; la cinquième, des sociétés; la sixième, des faillites et banqueroutes; la septième, de la compétence, procédure, contrainte par corps, des fonctions de consuls, et de l'application des lois étrangères par les autorités françaises.

106. Observations sur le projet de Code de commerce; par M. BOULAY-PATY. *Paris*, 1802, in-8°.

§ 5.

Droit criminel.

107. De la Justice criminelle en France, d'après les lois permanentes, les lois d'exception, et les doctrines des tri-

bunaux; par M. BÉRENGER. Paris, Lhuilier, 1818, in-8°.

« L'auteur de ce livre (est-il dit dans l'avant-propos) ayant le bonheur de vivre sous un gouvernement représentatif, et par conséquent dans un État libre, a cru pouvoir écrire avec liberté sur les institutions judiciaires de son pays. » — L'auteur a tenu sa promesse.

108. Observations critiques sur la Procédure criminelle, d'après le Code qui régit la France; par M. J.-M. BERTON, avocat. Paris, Emery, 1818, in-12.

Les observations de M. Berton complètent celles de M. Bérenger.

109. Observations sur plusieurs points importans de notre législation criminelle; par M. DUPIN, avocat. *Paris*, Baudouin frères, 1821, in-8°.

L'auteur a consigné dans cet ouvrage le résultat de ses *observations* comme avocat, dans les nombreux procès politiques dont il a été chargé.

110. Traité de la législation criminelle en France; par J.-C. LEGRAVEREND, 3e édition, revue par M. Duvergier. *Paris*, 1830, 2 vol. in-4°.

Ouvrage où se fait sentir une longue expérience des affaires criminelles.

111. De l'instruction criminelle considérée dans ses rapports généraux et particuliers, avec les lois nouvelles et la jurisprudence de la Cour de cassation; par M. CARNOT, *Paris*, 1829-1830, 3 vol. in-4°.

C'est le commentaire le plus étendu qui ait encore paru sur le Code d'instruction criminelle.

112. Commentaire sur le Code Pénal, contenant la manière d'en faire une juste application, etc.; par le même. *Paris*, 1824, in-4°.

113. On peut aussi joindre à l'étude de ces ouvrages la lecture des principaux procès en matière criminelle, tels que ceux de Lally-Tolendal, de mademoiselle de Cicé, à général Moreau, et ceux intentés en si grand nombre dans la suite des réactions de 1815.

§ 6.

Code forestier.

114. Code Forestier, précédé de la discussion aux Chambres, et suivi des ordonnances réglementaires, avec un commentaire des arrêts du code et de l'ordonnance ; ouvrage adopté par M. le Directeur général des forêts ; par M. BAUDRILLARD. 2e édition. *Paris*, 1832, 3 vol. in-12.

115. Code Forestier, conféré et mis en rapport avec la législation qui régit les différens propriétaires et usagers dans les bois ; par M. CURASSON. *Besançon*, 1828, 2 vol. in-8°.

116 Code Forestier, suivi de l'ordonnance d'exécution et de la jurisprudence forestière, annoté par M. DUPIN. 2e édit. corrigée et augmentée de la jurisprudence forestière depuis la promulgation du Code jusqu'à nos jours. *Paris*, Joubert, 1834, in--18.

Ce dernier ouvrage se termine par un Dictionnaire fort utile des mots techniques usités en matière forestière et dans le commerce de bois.

CHAPITRE VI.

Droit administratif.

117. Élémens de jurisprudence administrative, extrait des décisions rendues par le Conseil-d'État en matière contentieuse ; par M. L. MACAREL. *Paris*, 1818, 2 vol. in-8°.

118. Questions de droit administratif, par M. de CORMENIN. 3e édition. *Paris*, 1826, 2 vol. in-8°.

119. Lois concernant les communes, les hospices, les prisons et les établissemens publics en général, par M. DUPIN. *Paris*, 1823, 2 vol. in-8°.

120. Abrégé du droit administratif, contenant les matières de l'Examen, suivies de celles qui présentent le plus d'intérêt en dehors de l'*exigé* ; à l'usage de MM. les étudians en droit ; par M. GANDILLOT. 2e édition. *Paris*, Joubert, 1834, in-18.

CHAPITRE VII.

Droit canonique.

121. Institution au droit ecclésiastique, par l'abbé FLEURY. 1762, 1767, 1771, 2 vol. in-12.

A ces éditions, qui sont les dernières, ont été jointes des notes par M. Boucher-d'Argis.

Cet ouvrage si estimable a été mis à l'*index* par la congrégation du Saint-Office à Rome.

122. Libertés de l'Église gallicane, suivies de la Déclaration de 1682, du Concordat de 1801, et des autres lois y relatives, avec une introduction et des notes, par M. Dupin. *Paris*, 1824, in-12, et 1826, in-18.

CHAPITRE VIII.

Éloquence du barreau.

123. Essai d'institutions oratoires à l'usage de ceux qui se destinent au barreau; par M. DELAMALLE. 2e édition. *Paris*, 1822, 2 vol. in-8°.

124. OEuvres du Chancelier d'AGUESSEAU, contenant ses discours pour l'ouverture des audiences, ses mercuriales, ses plaidoyers, etc., etc. (publiées par les soins de l'abbé André, son bibliothécaire). *Paris*, 1759-1780-1789, 13 vol. in-4°.—Nouvelle édition, revue par M. PARDESSUS. *Paris*, 1819, 16 vol. in-8°.

125. OEuvres de COCHIN, contenant ses plaidoyers, factums, mémoires, etc., etc. *Paris*, 1750-1757, 6 vol. in-4°. —Nouvelle édition, classée par ordre de matières, précédée d'un discours préliminaire sur la vie et les ouvrages de Cochin; par M. COCHIN. *Ibid*. 1821, 8 vol. in-8°.

« Étudiez d'Aguesseau (dit Camus, lettre 2); mais que Cochin ne sorte jamais de dessous vos yeux. » Cependant on le lit peu aujourd'hui.

128. OEuvres d'Omer et de Denis Talon, avocats généraux au parlement de Paris. Publiées par D.-B. Rives, avocat aux conseils. *Paris*, 1821, 6 vol. in-8°.

Ces discours, surtout ceux d'Omer Talon, offrent de beaux modèles de l'éloquence parlementaire.

127. Œuvres choisies de M. Servan, ancien avocat général au parlement de Grenoble (partie du Barreau). Limoges, 1818, 2 vol. in-8°. — Nouvelle édition, augmentée de plusieurs pièces inédites, avec des observations et une notice historique; par M. X. de Portets. *Paris*, 1825, 5 vol. in-8°.

Le principal morceau de ce recueil est le *Discours sur l'administration de la justice criminelle.*

128. Barreau français, ou Collection des chefs-d'œuvre de l'éloquence judiciaire en France, ancien et nouveau Barreau; par MM. Clair et Clapier. *Paris*, 1823-1827; 18 vol. in-8°.

129. Annales du Barreau français, ou choix des plaidoyers et mémoires les plus remarquables tant en matière civile qu'en matière criminelle, depuis Lemaître et Patru, jusqu'à nos jours; avec une notice sur la vie et les ouvrages de chaque orateur; recueillies par une société de jurisconsultes et de gens de lettres. *Paris*, 1823-1831; 20 vol. in-8°.

Cette collection est conçue sur un très-bon plan. Les plaidoyers de chaque auteur, au lieu d'être dispersés, se trouvant réunis, on peut mieux juger sa manière. Les notices sont en général faites avec soin, l'exécution typographique est belle.

CHAPITRE IX.

Lexicographes.

130. J. Kahl, aliàs Calvini Lexicon juridicum. — La dernière édition, donnée à Genève, 1759, 2 vol in-folio, est beaucoup plus ample que les précédentes.

131. Vocabularium utriusque juris; auctore Vicat. Lausanne, 1759, 3 vol. in-8°. — Neapoli, J. Gravier, 1760. 4 vol. in-8°.

Nota. L'édition de Naples contient, de plus que celle de Lausanne, l'explication des termes relatifs aux matières féodales.

132. Repertorium sententiarum et regularum, itemque definitionum dictionumque omnium ex universo juris cor-

pore collectarum à P.-C. Brederodio. Francof., 1587, in-fol. — Lugd. 1607, in-fol. — Francof., 1664, in-4°, edit. nova, etc. Neapoli, 1775, 3 vol. in-4°.

Table très-commode, dit Camus.

183. Modus legendi abbreviaturas passim in jure tam civili quàm pontificio occurentes. Huic accessêre tituli qui et rubricæ vocantur in universum jus civile. Paris, G. Desboys, 1562. — Jenæ, 1688, in-8°. Cette édition est une des plus modernes.

Nota. On trouve aussi à la suite de mon *Précis historique du Droit romain*, un chapitre sur la manière de lire les citations et les abréviations.

134. Glossarium ad scriptores mediæ et infimæ latinitatis; auctore CAROLO DU CANGE; editio nova locupletior et auctior. Parisiis, 1733, 6 vol in-fol. — Glossarium novum ad scriptores medii ævi, seu supplementum ad auctiorem Glossarii Cangiani editionem, etc., etc. Collegit et digessit D.-P. CARPENTIER. Parisiis, 1766, 4 vol. in-folio.

135. Glossaire du droit français, contenant l'explication des mots difficiles qui se trouvent dans les ordonnances de nos rois, dans les coutumes du royaume, dans les anciens arrêts, et dans les anciens titres; par FRANÇOIS RAGUEAU; revu, corrigé et augmenté par EUSÈBE DE LAURIÈRE, Paris, 1704, 2 vol. in-4°.

136. Répertoire universel et raisonné de Jurisprudence, par M. MERLIN. 5e édition. *Paris*, 1827-1828 18 vol, in-4°; *Bruxelles*, 1827-1830, 36 vol. in-8°.

137. Recueil alphabétique des questions de Droit qui se présentent dans les tribunaux, etc., etc.; par M. MERLIN. 4e édit. *Paris*, 1827-1830, 8 vol. in-4°.; *Bruxelles*. 1827-1830, 16 vol. gr. in-8°.

Ces deux ouvrages se recommandent assez par le nom de leur savant auteur. Il faut les avoir tous deux, parce que l'un renvoie à l'autre.

138. Dictionnaire du Notariat, indiqué sous le n° 104.

139. Jurisprudence du royaume en matière civile, commerciale, criminelle et administrative, composée par ordre alphabétique des matières, etc.; par M. DALLOZ. *Paris*, 1825-1831, 12 vol. in-4°, en 24 livraisons.

CHAPITRE X.

Bibliographes, où l'on pourra trouver les Auteurs qu'il n'entrait pas dans mon plan d'indiquer.

140. Danielis Nettelbladt jurisconsulti halensis initia historiæ litterariæ juridicæ universalis. Secunda editio auctior et emendatior. Halæ, Magd., 1774, in-8°.

A cet essai d'histoire littéraire du Droit, sont joints trois appendix : 1° *Specimen bibliothecæ scriptorum juridicorum anonymorum et pseudonymorum* ; 2° *Specimen bibliothecæ scriptorum juridicorum rariorum* ; 3° *Index alphabeticus scriptorum in tractatu tractatuum juris necnon Ottonis atque Meermanni thesauris contentorum.*

141. Bibliothèque choisie des livres de Droit, etc., etc. ; par MM. Camus et Dupin. *Paris*, Alex. Gobelet, 1832, in-8°.

Cette *bibliothèque* forme le second volume de l'ouvrage intitulé : *Profession d'avocat*, indiqué ci-dessus sous le n° 2.

RÉFLEXIONS

SUR

L'ENSEIGNEMENT ET L'ÉTUDE

DU DROIT,

Suivies de quelques Règles sur la manière de soutenir Thèse dans les actes publics.

Non solùm aliquid scire artis est;
sed est quædam ars etiam docendi.

CIC.

La 1re édition a paru en 1807.

RÉFLEXIONS

SUR L'ENSEIGNEMENT ET L'ÉTUDE DU DROIT,

SUIVIES

De quelques Règles sur la manière de soutenir Thèse dans les Actes publics.

CHAPITRE PREMIER.

Des qualités de l'Enseignement en général.

1. L'enseignement est l'art d'indiquer la voie la plus courte et la plus sûre pour acquérir une science solide; et comme le savoir consiste à connaître la cause et la raison des choses, et à faire couler comme de source des conséquences justes de principes vrais, je crois qu'un professeur n'atteindra jamais son but, s'il ne rend pas raison de ses préceptes à ses disciples, et s'il ne leur fait pas fortement sentir la liaison de chaque vérité avec le principe dont elle émane.

Aussi j'ai toujours blâmé ce mot, *le maître l'a dit*, αὐτοστ ἔφα, que les Pythagoriciens opposaient comme la tête de Méduse à leurs adversaires, lorsque ceux-ci leur proposaient des argumens trop pressans. Je n'approuve pas davantage la méthode de Pythagore lui-même, qui ne révélait qu'à un petit nombre d'élèves choisis les raisons de ses préceptes, et débitait au commun de ses auditeurs des règles arides qu'il leur donnait par forme d'oracles, sans les appuyer d'aucune démonstration. Quels qu'aient été ses motifs, je n'en juge pas moins très-utile de remonter aux causes,

Felix qui potuit rerum cognoscere causas!

Selon moi, le devoir principal du professeur consiste, 1° non-seulement à donner des principes lumineux à ses élèves, mais encore à leur donner la raison de ces préceptes, et à leur montrer la liaison qu'ils ont entre eux; 2° à les convaincre de la vérité de ces préceptes, de manière à ne laisser dans leur esprit aucun doute sur leur certitude.

SECTION PREMIÈRE.

De la clarté dans le'xposition des préceptes.

2. Le professeur qui veut enseigner d'une manière nette et lucide [1] doit 1° définir exactement les matières qu'il veut traiter; 2° les diviser de la manière la plus naturelle; 3° expliquer avec soin les mots techniques; 4° éclaircir les préceptes généraux par des exemples peu nombrenx, mais qui saisissent par leur justesse, plaisent par leur élégance, et surtout frappent par leur clarté; 5° s'assurer par des examens que ses élèves l'ont bien saisi; 6° éviter l'abus des citations; 7° bannir des leçons ces digressions ou trop subtiles ou purement scientifiques, qui peuvent être de quelque utilité entre docteurs, mais qui n'instruisent que peu les commençans; 8° se garantir surtout de ces trivialités burlesques qui excitent le rire des élèves aux dépens du respect qu'ils doivent à la chaire.

SECTION II.

De la Liaison des Préceptes.

3. Pour faire sentir cette liaison avec plus de facilité, il faut d'abord que le professeur fasse choix d'un livre élémentaire dans lequel toutes les matières soient classées avec ordre, et les principes réduits à leur plus simple expression.

Le professeur doit ensuite, dans le cours de ses leçons, rappeler à ses élèves à quelle partie de la science se rattache chaque matière; les ramener sans cesse à la définition qu'il leur en a donnée; en un mot, leur inculquer comment chacune des vérités qu'il leur enseigne se lie avec le principe général; comment le principe général sort de la définition, et comment la définition elle-même rentre dans l'ensemble du système qu'il est chargé d'exposer.

Il doit surtout éviter de donner des règles contradictoires. Ce malheur arrive communément à ceux qui, dans la pré-

[1] On trouve toutes les règles de la clarté dans ce passage de la loi des Wisigoths, liv. I, titre I, chap. 6 : *Erit concionans eloquio clarus, sententiâ non dubius, evidentiâ plenus : ut quidquid ex (doctrinali) fonte prodierit, in rivulis audientium sine retardatione recurrat; totumque qui audierit, ita cognoscat, ut nulla hunc difficultas dubium reddat.*

paration de leurs leçons, puisent sans discernement dans toutes les sources, sans s'inquiéter ensuite si les idées des divers auteurs qu'ils ont mis à contribution, sont cohérentes entre elles ou ne le sont pas.

SECTION III.

De la Démonstration des Principes.

4. Personne n'a droit d'exiger qu'on l'en croie sur parole; et tout homme qui écoute peut raisonnablement exiger de celui qui parle la preuve de ce que ce dernier avance. Le professeur ne doit donc pas négliger d'appuyer sa doctrine par des preuves et des raisonnemens solides : il doit toujours apporter la démonstration de ce qu'il dit.

Cependant il est des points controversés qu'on ne peut pas décider avec la même assurance que ceux sur lesquels tout le monde est d'accord. Alors le professeur doit se borner à déduire les motifs de l'opinion qu'il embrasse comme plus probable.

5. Mais doit-il, en pareil cas, discuter les sentimens opposés de ceux qui ont agité ces sortes de points! Je distinguerais à cet égard entre les commençans et les élèves déjà forts; car ce serait une absurdité, en matière d'enseignement, que de proposer à ceux-là des difficultés aussi compliquées qu'à ceux-ci; comme c'en serait une, au physique, de donner à un enfant de six mois autant de nourriture qu'à un enfant de quinze ans.

Je pense donc qu'on doit, en général, s'abstenir de controverse devant les commençans. Mais devant des élèves plus avancés, on peut, sans risque, débattre tous les argumens pour et contre. Ces élèves en retireront même un grand fruit, si le professeur expose d'abord clairement et franchement les avis opposés; s'il les résume ensuite, les réduit à leur juste valeur, réfute ceux qui ne lui paraissent pas fondés, et propose une bonne solution.

SECTION IV.

Du Style des Leçons.

6. Les leçons ne sauraient être préparées avec trop de soin. Cujas, le plus grand des maîtres, préparait les siennes pendant huit heures. Mais les leçons ainsi préparées ne

doivent pas être lues. A la vérité, ni une science, ni un art, ne peuvent être improvisés; mais la parole pour en rendre compte peut l'être.

La parole va et vient, pour ainsi dire, dans un sujet; elle se coupe au milieu d'une phrase, pour faire à cette phrase un commencement qui vaudra mieux, et qui rendra plus fortement l'idée à développer. Après avoir essayé une expression, elle en essaie une autre; elle ne peut pas effacer ce qu'elle vient de dire, mais elle le corrige en disant la même chose d'une autre manière. Tout cela, j'en conviens, ne peut pas faire des discours bien limés, mais cela est absolument nécessaire pour faire de bonnes démonstrations et de bons cours.

D'autres considérations encore se réunissent en faveur de ce mode d'enseignement.

La première condition pour enseigner quelque chose à un grand nombre d'hommes rassemblés, c'est de se rendre maître de leur attention et de la fixer; mais si l'attention du professeur lui-même est fixée avec ses yeux sur le papier qu'il lit, il ne jugera point, ou il jugera mal de celle que l'assemblée lui accorde. Qu'elle lui échappe, ou qu'il ne la satisfasse point, dans les deux cas, il a peu de moyens de s'en apercevoir; et comme on n'ira point interrompre sa lecture pour le lui dire, il n'a aucun moyen pour rappeler les esprits qui l'ont abandonné, et pour parler plus clairement à ceux qui ne l'ont pas complétement saisi.

L'homme qui parle au milieu d'une assemblée nombreuse, et que l'action de la parole agite, a l'air de créer sur le champ tout ce qu'il exprime; celui qui lit, au contraire, a toujours un peu l'air de lire l'ouvrage d'un autre. Cette différence est prodigieuse pour l'effet, et il ne faut pas toujours laisser les effets au charlatanisme et à l'imagination; il faut en aider la raison et la vérité.

Enfin il doit y avoir, entre les élèves et les professeurs, des conférences (pour les examens et les thèses), qui nécessairement seront improvisées, et les professeurs seront mieux préparés à ces conférences lorsqu'ils auront improvisé leurs leçons mêmes [1].

[1] J'ai traité ce sujet avec plus de développement dans mon opuscule sur l'*Improvisation*. Voyez aussi ce que j'en ai dit dans mon *Discours de réception à l'Académie*.

7. Au reste, le professeur qui improvise ne doit pas négliger sa diction. Son style doit être clair, agréable, coulant, et se rapprocher plutôt du genre didactique que du genre déclamatoire. Il doit suivre un ordre naturel et non interrompu, fuir la prolixité, et distinguer une élocution mâle et soutenue d'une loquacité stérile et fatigante; il doit également se défendre de ce genre de débit pénible et monotone qui fait gémir l'auditeur sous le poids de l'ennui; un tel professeur

> En vain, pour gagner temps, dans ses transes affreuses,
> Traîne du dernier mot les syllabes honteuses.
> Il hésite, il bégaye, et le triste orateur
> Demeure enfin muet aux yeux du spectateur.

8. Le style est une partie si importante de l'art d'enseigner, que sans lui le professeur n'acquiert aucune gloire et ne fait point d'élèves.

Que d'exemples n'avons-nous pas de jeunes gens qui n'ont abandonné l'étude du Droit que par l'incurie avec laquelle se faisaient les leçons! Ceux-là surtout dont l'imagination est plus riche et plus ardente, l'esprit plus pénétrant et plus vif, fuient une étude qu'on leur présente sous d'aussi tristes couleurs, et se réfugient dans le temple du Goût. C'est ce qu'éprouva l'Arioste : l'ineptie et la négligence de ses maîtres lui firent déserter leurs cours. Ne pouvant les supporter, dit-il, je me suis échappé de leurs mains, et je me suis jeté dans les bras des Muses, qui m'ont fait le plus aimable accueil.

9. Qu'aucun professeur ne monte donc à sa chaire qu'après avoir long-temps et profondément médité ce qu'il doit dire et comment il doit le dire.

SECTION V.

De l'esprit d'innovation.

10. Il est des professeurs qui sont possédés de la manie des innovations. C'est même l'appât qu'emploient quelquefois les nouveaux docteurs pour amorcer les jeunes gens; semblables à ces rhéteurs dont Pétrone nous a révélé le secret, en faisant dire à l'un d'eux : « Sachez que, dans la » manière d'instruire, la faute ne vient pas des professeurs » qui sont contraints de s'accommoder à la manie de ceux

» qu'ils enseignent, parce que si tout ce qu'ils avancent n'é-
» tait au goût de leurs écoliers, comme dit Cicéron, *leurs*
» *classes demeureraient désertes.* »

11. En cela, comme en tout, il faut éviter les extrêmes. De même qu'on ne doit pas toujours préférer l'ancien au nouveau, de même aussi le nouveau ne doit pas toujours l'emporter sur l'ancien.

Voici donc les règles que je propose : 1° Il ne faut pas innover quand rien n'en fait une nécessité, et rien n'en fait une nécessité, quand la nouvelle méthode ne procurerait pas plus d'avantages que la première; 2° éviter le *néologisme*, manie fatale qui n'est propre qu'à jeter de l'obscurité dans le discours, en mettant des mots mal définis à la place d'expressions consacrées par le temps. La langue du Droit, fixée par les Cujas et les Heineccius, les Domat et les Pothier, doit, ce semble, suffire à nos docteurs modernes. 3° Quant au fond des opinions, on ne doit s'écarter des doctrines reçues que pour réformer de vieux abus ou réfuter des erreurs invétérées.

12. Mais, puisque nous parlons d'erreurs, ajoutons qu'un homme ne doit jamais rougir de reconnaître les siennes. Lors donc qu'un professeur reconnaîtra qu'il s'est trompé, il devra se rétracter sans balancer et proclamer la doctrine contraire. Qu'il imite, en pareil cas, la droiture et la modestie de Papinius, et qu'il ne craigne de dire, comme ce prince des jurisconsultes romains : *Nobis aliquandò placebat, sed in contrarium me vocat Sabini sententia.*

CHAPITRE II.

Application de quelques-unes des règles ci-dessus à l'enseignement du Droit.

13. Les règles que j'ai proposées dans le chapitre précédent sont générales, et peuvent s'appliquer à l'enseignement de toutes les sciences ; il est temps d'en faire une application particulière à l'enseignement du Droit.

Il serait superflu de revenir sur la nécessité de la clarté et de la méthode.

Mais j'insisterai sur la nécessité des définitions, des divisions, de l'explication des termes techniques; sur l'utilité des exemples, l'abus des citations, l'importance de la raison des principes, le danger des subtilités, et l'influence d'un bon livre élémentaire.

SECTION PREMIÈRE.

Des Définitions.

14. Définir, n'est autre chose que faire connaître le sens d'un mot par le moyen d'autres expressions qui ne soient pas synonymes.

Le but des définitions est de donner des idées nettes et analytiques des choses qu'on se propose d'expliquer.

Ainsi, rien n'est plus précieux qu'une définition exacte; mais aussi rien n'est plus difficile, surtout en droit : *omnis definitio in jure civili periculosa*, dit la loi 202, § *de regulis juris*. Tâchons donc d'indiquer d'où elles se tirent et comment elles se forment.

15. Les définitions se trouvent par l'analyse, lorsque nous examinons soigneusement une chose dans toutes ses parties, et que nous la réduisons à ses premiers principes. Elles se forment, 1° par des rapprochemens et des comparaisons, lorsque nous considérons avec toute l'attention convenable ce qu'une chose a de commun avec une autre, et ce qu'elle a de différent; 2° par l'abstraction ou l'omission de quelques circonstances; 3° par le changement de ces mêmes circonstances; 4° par leur complication.

Par exemple, lorsque je vois deux individus acheter et vendre, et que je suis leurs mouvemens, je remarque que l'un d'eux donne à l'autre une chose convenue moyennant une somme aussi convenue; et j'acquiers par cette analyse une idée nette du contrat de vente.

Si je compare ensuite ce contrat avec les autres contrats, je reconnais aisément qu'il convient avec eux, en ce qu'il exige le consentement mutuel et concordant des contractans; et qu'il en diffère en ce qu'il requiert que ce consentement porte sur une chose qui soit dans le commerce, et dont la propriété soit transférée moyennant une somme d'argent monnayée. Le résultat de cette comparaison me fournit cette définition : *La vente est une convention par laquelle une chose commerçable est transférée pour une certaine somme d'argent.*

Maintenant, que je supprime la circonstance d'un prix en argent, j'aurai la définition du contrat IN GENERE : *c'est une convention au sujet de la transmission d'une chose commerçable.*

Si je change cette circonstance du prix, et que je suppose que la chose est transférée gratuitement, je trouve la définition de la *donation*.

Enfin, si j'ajoute quelques circonstances, par exemple, celle-ci : Qu'après un certain temps, le vendeur reprendra sa chose en restituant le prix; j'aurai la définition du rachat ou *réméré*.

SECTION II.

Des Divisions.

16. Les divisions constituent la *méthode*, qui n'est autre chose que l'art de disposer ses idées et ses raisonnemens, de manière qu'on les entende soi-même avec plus d'ordre, et qu'on les fasse entendre aux autres avec plus de facilité.

On nomme *division*, la séparation d'une idée générale en plusieurs idées particulières.

On divise le tout par ses parties, le genre par ses espèces, les causes par leurs effets, etc.

Ainsi, par exemple, les jurisconsultes divisent la procédure en quatre parties principales, la demande, l'instruction, le jugement et l'exécution du jugement.

Ils distinguent la possession naturelle de la possession civile, etc.

17. L'utilité des divisions consiste à faciliter l'intelligence des idées complexes. Mais pour que la division procure cet avantage, il ne faut pas s'en tenir à décomposer ces mêmes idées : il faut encore expliquer en détail chacune des idées partielles que la division a pour objet de faire ressortir, et les mettre dans une sorte d'opposition.

C'est ce qui paraîtra par l'exemple suivant : *Les choses sont corporelles ou incorporelles*. Cette division est bonne; mais elle devient meilleure en lui donnant plus de développement, et en définissant ce qu'on entend par choses corporelles et incorporelles. Les choses corporelles sont celles qu'on peut toucher, *quæ tangi possunt*; les choses incorporelles, celles qu'on ne peut pas toucher, *quæ tangi non possunt*. Ces définitions, ainsi opposées, font ressortir d'autant mieux la différence qui existe entre les deux membres de la division. Autrement, si l'on disait que les choses corporelles sont celles qu'on peut toucher, *quæ tangi possunt*; les incorporelles, celles qui consistent dans un droit, *quæ consistunt in jure*; cette définition serait aussi vraie que la première; mais l'opposition étant moins directe, serait aussi moins sensible.

18. Pour qu'une division soit bonne, il faut; 1° que ses membres embrassent le tout[1] qu'on divise; 2° que ces membres soient distincts et n'empiètent pas l'un sur l'autre; 3° qu'avant la division on ait pris soin de dégager de toute obscurité l'idée à diviser.

19. Il faut appliquer aux subdivisions les règles de la division : on doit seulement éviter de les multiplier sans nécessité; car les trop petites choses sont aussi difficiles à comprendre que les choses trop étendues, et les divisions poussées trop loin sont aussi vicieuses que le manque absolu de division. C'est la remarque de Sénèque. *Dividi illam, non concidi, utile est. Nam comprehendere quemadmodum maxima, ita minima, difficile est. Quidquid in majus crevit, facilius agnoscitur, si discessit in partes : quas, ut dixi, innumerabiles esse et parvas non oportet. Idem enim vitii habet nimia, quod nulla divisio. Simile confuso est, quidquid usque in pulverem sectum est.* Epist. 89.

SECTION III.

De l'Explication des Termes techniques.

20. On appelle *termes* ou *mots techniques* les mots qui ont été inventés pour exprimer ce qui appartient aux arts et aux sciences.

On doit les définir avec exactitude. En effet, comme ces mots sont, pour l'ordinaire, inconnus aux élèves, il arrive qu'ils les confondent entre eux, ou qu'ils y attachent un sens différent de celui que le professeur a eu en vue, et les fausses idées arrivent à la suite. Il est donc du devoir des professeurs d'éviter cet inconvénient et de soigner leurs dé-

[1] De là il résulte qu'on ne doit pas appeler *division*, mais seulement *distinction*, l'opération qui ne divise pas un tout en ses parties, mais qui indique seulement les diverses acceptions d'un mot.

finitions. On ne doit pas regarder comme minutieux des détails sans lesquels on ne peut pas arriver à des résultats plus importans; car, je le demande, avec quel succès un professeur enseignera-t-il le Droit, s'il n'explique pas les termes d'art qu'il sera forcé d'employer? Par exemple, ceux-ci : *cautionnement*, *aval*, *hypothèque*, *usufruit*, *solidarité*, et mille autres semblables [1].

SECTION IV.

Des Exemples.

21. Rien n'est plus utile pour l'intelligence des règles générales du Droit, que les exemples dont on se sert pour les autoriser, les confirmer, ou les modifier. Mais il faut savoir se borner : *Est modus in rebus*. De même que les juges doivent prononcer suivant les lois et non pas suivant des espèces particulières; de même aussi le professeur doit enseigner d'après les lois, et non pas d'après des gloses ou des commentaires. Il ne doit faire servir les exemples qu'à l'intelligence des règles qu'il a puisées dans les sources de la législation, et il doit s'arrêter aussitôt que ces règles sont suffisamment éclaircies. Le droit est limité : *jus finitum et potest esse et debet. L.* 2, *ff. de juris et facti ignor.* Mais les espèces sont tellement infinies, que depuis qu'il y a des jurisconsultes, on n'a jamais vu se représenter deux espèces parfaitement semblables. C'est donc une illusion que de prétendre épuiser toutes les conséquences d'un principe.

Aussi j'ai toujours admiré que le docte Brisson (*lib.* 6 *Formul.*) ait employé sa vaste érudition à recueillir jusqu'à 600 exemples de stipulations conventionnelles, lorsque Justinien (*Inst.* § 3, *de divis. stipul.*) avait pris soin d'avertir que cette espèce de stipulations était innombrable.

22. J'insiste sur ce point : car rien de plus fastidieux que de voir un professeur s'évertuer à controuver des espèces qui souvent ne se présenteront jamais; ou bien s'efforcer de replaider devant ses élèves les questions jugées dans les tribunaux. Rien n'est plus propre à leur fausser le jugement, et à en faire de petits disputeurs.

[1] C'est parce que je suis profondément convaincu de l'utilité des définitions, surtout pour les commençans, que j'ai fait entrer dans le plan de ce *Manuel*, un *Vocabulaire des termes de Droit*.

Ajoutez que des professeurs qui, pour l'ordinaire, sont étrangers au Palais et n'ont jamais fréquenté le barreau, sont peu propres à expliquer des espèces et à donner la véritable clé des arrêts. Ils doivent se borner à enseigner par théorie ce qu'ils ne savent que par spéculation, et renoncer à parler d'usages et de pratiques, s'ils ne veulent pas se voir appliquer ces paroles de Cicéron : *Nec mihi opus est aliquo Doctore qui mihi pervulgata præcepta decantet, cùm ipse nunquam forum, numquam judicium aspexerit; quod ipse non est expertus, id docet cæteros.* Cic. *de Oratore, lib.* 2. C'est en cela surtout que se rendit ridicule cet orateur dont parle Cicéron au même endroit. Il employa plusieurs heures à débiter un discours véhément sur les devoirs et les engagemens d'un général ; il parla de l'art militaire, il fit la description d'un camp ; donna des règles pour discipliner des troupes et les ranger en bataille ; en un mot ; il voulut enseigner à combattre ; lui *qui nunquam hostem, nunquam castra vidisset, nunquam denique minimam partem ullius publici muneris attigisset.* Annibal, qui se trouvait présent à ce discours, ayant été prié de dire ce qu'il pensait de cet orateur, répondit sans beaucoup hésiter : *Multos se deliros senes sæpè vidisse, sed qui magis quàm Phormio deliraret vidisse neminem.*

23. Quel est d'ailleurs celui qui, par une étude si forte quelle soit, pourra se flatter de classer dans sa mémoire toutes les espèces possibles, et de pouvoir, au besoin, rapporter les décisions qu'il aura lues, aux différens cas qui lui seront soumis ? J'admets qu'un tel homme ait pâli sur mille volumes d'arrêts et de décisions, au lieu de s'appliquer à se mettre dans la tête un système raisonné du Droit : malgré sa science d'arrêtiste, ne lui arrivera-t-il pas toujours de rencontrer des milliers d'espèces qu'il n'aura ni lues, ni retenues ?

Blâmons donc la folie de ceux qui consument les plus belles années de leur vie à respirer la poudre des commentateurs, et à feuilleter des collections d'arrêts [1] dans l'espoir d'y acquérir la connaissance du droit. Ils ressemblent à ce

[1] On ne blâme l'étude des commentateurs et des arrêtistes que pour les commençans ; on reconnaît d'ailleurs l'utilité de cette étude pour les avocats, et on rend justice entière à ceux qui se dévouent au pénible travail de perpétuer les monumens de la jurisprudence.

fou dont parle Lucien : assis sur le rivage de la mer, il s'efforçait d'en compter les vagues, jusqu'à ce que les vagues elles-mêmes, se brisant l'une sur l'autre, vinssent le couvrir de leurs eaux, et il se désespérait de ne pouvoir les nombrer.

24. Revenons au vrai : la connaissance de toute science réside dans l'intelligence de ses principes et dans la liaison de ces principes avec leur cause. Imitons les mathématiciens. Ils n'exigent pas que leurs élèves apprennent des milliers de problèmes ; mais ils leur démontrent et leur inculquent des définitions, des axiomes, des théorèmes à l'aide desquels il leur devient aisé de résoudre tous les problèmes. De même, qu'un vrai jurisconsulte, qu'un sage professeur n'accable pas ses élèves d'espèces, de cas, d'argumens et de subtilités ; mais qu'il fasse passer dans leurs esprits ces règles immortelles du juste et de l'injuste. Une fois imbus de ces maximes sublimes, de ces principes éternels, qu'on leur propose des doutes, des espèces, des questions, ils les résoudront sans peine avec les secours de la loi et de leur raison ; *non multa, sed multùm.*

SECTION V.

De l'abus des Citations.

25. Nous avons dit que le professeur devait rendre aux élèves raison de sa doctrine, et qu'il leur en devait la démonstration.

En Droit, un principe se démontre ou par sa liaison avec les lois naturelles, ou par l'allégation d'une loi positive, ou par l'opinion de jurisconsultes recommandables.

Nous parlerons dans la section suivante de ce genre de démonstration, qu'on tire de la raison des principes. Nous nous bornerons, dans celle-ci, à parler des citations proprement dites, ou allégations d'autorités. [1]

26. Avant tout, il faut observer qu'on ne doit prouver que ce qui est douteux ; et qu'il est superflu d'amonceler des citations sur les points qui sont avoués de tout le monde.

Quoi de plus ridicule, en effet, que de démontrer par le témoignage des lois et des auteurs, ces propositions si évi-

[1] Voyez dans ma nouvelle édition des *Lettres sur la profession d'avocat*, tome 1. p. 528, ce que je dis *des Citations*.

dentes par elles-mêmes : *que la liberté est inappréciable ; que l'enfant doit le respect à son père ; qu'on ne peut pas acheter sa propre chose* ; etc. Comme si l'on ignorait ces vérités, et qu'on refusât de les croire, si on ne les voyait écrites dans la loi 106, *ff. de Reg. juris*, dans l'article 371 du Code Civil, et dans la loi 16, *ff. de contrahendâ emptione !*

27. L'abus des citations est né de cette maxime barbare, *Erubescendum esse juris consulto sine lege loquenti* ; et il a été porté à cet excès, que les lois elles-mêmes ont maintes fois succombé sous le poids des citations multipliées de gloses et de commentaires le plus souvent étrangers à la question. Enfin la comédie s'est emparée de ce ridicule, et Racine, dans ses *Plaideurs*, en a fait bonne justice.

Sans doute les principes du Droit doivent se prouver par les lois ; comment prouver autrement les règles qui ne tirent pas leur existence de la seule raison, mais qui partent de la volonté du législateur ? Quelquefois même, dans les questions controversées, on peut invoquer le témoignage des plus célèbres docteurs, pourvu que ce soit toujours avec sobriété.

Mais j'attache plus de crédit à cet autre genre de démonstration qui se tire de principes et des la raison du Droit.

SECTION VI.

De la Raison des Principes.

28. Les lois ne sauraient jamais remplacer l'usage de la raison dans les affaires de la vie. Les besoins de la société sont si variés, la communication des hommes est si active, leurs intérêts sont si multipliés, et leurs rapports si étendus, qu'il est impossible au législateur de pourvoir à tout.

Dans les matières même qui fixent plus particulièrement son attentien, il est une foule de détails qui lui échappent, ou qui sont trop minutieux, ou trop mobiles pour pouvoir devenir l'objet d'un texte précis de loi.

D'ailleurs le caractère de la loi est d'être courte ; sa brièveté aide à la retenir et lui donne plus de majesté ; *imperatoria brevitas*. Le législateur doit parler en maître et non pas en rhéteur ; *non discepatione debet uti, sed jure*. Loi des Wisig. *livre* 1, *titre* 1, *chapitre* 2. C'est pourquoi Sénèque (*epist.* 94) disait que rien ne lui paraissait plus froid et plus inepte qu'une loi avec préambule : *Nihil videri frigidius nihil ineptius, quàm legem cum prologo.*

Aussi la plupart des législateurs ne donnent pas la raison de leurs lois, ou quelquefois ils en donnent une fausse, s'ils ont intérêt à déguiser la véritable.

29. Mais plus cette raison est inconnue, moins elle est facile à découvrir, et plus les jurisconsultes qui désirent y trouver un principe de solution, doivent s'attacher à sa recherche, s'ils ne veulent pas à tout moment errer dans l'interprétation des lois et dans l'application qu'ils sont chargés d'en faire aux cas non prévus. *Quæ enim lex, quod senatus-consultum, quod magistratûs edictum, quod fœdus aut pactio, quod* (ut ad privatas res redeam) *testamentum, quæ judicia, aut stipulationes, aut pacti et conventi formula non infirmari potest, si ad verba rem deflectere velimus*, CONSILIUM *autem eorum, qui scripserunt, et* RATIONEM *et auctoritatem relinquamus?* CIC. *pro A. Cæcin. cap.* 18.

Aussi le chancelier d'Aguesseau disait très-bien, que le temple de la Justice n'était pas moins consacré à la science qu'aux lois, et que la véritable doctrine qui consiste dans la connaissance de l'*esprit* des lois, est supérieure à la connaissance des lois mêmes.

30. Mais ce grand homme nous avertit aussi de l'abus qu'on peut faire de la recherche inconsidérée de l'esprit et de la raison des lois. « Vous le savez (disait-il aux magistrats de son temps), vous qui êtes nés dans des jours » plus heureux, et qui avez blanchi sous la pourpre : vous » le savez, et nous vous l'entendons dire souvent ; il n'est » presque plus de maxime certaine ; les vérités les plus » évidentes ont besoin de confirmation ; une ignorance or- » gueilleuse demande hardiment la preuve des premiers » principes. Un jeune magistrat veut obliger les anciens » sénateurs à lui rendre *raison* de la foi de leurs pères, et » remet en question des décisions consacrées par le con- » sentement unanime de tous les hommes. » *Tom.* 1, *p.* 116.

Il faut donc également éviter, et ce servilisme qui nous rend esclave de la lettre qui tue, et cet esprit d'indiscipline qui donne la mort à la loi même.

Il faut surtout ne pas perdre de vue qu'en recherchant l'esprit de la loi, on ne doit se proposer que d'en éclaircir le texte [1], et non pas d'en préparer l'inexécution. C'est dans ce sens que Platon a dit : *Non debere posteros rationem legis quærere, sed eam quasi Dei vocem et præceptum observare.*

Enfin il ne faut pas vouloir rendre raison de toutes les lois; car les lois elles-mêmes nous apprennent que souvent cette raison est impossible à donner. *Non omnium quæ à majoribus instituta sunt, ratio reddi potest.* L. 20, ff. de Legibus. *Et ideò rationes eorum quæ constituuntur inquiri* (nimiùm) *non oportet. Alioquin multa ex his quæ certa sunt, subverterentur.* L. 21, ff. eodem.

SECTION VII.

Des Subtilités.

31. On rencontre parfois des professeurs qui font consister toute leur habileté, non à expliquer de saines opinions, mais à fronder des maximes reçues universellement comme bonnes et utiles, et à les combattre uniquement parce que ces maximes viennent d'autres que d'eux. Ils sont possédés de la manie du sophisme, et ils étouffent la vérité sous leurs fictions, pour paraître d'autant plus subtils, et dire qu'ils ont enfin trouvé ce que tous leurs prédécesseurs n'avaient jamais soupçonné. *Commentis veritatem obruunt*, dit Duaren, *quò aliquid paulò argutiùs nec ab aliis ante excogitatum in medium adduxisse videantur.* Ils ne sont que de leur avis, et ils croiraient s'abaisser,

S'ils pensaient ce qu'un autre a pu penser comme eux.

Semblables à ces philosophes qui, par des raisonnemens captieux, ébranlent les fondemens de la certitude humaine, on dirait qu'ils veulent introduire dans la justice un dangereux pyrrhonisme, qui, par les principes éblouissans d'un

[1] On ne peut pas douter que la connaissance de l'esprit de la loi, *cur ea lex lata sit*, ne serve à son interprétation; car c'est une maxime vulgaire, qu'une loi cesse avec les motifs qui l'ont déterminée. [*Principia juris, not. ad n.* 1097.] Supposons, par exemple, qu'une loi ait défendu de laisser aborder les étrangers, *crainte de la peste*; il n'est pas douteux que cette crainte venant à cesser, on devra rétablir les communications ordinaires avec les étrangers. On peut voir l'application de cet exemple aux testamens; dans l'espèce des art. 985 et 987 du Code civil.

doute universel, rend tous les principes incertains et toutes les preuves équivoques. La plupart de ces théories ne sont pas même comprises des jeunes gens; mais souvent il arrive précisément que parce qu'elles sont incompréhensibles, hardies, elles surprennent plusieurs d'entre eux, qui les admirent d'autant plus volontiers qu'ils n'y comprennent rien; se figurant que ce qui est au-dessus de leur intelligence, doit être quelque chose de bien beau, et pour ainsi dire le chef-d'œuvre de l'esprit humain. Au contraire, ces mêmes jeunes gens haussent les épaules lorsqu'on leur propose des vérités simples et évidentes; et parce qu'elles ont moins d'éclat que de solidité, ils les dédaignent comme des puérilités:

Omnia enim stolidi magis admirantur amantque
Inversis quæ sub verbis latitantia cernunt.

LUCRET, lib. I, v. 642.

Pour moi, je hais les subtilités; et j'appliquerai volontiers à ceux qui les professent ce que Caton disait des aruspices, qu'il ne concevait pas qu'ils pussent se regarder sans rire. Misérables sophistes, c'est par eux que la science du Droit, qui devait être la plus aisée comme elle est la plus noble de toutes, est devenue difficile et embarrassante, au point que le plus dur travail et la plus longue vie suffisent à peine pour l'acquérir!

Au lieu de faire naître des contradictions dans les lois, qu'un bon professeur s'attache à les faire disparaître; qu'il ait toujours l'équité devant les yeux; qu'il ne sépare point le Droit de la justice, et qu'il abandonne l'esprit de chicane à l'esprit d'intérêt. *Jus enim semper quærendum est æquabile, neque enim aliter jus esset.* CIC. de Offic. lib. 2, cap. 12, n. 4. — *Qui aliter jus civile tradunt, non tam justitiæ quàm litigandi tradunt vias.* CIC. de Legib. lib. 1.

SECTION VIII.

Des Déclamations.

32. Je pourrais prendre un autre titre qui peut-être rendrait mieux ma pensée. L'idée m'en est suggérée par la disposition actuelle des esprits, les uns trop portés, dit-on, à l'insubordination, et les autres trop enclins à la servilité.

Je ne donne la préférence à aucune de ces *tendances*, je les condamne et je les déplore également toutes deux.

Elles sont dangereuses chez les élèves, car les factieux et les esclaves sont de mauvais citoyens. Elles sont répréhensibles chez les maîtres, car on peut bien quelquefois excuser les écarts d'une jeunesse inexpérimentée; mais on ne peut jamais approuver un maître qui contribuerait par ses leçons à égarer ceux qu'il est chargé de conduire.

Pour éviter des expressions plus sévères, je me contenterai de condamner, sous le titre de *déclamation*, toute excursion qu'un professeur essaierait de faire sur des questions étrangères au sujet de son cours, soit qu'il en prît occasion d'accréditer la doctrine inconstitutionnelle du pouvoir absolu, soit qu'il voulût s'en servir pour préconiser des idées démagogiques.

Le droit civil, le droit commercial et la procédure, ne fournissent guère matière à ces sortes d'épisodes. Il faut le vouloir avec obstination, et employer ce que les rhéteurs appellent un *te faciam benè venire*, pour introduire des discussions politiques dans l'interprétation des lois sur les hypothèques, les saisies-arrêts et les faillites. Ainsi l'écueil est facile à éviter pour ceux qui occupent ces diverses chaires dans l'enseignement du Droit.

J'admets cependant que le sujet s'élève tout à coup, et comme à l'improviste, par la rencontre d'un texte, tel, par exemple, que celui-ci : *Princeps solutus est legibus*. Le professeur devra sans doute faire remarquer à ses élèves que cette prétendue maxime, introduite dans la législation romaine pour flatter les chefs du Bas-Empire, est opposée aux maximes qui gouvernent les monarchies tempérées, et qu'elle est surtout incompatible avec notre gouvernement constitutionnel. Il niera donc que le caprice du prince puisse l'emporter jamais sur la volonté de la loi. Mais qu'en se montrant l'ami des lois, on ne puisse pas le soupçonner d'être l'ennemi d'une juste subordination; s'il ne doit pas mettre le prince au-dessus des lois, il ne doit pas non plus le ravaler en quelque sorte à la condition de sujet; qu'il commence, au contraire, par bien inculquer dans l'esprit de ses élèves ce que l'autorité royale a de grave et d'imposant, et ce qu'elle doit avoir de force, dans l'intérêt même de la vraie liberté; qu'il leur rappelle sans cesse que la personne du roi est inviolable et sacrée; que le roi ne peut pas mal faire; que ses ministres seuls sont responsables; que seuls, par conséquent, ils sont criminels quand ils veulent que l'arbitraire de leurs actes l'emporte sur l'immuable volonté des lois.

Avec ces préparations, le professeur n'aura pas à craindre que sa pensée soit mal saisie, mal interprétée, et désormais il pourra s'écrier avec d'Aguesseau : « Les plus » nobles images de la Divinité, les rois que l'Ecriture ap» pelle les dieux de la terre, ne sont jamais plus grands » que lorsqu'ils soumettent leur grandeur à la justice, et » qu'ils joignent au titre de maîtres du monde, celui d'*es*» *claves de la loi.* »

Le professeur aura-t-il, au contraire, à expliquer une maxime *libérale;* celle-ci, par exemple, qu'on lit dans la loi 106, ff. *de Reg. jur.* : *Libertas inæstimabilis res est;* qu'il montre à ses élèves la honte et la nudité de l'esclavage; qu'il déverse hautement le mépris sur ces Romains qui, nés libres, avaient la bassesse de se vendre *ad pretium participandum*. Qu'à cette dégradation il oppose que, suivant notre Code civil, on ne peut engager ses services qu'*à temps*; que chez nous, en effet, la liberté des personnes ne peut être mise à prix; qu'elle n'est pas dans le commerce, et qu'elle est, en quelque façon, du domaine public : *libertas, non privata, sed publica res est.* Ces idées élèvent l'âme de la jeunesse; elles n'offrent aucun danger pour l'ordre public, et n'ôtent rien à la puissance de la loi.

J'en dirai autant de ces autres maximes : *omnes homines æquales sunt*, l. 32, ff. de Reg. juris; *et omnes liberi nascuntur*. Instit. *de Libertinis*. — Notre professeur enseignera que ces maximes ne sont pas seulement celles des républiques, qu'elles sont aussi celles de la vieille comme de la nouvelle France; qu'on les retrouve dans les anciennes ordonnances de nos rois aussi bien que dans la Charte constitutionnelle. « Comme, selon le droit de nature, chacun doit être *franc*.....,» dit Louis-le-Hutin dans l'un de ses édits; en conséquence, il voulait « que dans le royaume *des Francs*, la réalité répondît au nom. » — Ces idées étaient tellement entrées dans nos mœurs, que, même sous l'ancien régime, tout esclave de nos colonies, qui abordait en France, devenait libre à l'instant. — Louis XVIII, dans sa Charte de 1814, reconnaît et proclame aussi que *tous les*

Français sont égaux, et la Charte de 1830 n'a pu aller au-delà.

Voilà, certes, la doctrine de la *liberté* et de l'*égalité* bien établie..... Mais, professeur, insistez fortement sur ce que c'est de l'égalité *devant la loi* qu'il s'agit, et non de cette égalité de fait qui n'existera jamais entre le riche et le mendiant, l'homme laborieux et le fainéant, l'homme industrieux et l'homme inavisé; le roturier de génie et le sot d'ailleurs le mieux titré [1]. — Expliquez, avec une égale force, que la vraie liberté est fondée sur l'exacte observation des lois, sur la soumission aux magistrats, sur un profond respect pour les droits d'autrui; qu'elle n'est pas dans la licence; et que le plus sûr moyen de la compromettre, ou même de la perdre, serait d'en abuser.

Si je conseille ces justes ménagemens aux professeurs qui n'ont à traiter de si graves sujets qu'accidentellement, et, pour ainsi dire, en passant, combien ne sont-ils pas plus nécessaires pour ceux qui enseignent le *droit naturel* et le *droit public!....*

Pour eux, surtout, je le répète, qu'ils ne se fassent point les lâches apôtres de la servitude; mais, pour l'honneur comme pour l'intérêt de la liberté, qu'on ne puisse pas non plus les accuser de prôner les doctrines insurrectionnelles d'une basse démagogie.

Plus le char de lumière qu'ils conduisent doit répandre de vives clartés, et moins ils doivent oublier les sages conseils donnés à Phaéton :

Nec preme, nec summum molire per æthera currum :
Altiùs egressus cœlestia tecta cremabis;
Inferiùs, terras : medio tutissimus ibis.
Inter utrumque tene....

[1] La même pensée a été mieux rendue encore et par une voix qui doit faire autorité en cette matière, celle d'un roi. « L'égalité des droits, voilà ce que nous avons voulu : que chacun puisse parvenir à tout ce que ses facultés, son éducation, ses talens, lui donnent le droit d'atteindre, et alors le véritable vœu national sera satisfait; la véritable égalité sera protégée contre toutes les exagérations qui la détruisent. Il faut nous préserver de ne savoir pas reconnaître et honorer la supériorité du talent, de la propriété, de la richesse, et enfin celle de toutes les illustrations. Montrons que si nous n'avons pas voulu de l'aristocratie du privilége nous voulons l'aristocratie de la grandeur d'ame, de l'habileté, du talent, et des services rendus à la patrie. » (LOUIS-PHILIPPE, *aux fabricans*).

7.

SECTION IX.

Du Choix d'un Livre élémentaire.

33. J'ai dit que le professeur, pour faciliter aux élèves le moyen de rattacher les conséquences aux principes, devait leur indiquer un ouvrage élémentaire où ces principes fussent tous exposés avec clarté, liés avec méthode, énoncés avec précision.

Ce choix dépendra de lui, et mon dessein n'est pas de l'influencer. D'ailleurs je le tenterais en vain; car chaque professeur, trouvant son avantage pécuniaire à fabriquer pour son compte un ouvrage qu'il vend à ses élèves, il en résulte trop souvent que ceux-ci sont forcés de préférer les rapsodies de Forcadel aux doctes élucubrations de Cujas.

J'observerai seulement que le professeur de Droit français ne devrait peut-être pas choisir d'autre texte de ses leçons que le Code civil. D'abord parce que nous n'avons encore sur notre Droit français aucun ouvrage qui réunisse les qualités que j'ai indiquées; et ensuite parce que le Code civil, par lui-même clair et concis, et distribué dans un ordre, sinon parfait, au moins meilleur que tous les abrégés du droit qui ont paru jusqu'à présent, offre encore aux étudians l'avantage inappréciable d'apprendre *la loi dans la loi même*, et de puiser dans la source la plus pure, la plus vive et la plus abondante de notre législation moderne.

Multùm crede mihi refert à fonte bibatur
Quæ fluit, an pigro quæ latet unda lacu.

CHAPITRE III.

Des Examens et des Thèses.

34. Les examens ont pour but de s'assurer du degré de capacité de l'élève; ils montrent aussi le degré d'habileté du professeur, puisqu'on peut juger de celui-ci par ses questions, comme on doit juger de celui-là par ses réponses.

Il est donc important de donner quelques règles sur cette matière.

Toutefois je me bornerai à parler des examens ou actes publics, qui prennent le nom de *thèses*, parce que ceux-là seuls intéressent le public, et lui donnent à juger des professeurs et des élèves,

35. L'acte public consiste à répondre aux argumentations qui sont faites contre les propositions avancées dans la thèse. De l'attaque et du soutien de ces propositions naît une dispute qui n'est autre chose *que la comparaison exacte et bien raisonnée de deux sentimens contraires l'un à l'autre*, c'est-à-dire de la thèse et de l'antithèse. D'où je conclus d'abord que les contendans ne doivent pas se proposer pour but une vaine gloriole, mais la recherche de la vérité.

36. De cette première conséquence, j'en infère une seconde, savoir : qu'on doit bannir de l'argumentation l'animosite, les surprises qui approcheraient de la mauvaise foi, et toutes les expressions qui pourraient paraître offensantes.

Procul omnis esto
Clamor et ira. Horat.

37. Comme la dispute naît de la comparaison de la thèse avec une proposition contradictoire, il est évident 1° que c'est à l'élève à proposer la thèse qu'il doit soutenir, et que c'est au professeur à émettre l'argument contre cette thèse; 2° que s'il y a quelque louche dans la thèse, l'élève doit le faire disparaître, et dissiper toute espèce d'obscurité, pour éviter de tomber dans une vaine dispute de mots (1); 3° que le professeur doit désigner clairement et positivement la proposition qu'il veut impugner. C'est de là que naît cette partie de la dispute qu'on nomme *l'état de la question*, et qui constitue à juste titre le premier point de toute controverse.

En effet, si l'état de la question n'est pas bien fixé, c'est en vain qu'on disputera. Toujours les contendans s'éviteront, et chacun d'eux, s'il ne peut échapper autrement à son adversaire, se rabattra sur des objets différens de ceux dont il s'agit. Aussi, dans nos tribunaux, on n'admet le défendeur à plaider qu'après qu'il a posé des qualités, c'est-

¹ Telle est la réflexion de Locke : « Et si les hommes voulaient » dire quelles idées ils attachent aux mots dont ils se servent, il » ne pourrait y avoir la moitié tant d'obscurité ou de dispute » dans la recherche ou dans la défense de la vérité, qu'il y en a. » *Essai sur l'Entendement humain. Tome* 3, *p.* 211.

à-dire pris des conclusions contraires à celles du demandeur : de là naît notre *litis-contestation*, qui revient à ce que les Romains appelaient *causæ conjectiò, quâ litigatores antequàm ageretur causa, rem per indicem exponebant et causam in breve suam cogebant.*

38. Ainsi, la fixation de l'état de la question a pour objet de montrer distinctement quelles sont les propositions non contestées, et quelle est celle qui doit faire le sujet de la dispute.

Supposons, par exemple, que dans une thèse de Droit Romain, le candidat se soit exprimé en ces termes : *Pignus est contractus re initus, bonæ fideì, quo res à debitore creditori in securitatem crediti traditur soluto debito in specie restituenda.* Il n'y a là qu'une seule proposition générale, savoir une définition : mais elle se compose de plusieurs autres propositions. C'est pourquoi le professeur, avant de l'attaquer, devra désigner quelles sont les propositions qu'il n'entend pas contester, et quelle est celle qu'il s'attachera à réfuter. Par exemple, il dira : 1° *se non negare* PIGNUS ESSE CONTRACTUM ; 2° *multò minùs negare* EUM CONTRACTUM ESSE BONÆ FIDEI ; 3° *concedere se etiam*, PIGNUS TRADI POSSE ; 4° *et si tradatur*, ID FIERI IN SECURITATEM CREDITI ; 5° *denique extra litem esse*, PIGNUS TRADITUM SOLUTO DEBITO RESTITUENDUM ESSE. — *Unam superesse quæstionem, de quâ jam agendum sit, nempe* AN PIGNUS OMNE SIT CONTRACTUS RE INITUS ? *Affirmari hoc à respondente in thesi ; sibi verò veriorem videri antithesin :* QUODDAM PIGNUS NON ESSE CONTRACTUM RE INITUM. Alors chacun verra que c'est sur cette seule proposition que porte l'objection, et que devra porter la réponse.

39. Mais il ne doit pas suffire au professeur de dégager ainsi la proposition qu'il veut attaquer, de celles qu'il n'entend pas contester. Il doit opposer formellement sa proposition à celle de l'élève, et le faire par un raisonnement dont la conclusion soit l'antithèse même qu'il aura émise en fixant l'état de la question.

Ainsi, en conservant l'exemple que nous avons déjà posé, le professeur raisonnera comme il suit :

1. *Qui contractus obligat ex solo consensu, is non est contractus re initus.*

2. *Quidam contractus pignoris obligat ex solo consensu.*

3. *Quidam ergo contractus pignoris non est contractus re initus.*

On voit que cette conclusion renferme précisément l'antithèse, c'est-à-dire la proposition opposée à la thèse.

40. Cela fait, le candidat doit reprendre sommairement l'argument, et le répéter. Il est nécessaire d'en user ainsi, pour s'assurer que le candidat a suffisamment saisi l'argument du professeur.

41. L'élève doit ensuite examiner si le raisonnement du professeur ne pèche pas par la forme : car, s'il n'est pas régulièrement fait, s'il pèche contre les règles de la logique, le candidat doit soutenir le professeur *purement et simplement* NON RECEVABLE *dans son argument.*

42. Quoique l'argument soit en forme, si cependant il est faux en soi, c'est qu'il renfermera dans l'une ou l'autre de ses prémisses quelque proposition inexacte : ainsi le candidat devra nier cette proposition ; ou bien, s'il ne voit pas encore où tend cette proposition, il en exigera séparément la preuve.

43. Le professeur, ainsi pressé, deviendra une espèce de Protée ; il se repliera dans tous les sens, et le plus souvent il essaiera de se sauver par des pétitions de principe :

> *Sed quantò ille magis formas se vertet in omnes,*
> *Tantò, nate, magis contende tenacia vincla ;*
> *Donec talis erit, mutato corpore, qualem*
> *Videris incepto*, etc.

Il faudra donc enfin que le professeur entame la preuve de son argument : ainsi, je suppose que, dans l'espèce posée, le candidat ait nié la mineure ; le professeur devra la prouver directement. Je dis directement, car il ne prouverait rien, si, au lieu d'une preuve directe et positive, il se jetait sur des lieux communs, et débitait à grands frais que, suivant le droit naturel, on doit tenir toutes ses promesses ; que la distinction des contrats en quatre espèces, suivant qu'ils se forment, *re*, *verbis*, *litteris*, *consensu*, appartient aux subtilités du Droit romain, et que cette vérité a été reconnue depuis long-temps par les plus habiles docteurs. Il fera mieux de prouver ainsi sa mineure en peu de mots :

1. *In quo contractu ex solo promisso, actio datur ad rem tradendam, in eo obligatio ex solo consensu nascitur.*

2. *In quodam contractu pignoris actio ex solo promisso datur ad rem tradendam.*

3. *Ergo quidam contractus pignoris ex solo consensu nascitur.*

44. Si ce dernier raisonnement n'est pas plus juste que le premier, le candidat devra encore en indiquer les défectuosités, ou exiger une nouvelle preuve de la prémisse contestée; et il en usera de la sorte tant qu'il ne sera pas parvenu à remonter au principe sur lequel le professeur a construit son argument.

Soit donc que le candidat nie la mineure du second syllogisme, le professeur la prouvera par la loi 1. *in pr.* § 1. *de pignerat. act.* Et partant, il argumentera en ces termes :

1. *Si pignus contrahitur nudâ conventione citrà traditionem, actio dabitur ex solo promisso ad rem tradendam. At contrahitur nudâ conventione citrà traditionem per l. 1. pr. ff. d. t. Actio ergo tunc dabitur ex solo promisso.* 2. *Si quis aurum ostendens æs creditori dedit, ad aurum tradendum conveniri potest; sequitur, ut ex solo promisso citrà traditionem nascatur actio illa pigneratitia. At prius verum est per dictam l. 1. § 1. Ergo et posterius.*

De cette manière, les choses sont amenées au point que le candidat voit clairement sur quoi repose l'argument qui lui est proposé, et se trouve à son tour dans l'inévitable nécessité de résoudre cet argument par sa réponse.

45. Cette réponse doit contenir la solution de l'argument, et renfermer la négation de quelqu'une des propositions avancées contre la thèse; car nous avons vu que la subversion de l'une ou de l'autre des prémisses entraînerait la ruine de l'argument.

46. Il faut que la réponse soit catégorique; elle peut l'être de diverses manières.

1° On peut répondre *per concessionem* en concédant l'argument, s'il paraît qu'il ne frappe point sur la thèse.

2° On peut aussi répondre *per instantiam* (comme disent les gens de l'école); ce qui se fait en prouvant, dans une espèce particulière, le contraire de ce qui est avancé dans une proposition générale, et en établissant ainsi, que cette proposition n'est pas universelle et sans exception. Par exemple, si celui qui argumente avait proposé cet argument : *Nullus contractus realis est bonæ fidei. Contractus pignoris est bonæ fidei* (per definitionem). *Nullus ergo contrac-*

tus pignoris est realis. Il est manifeste qu'il faut répondre en niant la majeure et en soutenant qu'elle n'est pas universelle, et c'est ce qu'on démontrera facilement *per instantiam.* Car en Droit Romain, le commodat et le dépôt sont des contrats réels ; cependant ce sont aussi des contrats de bonne foi. De même tous les jurisconsultes tiennent que les contrats innommés sont des contrats réels ; et cependant il est constant que l'échange est un contrat de bonne foi. *Inst.* §. 28 *de actionibus. l. ff. de permut.*

La troisième manière de répondre se fait *per inversionem*, en rétorquant l'argument, si le candidat prouve que sa thèse dérive précisément de la proposition qu'on lui oppose. Supposez, en effet, que le professeur ait employé cet argument :

Quod leges ipsæ contractibus consensuliabus accensent id ad contractus CONSENSUALES *omninò referendum est. Pignus leges contractibus* CONSENSUALIBUS *accensent.* L. 1, ff. de pignerat.) : *est ergò pignus ad contractus* CONSENSUALES *referendum.*

Le candidat pourra rétorquer cet argument, en disant, *Quod leges ipsæ contractibus* REALIBUS *accensent, id ad contractus* REALES *referendum est. Pignus leges ipsæ contractibus* REALIBUS *accensent.* (Inst. §. 4, quib. mod. re contrah. oblig.). *Est ergo pignus ad contractus* REALES *referendum.*

Enfin, on peut répondre en proposant une distinction et une limitation. Dans ce cas, le candidat doit expliquer succinctement sa distinction, l'appliquer de suite à l'argument, et en faire sortir la limitation qu'il entend apporter à cet argument. Par exemple, on répondra convenablement à la mineure de l'argument (*n*° 43), en observant qu'il faut distinguer le cas où le mot *pignus* est pris dans une signification étendue, de celui où il retient sa signification propre. Dans le premier cas, *lato sensu*, ce mot exprime toute espèce de droit accordé au créancier sur les biens de son débiteur, et, par conséquent, il embrasse aussi l'hypothèque qui, dans ce sens, ne diffère *a pignore* que de nom. *L.* 5, §. 1, *ff. de pignerat.* Mais le gage proprement dit, *pignus strictè acceptum*, est un droit réel différent de l'hypothèque, et qui ne résulte que de la tradition. *L.* 238. §. 2, *ff. de verb. signif.* (*Adde* Code civil, *art.* 2076.) De cette distinction, il appert que *pignus*, pris dans le premier sens, peut aussi se contracter par *une nue convention*, par exemple par la convention d'hypothèque. Mais dans la seconde acception (et c'est dans cette acception qu'il est employé dans la thèse), la convention seule ne suffit pas, on requiert encore la tradition. Dès lors il faut limiter la mineure de l'argument et dire : *si pignus (strictè dictum quatenus hypothecæ opponitur, nudâ conventione citrâ traditionem constituitur, actio dabitur, ex solo promisso : at pignus (strictè dictum, et quatenùs hypothecæ opponitur) nudâ conventione non constituitur; sic nego minorem.*

47. Il n'y a pas d'autre manière de répondre pertinemment. C'est donc en pure perte que les candidats essaient parfois de réfuter l'argument, en se jetant dans de vaines déclamations, ou même s'évertuent à prouver leur thèse, au lieu de combattre l'antithèse. Aussi, de même qu'ils peuvent ramener le professeur à la thèse, en exigeant qu'il précise son argument (*n.* 43), de même le professeur, de son côté, peut les astreindre à rentrer dans la question, et à répondre catégoriquement : *A quelle proposition répondez-vous? l'accordez-vous, ou la niez-vous? distinguez-vous?* etc.

48. Lorsqu'une fois l'élève a donné la solution, le professeur peut, s'il le juge convenable, prouver contre elle et la réfuter. Et d'abord, 1° si le candidat a concédé tout l'argument, le professeur devra montrer que cet argument contredit la thèse médiatement ou immédiatement; 2° si le candidat a répondu *per instantiam*, le professeur devra prouver ou que les espèces prétendues contraires à la sienne n'y ont aucun trait, ou que le candidat, au lieu de prouver contre l'argument n'a donné que son opinion; 3° si l'argument a été rétorqué, le professeur fera voir que la thèse ne résulte pas du tout de la proposition qu'il a avancée; 4° enfin si le candidat a usé de distinction, le professeur essaiera d'établir, ou que cette distinction est destituée de fondement, ou qu'elle ne reçoit aucune application à l'argument.

49. Le candidat a aussi droit d'impugner cette réplique, et de donner une nouvelle solution contre les nouveaux raisonnemens; et ainsi de suite, jusqu'à ce que l'un ou l'autre des contendans n'ait plus rien de raisonnable à opposer.

Je dis, n'ait plus rien de raisonnable; car ceux qui ne

disputent que pour le plaisir de disputer, ont toujours quelque chose à opposer, quoique l'auditoire, neutre dans le débat, remarque aisément celui qui est poussé à bout, et qui reste, pour ainsi dire, mat.

50. Telles sont les règles dont je crois l'observation indispensable pour attaquer et défendre régulièrement une thèse. En s'y conformant exactement, il est impossible qu'il n'arrive de deux choses l'une ; ou que le professeur soit réduit à ne pouvoir prouver son argument, ou que le candidat soit amené malgré lui à concéder l'argument, ou à donner dans l'absurde ; ce qui suffit pour qu'on n'hésite plus à reconnaître de quel côté est la vérité.

51. Jusqu'ici nous n'avons parlé que du candidat, et du professeur qui argumente ; et nous n'avons rien dit de celui qui préside la thèse. C'est en effet une personne accessoire, appelée quelquefois par honneur [1], et dont le devoir est de rappeler à l'ordre les jeunes gens dont le caractère est trop fougueux. Le président d'une thèse doit être homme docte et bienveillant. S'il ne réunit ces deux qualités, vainement on lui tracerait des règles qu'il ne pourrait pas suivre, quelque envie qu'il eût d'ailleurs de s'y conformer.

52. Je me suis étendu sur cette matière, parce que c'est une des plus importantes. Les thèses sont le couronnement des études et le triomphe de l'enseignement. Il est impossible qu'un jeune homme, né avec des dispositions, ne réponde pas d'une manière satisfaisante, s'il a suivi de bons cours et s'il est bien interrogé. C'est alors que les professeurs jouissent de leur ouvrage ; c'est alors qu'en voyant de jeunes élèves exposer clairement et méthodiquement la doctrine qu'on leur a transmise, indiquer la véritable origine de cette doctrine, en donner la raison exacte, lever toutes les objections, dissiper tous les doutes, et résoudre tous les argumens avec autant de force que de dextérité ; le public remarque avec satisfaction que leurs études n'ont pas uniquement consisté à apprendre des cahiers ou des abrégés, mais qu'ils se sont imbus de la science au point de se l'approprier.

[1] C'est ainsi que l'École de Droit de Paris, voulant donner plus d'éclat à la réception de ses docteurs, invita M. Treilhard à présider la thèse que je soutins pour ce grade. C'était la première depuis le rétablissement des Écoles de Droit.

Un homme éprouvé de la sorte est bien plus digne de l'estime et de la confiance de ses concitoyens que ceux qui, dédaignant de si nobles épreuves, se targuent d'un titre qu'ils n'auraient jamais conquis par leur propre mérite, si les circonstances du temps ne leur avaient pas permis de l'acquérir avec une autre monnaie! Enfans du hasard et de la faiblesse, la plupart d'entre eux peuvent se dire :

Non me Praxiteles Scopasve fecit,
Nec sum Phidiacâ manu politus :
Sed lignum rude villicus dolavit,
Et dixit mihi : Tu Priapus esto.

PRÉCIS HISTORIQUE

DU DROIT ROMAIN,

DEPUIS

ROMULUS JUSQU'A NOS JOURS.

In historiâ illustri nihil est brevitate dulciùs.

Cic., *de Clar. Orat.*, 142.

La première édition a paru en 1809. Elle a eu l'honneur d'être supprimée par la police impériale. Le ministre Fouché proposait à l'auteur de retrancher *seulement* le chapitre IV, où ce qui est dit de *la marche du pouvoir* sous Auguste pouvait *prêter à des applications*. Dans le récit de la mort de *Germanicus*, on voyait un reproche pour celle du *Duc d'Enghien*, etc. Aucun changement n'a été fait : la saisie a été maintenue. En 1814 l'ouvrage a été réimprimé, et il a eu depuis neuf éditions.

ACADEMIÆ

IONENSI, CORCYRÆ.

Ionenses Academici,

Ex quo inter vos allectus sum, sæpè menti occurrit, quàm mihi foret arduum, dignas, pro tali accepto beneficio, grates persolvere.

Certè equidem, mihi notus erat singularis ille vestrûm in animis insitus litterarum amor; et, præmiis olympicis in vestro gymnasio novissimè instauratis, magnum mihi satis et nobile curriculum patebat, in quo decorum pulverem colligere potuissem; sed meta mihi erat fervidis evitanda rotis; et, (id enim fatebor, ut alia prætermittam) grandis Græcorum nominis reverentia, me tam periculoso incœpto imparem esse monuit. Non enim quemquam nostrûm fugit, hanc, haud immeritis laudem tribuisse Horatium, cùm de vobis præclarissimè cecinerit :

Graiis ingenium ; Graiis dedit ore rotundo
Musa loqui, propter laudem nullius avaris.

Cùm verò quid valerent et quid ferre recusarent humeri diù sedulòque versaverim anceps; opinatus sum, me, non magno meo periculo facturum, si *Romanæ Jurisprudentiæ historicum Compendium* vobis offerrem. Quod, cùm mihi maximè expediret, eò, quod extrà meorum studiorum doctrinæque fines non esset; tùm mihi arridebat, quandò in animum revocabam, quas à Romanis mutuavimus leges, has græco fonte Romanos ipsos hausisse. Et præterea, id non injucundo recordationis sensu occurrebat, *Corpus Juris romani*, quale nunc illud habemus servamusque, idem in *Græciâ* olim conceptum, ordinatum atque promulgatum fuisse.

Quibus rationibus adductus sum, ut illud opusculum (ità sanè vestræ inclytæ genti haud prorsùs ingratum) vobis dicare auderem ; nimirum, *Academiæ Ionensi* quasi pignus monumentumque futurum, quanto mihi honori ducam, hujus Academiæ me esse socium, quam vix orientem jam intuetur quicquid scientiâ pollet in Europâ; quæque, cùm ex sede suâ, tot præclarorum virorum factorumque altam et quasi præsentem servet memoriam; tùm, ex quo surgere cœpit tempore, maximas in futurum spes alere fovereque debeat.

Atque, atque, IONENSES, qui fueritis, qui nunc, et qui futuri sitis, mementote semper et cogitate : et mox Ionia speciem referet antiquæ hujus Græciæ, quæ famâ, quæ gloriâ, quæ doctrinâ, quæ plurimis artibus, quæ etiam imperio et bellicâ laude floruit.

PARISIIS, pridiè kalend. decembr. 1809, 3° anno 647 Olympiadis.

A. M. J. J. DUPIN.

PRÉCIS HISTORIQUE

DU

DROIT ROMAIN.

CHAPITRE Ier.

Droit romain sous les Rois.

Rome formée, pour ainsi dire, par alluvion, et composée dans son origine, d'un ramas de brigands, qui en faisaient un repaire plutôt qu'une ville, n'eut d'abord aucune loi écrite.

L'usage[1] seul gouvernait les affaires : à son défaut on recourait au roi, dont la volonté était, en quelque sorte, une loi vivante et animée, *viva ac spirans lex.*

Cette volonté se manifestait par des édits.

Mais soit que cette forme de gouvernement dégénérât dès-lors en arbitraire, soit qu'elle déplût naturellement à ce peuple toujours avide d'une liberté dont il ne savait jamais jouir, il demanda des lois.

De ce moment, les rois commencèrent à consulter le peuple, et le résultat de la volonté générale faisait *loi.*

Les rois même devaient s'y soumettre, comme Tacite le remarque de Servius-Tullius, *qui præcipuus sanctor legum fuit, queis etiam reges obtemperarent.* Annal., *lib.* 3. *cap.* 26.

Tarquin-le-Superbe osa le premier changer cette constitution : il porta sur les lois ses mains sacriléges, accoutumées à tout violer : mais s'il fut le premier tyran des Romains, il fut aussi leur dernier roi, et le peuple redevenu libre se donna lui-même des lois.

CHAPITRE II.

Droit romain jusqu'aux XII Tables.

Après l'expulsion des Tarquins, la puissance suprême fut transférée à deux consuls, *ne potestas vel morâ vel solitudine corrumperetur. Tit. Liv.* IV. 2. Du reste, ces con-

[1] *Uso il legislatore il più ordinario delle nazioni.* Beccaria, § 42.

suls avaient la même autorité que les ci-devant rois, dont ils ne différaient que *vocabulo, numero ac diuturnitate dignitatis*.

Sous ce nouveau gouvernement, les lois royales conservèrent encore leur viguenr, et Caïus Papyrius les réunit en un seul corps qu'on appela, du nom de l'auteur, JUS PAPYRIANUM. *L.* 2, § 2, *ff. de orig. juris*.

Cependant plusieurs de ces lois, sans qu'on voie qu'elles aient été formellement abrogées, étaient demeurées sans force : elles ne convenaient plus à la nouvelle forme du gouvernement. Il devint donc indispensable que les consuls, imitant les rois en cela, décidassent, en connaissance de cause, tous les points non prévus par les lois. *Denis d'Halicarnasse, livre* X, *chap.* 1.

Mais Brutus avait fait jurer au peuple qu'il se maintiendrait éternellement dans sa liberté; et la maxime fondamentale de la république, était de regarder cette liberté comme une chose inséparable du nom romain.

Un peuple nourri dans cette espèce d'indépendance; disons plus, un peuple qui se croyait né pour commander aux autres peuples, et que Virgile, pour cette raison, appelle si noblement un peuple-roi, ne voulait recevoir de loi que de lui-même.

Aussi, sous les consuls comme sous les rois, les citoyens de Rome revendiquèrent le pouvoir législatif; et, après avoir obtenu des tribuns, les plébéiens, désormais opposés au Sénat, donnèrent, sous la présidence de ces magistrats, des ordonnances appelées *plebiscita*, différentes des lois proprement dites *populiscita*.

Rien ne fut plus fréquent alors que de voir les plébiscites en contradiction avec les édits consulaires. Chacun s'arrogeait la puissance législative : les consuls se l'attribuaient, les tribuns la réclamaient pour le peuple, et l'un d'eux parvint à faire décider que, dorénavant, les consuls observeraient la loi que le peuple se serait donnée; QUOD POPULUS IN SE JUS DEDERIT, EO CONSULEM USURUM. *Tit. Liv.* III, 9[1].

Pour faire cesser ce déplorable conflit, on convint enfin, l'an 300 de Rome, d'envoyer des députés en Grèce, pour

[1] Le peuple est maître à *Rome*, et veut être obéi.

(RÉGULUS.)

en compulser les lois et les accommoder aux mœurs des Romains.

Au retour de ces députés, on créa les décemvirs : à leur tête était Appius Claudius; on les chargea de mettre en ordre les lois que les députés avaient apportées.

Les décemvirs, aidés d'Hermodore, illustre exilé d'Éphèse, se livrèrent à ce travail avec tant d'application, que, dès l'année 303 de Rome, ils soumirent à l'acceptation du peuple leurs lois gravées sur X tables d'airain, auxquelles ils ajoutèrent deux autres tables peu de temps après.

Telles furent les lois des XII tables, que Tite-Live appelle *fons universi publici privatique juris*, et que Cicéron met au-dessus des bibliothéques de tous les philosophes, *omnibus omnium philosophorum bibliothecis anteponendum opus*; composé admirable de ce que les anciens usages des Romains avaient de plus sage, et de ce que les Grecs leur avaient fourni de mieux approprié à leurs mœurs : *tum ex Græcorum jure, tum ex patriis consuetudinibus.* (Dionis. Halic. X, 66.)

Ces lois furent reçues des Romains avec enthousiasme. Tous ceux qui se destinaient à l'étude de la jurisprudence devaient en apprendre le texte, *tanquam carmen necessarium.* (Cic. *de legib.* II, 23.)

Les plus célèbres jurisconsultes s'appliquèrent à les interpréter, et S. Cyprien (2, *epist.* 2) nous atteste que, de son temps, on les conservait encore dans leur entier. Mais tout cela n'a pas empêché qu'elles ne périssent lors de l'irruption des Barbares; et nous n'en avons aujourd'hui que des fragmens épars dans le Digeste et dans quelques Anciens, que J. Godefroy a compilés avec une érudition immense et enrichis d'excellentes notes.

Plusieurs auteurs conseillent de commencer par l'étude de ces lois, qui, en effet, nous indiquent l'origine et le principe de beaucoup d'institutions; mais d'autres, à l'avis desquels je me range, pensent, au contraire, que cette étude n'est bonne qu'à ceux qui veulent approfondir la science; et qu'il faut dire au vulgaire :

Procul, ô procul este, profani!

CHAPITRE III.

Droit romain depuis les XII Tables jusqu'au temps d'Auguste.

Les Romains jouissaient enfin de ce code qu'ils avaient tant désiré; mais l'impulsion était donnée; la lutte du sénat et du peuple se renouvelait tous les jours, et il était impossible que les lois ne se ressentissent pas du désordre de la cité. Plus les législateurs parlaient, et plus les lois restaient muettes; elles se multiplièrent à l'excès, et dès-lors on put dire, *corruptissimâ republicâ plurimæ leges.* Tacit. *Annal.* III, 27.

Les magistrats plébéiens essayèrent plusieurs fois de dépouiller les patriciens, non-seulement de leurs honneurs, mais encore de leurs biens; les patriciens, de leur côté, soutinrent que les plébiscites n'étaient pas obligatoires pour eux : de là ces jalousies furieuses entre le sénat et le peuple, entre les patriciens et les plébéiens; les uns alléguant toujours que la liberté excessive se détruit enfin elle-même; et les autres craignant au contraire que l'autorité, qui de sa nature croît toujours, ne dégénérât enfin en tyrannie : de là ces retraites des plébéiens sur le mont Aventin et sur le mont Janicule, et cette transaction politique, qui soumit les patriciens à l'autorité des plébiscites; *ut plebiscita omnes Quirites tenerent.* Aulus Gellius, *Noct. Att. lib.* 15, *c.* 27.

De ce moment les plébiscites eurent force de loi, et même en prirent le nom.

Cependant il restait encore au sénat des moyens de dominer le peuple. A peine les XII Tables avaient-elles été promulguées, que les patriciens imaginèrent des formules sans lesquelles on ne pouvait régulièrement intenter aucune action. *L.* 2, § 6, *ff. de ori. juris.*

Ils ajoutèrent à cela la distinction des jours fastes où l'on pouvait agir, et des jours néfastes où l'on ne le pouvait pas; et de tout cet assemblage de subtilité et de superstition, ils composèrent ce qu'ils appelaient *legis actiones.*

De cette manière ils concentrèrent dans leurs mains toute

la connaissance des affaires contentieuses, et, sous l'apparence du droit de patronage qu'ils s'arrogeaient comme un attribut de leur caste, ils acquirent une immense autorité.

On conçoit combien ils étaient intéressés à dérober au peuple la vue de cette nouvelle chaîne. Mais cet avantage leur fut enlevé vers l'an de Rome 449, par Cn. Flavius, qui surprit ces formules à Appius Claudius Cæcus, dont il était secrétaire, les réunit en un seul corps, et les livra ensuite à la connaissance du peuple, qui l'en récompensa en le nommant édile. On appela ce recueil de formules, JUS FLAVIANUM.

Vainement les patriciens essayèrent de ressaisir leur autorité, en imaginant de nouvelles formules: leur secret fut encore surpris et divulgué par S. Ælius Catus, dont la compilation prit le nom de JUS ÆLIANUM.

Toutefois il leur restait encore deux armes puissantes, *Interpretatio et Disputatio fori.*

Les lois des XII Tables avaient été écrites avec beaucoup de concision, *eleganti atque absolutâ brevitate verborum.* (GELLIUS, *lib.* 20, *cap.* 1.) Elles disaient beaucoup en peu de mots; mais elles ne disaient pas tout. Or, les patriciens, à l'aide des interprétations qu'il en donnaient, en tiraient par voie d'induction des décisions nouvelles, qui ne résultaient pas toujours du texte; d'où vint qu'on ne les appela pas seulement *Interpretes*, mais encore *Auctores* et *Conditores juris.* CUJAC. *obs.* VII. 25.

Il arrivait quelquefois que les jurisconsultes ne s'accordaient pas sur ces interprétations: alors ils s'assemblaient ou dans le Forum ou près du temple d'Apollon, pour agiter les questions controversées entre eux, et le résultat de cette conférence formait une décision que l'on appelait *recepta sententia.* C'est de ces difficultés ainsi résolues, que les lois parlent, quand elles disent POST MAGNAS VARIETATES OBTINUERAT... *L. ult. ff. de leg.* L. 32. *ff. de obligat.* EX DISPUTATIONE FORI VENIT... *Ascan. Pœdian. in verrin.* 3. JUS CONSENSU RECEPTUM, *pr. Inst. de acq. per adrog.* JUS COMMENTITIUM, *L.* 20, *ff. de pœnis*, juncto *Bynkersh, Obs.* V. 16.

Les patriciens qui, comme on l'a dit, exerçaient seuls la profession de jurisconsulte, évitaient soigneusement d'initier les plébéiens dans les mystères de leur art: *in latenti jus civile retinere cogitabant; solùmque consultatoribus potiusquam discere volentibus se præstabant.* Mais Tib. Caruncanius, qui n'entrait pas dans cette manière de voir, se mit à professer publiquement cette science jusque-là mystérieuse. A ce moyen, la jurisprudence ne fut plus le patrimoine exclusif des patriciens; chacun put devenir jurisconsulte, et il fut vrai de dire :

Tamen imâ plebe quiritem
Facundum invenies : solet hic defendere causas
Nobilis indocti : veniet de plebe togatâ,
Qui juris nodos et legum ænigmata solvat.

JUV. VIII, 47.

A l'exemple des rois, les consuls s'étaient mis en possession de décider tous les cas non prévus par les lois. Lorsque les consuls, entièrement livrés aux occupations de la guerre, se trouvèrent forcés d'abandonner le soin des affaires civiles aux différens magistrats qui furent créés pour les suppléer, on vit ces magistrats, et surtout les préteurs, donner des édits sur les différentes branches d'administration qui leur étaient confiées.

La raison, en effet, était toujours la même. Sans doute, tout doit se taire quand la loi parle; mais lorsque la loi est muette, les magistrats doivent suppléer à son silence, et décider, par des édits spéciaux, les questions particulières qu'il n'a pas été possible au législateur de comprendre dans la règle générale qu'il a tracée. *Oportet leges dominas esse, si sint rectè scriptæ; magistratus autem* EDICERE *debet de illis de quibus leges exquisitè aliquid decernere nequeant, eò, quod non facile sit sermone generali singulos casus comprehendere.* (ARIST. *Polit. III*, 2.)

Les édits des préteurs étaient de plusieurs sortes. Les uns appelés *repentina*, étaient donnés dans les cas qui se présentaient à l'instant et comme à l'improviste; les autres étaient donnés *ad perpetuam jurisdictionem*, et s'étendaient à tout le temps que devait durer la magistrature [1]. Parmi ces derniers, on appelait *tralatitia* ceux que le nouveau préteur conservait parmi les édits de son prédécesseur; et *nova*, ceux que le nouveau préteur ajoutait *de suo* à

[1] C'est-à-dire, un an; c'est pourquoi Cicéron, dans sa deuxième Verrine, n° 42, appelle l'édit du préteur, *lex annua cui finem adferant kalendæ januariæ.*

l'ancien édit ; car chaque préteur, en entrant en charge, montait à la tribune aux harangues, et déclarait (*edicebat*) quelles règles il suivrait en rendant la justice. Cet édit était ensuite écrit *in albo*.

Ces édits avaient ordinairement pour unique but d'aider à la lettre des lois, d'y suppléer ou de les rectifier : *fiebant adjuvandi, vel supplendi, vel corrigendi juris civilis gratiâ. L.* 7, § 1. *ff. de justit. et jure.* Du reste, il n'était pas permis aux préteurs de changer *directement* la loi même.

Mais ils venaient toujours à bout de l'enfreindre au moins *indirectement*, par divers moyens et à l'aide de leurs fictions.

Il y a plus : non-seulement ils portaient atteinte aux lois de l'Etat, mais ils ne se faisaient pas scrupule de changer leur propre édit dans le courant de l'année ; et ils se portaient à ces changemens avec d'autant plus de légèreté, qu'ils y trouvaient un moyen assuré de favoriser leurs amis et de vexer leurs ennemis : *hoc faciebant plerùmque in gratiam odiumque certorum hominum*.. DIO. CAS. *lib.* 36. Pour mettre un terme à cet abus, on fut obligé d'invoquer contre eux cet édit célèbre, qu'eux-mêmes avaient fait : QUOD QUISQUE JURIS IN ALTERUM STATUERIT, UT IPSE EODEM JURE UTATUR. *L.* 1. *ff. h. t.* Et cette barrière paraissant encore trop faible, on fit, l'an 585, un sénatus-consulte qui fut converti en loi l'année suivante, pour que les préteurs rendissent la justice pendant toute la durée de leur magistrature, conformément aux édits qu'ils auraient promulgués lors de leur entrée en charge : *Ut Prœtores ex edictis suis perpetuis* (id est per totum annum mansuris) *jus dicerent* : ou, comme le dit Dion Cassius, lib. 36, *ut statim prætores principio edicerent quo jure essent usuri, et deindè nequdquàm ab eo deflecterent.*

Dès lors le droit prétorien, JUS HONORARIUM, devint plus fixe ; on n'y fit plus de changemens sans nécessité ; et les édits des anciens préteurs, presque toujours conservés par leurs successeurs, compilés et commentés par les plus habiles jurisconsultes, formèrent à la longue un corps de décisions si respectable, que l'on pensait, du temps de Cicéron, que c'était dans l'édit du préteur, et non dans les XII Tables qu'on devait puiser la connaissance du droit :

à Prœtoris edicto, non à XII Tabulis, hauriendam esse juris disciplinam. De Legib. *lib.* 1, *cap.* 5.

A cette époque, le Droit romain écrit comprenait donc : PLEBISCITA, LEGIS ACTIONES, JUS CIVILE *ex interpretatione prudentum et fori disputatione ortum, et* EDICTA MAGISTRATUUM.

Une foule d'illustres jurisconsultes se formèrent à l'éutde de ces lois, et ces lois à leur tour s'enrichirent des travaux des jurisconsultes : car la science du Droit était alors soigneusement cultivée ; et, pour en donner une idée, avant d'arriver au siècle d'Auguste, nous tracerons en peu de mots par quelles études on se préparait à celle de la jurisprudence.

Depuis les guerres puniques, époque vers laquelle les lettres et les beaux-arts commencèrent à être honorés à Rome, les jeunes gens consacraient leurs premières années à l'étude du grec, ils suivaient les grammairiens, les rhéteurs, etc. Arrivés à l'âge où ils prenaient la robe virile, ils se préparaient aux combats de la tribune, où bientôt i's paraissaient à côté d'un personnage célèbre. Quelquefois aussi, ils commençaient par voyager à Athènes, Rhodes, Mytilène ou Marseille, pour s'y perfectionner, loin des plaisirs et de la corruption de Rome ; ou bien ils prenaient le parti des armes, sans toutefois que les exercices militaires les empêchassent de s'adonner à la culture des lettres et des sciences. Vell. Pat. I, 13. Suet. *in Cæsar.* 56. *in Aug.* 84.

Quant à ceux qui se destinaient à l'étude de la jurisprudence, ils s'appliquaient d'abord à se pénétrer des principes de la philosophie ; et, pour l'ordinaire, ils préféraient celle des Stoïciens. Ainsi préparés, ils s'attachaient à quelque savant jurisconsulte qu'ils prenaient pour modèle : sous sa direction, ils apprenaient à consulter et à plaider, en voyant comment il s'y prenait lui-même pour exercer sa profession; et lorsqu'au bout d'un certain temps, ils se croyaient assez forts pour voler de leurs propres ailes, *cum studiorum habebant fiduciam*, ils pouvaient exercer seuls ; car il est bon de remarquer que, dans ces premiers temps, on n'avait pas besoin d'autorisation pour prendre le titre de jurisconsulte.

CHAPITRE IV.

Droit romain depuis Auguste jusqu'à Constantin.

La république romaine ne dégénéra en monarchie, ni sous la dictature de César, qui ne fut pas de longue durée, ni même aussitôt après sa mort. Cette révolution ne s'opéra que l'an 722, sous le 4e consulat d'Octave et de M. Licinius Crassus.

A cette époque, Brutus et Cassius avaient été défaits; la république était sans armées, le parti du jeune Pompée avait été détruit en Sicile; Lépide avait été mis de côté; Antoine avait péri; et le parti de César même n'avait pour chef qu'Octave. Celui-ci quitta le titre de triumvir, se portant désormais pour consul, et se contentant d'y joindre la puissance tribunitienne qu'il feignait de ne conserver que pour défendre les plébéiens. Mais, quand il eut gagné les soldats par des largesses, amolli Rome par l'abondance qu'il y fit régner, engourdi tous les Ordres de l'Etat par la douceur du repos; on le vit s'élever peu à peu; attirer à lui les fonctions du sénat, la juridiction des magistrats, le pouvoir des lois, sans que personne s'y opposât : *nullo adversante*[1].

Ce nouvel ordre de choses, en introduisant de nouvelles mœurs, appelait d'autres statuts; car il s'en fallait bien que toutes les lois de l'ancien régime convinssent au nouveau : il ne pouvait donc manquer d'arriver qu'Auguste, le plus politique de tous les princes, ne mît tous ses soins à plier le droit romain à la constitution actuelle, et ne songeât à donner aux Romains une législation *vinculaire*.

Il suivit en cela le projet de César, qui, au rapport de

[1] *Postquam Bruto et Cassio cæsis, nulla jam publica arma, Pompeius apud Siciliam oppressus, exutoque Lepido, interfecto Antonio, ne Julianis quidem partibus, dux, nisi Cæsar, reliquus: hic, posito triumviri nomine, consulem se ferens, et ad tuendam plebem tribunitio jure contentum, ubi militem donis, populum annonâ, cunctos dulcedine otii pellexit, insurgere paulatim, munia Senatûs, magistratuum, legum, in se trahere cœpit*, NULLO ADVERSANTE. Tac. *Annal.* I. 2.

Suétone, voulut aussi donner une autre forme au droit civil, et réunir en un petit nombre de livres tout ce que l'immense détail des lois antérieures renfermait de meilleur et de plus nécessaire [1]. Une mort prématurée l'avait empêché d'exécuter ce dessein; mais Auguste le reprit aussitôt que ses entreprises réitérées et la force des circonstances eurent insensiblement rendu nécessaire le gouvernement d'un seul : *Quando per partes evenerat, ut necesse esset Reipublicæ per unum consuli. L.* 2, § 11, *ff. de orig. jur.*

Toutefois, comme César s'était mal trouvé d'avoir affecté trop tôt le pouvoir suprême, et que sa mort sanglante n'instruisait que trop son successeur, combien il était difficile de conserver un empire qu'on avait envahi par la force des armes sur une cité libre, Auguste, plus adroit, se comporta avec tant de prudence, et usa du commandement avec tant de dextérité, que le peuple, toujours trompé par des chimères qui lui retraçaient l'image de son ancienne liberté, ne s'aperçut pas qu'il l'avait perdue [2].

En effet, pour mieux couvrir ses desseins, Auguste parut laisser au sénat la même autorité qu'auparavant; il ne changea rien aux titres des magistrats; il leur conserva leurs marques distinctives. Les consuls marchaient précédés des faisceaux, comme sous la république, et, plus d'une fois, Auguste se revêtit de ce titre imposant. On voyait toujours dans Rome les préteurs, les édiles, les tribuns du peuple, les questeurs; et le peuple croyait encore à la république! Cependant le prince avait su concentrer dans sa main les pouvoirs attachés aux charges les plus influentes, et si les noms étaient encore les mêmes, *eadem magistratuum vocabula*, l'ancien esprit national n'en était pas moins complétement détruit : *nihil usquàm prisci atque integri moris supererat.* TACIT. *Annal. lib.* 1, *cap.* 3 *et* 4.

La masse des citoyens s'aperçut d'autant moins du renversement de la république, que, dans les premiers temps, Auguste eut l'attention de ne rien ordonner par lui-même,

[1] *Jus civile ad certum modum redigere, atque ex immensâ diffusâque legum copiâ, optima quæque ac necessaria in paucissimos conferre libros voluit.* SUET. *in Jul. c.* 44.

[2] *Cùm in aliis plerisque, tùm in hoc quoque, cum Romanis, tanquam cum hominibus liberis agebat.* DIO. CASS. *lib* 53.

et de consulter le peuple lorsqu'il s'agissait de faire des lois : *Veritùs, ne si subitò homines in alium deducere statum cuperet, res ea sibi parùm esset successura.* DIO. Cas. *lib*. 53.

La politique conseillait ces ménagemens à Auguste : mais le sénat prit soin de le débarrasser de ses entraves; et marchant à grands pas vers cette prompte servitude qui devait bientôt fatiguer Tibère, le prince n'eut point de peine à plier sous le joug un peuple qu'il acheva d'assujettir, en le corrompant par des distributions de vivres et d'argent, et par les jeux du Cirque,

.... Panem et circenses.

Ce fut alors que, déployant toute son ambition, il donna aux Romains ces lois qui leur assuraient paix et servitude : *Jura quibus pace et principe uterentur.* Ce fut alors que le peuple lui transféra toute sa puissance; *ei et in eum omne suum imperium potestatemque contulit, etc. L.* 2, § 11, *ff. de orig. juris;* et que le sénat, toujours alerte à prévenir les moindres désirs de César, le délia des lois, et le mit au-dessus d'elles, avec le pouvoir discrétionnaire de faire ce qu'il voudrait, tout ce qu'il voudrait, et rien que ce qu'il voudrait. — *In ejus acta juravit eumque solvit legibus* [1], *et decrevit, ut summo cùm jùre, omninoque et sui et legum potens, quæ vellet faceret, et eorum quæ nollet faceret nihil.* (DIO CASS. *lib*. 53.)

Voilà ce que les auteurs du Digeste appellent LEGEM REGIAM, *L.* 1, *pr. ff. de const. princ.* AUGUSTUM PRIVILEGIUM, *L. un.* § 14, *ff. de cad. toll.* LEGEM AUGUSTI, *L.* 14, *ff. de manum.* LEGEM IMPERII, *L.* 3, *C. de testam.* Et cette loi n'est autre chose qu'une récapitulation des différens senatus-consultes faits et refaits en l'honneur d'Auguste et dans son intérêt.

Auguste se voyant fondé en titre, et son empire com-

[1] Opposez à cette bassesse ce beau passage de d'Aguesseau, tom. 1, pag. 7. « Les plus nobles images de la Divinité, les rois » que l'Ecriture appelle les dieux de la terre, ne sont jamais plus » grands que lorsqu'ils soumettent toute leur grandeur à la justice, » et qu'ils joignent au titre de *maîtres du monde*, celui *d'esclaves* » *de la loi*. » (Adde mes PRINCIPIA JURIS, *not.* 2, *ad n.* 37, et *not.* 3, *ad n.* 1328.)

mençant à s'affermir (*adulto jam imperio*), essaya de se passer des suffrages du peuple ; et, pour y réussir, il employa une double ruse.

D'abord, comme il voyait le peuple accoutumé à l'autorité du sénat, qui, sous la république même, était en possession de donner des sénatus-consultes, il fit rendre, par ce corps, diverses ordonnances sur des matières qui jamais n'avaient fait partie de ses attributions.

En second lieu, il fit, de son chef, plusieurs édits, par lesquels il ordonnait ce qui lui plaisait; de manière qu'il introduisit un droit nouveau dans tout ce qu'il voulut.

Si l'on demande comment Auguste parvint à justifier aux yeux du peuple cette manière de donner des édits, nous rappellerons que ce droit appartenait de toute ancienneté aux magistrats. Or, Auguste, qui réunissait en lui les prérogatives de toutes les charges, paraissait n'user que du droit qu'elles lui conféraient lorsqu'il donnait des édits. Si donc il en faisait quelqu'un pour les provinces, c'était comme *proconsul;* dans la ville, il agissait en vertu de la *puissance tribunitienne;* à l'armée, *tanquàm imperator;* et en matière de religion, *tanquàm pontifex maximus*. De cette manière, tout paraissait régulier.

Bientôt il institua de nouvelles dignités dont l'éclat tout nouveau devait diminuer celui des anciens titres; et en multipliant les créatures de son pouvoir, il s'en fit des appuis intéressés à le soutenir.

Le gouvernement des provinces méritait toute l'attention d'Auguste; et dans le partage qu'il en fit avec le sénat, il s'arrangea de manière qu'en lui laissant le soin de régir les pays tranquilles et dégarnis de troupes, il se réserva l'administration des contrées où la nécessité de se battre avait concentré les légions. En un mot, il s'empara si bien de toute l'autorité, qu'il put tout gouverner à son gré, par lui-même ou par ses agens.

Auguste, qui connaissait ce qu'il avait à craindre de l'influence des jurisconsultes, sentit aussi qu'il pourrait en tirer une grande utilité. Il mit donc tous ses efforts à se les attacher, et à se servir de leur crédit, soit pour miner l'autorité des préteurs, soit pour donner à la législation la tournure qu'il voulait qu'elle prît. Dans cette vue, il restreignit l'exercice de la profession (qui auparavant était permise à tous) à ceux-là seulement qu'il jugeait dignes de l'honneur d'être jurisconsultes; et, en même temps, il imposa aux juges l'obligation de se conformer à leurs réponses. *L.* 2, § 47. *ff. de orig. jur.*

Depuis ce temps, les jurisconsultes commencèrent à signer leurs réponses ou consultations, et à mettre leurs noms à leurs ouvrages; ce qui ne se pratiquait pas auparavant. Sénèque, *de benef. VII*, 16. *L.* 2, § 47, *ff. de orig. jur.*

C'est ainsi qu'Auguste parvint à s'attacher tous les jurisconsultes de son temps, à l'exception néanmoins du premier d'entre eux, du sage Labéon, que les louanges du plus sévère des historiens véridiques ont assez vengé des sarcasmes du plus souple des poètes courtisans.

Cette indifférence de Labéon pour les honneurs qu'Auguste lui avait offerts, fit naître parmi les jurisconsultes deux sectes, dont les principes étaient différens en beaucoup de points. Atéius Capito, chef de l'une de ces sectes, tenait scrupuleusement à ce qu'on lui avait enseigné : Labéon, au contraire,

Nullius assuetus jurare in verba magistri,

libre par caractère, plein de confiance dans sa doctrine, l'esprit orné d'ailleurs d'une foule de belles connaissances, mit en avant plusieurs opinions nouvelles. *L.* 2, § 47, *ff. de orig. jur.*

Tel fut l'état de la jurisprudence sous Auguste.

Tibère, son successeur, le plus défiant des tyrans, employa tous les artifices de son prédécesseur; et déjà riche des découvertes et de l'expérience d'Auguste, il les fortifia de tous les moyens nouveaux que son génie put lui suggérer. Il usa d'abord de politique et de ménagemens; et tant qu'il put craindre Germanicus, incertain de son pouvoir (*ambiguus imperandi*), il ne fit aucune loi, ne donna pas même un édit sans consulter le sénat, ou sans se couvrir du voile de la puissance tribunitienne : mais dès qu'il eut souillé ses mains du sang de ce jeune prince, que ses vertus, ses rares qualités et l'amour des Romains lui rendaient redoutable, il devint tout autre, et ne songeant qu'à se faire craindre, il poursuivit la vengeance des plus légers propos tenus contre lui ou contre les siens. Sa devise était : *Oderint dum metuant.*

Il est vrai qu'à l'exemple d'Auguste, Tibère toléra que

le peuple s'assemblât encore par centuries ou par tribus; mais bientôt, sous prétexte que le trop grand nombre des citoyens rendait leur convocation difficile, il transféra au sénat tous les droits des comices. De ce moment, le prince put être despote impunément; car le sénat lui était si bassement dévoué, qu'un de ses membres aurait appréhendé de contrarier les volontés du maître, surtout à cette époque où les suffrages ne se donnaient plus au scrutin, comme dans les anciennes assemblées du champ de Mars ou du Forum, mais où chacun était tenu d'opiner à haute voix, en présence de César qui, Jupiter de ces esclaves, *cuncta supercilio movebat.*

Le pouvoir législatif ne résidait donc plus qu'idéalement dans le peuple; car d'ordinaire, « lorsque les empereurs » voulaient faire passer une constitution sur quelque ma- » tière, ils la faisaient proposer au sénat *per suos questores* » *candidatos;* et le sénat, qui leur était asservi, ne man- » quait pas de rendre un sénatus-consulte [1] en conformité. » (POTHIER, *propriété*, *n.* 406, *in notâ.*)

Ainsi, le sénat n'était pour le prince qu'un bouclier dont il se couvrait, dans les occasions difficiles, contre les traits de la haine publique; et les sénateurs eux-mêmes [2], au lieu d'être les défenseurs et les soutiens de la constitution romaine, n'étaient que les proditeurs du peuple et les pales adulateurs d'un tyran soupçonneux.

La jurisprudence ne doit rien au successeur de Tibère. Ce monstre, qui n'avait d'humain que la forme, poussa l'absurdité jusqu'à faire nommer son cheval consul. On doit après cela s'étonner peu qu'il ait médité d'anéantir l'ordre des jurisconsultes, et de mettre l'arbitraire à la place de la loi [3].

Heureusement sa tyrannie fut courte, et il n'eut pas le temps d'exécuter cet odieux dessein. Claudius [4], qui le suivit de près sur le trône, abolit tout ce qu'il avait pu faire

[1] *Id* PRO LEGE *erat*, *et Senatus-consultum* DICEBATUR. Tacit. *Annal. VI*, 12.

[2] Esclaves consulaires. (*Sylla.*)

[3] *De Juris quoque consultis, quasi scientiæ eorum omnem usum aboliturus, sæpè jactavit, se effecturum ne quid respondere possint,* PRÆTER ÆQUUM. Suet. *in Calig. c.* 34.

[4] Le plus célèbre des decrets de Claudius est celui qu'il fit ren-

d'ailleurs, et c'est pour cela qu'on ne voit rien dans le corps de droit qui doive à Caligula son institution.

Sous Adrien, la jurisprudence se perfectionne. Imitateur de Numa, il veut donner des lois à son peuple; et dans cette vue, il ordonnne la confection de l'*Edit perpétuel.*

Cet important ouvrage fut confié au jurisconsulte Salvius Julianus, qui se trouvait alors prêteur.

Il devait consister à réunir en un seul corps tous les édits annuels des anciens préteurs : mais Julien ne se borna pas seulement à les compiler ; et quand il le jugea nécessaire, il inséra dans son édit des décisions nouvelles, en supprima quelques-unes que l'usage avait abrogées, ou ne les adopta qu'avec des modifications.

Ce travail achevé, Adrien le présenta au sénat, qui l'adopta sans difficulté par un sénatus-consulte.

L'autorité de cet édit fut telle, que, depuis sa promulgation, il a fait la règle fixe et invariable du droit; ce qui l'a fait nommer *édit perpétuel.* AULU GELLE, X, 15.

Il fut reçu dans les provinces comme à Rome. Seulement à Rome, on l'appelait *prœtorium*, *urbanum*, *urbicum*; et dans les provinces, *provinciale.*

Depuis la promulgation de cet édit, non-seulement les magistrats ne se permirent plus d'introduire un droit nouveau; mais les princes même se plurent à proclamer qu'il n'était permis à personne d'y déroger; *L.* 13, *C. de testam.*; qu'il était absurde de s'écarter de ses dispositions; *L.* 2, *C. de condit. insert.* et qu'en vain on réclamait contre; *L.* 2, *C. de succes. edict.* que c'était témérairement qu'on demandait à être exempté des peines prononcées par cet édit; *L.* 1, *C. de in jus vocando*; qu'on ne pouvait rien attendre du prince, lorsqu'on lui demandait des choses contraires au droit; *L.* 1, *C.* Hermog. *de Calum.*; enfin, Paul nous apprend qu'il n'était pas même besoin d'appeler des sentences qui renfermaient violation de l'édit; *L.* 7, § 1, *ff*, *de appel. recip. vel non.*

Ce nouveau code amena un changement dans l'étude du

dre pour permettre à l'oncle d'épouser sa nièce (*filiam fratris*). A l'aide de ce décret, confirmé par un sénatus-consulte, il remplaça Messaline adultère, par Agrippine incestueuse, *Talia enim conjugia ad id tempus incesta habebantur.* Suet. *in Claud.* 26. Tacit. *Annal. XII*, 6.

droit, en ce qu'au lieu d'apprendre la loi des XII Tables, ou l'édit annuel du préteur, les légistes commencèrent par étudier l'édit perpétuel, qui ne tarda pas à devenir aussi le sujet des commentaires de plusieurs jurisconsultes célèbres.

Adrien introduisit encore un changement remarquable, en rendant la profession de jurisconsulte libre comme elle l'était avant Auguste, et en accordant généralement le droit de consulter à quiconque *fiduciam suî haberet. L.* 2, § *ult. ff. de orig. jur.*

Enfin, sous Adrien, la législation prit décidément une autre forme : car, au lieu qu'avant lui les empereurs avaient toujours eu soin de faire confirmer leurs édits par un sénatus-consulte, Adrien (dont l'exemple en cela fut suivi par ses successeurs) ordonna le plus souvent de son propre mouvement, et sans consulter le sénat, ce qu'il croyait nécessaire, en sorte qu'on put dire avec vérité, sous son règne, *Roma est, ubi imperator est.* HERODIAN. *hist. lib.* 1, *c.* 6.

Depuis ce temps, les constitutions des empereurs se sont indifféremment appelées *constitutiones, edicta, decreta, interloquutiones, rescripta, etc*[1].

Sous tous les empereurs qui suivirent jusqu'à Dioclétien, malgré les révolutions de l'empire et les catastrophes des Césars, on vit encore paraître d'excellens jurisconsultes; mais, depuis ce temps, le goût de la science se perdit peu à peu, et personne n'entreprit de rendre à la jurisprudence un éclat qui diminuait de plus en plus. Quelques professeurs, il est vrai, enseignaient encore le droit à Rome et à Constantinople; mais leurs efforts ne les menèrent pas au-delà; et Lactance se plaint avec raison de ce qu'au temps dont nous parlons, il n'y avait plus d'éloquence, plus d'avocats, plus de jurisconsultes. *Extinctam esse eloquentiam, causidicos sublatos, jurisconsultos aut necatos, aut relegatos.* LACT. *de mort. persec. cap.* 22.

[1] Macrin, compétiteur d'Héliogabale, conçut le dessein suivant : *Omnia rescripta veterum principum tollere statuit, nefas esse dicens, leges videri Commodi et Caracallæ hominum imperitorum voluntates, quùm Trajanus numquàm libellis responderit, ne ad alias causas facta proferrentur, quæ viderentur ad gratiam composita.* JUL. CAPIT. *in Macrin. cap.* 13.

CHAPITRE V.

Droit romain depuis Constantin jusqu'à Justinien.

L'introduction du christianisme dans l'empire romain, et la conversion de Constantin, durent amener dans la jurisprudence plusieurs changemens. On doit attribuer à cette cause les lois de cet empereur concernant la permission de donner aux églises, *L.* 1, *C. de sacros. ecclesiis*, la suppression des combats de gladiateurs, *L. un. C. de gladiat.;* l'obligation de célébrer le dimanche; *L.* 3. *C. de feriis;* et tant d'autres lois accommodées au christianisme, qui firent dire de lui : *Quod novas leges regendis moribus et frangendis vitiis constituerit, Veterum calumniosas ambages resciderit, hæque captandæ simplicitatis laqueos perdiderint.* (NAZARIUS, *in panegyr. c.* 38.)

Sous cet empereur, la jurisprudence reprit une vie nouvelle, et il parut encore quelques savans jurisconsultes, tels que Hermogénianus, Charisius et Julius Aquila.

Mais ce qui répandit le plus grand lustre sur cette belle science, fut l'institution des écoles de droit. Les plus renommées furent celles de Béryte, de Rome et de Constantinople; elles s'acquirent même une faveur telle que, pour les conserver dans toute leur splendeur, Justinien leur accorda le privilége exclusif d'enseigner le droit publiquement, et fit fermer quelques écoles rivales qui commençaient à s'ouvrir à Alexandrie et à Césarée.

L'école de Béryte surtout était sans contredit la plus ancienne et la plus florissante. Dès l'an 248, Grégoire Thaumaturge appelait cette ville *urbem planè romanam, et legum romanarum scholâ ornatam.* Dioclétien et Maximien, qui vivaient aussi dans le troisième siècle, en parlent également avec éloge dans la loi, 1. *C. qui ætate vel profess. excus.* Dans le quatrième siècle, l'affluence des élèves y était si grande que Libanius (*orat.* 26) se plaint de ce que les jeunes gens abandonnaient l'étude de l'éloquence pour se livrer exclusivement à celle du droit.

En vain cette ville fut désolée (à peu près à cette époque) par un horrible tremblement de terre; bientôt elle sortit de ses ruines plus éclatante et plus belle qu'auparavant; car

Nonnus, qui écrivait dans le cinquième siècle, en louant le zèle avec lequel on se livrait dans Béryte à l'étude du droit, l'appelle *matrem legum*, de même que, dans le sixième, Justinien la nomme *civitas legum veneranda et splendida metropolis, et legum nutrix*. D'autres écrivains louent la fréquence et l'assiduité des auditeurs, et la profonde doctrine des professeurs, parmi lesquels on comptait à cette époque Dorothée et Théophile, dont Justinien se servit pour composer son Corps de droit.

Mais cet éclat ne pouvait pas toujours subsister : cette ville aussi infortunée qu'illustre, fut bientôt victime d'un nouveau tremblement de terre; et un incendie, qui acheva de la désoler peu de temps après, découragea les efforts que faisaient ses malheureux habitans pour la relever.

Revenons à Constantin, et remarquons que les modifications qu'il fit subir à la législation romaine n'eurent pas uniquement pour objet le droit civil, mais encore le droit public. En effet, il divisa l'empire en quatre grands gouvernemens ou préfectures prétoriennes; et ce qui mérite surtout d'être remarqué, il transféra le siége de l'empire à Constantinople; événement qui, d'une part, abandonnant Rome à l'ambition des pontifes, leur laissa la faculté d'y étendre et d'y affermir leur domination; et qui, de l'autre, ouvrit l'Occident aux barbares, qui déjà se préparaient à fondre sur les plus riches provinces de l'empire romain.

Rien ne déplaisait tant aux jurisconsultes d'alors, que les changemens multipliés que Constantin faisait aux constitutions de ses prédécesseurs, et le projet qu'il semblait annoncer de réformer l'ancien droit, auquel ils étaient tous accoutumés. C'est pourquoi, craignant que les constitutions données par Adrien ne périssent ou ne tombassent en désuétude, ils travaillèrent à les réunir sous différens codes, espérant qu'à ce moyen ils pourraient les disputer au temps et les arracher à l'oubli.

Grégorius ou Grégorianus est le premier qui ait compilé les constitutions rendues depuis Adrien jusqu'à Constantin, et qui les ait classées sous différens titres.

Sa compilation, quoiqu'elle ne fût que l'ouvrage d'un simple particulier, jouit néanmoins d'une grande autorité.

Peu de temps après, Hermogénien entreprit aussi de faire un code qui ne paraît être qu'un extrait du précédent, et dans lequel il réunit avec beaucoup d'exactitude les constitutions de Dioclétien et de ses collègues.

Les enfans de Constantin suivirent le plan de leur père, et travaillèrent de tout leur pouvoir à simplifier la jurisprudence, et à favoriser la religion qu'ils venaient d'embrasser.

Mais bientôt Julien, qui se conduisait dans d'autres vues, vint renverser tout ce qu'ils avaient établi dans l'intérêt de la religion chrétienne, et mit la jurisprudence dans un discrédit tel que les hommes libres cessèrent de l'étudier, et laissèrent cette occupation aux affranchis [1].

A la vérité, son règne ne fut pas de longue durée; et les empereurs qui lui succédèrent jusqu'à Théodose-le-Grand reprirent le système de Constantin, et s'efforcèrent de faire disparaître toutes les difficultés de l'ancien droit.

Mais les peines mêmes qu'ils se donnèrent pour atteindre ce but ne firent qu'augmenter l'embarras, et rendre la science plus épineuse et plus difficile. En effet, leurs constitutions multipliées à l'infini, se joignant aux ouvrages des jurisconsultes qui faisaient autorité au barreau [2], firent de la jurisprudence un labyrinthe inextricable.

Théodose-le-Jeune et Valentinien crurent trouver un remède à ce mal, en établissant (l'an 426) qu'on ne pourrait citer que les ouvrages de Papinien, Paul, Caïus, Ulpien et Modestinus; et qu'en cas de dissidence d'opinion, le plus grand nombre l'emporterait, ou qu'à nombre égal Papinien ferait pencher la balance; mais il est évident qu'ils se trompaient, puisqu'ils s'attachaient moins à ce qui était juste en soi qu'à ce qui faisait autorité; et qu'en cas d'opposition entre les avis, ils comptaient les suffrages au lieu de les peser.

Quoi qu'il en soit, Théodose ne se découragea pas, et, résolu de réduire à certain point les constitutions des empereurs, il confia l'exécution de ce dessein à huit jurisconsultes, parmi lesquels on compte Antiochus; et il promulgua, en 438, un code appelé de son nom *Code Théodosien*,

[1] *Juris civilis scientia, quæ Manlios, Scævolas, Servios in amplissimos gradus dignitatis evexerat,* LIBERTINORUM *artificium dicebatur.* MAMERTIN., *Panegyr. XI, cap.* 20.

[2] Le nombre de ces ouvrages s'élevait du temps de Justinien à près de 2000, et aurait fait, selon l'expression d'Eunapius, la charge de plusieurs chameaux, *multorum camelorum onus.*

qui comprenait toutes les ordonnances des princes depuis Constantin-le-Grand jusqu'à lui.

Mais cela n'empêcha pas ses successeurs et ne l'empêcha pas lui-même de faire depuis un assez grand nombre de lois, qui prirent le nom de *Novelles*, et qui, avec le temps, s'accumulèrent au point de replonger la jurisprudence dans le même chaos d'où l'on avait travaillé si long-temps à la faire sortir. Tel était l'état de la jurisprudence, lorsque Justinien parvint à l'empire.

CHAPITRE VI.

Composition du corps de droit.

Nous arrivons enfin au temps de Justinien. Ce prince naquit en 482; il fut associé à l'empire, l'an 527, par son oncle Justin, qui mourut peu de mois après, et lui laissa le monde à gouverner seul.

Justinien, pendant un règne de trente-trois ans, s'appliqua à faire respecter les frontières de ses États, à pacifier l'Église, à bâtir et orner des villes, et à refondre en entier la législation romaine.

En effet, ce monarque, voyant le déplorable état où se trouvait réduite la jurisprudence, conçut le projet de resserrer tout le droit romain dans un cadre plus étroit, et partant, plus facile à saisir.

Pour l'exécution de cette vaste entreprise, il prit soin d'associer aux hommes d'état les plus illustres et les plus consommés, les professeurs les plus habiles des écoles de Béryte et Constantinople, et les avocats les plus renommés au barreau pour leur savoir, et les plus accrédités par leur éloquence.

Il mit à la tête de ces hommes d'élite Tribonien, l'un des grands dignitaires de l'empire; et il leur prescrivit de choisir dans les codes précédemment promulgués les meilleures constitutions, et de les réunir en un seul corps divisé en XII livres, leur recommandant surtout d'élaguer l'inutile, et de rectifier ce qui ne se trouverait plus d'usage.

Le résultat de ce premier travail produisit un code auquel Justinien donna son nom[1], comme on le voit dans une constitution qu'il rendit en 529, et par laquelle il abrogea tous les codes antérieurs, et ordonna que le sien eût seul force de loi.

Ensuite, réfléchissant que les principes de la jurisprudence romaine se trouvaient plus complétement réunis, et plus solidement établis dans les ouvrages *ex professo* des anciens jurisconsultes, que dans les ordonnances partielles des princes ses prédécesseurs, Justinien chargea derechef dix-huit savans, à la tête desquels il mit encore Tribonien, de prendre dans ces ouvrages tout ce qu'ils trouveraient de bon et d'applicable aux mœurs de son temps.

Cette opération leur fut confiée l'an 530; et quoique Justinien leur eût accordé dix années pour la terminer, ils s'y livrèrent avec tant d'ardeur et de zèle, qu'ils achevèrent en trois ans cet énorme travail, qui fut appelé Digeste ou Pandectes, parce qu'il comprenait dans son ensemble des décisions sur toutes les matières du droit. *Quòd omnes disputationes et decisiones in se haberet legitimas, et, quod undiquè esset collectum, in sinus suos recepisset. L.* 2, § 1, *C. de vet. jure enucleando.*

Aussitôt après la confection des Pandectes, Justinien adjoignit à Tribonien Théophile et Dorothée, et leur ordonna de composer sur les abrégés des anciens jurisconsultes, et principalement sur les institutes de Gaïus, des *institutes impériales*, qui ne devaient contenir que les premiers élémens de la jurisprudence : *ut illæ essent totius legitimæ scientiæ prima elementa.* (Proœm. inst. § 4).

Cet ouvrage, quoique postérieur aux Pandectes, fut néanmoins promulgué auparavant; car il fut rendu exécutoire par une constitution en date du 21 novembre 533, tandis que le Corps entier du droit ne le fut que le 13 décembre suivant, par une autre constitution qui ordonna de le garder et observer dans le forum, et de l'enseigner dans les écoles de Rome, de Constantinople et de Béryte.

[1] Procope, dans ses Anecdotes, reproche à Justinien d'avoir eu la manie de donner son nom à tout (quòd omnia à suo nomine dici voluerit. *Nam* (inquit) *statis magistratuum formis* LEGUMQUE *et militarium ordinum abrogatis, alias invexit, non jure, non publico commodo adductus, sed ut omnia nova, et de* SUO NOMINE *dicerentur. Rei cujus statim abolendæ copia non fuisset, saltem* SUUM *indidit* VOCABULUM.

Cependant Justinien ne tarda pas à s'apercevoir que, malgré la recommandation qu'il avait faite de ne laisser subsister dans son Code aucun vestige des contradictions que présentaient les opinions opposées des jurisconsultes de diverse secte, il restait encore plusieurs points controversés. Pour ôter jusqu'à la moindre trace de ces antinomies, il promulgua, sous le consulat de Lampadius et d'Oreste, cinquante décisions, *quinquaginta decisiones*, qu'il distribua ensuite sous les différens titres de son Code, lors de la révision qu'il en fit faire bientôt après.

Cette révision était devenue nécessaire; car depuis la confection de son Code, Justinien avait porté plusieurs constitutions qui s'en trouvaient détachées; et dans ce Code même se rencontraient plusieurs décisions dont le temps avait fait sentir le vice ou l'abus, et qui paraissaient susceptibles d'améliorations. Ces considérations le déterminèrent à charger de nouveau Tribonien et quatre autres personnages qu'il lui adjoignit, de reviser son ancien Code, et de refondre dans le nouveau les cinquante décisions dont on a parlé, ainsi que ses constitutions subséquentes, et d'y faire les changemens convenables. Ce second code a remplacé le premier, et a été promulgué le 16 décembre 534, sous le titre de *Codex repetitæ prælectionis*.

Justinien ayant encore régné plusieurs années depuis l'émission de ce dernier code, on ne doit pas être surpris qu'il se soit trouvé forcé de décider quelques-unes de ces questions neuves, que la mobilité des circonstances fait naître à chaque instant. C'est ce qu'il fit par des constitutions nouvelles, *Novellæ constitutiones*, écrites en grec pour la plupart, et dont il projetait de faire une compilation séparée, comme il l'annonce lui-même dans la constitution *Cordi nobis*, § 5, *de emend. Cod.*[1].

Voilà tout ce qui compose le Corps des lois romaines : compilation qui, depuis plus de sept siècles, a été si amèrement critiquée, si vivement défendue; les uns n'y relevant que

[1] Il paraît même que Justinien exécuta depuis ce projet, comme nous l'atteste AGATHIAS, *lib.* 5, p. 140, et PAUL. DIAC. *hist. Longob. lib.* I, c. 25. Et de fait cette collection dont parle Paul Diacre ne semble pas autre que celle qui fait aujourd'hui partie du Corps de droit, et qui se trouve distribuée en neuf collations, comprises sous le titre général de *Novellæ*.

des défectuosités, les autres s'obstinant à n'y trouver rien que de bon et de bien[1].

Quant à nous, si nous disons notre avis, nous avouerons sans peine que le Corps de droit n'est pas exempt de reproches, et nous conviendrons, par exemple, qu'on aurait pu lui donner moins d'étendue, et le distribuer dans un meilleur ordre; mais aussi nous ajouterons que ces défauts sont excusables dans un ouvrage de si longue haleine, fait de main d'homme, et conséquemment destiné à rester imparfait. Car, ainsi que le disait Justinien lui-même, *in nullo aberrare, seu in omnibus irreprehensibilem et inemendabilem esse, divinæ utique solius, non autem mortalis est constantiæ seu roboris. L.* 3, § 13, *C. de vet. jur. enucleando.*

Au surplus, ces défauts n'empêchent pas que le Corps des lois romaines ne soit une source inépuisable de doctrine et de raison, et qu'on ne doive dire de cet ouvrage comme de tous ceux où le bon surpasse le mauvais :

Ubi plura nitent in carmine, non ego paucis
Offendar maculis, quas aut incuria fudit,
Aut humana parùm cavit natura.

HORAT., *de Art. poet.*, v. 351.

CHAPITRE VII.

Quel fut, après Justinien, le sort de sa législation.

Voyons maintenant quel fut, après Justinien, le sort de sa législation, soit en Orient, soit en Occident.

Et d'abord il est bien certain que le Corps de droit promulgué par cet empereur fut reçu de suite en Orient, soit dans les tribunaux, soit dans les écoles de jurisprudence. Mais comme la plupart des juges et des professeurs ne connaissaient que médiocrement la langue latine, on sentit peu à peu le besoin de traduire en grec les lois que Justinien avait promulguées en latin.

[1] Voyez FRANC. HOTOMAN. *in Antitriboniano;* BALDUINUS, *in Justiniano;* AUTUMNUS *in censurâ gallicâ juris romani;* BERTHELOT dans son *Apologie du droit romain.*

La première traduction qui parut fut celle des Institutes. Théophile, le même que Justinien avait employé à leur rédaction, en donna, du vivant même de cet empereur, une paraphrase grecque qui est parvenue jusqu'à nous, et dont les meilleures éditions ont été publiées par Fabrot et Denis Godefroy.

Thaleloeus, qui était également contemporain de Justinien, donna aussi des Pandectes une version grecque qu'on trouve très-souvent citée dans les Basiliques.

Réciproquement, les Novelles de Justinien, qui, pour la plupart, avaient été composées et promulguées en grec, furent traduites en latin par Julien-l'Antécesseur, qui, en 750, en donna un excellent abrégé que l'on trouve à la suite du commentaire des frères Pithou, sur le code, *Paris*, 1689, *in-folio*.

On se servit de ces traductions au barreau et dans les écoles jusqu'au neuvième siècle, que les empereurs de Constantinople songèrent à en faire faire un *compendium*. En 838, Basilius Macedo publia le premier un recueil abrégé, sous le titre de φροχειρῶν τῶν νομῶν. Léon-le-Philosophe continua l'entreprise de son père, fit retoucher cette traduction, et la promulgua l'an 886, sous le titre de διαταξεῶν βασιλικῶν. Enfin, Constantin-Porphyrogénète y mit la dernière main, et publia au commencement du dixième siècle les livres des Basiliques.

Ces livres sont composés de la version grecque des Institutes, des Pandectes, du Code, des Novelles et des Édits de Justinien, des Paratitles et commentaires de quelques jurisconsultes de l'empire d'Orient. On y a même fait entrer plusieurs passages des Pères et des Conciles.

Cette version toutefois n'est pas littérale; elle diffère du texte en plusieurs endroits. Quelques lois s'y trouvent omises; d'autres, au contraire, y ont été ajoutées; d'autres, enfin, s'y trouvent abrégées et tronquées.

Cet ouvrage n'était pas très-facile à entendre, même pour les Grecs, à en juger d'après ce que dit Psellus : *interpretatu difficile est et maximè obscurum*. Charles-Annibal Fabrot, avocat au parlement d'Aix, en entreprit, de l'avis du chancelier Séguier, une traduction latine, qu'il donna au public en 1647, 7 vol. *in-folio*.

Les Basiliques ont été observées dans tout l'Orient; et l'on en a la preuve dans une foule d'ouvrages de jurisprudence écrits en grec depuis le onzième jusqu'au quatorzième siècle, où cette compilation est citée et commentée.

Leur autorité n'a cessé qu'en 1435, lorsque la prise de Constantinople, par les Turcs, eut mis fin à l'empire d'Orient.

Mais revenons à l'empire d'Occident. Plusieurs des provinces de cet empire étaient tombées au pouvoir des barbares. D'autres, quoique en petit nombre, étaient restées sous la domination des empereurs romains.

Dans celles-ci, le droit de Justinien fut certainement en usage; car cet empereur avait ordonné de l'observer dans tout l'empire, et de l'enseigner exclusivement dans toutes les écoles.

Quant aux provinces envahies par les barbares, les vainqueurs, ne se réservant que le pouvoir militaire, laissèrent généralement aux vaincus l'usage des lois romaines. Et toutefois ces lois n'étaient pas celles promulguées par Justinien, mais plutôt les codes Grégorien, Hermogénien et Théodosien, avec les institutes de Gaïus, les sentences de Paul et les écrits de quelques autres jurisconsultes, dont Alaric, roi des Visigoths, fit faire, en 506, par Anien, son chancelier, un abrégé que les historiens et les jurisconsultes ont indifféremment appelé CORPUS THEODOSIANUM, *Baluz. tom.* X, *p.* 474. LEX ROMANA, *idem, tom.* 2, *p.* 995; *Ducange, Glossar. hâc voce :* BREVIARIUM ANIANI. Voy. *Jac. Godefroy, in proleg. Cod. Theod. cap.* 5.

Les Ostrogoths en usèrent de même : leur roi Théodoric ordonna, dans la préface de son édit, qu'il serait exécuté, *salvâ Juris publici reverentiâ, et legibus omnibus cunctorum devotione servandis.*

Cassiodore nous atteste également que le droit romain continua de régir les pays conquis; car telle était l'humanité de ces conquérans nommés barbares, qu'ils laissaient aux vaincus le choix de la loi sous laquelle ils voulaient vivre.

Suivant ces principes d'une politique tolérante, les Bourguignons permirent aux Romains qui vivaient dans leur royaume de suivre la loi romaine. Il faut juger les Romains suivant les lois romaines, dit Gondebaud dans le préambule de la loi des Bourguignons. *Inter Romanos verò, sicuti à parentibus nostris statutum est,* ROMANIS LEGIBUS *præcipimus judicari.* Voyez *Lindenbrog., p.* 267; et voilà pourquoi Papien, à l'exemple d'Anien, composa un livre de réponses, *Liber responsorum*, tiré du Code de Théodose, des Novelles du même empereur et de ses successeurs, et des livres de plusieurs jurisconsultes, pour servir de règle aux citoyens qui préféraient le régime de la loi romaine à celui de la loi gombette.

Les Francs eux-mêmes, quoiqu'ils eussent des lois [1] et des coutumes nationales, accordèrent pareillement aux vaincus la faculté d'opter pour le droit qui leur paraîtrait préférable. C'est ainsi que Clotaire ordonna que les contestations entre Romains seraient jugées suivant les lois romaines : *causas inter Romanos controversas romanis terminari legibus*. Baluz., *tom.* 1, *Capit. p.* 7.

Les choses restèrent sur ce pied jusqu'au temps de Charlemagne, qui, en 804, sentant le besoin de pourvoir de lois les nations auxquelles il avait préalablement donné un maître, ordonna de rédiger par écrit les coutumes de tous les peuples de sa domination [2].

De là sont venues les lois des Allemands, des Bavarois, des Lombards, etc., que Eccard, Lindenbroge, Dom Bouquet et autres ont compilées avec tant d'érudition.

Quoique, dans ces premiers temps, on paraisse s'être servi en Orient du Code et des Novelles plutôt que des Pandectes, il ne faut cependant pas croire que les Pandectes eussent absolument cessé d'exister. L'opinion la plus accréditée à cet égard est qu'on en découvrit un exemplaire dans la ville d'Amalphi, qui fut prise en 1137 par Lothaire II. Cet empereur en fit don à ceux de Pise qui l'avaient aidé de leur flotte dans son expédition. Des Pisans, cet exemplaire passa aux Florentins [3]; et Irnerius, qui enseignait alors à Bologne, ayant eu besoin d'y recourir, en

[1] La loi Salique et la loi des Ripuaires. ÉGIN. *in vita. Carol. Mag.*, *cap.* 29. BALUZ., t. I, p. 989.

[2] Eginard, dans la vie de Charlemagne, chap. 20, nous atteste ce fait : *Eum nimirùm, omnium nationum, quæ sub ejus dominatu erant, jura, quæ scripta non erant, describi ac litteris mandari fecisse;* et c'est ce qui a fait dire à un ancien poète :

Cunctorum sui regni leges populorum
Collegit, plures indè libros faciens.

[3] C'est ce qu'on appelle les *Pandectes Florentines*. On les regarde généralement comme les plus exactes que nous ayons. *Cujacius persuaserat sibi Florentinas Pandectas esse* OMNIUM

prit occasion de l'expliquer dans ses leçons. Lothaire lui-même en introduisit l'usage dans les écoles et dans les tribunaux. Voyez, sur toute cette histoire, Sigonius, *de Reg. Ital.*, *lib.* 7; HENRY BRENKMAN, *de Amalphi à Pisanis direpta*, § 24, *p.* 65; et le CARDINAL D'OSTIE, *in cap.* 1, *pr.* X *de test.*, *n.* 2.

Depuis cette époque, le droit romain fut effectivement enseigné dans toutes les universités de l'Europe, et cousu de notes et de scolies, par une foule de docteurs, dont Accurse réunit ensuite toutes les gloses dans une seule.

La glose d'Accurse a joui d'une très-grande célébrité; son crédit a même été jusqu'à surpasser celui du texte, comme nous l'attestent plusieurs auteurs et notamment Fulgose, qui, dans une note sur la loi 6, *C. de oblig. et act.*, n'hésite pas à dire qu'il préfère la glose au texte, *volo enim pro me potiùs glossatorem quam textum;* mais aujourd'hui elle est tombée dans un discrédit total.

Les jurisconsultes de cette école ne se bornèrent pas à commenter le texte du Corps de droit, ils imaginèrent de lui donner une autre division, et créèrent cette distinction, que les modernes n'ont point adoptée: *digestum vetus*, *infortiatum*, *et novum.*

De plus, ils abrégèrent les Novelles, et les reportèrent, par forme d'apostilles, en marge des lois que ces Novelles avaient pour but de changer ou de modifier. Ils finirent même par insérer ces extraits dans le Code, sous le titre d'*Authentiques*, quoiqu'il soit certain qu'en plusieurs endroits ils ne reproduisent pas fidèlement le sens du texte.

L'invasion des barbares avait amené le système des fiefs, et ce système, en se compliquant, avait introduit une foule de coutumes nouvelles, que trois sénateurs de Milan rédigèrent par écrit et ajoutèrent au Corps de droit sous le titre de *Consuetudines feudorum.*

Tels furent les travaux des jurisconsultes de cette première école, qui fleurit dans le 12e et le 13e siècle.

Dans le 14e, vécurent Bartole, Balde, Tartagne, Salicet, Paul de Castres, Jason, etc., qui ne se bornèrent plus à faire des notes détachées sur le Corps de droit, mais qui

INTEGERRIMAS; *proindèque eas* CASTIORA DIGESTA *appellavit in comment. ad* § *ult.*, *l.* 3, *ff. de acq. vel amitt. poss.*, *lib.* 54, *Pauli ad edictum.*

le commentèrent avec plus de suite et d'étendue. Et pourtant, quoique les écrits de ces jurisconsultes offrent des rapprochemens admirables et des décisions d'une grande justesse, on ne peut s'empêcher d'avouer qu'on y trouve aussi beaucoup d'inepties, de sottises et de puérilités. Mais il en faut accuser un siècle où les hommes studieux étaient destitués, pour le fond et pour le langage, des secours que les bonnes études et une connaissance plus exacte de l'histoire, de la philosophie et de la critique, ne devaient offrir qu'aux âges suivans.

Ce n'est guère, en effet, que dans le 16e siècle que la jurisprudence sortit du chaos, et jouit d'une splendeur qu'elle dut à Cujas[1], aux frères Pithou, à P. Faber, Fr. Hotoman, et à tant d'autres savans que fournit la France, et particulièrement l'illustre école de Bourges[2].

Mais si ce siècle eut ses avantages, il eut aussi ses inconvéniens. Le goût des lettres, en perfectionnant l'esprit des commentateurs, leur donna en même temps plus de subtilité, au point que, si l'on en excepte un petit nombre, on verra que tous les auteurs qui ont travaillé sur le Droit romain, n'ont employé leur temps et leurs soins qu'à poursuivre des chimères, à se créer des monstres pour avoir le plaisir de les combattre, et à rechercher des antinomies souvent imaginaires, uniquement pour se montrer fins et subtils, et pour faire dire d'eux, qu'ils avaient enfin trouvé ce que nul autre auparavant n'avait soupçonné. *Commentis veritatem obruunt*, dit Duaren, *quò aliquid paulò argu-*

[1] Cujas est, sans contredit, le premier des interprètes du Droit; il introduisit une nouvelle manière de traiter et de commenter le Droit romain. La Jurisprudence romaine devint *elegantior;* et Nettelbladt nous apprend que cette jurisprudence mieux cultivée, plus polie, fut nommée *Jurisprudentia Cujaciana.*

[2] On sait à quel point la science du droit fut cultivée dans cette ville, qui d'ailleurs a donné le jour à tant d'hommes célèbres. On y révère singulièrement la mémoire de Cujas; chacun y montre encore aux étrangers la maison qu'il habitait, et son portrait est conservé dans l'une des salles du palais de Jacques Cœur. Mais il est à regretter qu'il soit dans un jour tellement défavorable, qu'on y distingue à peine les traits de ce grand homme; et c'est avec un vrai sentiment de piété que nous exprimons le désir de voir transférer cette précieuse image dans la salle de la Cour d'appel. Ses magistrats, en seraient les dignes dépositaires.

tius nec ab aliis antè excogitatum in medium adduxisse videantur[1].

Ce mauvais goût a eu son terme, et la manière des jurisconsultes est devenue plus polie. En 1583, Denis Godefroy donna une édition du Corps de droit qui fit époque parmi les jurisconsultes, et dont le texte fut adopté pour leçon commune dans les universités et au barreau. Il y joignit des notes qui sont un chef-d'œuvre de science, de critique, de précision et d'élégance, et qui l'ont fait nommer, par D'Aguesseau, le plus docte et le plus profond de tous les interprètes des lois civiles.

Pothier, après lui, travailla sur un nouveau plan. Au lieu de commenter servilement le texte des lois romaines, il les rangea dans un nouvel ordre, leur assigna des divisions plus naturelles, et prouva qu'une méthode où tout est exactement lié, est le meilleur moyen d'éclaircir ce qui est obscur ou confus :

Tantùm series juncturaque pollet!

Heineccius poussa plus loin la hardiesse : fort de sa doctrine et maître de sa matière, il ramena chaque partie du droit à ses premiers élémens; et, procédant à la manière des géomètres, il réduisit la jurisprudence à sa plus simple expression, et forma de ses axiomes une chaîne dont tous les anneaux se lient avec une exactitude qui en fait la principale force.

CHAPITRE VIII.

Du Droit romain dans le 19e siècle.

Tel était l'état de la jurisprudence romaine à la fin du 18e siècle.

Bientôt une révolution terrible éclata. Son premier effort se porta sur les lois. Les anciennes institutions furent détruites; les écoles de droit furent fermées; les avocats supprimés; les lois romaines réduites au silence, ainsi que

[1] Voyez ci-dessus nos *Réflexions sur l'enseignement et l'étude du Droit*, p. 73.

nos vieilles lois françaises, et le tout remplacé par une foule de lois qui se succédaient sans suite, et se multipliaient sans raison. *Corruptissimâ republicâ, plurimæ leges.* TACIT., *Annal.* III, 27.

Mais un siècle plus heureux commence :

Magnus ab integro seclorum nascitur ordo.

L'ordre succède au chaos, un gouvernement ferme sort du sein de l'anarchie, des fondemens solides s'élèvent du milieu des ruines; tout renaît, et la France, devenue maîtresse de l'Europe par la force de ses armes, affermit son empire par la sagesse de ses lois. Les écoles de Droit sont rouvertes, et la foule des élèves s'y précipite. On y enseigne le Code Napoléon; mais un de ses rédacteurs avait fait pressentir qu'on ne saurait jamais ce Code, si l'on n'étudiait que lui seul; et l'on arrête que les lois romaines feront partie de l'enseignement. « Lois aussi étendues que » durables (peut-on dire avec le chancelier D'Aguesseau), » toutes les nations les interrogent encore à présent, et » chacune en reçoit des réponses d'une éternelle vérité. » C'est peu pour les jurisconsultes romains d'avoir inter- » prété la loi des XII Tables et l'édit du préteur; ils sont » les plus sûrs interprètes de nos lois mêmes; ils prêtent, » pour ainsi parler, leur esprit à nos usages, leur raison à » nos coutumes, et par les principes qu'ils nous donnent, » ils nous servent de guides lors même que nous marchons » dans une route qui leur était inconnue. » *Tome* 1, *p.* 157.

« Au reste (dirons-nous encore avec Bossuet), si les lois » romaines ont paru si saintes que leur majesté subsiste en- » core malgré la ruine de l'empire, c'est que le bon sens, » qui est le maître de la vie humaine, y règne partout, et » qu'on ne voit nulle part ailleurs une plus belle application » des principes de l'équité naturelle. » *Hist. univ., p.* 579.

Travaillez donc, jeunes élèves, à vous pénétrer de ces règles précieuses; faites servir l'étude des lois romaines à l'intelligence des lois nationales, et au développement des principes constitutionnels : travaillez, montrez-vous habiles et rendez-vous capables d'être utiles à votre pays, à vos amis, à vous-mêmes. *Pergite, ut facitis, adolescentes; atque in id studium, in quo estis, incumbite, ut et vobis et amicis utilitati, et reipublicæ emolumento esse possitis.* CIC. 1, *de Orat.*

PRÉCIS HISTORIQUE

DU

DROIT FRANÇAIS,

AVEC

La continuation depuis 1674 jusqu'en 1834.

A SON ALTESSE ROYALE

MONSEIGNEUR

LE DUC DE CHARTRES.

MONSEIGNEUR,

Je ne dirai pas que vous possédez des connaissances historiques au-dessus de votre âge ; les augustes exemples que vous recevez ne vous ont point accoutumé à la flatterie, et je ne voudrais pas en prendre avec vous le funeste langage. Mais je puis dire avec vérité qu'au milieu de vos études publiques vous avez marqué un goût très-vif pour l'histoire, qui, en effet, doit fixer principalement l'attention des princes, en tout temps et surtout à l'époque où nous vivons.

Mais on ne sait pas l'histoire quand on connaît seulement des combats, des faits, des anecdotes et des dates. C'est surtout à l'histoire des institutions qu'il faut s'attacher; connaître les principales formes de la législation, ses progrès, ses développemens, les vices qui l'ont affectée dès l'origine, les abus qui se sont perpétués, le moyen d'y pourvoir avec efficacité par des lois meilleures et plus appropriées aux mœurs publiques et aux besoins de la société.

Je vous répéterai ce que disait Ayrault au duc d'Anjou, dont il était maître des requêtes : « Faites-vous lire les li-» vres des royaumes et monarchies, car vous y trouverez » des choses que personne ne vous oserait dire. » — J'ajoute seulement que je l'oserais bien, et, à votre éloge, que vous le prendriez en bonne part.

Sous un gouvernement constitutionnel, c'est-à-dire, un gouvernement fondé sur l'ordre légal; comme prince, comme pair, comme citoyen, vous ne pouvez, Monseigneur, rester étranger aux notions qui constituent, je ne dis pas un légiste (vous ne devez pas descendre jusque-là), mais un homme instruit de la constitution de son pays, et des premiers principes du droit et des lois.

Le précis historique que j'ai obtenu l'honneur de faire paraître sous vos auspices a cet avantage, qu'en peu de temps et sans vous distraire de vos autres études, il peut suffire à vous donner une idée sommaire, mais exacte, des principaux changemens survenus dans notre législation, depuis le commencement de la monarchie, jusqu'à la célèbre époque de 1789.

C'est l'histoire ancienne de notre droit. L'histoire moderne ne mérite pas moins d'être méditée; et je m'estimerai heureux si cette première partie fait naître en vous le désir d'entrer plus avant dans ce genre d'études, trop négligé dans le haut rang où vous êtes placé.

J'ai l'honneur d'être avec respect, Monseigneur,

DE VOTRE ALTESSE ROYALE,

Le très-dévoué serviteur, DUPIN.

Paris, le 1er février 1826.

PRÉFACE DE L'ÉDITION DE 1826.

Je poursuis, autant que les affaires me le permettent, le dessein que j'ai formé depuis long-temps de relever l'étude du droit, de la faire sortir de l'état de dépression où l'on s'efforce de la tenir, et de la présenter aux disciples de Thémis, non comme une science de chicane et de subtilité, circonscrite à la discussion d'intérêts obscurs et purement privés; mais, ainsi que l'entendaient les jurisconsultes romains, comme une science vaste et sublime qui comprend dans l'immensité de son étendue la connaissance des lois divines et humaines, et le discernement de tout ce qui est juste et injuste, selon les préceptes de la morale, et d'après les règles positives que les législateurs de nos sociétés leur ont données pour sanction.

Si je ne publie que de *petits volumes*, qu'on ne croie pas que c'est aux dépens des matières que je traite. *Je n'ai pas eu le temps d'être court*, écrivait un homme d'esprit à l'un de ses amis, en s'excusant de la longueur de sa lettre. En effet, il faut plus de temps pour resserrer beaucoup de choses en peu de mots, que pour noyer des idées superficielles dans un déluge de paroles. *Non multa, sed multùm;* telle est la devise que j'ai adoptée pour la composition de ces petits livres, que je m'efforce de rendre aussi pleins qu'il m'est possible.

Ce genre de composition est au goût du public actuel, à en juger par le succès de mes précédens opuscules, dont quelques-uns sont déjà parvenus à leur septième édition; par exemple, mon *Précis historique du Droit romain*.

Aujourd'hui, je publie un *Précis historique de notre Droit français*.

Mais, cette fois, je me suis donné un associé : je ne suis que le continuateur d'un historien célèbre, derrière lequel j'ai jugé plus utile de me ranger. Ce n'est pas qu'il m'eût été difficile d'écrire moi-même tout cet abrégé; les matériaux que j'ai réunis sur *l'Histoire générale de notre Droit* sont immenses, et j'aurais eu bientôt fait un choix. Mais quelle différence si j'eusse parlé moi-même de l'origine et des abus de la féodalité, des empiètemens de la juridiction ecclésiastique, de la barbarie de nos anciennes lois ! Dans un siècle rempli des préventions de l'esprit de parti, où toutes les discussions sont empoisonnées par les calculs de l'intérêt personnel, de l'ambition et de la mauvaise foi, on eût taxé l'historien moderne de parler un *langage révolutionnaire*, en appréciant avec aussi peu de respect *les institutions du bon vieux temps !*

Au-lieu de cela, c'est un *Abbé* qui va parler. Et quel abbé ! Fleury, *le sage* Fleury, le savant auteur de l'*Histoire ecclésiastique*, dont le nom, depuis trois demi-siècles, fait autorité chez tous les peuples de la chrétienté !

L'avantage de donner à ce précis une tournure plus appropriée aux idées du moment, est-il comparable au bonheur de trouver les abus et les excès de l'ancien ordre de choses condamnés par un homme aussi désintéressé ?

Cette esquisse historique de notre droit a été imprimée plusieurs fois en tête de *l'Institution au Droit français*, par Argou, ouvrage élémentaire en 2 vol. in-12, fort répandu avant 1789, mais devenu inutile depuis les changemens introduits dans la législation, et surtout depuis la publication des nouveaux codes.

L'histoire de Fleury se trouvait donc exilée des bibliothéques modernes, avec l'ouvrage, désormais inutile, auquel elle était attachée. J'ai voulu la sauver de cet oubli.

Je me suis efforcé de corriger toutes les fautes dont les précédentes éditions étaient remplies. J'y ai ajouté quelques notes, mais bien courtes et en petit nombre; et j'y ai introduit des divisions par paragraphes pour soulager l'œil et reposer l'attention du lecteur.

On lira, j'en suis sûr, cette histoire avec un vif intérêt : sa brièveté même sera un attrait de plus : *in historiâ illustri, nihil est brevitate dulcius.*

Malheureusement, cette histoire finit au règne de Louis XIV : et l'on s'en aperçoit ; car l'auteur, ferme jusque-là, subit l'influence qui agit sur presque tous les historiens quand ils arrivent au temps où ils vivent.

J'ai entrepris de continuer.

J'aurais voulu amener cette histoire jusqu'à l'ère nouvelle, qui date pour nous de *l'établissement du gouvernement représentatif et constitutionnel*. Mais je n'ai pas encore eu le temps d'achever : et je m'arrêterai cette fois en

1789. Là, d'ailleurs, se termine ce qu'on doit appeler *l'histoire ancienne* de notre droit. Celle des temps postérieurs a un caractère distinct, une physionomie à part; c'est une autre histoire enfin.

Plus tard, j'espère achever l'œuvre et la conduire à son terme [1].

Mon dessein est aussi, si Dieu m'en laisse le temps, de publier successivement une suite de *Dissertations* qui correspondront aux divers paragraphes du *Précis historique* que je publie en ce moment, et d'y donner des développemens critiques que j'appuierai des meilleures autorités. On pourrait faire ainsi *l'Histoire de France par les lois*, et à ce sujet voici mon idée.

La véritable histoire n'a pu être écrite jusqu'ici. L'ancien régime laissait trop peu de liberté. L'écrivain était dominé de toutes parts. Qu'attendre, par exemple, de la franchise d'auteurs censurés, et de l'indépendance d'*historiographes* érigés en titre d'office?

D'ailleurs, nos historiens ont presque toujours manqué d'une qualité essentielle. On s'est persuadé en général que l'histoire ne pouvait être écrite que par des hommes de lettres; et tout écrivain qui avait d'ailleurs quelques connaissances géographiques et de chronologie, a cru pouvoir raconter des événemens, des combats, des révolutions.

Cela pouvait suffire aux époques où l'absence de toute liberté civile et religieuse interdisait l'examen des institutions et des lois. Mais aujourd'hui, on peut dire qu'une histoire manque essentiellement son but, quand elle est muette ou superficielle sur des discussions où l'esprit de nos contemporains aime surtout à s'arrêter.

Or, pour bien rendre compte des institutions et de la législation d'un peuple, suffit-il donc d'être littérateur, et n'est-il pas nécessaire d'être publiciste et jurisconsulte? Ici je revendique les droits de notre profession.

A chaque pas, l'historien rencontre de véritables *Questions de droit*. Elles ne peuvent pas se traiter par énonciation, comme le font la plupart des historiens, qui se servent même le plus souvent de termes impropres quand ils viennent à parler de ces sortes de matières; mais elles exigent une connaissance approfondie et une intelligence exacte

[1] C'est ce que j'ai pu faire seulement cette année (1834).

des monumens de la jurisprudence et de la législation.

Une suite de Dissertations où l'on approfondirait ce qui a rapport au droit de *succession à la Couronne*, aux *minorités*, aux *régences*, aux *bénéfices*, aux *fiefs*, à *l'état des personnes*, à la *condition des biens*, aux différentes *formes de la législation*, à la distribution et au mouvement des *pouvoirs*, constituerait donc la partie la plus instructive de notre Droit. Elle consisterait, comme le dit Montesquieu, « à éclairer l'histoire par les lois, et les lois par l'histoire. »

Un jurisconsulte qui, à de vastes connaissances techniques unirait le bonheur du style, assurerait de suite la perfection à son ouvrage. Mais dût-il manquer de grâce à son tour, comme les autres manquent de science, il aurait du moins rempli l'une des conditions du problème, la plus essentielle, celle qui s'est fait le plus désirer jusqu'à ce jour : et il aurait préparé pour d'autres les élémens d'une histoire vraiment digne de ce nom.

Je ne sais qui pourra remplir un tel plan dans toute son étendue; mais je tenais à l'indiquer pour que d'autres plus habiles et moins occupés s'y attachent de leur côté.

En attendant, j'espère que ce *Précis* ne sera pas sans utilité pour cette jeunesse ardente à s'instruire, qui fonde aujourd'hui les plus chères espérances de la Patrie.

PRÉCIS HISTORIQUE

DU

DROIT FRANÇAIS.

§ I.

Dessein de ce Traité.

Avant que les Francs entrassent dans les Gaules, on y suivait les lois romaines, qui continuèrent d'y être observées sous les rois de la première et de la seconde race, mais avec les lois barbares et les capitulaires des rois. Les désordres du dixième siècle confondirent toutes ces lois : en sorte qu'au commencement de la troisième race de nos rois, il n'y avait guère d'autre droit en France qu'un usage incertain, à quoi les savans ayant joint ensuite l'étude du droit romain, leurs décisions mêlées avec cet ancien usage ont formé les coutumes, qui ont été depuis écrites par autorité publique. Enfin les rois ont établi plusieurs droits nouveaux par leurs ordonnances. C'est tout ce que je me propose d'expliquer dans cet écrit : et j'espère que l'on me pardonnera si j'use quelquefois de conjectures, quand on considérera combien cette matière a été peu éclaircie jusqu'à présent. J'appellerai droit ancien celui qui a été en usage jusqu'au dixième siècle : parce que la suite a tellement été interrompue depuis, qu'à peine en trouve-t-on quelque reste qui soit encore en vigueur ; et je nommerai droit nouveau tout ce qui a été suivi sous les Rois de la troisième race ; parce qu'encore qu'il y ait eu de grands changemens, on y voit une tradition suivie de lois et de maximes que l'on peut conduire jusqu'à nous.

§ II.

Droit des Gaulois.

Je ne sais s'il est à propos de remonter jusqu'aux Gaulois, et si l'on peut croire qu'après tant de changemens il nous reste quelque droit qui vienne immédiatement d'eux. Voici toutefois une idée de leurs mœurs et de leur police tirée de Jules-César [1], où peut-être quelqu'un trouvera du rapport avec les mœurs des derniers siècles. Toute la Gaule était divisée en plusieurs petits peuples indépendans les uns des autres, dont les noms sont demeurés pour la plupart aux villes qui en étaient les capitales, comme Paris, Sens, Tours, et grand nombre d'autres. Il n'y avait que deux sortes de personnes qui fussent en quelque considération, les druides et les chevaliers. Le reste du peuple était dans une espèce de servitude. Il ne pouvait rien entreprendre de lui-même, et n'était appelé à aucune délibération : plusieurs même cédant à la rigueur de leurs créanciers, ou à la tyrannie des nobles, se rendaient effectivement leurs esclaves. Les druides avaient la conduite de tout ce qui regardait la religion et les études, et rendaient la justice même en matière criminelle, dans de grandes assemblées qui se tenaient tous les ans. Leur autorité était grande, et ils étaient exempts d'aller à la guerre, et de payer aucun tribut. La peine de ceux qui ne leur obéissaient pas était une espèce d'excommunication : ils étaient exclus des sacrifices, ils passaient pour impies et pour scélérats : tout le monde fuyait leur rencontre, et ils ne pouvaient recevoir aucun honneur, ni même poursuivre leur droit en justice. Les chevaliers portaient tous les armes, et allaient tous à la guerre quand il y en avait, ce qui arrivait entre ces petits états presque tous les ans. Le plus grand honneur de ces chevaliers était d'avoir un grand nombre de personnes qui leur fissent la cour, et qui les suivissent aux occasions ; et ils ne souffraient point que leurs enfans parussent devant eux en public, qu'ils ne fussent en âge de porter les armes. On peut en voir davantage dans un recueil des lois d'Allemagne par Goldast [2], où les anciennes coutumes des Gaulois et des Germains sont rapportées dans les propres termes de César et de Tacite, et rangées sous certains titres.

[1] Cæsar. de bello gall. lib. 6.
[2] Collectio consuetud. legum imper. Francofurti, 1613.

§ III.

Droit romain en Gaule.

A mesure que les Romains étendirent leurs conquêtes dans les Gaules, leur langue, leurs mœurs et leurs lois s'y établirent comme dans les autres pays; car tout l'Empire romain ne faisait qu'un grand corps gouverné par un même esprit, et dont toutes les parties étaient unies par leurs besoins mutuels. Tous les gouverneurs des provinces et tous leurs officiers, jusqu'aux appariteurs, étaient Romains, sans compter le reste de leur suite toujours nombreuse, qu'ils appelaient leur cohorte; et leurs emplois duraient si peu, que le séjour des provinces ne pouvait faire en eux de changement considérable. C'étaient des Romains, et même des chevaliers, qui étaient publicains ou fermiers des revenus publics. Les soldats qui composaient les légions étaient Romains; et outre ceux-ci que le service de l'Etat attirait dans les provinces, il y avait toujours un grand nombre de citoyens romains qui y demeuraient pour leurs affaires particulières : pour exercer la banque ou le commerce, pour cultiver des terres, nourrir du bétail, particulièrement dans les colonies. Plusieurs, sans sortir de Rome ou de l'Italie, tiraient de grands revenus des provinces par le moyen de leurs esclaves.

D'autre part, les habitans des provinces venaient souvent à Rome, soit pour les affaires publiques de leur pays, en qualité de députés, soit pour les affaires particulières, ou pour faire leur cour, ou par curiosité. Les plus considérables avaient droit d'hospitalité avec les citoyens les plus puissans, ou du moins étaient sous leur protection. Quelques-uns s'établissaient à Rome, devenaient citoyens, sénateurs et magistrats; jusque-là que plusieurs empereurs étaient originaires des provinces. Enfin ils devenaient souvent Romains sans sortir de leur pays, par le droit de cité, qui s'accordait non-seulement à des particuliers, mais à des villes entières; et depuis que l'Empereur Antonin le donna à tous les sujets de l'Empire, il y eut des Romains de toutes nations.

Il est vrai que ce grand commerce n'apporta pas un changement égal en toutes les provinces : car les Romains faisaient grande différence entre les Grecs et tous les autres peuples qu'ils nommaient barbares. Comme ils étaient redevables aux Grecs de toute leur politesse, et tenaient d'eux les sciences et les beaux-arts, ils eurent toujours pour eux un certain respect, et, contens de leur commander, ils les laissèrent vivre suivant leurs anciennes lois. Ils apprenaient le grec, plutôt que de les obliger à parler latin : ils imitaient leurs manières, et hors ce qui regardait le commandement ou la police générale de l'Empire, les Grecs changèrent plus les Romains, que les Romains ne changèrent les Grecs. Au contraire, ils méprisaient les Barbares, sur lesquels ils avaient l'un et l'autre avantage de la politesse et de la force; et ils croyaient ne leur pouvoir faire un plus grand bien, que de les faire vivre à la romaine. Les Barbares, de leur côté, admiraient les Romains, et s'efforçaient d'imiter leur manière de vivre, plus commode et plus magnifique que la leur; et cette différence de mœurs partageait tout l'Empire. La Grèce et l'Orient, c'est-à-dire, tout ce qui avait été sous la domination des successeurs d'Alexandre, parlait grec, et gardait les mœurs des Grecs : tout le reste parlait latin, et suivait les mœurs et les lois romaines. Cette seconde partie comprenait à peu près ce qui composa depuis l'Empire d'Occident; c'est-à-dire, l'Afrique, la Mauritanie, l'Espagne, la Gaule, une partie des Iles-Britanniques, quelque peu de la Germanie, la Rhétie, la Pannonie et l'Illyrie. Tout ceci est clair à ceux qui savent l'histoire : les autres auront peut-être quelque peine à croire qu'on parlât la même langue à Cologne, à York, à Lyon, à Cordoue et à Carthage; que l'on y fût gouverné par les mêmes sortes de magistrats, et que l'on y vécût sous les mêmes lois.

Il y a des preuves particulières à la Gaule, pour montrer qu'elle devint à la fin toute romaine. Le séjour des Empereurs, principalement dans le quatrième siècle, les écrits des auteurs gaulois, comme Ausone, Salvien, Sidonius, les noms des Gaulois, entre autres des évêques jusque vers le huitième siècle, les noms de tant de bourgs et de villages qui marquent encore les Romains qui en ont été les maîtres : comme Lagny de *Latiniacus ager*, ou *fundus*; Percy, *Patriciacus*; Savigny, *Sabiniacus*, ou, selon une autre prononciation, Savignac, et ainsi des autres. Enfin la langue que nous parlons tient plus du latin sans comparaison que d'aucune autre langue, malgré le mélange des peuples du Nord, qui ont possédé la Gaule depuis les Romains.

Mais pour me renfermer dans mon sujet, on ne peut douter que le Droit romain ne s'observât dans les Gaules, si l'on fait réflexion que l'un des quatre Préfets du Prétoire y faisait sa résidence, et que ce magistrat était celui qui rendait la justice souverainement à la place de l'Empereur, au-dessus de tous les gouverneurs des provinces; et si l'on observe les inscriptions de plusieurs lois du Code de Justinien, qui témoignent qu'elles ont été faites pour la Gaule ou pour les Gaulois [1]. Ajoutez à tout cela que les Romains ont possédé la Gaule paisiblement pendant cinq siècles entiers. César acheva sa conquête environ cinquante ans avant la naissance de Jésus-Christ, et Mérovée, le premier des Français qui fut puissant dans les Gaules, ne s'y établit qu'après l'an 458 de l'Incarnation. Cinq cents ans suffisent pour apporter de grands changemens dans un pays; et ce qui s'y est pratiqué pendant un si long temps ne s'abolit pas aisément. Tenons donc pour certain que quand les Francs assujétirent les Gaulois, ils les trouvèrent tous Romains, parlant latin, et vivant suivant les lois romaines.

§ IV.

Parties du Droit Romain.

Mais ce Droit romain n'était pas celui de l'Empereur Justinien, qui ne fut fait que pour le pays où il commandait, et environ cent ans après l'entrée des Francs dans les Gaules. Le Droit romain qui était alors en usage, était contenu dans les Constitutions des Empereurs, et dans les livres des Jurisconsultes. Il y avait trois Codes, où les Constitutions étaient recueillies: le Grégorien, l'Hermogénien, et le Théodosien; ce dernier venait d'être publié par l'Empereur Théodose-le-Jeune l'an 435, et confirmait les deux précédens. On y ajouta dans la suite les Novelles du même Théodose et des Empereurs suivans. Les livres des Jurisconsultes étaient ceux qui sont autorisés par le Code Théodosien [2]; savoir, ceux de Papinien, de Paul, de Gaïus, d'Ulpien, de Modestin, et des autres, dont ils allèguent

[1] L. 5. Cod. *de adult.* l. 9. Cod. *de Munic.* l. 18, etc.
[2] L. 1. Cod. Theodos. *de Resp. Prud.* v. glos. Aniani.

les autorités, qui sont Sévola, Sabin, Julien et Marcel. Cette restriction fait voir que les livres des autres jurisconsultes, dont nous voyons des fragmens dans le Digeste, n'étaient alors d'aucune autorité, ou n'étaient pas connus en Occident. J'estime aussi que les textes de l'Édit perpétuel, des lois, des plébiscites, des sénatus-consultes, et surtout de la Loi des douze Tables, étaient très-rares dès-lors, ou tout-à-fait perdus; puisque Justinien, voulant ensuite faire un corps parfait de tout le Droit, ne l'a composé que des constitutions des Empereurs et des traités des jurisconsultes. La même chose se prouve par la Conférence des Lois Mosaïques avec les Romaines, que l'on croit être aussi du temps de Théodose-le-Jeune, puisqu'elle ne contient que des passages des jurisconsultes et des constitutions tirées des trois Codes, et même très-peu de celui de Théodose, qui peut-être n'était pas encore publié.

La plus considérable partie de ce droit était donc le Code Théodosien: ce fut le livre qui se conserva le plus longtemps après la ruine de l'empire d'Occident; et plusieurs croyaient que c'était ce qu'ils appelaient simplement *la loi Romaine*. En effet, Grégoire de Tours, parlant d'un certain Andarchius, qui était au service de Sigebert, fils de Clotaire I, dit qu'il était très-savant dans le livre de la loi Théodosienne.

§ V.

Mœurs des Barbares.

Les Francs et les autres Barbares conquérans apportèrent un nouveau droit dans les Gaules; mais comme ils n'avaient aucun usage des lettres en leur langue, leurs lois n'ont été écrites qu'en latin par les Romains, après leur établissement et leur conversion à la religion chrétienne. Dans les premiers temps de leurs incursions, ils n'avaient que des coutumes, qu'ils observaient dans les jugemens, comme ils les avaient reçues de leurs pères, et leur manière de vivre ne leur donnant pas grande matière de procès, ne leur permettait pas aussi d'y observer beaucoup de formalités. Tous ces peuples venaient de Germanie; et Tacite nous apprend dans un Traité fait exprès, quelles étaient les mœurs des Germains. La guerre et la chasse faisaient leur occupation: ils n'avaient ni habitations fixes, ni d'autres biens que des bestiaux; ainsi leurs différends ordinaires n'étaient que pour des querelles ou pour des larcins, et on les décidait dans des assemblées publiques, ou sur les dépositions des témoins produits sur-le-champ, ou par le duel, ou par les épreuves de l'eau et du feu. Les Romains, quoique soumis à ces Barbares par la force des armes, ne les imitaient en rien, et en avaient horreur au commencement : c'était, comme à notre égard, des Cosaques et des Tartares. D'ailleurs les Barbares ne faisaient pas leurs conquêtes pour acquérir de la gloire, mais pour butiner, et pour subsister plus commodément que chez eux : se contentant d'être les maîtres, ils laissaient vivre les Romains comme auparavant. Au contraire, ils imitaient les mœurs romaines, que leurs pères admiraient depuis long-temps. Ainsi nos premiers rois gardèrent les noms des officiers romains, et appelèrent comme eux les gouverneurs de leurs provinces, Ducs, Comtes, Vicaires; et ceux qui servaient auprès de leurs personnes, Chanceliers, Référendaires, Cubiculaires, Domestiques, et en général Palatins. Eux-mêmes tenaient à honneur les dignités de Consuls, et de Patrices, et les noms de glorieux et d'illustres, qui n'étaient chez les Romains que des titres dont on honorait certains magistrats; encore n'étaient-ce pas les plus magnifiques. Leur monnaie consistait en mêmes espèces que la romaine, c'est-à-dire, des sous d'or et des deniers d'argent, et les Roi y étaient représentés à peu près comme les Empereurs. Enfin l'esprit et la politesse des peuples vaincus les rendaient maîtres de leurs vainqueurs en tout ce qui demandait quelque connaissance des lettres et des arts.

Cette dépendance augmenta par la conversion des Barbares à la foi chrétienne. Ils révérèrent comme des personnes sacrées les évêques et les prêtres, qu'ils admiraient déjà comme des savans ; et les Romains commencèrent à ne les plus trouver si barbares, et à leur obéir plus volontiers. C'étaient néanmoins encore deux peuples différens de langue, d'habits, de coutumes ; et leur distinction semble avoir duré en France pendant les deux premières races de nos rois : elle se conserva particulièrement dans les lois ; et comme on était obligé de rendre justice à chacun selon la loi sous laquelle il était né et qu'il avait choisie (car ce choix était permis), on jugea à propos de rédiger par écrit les lois, ou, pour mieux dire, les coutumes des Barbares.

Nous les avons encore sous le titre de Code des lois antiques, recueillies en un seul volume, qui comprend les lois des Visigoths, un édit de Théodoric, roi d'Italie, les lois des Bourguignons, la loi Salique et celle des Ripuariens, qui sont proprement les lois des Francs; la loi des Allemands, c'est-à-dire des peuples d'Alsace et du haut Palatinat; les lois des Bavarois, des Saxons, des Angles et des Frisons; la loi des Lombards, beaucoup plus considérable que les précédentes, les Capitulaires de Charlemagne, et les Constitutions des rois de Naples et de Sicile. Sans examiner chacune de ces lois en particulier, je parlerai seulement de celles qui ont le plus de rapport à la France, après avoir observé qu'il n'y en a aucune dont on ne puisse tirer de grandes lumières pour l'histoire ou pour la jurisprudence, et que celles qui ont été faites pour les peuples les plus éloignés de nous, ne laissent pas de nous pouvoir être utiles, plusieurs ayant été rédigées de l'autorité des princes français; joint que tous ces peuples du Nord venant de même origine, et ayant ensemble un commerce continuel, gardaient une grande conformité dans leurs mœurs. Je parlerai de ces lois suivant le temps où elles ont été écrites, qui a suivi à proportion l'ordre des conquêtes et de l'établissement des nations.

§ VI.

Lois des Visigoths.

Les plus anciennes sont les lois des Visigoths, qui occupaient l'Espagne, et dans les Gaules une grande partie de l'Aquitaine. Comme ce royaume fut le premier qui s'établit, aussi ses lois paraissaient avoir été écrites les premières. Elles furent premièrement rédigées sous Evarix, qui commença à régner en 466; et comme elles n'étaient que pour les Goths, son fils Alaric fit faire pour les Romains un abrégé du Code Théodosien, par Anien son chancelier, qui le publia en la ville d'Aire en Gascogne. Anien y ajouta quelques interprétations, comme une espèce de glose; du moins il souscrivit pour leur donner autorité, car on n'est pas assuré qu'il les ait composées lui-même; ce qui est certain, c'est que cet abrégé fut autorisé du consentement des évêques et des nobles en 506, et que l'on y avait voulu comprendre tout le Droit romain qui était alors en usage, que l'on tirait, comme il a été remarqué, tant des trois Codes, que des livres des jurisconsultes.

On fit dans la suite un autre extrait de ce Code, qui ne contenait que les interprétations d'Anien, et qu'ils appelaient *Scintilla*.

La Loi gothique ayant été augmentée par les rois suivans, à la fin, quand on crut y avoir assez ajouté pour y trouver la décision de toutes sortes de différends, l'on en fit un corps divisé en XII livres, pour imiter, disent quelques-uns, le Code Justinien, quoiqu'il n'y ait aucun rapport dans l'ordre des matières. On ordonna que ce recueil serait l'unique loi de tous ceux qui étaient sujets des rois goths, de quelque nation qu'ils fussent : et par ce moyen on abolit en Espagne la loi romaine, ou plutôt on la mêla avec la gothique; car on en tira la plus grande partie de ce qui fut ajouté aux anciennes lois. Ce recueil s'appelait le livre de la loi gothique; et le roi Egica, qui régna jusqu'en 701, c'est-à-dire, douze ans avant l'entrée des Maures en Espagne, le fit confirmer par les évêques au 16e Concile de Tolède, l'an 693. On y voit les noms de plusieurs rois : mais tous sont depuis Récarède, qui fut le premier entre les rois goths catholiques. Les lois précédentes sont intitulées Antiques, sans qu'on y ait mis aucun nom des rois; non pas même celui d'Evarix; et peut-être a-t-on supprimé ce nom en haine de l'arianisme. Ces lois antiques, prises séparément, ont grand rapport avec celles des autres barbares : ainsi elles comprennent toutes les Coutumes des Goths que le roi Evarix avait fait écrire. Mais, à prendre la loi gothique entière, c'est sans doute la plus belle comme la plus ample de toutes celles des Barbares, et l'on y trouve l'ordre judiciaire qui s'observait du temps de Justinien, bien mieux que dans les livres de Justinien même. C'est le fond du Droit d'Espagne, et elle s'est conservée en Languedoc, long-temps après que les Goths ont cessé d'y commander, comme il paraît par le second concile de Troyes tenu par le pape Jean VIII en 878.

§ VII.

Lois des Bourguignons.

La loi des Bourguignons fut réformée par Gondebaud,

l'un de leurs derniers rois, qui la publia à Lyon le 29 de mars de la seconde année de son règne, c'est-à-dire, en 501. C'est du nom de ce roi que ces lois furent depuis nommées Gombettes, et toutefois il n'en était pas le premier auteur. Il le reconnaît lui-même, et Grégoire de Tours le témoigne, lorsqu'il dit que Gondebaud donna aux Bourguignons des lois plus douces pour les empêcher de maltraiter les Romains. Il y a quelques additions qui vont jusqu'en l'an 520, ou environ, c'est-à-dire, dix ou douze ans avant la ruine du royaume des Bourguignons. Cette loi fait mention de la Romaine, et l'on y voit clairement que le nom de Barbare n'était point une injure, puisque les Bourguignons mêmes, pour qui elle est faite, y sont nommés Barbares, pour les distinguer des Romains. Au reste, comme ce qui obéissait aux Bourguignons est environ le quart de notre France, on ne peut douter que cette loi ne soit entrée dans la composition du Droit Français.

§ VIII.

Lois des Francs.

Quant à la loi Salique qui fut la loi particulière des Francs, sa préface porte qu'elle avait été écrite avant qu'ils eussent passé le Rhin, et marque les lieux des assemblées avec les noms des quatre sages qui en furent les auteurs. Mais cette histoire est suspecte; et je crois qu'il est plus sûr de s'arrêter à l'édition que nous en avons, sans trop rechercher si c'est la première rédaction, ou une réformation. Elle fut faite de l'autorité des rois Childebert et Clotaire, enfans de Clovis; et il est dit expressément que l'on y abolit tout ce qui ressentait le paganisme dans les anciennes coutumes des Francs.

Nous avons deux exemplaires de cette loi, conformes dans le sens, et assez différens quant aux paroles. Le plus ancien, qui a été imprimé le premier, contient en la plupart de ses articles des mots barbares, qui signifient les lieux dans lesquels chaque décision avait été prononcée, ou la somme des amendes taxées pour chaque cas. C'est ainsi que l'explique Vandelin, official de Tournai, dans le traité particulier qu'il a fait de la loi Salique. L'autre exemplaire est l'édition de Charlemagne, et c'est celui qui contient le Code des lois antiques. A la fin de ce dernier, sont quelques additions sous le nom de Décret des mêmes rois Childebert et Clotaire, qui sont les résultats des assemblées solennelles du premier jour de mars.

La loi des Ripuaires n'est quasi qu'une répétition de la loi Salique [1]; aussi l'une et l'autre étaient pour les Francs; et l'on croit que la loi Salique était pour ceux qui habitaient entre la Loire et la Meuse, et l'autre pour ceux qui habitaient entre la Meuse et le Rhin [2]. Le Roi Théodoric étant à Châlons-sur-Marne, avait fait rédiger la loi des Ripuariens avec celle des Allemands et des Bavarois, tous peuples de son obéissance. Il y avait fait plusieurs corrections, principalement de ce qui n'était pas conforme au christianisme. Childebert et ensuite Clotaire second l'avaient encore corrigée : enfin Dagobert les renouvela et les mit en leur perfection, par le travail de quatre personnes illustres : Claude, Chaude, Indomagne et Agilulfe; et c'est ainsi que nous les avons.

§ IX.

Des Lois barbares en général.

Voilà quelles sont les lois barbares qui se rapportent proprement à notre France. Il est bon maintenant de donner une idée générale de leur matière et de leur style, pour connaître à quoi elles nous peuvent servir.

Le nom de lois ne doit pas nous imposer, et nous faire croire que celles-ci soient l'ouvrage d'une prudence consommée, comme celles d'Athènes ou de Lacédémone. Ce ne sont, à proprement parler, que des coutumes écrites, c'est-à-dire, un recueil de ce que ces peuples avaient accoutumé de suivre dans le jugement de leurs différends, composé par ceux qui en avaient le plus d'expérience. On le voit par l'ancien exemplaire de la loi Salique, qui marque en langue barbare le nom des lieux où de pareils jugemens avaient été rendus, et quelquefois la qualité de l'action.

Ces lois ont néanmoins été rédigées par autorité publique, et approuvées non-seulement par les rois, mais par les peuples, ou du moins par les principaux qui les accep-

[1] V. Cod. leg. antiq.
[2] Præfat. leg. Ripuar.

taient au nom de toute la nation. Ainsi la loi Salique est intitulée le pacte ou le traité de loi Salique; et la loi des Bourguignons porte les souscriptions de trente comtes qui promettent de l'observer eux et leurs descendans.

La principale matière de ces lois sont les crimes, et encore les plus fréquens entre des peuples brutaux, comme le vol, le meurtre, les injures, en un mot, tout ce qui se commet par violence. Ce qui regarde les successions et les contrats est traité succinctement. Dans les lois des peuples nouvellement domptés et convertis, comme des Allemands, des Saxons, des Bavarois, il y a des peines particulières contre les rebelles et contre les sacriléges; par où l'on peut juger que ni les officiers publics, ni les évêques et les autres clercs n'étaient pas en grande sûreté chez ces barbares.

On voit dans ces lois la forme des jugemens : ils se rendaient dans de grandes assemblées où toutes les personnes de distinction étaient contraintes de se trouver sous de certaines peines : comme il paraît par la loi des Bavarois [1]. Pour les preuves, ils se servaient plus de témoins que de titres, et même dans les commencemens ils n'avaient aucun usage de l'écriture : faute de preuves, ils employaient le combat, ou faisaient des épreuves par les élémens. Le combat était un duel en champ clos, qui se faisait de l'ordonnance des juges, ou par les parties mêmes ou par leurs champions. Les épreuves se faisaient diversement : par l'eau bouillante, où l'accusé devait mettre le bras jusques à certaine mesure; par l'eau froide, dans laquelle il était plongé pour voir s'il irait à fond; et quelquefois par le feu, où l'on faisait rougir un fer que l'accusé était tenu de porter avec la main nue le long d'un certain espace; ensuite de quoi on lui enveloppait la main, et on y mettait un sceau pour voir, après quelques jours, l'effet du feu.

Il y avait encore une autre sorte d'épreuve pour les gens accusés de vol : on leur donnait un morceau de pain d'orge et de fromage de brebis; et lorsqu'ils ne pouvaient avaler ce morceau, ils étaient réputés coupables [2].

Ces manières de juger, qui se sont conservées pendant

[1] L. Bajoar. tit. 25.

[2] Sur les différentes sortes d'épreuves, voyez le supplément de Moréry de 1735, au mot *Épreuves*.

plusieurs siècles, passaient pour si légitimes, qu'elles étaient appelées *Jugemens de Dieu.* Aussi y employait-on des cérémonies ecclésiastiques, dont on voit encore les formes, avec les exorcismes de l'eau et du feu, et les prières des messes qui se disaient à cette intention. La simplicité de ces temps-là faisait croire que Dieu devait faire des miracles pour découvrir l'innocence; et les histoires rapportent plusieurs événemens qui confirmaient cette créance. Quoi qu'il en soit, ils n'avaient rien trouvé de plus commode que cette espèce de sort, pour se déterminer dans les affaires obscures, où leur prudence était à bout. C'est ce que les Canons appellent purgation vulgaire, toujours condamnée par l'Eglise romaine, nonobstant la force d'un usage presque universel; et on l'appelait vulgaire pour la distinguer de la purgation canonique qui ne se faisait que par serment.

Les qualités des peines que prononcent les lois sont remarquables. Pour la plupart des crimes, elles n'ordonnent que des amendes pécuniaires, ou pour ceux qui n'avaient pas de quoi payer, des coups de fouet, et il n'y en a presque point qui soient punis de mort, sinon les crimes d'État. Ces peines sont nommées compositions, comme n'étant qu'une taxe de dommages et intérêts faite avec une exactitude surprenante. Il y en a 164 articles dans la seule loi des Frisons, qui, d'ailleurs, est des plus courtes. C'est proprement un tarif de blessures, avec l'énumération de toutes les parties du corps humain, et même de celles que l'on eût dû se dispenser de nommer : de toutes les manières dont chaque partie peut être offensée, et les mesures de chaque plaie. Par exemple, on taxe en autant d'articles différens, une main coupée, quatre doigts, trois doigts, un doigt, et on distingue si c'est le pouce, l'index, et ainsi des autres : même en chaque doigt on distingue les jointures. On observe si la partie a été tout-à-fait coupée, ou si elle tient encore; et, si c'est seulement une plaie, on en exprime la longueur, la largeur et la profondeur. On taxe en particulier le coup qui a fait tomber un os de la tête [1]; mais si cet os n'était pas une petite esquille du crâne, il fallait qu'il pût faire sonner un bouclier dans lequel il serait jeté au travers d'un chemin de douze pas. Les injures de pa-

[1] Ripuar. tit. 70. de osse sup. viam son.

roles sont taxées avec la même exactitude, et l'on y peut voir celles qui passaient alors pour offensantes.

On ne s'aviserait point aujourd'hui d'exprimer certaines actions marquées en particulier dans ces lois [1]. Il est parlé de celui qui empêche un autre de passer dans un chemin; de celui qui dépouille une femme pour lui faire injure; de celui qui déterre un mort pour le dépouiller; de celui qui écorche un cheval [2]. Enfin, il y a des titres particuliers pour les larcins de toutes sortes de bêtes, jusques aux chiens, dont on distingue les différentes espèces. Ce détail, qui peut sembler bas, n'est pas inutile pour donner quelque idée de ces lois et des mœurs des peuples pour qui elles ont été faites.

Elles sont écrites d'un style si simple et si court, qu'il serait fort clair, si tous les termes étaient latins; mais elles sont remplies de mots barbares, soit faute de mots latins qui fussent propres, soit pour leur servir de glose. Ce qui montre encore ce que j'ai dit, que ces peuples n'écrivaient point en leur langue [3], car il eût été bien plus commode d'écrire ces lois en allemand, que de les écrire en latin rempli de mots allemands. Il paraît toutefois que l'on écrivit en langue tudesque, un siècle ou deux après la rédaction de ces lois; car, sans parler de l'ancienne version de l'Evangile, dont on voit des fragmens dans les inscriptions de Gruter, nous avons les lois des anciens Anglois-Saxons, écrites en leur langue vulgaire depuis le roi Ina, qui commença à régner en 712, jusqu'à Canut le Danois, dont le règne finit en 1035. Ces lois, pour en dire un mot en passant, ont beaucoup de rapport avec les autres lois des Barbares, et sont aussi faites dans des assemblées d'évêques et d'anciens. Les lois gothiques sont écrites d'un style plus latin que toutes les autres : mais suivant la manière du temps, c'est-à-dire, qu'il y a moins de mots barbares, mais plus de phrases et de paroles superflues.

§ X.

Droit Français sous la première race.

Ainsi l'on peut voir quel droit s'observait en France

[1] L. Alaman. tit. 60. Longobard. tit. 105. de injur. fem.
[2] L. Sal. tit. 60.
[3] T. Fauchet, de la Langue, l. I, ch. 3.

sous les rois de la première race. Les maîtres, c'est-à-dire les Francs, observaient la loi salique; les Bourguignons, la loi Gombette; les Goths, restés en grand nombre dans les provinces d'outre la Loire, suivaient la loi gothique, et tous les autres la loi romaine. Les ecclésiastiques suivaient tous celle-ci, de quelque nation qu'ils fussent. Il est vrai qu'il y en avait peu qui ne fussent Romains; et quand ils auraient été d'une autre nation, ils avaient toujours un grand intérêt de conserver la loi romaine, à cause des immunités et des priviléges qui leur étaient accordés par les constitutions des empereurs. De plus, ils suivaient le droit canonique, c'est-à-dire, les règles des conciles, comprises dans l'ancien Code des Canons de l'Eglise universelle, et quelques décisions des papes qui étaient souvent consultés par les évêques. Les Barbares, même les Francs, étaient obligés en plusieurs rencontres d'avoir recours aux lois romaines, parce que leurs lois particulières contenaient peu de matières. Aussi Agathias témoigne que les Francs suivaient les lois romaines dans les contrats et dans les mariages. Et Aimoin rapporte que du temps du roi Dagobert, les enfans de Sadregisile, duc d'Aquitaine, pour n'avoir pas vengé la mort de leur père, furent privés de sa succession, conformément aux lois romaines. Il est même à croire que ceux qui dressaient les actes publics, et qui écrivaient les lettres étant tous clercs, ou moines, comme Marculphe, dont nous avons les formules, les faisaient, autant qu'ils pouvaient, conformes à leur loi et à leur style. La loi romaine était donc généralement observée en France sous les rois de la première race, et on y dérogeait seulement à l'égard des Barbares, dans les cas où leurs lois ordonnaient nommément quelque chose qui n'y était pas conforme.

Dans l'histoire de M. de Cordemoi, à la fin du règne de Dagobert, il y a un abrégé de ces lois mises dans un certain ordre, avec un tableau de l'état des Français sous les rois de la première race, de leur manière de rendre la justice, de leur gouvernement.

§ XI.

Droit Français sous la seconde race.

Charlemagne ayant réuni sous son empire toutes les conquêtes des Francs, des Bourguignons, des Goths et des

Lombards, laissa vivre chaque peuple selon ses lois, et les fit toutes renouveler par le soin qu'il prit de rétablir l'ordre en toutes choses : peut-être même lui avons-nous l'obligation des exemplaires de ces lois qui sont venus jusques à nous. En 788, il fit écrire le Code Théodosien suivant l'édition d'Alaric, roi des Visigoths, dont il a été parlé; et c'est de cette édition d'Alaric et de Charlemagne que nous avons tout le Code Théodosien, ou plutôt l'abrégé de tout ce qu'il contenait; car nous n'en avons que la moitié, suivant l'édition de Théodose même, qui était beaucoup plus ample. En 798, Charlemagne fit écrire la loi salique et y ajouta plusieurs articles. En 803, Louis-le-Débonnaire y fit aussi quelques additions : ainsi on suivit sous la seconde race le même droit que sous la première; on y ajouta seulement les Capitulaires, qui étaient des lois générales, et qui méritent d'être examinées.

§ XII.

Capitulaires.

Les Rois de la première race tenaient tous les ans, le premier jour de Mars, une grande assemblée, où se traitaient toutes les affaires publiques, et où le Prince et ses sujets se faisaient réciproquement des présens[1]. On l'appelait Champ de Mars, nom déjà usité par les Empereurs Romains, pour marquer une assemblée militaire. Les Francs tenaient leur assemblée en pleine campagne, faute de bâtimens assez spacieux, ou plutôt parce que les Germains en avaient toujours usé ainsi dans leur pays, où ils n'avaient d'autres logemens que des cavernes, ou des cabanes dispersées. C'était apparemment cette manière de tenir les assemblées qui en avait déterminé le temps à la sortie de l'hiver, qui avait retenu chacun chez soi, et avant l'été qu'il fallait avoir tout entier pour exécuter les résolutions; car la guerre était le principal sujet de leurs délibérations. Ce Champ de Mars sous les Rois Fainéans devint une simple cérémonie, et Pepin en changea le jour au premier de Mai. Depuis, le jour fut incertain, quoique l'assemblée se tînt régulièrement chaque année.

Elle était composée de toutes les personnes considéra-

[1] Lact. de mort. pers. n. 32.

bles de l'un et de l'autre état, ecclésiastique et laïque[1]; c'est-à-dire, des Évêques, des Abbés et des Comtes : je crois même que tous ceux qui étaient Francs avaient droit de s'y trouver. Le Roi proposait les matières, et décidait après la délibération libre de l'assemblée. Le résultat de chaque assemblée était rédigé par écrit, et l'on obligeait chaque Evêque et chaque Comte d'en prendre copie par les mains du Chancelier, pour les envoyer ensuite aux Officiers de leurs dépendances, afin qu'elles pussent venir à la connaissance de tous. Comme les propositions et les décisions étaient rédigées succinctement et par articles, on les appelait chapitres, et le recueil de plusieurs Chapitres s'appelait Capitulaire. On peut voir sur ce sujet la préface de M. Baluze.

Il semble que les Capitulaires doivent être distingués selon leurs matières; ceux qui traitent des matières ecclésiastiques, qui sont en très-grand nombre, sont de véritables Canons, puisque ce sont des règles établies par des Evêques légitimement assemblés; aussi la plupart de ces assemblées sont mises au rang des Conciles. Les Capitulaires qui traitent de matières séculières, mais générales, sont de véritables lois, et ceux qui ne regardent que de certaines personnes, ou de certaines occasions, ne doivent être considérés que comme des réglemens particuliers.

Il nous reste un grand nombre de Capitulaires des deux premières races depuis Childebert, fils de Clovis, jusques à Charles-le-Simple. La plupart sont de Charlemagne et de Louis-le-Débonnaire; et jusques ici nous n'avions ceux de ces deux Empereurs que dans la compilation qui en fut faite par l'Abbé Ansegise, et par le diacre Benoît : mais nous avons à présent les Capitulaires entiers comme ils ont été dressés en chaque assemblée et selon l'ordre des temps. C'est ainsi que nous les a donnés M. Baluze, dans l'édition qu'il en a faite en 1677, avec une ample préface et des notes pleines d'une grande érudition. Il a mis en son ordre, c'est-à-dire, après les Capitulaires de Louis-le-Débonnaire, la compilation d'Ansegise et de Benoît[2]. Elle est divisée en sept livres : les quatre premiers furent composés par l'abbé Ansegise en 827; afin, dit-il, de conserver les Capitulaires

[1] Capitular. I. liv. I ch. 24.
[2] Baluze, præf. n. 39, etc.

plus aisément que dans des cahiers séparés. Il mit dans les deux premiers livres ceux de Charlemagne : dans le premier, les matières ecclésiastiques; dans le second, les matières séculières; dans les deux autres livres, les Capitulaires de Louis-le-Débonnaire et de son fils Lothaire; savoir : dans le troisième, ceux des matières ecclésiastiques, et dans le quatrième, ceux des matières séculières. Les trois autres livres ont été compilés par Benoît, diacre de l'Eglise de Mayence, vers l'an 845, et contiennent d'autres Capitulaires des mêmes Princes que l'abbé Ansegise avait omis, ou à dessein, ou faute de les avoir connus, et que Benoît avait retrouvés en divers lieux, particulièrement dans les archives de l'Église de Mayence. On accuse avec raison le diacre Benoît, ou ceux dont il a compilé les mémoires, de n'avoir point assez choisi ce qu'ils ont inséré aux Capitulaires. Au commencement du sixième livre de la collection, on voit 53 articles tirés des lois Mosaïques, dont plusieurs assurément ne convenaient ni au Pays, ni au siècle de Charlemagne [1]. Ensuite de ces sept livres, il y a quelques Capitulaires de Louis-le-Débonnaire, suivant les matières ecclésiastiques, retrouvés après la collection de Benoît, et distribués en quatre additions, dont la première ne concerne que la discipline monastique.

L'autorité des Capitulaires ne pouvait manquer d'être grande, puisque le Roi les faisait par le conseil des principaux de ses sujets, du consentement de tous [2]. Ils furent donc observés par tout l'Empire Français, c'est-à-dire, quasi par toute l'Europe, principalement pendant le règne de Charlemagne, de Louis-le-Débonnaire et de ses enfans. Outre le soin que l'on prenait de les faire connaître à tous les peuples, une des principales charges des Intendans, ou Envoyés du Prince, était de les faire exécuter dans les provinces de leurs départemens. Long-temps après, les Capitulaires étaient encore considérés comme des lois, ainsi qu'il paraît par les Epîtres d'Ives de Chartres, par les Décrétales d'Innocent III, et par le Décret de Gratien, où il y en a grand nombre d'insérés. Tel était donc le droit de la France sous la seconde race de nos Rois; on y observait

[1] Art. 43, 44, 45.
[2] Baluze, præf. n. q. 8. Capit. cap. 3. ann. 803, n. 10.

les Capitulaires, la Loi Salique, et les autres lois de chaque nation, mais surtout la Loi Romaine.

§ XIII.

Loi Romaine sous la seconde race.

On voit le soin que les Rois eurent de la conserver, par un article des Capitulaires de Charles-le-Chauve [1], où, après avoir établi une peine contre ceux qui usent de fausses mesures, il ordonne que dans les pays sujets à la Loi Romaine, les coupables seraient punis suivant cette loi; ajoutant que ni lui, ni ses prédécesseurs n'ont jamais prétendu rien ordonner qui y fût contraire : ce qu'il répète souvent dans le même Edit.

De plus, la Loi Romaine n'était pas moins nécessaire en ces temps-là pour ceux qui n'étaient point Romains, que sous la première race. Les Capitulaires, qui étaient les seules lois nouvelles, contiennent peu de choses qui puissent fournir des principes de Jurisprudence. Une grande partie ne regarde que la discipline ecclésiastique; et l'on y a transcrit beaucoup de Canons des anciens Conciles. Ceux qui traitent des choses temporelles ne regardent souvent que des affaires particulières; il y en a même qui visiblement ne sont que des instructions pour les Commissaires envoyés dans les provinces : le peu qui reste d'articles généraux sont des lois fort imparfaites. Ce sont plutôt des exhortations à la vertu, que des lois pénales; et comme on sait que les Ecclésiastiques en étaient les principaux auteurs, on pourrait les soupçonner de n'avoir pas assez distingué le style des lois qui commandent et font exécuter par la force, d'avec le style des avis charitables et des préceptes de morale : il fallait donc toujours avoir recours aux lois Romaines pour les questions de Droit, particulièrement dans les matières des contrats et de l'état des personnes. Car les serfs étaient un des plus fréquens sujets des différends. Voici un exemple mémorable du Droit qui s'observait en France sous la seconde race [2]. Adrevalde, moine de Saint-Benoît-sur-Loire, qui vivait du temps de Charles-le-Chauve, dit qu'il

[1] Cap. 31, edict. Pissense, artic. 20.
[2] Lib. 1. de miracl. Ben. cap. 25.

y eut un différend entre l'Avoué de St-Benoît et celui de St-Denis, touchant quelques serfs : pour le terminer, l'on tint des plaids où se trouvèrent plusieurs Juges et Docteurs des lois; et de la part du Roi, un Evêque et un Comte; mais l'on ne put rien conclure en la première assemblée, parce que les Juges de la Loi Salique n'entendaient rien à régler les biens ecclésiastiques qui se gouvernaient par la Loi Romaine. Les envoyés du Roi assignèrent une autre assemblée à Orléans, où l'on fit venir, outre les Juges, des Docteurs-ès-Lois, tant de la province d'Orléans que de celle du Gâtinois. Et après tout cela, peu s'en fallut que le différend ne se terminât par un duel entre les témoins. On voit ici que la loi Romaine et la loi Salique étaient en vigueur, et que chacune avait ses Juges différens; que l'Eglise suivait la loi Romaine; qu'il y avait des personnes qui faisaient profession de l'enseigner, et qu'il y en avait dès-lors à Orléans; que les Envoyés du Prince présidaient à ces jugemens, et que l'on ordonnait quelquefois le combat entre les témoins. Tout ce que j'ai expliqué jusqu'ici est ce que j'appelle l'ancien Droit Français.

§ XIV.

Désordre du dixième siècle.

Pour entendre comment s'est formé le Droit nouveau, il faut voir comment l'ancien se réduisit en coutumes, et comment l'étude du Droit Romain se rétablit. L'origine des coutumes est toujours obscure, puisqu'elles ne sont différentes des lois que parce qu'elles s'observent sans être écrites : en sorte que s'il arrive qu'on les écrive, ce n'est qu'après qu'elles sont établies par un long usage. Mais l'origine de nos coutumes a une obscurité particulière, en ce qu'elles se sont formées pendant le dixième et l'onzième siècles, qui est le temps le plus ténébreux de notre histoire. Voici ce que j'en puis deviner.

Sur la fin de la seconde race de nos Rois, et vers le commencement de la troisième, l'Italie et les Gaules étaient tombées en une anarchie et une confusion universelles. Ce désordre commença par la division des enfans de Louis-le-Débonnaire, et s'accrut considérablement par les ravages des Hongrois et des Normands, qui achevèrent d'y éteindre le peu qui restait de l'esprit et des manières Romaines. Mais le mal vint au dernier excès par les guerres particulières, très-fréquentes alors non-seulement entre les Ducs et les Comtes, mais généralement entre tous ceux qui avaient une maison forte pour retraite : car tout le monde portait les armes, sans excepter les Evêques avec leurs Clercs, et les Abbés avec leurs Moines ; et il ne leur restait plus d'autre moyen de se garantir du pillage, après avoir employé en vain pendant long-temps les prières et les censures ecclésiastiques. Ces petites guerres étaient conformes aux anciennes mœurs des barbares, et on en voit les causes dans leurs lois. Outre le duel, qui était un des moyens ordinaires de décider les causes obscures, ils avaient le droit appelé *Faide*, par lequel il était permis aux parens de celui qui avait été assassiné de tuer le meurtrier, quelque part qu'ils le rencontrassent, excepté en certains lieux, comme à l'Eglise, au palais du prince, en l'assemblée publique, à l'armée, et lorsqu'il était en chemin pour y aller : car, en ces rencontres, celui qui était sujet à cette vengeance, était en paix[1]. Ainsi une seule mort, même d'accident, en produisait d'ordinaire plusieurs autres. C'est apparemment à cause de ce droit, que les lois n'ordonnaient point la peine de mort contre les meurtriers, mais seulement des peines pécuniaires ou plutôt des estimations de dommages-intérêts ; aussi les nomment-elles compositions. Il était au choix des parens de venger la mort, ou de se contenter de cet intérêt civil. Quoi qu'il en soit, les petites guerres étaient établies universellement en France pendant le dixième siècle.

Comme il est difficile de ramener à la raison des esprits une fois effarouchés, tout ce que purent faire d'abord les Ecclésiastiques les plus zélés et les princes les plus religieux, fut d'obtenir une cessation d'armes limitée à certains jours[2], c'est-à-dire, depuis le soir du mercredi de chaque semaine jusques au lundi matin. Pendant ces jours tous actes d'hostilité étaient défendus à l'égard de tout le monde ; d'ailleurs il y avait certaines personnes qu'il n'était jamais permis de maltraiter, savoir, les clercs, les pélerins et les laboureurs, tout cela sous peine d'excommunication[3]. C'est

[1] Pax fadio fit.
[2] Glaber. lib. 3, c. 1.
[3] Toto tit. *extra* de tre. et pace.

ce que l'on appelle la Trêve de Dieu, qui fut depuis confirmée et étendue.

On peut croire que pendant ces désordres, l'ignorance et l'injustice abolirent insensiblement les anciennes lois, et qu'à force d'être méprisées, elles demeurèrent inconnues. Ainsi les Français retombèrent dans un état approchant de celui des barbares, qui n'ont point encore de lois ni de police. Encore étaient-ils plus misérables, en ce qu'il leur restait assez de connaissance des arts pour forger des armes et former des forteresses; de sorte qu'ils avaient plusieurs moyens de se nuire que les sauvages n'ont pas. Ils n'étaient pas ignorans pour le mal comme pour le bien : la tradition de tous les crimes s'était conservée; et ils avaient la férocité de leurs pères, sans en garder la simplicité et l'innocence.

§ XV.

Nouvelles seigneuries.

De là viennent nos vieilles fables de ces félons qui insultaient aux faibles, qui fermaient les passages, et empêchaient le commerce; et de ces preux qui erraient dans le monde pour la sûreté publique, et pour la défense des dames. Les auteurs de ces temps n'étaient pas fort inventifs; ils copiaient les mœurs de leur temps, y ajoutant seulement pour le merveilleux les géans, les enchanteurs et les fees.

Malgré cette confusion, il restait quelque forme de justice, et les différends ne se terminaient pas toujours par la force. Il y avait différens juges pour les roturiers et pour les nobles. Je me sers de ces noms, dont l'usage est plus nouveau[1], parce que la distinction qu'ils marquent subsistait dès-lors; et je nomme roturiers, les paysans, les artisans, et les autres personnes franches ou serves qui composaient le menu peuple. Ils étaient jugés par l'autorité des nobles, c'est-à-dire par les chevaliers, et autres personnes puissantes qui commencèrent lors *à s'ériger* en seigneurs, et *à s'attribuer* en propriété la puissance publique, dont auparavant ils n'avaient au plus que l'exercice[2]. Car tant que l'autorité royale fut en vigueur, principalement sous la

[1] Il est redevenu ancien pour nous.
[2] Notez l'origine des Seigneuries.

famille de Charlemagne, il n'y avait point d'autre seigneur que le Roi; la justice ne se rendait publiquement qu'en son nom, et par ceux à qui il en donnait le pouvoir. Mais dans les temps de désordres, chacun se mit en possession de juger aussi bien que de faire la guerre, et de lever des deniers sur le peuple [1]. Le principal fondement de cette entreprise fut apparemment la puissance domestique : car toute la France était encore pleine de serfs, qui étaient comptés entre les biens, comme faisant partie des héritages, et il fut facile de changer à leur égard l'autorité privée en juridiction. Je crois que l'on confondit avec les serfs quantité de personnes franches, soit qu'elles y consentissent pour être protégées dans ces temps d'hostilité universelle, soit par pure force. Car il est souvent parlé dans les Capitulaires, de l'oppression des personnes libres et pauvres. Les premiers qui donnèrent l'exemple de cette usurpation, furent peut-être les Comtes, c'est-à-dire les Gouverneurs des bonnes villes, qui avaient déjà, par le droit de leurs charges, l'exercice de la jurisdiction.

Ces Seigneurs, de quelque manière qu'eût commencé leur pouvoir, rendaient la justice en personne, ou par des officiers pris entre leurs domestiques. Le Sénéchal était le maître d'hôtel; les Baillis et les Prévôts étaient des intendans ou des Receveurs, et les Sergens étaient de simples valets. Même en remontant plus haut, on trouve que le Sénéchal et les autres étaient non-seulement des domestiques, mais des esclaves, puisque la loi Salique [2] nomme entre les serfs estimables à prix d'argent, le Maire, l'Echanson et le Maréchal; et la loi des Allemands nomme le Sénéchal et le Maréchal. Ces noms ne furent attribués à des officiers publics que sous la troisième race. Cette justice était souveraine, et se rendait sommairement. Les peines des crimes étaient cruelles; il était ordinaire de crever les yeux, de couper un pied ou une main; d'où vient que les actes de ce temps-là font si souvent mention de mutilation de membre. Il semble même que ces peines étaient arbitraires.

Ces Seigneurs, qui jugeaient ainsi les roturiers, étaient jugés par d'autres Seigneurs. Un simple Chevalier, par exemple, ou un Châtelain, était soumis à la jurisdic-

[1] Voilà ce qu'on appelle *le bon vieux temps!*
[2] L. Saliq. tit. II. art. 9. L. Alamann. tit. 8. art. 3.

tion du Comte dont il était vassal; et le Comte, pour le juger, était obligé d'assembler les Pairs de sa cour, c'est-à-dire, les autres Chevaliers ses vassaux, égaux entre eux, et de même rang que celui qu'il fallait juger. Le Comte était lui-même un des Pairs de la cour de son seigneur, qui était un Comte plus puissant, un Duc ou un Marquis, et cette subordination remontait jusqu'au Prince Souverain; car le Roi avait aussi sa cour composée des Pairs de France ses premiers vassaux.

Mais cet ordre ne s'observait pas toujours. Souvent les nobles qui se sentaient forts, n'obéissaient point à leurs Seigneurs, qui étaient réduits à se faire justice par les armes. Le Roi lui-même était obligé de faire la guerre non-seulement à des Pairs de France, mais à des Seigneurs beaucoup moindres. L'Abbé Suger nous apprend que le Roi Louis-le-Gros[1] fit marcher ses troupes contre Bouchard de Montmorenci, pour défendre l'abbé de Saint-Denis, qu'il assiégea Gournai et le prit par force, qu'il défit le seigneur de Puiset en Beauce, et qu'il se délivra enfin du seigneur de Montlhéri, qui avait fatigué le roi Philippe Ier son père pendant tout son règne, jusqu'à lui empêcher la communication de Paris à Orléans.

Souvent aussi les différends des Seigneurs se terminaient en des assemblées d'arbitres choisis de part et d'autre, principalement quand ils avaient affaire avec une Eglise. Dans les auteurs du temps[2], comme Fulbert et Ives de Chartres, il est souvent fait mention de ces conférences. Il semble qu'au commencement, avant que la subordination des Seigneurs fût établie, ils se considéraient tous comme des Souverains, dont les querelles ne peuvent finir que par une victoire, ou par un traité de paix. Cette manière irrégulière de rendre la justice, et l'établissement de ces nouvelles jurisdictions, contribuèrent beaucoup aux coutumes dont nous cherchons l'origine; mais plusieurs autres droits, qui se formèrent en même temps, y concoururent.

[1] Vie de Louis-le-Gros.
[2] V. Mirac. S. Ben. lib. 4, 5, 11.

§ XVI.

Des Fiefs et Droits seigneuriaux.

Les fiefs, qui n'étaient auparavant que des bénéfices à vie, prirent alors une forme nouvelle, devenant perpétuels et héréditaires. On rapporte aussi avec raison à ces temps de désordres, l'origine de la plupart des droits seigneuriaux, que l'on croit s'être formés par des traités particuliers, ou par des usurpations.

En effet, *il n'est point vraisemblable que les peuples aient accordé volontairement à des Seigneurs particuliers, tant de droits contraires à la liberté publique*, dont la plupart des coutumes font mention, et dont plusieurs subsistent encore[1].

Tels sont les droits de péages, travers, rouage, barrage, et tant d'autres; comme les droits de giste, de past, de logement et de fournitures, de corvées, de guet et de garde; les banalités des fours, des moulins et des pressoirs; le ban à vin, et les autres défenses semblables. *Tous ces droits sentent la servitude de ceux à qui ils ont été imposés, ou la violence de ceux qui les ont établis.*

Je ne dis pas qu'ils ne soient devenus légitimes par le temps, et par l'approbation des Souverains qui ont autorisé les coutumes; je crois volontiers que plusieurs ont été institués justement: par exemple, pour indemniser un Seigneur de la construction d'un pont ou d'une chaussée, ou pour laisser des marques de la servitude dont il avait délivré ses sujets. Plusieurs sont les conditions de l'aliénation des héritages, comme les cens et les rentes foncières en espèces ou en argent, les champarts, les bourdelages, et les autres droits pareils. Je dis seulement que ces droits n'ont eu pour la plupart que des causes particulières, comme l'on voit par la diversité de leurs noms, selon le pays, et par certains droits bizarres[2], qui n'ont pas même de nom, et ne peuvent être venus que du caprice d'un

[1] Grâces à Dieu, Fleury écrivait cela en 1674. On ne dira point que c'est un langage révolutionnaire.

[2] Par exemple ceux dits de *cuissage*, *jambage*, *prélibation*, *markette*. Voyez Dict. de l'Anc. Régime et des abus féodaux, par Paul D*. de P*. 1820, in-8°.

maître. A mesure que la France s'est réunie, le temps a beaucoup emporté de ces droits irréguliers : plusieurs se sont abolis entièrement, d'autres se sont confondus avec ceux dont ils approchaient le plus ; enfin ceux qui se sont trouvés le plus universellement reçus, ont passé en droit commun[1].

§ XVII.

Droit des Communes.

Les droits des communes et des bourgeoisies apportèrent encore un grand changement. Car ce fut vers ce même temps que les habitans des cités et des villes établirent entre eux des sociétés sous la protection de quelque Seigneur[2], pour se garantir de la tyrannie des autres, et pour être jugés par leurs pairs. Les premiers qui en usèrent ainsi, furent apparemment les anciens citoyens des Villes Episcopales et les autres personnes libres ; mais dans la suite, les habitans serfs de plusieurs bourgs et de plusieurs villages donnèrent de grosses sommes à leurs Seigneurs pour racheter leur liberté[3], et pour avoir aussi le droit de se défendre les uns les autres avec différens priviléges.

Dès le temps des Romains, il y avait en Gaule, comme partout ailleurs ; un très-grand nombre d'esclaves. La douceur du Christianisme, et les mœurs des Nations Germaniques, peu accoutumées à se faire servir, rendirent insensiblement leur condition beaucoup meilleure ; en sorte que dans les siècles où se formèrent nos coutumes, leur servitude ne consistait plus qu'à être attachés à certaines terres, et à n'avoir pas la disposition libre de leurs biens, pour faire des testamens ; ni de leurs personnes, pour se marier ou s'engager par des vœux. Ainsi le pouvoir des Seigneurs se réduisait principalement à trois sortes[4] de droits, Poursuite, Formariage, et Main-morte, célèbres dans les coutumes. De là vient que l'on nommait souvent les serfs gens

[1] En 1789, nous les verrons abolis, à la demande même de ceux qui en jouissaient.

[2] Sorte d'*assurance mutuelle.*

[3] Heu! tot empta, tot concessa, tot jurata libertas!

[4] *Trois sortes* seulement, mais qui affectaient l'homme tout entier, dans sa *personne*, ses *affections*, sa *propriété*.

de poursuite, ou de main-morte, ou mortaillables, parce que les Seigneurs levaient des tailles sur eux[1]. On les appelait aussi hommes et femmes de corps, ou gens de pote, ou vilains, à cause des villes, *villæ*, c'est-à-dire, des villages qu'ils habitaient; mais les affranchissemens se sont rendus si fréquens depuis le règne de saint Louis, qu'il reste peu de vestiges de ces servitudes.

§ XVIII.

Jurisdiction ecclésiastique.

Une troisième cause de ce changement de notre droit, fut l'accroissement de la jurisdiction ecclésiastique. Sous l'empire romain, les évêques terminaient souvent des différends, même entre les séculiers, qui, se confiant en leur probité et en leur prudence, les choisissaient pour arbitres. L'utilité connue de ces arbitrages les fit autoriser par une loi du Code Théodosien, qui porte : Que si l'une des parties déclare se vouloir soumettre au jugement de l'évêque, l'autre est obligée de s'y soumettre aussi, en quelque état que soit la cause. Il ne faut pas douter que cette loi ne fût observée dans les Gaules, où pendant le siècle de Théodose, il y eut tant d'évêques illustres en sainteté et en doctrine. Quoique l'autorité des prélats souffrît quelques traverses dans les changemens de maîtres, sous les rois de la première race, ils eurent toujours un grand pouvoir, et furent respectés non-seulement par les Romains, mais encore par les Barbares nouvellement convertis, qu'ils faisaient souvent trembler en les menaçant seulement de la colère de saint Martin. Sous les rois de la seconde race, nous trouvons la loi du Code Théodosien[2] autorisée solennellement; car l'empereur ayant fait l'énumération de tous les peuples qui lui étaient soumis, afin de déroger expressément à leurs lois particulières, marque précisément le lieu d'où cette constitution est tirée, ordonne qu'elle soit tenue pour loi comme les Capitulaires, même par tous ses sujets, tant clercs que laïques, et en rapporte enfin les paroles tout au long. Elle fut donc observée tant que l'autorité royale subsista; et les

[1] De potestate millæ.
[2] Lib. VI, cap. 366.

actes du temps font voir que les évêques et abbés, aussi bien que les comtes, étaient d'ordinaire donnés pour juges, envoyés dans les provinces pour faire observer les lois, et admis aux Conseils-d'Etat.

Loin que l'affaiblissement de la monarchie diminuât l'autorité des ecclésiastiques, il l'augmenta; car avant que le temps eût affermi les nouvelles seigneuries, pendant l'agitation qui produisit ce changement, il est à croire que les peuples obéissaient plus volontiers aux puissances ecclésiastiques qui n'avaient point changé, qu'aux puissances séculières encore incertaines, ou si nouvelles, que l'on voyait clairement l'usurpation. D'ailleurs, l'ignorance des laïques était si grande, qu'ils avaient besoin des clercs dans toutes leurs affaires, non-seulement pour les discuter et les résoudre, mais pour lire leurs titres, ou pour écrire leurs conventions. Enfin n'y ayant plus de justice réglée entre les seigneurs, l'entremise des évêques et des abbés était plus nécessaire qu'auparavant : c'étaient eux ordinairement qui faisaient la paix, et qui provoquaient et composaient ces assemblées si fréquentes. Il est vrai que sur ce fondement de l'entretien de la paix, et du peu de justice que rendaient les séculiers, les ecclésiastiques étendirent si loin leur juridiction, que les laïques s'en plaignirent et s'y opposèrent : d'où vinrent enfin ces cruelles divisions qui ont si longtemps affligé l'Allemagne et l'Italie; mais, sans m'étendre sur l'histoire de la jurisprudence ecclésiastique [1], il suffit d'avoir remarqué le changement qu'elle apporta à la jurisprudence, en donnant une plus grande étendue au Droit canonique, et le faisant entrer dans la composition du Droit français, comme une de ses plus considérables parties.

§ XIX.

Origine des Coutumes.

Voici mes conjectures [2] sur l'origine des coutumes; et pour les renfermer en peu de mots, j'estime que l'ancien droit cessa d'être étudié, et continua toutefois d'être pratiqué,

[1] V. Instit. du Droit Ecclés. 3 part. c. I.

[2] Loger a fait une très-bonne dissertation sous le titre de *Conjectures sur l'origine du Droit Français*, qui se trouve en tête d'un vol. in-4°. intitulé *Bibliothèque des Coutumes.*

sans distinction des différentes lois, comme il n'y avait plus de distinction entre les peuples : qu'il reçut un grand changement par les nouveaux droits qui s'établirent, principalement en ce qui regardait la puissance publique, et par l'étendue de la juridiction ecclésiastique. Ce changement s'accrut par le temps, à cause du peu de commerce de chaque province, et même de chaque petit pays avec les pays voisins ; car la division était telle, que du temps du roi Robert, un abbé de Cluni, invité par Bouchard, comte de Paris [1], à venir mettre des moines à S.-Maur des Fossés, regardait ce voyage comme long et pénible, se plaignait qu'on l'obligeât d'aller en un pays étranger et inconnu : ainsi les mêmes causes qui les produisirent, les produisirent différentes en chaque pays. J'appellerai ici pays, ce qui est nommé *Pagus*, dans les actes du temps de Charlemagne et de ses successeurs, c'est-à-dire le territoire de chaque cité qui était le gouvernement d'un comte, et pour l'ordinaire un diocèse. Les coutumes s'y trouvèrent différentes, par la diversité qu'il y eut dans les usurpations de la puissance publique, dans les traités des seigneurs entre eux et avec les communes, dans le style de chaque juridiction, dans les opinions différentes des juges. Ce sont les conjectures de Dumoulin. La division des pays y contribua, car ils ne dépendaient point les uns des autres, et étaient souvent en guerre ; jusque-là que ce droit de guerre faisait une partie de leurs coutumes, et avait ses règles et ses maximes : c'est pourquoi la diversité est demeurée plus grande dans les provinces qui ont dépendu de différens souverains, comme celles que les Anglais ont possédées, et le reste de la France. La raison d'Etat s'y mêlait ; et chaque prince était bien aise que les mœurs de ses sujets les éloignassent des sujets de l'autre, afin que la réunion fût plus difficile. Dans les pays soumis à un même souverain, la jalousie ordinaire entre les voisins, faisait que les juges et les officiers affectaient des maximes différentes, et laissaient cette émulation à leurs successeurs.

§ XX.

Renouvellement du Droit Romain.

La France était en cet état, quand on recommença d'étudier le droit romain. Ce n'était pas le code théodosien,

[1] Vita Comitis Buchardi. Du Chesne, tome 4.

qui, avant les désordres, s'appelait la loi Romaine dans les Gaules et dans les Espagnes. Il n'était plus connu que de quelques savans, et il demeura depuis entièrement dans l'oubli jusqu'au commencement du dernier siècle. Il fut imprimé en 1528, sur trois manuscrits trouvés en Allemagne, et cette édition est celle de Charlemagne, c'est-à-dire celle d'Alaric. Depuis on a retrouvé une partie du code, telle que Théodose l'avait faite [1].

Le droit romain que l'on commença d'étudier au temps dont je parle, et que l'on étudie encore aujourd'hui, est le droit de Justinien, qui avait été jusque-là peu connu en Occident; car, du temps que l'empereur Justinien le fit publier, vers l'an 530, il n'y avait en Europe que deux provinces qui lui obéissaient paisiblement, la Grèce et la plus grande partie de ce qui dépendait du préfet du prétoire d'Illyrie. Les Espagnes et les Gaules étaient retranchées de l'empire romain depuis un siècle; la Germanie n'en avait jamais été; et pour l'Italie, les Goths s'y défendaient encore contre Bélisaire, et les Lombards y entrèrent peu de de temps après que les Goths en furent chassés. Le droit de Justinien ne fut donc observé qu'en Grèce, en Illyrie, et dans la partie de l'Italie qui obéissait aux Romains.

C'était ce qu'on appelle aujourd'hui la Romagne, avec le reste des terres de l'Eglise, le royaume de Naples, et la Sicile.

Il est hors de notre sujet de chercher ce que devint ce droit en Grèce et en Orient; il suffit de dire que pendant trois siècles, on n'y connut point d'autre droit; et que, 350 ans après, l'empereur Léon-le-Philosophe fit faire une nouvelle compilation de tous les livres de Justinien, qu'il mêla ensemble, disposant les matières dans un autre ordre, et distribuant en soixante livres tout cet ouvrage, que l'on nomme les Basiliques. Il fut composé en grec, parce que les sujets de l'empereur de Constantinople n'entendaient plus le latin, quoiqu'ils se dissent Romains, comme font leurs descendans encore aujourd'hui. C'est donc en substance le droit de Justinien qui s'y est conservé jusqu'à la ruine de cet Empire.

[1] Jacq. Godefroy en a donné une belle édit. en 6 vol. in-folio, avec un Commentaire fort utile à l'histoire du Bas-Empire.

Mais sa fortune a été bien différente en Occident. Il se conserva en Italie, et les lois romaines que l'on y suivit depuis le temps de Justinien, furent les siennes, et non pas le Code Théodosien, comme en Gaule et en Espagne. Il y en a des preuves dans les Epîtres de Saint Grégoire [1], qui vivait sous Maurice et sous Phocas; dans le second concile de Troyes tenu par Jean VIII; l'an 878, au lieu où il est parlé de la punition des sacriléges, la loi de Justinien est alléguée.

Ce droit fut altéré pendant les quatre siècles suivans, par le mélange des différentes nations qui possédèrent l'Italie. Les Lombards chassèrent les exarques de Ravenne, et furent eux-mêmes assujétis par les Francs. Après la chute de la maison de Charlemagne, l'Italie fut ravagée par les Hongrois, et en même temps par les Sarrasins qui occupèrent la Sicile et le royaume de Naples, jusqu'à ce qu'ils en fussent chassés par les Normands. Enfin les rois saxons ayant été reconnus empereurs, commandèrent à la Lombardie et à la Toscane. Après tant de changemens, il resta peu de personnes qui suivissent la loi romaine, d'autant plus que pour le faire, il eût fallu s'avouer Romain. Or ce nom devint à la fin si odieux, que, selon Luitprand qui vivait au dixième siècle : qui disait un Romain, disait un homme corrompu, sans foi, sans courage, et sans honneur. Toutefois le droit de Justinien était encore reconnu en Italie dans le onzième siècle, du moins aux pays que les Grecs avaient tenus le plus long-temps, je veux dire la Romagne et le royaume de Naples. On le voit par l'hérésie des Incestueux, qui voulaient suivre dans les mariages la manière de compter les degrés de parenté que les lois ont établie pour les successions, et qui furent condamnés par le Pape Alexandre II, l'an 1065; mais sa constitution rapportée dans le décret de Gratien, ne parle des lois de Justinien qu'en général [2] sans nommer ni Code, ni Digeste, et ne cite qu'un passage des Institutes.

Environ 60 ans après, un Allemand nommé Irnier ou Warnier [3], qui avait étudié à Constantinople, commença à enseigner publiquement les lois de Justinien à Bologne

[1] Tom. 9. Conc. p. 4.
[2] 35. q. 5. cap. Al. sadam.
[3] Plus connu sous le nom latin d'Irnerius.

en Lombardie. Voici quelle en fut l'occasion. Irnier enseignait à Ravenne les arts, c'est-à-dire, les humanités, quand il s'émut une dispute entre ceux qui faisaient la même profession, pour savoir ce que signifiait proprement le mot d'As[1]. Ils en cherchèrent l'explication dans les livres du droit civil, et y ayant pris goût, ils s'appliquèrent à les étudier; de sorte qu'Irnier, qui était venu à Bologne sur la dispute de l'As, commença à en faire des leçons l'an 1128, suivant la tradition de cette école[2]. Il expliqua d'abord le Code, ensuite la première partie du Digeste, depuis la dernière, qu'ils nommèrent Digeste nouveau : il trouva ensuite la seconde qu'on a nommée l'Infortiat, et enfin les Novelles. C'est ce que rapportent le Cardinal d'Ostie et Odofred, disciple d'Azon, dont le maître Bulgare fut l'un des quatre principaux disciples d'Irnier. Il commença donc à enseigner le droit romain de son autorité privée, ce qui n'empêche pas qu'il n'ait reçu depuis une autorité publique de la comtesse Matilde, comme dit l'abbé d'Usperge, ou de l'empereur Lothaire II, comme l'on croit communément.

Peu de temps après, c'est-à-dire, l'an 1137 ou environ, la ville d'Amalphi en Pouille ayant été prise sur Roger, roi de Sicile, par les troupes de l'empereur Lothaire, et du pape Innocent II, avec le secours des Pisans, ils trouvèrent dans le pillage un manuscrit de Digeste qu'ils portèrent à Pise, d'où il fut depuis porté à Florence par Gino Caponi, lorsqu'il se rendit maître de Pise en 1407; c'est ce que l'on appelle les Pandectes Florentines[3], dont la découverte réveilla l'étude du droit de Justinien; car cet exemplaire fut toujours depuis considéré comme le plus authentique[4]. On reconnaît à plusieurs marques, qu'il est de la main d'un Grec. Aussi la province où il fut trouvé, est celle de toute l'Italie où les Grecs se sont maintenus plus long-temps. Les premiers interprètes, dans ce renouvellement du Droit Romain, firent seulement des gloses, des renvois, et des concordances de lois, comme les Grecs

[1] Holst. in cap. 1. *Extra de testam.* n. 2. Odof. Anch. *Qui res* n. 3. C. *De sacros. Eccl.* et L. *quærebatur* in fin. *ad. L. Falc.*
[2] Odof. L. *quærebat.* ad L. Falc.
[3] Franc. Torellus præf. in Pand. Floren.
[4] Cujas les appelle *Castiora Digesta.*

en faisaient de leur côté sur les Basiliques. Mais les Grecs eurent toujours cet avantage, qu'ils avaient reçu le droit romain par tradition de leurs pères, au lieu que l'usage en ayant été long-temps interrompu en Occident, les Latins ne pouvaient l'entendre que très-imparfaitement. De là vint que jugeant impossible, et même inutile, d'avoir une intelligence parfaite du texte, ils s'appliquèrent à en tirer des conséquences, et étudièrent le Droit d'une méthode scolastique, pleine de chicanes et de fausses subtilités, comme on traitait alors toutes les sciences.

L'étude du Droit de Justinien passa en France dès ces premiers temps, et on l'enseigna publiquement à Montpellier, à Toulouse, avant que des universités y eussent été érigées. On voulut aussi l'enseigner à Paris, mais le pape Honorius III le défendit par une décrétale [1] qui mérite d'être examinée.

Elle porte, qu'encore que l'Église ne refuse pas le service des lois séculières qui suivent les traces de l'équité et la justice, toutefois parce qu'en France et en quelques provinces les laïques ne se servent point des lois des empereurs romains, et qu'il se rencontre rarement des causes ecclésiastiques qui ne puissent être décidées par les Canons [2], afin que l'on s'attache plus à l'étude de la Sainte Ecriture, le pape défend à toutes sortes de personnes, d'enseigner ou d'apprendre le Droit civil à Paris, ou aux lieux circonvoisins, sur peine d'être interdit de la fonction d'avocat, et d'être excommunié par l'évêque diocésain.

Je n'examine point quelle a dû être en France l'autorité de cette décrétale, si elle obligeait les laïques, et si c'est la véritable cause de ce que jusqu'à l'année 1679, il n'y a point eu de professeur de Droit civil dans l'université de Paris : je veux seulement relever quelques faits qui servent à mon histoire. On voit dans cette décrétale que les ecclésiastiques mettaient les lois séculières bien au-dessous des Canons; que les laïques et les ecclésiastiques vivaient encore sous différentes lois au treizième siècle; et on peut conclure de ces paroles, que les ecclésiastiques suivaient le Droit romain en tout ce qui n'était point décidé par le

[1] Cap. *super pecula* extra *de privileg.*
[2] Voilà la vraie raison; le Pape craignait qu'on ne donnât la préférence aux *lois de l'Empire*, sur les *Lois de l'Eglise.*

Droit canonique. Pour les Laïques, il est dit qu'ils n'usaient point du Droit romain, parce qu'ils suivaient leurs coutumes telles que je les ai expliquées ; car quoique le Droit romain fût le fond et la principale partie de ces coutumes, il y était si mêlé, qu'il n'était plus reconnaissable. Mais il faut surtout observer dans cette décrétale le nom de France, car il est pris dans une signification fort étroite, et si je ne me trompe, pour l'Ile de France seulement; en sorte que par les autres provinces on entend la Normandie, la Bourgogne, et les parties plus septentrionales du royaume; d'où l'on peut inférer que, dès ce temps, on distinguait le parti coutumier du pays de droit écrit.

Ce fut ainsi que le Droit de Justinien revint au monde, qu'il se rendit plus célèbre en Italie qu'il n'avait jamais été, et s'étendit dans les autres parties de l'Europe où il n'avait point encore été connu.

C'est un grand sujet d'admiration que ces livres composés six cents ans auparavant à Constantinople, où ils n'étaient plus suivis alors, ayant été en partie abolis par les Basiliques, aient été reçus avec tant de vénération dans les pays où jamais l'empereur n'avait commandé, comme l'Espagne, la France, l'Allemagne et l'Angleterre; sans que les puissances ecclésiastiques ou séculières les aient autorisés par aucune constitution [1]; et que l'on se soit accoutumé à nommer ce qu'ils contiennent, le Droit écrit, le Droit civil, ou le Droit simplement [2], comme s'il n'y avait point d'autre Droit qui méritât d'être considéré. Voici toutefois les causes que j'imagine d'un événement si important.

Pendant la plus grande barbarie, on conserva toujours quelque usage de la langue latine, et quelques vestiges des mœurs romaines. Le moine Glaber, qui vivait dans le onzième siècle, appelle encore le pays des Chrétiens le monde romain [3], et nomme Barbares les autres peuples. Il est vrai que les Francs et les autres peuples vainqueurs avaient un grand mépris pour ceux qui se disaient alors Romains, c'est-à-dire, pour les sujets de l'empereur de Constantinople. Mais il ne laissait pas de rester une idée confuse, que

[1] Non ratione imperii, sed rationis imperio.
[2] Ou mieux encore, *la raison écrite*.
[3] Orbis Romanus.

tout ce qu'avaient fait les anciens Romains était excellent, que leurs lois en particulier étaient fort sages, quoique les livres de ces lois fussent rares et peu connus. Le Droit de Justinien fut donc bien reçu, comme étant l'ancien Droit romain; car les plus doctes de ce temps-là n'en savaient pas assez pour le distinguer d'avec leur véritable loi romaine, qui était le Code Théodosien, ni pour savoir en quel temps Justinien avait commandé, et de quelle autorité étaient ses constitutions. On regarda seulement le nom d'empereur romain.

De plus, l'utilité de ces lois était grande. On y voyait les principes de la jurisprudence bien établis, non-seulement pour le Droit particulier des Romains, mais encore pour les Droits qui sont communs à toutes les nations; car il n'y a guères de maxime du Droit naturel, ou du Droit des gens, qui ne se rencontre dans le Digeste; on y trouve d'ailleurs un nombre infini de décisions particulières très-judicieuses. Mais il était principalement avantageux pour les princes qui y trouvaient l'idée de la puissance souveraine en son entier, exempte des atteintes mortelles qu'elle avait reçues dans les derniers siècles. Ils y trouvaient même de quoi fonder de *belles prétentions*. L'empereur d'Allemagne avait droit à la monarchie universelle, suivant l'application que les docteurs lui faisaient de ce qui est écrit dans ces lois; et d'autres docteurs disaient aux rois qu'ils étaient empereurs dans leurs royaumes. Enfin tout l'esprit de ces lois tendait à rendre les hommes plus doux, plus soumis aux puissances légitimes, et à ruiner les coutumes injustes et tyranniques que la barbarie y avait introduites. Il ne faut donc pas s'étonner si ce droit, qui fut d'abord mis au jour par la curiosité de quelques particuliers, et par l'autorité des savans, s'établit insensiblement par l'intérêt des princes et par le consentement des peuples.

§ XXI.

Effet de l'étude du Droit Romain.

Il a toutefois été reçu différemment selon la disposition des pays. Les Italiens l'embrassèrent avec ardeur sitôt qu'il parut, parce que cela arriva dans un temps où, lassés de la domination des Allemands qu'ils tenaient pour Barbares, quoiqu'ils ne le fussent guère moins eux-mêmes, ils s'efforçaient de rétablir le nom romain, et de rappeler la mémoire de leurs ancêtres, ou, pour mieux dire, les anciens Italiens. D'ailleurs ils ne craignaient plus, en devenant Romains, de devenir sujets de l'empereur de Constantinople, puisque ce fut environ dans le même temps que Constantinople fut prise par les Français; et comme les deux empires d'Orient et d'Occident se trouvèrent alors entre les mains de ceux que l'on appelait d'un nom général, Francs ou Latins, pour les distinguer des Levantins et des Grecs, ce fut une grande raison pour étendre les lois romaines par toutes leurs terres. Il est vrai néanmoins que l'étude du Droit romain est entrée fort tard en Allemagne, et vers le quinzième seulement [1] : mais aussi son autorité s'y est répandue universellement, à cause du nom de l'empire.

Pour nous renfermer dans la France, il a été considéré comme loi qui oblige dans les lieux où la loi romaine avait jeté, pour ainsi dire, de plus profondes racines, comme le Languedoc, la Provence, le Dauphiné et le Lyonnais, parce que ces pays avaient été les premières conquêtes des Romains et les dernières des Français, et parce que la plus grande partie reconnaissait alors l'empereur d'Allemagne comme souverain direct; joint que le voisinage d'Italie leur donnait plus de commodité pour étudier le Droit romain. De là vient qu'encore que, dans ces provinces, il soit resté beaucoup de coutumes différentes de ce Droit, elles n'y sont pas fort opposées, et ont peu d'étendue. Au contraire, dans le reste de la France, les coutumes ont prévalu, et le Droit romain n'est point observé dans tous les cas où la coutume y est contraire, qui sont en très-grand nombre. C'est la différence du pays coutumier d'avec le pays de Droit écrit. De savoir si le Droit romain est le Droit commun en pays coutumier, pour les cas qui ne sont point exprimés par les coutumes, c'est une question fameuse agitée par les savans des derniers temps [2] : le président Liset tenait l'affirmative; le président de Thou la négative, et je ne sache pas qu'elle soit encore décidée.

[1] V. Herman. Coring. de origin. Juris Germanici.

[2] Voyez notamment un petit volume in-12, généralement attribué à Grosley, et intitulé *Recherches pour servir à l'histoire du Droit Français*.

L'étude du Droit de Justinien apporta un grand changement au Droit Français, qui ne consistait alors qu'en coutumes. On jugea le Droit romain si nécessaire, tout mal entendu qu'il était, que dans toutes les affaires on ne se servait plus que de ceux qui l'avaient étudié, soit pour juger, soit pour plaider, soit pour rédiger par écrit les conventions et les traités. De sorte que tous les officiers de justice, jusques aux procureurs et aux notaires, étaient gradués en Droit, et clercs par conséquent; car les Laïques n'étudiaient pas encore. Ces gens, soit pour se rendre nécessaires, soit de bonne foi, croyant faire mieux que leurs prédécesseurs, changèrent toutes les formules des actes publics. Jusque-là ils étaient simples et n'avaient rien de superflu, sinon quelques mauvais préambules : mais, depuis l'an 1250 ou environ, on commença à surcharger les actes d'une infinité de clauses, de conditions, de restrictions, de renonciations et de protestations, pour se mettre à couvert des règles les plus générales, et bien souvent de celles qui ne pouvaient convenir aux parties : enfin on exprimait ce qui se serait mieux entendu sans en faire mention. L'esprit de défiance qui régnait alors, et qui était sans doute un reste des hostilités passées, faisait estimer ces cautelles; car on les appelait ainsi : et celui-là passait pour le plus habile, qui en mettait le plus, et qui faisait les actes les plus prolixes.

Ce même esprit apporta un grand changement dans l'instruction et dans le jugement des procès. Ils se décidaient auparavant avec peu de cérémonie par les Seigneurs, et par ceux qui avaient le plus d'expérience des coutumes; mais depuis ce temps, on les embarrassa d'une infinité de procédures et de délais, en sorte que l'on ne pouvait plus les terminer sans le secours des Clercs et des Docteurs. De là sont venus les Lieutenans des Baillis et des Sénéchaux, et les autres Juges de robe longue.

L'étude du Droit Romain eut ses avantages aussi bien que ses inconvéniens : elle adoucit la dureté des coutumes, et établit des maximes certaines, sur lesquelles on put raisonner d'un cas à l'autre. Depuis ce temps on a cessé d'alléguer, et même de lire les anciennes lois des Barbares. Au temps que l'on commença d'étudier le Droit Romain, on les connaissait encore, puisque Otton de Frisingue [1] dit

[1] Otto Frising. lib. 4. chron, cap. 32.

que de son temps les plus nobles des Français suivaient la loi Salique; et l'Auteur du second livre des Fiefs, dit que les causes se jugeaient en Italie, ou par les lois Romaines, ou par les lois des Lombards, ou par les coutumes du Royaume, c'est-à-dire, à ce qu'on croit, de l'Empire d'Allemagne. Depuis, ces lois anciennes ont disparu; et du temps de Philippe de Valois, où l'on prétend que la loi Salique fut de si grand usage pour la succession de la Couronne, on n'alléguait point ses paroles comme d'une loi écrite, mais seulement sa force comme d'une coutume inviolable. On ne se servait point même du nom de loi Salique, et le premier qui en ait parlé, que je sache, est Claude de Seissel, évêque de Marseille, sous Louis XII. Les coutumes reçurent donc un changement notable, tant par les nouveaux usages qui s'introduisirent dans les traités et dans les jugemens, que par les maximes nouvelles qui furent alors reçues ou éclaircies. Et c'est ce mélange du Droit Romain avec les coutumes, qui fait le Droit Français d'aujourd'hui.

§ XXII.

Premières rédactions des Coutumes.

Il reste à voir en quelle forme ce Droit est venu jusques à nous, c'est-à-dire, comment on a rédigé les coutumes par écrit. — La diversité des coutumes devint fort embarrassante, lorsque les provinces furent réunies sous l'obéissance du Roi, et que les appellations au Parlement devinrent fréquentes. Comme les Juges d'appel ne pouvaient savoir toutes les coutumes particulières, qui n'étaient point écrites en formes authentiques, il fallait ou que les parties en convinssent, ou qu'elles en fissent preuves par témoins. Il arrivait de là que toutes les questions de Droit se réduisaient en faits, sur lesquels il fallait faire des enquêtes par turbes, fort incommodes pour la dépense et pour la longueur. Encore ces enquêtes n'étaient pas un moyen sûr de savoir la véritable coutume, puisqu'elles dépendaient de la diligence ou du pouvoir des parties, de l'expéricnce et de la bonne foi des témoins. D'ailleurs, il se trouvait quelquefois preuve égale de deux coutumes directement opposées, dans un même lieu, sur un même sujet. L'on peut juger combien cette commodité de se faire un Droit tel que l'on en avait besoin, faisait entretenir de faux témoins, et combien l'étude de la Jurisprudence était ingrate, puisqu'après qu'un homme y avait appris le Droit écrit, avec beaucoup de travail, ou que, par sa méditation, il avait tiré de bonnes conséquences sur des principes bien établis, il ne fallait, pour ruiner toutes ses autorités et toutes ses raisons, qu'alléguer une coutume contraire et souvent fausse. Enfin les coutumes étaient très-incertaines en elles-mêmes, tant par l'injustice des Baillis et des prévôts qui les méprisaient pour exécuter leurs volontés, que par la présomption de ceux qui s'attachaient plus à leurs opinions particulières, qu'à ce qu'ils avaient appris par la tradition de leurs anciens. C'est ainsi qu'en parlait Pierre de Fontaines, dès le temps de St Louis [1], se plaignant que son pays était presque sans coutumes, et qu'à peine en pouvait-on trouver un exemple assuré par l'avis de trois ou quatre personnes.

Je crois que l'étude du Droit Romain y contribua; comme il était estimé universellement, sans être bien entendu, ni légitimement autorisé, chacun en suivait ce qu'il voulait, ou ce qu'il pouvait. D'ailleurs, les plus savans en lois n'étaient pas toujours les plus expérimentés dans les coutumes, qui ne s'apprennent que par l'usage des affaires, et toutefois leurs opinions étaient respectées et suivies dans les jugemens, et il y en a grand nombre qui ont passé en coutume.

L'écriture était le seul moyen de fixer les coutumes, et de les rendre certaines malgré leur diversité; aussi commença-t-on à les écrire sitôt que les désordres qui les avaient produites furent un peu calmés, et que le temps les eut un peu affermies, c'est-à-dire, sur la fin du onzième siècle : et quoiqu'il nous reste peu de mémoire de rédactions si anciennes, je présume toutefois que ce qui paraît avoir été fait en un pays, s'est aussi fait ailleurs, et que le temps et les rédactions postérieures ont fait périr la plupart des plus anciennes. La première que je connaisse, est celle des usages de Barcelone, par l'autorité du Comte Raimond Berenger le Vieux, en 1060. Les anciens fors de Béarn étaient pour le moins du même temps, puisqu'ils furent confirmés en 1088, par le Vicomte Gaston IV. Vers le même temps,

[1] Préf. du conseil de Pierre de Fontaines.

c'est-à-dire en 1080, ou environ, Guillaume le Bâtard ayant conquis l'Angleterre, fit assembler les plus nobles et les plus sages de chaque Comté, et sur leur témoignage, fit rédiger les anciennes coutumes des Anglais-Saxons et des Danois qui étaient mêlés avec eux. Ce fut l'Archevêque d'York et l'Evêque de Londres, qui les écrivirent de leur propre main. Je mets au nombre de ces coutumes rédigées, les livres des Fiefs des Lombards, composés vers l'an 1150 par deux Consuls de Milan : ils portent le titre des coutumes, et ne sont en effet que des usages anciens recueillis par des Juges expérimentés. On y peut aussi rapporter le Miroir du Droit de Saxe[1], ou *Sachs Senspiegel*, qui est le plus ancien original du Droit d'Allemagne, bien que, suivant l'opinion des plus doctes[2], il n'ait été écrit que vers l'an 1220.

En France, on écrivit les coutumes vers le même temps, et ces premiers écrits furent principalement de trois sortes : les chartes particulières des villes, les coutumiers des provinces, et les traités des praticiens. Examinons-les en particulier.

Vers la fin du douzième siècle, et pendant tout le treizième, on écrivit les droits des coutumes de plusieurs villes dont les chartes ont été, comme je crois, les premiers originaux de nos coutumes. Je ne parlerai que de celles que j'ai vues, ou entières, ou énoncées dans les histoires ; et ce peu suffira pour faire juger des autres[3].

La plus ancienne est la charte de la commune de Beauvais, donnée par le Roi Louis le Jeune en 1144, qui contient l'expression de plusieurs coutumes, concernant la jurisdiction du Maire et des Pairs. Elle ne porte que confirmation de ces droits déjà accordés par Louis le Gros ; mais on n'en rapporte point les lettres, et peut-être n'était-ce qu'une concession verbale. De même on prétend que Guillaume Talvas, Comte de Ponthieu[4], accorda le droit de Commune à Abbeville, vers l'an 1130, quoique la charte de Jean II, qui est rapportée, ne soit que de l'année 1184.

Je trouve aussi[5] qu'en 1173 Henri Ier, Roi d'Angleterre,

[1] Speculum saxonicum.

[2] V. Herman. Conreng. hist. jur. german.

[3] J'ai donné l'analyse de plusieurs de ces chartes dans mon *Introduction aux Lois des communes*, chap. 3. sect. I.

[4] Hist des comtes de Ponthieu.

[5] Chronic. Burdeg.

permit aux habitans de Bordeaux d'élire un Maire. En 1187, Hugues, Duc de Bourgogne, accorda aux habitans de Dijon le Droit de commune semblable à celle de Soissons, qui par conséquent est plus ancienne, mais dont la charte n'est point datée[1]. Celle de la Comté de Beaune est de 1203; celle de Bar-sur-Seine de 1234; celle de Semur de 1276. Je pourrais en rapporter de plusieurs autres lieux moins considérables. Je mets en ce rang l'établissement fait à Rouen en 1205[2], entre les Clercs et les Barons de Normandie, qui contient plusieurs coutumes touchant la Jurisdiction Ecclésiastique, certifiées par les Experts; la charte de Rouen, donnée par le Roi Philippe-Auguste en 1207, qui est la confirmation des anciens droits et priviléges de cette ville, pour ce qui regarde la commune et le trafic: enfin l'établissement de la commune de Rouen, de Falaise, et du Ponteau-de-Mer, qui est sans date, mais qui semble être plus ancienne, et règle la création et le pouvoir du Maire et des Echevins.

Outre ces titres particuliers à chaque ville, on commença aussi à écrire les coutumes des provinces entières; et c'est le second genre d'écrits que j'ai marqué. Telles sont les anciennes coutumes de Champagne, publiées par Pithou; celles de Bourgogne, qui se trouvent dans le Recueil de du Peyrat; les coutumes notoires du Châtelet, publiées par Brodeau, qui sont la plupart des résultats d'Enquêtes par turbes, faites depuis l'an 1300 jusqu'en 1387; l'ancienne coutume de Normandie, celle d'Anjou, les anciens usages d'Amiens, et plusieurs autres qui se trouvent encore en manuscrits. Mais les plus considérables sont les établissemens de Saint-Louis donnés par M. du Cange, qui contiennent les coutumes de Paris, d'Orléans et d'Anjou, telles qu'elles étaient alors; le nom d'établissement signifie Edit ou Ordonnance. Pierre de Fontaines, qui vivait du même temps, le fait voir, puisque, traduisant une loi du Digeste, il appelle l'Edit du Préteur, ban et établissement. Je les mets toutefois au rang des coutumes, parce que la Préface porte expressément qu'ils sont faits pour confirmer les bons usages et les anciennes coutumes, avec quelques corrections

[1] Recueil de pièces servant à l'histoire de Bourgogne par M. Peyras.

[2] Hist. Norman. de Duchesne, à la fin.

tirées des lois et des canons. Saint Louis les fit en l'année 1270, avant son voyage d'Afrique.

La troisième espèce d'écrits qui contiennent les mêmes choses, et peuvent passer pour les originaux de nos coutumes, sont les ouvrages que quelques particuliers habiles composèrent en ce même temps pour l'instruction des autres; comme le conseil de Pierre de Fontaines donné par M. du Cange; le livre à la Reine Blanche, que l'on croit être du même auteur; les coutumes de Beauvoisis, composées par Philippe de Beaumanoir en 1285; la Somme Rurale de Bouteiller; le grand Coutumier, composé sous le règne de Charles VI, et les Décisions de Jean des Mares, que Brodeau a publiées avec les Coutumes notoires. J'estime que les cahiers des coutumes dont on s'est servi aux rédactions solennelles, ont été dressés sur ces originaux : c'est pourquoi je crois devoir dire ce qu'ils contiennent.

Les mots d'*us* et *coutumes*, *fors* et *coutumes*, *franchises* et *privilèges*, ne sont pas synonymes, comme on pourrait le juger. Le nom de coutumes signifie quelquefois les usages[1], et en ce sens est opposé à celui de fors[2], qui signifie les priviléges des Communautés, et ce qui regarde le Droit public. Quelquefois on oppose les coutumes aux us, et alors elles signifient les droits particuliers de chaque lieu, principalement les redevances envers les Seigneurs, et les us signifient les maximes générales. Les franchises sont principalement les exemptions des droits de servitudes, comme des main-mortes, ou des formariages, pour remettre des serfs dans le droit commun; et les priviléges sont des droits attribués à des personnes franches, outre ce qu'elles avaient de droit commun, comme le droit de commune et de banlieue, l'usage d'une forêt, l'attribution de causes à une certaine Jurisdiction. Il se peut faire toutefois qu'en différens Pays, ces mots d'us, coutumes, et les autres, aient été pris en des significations différentes; et je ne prétends point que l'on prenne à la rigueur mes définitions.

La matière de ces anciens originaux des coutumes sont principalement les nouveaux droits établis pendant les temps de désordre : premièrement, les Droits du Prince, du Comte

[1] L'usage est un vieux sot qui gouverne le monde,

a dit Viennet.

[2] Marca, hist. de Bearn. l. 5, c. 24.

et des autres Seigneurs, la Jurisdiction des Seigneurs et celle des Communes, ensuite le droit des Fiefs, les censives, les bannalités, et les autres Droits seigneuriaux, les gistes, les fournitures et les corvées que les Communes devaient aux Seigneurs; la différence des Gentils-hommes et des Gentil-femmes, d'avec les vilains francs [1], ou serfs; le droit de guerre, le droit de duel et des champions. Ce que l'on y voit le plus au long, sont les formalités de Justice, et la procédure du temps, suivant le style de Cour laye : car ils ne manquaient jamais d'observer cette distinction, à cause de la Jurisdiction Ecclésiastique, qui était alors la plus étendue. Ainsi l'on voit que ceux qui ont rédigé ces coutumes, ont toujours supposé un autre droit, par lequel on se devait régler dans tout le reste, comme dans les matières de contrats et de successions, et n'ont prétendu marquer que ce qui dérogeait au Droit commun. Je ne vois pas quel pouvait être ce Droit commun, si ce n'était le Droit romain. Aussi le citent-ils fréquemment sous le nom de lois, et de loi écrite. Bien qu'alors on écrivît presque tout en latin, ces coutumes ont été écrites en français, comme traitant de matières qui ne pouvaient être bien expliquées qu'en langue vulgaire, et qui devaient être entendues de tout le monde. On peut observer dans ces écrits les changemens de notre Droit. Les plus anciens tiennent beaucoup de la dureté des lois des Barbares. Il y est souvent parlé de plaies à sang, de mutilation de membres, d'amendes pour les forfaits, d'assurement ou sauvegarde, d'infraction de paix. Ce qui est écrit depuis trois cents ans approche plus du Droit Romain et de la Jurisprudence d'aujourd'hui. On y voit des questions touchant les successions et les testamens, les mariages et les autres contrats, et beaucoup de formalités de procédure. Je me suis étendu sur ces anciens originaux, parce que des personnes très-capables jugent que ce sont les meilleurs commentaires des coutumes, d'autant qu'on y peut voir leur esprit et la suite de leur changement.

§ XXIII.

Rédactions solennelles.

Tous ces écrits n'empêchaient pas que le Droit coutumier ne fût encore incertain, parce qu'ils étaient sans autorité,

[1] Villani.

ou trop anciens, ou trop succincts; c'est pourquoi on jugea nécessaire de rédiger les coutumes par écrit, plus exactement et plus solennellement. Le dessein en fut formé sous le règne de Charles VII, qui, après avoir chassé les Anglais de toute la France, entreprit une réformation de toutes les parties de son Etat, et fit entre autres une grande Ordonnance datée de Montil-les-Tours en 1453; dont le 123e article porte, que toutes les coutumes seraient écrites et accordées par les praticiens de chaque pays, puis examinées et autorisées par le Grand Conseil et par le Parlement, et que toutes les coutumes ainsi rédigées et approuvées, seraient observées comme lois, sans qu'on en pût alléguer d'autres.

Dumoulin dit que le dessein était d'amasser toutes les coutumes ensemble pour n'en faire qu'une loi générale, et que la rédaction de chaque coutume en particulier n'était que provisionnelle, afin que les peuples eussent quelque chose de certain pendant que l'on travaillerait à la réformation générale. C'était la meilleure voie qu'on pût tenir pour donner à la France de bonnes lois, et c'est celle que les anciens législateurs ont suivie. Platon[1] dit que, comme les Etats ont été formés de plusieurs familles jointes ensemble, les lois ont été composées des coutumes de ces familles, entre lesquelles quelque sage a choisi les plus raisonnables pour les rendre communes à tout l'Etat, abolissant quelque chose de particulier à chaque famille dans les matières moins importantes. On eût pu faire la même chose en France, considérant chaque petite Province comme une famille à l'égard de ce grand Etat. C'est ce que Dumoulin dit que l'on voulait faire, lui qui le pouvait savoir par une tradition prochaine; et Philippe de Comines semble le prouver, lorsqu'il dit que le roi Louis XI désirait fort qu'en ce royaume on usât d'une coutume, d'un poids, d'une mesure, et que toutes les coutumes fussent mises en Français dans un beau livre : ce sont ses termes. Il n'y a eu jusqu'à présent[2] que la première partie de ce grand dessein exécutée, c'est-à-dire, la rédaction des coutumes, encore s'est-elle faite fort lentement, et n'a été achevée

[1] Livre 5 des Lois.

[2] En 1674, époque où écrivait Fleury. Depuis la révolution, le vœu de Louis XI a été rempli.

que plus de cent ans après la mort de Charles VII.

La plus ancienne est la rédaction de la coutume de Ponthieu, faite sous Charles VIII, et de son autorité en 1495. Il y en eut plusieurs sous Louis XII. Depuis l'an 1507 l'on continua à diverses reprises sous François Ier et sous Henri II; et il s'en trouva encore quelques-unes à rédiger sous Charles IX. Si l'on veut compter ces coutumes, on en trouvera jusques à 285, en y comprenant les coutumes locales, et celles des pays voisins, comme les Pays-Bas, où on les a rédigées, à l'imitation de la France; et ne comptant que les coutumes principales du royaume, on en trouvera bien 60, la plupart fort différentes.

On s'aperçut, vers l'an 1580, qu'il était arrivé beaucoup de changemens depuis les rédactions qui avaient été faites au commencement du même siècle, et qu'il y avait des omissions considérables, de sorte que l'on réforma plusieurs coutumes, comme celles de Paris, d'Orléans, d'Amiens; ce qui se fit avec les mêmes cérémonies que les premières rédactions.

Il est nécessaire, pour bien entendre les coutumes, de connaître ces cérémonies; quoique tout le monde les puisse voir dans les procès-verbaux, la lecture en est si ennuyeuse, que j'ai cru les devoir marquer ici. Premièrement, le roi donnait des lettres patentes, en vertu desquelles on faisait assembler par députés les trois Etats de la province. Le résultat de la première assemblée était d'ordonner à tous les juges royaux, aux greffiers, à ceux qui l'avaient été, et aux maires et échevins des villes, d'envoyer les mémoires des coutumes, des usages et des styles qu'ils auraient vu pratiquer de tout temps. Les Etats choisissaient quelques notables en petit nombre, entre les mains de qui l'on remettait ces mémoires pour les mettre en ordre, et en composer un seul cahier. Ensuite on lisait ce cahier dans l'assemblée des Etats, pour examiner si les coutumes étaient telles qu'on les avait rédigées, pour en accorder les articles, ou les changer, s'il était besoin: enfin on les envoyait au Parlement pour y être enregistrées. Cet ordre est expliqué dans le procès-verbal de la coutume de Ponthieu, qui est, comme j'ai dit, la première redigée, et qui le fut par des officiers des lieux. La plupart des autres ont été rédigées par des commissaires tirés du corps du Parlement; c'est-à-dire, que ces commissaires ont présidé à l'assemblée des Etats où se faisait la lecture des cahiers; mais il ne faut pas croire qu'ils aient composé ces cahiers, ni qu'ils aient pu les corriger à loisir. C'était l'ouvrage des praticiens de chaque siége, qui sans doute avaient suivi les autres écrits plus anciens dont j'ai parlé. On ne doit point attendre de *ces gens-là* ni politesse, ni méthode; et il était impossible de penser à l'arrangement, ni au style, lorsqu'on lisait ces cahiers dans les assemblées : c'était bien assez d'y pouvoir établir les choses en substance, car on est toujours pressé [1] en ces rencontres. Il ne faut donc pas s'étonner si les coutumes sont rédigées avec si peu d'ordre, et d'un style si peu exact, quoique les commissaires dont on voit les noms en tête, aient été de grands personnages.

§ XXIV.

Ordonnances des Rois.

Il ne me reste qu'à parler des Ordonnances. Nous n'appelons ainsi que celles des rois de la troisième race : les autres sont plus connues sous le nom de Capitulaires, et font partie de ce que j'appelle l'ancien Droit français. Toutefois le nom d'Ordonnance semble avoir pris son origine du Réglement que Charlemagne faisait tous les ans pour l'ordre de son Etat et de sa maison; car on a long-temps continué d'user de ce mot; et du temps de saint Louis on appelait encore Ordonnance ce que l'on appelle aujourd'hui l'état de la Maison du roi [2]. Depuis, on l'a étendu à toutes les lettres patentes, par lesquelles le roi propose quelque loi générale; mais je n'en vois point de telle avant S. Louis. On ne nous rapporte de ses prédécesseurs, que des chartes de priviléges et de réglemens particuliers en faveur des églises, des communes, des villes ou des universités. Mais il semble qu'ils ne faisaient point ces actes comme rois, puisque les seigneurs en faisaient de semblables dans leurs terres, et la plupart de ces anciens réglemens ayant passé en coutumes, ont été compris dans les rédactions. S'il y avait quelque droit nouveau à établir, ou quelque question importante à décider, le roi le faisait dans l'as-

[1] Les commissaires, dit un vieil auteur, les ont rédigées *en poste*, et ayant déja *un pied dans l'étrier*.

[2] Voy. not. de Ducange sur la vie de saint Louis.

semblée de ses barons ; et les seigneurs en usaient de même à proportion de leurs vassaux : ainsi c'était comme une convention entr'eux tous, ou un jugement donné par leur conseil. On peut donner pour exemple de ces conventions, *l'Assise du comte Geoffroy*, qui est un réglement fait en Bretagne, pour les successions des nobles en 1287, et un ancien réglement de Philippe-Auguste, pour la mouvance des fiefs partagés, fait en 1210, du consentement de plusieurs seigneurs dont le nom est mis en tête de l'acte aussi bien que celui du roi. Pour exemple des jugemens solennels, nous avons les anciens arrêts rapportés par Dumoulin à la fin du style du parlement. Ils sont nommés indifféremment édits ou arrêts; de sorte que le mot d'arrêt signifiait simplement le résultat d'une délibération, et comme on dirait aujourd'hui un arrêté [1]. C'est peut-être l'origine de la grande autorité que le commun des praticiens donne aux arrêts, les considérant comme des lois ; joint qu'avant la rédaction des coutumes il n'y avait point de meilleure preuve de l'usage, qu'un grand nombre d'arrêts conformes. D'où vient qu'à la fin des anciens manuscrits des coutumes, on trouve d'ordinaire des arrêts de la cour souveraine du pays.

Les ordonnances de S. Louis ont paru si considérables, que les auteurs de sa vie les ont rapportées dans leurs histoires. Il y en a sur plusieurs matières. Pour la religion : contre les Juifs, contre les blasphémateurs, contre les entreprises des ecclésiastiques. Pour la justice : du devoir des baillis, et des autres officiers. Pour la police : contre les lieux publics de jeu et de débauche. On pourrait aussi marquer ce que contiennent les ordonnances des autres Rois ; mais ce serait faire *l'Histoire de France par les Ordonnances*, ce que je n'ai pas entrepris. On peut voir les tables chronologiques de la conférence de Guenois. Je dirai seulement que presque toutes regardent le droit public, et règlent les droits du roi, et le pouvoir des officiers. De là vient que le nombre des édits a été sans comparaison plus grand, depuis le commencement du règne de François Ier, que dans tous les temps précédens, parce que depuis ce temps l'on a établi la plupart des subsides, et créé la plupart des offices en titre pour les rendre vénaux. Il y a aussi grand nombre d'ordonnances pour régler les

[1] Voyez ci-après, JURISPRUDENCE DES ARRÊTS.

procédures, et les formalités de Justice ; mais il y en a peu qui contiennent des règles pour les affaires des particuliers, et des maximes de jurisprudence. Ainsi l'utilité du droit romain n'est pas moindre que quand on recommença à l'étudier, quoiqu'il n'y eût alors ni coutumes écrites, ni ordonnances. Car si, d'un côté, l'on en a aboli expressément quelques maximes, comme le privilége du sénatus-consulte velléien; on en a reçu d'autres expressément, comme la disposition de la Loi *Hac edictalis*, Cod. *de secundis nuptiis*, qui se trouve avec des explications et des ampliations dans l'édit des secondes noces; et toutes les ordonnances ont été composées par des gens savans dans le droit romain [1].

Les plus solennelles sont celles qui ont été faites dans les assemblées d'États, comme celles de Moulins et de Blois. Les parlemens et les autres compagnies dont la jurisdiction est souveraine, *parce que le roi y est réputé présent*, étaient en possession d'examiner les édits qui leur étaient adressés, et de faire des remontrances avant que d'en donner la publication, quand ils le jugeaient à propos; mais cet usage a *été aboli*, et ces compagnies sont obligées d'enregistrer et de publier *tout* ce que le Roi leur envoie, sauf à faire ensuite leurs remontrances [2].

Voilà ce que j'ai pu recueillir de plus certain de l'histoire du droit français. Si quelqu'un veut s'appliquer à cette recherche, je ne doute pas qu'il ne découvre beaucoup plus; mais je serai content si ceux que leur profession oblige à savoir notre droit sont excités par cet écrit à en connaître les sources.

[1] Jusqu'à la promulgation du Code civil, la plupart des contrats n'ont été réglés que par le droit romain.

[2] Louis XIV avait ordonné en 1657 ce qu'on a vu renouveler en 1673, que jamais le parlement ne ferait de représentations que dans la huitaine après avoir enregistré avec obéissance. LACRETELLE, t. I. p. 113.

CONTINUATION

DU PRÉCIS HISTORIQUE

DU DROIT FRANÇAIS.

FLEURY termine un peu brusquement son histoire : il écrivait sous Louis XIV, ce roi absolu [1], qui avait amené les choses au point d'oser dire : *L'Etat, c'est Moi.*

A cette époque en effet, la Noblesse, jadis si indépendante et si fière, avait été forcée de quitter ses châteaux où elle commandait, pour venir prendre du service à la cour du Prince ; elle avait échangé son pouvoir politique contre la livrée du Chambellanage : les preux s'étaient faits courtisans [2].

[1] En 1674.

[2] Richelieu avait mis la noblesse si bas qu'on trouve dans son *Testament politique*, un chapitre intitulé : « *divers moyens d'avantager la noblesse pour la faire subsister avec dignité.* » Louis XIV n'était pas homme à rendre aux nobles le pouvoir que le cardinal premier-ministre leur avait enlevé : il détestait le gouvernement aristocratique, et ne cessa d'en poursuivre la destruction. On peut voir à ce sujet les *mémoires* qu'il composa *pour l'instruction de son fils.* « Il a ravalé les grands jusqu'à leur ôter le pouvoir et l'émulation de se distinguer. » (D'Argenson, *Gouvern. de la France.*) Bref, « il en fit les domestiques de son palais ; et toute la noblesse de France fut condamnée à servir de pépinière pour recruter les courtisans. » (M. de Barante, *des Communes et de l'Aristocratie*, Chap. 3. *de ce qu'a été l'Aristocratie.*)

Dans le recueil de pièces concernant l'histoire de Louis XIII, tom 3, pag. 233, on lit encore ce qui suit : « Tel est depuis longtemps l'aveuglement des seigneurs et gentilshommes français. Éblouis de la moindre récompense que la Cour leur montre, ils travaillent eux-mêmes à l'établissement du pouvoir qui les ruine et qui les accable. Guise, Vendôme, Montmorenci et Epernon furent bien punis sous l'impérieux cardinal de Richelieu de leur basse complaisance : l'un mourut par la main du bourreau, et

Le pouvoir du Parlement avait aussi reçu quelque atteinte le jour où le roi y était entré *le Zurriago à la main*, et avait forcé par sa présence l'enregistrement des édits.

Par cette violence faite au Droit public de la France, l'ancien principe [1] qui ne faisait considérer comme *Lois* que celles qui avaient été soumises à la vérification libre des Parlemens, semblait abrogé, et voilà pourquoi Fleury n'hésite point à dire : *Cet usage a été aboli.*

Heureusement l'Histoire de France ne finit point avec Louis XIV. Ce monarque avait pu se rendre absolu par le fait; mais l'ancienne constitution de l'Etat n'avait pas cessé de subsister par le droit. Il l'avait ébranlée, mais elle n'était pas détruite; et dans l'opinion des peuples, c'était encore une des maximes les plus anciennes, comme une des vérités les plus certaines de notre Droit public, que le Prince ne pouvait pas, de sa seule autorité, changer les lois fondamentales du Royaume [2].

les autres furent mis en prison ou relégués. — C'est donner au gouvernement des armes contre soi-même et contre sa famille, que de le servir à se rendre le maître de tout. » (*Max. du Dr. pub. franç. tom.* 2, *pag.* 313.

[1] « Les lois et ordonnances des rois doivent être publiées et vérifiées au parlement; autrement les sujets n'en sont pas liés. » COQUILLE, *Instit. au Droit français*, §. *du droit de Royauté.*

[2] « Dans la remarque et la désignation des ordonnances qui s'observent en ce royaume, nous usons de distinction; car nous appelons les unes les ordonnances *du roi*; et les autres *du Royaume.* » (Le P. DE HARLAY, au lit de justice, 15 juin 1586.) — « Les Lois fondamentales, dit Fénelon, se forment par des *conventions*, et c'est à ce titre qu'elles sont obligatoires. Qui pourra se fier à vous, si vous y manquez? dit-il au roi. (*Direct. pour la conscience d'un roi.* Direct. 29.) Seyssel, archevêque de Turin, dit en parlant des lois fondamentales, *lesquelles tendent à la conservation du royaume*; « et si ont été gardées par tel si long-temps, que les princes ne entreprennent point d'y déroger; et quand le voudroient faire, l'on n'obéit point à leur commandement. » (*De la Monarchie franç.* part. I. chap. 8.)— « S'il est vrai qu'à mesure que le pouvoir devient immense, sa sûreté diminue; corrompre ce pouvoir jusqu'à lui faire changer de nature, n'est-ce pas un crime de lèse-majesté contre lui? » (*Esprit des lois*, liv. 8. chap. 7. *in fine.*)—Louis XI, à son lit de mort, se repentit d'avoir *changé l'ordre ancien du royaume* qui était de ne point lever de deniers sans l'octroi des peuples. (MEZERAI, *Abrég. Chronol.* tom. 4, pag. 610.)—Philippe II, Roi d'Espagne,

Aussi, à peine Louis XIV eut-il rendu le dernier soupir, qu'on vit ce même Parlement dont Fleury vient en quelque sorte de célébrer les obsèques, reprendre l'exercice de ses antiques prérogatives, annuler le testament du *feu Roi* [1], et déférer la régence au Duc d'Orléans. Ce Duc lui-même, par un juste retour, reconnut les droits du Parlement en disant à cette Compagnie : « Dans tout ce que j'entreprendrai pour le bien public, je serai aidé par vos conseils, *et par vos sages remontrances.* »

La destinée du Parlement fut celle de tous les grands Corps politiques : fort avec les rois faibles, faible avec les rois forts; tantôt subjugué, tantôt vainqueur, dans la lutte sans cesse excitée par les entreprises des ministres, et entretenue par la résistance des magistrats.

Mon dessein, pour compléter l'analyse historique de l'abbé Fleury, est de rappeler succinctement les principaux actes de législation qui ont marqué les règnes de Louis XIV, de Louis XV et de Louis XVI.

J'exposerai ensuite de quelle manière le Parlement intervenait dans la législation, et comment les violences exercées contre le pouvoir parlementaire par le pouvoir ministériel ont fini par compromettre le pouvoir royal lui-même, et amener une révolution.

Je reprendrai ensuite le cours des événemens, en indiquant les principaux changemens survenus dans notre législation constitutionnelle, depuis la suppression des Parlemens jusqu'à la promulgation de la Charte de 1830.

fit encore mieux, et ceci est très-remarquable dans un despote tel que lui : il exigea la rétractation d'un prédicateur qui, pour le flatter du pouvoir absolu, avait avancé qu'il était le maître de la vie et des biens des citoyens. (*De l'instr. de Monseigneur le Dauphin*, par LAMOTTE LE VAYER, chap. *des finances.*) « Le roi était le maître de donner ou de ne pas donner la Charte; nul n'avait le droit de la lui demander; mais du moment où il l'a octroyée, il a limité ses pouvoirs; elle est devenue *loi fondamentale*, et le roi *ne peut pas* la détruire. » (Disc. de M. CASTELBAJAC, à la ch. des députés, *séance du 22 janvier* 1822.)

[1] Ce pouvoir élevé à tant de frais sur les ruines de toutes les énergies nationales, s'était tellement affaibli dans les dernières années de ce prince, qu'il lui échappa de dire au petit nombre de serviteurs restés au chevet de son lit : *Quand j'étais roi!...*

PREMIERE PARTIE.

SUITE DE L'HISTOIRE DE L'ANCIEN DROIT.

§ I.

Ordonnances de Louis XIV, Louis XV et Louis XVI.

Louis XIV n'a pas créé son siècle ; mais il a eu le bonheur de naître à une époque où tout était préparé pour la grandeur de la France. Depuis François Ier, les lettres avaient été remises en honneur : au milieu même des disputes théologiques et des querelles de religion, on avait vu se développer les esprits, s'exalter les courages ; l'industrie avait pris l'essor ; un nouveau monde était découvert ; l'imprimerie propageait les connaissances humaines, et les rendait impérissables : le grand Corneille était né 32 ans avant Louis-le-Grand; Montaigne avait devancé La Bruyère; Henri IV avait précédé Turenne et Condé sur les champs de bataille, et l'administration de Sully devenait un modèle pour celle de Colbert. La jurisprudence et la magistrature avaient déjà produit leurs plus grands hommes : Cujas et Dumoulin avaient enrichi le Droit Romain et le Droit Français de leurs savantes veilles ; le parlement avait vu à sa tête Arnaud de Corbie, Jean de la Vacquerie, Christophe de Thou, Achille de Harlay ; L'Hôpital avait été chancelier, Richelieu avait régné !... Un mouvement général était imprimé à la nation. Le roi était encore mineur, et tous les grands hommes qui ont fait l'honneur de son règne étaient déjà nés ; tous devaient leur éducation aux institutions préparées par les règnes précédens : Louis n'eut qu'à choisir ; il choisit bien ; ce fut une grande partie de son génie [1].

Cependant les travaux de tant d'hommes célèbres dans la science des lois, n'étaient point encore parvenus à créer un système complet et régulier de législation ; mais ils avaient préparé les voies. Les principes étaient expliqués dans un grand nombre de bons ouvrages ; les coutumes avaient été rédigées par écrit ; une longue suite d'arrêts avait fixé la jurisprudence sur la plupart des points controversés ; il ne res-

[1] M. Raynouard a très-bien dit :

Ce roi grand par lui-même et *grand par ses sujets.*

tait plus qu'à mettre de la méthode et de l'ensemble dans les lois.

Déjà Louis XI, tout méchant roi qu'il était d'ailleurs, avait exprimé le vœu qu'il n'y eût dans le royaume qu'un seul poids, une seule mesure, *une même loi*.

Dumoulin, dont la tête était éminemment législative, avait conçu le projet de refondre toutes les coutumes particulières en *un seul Code* qui eût formé *le Droit commun de la France*. Mais le génie de ce grand jurisconsulte avait devancé son siècle : à l'époque où il vivait, la difficulté était moins encore de rédiger un code général de lois, que de le faire recevoir uniformément partout.

Chaque province tenait à ses *us et coutumes* : l'intérêt chez ceux dont cette vieille législation avait sanctionné les usurpations ; l'habitude et le temps chez la plupart des praticiens, des avocats et des juges ; et parmi le peuple, je ne sais quelle apathie née de l'ignorance et de la servitude, opposaient des obstacles insurmontables à cette unité si désirable de législation.

Un peu plus tard, sous le règne de Louis XII, on avait fait une tentative qui démontre la difficulté d'une telle entreprise.

Une grande ordonnance fut rédigée, celle de 1629. C'était une espèce de code composé de 461 articles. Elle avait été dressée sur les plaintes et doléances faites : « par les députés des estats du royaume convoquez et assemblez en la ville de Paris, en l'année 1614, et sur les advis donnez à sa majesté par les assemblées des notables réunis à Rouen en l'année 1617, et à Paris en l'année 1626. » Il semblait dès-lors que cette ordonnance vraiment nationale dût être reçue sans opposition. De fait, elle renfermait un grand nombre de dispositions utiles : Pothier, en la citant, ne la nomme jamais que *la belle ordonnance*.... Mais plusieurs de ses dispositions choquaient l'aristocratie [1] ! On ne put réussir à la

[1] Un des articles qui aurait le mieux mérité d'être observé, et contre lequel toutes les petites vanités se sont insurgées, est l'art. 211, par lequel « il est enjoint à tous gentilshommes de signer *du » nom de leur famille* et *non de celui de leurs seigneuries*, en » tous actes et contrats qu'ils feront, à peine de nullité desdits » actes et contrats. »—Si l'on eût tenu la main à l'observation de cette disposition, on ne verrait pas tant de gens se donner pour

faire adopter par les parlemens. Plusieurs refusèrent net, d'autres ne cédèrent qu'à des lits de justice, ou n'enregistrèrent qu'avec modification. Bref, cette ordonnance est restée sans force d'exécution, excepté dans quelques points de pur droit civil, où elle est suivie, comme *raison écrite.*

Mais avec le temps, Louis XIV étant devenu plus absolu que ses prédécesseurs, trouva le moyen de surmonter toutes les résistances, et de faire adopter plusieurs *ordonnances générales*, qui, par leur sagesse, ont mérité de devenir le type de notre législation actuelle.

Ainsi furent successivement promulguées :

L'ordonnance de 1667 sur la *Procédure civile;*

L'ordonnance des *Eaux et Forêts* de 1669 ;

L'ordonnance *Criminelle* de 1670 ;

L'ordonnance *de la Ville* en 1672.

L'ordonnance *du Commerce* en 1673 ;

L'ordonnance *de la Marine* en 1681 ;

Le *Code noir* en 1685 [1].

Ces lois furent faites avec le plus grand soin. On y employa les mêmes précautions qui depuis ont été adoptées pour la confection du Code civil. La marche qu'on suivit se trouve rappelée dans le préambule de l'une de ces ordon-

nobles, uniquement parce qu'ils se sont intitulés, pendant une ou deux générations, *Monsieur de tel endroit.*

[1] On nomme ainsi le recueil des ordonnances qui ont réglé le sort et l'état des esclaves dans les colonies. Aucune de ces lois n'établit formellement ni directement l'esclavage; toutes semblent n'avoir eu pour but que de protéger l'homme dans les fers, en régularisant la traite et l'esclavage qui existaient alors, et en réprimant les excès de sévérité et les traitemens cruels que le despotisme individuel exerçait sur les malheureux nègres. Mais ceux dont le Code noir avait voulu prévenir ou punir les excès, ayant toujours été investis du pouvoir, laissèrent tomber en désuétude les articles des lois qui les regardaient, et maintinrent dans toute leur sévérité ceux qui comprimaient les diverses classes de gens de couleur. Voyez l'intéressant ouvrage du colonel Boyer-Peyrelau sur les *Antilles françaises*, tom. I, pag. 136 et 137. Cette tyrannie des Colons s'est perpétuée jusque sous l'empire de la charte. On se rappelle en effet que dans la session de 1822, on dénonça à la chambre des députés un jugement par lequel des nègres fugitifs avaient été condamnés à avoir les *jarrets coupés*, parce qu'en fuyant ils s'étaient rendus coupables d'une tentative de vol de leur personne.

nances (celle de 1669). Le législateur, après avoir accusé l'insuffisance de la législation antérieure, s'exprime en ces termes.... « Pour consommer un ouvrage si utile et si nécessaire, nous avons estimé qu'il était de notre justice de nous faire rapporter *toutes les ordonnances tant anciennes que nouvelles qui concernent la matière*, afin que, les ayant conférées avec *les avis qui nous ont été envoyés des provinces*, nous puissions sur le tout former UN CORPS DE LOIS *claires, précises et certaines qui dissipent toute l'obscurité des précédentes.* »

C'est ainsi, en effet, en prenant les avis de toutes les provinces, en consultant tous les hommes éclairés de la nation, qu'on fait des lois sages, des lois qui satisfont aux besoins comme à l'opinion de tous, des lois durables et dignes de servir de modèle à tous les âges et à toutes les nations [1].

Il faut cependant excepter des éloges que méritent, en général, les ordonnances de Louis XIV, l'ordonnance *Criminelle* de 1670. Elle ne fut pas uniquement, comme les autres, l'œuvre de magistrats et de jurisconsultes : le despotisme s'y fait sentir. On voit dans la discussion l'inflexible dureté du ministre Pussort lutter contre la douce vertu du président de Lamoignon, le Fénelon de la jurisprudence ; mais du moins dans ce combat du ministère contre la magistrature, ce ne fut pas une médiocre gloire pour le parlement que d'avoir résisté, autant qu'il était en lui, à l'introduction de plusieurs formes empruntées à la procédure de l'inquisition, et d'avoir réclamé, quoique infructueusement, des défenseurs et d'autres garanties pour les accusés.

Toutes les parties de la législation n'étaient pas encore refondues ; mais l'impulsion était donnée ; sous Louis XV, on vit le même dessein se continuer. D'Aguesseau était à la tête de la magistrature ; il contribua puissamment à la rédaction des grandes ordonnances qui furent promulguées sous ce règne.

L'ordonnance de 1731 sur les *donations* ;

Celle de 1735 sur les *testamens* ;

Celle de 1737 sur les *substitutions*, remarquable en ce qu'elle eut non-seulement pour but de les régler, mais

[1] L'ordonnance de la *marine* a obtenu cet honneur. Elle a été adoptée par toutes les nations de l'Europe, et forme *le droit commun des peuples maritimes*.

aussi de les restreindre, et de diminuer par-là les inconvéniens attachés à l'inamovibilité d'un trop grand nombre de propriétés[1].

On doit encore mettre au rang des lois les plus importantes de ce règne :

L'ordonnance de 1737, sur le faux principal et incident, et sur les reconnaissances d'écriture;

Le réglement du Conseil de 1738 qui, encore à présent[2], est le fondement de la procédure qui s'observe au Conseil d'Etat et à la Cour de cassation;

Enfin l'édit de 1771 sur les hypothèques, qui a commencé le système de publicité sur lequel repose la législation actuelle.

Toutes les parties du Droit civil (en prenant ce mot dans une signification étendue) se trouvaient ainsi à peu près réglées.

Mais la société n'était point encore satisfaite; et l'attention publique commençait à se porter sur des objets d'une nature plus relevée.

Déjà, en 1765, de généreux écrivains avaient obtenu la révision de l'arrêt qui avait immolé Calas.

Dans le même temps, un procureur-général[3], jeté dans les fers, réclama la liberté de la défense, et se défendit en effet librement.

Sous Louis XVI, on vit l'ardent Dupaty signaler son amour pour l'humanité dans l'éloquent mémoire qu'il publia en faveur de trois hommes condamnés à la roue. Bientôt, généralisant ses idées, ce magistrat fit ressortir les principaux vices de notre législation pénale dans *ses réflexions historiques sur les lois criminelles.*

Un avocat-général au parlement de Grenoble, Servan, marchait dans les mêmes voies. Son discours sur *l'adminis-*

[1] Il faut lire dans les œuvres du chancelier d'Aguesseau les *Questions sur les substitutions* qu'il se donna lui-même la peine de rédiger, et qu'il fournit à tous les parlemens du royaume; et en général toutes les lettres de ce grand magistrat sur les ordonnances qu'il a rédigées (tom. 7 de ses œuvres).

[2] Et ce, malgré l'*ordonnance* en 85 articles promulguée à la date du 15 janvier 1826 sous le contre-seing de monsieur le garde-des-sceaux.

[3] La Chalottais.

tration de la justice criminelle en signalait les nombreux abus : son plaidoyer dans la cause d'une femme protestante intéressa tous les cœurs au sort de cette classe de citoyens.

Servan l'avait proclamé lui-même : « *L'oreille d'un bon roi est un dépôt sacré où nulle idée juste ne s'égare.* » Bientôt les lois les plus équitables vinrent sanctionner les conseils les plus généreux.

Louis XVI a aboli la torture [1].

Il a défendu de condamner *pour les cas résultant du procès* [2].

Il a ordonné de *détruire tous les cachots pratiqués* sous terre, « ne voulant plus (porte la déclaration) risquer que les hommes accusés ou soupçonnés injustement et reconnus ensuite innocens par les tribunaux, aient essuyé d'avance une punition rigoureuse par leur seule détention dans des lieux ténébreux et malsains [3].

Ce monarque a rendu l'état civil aux protestans [4].

Il a supprimé les corvées [5].

Il a affranchi ce qui restait des anciens serfs.

Il s'est montré bon, humain, compatissant, libéral, ami de son peuple : pourquoi les intentions bienveillantes de ce vertueux prince ont-elles été contrariées par la perfidie, l'orgueil et l'ambition des hommes ? pourquoi une révolution, si elle était inévitable, n'a-t-elle pu s'accomplir *uniquement par les Lois?* — L'histoire politique pourra répondre ; je ne fais ici que l'histoire du droit.

§ II.

De quelle manière le Parlement intervenait dans la législation.

L'histoire seule du parlement de Paris serait une grande partie de l'histoire de France, et la plus importante sans doute, puisque ce serait celle de notre *législation*, de notre *gouvernement*, de notre *droit public intérieur*.

Mais cette histoire est encore à faire ; elle est tout entière

[1] Déclaration du 15 février 1788.

[2] Déclaration du 3 novembre 1789, art. 22.

[3] Déclaration du 30 avril 1780.

[4] Déclaration du 29 janvier 1788.

[5] Déclaration du 27 juin 1787.

dans les *registres* et dans les *archives* : qui jamais aura la patience, le courage et le loisir de l'en tirer?...

Je n'examinerai point ici quelle fut l'origine du parlement. Long-temps ambulatoire, il fut rendu sédentaire en 1302. Dès cette époque, le parlement se montre à nous commme étant *la Cour des Pairs*. Le roi la préside; on y enregistre les édits; on y juge les grands vassaux; on y débat les grandes affaires.

La nature de cet opuscule ne permet pas de développer par quel enchaînement de causes politiques cette compagnie, en l'absence des états-généraux qui seuls constituaient une assemblée vraiment nationale, était devenue vers la fin du XVIe siècle une espèce de puissance d'opposition, au moyen de l'enregistrement, sous prétexte de la vérification des lois et par suite de l'usage des remontrances.

« A qui la France était-elle redevable de cette institution? — Au temps et aux circonstances, répond le vénérable président Henrion de Pansey. Elle n'aurait pas traversé tant de siècles, si elle n'eût été que l'ouvrage des hommes. Sortie pour ainsi dire d'elle-même [1], des mœurs, des habitudes et de l'esprit général de la nation, on pouvait dire d'elle, *prolem sine matre creatam* [2]. »

Quoi qu'il en soit de ce pouvoir formé, pour ainsi dire, par alluvion, on doit mettre au rang des maximes les plus certaines de notre ancien droit français, que les cours souveraines avaient le dépôt des lois; que les lois devaient y être vérifiées librement; que ces mêmes cours étaient en possession de délibérer des remontrances; et que les édits et ordonnances qui n'avaient pas été enregistrés, ou qui

[1] En effet, le parlement avait dû l'accroissement successif de son pouvoir principalement aux grands hommes qui lui avaient communiqué la force de leur caractère, et qui avaient répandu sur cet illustre corps l'éclat de leurs vertus. Ce fut leur ouvrage plus que celui du législateur. — Supposez qu'en 1814 on eût voulu recréer le parlement par une loi ou par une ordonnance de réformation, on aurait bien pu dire : art. 1. « Le parlement est rétabli »; mais, il aurait fallu pouvoir dire : art. 2. « Il y aura des Servin, des Lamoignon, des Omer-Talon, des d'Aguesseau »; ou, ce qui revient au même : « Il y aura de la vertu, de la science, de la richesse, de l'énergie, de l'indépendance, etc., etc. »

[2] De l'Autorité judiciaire, introd. § 7.

ne l'avaient été que par force, n'étaient pas véritablement des lois[1].

Si le parlement a souvent joui de ce pouvoir dans toute son étendue, souvent aussi, il faut en convenir, ce même pouvoir lui a été contesté. Mais presque toujours, on ne peut le nier, l'avantage a fini par rester au parlement, par l'adresse avec laquelle il savait mettre l'opinion publique de son côté.

M. Henrion dans son livre *de l'Autorité judiciaire*[2], sous le paragraphe intitulé : *Du parlement considéré dans ses rapports avec l'administration publique, et comme Cour des pairs*, donne une belle idée du caractère de l'opposition déployée par ce grand corps de magistrature. Il le représente comme un utile contre-poids dont l'intervention servait à rendre l'autorité *plus douce, plus mesurée, et par conséquent plus durable*.

J'ai montré quel était le mécanisme de cette opposition dans un article sur les œuvres d'Omer Talon, inséré dans la *Revue encyclopédique* de mai 1822. J'ajouterai que cette opposition, qui ne consistait que dans la force d'inertie, dans le refus d'adhérer aux mesures qui paraissaient contraires au bien de l'état, ou dans de simples protestations propres à en signaler les vices, n'avait point pour le trône le danger qu'ont présenté quelquefois d'autres assemblées délibérantes. Un corps de juges en robe et en bonnet carré ne pouvait pas aspirer à déplacer la royauté; une telle assemblée qui n'était point une véritable représentation nationale, quoiqu'elle affectât de se dire *les états généraux au petit pied*, était insuffisante pour s'attribuer la souveraineté; à la moindre tentative d'usurpation, elle aurait vu se soulever contre elle tous les ordres de l'état[3].

[1] Je donnerai le développement convenable à ces assertions, et je produirai les autorités qui les appuient, dans les *Recherches historiques* que je publierai plus tard pour servir de complément à ce *Précis*.

[2] Introd. § 7.

[3] Il ne faut pas conclure de là que je regrette les *Parlemens*, ni surtout que je les préfère aux *Assemblées Nationales*, et, surtout aux *Chambres* telles qu'elles sont instituées par la Charte. J'apprécie l'institution des Parlemens eu égard au temps de leur existence. Ce temps est passé pour toujours. Mais leur bon esprit d'opposition peut leur survivre toutes les fois que le minis-

§ III.

Des atteintes portées à l'existence du Parlement, et de sa suppression.

« Nos rois, qui succédèrent à saint Louis, » dit Pasquier, « doivent au Parlement trois et quatre fois plus qu'à tous les autres ordres politiques. Et, toutes et quantes fois que, par opinions courtisanes, ils se désuniront des sages conseils et remontrances de ce grand corps, autant de fois, ils perdront beaucoup du fonds et estoc ancien de leurs majestés, *étant leur fortune liée avec celle de cette compagnie*[1]. »

Pasquier a dit vrai : il connaissait bien les ressorts de l'ancienne monarchie. En ruinant l'autorité des parlemens, on rendra le pouvoir absolu; mais en le rendant absolu, il se trouvera moins solide : rien désormais ne semblera devoir résister à l'action du gouvernement, mais aussi il n'aura plus rien pour le soutenir dans sa faiblesse, ou le défendre de ses propres erreurs[2].

Richelieu, qui avait été obligé de chercher dans des *tribunaux d'exception* des juges complaisans que n'avait pu lui fournir le parlement, avait légué, dans son testament politique, une haine profonde à ces *robes noires*.

Nous avons vu comment Louis XIV en avait agi avec ce corps. Mais s'il l'avait traité avec légèreté dans sa jeunesse, et tenu depuis dans sa dépendance, il l'avait du moins honoré dans le cours de son règne.

Le régent l'avait caressé, parce qu'il en avait besoin.

tère voudra exiger des cours des actes de servilité ou de despotisme.

[1] *Recherches*, livre 3, chap. 22. Voyez encore le *Pourparler du Prince*, page 1036.

[2] Charles X avait dit avec raison à sa Cour royale de Paris : « Je vous donne la force par ma puissance, et vous me la rendez par la justice. » M. M. le P. P. Séguier dans une occasion mémorable où la Cour venait de justifier cette belle parole par un bel arrêt, fit bien de la rappeler au roi, et montra qu'il en avait compris tout le sens en disant : *cette simple expression du gouvernement de vos aïeux*... En effet nos meilleurs rois sont remarquables surtout en cela qu'ils voulaient que dans leurs états la puissance publique fût exercée *par justice et non à discrétion.* Loyseau, des Seigneuries, *chap.* 2, *n°* 9.

Mais bientôt le système de Law, des querelles avec les ducs et pairs, l'affaire de la bulle *Unigenitus*, amenèrent des discussions orageuses entre la cour et le parlement.

Chacun de son côté employa les armes qui lui étaient familières : la cour, les lits de justice, les enregistremens forcés, les lettres de jussion ; le parlement des remontrances réitérées, assemblées permanentes des chambres, union des parlemens sous le titre de *Classes*, cessation des fonctions judiciaires, démissions combinées de ses membres. Alors aussi le ministère eut recours aux *moyens extrêmes* : les lettres de cachet, les exils, les emprisonnemens.

En 1753, le parlement ayant été relégué à Pontoise, on créa, pour le remplacer, sous le nom de *Chambre royale*, un tribunal composé de conseillers-d'état et de maîtres des requêtes.

Quelle attaque aux lois constitutives de la monarchie ! Un corps qui subsistait avec éclat depuis plus de quatre siècles, remplacé *par ordonnance*, comme s'il s'était agi de la révocation d'un intendant et avec la formule, *car tel est notre plaisir* [1] !

L'opinion publique vint au secours du parlement : il fallut le rappeler. Mais les esprits étaient aigris, et de nouveaux sujets de discorde ne tardèrent pas à se présenter.

Des querelles très-vives et très-scandaleuses, que venait naguère d'envenimer l'expulsion des jésuites [2], divisaient depuis long-temps le clergé et la magistrature.

La haute noblesse souffrait impatiemment de partager avec des *bourgeois en robes*, les hautes fonctions judiciaires et législatives.

Le peuple, dans son inconstance, contemplait d'un œil indifférent le danger dont étaient menacés des gens qui (dans ces derniers temps du moins) n'opposaient pas assez de résistance à la surcharge des impôts, et qui ne s'échauffaient que sur ce qui leur était personnel.

Ceux que l'on commençait à appeler *philosophes* applaudissaient d'avance aux projets qui allaient éclore.

[1] Le parlement n'eut garde de taire ces réflexions. « *La Constitution du royaume est violée*, disait-il ; fidèles aux *lois de la monarchie*, nous ne devons être ni les organes, ni les jouets de volontés despotiques. »

[2] En 1762.

Louis XV, tout inappliqué qu'il était, ne se dissimulait point ce que ces symptômes avaient d'alarmant : et, comme le dit l'auteur de l'Histoire de France au XVIIIe siècle, « le mouvement, qui se faisait dans l'opinion, lui donnait une *inquiétude vague.* » — Il aurait pu ajouter, *mais réelle*[1].

Dans cette disposition où le gouvernement voyait les esprits, il conçut le dessein de détruire la magistrature parlementaire.

Le ministère avait commencé (en 1756) par humilier le parlement, en favorisant les prétentions du grand conseil, son éternel rival.

Il avait ensuite fait tenir le 15 décembre de cette même année un lit de justice pour l'enregistrement d'un édit de discipline, dans lequel les prérogatives du parlement étaient extrêmement restreintes.

En 1770, un nouvel édit plus sévère encore fut promulgué ; et sur le refus du parlement de s'y soumettre, ses membres furent exilés, et le chancelier Maupeou leur substitua, en 1771, une sorte de tribunal transitoire, qu'il remplaça bientôt par six conseils supérieurs entre lesquels il morcela l'immense étendue du ressort de l'ancien parlement.

Tel fut *le parlement Maupeou.*

La noblesse, le clergé, la cour et surtout les hommes froissés par l'arrêt de 1762, triomphent ! il n'y a plus de parlement ! mais y a-t-il encore une *monarchie ?*

Ici viennent se placer les nobles remontrances de la Cour des aides, rédigées par Malesherbes en faveur du parlement. « Jamais, dit un historien, le droit public de la France n'avait été présenté avec plus d'art, ni plus de profondeur que dans ces remontrances. On eût dit, en les lisant, que la constitution du royaume posait sur des bases immuables. Malesherbes effrayait les ministres ambitieux, qui essayaient de les renverser et substituaient *l'action violente, mais instable du despotisme, à la marche lente et régulière d'une monarchie*[2].

[1] *Ces hommes-là perdront la monarchie*, disait Louis XV, en parlant des novateurs. Il la perdait bien davantage, lui roi très-chrétien, par l'immoralité de sa conduite ; et son chancelier, jouant à colin-maillard en simarre chez la Dubarry, n'était guère propre à donner de la considération au pouvoir.

[2] « Votre parlement, Sire, a travaillé dans tous les temps

Plusieurs avocats, dans cette conjoncture, donnèrent d'honorables exemples de courage et de fermeté, soit en dédaignant d'accepter les places de judicature qui leur furent offertes par Maupeou, soit en refusant d'aller plaider devant les nouveaux juges [1].

Les princes et les pairs firent réflexion, et protestèrent....

Le parlement Maupeou, odieux par son origine anti-constitutionnelle, devint bientôt ridicule par le procès scandaleux que l'un de ses membres eut à soutenir contre le hardi Beaumarchais.

Un tel ordre de choses ne pouvait durer long-temps. A peine Louis XVI fut parvenu à la couronne (1774), qu'il rétablit le parlement, et lui rendit le droit de remontrances. Mais il fut aisé de voir que cette compagnie avait gardé rancune contre le pouvoir qui l'avait frappé. Loin de recevoir sa réintégration comme un bienfait de la couronne, elle affecta de dire que le roi, en rappelant le parlement, n'avait fait que *céder aux vœux de la nation.*

A cette époque, toutes les idées se trouvaient tournées vers des plans d'amélioration. On commençait à réclamer hautement la plupart des changemens opérés depuis [2].

Le nouveau plan d'administration que Turgot, alors

pour affermir et pour étendre votre autorité souveraine, cette autorité sacrée qu'il regarde comme l'âme de l'Etat, et comme le principe de sa propre existence.

» Si la fierté des grands vassaux s'est trouvée forcée à s'humilier devant le trône de vos ancêtres, de renoncer à l'indépendance, et de reconnaître dans le roi une jurisdiction suprême, une puissance publique supérieure à celle qu'ils exerçaient;

» Si l'indépendance de votre couronne a été maintenue contre les entreprises de la cour de Rome, tandis que presque tous les souverains avaient plié sous le joug de l'ambition ultramontaine;

» Enfin, si le sceptre a été conservé de mâle en mâle à l'aîné de la maison royale, par la succession la plus longue et la plus heureuse dont il existe d'exemple dans les annales de l'empire;

» Tous ces services, les plus importans sans doute qu'on ait jamais rendus à l'autorité royale et à l'Etat, sont dus, l'histoire en fait foi, à votre parlement.

(Représentations arrêtées le 3 décembre 1770).

[1] Target, qui persévéra jusqu'au bout, dans ce refus, reçut pour récompense le titre de *Vierge du palais*, lorsqu'il reparut ensuite devant le vrai parlement.

[2] On en trouve l'énumération dans l'hist. de M. Lacretelle, tom. IV, pag. 369.

contrôleur-général, avait développé au roi, était dirigé contre les classes privilégiées. Il voulait, pour subvenir à toutes les charges de l'Etat, y faire contribuer les deux ordres les plus riches et les plus puissans du royaume. — Les privilégiés se hâtèrent de former une ligue pour défendre leurs intérêts menacés. Oubliant leur ancienne haine contre le parlement, ils cherchèrent dans cette compagnie le moyen de donner un point d'appui à la résistance qu'ils allaient organiser. Ils trouvèrent ce corps parfaitement disposé à seconder leurs vues. — J'ai parlé des édits bienfaisans portés par Louis XVI pour la suppression des corvées, des jurandes et des communautés. Le parlement refusa net de les enregistrer. « Il se déclara contre des innovations qui avaient reçu l'assentiment du roi, tonna contre celles qui n'étaient pas même encore proposées, et se hâta de *prescrire l'immobilité à l'administration*, de peur qu'elle ne rompît la chaîne qui unissait tous les priviléges. »

Ainsi, après avoir vu le gouvernement abuser de sa force pour détruire l'opposition parlementaire, même dans ce qu'elle avait de légal, on voyait, par une déplorable réaction, le parlement s'insurger à son tour contre le pouvoir royal, et lui contester ses prérogatives.

« On ne veut point, dit un historien royaliste, *On ne veut point de réformes dirigées par le roi*[1], et l'on ne sait pas que cette résistance fera naître un jour une révolution qui sera conduite par le peuple. »

Malesherbes et Turgot se retirent découragés.

Le choix de Calonne, délateur de la Chalotais, n'était pas de nature à réconcilier la magistrature avec le ministère.

En 1785, ce contrôleur-général veut faire un emprunt de 80 millions : le parlement résiste par trois fois, et n'enregistre plus tard qu'en protestant de la contrainte qu'on lui fait éprouver.

A ces résistances générales, se mêlent les oppositions particulières.

Un arrêt du conseil du 14 avril 1785 ayant accordé un privilége pour une nouvelle compagnie des Indes, un avocat publia, au nom du commerce de France, un mémoire où la question des *priviléges exclusifs* était discutée avec autant de hardiesse que de solidité. Le barreau commençait dès-lors

[1] C'est bien le contraire du principe de la sainte-alliance.

à lier aux procès particuliers des questions d'un intérêt général.

Un procès célèbre [1] vient compromettre les noms les plus augustes. Une condamnation vivement poursuivie ne peut être obtenue; le pouvoir ministériel exile le prélat que l'arrêt avait refusé de condamner.

Enfin, pour se venger de ce corps indocile, Calonne imagine de convoquer une assemblée de *notables*.

« Les Français » disait-il, « sont avides de nouveautés, je veux les en combler; ils veulent de la hardiesse, je saurai les étonner par la mienne; ils veulent du mouvement, eh bien! ils éprouveront quelque peine à me suivre. »

A cette nouvelle, toute la vieille monarchie s'émeut; mais elle ne peut empêcher la convocation.

Le 22 février 1787, se fait l'ouverture de la première assemblée. Il n'y en avait pas eu de semblable depuis 1626. Ces assemblées, au reste, n'avaient conservé d'autre attribution que celle de dire au roi leur avis sur les questions que les ministres jugeaient à propos de leur adresser.

Celle-ci arrêta six articles principaux : 1° un emprunt de six millions de rentes viagères; 2° l'établissement d'assemblées provinciales pour *la répartition égale des impôts;* 3° la suppression de la corvée, sauf à la remplacer par une prestation en argent; 4° la suppression d'un grand nombre de droits sur les traites et gabelles; 5° le reculement des barrières fiscales jusqu'aux frontières; 6° l'établissement d'un conseil des finances.

Ces articles, adoptés par le roi, devinrent l'objet d'autant de déclarations.

Les notables s'étant séparés, le ministère s'adressa de nouveau au parlement pour l'enregistrement de deux édits bursaux portant établissement du *timbre*, et d'une *subvention territoriale.* Le parlement, dont l'esprit d'opposition allait toujours croissant, supplia le roi de *lui faire communiquer les états de recette et de dépense.* Ce vœu ne fut pas accueilli.

Cependant les embarras de la couronne augmentaient de jour en jour. Il y avait un déficit déclaré : on ne pouvait le combler qu'avec des contributions; et le parlement, trop fidèle organe des privilégiés, privilégié lui-même, re-

[1] L'Affaire du collier, 1785.

fusait obstinément d'enregistrer les édits qui devaient offrir, dans une égale répartition de l'impôt, un accroissement des revenus de l'État, en même temps qu'un adoucissement à la condition du peuple. Toujours plus hardis dans leurs moyens d'opposition, plusieurs membres du parlement, qui ne croyaient pas si bien dire, allèrent jusqu'à parler de la nécessité de convoquer *les États-généraux, comme ayant seuls le pouvoir d'accorder les impôts*. Ainsi la Cour avait appelé les notables comme auxiliaires pour surmonter le parlement; et le parlement, à son tour, au risque de ce qui pouvait en arriver pour lui-même, faisait un appel aux États-généraux pour effrayer la Cour.

On tient un lit de justice [1]; les édits sont enregistrés en vertu d'ordres absolus; le parlement est ensuite exilé à Troyes. Bientôt après il est rappelé : on transige avec lui; il ne rejettera plus les impôts; mais le roi, comme de lui-même, retirera les nouveaux édits, et l'on se contentera de proroger l'ancien impôt du *vingtième*.

Une telle faiblesse n'était propre qu'à encourager les opposans. Deux nouveaux édits, dont l'un avait pour objet de rendre les droits du citoyen aux protestans, et l'autre concernait de nouveaux impôts, ayant encore éprouvé les mêmes refus, et nécessité le remède devenu trop fréquent d'un lit de justice pour forcer leur enregistrement, sans que la présence même du roi eût pu l'obtenir, le ministère résolut enfin de frapper un coup d'Etat.

On agita d'abord le projet de remplacer le parlement par une *Cour plénière*..... Mais ce projet fut éventé et dénoncé par le fougueux Dépréménil au parlement, qui protesta avec vigueur contre son exécution.

Quelques exils furent prononcés... Alors le parlement rendit les 3 et 5 mai 1788 un célèbre arrêt dont voici le texte même, tel que je l'ai copié de ma main sur la minute originale, aux archives judiciaires :

« La Cour... considérant que ces mêmes entreprises (des ministres) ne peuvent avoir d'autre objet que de couvrir, s'il est possible, sans recourir aux États-généraux, les anciennes dissipations, par des moyens dont la Cour ne serait pas le témoin, sans en être l'obstacle...

[1] Ainsi nommés, a-t-on dit plaisamment, parce que *la Justice y dormait*.

» Considérant enfin que *le système de la seule volonté*, clairement exprimé dans les différentes réponses surprises audit seigneur roi, annonce de la part des ministres le funeste projet *d'anéantir les principes de la monarchie*, et ne laisse à la nation d'autre ressource qu'une déclaration précise par la Cour des maximes qu'elle est chargée de maintenir, et des sentimens qu'elle ne cessera de professer;

» Déclare que la France est une monarchie gouvernée par le roi suivant les lois;

» Que de ces lois, plusieurs qui sont fondamentales [1], embrassent et consacrent :

» Le droit de la maison régnante au trône, de mâle en mâle, par ordre de primogéniture, *à l'exclusion des filles et de leurs descendans* [2];

» Le droit de la nation d'accorder librement les subsides par l'organe des États-généraux régulièrement convoqués et composés;

» Les coutumes et les capitulations des provinces, l'inamovibilité des magistrats;

» Le droit des Cours de vérifier dans chaque province les volontés du roi, et de n'en ordonner l'enregistrement qu'autant qu'elles sont conformes aux lois constitutives de la province, ainsi qu'aux lois fondamentales de l'État;

» Le droit de chaque citoyen de n'être jamais traduit, en aucune manière, devant d'autres juges que ses juges naturels, qui sont ceux que la loi lui désigne;

» Et le droit, *sans lequel tous les autres sont inutiles*, celui de n'être arrêté, par quelque ordre que ce soit, que pour être remis sans délai entre les mains des juges compétens;

» — Proteste ladite Cour contre toutes atteintes qui seraient portées aux principes ci-dessus exprimés...

» .... Et, dans le cas où la force, en dispersant la Cour, la réduirait à l'impuissance de maintenir par elle-même les principes contenus au présent arrêté, ladite Cour déclare

[1] Voyez la note, pages 178 et 179.

[2] Ces derniers mots si essentiels, puisqu'ils sont l'expression de la *loi salique*, ont été omis par plusieurs historiens, notamment par M. Lacretelle, *Hist. du 18e siècle*, et par l'auteur de la *Revue chronologique de l'Hist. de France*.

qu'elle en remet dès à présent le dépôt inviolable entre les mains du roi, de son auguste famille, des pairs du royaume, des États-généraux, et de chacun des ordres réunis ou séparés qui forment la nation. »

A la suite de cet arrêt (qui offre une remarquable conformité avec les principaux articles de la charte de 1814), plusieurs membres du parlement furent arrêtés de nuit au milieu de la grande chambre par un corps de soldats suisses et autres troupes d'exception.

Pour calmer un peu les esprits, le roi, par une déclaration du 18 décembre 1787, annonça la convocation des États-généraux dans *cinq ans*; mais les événemens qui se pressaient ne permirent pas d'attendre ce délai. L'esprit de résistance et d'insurrection gagnait tous les ordres et tous les corps de l'État. Le Châtelet lui-même s'était exalté jusqu'à prendre, le 16 mai, à l'exemple du parlement, un arrêté contre les édits du 8, qui annonçaient l'établissement de la *Cour plénière*. Le parlement de Rennes alla plus loin, en déclarant *infâmes* ceux qui entreraient dans cette Cour. A cette occasion, huit parlemens furent exilés; l'anarchie était dans l'État...

Le 23 septembre 1788 parut l'édit du roi portant convocation des États-généraux.

Ils n'avaient pas été assemblés depuis 175 ans; les usages et les traditions étaient un peu effacés : un arrêt du Conseil prescrivit des recherches sur les élections et la réunion des anciens États; et comme les notables se trouvaient alors assemblés pour la seconde fois, on les appela à délibérer : 1° sur la composition des États-généraux; 2° sur la forme des convocations; 3° sur l'ordre des élections; 4° sur la manière de régler la tenue des diverses assemblées qui devaient donner les instructions aux députés.

Poussé par ses destins, le parlement, qui ne voulait point paraître rester en arrière, rendit le 5 décembre, *les pairs y séant*, un arrêt par lequel il suppliait le roi de ne plus permettre aucun délai pour *la tenue des États-généraux*; de déclarer et consacrer *leur retour périodique*, leur droit d'établir *les impôts*, *l'égale répartition* des charges et contributions publiques; la *responsabilité* des ministres, la *liberté individuelle* des citoyens, et la *liberté légitime de la presse*.

Ainsi, voilà qui est bien digne de remarque, et je prie

le lecteur d'y réfléchir un instant : les corps les plus imprégnés d'aristocratie se prononcent avec instance et vivacité pour la convocation immédiate des Etats-généraux, et sont *les premiers* à demander au monarque des *garanties constitutionnelles!*

Ils seront satisfaits.

Le parlement, en enregistrant l'édit de convocation des États-généraux, du 20 septembre, l'avait enregistré avec la clause expresse qu'ils seraient assemblés selon la forme observée en 1614, c'est-à-dire les trois ordres votant séparément, et produisant trois votes collectifs, les députés de chaque ordre élus en nombre égal.

Cette condition était grave; tout allait dépendre de là : la seconde assemblée des notables, consultée sur cette difficulté, avait vu ses membres divisés d'opinion. *Monsieur* (depuis Louis XVIII), adoptant le parti le plus libéral, avait été d'avis que le tiers-état eût des représentans en nombre égal aux représentans réunis des deux ordres du clergé et de la noblesse. Une ordonnance du roi, du 27 décembre, le décida ainsi.

Le 5 mai 1789, les *États-généraux* s'ouvrent à Versailles. Bientôt ils s'intitulent *assemblée nationale.*

Le parlement conçoit alors des regrets; il entrevoit sa chute, il veut arrêter le torrent; mais il est lui-même entraîné. D'abord *mis en vacances* par le décret du 3 novembre 1789, il fut définitivement *supprimé* avec tous les autres parlemens, et *généralement tous les tribunaux d'ancienne création*, par l'article 14 du décret des 16-24 août 1790.

Ainsi fut consommée la révolution au détriment de tous ceux qui l'avaient provoquée, et à l'avantage du peuple qui jusque-là ne s'en était point encore mêlé. La noblesse et le clergé s'étaient d'abord coalisés avec la cour contre le parlement, ensuite ils s'en étaient rapprochés; tous ensemble s'étaient ligués contre la cour; le gouvernement avait opposé les notables au parlement et aux privilégiés; le parlement en avait appelé aux Etats-généraux; les Etats-généraux abolirent le parlement : bientôt aussi disparurent le clergé, la noblesse et la royauté : ainsi fut vérifiée la prédiction d'Étienne Pasquier [1].

[1] Voyez ci-devant page 188.

Disons-le cependant : un peu plus tôt, un peu plus tard, par d'autres moyens, à la première occasion qui se serait offerte, la même révolution eût éclaté. Elle était prévue, prédite, inévitable. Elle ne fut pas l'œuvre d'un jour; elle était poussée par le poids, l'irrésistible poids des siècles précédens. Citons sur ce point une autorité irrécusable, celle du prince qui, après avoir vu s'ouvrir l'abîme de cette révolution, a conçu la glorieuse tâche de le fermer,

Le 26 décembre 1789, Monsieur (depuis Louis XVIII), se trouvant inculpé dans l'affaire de son ami, le marquis de Favras, accusé de complots tendant à renverser les nouvelles institutions, se rendit à l'Hôtel-de-Ville :

« Messieurs (dit le prince à l'assemblée générale des re- » présentans de la Commune), le désir de repousser une » calomnie atroce m'appelle auprès de vous... Vous n'atten- » dez pas sans doute que je m'abaisse jusqu'à me justifier » de crimes aussi bas... *Quant à mes opinions personnel-* » *les*, j'en parlerai avec confiance *à mes concitoyens*. De- » puis le jour où, dans la seconde assemblée des notables, » je me déclarai sur la question *fondamentale* qui divisait » les esprits (la double représentation du tiers), je n'ai pas » cessé de croire *qu'une grande révolution était prête*; que » le roi, par ses intentions, ses vertus et son rang suprême, » devait en être *le chef*, puisqu'elle ne pouvait être avan- » tageuse à la nation, sans l'être également au monarque; » enfin que l'autorité royale devait être le rempart de l'au- » torité nationale, et la liberté nationale, la base de l'auto- » rité royale. »

SECONDE PARTIE.

COMPRENANT DE 1789 A 1834.

§ I.

Constitution de 1791.

M. Lanjuinais a eu raison de dire que « ce qu'on a vu s'écrouler en 1789 n'était point l'*ancienne Constitution* de la France, mais la dernière des formes incertaines du despotisme et de l'anarchie, substituées à l'*ancien* gouvernement représentatif. »

L'assemblée *nationale* devenue *constituante* commença par abolir les dîmes et le régime féodal; les priviléges d'ordres, de provinces, de villes, de communautés, d'individus; la vénalité, l'hérédité des offices, la torture, les jurandes, etc. On doit à cette illustre et courageuse assemblée toutes les grandes réformes qui ont fondé notre nouvel ordre social.

Elle rédigea ensuite une *Déclaration des Droits* et une *Constitution* qui fut acceptée par Louis XVI.

La constitution de 1791 établit une meilleure division territoriale du royaume, fixe l'état des citoyens, définit les pouvoirs publics, pose en principe que de la nation seule émanent tous les pouvoirs, mais qu'elle ne peut les exercer que *par délégation*, et qu'ainsi le gouvernement est *représentatif*.

Les représentans sont : le *corps législatif*, composé de députés élus, et le *roi*.

On a reproché à cette constitution d'avoir trop affaibli le pouvoir royal, et de n'avoir pas établi une seconde chambre, pour servir d'intermédiaire entre la démocratie et la royauté.

On raisonne ainsi après l'événement. La nation voulait des réformes : eussent-elles été possibles avec une chambre aristocratique ?

Si le pouvoir royal s'est trouvé trop faible, c'est la suite inévitable des craintes qu'on avait de voir renaître un pouvoir naguère absolu. L'esprit humain est éminemment réactionnaire.

Mais tout le mal vint-il de cette distribution plus ou moins exacte des pouvoirs et des compétences? n'eût-il pas été facile d'y remédier par la suite, si des circonstances imprévues ne s'étaient pas déclarées ? Tout ce mal, si regrettable et si déploré, n'est-il pas venu de l'opposition obstinée des courtisans et des privilégiés? N'ont-ils pas abusé de leur ascendant sur l'esprit et les préjugés d'un prince faible pour le porter à des résistances, à des pas rétrogrades, et par là imprimé à sa conduite un caractère de duplicité qui excita les défiances de la nation et qui conduisit le malheureux roi à sa perte? Ne vit-on pas, presque aussitôt après l'acceptation de la constitution, les hommes qui se croyaient deshérités par elle, pousser eux-mêmes à tous les excès pour avoir un prétexte de crier au scandale, et chercher à déshonorer le système de réforme dans l'espoir de mieux l'étouffer ? Bientôt se manifestèrent leurs émigrations hostiles, leurs mouvemens continuels de guerre civile et de guerre étrangère : et à la suite vinrent les effroyables mesures et les lois déréglées qu'on crut devoir opposer comme des digues contre leurs attaques, ou comme des représailles contre leurs attentats.

Le malheureux Louis XVI, que ses prétendus *fidèles* avaient abandonné, périt au milieu des orages qu'ils avaient excités ; et la nation, privée de son roi constitutionnel, par une condamnation qui dépassait elle-même les limites de la Constitution, fut en proie au *gouvernement révolutionnaire.*

§ II.

Gouvernement révolutionnaire.

Ce gouvernement, si l'on peut appeler ainsi la plus cruelle *anarchie*, a commencé le 21 septembre 1792, et fini le 26 octobre 1795. Toute cette période offre deux spectacles divers : sur les frontières, celui de l'armée, pauvre, dévouée, héroïque, défendant le territoire, et repoussant à force de victoires l'émigration et l'étranger ; à l'intérieur, une assemblée unique, la *Convention*, réunissant tous les pouvoirs, les exerçant avec rigueur, exagération, cruauté ; décimant la nation, se décimant elle-même ; ne respectant ni les personnes, ni les propriétés privées, ni le crédit public ; faisant taire l'humanité, les lois, les jugemens ; ayant régné *par la terreur*, et se séparant pour faire place au gouvernement établi par la constitution dite de l'an III.

§ III.

Gouvernement directorial.

Une constitution essayée en 1793 n'avait pu être mise en action : on lui substitua celle de l'an III. — Cette constitution établissait :

1° Un conseil des *cinq cents*, chargé de la proposition des lois et des contributions ;

2° Un conseil des *Anciens* (âgés au moins de 40 ans), ayant le droit d'approuver ou de rejeter les résolutions des cinq-cents, et la surveillance du pouvoir exécutif;

3° Un pouvoir exécutif, le *Directoire*, composé de cinq membres, nommant et révoquant les ministres, les généraux d'armée;

4° Une *haute Cour criminelle* pour juger les accusations qui seraient portées contre les membres du conseil des anciens et contre les directeurs;

5° Une *Trésorerie nationale*, chargée de la manutention des finances, et une *Commission de Comptabilité*.

La continuation de la guerre étrangère, la Vendée, la chouannerie, la répression des conspirations, l'exécution des lois contre les émigrés, la déportation des prêtres réfractaires, signalèrent cette époque. Tout était réaction.

Enfin, un parti royaliste se fit jour dans les élections! Trois des directeurs crurent la Constitution menacée; ils firent un *coup d'Etat* contre elle, et proscrivirent deux de leurs collègues et une partie des membres des deux conseils. La Constitution fut sauvée en apparence le 18 fructidor; mais il ne resta à la suite que de l'irritation contre le pouvoir, et il tomba dans un état de faiblesse et de déconsidération qui amena la journée du 18 brumaire.

§ IV.

Constitution de l'an VIII. Gouvernement consulaire.

In vitium ducit culpæ fuga. En fuyant l'ancien despotisme, on était tombé dans l'anarchie. Pour sortir de l'anarchie, on institua un gouvernement qui ne devait être que fort, et qui ne tarda pas à revenir au despotisme.

Trois consuls, le premier dominant les deux autres;

Un *Conseil d'Etat*, chargé de la préparation des lois;

Un *Tribunat*, discutant ces projets, contradictoirement avec les orateurs du gouvernement devant le Corps législatif;

Un *Corps législatif* écoutant et votant;

Un *Sénat* appelé *conservateur*.

Ce gouvernement était un besoin de l'époque; il reçut une grande force de l'opinion. Il débuta par la victoire. Au dedans, il apaisa la guerre civile, fit cesser la rigueur des mesures révolutionnaires, arrêta les effets de la réaction;

il rappela une partie des émigrés, rendit à quelques-uns leurs biens, en prit plusieurs à son service; il rétablit le culte catholique, mit de l'ordre dans les finances, établit un système d'administration forte, rapide et centralisée, distribuée en rameaux où le pouvoir circulait, comme une sève, du chef de l'Etat par ses ministres jusqu'au dernier degré de la hiérarchie, et remontait jusqu'à lui par les mêmes voies. Enfin, il est à remarquer que Bonaparte, quoique prince guerrier, chef d'armée et victorieux, eut le plus grand soin, dans l'intérêt de l'ordre qu'il voulait rétablir et voir régner partout, d'assurer constamment la prééminence de l'autorité civile sur l'autorité militaire.

C'est au Consulat qu'appartient l'honneur d'avoir doté la France d'un *Code civil*, et rétabli les *Écoles de Droit.*

Du reste, point de liberté de la presse, peu de liberté de tribune, et bientôt plus, quand vint la suppression du Tribunat. La liberté de conversation surveillée de près par la police, une liberté individuelle peu respectée, violée même sur le territoire étranger, au mépris du droit des gens dans la personne du duc d'Enghien. — Le supplice de ce prince...., les fossés de Vincennes et les prisons d'état! Nous sommes bien près de l'*Empire*.

§ V.

Gouvernement impérial.

Bonaparte, d'abord premier consul à *temps*, puis consul *à vie*, voulut être *empereur*. Ce titre lui fut déféré par un sénatus-consulte du 18 mai 1804.

Dans les premiers temps, sa monnaie portait, d'un côté : *Napoléon empereur;* et sur le revers : *République française.* Mais bientôt il fit disparaître cette anomalie.

Il rétablit toutes les formes d'une royauté calquée sur l'ancienne monarchie : l'impératrice-mère, l'impératrice douairière; des princes apanagistes; des fiefs sous le nom de majorats; les titres nobiliaires de duc, de comte et baron, par opposition ou en émulation et concurrence avec ceux de l'ancien régime, des chambellans, une grande aumônerie, des armoiries et des laquais à livrée, etc. Il disait, *les rois mes prédécesseurs!* A l'extérieur et pour l'étiquette, c'était toute l'apparence d'une restauration.

Il y joignit un divorce, pour épouser la fille d'un empereur de vieille roche; et il voulut que son fils naquît *roi de Rome.*

Sa dynastie était fondée; elle paraissait solidement établie.

Sous l'Empire, la grandeur du chef rejaillissait sur les délégataires de sa puissance; les fonctions publiques étaient la source d'une grande considération.

La *Légion-d'Honneur*, fondée sous le consulat, et décernée avec mesure et discernement, devint le principe d'une immense émulation.

L'ordre judiciaire reçut un grand éclat par l'institution et l'organisation plus développée des *Cours impériales* qui, depuis l'an VIII, avaient commencé, sous le titre plus modeste de Tribunaux d'appel, à remplacer les simples tribunaux de district.

Il institua une *Cour des Comptes.*

Le *Tribunal de Cassation*, à l'exception du titre de *Cour* qui lui fut attribué par un sénatus-consulte du 28 floréal an X, n'eut besoin que de rester avec les attributions dont la loi de son institution l'avait investi, pour conserver la haute considération qu'il s'était acquise dès les premiers temps de son existence.

L'Ordre des avocats fut rétabli; et la première dignité de l'Etat, celle d'archichancelier, fut environnée d'un grand lustre dans la personne de Cambacérès, célèbre comme jurisconsulte, avant de monter au rang de prince de l'empire.

Le Conseil d'Etat comptait dans son sein les jurisconsultes les plus instruits. Avec leur secours, Napoléon poursuivit l'œuvre de sa législation : il promulgua successivement les Codes de *Procédure*, de *Commerce*, *d'Instruction criminelle*, et *Pénal.*

Cette législation fut un bienfait réel. Sans doute elle avait ses défauts; mais elle nous tira du chaos d'une foule de lois incohérentes et de difficile application. Nulle autre volonté que celle de Napoléon n'eût pu faire aussi bien et aussi promptement.

Pourquoi cet homme extraordinaire a-t-il abusé de son pouvoir! Pourquoi, donnant des lois, n'a-t-il pas su les respecter! Auteur de la Constitution de l'an VIII, il l'a renversée. Fondateur de l'Empire, il n'a voulu rester lié par aucune des conditions attachées à son élévation. Il a supprimé le Tribunat, réduit le Sénat conservateur à l'impuissance de rien conserver. Malgré la docilité bien éprouvée du Corps législatif, il aima mieux procéder par de simples décrets. Il interpréta les lois selon son caprice, les changea de sa propre autorité, étendit outre mesure l'usage des conflits de juridiction, poussa jusqu'à l'impunité l'exécution de l'article 75 de sa Constitution, pour couvrir de son égide les fonctionnaires qui violaient les lois au profit de son despotisme. Il violenta quelquefois les jugemens, ne respecta pas toujours la décision même des jurés! D'autres fois, il disposa des hommes, de leur liberté, de leurs propriétés, de leurs droits, sans forme ni apparence de jugement!

S'il méconnaissait le droit constitutionnel de son propre Etat, et le droit privé des citoyens à l'intérieur; il ne respectait pas davantage le droit des gens. Sur mer, il ordonna des prises illicites; sur terre, après de glorieux combats pour la défense du territoire français, la soif des conquêtes s'empara de lui; il se rua successivement sur les peuples, fit la guerre pour la guerre, non seulement à tous ses voisins, mais si loin, que, malgré tout l'héroïsme de son armée, tant de gloire n'aboutit qu'à ameuter contre nous tous les peuples de l'Europe, à attirer sur la France de terribles représailles, et finalement à rendre possible la restauration des Bourbons, devant lesquels il abdiqua le 11 avril 1814.

§ VI.

Gouvernement royal.

Ramené par l'étranger, Louis XVIII se croyait dans la plénitude de ce qu'il n'avait jamais cessé de regarder comme son droit propre, le droit de sa naissance, le droit de ses ancêtres, son Domaine.

Il était cependant trop éclairé pour céder à la cohue de ses co-émigrés, qui auraient voulu lui voir rétablir l'ancien régime *par ordonnance*.

Il comprit que la chose n'était pas possible; et, pour éviter l'initiative du Sénat, qui s'était hâté de demander la conservation de la noblesse nouvelle et de toutes ses pensions, il donna la *Déclaration de St-Ouen*.

Cette *pollicitation* (Solius offerentis promissio) fut bientôt suivie de la promulgation d'une Charte.

Dans le préambule de cet acte royal, Louis XVIII ne dissimule pas que « une Charte constitutionnelle était sollicitée par l'état actuel du royaume. Nous l'avons promise, dit-il, et nous la publions. Nous avons considéré que, bien que *l'autorité tout entière* residât en France dans la personne du roi [1], nos prédécesseurs n'avaient point hésité à en *modifier l'exercice* suivant la différence des temps.

Louis XVIII consentira donc à modifier la sienne, et la Charte sera *octroyée.*

« A ces causes, dit-il, à la fin d'un assez long préambule, nous avons volontairement, et par le libre exercice de notre autorité royale, accordé et accordons, fait *concession et octroi à nos sujets*, tant pour nous que pour nos successeurs et à toujours, de la Charte constitutionnelle qui suit. »

Du reste, il faut le dire, si cette forme d'*octroi* blessait le sentiment national, la Charte, en soi, parut en général répondre suffisamment aux besoins de la situation.

Deux Chambres, impossibles avec succès en 1791, promettaient de bons résultats en 1814. La prérogative royale était fortifiée sans être excessive; les droits publics des Français, comme hommes et comme citoyens, étaient reconnus et proclamés, la liberté de la presse, le jury, les autres institutions nées du sein de la révolution étaient maintenues par la *lettre* de la Charte; son *esprit* n'y paraissait pas contraire: on était tenté de croire que Louis XVIII avait conservé un peu de cet esprit libéral dont il se montrait animé le 26 décembre 1789 [2]; on ne demandait qu'une *exécution sincère*; et, de fait, la charte était *acceptée.*

Mais un parti incorrigible, qui n'avait *rien oublié ni rien appris*, se mit à maudire la Charte comme il avait détesté la révolution. Les inquiétudes qu'il causa ramenèrent Napoléon et les cent jours. Au second retour de Louis XVIII, et lorsqu'il reconnaissait lui-même que son gouvernement avait fait des fautes il aurait dû chercher à les éviter : loin de là, ce même parti, qu'on aurait pu croire timide à ne juger que le passé, montra une fureur implacable. De vieux souvenirs furent exhumés; l'oubli promis par la Charte fut révoqué; des proscriptions eurent lieu sous couleur d'*amnistie* par

[1] Ce qui du moins n'avait point été sans contradiction. *Vide supra*, p 186

[2] *Voyez* ci-dessus, p. 198.

une loi menteuse, et par ordonnance du roi sans jugement! Les proscrits furent encore les plus heureux: ils échappèrent! A l'intérieur les cours prévotales furent instituées, le fatal tombereau parcourut les départemens du Rhône et de l'Isère, le télégraphe porta des arrêts de mort; on alla de réaction en réaction, et toute cette période fut marquée par une suite non interrompue d'accusations politiques, de condamnations et de supplices! A aucune époque le barreau n'eut de plus grandes causes à défendre que sous la Restauration.

Bientôt ce parti, qu'on supposait entièrement politique, se couvrit du manteau religieux. Les jésuites et leur influence, toujours funeste au repos des états, se révélèrent par l'existence de la fameuse *congrégation*, qui, répandue dans tous les rangs de la société, cernait les fonctionnaires de toutes les hiérarchies, les dominait ou leur imposait, agitait les masses par les missions; préparait les associations d'ouvriers, et gagnait jusqu'à l'armée!... Cette faction, que l'illustre et courageux Montlosier nomma le parti-prêtre, poussait à l'*absolutisme!* La Charte lui faisait obstacle, soit parce qu'elle consacrait la liberté des cultes et le principe d'une égale protection pour chacun d'eux; soit parce qu'elle admettait la liberté de la presse, et celle de la tribune, adversaires si puissans du fanatisme et de l'hypocrisie!

Tant que Louis XVIII a vécu, la congrégation appelée aussi *gouvernement occulte*, ne pouvait pas prétendre au renversement de la Charte dont ce monarque était l'auteur. Mais on le poussait à en fausser sans cesse l'application, par les lois qu'on nomma, sous ce règne, *lois d'exception*, parce qu'elles prenaient la place des règles et du droit commun.

Ainsi l'on suspendit la *liberté individuelle*, on renouvela la loi des *suspects*, et l'on poussa la tyrannie jusqu'à poursuivre devant les tribunaux les honorables citoyens qui avaient ouvert une *souscription* en faveur de ceux qui seraient détenus sans jugement!

La liberté de la *presse*, sans cesse entravée par de gênantes restrictions, fut à plusieurs reprises opprimée par une censure étroite et bigote.

Du reste, aucune loi importante au civil ne fut portée, si ce n'est le droit donné au clergé de recevoir des donations immobilières, et la loi qui abolit le titre du Code civil relatif au divorce; changement que j'approuve en lui-même comme acte de morale et de bonne législation, mais que je signale à cause de la couleur purement catholique, apostolique et romaine, qu'on affecta, dans la discussion, de donner à cette abolition.

En 1824, Charles X monta sur le trône, qu'on affectait plus que jamais d'appeler le trône de saint Louis! Charles X, le prédestiné de l'émigration, le messie du parti jésuitique!

Cependant ses prémisses semblèrent démentir de mauvais antécédens; à son entrée dans Paris il avait prononcé un mot heureux, « *Point de hallebardes, plus de censure!* » On lui en sut gré. De sinistres appréhensions semblèrent s'évanouir; on lui supposait tant de bonne foi, qu'on le surnomma le *roi-chevalier*. Ce nom lui fut donné pendant quelque temps.

A son sacre, il jura la Charte! Eut-il alors ou depuis des dispenses pour la violer plus tard?...

Quoi qu'il en soit, son instinct dévot et aristocratique ne tarda pas à prendre le dessus.

Une première loi rétablit les communautés religieuses de femmes : c'était un pas pour arriver au rétablissement des couvens et des moines.

Une autre loi institua des peines atroces contre le sacrilége, malgré les éloquentes réclamations de M. Royer-Colard.

Les émigrés, fidèles compagnons d'exil du roi-chevalier, reçurent un milliard à titre d'indemnité.

La Charte cessa d'être imprimée dans l'Almanach Royal.

A des accusations jusque-là précises et caractérisées contre la Presse, on vit succéder des procès de *tendance*... dont l'indéfini pouvait tout atteindre, si les corps judiciaires eussent voulu s'y prêter!

On fit renaître les substitutions, bien qu'on les limitât à deux degrés. Déjà même on proposait de rétablir *le droit d'aînesse*, quand la pairie manifesta son opposition. Le projet *de loi sur la presse*, qu'on appela par dérision *loi de justice et d'amour*, fut également repoussé.

Une opposition de plus en plus vive se manifestait dans les corps de l'Etat et dans tous les esprits.

A la suite d'une revue, la *garde nationale* de Paris est licenciée et n'est pas réorganisée. Le trône se prive ainsi d'un immense appui!

La *censure* est rétablie.

Cependant il faut noter deux lois remarquables qui furent portées sous ce règne : la loi pour la répression de la Traite des Noirs et le Code forestier [1].

M. de Martignac, qui en avait été le rapporteur, devint ministre. Son éloquence douce et persuasive, son caractère conciliant et modéré, causèrent une sorte de rémittence; des lois qu'on peut appeler de progrès furent proposées, la loi *municipale* et la loi *départementale.*

Mais à peine les rapports étaient faits, qu'une funeste *question de priorité*, suscitée par l'amour-propre doctrinaire dont la voix proclamait avec emphase, qu'il fallait commencer par la loi départementale, parce que la liberté ne vient pas *d'en-bas* mais bien d'en-haut. (sorte de manne que personne n'a vu tomber!) cette question, dis-je, amena une déplorable collision avec le ministère.

La droite, dirigée par le comte de La Bourdonnaye, saisit habilement l'occasion; elle vota avec la gauche, fatal accord qui précipita le renvoi du ministère, et amena au pouvoir le prince de Polignac et ses amis.

Vainement l'adresse des 221 avertit la couronne en lui rappelant le principe qui sert de fondement au gouvernement représentatif. Cet avis, celui des colléges électoraux, qui réélurent les 221, tout fut méprisé.

Comme la Charte avait été *octroyée* par un roi, on en conclut qu'apparemment un autre roi pouvait la révoquer. On prétendit en tous cas trouver dans l'art. 14 une sorte de dictature..... et les fatales ordonnances du 25 juillet 1830 furent portées! Elles révoltèrent l'opinion : c'était un *coup d'État* contre la constitution dont les Français ne demandaient que le maintien. Charles X s'entêta. Il leva le drapeau de la révolte contre la Charte, il fit soutenir ses ordonnances par la force des armes; il engagea le combat contre le peuple : et dans cette sédition du pouvoir contre les lois, le roi fut vaincu, détrôné, déporté avec tous les siens.

La nation restait sans gouvernement et sans chef. Le trône était vacant. Il fallait y pourvoir. La Chambre des députés prit l'initiative, en présence et sous le contrôle de la nation attentive et du peuple armé!

[1] Ajouterai-je la loi sur *la pêche fluviale?*

§ VII.

Gouvernement fondé en juillet 1830.

La Chambre des députés pourvut d'abord à ce qu'exigeait l'urgence des cirsconstances, 1° par la nomination d'une *Commission municipale*, 2° par l'institution d'un *Lieutenant-général du royaume*, comme centre d'action pendant l'intérim.

Elle se donna ainsi le loisir de déterminer avec plus de maturité les bases sur lesquelles le nouveau gouvernement serait établi.

La nécessité de proclamer *la vacance du trône*, afin de rompre tout lien d'hérédité et de succession prétendue légitime à la couronne fut reconnue avant tout; et l'on pensa qu'il ne suffirait pas de la constater comme *un fait*, résultant de l'absence de tous les membres de la branche aînée, mais qu'il fallait surtout la déclarer comme *un droit*, résultant de la violation de la Charte, de la résistance héroïque apportée par le peuple à cette violation, et de la victoire qui avait couronné ses efforts.

Le préambule de la Charte fut supprimé, non comme une rédaction qui ne serait qu'inutile, mais parce qu'il blessait la dignité nationale, en paraissant *octroyer par grâce* au peuple français des droits *qui lui appartenaient essentiellement*.

Du reste, la correction ou modification des divers articles de l'ancienne charte offrait peu d'embarras. Depuis quinze ans on souffrait des violations partielles de cette charte; depuis quinze ans, on était en butte aux subterfuges et aux subtilités à l'aide desquels on avait successivement abusé, tantôt de son texte, tantôt de son esprit.

Le mal étant si bien connu, il fut facile d'y apporter remède, en supprimant, d'accord avec l'expérience, certaines dispositions tout-à-fait défectueuses, en effaçant les termes dont on avait abusé, enfin en suppléant les dispositions omises, et en complétant celles dont l'insuffisance s'était fait sentir.

Parmi les changemens les plus notables, il faut coter la suppression de l'art. 6, qui déclarait que « la religion catholique apostolique et romaine était la religion de l'état. » La commission proposa ce changement à l'unanimité. Elle le fit avec maturité, avec réflexion. Sur dix-huit membres dont elle se composait, dix-sept étaient catholiques, un seul était protestant ; tous étaient animés d'un sentiment religieux ; mais hommes politiques en même temps que chrétiens, tous voulaient assurer la liberté de conscience, empêcher qu'un seul culte ne devînt dominant, et *prévenir toute invasion nouvelle du clergé dans les affaires de l'État.* Il leur sembla que ce devait être une des maximes fondamentales du gouvernement de juillet.

Pour qu'il fût à jamais impossible d'abuser de l'art. 14, et d'y trouver un prétexte au pouvoir exécutif de s'ériger au-dessus des lois, on rédigea ainsi la fin de cet article : « Le » roi... fait les réglemens et ordonnances nécessaires *pour » l'exécution des lois, sans pouvoir jamais* NI SUSPENDRE » *les lois elles-mêmes,* NI DISPENSER *de leur exécution* »

Les autres changemens portent l'empreinte du même esprit.

Certaines lois, qu'il n'était pas possible de rédiger à l'instant, furent promises ; et cette promesse devint *partie intégrante* DES CONDITIONS *sous lesquelles* UNE AUTRE DYNASTIE *serait* APPELÉE *à régner.*

Je dis une *autre* dynastie ; car si, de fait, le duc d'Orléans était de la famille des Bourbons, il ne fut pas appelé *parce qu'il était* Bourbon, ni en raison de ce qu'il était Bourbon, ni comme ayant à ce titre aucun droit présent ou éloigné à la couronne de France ; mais il fut appelé *quoique Bourbon*, c'est-à-dire malgré les préventions qui étaient attachées à ce nom, et qui auraient atteint la branche cadette aussi bien que la branche aînée, si l'on n'avait pas su parfaitement que, loin de partager les préjugés de la branche régnante, *le duc d'Orléans*, par lui-même, par les principes libéraux dont il avait toujours fait profession, et par l'éducation publique qu'il avait fait donner à ses fils, avait avec le corps de la nation française un fonds commun d'idées, de principes, d'intérêts et de sympathies ; et que son adhésion à la révolution de juillet, qui serait qualifiée *d'usurpation* par les partisans de la branche déchue, le rendrait irréconciliable avec eux et deviendrait le premier gage de sa fidélité à ses engagemens.

C'est, je le répète, dans cet esprit qu'il fut appelé au trône par la déclaration du 7 août 1830. Ceux qui le nieraient aujourd'hui, n'y étaient pas, ou bien ils manqueraient de mémoire ou de bonne foi.

« MOYENNANT *l'acceptation de ces dispositions et pro-*

positions, porte la *Déclaration*, la Chambre des députés déclare que l'intérêt universel et pressant du peuple Français appelle au trône S. A. R. *Louis-Philippe d'Orléans*, duc d'Orléans, lieutenant-général du royaume, et ses descendans à perpétuité de mâle en mâle, par ordre de primogéniture et à l'exclusion perpétuelle des femmes et de leur descendance. »

« En conséquence S. A. R. sera invitée à accepter et jurer les clauses et engagemens ci-dessus énoncés, l'observation de la Charte constitutionnelle et des modifications indiquées; et, *après l'avoir fait* devant les chambres assemblées, à prendre le titre de *Roi des Français*.»

Ce serment fut prêté le 9 août 1830, et le CONTRAT fut formé.

Je dis le *contrat* fut formé, et c'est sur ce point capital que j'appelle l'attention du légiste, de l'avocat, du jurisconsulte, du citoyen intelligent et jaloux de son droit: c'est le point de départ, le caractère principal de l'établissement fondé en juillet; c'est ce qui le sépare à une immense distance, et le distingue éminemment du gouvernement de la Restauration.

La branche aînée, Louis XVIII, Charles X, son dauphin, les précepteurs mitrés du duc de Bordeaux, se fondaient sur ce qu'ils appelaient légitimité: ils se rattachaient, *sine medio*, au dernier roi; ils niaient la révolution comme droit, ils auraient voulu en retrancher tous les effets : rois de France, comme d'un domaine, plutôt que rois des Français comme d'une nation, ne reconnaissant pas de droits absolus aux citoyens, si ce n'est autant qu'il leur plaisait d'en octroyer la jouissance à leurs sujets et avec la faculté perpétuelle de la leur retirer.

Le contraire a lieu en juillet.

La nation est nation, le peuple est debout et vainqueur : Charles X n'est plus roi, et Louis-Philippe ne l'est pas encore....

Il le sera !... mais *à des conditions*, et seulement s'il les accepte.

Après, et non pas avant, il sera roi. On lui prêtera serment à son tour; et le contrat sera formé par un consentement réciproque, et le peuple alors le saluera, par ses acclamations, *Roi des Français!*

Voilà la base, la base large et puissante sur laquelle repose la royauté de juillet ! C'est là sa *légitimité* nationale et vraie, la plus pure et la plus forte : toute autre origine qui lui serait assignée serait fausse et mesquine, et constituerait un mensonge envers la loi et le pays.

Depuis le 9 août 1830, des lois importantes ont été portées, et principalement celles qu'avait promises la Charte; par exemple :

Sur l'application du jury aux délits de la presse;

Sur l'abolition du double vote, et sur les conditions électorales et d'éligibilité;

Sur la réélection des députés promus à des fonctions publiques;

Sur l'état des officiers;

Sur le vote annuel du contingent de l'armée;

Sur l'organisation de la garde nationale, avec intervention des gardes nationaux dans le choix de leurs officiers;

Sur l'instruction publique et la liberté de l'enseignement;

Sur l'organisation des municipalités et des conseils généraux.

Les lois d'attribution de ces conseils, et la loi sur la responsabilité des ministres ont été présentées, et sont à la veille d'être votées.

Notre législation civile s'est enrichie d'une loi qui a pour but de faciliter les *expropriations pour cause d'utilité publique;*

Une autre loi a beaucoup diminué les rigueurs de la *contrainte par corps*. La procédure des *faillites* sera simplifiée dans la prochaine session.

Les modifications apportées au *Code pénal* ont assuré la répression des crimes, en diminuant la rigueur des peines. Le compte rendu de l'administration de la justice atteste les heureux effets qu'a produits cette loi.

Faut-il ajouter que la loi sanguinaire sur la répression du *sacrilége* a été abolie !

L'institution du *jury* a reçu d'importantes améliorations.

L'*Enseignement du Droit* a obtenu plus de développement par l'institution de nouvelles chaires.

Une ordonnance a rétabli l'*Ordre des avocats* dans le droit d'élire son bâtonnier ; et les avocats eux-mêmes dans le droit de plaider devant toutes les jurisdictions du royaume, sans avoir besoin de se munir d'une autorisation préalable.

La législation, comme la société, est évidemment dans

un état de progrès. Aux jurisconsultes appartient de préparer les améliorations dont elle est susceptible. En tout temps ce fut leur mission : à plus forte raison est-ce leur devoir sous un gouvernement constitutionnel, qui est essentiellement le *gouvernement du droit et de la loi.*

29 juillet 1834.

CHARTE DE 1830.

Droit public des Français.

Art. 1er. Les Français sont égaux devant la loi, quels que soient d'ailleurs leurs titres et leurs rangs.

2. Ils contribuent indistinctement, dans la proportion de leur fortune, aux charges de l'état.

3. Ils sont tous également admissibles aux emplois civils et militaires.

4. Leur liberté individuelle est également garantie, personne ne pouvant être poursuivi ni arrêté que dans les cas prévus par la loi et dans les formes qu'elle prescrit.

5. Chacun professe sa religion avec une égale liberté, et obtient pour son culte la même protection.

6. Les ministres de la religion catholique, apostolique et romaine, professée par la majorité des Français, et ceux des autres cultes chrétiens, reçoivent des traitemens du trésor public.

7. Les Français ont le droit de publier et de faire imprimer leurs opinions en se conformant aux lois.

La censure ne pourra jamais être rétablie.

8. Toutes les propriétés sont inviolables, sans aucune exception de celles qu'on appelle nationales, la loi ne mettant aucune différence entre elles.

9. L'état peut exiger le sacrifice d'une propriété pour cause d'intérêt public légalement constaté, mais avec une indemnité préalable.

10. Toute recherche des opinions et des votes émis jusqu'à la restauration est interdite : le même oubli est commandé aux tribunaux et aux citoyens.

11. La conscription est abolie. Le mode de recrutement pour l'armée de terre et de mer est déterminé par une loi.

Formes du gouvernement du roi.

12. La personne du roi est inviolable et sacrée. Ses ministres sont responsables. Au roi seul rppartient la puissance exécutive.

13. Le roi est le chef suprême de l'état ; il commande les forces de terre et de mer, déclare la guerre, fait les traités de paix, d'alliance et de commerce, nomme à tous les emplois d'administration publique, et fait les réglemens et ordonnances nécessaires pour l'exécution des lois, sans pouvoir jamais ni suspendre les lois elles-mêmes ni dispenser de leur exécution.

Toutefois aucune troupe étrangère ne pourra être admise au service de l'état qu'en vertu d'une loi.

14. La puissance législative s'exerce collectivement par le roi, la chambre des pairs et la chambre des députés.

15. La proposition des lois appartient au roi, à la chambre des pairs et à la chambre des députés.

Néanmoins toute loi d'impôt doit être d'abord votée par la chambre des députés.

16. Toute loi doit être discutée et votée librement par la majorité de chacune des deux chambres.

17. Si une proposition de loi a été rejetée par l'un des trois pouvoirs, elle ne pourra être représentée dans la même session.

18. Le roi seul sanctionne et promulgue les lois.

19. La liste civile est fixée pour toute la durée du règne par la première législature assemblée depuis l'avénement du roi.

De la chambre des pairs.

20. La chambre des pairs est une portion essentielle de la puissance législative.

21. Elle est convoquée par le roi en même temps que la chambre des députés. La session de l'une commence et finit en même temps que celle de l'autre.

22. Toute assemblée de la chambre des pairs qui serait tenue hors du temps de la session de la chambre des députés, est illicite et nulle de plein droit, sauf le seul cas où elle

est réunie comme cour de justice, et alors elle ne peut exercer que des fonctions judiciaires.

23. La nomination des pairs de France appartient au roi. Leur nombre est illimité : il peut en varier les dignités, les nommer à vie ou les rendre héréditaires, selon sa volonté.

24. Les pairs ont entrée dans la chambre à vingt-cinq ans, et voix délibérative à trente ans seulement.

25. La chambre des pairs est présidée par le chancelier de France, et, en son absence, par un pair nommé par le roi.

26. Les princes du sang sont pairs par droit de naissance : ils siégent immédiatement après le président.

27 Les séances de la chambre des pairs sont publiques, comme celles de la chambre des députés.

28. La chambre des Pairs connaît des crimes de haute trahison et des attentats à la sûreté de l'état, qui seront définis par la loi.

29 Aucun pair ne peut être arrêté que de l'autorité de la chambre, et jugé que par elle en matière criminelle.

De la chambre des députés.

30. La chambre des députés sera composée des députés élus par les colléges électoraux dont l'organisation sera déterminée par des lois.

31. Les députés sont élus pour cinq ans.

32. Aucun député ne peut être admis dans la chambre, s'il n'est âgé de trente ans, et s'il ne réunit les autres conditions déterminées par la loi.

33. Si néanmoins il ne se trouvait pas dans le département cinquante personnes de l'âge indiqué payant le cens d'éligibilité déterminé par la loi, leur nombre sera complété par les plus imposés au-dessous du taux de ce sens, et ceux-ci pourront être élus concurremment avec les premiers.

34. Nul n'est électeur, s'il a moins de vingt-cinq ans, et s'il ne réunit les autres conditions déterminées par la loi.

35. Les présidens des colléges électoraux sont nommés par les électeurs.

36. La moitié au moins des députés sera choisie parmi les éligibles qui ont leur domicile politique dans le département.

37. Le président de la chambre des députés est élu par elle à l'ouverture de chaque session.

38. Les séances de la chambre sont publiques; mais la demande de cinq membres suffit pour qu'elle se forme en comité secret.

39. La chambre se partage en bureaux pour discuter les projets qui lui ont été présentés de la part du roi.

40. Aucun impôt ne peut être établi ni perçu, s'il n'a été consenti par les deux chambres et sanctionné par le roi.

41. L'impôt foncier n'est consenti que pour un an. Les impositions indirectes peuvent l'être pour plusieurs années.

42. Le roi convoque chaque année les deux chambres: il les proroge, et peut dissoudre celle des députés; mais, dans ce cas, il doit en convoquer une nouvelle dans le délai de trois mois.

43. Aucune contrainte par corps ne peut être exercée contre un membre de la chambre durant la session et dans les six semaines qui l'auront précédée ou suivie.

44. Aucun membre de la chambre ne peut, pendant la durée de la session, être poursuivi ni arrêté en matière criminelle, sauf le cas de flagrant délit, qu'après que la chambre a permis sa poursuite.

45. Toute pétition à l'une ou à l'autre des chambres ne peut être faite et présentée que par écrit: la loi interdit d'en apporter en personne et à la barre.

Des ministres.

46. Les ministres peuvent être membres de la chambre des pairs ou de la chambre des députés.

Ils ont en outre leur entrée dans l'une ou l'autre chambre, et doivent être entendus quand ils le demandent.

47. La chambre des députés a le droit d'accuser les ministres et de les traduire devant la chambre des Pairs, qui seule a celui de les juger.

De l'ordre judiciaire.

48. Toute justice émane du roi, elle s'administre en son nom par des juges qu'il nomme et qu'il institue.

49. Les juges nommés par le roi sont inamovibles.

50. Les cours et tribunaux ordinaires actuellement existans sont maintenus; il n'y sera rien changé qu'en vertu d'une loi.

51. L'institution actuelle des juges de commerce est conservée.

52. La justice de paix est également conservée. Les juges de paix, quoique nommés par le roi, ne sont point inamovibles.

53. Nul ne pourra être distrait de ses juges naturels.

54. Il ne pourra en conséquence être créé de commissions et de tribunaux extraordinaires, à quelque titre et sous quelque dénomination que ce puisse être.

55. Les débats seront publics en matière criminelle, à moins que cette publicité ne soit dangereuse pour l'ordre et les mœurs; et, dans ce cas, le tribunal le déclare par un jugement.

56. L'institution des jurés est conservée. Les changemens qu'une plus longue expérience ferait juger nécessaires ne peuvent être effectués que par une loi.

57. La peine de la confiscation des biens est abolie et ne pourra pas être rétablie.

58. Le Roi a le droit de faire grâce et celui de commuer les peines.

59. Le Code civil et les lois actuellement existantes qui ne sont pas contraires à la présente Charte, restent en vigueur jusqu'à ce qu'il y soit légalement dérogé.

Droits particuliers garantis par l'État.

60. Les militaires en activité de service, les officiers et soldats en retraite, les veuves, les officiers et soldats pensionnés, conserveront leurs grades, honneurs et pensions.

61. La dette publique est garantie. Toute espèce d'engagement pris par l'Etat avec ses créanciers est inviolable.

62. La noblesse ancienne reprend ses titres, la nouvelle conserve les siens. Le Roi fait des nobles à volonté; mais il ne leur accorde que des rangs et des honneurs, sans aucune exemption des charges et des devoirs de la société.

63. La Légion-d'Honneur est maintenue. Le Roi déterminera les réglemens intérieurs et la décoration.

64. Les colonies sont régies par des lois particulières.

65. Le Roi et ses successeurs jureront à leur avénement, en présence des chambres réunies, d'observer fidèlement la Charte constitutionnelle.

66. La présente Charte et tous les droits qu'elle consacre demeurent confiés au patriotisme et au courage des gardes nationales et de tous les citoyens français.

67. La France reprend ses couleurs. A l'avenir, il ne sera plus porté d'autre cocarde que la cocarde tricolore.

Dispositions particulières.

68. Toutes les nominations et créations nouvelles de Pairs faites sous le règne du Roi *Charles X* sont déclarées nulles et non avenues.

L'article 23 de la Charte sera soumis à un nouvel examen dans la session de 1831.

69. Il sera pourvu successivement par des lois séparées, et dans le plus court délai possible, aux objets qui suivent :

1° L'application du jury aux délits de la presse et aux délits politiques ;

2° La responsabilité des ministres et des autres agens du pouvoir ;

3° La réélection des Députés promus à des fonctions publiques salariées ;

4° Le vote annuel du contingent de l'armée ;

5° L'organisation de la garde nationale, avec intervention des gardes nationaux dans le choix de leurs officiers ;

6° Des dispositions qui assurent d'une manière légale l'état des officiers de tous grades de terre et de mer ;

7° Des institutions départementales et municipales fondées sur un système électif ;

8° L'instruction publique et la liberté de l'enseignement ;

9° L'abolition du double vote et la fixation des conditions électorales et d'éligibilité.

70. Toutes les lois et ordonnances, en ce qu'elles ont de contraire aux dispositions adoptées pour la réforme de la Charte, sont dès à présent et demeurent annulées et abrogées.

LEGUM LEGES,

SIVE FRANCISCI BACONII,

Angliæ quondam Cancellarii,

TRACTATUS DE FONTIBUS UNIVERSI JURIS :

PER APHORISMOS.

Extractum ex ejusdem auctoris opere : *De dignitate et augmentis scientiarum.*

ANNOTATIONES QUASDAM SUBJECIT

A.-M.-J.-J. DUPIN,

IN SCHOLIS ET CURIIS PARISIENSIBUS DOCTOR ET ADVOCATUS.

Dictabimus igitur quasdam LEGUM LEGES, ex quibus informatio peti possit, quid in singulis legibus, benè aut perperàm positum aut constitutum sit. (APHORISM. 6.)

Editio princeps, 1822. —Secunda, 1824.

JURIS STUDIOSIS.

Marcus Tullius Cicero, quùm ab Attico interrogaretur, de jure civili quid sentiret, respondit : Ego memini summos fuisse in civitate viros, qui id interpretari populo et responsitare soliti sint : sed eos magna professos, in parvis esse versatos. Quid enim est tantum, quantum jus Civitatis ? quid autem tam exiguum, quàm est munus hoc eorum qui consuluntur quanquàm est populo necessarium ?

Quamobrem eloquentissimus ipse Tullius de jure civili scribere recusabat : Quo enim me vocas, aiebat, aut quid hortaris ? ut libellos conficiam de stillicidiorum ac de parietum jure ? aut, ut stipulationum et judiciorum formulas componam ? quæ et scripta sunt à multis diligenter, et sunt humiliora, quàm illa, quæ à vobis expectari puto.

Jurisprudentiam, scilicet, tanquàm in duas species, non sine aliquâ superbiâ, Orator-philosophus mihi videtur distinxisse : una, humilis, simplex, et, ut ità dicam, villicana, ad viliorem usum plebis comparata; altera verò, excelsa, digna quæ à maximis ingeniis coleretur; nempè, ut ipsa natura, universalis, ingens; quæ non à Prætoris edicto, sed ex intimâ Philosophiâ haurienda esset, et undè, semel explicatâ, fons legum et juris inveniri facilè posset.

Quùm hoc intelligerent amici, eum hortabantur ut, postquàm *de optimo Reipublicæ statu* [1] ab eo scriptum erat, nunc et idem ille *de Legibus* scriberet, non tralatitium aliquid, sed uberiùs quàm forensis usus desiderat.

Quod olim in jurisprudentiâ Marcus Tullius optabat, idipsum præstare voluit, non ab eo dissimilior, Baconius. Hic enim dùm in uno eodemque opere, ausus est tractare *de Dignitate et augmentis scientiarum* (quas omnes tanquàm sorores ab eodem patre natas ejusdem familiæ habebat), capite singulari quædam congessit, *de certitudine Legum* per aphorismos, quibus, vel paucis, ità complexus est totam

[1] Hujus libri amissionem plorabant litterati; sed demùm repertus est à doctissimo viro *Mai*, cujus operâ et curâ nunc typis Romæ mandatur : qui, postquàm è sinu patrio rursùs prodierit, omnibus permittetur.

causam universi juris, ut non ad popularem usum velut è trivio notiones tritas professus sit; sed tanquàm *Legum leges* ipsis legum conditoribus dictaverit.

Nihil est quod de Baconii vitâ scribere velim. Dixisse sufficiat, eum, etsi in muneribus et negotiis publicis infeliciter aliquandò se gessit, in scientiis tamen humanioribusque litteris virum summum nihilominùs esse habendum.

Separatìm jàm prodierant laudati Aphorismi, *curante* (nomen ignorare velis) *jurisconsulto qui suas notas præfationemque adjecit*; notas quidem ineptas, et præfationem cum emphasi descriptam, et philosophiam scholasticam redolentem : quæ omnia procul habere necesse fuit.

Hunc libellum mihi condiscipulisque jàmpridem, tanquàm *auro pretiosiorem*, commendaverat illustris vir Lanjuinais, in prælectionibus quas liberaliter professus est in Academiâ Legislationis, eodem tempore quo, in hâc eâdem celeberrimâ scholâ, eruditissimus antecessor Daniels, juris romani studium ab oblivione splendidè revocabat.

Cujus commendationis non immemor, Opusculum illud selectissimum, typis volui denuò mandari, notulis adjectis, quæ auctoris sensum explicant et complent, quibusque etiam contradictionis nonnullæ proprium feci periculum.

Mihi persuasum est, hos Aphorismos, ipsis legislatoribus non dedignandos, juventuti etiam studiosæ perutiles fore, si singulos velint perpendere, meditari, ac sibi memoriâ infigere. Hâc cogitatione oblectatus sum; etenim, aiebam, quod majus Patriæ munus afferre possumus, quàm si erudimus juventutem, his præsertìm temporibus, quibus ad optima quæque studia ità elata est, ut omnium opibus ei favendum sit?

Hæc igitur accipite, juris studiosi! Baconii scilicet opus, cum veneratione; et quæ tanto viro indignus adjeci, non sine indulgentiâ. Sic enim volo, illa, non ut à doctore, sed ab ejusdem quam vos frequentamini scholæ alumno, accipiatis? quod si non jàm à condiscipulo vobis offeratur, quia nido primus evasi majoris ætatis beneficio; semper tamen ab amico judicetis, qui vos, quantùm in se fuit, et privatis prælectionibus, et scriptis, et domi consilio adjuvit, et in accusationibus etiam vobis advocatus non defuit.

LEGUM LEGES.

PROOEMIUM.

Qui *de legibus* scripserunt, omnes vel tanquam philosophi vel tanquam jurisconsulti argumentum illud tractaverunt. Atqui philosophi proponunt multa, dictu pulchra, sed ab usu remota. Jurisconsulti autem, suæ quisque patriæ legum, vel etiam romanarum, aut pontificiarum placitis obnoxii et addicti judicio sincero non utuntur; sed tanquàm è vinculis sermocinantur. Certè cognitio ista ad viros civiles propriè spectat, qui optimè norunt, quid ferat societas humana, quid salus populi, quid æquitas naturalis, quid gentium mores, quid rerumpublicarum formæ diversæ, ideòque possunt de legibus, ex principiis et præceptis, tam æquitatis naturalis, quàm politices, decernere. Quamobrem id nunc agatur, ut fontes justitiæ, et utilitatis publicæ, petantur, et in singulis juris partibus, character quidam et idea justi exhibeatur; ad quam particularium regnorum et rerumpublicarum leges, probare, atque indè emendationem moliri quisque, cui hoc cordi erit et curæ, possit. Hujus igitur rei, more nostro, exemplum in uno titulo proponemus.

APHORISMUS I.

In societate civili, aut lex, aut vis, valet. Est autem et vis quædam legem simulans; et lex nonnulla magis vim sa-

Ad viros civiles!] Sapit Baconius dum contendit insulsè philosophos de jurisprudentiâ disserere, si leges ignorent; ipsosque jurisconsultos idem officium minùs adimplere, si ad philosophiæ normam sententias suas accommodare nesciant. In hoc enim vera versatur ac plena juris cognitio, si non è verbis Edicti modò, sed ex intimâ philosophiâ hauriatur. Is demùm perfectus in hâc disciplinâ videtur auctor haberi, qui non verba tantùm legis tenet, sed vim ac potestatem: qui non solùm id quod est, scit ac profitetur; sed etiam id quod fieri præstat, intelligit et promovet. Æquè dignus est enim qui jurisconsultus simul, et philosophus, ac penè legislator nominetur.—Talis erat Baconius.

1. *Aut vis valet*] Ubi verò vis obtinet ac dominatur, est-ne adhuc Societas *civilis?*

Legem simulans] Si dominus sit catus et cautus, et, ut ita dicam,

piens, quàm æquitatem juris. Triplex est igitur injustitiæ fons; vis mera; illaqueatio malitiosa prætextu legis; et acerbitas ipsius legis.

APHORISMUS II.

Firmamentum juris privati tale est: qui injuriam facit, re, utilitatem aut voluptatem capit; exemplo, periculum. Cæteri utilitatis aut voluptatis illius participes non sunt, sed exemplum ad se pertinere putant. Itaque facilè coeunt in consensum, ut caveatur sibi per leges; ne injuriæ per vices ad singulos redeant. Quod si ex ratione temporum, et communione culpæ, id eveniat, ut pluribus et potentioribus per legem aliquam periculum creetur, quàm caveatur, factio solvit legem: quod et sæpè fit.

nube amictus, et conetur acta tyrannica tegere sub formâ legali.

Lex vim sapiens] Tales sunt leges proscriptionis, et omnes hujus modi... quæ velut ab irato latæ, in certos homines compositæ sunt, et ad hoc ut pars aliqua civitatis alteri permitteretur.

Illaqueatio] Atqui, non sunt pejores laquei quàm legum; et orator selectissimus (Royer-Colard) apprimè dixit : imperium apertè arbitrarium est contra bonos mores valdè; sed non tam fortè quàm si versetur inter dolos suppositos formæ legali :

Ut quondam Cretâ fertur labyrinthus in altâ
Parietibus textum cæcis iter, ancipitemque
Mille viis habuisse dolum, quâ signa sequendi
Falleret indeprensus et irremeabilis error.

2. *Ut caveatur sibi per leges*] In hoc consistit propriè status civilis, ut *per leges* civibus caveatur, quæ sunt omnibus æquales; non per voluntatem hominis plerùmque ambulatoriam, et in flexibilitate suâ sæpè noxiam.

Per vices] *Par représailles.*— Sit judicium cuipiam in re suâ delatum, jus cùm injuriâ miscebit; nec licebit civibus quiescere nisi armatis velut inter hostes. Lex autem inducias facit inter cives; et voluntates privatas astringit necessitate ei parendi.

Ex ratione temporum] *Par l'effet des circonstances.*

Communione culpæ] Si orta sit in civitate discordia, et permulti cives, inter ipsosque potentiores, seditionem induerint.

Per legem aliquam] Quâ v. g. pœna capitalis infligatur seditiosis.

Quàm caveatur] Si minores sunt numero qui fideles manserunt, quàm illi qui arma ceperunt, tunc periculum (id est pœna quæ à lege contrà seditiosos instituta est) pluribus imminet quàm cavetur; tunc factio solvit legem. Factio, id est, omnes qui seditionem inierunt; hi solvunt legem; impossibile est enim ut legi

APHORISMUS III.

At jus privatum, sub tutelâ juris publici, latet. Lex enim cavet civibus; Magistratus, legibus. Magistratuum autem auctoritas pendet ex majestate imperii, et fabricâ politiæ et legibus fundamentalibus. Quare, si ex illâ parte sanitas fuerit, et recta constitutio, leges erunt in bono usu; sin minùs, parum in iis præsidii erit.

APHORISMUS IV.

Neque tamen jus publicum, ad hoc tantùm spectat, ut addatur tanquàm custos juri privato, ne illud violetur, atque ut cessent injuriæ; sed extenditur etiam ad religionem, et arma, et disciplinam, et ornamenta et opes, denique ad omnia circa *benè esse* civitatis.

APHORISMUS V.

Finis enim et scopus, quem leges intueri, atque ad quem jussiones et sanctiones suas dirigere debent, non alius est,

sint obnoxii, quùm et plures sint et potentiores, quàm cæteri quorum gratiâ esset punienda seditio. Tunc aliquâ lege oblivionis ignosci solet.

Quod et sæpè fit] Et reverâ id sæpè vidimus. Quod ne omninò fiat, justitiâ opus est, legesque erga omnes servandæ sunt. Qui autem parti civium consulunt, partem negligunt, rem perniciosam in civitatem inducunt, seditionem atque discordiam.

3. *Magistratus legibus*] Hùc referri debet quod ait Cicero : « Magistratum legem esse loquentem, legem autem mutum magistratum. »

Pendet ex majestate imperii] Ideòque debilis auctoritas magistratûs invenitur, ubi debile imperium.

Leges erunt in bono usu] Quia se mutuo consilio juvabunt.

Sin minùs] Quamvis recta sit constitutio scripta, si dubiâ executione laboret, si fulta non sit legibus auxiliaribus naturæ constitutionis congruentibus, parùm in legibus erit præsidii. Erit enim sicut in fabulâ, *caput et cauda serpentis*. Oportet igitur ut omnes leges inter se quadrent et executioni sinceræ mandentur. Hoc est quod urgent Chartæ nostræ sectatores.

—Adde *not.* 5. *ad aphor*. 7.

4. *Benè esse civitatis*] Quod in hoc præcipuè consistit : majestas civitatis illæsa erga vicinos; liberum supercilium in hostes; et inter cives, libertas. æqualitas, proprietas, securitas; omnia deniquè hominis et civis jura.

quàm ut cives feliciter degant. Id fiet, si pietate et religione rectè instituti; moribus honesti; armis adversùs hostes externos tuti; legum auxilio adversùs seditiones, et privatas injurias muniti; imperio et magistratribus obsequentes; copiis et opibus locupletes et florentes fuerint. Harum autem rerum instrumenta et nervi sunt leges.

APHORISMUS VI.

Atque hunc finem optimæ leges assequuntur; plurimæ verò ipsarum aberrant. Leges enim mirum in modum, et maximo intervallo inter se differunt, ut aliæ excellant, aliæ mediocriter se habeant; aliæ prorsùs vitiosæ sint. Dictabimus igitur pro judicii nostri modulo, quasdam tanquam *legum leges*; ex quibus informatio peti possit, quid in singulis legibus, benè aut perperàm positum aut constitutum sit.

APHORISMUS VII.

Antequam verò ad corpus ipsum legum particularium deveniamus, perstringemus paucis, virtutes et dignitates legum in genere. Lex bona censeri possit, quæ sit intima-

5. *Religione*] Non impositâ, sed cujusque propriâ.

Adversùs hostes.., tuti] *L'indépendance nationale.* Qui non ab externis hostibus tuti sunt, quomodò suis rebus liberè consulere possent?

Adversùs seditiones] Sive sub prætextu religionis homines cæde nefariâ sese cruentare audeant, sive alio colore.

Privatas injurias] Crimen cui obviàm iri non potuit, admissum saltem puniatur. (*Brune.*)

Copiis et opibus] Hùc pertinet libertas commerciorum et civium inter sese, et civium cum extraneis utriusque mundi.

Et nervi sunt leges] Legum enim talis est scopus, ut protegere valeant religionum liberum cultum, majestatem civitatis erga alias gentes; pacem componant inter cives, justitiamque omnibus æquam impertiantur.

6. *Legum leges*] Hic notandus est egregii auctoris scopus.

7 *Lex bona*] Sub isto § enumerantur qualitates bonæ legis, quæ sub §§ seqq. evolventur.

tione certa; præcepto justa; executione commoda; cum formâ politiæ congrua; et generans virtutem in subditis.

SECTIO I.

De primâ dignitate legum, ut sint certæ.

APHORISMUS VIII.

Legis tantùm interest ut certa sit; ut absque hoc nec justa esse possit. Si enim incertam vocem det tuba, quis se parabit ad bellum? Similiter, si in incertam vocem det lex, quis se parabit ad parendum? *Ut moneat igitur oportet, priusquàm feriat.* Etiam illud rectè positum est, *optimam esse legem quæ minimam relinquit arbitrio judicis*: id quod certitudo ejus præstat.

Intimatione certa] Vide infrà, aphor. 8, 9 et 10.

Præcepto justa] Memor esse debet legislator, quòd *civilis ratio jura naturalia corrumpere non potest.*

Executione commoda] Ne in desuetudinem abeat, Quemadmodùm enim impossibilium nulla est obligatio; ita difficilium, rara ac plerùmque nulla executio est.

Cum formâ politiæ congrua] Hoc dicunt oratores oppositionis, dùm flagitant leges quæ cum Chartâ constitutionali congruant. Et illud quidem planè regium est. Quoniam enim ejus rei publicæ quem optimum esse putavimus in illâ Chartâ, tenendus est nobis et servandus status, omnes leges accommodandæ sunt ad illud civitatis genus.

Et generans virtutem] Ecce legis triumphus, si virtutem generet in subditis, si amore patriæ illos devinciat, et officiorum adimplendorum in omnium animis ardorem excitet!

8. *Certa sit*] Nam quid interest, nullæ sint, an incertæ leges? QUINTIL. *declam.* 264.

Incertam vocem] Sub restauratione, tamen oratores audivimus, qui de lege ferendâ disputantes, non erubuerunt contendere, summam legis pœnalis utilitatem, in hoc positam esse quòd verba ipsius tam latè paterent, scriptores ut omnes mirâ facilitate et pro lubitu judex in suis retibus compescere posset. Adde *infrà n.* 39.

Priusquàm feriat] Adde aph. 39.—Ita se habet in omni lege (*Cod. civ. art.* 2); præsertimque in criminalibus. Etenim, nisi ex lege ante delictum promulgatâ neminem puniri posse constat. (*Constit.* 1791, *art.* 8.) Et sic in seditionibus, antequam in plebem ruant equites, cives præmonendi sunt à magistratibus civilibus.

Optimam legem] Continuationem hujus regulæ habes *in aphor.* 46.

APHORISMUS IX.

Duplex legum incertitudo : altera ubi lex nulla præscribitur, altera ubi ambigua et obscura. Itaque de casibus omissis à lege, primò dicendum est; ut in his etiam inveniatur aliqua norma certitudinis.

SECTIO II.

De casibus omissis à lege.

APHORISMUS X.

Angustia prudentiæ humanæ casus omnes, quos tempus reperit, non potest capere. Non rarò itaque se ostendunt casus omissi et novi. In hujusmodi casibus, triplex adhibetur remedium, sive supplementum : vel per processum ad similia; vel per usum exemplorum, licet in legem non coaluerit; vel per jurisdictiones quæ statuunt ex arbitrio boni viri, et secundùm discretionem sanam, sive illæ curiæ fuerint prætoriæ, sive censoriæ.

9. *Ubi lex nulla*] Ubi lex nulla est, legem incertam esse propriè dici non potest. Aliquatenùs tamen incerta est, hoc nimirùm sensu quòd, silente lege, ad æquitatem recurrendum sit. Atqui, nulla res certior videri potest quàm æquitas in se, et nulla tamen incertior est, respectu personarum quæ secundum æquitatem pronuntiare dicuntur. Hìc enim sæpè occurrit, non æquitas naturalis sed æquitas cerebrina, id est arbitraria, ad nutum judicis : et sic res ad incertum redigitur. — Sin autem casus definitus fuisset à lege, nulla superesset incertitudo, modò lex ipsa non esset ambigua vel obscura : hùc redit secundus casus distinctionis Baconianæ.

10. *Non potest capere*] Adde etiam quod si casus omnes lex capere posset, non deberet tamen illos comprehendere. Etenim si ad veram legis indolem spectare velimus, non id agitur in lege, ut casus varii, quos *species* vocant, suam inveniant in ipsâ lege definitionem; non magis quàm in geometriæ theorematibus, ut singula problemata solvantur. Satis est si de principiis lis dirimatur, ut perspicuum sit undè possit sumi ratio decidendi. Cæterum lex nulla facere potest, ut non sit in unaquâque specie circumstantiarum tum à personis, tum à temporibus, tum à locis ponderatio, et de applicandâ lege inevitabilis quæstio.

Per processum ad similia] De quo § 10-20.

Per usum exemplorum] De quo § 21-31.

Jurisdictiones] Hìc Baconius desiderat jurisdictiones speciales

SECTIO III.

De processu ad similia, et extensionibus legum.

APHORISMUS XI.

In casibus omissis, deducenda est norma legis à similibus; sed cautè, et cum judicio. Circa quod servandæ sunt regulæ sequentes. Ratio prolifica, consuetudo sterilis esto, nec generet casus. Itaque quod contra rationem juris receptum est, vel etiam ubi ratio ejus est obscura, non trahendum est ad consequentias.

APHORISMUS XII.

Bonum publicum insigne, rapit ad se casus omissos. Quamobrem, quando lex aliqua reipublicæ commoda notabiliter et majorem in modum intuetur et procurat, interpretatio ejus extensiva esto et amplians.

quales inveniuntur in Angliâ, ubi dicuntur *Curiæ Æquitatis*. Illa nostri auctoris *Utopia* infrà deducitur, § 32 et seqq.

11. *Cautè*] Quia sæpè fallit *analogia*: parum est enim ut non subverti possit, ceu ait lex 202, *ff. de reg. jur.* Siquidem præsumptionem tantùm parit, non certitudinem.

Ratio prolifica] Id est principium ex quo ratio decidendi sumitur.

Sterilis esto] Genus est quoddam sterilitatis, fœtus tantum steriles edere, et progeniem propriam non daturos. Quemadmodùm autem ex mulo mulus non nascitur, ita consequentiæ non est consequentia.—Confer. *aph.* 16 *et* 25.

Quod contra rationem juris] Facit lex 141, *ff. de reg. jur.* Adde *l.* 162, *ff. eod. tit.* et *l.* 39. *ff. de legibus*.

12. *Bonum publicum*] Utilitas publica.

Ipsa quoque utilitas justi propè mater et æqui.

Insigne] Quod verbum valdè notandum est, ne sub vano prætextu exceptiones fiant, et juri publico vis inferatur. Quùm enim dicitur *salus populi suprema lex esto*, satis indicatur oportere ut reverà sit in morâ periculum, adeò ut legibus ordinariis silentium imponere jam necesse sit, ne aliter quid detrimenti res publica capiat.

Et amplians] Vice versâ, omnes leges duræ, sive perpetuæ sint, sive temporales; item leges circumstantiæ vel, ut aiunt, leges exceptionis, restringi debent tanquàm juri communi odiosæ et bono publico parùm proficientes.

APHORISMUS XIII.

Durum est torquere leges, ad hoc ut torqueant homines. Non placet igitur extendi leges pœnales, multò minùs capitales, ad delicta nova. Quòd si crimen vetus fuerit, et legibus notum; sed prosecutio ejus incidat in casum novum, à legibus non provisum; omninò recedatur à placitis juris, potiùs quàm delicta maneant impunita.

APHORISMUS XIV.

In statutis, quæ jus commune (præsertim circa ea quæ frequenter incidunt, et diù coaluerunt) planè abrogant, non placet procedi per similitudinem ad casus omissos. Quandò enim respublica totâ lege diù caruerit; idque in casibus expressis; parùm periculi est, si casus omissi expectent remedium à statuto novo.

13. *Torquere leges*] Isto aphorismo illorum doctrina damnatur, qui in accusationum prosecutione, ex interpretatione dictorum scriptorumve nimiùm subtili, ficta eliciunt crimina, et conantur procurare quocumque modo condemnationem; causâ velut propriâ cecidisse existimantes, si cui periculum in accusando semel fecerunt, salvus evadat! (Adde not. ad *aph.* 39.)

Non placet] Immò valdè illud mihi displicet : est enim illegale; et, ità dicam, impium! Adde *aphor.* 20 *et* 33.

Recedatur à placitis juris] Immò etiam, delicta maneant impunita potiùs quàm ab ipso legis textu recedatur in materiâ criminali. Omnis hujusmodi exceptio periculosa est : perimit namque, ac penè ad non-esse redigit regulam, dum illam facit arbitrariam. Quod miror et in Anglo! Sanè, temporibus Baconii nondùm invaluerat salutaris illa regula quæ demùm inserta est in actu qui dicitur *de Coventry*. (22 statut. Carol. II. cap. I.) Sed quod nondùm erat in lege scriptum, satis erat ex ipsâ ratione compertum, et non debebat talem virum fugere.

Apud nos olim hæc obtinebat regula : *Toutes les peines en France sont arbitraires*. Sed hodiè, omnes leges pœnales sunt stricti juris, et ad novos casus extendi non debent. Vide Constit. anni 1791, *art.* 8. Cod. delict. et pœnar. *art.* 2 et 3; Cod. inst crim. *art.* 299, 363 et 369; Cod. pœn. *art.* 4. Vide infrà *aph.* 33.

14 *Quæ jus commune abrogant*] Talia statuta sunt exceptiones. Atqui regulæ est, ut non extendantur exceptiones ultra specialem suum casum.

Per similitudinem] Hìc repetendum est principium anteà positum, *aphor.* II, exceptio sterilis esto, nec generet casus.

Expectent remedium] Si lacuna existat, à legislatore cumuletur;

APHORISMUS XV.

Státuta, quæ manifestò temporis leges fuere, atque ex occasionibus reipublicæ tunc invalescentibus natæ, mutatâ ratione temporum, satis habent, si se in propriis casibus sustinere possint: præposterum autem esset, si ad casus omissos ullo modo traherentur.

APHORISMUS XVI.

Consequentiæ non est consequentia: sed sisti debet extensio intra casus proximos. Alioqui labetur paulatim ad dissimilia; et magis valebunt acumina ingeniorum, quàm auctoritates legum.

APHORISMUS XVII.

In legibus et statutis brevioris styli, extensio facienda est liberiùs. At in illis, quæ sunt enumerativa casuum particu-

si speciali lege opus sit, feratur : sed intereà valeat jus commune; ipsa enim exceptione singulari confirmatur in casibus non exceptis. *Aphor.* 17.

15. *Ex occasionibus reipublicæ*] *lois de circonstances.*

Mutatâ ratione temporum] Hinc, verbi gratiâ, nonnulla decreta ad normam Imperii concinnata, cessare debuerunt sub regimine legitimo-liberali quod, nobis consulendo, Charta restituit.

Præposterum autem esset] Hoc autem aliquandò visum est : nec rarò accidit ut Conventionis vel Imperii leges hodierno regimini aptentur : non quidem si libertati faveant, tunc enim perniciosæ videntur et *Revolutionem* sapere dicuntur; sed si potentatui et *mero placito* opitulentur. Tunc enim ad expavescendos homines tanquàm è mortuis evocantur!

16. *Consequentiæ non est consequentia*] Confer. n. XI. Principium instar est patris, cujus est consequentia, soboles; sed ista, priori tantùm gradu ad successionem admittitur, nec est consequentia consequentiæ quasi per repræsentationem.

17. *Brevioris styli*] Ut erant XII Tabulæ quas *eleganti atque absolutâ brevitate verborum* scriptas fuisse, testatur Gellius, *Noct. Attic. lib.* XX, *cap.* I. Undè necesse fuit ut interpretatione adjuvarentur.

Exceptio] Hìc notandæ sunt duæ regulæ verissimæ et fœcundissimæ. Quibus tanquam finitimæ addendæ sunt illæ : Qui dicit de uno, negat de altero ;— inclusio unius est exclusio alterius.

larium, cautiùs. Nam ut *exceptio firmat vim legis in casibus non exceptis*; ita enumeratio infirmat eam, in casibus non enumeratis.

APHORISMUS XVIII.

Statutum explanatorium claudit rivos statuti prioris, nec recipitur posteà extensio in alterutro statuto. Neque enim facienda est superextensio à judice, ubi semel cœpit fieri extensio à lege.

APHORISMUS XIX.

Solemnitas verborum et actorum, non recipit extensionem ad similia. Perdit enim naturam solemnis, quod transit à more ad arbitrium; et introductio novorum corrumpit majestatem veterum.

APHORISMUS XX.

Proclivis est extensio legis ad casus post natos, qui in rerum naturâ non fuerunt tempore legis latæ. Ubi enim casus exprimi non poterat, quia tunc nullus erat, casus omissus habetur pro expresso, si similis fuerit ratio.

Atque de extensionibus legum, in casibus omissis, hæc dicta sint: nunc de usu exemplorum dicendum.

18. *Statutum explanatorium*] Leges interpretativæ seu declaratoriæ strictè sunt accipiendæ; dantur enim ad hoc ut præcisè delimitetur usquequò dispositio legis sese porrigere debeat; non debent igitur ultrà porrigi.

19. *Solemnitas verborum*] Quùm legis executio in formulâ consistit, à formulâ legali recedi non debet: in pari casu, æquipollens non admittitur, simile non est idem. Exemplum habemus in art. 356 Codicis civilis, secundùm quem judicia quibus adoptio quævis admittitur vel negatur, sic concipi oportet: *Il y a lieu*, ou *il n'y a pas lieu à l'adoption*. Si aliâ utatur formulâ, nullum erit judicium; hìc enim solemnitas non est in re ipsâ, sed in verbis. (Vide Heineccii dissert. *de jurisprudentiâ formulariâ*.)

20. *Extensio legis*] Semper distinguendum est inter leges pœnales et civiles. In pœnalibus, nunquàm extensioni legis locus esse potest, ceu diximus ad aph. 13. — In civilibus, lex extendi potest, ceu mox explicabimus.

Ad casus post natos] V. g. dispositiones Codicis Commercii circa *maritimas assicurationes*, facilè extendi debent, ubi analogia patitur, ad *assicurationes terrestres contra incendium*, quæ

SECTIO IV.

De exemplis et usu eorum.

APHORISMUS XXI.

De exemplis jam dicendum est, ex quibus jus hauriendum sit, ubi lex deficit. Atque de consuetudine, quæ legis species est; deque exemplis, quæ per frequentem usum in consuetudinem transierunt; tanquàm legem tacitam, suo loco dicemus. Nunc autem de exemplis loquimur, quæ rarò et sparsim interveniunt, nec in legis vim evaluerunt; quandò, et quâ cautione, norma juris ab ipsis petenda sit, cùm lex deficiat.

APHORISMUS XXII.

Exempla à temporibus bonis et moderatis petenda sunt; non tyrannicis aut factiosis, aut dissolutis. Hujusmodi exempla temporis partus spurii sunt; et magis nocent quàm docent.

nondùm erant in usu, quùm prædictus Codex promulgatus est.

Habetur pro expresso] In casibus hisce posthumis, silentium legis rationem dubitandi non facit. Aliis verbis : non habetur præcisè pro expresso casus omissus; sed dici non potest quod legislator voluerit eum excludere, eo solo quod de illo verbum non fecerit : quomodò enim de hoc locutus esset quod futurum esse ignorabat?

21. *De exemplis*] Quæ etiam *præcedentia* dicuntur in foro politico.

Ubi lex deficit] Ubi vero lex extat, non exemplis, sed legibus judicandum est. L. 13, C. *de Sentent.*

Legis species est] Jus, sed non scriptum.

Tanquam legem tacitam] Usus legem imitatur. INSTIT. § 9, *de jure nat. et gent.*

22. *Temporibus bonis et moderatis*] Aphorismus ille quàm verissimus sit, hi intelligere valent, qui aliis temporibus nati, propriis oculis videre potuerunt, humanæ mentes usquè adeò turbentur factionibus; quomodò judicia, opinionum æmulatione, distorqueantur; et quomodò etiam, civium inter discordias, sileant ipsæ leges! Quâ de re, audiatur Argentræus, dùm litigatoribus suadet, ne inconsultò causas suas in forum deducant. Spectandum, inquit, quid tempora, quid conditio hominum, quid

APHORISMUS XXIII.

In exemplis, recentiora habenda sunt pro tutioribus. Quod enim paulò ante factum est, undè nullum sit secutum incommodum, quidni iterùm repetatur? Sed tamen minùs habent auctoritatis recentia : et si fortè res in meliùs restitui opus sit, recentia exempla magis sæculum suum sapiunt, quàm rectam rationem.

APHORISMUS XXIV.

At vetustiora exempla, cautè, et cùm delectu recipienda: decursus siquidem ætatis multa mutat; ut quod tempore videatur antiquum, id perturbatione, et in conformitate ad præsentia, sit planè novum. Medii itaque temporis exempla sunt optima, vel etiam talis temporis quod cum tempore currente plurimùm conveniat; quod aliquandò præstat tempus remotius, magis quàm in proximo.

APHORISMUS XXV.

Intra fines exempli, vel citrà potiùs, se cohibeto, nec illos ullo modo excedito. Ubi enim non adest norma legis, omnia quasi pro suspectis habenda sunt. Itaque ut in obscuris, minimum sequitor.

judicantium mentes agitet. Quid cùm sic dicitur, illo judice vinces, illo excides eàdem in causâ! Sunt quædam temporum inopportunitates et alia quæ homini prudenti despici oporteat antequàm rem aggrediatur. (*Ad art.* 487. *Consuet. Britan.*)—Exempla dedi, *Observat. sur la Législ. crimin.*, p. 196 et 197.

23. *Pro tutioribus*] In hâc deliberatione nil est absolutè verum, nec tutum; et cum Phædro dici potest : *Periculosum est credere et non credere.*

24. *Cautè*] Judicio et prudentiâ in hâc deliberatione opus est.

Decursus siquidem ætatis] Hùc pertinent versus Terentii, *in Adelph.* V. 4. 1.

> Nunquam ita quisquam benè subducta ratione ad vitam fuit,
> Quin res, ætas, usus, semper aliquid adportet novi,
> Aliquid moneat; ut illa, quæ te scire credas, nescias;
> Et quæ tibi putaris prima, in experiundo te repudies.

25. *Intra fines exempli*] Confer. aphor. 11 et 16.

Minimum sequitor] Quod minùs severum; quod benignius præbet responsum; quod magis favet libertati.

APHORISMUS XXVI.

Cavendum ab exemplorum fragmentis et compendiis : atque integrum exemplum, et universus ejus processus introspiciendus. Si enim incivile sit, nisi totâ lege perspectâ, de parte ejus judicare; multò magis hoc valere debet in exemplis, quæ ancipitis sunt usûs, nisi valdè quadrent.

APHORISMUS XXVII.

In exemplis plurimùm interest, per quas manus transierint, et transacta sint. Si enim apud scribas tantùm et ministros justitiæ, ex cursu curiæ, absque notitiâ manifestâ superiorum; obtinuerint; aut etiam apud errorum magistrum populum; conculcanda sunt, et parvi facienda. Sin apud senatores, aut judices, aut curias principales, ita sub oculis posita fuerint, ut necesse fuerit illa, approbatione judicum, saltem tacitâ, munita fuisse, plus dignationis habent.

APHORISMUS XXVIII.

Exemplis, quæ publicata fuerint, utcunque minùs fuerint in usu, cùm tamen sermonibus, et disceptationibus hominum, agitata et ventilata exstiterint, plus auctoritatis tri-

26. *Integrum exemplum*] Vide infrà quæ scripsi in libello meo *De la Jurisprudence des Arrêts*, sect. XIV, reg. IV, et ibi exempla notabilia.

Nisi valdè quadrent] Hoc opus, hic labor Advocatorum, sive quærant analogiam, sive differentias notent.

27. *Ex cursu curiæ*] *Dans l'expédition des affaires, en courant*; ut sunt plerumque arresta quæ dicuntur, *arrêts sur requête, arrêts d'expédient, arrêts passés d'accord.*

Absque notitiâ manifestâ] Quæ notitia ex contestatione causæ percipitur, dum utræque partes æquè audiuntur.

Errorum populum magistrum] Et tamen dicitur, *vox populi, vox Dei*: sed alio sensu.

Curias principales] Arresta quæ *consultis classibus*, vel, ut aiunt, *purpureis togis* dantur, plus dignationis habent: quia numerus judicum major, orationes advocatorum accuratiores habentur, et tota res majori solemnitate tractatur.

28. *Agitata et ventilata*] Sæpè allegata et probata; ut exemplum Friderici Magni circa molendinum *de Sans-Souci*, quod allegari solet in omnibus causis ubi de prædio aliquo è manibus potentioribus servando, tractatur.

buendum. Quæ verò in scriniis et archivis mensuerunt, tanquam sepulta, et palàm in oblivionem transierunt, minùs. Exempla enim, sicut aquæ; in profluente, sanissima.

APHORISMUS XXIX.

Exempla, quæ ad leges spectant, non placet ab historicis peti, sed ab actis publicis, et traditionibus diligentioribus: versatur enim infelicitas quædam inter historicos vel optimos, ut legibus, et actis judicialibus, non satis immorentur; aut si fortè diligentiam quamdam adhibuerint, tamen ab authenticis longè varient.

APHORISMUS XXX.

Exemplum quod ætas contemporanea, aut proxima respuit, cùm casus subindè recurreret, non facilè admittendum est. Neque enim tantùm pro illo facit, quòd homines illud quandoque usurpârunt, quàm contrà, quòd experti reliquerunt.

APHORISMUS XXXI.

Exempla in consilium adhibentur; non utique jubent, aut imperant. Igitur ita regantur, ut auctoritas præteriti temporis flectatur ad usum præsentis.

Atque de informatione ab exemplis, ubi lex deficit, hæc dicta sint. Jam dicendum de curiis prætoriis et censoriis.

In profluente sanissima].

> Multùm, crede mihi, refert à fonte bibatur
> Quæ fluit, an pigro quæ latet unda lacu.

30. *Respuit*] Talia sunt omnia exempla quæ temporibus factiosis data, sæculum suum sapiunt, magis quàm rectam rationem. Vid. *aphor.* 23.

31. *In consilium*] In hâc deliberatione *de exemplis et eorum usu*, semper oportet memor esse ejus quod legimus in oratione Cæsaris apud Sallustium; scilicet, quòd *omnia mala exempla ex bonis initiis orta sunt*; sed ubi imperium ad ignaros aut minùs probos pervenit, novum illud exemplum à dignis et idoneis ad indignos et non idoneos transfertur. Undè patet exemplis non esse serviendum.

Ad usum præsentis] De præsenti etiam dici potest: *Quod nunc tuemur exemplis, olim erit inter exempla.*

SECTIO V.

De curiis prætoriis et censoriis.

APHORISMUS XXXII.

Curiæ sunto et jurisdictiones, quæ statuant ex arbitrio boni viri, et discretione sanâ, ubi legis norma deficit. Lex enim (ut antea dictum est) non sufficit casibus: sed ad ea, quæ plerumque accidunt, aptatur. Sapientissima autem res tempus (ut ab antiquis dictum est), et novorum casuum quotidiè auctor et inventor.

APHORISMUS XXXIII.

Interveniunt autem novi casus, et in criminalibus, qui pœnâ indigent; et in civilibus, qui auxilio. Curias quæ ad priora illa respiciunt, censorias; quæ ad posteriora, prætorias appellamus.

32. *De curiis prætoriis, etc.*] Hìc mera utopia proponitur, non necessaria forsan, nec satis intellecta, dum supponit auctor, jus non esse quibuslibet judicibus ex arbitrio boni viri et discretione sanâ statuendi, ubi legis norma deficit. Sanè lex omnibus non sufficit casibus; sed ubi lex silet, aut obscura est, judex (in materiâ civili) nihilominùs judicare debet ex æquitate, quæ, eo sensu, potest cum Grotio definiri, « virtus correctrix ejus in quo lex » propter universalitatem deficit. » GROT. de *æquit. indulg. et facil. cap.* 1. § 3. — Adde COD. CIV. *art.* 4.

Quæ plerumque accidunt] Non quæ ex inopinato. L. 3. *ff. de legibus.*

Sapientissima res tempus] Tempus est vir bonus qui verum omnibus dicit.

33. *Novi casus*] Vide quæ notavi ad *aph.* 13.

Qui pœnâ indigent] Puniri non debet à magistratu, quod lege non punitur. Sanè, non omne quod licet honestum est; sed licet tamen, eo ipso quod non est ullâ lege prohibitum. Si lege novâ opus sit, feratur; sed intereà, quod non prohibetur, licebit impunè. (*Constit. anni* 1791, *Declarat. jur. art.* 5). Certè apud antiquos, qui à judicibus condemnari non potuissent, saltem à censoribus notabantur. Sed ubi sunt prisci Catones?... Hodiè censura omnibus bonis promiscuè permittitur, et infamiæ nota ab opinione publicâ in commune decernitur.

APHORISMUS XXXIV.

Habento curiæ censoriæ jurisdictionem et potestatem, non tantùm nova delicta puniendi, sed etiam pœnas à legibus constitutas, pro delictis veteribus augendi; si casus fuerint odiosi, et enormes; modò non sint capitales. Enorme enim tanquàm novum est.

APHORISMUS XXXV.

Habeant similiter curiæ prætoriæ potestatem tam subveniendi contra rigorem legis, quàm supplendi defectum legis. Si enim porrigi debet remedium ei, quem lex præteriit; multò magis ei, quem vulneravit.

APHORISMUS XXXVI.

Curiæ istæ censoriæ, et prætoriæ omninò intrà casus enormes et extraordinarios se continento; nec jurisdictiones

34. *Nova delicta*] Si novus casus emerserit, oriatur lex nova in futurum; in præteritum, nunquàm.

Augendi] Falsa, perniciosa doctrina. — Si pœna levior post admissum delictum constituta fuerit, ut levior applicari poterit; hoc fert humanitas, patitur consuetudo, jubet ipsa lex. — Si verò novissima pœna gravior sit, eam applicandi ad vetera delicta ne facultas esto. Hìc Baconius ipse tanquàm adversarius opponatur Baconio dignus; rectè enim ait (*aphor.* 8) : oportet ut lex moneat priusquàm feriat; et (*aphor.* 47) non placet Janus in legibus.

Modò non sint capitales] Enormitate pœnæ, Baconius ad verum principium reducitur. Vide *aphor*. 39.

35. *Remedium*] Talia remedia sunt pejora malo. Adde quod saltem inutilia sunt. Etenim, 1° in criminalibus, possunt jurati (*les jurés*), pro qualitate facti, contra rigorem legis, si velint, decernere : ibi enim omne pendet ex ipsorum mente consciâ recti, et non nisi Deo rationem judicii sui redditurì sunt. Quod si fortè condemnatio fiat quæ videatur severior, tunc contrà duritiem legis remedium adhuc peti potest apud principem, qui *jure gratiæ* gaudet, jus planè regium ac propè divinum ; « nullâ enim re propiùs homines accedunt ad Deum, quàm salutem hominibus dando. » 2° Quod ad civiles causas attinet, in his, nulla judicibus detur potestas decernendi contra legem expressam, sub ullo æquitatis prætextu : hoc enim si fieret, judex prorsùs in legislatorem transiret, atque omnia ex arbitrio penderent, ceu fatetur Baconius ipse, *infrà*, aphor. 43 et 44.

ordinarias invadunto. Ne fortè tendat res ad supplantationem legis magis quàm ad supplementum.

APHORISMUS XXXVII.

Jurisdictiones istæ, in supremis tantùm curiis residento, nec ad inferiores communicentur. Parùm enim abest à potestate leges condendi, potestas eas supplendi, aut extendendi, aut moderandi.

APHORISMUS XXXVIII.

At curiæ illæ uni viro ne committantur, sed ex pluribus constent. Nec decreta exeant cum silentio; sed judices sententiæ suæ rationes adducant, idque palàm, atque astante coronâ; ut quod ipsâ potestate sit liberum, famâ tamen et existimatione sit circumscriptum.

36. *Ad supplantationem legis*] Regulariter extraordinaria jurisdictio ordinariam ad se trahere non potest. Omnis enim exceptio, suâ naturâ, stricti juris est, et in se cohibenda. At ipsa Baconii commendatio, systematis ejus periculum detegit. Creentur enim tales curiæ prætoriæ vel censoriæ, et mox, sub æquitatis colore, omnia subvertentur; et de istis curiis jam dicendum erit, quod suo tempore patres nostri conclamitabant: *Dieu nous garde de l'équité des Parlemens.* Vide infrà quæ scripsi *des Arrêts d'équité*, in libello *De la Jurispr des Arrêts*, sect. XIII. Vide etiam *aphor*. 43.

37. *Parùm enim abest*] Exemplo allegari potest jus quod sibi vindicârunt prætores romani, edicta ferendi, sub prætextu adjuvandi, vel supplendi, vel etiam corrigendi juris civilis. *L. 7. ff. de justit. et jure. L. 12. ff de legibus.* Meritò Argentræus judices increpat, qui leges condendi potestatem affectant. « Stulta, inquit, stulta videtur sapientia quæ lege vult sapientior videri. Cur de lege judicas, qui sedes ut secundùm legem judices? Plus sibi sapere vili, insultant legibus, et sibi conscientias architectantur contrà publicas leges! Aut igitur sedere desinant, aut secundùm leges judicent. »

38. *Rationes adducant*] Habemus quod Baconius desiderat. Jure nostro, rationes decidendi in omnibus sententiis exprimi debent. Vide legem 24 aug. 1790.

Palàm] Hoc semel vidimus. Lege 3 brum. an 2, art. 10, cautum erat ut judices vivâ voce coràm populo deliberarent et sententiam suam dicerent. Modus iste eximiam præsupponit virtutem; etenim *vir justus non locutus est in occulto quidquam;* et hæc est ratio forsan, cur lex illa non duraverit.

Existimatione] Notare velis auctoritatem opinionis seu existimationis publicæ.

APHORISMUS XXXIX.

Rubricæ sanguinis ne sunto; nec de capitalibus in quibuscunque curiis, nisi ex lege notâ et certâ pronunciato; indixit enim mortem Deus ipse priùs; posteà inflixit. Nec vita eripienda nisi ei, qui se in suam vitam peccare priùs nosset.

APHORISMUS XL.

In curiis censoriis calculum tertium dato; ut judicibus non imponatur necessitas, aut absolvendi, aut condemnandi; sed etiam ut *non liquere* pronunciare possint. Etiam censoria non tantùm pœna, sed et nota esto : scilicet, quæ non infligat supplicium, sed aut in admonitionem desinat, aut reos ignominiâ levi, et tanquam rubore castiget.

APHORISMUS XLI.

In curiis censoriis, omnium magnorum criminum et

39. *Rubricæ sanguinis*] In legibus pœnalibus, clausulæ generales ne sunto, de quibus facilè singulis in casibus abuti possit. Infeliciter concepta, meo sensu, lex haberi debet, quæ non facta specialia et accuratè definita condemnat, sed, verbi gratiâ, accusationem permittit, et animadvertendi concedit facultatem, prout *tendentia* seu animus generalis reorum culpabilis esse videbitur. Laudabiles, meherclè! mihi nunquàm erunt leges illæ, quarum vaga dispositio pulchritudini adscribitur, tantò magis quantò latior earum littera patet: leges elasticæ, quæ voce judicis resultant, et cuivis accusationi nunquàm negant condemnandi copiam. Quæ facultas adeò indefinita, si in omni materiâ periculosa sit, in his delictis perniciosiorem haberi quis dubitet, quæ insania politica suppeditat, præsertìm in accusationibus tanquàm læsæ majestatis, nec non in conjurationibus seu veris, seu (nec rarò) fictis, quibus tam facilè et captivi, et exules, et aliquando cadavera fiunt!

Ex lege notâ et certâ] Ad se redit Baconius et sibi constat, ceu videre est conferendò *aphor.* 8 *et* 53.

Peccare priùs nosset] Vide Declarat. jurium, anni 1791, art. 8.

40. *Non liquere*] Olim *le plus amplement informé;* hodiè *un supplément d'instruction.*

Et nota esto] Exstat Heineccii curiosa dissertatio, *De levis notæ maculâ.*

Ignominiâ levi] Veluti, *l'admonester, les injonctions d'être plus circonspect, les défenses de récidiver*, etc., etc.

scelerum actus inchoati et medii, puniantur; licet non sequatur effectus consummatus : isque sit earum curiarum usus vel maximus : cùm et severitatis intersit, initia scelerum puniri; et clementiæ, perpetrationem eorum (puniendo actus medios) intercipi.

APHORISMUS XLII.

Cavendum imprimis, ne in curiis prætoriis, præbeatur auxilium in casibus, quos lex non tam omisit, quàm pro levibus contempsit, aut pro odiosis remedio indignos judicavit.

APHORISMUS XLIII.

Maximè omnium interest certitudinis legum (de quâ nunc agimus), ne curiæ prætoriæ intumescant et exundent in tantùm, ut prætextu rigoris legum mitigandi, etiam robur et nervos iis incidant, aut laxent; omnia trahendo ad arbitrium.

APHORISMUS XLIV.

Decernendi contra statutum expressum, sub ullo æquitatis prætextu, curiis prætoriis jus ne esto. Hoc enim si fieret, judex prorsùs transiret in legislatorem, atque omnia ex arbitrio penderent.

41. *Actus inchoati*] Jure nostro, scelus inchoatum pro consummato habetur, et iisdem pœnis subjacet quàm si reverà esset consummatum, quoties in ejus peractione cessit reus, non remorso et propriâ voluntate reductus, sed effectu circumstantiarum quæ extrinsecùs supervenerunt. *Cod. pén. art.* 2.

Perpetrationem intercipi] « De là il suit qu'on ne s'est pas conformé à la nature des choses dans cette république d'Italie (Venise), où le port des armes à feu est puni comme un crime capital, et où il n'est pas plus fatal d'en faire un mauvais usage que de les porter. « *Esprit des Lois, liv.* 26, *chap.* 24.

42. *Contempsit*] Si *de minimis non curat Prætor,* id non ideò fit quòd minima extra ejus ministerium sint; sed quia in minimis major esset ex remedio quàm ex ipso malo perturbatio. Vide in meis *Observat. sur la Législat. crimin.*, quæ scripsi de accusationum nimiâ multiplicatione, itemque, *Des délits qu'il ne faut point remuer,* p. 107-112

43. *Exundent*] Confer *aphor.* 36.

44. *Contra statutum expressum*] Dixi in notis ad aphor. 35.

APHORISMUS XLV.

Apud nonnullos receptum est, ut jurisdictio, quæ decernit secundùm æquum et bonum; atque illa altera, quæ procedit secundùm jus strictum, iisdem curiis deputentur: apud alios autem, ut diversis. Omninò placet curiarum separatio. Neque enim servabitur distinctio casuum, si fiat commixtio jurisdictionum: sed arbitrium legem tandem trahet.

APHORISMUS XLVI.

Non sine causâ in usum venerat apud Romanos, Album prætoris, in quo præscripsit et publicavit, quomodò ipse jus dicturus esset. Quo exemplo judices in curiis prætoriis, regulas sibi certas (quantùm fieri potest), preponere, easque publicè affigere debent. Etenim *optima est lex, quæ minimum relinquit arbitrio judicis; optimus judex, qui minimum sibi.*

Verùm de curiis istis fusiùs tractabimus: cùm ad locum de judiciis veniemus; obiter tantùm jam locuti de iis, quatenùs expediant et suppleant omissa à lege.

45. *Curiarum separatio*] In Angliâ separantur. Sunt enim quædam Curiæ revisionis quæ specialiter dicuntur *Curiæ æquitatis*. Apud nos hæc separatio penitùs ignoratur, et tale se habet officium judicis: 1° ut secundùm legem judicet; 2° ubi lex deficit, distinguendum est: (*a*) si in materiâ criminali, cum ipsâ lege sileat et quiescat; (*b*) si in materiâ civili, secundùm naturalem æquitatem statuat. —Omnibus necessitatibus hoc sufficit.

46. *Non sine causâ*] Præcipua erat quod leges XII Tabularum majori concinnitate conscriptæ fuerant; undè necessarium erat ut interpretarentur. (Vide *aph.* 17). Hoc fiebat edictis quibus magistratus et imprimis prætores initio cujusque anni, quæ essent in jure dicundo observaturi, declarabant. Talia edicta, non modò per præconem recitari, verùm etiam scripta in albo publicè proponi jubebant. Eo tamen factum est, ut prætores sæpè jus scriptum everterent. Sed et sibi adrogaverant prætores ut edicta per annum, ad libitum mutarent, idque plerumquè facerent *in gratiam odiumque certorum hominum*. Id quùm demùm intolerabile videretur civitati liberæ, et jus incertissimum redderet, senatusconsulto cautum est, *uti prætores ex suis Edictis* PERPETUIS (id est, per totum annum mansuris) *jus dicerent*. Hinc jus prætorium multò quàm anteà certius factum est. Sed nihilominùs constat, talem legislationem maximis incommodis esse obnoxiam; frustrà igitur proponit Baconius ut denuò in jurisprudentiam introducatur; melius est enim ut à judicaturâ jus legis condendi omninò separetur.

SECTIO VI.

De retrospectione legum.

APHORISMUS XLVII.

Est et aliud genus supplementi casuum omissorum, cùm lex legem supervenit, atque simul casus omissos trahit. Id fit in legibus, sive statutis, quæ retrospiciunt, ut vulgò loquuntur. Cujus generis leges rarò, et magnâ cum cautione, sunt adhibendæ : *neque enim placet Janus in legibus.*

APHORISMUS XLVIII.

Qui verba, aut sententiam legis, captione et fraude eludit, et circumscribit, dignus est, qui etiam à lege sequente innodetur. Igitur in casibus fraudis et evasionis dolosæ, justum est ut leges retrospiciant, atque alteræ alteris in subsidiis sint; ut qui dolos meditatur, et eversionem legum præsentium, saltem à futuris metuat.

APHORISMUS XLIX.

Leges, quæ actorum et instrumentorum veras intentiones, contrà formularum aut solemnitatum defectus roborant et confirmant, rectissimè præterita complectuntur. Legis enim, quæ retrospicit, vitium vel præcipuum est, quòd perturbet. At hujusmodi leges confirmatoriæ, ad pacem et stabilimentum eorum quæ transacta sunt, spectant. Cavendum tamen est, ne convellantur res judicatæ.

47. *Rarò*] In materiâ pœnali, *nunquàm ; in civili, rarò et cautè*, id est, attendendo ne juri jam acquisito præjudicium afferatur.

Janus in legibus] Apud rostra tamen Legatorum nostrorum instat imago Jani, cujus facies una *ad dexteram* præteritum sanè tempus indicat, *ad sinistram* verò futurum

49. *Solemnitatum defectus*] Exemplo dari potest lex 4 septembris 1807, circa rectificationem inscriptionum hypothecariarum in quibus omissa esset dies solutionis (*l'époque d'exigibilité*).

Ne convellantur res judicatæ] Exemplum habemus in lege 5 dec. 1814, quâ bona migratorum ipsis relaxantur, salvo jure alieno et salvâ etiam omni re quocumque modo terminatâ et judicatâ.

APHORISMUS L.

Diligenter attendendum, ne eæ leges tantùm ad præterita respicere putentur, quæ anteacta infirmant : sed et eæ, quæ futura prohibent et restringunt, cum præteritis necessariò connexa. Veluti, si quæ lex artificibus aliquibus interdicat ne mercimonia sua in posterum vendant : hæc sonat in posterum, sed operatur in præteritum : neque enim illis aliâ ratione victum quærere jam integrum est.

APHORISMUS LI.

Lex declaratoria omnis, licet non habeat verba de præterito, tamen ad præterita, ipsâ vi declarationis, omninò trahitur. Non enim tum incipit interpretatio cùm declaratur, sed efficitur tanquam contemporanea ipsi legi. Itaque leges declaratorias ne ordinato, nisi in casibus, ubi leges cum justitiâ retrospicere possint.

Hic verò eam partem absolvimus, quæ tractat de incertitudine legum ubi invenitur lex nulla. Jam dicendum est de alterâ illâ parte, ubi scilicet lex exstat aliqua, sed perplexa et obscura.

SECTIO VII.

De obscuritate legum.

APHORISMUS LII.

Obscuritas legum, à quatuor rebus originem ducit; vel

50. *Cum præteritis connexa*] Hujus generis sunt leges quas vocant *transitorias*, quibus anteacta flectuntur ad usum præsentis. Vide *l.* 26 *et l.* 28. *ff. de legibus.*

51. *Contemporanea*] Ergò leges quæ jus naturale declarant, retrospicere possunt, et nemo de hoc queri potest. Etenim civilis ratio jura naturalia corrumpere nequit; contrà talium jurium usurpationem, regressus semper admittitur. Hinc *Declaratio jurium hominis et civis*, anno 1791 habita, fieri potuit absque injustitiâ erga quempiam. Nihil aliud est enim quàm declaratio hujus æternæ legis quam ex naturâ ipsâ arripuimus, hausimus, expressimus; ad quam non docti, sed facti; non instituti, sed imbuti sumus.

52. *A quatuor*] Singula horum expenduntur sub aphor. seqq.

ab accumulatione legum nimiâ, præsertim admixtis obsoletis : vel à descriptione earum ambiguâ, aut minùs perspicuâ et dilucidâ : vel à modis enucleandi juris neglectis, aut non benè institutis ; vel denique à contradictione et vacillatione judiciorum.

SECTIO VIII.

De accumulatione legum nimiâ.

APHORISMUS LIII.

Dicit propheta, *Pluet super eos laqueos ;* non sunt autem pejores laquei quàm laquei legum, præsertim pœnalium : si numero immensæ et temporis decursu inutiles, non lucernam pedibus præbeant, sed retia potiùs objiciant.

APHORISMUS LIV.

Duplex in usum venit statuti novi condendi ratio : altera statuta priora circa idem subjectum confirmat et roborat, dein nonnulla addit aut mutat : altera abrogat et delet cuncta quæ antè ordinata sunt, et de integro legem novam et uniformem substituit. Placet posterior ratio. Nam ex

53. *Præsertim pœnalium*] Vide not. ad aph. 39.
Sed retia] Armaque tyrannidi ministrant.
54. *Complicatæ et perplexæ*] Hoc vitio præcipuè laborant nostræ leges : in his enim rarò priorum expressa legitur abrogatio ; sed tantùm hujusmodi clausula : *priores leges abrogantur in omnibus quibus differunt à novâ lege ;* vel talis etiam : *priores leges nihilominùs stabunt quatenùs præsenti legi non contradicent.* Quæ propositiones omninò per se evidentes sunt, et sine scripto satis constant. Attamen, quoniam sub fine cujusque legis aliqua de prioribus mentio fit, non deberet talis mentio adeò esse vaga, ut inutilis penè maneat. Magis esset ut singula capita à novâ lege abrogata in toto vel in parte, exactâ allegatione citarentur, et de medio penitùs in futurum tollerentur ; tunc enim dubium jam non esset, an adhùc legum tremendarum requiescant numero, vel non. Sed, ut ait Baconius, hìc major est adhibenda diligentia ; siquidem methodus ista exactam omnium priorum legum cognitionem supponit, indagationes accuratas exigit, et tempus labori datum, quod magis adulationi et fortunæ impendere juvat.

priore ratione ordinationes deveniunt complicatæ et perplexæ, et quod instat agitur sanè, sed corpus legum interim redditur vitiosum. In posteriore autem, major certè est adhibenda diligentia, dum de lege ipsâ deliberatur; et anteacta scilicet evolvenda et pensitanda, antequàm lex feratur; sed optimè procedit per hoc legum concordia in futurum.

APHORISMUS LV.

Erat in more apud Athenienses ut contraria legum capita (quæ Antinomias vocant) quotannis à sex viris examinarentur, et quæ reconciliari non poterant proponerentur populo, ut de illis certum aliquid statueretur. Ad quorum exemplum, ii, qui potestatem in singulis politiis legum condendarum habent, per triennium, aut quinquennium, aut prout videbitur, antinomias retractanto. Eæ autem à viris ad hoc delegatis, priùs inspiciantur et præparentur, et demùm comitiis exhibeantur, ut quod placuerit, per suffragia stabiliatur et figatur.

APHORISMUS LVI.

Neque verò contraria legum capita reconciliandi, et omnia (ut loquuntur) salvandi, per distinctiones subtiles et quæsitas, nimis sedula aut anxia cura esto. Ingenii enim hæc tela est : atque utcunque modestiam quandam et reverentiam præ se ferat, inter noxia tamen censenda est; utpote quæ reddat corpus universum legum varium et malè consutum. Meliùs est prorsùs et succumbant deteriora, et meliora stent sola.

APHORISMUS LVII.

Obsoletæ leges, et quæ abierunt in desuetudinem, non minùs quàm Antinomiæ, proponantur à delegatis ex officio tollendæ. Cùm enim statutum expressum regulariter desue-

55. *Erat in more*] Optima institutio, digna quæ apud nos instauretur.

56. *Per distinctiones subtiles*] Alioquin, jurisconsulti et judices nollent stare interpretationi adeò subtili, et res ad idem rediret ac si nulla facta esset interpretatio. Magni enim interest, utrùm sit labor controversitarum, an legislatoris opus.

tudine non abrogetur, fit ut ex contemptu legum obsoletarum, fiat nonnulla auctoritatis jactura etiam in reliquis: et sequitur tormenti illud genus Mezentii, ut leges vivæ in complexu mortuarum perimantur. Atque omninò cavendum est à gangrænâ in legibus.

APHORISMUS LVIII.

Quin et in legibus et statutis obsoletis, nec noviter promulgatis, curiis prætoriis interim contra eas decernendi jus esto. Licet enim non malè dictum sit, neminem oportere legibus esse sapientiorem, tamen intelligatur hoc de legibus, cùm evigilent, non cùm dormitent: contra recentiora verò statuta (quæ juri publico nocere deprehenduntur) non utique prætoribus, sed regibus, et sanctioribus consiliis, et supremis potestatibus auxilium prebendi jus esto, earum executionem per edicta aut acta suspendendo, donec redeant comitia, aut hujusmodi cœtus, qui potestatem habeant eas abrogandi, ne salus populi interim periclitetur.

SECTIO IX.

De novis digestis legum.

APHORISMUS LIX.

Quòd si leges aliæ super alias accumulatæ, in tam vasta excreverint volumina, aut tantâ confusione laboraverint, ut eas de integro retractare, et in corpus sanum et habile

57. *Leges vivæ in complexu mortuarum*] Pari tormento cruciamur et ipsi, dum Imperii leges ad usum hodiernum passìm trahuntur; aliis contendentibus istas leges, nempè libertati plerumquè infensas, esse Chartâ constitutionali penitùs abrogatas; aliis verò in harum legum allegatione non cessantibus. Et sic corpus vivum, id est regimen constitutionale, in amplexu cadaveris Imperii macrescit et labitur.

58. *Ne salus populi interim*] Hoc præstabat articulus 14 Chartæ anni 1814 sanè intellectus: id est, non hoc sensu ut interim ministri jus publicum intervertere possint; sed tantùm ut liceret illis, proprio scilicet periculo, cavere ne quid detrimenti, trepidis in rebus, res publica caperet, donec redirent Comitia (*dans l'intervalle des sessions*), — Confer. *not. ad aph.* 12.

redigere, ex usu sit, id ante omnia agito; atque opus ejusmodi opus heroïcum esto; atque auctores talis operis, inter legislatores et instauratores, ritè et meritò numerantor.

APHORISMUS LX.

Hujusmodi legum expurgatio, et Digestum novum, quinque rebus absolvitur. Primò, omittantur obsoleta, quæ Justinianus *antiquas fabulas* vocat. Deinde ex antinomiis recipiantur probatissimæ, aboleantur contrariæ. Tertiò Homoionomiæ, sive leges quæ idem sonant, atque nil aliud sunt, quàm iterationes ejudem rei, expungantur; atque una quæpiam ex iis, quæ maximè est perfecta, retineatur vice omnium. Quartò, si quæ legum nihil determinent, sed quæstiones tantùm proponant, easque relinquant indecisas, similiter facessant. Postremò, quæ verbosæ inveniuntur, et nimis prolixæ, contrahantur magis in arctum.

APHORISMUS LXI.

Omninò verò ex usu fuerit, in novo Digesto legum, leges pro jure communi receptas, quæ tanquàm immemoriales sunt in origine suâ, atque ex alterâ parte, statuta de tempore in tempus superaddita, seorsùm digerere et

59. *Id ante omnia agito*] Quæ, à Baconio desideratur legum revisio, apud nos fieri jussa est decreto imperiali dato 7 die mensis januarii 1813. Nimirùm, è toto corpore legum quæ in *Bulletino officiali* immerguntur, leges quæ adhuc in vigore habentur debebant excerpi, his neglectis quæ vel abrogatæ sunt, vel in desuetudinem abiere. Deindè ita selectæ leges, in diversos codices, pro ut ordo materiarum desiderâret, erant distribuendæ, adjectis, qui volverentur, ad paratiorem usum cujusque libri, indicibus. Mandata est hujus consilii executio pluribus viris, inter quos et ipse, eminentissimi viri de Cambacérès commendatione, adlectus fui. Quasi peracta erat tota illa classificatio, dum Restauratio supervenit. Ibi omnis effusus labor.....

60. *Quinque rebus absolvitur*] Iisdem ferè modis absolvenda erat collectio inchoata ex decreto jam laudato 7 januarii 1813. Tales enim erant problematis conditiones: 1° omittere leges obsoletas; 2° conferre similes inter sese; 3° antinomiæ indicabantur et aliquandò solvebantur in notis; 4° quæstiones proponebantur; 5° leges cujusque materiæ segregabantur ab aliis; 6° indices locupletissimi, ad calcem cujusque libri repositi, viam expeditiorem indagationibus præbebant.

61. *Seorsùm digerere et componere*] V. g. Seponere leges propriè dictas, à constitutionibus regiis; ut fecit patiens laboris Isam-

componere : cùm in plurimis rebus, non eadem sit, in jure discendo, juris communis, et statutorum interpretatio et administratio. Id quod fecit Tribonianus in Digesto et Codice.

APHORISMUS LXII.

Verùm in hujusmodi legum regeneratione, atque structurâ novâ veterum legum, atque librorum, legis verba prorsùs et textum retineto : licet per centones, et portiones exiguas eas excerpere necesse fuerit. Ea deinde ordine contexito. Et si enim fortasse commodiùs, atque etiam si ad rectam rationem respicias, meliùs hoc transigi posset per textum novum, quàm per hujusmodi consarcinationem; tamen in legibus, non tam stylus, et descriptio, quàm auctoritas, et hujus patronus antiquitas spectanda est. Aliàs videri possit hujusmodi opus scholasticum potiùs quiddam, et methodus, quàm corpus legum imperantium.

APHORISMUS LXIII.

Consultum fuerit in novo Digesto legum, vetera volumina non prorsùs deleri, et in oblivionem cadere, sed in bibliothecis saltem manere; licèt usus eorum vulgaris et promiscuus prohibeatur. Etenim in causis gravioribus, non abs re fuerit, legum præteritarum mutationes et series consulere et inspicere; at certè solemne est antiquitatem præsentibus aspergere. Novum autem hujusmodi corpus legum, ab iis, qui in politiis singulis habent potestatem

bert in suâ commendabili collectione legum, quæ à temporibus Restaurationis usquè ad annum 1827 prodierunt.

62. *Et textum retineto*] Illud præstandum erat ex dispositione decreti jam laudati : et ut magis constaret solum textum legis fore legem, eodem decreto cautum fuerat, uti *Bulletinus legum* semper et solus staret *officialis*; ita ut compilationes ex illo essent *officiosæ* tantùm, et ad commodiorem usum civium et magistratuum comparatæ.

63. *In bibliothecis manere*] Saltem ad textuum verificationem. *Series consulere*] Posteriores leges ad priores aliquandò pertinent; quædam enim inter illas secreta est connexio; una ex aliâ generatur; et si vultus non semper omnibus idem, sæpè etiam non est planè diversus. In multis casibus igitur proderit tramitem legum sequi, ab antiquioribus usquè ad recentiores : et de illo

legislatoriam, prorsùs confirmandum est; ne fortè prætextu veteres leges digerendi leges novæ imponantur occultò.

APHORISMUS LXIV.

Optandum esset, ut hujusmodi legum instauratio, illis temporibus suscipiatur, quæ antiquioribus, quorum acta et opera retractant, litteris et rerum cognitione præstiterint. Quod secùs in opere Justiniani evenit. Infelix res namque est, cùm ex judicio et delectu ætatis minùs prudentis et eruditæ, antiquorum opera mutilentur et recomponantur. Verumtamen sæpè necessarium est quod non optimum.

Atque de legum obscuritate, quæ à nimiâ et confusâ earum accumulatione fit, hæc dicta sint: jam de descriptione earum ambiguâ et obscurâ, dicendum.

tantùm jurisconsulto qui stemmata legum tenebit, dici poterit quod de Aristone Plinius: « Quàm peritus ille et privati juris et publici! Quantùm rerum, quantùm exemplorum, quantùm *Antiquitatis* tenet! Nihil est quod discere velis, quod ille docere non possit. Mihi certè quoties aliquid abditum quæro, instar thesauri est. » *Epist.* v. 22.

Confirmandum est] Consilii non erat (in decreto 7 jan. 1813), ut *Collectiones singulares* è corpore legum elicitæ, auctoritate publicâ confirmarentur: attamen ad legum retexionem præparabant viam; ut de integro retractarentur, et in novas leges seu constitutiones facilem exindè subirent metamorphoseon.

Occultò] Ceu factum est inserendo in articulo 896 Codicis civilis nostri versiculum *néanmoins*, etc.

64. *Illis temporibus*, etc.] Illud etiam valdè interest ut in temporibus bonis ac moderatis, et nec aulæ nec fori agitatis factionibus, experiatur legum revisio. — Aliter enim tota legislatio in unius factionis gratiam et in alterius detrimentum componetur.— Denuò retractetur Codex civilis noster, Codex justitiæ (utpotè æqualitatis adeòque libertatis), qui temporibus moderatis Consulatûs, non Imperii prodiit; retractetur inquàm hodiè, et videbitis! Distinctionibus personarum primus liber turbabitur; in familiis erciscundis, et jus iniquum primogenituræ, et non minùs iniquæ, feminarum exclusiones, introducentur; in donationibus et testamentis, quod tacitè nunc irrepit, altius statim insurget jus exheredandi plurimos, pauci ut ditentur et præ cæteris exaltentur! Potiùs intereà quiescant legislatores nostri; in desiderio cessamus et ipsi; felices si quæ tam rarò obtineri potest politica, saltem in jure privato nobis maneat intacta libertas! (Hoc scribebam anno 1822.)

SECTIO X.

De descriptione legum perplexâ et obscurâ.

APHORISMUS LXV.

Descriptio legum obscura oritur, aut ex loquacitate et verbositate earum, aut rursùs ex brevitate nimiâ, aut ex prologo legis, cum ipso corpore legis pugnante.

APHORISMUS LXVI.

De obscuritate verò legum, quæ ex earum descriptione pravâ oritur, jam dicendum est. Loquacitas, quæ in perscribendo leges in usum venit, et prolixitas, non placet. Neque enim, quod vult et captat, ullo modo assequitur, sed contrarium potiùs. Cùm enim casus singulos particulares, verbis appositis et propriis persequi et exprimere contendat, majorem indè sperans certitudinem, è contra quæstiones multiplices parit de verbis; ut difficiliùs procedat interpretatio secundùm sententiam legis (quæ sanior est et verior), propter strepitum verborum.

APHORISMUS LXVII.

Neque propterea nimis concisa et affectata brevitas, ma-

65. *Descriptio legum*] Quasdam regulas circa optimum legum describendi modum, à lege Wisigothorum mutuari posse, quis putaret? Verum est tamen. Sub primò titulo hujus legis, *De Legislatore* tractatur; et in secundo, de *Lege*; è quibus sententias quasdam excerpere juvat; nempè è titulo primo, articulos sequentes: 1°..... *Neque syllogismorum acumine figuras imprimat disputationis, sed puris honestisque verbis modestè statuat articulos legis* : (cui concilio, per parenthesin, non satis constat dictæ legis auctor; sed nil refert, pergamus iter). 2° *Non disputatione debet uti legislator, sed jure*... 6° *Erit concionans eloquio clarus, sententiâ non dubius, evidentiâ plenus, ut quidquid ex legali fonte prodierit, in rivulis audientium sine retardatione recurrat; totumque qui audierit, ita cognoscat, ut nulla hunc difficultas dubium reddat.* — È titulo secundo, hanc regulam tantùm eliciemus: *Lex erit manifesta, nec quemquam civium in captionem devocabit*, etc.

67. *Affectata brevitas*] Parit necessitatem commentarii seu in-

jestatis gratiâ, et tanquàm magis imperatoria, probanda est; præsertim his sæculis, ne fortè sit lex instar regulæ Lesbiæ. Mediocritas ergo assectanda est; et verborum exquirenda generalitas, benè terminata; quæ licèt casus comprehensos non sedulò persequatur, attamen non comprehensos satis perspicuè excludat.

APHORISMUS LXVIII.

In legibus tamen, atque edictis ordinariis, et policitis, in quibus, ut plurimùm, nemo jurisconsultum adhibet, sed suo sensui confidit, omnia fusiùs explicari debent et ad captum vulgi, tanquàm digito monstrari.

APHORISMUS LXIX.

Neque nobis prologi legum, qui inepti olim habiti sunt, et

terpretationis; quod vitium est, siquidem optima est lex quæ minimùm relinquit arbitrio judicis. *Aphor.* 46.

Magis imperatoria] Imperatoria brevitas. *Tacit.*

Instar regulæ Lesbiæ] Duas regulas sibi finxerant veteres; Policleti, scilicet, et Lesbiam. Regula Policleti firma erat, nec ullâ vi flecti poterat; Lesbia verò, quùm esset plumbea, cujusque rei formis aptari poterat. Sed nulla earum legislatoris potest esse regula. Si lex enim adeò sit rigida, ut nullum temperamentum admittat, sæpè erit injusta, et hoc sensu dicitur, *summum jus, summa injuria.* Sin, è contrà, nimis est facilis et laxa, *erit instar regulæ Lesbiæ:* actiones civium non reget; sed actionibus attemperabitur seu benè, an malè, prout judex æstimabit. Hoc vitio adscribit Baconius; et ut vitetur, medium indicat: *mediocritas ergò assectanda est*, etc., etc. (De regulâ Lesbiâ, vide Burlamaqui, *Princip. du Dr. natur.* tom. 3, p. 483, édit. 1820).

Mediocritas] Inter utrumque tene, medio tutissimus ibis.

Exquirenda generalitas] Generaliter enim jura constituuntur. L. 8. *ff. de legibus.*

Benè terminata] Ne generalitas desinat in vagum.

68. *Ad captum vulgi*] Sic, anno 1821, in discussione legis quæ de politiâ *quasi* sanitariâ lata est*, oratores quidam flagitati sunt à ministris explicationes quorumdam verborum quæ in materiâ admodùm novâ, aliquâ interpretatione indigere videbantur; veluti, *régime de la patente brute, de la patente suspecte, de la patente nette.*

69. *Inepti olim*] Apud Senecam legimus: « Nihil videri frigi-

[1] Continuo culpam ferro compesce, priusquàm
Dira per incautum serpant contagia vulgus.
VIRG.

leges introducunt disputantes, non jubentes, utique placerent, si priscos mores ferre possemus. Sed prologi isti legum plerumquè (ut nunc sunt tempora) necessariò adhibentur, non tam ad explicationem legis, quam instar suasionis, ad perferendam legem in comitiis; et rursùs ad satisfaciendum populo. Quantùm fieri potest tamen prologi evitentur, et lex incipiat à jussione.

APHORISMUS LXX.

Intentio et sententia legis, licèt et præfationibus, et præambulis (ut loquuntur) non malè quandoque eliciatur; attamen latitudo aut extensio ejus, ex illis minimè peti debet. Sæpè enim præambulum arripit non nulla ex maximè plausibilibus, et speciosis ad exemplum, cùm lex tamen multò plura complectatur : aut contrà, lex restringit, et limitat complura, cujus limitationis rationem, in præambulo inseri, non fuerit opus. Quare dimensio et latitudo legis ex corpore legis petenda. Nam præambulum sæpè aut ultrà aut citrà cadit.

APHORISMUS LXXI.

Est verò genus perscribendi leges valdè vitiosum. Cùm scilicet casus ad quem lex collimat fusè exprimitur in præambulo : deindè ex vi verbi (talis) aut hujusmodi relativi corpus legis retrò vertitur in præambulum, undè

dius, nihil ineptius quàm legem cum prologo. » *Epist.* 94.

Disputantes non jubentes] Lex jubeat, non disputet. SENEC. *dicto loco.* Nec legislator disceptatione debet uti, sed jure. LEX WISIGOTH. *loco citato sub aph.* 65.

Instar suasionis] Et aliquandò mendacii, ceu videre est in notabili exemplo quod refert Guy Coquille, in Dialogo, *Des causes des misères de la France*, tom. I. Operum, p. 219. col. 1. edit. 1703.

70. *Et speciosis*] Et sæpè falsis, ceu dixi in notâ præcedenti.

Aut ultrà aut citrà] Quod de præambulo legis dicitur, à fortiori de ejus titulo seu inscriptione dicendum est. Eò magis quod titulus plerumquè non redigitur ab ipso legislatore, sed ex post facto legi inscribitur, et raró cum ipsâ legis dispositione quadrat. Exemplo dari possunt aliquæ leges quæ *de libertate....* inscribuntur, et veriùs inscribi potuissent, *contra libertatem....*

71. *Vertitur in præambulum*] Hoc plerumquè fiebat in antiquâ

præambulum inseritur, et incorporatur ipsi legi : quod et obscurum est, et minùs tutum, quia non eadem adhiberi consuevit diligentia in ponderandis et examinandis verbis præambuli, quæ adhibetur in corpore ipsius legis.

Hanc partem de incertitudine legum, quæ ex malâ descriptione ipsarum ortum habet, fusiùs tractabimus quandò de interpretatione legum posteà agemus. Atque de descriptione legum obscurâ hæc dicta sint; jam de modis enucleandi juris dicendum.

SECTIO XI.

De modis enucleandi Juris, et tollendi ambigua.

APHORISMUS LXXII.

Modi enucleandi Juris, et tollendi dubia, quinque sunt. Hoc enim fit, aut per perscriptiones judiciorum; aut per scriptores authenticos; aut per libros auxiliares; aut per prælectiones; aut per responsa, sive consulta prudentum; hæc omnia, si benè instituantur, præstò erunt magna legum obscuritati subsidia.

SECTIO XII.

De perscriptione judiciorum.

APHORISMUS LXXIII.

Ante omnia, judicia reddita in curiis supremis et principalibus, atque causis gravioribus, præsertim dubiis, quæ-

legislatione. Postquàm enim in præambulis Edictorum, Ordinationum, Declarationum, et Litterarum-patentium, voluntas regia tam perfusè fuisset explicata, ut vix anhelitum reciperet lector, dùm veniret ad hæc verba : A CES CAUSES : tum incipiebat lex, in quâ eadem decantabantur, sed non iisdem omninò verbis; undè dubium in interpretatione oriebatur conflictu redactionum. Vitium id erat; vitatur hodiè, quia in discussione parlamentariâ proponuntur leges absque præambulo, et soli articuli agitantur.

72. *Quinque*] Hìc materia proponitur, cujus divisiones posteà evolvuntur.

que aliquid habent difficultatis, aut novitatis, diligenter et cum fide excipiunto. Judicia enim anchoræ legum sunt, ut leges reipublicæ.

APHORISMUS LXXIV.

Modus hujusmodi judicia excipiendi, et in scripta referendi, talis esto. Casus præcisè, judicia ipsa exactè perscribito; rationes judiciorum, quas adduxerunt judices, adjicito; casuum, ad exemplum adductorum, auctoritatem, cum casibus principalibus, ne commisceto; de advocatorum perorationibus, nisi quidpiam in iis fuerit admodùm eximium, sileto.

APHORISMUS LXXV.

Personæ, quæ hujusmodi judicia excipiant, ex advocatis maximè doctis sunto, et honorarium liberale ex publico excipiunto. Judices ipsi ab hujusmodi perscriptionibus abstinento, ne fortè opinionibus propriis addicti, et auctoritate propriâ freti, limites referendarii transcendant.

73. *Excipiunto*] Legibus (1er *décemb.* 1790, *art.* 22; *et* 22 *ventôse an* VIII, *art.* 85) jubetur, ut omnia Curiæ Cassationis arresta typis mandentur. Cæterarum curiarum arresta notabiliora colliguntur à variis arrestographis, quorum compilationes diversæ adeò pullulant, ut ad earum propagationem opus non sit incitamento.

74. *Modus judicia excipiendi*] Dixi in meâ Jurisprudentiâ arrestorum, sect. VIII, *Des qualités désirables dans un bon recueil d'arrêts*. Vide infra.

75. *Ex publico excipiunto*] Ita res se habebat ab initio pro redactione *Bulletini arrestorum Cassationis*. Sed in isto honorario persolvendo cessavit ærarium, et res concessa est periculo et commodo cujusdam privati. Per aliquot annos hâc concessione fruitus est Legraverend, homo doctrinâ suâ, muneribus publicis, et longâ in materiâ criminali experientiâ commendandus; sed subitò ab illò translata est ad alium. Quâ occasione, orta est inter duos contendentes, circa proprietatem voluminum adhùc in officinâ extantium, lis mox transactione terminata post arrestum.

Abstinento] Si tamen æquitate dictante describat arresta judex, utiliter faciet. Etenim arcana arrestorum meliùs quam extranei scrutari valent ipsi magistratus, illosque non fugit quæ fuerit *intima* ratio decidendi.

Ne fortè opinionibus propriis] Idem à fortiori de advocatis dicendum, si propriarum causarum historiam scribant; raró enim rei contra ipsos judicatæ auctoritatem agnoscunt.

APHORISMUS LXXVI.

Judicia illa, in ordine, serie temporis, digerito, non per methodum et titulos. Sunt enim scripta ejusmodi tanquàm historiæ, aut narrationes legum. Neque solùm acta ipsa, sed et tempora ipsorum, judici prudenti lucem præbent.

SECTIO XIII.

De scriptoribus authenticis.

APHORISMUS LXXVII.

Ex legibus ipsis, quæ jus commune constituunt; deinde ex constitutionibus sive statutis; tertio loco ex judiciis perscriptis, corpus juris tantummodò constituitor; præter illa, alia authentica, aut nulla sunto, aut parcè recipiuntor.

APHORISMUS LXXVIII.

Nihil tam interest certitudinis legum (de quâ nunc tractamus) quàm ut scripta authentica, intra fines moderatos coerceantur, et facessat multitudo enormis auctorum, et

76. *Sed et tempora*] Si de anno 1791 ad annum 1803 consulantur arresta (idem dic de legibus), quamplurima invenies contra nobiles data, in favorem municipiorum : si de novissimis temporibus, id est ab anno 1814 usquè ad annum 1830, contrà. In priori periodo, quædam impia; in ulteriore, fanatica nonnulla; medio tempore, invenies plerumquè justa, pia et benè temperata : illo enim sedabantur factiones; anteà et post efferbuerunt.

77. *Corpus juris constituitor*] Id factum est, apud nos, eo tempore quo digesti sunt quinque Codices nostri. Sed quamvis, posteà, et novæ leges latæ, et multa arresta data fuerint, non est ratio cur novum corpus juris statim redintegretur. Quæ sint in isto mare scopuli, dixi sub aphor. 64.

78. *Facessat multitudo auctorum*] Et quomodò facesserent? Adhuc-ne in scholis, Cujacii Heinecciive opera volvuntur? Unusquisque professor, proprii voluminis auctor et mercator, permittitne tyronibus ut aliundè quàm in ipsius antecessoris verba jurent ac respondeant? Et in ipso foro nonne ultra modum multiplicari videmus libros titulis mendacibus ornatos, doctrinâ vacuos, et in egestate suâ nihil novi docentes? Sunt prætereà arrestorum compilationes innumeræ, nec non Dictionarii segnitiei faventes, et

doctorum in jure, undè laceratur sententia legum, judex fit attonitus, processus immortales, atque advocatus ipse, cùm tot libros perlegere et vincere non possit, compendia sectatur. Glossa fortassè aliqua bona; et ex scriptoribus classicis pauci, vel potiùs scriptorum paucorum pauculæ portiones, recipi possint pro authenticis. Reliquorum nihilominùs maneat usus nonnullus in bibliothecis, ut eorum tractatus inspiciant judices, aut advocati, cùm opus fuerit: sed in causis agendis, in foro citare eos non permittitor, nec in auctoritatem transeunto.

SECTIO XIV.

De libris auxiliaribus.

APHORISMUS LXXIX.

At scientiam juris, et practicam, auxiliaribus libris ne nudanto, sed potiùs instruunto. Ii sex in genere sunto. Institutiones. De verborum significatione. De regulis juris. Antiquitates legum. Summæ. Agendi formulæ.

APHORISMUS LXXX.

Præparandi sunt juvenes et novitii ad scientiam; et ardua juris, altiùs et commodiùs haurienda, et imbibenda, per institutiones. Institutiones illas, ordine claro et perspicuo componito. In illis ipsis, universum jus privatum percurrito; non alia omittendo, in aliis plus satis immorando, sed

qui, si pragmaticis ignarisque rabulis trita subministrare valeant argumenta, strenuos sanè non possunt efficere jurisconsultos.

Nec in auctoritatem transeunto] Quamvis nomen *auctoris* habeant, libri tamen quicumque ab homine privato compositi, *in auctoritatem* non transeunt, sed tantùm in consilium adhibentur. Solus inter omnes P. Pithæus obtinuit ut instar legis allegaretur et veneraretur libellus quem conscripsit *de Ecclesiæ gallicanæ Libertatibus*. (Vide *Bibliothèque des Livres de droit*, à la suite des *Lettres sur la Profession d'avocat*; édition de 1832, n° 2710.

80. *Et commodiùs*] Jura videntur posse tradi *commodissimè* si primo levi ac simplici viâ.... singula tradantur. INSTIT. JUSTIN. § 2. *de justit. et jure.*

ex singulis quædam breviter delibando, ut ad corpus legum perlegendum accessuro, nil se ostendat prorsùs novum, sed levi aliquâ notione præceptum. Jus publicum in institutionibus ne attingito, verùm illud ex fontibus ipsis hauriatur.

APHORISMUS LXXXI.

Commentarium de vocabulis juris conficito. In explicatione ipsorum, et sensu reddendo, ne curiosè nimis aut laboriosè versator. Neque enim hoc agitur, ut difinitiones verborum quærantur exactè, sed explicationes tantùm, quæ legendis juris libris viam aperiant faciliorem. Tractatum autem istum per litteras alphabeti ne digerito : id indici alicui relinquito : sed collocentur simul verba quæ circa eamdem rem versantur, ut alterum alteri sit juvamento ad intelligendum.

APHORISMUS LXXXII.

Ad certitudinem legum facit (si quid aliud) tractatus bonus et diligens, *de diversis regulis juris*. Is dignus est, qui

Ex fontibus] Id est, legibus (nempè Chartis et Constitutionibus), regestis publicis, exemplis præcedentibus, aliisque documentis authenticis.

81. *De vocabulis*] Abundant, in jure romano, commentaria de *Verborum significatione*, itemque *Glossaria* et juris *Vocabularia*; sed hujusmodi opus in jure gallico adhùc desideratur. *Repertorium Jurisprudentiæ* à doctissimo viro congestum, quamvis definitiones verborum habeat, non est propriè *de vocabulis* commentarium; sed uti est in titulo, *jurisprudentiæ*, id est, arrestorum et decisionum variarum, latissima recollectio. Vellem hâc de re librum, in uno tantùm volumine in-8° coarctum, qui solummodò *de Verborum significatione* tractaret, eodem ferè modo quo sub fine *Pandectarum* suarum usus est Rob. Jos. Pothier; hoc in breve quidem et summatim prestare conati sumus, in *Vocabulario* quem ad calcem hujus libri consulere poterit lector.

Alphabeti ne digerito] Hic cum doctissimo auctore dissentio. In hujuscemodi opere, omnia ad faciliorem usum redigenda sunt. Atqui qualis facilior usus erit, quàm ordo alphabeticus in dictionario? Quoad utilitatem coadunandi verba quæ circa eamdem materiam versantur, unius ad alterum remissionibus facilè id consequi potest.

82. *De diversis regulis juris*] Id quod Baconius proponit, assequi conatus sum, in *Prolegomenis juris* breviter, et latiùs in meis

maximis ingeniis, et prudentissimis jure consultis, committatur. Neque enim placent, quæ in hoc genere exstant. Colligendæ autem sunt regulæ, non tantùm notæ et vulgatæ, sed et aliæ magis subtiles et reconditæ, quæ ex legum, et rerum judicatarum harmoniâ extrahi possint; quales in rubricis optimis quandoque inveniuntur : suntque dictamina generalia rationis, quæ per materias legis diversas percurrunt, et sunt tanquàm saburra juris.

APHORISMUS LXXXIII.

At singula juris scita, aut placita, non intelligantur pro regulis, ut fieri solet satis imperitè. Hoc enim si reciperetur, quot leges, tot regulæ. Lex enim nil aliud quàm regula imperans. Verùm eas pro regulis habeto, quæ in formâ ipsâ justitiæ hærent, undè ut plurimùm per jura civilia diversarum rerumpublicarum eædem regulæ ferè reperiuntur; nisi fortè propter relationem ad formas politiarum varient.

APHORISMUS LXXXIV.

Post regulam brevi et solido verborum complexu enuntiatam, adjiciantur exempla, et decisiones casuum, ma-

Principiis juris civilis romano-gallici. Sub fine *Pandectarum* Rob.-Jos. Pothier, titulus *de regulis juris*, certâ methodo dispositus, fusiùs patet quàm in Digestis.

Saburra] Le lest.

83. *Non intelligantur pro regulis*] V. g. Singuli articuli Codicis civilis nostri, non sunt *regulæ juris*, quamvis omnes sint *juris scita*, et leges quibus necessitate adstringamur. Sed regularum numero adscribi debet articulus 2, in quo legimus : *les lois n'ont point d'effet rétroactif* : (non placet Janus in legibus). Tale axioma, in formâ ipsâ justitiæ hæret, et apud omnes gentes peræquè custoditur. — Regula igitur haberi potest, omnis propositio generalis quæ justa et vera in se est, et breviter concinnata. Vide not. 1. ad aph. 84.

Ad formas politiarum varient]. V. g. Secundùm Constitutionem nostram : *Omnes Franci æquales sunt; eadem tributa omnibus civibus imponuntur, sine privilegio*; quæ regulæ apud nos verissimæ, in Austriâ, vel etiam Berolino, tanquàm seditiosæ haberentur.

84. *Brevi et solido*] Duobus vel tribus verbis, constare potest regula, veluti, *suum cuique; — jura vigilantibus prosunt.*

ximè luculentæ ad explicationem : distinctiones et exceptiones ad limitationem; cognata ad ampliationem ejusdem regulæ.

APHORISMUS LXXXV.

Rectè jubetur, ut non ex regulis jus sumatur, sed ex jure quod est, regula fiat. Neque enim ex verbis regulæ petenda est probatio, ac si esset textus legis. Regula enim legem (ut acus nautica polos) indicat, non statuit.

APHORISMUS LXXXVI.

Præter corpus ipsum juris, juvabit etiam antiquitatis legum invisere, quibus, licèt evanuerit auctoritas, manet tamen reverentia. Pro antiquitatibus autem legum habeantur scripta circa leges et judicia, sive illa fuerint edita, sive non, quæ ipsum corpus legum tempore præcesserunt. Earum siquidem jactura facienda non est. Itaque ex iis, utilissima quæque excerpito (multa enim invenientur inania et frivola), eaque in unum volumen redigito : ne antiquæ fabulæ, ut loquitur Tribonianus, cum legibus ipsis misceantur.

APHORISMUS LXXXVII.

Practicæ verò plurimùm interest, ut jus universum digeratur ordine, in locos et titulos, ad quos subitò (prout

Ad explicationem] Memores esse debemus omnem in jure civili definitionem esse periculosam; parùm est enim ut non subverti possit : *l.* 202, *ff. de reg. jur.* quippè quùm modica circumstantiæ facti varietas totum plerumquè jus immutet.

85. *Rectè jubetur*] Lege 1. ff. *de regulis juris.*

86. *Antiquitatis*] Vide suprà. *aphor.* 63 *in not.*

Licèt evanuerit auctoritas] Quantùm utilitatis præstant in juris romani studio, Gravinæ et Heineccii opera circa hujus jurisprudentiæ *Antiquitates*; tantùm ejusdem generis opus præstaret in jure nostro. His enim antiquitatibus, non reverentia tantùm inest, sed fides in attestatione progressûs et historiæ juris.

Reverentia] Proprium est Antiquitatis, ut dicatur *venerabilis*, *sancta*, his præsertim temporibus ubi exundant *laudatores temporis acti*, qui propter hoc etiam dici meruerunt, *les contemporains du passé!*

87. *Digeratur ordine*] Illud præstare volui, in meis *Principiis juris civilis romano-gallici*, quasque disponendo regulas sub variis titulis, divisionibus Codicis nostri respondentibus, adeò ut ipsum Codicem civilem in legibus romanis legere crederes.

dabitur occasio) recurrere quis possit, veluti in promptuarium paratum ad præsentes usus. Hujusmodi libri summarum, et ordinant sparsa, et abbreviant fusa et prolixa in lege. Cavendum autem est ne summæ istæ reddant homines promptos ad practicam, cessatores in scientiâ ipsâ. Earum enim officium est tale, ut ex iis recolatur jus, non perdiscatur. Summæ autem omninò, magnâ diligentiâ, fide et judicio, sunt conficiendæ, ne furtum faciant legibus.

APHORISMUS LXXXVIII.

Formulas agendi diversas in unoquoque genere colligito. Nam et practicæ hoc interest; et certè pandunt illæ oracula et occulta legum. Sunt enim non pauca, quæ latent in legibus: at in formulis agendi, meliùs et fusiùs perspiciuntur, instar pugni et palmæ.

SECTIO XV.

De Responsis et Consultis.

APHORISMUS LXXXIX.

Dubitationes particulares, quæ de tempore in tempus emergunt, dirimendi et solvendi, aliqua ratio iniri debet. Durum enim est ut ii, qui ab errore cavere cupiant, ducem

Summæ istæ] Sive juris compendia; qualia sunt, Jacobi Gothofredi *Manuale juris*; P. Pithæi *Comes juridicus*; Domatii *Legum Delectus*; et si quæ similia.

88. *Formulas agendi*] Doctissimum habemus Barnabæ Brissonnii librum, cui titulum indidit: *De formulis ac solemnibus Populi romani*: exstat etiam Heineccii curiosa dissertatio, *De jurisprudentiâ formulariâ veterum Romanorum.* Constat enim veterum Romanorum jurisprudentiam totam fuisse formulariam, et innumeris illigatam atque implicatam solemnitatibus. Apud illos verè dici poterat; *qui cadit à syllabâ cadit à toto.* At jurisprudentia nostra minimè in verbis collocata est; immò illud tenemus axioma: *En France, toutes les actions sont de bonne foi.* Idcircò non sunt, jure nostro, formulæ consecratæ, quibus agere quisque necessariò debeat; sed generaliter sufficit si in quolibet actu perspicuè explicetur quid intendit is qui agit.

89. *Qui ab errore cavere cupiant*] Tunc advocatos adeant, usitatâ formulâ; *licet-ne consulere?*

viæ non inveniant; durum ut actus ipsi periclitentur, neque sit aliquis ante rem peractam juris prænoscendi modus.

APHORISMUS XC.

Responsa prudentum, quæ petentibus dantur de jure, sive ab advocatis, sive à doctoribus, tantâ vallare auctoritate, ut ab eorum sententiâ judici recedere non sit licitum, non placet; jura à juratis judicibus sumunto.

APHORISMUS XCI.

Tentari judicia, per causas et personas fictas, ut eo modo experiantur homines, qualis futura sit legis norma, non placet. Dedecorat enim majestatem legum, et pro prævaricatione quâpiam censenda est. Judicia autem aliquid habere ex scenâ deforme est.

APHORISMUS XCII.

Judicum igitur solummodò, tam judicia, quàm responsa, et consulta, sunto. Illa de litibus pendentibus, hæc de arduis juris quæstionibus in thesi. Ea consulta, sive in privatis rebus, sive in publicis, à judicibus ipsis ne poscito (id enim si fiat, judex transeat in advocatum), sed à principe, aut statu. Ab illis, ad judices demandentur. Judices verò

90. *Non placet*] Nec mihi quoque placet. Ita tamen se habuit res sub Augusto Cæsare. Primus enim facultatem de jure respondendi, olim omnibus communem, certis tantùm exploratæ fidei viris beneficii loco dedit, simulque necessitatem imposuit judicibus, ne ab eorum sententiâ unquam recederent. Aliter res se habet usu hodierno; numerus advocatorum indefinitè patet, et quisquis in eorum albo inscribitur, de jure respondere liberè potest; sed istorum responsorum non est tanta auctoritas, ut vel judices obstringant, vel dicendo non sæpè evertantur ab oratoribus.

91. *Dedecorat*] Dedecorat, si talia scenica coram veris judicibus agantur; sed si inter studiosos juris juvenes fictum tribunal instituatur, optimum erit et laudabile tale exercitium.

92. *In advocatum*] Vel potiùs in legislatorem.

A principe] Periculosum videtur, si à Principe responsum seu consultatio petatur. Hâc viâ, funesta legislatio rescriptorum renovaretur. Munus est legislatoris, leges facere, id est, regulas generales statuere in omnes personas et res: et in contrarium, judicis est, ut de litibus singulis specialiter cognoscat, nec ultra fines cujusque causæ jura dare autumet.

Aut statu] Si talis sit politia seu constitutio Statûs ut in comitiis tali auctoritate freti, disceptationes advocatorum, vel ab his quorum interest, adhibitorum, vel à judicibus ipsis, si opus sit, assignatorum, et argumenta ex utrâque parte audiunto; et re deliberatâ, jus expediunto et declaranto. Consulta hujusmodi inter judicia referunto et edunto, et paris auctoritatis sunto.

SECTIO XVI.

De Prælectionibus.

APHORISMUS XCIII.

Prælectiones de jure, atque exercitationes eorum qui juris studiis incumbunt, et operam dant, ita instituuntor et ordinantor, ut omnia tendant ad quæstiones, et controversias de jure, sedandas potiùs quàm excitandas. Ludus enim (ut nunc fit) ferè apud omnes instituitur, et aperitur, ad altercationes, et quæstiones de jure multiplicandas, tanquam ostentandi ingenii causâ. Atque hoc vetus est malum. Etenim,

leges fieri oporteat. De comitiis ipsis verò, idem dicemus quod suprà de principe : leges scilicet generaliter concipiantur, non in singulos, et, ut ait lex XII Tabularum, *Privilegia ne irroganto*. Casus tamen unus nostro in jure datur, ubi judices ad summi imperantis interpretationem recurrere debeant; nimirùm, post duas cassationes arrestorum in eâdem causâ datorum; tum enim curia cassationis recurrere debet ad corpus legislativum, qui legem, utpotè obscuram, interpretetur. Ad *corpus legislativum*, inquam; ejus est enim interpretari cujus est condere. Atqui non soli principi conceditur legem condendi potestas. (Chart. *art.* 14.) Ergò, non obstante quod more illicito frequentatum est imperante Napoleone, et sub restauratione interpretatio nunc dari debet eâdem formâ quâ leges ordinariè feruntur; et eodem animo, id est, generaliter, sine ad personas seu individualitates respectu.

93. *Sedandas*] Jus semper quærendum est æquabile, neque enim aliter jus esset.

Ostentandi ingenii causâ] Est bonum ingenium; est malum etiam. Bonum est, si veritatem candidè quærat; malum, si de apicibus juris disputare malit. Sanè in hujusmodi juvenum congressionibus, ubi causæ fictæ tractantur, ludus est et vana judi-

etiam apud Antiquos gloriæ fuit, tanquam per sectas et factiones, quæstiones complures de jure, magis fovere quàm extinguere. Id ne fiat, provideto.

SECTIO XVII.

De vacillatione Judiciorum.

APHORISMUS XCIV.

Vacillant judicia, vel propter immaturam et præfestinam sententiam, vel propter æmulationem curiarum, vel propter malam et imperitam perscriptionem judiciorum, vel propter viam præbitam ad rescisionem eorum nimis facilem et expeditam. Itaque providendum est, ut judicia emanent, maturâ deliberatione priùs habitâ, atque ut curiæ se invicem revereantur atque ut judicia perscribantur fideliter et

ciorum repræsentatio; in illis tamen juvenis egregiæ indolis non in hoc nervos intendere debet, ut commentis veritatem obruat, quò aliquid paulò argutius nec ab aliis antè excogitatum in medium adduxisse videatur; sed id agere debet, ut ad veram æquitatis normam omnes quæstiones reducat. Tantùm enim operatur fictio in casu ficto, quantùm veritas in casu vero: subtilis in causâ fictâ juvenis, homo factus in veris quoque subtilis erit. Adeò in teneris assuescere multum est!

[*Apud An iquos.*] Proculiani, Sabiniani.

94. *Præfestinam sententiam*] Quod accidit dum rationibus partium aurem patientem præbere nolunt judices, dum in sede suâ strepitant, et suâ nimiâ garrulitate *audientiam* occupant, quæ non à pruritu dicendi, sed ab officio *audiendi* sic appellata est.— De tali judice, facetè dictum est quòd ejus præsentia absentiæ trium judicùm æquipolleret; ipsius scilicet, et quorum, ex utroque latere, loquacitate suâ aures implebat. — *Bien juge qui tard juge: et de fol juge briève sentence; et qui veut bien juger écoute partie* (Loisel). — Vide infrà pag. 266. *de Officio judicis*).

Nimis facilem] Si v. g. rex litiget et condemnetur, raró appellandum est, et, post arrestum, rariùs etiam ad ultimum cassationis remedium progrediendum est. Si enim Regis nomine non stetur decisionibus Curiarum suarum, quis inter privatos acquiescet arrestis? *Componitur orbis regis ad exemplum.*

Ut curiæ se invicem revereantur] Non patiatur curia de cæteris irreverenter coràm se loqui. Immò et aliqua sit curiarum inter sese honoris in solidum coalitio nobilissima, ut quod ab unâ for-

prudenter, utque via ad rescendenda judicia, sit arcta, confragosa, et tanquam muricibus strata.

APHORISMUS XCV.

Si judicium redditum fuerit, de casu aliquo, in aliquâ curiâ principali, et similis casus intervenerit in aliâ curiâ, ne procedito ad judicium, antequam fiat consultatio in collegio aliquo judicum majore; judicia enim reddita, si fortè rescindi necesse sit, saltem sepeliuntor cum honore.

APHORISMUS XCVI.

Ut curiæ de jurisdictione digladientur et conflictentur, humanum quiddam est; eòque magis, quòd per ineptam quamdam sententiam, quòd boni et strenui sit judicis ampliare jurisdictionem curiæ, alatur planè ista intemperies, et calcar addatur, ubi fræno opus est. Ut verò, ex hâc animorum contentione, curiæ, judicia utrobique reddita, (quæ nil ad jurisdictionem pertinent) libenter rescindant, intolerabile malum; et à regibus, aut senatu, aut politiâ planè vindicandum. Pessimi enim exempli res est, ut curiæ, quæ pacem subditis præstant, inter se duella exerceant.

APHORISMUS XCVII.

Non facilis esto, aut proclivis, ad judicia rescindenda,

liter semel ac generosè factum sit; id, apud sorores, virtutis suæ fideles inveniat imitatores. Sic providebunt libertati civium, et ipsarum existimationi, et totius regni tranquillitati: erit enim *opus justitiæ pax*.

95. *Consultatio*] Olim, quùm præcedentia aliquâ in causâ allegarentur, sæpè curia judicium in diem differebat, *ut viderentur arresta*. (Vide infrà *Jurisprud. des Arrêts*, sect. XIV, règle XI.)

96. *Digladientur*] Non curiæ inter se digladiantur; sed ordo judiciarius cum ordine administrativo sæpè pugnat. Vera plaga hujus ævi. Sub antiquâ monarchiâ, non solùm judicia parlamenta exercebant; sed et publicæ administrationis politiæque nobiliorem partem ad se traxerant. Contrario impetu, sub novo regimine, nonnulla invadit administratio, quæ in dominio justitiæ naturâ suâ manere debuissent. Ex hoc tempore frustrà quæritur æquilibrium. Indè conflictus isti derepentè supervenientes, quibus judices ordinarii consuetâ jurisdictione non rarò interdicuntur! Remedium esset in novâ lege quæ bonâ fide limites utrique foro daret..... (*)

* Vide ordinat. 1er juin 1828, quæ, si perfecta non est, saltem ad meliorem statum rem redegit.

aditus per appellationes, aut impetitiones de errore, aut revisus, et similia. Receptum apud nonnullos est, ut lis trahatur ad forum superius, tanquam res integra, judicio inde dato seposito, et planè suspenso. Apud alios verò, ut judicium ipsum maneat in suo vigore, sed executio ejus tantùm cesset: neutrum placet, nisi curiæ, in quibus judicium redditum sit, fuerint humiles, et inferioris ordinis: sed potiùs, ut et judicium stet, et procedat ejus executio, modò cautio detur à defendente, de damnis et expensis, si judicium fuerit rescissum.

APPENDIX.

DE OFFICIO JUDICIS.

È Baconii Sermonibus excerptum.

Meminisse debent judices esse muneris sui jus dicere, non autem jus dare: leges, inquam, interpretari, non condere. Aliter, deveniet eorum auctoritas simile quiddam auctoritati illi quam sibi vindicat Ecclesia romana [1]; quæ prætextu interpretationis Scripturarum, etiam addit aliquid quandoque, et immutat; et pronunciat quod non invenit; atque *specie antiquitatis, introducit novitatem.* Judicem oportet esse potiùs eruditum quàm ingeniosum; venerabilem quàm gratiosum; magisque deliberativum quàm confidentem.

Ante omnia integritas, judicum quasi portio est virtusque propria. *Maledictus sit* (inquit Lex) *qui terminum terræ movet antiquum.* Sanè qui lapidem fines distinguentem transponit, culpâ non caret. Verùm Judex injustus ille est,

97. *Non facilis esto*] Vide not. 2. ad aph. 94.

Et planè suspenso] Jure nostro, omnis appellatio suspensiva est, nisi à judice inferiore executio mandata fuerit per provisionem.

Modò cautio] Etiam sine cautione executio procedere potest, in casibus expressis sub articulo 135. Cod. proced.

[1] Hic sermonem agnoscis *Anglicani* auctoris.

qui præcipuè terminos immutat, cùm de terris et rerum proprietate iniquam fert sententiam. Una certè iniqua sententia plus nocet quàm exempla plurima. Hæc enim rivulos tantùm inficiunt, illa autem fontes. Ità ait Salomon : *Fons turbatus et vena corrupta, est justus cadens in causâ suâ coram adversario.*

Officium judicis relationem habere possit partim ad litigantes; partim ad advocatos; partim ad scribas et ministros justitiæ subtùs; partim ad principem vel statum suprà.

Primò quantùm ad *Causas et Litigantes*. Sunt (inquit Scriptura) qui judicium verrunt in absinthium : sunt etiam certè qui illud verrunt in absinthium : sunt etiam certè qui illud verrunt in acetum. Injustitia enim illud reddit amarum : mora acidum. Judex strenuus hoc præcipuè agit, ut vim et dolum compescat, quorum vis magis perniciosa est quantò apertior; dolus quantò arctior et occultior. Adde etiam lites contentiosas, quæ evomi debent, ut crapula curiarum. Judicem decet viam parare ad justam sententiam, qualem Deus parat; vallès exaltando, colles deprimendo. Eodem modo, quandò ex alterutrâ parte videt judex manum elatam, veluti in prosecutione importunâ, captionibus malitiosis, combinationibus, patrocinio potentum, advocatorum disparitate, et similibus; tùm elucescit virtus judicis in æquandis iis quæ sunt inæqualia; ut judicium suum veluti in areâ planâ fundare possit.

Qui fortiter emungit, elicit sanguinem : cùmque torcular vini premitur fortiùs, vinum prodit acerbum, acinum sapiens. Itaque caveant sibi judices ab interpretationibus legum duris, et illationibus altè petitis. Neque enim pejor est tortura quàm tortura legum. Præcipuè in legibus pœnalibus curæ iis esse debet, *ne, quæ in terrorem latæ sunt, vertantur in rigorem*; neve in populum superinducant imbrem illum, de quo Scriptura : *pluet super eos laqueos*. Etenim leges pœnales, si severè executioni demandentur, sunt similes imbri laqueorum, cadenti super populum. Itaque hujusmodi leges, si vel dormiverint diù, vel temporibus præsentibus minùs quadrent, à judicibus prudentibus, in executione earum, reprimantur :

Judicis officium est, ut res, ità tempora rerum, etc.

In causis capitalibus, decet judices (quantum lex permittit) in judicio meminisse misericordiæ; et cum severitate exemplum, cum pietate personam tueri.

Quantùm ad *advocatos* qui causas agunt. Patientia et gravitas, in causis audiendis, justitiæ est pars essentialis[1], et judex nimiùm interloquens minimè est cymbalum benè-sonans. Non laudi est judici, si primus aliquid in causâ inveniat, et arripiat, quod ab advocatis, suo tempore, meliùs audire potuisset : aut acumen ostentet, in probationibus vel advocatorum perorationibus nimis citò interrumpendis, aut anticipet informationes quæstionibus, licet ad rem pertinentibus.

Judicis partes in audiendo sunt quatuor : 1° probationum seriem ordinare ; 2° advocatorum, et testium, prolixitatem, repetitionem, aut sermones extra rem moderari ; 3° eorum quæ allegata sunt medullam, et quæ majoris momenti sunt recapitulare, seligere, et inter se componere ; 4° et demùm sententiam ferre. Quicquid ultrà hæc est, nimiùm est ; et oritur, aut à gloriolâ et loquendi aviditate ; aut ab audiendi impatientiâ ; aut à memoriæ debilitate ; aut à defectu attentionis, sedatæ et æquabilis.

Sæpè numero mirum est visu quantùm advocatorum audacia apud judices valeat ; ubi contrà judices, ad imitationem Dei (in cujus tribunali sedent), superbos comprimere et humilès erigere, deberent. Sed etiamnum magis mirum est, judices advocatis quibusdam præ cæteris immoderatè et apertè favere. Quod necesse est ut merces advocatorum augeat et multiplicet, atque simul suspicionem corruptionis et obliqui ad judices aditus inducat.

Debetur advocato à judice laus aliqua, et commendatio, cùm causæ benè aguntur et tractantur ; præsertìm si causâ suâ cadat. Hoc enim apud clientem existimationem advocati sui tuetur, et simul opinionem ejus de causâ suâ prosternit.

Debetur etiam reipublicæ reprehensio advocatorum moderata ; ubi callida nimis præstant consilia ; aut supina apparet negligentia, aut levis informatio, aut indecora importunitas, aut impudens defensio.

Advocatus autem illud tribuat judici, ne illi obstrepet,

[1] Patientia quæ pars magna justitiæ est. Plin. Jun., *lib.* 6, *epist.* 2. — Vide infrà *Jurispr. des arrêts*, s. xi. — Vide etiam suprà not. ad aph. 94.

aut se rursùs in causam agendam callidè insinuet, postquàm judex de re pronunciaverit. E contrario autem, judex se causæ mediæ, et nullatenùs peroratæ, non ingerat; nec clienti occasionem præbeat, ut advocatos suos, vel probationes ad plenum non auditas, conqueratur.

Quantùm ad *Scribas et Ministros.* Sedes justitiæ veluti locus sacratus est; ubi non tantùm sedes ipsa, sed et subsellia, et præcinctus sedis scandalo et corruptelis vacare debent. Etenim (ut ait Scriptura), *non colliguntur uvæ ex spinis*: neque justitia suaves suos fructus edere potest inter vepres et dumeta scribarum et ministrorum rapacium et lucris inhiantium.

Curiarum asseclæ pravi sunt quatuor. Primò, *seminatores litium*, qui curias tumescere faciunt, populum tabescere. Secundò, qui curias contentionibus circà jurisdictionem implicant; neque verè sunt (ut habentur), amici curiæ, sed *parasiti curiæ*; curias inflando ultrà terminos: propter micas et compendia propria. Tertiò, ii qui possunt censeri tanquàm *curiarum manus sinistræ*: homines, qui curiarum processus legitimos, diverticulis, et versutiis distorquent; justitiamque, in lineas obliquas, et labyrinthos trahunt. Quartò, *explicatores et exactores fæderum*, qui tritam similitudinem confirmant curiarum ad rubum; quo, dùm ovis tempestatem fugiens se recipit, velleris partem amittit.—Contrà, scriba antiquus, in anteactis curiarum peritus, in actis ipsis concipiendis cautus, et in negotiis curiæ solers, digitus est curiæ egregius; et sæpè judici ipsi viam monstrat.

Quantùm verò ad *Principem*, aut *Statum*. Judices, antè omnia, in memoriâ fixum tenere debent versiculum ultimum Duodecim Tabularum romanarum: *Salus populi suprema lex*; et pro certo ponere, leges, nisi sint in ordine ad eum finem, res esse captiosas, et oracula malè inspirata. Itaque benè succedit, cùm Rex[1] aut Status sæpiùs cum judicibus deliberat, et rursùs cùm judices Principem et Statùm sæpius consulunt. Ille, cùm inter deliberationes politicas interveniat quæstio juris: hi, cùm in subjecto legali interveniant considerationes Statûs. Contingit enim haud rarò

[1] Rex, si velit, consulat judices in negotiis difficilioribus: à judicibus verò, de sententiis ferendis non consulatur rex, sed tantùm lex.

ut res in judicium adducta versetur circà meum et tuum, et nihilominùs consequentia ejus ad rationes statûs penetret. Intelligo autem ad rationes Statûs pertinere, non solùm, si quid ad jura regalia impetenda spectet, verùm etiam si quid innovationem aliquam minùs tutam, aut exemplum periculosum introducat; aut si manifestò portionem aliquam populi majorem gravet. Neque quisquam infirmi judicii existimet justas leges adversùs politica vera aliquid antipathiæ habere. Sunt enim hæc duo veluti spiritus et nervi, quorum alteri in alteris moventur. Recordentur etiam judices Salomonis thronum leonibus utrinque suffultum fuisse : sint sanè leones, sed leones sub throno : caventes, ne aliquid ex juribus regalibus impetant aut convellant. Postremò, ne sint judices tam ignari juris et prærogativæ suæ, ut cogitent non sibi relinqui tanquàm muneris sui partem principalem, sanum et prudentem legum usum, et applicationem. Etenim in animum revocare poterunt dictum illud Apostoli de lege humanis legibus majore : *Nos scimus quia Lex bona est, modò quis eâ utatur legitimè.*

PROLEGOMENA
JURIS
AD USUM SCHOLÆ ET FORI.

Jura videntur posse tradi commodissimè, si primo levi ac simplici viâ.... singula tradantur. Inst. § 2, De justit. et jure.

AD LECTOREM.

Ex libro quem pluribus jam abhinc annis edidi sub hoc titulo, *Principia Juris* [1], hæc *Prolegomena* deprompsi, separatimque rursùs profero: ratus ista eò magis utilia fore quòd promptiora erunt et emptu gestuque faciliora.

Primariis notionibus *de justitiâ et jure*, nonnulla subjunxi axiomata ex his quæ vulgò nominantur *Regulæ Juris*: nonnulla, inquam; etenim regulas colligere volui non omnes, sed quasdam tantùm seligere, præsertimque illas quæ sensu rectiores, consequentiis fecundiores, et usu tralatitiores mihi visæ sunt.

Opinatus sum hoc genus *spicilegii*, non solùm tyronibus utilissimum, sed et ipsis advocatis fore gratissimum. Hos enim illosque non fugit, quod doctissimus nec non eloquentissimus d'Aguesseau profert in consiliis quæ, mirâ sollicitudine, filio suo destinavit: in quibus, postquàm hortatus est adolescentem, ad evolvendos ediscendosque digestorum titulos *de Regulis juris* et *de Verborum significatione*, statim addit: « On ne saurait trop se remplir l'esprit de ces » *notions communes* qui sont comme autant d'*oracles de* » *la jurisprudence*, et comme le *précis* de toutes les ré« flexions des jurisconsultes. Rien même ne fait plus d'hon» neur à un jeune homme qui fait ses exercices ordinaires » en droit, que d'*avoir en main ces sortes de sentences* qui » donnent non-seulement de l'ornement, mais du suc à tou» tes ses réponses. » (Ire *Instruction à son fils*, t. Ier, p. 279.)

Quæ si verissima sint de his qui scholis adhùc inserviunt; eadem non minùs convenire quis dubitet, illis qui in Forum jam evaserunt, palatiumque Themidis rugatâ togâ perlustrant, advocationem adepti?

Causas enim orantibus, maximè opitulantur istæ juris sententiæ, quæ *paucis multa* docentes, singularem vim ser-

[1] Principia juris civilis cum romani tum gallici; seu selecta legum romanarum ex corpore Justinianæo depromptarum, et cum civili Gallorum codice aptè concordantium: cum notis, etc. Auctore A.-M.-J.-J. Dupin. Parisiis, Everat, et Marchant 1806 et ann. seqq. 5 vol. in-12.

monibus addunt; animumque judicis acuunt, earum percipiendi sensûs facilitate.

In duos titulos distribuuntur *Prolegomena*: in priori, tractatur de justitiâ et jure et de legibus sive condendis, sive interpretandis adplicandisque, nec non de earum abrogatione. Posteà, de constitutionibus Principum agitur, et de jure non scripto, quod complectitur materiam de judiciis, de consuetudine et usu, ac de responsis prudentum.

Postremò veniunt *juris regulæ* sub duabus sectionibus distributæ, prout ad jus naturale vel ad jus civile pertinent: quas memoriâ firmiter retinere, et in promptu continuò habere, et facile est, et perutilissimum.

Notæ accedunt variæ, in quibus regula quæque explanatur, et allegationibus selectissimorum auctorum illustratur:

. . . . . . His utere mecum.

PROLEGOMENA

JURIS.

TITULUS PRIMUS.

De Justitiâ et Jure.

1. JUSTITIA est constans et perpetua voluntas jus suum cuique tribuendi. *L.* 10, *ff. de justitiâ et jure.*

* 1. JUS est ars boni et æqui. *L.* 1, *ff. de just. et jure.*

* 2. JURISPRUDENTIA est divinarum atque humana-

1. *Justitia*] « Justitia in quâ virtutis splendor est maximus, ex » quâ boni viri nominantur. » Cic. *de Offic. lib.* 1, *n.* 20.

Constans et perpetua] Hæc verba, justitiæ habitum ibi demùm esse indicant, ubi perpetuò et constanter quis justè agit. *Cujac.*

Voluntas] Justus est qui vult: non qui aut justa facit, aut injusta non facit; non qui jurisperitus est: nam injusti quoque faciunt plerumque justa, aut injusta non faciunt, aut jurisperiti sunt. Sed neque justus est qui vult modò, modò non vult suum cuique tribuere. Is verò demùm justus est, qui sic ab animo comparatus est, ut perpetuò jus suum cuique velit tribuere. *Cujac.*

Jus cuique suum] Objectum justitiæ est jus cujusque suum; finis, ut id quisque obtineat, id est, ut cuique, quod ei debetur, tribuatur. Delictis etiam debetur pœna.

Tribuendi] Aliàs, *tribuens*. Cic. V. *de fin.* Affectio animi suum cuique tribuens, quæ justitia dicitur. Et ità etiam alibi. *Lib.* 1, *de Offic. et* 2 *ad Herenn.*

* 1 *Jus*] A Justitiâ est appellatum, *l.* 1, *ff. eod.* Sunt et aliæ etymologiæ quas videre est apud Cont. 2. *Sect.* 6. Cic. *lib.* 3, *de repub.* Augustin. *De Civit. Dei*, 21. Adde *novell.* 83, *in pr.*

Ars boni et æqui] Id est, ars dijudicandi quid æquum, quid iniquum, quid bonum, quid malum sit. — Socrates hanc summam dixit esse sapientiam, bona malaque distinguere. Senec. *Epist.* 71.

* 2. *Jurisprudentia*] Justitia est habitus voluntatis, jurisprudentia habitus intellectûs. *Cujac.* Justitia est virtus, jurisprudentia autem est scientia: scientia, inquam, seu collectio præceptorum

rum rerum notitia: justi atque injusti scientia. *L.* 10, § *fin. ff. eod. tit.*

2. Jus NATURALE est, quod natura... docuit. *L.* 1, § 3, *ff. de just. et jure.*

* 1. Jus GENTIUM est, quo gentes humanæ utuntur. *L.* 1, § 4, *ff. eod.*

* 2. Quod quisque populus ipse sibi Jus constituit, id ipsius proprium civitatis est; vocaturque Jus civile, quasi Jus proprium ipsius CIVITATIS. *L.* 9, *ff. d. t.*

3. [Jus civile, seu civitatis, aut publicum est, aut privatum.]

* 1. PUBLICUM Jus est, quod ad statum rei [publicæ] spectat. *L.* 1, § 2, *ff. de just. et jure.*

quibus imbutus animus omnem rationem tenet componendæ et regendæ civitatis, ferendarum legum, definiendarum litium, controversiarum discingendarum. Indè jurisconsultus dicitur qui jus profitetur, respondet, interpretatur. « Si quæreretur, inquit Cicero, » quisnam jurisconsultus verè nominaretur, eum dicerem qui le- » gum et consuetudinis ejus quâ privati in civitate uterentur, et ad » respondendum, et ad agendum, et ad cavendum peritus esset. » Cic. *de Orat. lib.* 1. Adde Heinec. *Recitat.* § 29.

Divinarum] Vide in *Antiquit.* B. Brissonii, *lib.* 4, *cap.* 16, conjunctam olim fuisse juris divini et humani scientiam. Adde Heineccii Dissert. *De Jurisprud. divinar. et humanarum rerum notitiâ.* Tom. 3. Operum, p. 374.

2. *Jus naturale*] Verba *omnia animalia*, quæ in textu romano leguntur, amputavimus. Nec enim jus cadere potest in belluas, quæ cùm rationis sint expertes, nihil justè aut injustè facere possunt.

Natura] Lex vera atque princeps, apta ad jubendum et ad vetandum, est *ratio recta summi Jovis.* Cic. *lib.* 2, *de Legib. n.* 8-13.

.... Dixitque semel nascentibus auctor
Quidquid scire licet.

* 1. *Jus gentium*] Id est, quod naturalis ratio inter omnes homines constituit. *Inst.* § 1, *de jure nat. et gent.* Hinc, vocatur etiam *jus commune.* Ibidem.

* 2. *Civitatis*] In hâc definitione, jus civile lato sensu sumitur, et non solùm universum jus civitatis propriè dictum, sed etiam jus naturale et gentium complectitur.

3. * 1. *Publicum*] Apud nos, jus publicum ex Chartâ constitutionali præcipuè constat.

Statum rei publicæ] Id est, ad religionem, et arma, et disciplinam, et ornamenta, et opes, denique ad omnia circà BENE ESSE CIVITATIS.

* 2. PRIVATUM, quod ad singulorum utilitatem. *d. l.* et §; [et indè Jus civile seu civium propriè vocatur.]

4. Jus CIVILE [propriè dictum] est, quod ex legibus... decretis principum, auctoritate prudentium venit. *L. 7, ff. de just. et jure.*

* 1. [Item] Severus rescripsit : in ambiguitatibus quæ ex legibus proficiscuntur, consuetudinem, aut rerum perpetuò similiter judicatarum auctoritatem, vim legis obtinere debere. *L.* 38, *ff. de legib.*

5. Ergo omne Jus aut consensus fecit, aut necessitas constituit, aut firmavit consuetudo. *L.* 40, *ff. eod.*

6. [Indè] Jus nostrum constat aut ex scripto aut sine scripto. *L.* 6. § 1, *ff. de just. et jure.*

CAPUT PRIMUM.

De Jure scripto.

SECTIO PRIMA. — *De Legibus.*

ARTICULUS PRIMUS.

De Legibus propriè dictis et earum Virtute.

7. LEX est commune præceptum. *L.* 1, *ff. de legibus.*

8. Legis virtus hæc est, IMPERARE, VETARE, PERMITTERE, PUNIRE. *L.* 7, *ff. dicto titulo.*

* 2. *Privatum*] Jus privatum sub tutelâ juris publici latet. Hoc enim datur tanquàm custos juri privato, ne illud violetur. *Bacon.*

4. *Jus civile*] Jus civile est æquitas constituta. Cic. *in topic.* Constituta, inquit Goveanus, à populo, aut ab eo, cui populus condendi juris potestatem concessit; non potest enim populus, nisi suâ voluntate obligari. *Goveani* opera, p. 460.

5. *Consensus*] Subaudi, *expressus.*

7. *Commune*] C'est le contrat commun. » D'Aguesseau, *tom.* 7 *Operum*, *p.* 258.

8. *Permittere*] « *Quædam sunt quæ leges nec vetant nec jubent » facere.* » Senec. *de Benef.* 3. 21. Quod nec vetat, nec jubet lex, permittitur. *Déclaration des droits de l'homme et du citoyen, art* 5.

ARTICULUS II.

De Legibus constituendis.

9. Jura non in singulas personas, sed generaliter constituuntur. *L.* 8, *ff. de leg.*

10. Jura constitui oportet in his quæ plurimùm accidunt, non quæ ex inopinato. *L.* 3, *ff. eod.*

11. Leges et constitutiones futuris certum est dare formam negotiis, non ad facta præterita revocari; nisi nominatim et de præterito tempore et adhùc pendentibus negotiis cautum sit. *L.* 7, *C. de legibus.*

12. In rebus novis constituendis evidens esse debet utilitas, ut recedatur ab eo jure quod diù æquum visum est. *L.* 2, *ff. de constit. princ.*

De legibus constituendis] Seu tanquam *legum leges*, ex quibus informatio peti possit, quid in singulis legibus benè aut perperàm positum aut constitutum sit. Vide libellum nostrum cui titulus: *Lois des lois,* Paris, 1817, in-12, et suprà *Aphorism. Bacon.*

9. *Non in singulas*] Nulla lex satis commoda omnibus est: id modò quæritur si majori parti et in summam prodest. Orat. Catonis, *pro lege Oppiâ* apud Tit. Liv.

Generaliter] Id est, communiter, in omnes homines et res. Festus, *in voce* ROGATIO. Atque ità, quæ de imperio Cn. Pompeii, de reditu Ciceronis, de cæde Clodii latæ sunt, lex non fuère, sed privilegium. *Gellius,* X, 20. (Idem dicendum de lege oblivionis, du 12 janvier 1816. Adde not. ad n. 40 *infrà.*) Quod fieri, lege XII Tabularum vetitum erat. PRIVILEGIA NE IRROGANTO. Vid. Cic. *pro domo, n.* 43. *Pro Sext. n.* 65. Et *in Verrem*, n. 41.

10. *Ut plurimùm*] Quod enim semel aut bis existit, prætereunt legislatores. *L.* 6, *ff. de legib., L.* 4, *eod.*

11. *Futuris*] Statuit... de præteritis, judex; de futuris, senatus; (id est, legislator). Cic. *part. orat.* 3.

Non ad facta præterita] Neque enim placet Janus in legibus. Bacon. *Aphor.* 47. Cod. civ. *art.* 2.

Nisi nominatim] Supple: lex declaratoria omnis, licet non habeat verba de præterito, tamen ad præterita, ipsâ vi declarationis, omninò trahitur. Non enim tùm incipit interpretatio cùm declaratur, sed efficitur tanquàm *contemporanea* ipsi legi.

Pendentibus negotiis] Nondùm judicatis.

12. *In rebus novis*] « Pour la difficulté de mettre nos lois en meilleur estat, et le danger de ce croulement, si je pouvais planter une cheville à notre roue, et l'arrêter en ce point, je le ferais de bon cœur. Le pis que je trouve en nostre estat, c'est l'*instabilité*; et que nos lois et nos institutions, non plus que nos vête-

13. In legibus, magis simplicitas, quàm difficultas placet. *Inst.* § 7, *de fideic. hered.*

*1. Simplicitas legibus amica! *Inst.* § 3, *de leg. agn. succ.*

14. « [Lex bona censeri possit, quæ sit intimatione cer-» ta; præcepto justa; executione commoda; cum formâ po-» litiæ congrua; et generans virtutem in subditis. »] *Bacon. Aphor.* 7.

15. « Optima lex quæ minimùm relinquit arbitrio judi-» cis. » [*Bacon. Aphor.* 8.

ARTICULUS III.

De Legibus interpretandis et applicandis.

16 Lex interpretatione adjuvanda. *L.* 64, *ff. de condit. et dem.*

17. « [Licet non malè dictum sit neminem oportere legibus

mens, ne peuvent prendre aucune forme arrêtée. » (Montaigne, *chap.* de la Présomp.)

Evidens] Vide d'Aguesseau, *tom.* 7 *Operum*, pag. 273, et le préambule de la déclaration du roi, du 24 août 1780, au *Répert. de jurisprud.* v° *Question.*

13. *In legibus*] Nam, ut ait *Anonym. ad Sken.*

Fabula fucato verborum ornetur amictu;
Integritas legum *simplicitate* viget.

*1. *Simplicitas*] Item, perspicuitas verborum, et lucidus ordo.

14. *Certa*] Legis tantùm interest ut certa sit, ut absque hoc nec justa esse possit. Si enim incertam vocem det tuba, quis se parabit ad bellum? Similiter, si incertam vocem det lex, quis se parabit ad parendum? Ut moneat igitur oportet, priusquam feriat. Etiam illud rectè positum est, optimam esse legem quæ minimùm relinquit arbitrio judicis; id quod ejus *certitudo* præstat. Bac. *Aph.* 8.

15. *Optima lex, etc.*] Optimus judex qui minimùm sibi. *Ibid. Aph.* 46.

16. *Interpretatione*] Vide apud Heinecc. *Elem. logic.* cap. 4. sect. 2. *De modo veritatem per interpretationem investigandi.*

Adjuvanda] Item extendenda est si hoc reipublicæ expedit. *d. l.* 64. Et meritò : neque enim legis est ut casus varii, quos species vocant, suam inveniant in ipsâ lege definitionem; non magis quàm in geometriæ theorematibus ut problemata solvantur. Satis est si de principiis lis dirimatur, ut perspicuum sit undè possit sumi exordium. Cæterùm lex nulla facere potest, ut non sit in unâquâque specie circumstantiarum tùm à personis, tùm à temporibus, tùm à locis ponderatio, et de applicandâ lege inevitabilis quæstio.

» esse sapientiorem ; tamen intelligatur hoc de legibus cùm » evigilent, non cùm dormitent.] » *Bac. Aphor.* 58.

18 Non omnium quæ à majoribus instituta sunt, ratio reddi potest. *L.* 20 *ff. de leg.*

* 1. Et ideò rationes eorum quæ constituuntur inquiri non oportet. Alioquin multa ex his quæ certa sunt subvertuntur. *L.* 21, *ff. d. t.*

19. Optima est legum interpres consuetudo. *L.* 37, *ff. de legib.*

20. Minimè sunt mutanda, quæ interpretationem certam semper habuerunt. *L.* 23, *ff. de legib.*

21. Scire leges non hoc est verba earum tenere, sed vim ac potestatem. *L.* 17, *ff. eod.*

22. Non dubium est in legem committere, eum qui, verba legis amplexus, contrà legis nititur voluntatem. *L.* 5, *C. eod.*

23. Voluntatem potiusquàm verba spectari oportet. *L.* 219. *ff. de verbor. signif.*

24. [Paulus respondit] : non oportere jus civile calumniari, neque verba captari; sed quâ mente quid dicitur animadvertere convenire. *L.* 19, *ff. ad exhibendum.*

17. *Sapientiorem*] Quidquid de interpretatione legum dicturi sumus, cum distinctione sequenti accipiendum est; nimirùm, 1° ubi lex jus palàm definit, judex eam sequi debet, quantumvis dura sit : nam inter æquitatem et jus interpositam interpretationem soli legislatori et oportet et licet inspicere. *L.* 1 *et l.* 9. *C. de legib.* Acte additionnel, anni 1815, art. 58. Hoc casu, verbis edicti inservire tutius est, ut infrà. Vid. *n.* 27. Adde Baluzium, *Præfat. capitul. n.* 6. — 2° Ubi verò lex scripta palàm negotium non definit, judex potest ex duarum vel diversarum legum sententiâ et collectione, unâ scilicet stricti juris, alterâ æquitatis plenâ, argumentum ad facti controversi decisionem ducere, et hanc illi præferre.

18. * 1, *Non oportet*] Nimiùm, scilicet, sed intra justum modum. Negari enim non potest, quin ratio legis allata, modò certa sit, valdè prosit ad rectam legis interpretationem. Cessante namque ratione legis, cessare quoque debet ejus dispositio. Vide Heinecc. in *præfat. Pandect.* et in *Elem. logic.* § 201 (*).

19. *Optima*] Sed non sola. *l.* 1, *C. de Legibus.* — Usus omnium magistrorum præcepta superat. Cic. *de Orat.* 1.

20. *Mutanda*] *L.* 1, *ff. de const. princ. l.* 183, *ff. de reg. jur.*

23. *Voluntatem potiùs*] Voluntas, ut pars legis præcipua, conservanda, spectanda.

24. *Calumniari*] Id est, falsò et scienter impugnare. *Gothof.*

25. [Nam] et si maximè verba legis hunc habeant intellectum, aliquando tamen mens legislatoris aliud vult. *L.* 13, §. 2, *ff. de excus. tut.*

26. Verba cum effectu sunt accipienda. *L.* 5, *ff. ne quis eum qui in jus voc. est, vi eximat.*

27. In re dubiâ melius est verbis edicti servire. *L.* 1, §. 20, *ff. de exerc. act.*

*1. In ambiguâ voce legis, ea potiùs accipienda est significatio quæ vitio caret; præsertim cùm etiam voluntas legis ex hoc colligi possit. *L.* 19, *ff. de legibus.*

28. Benigniùs leges interpretandæ sunt, quò voluntas earum conservetur. *L.* 28, *ff. eod.*

* 1. Nulla juris ratio aut æquitatis benignitas patitur, ut quæ salubriter pro utilitate hominum introducuntur, ea nos duriore interpretatione contrà ipsorum commodum producamus ad severitatem. *L.* 25, *ff. de legibus.*

29. Incivile est, nisi totâ lege perspectâ, unâ aliquâ particulâ ejus propositâ, judicare vel respondere. *L.* 24, *ff. eod.*

30. Quotiens lege aliquid unum vel alterum introductum est, bona occasio est, cætera quæ tendunt ad eamdem utilitatem, vel interpretatione vel certè jurisdictione suppleri. *D.* 13, *de leg.*

25. *Mens*] Quoties ex verbis legis simpliciter intellectis, præfertur iniquum æquo, recedimus à verbis, et stamus menti rationique legis. *Bald. Goth.* Salvo quod notavimus juxtà *reg.* 27.

26. *Cum effectu*] Non verbo tenùs. *l.* 1, § 2, *ff. quod quisque juris in alterum statuerit, ut ipse eodem jure utatur.* — Etiam in divinis scripturis, non verborum seriem, sed rerum pondus examinare debemus. S. Ambros. *lib.* 8 *in cap.* 18 *Lucæ.*

27. *In re dubiâ*] A fortiori, decernendi contra legem *expressam*, sub ullo æquitatis prætextu, judex facultatem non habet : hoc enim si fieret, judex prorsùs transiret in legislatorem, atque omnia ex arbitrio penderent.

Quæ vitio caret] Interpretationes absurdæ vitandæ. *Gothof.* ad. l. 2, *ff. de lege commissariâ.* A fortiori, vitanda est interpretatio quæ infames faceret legislatores. *Argentræus.*

28. *Benigniùs*] Benignitas legis pendet à benignitate interpretationis. *Tant vaut l'homme, tant vaut la terre*, ait proverbium rusticum : *Tanti est lex, quanti est judex*, inquit jurisconsultus. « Scimus enim quia lex bona est, modo quis eâ legitimè utatur. » (1 *Epist. ad Roman. cap.* 1, *v.* 8.)

Voluntas] *Vid. suprà reg.* 23. *Adde l.* 47, *ff. de oblig. et act. l.* 56, *l.* 168, *l.* 192, § 2, *ff. de reg. jur.*

30. *Suppleri*] Angustia prudentiæ humanæ, casus omnes, quos

* 1. Semper quasi hoc legibus inesse credi oportet, ut ad eas quoque personas et ad eas res pertinerent, quæ quandoquè similes erunt. *L.* 27, *ff. d. t.*

* 2. [Cæterum] in toto jure, generi per speciem derogatur; et illud potissimùm habetur, quod ad speciem directum est. *L.* 80, *ff. de reg. juris.*

31. Quod contra rationem juris receptum est, non est producendum ad consequentia. *L.* 141, *ff. de reg. juris.*

* 1. Quæ propter necessitatem recepta sunt, non debent in argumentum trahi. *L.* 162, *ff. eod.*

* 2. Quod non ratione introductum, sed errore primùm, deindè consuetudine obtentum est, in aliis similibus non obtinet. *L.* 39, *ff. de legibus.*

32. Non est novum ut priores leges ad posteriores trahantur. *L.* 26, *ff. de legibus.*

tempus reperit, non potest capere. Non raró itaque se ostendunt casus omissi et novi. In hujus modi casibus, duplex adhibetur remedium, sive supplementum: vel per processum ad similia (*de quo in * seq.*); vel per usum exemplorum, de quo videndum est in Baconii *aphorism.* 21 *et seqq.*

* 1. *Similes*] In casibus omissis, deducenda est norma legis à similibus, sed cautè et cum judicio. Circà quod servandæ sunt regulæ quas tradit Baconius *aphorism.* 11-20.

* 2. *Derogatur*] Legis mens et verba ad titulum sub quo sita est, accommodanda, et pro subjectâ materiâ vel amplianda vel restringenda. Multa generaliter accepta incautos fallerent, et restringi debent ad argumentum tituli undè desumpta sunt. Hinc d'Aguesseau: « Il faut, dans chaque genre d'affaires, consulter la loi qui lui est propre; autrement tout deviendrait incertain, si l'on voulait *dépayser,* pour ainsi dire, les principes, en faisant des applications forcées d'une loi à une autre, quoique les objets en soient essentiellement différens. » *Tome* 8, *p.* 483. Hæc regula locum habet præcipuè in materiâ pœnali, *l.* 41, *ff. de pœnis*; ibi enim periculosissima est quævis analogia. Limitationem recipit certis casibus, *ut in l.* 9, *ff de supellect. legat.*

31. *Contra rationem juris*] Juris communis talis innovatio constituit *jus singulare.* Jus singulare enim, ut ait Paulus *in l.* 16, *ff. de legibus*, est quod contrà tenorem rationis, propter aliquam utilitatem (specialem), auctoritate constituentium, introductum est.

. . . . Utilitas, justi propè mater et æqui,
HORAT. I sat. 3. v. 98.

32. *Trahantur*] Quùm posteriores leges prorsùs contrariæ sunt prioribus, per eas abrogantur priores. Secùs, quùm magis quid

*1. Sed et posteriores leges ad priores pertinent, nisi contrariæ sint. *L.* 28, *ff. d. t.*

33. Quùm lex in præteritum quid indulget, in futurum vetat. *L.* 22, *ff. d. t.*

34. Non videtur judex contra constitutiones prononciasse, si existimavit causam per eas non juvari. *L.* 32, *ff. de re judic.*

ARTICULUS IV.

De Legibus abrogandis.

35. [Leges et] constitutiones tempore posteriores, potiores sunt his quæ ipsas præcesserunt. *L. fin. ff. de const. princip.*

36. Rectissimè etiam illud receptum est, ut leges non solo suffragio legislatoris, sed etiam tacito consensu omnium

diversum quàm contrarium præcipiunt; hoc enim casu, per eas non abrogantur priores; sed potiùs ad eas trahuntur, id est, cum eis commiscentur. Exempla habes in juris nostri articulis fermè innumerabilibus.

* 1. *Pertinent*] Cùm de interpretatione, non de correctione agitur.

33. *In futurum vetat*] Qui dicit de uno, negat de altero : inclusio unius est exclusio alterius.

34. *Existimavit*] Id autem existimat, quia leges prolatæ sunt ambiguæ. *Gothof.* Hùc referri potest articulus 4 Codicis civilis nostri quo, judex qui judicare recusat, eò quòd lex silet, aut obscura est, aut non sufficit, denegare justitiam dicitur, et hoc nomine tenetur. Cur enim ad arma et rixam procedere patiatur prætor, quos potest jurisdictione suâ componere? *l.* 13, § 3, *ff. de usuf. et quemad.*

De legibus abrogandis] Hìc plura verba notanda sunt quibus testatur juris romani facundia. Lex *rogatur,* dum fertur; *abrogatur,* dum tollitur; *derogatur* eidem, dum quoddam ejus caput aboletur; *subrogatur,* dum aliquid ei adjicitur; *obrogatur* deniquè, quoties aliquid in eâ mutatur. Nos verò inopes Galli, habemus tantùm, *abroger* et *déroger*.

35. *Potiores*] Posteriora derogant prioribus. Et ità *artic. ult. legis* 30 *vent. XII*, derogat legibus quæ Codicis editionem præcesserunt. Undè illud XII Tabularum : Ut quodcumque *postremum* populus jussit, id jus ratumque sit. *Liv.* 7 *et* 9. — Hæc regula obtinet non solùm in legibus, *ut hìc*, sed etiam in pactis. *L.* 12 *C. de pactis*; in legatis, *L.* 6. § 2. *in fine, ff. de jure codicill. L.* 12. § 3. *ff. de leg.* 1, itemque in fideicommissis, *L.* 16. *ff. de vulgari.*

36. *Tacito*] Quòd Gellius, XI, 18, vocat; LEGES.... TACITO

per desuetudinem abrogentur. *L.* 32, §. 1, *ff. de legib.*

37. [Attamen] præscriptio temporis, juri publico non debet obsistere; sed nec rescripta quidem. *L.* 6, *Cod. de oper. publ.*

ILLITERATOQUE CONSENSU, (id est, sine ullâ lege scriptâ), OBLITTERATÆ. De hâc quæstione, vid. inf. *reg.* 53, et Vinnium, *n.* 5, *ad* § 9, *Inst. de jur. nat.* Si quis dicat sententiam *leg.* 32, § 1, pugnare cum *leg.* 2, *ff. quæ sit long. cons.* ubi dicitur, consuetudinem vincere legem non posse; audiat Perezium : « Alii » sentiunt consuetudinem non vincere legem directè, sed patien- » tiâ et dissimulatione legislatoris observantiam haud exigentis » longo tempore; . . . . . diversa enim sunt *vincere* et *abrogare* : » nam abrogatio sufficere potest longâ consuetudine legi contrariâ » ut lex in usu esse desinat, non tamen eam vincere potest. » Perez. *ad Cod. lib.* 8, *tit.* 53, *n.* 11.

Abrogentur] Hoc adeò verum est, ut medium cassationis oriri non possit ex violatione legis contrario usu abrogatæ. D'Aguesseau, *tome IX*, *p.* 446.

37. *Præscriptio temporis*] Quocircà vide Grosley, *Analyse du Droit français*, liv. 2, chap. 10, n. 6, et D'Aguesseau, *tom.* 8, *p.* 495.

Juri publico] vel fiscali. *L.* 42, *ff. de pactis.*

Non debet obsistere] Hinc, verbi gratiâ, diruenda sunt omnia, quæ per diversas urbes, vel in foro, vel in publico quocumque loco, contra ornatum et commodum, ac decoram faciem civitatis extructa noscuntur. *d. l.* 6.

Rescripta] Secundùm naturam est quæque eodem modo dissolvi quo colligata sunt. *l.* 35, *ff. de reg. jur.*; et cum ab initio non princeps, sed populus jus publicum *constituit*; consequens est ut non princeps rescriptis, sed populus legibus possit juri publico derogare. Et hoc quidem apertè significant, Impp. Theod. et Valent. dicentes : « *Digna vox est majestate regnantis*, LEGIBUS ALLI- » GATUM SE principem profiteri : adeò de auctoritate juris nostra » pendet auctoritas! Et reverà majus imperio est, summittere » legibus principatum. », *L.* 4, *Cod. de legib.* Contrarium sæpè vidimus. Hinc v. g. *au Bulletin des Lois*, 4e *série*, invenies Decretum imperiale, Berolino datum, 24 novemb. 1806, *qui abroge une loi*; non solùm ipso facto, quod non mirum esset (sæpè enim hoc sibi permisit imperator noster); sed in ipsâ Decreti rubricâ, nec non in contextu, impudentissimè declaratur quòd *legem abrogat.* — Nonobstantibus hujusce modi transgressionibus, nihilominùs dicendum est cum Plinio in Trajani Panegyrico : *non est princeps supra leges, sed leges supra principem.* Cui omninò consentaneum est quod ait D'Aguesseau, *tom. I*, *p.* 7, et *tom. IV*, *p.* 706. Adde etiam quod eodem sensu diximus, *Lois des lois*, pages XXII, XXIII et XXIV.

38. [A fortiori] privatorum conventio juri publico non derogat. *L. 45, §. 1, ff. de reg. jur.*

SECTIO II. — *De Constitutionibus Principum.*

39. PRINCIPALIS CONSTITUTIO, id est, quod ipse princeps constituit, pro lege servetur. *L. 2, §. 12, ff. de orig. jur.*

40. [Non tamen omnes principum constitutiones propriè leges sunt]; nam ex his quædam sunt personales, quæ nec ad exemplum trahuntur, quoniam non hoc princeps vult: nam quod alicui ob meritum indulsit, vel si quam pœnam irrogavit, vel si cui sine exemplo subvenit, personam non transgreditur. — *Aliæ*, cùm *generales* sint, *omnes* procul dubio *tenent. Inst. §. 6, de jur. nat.*

41. Privilegium ad alienam injuriam porrigi non oportet. *L. 40, ff. de admin. tut.*

38. *Privatorum conventio*] Ridiculum enim foret, quod principi non licet, id privatis licere. *Ita Cod. civ. art.* 5. Adde l. 5. C. *de legibus*, §° nullum enim pactum, etc.

39. *Pro lege servetur*] Legis habet vigorem. *Inst.* § 6. *de jur. nat.* Hoc ita jure romano procedebat ex lege regiâ, quâ anno U. C. 735, Cæsari Augusto concessum est ut omnia sub emendaret arbitrio, et quas vellet leges ferret, ut refert Dio Cass. *lib.* 54. Hoc autem ex cujuscumque imperii constitutione recipit limitationem. Sic v. g. apud nos, constitutiones principiis eòusque valent, quatenùs Chartæ constitutionali non repugnant, legibusque nituntur.

40. *Personales*] Exempli causâ, vide *Ordonnance du* 24 *juillet* 1815, et quod, in eam, pro exsulibus scripsi, *decembr.* 1815. — Hæ sunt quæ *privilegia* latinis dicuntur, eò quod veteres *priva* dixerunt, quæ nos *singula* dicimus. Gell. *X cap.* 20. Festus, *in voce* PRIVOS. Et sic constitutio differt à legibus, quæ non in singulas personas, sed generaliter constituuntur. (*Reg.* 9.) Item, sæpè jus à constitutionibus separatur; quia multa constitutiones benignè aut severè contra jus introduxerunt. Cuj. *Observ. lib.* 7, c. 19.

Personam non transgreditur] Non producitur hoc jus ad consequentias. *L.* 24, *ff. de legib.* Non transit ad successores. *L.* 68, *l.* 196, *ff. de reg. jur. l.* 16, 17, 18, *ff. de re judicatâ.* Constituunt *jus singulare*. Vide suprà *not. ad* n. 31.

41. *Ad alienam*] Privilegia omnia interpretanda sunt, salvo tertii cujusque jure. *L.* 15, *l.* 28, *ff. de test. milit. l.* 48. *C. de Vulg. subst. l.* 4, *C. de emancip. l.* 2. § 10. *ff. ne quid in loco pu-*

*41. Nec ad læsionem eorum quorumdam favore constitutum est. *L.* 6, *C. de legibus.*

42. Beneficium imperatoris quod ab..... ejus indulgentiâ proficiscitur, quàm plenissimè interpretari debemus. *L.* 3, *ff. de const. princip.*

43. Rescripta quibus usi non fuerint qui in fata concesserunt, heredes possunt allegare, *L.* 2, *Cod.* (Theod.) *de divers. rescript.*

44. Neratius consultus an quod beneficium dare se quasi viventi Cæsar rescripserat, jam defuncto dedisse existimaretur? respondit non videri principem, quod ei quem vivere existimabat concessisse, defuncto concessisse. Quem tamen modum esse benefici *sui* vellet *ipsius* æstimationem esse. *L.* 191, *ff. de reg. jur.*

45. Rescripta contra jus elicita, ab omnibus judicibus

---

blico. l. 12. *ff. de religiosis. l.* 91, *ff. de hered. instit.* D'Aguesseau, *tom.* 2, *p.* 615.

*41. *Favore*] Ratio petenda ex *reg.* 81. — Adde quod privilegium retorqueri non debet contrà illum qui privilegium concessit; nemo enim intelligitur voluisse privilegium contra se ipsum concedere. D'Aguesseau, *tom.* 7, *p.* 636. Eo sensu in Somnio viridarii, cap. 34, dicitur, quòd privilegium semper conceditur eâ conditione, *ut reipublicæ præjudicium non afferat.* Adde Maxim. du Dr. publ. fr. *tom.* 1, *p.* 359. Vide *infrà n.* 72.

42. *Quàm plenissimè*] Odia restringenda, favores ampliandi sunt; modo non in detrimentum alterius: tunc enim strictè interpretabitur. *Vid. reg.* 41.

43. *Heredes*] Poscit hæc regula distinctionem. Nam in omnibus causis id observatur: ubi personæ conditio locum facit beneficio, ibi deficiente eâ beneficium quoque deficiat; ubi verò genus actionis id desiderat, ibi ad quemvis persecutio ejus devenerit, non deficiat ratio auxilii. *l.* 68, *ff. de reg. jur.* Et in summâ, privilegia quædam causæ sunt, quædam personæ. Et ideò, quædam ad heredem transmittuntur, quæ causæ sunt. Quæ personæ sunt, ad heredem non transeunt. *l.* 196, *ff. eod.*

44. *Defuncto concessisse*] Privilegium alicui datum tanquam viventi, ei mortuo non competit, id est, ad heredes non extenditur. Gothof. *hic.*

Ipsius] Principis, scilicet. Vide D'Aguesseau, *tom.* 3, *p.* 737 et *p.* 772, *lin.* 14; *tom.* 8, *p.* 414; *tom.* 10, *p.* 55.

45. *Contrà jus*] *Vid. reg.* 37, in voce *rescripta.* Juri contraria postulari non oportet. *l.* 3, *Cod. h. t.*

Elicita] Princeps nunquam præsumitur juri publico derogare voluisse. *D'Aguesseau*, *t.* 3, *p.* 736. — Si tamen *contra jus* quid

refutari præcipimus; nisi fortè sit aliquid quod non lædat alium, et prosit petenti, vel crimen supplicantibus indulgeat. *L.* 7, *C. de prec. imper. offer,*

* 1. Mendax precator careat penitùs impetratis; et si nimia mentientis inveniatur improbitas, etiam severitati subjaceat judicantis. *L.* 5, *Cod. si contra jus., etc.*

* 2. Si qua beneficia personalia sine die et consule fuerint deprehensa, auctoritate careant. *Cod. de divers. rescript.*

statuerit, huic malo mederi debet officio boni judicis, *ut mox.*

Refutari] Ait enim lex 11 Cod. *de judicis:* Subtilitatem legum judex curæ habeat; non autem his quæ *præter jus* dicta vel prolata sunt ab imperatore, attendens. Nos enim volumus obtinere quod nostræ leges volunt, inquit Justinianus *Nov.* 113. Adde *Novell.* 125.

Indulgeat] *Le droit de grâce.*

* 1. *Mendax precator*] Supplicans aut verum dicit, aut falsum: si falsum, aut in jure, aut in facto. In facto dupliciter id accidit; nempè, dùm factum id esse asserit quod factum non est, vel è contrà. Item, mentiri non tantùm dicitur qui falsum asserit, sed qui verum reticet, qui omittit. Mendacium denique aut in narrando, aut in tacendo. *L.* 1 *et* 2, *C. eod.* et Gothof. *ibidem.* Hinc distinctio sequens oritur. Per reticentiam impetratum rescriptum *obrepticium* dicitur; mendacio, *subrepticium. Vid.* Papon. *Notar.* 3, *cap.* 5, *des lettres non recevables,* et Oldendorpium, *cap.* 9, *de except.* Ibi exceptiones adversus rescriptum.

Antiqua ordinatio Philippi IV præcipit omnibus judicibus: « Quatenùs mandata regia cum reverentiâ suscipiant, et diligenter » executioni debitæ demandent... Si quæ [autem, addit rex] impetratores fecisse contigerit, ob defectum, negligentiam, fraudem, vel malitiam, prædam, et aliàs; prout justum fuerit puniantur. » *Ordinat.* Philip. (*Le Bel.*) ann. 1302. Multæ aliæ auctoritates videre sunt in Max. du Dr. pub. franç., *tom.* 1er, *p.* 167-186.

Careat penitùs] Mendaci mendacium non prodest. *l.* 29, *ff. de falsis. l.* 1, *ff. de natalibus.*

Severitati subjaceat] « Nam totius injustitiæ nulla capitalior est » quàm eorum, qui quùm maximè fallunt, id agunt ut boni viri » esse videantur. » Cic. *Off. lib.* 1, *n.* 41.

Judicantis] Judicans punire debet mendacium impetrantis; sed ipse judex puniri non debet, si obtemperaverit rescripto ignorans obreptionem vel subreptionem. D'Aguesseau, *tom.* 7, *p.* 288.

* 2. *Sine die*] Vide Papon. *not.* 3, *cap.* 5 *de la date des rescripts.*

CAPUT II.

De Jure non scripto.

SECTIO PRIMA. — *De Responsis Prudentium.*

46. RESPONSA PRUDENTIUM sunt sententiæ et opiniones eorum quibus permissum erat de jure respondere. *Inst.* § 8, *de jur. nat. et gent.*

SECTIO II. — *De Judiciis.*

47. [Generaliter] non exemplis sed legibus judicandum [est.] *L.* 13, *C. de sentent.*

48. [At in silentio legis nec non] in ambiguitatibus quæ ex lege proficiscuntur, [vidimus] rerum perpetuò similiter judicatarum auctoritatem, vim legis obtinere debere. *L.* 38, *ff. de legibus.*

49. [Idcircò] quod legibus omissum est, non omittetur religione judicantis. *L.* 13 *ff. de testibus.*

46. *Permissum erat*] Antiquitùs constitutum erat, ut essent, qui jura publicè interpretarentur, quibus à Cæsare jus respondendi datum est, qui jurisconsulti appellabantur : quorum omnium sententiæ et opiniones eam auctoritatem tenebant, ut judici recedere à responsis eorum non liceret. (Inst. *dict. loc.*) Hoc in Galliâ nunquàm obtinuit ; illud tamen receptum est, ut essent qui de jure responderent, advocati. Item, apud nos, auctorum quorumdam non vilis auctoritas est ; sed ad judicandum ex eorum responsis, judices minimè coguntur, ratione imperii ; sed tantummodò alliciuntur, rationis imperio.

47. *Non exemplis*] Ità sa'è dicendum est, cùm lex extat ; ubi verò deficit lex, tunc exemplis judicari potest : ut in *reg. seq.* Circa usum exemplorum, valdè notandæ sunt sequentes sententiæ: I. Omnia mala exempla, ex bonis initiis orta sunt, etc. *Orat. Cæs.* in conjur. Catilin. apud Sallust. — II. Quod nunc tuemur exemplis, olim erit inter exempla. Vide D'Aguesseau, *t.* 4, *p.* 442 *et* 443. Adde Baconii *aphorism.* 22-31, *de exemplis et eorum usu.*

48. *Perpetuò*] Rectè jurisconsultus dicit *perpetuò* : secùs enim si unâ duntaxat aut alterâ vice. *Une fois n'est pas coutume.*

Judicatarum] Circa rerum judicatarum auctoritatem vide infra quæ scripsi in *meâ Dissert. sur la Jurisprudence des Arrêts.*

49. *Non omittetur*] Et hinc ortum est apud Romanos jus prætiorum, quod prætores introduxerunt, adjuvandi, vel supplendi,

50. [Nam] jus honorarium, *viva vox* est juris civilis. *L.* 8, *ff. de just. et jur.*

SECTIO III. — *De Consuetudine et Usu.*

51. [Præterea] sine scripto jus venit quod usus approbavit. Nam diuturni mores, consensu utentium comprobati, legem imitantur. *Inst.* § 9, *de jur. nat. et gent.*

* 1. Inveterata consuetudo pro lege non immeritò custoditur. Et hoc est jus quod dicitur *moribus* constitutum. *L.* 32, § 1, *ff. de legibus.*

* 2. Mos namque retinendus est fidelissimæ vetustatis. *L.* 18 *C. de testam.*

52. De quibus causis, scriptis legibus non utimur; id custodire oportet quod moribus et consuetudine inductum est. *L.* 32, *ff. de legibus.*

vel corrigendi juris civilis gratiâ, propter utilitatem publicam: quod et *honorarium* dictum fuit, ad honorem prætorum sic nominatum. *l.* 7, *ff. de just. et jur. l.* 12. *ff. de legibus.*

50 *Honorarium*] *Vid. notam præced.*

Viva vox] Verè dici potest, *magistratum legem esse loquentem, legem autem mutum magistratum.* Cic. *de leg. lib.* 3.

51. *Sine scripto*] Magnæ auctoritatis hoc jus habetur, quod in tantùm probatum est, ut non fuerit necesse scripto id comprehendere.

Usus] Uso, legislatore il più ordinario delle nazioni. Beccaria, *Tratt. dei Delitti n.* 42.

Diuturni] Propria hæc sunt epitheta consuetudinis, ut dicatur, *diuturna, longa, inveterata*; oportet etiam ut sit *certa, vulgata*, à legislatore *non improbata.* Grosley, *Analys. du Dr. fr.* liv. 2, chap. 10, n. 6. Quanto autem tempore introducatur, jure ostro definitum non est.

Legem imitantur] Id est, legis vim et effectum habent. *Infrà* * 1. Quin etiam aliquandò plus valere, et in rebus majoris momenti versari leges quæ moribus comprobatæ sunt, quàm quæ scripto constant, testatur *l.* 32, *ff. de legibus*, de quâ suprà diximus, *reg.* 36.

* 1. *Moribus constitutum*] « Quæ verò *more* aguntur. De iis » nihil est præcipiendum; *illa enim ipsa præcepta sunt.* » Cic. *de Offic. lib.* 1, *n.* 148.

* 2. *Fidelissimæ vetustatis*] . . . Optima rati ea, quæ magno assensu recepta sunt... Nec ad rationem, sed ad similitudinem vivimus. Senec. *de vitâ beatâ*, c. 1.

* 1. Et si quâ in re hoc deficeret, tunc quod proximum et consequens ei est. *d. l.* 32.

* 2. Sed si nec id quidem appareat, tunc jus quo urbs Roma utitur, servari oportet. *d. l.* 32.

* 3. [Attamen] non tam spectandum quid Romæ factum est, quàm quid fieri debeat. *L.* 12, *ff. de offic. præsidis.*

53. Consuetudinis ususque longævi non vilis auctoritas est; verùm non usque adèo sui valitura momento, ut aut rationem vincat, aut legem. *L.* 2, *C. quæ sit long. cons.*

54. Quùm de consuetudine civitatis, vel provinciæ confidere quis videtur, primùm illud explorandum arbitror, an etiàm contradicto aliquandò judicio consuetudo firmata sit *L.* 34 *ff. de legibus.*

TITULUS II.

De Regulis Juris generalibus.

CAPUT PRIMUM.

De Regulis ipsis.

55. REGULA est, quæ rem, quæ est, breviter enarrat.

52. * 2. *Urbs Roma*] Sic apud nos, consuetudo parisiensis, aliis silentibus, commune jus dabat adjumentumque præbebat. Attamen, etc. * 3, *Infrà.*

53. *Non usquè adeò*] Imò usus et mores legem superant (suprà *reg.* 36.). Solve : specialis consuetudo generalem legem tollere non potest, *ut hic* : specialem potest. *l.* 32, *ff. de legib. l.* 13, *ff. comm. præd.* Generalis generalem potest. *d. l.* 32, *et ibi* Gothof. Adde Vinnium ad § 9. *Inst. de jur. nat. et gent.* Heineccium *ibid.* § 71. J. Voët *ad Pandectas. lib.* 1, *tit.* 3, *n.* 37.

54. *Contradicto aliquandò judicio*] More gallico quùm de consuetudine vel usu alicujus regionis agitur, acta quæ dicuntur *de notoriété*, solent exigi.

De regulis ipsis] Extat Heineccii Curiosa observatio *de Paræmiis* (id est, regulis) ad jurisprudentiam veterum Germanorum pertinentibus. *tom.* 3 *Operum, pag.* 184.

55. *Regula*] *Regula* ab eo dicta est, quòd rectè ducit, nec ali-

Non ex regulâ jus sumatur; sed ex jure quod est regula fiat. *L.* 1, *ff. de reg. juris.*

* 1. Per regulam igitur brevis rerum narratio traditur; et, ut ait Sabinus, quasi causæ conjectio est; quæ simul quùm in aliquo vitiata est, perdit officium suum. *d. l.* 1, * *per regulam.*

56. Plerumquè sub auctoritate juris scientiæ, perniciosè erratur. *L.* 91, § 3, *ff. de verbor. oblig.*

* 1. Omnis definitio in jure civili periculosa est; parùm est enim, ut non subverti possit. *L.* 202, *ff. de reg. jur.*

quandò aliorsùm trahit. Alii dixerunt regulam dictam vel quòd regat, vel quòd normam rectè vivendi præbeat, vel quia distortum pravumque corrigat. Isidor. *Origin.* VI, *c.* 16.

Rem] Seu jus quod de aliquâ re observatur. (*Pothier.*) Nam regulæ, de facto non respondent, sed de jure. *Gothofred.*

Non ex regulâ] Rectè jubetur, ut non ex regulis jus sumatur, sed ex jure quod est, regula fiat. Neque enim ex verbis regulæ petenda est probatio, ac si esset textus legis. Regula enim legem (*ut acus nautica polos*) indicat, non statuit.

* 1. *Causæ conjectio*] Causæ conjectio fiebat à litigatoribus, qui cùm ad judicium venissent, antequàm ageretur causa, rem per indicem exponebant, et *causam in breve suam cogebant*: (Faber): vernaculè, *prendre ses conclusions.*

Vitiata est] Regula vitiari dicitur cùm malè applicatur, id est ad aliquem casum quo res modicâ circumstantiâ aberret à vero regulæ subjecto. (*Gothof. Poth.*)

56. *Erratur*] Scilicet quùm jus cum æquo et bono pugnat; ut in specie *d. l.* 91, § 3.

* 1. *Definitio*] Id est, regula, sententia (Cujac. *ad Papin.*) Regulæ et definitiones, ait Gothofredus, magnam utilitatem in omni scientiarum genere adferunt. Indè Vegetius 3, *c.* 26, recenset quasdam regulas generales bellorum; idem medicis præstant aphorismi Hyppocratis; geometris, elementa Euclidis; jurisconsultis, receptæ Pauli sententiæ, nec non titulus ipse *de regulis juris.* Cur igitur omnem definitionem in jure periculosam esse dicatur? Quia difficillimum est, et sæpè impossibile, regulam juris ita accuratè confici ut *omnes et solos* casus quibus aptanda est complectatur: modica enim circumstantiæ varietas totum plerumquè jus immutat; et sic omnes juris nostri regulas debemus accipere, *ut non perpetuò sed plerumquè obtineant.*

CAPUT II.

Regulæ generales, tam naturalis quàm civilis juris.

SECTIO PRIMA. — *Regulæ generales ex Jure naturali deductæ.*

57. Juris præcepta sunt hæc : honestè vivere, alterum non lædere, suum cuique tribuere. *L.* 10, § 1, *ff. de justitiâ et jure.*

58. Non omne quod licet honestum est. *L.* 144, *ff. de regulis juris.*

59. In omnibus quidem, maximè tamen in jure, æquitas spectanda sit. *L.* 90, *ff. dict. tit.*

* 1. Placuit in omnibus rebus præcipuam esse justitiæ

57. *Juris præcepta*] Non propriè regulæ artis juris : sed dictata naturæ; insitæ et quasi consignatæ in animis nostris notiones. (*Vinnius.*)

Honestè vivere] Hoc præcepto vetantur omnia quæ pugnant cum bonis moribus et publicâ honestate, etiamsi non expressè prohibita.

Alterum non lædere] Justitiæ primùm munus est, ut ne cui quis noceat, nisi lacessitus injuriâ. (Cic. *de offic. lib.* 1.)

Suum cuique] *Æquissima vox est, et jus gentium præ se ferens,* REDDE QUOD DEBES. Senec. 3, *de Benef. cap.* 14. Fallit regula in specie. *l.* 31, *ff. depositi.* Infrà *n.* 73, * 3 et 4.

58. *Honestum est*] Est aliquid quod non oporteat, etiamsi licet. (Cic. *pro Balbo.*)

La loi permet souvent ce que défend l'honneur.

Stultissimum enim est, existimare omnia justa esse, quæ scita sint in populorum institutis aut legibus. (Cic. *de legibus lib.* 1.) Stultissimus ergo Hobbes, *de cive*, *c.* XII, § 1. *Vid.* Barbeyr. *in præf. ad Puffend.* Maxim. du Droit pub. fr. *tom.* 1. *p.* 47.

59. *Æquitas spectanda*] Jus semper quærendum est æquabile; neque enim aliter jus esset. (Cic. *de Offic.* lib. 2, n. 41. Qui aliter jus civile tradunt, non tàm justitiæ quàm litigandi tradunt vias. (Cic. *de leg. lib.* 1.) Et etiam alibi laudat Servium-Sulpicium, quòd non magis juris quàm justitiæ consultus esset, et jus civile ad æquitatem referret. (Cic. *Philip.* IX.)

* 1. *In omnibus*] In omnibus scilicet, quæ lege palàm non sunt definita (n. 17). Cæterum fallit regula in multis casibus, quos vi-

æquitatisque quàm stricti juris rationem. *L.* 8, *C. de judic.*

* 2. Quoties æquitatem desiderii, naturalis ratio aut

dere est in *l.* 69, *ff. de legatis* 3°, *l.* 1, § 20, *ff. de exercitoriâ act. l.* 12, *ff. qui et à quib. l.* 2, *C. de legib.*

* 1. *Æquitatis*] Ità Gothofredus ad hanc vocem : æquitas, justitia, ut *hìc*; verum jus, germana justitia. *Cic.* Bona fides, *l.* 29, § 4, *ff. mandati.* Naturalis justitia. *Cic. l.* 13, § 7, *ff. de excus. tutor.* Humanitas, benignitas, æquum, bonum, bonum et æquum. *l.* 1, *ff. de justitiâ et jure l.* 91, § 3. *ff. de verb. oblig.* Utilitas communis, *l.* 51, § 2, *ff. ad leg. Aquil.* Justum quidem, sed non semper scriptum, et ita opponitur justo legitimo ab Aristotele. V. *Ethic.* 10. Æquitas rationem personarum habet. *l.* 14, § 6, *ff. de relig.* Educitur ex ipsarum rerum naturâ. *d. l.* 14, § 15. Judici antè oculos esse debet, *l.* 4, *in fin. ff. de eo quod certo loco.* Undè religio judicantis dicitur, *l.* 13, *ff. de testib.* Juris scripti duritiem habitâ ratione circumstantiarum mitigat. Hùc utique spectat ars æqui et boni. *l.* 1, *ff. de just. et jur.* Vera philosophia, non simulata, quæ suî studiosos sacerdotes facit. *ibid.* § 1. Stricto juri præferendam, ut *hìc.* Obiter notandum est, originem æqui oriri ex universali lege : quippe legislatores non omnes casus definiunt, sed eos qui plerumquè accidunt (n. 10). Decisio casûs omissi in lege universali petenda, non ex ipsâ lege, sed ex eo quod bonum et æquum diximus; et sic æquitatem ipsam possumus appellare, scriptæ legis supplementum. Eo sensu æquitas definiri potest, Virtus correctrix ejus, in quo lex propter universalitatem deficit. Grotius. *de Æquit. indulg. et facil.* cap. 1, § 3.

Stricti juris] Jus strictum hìc, pergit Gothofredus, non est jus scriptum, sed juris scripti prædura et ab humanitatis regulâ aliena interpretatio; stricta ratio. *l.* 43, *in fin. ff. de relig.* jus summum; Cic. *de Offic.*, *lib.* 1. Apices juris, ut *hìc* * 3. Mera cognitio. *l.* 14, § 13, *ff. de relig.* Subtilitas verborum. *l.* 20 *in fine. ff. de reb. cred.* Opponitur æquitati, ut homini politico et humano, barbarus : ut spiritui, littera : dicitur et scrupulositas, nimiaque subtilitas. *l.* 18, *C. de injusto.* Cavillatio, subtilitas juris, *l.* 17. *ff. eod. tit.* Authoritas juris scientiæ, *l.* 91, § 3, *ff. de verb. oblig.* Ratio disputandi, *l.* 51, § 2, *ff. ad leg. Aquil.* Summum jus, summa injuria. Cic. *loc. cit.* Summum jus, summa crux; *Columell.* Summa malitia. *Terent.* Jus nimiùm scrupulosum et ideò non admittendum. *l.* 33 *ff. de excus. tut.* Subtilis ratio. *l.* 51, *in fine, ff. ad l. Aquil.* Subtilis regula et humanitas opponuntur in *l.* 13, *ff. de liber. et posth.*

* 2. *Desiderii*] Id est, postulantis, agentis.

Naturalis ratio] Id est, æquitas justæ causæ.

dubitatio juris moratur; justis decretis res temperanda est. *L.* 85, § 2, *ff. de reg. jur.*

* 3. [Bonæ fidei] non congruit de apicibus juris disputare. *L.* 29, § 4, *ff. mandati.*

* 4. [Hinc] multa jure civili contra rationem disputandi pro utilitate communi recepta esse, innumerabilibus exemplis probari potest. *L.* 51, § *fin. ff. ad leg. Aquil.*

60. Jura sanguinis nullo jure civili dirimi possunt. *L.* 8, *ff. de regulis juris.*

61. Una est omnibus parentibus servanda reverentia. *L.* 6, *ff. de in jus vocando.*

62. Beneficio adfici hominem interest hominis. *L.* 7, *ff. de serv. export.*

* 1. Cùm inter nos cognationem quamdam natura constituit, consequens est hominem homini insidiari nefas esse. *L.* 3, * *cùm, ff. de just. et jure.*

**Dubitatio juris*] Quæ oritur ex obscuritate vel contrarietate legum.

Moratur] Id est, impedimentum affert, quominùs res possit decidi.

Temperanda] Temperare est inter summum et nimiùm indulgens jus, medium locum tenere. (*Le juste-milieu*)

* 3. *Bonæ fidei*] *Vide* * 1. Suprà, *in voce* Æquitatis.

Apicibus juris] *Vide* * 1. Suprà, *in voce* Stricti juris.

* 4. *Rationem disputandi*] *Vide notas ad.* * 1, *n.* 69.

Innumerabilibus] Vide *l.* 8, *C. de judiciis. l.* 43, *ff. de religios. l.* 25, *ff. de legibus. l.* 14, *ff. de except. rei jud. l. ult. ff. ex quib. causis maj. l.* 3, *ff. de off. Præt. l.* 14, *ff. de divers. temp. præscrip. l.* 5, *pr. ff. de obligat. et act. l.* 21, *ff. communi dividundo.*

60. *Jure civili*] Ratio petenda est ex *n.* 74. * 1.

61. *Omnibus parentibus*] Cujusvis sexûs aut gradûs sint, et tàm naturalibus quàm legitimis. De eâ re, vide Plat. *de legib. lib.* 4. Cic. *de Off. lib.* 1, *n.* 58. Val. Max. *lib.* 5, *c.* 4. Cod. civ. *art.* 372. Perreau, *Elémens de Légis. nat.* p. 61 *et seq.*

62. *Interest hominis*] Homo sum et nihil humani à me alienum puto. . . . Unà ex re satis præcipitur, ut, quidquid sine detrimento possit commodari, id tribuatur vel ignoto. Ex quo sunt illa communia: non prohibere aquâ profluente; pati ab igne ignem capere, si quis velit; consilium fidele deliberanti dare: quæ sint iis qui accipiunt, utilia; danti, non molesta. Quare et his utendum, et *semper aliquid ad communem utilitatem afferendum*. (Cic. *de Offi. lib.* 1, *n.* 52.)

* 1. *Cognationem*] Quoniam (ut præclarè scriptum est à Platone) non nobis solùm nati sumus, ortûsque nostri partem patria

* 2. [At verò] adversùs periculum naturalis ratio permittit se defendere. *L. 4, ff. ad leg. Aquil.*

* 3. [Licet] vim vi repellere. *L. 12, § 1, ff. quod met. caus.*

* 4. Jure, hoc evenit; ut quod quisque ob tutelam corporis sui fecerit, jure fecisse existimetur. *L. 3, ff. de just. et jur.*

63. Unusquisque suis fruatur, et non inhiet alienis. L. 1, § *fin. C. de Thesauris.*

vindicat, partem amici; atque ita placet stoïcis, quæ in terris gignuntur, ad usum hominum omnia creari; *homines autem hominum causâ esse generatos, ut ipsi inter se, aliis alii prodesse possent;* in hoc naturam debemus sequi ducem, communes utilitates in medium afferre, mutatione officiorum, dando, accipiendo: tùm artibus, tùm operâ, tùm facultatibus *devincire hominum inter homines societatem.* Cic. *de Off. lib. 1, n.* 22.

En ce monde, il se faut l'un l'autre secourir :
Il se faut entr'aider : *c'est la loi de nature.*
(La Fontaine.)

Undè facilè patet, an fuerit crimen *Subscriptio nationalis* illa, quâ anno 1820, cives concivibus incarceratis opem ferre pacti sunt!

* 2 *Naturalis ratio*] Quis est qui, quoquo modo quis interfectus sit, puniendum putet, cùm videat aliquandò gladium nobis ad occidendum furem ab ipsis porrigi legibus. Cic. *pro Milone*, n. 9. Reverà, lege XII Tabularum cautum erat : Si nox furtum factum sit; si im (*eum*) aliquis occisit, jure cæsus esto. Si luci furtum faxit. . . . . verberator. . . . : si se telo defensint; quiritato endoque plorato : post deinde, si cæsi escint (*erunt*) se (*sine*) fraude esto. (*Tab.* 2.) Illa autem, quam inter nocturnum diurnumque furem decemviri adhibuerant, distinctio, solâ suâ æquitate satis commendatur. A nocturno scilicet fure, propriæ saluti nemo qui non metuat; cùm inermis veniat necne, explorari non possit. Silent enim leges inter arma, nec se expectari jubent : cùm ei qui expectare velit, ante injusta pœna luenda sit, quàm justa repetenda. Cic. *loc. cit.* n. 10. At contrà diurnos fures, solam defensionem, non etiam ultionem privatis concedi oportuit; nec aliter occidi permittendum, quàm si vim vi repellere necesse sit, *armaque in armatos sumere.* Code pénal, *art.* 328 *et* 329. Exemplum notabile videre est apud D'Aguesseau, *t.* 10, *part.* 2, *p.* 265, *in fine.*

* 3. *Vim vi*] Vide *l.* 45, § 4, *ff. ad leg. Aquil. l.* 1, § 28, *et* l. 9, *ff. de vi et vi armatâ. l.* 2, *C. ad leg. Cornel. de sicar.* Cuj. *Observ. lib.* 5, *c.* 18.

63. *Suis*] Nobis non res, rerum sed conceditur usus. Sunt enim nulla privata naturâ : sed aut veteri occupatione, ut qui quondam in vacua venerunt; aut victoriâ, ut qui bello potiti sunt; aut lege, pactione, conditione, sorte; ex quo fit, ut ager Arpinas, Arpinatium dicatur; Tusculanus, Tusculanorum. Similisque est priva-

64. Prodesse unusquisque sibi, dùm alii non nocet, non prohibetur. *L*. 1, § 11, *ff. de aq. pluv. arcend.*

65. Non debet alteri per alterum iniqua conditio inferri. *L*. 74, *ff. de reg. juris.*

66. Nemo potest mutare consilium suum in alterius injuriam. *L*. 75, *dict. tit.*

67. Naturalis simul et civilis ratio suasit, alienam conditionem meliorem quidem etiam ignorantis et inviti nos facere posse; deteriorem, non posse. *L*. 39 *ff. de neg. gest.*

* 1. Factum cuique suum, non adversario nocere debet. *L*. 155, *ff. de reg. juris.*

* 2. Neque debet nocere factum alterius ei qui nihil fecit. *L*. 5, § 5, *ff. de oper. nov. nunc.*

* 3. Non deberet alii nocere quod inter alios actum esset. *L*. 10, *ff. de jurejurando.*

tarum possessionum descriptio : ex quo, quia suum cujusque fit, eorum, quæ naturâ fuerant communia, quod cuique obtigit, id quisque teneat; è quo si quis sibi appetet, violabit jus humanæ societatis. *de (Origine du droit de propriété.)* Cic. *Off. lib.* 3, *n.* 21.

64. *Non nocet*] Quinetiam, suum cuique incommodum ferendum est potiùs, quàm de alterius commodis detrahendum. Forsitan quispiam dixerit : nonne igitur sapiens, si fame ipse conficiatur, abstulerit cibum alteri homini ad nullam partem utili? Minimè verò : non enim mihi est vita mea utilior, quàm animi talis affectio, neminem ut violem commodi mei gratiâ. Cic. *de Off. lib.* 3, *n.* 29, 30.

65. *Iniqua conditio*] Animadvertendum est ne conventio in aliâ re facta, aut cum aliâ personâ, in aliâ re aliâve personâ noceat. *l.* 27, § 4, *ff. de pactis.*

66. *Mutare consilium*] Hujus regulæ exemplum habes in arresto Curiæ cassationis dato Parisiis, 22 prairial an 13, et relato cum suâ specie (*Journal du Palais*, *an* 14, *n.* 329, *art.* 9).

67. *Meliorem*] Sive solvendo quod alius debet, *Cod. civ. art.* 1236. Sive aliena negotia gerendo. (*Ibid. art.* 1371.) Sive pro alio fidem suam obligando. (*Ibid. art.* 2014.)

Deteriorem] Non potest. *l.* 3, *ff. soluto matrimonio.*

* 1. *Cuique suum*] Quâ de re, vide Paponem, 24. arrest. 2. tit. *Chacun porte la peine de son maléfice*. Exemplum et exceptio ex articulo 1233 *Cod. civ.* peti possunt. Item alia exceptio petenda est ex Poth. *Obligat. n.* 336. *Contr. de vente, n.* 58.

* 2. *Factum alterius*] Adde *l.* 16 § 1. *C. de fide instrum.*

* 3. *Inter alios*] *V. g.* Res inter alios judicatæ neque emolumentum afferre his qui judicio non interfuerunt, neque præjudicium solent irrogare. *l.* 2, *C. quib. res judic. non noc. l.* 63, *ff.*

* 4. Injuriam quæ tibi facta est, penes te manere, quàm ad alium transferri, æquius est. *L.* 67, *ff. de fidejussorib.*

68. Jure naturæ æquum est, neminem cum alterius detrimento et injuriâ fieri locupletiorem. *L.* 206. *ff. de reg. jur.*

* 1. Bono et æquo non conveniat, aut lucrari aliquem cum damno alterius, aut damnum sentire per alterius lucrum. *L.* 6, § 2, *ff. de jur. dot.*

69. Nemo ex suo delicto meliorem suam conditionem facere potest. *L.* 134, *ff. de reg. jur.*

* 1. Nec æquum est dolum suum quemquam relevare. *L.* 63, § 7, *ff. pro socio.*

* 2. Nemo de improbitate suâ consequitur actionem. *L.* 12, § 1, *ff. de furtis.*

* 3. Alterius circumventio, alii non præbet actionem. *L.* 49, *ff. de reg. jur.*

70. Secundùm naturam est, commoda cujusque rei eum sequi quem sequuntur incommoda. *L.* 10, *ff. de reg. jur.*

* 1. Ubi periculum, ibi et lucrum collocetur. *L. fin.* § 3, *C. de furtis.*

---

de re judicat. l. 12, 13, 14, *ff. de except. rei jud. Cod. civ. art.* 1351. Similiter jusjurandum alteri nec nocet nec prodest. *l.* 3, § 3, *ff. de jurejurando ; Cod. civ. art.* 1366.

*4. *Penes te*] Vide quæ notavi ad *regul.* 64, *Cod. civ. art.* 1640.

68. *Detrimento*] Si hujus regulæ quæras exempla, invenies apud Pothier, *Obligat., n.* 449. *Propriété, n.* 170. *Donat. entr. mar. et fem., n.* 58. *Cod. civ. art.* 555. Vide etiam apud Cic. *de Offic. lib.* 3, *cap.* 10, *n.* 42.

69 *et* * 1.] Harum regularum æquitas evidens est, et sanè exemplis non indigent, quæ, si non fastidit, videre sunt in *l.* 175, § *pen. ff. de reg. jur. l.* 5. *ff. si quis cautionibus. l.* 26, § 4, *ff. quib. ex caus. maj. l.* 9, *l.* 17, verbo *illud iniquè*, *ff. de noxal. l.* 3, § 11, *ff. ad exhib. l.* 6, § *ult. ff. mand. l.* 10, § 1, *ff. solut. matrim. l.* 1, § 4. *l.* 15, *ff. de tut. et rationibus. l.* 12, § 1, *ff. de furtis. l.* 30, *C. de transact.*

* 2. *Actionem*] Species in malæ fidei possessore, cui res subrepta est. Non datur ei actio furti, quamvis intersit ejus non subripi rem quæ periculo ejus est. Ideò autem non datur, ne *ex improbitate suâ* (ex malâ suâ possessione) consequatur actionem. Infinitis aliis speciebus aptari potest.

* 3. *Alterius circumventio*] Articulus 1111 Codicis civilis nostri idem principium ponit, in specie metûs adhibiti ab altero quàm ad quem *res* pervenit, et rectè : nam in alterius præmium verti alienum metum non oportet, *l.* 14, § 5, *ff. quod metus caus.*

*2. Ex quâ personâ quis lucrum capit, ejus factum præstare debet. *L.* 149 *ff. de reg. juris.*

* 3. Æquum est, ut cujus participavit lucrum, participet et damnum. *L.* 55, § *fin. ff. pro socio.*

71. Adjuvari nos, non decipi beneficio oportet. *L.* 17, § 3, *ff. commodati.*

72. [Est] iniquum, damnosum cuique esse officium suum. *L.* 7, *ff. quemad. testam. aper.*

73. Fides bona contraria est fraudi et dolo. *L.* 3, § *fin. ff. pro socio.*

* 1. Grave est fidem fallere. *L.* 1, *ff. constituta pecunia.*

70. * 2. *Ex quâ personâ*] *Verbi gratiâ*, hæres qui in bona defuncti succedit, debet præstare factum defuncti ex cujus personâ lucrum capit aut intelligitur capere. Vide *Cod. civ. art.* 724.

* 3. *Ut cujus*] Id traditur in specie duorum sociorum quorum alter rem ex furto alterius paratam sciens partitus est. Ex hâc regulâ tenetur pati ut è medio societatis tollatur id in quod fur socius ex causâ hujus furti damnaretur. Aliæ species excogitari possunt.

71. *Adjuvari*] Vide *Cod. civ. art.* 1373, 1899, 1991, 2010.

72. *Iniquum*] Verbi gratiâ privilegium principis non debet contra ipsum retorqueri. Répert. de jurispr. V. *Opposit. au sceau des lettres de ratif. n.* 1. — Vide suprà n. 41. Vide etiam *Cod. civ. art.* 1375, 1902, 1999 *et seqq.*

73. *Contraria est dolo*] Videamus igitur quid sit dolus; nam si illum cognoverimus, simul intelligemus quid sit bona fides. Labeo definit dolum, *omnem calliditatem, fallaciam, machinationem, ad circumveniendum, fallendum, decipiendum alterum adhibitam. l.* 1, § 2, *ff. de dolo malo.* Aquilius autem, quùm ex eo quæreretur quid esset *dolus malus*, respondebat, *quùm esset aliud simulatum, aliud actum.* Quod si aquiliana definitio vera est; ex omni vitâ simulatio, dissimulatioque tollenda est. Ita, nec ut emat meliùs, nec ut vendat, quidquam simulabit aut dissimulabit vir bonus. Cic. *de Offic. lib.* 3, *n.* 60, 61. Etenim fundamentum est justitiæ, fides; id est, dictorum conventorumque constantia et veritas. *Ibid. lib.* 1, *n.* 23.

* 1. *Grave*] Sanè, grave est fidem fallere. Sed incidunt sæpè tempora, quùm ea, quæ maximè videntur digna esse justo homine, eoque, quem virum bonum dicimus, commutantur, fiuntque contraria; ut non reddere depositum (*l.* 31, *ff. depositi*), etiam promissum non facere, quæque pertinent ad veritatem et ad fidem, ea migrare interdùm, et non servare, sit justum. *Quùm igitur tempora commutantur, commutatur officium, et non semper est idem.* Potest enim accidere promissum aliquod, et conventum, ut id effici sit inutile, vel ei cui promissum sit, vel ei qui pro-

* 2. Bona fides non patitur ut bis idem exigatur. *L.* 57, *ff. de reg. jur.*

* 3. Non est ex fide bonâ rem suam dominum prædoni restituere compelli. *L.* 31, § 1, *ff. depositi.*

* 4. [Etenim] probo hanc esse justitiam, quæ suum cuique ita tribuit, ut non distrahatur ab ullius personæ justiore repetitione. *d. l. et* §.

SECTIO SECUNDA.—*Regulæ generales ex jure civili depromptæ.*

74. NATURALIA jura, divinâ quâdam providentiâ constituta, semper firma atque immutabilia permanent. *Inst.* § 11, *de jure natur.*

miserit. Nam si, ut in fabulis est, Neptunus, quod Theseo promiserat, non fecisset, Theséus filio Hippolyto non esset orbatus. Nec promissa igitur servanda sunt ea, quæ sint iis, quibus promiseris, inutilia : nec si plus tibi noceant, quàm illi prosint, cui promiseris, contrà officium est majus anteponi minori. Jam illis promissis standum non esse, quis non videt, quæ coactus quis metu, quæ deceptus dolo promiserit? quæ quidem pleraque officio judicis liberantur, nonnulla legibus. Cic. *de Offic. lib.* 1, *n.* 31, 32.

. . . . Giuramenti
vani forse in tal caso. (*Aminta*, att. 4. sc. 2.)

* 2. *Bis idem*] Vulgò *non bis in idem.* Hinc, v. g. qui bis idem promittit, is eo jure ampliùs quàm semel non tenetur. *l.* 18, *ff. de verbor. obligat.* alia exempla, *l.* 56, § 1, *ff. de furtis*, *l.* 3, *ff. de expil. hered. Ord.* 1667, *tit.* 18, *art.* 2. excipe, *l.* 13, § 15, *l.* 29, *ff. de act. empt. l.* 84, § 5, *ff. de legat.* 1° *Inst.* § 6, *de legatis.*

* 3. *Dominum prædoni*] Ut si quis rem suam ignorans à prædone quasi depositam, aut commodatam, aut conductam acceperit, *l.* 31, *ff. de positi.*

* 4. *Justiore*] In hujus regulæ specie, is qui depositum acceperat à fure, tenetur etiam furi rem depositam reddere, nisi occurrat *justior repetitio;* et ità, *Cod. civ. art.* 1938.

HÆ SUNT, lector, regulæ generales quas tibi primùm seligere intendi. Eas ipsas utinam sequeremur! feruntur enim ex optimis naturæ et veritatis exemplis.

74. *Naturalia jura*] « Est non scripta, sed nata lex : quam non didicimus, accepimus, legimus; verum ex naturâ ipsâ arripuimus, hausimus, expressimus; ad quam non docti, sed facti; non instituti, sed imbuti sumus. » (*Cic.*)

Immutabilia] Huic legi neque obrogari fas est, neque derogari ex hâc aliquid licet, neque tota abrogari potest. Cic. *Fragm. lib.* 3, *de repub.* Ergò ita leges positivæ sunt interpretandæ, ut dispositi-

* 1. [Hinc] civilis ratio naturalia jura corrumpere non potest. *L.* 8, *ff. de cap min.*

* 2. Legum subtilitate.... rei veritas deleta vel confusa non est. *L.* 30, *C. de jure dotium.*

75. Quæ rerum naturâ prohibentur, nullâ lege confirmata sunt. *L.* 188, *ff. de reg. juris.*

* 1. Quod factum est, infectum manere impossibile est. *Non*, 97, *c.* 1.

* 2. Impossibilium nulla obligatio est. *L.* 185, *ff. de reg. juris.*

* 3. [Hinc, verbi gratiâ,] nullum crimen patitur, qui non prohibet, cùm prohibere non potest. *L.* 109, *ff. de reg. jur.*

tioni juris naturalis consonent. Lessius, *de legibus, lib.* 5, *cap.* 25, *n.* 24, *et cap.* 28, *n.* 23.

* 1. *Civilis ratio*] Prima et præcipua juris civilis regula est quæ hìc traditur. Etenim distinctio boni et mali, justi et iniqui, non verborum est, non conventionis, non sortis, sed Dei ejusque providentiæ : substantiæ rerum ipsarum inhæret : præcedit legem humanam quæ eam tantùm declarat ; adhùc viveret, etiamsi omnia lex humana vertens, injustum justum, malumque bonum vocaret.

Corrumpere]

On peut les obscurcir, les effacer, jamais.

Non potest] Vide D'Aguesseau, *tom.* 1er, *p.* 127, et imprimis *tom. X, part.* 2, *p.* 183 *et* 184.

75. *Prohibentur*] *Verbi gratiâ* Si quis legaverit quod rerum naturâ prohibeatur existere, putà hippocentaurum, nullà lege tale legatum confirmari potest.

* 1. *Factum*] Vide exempl. *in l.* 12, § 2, *ff. de captivis et postliminio reversis.* Vide etiam nostras leges *de migratione*, de quibus dici potest, quod ait auctor della *Secchia rapita.* II. 6.

Non si puo disfar quel ch'è gia fatto.

* 2. *Impossibilium*] Impossibilia dicuntur, non solùm quæ naturâ fieri prohibentur ; sed etiam quæ contra bonos mores et leges fierent. Nam, inquit Papinianus, quæ facta lædunt pietatem, existimationem, verecundiam nostram et contra bonos mores fiunt, *nec facere nos posse credendum est. l.* 15, *ff. de condit. instit.* Hinc omnes contractus, impossibili conditione appositâ, nullius momenti sunt. *l.* 31, *ff. de oblig. et act.* exempl. *in l.* 8, *ff. de confessis. l.* 15, *ff. de interrog. in jur. fac. l.* 30, § 1, *ff. de jurejur.* Pothier, *obligat. n.* 204. *Cod. civ. art.* 1172, 1173. Hoc tamen in obligationibus tantùm locum habet. Nam obtinuit impossibiles conditiones testamento adscriptas pro non scriptis habendas. *l.* 14, *ff. de condit. inst. l.* 3, *ff. de cond. et dem. l.* 104, § 1, *ff. de leg.* 1° *Cod. civ. art.* 900.

76. Consilii non fraudulenti nulla obligatio est. *L.* 47, *ff. de reg. jur.*

* 1. Non enim qui hortatur, mandatoris operâ fungitur. *L.* 20, *ff. de his qui not. infam.*

77. Privatorum conventio juri publico non derogat. *L.* 45, § 1, *ff. eod. tit.*

78. Quod pendet, non est pro eo quasi sit. *L.* 169, *ff. eod. tit.*

79. Nemo plus juris ad alium transferre potest, quàm ipse haberet. *L.* 54, *ff. de reg. jur.*

* 1. Qui ex personâ auctoris utitur, uti debet cum suâ causâ suisque vitiis. *L.* 13, § 1, *ff. de acq. vel amit. pos.*

80. Neque imperare sibi, neque se prohibere quisquam potest. *L.* 51, *ff. de receptis.*

81. Non videntur qui errant consentire. *L.* 116, § 2, *ff. de reg. jur.*

76. *Non fraudulenti*] Cæterùm si dolus et calliditas intercessit, de dolo actio competit. *d. l.* 47, *l.* 8, *ff. de dolo. l.* 1, § 3, *ff. de serv. corrupt. l.* 43, § 3, *ff. de furtis; l.* 20. *C. eod. l.* 16, *ff. de pœnis.*

§ 1. *Qui hortatur*] Attamen huic generi ardelionum, semper ob oculos esse debet consilium istud Horatii, I. epist. 18. v. 76.

Qualem commendes etiam atque etiam adspice; ne mox
Incutiant aliena tibi peccata pudorem.

77. *Privatorum*] Adde *l.* 5, § 7, *ff. de adm. tut. l.* 16. *ff. de suis et legitim. l.* 5, *C. quand. provoc. necesse non est.* Vid. *n.* 38.

78. *Quod pendet*] Ex conditionali stipulatione nondùm debetur, sed tantùm spes est debitum iri. *l.* 9, *ff. de prob. et præs.* Ita *Cod. civ. art.* 1181. Nota differentiam inter conditionem et diem obligationi adjectum, *ibid. art.* 1185, et exempla consule in *l.* 35, *ff. de judiciis. l.* 12, *in fin*, *l.* 25, § 1. *ff. de usuf. l.* 9, *ff. de reb. cred. l.* 1, § 1, *ff. de sen. cons. Maced.*

79. *Plus juris*] Hinc, *Cod. civ. art.* 2236, 2237, 2182. Adde Poth. *donat. entre-vifs*, p. 127; et ibi nota, quòd traditio ex causâ donationis facta, si non transferat dominium quod non habebat donator, tribuit saltem causam usucapionis.

80. *Imperare sibi*] *V. grat.* nemo potest sibi testamento eam legem dicere ut à priore ei recedere non liceat. *l.* 22, *ff. de leg.* — Ad hanc regulam respiciebam, dùm apud rostra co-legatis meis legislatoribus dixi : « En faisant des lois, il ne faut dire, *ni jamais, ni toujours.* »

81. *Non videntur consentire*] Nihil consensui tam contrarium est, quàm vis atque metus : quem comprobare, contrà bonos mores est. *d. l.* 116, *ff. de reg. jur.* At non capitur qui jus publicum

82. Velle non creditur, qui obsequitur imperio patris vel domini. *L.* 4, *ff. eod. tit.*

83. In totum, omnia quæ animi destinatione agenda sunt, non nisi verâ et certâ scientiâ perfici possunt. *L.* 76, *ff. de reg. jur.*

84. Expressa nocent: non expressa non nocent. *L.* 195, *ff. de reg. jur.*

* 1. [Et aliàs] diversa causa est voluntatis expressæ et ejus quæ inest. *L.* 138, § 1, *ff. de verb. oblig.*

85. Non solent quæ abundant, vitiare scripturas. *L.* 94, *ff. de reg. jur.*

sequitur. *d. l.* § 1. *l.* 11, §. 4. *ff. de minor. l. ult. C. de in integ. Cod. civ.* 1306.

82. *Qui obsequitur*] Hinc non potest esse testis cui potest imperari ut testis fiat. *Ord.* 1667, *tit.* 22, *art.* 11. *Cod. civ. art.* 975.

83. *Non nisi verâ et certâ*] Hìc notat Gothofredus: demus aliquid factum à privato, vel principe *ex certâ scientiâ*, idne revocari poterit? Utiquè, cùm hujusmodi clausulâ nihil operetur in his quæ constat ignorata. *l.* 5, *ff. de oblig. et act.* vid. Dec. hìc *num.* 7. Aliud puto, si quis sciens se non teneri promiserit; videtur enim donasse, secundùm regulam: cujus per errorem dati repetitio est, ejus consulto dati, donatio est. *l.* 53, *ff. de reg. jur.* Alia exempla sume ex Molinæo in consuet. Par. § 8, *n.* 88. *l.* 27, *ff. de acq. vel. omitt. hered.* Et ex tractatu nostro, de successionibus quæ ab intestato deferuntur, p. 118 et seqq.

84. *Expressa non nocent*] Nonnunquam contingit, inquit Modestinus, ut quædam nominatim expressa officiant, quamvis omissa tacitè intelligi potuissent, nec essent obfutura. Quod evenit, si alicui ita legatur: *Titio decem do, lego, si Mævius capitolium ascenderit.* Nam quamvis in arbitrio Mævii sit, an capitolium ascendat, et velit efficere, ut Titio legatum debeatur; non tamen poterit, aliis verbis utiliter legari, *si Mævius* VOLUERIT, *Titio decem do*: nam in alienam voluntatem conferri legatum non potest. Indè dictum est, *expressa nocent, non expressa non nocent. l.* 52, *ff. de cond. et dem.* Adde L. 68, *ff. de heredib. instit. L.* 65, § 1, *ff. de legat.* 1° *l.* 77, *ff. de reg. jur.* Pothier, *donat. testam.*, p. 177 *et seqq.*

85. *Non solent*] Quod abundat non vitiat. Hinc quæ dubitationis tollendæ causâ contractibus inseruntur, jus commune non lædunt. *l.* 81, *ff. de reg. jur.* junctis *leg.* 65, *ff. de verb. oblig. leg.* 20, *ff. de usuris. leg.* 34, *ff. de hered. inst.*

Vitiare]

Et, malheureusement, ce qui vicie abonde.

* 1. [Ea quæ sunt styli non operantur.] *Brocard.*

* 2. Utile per inutile non vitiatur. *L.* 1, § 5, *ff. de verborum obligationibus.*

* 3. Cùm superflua non noceant. *L.* 17, *ff. de testamentis.*

* 4. [Et] quidquid demonstrandæ rei additur satis demonstratæ, frustrà est. *L.* 1, § 8, *ff. de dot. prœleg.*

85. Ordo scripturæ non impedit causam juris ac voluntatis. *L.* 77, §. 12, *ff. de leg.* 2°.

* 1. Nec enim ordo scripturæ spectatur, sed potius ex jure sumitur id quod agi videtur. *L.* 6, *ff. de solut.*

* 2. [Contrà quandoquè] fortassis quis rectè dixerit, ordinem scripturæ sequendum. *L.* 24, §. 17, *ff. de fideic. libert.*

87. In toto et pars continetur. *L.* 113, *ff. de reg. jur.*

* 1. Semper specialia generalibus insunt. *L.* 147, *ff. de reg. jur.*

* 2. In eo quod plus sit, semper inest et minùs. *L.* 110, *ff. eod.*

* 2. *Inutile*] Inutile abundat. *Vid. not. præced.*

* 4. *Satis demonstratæ*] Consonant regulæ sequentes nil facit error nominis cùm de corpore constat. *l.* 9, *ff. de contrah. empt.* Falsa demonstratio legatum non perimit. *l.* 75, § 1, *ff. de leg.* 1° *l.* 23, *l.* 72, § 6, *ff. de cond. et dem. l.* 137, § 2, *ff. de verb. oblig.*

86. *Non impedit*] Hinc, solutio priùs in usuras quàm in sortem accipitur, licet dixerit creditor se *in sortem et usuras accipere. Cod. civ. art.* 1254. Hoc casu et in multis aliis, ex jure sumitur, id quod agi videtur. (Infrà § 1.) Adde *Cod. civ. art.* 926, 927.

* 2. *Sequendum*] *l.* 4, *ff. de adim. leg. l.* 6, *eod. tit. l.* 22, *ff. de legatis* 3°.

87. *Et pars*] Et rectè; totum enim est cujus nulla pars abest.

* 1. *Insunt*] Ut in toto partes, ita et in genere species continentur, et in generalibus insunt specialia.

* 2. *Semper*] excipe Heinecc., *ad Pandectas, part.* 1, § 229 (*).

Inest] Plus continet minùs. Hinc si quis decem vendere existimet, emptore viginti emere existimante, valet emptio : nam qui vult emere viginti, à fortiori vult emere decem. At ex diverso non sequitur ut is quis decem vendere putet, emptore quinque emere putante, maneat et valeat emptio. Poth., *contr. de vente, n.* 36.

* 3. Non debet cui plus licet, id quod minùs est non licere. *L.* 21, *ff. dictò titulo.*

88. In ambiguo sermone, non utrumque dicimus, sed id duntaxat quod volumus. Itaque qui aliud dicit quàm vult, neque id dicit quod vox significat, quia non vult; neque id quod vult, quia id non loquitur. *L.* 3, *ff. de reb. dub.*

89. Cum principalis causa non consistat, plerumquè ne ea quidem quæ sequuntur locum habent. *L.* 178, *ff. de reg. jur. L.* 129, *eod. L.* 2, *ff. de pecul. leg.*

90. Invito beneficium non datur. *L.* 69, *ff. de reg. jur.*

* 1. Quod cuique pro eo præstatur, invito non tribuitur. *L.* 156, *ff. de reg. jur.*

* 3. *Non licere*] *V. grat.* cujus est donandi, eidem et vendendi jus est. *l.* 168, *ff. de reg. jur.*

88. *Non utrumque*] Putà si is qui vult legare aut stipulari *equum*, leget stipuleturve *asinum;* nec asinum legat aut stipulatur, quia non vult; nec equum, quia id non loquitur. (*Poth.*)

89 *Principalis*] Exempla. *l.* 1, *ff. de pecul. l.* 91, § 5, *ff. de leg.* 3° *l.* 19, *ff. de dolo malo. l.* 3, *ff. de jure dot. l.* 39, § 1, *ff. de rei vindic. l.* 40, *eod. l.* 17, § 16. *ff. de pactis. l.* 69, *ff. de verb. oblig. l.* 5, § 2, *ff. quib. mod. usuf. et us. amitt. l.* 20, § 2, *et l.* 31, *ff. de servit.* Inst. § 5, *de pupill. subst. l.* 26, *Cod. de usuris.* Cod. civ., *art.* 2012, 2180. — Exceptiones. *l.* 13, *ff. de inof. test. l.* 8, *ff. de re judicatâ. l.* 11, *ff. judicat. solvi. l.* 1, § 2, *ff. de pign. et hyp. junct.* Gothof. Cujac. *Observ. lib.* 5, *c.* 12, *l.* 9. *C. de prœd. et al. reb. minor. l.* 1, § 2. *C. de pign. et hypoth.* Frain, arrêt du 12 janvier 1621. Poth. *Oblig. n.* 339.

90. *Invito*] *Cod. civ. art.* 353, 775, 894, 932, 1875, 1892. Invitus etiam nemo cogitur ad communionem contrahendam. *l.* 26, § 4, *ff. de cond. indeb.* Nec ad retinendam jam contractam. *l.* 70, *ff. pro socio, l.* 5, *Cod. com. divid.* Item invitus nemo emancipatur. *Nov.* 89, *c.* 11. Adde tit. Cod. *ut nemo invitus agere vel accusare cogatur.* At solvere pro ignorante et invito cuique licet; *l.* 53, *ff. de solut. et liber. Cod. civ. art.* 1236; cùm sit jure civili constitutum licere etiam ignorantis invitique meliorem conditionem facere. *d. l.* 53. Adde *sup. n.* 67, *l.* 27, *ff. de const. pec. l.* 62. *ff. de verbor. oblig.* et Gothof. et Cujac. *ibidem. Ord.* 1673, *tit.* 5, *art.* 3, *Cod. civ. art.* 2014.

Beneficium] E contrario, nulla pœna est, nisi invito. Quintil. *Declam.* 9, c. 8.

* 1. *Pro eo*] Rectè *pro eo;* secùs enim dicendum esset, si hoc alterius utilitatem contineret. Poth. *donat. entre-vifs, p.* 142 *et seq. Cod. civ. art.* 622, 788, 1464.

*2. Unicuique licet contemnere hæc quæ pro se introducta sunt. *L.* 41, *ff. de minorib.*

*3. [Et] sui juris persecutionem aut spem futuræ perceptionis deteriorem facere. *L.* 46, *ff. de pactis.*

91. Ejus est (non) nolle, qui potest velle. *L.* 3, *ff. de reg. jur.*

*1. Quod quis si velit habere non potest, id repudiare non potest. *L.* 174, *ff. de reg. jur.*

*2. Is potest repudiare, qui et acquirere potest. *L.* 18, *ff. de acq. vel. omitt. hered.*

*3. Ejus est permittere, cujus est vetare...

*4. Nemo qui condemnare potest, absolvere non potest. *L.* 37, *ff. de reg. jur.*

92. Qui tacet, non utique fatetur; sed tamen verum est eum non negare. *L.* 142, *ff. de reg. jur.*

93. Non videntur rem amittere, quibus propria non fuit. *L.* 83, *ff. de reg. jur.*

*2. *Unicuique*] Modò potestatem de re suâ liberè disponendi habeat.

91. *Ejus est*] Hæc regula duæque sequentes, manifestè ad hereditates pertinent; quas quis repudiare non potest, nisi cùm delatæ sunt, et tunc demùm cùm ipsi delatæ sunt.

Non nolle] De hujus locutionis significatione, magna apud interpretes orta controversia est, de quâ vide Gothofredum.

*1. *Repudiare non potest*] Nisi cum vulpe dicere velit: *Ils sont trop verts*. . . .

*3. *Cujus est vetare*] Hoc autem solo quòd non vetat legislator, permittere intelligitur. *Declarat. jur. homin. et civ.* art. 5.

> Cur mihi non liceat, jussit quodcumque voluntas;
> Excepto, si quid Masuri rubrica vetavit?
>
> Pers. *Sat.* 5.

*4. *Absolvere*] Libertas actûs cujuscumque consistit in facultate actûs contrarii. Ergò libertas judicis in hoc posita est, ut vel condemnare, vel absolvere possit, prout res ipsi justa videbitur.

92. *Qui tacet*] Tacens neque fatetur, neque negat. Excipe. *l.* 38, *ff. de jurej. l.* 13, § 11, *ff. locati. Ord.* 1667, *tit.* 10, *art.* 4. *Cod. de procéd. art.* 330 *et* 336. *Cod. civ. art.* 1361. Cæterùm applicatio hujus regulæ, ex facti circumstantiis omninò pependit.

Non utiquè fatetur] Attamen *in l.* 2, § 2, *solut. matrim.* dicitur, filiam, nisi evidenter contradicat, videri consentire patri. Cur? quia de exclusione nullum verbum profert. Terent. *Eunuch.* Ad hoc redit proverbium: *Qui ne dit mot, consent.*

93. *Propria non fuit*] Hæc regula exemplo manifestior fiet. Usufructus morte fructuarii amittitur. *l.* 3, § *fin. ff. quib. mod.*

* 1. Non potest videri desiisse habere, qui nunquàm habuit. *L.* 208, *ff. de reg. jur.*

* 2. Semper qui dolo fecit quominùs haberet, pro eo habendus est ac si haberet. *L.* 150 *et* 157, *ff. de reg. jur.*

* 3. Qui dolo desierit possidere, pro possidente damnatur; quia pro possessione dolus est. *L.* 131, *ff. d. t.*

* 4. Quicunque sub conditione obligatus curaverit, ne conditio existeret, nihilominùs obligatur. *L.* 85, §. 7, *ff. de verber. oblig.*

* 5. Quod quis ex culpâ suâ damnum sentit, non intelligitur damnum sentire. *L.* 203, *ff. de reg. jur.*

* 6. In omnibus causis, pro facto accipitur, id in quo per alium moræ fit, quominùs fiat. *L.* 39, *ff. de reg. jur.*

94. Nullus videtur dolo facere, qui suo jure utitur. *L.* 55, *ff. de reg. jur.*

usuf. Hæc sententia de usufructu jam constituto accipienda est; nondùm enim constitutus aut legatus, cùm nondùm habeatur, nondùm quoque amitti potest.

* 1. *Desiisse*] Ex diverso, qui dolo desierit possidere, pro eo habendus est ac si haberet. *Vid.* * 2 *et* 3, *infrà.*

* 3. *Damnatur*] Vid. in meis *princip. juris*, de rei vindicatione, *n.* 750.

* 4. *Ne conditio*] In jure civili receptum est, quotiens per eum cujus interest conditionem non impleri, fiat, quominùs impleatur, perindè haberi ac si impleta conditio fuisset; quod ad legata et donationes producitur : quibus exemplis, stipulationes quoque committuntur, cùm per promissorem factum esset, quominùs stipulator conditioni pareret. *l.* 161, *ff. de reg. jur. Adde l.* 81, § 1, *ff. de condit. et dem.*

* 5. *Sentire*] Ab alio, scilicet. *Gothof.*

* 6. *Per alium*] Sit talis dispositio : *uter ex fratribus meis consobrinam nostram duxerit uxorem, ex dodrante; qui non duxerit, ex quadrante heres esto* : aut nubit alteri, aut non vult nubere : consobrinam qui ex his duxit uxorem, habebit dodrantem, erit alterius quadrans : si neuter eam duxerit uxorem, non quia ipsi ducere noluerunt, sed quia illa nubere noluerit, ambo in partes æquales admittuntur : plerumquè enim hæc conditio, *si uxorem duxerit, si dederit, si fecerit*, ita accipi oportet, quòd per eum non stet, quominùs ducat, det, aut faciat. *l.* 23, *ff. de condit. inst.* junct. *l.* 31, *ff. de cond. et dem.*

94. *Suo jure utitur*] *v. g.* Nihil dolo creditor facit qui suum recipit. *l.* 129, *ff. de reg. jur. l.* 120, *l.* 155, § 1, *ff. eod. tit.* Adde *l.* 14, *ff. de servit. urb. præd. l.* 8, § 5, *ff. si servit. vindicetur. l.* 26, *ff. de damn. infect. l.* 1, § 12, *ff. de aq. et aq. pluv. arcend.* Gothof. *ad l.* 1, § 7, *ff. de incend. ruin. nauf. l.* 13, § 1, *ff. de*

* 1. [Item] qui jussu judicis aliquid facit, non videtur dolo facere, quia parere necesse habet. *L.* 167. §. 1, *ff. de reg. jur.*

95. Quod quis suo nomine exercere prohibetur, id nec per subjectam personam agere debet. *L.* 2, §. 1, *ff. de adm. rer. ad civit.*

* 1. [Contrà] sæpè quod quis ex suâ personâ non habet, hoc per extraneum petere potest. *L.* 23, §. *fin ff. quæ res pign.*

96. Plus valet quod in veritate est, quàm quod in opinione. *Inst.* § 11, *de legat.*

* 1. Plus enim in re est, quàm in existimatione. *L.* 4, *ff. de manum. vindict.*

97. [Contrà aliquandò] plus est in opinione quàm in veritate. *L.* 15, *ff. de acq. hered.*

inj. et fam. lib. l. 45, *l.* 51, *ff. pro socio. l.* 8, *C. de serv. et aq.* vide *notam ad n.* 103.

* 1. *Judicis*] Jussus judicis à dolo et delicto excusat eum qui paret; at judex ipse non excusatur, si dolo quid fecerit. *Nec enim magistratibus licet aliquid injuriosè facere.* Si quid igitur per injuriam fecerit magistratus, vel quasi privatus, vel fiduciâ magistratûs, injuriarum potest conveniri. *l.* 32, *ff. de inj. et fam. libellis.*

Parere necesse habet] Vide *in lege Bajuvariorum, tit.* 2, § 8, Si quis regis vel ducis sui jussione hominem interfecerit.

95. *Nec per subjectam personam*] Ita, *Cod. civ. art.* 911, 1596.

* 1. *Per extraneum*] Et ita propter minorem major juvatur in specie: *l.* 10, *ff. quemadm. servit. amitt.*; ubi dicitur, si communem fundum ego et pupillus haberemus, licèt uterque non uteretur, tamen propter pupillum, et ego viam retineo. Nota quòd in hàc specie agitur de jure servitutis quod est *individuum*. Et hinc fluit regula generalis: *Minor majorem relevat in individuis.*

96. *Plus in veritate*] Hæ duæ regulæ tunc demùm obtinent quùm id quod geritur non pendet ab opinione gerentis. Putà, quùm quis legat rem suam quam credit alienam; voluntas eam rem legandi, quæ sola ad legatum sufficit, non pendet ab existimatione quam habuit; verè enim voluit eam legare, quamvis alienam eam falsò existimaret; imò magis legaturus, si scivisset suam. *Pothier*. Contrarium non obtinet. *Cod. civ. art.* 1021.

97. *Plus est in opinione*] Contraria superioribus hæc regula, tunc demùm obtinet, quùm id quod geritur pendet ab opinione seu existimatione gerentis, ut in aditione hereditatis. — Vide nostrum tractatum *des successions ab intestat.*

* 1, [Item] error jus facit. *L.* 3, §. 5, *in fin ff. de supell legatâ.*

98. Plus cautionis in re est, quàm in personâ. *L.* 25, *ff. de reg. jur.*

* 1. [Et] minùs est habere actionem quàm rem. *L.* 204, *ff. d. t.*

* 2. [Contrà tamen] is qui habet actionem ad rem recuperandum, ipsam rem habere videtur. *L.* 15. *ff. d. t.*

99. Ubi lex duorum mensium fecit mentionem, et qui sexagesimo primo die venerit, audiendus est. *L.* 101, *ff. de reg. jur.*

* 1. Neque [enim] magnum damnum est, in morâ modici temporis. *L.* 21, *ff. de judic.*

100. In re dubiâ, benigniorem interpretationem sequi, non minùs justius est, quàm tutius. *L.* 192, §. 1, *ff. de reg. jur.*

* 1. *Error jus facit*] Error scilicet communis. — Recti apud nos locum tenet error, ubi publicus factus est. *Senec.* epist. 123. Exemplum habes in *d. l.* 3, § 5. *Adde l.* 3, *ff. ad. sc. Maced. l. Barbarius Philippus, ff. de offic. Prœt.* Louet, *lettr. T. s.* 11. Brodeau, *eod. loco.* Duplessis, *sur Paris, art.* 289. Henrys, *tom.* 1, *liv.* 2, *chap.* 4, *quest.* 28. Legrand, *sur Troyes, art.* 97, *n.* 32, *gl.* 4.

98. *In re*] Imò minùs, ait Gothofredus. Reales namque actiones re extinctâ tolluntur; personales verò competunt ad genus quod nunquàm perit. Solve: plus cautionis est rem habere apud se, quàm contra alium agere, et hoc sensu minùs est habere actionem quàm rem. Nullam enim actionem videtur habere, is cui propter inopiam adversarii inutilis actio est. *l.* 6, *ff. de dolo malo.*

* 2. *Ipsam rem*] Actio quæ mihi competit mea est. *l.* 30, § 1, *ff. ad. sc. Trebell.* Hinc quod mihi debetur meum appellatur. *l.* 49, *ff. de verb. signif.* Hinc dicitur, is qui habet actionem, etc. Adde *l.* 143, *ff. de verb. signif. l.* 64, § 6, *ff. soluto matrim.*

99. *Audiendus est*] Nam plerumquè dies termini non computatur in termino. *Vid. Ord.* 1667, *tit.* 3, *art.* 6. Jousse, *ibid. l. unic.* C. Theod. *de dilat. ex cons. lib.* 11. *l.* 28, *ff. de ædilit. edict.* l. 7, § 11, *ff. de adm. et peric. tut. l.* 46, § 4, *ff. de jure fisci. l.* 1, *C. de tempor. et reparat. appell. l.* 3, *C. de Jure emphyt.* Cujac. *in suo tract. diver. tempor. præscript. Cod. civ. art.* 2260.

100. *Benigniorem*] Semper in obscuris quod minimum est sequimur. Vide *exempla in l.* 18, *ff. de legib. l.* 11, *ff. de dolo malo. l.* 10 *et* 24, *ff. de reb. dub. l.* 3, *ff. de his quæ in test. l.* 5. § 2, *ff. de leg.* 1° *l.* 47, *ff. de oblig. et act. l.* 38, *ff. de re judic. l.* 10, *ff. de manum. vindict. l.* 56, *ff. de reg. jur. Cod. civ. art.* 1327.

101. Quod communiter omnibus prodest, hoc privatæ utilitati præferendum. *L. unic. C. de caduc. toll.*

102. In re pari, potiorem causam esse prohibentis constat. *L.* 28, *ff. comm. divid.*

*1. Et possidentis. *L.* 8, *ff. de condict. ob. turp. caus. L.* 36, § 3, *ff. de test. milit.*

103. Jus civile vigilantibus scriptum est. *L.* 24, *ff. quæ in fraud. cred.*

104. Ignorantia excusatur, non juris, sed facti. *L.* 9, *ff. de jur. et fact. ign. L.* 11, §. 4, *ff. de his qui not.*

101. *Præferendum*] Constit. 1791, *art.* 17. *Cod. civ. art.* 545. *Bonum publicum ad se rapit omnia.* (Baconius.)

102. *Prohibentis*] Sabinus scribit : in re communi neminem dominorum jure facere quicquam invito altero posse. Undè manifestum est prohibendi jus esse ; in re enim pari potiorem, etc. *d. l.* 28.

*1. *Et possidentis*] *v. g.* Si ob turpem causam promiseris Titio, quamvis si petit, exceptione doli mali summovere eum possis ; tamen si solveris, non posse te repetere constat. Nam ubi dantis et accipientis turpitudo versatur, possessorem potiorem esse, et ideò repetitionem cessare, tametsi ex stipulatione solutum est. *d. l.* 8, *ff. de condict. ob turp. caus.*

103. *Vigilantibus*] Exemplum offert ipsa lex 24, in specie creditoris qui, suâ diligentiâ consecutus est solutionem ejus quod sibi debitum erat. Quæritur an id quod accepit, ab eo revocari possit? Negaturque ; sibi enim vigilavit, et alii creditores semetipsis imputare debent cur intereà dormierunt.

104. *Non juris*] Non obligat lex nisi promulgata. Semel promulgatâ autem, idem est eam cognoscere, aut cognoscere debuisse, aut potuisse. Hinc ignorantia Juris non excusat ; imò, et in multis casibus, nocet. Vide *tit. ff. de jur. et fact. ignor.*

> . . . . Monitus caveas, ne fortè negoti
> Incutiat tibi quid sanctarum inscitia legum.
>
> Hor. II. Sat. I. v. 80.

OBSERVATIO.

105. [Duo superiores tituli quasi quædam juris *prolegomena* continent : sequitur jam jus ipsum].

* 1. [Jus autem circà tria objecta versatur; nam] omne jus quo utimur, vel ad personas pertinet, vel ad res, vel ad actiones. *L.* 1, *ff. de stat. hom.* Inst. § 12, *de jure nat. et gent. et civ.*

105. * 1. *Omne jus*] Omne jus redditur personis, de rebus, per actiones et judicia.

Vel ad actiones] Vel rectiùs, ad modos dominii rerum adquirendi.

DE OFFICIO ADVOCATI.

Qui sancta sumis arma civilis togæ,
Cui se reorum capita, fortunæ, decus
Tutanda credunt; nomini præsta fidem,
Juris sacerdos! Ipse dic causam tibi,
Litemque durus arbiter præjudica.
Voto clientûm jura metiri time,
Nec quod colorem patitur, id justum puta.
Peccet necesse est sæpè, qui nunquàm negat.
GROTIUS, *lib.* 1, *Epig.*

Neque verò pudor obstet quominùs susceptam, cùm melior videretur, litem, cognitâ inter disceptandum iniquitate, dimittat, cùm priùs litigatori dixerit verum. Nam et in hoc maximum, si æqui judices sumus, beneficium est, ut non fallamus vanâ spe litigantem. QUINTIL. *lib.* XII. *cap.* 7.

Ubi verò jus et fas sinunt, causam fortiter adeat advocatus; defensioni clientis incumbat, tantò fortiùs quantò adversùs potentiorem partem, et proprio quantumvis periculo. Posteritatem cernens in memoriam revocet quod:

. . . . *Nunquàm*
Sanguine causidici maduerunt rostra pusilli.
JUVEN. *Sat.* X.

Præcipuum igitur advocati officium est:

Vitam impendere vero.

ABRÉVIATIONS

Usitées pour la citation des lois et des auteurs.

Arg. *Argumento* : par un argument tiré de telle loi.
Auth. *Authentica* : dans l'authentique, c'est-à-dire, dans le sommaire de quelque novelle insérée dans le Code, sous tel titre.
Cap. *Capite* ou *capitulo* : dans le chapitre tant de telle novelle.
C. ou Cod. *Codice* : au code de Justinien.
Cod. Theod. *Codice Theodosiano* : au code Théodosien.
Col. *Columnâ* : dans la colonne 1 ou 2 d'une page de quelque interprète que l'on cite.
Coll. *Collatione* : dans la collation de telle ou telle des novelles de Justinien.
D. *Dicto* ou *Dicta* : c'est-à-dire, à l'endroit ou dans la loi citée auparavant.
D. *Digestis* : au digeste.
DD. *Doctores* : les docteurs.
Eod. *Eodem* : au même titre, au même endroit.
F. *Finali* : dernier ou dernière.
ff. *Pandectis seu digestis* : Dans le digeste ou dans les pandectes; sur quoi il faut remarquer que les Grecs marquaient les pandectes par cette lettre Π, au lieu de laquelle on s'est servi dans la suite de deux ff joints ensemble. *Digestorum liber ideò duplici ff signatur, quòd Græci per* Π *cum accentu circumflexo notabant, sub quibus et Digestorum libri comprehensi sunt : undè facili liturâ* Π *in ff latinè inolevit*, dit Calvin, dans son *Lexicon Juris*. On désignait donc par deux Π Π les pandectes; et comme les copistes ont pris ces deux Π Π pour deux ff, de là est venue, dit-on, la méthode de citer le Digeste par deux ff.
Gl. *Glossa* : la Glose.
H. *Hic*, ici dans le même titre, la même loi, ou le même paragraphe.
Inf. *Infrà* : plus bas.
In auth. coll. i. *In authenticâ, collatione* I, dans les novelles de Justinien, section ou partie 1re.
In F. *In fine* : à la fin du titre, de la loi ou du paragraphe cité.
In Pr. *In principio* : au commencement et avant le premier paragraphe d'une loi.
In Sum. *In summâ* : dans le sommaire.
Junct. Glos. *Junctâ glossâ* : la glose jointe au texte cité.

JC. *Jurisconsulti* : les jurisconsultes.
L. 5. *Lege quintâ* : dans la loi 5.
Lib. *Libro* : au livre 1, 2, etc.
Nov. *Novellâ* : dans la novelle 1, 2, etc.
Par. *Paragrapho* : au paragraphe; c'est-à-dire, section ou membre d'une loi, ou d'un titre des Institutes.
Pr. ou Prin. *Principio* : au commencement d'un titre ou d'une loi.
Pandectis : dans les Pandectes.
Q. Qu. ou Quæst. *Quæstione* : dans telle question.
Rub. *Rubricâ* : dans telle rubrique ou tel titre.

Nota. Les titres ont été nommés rubriques, parce qu'anciennement on les écrivait en lettres rouges.

T. ou Tit. *Titulo* : titre.
§ *Paragrapho* : au paragraphe.
* *Versiculo* : au verset. Le verset est une subdivision du paragraphe.
Ult. *Ultimo, ultimâ* : dernier titre ou paragraphe, ou dernière loi.

NOTIONS

ÉLÉMENTAIRES

SUR LA JUSTICE,

LE DROIT ET LES LOIS.

LEÇONS PROFESSÉES AU DUC DE CHARTRES.

1re édition : 1827. — 2e : 1828.

AVANT-PROPOS.

(Édition de 1828.)

Je n'entreprends point un traité sur l'art de faire des lois, *et de donner aux peuples, sinon les meilleures possibles, du moins les meilleures qu'ils puissent recevoir. Il faut laisser ce soin aux génies d'un ordre supérieur: à Platon, à Cicéron, à Montesquieu, à Bacon.*

On ne trouvera point ici une utopie; *je fais un livre de* droit, *et non un livre de* législation; *sans m'interdire d'indiquer parfois ce qui, selon moi,* devrait être, *je m'attache plus particulièrement è expliquer* ce qui est.

Je le fais en bref, suivant ma coutume. Ceux qui aiment les ouvrages de longue haleine pourront m'en blâmer et m'attaquer avec la formule banale: « Pourquoi n'avez-vous pas traité ce sujet en grand? » *Je leur répondrai: « J'aime les petits livres, quand ils sont l'expression* exacte, quoique abrégée, *de ce qu'on pourrait dire avec plus de développement et de diffusion. On les lit plus volontiers; ils se répandent davantage dans le public; ils sont plus généralement utiles.*

Je continuerai donc sur le même plan, en m'efforçant de réduire à leur plus simple expression quelques Notions générales sur la Justice, le Droit et les Lois.

Si ces notions sont superflues pour les hommes habiles qui, dans tous états, sont toujours en petit nombre, j'espère que précisément en raison de ce qu'elles sont élémentaires *et tracées pour* un étudiant..., *elles conserveront leur utilité pour cette jeunesse laborieuse, qui se presse derrière nos rangs, et qui doit bientôt entrer en ligne avec nous.*

Le temps où nous vivons est mémorable! il faut en profiter. A quelle autre époque, dans l'histoire du monde, vit-on, comme de nos jours, presque tous les peuples de la terre travailler avec autant d'émulation et d'ardeur à fonder leur liberté sur l'empire des lois?

Des leçons du passé le présent se féconde:
Un monde rajeuni sort des flancs du vieux monde;
La liberté du peuple est un décret des cieux!

Regrette qui voudra le bon vieux temps! les modernes ont devant eux un trop vaste champ pour se renfermer dans le cercle étroit où s'agitaient jadis les intérêts de l'humanité. Chacun de nos contemporains, fier du présent et plein de confiance dans l'avenir, peut s'écrier avec le poète de la jeunesse :

Prisca juvent alios : ego nunc me denique natum
Gratulor.

Déjà les rois, ceux du moins qui joignent à la conscience de leurs forces le sentiment de leurs véritables intérêts, entrent dans cette noble carrière de la civilisation, et de la liberté. Le mot royal plus de censure *a passé le Rhin. Témoin cette sage réponse du nouveau roi de Bavière à l'allocution des professeurs de l'Université de Munich :*

» Rien, dit ce Monarque, ne m'a plu davantage dans votre discours que la manière dont vous vous êtes exprimés sur *l'indépendance des études scientifiques*, et sur la liberté que réclament les communications de l'enseignement.

» C'est chez moi une vive et profonde conviction que toute entrave, *toute censure, même la plus équitable, ne peut avoir que de funestes effets*; parce qu'au lieu d'une confiance réciproque, qui peut seule faire prospérer les choses humaines, *elle crée partout le soupçon.*

» Toute liberté sans doute est exposée à l'abus, comme toute loi à l'empiétement. Mais *j'ai la force et la volonté* de prévenir ce danger.

» Je veux la religion; mais je la veux dans les cœurs, dans les pensées, dans les actions.

» Je veux la science, mais *dans tout son développement*, dans toute son action ; et je m'estimerai heureux de voir le pays qui m'est confié, appelé à de *rapides progrès* dans cette noble carrière.

» Je compte sur vos efforts pour atteindre ce but ; *songez que toute cette jeunesse est l'espoir de la patrie.....!*

INTRODUCTION.

A S. A. R. Mgr le duc de Chartres [1].

MONSEIGNEUR,

Vous êtes peut-être, parmi les princes de nos jours, le seul qui entrepreniez d'étudier la jurisprudence. Cette étude, la plus négligée dans le haut rang où vous êtes placé, est cependant la plus nécessaire. J'en suis si convaincu, qu'il y a déjà trois ans (en 1825), j'avais jeté le plan d'un Cours de droit à votre usage, dans un écrit que j'adressai au Prince votre père, sous ce titre : *De la Nécessité, pour un Prince constitutionnel, d'étudier les principes généraux du Droit.*

Ces idées furent accueillies, et je suis appelé aujourd'hui à l'honneur de les réaliser.

Je crois, Monseigneur, qu'en vous y appliquant un peu, vous en retirerez le plus grand fruit; surtout pour l'étude de l'histoire, qui n'est jamais mieux éclairée que par les lois, et qui doit être le plus sérieux objet de vos méditations : « Car, à vrai dire, la méthode qu'on tient ès escholes » à enseigner la langue latine, fait perdre quasi meilleure » partie de la vie de l'homme. La *science civile*, celle des » *mœurs* et de l'*histoire*, sont la vraye étude et la vraye » doctrine des rois et des princes [2]. »

Si une certaine connaissance du droit est nécessaire à

[1] Précisément parce que ces leçons ont été professées à un jeune prince, devenu depuis héritier présomptif de la couronne, je n'ai pas voulu y rien changer, afin que l'on vît à quel point les principes que j'ai cherché à lui inculquer sous les règnes de Louis XVIII et de Charles X, étaient *constitutionnels* et conformes à nos *idées d'aujourd'hui*. Je me suis contenté de mentionner *en note* les changemens apportés à quelques points par la législation postérieure à 1828.

[2] *Rosier des guerres*, ouvrage composé par Louis XI, pour l'éducation de son fils (Charles VIII).

tous les princes, même sous les gouvernemens absolus, elle est bien plus indispensable encore aux princes appelés à vivre sous un régime *constitutionnel.*

Cette espèce de gouvernement, en effet, n'est autre que *le règne de la loi.* Son principal caractère consiste dans la liberté qu'a le plus obscur citoyen de dire au fonctionnaire le plus élevé, aux ministres, au roi lui-même : *Vous voulez faire telle chose..... vous n'en avez pas le droit* [1].

Comme prince du sang, comme pair de France, comme apanagiste, comme citoyen, vous devez, Monseigneur, connaître les lois de votre pays, pour défendre les intérêts publics quand vous serez appelé à les protéger, et pour défendre vos intérêts personnels, s'ils étaient menacés. Il faut connaître son droit pour y rester ferme, et le droit d'autrui pour ne pas le blesser.

Du reste, il ne s'agit point de vous faire descendre aux dernières applications de la jurisprudence ; je ne prétends ni vous surcharger de ces détails qui rapetissent les idées, ni vous proposer ces utopies où l'esprit trop facilement s'égare ; mais vous tenir constamment à la hauteur de ces principes généraux, dont l'exacte intelligence suffit à un cœur droit et à un esprit juste, pour en déduire avec fermeté des conséquences nettes et des applications utiles.

Je m'attacherai en chaque matière à distinguer ce qui est du *droit naturel* et du *droit positif.* Je vous donnerai souvent la législation à deviner, et je suis sûr que vous vous rencontrerez avec le législateur partout où le législateur lui-même ne se sera pas écarté de la raison naturelle.

Mais il est temps d'entrer en matière, car je m'aperçois déjà que j'ai employé des expressions dont vous attendez la définition. . . . .

[1] *Maximes du Droit public français*, tom. 2, pag. 339.

Nota. Ces leçons ont été données oralement, sur simples notes; et en les rédigeant après coup, j'en ai seulement retenu la substance, en les dégageant des développemens et des explications qu'exige parfois l'enseignement, mais aussi en les fortifiant par des citations qui leur donnent plus de certitude et leur impriment plus d'autorité.

Un des publicistes sur lesquels je me suis appuyé le plus souvent est l'auteur de l'*Essai sur la Charte*, M. le comte de Lanjuinais, mon illustre maître en droit romain, dont les conseils m'ont été si souvent utiles dans la composition de mes ouvrages; car on n'interrogeait jamais sa science en vain. Que je puisse au moins ici payer à sa mémoire le faible tribut de ma reconnaissance! Ce ne sera point sortir de mon sujet, quand je parle de la justice et du droit. « Mon ami, me disait-il un jour, je n'ai jamais eu qu'un » secret pour me conduire dans la vie; dans chaque occasion difficile, je m'interrogeais avec sincérité, la main sur la conscience; » et quand elle m'avait répondu, je me conformais à ses inspirations, sans jamais m'en laisser détourner : c'est ainsi que je suis » toujours resté Lanjuinais. »

NOTIONS ÉLÉMENTAIRES

SUR LA JUSTICE, LE DROIT

ET LES LOIS.

§ I.

DE LA JUSTICE ET DU DROIT.

La *Justice* est une vertu; elle donne son nom aux gens de bien : elle consiste dans une volonté ferme et constante de rendre à chacun le sien.

Le *Droit* est l'art de la Justice, c'est-à-dire l'art de distinguer ce qui est bon et juste de ce qui ne l'est pas, et c'est par la connaissance des lois qu'on y parvient.

Cette connaissance des lois se nomme *Jurisprudence*, vaste science qui s'applique à tout ce que les lois ont pour objet de régler : aux choses divines aussi bien qu'aux choses humaines, à tous les droits, à tous les devoirs, à toutes les obligations, à tout ce qui sur la terre peut s'appeler *juste* ou *injuste*.

Ceux qui professent cette noble science s'appellent *Jurisconsultes*, quand ils l'exercent avec élévation, avec conscience; quand ils ont le cœur droit, l'esprit juste, un caractère ferme, une ame indépendante.

Les *Lois* sont de plusieurs espèces qu'il importe d'abord de distinguer.

Les premières de toutes sont les *lois naturelles*. On nomme ainsi ces règles primitives qui, étant également senties et reconnues par tous les hommes, même par ceux qui les violent, sont regardées avec raison comme gravées au fond de notre être par la main de son divin auteur.

. . . . Dixitque semel nascentibus auctor
Quidquid scire licet[1].

[1] Ils n'étaient pas sans loi, ceux *qui portaient écrite dans leur cœur cette loi divine* dont parle saint Paul, qui, *par le témoignage*

Il est, en effet, de premières notions du droit naturel que la raison seule découvre sans le secours de la science; il est des lois que nous savons et que nous n'avons jamais apprises; qui sont nées pour ainsi dire en nous et avec nous. Ces lois sont immuables; il n'est point donné à l'homme de s'y soustraire, ni de les changer.

Le droit naturel ne forme pas le droit de quelques hommes ou de certaines nations : c'est le droit de tous les hommes et de tous les peuples, en tout temps et en tous lieux.

Mais si le droit naturel est ainsi la loi primitive et universelle; si, à ce titre, il est partie intégrante, nécessaire et indélébile de toutes les législations; il faut reconnaître aussi qu'il ne suffirait pas seul pour gouverner le monde et régler tous les intérêts. A côté des lois *naturelles* viennent donc se placer les lois *positives*, instituées par les législateurs humains, pour suppléer à l'insuffisance des premières ou pour leur servir de sanction.

Ces lois *positives*, que l'on nomme aussi *arbitraires*, parce qu'à la différence des lois naturelles, elles peuvent changer au gré du législateur selon l'occurrence des temps et le besoin variable des sociétés humaines; ces lois, dis-je, reçoivent différentes dénominations appropriées aux objets qu'elles ont en vue de régler.

Chaque nation a sa forme particulière de gouvernement, sa constitution écrite ou de fait, ses lois fondamentales, ou des coutumes qui en tiennent lieu. L'ensemble de ces lois forme, pour chaque peuple, chaque cité, son *droit public interieur*.

Les nations ainsi constituées en présence les unes des autres, ont des rapports qui sont réglés, ou par le droit naturel, ou par les traités; la réunion de ces règles constitue le droit des nations, autrement dit le droit des gens *jus gentium*.

Chaque peuple renfermé dans son territoire, a ensuite des lois qui lui sont propres et qui règlent spécialement les rapports et les droits des citoyens; et la dénomination de ces lois varie encore suivant l'objet auquel elles s'appliquent :

qu'elle leur rend, les accuse ou les défend. — Qui ostendunt opus Legis scriptum in cordibus suis, testimonium reddente illis conscientiâ ipsorum, et inter se invicem cogitationibus accusantibus autetiam defendentibus. Epit. à Timot. II, 15. (*V.* le verset 14.)

Lois politiques, qui organisent les pouvoirs, déterminent les compétences, règlent les droits publics des citoyens et leurs devoirs envers l'état;

Lois civiles, qui règlent les intérêts privés, en tout ce qui concerne l'état des personnes, la possession des biens, l'exécution des contrats;

Lois de procédure, qui régularisent la marche des tribunaux, et la manière dont les citoyens peuvent agir les uns contre les autres dans la poursuite de leurs droits;

Lois criminelles, qui servent de sanction à toutes les autres, en punissant toutes les infractions, selon qu'elles prennent le titre de contraventions, de délits ou de crimes, soit contre les particuliers, soit contre l'état.

Les livres qui contiennent le recueil de ces diverses espèces de lois, reçoivent le nom de *Codes*. C'est ainsi que l'on dit, *Code* civil, *Code* de procédure, *Code* pénal.

Je ne pousse pas plus loin cette énumération, et je passe à la définition même des lois.

§ II.

DÉFINITION DE LA LOI.

On trouve plusieurs définitions de la loi suivant le point de vue sous lequel on la considère.

Par rapport à ceux dont elle émane, si le gouvernement est despotique, la loi n'est autre chose que la volonté et le bon plaisir du prince. Tribonien a eu soin de le dire pour flatter les sultans du Bas-Empire : *Quod principi placuit, legis habet vigorem* [1].

Dans les gouvernemens représentatifs « la loi est l'expres-« sion de la volonté générale [2]; » parce que la nation entière est réputée vouloir tout ce qu'auront voulu constitutionnellement pour elle ses mandataires librement élus [3].

Sous ce point de vue, on peut encore dire avec le chancelier d'Aguesseau [4] que « la loi *c'est le contrat commun*; » parce que les lois dérivent toutes du *pacte social*, exprès ou

[1] INSTITUTES, § 6, *De jure nat. gent. et civili.*
[2] CONSTIT. de 1791, *Déclar. des Droits*, article 6.
[3] *Communis reipublicæ sponsio*. L. 1, ff. *De legibus*.
[4] Tome VII de ses Œuvres, p. 258.

tacite, d'après lequel les citoyens se sont réciproquement promis d'obéir aux lois.

Enfin la loi, considérée relativement à son but, à son action sur la société, peut être définie selon les jurisconsultes de l'ancienne Rome, *un commun précepte* [1], parce qu'il est de sa nature d'être *la même pour tous*, d'embrasser la généralité des personnes [2] et des choses [3], d'être portée sur ce qui arrive le plus ordinairement, et non sur de simples cas d'exception [4]. En un mot, l'essence de la loi est de lier uniformément les citoyens, de les assujétir aux mêmes devoirs, aux mêmes charges, aux mêmes peines pour les mêmes délits [5]; de leur conférer les mêmes droits, les mêmes facultés, les mêmes honneurs pour des services semblables; enfin les mêmes avantages sociaux, et pour tout dire, *l'égalité devant la loi* [6]; autrement, elle cesserait de mériter le nom de loi pour revêtir celui de *privilège* [7].

Les priviléges sont généralement odieux, parce qu'ils ne peuvent favoriser les uns qu'au détriment des autres. Ainsi l'exemption d'impôts accordée au clergé ou à la noblesse créait une surcharge intolérable pour le reste du peuple. Le monopole enrichit ceux qui l'exercent, aux dépens de l'industrie et du commerce général. Les places, les honneurs, les emplois réservés à une seule caste, dégénèrent en mortification et en injustice pour tous ceux qui, ayant la capacité et le désir de servir l'état, en seraient cependant exclus par le hasard de la naissance. Le droit d'aînesse n'a été si vivement repoussé par l'opinion publique, que parce qu'il détruisait l'*égalité* des partages.

De grandes raisons d'utilité publique peuvent seules justifier les priviléges. Tels sont ceux de la pairie où la nation

[1] *Lex est commune præceptum.* PAPINIEN, *In lege* 1, ff. *De legibus.*

[2] *Jura, non in singulas personas, sed generaliter constituuntur.* L. 8, ff. *eod.*

[3] *Communiter feruntur, id est, in omnes homines et res.* FESTUS, *In voce rogatio.*

[4] *Jura constitui oportet in his quæ ut plurimùm accidunt, non quæ ex inopinato, L.* 3, ff. *De legibus.*

[5] Loi du 14 septembre 1791, tit. Ier, § 3e.

[6] CHARTE de 1814, art. Ier. (Voy. ci-dessus enseignement du droit, p. 77.)

[7] *Priva lex.* PRIVILEGIA NE IRROGANTO. Lex XII. Tabul.

espère trouver une compensation dans la protection que lui garantit l'indépendance des pairs.

Hors de ces cas toujours très-rares, les priviléges doivent être bannis de la législation, et le retour au droit commun, au droit égal pour tous, est toujours favorable.

§ III.

DU POUVOIR LÉGISLATIF.

En France, le gouvernement (je parle du droit) n'a jamais été absolu, et, dans ses phases, notre histoire atteste que la monarchie française a toujours été une *monarchie tempérée.*

Un ancien commentateur de la coutume de Poitou [1], atteste avoir vu dans les archives de l'abbaye de Saint-Maixent, un vieux manuscrit de la loi Salique, dans lequel on définissait ainsi la loi : *Lex est constitutio populi, quam majores natu cum plebibus sanxerunt, statuerunt, judicaverunt, vel stabilierunt ad decernendum rectum.* Et de fait, le préambule de la loi salique constate qu'elle ne s'est pas faite autrement.

Cette définition, sans doute, ne cadre plus avec la forme actuelle de notre gouvernement ; mais elle prouve du moins que, dès l'origine de la monarchie, le Peuple-franc n'était pas exclu d'une juste participation au pouvoir législatif.

Dans les Capitulaires, on trouve ce fameux texte si souvent invoqué : LEX *fit consensu populi et constitutione regis;* la loi se fait par le consentement du peuple et la sanction du roi.

Ne parlons point des bons temps féodaux, où il n'y avait d'absolu et de despotique que les seigneurs dans leurs seigneuries ; et où les rois, bien loin d'être absolus, se trouvaient réduits à n'être seigneurs que dans leurs domaines, et, pour le surplus, simples suzerains dont l'autorité était souvent éludée et méconnue, si même elle n'était bravée par d'insolens vassaux les armes à la main.

Mais, sous la troisième race, depuis que la puissance royale, raffermie sur des bases moins anti-nationales, put introduire un gouvernement plus régulier, on a tenu constamment pour maxime de notre droit public, qu'en France

[1] RAT, sur l'article 1er de la coutume de Poitou, p. 14.

» la puissance publique est exercée par justice *et non à dis-» crétion*[1]. »

Bossuet[2] nous dit également que « le gouvernement ar-« bitraire n'a pas lieu dans ce royaume. »

Sans doute, il veut parler du principe; car quel est l'état où, par le fait, il ne se commette des *actes arbitraires*, des *abus d'autorité?* L'ancien régime, en effet, n'avait-il pas ses priviléges et ses lettres de cachet? Mais des actes abusifs, qui gardent cette qualification, ne changent pas le système de gouvernement, et il n'en est pas moins certain que l'ancien gouvernement de la France, malgré ses abus, était une *monarchie tempérée par les lois;* de même que le gouvernement actuel, malgré les abus du pouvoir ministériel, est une *monarchie constitutionnelle et représentative.*

Les convocations des *États-généraux*, quoique faites de loin en loin, et dans les plus grandes nécessités de l'état, prouvent encore d'une manière éclatante que la nation n'était point déshéritée de ses anciens droits. Les *Parlemens*, par le titre même qu'ils s'arrogeaient, d'*Etats-généraux au petit pied*, interrompaient la prescription et conservaient le feu sacré. Une suite de précédens, non interrompus, quoique parfois contestés, avaient érigé en principe fondamental qu'en France « les Parlemens et Cours souveraines avaient le dépôt des lois; qu'ils étaient chargés d'*examiner* et de *vérifier* celles qu'il plaisait au roi de leur adresser; de faire les *remontrances* que l'intérêt de l'Etat ou l'utilité des citoyens pouvaient rendre nécessaires; et qu'ils pouvaient même porter leur zèle et leur fidélité jusqu'au *refus* d'enregistrer dans les occasions où il leur semblait qu'ils ne pouvaient se prêter à l'exécution de la nouvelle loi sans trahir le devoir et la conscience[3].

Je ne rappelle pas ici les diverses formes de législation introduites par les constitutions de 1791, de l'an III et de l'an VIII. Je passe immédiatement à cette Charte aujourd'hui (en 1828) notre loi fondamentale. Son auteur voulant » lier tous les souvenirs et toutes les espérances, en réu-» nissant les temps anciens et les temps modernes[4], » y a

[1] LOISEAU, *Des Seigneuries*, chap. 2, n° 9.
[2] Cité dans les *Maximes du droit public français*, tom. I, p. 71.
[3] *Maximes du droit public français*, tom. II, page 1.
[4] Préambule de la *Charte* de 1814.

inséré cet article qui, en effet, rappelle l'ancien texte des Capitulaires : « La puissance législative s'exerce *collectivement* » par le Roi, la Chambre des Pairs et la Chambre des Dé» putés des départemens. » (Article 15.)

Le pouvoir législatif est de sa nature *incommunicable*: « Il ne peut, dit un noble pair [1], être délégué ni au roi ni à d'autres. Il y a abus ou superfluité dangereuse dans tous les articles de la loi ou du projet de loi qui délèguent au roi le pouvoir de faire des réglemens sur tel ou tel sujet. Si l'on n'entend, dans ces clauses, que respecter le droit constitutionnel du roi, de réglementer les détails vraiment réglémentaires comme le temps, le lieu, la forme, et tout ce qui ne préjudicie pas aux droits individuels, ce qui ne crée ni des crimes, ni des délits, ni des peines; on fait une disposition inutile et tendant à énerver l'autorité réglementaire constitutionnelle du roi. Si l'on entend déléguer un autre droit que cette même autorité réglementaire dans les limites conformes à la Charte et à son esprit, on blesse la Constitution, on opère la confusion des pouvoirs législatif et exécutif, on détruit les garanties publiques [2]. »

La législation offre cependant une exception de fait à ce principe dans l'art. 34 de la loi du 17 décembre 1814, en matière de *douanes ;* cet article est ainsi conçu : « Des *ordonnances du roi* pourront provisoirement et en cas d'urgence, 1° prohiber l'entrée des marchandises de fabrication étrangère, ou augmenter à leur importation les droits de douane...; 2° diminuer les droits sur les matières premières nécessaires aux manufactures; 3° permettre ou suspendre l'exportation des produits du sol et de l'industrie nationale, et déterminer les droits auxquels ils seront assujétis, etc., etc. »

Mais, d'une part, on voit que la délégation n'est faite que

[1] *Essai sur la Charte*, par M. le comte Lanjuinais, n° 359.

[2] Lanjuinais avait raison; car deux ans plus tard, les fameuses Ordonnances de juillet 1830, prétendues basées sur l'art. 14 de la Charte, ont renversé la Constitution. Mais aussi, à l'instant même, le peuple a renversé la royauté; et pour qu'à l'avenir un autre roi, membre de la nouvelle dynastie, ne crût pas trouver le même droit dans la Charte, à ces mots : *Le roi fait les réglemens nécessaires pour l'exécution des lois*, on a ajouté ceux-ci : *Sans pouvoir jamais ni suspendre les lois elles-mêmes, ni dispenser de leur exécution.*

pour un *cas d'urgence* qui ne comporterait pas le délai d'assembler les Chambres ; et, d'autre part, que l'effet de l'ordonnance n'est que *provisoire*. En effet, l'article 34 précité est terminé par la disposition suivante, qui fait tout rentrer dans l'ordre légal : « Toutes les dispositions ordonnées et exécutées en vertu du présent article, seront présentées en forme de *projet de loi* aux deux chambres avant la fin de leur session si elles sont assemblées, ou à la session la plus prochaine, si elles ne le sont pas [1]. »

§ IV.

DES DIVERSES ESPÈCES DE LOIS.

Les lois positives sont de plusieurs sortes. Elles se divisent principalement en lois *fondamentales* et lois *secondaires*.

Les lois fondamentales établissent et définissent les pouvoirs ; elles constituent le pacte social. Telle est, parmi nous, la Charte constitutionnelle.

Les lois fondamentales de l'état sont réputées immuables, non pas tant par l'impossibilité que par la difficulté et le danger de les changer ; parce que ces changemens, de quelque couleur qu'on les pare, à moins qu'ils ne viennent à la suite d'une longue expérience, et qu'ils ne soient vivement et généralement réclamés par l'opinion publique, remettent en question, non-seulement ce qu'il s'agit d'abroger, mais les objets même auxquels on déclare ne vouloir pas toucher. On diminue ainsi dans l'esprit des peuples l'idée qu'ils doivent garder de la stabilité de leur gouvernement : c'est là surtout « qu'à côté de l'avantage d'améliorer, se » trouve le danger d'innover. »

Dans *un projet* de loi sur la responsabilité des ministres, pris en considération par la chambre des députés, le 26 août 1824, il était dit « qu'un ministre se rend coupable de *trahison*, lorsqu'il fait quelque acte contre la Charte constitutionnelle, et lorsqu'il contre-signe un acte de l'autorité royale qui ne devrait émaner que du concours des trois branches de l'autorité législative [2]. »

Les lois secondaires ont pour objet de régler les diverses

[1] Plus précise encore, la loi de finance de 1834 veut que cette présentation ait lieu *au commencement de la session*.

[2] Voyez l'article 4, n°s 1 et 3.

parties de l'administration et des services publics; de fixer l'état des personnes, la condition des biens; de régler l'exécution des contrats; d'assurer le bon ordre, la répression des délits. Le nombre de ces lois est infini, et varie, comme je l'ai déjà dit, suivant la diversité des objets auxquels elles s'appliquent : Lois criminelles, Lois civiles, Lois administratives, etc., etc. Ces divisions sont purement doctrinales : il ne serait d'aucune utilité de toutes les rappeler et les définir.

Ces lois secondaires, pour être bonnes, doivent, autant que les mœurs le permettent, rentrer dans l'esprit de la loi fondamentale sous la protection de laquelle elles viennent se placer. *Jus privatum sub tutelâ juris publici latet* [1]. — Aucune d'elles ne peut déroger au droit naturel : *civilis ratio jura naturalia corrumpere non potest* [2].

Une distinction qu'il importe de ne point perdre de vue, est celle qui existe entre les *lois* proprement dites, et les *actes* qui émanent uniquement de l'autorité royale. Cette distinction existait même sous l'ancien régime. Au lit de justice tenu le 15 juin 1586, le président de Harlay disait, au nom du parlement, à Henri III : « Dans la remarque et la désignation des ordonnances qui s'observent en France, nous usons de distinction : car nous appelons les unes ordonnances *du Roi* et les autres *du Royaume.* »

Le roi seul fait « les réglemens et ordonnances nécessaires *pour l'exécution des lois* [3]. » Mais il ne peut pas seul faire ni défaire les lois; il ne le peut qu'avec le concours des Chambres. Et, si des ministres trompés, peu instruits ou mal intentionnés, avaient conseillé, fait rendre et contre-signé une ordonnance contraire à une loi, dans ce déplorable conflit, c'est *la loi* qu'il faudrait suivre de préférence. En pareil cas, on ne résiste pas à l'ordonnance, mais on obéit à la loi [4].

[1] Bacon, *Aphorisme* 3.

[2] L. 8, ff. *De cap. minutis*.

[3] *Voyez* ci-dessus la note [2] pag. 329.

[4] Les cortès d'Aragon avaient adopté une formule particulière pour repousser les actes contraires à leurs priviléges constitutionnels: « La loi, disaient-ils, sera *obéie*, mais non *exécutée*. » — Nos anciens parlemens en usaient à peu près de même.

« Il n'y a que la loi d'exécutoire en France », disait M. Odilon-Barrot, dans son plaidoyer devant la cour de cassation, pour le sieur Roman.

Il en faudrait dire autant, si une ordonnance établissait un droit nouveau sur un point non encore réglé par la législation, mais qui fût de nature à ne l'être que par elle; par exemple, si une ordonnance créait des peines afflictives ou infamantes; si elle portait une atteinte à la propriété; si elle créait un impôt, ou si elle enlevait quelque droit légitimement acquis.

Dans ces divers cas et autres semblables où l'ordonnance serait visiblement un empiétement sur le pouvoir législatif, les jurisconsultes qui ont écrit sous l'empire de la Charte tiennent que de tels actes, quoique contre-signés par un ministre, ne détruisent pas la loi; que les tribunaux ne sont pas tenus d'y déférer; qu'enfin il ne peut y avoir de pourvoi en cassation pour violation d'une ordonnance, mais seulement pour violation de *la loi* [1].

Ce que l'on vient de dire des ordonnances s'applique à plus forte raison aux simples *Arrêts du conseil*, lors même que, par abus ou par calcul, on leur aurait donné le titre d'ordonnance, et qu'ils seraient insérés au *Bulletin des lois*.

Les principes seuls auraient dû conduire à cette solution; mais jusqu'où ne va pas la flatterie? Sous Napoléon, à une époque où l'on semblait avoir ressuscité pour lui ce texte orgueilleux de Justinien: *Quis tantæ superbiæ tumefactus est, ut regalem sensum contemnat* [2], la Cour de Cassation, qui jusqu'alors avait suivi sur une question de féodalité la disposition des lois générales, crut devoir s'en écarter et casser divers arrêts, en se fondant sur un *avis du conseil d'état* du 13 messidor an 13, et un décret du 23 avril 1807 qui, d'après les rapports du ministre des finances, et dans des affaires particulières, avaient adopté une nouvelle doctrine. Napoléon, informé de cette déviation de la Cour de Cassation, s'en expliqua en ces termes: « La Cour de Cassation, dit-il, *a montré trop de déférence pour l'avis et le décret dont il s'agit.* Cet avis et ce décret ne sont que des jugemens. Bons pour les parties qui les ont obtenus, ils ne peuvent

[1] Ce principe, incontestable d'ailleurs, a été reconnu par M. de Corbière, ministre de l'intérieur, à la séance de la chambre des députés, le 22 février 1827. (Voyez Isambert, *Recueil des lois*, année 1820, préface, p. xvj, et les autorités sur lesquelles l'auteur s'appuie. Voyez aussi ce que nous dirons, en revenant sur ce sujet, au § XIX.

[2] Loi 11, au Code *De legibus et constitutionibus*.

avoir, à l'égard des autres, le caractère d'actes interprétatifs de la loi. » Voilà ce qu'a révélé le procureur-général près la Cour de Cassation, dans un plaidoyer prononcé devant cette cour le 15 juillet 1814 [1].

Une ordonnance *inédite* du 16 septembre 1814, sur les formes des actes de l'autorité royale, distingue parmi ces actes, 1° les *Ordonnances* données pour la sûreté de l'Etat; 2° les *Réglemens* donnés pour l'exécution des lois et pour l'exercice de la police générale et locale; 3° les Ordonnances en forme de *déclarations interprétatives* dans les cas qui ne sont pas expressément réservés aux Chambres. On prétendit alors qu'il s'agissait de l'interprétation doctrinale en matière législative [2], et même de l'interprétation d'autorité quant aux ordonnances et réglemens; 4° les *Lettres-patentes* données pour l'exercice des attributions gracieuses du pouvoir royal, tels que Majorats, exercice du droit de grâce, etc.; 5° les *Arrêts du conseil*, qui sont les jugemens rendus sur avis du comité contentieux, et toutes les décisions des autres comités du Conseil-d'Etat, pour le contentieux du ministère; 6° les *Provisions*, qui sont les institutions des juges à vie; 7° les *Commissions*, qui sont les nominations à des places révocables; 8° et les *Brevets*, qui sont des promotions dans l'armée de terre et de mer.

Aucun de ces divers actes n'a le caractère de *loi*, et ceux qui sont insérés au *Bulletin des Lois* [3], n'en acquièrent pas plus d'autorité; c'est uniquement un moyen de *publicité*.

Si le roi seul en son conseil-d'Etat, ou les ministres sous le nom du roi, ne peuvent, par forme d'ordonnances, disposer sur des objets réservés au pouvoir législatif, il est encore plus évident qu'aucun corps administratif ou judiciaire ne peut usurper les fonctions législatives; et si l'un de ces corps prenait un arrêté ou une délibération, ou rendait un arrêt sur quelque matière législative, il y aurait *forfai-*

[1] Répert. de Jurisp. *Additions*, vol. 15, 4e édition, au mot *Rentes seigneuriales*.

[2] Nous reviendrons sur ce sujet en traitant *de l'interprétation*.

[3] En Angleterre, les *actes du gouvernement* sont imprimés dans un recueil distinct de celui où se trouvent les *actes du Parlement*. Nous avons adopté cette forme depuis 1830.

ture[1], et l'arrêté, la délibération ou l'arrêt ne seraient pas exécutoires pour les citoyens[2].

§ V.

COMMENT SE FAIT LA LOI.

Le roi[3] propose la loi (Charte de 1814, *art.* 16).

La proposition de loi est portée, au gré du roi, à la Chambre des Pairs ou à celle des Députés, excepté la loi de l'impôt, qui doit être adressée d'abord à la Chambre des Députés (*Art.* 17, *Art.* 47).

Cette proposition est ordinairement accompagnée d'un discours ministériel qui contient *l'exposé des motifs* que l'on donne à la loi proposée.

Toute loi doit être discutée et votée librement par la majorité de chacune des deux Chambres (*Art.* 18).

Le roi seul sanctionne et promulgue les lois (*Art.* 22), comme nous le verrons en parlant plus amplement ci-après de la *sanction*, § IX et de la *promulgation*, § XV.

Ainsi, sous l'empire de la Charte, il est vrai plus que jamais de dire que la loi est le *contrat commun*. On y trouve tous les élémens des conventions. Le roi propose la loi : voilà la pollicitation, *solius offerentis promissio*. Si les chambres rejettent, il n'y a point de contrat, point de lien, point de loi. Elles acceptent sans amendement ou avec un amendement consenti; le roi sanctionne, voilà le contrat formé, *duorum vel plurium in idem placitum consensus*. Alors il y a LOI.

Une question s'est élevée : les Députés et les Pairs sont-ils récusables (au moins dans le for intérieur), lorsqu'ils ont un intérêt personnel et exceptionnel à la question? Si, par

[1] Décret du 28 août 1793, dans mon *Recueil des lois de compétence*, tom. 1er, p. 400.

[2] M. Henrion de Pensey, *Compétence du juge de paix*, chapitre dernier. — M. Isambert a donné en tête de son *Recueil des lois et ordonnances*, années 1819 et 1820, une Dissertation intéressante *sur les limites qui séparent le pouvoir législatif du pouvoir réglementaire ou exécutif*. On y trouvera le développement des principes que je viens d'énoncer. Il faut y joindre la Dissertation qu'il a mise en tête du volume de 1821, *sur les arrêts du Conseil*.

[3] Par la charte de 1830, la proposition des lois appartient aussi aux deux chambres. — (Art. 15.)

exemple, il s'agit de voter, par exception au droit commun, une *indemnité* dont quelques Pairs ou Députés sont appelés à profiter personnellement, doivent-ils s'abstenir de voter? On a soutenu l'affirmative à l'occasion de la loi du 27 avril 1825, d'après la règle d'équité, que *nul ne peut être juge dans sa propre cause*. Et je le crois ainsi dans les causes d'argent. Mais dans les questions d'un autre ordre, par exemple, en cas d'offense envers la chambre, chacun des membres, quoiqu'il puisse se croire offensé, peut très-licitement rester juge. On ne présume pas qu'il en veuille déposer le caractère : c'est ainsi que les tribunaux ordinaires restent juges des insultes et des outrages commis envers leurs membres dans l'exercice de leurs fonctions.

Est-il des cas où le roi soit aussi récusable? — Il n'est jamais récusable comme roi, parce qu'à ce titre il représente toujours les intérêts généraux de la nation. Mais dans les contestations privées où il aurait intérêt, il ne pourrait rester juge. Le président Hénault dans ses *Remarques sur le règne de Hugues-Capet*, allègue un exemple contraire. Mais saint Louis, ce modèle des rois justes et consciencieux, n'hésita pas à se récuser dans le procès où le comte Hugues fut déclaré déchu de ses fiefs. On aurait pu alléguer cependant qu'en défendant ses droits, il défendait aussi ceux de la couronne. Saint Louis pensa autrement. « Il ne voulut pas être juge dans sa propre cause. Il assembla un Baronage à Paris; il y exposa ses griefs contre le Comte, et laissa aux Barons le soin de le juger[1]. »

Cette question, au surplus, ne peut guère se présenter aujourd'hui, parce que le roi ne juge plus en personne, mais par des juges inamovibles qu'il nomme et qu'il institue (*art. 57 et 58*), et par lesquels il se condamne lui-même quand il a tort dans les procès qui intéressent la liste civile contre les particuliers[2]. — Toujours est-il qu'il ne pourrait pas se donner gain de cause par ordonnance.

[1] *Histoire de France*, par Pigault-Lebrun, tom. 3, p. 305.

[2] Arrêt mémorable de la cour royale de Paris, du 19 janvier 1821, dans l'affaire du chevalier Desgraviers, créancier de Louis XVIII.

§ VI.

DATE DES LOIS.

Il est certain que dans les Xe, XIe, XIIe et XIIIe siècles, on n'observait pas exactement la formalité de la *date*, et que souvent on se contentait de désigner le nom du roi régnant; d'autres fois le jour du mois, sans marquer l'année; ou celui de l'année sans indiquer le mois, et quelquefois aussi on ne marquait aucune date.[1]

Cela tenait à l'ignorance et à la barbarie de ces siècles féodaux, que les Suzerains seuls ont pu appeler le *bon vieux temps*.

Mais à mesure que l'on a marché vers la civilisation, on a senti le besoin de *dater* exactement les actes publics.

Ce soin est surtout indispensable pour les lois. Comme elles n'ont pas d'effet rétroactif, il devient d'abord nécessaire de se fixer sur leur date, pour savoir de quel jour elles ont dû être exécutoires.

De là sont nées plusieurs difficultés sur la véritable date des lois. Par exemple, doit-on s'attacher à la date d'un décret plutôt qu'à celle de la sanction ?

Dans la collection de Baudouin (in-8°), toutes les lois rendues sous la constitution de 1791 sont classées selon la date du jour où chaque décret a été adopté par l'assemblée nationale. Dans la collection dite du Louvre (in-4°), elles sont rangées dans l'ordre chronologique de la sanction royale.

Ce dernier ordre semble le meilleur, parce que la sanction, dans le cas où elle était requise, étant une formalité intrinsèque de la loi, il est vrai de dire qu'il n'y avait réellement loi qu'après que le roi avait sanctionné le décret.

Ainsi, encore aujourd'hui, il n'y pas loi même après que l'une des deux chambres a adopté le projet, car l'autre chambre peut le rejeter ou l'amender de manière à nécessiter un renvoi à la première. Il n'y a même pas loi après que les deux chambres ont voté uniformément l'adoption du projet, car le roi peut encore refuser sa sanction, comme nous le verrons au § IX.

La décision suivante se lie à la question qui précède. Le conseil-d'Etat, consulté pour savoir si une loi prenait *date*

[1] MABILLON, *de Arte diplomaticâ*.

du jour de sa promulgation, ou du jour où le corps législatif avait adopté le projet présenté par le gouvernement, a été d'avis, le 5 pluviôse an VIII, que la *véritable date* d'une loi était celle de son émission par le corps législatif.

§ VII.

INTITULÉ DES LOIS.

Il ne faut pas confondre le *titre* des lois avec leur *intitulé*.

Le *titre* des lois est un sommaire placé en tête pour en indiquer l'objet : il n'en fait point partie intégrante, et nous verrons qu'il ne peut pas même servir à leur interprétation.

Le titre des lois doit être sans emphase et sans affectation, et surtout sans artifice [1] ; il doit indiquer simplement l'objet de la loi. [2]

L'*intitulé* des lois est la formule par laquelle elles commencent, et qui indique de quelle autorité elles sont émanées.

On n'est tenu d'obéir à un acte qu'autant qu'il est l'ouvrage de celui qui avait qualité pour le faire. Il faut donc que cet acte, pour commander l'obéissance, soit revêtu du nom de son auteur.

Aussi voyons-nous que les plus petits comme les plus grands fonctionnaires, depuis l'édile chargé de briser les faux poids jusqu'au préteur qui tient la balance où la mauvaise foi s'efforce de les glisser, tous ont soin, non-seulement de signer leurs actes, mais encore de les *intituler* du nom de leurs charges.

L'autorité souveraine elle-même doit s'annoncer comme telle, pour obtenir des citoyens l'obéissance qu'elle est en droit d'exiger d'eux. Voilà pourquoi on ne voit point de loi sans apercevoir en même temps le législateur.

Parcourez les lois des peuples anciens et modernes, les Codes des barbares et ceux des peuples civilisés, partout vous verrez l'auteur de la loi attacher son nom à son ouvrage, tellement que dans l'*intitulé* seul des lois se trouvent l'histoire du pouvoir et la succession des gouvernemens.

[1] *Essai sur la Charte*, tom. Ier, pag. 241. Voyez les exemples *ibidem*.

[2] Ce sont les propres termes de la loi du 19 janvier 1791.

En 1788, la maxime consacrée par un long usage était celle de *Roi par la grâce de Dieu*, formule qui n'a été critiquée que par ceux qui n'ont pas voulu en saisir le vrai sens; car « cela ne signifie autre chose, sinon que le roi ne relève de personne. et qu'il ne tient le royaume que *de Dieu et de l'épée*, sans en faire hommage à aucune puissance sur la terre [1]. »

Cette formule, usitée principalement depuis l'époque où l'usurpation des papes menaçait l'indépendance de toutes les couronnes, n'est donc pas une marque de servitude; prenons-la plutôt pour un signe de noblesse et de liberté [2].

« Tout le monde, dit Durand de Maillane, sait que nos rois se qualifient rois de France *par la grâce de Dieu*, pour marquer leur autorité et leur indépendance de toute puissance humaine. Sur quoi Lebret (en son Traité *de la Souveraineté*) remarque que les termes *par la grâce de Dieu* sont aujourd'hui si fort consacrés à cette unique signification, qu'on regarderait comme coupable de lèse-majesté celui qui entreprendrait de les insérer dans ses titres, ainsi qu'il arriva au comte d'Armagnac sous le règne de Charles VIII [3]. »

« Nos rois, dit un autre auteur [4], ne tiennent que *de leur épée*, en ce que, ne connaissant point de juges sur la terre, c'est par la force des armes qu'ils se font rendre la justice qui leur est due, et qu'ils maintiennent leur autorité et les droits de leur couronne. »

A l'époque de la révolution on exigea l'addition, *et par la loi constitutionnelle de l'Etat*, qui rattachait l'autorité du roi au pacte social. Mais cette formule, quoique plus libérale, était impuissante pour exclure le despotisme; aussi Napoléon la conserva sans en être effarouché : nouvelle preuve, entre mille, que la liberté est dans les choses et non dans les mots [5].

[1] *Maximes du droit public français*, tom. 2, pag. 136.

[2] Voyez mes *Libertés de l'église gallicane*, 2e édition, pag. 73 et suiv.

[3] Durand de Maillane, *Libertés de l'église gallicane*, tom. 1, pag. 87.

[4] *Traités du Droit français* à l'usage du duché de Bourgogne, tom. 1er, pag. 21.

[5] En 1830, on a retranché la formule *par la grâce de Dieu*, comme inutile vis-à-vis de Rome; et si l'on n'a pas rétabli les

A ces expressions, *roi de France*, on crut devoir aussi substituer *roi des Français*, comme ayant un tout autre sens. Cependant nos premiers rois répugnaient si peu à s'intituler ainsi, que tous les Capitulaires des rois de la seconde race portent en tête *Dei gratiâ* FRANCORUM REX. On trouve même cette dernière formule employée sous la troisième race concurremment avec l'autre. Ouvrez les Ordonnances du Louvre, tome V, vous verrez à la page 430, *Carolus Dei gratiâ*, FRANCORUM REX ; et page 431, en regard, *Charles, par la grâce de Dieu*, ROI DE FRANCE. Quelle plus forte preuve que ces formules avaient au fond la même signification [1] ?

L'intervalle entre 1792 et 1814 est rempli par le protocole de tous les gouvernemens qui se sont succédé; ainsi l'on voit en tête des divers actes insérés au Bulletin :

La CONVENTION NATIONALE décrète :

Le CONSEIL DES CINQ-CENTS; le CONSEIL DES ANCIENS, approuvent la déclaration d'urgence :

Le DIRECTOIRE EXÉCUTIF arrête :

Les CONSULS DE LA RÉPUBLIQUE, etc., etc.

BONAPARTE, premier consul, ordonne :

NAPOLÉON, empereur, décrète :

Le SÉNAT CONSERVATEUR, réuni au nombre de membres prescrit par la constitution, etc.

Le GOUVERNEMENT PROVISOIRE...

Enfin on revient au point de départ, à la formule rédivive : LOUIS, *par la grâce de Dieu, roi de France et de Navarre* [2], *à tous présens et à venir salut.*

Cette formule, lorsqu'elle est en tête des ordonnances ou des arrêts du conseil, est immédiatement suivie de ces mots, NOUS AVONS ORDONNÉ ET ORDONNONS.

Mais, lorsqu'elle précède les lois, elle est conçue de la manière suivante, qui rappelle les élémens constitutionnels requis pour la formation de la loi : « Nous avons *proposé*,

mots : *Par la loi constitutionnelle*, il n'en est pas moins vrai que c'est par-là, et non autrement, que le roi est roi des Français.

[1] Cependant, comme on en a abusé pour prétendre que le *roi de France* était le roi *du sol* plutôt que le chef des citoyens, on est revenu, en 1830, au titre de *roi des Français*.

[2] « Cette mention spéciale de la Navarre, dit M. Lanjuinais, n'est point un affaiblissement de la Charte; c'est un pur souvenir de l'histoire; c'est une locution sans effet politique, etc. » *Essai sur la Charte*, tom. 1er, pag. 254 et 255.

» les chambres ont *adopté*, nous avons *ordonné* et ordonnons ce qui suit. »

La formule actuelle est celle-ci : « LOUIS-PHILIPPE, roi » des Français, à tous présens et à venir, salut. Les chambres » ont adopté et nous avons ordonné et ordonnons ce qui » suit. »

§ VIII.

PRÉAMBULE.

Les lois sont quelquefois précédées d'un préambule qui explique *à quelles causes* elles ont été portées.

Cette précaution était négligée dans les républiques, où le peuple, concourant à la formation de la loi, n'avait pas besoin de s'évertuer à trouver des tournures pour justifier à ses yeux son propre ouvrage.

Il semblait d'ailleurs peu conforme à la dignité du législateur d'entrer, pour ainsi dire, en pourparler sur le mérite de sa loi, et de discuter en rhéteur là où il devait seulement commander en maître[1].

C'est ce qui fait dire à Sénèque que rien ne paraît plus froid et plus inepte qu'une loi affublée d'un prologue[2].

Cependant l'usage contraire a prévalu dans les monarchies, et nous ne voyons pas une ancienne ordonnance, pas de lettres-patentes, pas un édit, qui ne soient ornés d'un bout de préambule; soit qu'il ait paru plus humain d'essayer à persuader les peuples par cette voie; soit que la politique ait donné à penser que les sujets exécuteraient plus volontiers les lois, quand on leur aurait fait confidence des motifs qui avaient déterminé le législateur à les rendre.

Il est vrai que les raisons qui sont alléguées ne sont pas toujours les véritables. Et à ce sujet, on trouve dans les œuvres du judicieux Coquille[3], une anecdote assez piquante pour mériter d'être rapportée : « On a fait, dit-il, une infinité d'édits auxquels on fait parler le roi comme si c'était

[1] *Non disceptatione debet uti, sed jure.* LEX VISIGOTH. lib. 1, cap. 6.

[2] *Nihil videri frigidius, nihil ineptius quàm legem cum prologo. Epist.* 94.

[3] Œuvres de GUY COQUILLE, de Nivernais, tom. 1er, pag. 219, colonne 1re, édit. in-folio de 1703.

un orateur en une concion[1] de Grèce, avec des propos spécieux, beaucoup de langage, et rien de vérité; *comme si tous les Français étaient des bêtes*, et qu'avec le simple sens commun, il ne fût aisé à découvrir que le contraire du contenu en ces édits est véritable. Et entre autres édits, qui tous sont pécuniers et bursaux, il s'en trouve un *de fort belle apparence* en faveur des laboureurs en une chère année, pour n'être contraints à payer leurs dettes; et c'était afin qu'étant déjà accablés par les guerres, ils eussent meilleur moyen de payer les tailles étrangement excessives; dont arriva que les marchands furent dégoûtés de leur prêter, et par ce moyen ont depuis enduré beaucoup d'incommodités[2]. »

De tout cela, il résulte que les motifs allégués dans le *préambule* d'une loi ne sont pas toujours des guides sûrs pour l'interpréter[3].

Aussi la loi du 11 août 1792 avait décidé d'une manière précise « que dorénavant les décrets seraient imprimés et publiés *sans préambule*. »

Mais depuis on est revenu à cette forme, soit par des motifs de *déclaration d'urgence* sous la constitution de l'an III, soit sous l'empire, où l'on vit tant de déceptions surtout en législation, soit enfin depuis la restauration[4].

L'auteur de l'*Essai sur la charte*[5] fait à ce sujet une réflexion fort judicieuse. Après avoir remarqué que les motifs de la loi sont suffisamment exposés dans les discours prononcés, soit pour appuyer, soit pour combattre la proposition, il ajoute : « Mais si les ministres veulent absolument donner des fleurs de leur rhétorique sur les lois comme ils aiment tant à le faire dans les diplômes et les ordonnances, il est nécessaire que le préambule soit soumis à leurs *colégislateurs*, afin qu'il ne se trouve pas en contradiction avec les articles, comme je l'ai vu arriver[6]. Rien n'est plus

[1] *Concio*, discours public.
[2] *Dialogue sur les causes des misères de la France.*
[3] Voyez ci-après, *interprétation*, § XIX.
[4] Voyez, pour exemple, le préambule de la loi du 5 décembre 1814, et celui de la loi du 21 du même mois, *relative à certaines dettes contractées en pays étranger.*
[5] Liv. 3, chap. 5, n° 309.
[6] M. Lanjuinais cite pour preuve la loi d'exception du 21 octobre 1814.

incohérent que d'attribuer au roi un exorde personnel et privatif, comme partie intégrante de dispositions qui n'existent que par la volonté réunie des trois branches de l'autorité législative, et dont on certifie qu'elles ont été *discutées, délibérées* et *adoptées* dans les deux chambres. »

§ IX.

SANCTION.

Ce mot, par son étymologie, indique une chose rendue *sainte*, et qu'on ne peut pas violer impunément.

C'est du moins en ce sens que l'entendaient les Anciens. *Sancta res dicitur* ob sanctionem *quâ res ità munita est, ut violari impunè haud possit*[1],

En 1790, on s'est servi du mot *sanction* pour désigner une forme particulière de la législation. Pour que les décrets de l'assemblée nationale devinssent *lois*, il fallait qu'ils fussent *sanctionnés*, c'est-à-dire, approuvés solennellement par le roi.

Cette sanction n'était cependant pas exigée pour tous les décrets de l'assemblée : on voit, au contraire, qu'il y avait des *actes non sujets à sanction*, et qui pourtant étaient toujours promulgués au nom du roi[2].

Suivant la constitution de 1791, le roi n'avait pas la proposition des lois : il ne pouvait qu'accepter ou rejeter celles qui, soumises à sa *sanction*, étaient en même temps sujettes à son *veto*.

Sous la Charte de 1814 c'était tout le contraire; le roi proposait les lois, et les chambres n'avaient que la faculté de les adopter ou de les rejeter.

Selon la Charte de 1830, la proposition des lois n'appartient pas seulement au roi, mais elle appartient aussi aux deux chambres.

Cependant cette charte ajoute (art. 18) : « Le roi seul *sanctionne* les lois. » D'où il suit que la proposition faite au nom du roi, quoique acceptée par les chambres, n'est pas encore *loi*, et ne le sera qu'autant qu'il plaira au roi de la *sanctionner*. Il pourrait, en effet, arriver qu'une loi, ur-

[1] FESTUS, *voce sanctum*.

[2] Voyez acte du 13 novembre 1791, dans la collection de lois in-4°, dite du Louvre, t 6, pag. 663.

gente au jour de sa proposition, cessât d'être nécessaire à l'instant où il s'agirait de la sanctionner et de la promulguer[1] : telle serait, par exemple, une loi faite en vue de la guerre, et qu'un traité de paix rendrait désormais inutile. Dans un tel cas et autres semblables où le gouvernement croirait utile de ne pas aller plus loin, il le peut; car, tant que le roi n'a pas donné sa sanction, il n'y a pas encore *loi*. Ainsi, l'on a eu raison de dire que la sanction était le *vote royal définitif*[2].

Le roi sanctionne en mettant sa signature sur la minute originale de la loi.

Une fois cette formalité remplie, il y a loi, et il ne reste plus qu'à y apposer le sceau de l'état.

§ X.

SCEAU DES LOIS.

Le *sceau* ne doit pas être confondu avec la *sanction*.

Il est sans doute la meilleure preuve que la loi a été sanctionnée; mais la preuve d'une formalité n'est pas la formalité même.

Il fut cependant une époque où le sceau tenait lieu de signature.

Anciennement, lorsque des ordonnances ou des lettres-royaux avaient passé au conseil, elles étaient écrites par un notaire du roi et portées à la chancellerie pour y être scellées. En l'absence du chancelier, on y apposait le sceau du Châtelet.

Les lettres-royaux avaient *date*, non du jour qu'elles passaient au conseil, mais du jour qu'elles étaient scellées : le sceau royal leur donnait force de loi sans signature[3].

Dans l'usage actuel le sceau ne dispense pas de la signature, et réciproquement la signature du roi ne dispense pas du sceau avec cette mention, *vu et scellé du grand sceau;*

[1] C'est ainsi qu'autrefois, même après qu'une ordonnance ou un édit avaient été enregistrés au parlement, le roi pouvait encore les retirer et ne pas les promulguer. *Max. du droit pub. franç.*, tom. 2, p. 353. Du reste, les raisons qu'on y donne de ce droit ne sont pas les meilleures possibles.

[2] *Essai sur la Charte*, tom. 1er, n° 328.

[3] Isambert, *Recueil de lois*, 1821, préface, pag. VIII et IX.

et la signature du chancelier, ou, à son défaut, du secrétaire d'état au département de la justice ayant le titre de garde des sceaux.

C'est un devoir du chancelier ou garde des sceaux, de ne point sceller les lettres surprises au prince et les actes qui seraient contraires aux lois du royaume. « Il doit, dit un ancien jurisconsulte[1], canceller, rompre, briser, révoquer, refuser et dénier toutes choses déraisonnables, inciviles et préjudiciables au prince et à son peuple, *encore que par lui-même de vive voix elles fussent commandées, octroyées et accordées.* » — Il est, suivant Loyseau, le correcteur et le contrôleur des ordonnances et des mandemens du prince[2]. Ce sont les ordonnances elles-mêmes qui ont imposé cette charge au chancelier sous le lien de l'obéissance : il y en a une disposition formelle dans l'article 44 de l'ordonnance de mars 1356, dans l'article 214 de celle de 1413, et dans plusieurs autres.

Le devoir des chanceliers à cet égard se trouve tracé d'une manière bien remarquable dans le serment qui fut prêté par le chancelier Duprat[3] entre les mains du roi, le 7 janvier 1514. « Quand on vous apportera, y est-il dit, à sceller quelque lettre signée par le commandement du roi, si elle n'est de justice et de raison, vous ne la scellerez point, encore que ledit seigneur le commandât par une ou deux fois : mais viendrez devers icelui seigneur, et remontrerez tous les points par lesquels ladite lettre n'est raisonnable ; et, après que aura entendu lesdits points, s'il vous commande de la sceller, la scellerez ; car alors le péché en sera sur ledit seigneur, et non sur vous. »

La vie de l'Hospital[4] nous offre à ce sujet une anecdote assez remarquable. Après la dissolution du colloque de Poissy, le pape avait envoyé en France, en qualité de légat, Hippolyte d'Est, cardinal de Ferrare. Le chancelier lui refusa des lettres-patentes qu'il demandait pour confirmer ses pouvoirs. L'Hospital motivait son refus sur ce que ces lettres étaient *contraires aux libertés de l'église gallicane.* Me-

[1] Papon, 3e notaire, titre *Des provisions réservées au prince*, pag. 325.

[2] *Des offices*, liv. 4, chap. 2, n° 29.

[3] Que Dumoulin appelle *Bipedum nequissimus*.

[4] *Essai sur l'Hospital*, par M. Dufey de l'Yonne, en tête de ses œuvres, édition de 1824; in-8°, tom. 1er, pag. 158.

naces, prières, séductions, le légat employa sans succès tous les moyens pour vaincre le chancelier : celui-ci demeura inflexible; mais à force d'intrigues et de souplesse, le légat obtint du roi ce qu'il avait vainement demandé au chancelier, à condition toutefois qu'il ne ferait point usage de ses lettres. Malgré cette modification, le chancelier avait encore refusé d'y apposer le sceau de l'état. Le cardinal parvint néanmoins à lui en faire donner l'ordre par le roi. Le chancelier obéit [1] ; mais en mettant sous le sceau cette protestation qu'il avait coutume d'employer en pareille occurrence : *me non consentiente*, sans mon consentement.

Je plie et ne romps pas, est presque toujours la règle de conduite des ministres : cependant on a vu des chanceliers aimer mieux rendre les sceaux que de les apposer à des actes évidemment illégitimes, et l'un d'eux refuser de les reprendre, après qu'on s'en était servi malgré lui pour cet usage, disant qu'ils étaient souillés.

Mais de tels exemples ont été bien rares, et c'est ce qui fait dire aux auteurs du livre intitulé *Maximes du Droit public français*, t. 2, p. 324 : « Les chanceliers sont depuis long-temps des personnages fort complaisans : ils annoncent par leurs actions ce que le chancelier de Biragne disait hautement de bouche, qu'ils sont chanceliers *du roi* de France, et non chanceliers *du royaume* de France. »

Cependant, de nos jours encore, nous avons vu un garde des sceaux, en entrant en charge, avertir les magistrats que Sa Majesté lui avait remis les sceaux *à condition de ne sceller que des lois et actes conformes à la Charte constitutionnelle* [2].

La loi du 27 novembre 1790 porte, article 31 : « L'office du chancelier de France est supprimé. » Je ne connais pas de loi qui l'ait formellement rétabli. — Quoi qu'il en soit, le titre de chancelier de France a reparu, de fait, à l'époque de la restauration.

Cette dignité était autrefois inamovible.

Très-anciennement, dit un historien [3], « cette première

[1] Il ne s'agissait en cette occasion que d'un acte du gouvernement; mais s'il eût été question d'un point fondamental, le devoir du chancelier eût été de rendre les sceaux, plutôt que de se réduire à une vaine protestation démentie par le fait.

[2] Circulaire de M. Barbé-Marbois, du 2 octobre 1815.

[3] Dufey, *Vie de l'Hospital*, tom. 1er, p. 24.

dignité de l'ordre judiciaire n'était point considérée comme un *ministère;* c'était une *magistrature nationale.* Depuis long-temps le chancelier était *élu, par scrutin,* dans une assemblée des principaux fonctionnaires des cours souveraines, réunie au Louvre, sous la présidence du Roi. »

Mais, à côté des plus éminentes prérogatives, se trouvait une responsabilité sévère; et l'Hospital lui-même, dans une circonstance où il s'était écarté des règles relatives à l'enregistrement des lois par les Cours souveraines, se vit sur le point d'être décrété d'ajournement personnel, pour venir rendre compte à la Cour de l'infraction qui lui était reprochée[1].

Aujourd'hui l'on peut croire que le chancelier est inamovible; car on a vu M. Dambray, d'abord ministre de la justice, quitter les sceaux et le portefeuille, et conserver toujours le titre de chancelier. En cette qualité, il présida la chambre des pairs, et je ne doute pas qu'à l'avenir cette union de la dignité de chancelier à celle de président de cette chambre n'affermisse de plus en plus le principe de cette inamovibilité.

C'est au chancelier que devrait aussi être réservé le droit de présider les sections réunies à la Cour de cassation, et non au garde des sceaux, ministre révocable, auquel manque cette inamovibilité que la Charte assure aux magistrats comme première garantie de leur indépendance[2].

Le décret du 6 novembre 1789 a décidé que les signatures, contre-seings et sceaux seraient *uniformes par tout le royaume.*

La loi du 19 octobre 1791 a déterminé que le sceau dont le corps législatif se servirait désormais, porterait ces mots: *la nation, la loi, le roi.*

Une autre loi, du 6 octobre 1792, a ordonné que « les anciens sceaux de l'état seraient brisés et portés à la Monnaie. »

Depuis, la forme du sceau et ses emblèmes ont changé avec les divers gouvernemens qui se sont succédé[3].

[1] Dufey, *Vie de l'Hospital*, tom. 1er, p. 143.

[2] Cette opinion est partagée par M. Carré dans son grand ouvrage sur la compétence judiciaire, t. 1er, p. 180, note 1.

[3] Le sceau de Hugues Capet est le premier où l'on voie ce que nous appelons *la main de justice.* Il la tient de la main droite, et

§ XI.

DU CONTRE-SEING.

Le contre-seing est encore une formalité employée pour prévenir les surprises.

Après que le roi a signé, l'un de ses officiers ayant cacactère pour cette fonction, *signe contre*, c'est-à-dire auprès, afin d'attester que l'acte a réellement été signé par le roi. Ces mots, *par le roi*, précèdent ordinairement le contre-seing.

Charlemagne, qui ne savait pas écrire, faisait contresigner tous ses actes par son grand référendaire; lui et ses successeurs y apposaient leur signe et leur cachet: *Cruce factâ*, dit la charte de Philippe Ier, de mars 1085.

La charte de Hugues Capet, de 987, sur les libertés et priviléges des églises, est signée de son fils Robert et de quatre de ses premiers officiers.

Les Chartes du roi Robert, de 991 et 1025, sont contresignées du chancelier seul.

Le diplôme de Henri Ier, de 1031, ne porte que son signe, au moins sur la copie telle qu'elle a été conservée. Les lettres-patentes du même roi, d'octobre 1057, sont contre-signées par onze de ses officiers; le chancelier est le dernier.

La charte de Philippe Ier, de juillet 1061, est contresignée de deux personnes, et d'une troisième qui doit être le chancelier[1]. Celle déjà citée, de 1085, porte les seings du sénéchal, du connétable, du boutillier et du chambrier; la signature du chancelier manque.

Les lettres de Louis-le-Gros, de décembre 1118, portent le signe du roi et le contre-seing du chancelier, avec la mention *relegit et subscripsit*.

un globe de la gauche; il porte sur sa tête une couronne fleuronnée; il paraît dans ce sceau avec des cheveux courts et une assez longue barbe fourchue : on lit à l'entour cette inscription : HUGO, *Dei misericordiâ, Francorum rex.*

[1] Le président Hénault, année 1107, prétend que ce monarque est le premier qui, pour autoriser ses chartes, les ait fait souscrire par ses grands-officiers; mais cette opinion semble contredite par les découvertes faites après lui. Voyez *Dissertation sur la diplomatique*, par Laporte Dutheil, 1er vol. du *Recueil des chartes*.

La charte de la commune de Laon, de Louis-le-Gros (1128), est signée du roi et de son fils, et écrite de la main du chancelier.

La charte de 1134 est aussi de la main du chancelier, mais contre-signée de trois autres officiers de sa maison.

La charte de Louis-le-Jeune, de 1165, est contre-signée de quatre officiers; le seing du chancelier manque.

Celle de 1180 est de la main du chancelier et contre-signée de quatre autres.

Les lettres de Philippe-Auguste, de 1189, 1190, 1200, sont contre-signées de trois officiers de sa maison, la chancellerie étant vacante.

Dans ces premiers temps, on remarque, parmi les contre-signataires des actes royaux, les précepteurs des rois, et quelquefois même leurs confesseurs [1].

Dans l'ordonnance de saint Louis, 1262, il est fait mention de ceux par le conseil de qui elle a été rendue.

La formalité du contre-seing ne fut régularisée que quand le gouvernement lui-même fut constitué, c'est-à-dire à partir du règne de Philippe-le-Bel, sous lequel le parlement fut rendu sédentaire.

Sous Louis XI (en 1481), il fut arrêté que *le Roi ne signerait rien qu'il ne le fît contre-signer par un secrétaire d'Etat; sans quoi on n'y aurait nul égard.*

La même règle a dû être maintenue à l'époque où le gouvernement a été revêtu des formes constitutionnelles et représentatives. Alors, en effet, la formalité du contre-seing n'a pas seulement été employée pour prévenir les surprises, mais pour assurer la responsabilité ministérielle.

La constitution de 1791 en a une disposition expresse; et dans la proclamation du 22 juin 1791, il est dit très-expressément « qu'aucun ordre du roi ne peut être exécuté » s'il n'est contre-signé par les ministres, qui en demeurent » responsables [2]. »

Une ordonnance royale du 8 février 1816, *sur le contre-seing des ordonnances et actes émanés de l'autorité royale*, porte ce qui suit : « Louis, etc. Les ordonnances, réglemens et actes d'administration qui émanent de notre autorité royale, *devant être revêtus du contre-seing de l'un de nos*

[1] Hénault, *Abrégé chron.*

[2] Coll. in-4°, tom. 4, pag. 1288.

ministres secrétaires d'état, dans leurs attributions respectives, nous avons ordonné et ordonnons ce qui suit : article 1er. En l'absence ou dans le cas d'empêchement de l'un de nos ministres secrétaires d'état, ainsi que dans le cas où nous n'aurions pas nommé à l'un des départemens du ministère, les actes de l'administration de ces départemens ne pourront être contre-signés que par celui de nos autres ministres secrétaires d'état que nous nommerons à cet effet. »

En résumé :

1° La signature du roi ne suffit pas : le contre-seing d'un ministre responsable est toujours exigé.

2° Toutes les *lois* doivent être contre-signées par le chancelier ou garde des sceaux ayant le département de la justice : il doit les contre-signer en même temps qu'il y appose le sceau de l'Etat.

3° Les simples ordonnances ou autres actes émanés de l'autorité royale ne sont ordinairement contre-signés que par le ministre sur le rapport duquel ils ont été rendus, comme intéressant spécialement son département, ou par celui des ministres que le roi aurait désigné à cet effet.

§ XII.

FORMULES EXÉCUTOIRES.

Les lois sont terminées par une formule exécutoire qui contient *mandement* ou ordre aux différens fonctionnaires de les faire publier et enregistrer et d'en procurer l'exécution.

Autrefois, les lois étaient envoyées aux parlemens pour les enregistrer. Cet enregistrement n'était pas de pure forme ; quelquefois il était refusé, d'autres fois accordé seulement avec modification, ou même accompagné de *remontrances*.

Que ce droit ait été disputé aux parlemens, c'est ce qu'attestent les *lettres de jussion*, et ces *lits de justice* ainsi nommés, dit-on, parce que là justice y dormait.

Mais il n'en est pas moins avéré qu'à la longue, la vérification des lois et leur libre enregistrement étaient devenus une forme essentielle de la législation en France.

Cette proposition, qui n'a aujourd'hui qu'un intérêt purement historique [1], pourrait se démontrer par une foule d'exemples, et notamment par un grand nombre de lois restées sans exécution, faute d'avoir été enregistrées, ou pour ne l'avoir été que forcément.

Depuis la suppression des parlemens, la constitution de l'État ayant changé, et le point de résistance, ou, si l'on veut, d'opposition, ayant cessé d'être placé dans les cours de justice, si l'on a continué d'envoyer les lois aux cours et tribunaux, ce n'a plus été pour leur donner le droit de les examiner, mais seulement *pour les rendre plus notoires*.

Les formules exécutoires ont, comme tout le reste, éprouvé beaucoup de variations. Elles sont conçues tantôt *au nom de la nation*, tantôt *au nom de la république*; une autre fois, *au nom du peuple français*.

La formule usitée sous la restauration est ainsi conçue: « SI DONNONS EN MANDEMENT à nos cours et tribunaux, préfets, corps administratifs et tous autres, que les présentes ils gardent et maintiennent, fassent garder, observer et maintenir, et *pour les rendre plus notoires à tous nos sujets* [2], ils les fassent publier et enregistrer partout où besoin sera: *car tel est notre plaisir*; et afin que ce soit chose ferme et stable à toujours, nous y avons fait mettre notre scel.

Il ne faut pas confondre la formule que nous venons de transcrire, avec les formules qu'on met ordinairement en tête et à la fin des *actes* et des *arrêts* pour les rendre *exécutoires*. Ces formules ont leur protocole particulier [3]; elles ont dû changer avec chaque gouvernement. Mais comme elles ont été établies par la loi, le seul fait qu'un gouvernement nouveau a été substitué à l'ancien, n'a pas suffi pour changer la formule auparavant en usage: c'est comme une sentinelle qu'il faut relever. Ainsi tant qu'on ne rencontre pas une loi nouvelle qui ait changé la formule préexistante, on doit tenir pour constant que tous les actes expédiés con-

[1] Voyez ci-dessus *Précis hist. du droit français*, pag. 185 et suiv.

[2] Depuis 1830, et notamment dans le mandement qui accompagne le texte de la Charte, on a supprimé les mots *nos sujets*.

[3] Voyez lois du 6 octobre 1791, art. 14; loi du 15 août 1792, art. 7 et 9; loi du 25 ventôse an 11, sénatus-consulte du 28 floréal an 12, arrêté du 7 avril 1814, arrêté du 25 juin 1815, ordonnance royale du 30 août 1815.

formément à l'ancienne, sont valables, et que les poursuites faites en vertu de ces actes sont régulières [1].

Formule : *car tel est notre plaisir.*

Cette formule, qui termine souvent les ordonnances et lettres-patentes de nos rois, et que l'on retrouve encore aujourd'hui dans le *si donnons en mandement* placé à la suite des lois [2], ne signifie pas *car tel est notre caprice, notre fantaisie* [3]; mais *telle est notre volonté.*

C'est, en vieux français, la traduction du *nobis placet* dont les jurisconsultes romains se servaient pour exprimer leur *avis* et donner leurs *consultations.*

Les juges disaient aussi *nobis placet* [4], comme ils disent à présent *nous condamnons.*

Dans la plupart des capitulaires on lit la formule : *Placuit atque convenit inter Francos et eorum proceres.*

Voilà pourquoi les lois elles-mêmes sont souvent appelées *placita* [5].

Or, jamais les gens de bonne foi n'ont inféré de toutes ces formules, que les jurisconsultes en donnant leurs consultations, les magistrats en jugeant, et les princes en ordonnant, agissaient *arbitrairement, et sans autre raison que leur bon plaisir.*

Dans les anciens conciles, les évêques exprimaient par le mot *placet* leur adhésion aux décisions sur le dogme ou la discipline. En a-t-on jamais conclu qu'ils se fussent déterminés par caprice, sans connaissance de cause, et uniquement parce qu'ils le voulaient ainsi ?

[1] Loi du 15 août 1792, art. 9 ; ordonnance royale du 30 août 1815.

[2] Rendues sous la restauration.

[3] Pibrac entendait la formule en ce sens, dans ce célèbre quatrain :

> Je hais ces mots de puissance absolue,
> *De bon plaisir*, de propre mouvement ;
> Ils ont aux lois premièrement,
> Et puis aux rois leur puissance tollue.

[4] La sentence prononcée par le proconsul, contre saint Cyprien, était ainsi conçue : *In Tascium Cyprianum gladio animadverti* Placet. — *Adde* loi 40, ff. *de pœnis* ; loi 88, ff. *de legatis* : loi 30, ff. *de pactis dotalibus.*

[5] Exemple : les *Placités* de Normandie.

Il y a une foule de choses qu'on ne critique et qu'on ne blâme que par prévention ou faute de les bien entendre.

Peut-être aussi quand des locutions ont vieilli au point de rendre équivoque pour un grand nombre de gens le sens qu'elles ont pour but d'exprimer, il vaudrait mieux les changer, et y substituer des termes mieux définis. C'est ce que nous avons fait en 1830.

§ XIII.

IMPRESSION DES LOIS.

Anciennement, aussitôt qu'une loi nouvelle était rendue, nos rois avaient coutume d'ordonner qu'on en fît plusieurs *copies* pour en assurer la conservation et en accélérer la publication. Charlemagne ayant fait, en 812, un capitulaire adressé aux commissaires envoyés dans les provinces pour lever des troupes, ordonne, dans le chapitre 8, « de faire quatre copies de ce capitulaire; une pour les commissaires, une autre pour le Comte dans la province duquel on agira, afin que les commissaires et le Comte s'y conforment également; la troisième sera entre les mains de ceux à qui nous confierons le commandement de l'armée, et la quatrième restera par-devers notre chancelier. »

Louis-le-Débonnaire, dans l'épître circulaire sur la formule de l'institution canoniale, qu'il envoya dans les différentes provinces de sa domination, en 816, ordonna de renfermer dans l'armoire de son palais un exemplaire de cette formule, « afin qu'il servît pour convaincre d'infidélité ceux qui ne le copieraient pas exactement, ou ceux qui seraient assez hardis pour l'altérer en quelque partie. »

Le même prince, dans le privilége qu'il accorda aux Espagnols qui s'étaient *réfugiés* en France pour se soustraire à la cruauté des Sarrasins, ordonna de faire plusieurs exemplaires de cette constitution. « Il y en aura, dit-il, un exemplaire à Narbonne, un autre à Carcassonne, un troisième à Roscillon, un quatrième à Empuriès, un cinquième à Barcelonne, un sixième à Gironne, le septième à Béziers; et il en sera conservé un exemplaire dans l'archive de notre palais, afin que les Espagnols conservent au milieu d'eux sept exemplaires de la concession, et que l'exemplaire qui sera conservé dans notre palais serve à décider plus facilement les contestations qui pourraient survenir sur le même sujet. »

On conçoit combien, dans ces premiers temps, il était difficile de multiplier ces copies autant qu'il aurait fallu pour les mettre à la portée, je ne dis pas de tous les citoyens, mais même de tous les fonctionnaires.

Lorsqu'on voulait avoir une expédition des capitulaires, il fallait envoyer un copiste muni de parchemin [1].

Et encore dans le petit nombre de copies qu'il était possible d'exécuter ainsi, combien ne devait-il pas se rencontrer de fautes qui en corrompaient le véritable sens, et qu'on ne pouvait rectifier qu'en recourant à l'archive du roi!

C'était sans doute alors un bon métier que celui de copiste, et l'on ne doit pas s'étonner si, lors de la découverte de l'imprimerie, les écrivains publics présentèrent requête au parlement contre les novateurs qui s'étaient rendus coupables de cette admirable invention [2].

Ce qui doit plutôt surpendre, c'est que cette compagnie ait accueilli une pareille opposition [3], et contrarié par-là, autant qu'il était en elle, les premiers essais d'un art dont les progrès, si utiles aux sciences et aux lettres, n'ont pas été moins favorables à la législation, à la justice, à la liberté.

L'imprimerie une fois découverte, on a pu multiplier les exemplaires de chaque loi, et en répandre la connaissance autant qu'on l'a voulu.

Cependant, cette extrême facilité d'imprimer et de publier les lois ne tarda pas à entraîner des inconvéniens. On vit des imprimeurs avides ou ignorans se hâter de faire imprimer et débiter les lois avant même qu'elles eussent été promulguées par le législateur, et donner ainsi des éditions fautives qui pouvaient égarer les citoyens, leurs conseils et quelquefois même les magistrats.

Le parlement y pourvut en ce qui concernait la publicité de ses actes, par un arrêt rendu le 7 juin 1549, qui, sur les conclusions du procurenr général, « défendit d'imprimer

[1] *Mitte scriptorem cum pargameno, ut de armorio nostro ipsa capitula accipiat atque conscribat. Recueil général des anciennes lois françaises*, par Isambert, tom. 1er, pag. 75.

[2] *Hist. du parlement de Paris*, chap. XI.

[3] Je rends d'ailleurs assez de justice au parlement de Paris, pour être en droit de remarquer qu'il s'est opposé à l'établissement de plusieurs bonnes institutions; par exemple, l'imprimerie, la réforme du calendrier, l'académie française, etc.

et d'afficher aucuns arrêts de la cour ordonnés être lus, publiés, et affichés, qu'au préalable la lecture et publication n'en eussent été faites par le juré-crieur ou les *jurés trompettes* de la ville de Paris. »

Plusieurs fois aussi l'autorité a défendu le débit d'éditions inexactes des lois et ordonnances. Ainsi, par arrêt du Conseil du 14 septembre 1669, on supprima l'édition que le libraire Léonard avait donnée de l'ordonnance des eaux et forêts. Elle était remplie de fautes graves. On en fit faire une autre sur la *minute originale* délivrée par deux commissaires à ce commis par M. le chancelier [1].

La nécessité de prendre de semblables précautions pour les lois se fit surtout sentir au commencement de la révolution, lorsque la malveillance se plaisait à répandre comme officiels des actes qui n'avaient aucune existence légale. Pour remédier à cet abus, on rendit, le 26 février 1790, un décret dont l'article 1er porte que « nul ne pourra, sous peine d'être puni comme un perturbateur du repos public, se prévaloir d'aucun acte prétendu émané du roi et de l'assemblée nationale, s'il n'est revêtu des formes prescrites par la constitution, et s'il n'a été publié par les officiers chargés de cette fonction. »

Depuis, on fit mieux encore en ordonnant, le 14 frimaire an II, l'impression d'un *Bulletin officiel* dans lequel toutes les lois seraient transcrites, et qui serait adressé à toutes les autorités constituées; et comme l'abus auquel le décret de 1790 avait porté remède s'était renouvelé, au point qu'on se hâtait quelquefois d'imprimer les lois *avant même qu'elles n'eussent été adoptées par le corps législatif*, un décret du 6 juillet 1810 défendit de nouveau à toutes personnes d'imprimer et de débiter des Sénatus-consultes, Codes, Lois et Réglemens d'administratien publique, avant leur insertion au *Bulletin des Lois*.

L'impression de ce bulletin est réservée exclusivement à l'imprimerie royale. (ordonnance du 12 janvier 1820, art. 2). « En conséquence, y est-il dit, art. 3, il est permis à tous imprimeurs ou libraires d'imprimer et de débiter les lois et ordonnances du royaume *aussitôt après* leur publication officielle au *Bulletin des Lois*.

[1] Voyez mon *Code du commerce de bois*, tom. 1er, pag. 19, à la note.

Cependant ces défenses n'ont pas été maintenues à la rigueur; car on imprime tous les jours, dans le *Moniteur* et dans les autres journaux, ou dans des ouvrages particuliers, des décrets ou ordonnances qui n'ont pas été insérés préalablement au *Bulletin des Lois*; c'est la faute du gouvernement qui, le premier, y a donné lieu, en négligeant de publier, par la voie du Bulletin officiel, des actes dont cependant ses fonctionnaires exigeaient l'exécution.

Il eût mieux valu tenir rigoureusement au principe qui, comme nous le verrons plus tard, refuse toute force d'exécution aux lois et ordonnances tant qu'elles n'ont pas été promulguées dans les formes prescrites.

Avant de terminer ce paragraphe, nous ferons observer que le Bulletin étant *officiel*, il en résulte la présomption légale que les lois et ordonnances sont telles qu'elles y sont insérées; en conséquence, s'il se trouve quelque différence entre le texte des autres éditions et celui du *Bulletin*, c'est toujours au *Bulletin* qu'il faut s'arrêter, *comme étant seul obligatoire*[1].

Cependant, comme l'exactitude du *Bulletin* n'est fondée que sur une présomption qui doit nécessairement céder devant la preuve contraire, on est toujours recevable à articuler que l'édition du *Bulletin* n'est pas conforme à la *minute originale*; seulement cette preuve est à la charge de celui qui articule le fait.

Ce que nous avons dit de la défense d'imprimer les lois avant leur insertion au *Bulletin* ne peut pas s'appliquer aux anciennes ordonnances, puisque malheureusement il n'existe pas de recueil officiel qui les renferme, et qu'on ne sait souvent où les prendre. Il serait cependant bien à désirer que toutes ces lois fussent imprimées, afin qu'on ne fût pas dans la pénible alternative, ou d'y être sujet en les ignorant, ou de n'y pouvoir trouver secours faute de savoir où les rencontrer.

§ XIV.

ENVOI DES LOIS.

Au commencement de la révolution, on nomma une commission dite *de l'envoi des lois*, qui était spécialement chargée de les expédier aux diverses autorités.

[1] Avis du conseil d'état, du 7 janvier 1813, relatif au *Recueil des lois françaises*.

Ensuite le ministre, et présentement le chancelier ou le garde des sceaux, ont été chargés de ce soin.

Un décret du 25 mai 1811 règle *l'état de la distribution gratuite* [1] *du Bulletin des Lois.*

Cette distribution doit être faite principalement aux autorités dites *constituées*, c'est-à-dire aux administrations *permanentes* et aux tribunaux ordinaires institués par la loi.

Ce n'est pas qu'on n'envoie aussi les lois aux agens de toute espèce, quelque extraordinaires qu'ils soient [2]; mais ce n'est pas à ces agens que s'adresse la recommandation de les faire publier et enregistrer; cette publication et cet enregistrement n'appartiennent régulièrement qu'aux administrations locales et aux juges territoriaux.

Dumoulin fait une remarque semblable en parlant de la publication des ordonnances qui devait avoir lieu, chaque année, à l'ouverture des parlemens : « Ceci, dit-il, n'a pas été établi en faveur des gens d'affaires, mais en faveur du peuple envers qui le prince a contracté l'engagement d'ériger des parlemens *sédentaires*, afin qu'il pût vivre en sûreté sous la protection d'une cour réglée; qu'il pût prendre plus de confiance aux juges qu'il aurait habituellement sous ses yeux, et qu'il fût à couvert des vexations et des périls qu'il courrait avec des juges inconnus donnés par délégation extraordinaire à des *commissaires* [3], c'est-à-dire aux plus dangereux de tous les juges [4]. »

[1] Depuis long-temps on force les communes à *s'abonner* au *Bulletin des lois.*

[2] C'est ainsi qu'on envoyait aux *tribunaux révolutionnaires* les lois qui les concernaient. Voyez décret du 13 septembre 1793 — et les Prévôts !

[3] *Hoc non statuitur favore pragmaticorum, sed totius populi, cujus præcipuè favore etiam per viam contractûs icto fœdere, erecta sunt et certis sedibus fixa parlamenta : ut subditi sub* certâ ordinariâ juridictione, *securiùs vivant*, sub confidentiâ sincerioris justitiæ; *tueanturque ab injuriis et periculis ignotorum judicum*, et *extraordinariarum quas vocant commissionum seu delegationum, quæ periculosissimæ sunt.* (*Stylus parlamenti*, part. 3, tit. 1, § 6, *Not. margin.* t. 2. *Operum*, pag. 488, édition de 1681.)

[4] Voyez dans les annales du barreau français, tom. 10, 1re part., affaire Ney, pag. 17, plusieurs citations curieuses sur les *commissaires* et les jugemens *par commission.*

§ XV.

PROMULGATION DES LOIS.

Il faut, dit le chancelier Bacon, que la loi avertisse avant que de frapper. *Oportet ut lex moneat, priusquàm feriat.*

De cet aphorisme dérivent deux règles que la raison seule indique et que les lois elles-mêmes ont consacrées : la première, qu'une loi n'est obligatoire que du jour qu'elle est connue; — la seconde, que la loi n'est censée connue que du jour où ont été remplies les conditions requises par le législateur, pour que la notoriété en soit réputée constante et universelle.

On trouve ces maximes établies chez tous les peuples qui ont connu la civilisation.

Ouvrons la *Bible*, nous y voyons que Dieu grava ses lois sur la pierre et les donna à Moïse pour qu'il les enseignât au peuple. *Exod.* XXIV. 12.

Il ordonna aussi à ce prophète de les *publier* devant le peuple assemblé, et de les déposer entre les mains des Lévites, qui tous les sept ans devaient en faire une nouvelle *publication*. (*Deuter.* XXXI. 9 et suiv.)

Dans le livre d'Esther nous lisons qu'Assuérus ayant rendu un édit pour que les maris fussent les maîtres chez eux, *in domibus suis*, et pour que les femmes rendissent à leurs époux l'honneur qu'elles leur doivent, *deferant maritis suis honorem*, « envoya à toutes les provinces de ses états des lettres *traduites en diverses langues*, afin que chaque nation pût *les lire et les entendre*; avec ordre que cet édit fût publié parmi tous les peuples de sa domination. »

Chez les Abyssins les lois restaient constamment exposées aux regards du public dans l'auditoire du premier tribunal de chaque ville [1].

Les Athéniens faisaient ordinairement graver leurs

[1] *Statuta in majori urbis cujusque foro* palàm et publicè exposita, *quorum ad præscriptum ferri sententias oporteat; idcircò neque patronis, neque causidicis, neque cognitoribus, neque rabulis, neque ullis demum jurisperitis esse opus : si quid occurrat quod juxtà illas leges scriptas nequeat judicari, id boni viri committi arbitrio.* (GODIGNUS, *de Abyssinorum rebus, lib.* 1, *cap.* 13, *p.* 80, *édit.* 1615, in-8°.

actes publics sur des colonnes de pierre ou d'airain [1].

A Rome, du temps de la république, les projets de loi étaient d'abord promulgués, afin que chaque citoyen pût en prendre connaissance, pour les approuver, les combattre, ou proposer des amendemens [2].

Quand la loi avait passé du côté du peuple, les consuls la faisaient graver sur des tables [3] qui restaient exposées à tous les regards, de sorte que personne ne pouvait les ignorer [4].

Les préteurs publiaient aussi avant leur entrée en charge l'édit suivant lequel ils se proposaient de juger pendant le cours de leur magistrature : cet édit était écrit *in albo* : et il y avait des peines très-sévères contre ceux qui se permettaient de l'effacer [5].

Les empereurs adoptèrent la méthode de faire graver leurs lois sur des tables d'airain avant de les exposer aux yeux du peuple [6].

Entr'autres reproches que l'histoire fait à Caligula, on remarque celui que lui adresse Suétone [7], d'avoir proposé une loi et de l'avoir fait graver en caractères si menus, et placer dans un endroit resserré et dans un jour si défavo-

[1] *Apud Athenienses obtinuit ut haud rarò acta publica in columnas scriberentur, erantque hæ columnæ vel æreæ vel lapideæ.* (POLLUCIS *onomasticon, lib.* 8, *cap.* 6, *not.* 76; *tom.* 2, *édition* 1706, *pag.* 886.)

[2] HEINNECC. *antiq. rom. lib.* 1, tom. 2, § 4.

[3] Les lois des 12 Tables furent ainsi nommées parce qu'elles furent gravées sur douze tables d'airain. DENIS D'HALICARNASSE, *antiq. rom.*. X, pag. 681. Ces tables étaient exposées près de la tribune aux harangues. TIT. LIV. III, 57. DIOD. SICIL. *Bibl.* XII, 26.

[4] Voyez BRISSON, *de formulis et solemnibus populi romani*, et un opuscule de M. Berriat-Saint-Prix, intitulé : *Recherches sur les divers modes de publication des lois, depuis les Romains jusqu'à nos jours*. Paris, 1809; broch. in-8°.

[5] Voyez le titre du digeste, *de albo corrupto*.

[6] *Æreis tabulis scripta per omnes civitates Italiæ proponatur. L* 1, *Cod. Theod.* de aliment. quæ inop. parent. *Quod ut perpetuâ observatione firmetur* (et afin que ce soit chose ferme et stable à toujours), *legem hanc incisam æreis tabulis jussimus publicare. L.* 11, *Cod. Theod.* quemad. muner. civil.

[7] *Proposuit quidem legem, sed et minutissimis litteris et angustissimo loco, uti ne cui describere liceret.* SUET. in Calig., *cap.* 41.

rable, que personne ne pouvait lire ce qu'elle contenait [1].

Mais cet exemple est unique dans l'histoire du droit romain; et l'on trouve le principe de la nécessité d'une promulgation préalable des lois, clairement posé par l'empereur Anastase dans la loi 65 au code *de decurionibus*, où, en parlant d'une préaédente ordonnauce de Zénon, il dit qu'elle ne doit être exécutée que du jour de sa promulgation : *ex die quo promulgata est, vires suas habere.*

Si de l'empire des Césars nous passons à celui de Charlemagne, les capitulaires nous sont un témoignage du soin qu'il prit, ainsi que ses successeurs, de faire connaître et de promulguer des lois.

Aussitôt, dit Baluze, que les capitulaires avaient été rédigés par ordre de l'empereur, on en faisait la lecture dans l'assemblée de la nation, afin que chacun donnât son consentement à leur exécution. C'est ce que nous apprend le chapitre 19 du troisième capitulaire de l'an 803. « Il faut » consulter le peuple sur les capitules qui ont été nouvel- » lement ajoutés à la loi, et après que tous y auront » acquiescé, ils certifieront par leurs signatures le consen- » tement qu'ils auront donné à leur exécution. »

On faisait ensuite promulguer les lois.

Le soin de les publier dans les provinces ne regardait pas seulement les évêques et les comtes, il appartenait encore aux commissaires que le roi déléguait dans les départemens, sous le titre de *missi dominici*. L'instruction que Louis-le-Débonnaire donna, en 823, à ses commissaires, est ainsi conçue : « Nous voulons qu'il soit connu de tout le monde » que nous avons établi ces commissaires *pour faire con-* » *naître à tous nos sujets les capitules* en présence du » peuple (*coram populo*), afin qu'ils soient connus de » tous, et que personne ne puisse s'excuser sur ce qu'il les » a ignorés »

L'édit donné à Crécy par Charles-le-Chauve, en 861, est terminé de cette manière : « Ainsi nous vous mandons de faire lire, connaître et observer dans notre palais, dans les villes, dans les assemblées et dans les marchés, la pré-

[1] M. Casimir Perrier a fait le même reproche aux ministres, au sujet des *listes électorales* qu'on avait fait afficher si haut, qu'on ne pouvait, disait-il, les lire qu'à l'aide d'échelles.

sente constitution, afin que personne ne s'en écarte par ignorance ou à dessein. »

Sous la troisième race, nous voyons nos rois apporter le même soin à assurer la promulgation de leurs lois.

En 1490, Charles VIII ordonne au parlement de Toulouse de faire *relire et publier chaque année*, à sa rentrée, les ordonnances de Charles VII, *anno quolibet in parlamenti principio legantur et publicentur*[1].

François Ier, par son édit du mois de novembre 1539, prescrit que « ses ordonnances seront *attachées à un tableau*, *écrites sur du parchemin en grosses lettres*, dans les seize quartiers de Paris et dans les faubourgs, *aux lieux les plus éminens*, afin que chacun puisse les connaître et les entendre : fait toutes défenses de les ôter, à peine de punition corporelle, et ordonne aux commissaires de quartier de les prendre sous leur garde et d'y veiller. »

Jusqu'en 1789, dès qu'une ordonnance ou un édit étaient rendus, ils étaient aussitôt adressés aux parlemens pour qu'ils eussent à les enregistrer.

J'ai déjà parlé de l'importance de cette formalité.

Mais il n'est pas de règle salutaire dont le pouvoir n'ait essayé de s'affranchir toutes les fois qu'il a voulu devenir absolu.

C'est ainsi que le gouvernement impérial a plusieurs fois exigé l'exécution de décrets qu'il n'avait pas osé promulguer ouvertememt.

Sous Henri III, on vit encore quelque chose de plus extraordinaire, *une loi verbale !*

Dans les Maximes du droit public français, tome 2, page 325, le fait est ainsi raconté : « Le 21 mars 1580, Henri III mande deux présidens et deux conseillers du grand conseil *pour entendre* une déclaration qu'il voulait leur faire de sa volonté sur la nomination aux abbayes et prieurés électifs de moniales ; les procès nés a ce sujet avaient été jugés diversement dans les parlemens, non assez informés de sa volonté. Pour cela il en a retenu la connaissance à son conseil privé, de laquelle voulant à présent le décharger, il les renvoie tous à son grand conseil, en interdisant la connaissance à tous autres juges et cours du

[1] C'est sur cette ordonnance que porte la note de Dumoulin, ci-devant rapportée, pag. 356.

royaume, moyennant la déclaration qu'il fait à sondit grand-conseil de sa volonté, qu'il entend et commande être entièrement suivie de point en point, et, en ce faisant, que le possessoire desdits bénéfices soit adjugé..... Laquelle déclaration il aurait voulu leur faire *entendre*[1] pour toute la compagnie de sondit grand-conseil; auquel il enjoint expressément *faire enregistrer ladite présente déclaration* en un registre à part et séparé d'avec les autres expéditions qui se communiquent aux parties; n'ayant voulu, sadite majesté, pour certaines considérations, *en faire ni publier autre édit et déclaration que la présente*, qu'il veut être de tel effet, force et vertu, que s'il était passé par édit publié en son grand-conseil et par tous les parlemens de son royaume; déclarant nul tout ce qui serait ci-après fait par les gens de sondit grand-conseil au contraire de ladite déclaration, nonobstant quelconques édits et lettres à ce contraires. »

Sur quoi les courageux auteurs de l'ouvrage précité font la remarque suivante : « Jusqu'à présent on a *rédigé* les lois *par écrit;* dans cinquante ans, le roi n'annoncera plus ses volontés que par des déclarations *verbales.* On prétendra qu'il en a le droit, parce qu'il est le maître, et que d'ailleurs, n'ayant pas moins d'autorité que ses prédécesseurs, il peut faire ce qu'a fait Henri III..... Voilà, peut-être, la forme de législation qui nous est réservée par la suite, si chaque souverain n'a d'autre règle à cet égard que sa volonté séduite ! »

Heureusement que ce pronostic ne s'est pas vérifié. Les choses, au contraire, se sont améliorées en ce point. Mais avant d'arriver au dernier état de la législation, il faut en parcourir toutes les phases, et cela par une raison toute simple, puisque les lois ne sont exécutoires que du jour de leur promulgation; il faut donc, avant d'appliquer une loi, savoir si elle était ou non devenue obligatoire à l'époque où se place l'affaire qu'il s'agit de régler. Pour cela, il faut connaître quel était le mode de promulgation usité au jour où chaque loi a été rendue. Continuons donc notre exposé; car, aujourd'hui même, on entend encore

[1] Les lois ne se donnent pas *à entendre,* mais *à lire,* en les promulguant avec les solennités prescrites. Voyez dans mon plaidoyer pour Isambert, devant la Cour royale, ma discussion sur certaine ordonnance inédite du 25 février 1822.

dans les tribunaux reprocher à certaines ordonnances de n'avoir point été reçues, et de n'être point exécutoires, faute d'avoir été enregistrées dans les parlemens, ou pour ne l'avoir été qu'avec modification. Exemple, l'ordonnance de 1629.

L'enregistrement dans les parlemens renfermait ordinairement la clause : « qu'à la diligence du procureur général, il en serait envoyé des copies dûment collationnées dans tous les bailliages et sénéchaussées du ressort, pour y être procédé à semblable lecture, publication et enregistrement, à la diligence des substituts du procureur général, qui en certifieraient la Cour dans le mois. »

De là, la question de savoir si l'enregistrement et la publication d'une loi dans une cour souveraine suffisaient pour la rendre obligatoire dans tout le ressort de cette cour ?

Les avis étaient partagés sur ce point. Dans certains ressorts, la loi était censée promulguée, et elle devenait exécutoire pour tous les habitans du pays, du jour qu'elle avait été enregistrée par le parlement de la province. Dans d'autres ressorts, on ne regardait l'enregistrement dans les cours que comme le complément de la loi considérée en elle-même, et non comme sa promulgation ou sa publication. On jugeait que la formation de la loi était consommée par l'enregistrement, mais qu'elle n'était promulguée que par l'envoi aux sénéchaussées et bailliages, et qu'elle n'était exécutoire dans chaque territoire, que du jour de la publication faite à l'audience par la sénéchaussée ou par le bailliage de ce territoire.

Cependant l'opinion la plus générale était que l'on devait à cet égard distinguer entre les lois dont l'exécution était purement passive de la part de ceux qu'elles gouvernaient (par exemple, les lois sur les impôts), et celles qui réglaient les actions, les contrats et les dispositions des hommes : — que les premières devaient avoir leur effet du jour de leur enregistrement dans les cours supérieures, quoique les tribunaux inférieurs qui devaient les faire exécuter dans leurs territoires respectifs, ne les eussent pas encore reçues ; et que les secondes n'étaient obligatoires dans l'étendue de chaque bailliage ou sénéchaussée que du jour qu'elles y avaient été enregistrées et publiées.

C'est à ce second cas que se rapporte ce que dit Rodier

sur l'art. 4 du tit. I de l'ordonnance de 1667 : « Il est de » maxime qu'une loi doit être connue pour être exécutée. » L'enregistrement fait dans les cours souveraines, dont » le ressort est communément fort vaste, ne peut en don- » ner une connaissance suffisante dans tout le ressort, à » compter du jour de l'enregistrement au greffe de cette » cour... ; aussi est-ce du jour de la publication faite dans » les bailliages, sénéchaussées et judicatures royales, que » les édits et ordonnances doivent être observés dans l'é- » tendue de ces juridictions. C'est ainsi que M. le chance- » lier d'Aguesseau s'en est expliqué dans une lettre écrite » à M. le procureur-général du parlement de Toulouse, » du 7 février 1750 [1]. »

Le premier décret qui ait changé l'ordre anciennement établi, est celui du 9 novembre 1789. Il voulut que les lois fussent désormais adressées par le ministre de la justice, non-seulement aux parlemens et aux conseils supérieurs qui existaient alors, mais encore « à tous les tribunaux, corps » administratifs et municipalités, et qu'elles fussent mises » à exécution, dans le ressort de chaque tribunal, à compter » du jour où les formalités de transcription sur le re- » gistre, publication et affiches, y auraient été remplies. »

Cependant l'auteur du Répertoire de Jurisprudence remarque que les transcriptions, publications et affiches qui, d'après ce décret, devaient se faire de l'autorité des corps administratifs et des municipalités, n'étaient que de pure solennité, et que les lois ne devenaient obligatoires pour les citoyens que par la transcription, la publication et l'affiche faites au tribunal de leur ressort.

Mais il paraît (ajoute-t-il) que ce décret n'a reçu aucune espèce d'exécution, quoiqu'il eût été accepté par le roi, scellé du sceau de l'état, et imprimé à l'imprimerie du gouvernement. Du moins, nous voyons que, pendant l'année qui l'a suivi, les décrets acceptés ou sanctionnés par le roi ont été promulgués, non comme l'ordonnait ce décret, sous le titre de *lois*, mais tantôt sous celui de *lettres-patentes*,

[1] On trouve en effet plusieurs arrêts qui l'ont ainsi jugé dans des espèces remarquables, qu'on peut consulter dans BARDET, tom. 1er, l. 3, ch. 16; DENISART, au mot *Edit*, SALVIAT, Jurispr. du parlement de Bordeaux, *Question* 13; et le RÉPERT. DE JURISPRUD., au mot *Loi*, § V, n° 2.

tantôt sous celui de *proclamation*, tantôt sous celui de *déclaration*, tantôt enfin sous celui d'*arrêt du conseil*.

Des dificultés s'élevèrent à ce sujet, et elles donnèrent lieu à la loi du 25 novembre 1790, dont il importe de bien saisir les dispositions.

Cette loi est divisée en deux parties bien distinctes : l'une est rédigée en forme de *déclaration*, parce qu'elle ne se rapporte qu'aux décrets rendus et sanctionnés jusqu'alors; et c'est à l'égard seulement de ces décrets qu'elle établit en principe que la publication faite, soit par le tribunal, soit par l'administration d'un arrondissement, a suffi pour les rendre obligatoires pour tous les citoyens, dans toutes les communes de l'arrondissement.

La seconde partie est en forme de *décret*, parce qu'elle a pour objet les lois qui seront rendues à l'avenir.

Or, dans cette seconde partie, bien loin de vouloir que la publication faite au chef-lieu judiciaire ou administratif d'un arrondissement soit, par cela seul, censée faite dans toutes les communes qui en dépendent, elle exige impérieusement que la publication se fasse dans toutes les communes, savoir, dans le chef-lieu de chaque département ou district, par l'administration de district ou de département qui y siége; et, dans chacune des autres communes, par la municipalité.

Aussi existe-t-il trois décrets antérieurs à la loi du 14 frimaire an XI, qui décident formellement que, d'après la loi du 2 novembre 1790, les lois ne deviennent obligatoires, dans chaque commune, que du jour où elles y sont publiées; ce sont les décrets des 1er et 2 octobre 1793 et 12 frimaire an XI.

Cependant, quoique cela soit sans difficulté et n'ait jamais été révoqué en doute pour les *lois administratives*, il faut remarquer que la cour de cassation a, par trois arrêts positifs, décidé que, relativement aux objets soumis à la *juridiction des tribunaux*, ni la loi du 2 novembre 1790, ni celle du 13 juin 1791, n'avaient dérogé à celle du 9 novembre 1789; qu'en conséquence, tant qu'avait duré le mode de publication qu'elles avaient établi, les lois n'avaient pu devenir obligatoires que par la transcription, la publication et l'affiche qui en avaient été faites *dans chaque tribunal de district;* et que cette transcription, cette publication, cette affiche n'avaient pas eu besoin, pour les rendre obligatoires relativement à ces objets, d'être réitérées *dans chaque commune*.

La loi du 14 frimaire an XI introduisit un changement dans le mode de publication des lois. Par cette loi, la convention ordonna l'impression d'un *Bulletin officiel*, dans lequel toutes les lois seraient transcrites, et qui serait adressé à toutes les autorités constituées; et elle décida que la loi ne serait obligatoire, dans chaque commune, que du jour où le numéro du bulletin qui la renfermerait y aurait été publié à son de trompe et de tambour.

Mais le mode de publication n'a été mis en activité que le 23 prairial an II, et, jusqu'à cette époque, les lois n'ont pu devenir obligatoires que de la manière réglée par la loi du 2 novembre 1790.

Vint ensuite la loi du 12 vendémiaire an IV; elle supprima les publications à son de trompe et de tambour, mais elle conserva l'usage d'un *Bulletin officiel* que le ministre de la justice fut chargé d'adresser aux administrations départementales et municipales, aux tribunaux et à un grand nombre de fonctionnaires publics; et elle déclara que les lois obligeraient, dans chaque département, du jour où le Bulletin serait distribué au chef-lieu.

L'article 1er du Code civil forme le dernier état des choses; il est ainsi conçu :

« Les lois sont exécutoires dans tout le territoire français, en vertu de la *promulgation* qui en est faite par le roi.

» Elles seront exécutées dans chaque partie du royaume, du moment où la promulgation pourra en être *connue*.

» La promulgation faite par le roi sera *réputée connue* dans le département de la résidence royale, un jour après celui de la promulgation; et dans chacun des autres départemens, après l'expiration du même délai, augmenté d'autant de jours qu'il y aura de fois dix myriamètres (environ vingt lieues anciennes) entre la ville où la promulgation aura été faite, et le chef-lieu de chaque département. »

En présentant cet article au corps législatif, le conseiller d'état Portalis développait ainsi les motifs du nouveau mode adopté pour la promulgation des lois.

Il venait de rendre compte des différens modes successivement mis en usage pour cette promulgation, et il continuait en ces termes :

« L'envoi d'un bulletin officiel aux administrations et aux tribunaux est encore aujourd'hui le mode que l'on suit pour la promulgation et pour la publication des lois.

» Dans le projet de Code civil, les rédacteurs se sont occupés de cet objet; ils ont consacré le principe que les lois doivent être adressées aux autorités chargées de les exécuter ou de les appliquer.

» Ils ont pensé que les lois dont l'application appartient aux tribunaux, devraient être exécutoires dans chaque partie de la république, du jour de leur publication par les tribunaux d'appel, et que les lois administratives devraient être exécutoires du jour de la publication faite par le corps administratif.

» Ils ont ajouté que les lois dont l'exécution et l'application appartiendraient à la fois aux tribunaux et à d'autres autorités, leur seraient respectivement adressées, et qu'elles seraient exécutoires du jour de la publication faite par le corps administratif.

» Ils ont ajouté que les lois dont l'exécution et l'application appartiendraient à la fois aux tribunaux et à d'autres autorités, leur seraient respectivement adressées, et qu'elles seraient exécutoires en ce qui est relatif à la compétence de chaque autorité, du jour de la publication par l'autorité compétente.

» Les avantages et les inconvéniens de divers systèmes ont été balancés par le gouvernement, et il a su s'élever aux véritables principes.

« Une loi peut être considérée sous deux rapports : 1° relativement à l'autorité dont elle est émanée ; 2° relativement au peuple ou à la nation pour qui elle est faite.

» Toute loi suppose un législateur.

» Toute loi suppose encore un peuple qui l'observe et qui lui obéisse.

» Entre la loi et le peuple pour qui elle est faite, il faut un moyen ou un lien de communication ; car il est nécessaire que le peuple sache ou puisse savoir que la loi existe, et qu'elle existe comme loi.

» *La promulgation est le moyen de constater l'existence de la loi auprès du peuple, et de lier le peuple à l'observation de la loi.*

» Avant la promulgation de la loi, la loi est parfaite relativement à l'autorité dont elle est l'ouvrage; mais elle n'est point obligatoire pour le peuple en faveur de qui le législateur dispose.

» La promulgation ne fait pas la loi ; mais l'exécution de la loi ne peut commencer qu'après la promulgation de la loi : *non obligat lex, nisi promulgata.*

» La promulgation est la vive voix du législateur.

» En France, la forme de la promulgation est constitutionnelle ; car la constitution règle que les lois seront promulguées, et qu'elles le seront par le chef du gouvernement.

» D'après la constitution, et d'après les maximes du droit public universel, nous avons établi, dans le projet, que les lois seraient exécutoires en vertu de la promulgation faite par le chef du gouvernement. Si la voix de ce premier magistrat pouvait retentir à la fois dans tout l'univers français, toute précaution ultérieure deviendrait inutile : mais la nature même des choses résiste à une telle supposition.

» Il faut pourtant que la promulgation soit connue ou puisse l'être.

» Il n'est certainement pas nécessaire d'atteindre chaque individu. La loi prend les hommes en masse ; elle parle, non à chaque particulier, mais au corps entier de la société.

» Il suffit que les particuliers aient pu connaître la loi, c'est leur faute s'ils l'ignorent, quand ils ont pu et dû la connaître, *idem est scire, aut scire debuisse, aut potuisse.* L'ignorance du droit n'excuse pas.

» La loi était autrefois un mystère jusqu'à sa formation ; elle était préparée dans les conseils secrets du prince. Lors de la vérification qui en était faite par les cours, la discussion n'en était pas publique, tout était dérobé constamment à la curiosité des citoyens. La loi n'arrivait à la connaissance des citoyens que comme l'éclair qui sort du nuage.

» Aujourd'hui il en est autrement ; toutes les discussions et toutes les délibérations se font avec solennité en présence du public. Le législateur ne se cache jamais derrière un voile, on connaît ses pensées avant même qu'elles soient réduites en commandement. Il prononce la loi au moment où elle vient d'être formée, et il la prononce publiquement.

» Elle est donc déjà *publique* avant d'être *promulguée.*

» Cependant, comme ce n'est là qu'une publication *de fait*, nous avons cru devoir garantir encore cette publicité *de droit*, qui produit l'obligation et qui force l'obéissance.

» Après la promulgation, nous avons en conséquence ménagé de nouveaux délais pendant lesquels la loi promulguée dans le lieu où siége le gouvernement, peut être successivement parvenue jusqu'aux extrémités de la république.

» On avait jeté l'idée d'un délai unique, d'un délai uniforme, après lequel la loi aurait été, dans le même instant, exécutoire partout.

» Mais cette idée ne présentait qu'une fiction démentie par la réalité. Tout est successif dans la marche de la nature ; tout doit l'être dans la marche de la loi.

» Il eût été absurde et injuste que la loi fût sans exécution dans le lieu de sa promulgation et dans les contrées environnantes, parce qu'elle ne pouvait pas encore être connue dans les parties les plus éloignées du territoire national.

» *Personne n'est affligé de la dépendance des choses: on l'est de l'arbitraire de l'homme.*

» J'ajoute que de grands inconvéniens politiques auraient pu être la suite d'une institution aussi contraire à la justice qu'à la raison et à l'ordre physique des choses.

» Nous avons donc gradué les délais d'après les distances.

» Le système du projet de la loi fait disparaître tout ce que les différens systèmes, admis jusqu'à ce jour, offraient de vicieux.

» Je ne parle point de ce qui se pratiquait sous l'ancien régime. Les institutions d'alors sont inconciliables avec les nôtres.

» Mais j'observe que dans ce qui s'est pratiqué depuis la révolution, on avait trop subordonné l'exécution de la loi au fait de l'homme.

» Partout on exigeait des lectures, des transcriptions de la loi, et la loi n'était point exécutoire avant ces transcriptions et ces lectures. A chaque instant la négligence ou la mauvaise foi d'un officier public pouvaient paralyser la législation au grand préjudice de l'état et des citoyens.

» Les transcriptions et les lectures peuvent figurer comme moyens secondaires, comme précautions de secours.

» Mais il ne faut pas que la loi soit abandonnée au caprice des hommes. Sa marche doit être assurée et imperturbable. Image de l'ordre éternel, elle doit, pour ainsi dire, se suffire à elle-même. Nous lui rendons toute son indépendance, en ne subordonnant son exécution qu'à des délais, à des précautions, commandés par la nature même.

» Le plan des rédacteurs du projet de Code joignait au vice de tous les autres systèmes un vice de plus.

» Dans ce plan, on distinguait les lois administratives d'avec les autres, et, pour la publication, on faisait la part des tribunaux et celle des administrateurs.

» Il fallait donc, avec un pareil plan, juger chaque loi pour fixer l'autorité qui devait en faire la publication. Cela eût entraîné des difficultés interminables et des questions indiscrètes qui eussent pu compromettre la dignité des lois.

» Le projet que je présente prévient tous les doutes, remplit tous les intérêts, et satisfait à toutes les convenances. »

En conséquence l'article premier du Code fut décrété.

Cet article posait la règle; mais on sentit que son application pouvait faire naître de fréquentes contestations sur la juste étendue des distances. Pour les prévenir, du moins en grande partie, le gouvernement a fait dresser un *tableau* dans lequel sont indiquées les distances de chaque chef-lieu de département à la ville de Paris, qui est le lieu ordinaire de la résidence royale, et où, par conséquent, les lois sont promulguées.

On ne doit cependant pas croire que le délai nécessaire pour que la loi devienne obligatoire, doive toujours se calculer à la rigueur d'après la fixation que contient cet arrêté, des distances de Paris au chef-lieu de chaque département. Car, ainsi que l'observait le premier consul, à la séance du conseil d'état du 14 thermidor an IX : « Le gouvernement a la faculté de modifier cette fixation, toutes les fois que des obstacles naturels, comme un débordement de rivière, la chute d'un pont, ou d'autres semblables, interceptent les communications ordinaires, et forcent de prendre une route plus longue. »

Les mêmes raisons s'appliquent avec plus de force encore au cas où l'invasion d'un ennemi *ou d'un allié* empêcherait la loi de pénétrer dans une partie quelconque du territoire français. « Alors la présomption de l'article premier doit céder à la certitude des faits. (*Discussion au conseil d'état, séance du 24 brumaire an X.*)

De même que le délai de la promulgation peut être retardé, de même aussi il peut quelquefois être abrégé. Voyez l'ordonnance du 27 novembre 1816 et celle du 18 janvier 1817. Voyez aussi ce que dit M. Locré de ces promulgations hâtives, dans son *Esprit du Code civil*, tom. 1er, p. 139.

Le mot *jour* employé dans l'art. 1er du Code civil doit s'entendre d'un délai de vingt-quatre heures. Ce n'est qu'après ce délai de vingt-quatre heures expiré, que la loi devient obligatoire. Le procès-verbal de la discussion au conseil d'état ne laisse aucun doute à ce sujet.

Jusqu'ici nous avons employé tantôt le mot de *promulgation*, tantôt celui de *publication*, sans faire sentir le rapport ou la différence qui pouvait exister entre eux.

Autrefois ces deux mots étaient synonymes; on les définissait l'un par l'autre [1]. Mais le décret du 9 novembre 1789 leur assigna des significations différentes; il appela *promulgation* l'acte par lequel le chef de l'état attestait au corps social l'existence de l'acte législatif qui constitue la loi; et *publication*, le mode qui devait être employé pour faire parvenir la loi à la connaissance de tous les citoyens.

Cette distinction entre la promulgation et la publication des lois cessa avec la constitution de 1791. C'est ce que prouve l'article 9 de la loi du 14 frimaire an II, dans lequel on trouve encore ces deux mots confondus et identifiés.

Mais elle fut rétablie par la constitution du 5 fructidor an III. Voyez les articles 128, 129 et 130 de cette constitution; vous y remarquerez qu'elle mettait, entre la *promulgation* et la *publication*, la même différence qu'entre la cause et l'effet, et qu'elle appelait promulgation l'acte par lequel le directoire ordonnait la publication d'une loi.

La constitution du 22 frimaire an VIII attache la même idée au mot *promulgation*. « Le premier consul (dit-elle, art. 41) *promulgue* la loi, etc.»

Le sénatus-consulte du 28 floréal an XII dit la même chose de son empereur.

Enfin la Charte dit aussi que « le roi seul promulgue les lois; » et la formule exécutoire qui les termine enjoint aux autorités de les faire publier; preuve évidente que la

[1] PROMULGATION. *Publication des lois faite avec les formalités requises. (Dictionn. de l'Académie.)*

publication ne doit pas être confondue avec la *promulgation*.

L'article 37 de la constitution du 22 frimaire an VIII portait que : « tout décret du corps législatif, le *dixième* jour après son émission, est promulgué par le premier consul, à moins que, dans ce délai, il n'y ait recours au sénat pour cause d'inconstitutionnalité. »

La nouvelle Charte ne fixe pas de délai pour la promulgation, et il résulte de l'ordonnance du 27 novembre 1816, que cette promulgation peut être pressée ou ralentie au gré du gouvernement, seul juge, en pareil cas, de l'urgence ou de l'ajournement de la promulgation.

On ne voit rien non plus dans l'ordre actuel des choses qui remplace ce recours à une autorité quelconque, pour cause d'inconstitutionnalité.

Qu'arriverait-il cependant si le garde des sceaux refusait de sceller une loi, sous prétexte qu'elle serait inconstitutionnelle ? Il est clair que, par ce refus, la promulgation de de la loi se trouverait arrêtée.

L'histoire offre quelques exemples d'une pareille résistance [1].

Ils semblent même avoir été autorisés par nos rois, ainsi que nous l'avons remarqué.

Au surplus la difficulté ne s'est pas encore présentée [2].

Il est évident que la promulgation d'un acte ne lui attribue force d'exécution qu'autant que cet acte a par lui-même le caractère légal. Ainsi le seul fait de la promulgation de lois abrogées ne peut pas leur rendre la vie [3].

Promulgations ecclésiastiques.

Qui n'a ouï parler des *entreprises* de la cour de Rome et *des libertés* de l'Eglise gallicane ?

Si toutes les bulles que Rome a *fulminées* avaient été

[1] Voyez *Maximes du droit public français*, tom. 2, chap. 6, pag. 378-400.

[2] Voyez toutefois la loi du 14 septembre 1791, tit. 3, chap. 3, sect. 2, art. 10; et ci-après sous le paragraphe où nous traitons de l'interprétation des lois, ce qui doit arriver en cas de conflit entre la Charte et les lois ou ordonnances qu'on prétendrait lui être contraires.

[3] *Coll. de lois et ordonn.*, par Isambert, vol. de 1820, préf. pag. 3 et 5.

reçues en France indistinctement et sans examen, le royaume eût été bouleversé.

La sagesse de nos pères y a pourvu. En France, c'est *une des plus anciennes maximes de l'État et de l'Église*: « qu'aucune bulle, bref, rescrit, décret, ni autres expéditions de la cour de Rome ne peuvent être reçus, publiés, imprimés ni autrement mis à exécution, sans l'autorisation du gouvernement [1]. »

Vainement quelques ultramontains ont prétendu que, pour qu'une bulle fût exécutoire dans tous les états catholiques, il suffisait qu'elle eût été publiée à Rome. Cette opinion a toujours été repoussée en France [2], et nos recueils anciens et modernes sont remplis d'exemples du soin et quelquefois de la sévérité avec lesquels on a fait respecter cet article de nos libertés [3].

Lois en matière de religion.

J'ajouterai une observation particulière sur les lois en matière de religion. Malheur aux peuples et aux religions elles-mêmes [4], si le législateur s'en mêle pour commander ou défendre des croyances! Il ne doit s'en occuper que pour proclamer *la liberté de conscience* et prévenir dans l'ordre temporel les scandales et les troubles religieux. Là se borne son ministère comme protecteur de la société civile. Cette vérité est connue du Nouveau-Monde, elle mérite d'être répétée à l'Ancien. J'emprunterai pour cela

[1] *Libertés de l'Église gall.*, art. XLIV, loi du 18 germ. an 10, art. 1er dans ma seconde édit., pag. 152 et suiv.

[2] Dupuy, sur l'art. 17 des *Lib. de l'Égl. gall.*, pag. 71 et 72 de l'édition donnée par Lenglet-Dufresnoy, en 1715.

[3] Voyez notamment ce qui se passa pour l'enregistrement des bulles du cardinal Barbérin, où le roi était appelé *roi de France* et non *roi de Navarre*, dans le livre intitulé, *Maxim. du dr. pub. fr.*, tom. 1er, pag. 183; Durand de Maillanne, *Lib. gall.*, tom. 1er, pag. 121 et 127, édit. de 1771, et l'explication de cette omission dans le livre de M. Grégoire, sur les *Libertés de l'Église*, pag. 77. Voyez aussi sur cette matière la *déclaration* du 8 mars 1772; les *procès-verbaux* du clergé, tom. 8, pag. 858 et 880, et les *mémoires du clergé*, à la table, au mot *Bulle*, § 2.

[4] « Quand les rois se mêlent de la religion, au lieu de la protéger, ils la mettent en servitude. » Discours de Fénelon au fils de Jacques II.

l'organe de l'homme qui, jusqu'à présent, a stipulé de la manière la plus désintéressée pour le genre humain ; Bolivar, dans le discours qu'il a prononcé en présentant la Constitution de Bolivia, s'est expliqué en ces termes :

« Dans une constitution politique, on ne devrait prescrire ni croyance ni profession de foi religieuse ; la religion appartient tout entière à la morale. Elle gouverne l'homme dans son intérieur, dans le cabinet ; elle a le siége de son empire dans son cœur ; elle seule a le droit de demander des comptes à la conscience ; *les lois*, au contraire, se *bornent aux choses extérieures* ; elles se tiennent pour ainsi dire *aux portes et hors la maison des citoyens*.

« Toute loi civile sur la religion en ébranle les fondemens ; car, en imposant un devoir comme *nécessité*, la loi fait *disparaître le mérite de la foi*, qui est *la base* de la religion [1]. »

§ XVI.

EXÉCUTION DES LOIS [2].

In legibus salus.

« L'inexécution des lois ayant toujours été la ruine des empires, et, au contraire, l'observation d'icelles, leur grandeur, nous fait appréhender l'une et souhaiter l'autre. » Ce sont les propres termes de Louis XIII, dans sa déclaration du 16 mars 1617 [3].

Aussi Montesquieu, voulant louer Charlemagne, dit de lui : « Charlemagne fit d'admirables réglemens ; il fit *plus*, » il les fit exécuter [4]. »

En effet, à quoi servent à un peuple les plus belles lois du monde, si les dépositaires du pouvoir négligent d'en procurer la fidèle exécution ? Elles se réduisent alors à de

[1] Voilà pourquoi la Charte de 1830 n'admet pas de *religion d'état*

[2] Voyez mon plaidoyer pour Isambert, et l'arrêt de la Cour royale de Paris, du 18 août 1826, chambres réunies, sur la dénonciation de M. le comte de Montlosier.

[3] Il est dommage que cette déclaration fut donnée pour la *confiscation* des biens des ducs de Nevers, de Vendôme, etc. *Rec. de pièces* concernant l'histoire de Louis XIII, tom. 2, pag 76.

[4] *Esprit des lois*, liv. 31, chap. 18. Voyez le capitulaire de l'an 803, au livre *de illis qui legem servare contemnunt*.

vaines sentences, pareilles à celles qu'on peut lire dans les écrits des philosophes; mais au fond, elles ne sont d'aucune utilité à la société : *sunt verba et voces, prœtereàque nihil.*

Les lois doivent être délibérées avec maturité, et votées avec une entière indépendance; mais elles veulent être exécutées avec fermeté : on peut dire d'elles comme des contrats : *sunt ab initio voluntatis, ex post facto necessitatis.* La liberté n'existe qu'à l'ombre des lois [1]. Le pouvoir lui-même n'est en sûreté que par l'exacte obéissance dont chacun fait profession à leur égard; et l'anarchie, avant-coureur du despotisme et de la ruine des empires, existe là où les lois cessent de régner sur les hommes, et où les hommes se font les tyrans des lois [2].

Les lois ne sont pas seulement une arme dans les mains du pouvoir contre les citoyens qui voudraient les enfreindre, et se soustraire au lien d'une soumission légitime; elles sont aussi un bouclier placé au devant des citoyens contre les coups de l'arbitraire.

Elles obligent les fonctionnaires publics dont elles fondent l'autorité, aussi bien que les citoyens auxquels elles imposent la nécessité de l'obéissance.

Elles lient le prince aussi bien que le sujet; et j'éprouve un véritable plaisir à accumuler les autorités sur ce point, à une époque où le pouvoir absolu trouve autant d'absurdes apologistes, que les gouvernemens constitutionnels rencontrent d'injustes détracteurs.

Saint Ambroise écrivait à Valentinien : L'empereur porte des lois qu'il est lui-même tenu d'observer [3].

Tu es lié par tes propres lois, disait à un autre prince Isidore d'Espagne [4].

Un roi goth, interrogé par un juge qui le consultait sur une affaire judiciaire, lui répondit en ces termes, que pourrait envier la plus haute civilisation : « La volonté royale est écrite dans les lois; sachez vous y conformer, et c'est ainsi que vous remplirez nos intentions [5]. »

[1] Préambule de la loi du 21 oct. 1789. C'est ma devise : *Sub lege libertas.*

[2] Huitième lettre de Platon à Denys-le-Tyran.

[3] *Leges imperator fert, quas princeps ipse custodit. Epist.* 21, n° 9.

[4] *Teneris enim tu tuis legibus.*

[5] *Voluntatem regiam in legibus habes : illis obtempera*, et

Cependant Tribonien ne craignit pas d'insérer dans le code de Justinien, que le prince était affranchi des lois : *Princeps solutus est legibus* : détestable maxime qui devait rester aux sultans, et que les meilleurs empereurs ont eux-mêmes repoussée.

Pline dit à Trajan (et pourtant dans un panégyrique !) : le prince n'est pas au-dessus des lois, mais les lois sont au-dessus du prince : *non est princeps supra leges, sed leges supra principem*. Et s'il le loue, c'est en effet de s'y être soumis, *ipse te legibus subjecisti*.

Écoutons Théodose et Valence proclamer qu'il est digne de la majesté du prince d'avouer que sa puissance est enchaînée par celle des lois, parce qu'il ne doit jamais perdre de vue que *de l'autorité des lois dépend la sienne propre* [1].

C'est aussi l'instruction que donne aux souverains Rathier, évêque de Vérone, qui vivait dans le dixième siècle. « Il est juste, dit-il, que vous obéissiez aux lois. Les hommes ne pourront s'empêcher de respecter vos ordonnances, si vous les respectez personnellement : ils les mépriseront, si vous paraissez vous jouer de leurs dispositions. Mais comment pourraient-ils s'empêcher d'obéir à votre voix, si ce que vous leur défendez, vous vous l'interdisez à vous-même [2] ? »

Quelques écrivains ont voulu introduire en France une maxime analogue à celle de Tribonien. *Si veut le roi, si veut la loi*, ont-ils dit, en y attachant ce sens, que toute volonté du roi devait être reçue et obéie comme une loi.

> Bientôt ils vous diront que les plus saintes lois,
> Maîtresses du vil peuple, obéissent aux rois.

Si tel est le sens de cet adage, il faut le rejeter absolu-

nostra cognosceris adimplere mandata. CASSIOD. *Variar. lect.* lib. 7, n° 2. *Formula præsidatûs.*

[1] *Digna vox est majestate regnantis legibus alligatum se principem profiteri.* Adeò de auctoritate juris nostra pendet auctoritas : *et reverà majus imperio est legibus summittere principatum.* L. 4, cod. *de legibus.*

[2] *Justum est legibus te obtemperare debere. Tecum enim jura tua ab hominibus custodienda scias, et si tu illis reverentiam præbeas. Teneris enim tu, ut dicit Isidorus, tuis legibus, nec ipse damnare contra hæc faciendo, tua debes jura quæ in subjectis constituis. Justa est enim vocis tuæ auctoritas, si quod prohibes populis, tibi licere non patiaris.* Amplissima collectio monumentorum, tom. IX, coll. 912.

ment comme faux : il est contraire aux mœurs de la nation; il répugne à la nature de son gouvernement, qui a toujours été une *monarchie tempérée par les lois*.

Loysel est le premier qui ait rapporté cette prétendue règle dont il ne cite aucun garant. Il n'y joint lui-même aucune explication, et dès-lors il est permis d'y attacher le sens le plus raisonnable, celui qu'y a donné Delaunay, l'un de ses commentateurs, en disant qu'il fallait entendre cette règle en ce sens que *la loi est la volonté du roi, et non pas que la volonté du roi soit une loi* : à moins encore que par la volonté du roi on n'entende, comme l'expliquent les auteurs du livre intitulé, *Maximes du droit public français* [1] : « Sa » volonté en tant que législative, c'est-à-dire, avec l'appareil, » la gravité et la certitude de la législation. » Ce qui comporte l'observation exacte de toutes les formes constitutionnelles.

Cette interprétation peut être soutenue par ce que disait le chancelier de l'Hospital au lit de justice tenu à Bordeaux, le 11 avril 1564 : « Le roi ne veut rien contre les lois et ordonnances du royaume [2]. »

C'est aussi à cela que certains empereurs romains, plus sages que Tribonien, réduisaient leur pouvoir : Nous voulons ce que veulent les lois, *nos enim volumus obtinere quod nostræ leges volunt* [3].

Et les empereurs français de la première race n'en avaient pas une autre idée : témoin ce capitulaire de Pépin de l'an 793 [4] : « *La volonté du roi* est que la loi de chacun soit pleinement observée à son égard; et si l'on commet quelque acte au préjudice de quelqu'un contre le texte et le vœu de la loi, *ce n'est pas la volonté du roi*, et l'ordre qui serait donné n'est point obligatoire. »

J'aime à citer à ce sujet l'autorité de Louis XI, non qu'il soit compté au rang de nos bons hommes de rois, mais précisément parce qu'il est mort en odeur de tyrannie. Laissons donc de côté certaines actions de sa vie, et voyons ce qu'il

[1] Tome I, page 189.
[2] *Cérémonial français*, tome II, page 580.
[3] *Novelle* 82, cap. 13.
[4] *Baluse*, tom. 1er, pag. 542.
. . . . *Multi se complangunt legem non habere conservatam; et quia omninò* voluntas domini regis *est ut unusquisque homo suam legem pleniter habeat conservatam. Et si alicui contrà legem factum est*, non est voluntas sua, *nec jussio*.

écrivait dans le livre qu'il a composé pour son fils (Charles VIII) et auquel il a donné le titre bizarre de *Rozier des guerres*. A la page 14, intitulée *de justice*, il s'exprime en ces termes :

« Quand les roys ou les princes *ne ont regard à la loy*, ils ostent au peuple ce qu'ils deûssent laisser, et ne leur baillent pas ce qu'ils deûssent avoir; et en ce faisant, ils font leur peuple serf, et perdent le nom de roy : car nul ne doist être regardé roy fors celui qui règne et seugneurist sur les francs ; car les francs de nature ayment leurs seigneurs, mais les serfs naturellement les héent, comme les esclaves leurs maîtres... »

« Telle est la puissance des lois ! on ne les viole jamais impunément : jamais les rois n'ont étendu leur autorité au mépris d'elles, qu'ils n'aient diminué leur empire sur les cœurs [1]. »

Le chancelier Séguier se montrait donc sujet fidèle autant que magistrat courageux, lorsque résistant à un ordre arbitraire de Mazarin, qui voulait qu'on remît en jugement une seconde fois, pour la même action, un homme qui venait d'être acquitté, il disait à la reine-mère : « Madame, cela est impossible ; *la loi ne le permet pas*; et si on interrompt une fois le cours de la loi, ni la loi Salique, ni la succession de vos enfans ne seront en sûreté ; en un mot, il ne restera plus rien en France sur quoi on puisse faire fond [2]. »

Aussi tous nos rois, à leur sacre, juraient de *gouverner selon les lois* [3]; ce qui emportait évidemment l'obligation de s'y soumettre et d'y conformer sincèrement leurs actions [4].

En même temps donc qu'ils doivent maintenir et défendre leur prérogative, ils doivent réprimer avec soin l'ambition des ministres, qui, sous le nom du prince, cherchent toujours à étendre au-delà des lois le pouvoir dont il leur confie l'exercice.

Ils doivent ne point faire injustice ni violence à leurs su-

[1] M. Henrion, *Éloge de Mathieu Molé*, p. 93.

[2] *Histoire des chanceliers*, par Godefroy, p. 122.

[3] Sans cela ils ne pourraient pas gouverner avec justice ; car « la justice n'est elle-même que l'exécution de la loi. » Avis du conseil d'état du 17 décembre 1823.

[4] Le serment de Louis-Philippe, dont j'ai dressé la formule en août 1830, renferme l'engagement « *de gouverner par les lois » et selon les lois*. »

jets, protéger les personnes, respecter les propriétés, avoir soin de payer leurs dettes [1], exécuter fidèlement leurs contrats, se soumettre aux magistrats pour le jugement de leurs procès, quand ils plaident contre leurs sujets, et ne pas fatiguer leurs adversaires par trop de délais, ni influencer les juges par des recommandations, des menaces, ou des honneurs qui ne sont dus qu'aux services publics et non aux services rendus à la cassette.

Il y a cependant une espèce de lois dont il faut reconnaître que les rois sont affranchis; ce sont les lois *pénales*. En ce sens, *Princeps solutus est legibus*. La présomption légale est que *le roi ne peut pas mal faire:* par cette raison sans doute, *sa personne est inviolable et sacrée*; et toute la *responsabilité* est déversée sur les ministres qui sont chargés de l'administration, et qui en répondent à la nation.

§ XVII.

Effets des Lois.

L'office de la loi est en général de commander, de défendre, de permettre, de punir [2].

Tout ce qui n'est pas défendu par elle, est permis, c'est-à-dire peut se faire impunément; mais il n'en faut pas conclure que tout ce qui peut se faire impunément soit honnête [3]. Les lois de la conscience vont plus loin que le Code pénal.

La loi est la même pour tous: en d'autres termes, tous les citoyens sont égaux devant la loi, quels que soient d'ailleurs leurs titres et leurs rangs. (Charte, art. 1er.)

On doit encore assigner aux lois les caractères suivans:

Les lois de police et de sûreté obligent tous ceux qui habitent le territoire.

Les immeubles, même ceux possédés par des étrangers, sont régis par la loi française.

Les lois concernant l'état et la capacité des personnes régissent les Français, même résidant en pays étranger.

[1] Allusion à l'affaire du chevalier Desgraviers.

[2] L. 7, ff. *de Legibus*.

[3] *Non omne quod licet honestum est*. Loi 144, ff. *de regulis juris*.

Enfin, la loi ne dispose que pour l'avenir, elle n'a point d'effet rétroactif; mais ceci mérite d'être développé dans un paragraphe particulier.

§ XVIII.

De la rétroactivité des lois.

« Après avoir fixé l'époque à laquelle les lois deviennent exécutoires, nous nous sommes (dit M. Portalis) occupés des effets.

» C'est un principe général que les lois n'ont point d'*effet rétroactif*.

» A l'exemple de toutes nos assemblées nationales, nous avons proclamé ce principe.

» Il est des vérités utiles qu'il ne suffit pas de publier une fois, mais qu'il faut publier toujours, et qui doivent sans cesse frapper l'oreille du magistrat, du juge, du législateur, parce qu'elles doivent constamment être présentes à leur esprit.

» L'office des lois est de régler l'avenir; le passé n'est plus en leur pouvoir.

» Partout où la rétroactivité des lois serait admise, non-seulement la sûreté n'existerait plus, mais son ombre même.

» La loi naturelle n'est limitée ni par le temps, ni par les lieux, parce qu'elle est de tous les pays et de tous les siècles.

» Mais les lois positives, qui sont l'ouvrage des hommes, n'existent pour nous que quand on les promulgue, et elles ne peuvent avoir d'effet que quand elles existent.

« *La liberté civile consiste dans le droit de faire ce que la loi ne prohibe pas*. On regarde comme *permis tout ce qui n'est pas défendu*.

« Que deviendrait donc la liberté civile, si le citoyen pouvait craindre qu'après coup il serait exposé au danger d'être recherché dans ses actions, ou troublé dans ses *droits acquis* par une loi postérieure ?

» Ne confondons pas les jugemens avec les lois. Il est de la nature des jugemens de régler le passé, parce qu'ils ne peuvent intervenir que sur des actions ouvertes et sur des faits auxquels ils appliquent les lois existantes; mais le passé ne saurait être du domaine des lois nouvelles qui ne le régissaient pas.

» Le pouvoir législatif est la toute-puissance humaine.

» La loi établit, conserve, change, modifie, perfectionne; elle détruit ce qui est; elle crée ce qui n'est pas encore. La tête d'un grand législateur est une espèce d'Olympe d'où partent ces idées vastes, ces conceptions heureuses qui président au bonheur des hommes et à la destinée des empires; mais le pouvoir de la loi ne peut s'étendre sur des choses qui ne sont plus, et qui, par cela même, sont hors de son pouvoir.

» L'homme, qui n'occupe qu'un point dans le temps comme dans l'espace, serait un être bien malheureux, s'il ne pouvait pas se croire en sûreté, même pour sa vie passée. Pour cette portion de son existence, n'a-t-il pas déjà porté tout le poids de sa destinée? Le passé peut laisser des regrets; mais il termine toutes les incertitudes. Dans l'ordre de la nature, il n'y a d'incertain que l'avenir, et encore l'incertitude est alors adoucie par l'espérance, cette compagne fidèle de notre faiblesse. Ce serait empirer la triste condition de l'humanité, que de vouloir changer, par le système de la législation, le système de la nature, et de chercher, pour un temps qui n'est plus, à faire revivre nos craintes sans pouvoir nous rendre nos espérances.

» Loin de nous l'idée de ces *lois à deux faces* [1] qui, ayant sans cesse un œil sur le passé et l'autre sur l'avenir, dessécheraient la source de la confiance, et deviendraient un principe éternel d'injustice, de bouleversement et de désordre.

» Pourquoi, dira-t-on, laisser impunis des abus qui existaient avant la loi que l'on promulgue pour les réprimer? Parce qu'il ne faut pas que le remède soit pire que le mal. *Toute loi naît d'un abus :* il n'y aurait donc point de loi qui ne dût être rétroactive. Il ne faut point exiger que les hommes soient avant la loi ce qu'ils ne peuvent devenir que par elle. »

La convention avait, par ses lois des 5 brumaire et 17 nivôse an II, fait remonter jusqu'au 14 juillet 1789 l'égalité absolue des partages entre tous les co-successibles. Cette disposition étrange jeta le trouble dans un grand nombre de familles; elle excita des réclamations générales; et la convention elle-même, d'abord amenée à suspendre l'effet de ces lois par un décret du 5 floréal an III, ne tarda pas à les dé-

[1] *Non placet Janus in legibus.*

clarer non avenues par celui du 9 fructidor suivant. Et pour que ce décret lui-même ne rétroagît pas d'une manière injuste, on rendit, le 3 vendémiaire an IV, une loi dont l'article premier consacra « tous les droits acquis de bonne foi, soit à des tiers possesseurs, soit à des créanciers hypothécaires ou autres, ayant une date certaine, antérieure à la promulgation de la loi du 5 floréal an III. »

Comme il importait qu'à l'avenir le principe ne fût plus méconnu, dans la Déclaration des Droits, qu'elle plaça en tête de la constitution de l'an III, elle déclara formellement, art. 14, « qu'aucune loi, ni criminelle [1], ni civile, ne peut » avoir d'effet rétroactif. »

Le code civil reproduit la même disposition : « La loi ne » dispose que pour l'avenir ; elle n'a point d'effet rétroactif. »

Les lois romaines n'avaient garde d'omettre ce principe tutélaire. *Leges et constitutiones futuris certum est dare formam negotiis, non ad facta prœterita revocari*, dit la loi 7 au code *de legibus*. Mais la même loi reconnaît qu'il peut y avoir des exceptions à ce principe, car elle ajoute : *Nisi nominatim et de prœterito tempore et adhuc pendentibus* [2] *negotiis cautum sit.*

Les lois déclaratives sont dans ce cas.

En effet, il n'en est pas de l'interprétation de la loi comme de la loi elle-même. La loi ne peut pas rétroagir sur le passé ; mais l'interprétation de la loi ayant uniquement pour objet de déclarer que la loi a toujours dû être entendue dans un tel sens, et être exécutée de telle manière, il est évident qu'elle doit, par cela seul, régler tous les droits non irrévocablement acquis à l'époque où elle vient à paraitre.

Gayl, dans ses *Observationes practicœ*, liv. II, observ. 9, n° 6, dit que, *constitutio, quandò juris antiqui declaratoria est, concernit etiàm prœterita*. La raison en est (ajoute-t-il, d'après la loi 21, § 1, ff. *qui test. fac. poss.*)

[1] Déjà l'assemblée constituante avait érigé en maxime, « que nul ne peut être puni qu'en vertu d'une loi établie et promulguée antérieurement au délit, et légalement appliquée. » *Adde* décret du 20 août 1789, art. 8 ; code du 3 brumaire an IV, art. 3 ; décret du 15 messidor an XIII, art. 109, relatif à la ci-devant Ligurie ; Code d'instruction crim. art. 299, 1°. art. 363 et 369 ; Code pén. de 1810, art. 4.

[2] *Id est, nondùm transactis, seu judicatis.* Voy. la note suiv.

que ce n'est pas, à proprement parler, faire une nouvelle disposition, que d'expliquer une disposition déjà faite : *Et est ratio quòd is qui declarat nil novi dat.*

J. Voët, dans ses Pandectes, titre *de legibus*, n° 17, professe la même doctrine. *Ad prœterita legem trahendam ratio dictat, quotiès non tàm novi quid lege novâ injungitur, quàm potiùs dubiæ legis anterioris interpretatio fit.*

Et voilà pourquoi Justinien, dans la Novelle 19, déclare que les interprétations contenues dans la 12e, sur les effets de la légitimation, doivent servir de règle, même pour les successions ouvertes antérieurement à cette dernière loi, pourvu qu'il n'en ait pas été autrement disposé par transaction ou par sentence passée en force de chose jugée. *Exceptis illis negotiis quæ contigit antè leges à nobis positas aut decreto judicum aut transactione determinari* [1].

Cette exception pour le cas où la loi interprétative aurait été précédée d'une transaction ou d'un jugement passé en force de chose jugée, se trouve encore consacrée par un arrêt de cassation du 13 brumaire an IX, cité dans le Dictionnaire des Arrêts modernes, au mot *Effet rétroactif*, n° 2, et par une décision du ministre des finances du 5 juillet 1808. — Si l'on demandait la raison de cette exception, nous répondrions : C'est qu'il faut que tout se termine, s'arrête; c'est que ce n'est pas seulement sur ce qui est jugé, c'est encore sur ce qui est fini que la société repose.

Bacon explique très-bien pourquoi les lois déclaratives régissent même le passé, sans qu'on puisse leur reprocher d'être rétroactives; c'est, dit-il, parce qu'elles sont, en quelque sorte, contemporaines de la loi interprétée, à laquelle elles se rattachent par le fait même de l'interprétation [2].

[1] L'art. 12 de la loi du 28 août 1792 fait une violence ouverte au principe qui prescrit le respect pour la *chose jugée*. Mais c'est par la présomption que la chose n'avait été jugée en faveur des seigneurs, que *par abus de la puissance féodale*.

L'édit de Louis XIV, de 1667, avait été encore plus loin.

Ces lois ont une force *rescisoire*.

[2] *Lex declaratoria omnis, licet non habeat verba de prœterito, tamen ad prœterita ipsâ vi declarationis omninò trahitur. Non enim tùm incipit interpretatio cùm declaratur, sed efficitur*

Ce que Bacon dit des lois interprétatives, il le dit de celles qu'il nomme confirmatives, qui ont pour objet de roborer et de confirmer les actes antérieurs. Ces lois ne sont pas, à proprement parler, rétroactives, car le vice caractéristique d'une loi rétroactive est de jeter le trouble dans les affaires, et d'intervertir les droits acquis, tandis que les lois confirmatives ont pour objet la pacification et l'affermissement du passé (*Aphor.* 49).

On peut donner pour exemple de ces sortes de lois, celle du 26 germinal an XI, et l'avis du conseil d'état du 11 prairial an XII, lequel porte que « les émigrés ou absens ne peuvent attaquer les actes de divorce faits pendant leur disparition; que les actions qu'ils intenteraient seraient également contraires au texte et à l'esprit des lois antérieures; qu'elles tendraient *à perpétuer une agitation et des souvenirs qu'il faut au contraire éteindre le plus tôt possible*; que les émigrés ne peuvent examiner que le point de fait, s'il existe un acte de divorce revêtu de sa forme extérieure et matérielle; mais qu'ils ne peuvent jamais être autorisés à remettre en question l'affaire et à discuter la cause du divorce. »

Telle est encore la loi du 5 décembre 1814, dont l'article 1er porte: « Sont maintenus et sortiront leur plein et entier effet, soit envers l'état, soit envers les tiers, tous jugemens et décisions rendus, tous actes passés, *tous droits acquis* avant la publication de la Charte constitutionnelle, et qui seraient fondés sur des lois ou des actes du gouvernement relatifs à l'émigration. » Cette loi se reporte évidemment au passé, non pour le troubler, *non ut perturbet*; mais pour le consolider, *ad pacem et stabilimentum eorum quæ transacta sunt*, comme le dit Bacon, *Aphor.* 49.

Les lois ont un effet rétroactif proprement dit, toutes les fois que le législateur, même en établissant un droit nouveau, a imprimé à la loi une force rétroactive. Le plus souvent, ce retour sur le passé est une source d'injustices. Cependant il peut arriver qu'une telle disposition soit fondée sur des raisons d'intérêt général et même d'équité: on peut citer pour exemple la loi du 25 messidor an III, qui,

tanquàm contemporanea *ipsi legi*. (*De Retrospectione legum*, aphor. 51.)

en suspendant les remboursemens en assignats, a déclaré que cette suspension aurait lieu *hic et nunc*, à compter du jour même où la loi avait été rendue, et non du jour de la promulgation qui en serait faite. Cette précaution était nécessaire pour empêcher que, dans l'intervalle, les débiteurs de mauvaise foi ne précipitassent les remboursemens de manière à consommer la ruine de leurs malheureux créanciers.

Quoi qu'il en soit, dans les cas mêmes les plus favorables, disons encore, avec l'arrêt de cassation du 22 avril 1806, rendu précisément au sujet de la loi précitée, que, « la rétroactivité des lois étant contre le droit commun, en renversant les droits acquis, ne doit au moins être appliquée que dans les cas où la loi l'a établie d'une manière bien positive. »

Cette doctrine est aussi celle du Montesquieu anglais, qu'on me pardonnera de citer si souvent. On ne doit jamais (dit-il, en parlant des lois rétroactives), on ne doit jamais porter de telles lois que dans des occasions rares, où elles sont réellement nécessaires, où la rétroaction en soi n'a rien d'injuste; et, même en ce cas, il faut n'agir qu'avec de grands ménagemens, car *Janus n'est pas le dieu des lois* [1].

Un de ces cas favorables où la loi peut rétroagir sans injustice, est, sans contredit, celui où une loi nouvelle punit un crime ou un délit d'une peine moins forte que celle qui était infligée à ce même crime ou délit par les lois antérieures. Dans ce cas, on doit appliquer la loi nouvelle de préférence à la loi ancienne. La raison en est que c'est pour l'avantage de l'accusé qu'il est défendu aux juges de faire rétroagir les lois pénales; on ne peut donc pas faire tourner cette défense à son préjudice [2].

[1] Voyez aphorismes 47 et 51.

[2] Voyez à ce sujet le code pénal du 25 septembre 1791, article dernier; la loi du 25 frimaire an VIII, articles 18 et 19; les arrêts de cassation des 25 et 26 floréal an VIII, et 15 mars 1810; le décret du 23 juillet 1810, art. 6; l'avis du conseil d'état du 28 prairial an VIII; l'arrêt de cassation des 9 et 15 juillet 1813, cité par M. Bourguignon sur l'article 4 du Code pénal, et l'excellent Traité de M. Legraverend, de la Législation criminelle en France, tome 2, p. 20, § 6, où il parle *de la non-rétroactivité des lois pénales* avec cette profondeur qui se fait remarquer dans tout son ouvrage.

Les lois d'amnistie sont nécessairement rétroactives, car on n'oublie que le passé; mais qui pourrait s'en plaindre?

Au sujet de la rétroactivité des lois, Domat [1] observe, avec raison, que si les lois arbitraires n'obligent et n'ont leur effet qu'après qu'elles ont été publiées, il n'en est pas de même des lois naturelles, qui ont leur effet indépendamment de toute publication, parce qu'elles sont, pour ainsi dire, innées.

De là il suit que les lois qui ne sont que déclaratives d'un principe du droit naturel, s'appliquent même au passé; car le droit naturel est imprescriptible : toute loi qui y porte atteinte n'est pas, à proprement parler, une loi, c'est un abus. — L'auteur du *Répertoire de Jurisprudence* emploie cet argument pour prouver que « l'assemblée constituante a pu, sans rétroactivité, abolir la servitude personnelle, la main-morte et la féodalité. »

Le signe le moins équivoque de la rétroactivité d'une loi, est lorsqu'elle porte atteinte à des droits qui se trouvent acquis au jour de sa publication. Mais que doit-on entendre par droits acquis? GLUCK, dans son Commentaire sur la *Jurisprudentia forensis* de Hellfeld, tome 1er, § 21, donne à cet égard les notions suivantes : « Pour qu'un acte puisse être considéré comme passé, et que par-là il nous soit défendu de lui appliquer la loi nouvelle, il faut qu'il ne soit plus possible d'apporter un changement à cet acte, et de le modifier suivant la loi nouvelle, sans porter atteinte au droit légalement acquis par un tiers en vertu de cet acte. Par exemple, un noble m'a légué une terre pour en jouir après son décès; mais avant que l'héritier institué ait accepté la succession, une loi nouvelle vient d'être publiée, qui défend de faire passer les terres de cette espèce entre les mains des roturiers. On demande si la loi nouvelle est applicable au legs dont il s'agit? Je crois que non. Par le décès du testateur, qui a eu lieu avant la publication de la loi nouvelle, le testament du défunt avait obtenu *toute sa perfection*, et j'avais acquis un droit sur l'immeuble; l'acte doit donc être considéré comme antérieur à la loi, car le droit que j'ai de réclamer la terre n'est plus subordonné qu'à l'acceptation de la succession, et la loi nouvelle ne peut ni ne doit me priver de *ce droit acquis*. Il en serait

[1] *Traité des lois*, chap. 11, nº 47.

autrement si la loi nouvelle avait été publiée avant le décès du testateur. » L'auteur ajoute qu'on ne doit pas appliquer la loi nouvelle aux actes antérieurs, quoique conditionnels [1].

Ce que Gluck dit des actes qui, avant la loi nouvelle, ont reçu *toute leur perfection*, il faut le dire pareillement des jugemens qui ont acquis *la force de chose jugée*, avant la loi qui a introduit un droit nouveau.

§ XIX.

Interprétation des lois.

L'interprétation de la loi appartient naturellement au législateur [2].

Sous l'ancienne monarchie, nos rois se sont toujours réservé l'interprétation de leurs ordonnances.

Charlemagne ayant trouvé la loi des Lombards défectueuse en plusieurs points, la réforma en 801, et ajouta que, dans les choses douteuses, il voulait que les juges eussent recours à son autorité, sans qu'il leur fût permis de les décider suivant leur caprice.

Il paraît qu'avec le temps les juges s'étaient dispensés de ce soin, et qu'ils s'étaient attribué le droit d'interpréter les lois à leur guise. Du moins on peut le penser ainsi, à en juger par la manière dont le chancelier de l'Hospital gourmandait le parlement de Rouen en 1563. « Voici une maison mal réglée, disait-il aux magistrats de cette cour. La première faute que je vous vois commettre, c'est de ne garder les ordonnances; en quoi vous désobéissez au roi. Si vous avez des remontrances à lui faire, faites-les; et connaîtrez après sa dernière volonté. C'est votre faute aussi à vous, présidens et gens du roi, qui devez requérir l'observation des lois; mais vous cuidez être plus sages que le roi, et estimez tant vos arrêts, que vous les mettez par-dessus les ordonnances, *que vous interprétez comme il vous plaît.* »

Pour réprimer cet abus, on inséra dans l'ordonnance de 1667 un article où l'on fait dire au roi : « N'entendons tou-

[1] Cela est tout simple, puisque « la condition accomplie a un effet rétroactif au jour du contrat. » *Cod. civ.* art. 1179.

[2] *Ejus est interpretari, cujus est condere.* L. 1, 9 et 12, C. *de legibus.*

tefois empêcher que si, par la suite du temps, usage et expérience, aucuns articles de la présente ordonnance se trouvaient contre l'utilité ou commodité publique, *ou être sujets à interprétation, déclaration ou modération*, nos cours ne puissent en tout temps nous représenter ce qu'elles jugeront à propos, sans que, sous ce prétexte, l'exécution puisse en être sursise. » *Titre 1, article 3.*

L'article 7 ajoute : « Si dans les jugemens des procès qui seront pendans en nos cours de parlement et autres nos cours, il survient aucuns doute et difficulté sur l'exécution de quelques articles de nos ordonnances, édits, déclarations et lettres-patentes, *nous leur défendons de les interpréter*, mais voulons qu'en ce cas elles aient à se retirer par-devers nous, pour apprendre ce qui sera de notre intention. »

Dans un ouvrage célèbre par la vaste érudition et le noble caractère qu'y déploient ses auteurs, « on ne craint pas de » dire que cette disposition est manifestement un acte du » pouvoir arbitraire. » (*Max. du droit public français*, tom. II, page 315).

Cette opinion est exagérée. C'est mal entendre l'ordonnance que de supposer qu'elle gêne en rien la liberté qu'ont naturellement les juges d'appliquer les lois aux affaires, selon le sens qui leur paraît le plus raisonnable.

On sent bien « qu'il est impossible de rendre la justice et » de remplir les fonctions d'avocat, sans interpréter les » lois, sans chercher à découvrir l'intention du législateur.» (*Ibid.*, p. 316). Aussi ce n'est point ce que l'ordonnance a eu en vue de défendre; mais elle a voulu faire cesser l'abus résultant de ce que les cours transformaient quelquefois leurs arrêts en véritables lois, en *généralisant* leurs décisions sous une forme *réglementaire*.

En cela l'ordonnance n'a fait que poser une juste limite entre l'autorité judiciaire et le pouvoir législatif.

Et la preuve que ce ne fut point un acte qu'on puisse imputer spécialement *au despotisme de Louis XIV*, (comme le prétendent les auteurs que j'ai cités), c'est que les lois de la révolution qui, loin de favoriser le despotisme, n'ont pas même épargné la royauté, ont reproduit les mêmes défenses. Telle est la loi du 24 août 1790, dont *l'article* 2, *titre* 2, dit : « Les tribunaux ne pourront faire de réglemens; mais ils s'adresseront au corps législatif toutes les fois qu'ils croiront nécessaire soit d'interpréter une loi, soit d'en faire une nouvelle. » La constitution de 1791, *tit.* 3, *chap.* 5, *art.* 2, dit la même chose; et on retrouve une disposition semblable jusque dans la constitution de l'an 3.

On laisse donc aux juges l'interprétation de détail, puisqu'on ne leur interdit que l'*interprétation réglementaire.*

L'article 5 du projet de Code civil, le disait en termes fort clairs : « Il est défendu aux juges d'interpréter les lois *par voie de disposition générale et réglementaire.* »

Mais dans la discussion de ce projet au conseil d'état, il s'est élevé des difficultés dont le procès-verbal nous offre en ces termes l'analyse et le résultat. « Le ministre de la justice dit qu'il y a *deux* sortes d'interprétations; celle de *législation* et celle de *doctrine* : que cette dernière appartient essentiellement aux tribunaux; que la première est celle qui leur est interdite; que lorsqu'il est défendu aux juges d'*interpréter*, il est évident que c'est d'une *interprétation législative* qu'il s'agit. Il cite l'art. 7 du titre 1er de l'ordonnance de 1667, qui défend aux juges d'*interpréter les ordonnances.* Il en conclut que le sens de ce mot étant fixé, il n'y a aucun inconvénient à l'employer. M. Tronchet dit que l'on a abusé, pour réduire les juges à un état purement passif, de la défense que leur avait faite l'assemblée constituante d'interpréter les lois et de réglementer. Cette défense n'avait pour objet que d'empêcher les tribunaux d'*exercer une partie du pouvoir législatif,* comme l'avaient fait les anciennes cours, en fixant le sens des lois par des *interprétations abstraites et générales*, ou en les suppléant par des arrêts de *réglement.* Mais pour éviter l'abus qu'on en a fait, il faut laisser au juge l'interprétation sans laquelle il ne peut exercer son ministère. En effet, les contestations civiles portent sur le sens différent que chacune des parties prête à la loi. Ce n'est donc pas par une loi nouvelle, mais par l'opinion du juge que la cause doit être décidée..... On craint que les juges n'abusent de ce principe pour juger contre le texte de la loi. S'ils se le permettaient, le tribunal de cassation anéantirait leurs jugemens. Au reste, pour ne pas laisser d'équivoque, on pourrait rédiger ainsi : « Il est » défendu aux tribunaux de prononcer *par voie de dispos-* » *tion générale et réglementaire* sur les causes qui sont por- » tées devant eux. » Et c'est dans ces termes qu'a été adopté l'article dont il s'agit.

Ajoutons que le Code pénal de 1810, art. 127, punit de

la dégradation civique, comme coupable de forfaiture, tout officier de l'ordre judiciaire « qui se serait immiscé dans l'exercice du pouvoir législatif, soit par des *réglemens* contenant des dispositions législatives, soit en arrêtant ou suspendant l'*exécution d'une loi*, soit en délibérant sur le point de savoir *si les lois seront publiées et exécutées*. »

La preuve d'ailleurs que la distinction dont nous venons de parler était parfaitement dans les intentions des rédacteurs du Code, c'est que dans le *Discours préliminaire* du projet, on lit ce qui suit :

« L'interprétation *par voie de doctrine* consiste à saisir le vrai sens des lois, à les appliquer avec discernement, et à les suppléer dans les cas qu'elles n'ont pas réglés. Sans cette interprétation pourrait-on concevoir la possibilité de remplir l'office de juge?

» L'interprétation *par voie d'autorité* consiste à résoudre les questions et les doutes par voie de réglemens ou de dispositions générales; ce mode d'interprétation est le seul qui soit interdit aux juges. »

La différence entre ces deux epèces d'interprétation se trouve encore très-bien expliquée par VASQUEZ, célèbre jurisconsulte *espagnol*. Il réfute certain frère Alphonse (*frater Alphonsus*) qui refusait aux sujets toute interprétation quelconque de la loi, comme étant inférieurs au législateur. Vasquez se moque, et avec raison, de frère Alphonse. Il suivra de là, dit-il, que lorsqu'il se trouve une difficulté sur le droit divin ou le droit naturel, il faudrait, à l'exemple d'Icare, s'adapter des ailes pour aller consulter le Très-Haut[1]. Reprenant son sérieux, il établit ensuite « que tout juge a nécessairement le droit et le pouvoir d'interpréter la loi pour la décision du procès pendant à son tribunal. Son interprétation, continue-t-il, diffère de celle du prince, en ce qu'il ne peut interpréter la loi que pour déterminer un procès particulier dont il est juge; au lieu que l'interprétation du prince sera la règle de tous les jugemens. Les autres tribunaux ne sont pas obligés d'adopter l'interprétation faite dans un siége particulier, tandis qu'au contraire ils sont tenus de se conformer à celle du législateur. L'interpréta-

[1] *Alas nobis aptare necesse haberemus, in cœlum Dei optimi maximi consulendi gratiâ evolaturi.* VASQUIUS, *de successionibus*, tom. II, *lib.* 1, *in præf.* n° 48 *et seq.*

tion du souverain forme *une loi* proprement dite; celle des tribunaux ne fournit que des *exemples* dont l'autorité ne s'étend pas au-delà du procès particulier qu'ils ont décidé.»

Ainsi, sous l'ancienne monarchie, quand une loi était obscure, le roi donnait une *déclaration* du sens de la loi: mais cette déclaration devait, *comme la loi elle-même* qu'elle avait en vue d'interpréter, être soumise à la libre vérification des cours qui avaient l'enregistrement des lois.

Le décret du 24 août 1790, sur l'organisation judiciaire, en a une disposition formelle, titre 2, art. 12. Nous l'avons déjà rapportée.

La constitution de 1791, tit. 3, chap. 5, art. 21, n'était pas moins précise. « Lorsqu'après deux cassations (porte cet article), le jugement du troisième tribunal sera attaqué par les mêmes moyens que les deux premiers, la question ne pourra plus être agitée au tribunal de cassation sans avoir été soumise *au corps législatif*, qui portera un *décret déclaratoire de la loi*, auquel le tribunal de cassation sera tenu de se conformer. »

La constitution de l'an 3 a reproduit la même disposition, avec cette seule différence, que *le décret déclaratoire* devait être rendu après une première cassation, et avant le jugement du second pourvoi.

Napoléon a le premier porté atteinte à cette législation, en s'attribuant l'interprétation des lois par une de ces ruses législatives qui lui étaient familières.

Le 16 septembre 1807, il fait rendre une loi portant, article premier : « Il y a lieu à interprétation de la loi si la cour de cassation annule deux arrêts ou jugemens en dernier ressort, rendus dans la même affaire, entre les mêmes parties, et qui ont été attaqués par les mêmes moyens. » Et art. 2 : « Cette interprétation est donnée dans la forme des réglemens d'administration publique. » Or, cela veut dire, est donné par nous en conseil d'état. Ainsi, par une formule enveloppée, il se fait, en deux lignes, déléguer le pouvoir d'interpréter les lois, c'est-à-dire un pouvoir inhérent à la législature.

Ce n'est même pas tout, car par suite d'une déplorable condescendance pour ce pouvoir qui voulait toujours être absolu, la jurisprudence a reconnu ce droit d'interprétation donné au conseil d'état, avec tant de plénitude, que sur la question de savoir si les tribunaux pouvaient s'écarter de de l'interprétation ainsi donnée, sous prétexte d'*inconstitutionnalité*, la Cour de cassation a jugé que NON, par arrêt du 1er floréal an 10 et du 19 octobre 1808.

Cependant il paraît plus conforme au principe de dire que, dans le conflit possible entre une ordonnance ou acte quelconque de gouvernement, et la loi constitutionnelle de l'état, c'est celle-ci qui doit l'emporter.

Ce principe est si certain, et le court espace écoulé entre la promulgation de la Charte et les cent-jours, l'avait tellement mis en évidence, qu'en dressant son acte additionnel aux constitutions de l'empire, Napoléon ne put s'empêcher d'y rendre hommage, en disant cette fois, article 58 : « Les » interprétations des lois, demandées par la Cour de cassa- » tion, seront données *dans la forme d'une loi.* »

Peu de temps auparavant, une ordonnance royale du 16 septembre 1814[1], avait risqué l'expression d'*ordonnances contenant déclaration*. Mais il fut reconnu alors que l'interterprétation des lois n'appartenait qu'*aux chambres et au roi* (Charte, art. 15); qu'en conséquence la loi du 16 septembre 1807 *n'était plus en harmonie avec la Charte* (art. 68). Une résolution de la chambre des pairs, en date du 11 octobre 1814, conforme à celle de la chambre des députés du 21 septembre, avait fixé de nouveau les vrais principes; elle portait que la déclaration interprétative de la loi, en cas de recours en cassation, serait proposée, discutée, adoptée et promulguée *dans la forme ordinaire des lois*[2].

Mais dans sa séance du 27 novembre 1823, le conseil d'état, présidé par M. de Peyronnet, FUT D'AVIS que la loi du 16 septembre 1807, relative à *l'interprétation des lois*, était *parfaitement compatible avec le régime constitutionnel établi par la Charte.* »

On s'est ainsi replacé de fait au même et semblable état que sous le régime constitutionnel de l'empire.

Cependant il suffit de lire le long préambule de cet avis du conseil d'état, pour voir à quel point il se contredit lui-même. Dans la première partie, on y revendique, dans toute sa plénitude, le droit d'interprétation; et dans la seconde on paraît ne plus faire de l'ordonnance interprétative une *règle générale*, mais seulement un *rescript* sur un

[1] Qui se trouve dans la collection d'Isambert, *Appendice*, 1822.
[2] Voyez Isambert, vol. de 1823, pag. 352, n° 9.

cas *particulier*, qu'on ne pourra pas étendre à d'autres cas semblables, même sous prétexte d'analogie! Alors on peut et l'on doit dire, que s'il n'y a pas là usurpation du pouvoir législatif, en ce sens qu'on ne fera pas une loi générale, il y a donc usurpation du pouvoir judiciaire, puisqu'on jugera le cas particulier. En effet, n'est-ce pas juger que de donner, sur une espèce particulière, une décision topique, à laquelle le jugement devra nécessairement se conformer? Isambert va plus loin, et parlant de cette tournure donnée à la loi de 1807, il dit nettement dans sa note 10 au bas de la page 352 : « Elle transporte au gouvernement le pouvoir législatif et le pouvoir judiciaire. »

Et, à ce sujet, remarquons que le Code d'instruction criminelle porté en 1810, *adulto jàm imperio*, dit, article 440, en s'enveloppant toujours du même nuage d'expression: « Lorsqu'après une première cassation, le second arrêt ou jugement sur le fond sera attaqué par les mêmes moyens, il sera procédé selon les formes prescrites par la loi du 16 septembre 1807. »

Ainsi, suivant cette loi, interprétée elle-même au profit du conseil-d'état, par l'avis du conseil-d'état du 27 novembre 1823, ce sera le conseil-d'état qui, en matière criminelle, lorsqu'il s'agira non plus seulement de la fortune et des biens, mais de la liberté, de la vie, de l'honneur d'un citoyen (et cela même en matière politique, car ce cas peut se présenter comme tout autre), statuera, non par voie de disposition générale et réglementaire, mais spécialement sur le cas donné, et par conséquent sur la tête d'un citoyen!

Toutes ces incohérences n'ont point échappé à l'habile auteur des *Questions du droit administratif*; mais quoiqu'il n'ait pu se dissimuler ce qu'un tel ordre de choses avait d'abusif, il se résume en ces termes [1] : « D'après tous ces motifs, et *en principe*, je pense qu'on ne devrait pas déférer la consommation pleine et définitive du litige par voie d'interprétation doctrinale, soit aux cours royales, soit à la cour de cassation; qu'il y aurait lieu, dans le cas prévu de l'obscurité de la loi, à l'expliquer par voie d'*interprétation législative*; que cette interprétation ne devrait être donnée ni par la cour de cassation, ni par la chambre des pairs, ni par le ministre de la justice, ni par le conseil-d'état; *mais*

[1] Au mot *Interprétation de la loi*, p. 251.

seulement par le roi et les deux chambres, dans la forme voulue pour la présentation et la confection des lois. Toutefois la loi du 16 septembre 1807, qui attribue spécialement au conseil-d'état, dans le cas donné, l'interprétation de la loi, existe; et je n'en veux d'autre preuve que la résolution elle-même qui proposait de la changer : si donc cette loi existe, elle conserve, tant qu'elle ne sera pas rapportée dans les formes constitutionnelles, une force obligatoire, à laquelle ne peuvent se soustraire ni le gouvernement qui doit la faire exécuter, ni les citoyens qui doivent y obéir. »

Assurément, j'accorde et je proclame le principe, qui veut qu'on obéisse aux lois existantes tant qu'elles ne sont pas légalement rapportées; mais franchement, M. de Cormenin, à la capacité de qui je rends très-volontiers hommage, ne commet-il pas ici une pétition de principe? Car la question est précisément de savoir si l'on peut regarder comme *loi* un acte devenu incompatible avec la *constitution*. Au lieu d'accorder l'exécution provisoire à l'acte inconstitutionnel, ne serait-il pas plus raisonnable, comme nous le dirons bientôt, de l'accorder à la constitution? Le fait, qu'on n'a pas abrogé textuellement la loi de 1807, empêche-t-il donc qu'elle ne soit abrogée implicitement par l'article 68 de la Charte de 1814? puisque cet article a eu précisément pour objet d'abroger d'une manière générale, et toute-puissante néanmoins, les lois qui ne seraient pas d'accord avec la Charte.

Quoi qu'il en soit, si, par le fait, et jusqu'à ce que le droit ait repris son empire et qu'on soit revenu à ce que M. de Cormenin appelle, avec nous, *le principe* [1], nous ne devons attendre d'interprétation que du conseil-d'état; au

[1] On y est revenu par la loi du 30 juillet 1828, qui abroge celle du 16 septembre 1807 et porte que l'interprétation sera proposée aux chambres en forme de loi. — Du reste, je ferai remarquer que, les chambres ayant, depuis 1830, l'initiative des lois aussi bien que le roi, toute loi soit disant *interprétative*, sera en réalité une *loi nouvelle* qui souvent abrogera ou modifiera l'ancienne; à la différence de l'interprétation proprement dite, qui se borne à rechercher et à développer le sens propre de la loi qu'il s'agit seulement d'interpréter et d'expliquer, sans la changer. Aussi, dans ses référés, à la suite d'une seconde cassation, la Cour en prononçant le renvoi au roi, à l'effet d'en provoquer l'interprétation, ajoute : *S'il y a lieu.*

moins est-il certain que ces interprétations devront être données avec l'espèce de solennité observée dans ce conseil pour les réglemens d'administration publique : et que les ministres, quoique chargés de faire exécuter les lois, n'ont pas le droit de les interpréter personnellement par simples circulaires, ni même par voie d'autorité. Il a toujours été de principe qu'une instruction ministérielle n'a aucune espèce d'autorité, de force obligatoire pour les tribunaux [1].

Ce principe n'était pas inconnu aux parlemens, témoin ce passage des remontrances adressées, le 28 juin 1754, par le parlement d'Aix à Louis XV :

« Lorsque votre chancelier parle avec la raison et la loi » et qu'il s'appuie encore sur le prince, tous ces témoi- » gnages se certifient mutuellement, et forment un corps » d'autorité. Lorsqu'il parle *sans loi*, il ne peut être ga- » rant, il est sans garant lui-même. Lorsqu'il parle *contre* » *la raison et la loi*, la déclaration qu'il fait au nom du » prince, bien loin de fortifier le commandement, ne sert » qu'à le rendre plus suspect. La volonté qu'il prétend » avoir recueillie ne peut être qu'une volonté supposée, ou une » volonté momentanée, *qui ne suffit point en France pour* » *faire changer la règle*, et qui est d'ailleurs mal certifiée [2]. »

Les bons chanceliers n'avaient pas besoin qu'on leur objectât ces règles; ils savaient bien d'eux-mêmes s'y conformer. Ainsi le chancelier de l'Hospital, qui faisait la leçon au parlement de Rouen, la faisait également aux ministres, lorsqu'il disait : « J'ai cet honneur de lui être chef de justice (au roi); mais je serais bien marri de lui faire une interprétation de moi-même et de ma seule autorité. » (Discours précité.)

M. Lanjuinais parle de ces instructions et circulaires ministérielles avec la double autorité de pair de France et de jurisconsulte. « Les deux chambres, dit-il [3], doivent être attentives à exercer leur surveillance et sur ces instructions, et particulièrement sur les ordonnances de même nature. Il n'appartient qu'aux volontés qui font les lois d'en émettre des interprétations générales obligatoires : autrement le

[1] *Recueil des lois et ordonnances*, vol. de 1819, préf. pag. XXII *Projet de constitut.* du 29 juin 1815, art. 92.

[2] *Remontrances du parlement* d'Aix, 28 juin 1754.

[3] *Essai sur la Charte*, tom. Ier pag. 259.

roi, ses ministres et leurs agens seraient des constitutions, des lois vivantes : il n'y aurait plus, à vrai dire, ni constitutions ni lois. On souffrit à Rome que les préteurs donnassent des édits pour suppléer au silence des lois et en fixer le sens, *adjuvandi vel supplendi juris civilis gratiâ:* bientôt ils s'arrogèrent effectivement et littéralement le droit de les *corriger.* »

Ceci tient à une question qu'il importe d'examiner en termes généraux : que décider, s'il se rencontre une loi qui soit en contradiction avec la Charte constitutionnelle ? ou si l'on excipe d'une ordonnnance contraire soit à la Charte, soit à toute autre loi?

En principe, la loi fondamentale tient toutes les autres lois sous sa dépendance. Aussi, l'article 68 de la Charte nous dit-il que les autres lois ne sont maintenues qu'autant que celles-ci ne lui seraient pas contraires. Dans le conflit entre ces lois et la Charte, c'est donc à la Charte, comme étant la mère de toutes les lois, la reine-loi, que l'on doit donner la préférence.

Cela est incontestable pour les lois *antérieures* à la Charte: l'article 68 est précis sur ce point.

Quid juris si la contradiction résultait d'une loi qui lui fût *postérieure?*

Que décider encore si la contrariété se trouvait établie entre la Charte et une simple ordonnance ? Louis XVIII, à la vérité, a bien recommandé à l'un de ses gardes des sceaux, en les lui remettant, de ne s'en servir que pour sceller des lois et actes conformes à la Charte constitutionnelle; mais enfin si, par événement, un garde des sceaux, par trop de hardiesse ou simple inattention, scellait quelque acte qui ne fût pas de cette nature, devrait-on donner la préférence à cet acte irrégulier sur la loi fondamentale ?

La constitution de l'an VIII avait indiqué le moyen de sortir d'embarras, en autorisant le recours au sénat dit *conservateur*, pour décider si la loi était ou non *inconstitutionnelle.* A la vérité on n'en a jamais fait usage; mais enfin, légalement parlant, il y avait un remède indiqué; et c'est aussi parce que cette voie légale existait, que la Cour de cassation a décidé que lorsqu'on n'y avait pas eu recours, il y avait présomption légale que l'acte n'était pas inconstitutionnel.

Mais la Charte ne renferme aucune disposition analogue

à la constitution de l'an VIII, pour sortir de ce genre de perplexité. Cette omission est à regretter ; car on ne peut se dissimuler que ces sortes de questions peuvent, selon les circonstances, être fort graves, et présenter de sérieuses difficultés, même pour les hommes les plus instruits. D'un autre côté, le Code civil, article 4, dit que le juge qui refusera de juger sous prétexte du silence, de l'obscurité ou de l'insuffisance de la loi, sera coupable de déni de justice : il est donc, dans tous les cas, obligé de prononcer.

Dans cette position, et en l'absence de règle spéciale, il devra donc se décider d'après les principes généraux du droit.

Or, en principe :

1° Un ministre ne peut pas déroger par ses décisions personnelles aux lois, qu'il est simplement chargé de faire exécuter ;

2° Par la même raison, les ordonnances ne peuvent pas déroger aux lois, dont elles doivent seulement assurer la marche (*Charte*, art. 14) ;

3° Les lois elles-mêmes faites par des législateurs qui ont juré obéissance à la Charte, ne peuvent pas déroger à cette loi fondamentale.

En cela, les partisans de la dérogation ne peuvent pas dire qu'on désobéit ; la réponse est qu'on obéit à la Charte, comme étant la loi qui parle plus haut et plus net. Le juge n'abroge pas l'acte qu'on suppose contraire ; mais il décide une question de droit, il pense que cet acte n'est pas applicable : *non videtur judex contra constitutiones pronuntiasse, si existimavit causam per eas non juvari.*

M. Henrion de Pansey, dans la dernière édition de sa *Compétence des juges de paix*, nous fournit un exemple analogue en parlant de certains arrêtés par lesquels les maires et les préfets excédant leurs pouvoirs, auraient, de leur chef, établi des peines en cas de contravention. Les tribunaux n'ont pas le pouvoir d'annuler ces arrêtés ; mais ils ne sont pas tenus de les appliquer, s'ils pensent, comme l'indépendance de leur magistrature leur en fait un devoir, qu'ils ne doivent appliquer de peines que celles qui sont prononcées par les lois.

Notre ancienne législation offre une multitude d'ordonnances, édits et lettres-patentes de nos rois, qui ont autorisé les magistrats à résister même aux ordres les plus précis qui seraient contraires au droit et aux lois du royaume[1]; et l'histoire des parlemens est pleine d'illustres exemples qui attestent que les magistrats français ont toujours mis leur devoir au-dessus de vaines considérations, et préféré *la loi* aux choses *irrégulières* qui leur étaient par fois demandées ou commandées.

Ce point est confié à leur diligence et à leur discrétion, et nous dispense de nous étendre davantage à ce sujet [2].

Il est du moins incontestable qu'aux juges appartient le droit d'interpréter les lois par voie de doctrine.

Cette interprétation doctrinale est tellement autorisée par les lois elles-mêmes, qu'elles ont pris soin de tracer quelques-unes des règles qui peuvent servir à diriger le juge dans cette interprétation.

J'ai réuni les principales de ces règles dans mes PROLEGOMENA JURIS, *de legibus interpretandis et applicandis*[3].

DOMAT, dans son *Traité des lois*, chap. 12, développe la plupart de ces règles, et montre, par des exemples bien choisis, la juste application qu'on en doit faire.

On peut aussi consulter les *Elementa logica* d'HEINECCIUS, § 181, *et seq.*; et le *Comes juridicus* de P. PITHOU.

Pour connaître au juste l'objet d'une loi, ce n'est jamais à son *titre* qu'il faut s'arrêter. Le titre d'une loi n'est point l'ouvrage du législateur : les lois se décrètent sans titre, et le titre que chacune d'elles porte dans le *Bulletin*, n'y a été mis que par le directeur de l'imprimerie royale, sous l'inspection du ministre de la justice. C'est un point de fait dont la certitude ne peut être contestée.

Dans une contestation où les héritiers d'un ancien colon de Saint-Domingue invoquaient le sursis accordé par l'article 1er de l'arrêté du 19 fructidor an X, prorogé par le décret du 20 juin 1807, la cour de Bordeaux avait, par arrêt du 23 août 1808, décidé *qu'il n'y avait pas lieu à sursis* : « Attendu que l'arrêté du 19 fructidor an X n'a pour objet que les *colons* de l'île de Saint-Domingue, et que, depuis long-temps, Demontis avait cessé d'être *colon*, puis-

[1] Voyez notamment, Édit de Louis XII, du 22 décembre 1499.

[2] Voyez dans les *Maximes du droit public français*, le curieux chapitre VI du tome II, intitulé : *Obéissance due par les magistrats.*

[3] Voyez ci-devant page 279.

qu'il s'était retiré en France dès 1768, après avoir vendu la totalité des propriétés qu'il avait à Saint-Domingue. » — Mais cet arrêt fut cassé le 30 juillet 1811 par ces motifs : « Considérant que si, d'après le *titre* de l'arrêté du 19 fructidor an X, le sursis ordonné par l'article 1er de cet arrêté semble ne concerner que les *colons* proprement dits, néanmoins la disposition de cet article embrasse dans sa généralité tous les débiteurs pour cause de ventes d'habitations à Saint-Domingue, sans distinguer si ces débiteurs sont ou non restés habitans de cette colonie et propriétaires desdites habitations; que, *lorsque la disposition littérale* d'une loi ou d'un arrêté du gouvernement est expresse, générale, et ne renferme aucune modification, il n'est pas permis aux tribunaux d'en restreindre l'application à tels ou tels individus, sous le prétexte qu'eux seuls sont dénommés dans le *titre* de la loi ou de l'arrêté, ou d'après de prétendues considérations d'équité, que le législateur a seul droit d'apprécier, etc. »

Il y a mieux : on voit quelquefois dans le *titre* des lois, des expressions que le législateur n'a pas voulu placer dans le *texte*, parce qu'il y a vu du danger. Tel est le mot *sacrilége* qui se trouve dans le titre de la loi du 20 avril 1825, *sur les crimes et délits commis dans les édifices consacrés aux cultes*.

Le garde des sceaux, en présentant cette loi à la chambre des députés, s'est expliqué en ces termes :

« En vous proposant de punir des faits de profanation et de sacrilége, nous avons cru de notre devoir de résister aux conseils de ceux qui nous exhortaient à introduire ces mots *dans le texte même* du projet de loi. Vous connaissez déjà, Messieurs, les motifs de notre refus. Ce n'est pas que nous craignions de confesser l'horreur que nous inspirent ces crimes ; nous la manifestons assez peut-être par les châtimens que nous vous demandons de leur infliger. Mais l'expérience que nous avons acquise des avantages et des inconvéniens de notre organisation judiciaire ; mais le désir d'obtenir *une loi qui soit exécutée* et qui devienne efficace ; mais le danger des lois criminelles qui se prêteraient à des *interprétations diverses*, et par conséquent *arbitraires*, tout nous persuadait d'insister pour n'admettre dans le texte de la loi que l'indication des *faits* qui constituent les crimes, et pour en exclure les *termes abstraits* dont l'emploi ne peut être indifférent ou utile que dans le *titre* qui annonce l'objet de la loi, ou dans les discours qui en démontrent la nécessité.

« Ce qui importe le plus n'est pas la dénomination du crime, mais sa répression... »

Les *motifs* d'une loi, quand on connaît les véritables, servent puissamment à son interprétation [1].

Cependant il ne faut pas se piquer de vouloir *rendre raison* de toutes les lois; car les lois elles-mêmes nous apprennent que cette raison est souvent impossible à donner[2].

Dans le droit civil, l'*analogie* n'est pas exempte de danger; il est rare qu'elle soit parfaite, et l'on peut dire avec vérité de la plupart des argumens qu'elle fournit, que *comparaison n'est pas raison*.

Mais c'est dans le droit criminel que l'analogie est affreuse, quand elle s'avise de régler les délits et les peines. L'auteur des *Lois criminelles*, liv. 1, tit. 1, n° 9, autorise les juges *à suppléer au besoin aux dispositions de la loi pour les cas qu'elle n'aurait pas prévus*.

La doctrine de Montesquieu est bien différente; suivant lui : « Il n'y a point de citoyen contre qui l'on puisse interpréter une loi, quand il s'agit de ses biens, de son honneur ou de sa vie [3]. »

Bacon est dans les mêmes principes. A ses yeux, « c'est la plus horrible des injustices que de tordre les lois pour torturer les hommes : on ne doit donc pas, dit-il, étendre les lois pénales, surtout les capitales, aux délits nouveaux [4]. »

Telle est la jurisprudence anglaise. Elle est judaïque en matière criminelle. Qu'on critique tant qu'on voudra le vingt-deuxième statut de Charles II, chap. 1, appelé l'*acte de Conventry*; il n'en est pas moins certain qu'il vaut mieux qu'un délit imprévu et non spécifié par la loi reste impuni, sauf à statuer pour l'avenir, que de voir l'honneur, la sûreté et la vie même, soumis à un arbitraire qui peut tout enchaîner par l'*analogie*.

[1] Voyez ci-devant, page 72, un passage de d'Aguesseau.

[2] *Non omnium quæ à majoribus instituta sunt, ratio reddi potest*. L. 20, ff. *de legibus*; adde l. 21, ff. eod et l. 2, ff. *de origine juris*.

[3] *Esprit des lois*, liv. 6, chap. 3.

[4] Aphor. 12.

Tout accusé a raison de répéter en pareil cas, le mot de sir Robert Wilson : « Monsieur le juge, je m'oppose à la *logique de l'induction.* »

Le savant auteur de la *Législation criminelle en France*, tom. 2, p. 19, §. V, de *l'application des lois pénales*, M. Le Graverend professe aussi « qu'il n'est pas permis aux » tribunaux d'appliquer ces lois, *par induction d'un cas prévu, à un autre cas qui ne l'a pas été.* »

Le projet de code pénal, rédigé par M. Livingston, par ordre de l'état de la Louisiane, et publié à Paris en 1825, par M. Taillandier, contient (à la page 137) deux dispositions remarquables sur l'interprétation des lois pénales :

Art. 7. « La législature seule a le droit de déclarer ce qui constitue un délit. En conséquence, il est défendu de punir aucunes actions ou omissions non condamnées par la loi, sous le prétexte qu'elles offensent les lois de la nature, de la religion, de la morale ou toute autre loi que *la loi écrite.* »

Art. 8. « Il est expressément défendu aux cours, de punir aucune action ou omission non condamnée par la *lettre de la loi*, sous le prétexte qu'elles le sont par *l'esprit de la loi.* Il vaut mieux que des actes répréhensibles restent momentanément impunis, que si les tribunaux usurpaient le pouvoir législatif, acte plus criminel en lui-même qu'aucun de ceux qu'on prétendrait réprimer par ce moyen. Il n'y a donc point de délits interprétatifs (*constructive offences*). La législature, quand elle le jugera nécessaire, étendra la lettre de la loi à ces actes qui lui paraîtront devoir être punis. »

Prost de Roger, dans son excellent Dictionnaire de Droit, au mot *argument*, n° 13, *argument de la loi*, explique comment et dans quels cas on peut argumenter *à simili*, *à contrario*, *à consequentiâ*, *à majori*, *ad minùs*. Il existe aussi un traité spécial de *l'interprétation des lois*, par M. Mailher de Chassat, dont la deuxième édition a paru en 1825, in 8°.

§ XX.

Du droit de critiquer les lois.

« On peut, disait M. de Serres, alors garde des sceaux [1], contester la justice ou la convenance d'une loi pénale, *comme de toute autre loi*; on peut en solliciter le *changement.* »

Dans mes *observations préliminaires* sur l'accusation portée contre M. Bavoux en 1819, j'ai montré, par un assez grand nombre d'exemples empruntés à l'ancien et au nouveau droit, jusqu'où pouvait aller *ce droit de critiquer les lois*, qui devient presque toujours la source de leur amélioration [2].

Du reste, je posais en principe que, s'il est permis de désirer le changement ou l'abrogation des lois qu'on croit mauvaises, on doit toujours le faire avec une certaine mesure; on ne doit surtout jamais exciter les citoyens à y désobéir tant qu'elles ne sont pas abrogées.

Prenant Servan pour modèle, il faut s'écrier avec lui: « Hommes sages, dites-moi si j'outrage les lois parce que j'en demande de plus parfaites! Je le déclare aux hommes timides adorateurs de tout usage antique; je le déclare aux hommes violens qui mettent la tête de la justice dans un nuage, et ne laissent voir que ses bras; je le déclare à tous: tant que nos lois criminelles subsisteront, je ne cesserai jamais de les respecter comme citoyen; je ne cesserai jamais de travailler à les faire respecter comme magistrat; *mais, comme ami de l'humanité, j'en désirerai souvent la réformation.* »

§ XXI.

De l'abrogation des lois.

« Un roi est bon et noble qui en son royaume ôte la mauvaise loy, pour y mettre la bonne, et se garde de rompre

[1] *Exposé des motifs* du projet de loi sur la liberté de la presse, présenté aux chambres le 22 mars 1819.

[2] J'ai usé personnellement de ce droit de critique, dans mes *Observations sur la législation crim.*; et je ne me fais point faute d'en user en toute occasion où je le crois utile, sauf meilleur avis.

la loy qui est profitable à son peuple ; car le peuple obéit toujours au bienfaisant [1]. »

En général, la perpétuité est dans le vœu des lois : une fois établies il faut de graves raisons d'utilité publique pour déterminer le législateur à s'en départir [2].

De là la formule que nous avons vue employée par les empereurs romains : QUÒD UT PERPETUA OBSERVATIONE FIRMETUR, *legem hanc incisam æreis tabulis jussimus publicari.*

Et encore à présent la formule exécutoire qui termine les lois, nous offre l'équivalent dans ces expressions : ET AFIN QUE CE SOIT CHOSE FERME ET STABLE A TOUJOURS, *nous y avons fait mettre notre scel.*

Cependant les besoins de la société sont si variés ; la communication des hommes est si active ; leurs intérêts sont si mobiles et si multipliés, que la loi en apparence la mieux conçue, peut devenir insuffisante, et exiger de nouvelles modifications.

D'un autre côté, il est des lois qui, par leur nature, ne sont que *transitoires*, qui suspendent pour un temps donné le cours ordinaire des choses, et qui, portant en elles-mêmes le germe de leur destruction, doivent cesser à l'expiration du délai pour lequel seulement elles ont été établies.

Par exemple, les lois qui, depuis 1814, ont, à diverses reprises, suspendu la liberté individuelle ou la liberté de la presse, étaient essentiellement *temporaires*, puisque chacune de ces lois portait la clause « si la présente loi n'est pas » renouvelée dans la prochaine session des chambres, elle » cessera, *de plein droit*, d'avoir son effet. »

Et pourtant, ces lois, comme toutes les autres, sont terminées par la formule, « et afin que ce soit chose ferme et stable *à toujours* [3], » qui contraste évidemment avec le texte

[1] *Le Rosier des guerres*, pag. 14, *de justice.*

[2] *In rebus novis constituendis, evidens esse debet utilitas, ut recedatur ab eo jure quòd diù æquum visum est.* L. 2, ff. *de const. princ.* Voyez la *Dissert. sur les raisons d'abroger les lois*, par l'auteur des *Mémoires de Brandebourg.*

[3] Voyez la loi du 29 octobre 1815. Je ne sais pourquoi on lit dans la formule, *nous y avons mis notre scel*, au lieu de *nous y avons fait mettre notre scel*, qui est plus conforme à l'usage, puisque ordinairement ce n'est pas le roi qui scelle les lois en personne, mais le chancelier ou garde des sceaux.

de la loi, puisque sa durée ne doit avoir qu'un temps limité. Mais, à cet égard, on connaît la règle de droit applicable à tous les protocoles : *ea quæ sunt styli non operantur*.

Le législateur ne peut pas abroger toute espèce de lois. Il faut, à cet égard, distinguer entre les lois *naturelles*, le *droit des gens*, les lois *constitutionnelles* et les lois dites *arbitraires*.

Le pouvoir d'abroger ne porte pas sur les lois naturelles. Domat nous en donne la raison. « Les lois immuables, dit-il, s'appellent ainsi, parce qu'elles sont naturelles, et tellement *justes*, *toujours et partout*, qu'aucune autorité ne peut les changer ni les abolir [1]. »

« Qu'un souverain donne une loi évidemment opposée à la loi naturelle, à la constitution de son empire, aux mœurs essentielles de son peuple, la force en assure l'exécution un instant, dans quelques lieux près du prince ; mais dans l'éloignement, bientôt la justice, l'opinion publique, reprennent le dessus ; le temps fait le reste [2]. »

Le législateur ne peut pas non plus abroger le *droit des gens* : il armerait contre lui toutes les nations civilisées. En effet, si un souverain peut abroger les lois, c'est parce qu'il les a faites, et qu'il est dans la nature de chaque chose qu'elle se dissolve par des procédés analogues à ceux par lesquels elle a été composée [3]. Mais comment le législateur d'un seul peuple pourrait-il se croire en droit d'abroger une loi commune à toutes les nations ?

« Enfin, le législateur doit se garder de porter atteinte aux lois *fondamentales*, écrites ou traditionnelles ; il jetterait dans la nation l'inquiétude, le trouble, la désobéissance ; il ébranlerait le trône.... Quand les gouvernemens ont pris une certaine assiette, il faut éviter de renverser l'édifice et de découvrir la base [4]. »

« La Charte est plus forte que nous, a dit M. de Château-

[1] Domat, *Traité des lois*, chap XI. — *Civilis ratio jura naturalia corrumpere non potest.*

[2] Prost de Roger, au mot *Abrogation*.

[3] Loi 35, ff. *de regulis juris*.

[4] Prost de Roger, *loco citato*. Voyez sur le même sujet VATEL, *Droit des gens*, tome 1er, liv. 1er, chapitre 3, § 34, et dans les *Maximes du droit public français*, tom. 2, pag. 336-342, où l'on trouve d'excellentes choses.

briand : quiconque voudra la détruire sera détruit par elle [1]. »

« Le roi (disait un autre orateur du côté droit) était le maître de donner ou de ne pas donner la Charte; nul n'avait le droit de la lui demander. Mais du moment où il l'a octroyée, il a limité ses pouvoirs; elle est devenue *loi fondamentale*, et le roi ne peut pas la détruire [2]. »

Aussi Charles X, à l'instant même de son avénement, s'empressa-t-il de déclarer aux pairs : « J'ai promis, comme sujet, de maintenir la Charte et les institutions que nous devons au souverain dont le ciel vient de nous priver; aujourd'hui, que le droit de ma naissance a fait tomber le pouvoir entre mes mains, je l'emploîrai tout entier à consolider, pour le bonheur de mon peuple, *le grand acte* que j'ai promis de maintenir [3]. »

De quel droit, en effet, le roi, qui jure à son sacre d'observer la Charte constitutionnelle; comment les pairs et députés qui, de leur côté, jurent d'y rester fidèles, pourraient-ils, contre la teneur expresse de leur serment et de leur mandat [4], y porter atteinte par des lois qui l'abrogeraient en tout ou en partie?

Aussi avons-nous dit que les juges qui auraient à opter entre la Charte et une ordonnance, décision ou arrêté qui y aurait incompétemment dérogé, ne doivent point balancer à préférer la loi constitutionnelle.

Quant aux autres lois, dites arbitraires, *quia ex arbitrio pendent*, le législateur peut les changer et les abolir selon le besoin. Mais il ne doit s'y porter qu'avec ménagement,

[1] La prédiction du noble vicomte s'est vérifiée en juillet 1830.

[2] Séance du 22 janvier 1822.

[3] Ces paroles sont gravées *au revers* de la médaille de Charles X.

[4] Rapportons, à cette occasion, le mandat donné par les électeurs portugais aux députés élus en 1826.

« Nous, électeurs de la province de..., réunis dans cette ville de..., ayant procédé à l'élection des députés qui devaient être nommés par cette province, déclarons que MM. NN... ont été élus à la pluralité des voix. Nous donnons en conséquence la présente procuration à tous ces députés conjointement, et à chacun d'eux *in solidum*, tous les pouvoirs pour que, réunis à la chambre des députés avec les autres nommés par toutes les provinces, ils puissent faire tout ce qui peut contribuer au bien de la nation, en remplissant leurs fonctions *de la manière et dans les limites pre-*

et toujours d'accord avec l'opinion publique et les besoins réels de la société.

Les jurisconsultes romains avaient, pour exprimer les diverses modifications que peut subir une loi, plusieurs expressions, dont la plupart n'ont pas de synonymes dans notre langue. *Lex* ROGATUR *dùm fertur;* ABROGATUR, *dùm tollitur;* DEROGATUR *eidem, dùm quoddam ejus caput aboletur;* SUBROGATUR, *dùm aliquid ei adjicitur;* OBROGATUR *deniquè, quotiès aliquid in eâ mutatur* [1].

De toutes ces locutions, nous n'avons adopté que les mots *abrogation* et *dérogation:* le premier, pour exprimer que la loi préexistante a été rapportée; le second, pour montrer que, sans abroger entièrement une loi, cependant on y a apporté des modifications.

L'abrogation des lois est expresse ou tacite.

L'abrogation est *expresse*, lorsqu'en faisant une nouvelle loi, le législateur déclare, en termes formels, qu'il entend abroger la loi antérieure.

Les exemples de ces sortes d'abrogations ne sont pas rares, soit sous l'ancien, soit sous le nouveau droit.

L'ordonnance de 1667, titre 13, « *abroge* toutes enquêtes d'examen à futur et celles par turbes, touchant l'interprétation d'une coutume ou usage, et défend à tous juges de les ordonner, ou d'y avoir égard, à peine de nullité. »

Edit de Louis XIV, du 25 octobre 1685, portant *révocation* de l'édit de Nantes, si sagement octroyé par Henri IV en 1598.

Edit du mois d'août 1729, portant *révocation de l'édit de Saint-Maur*, de mai 1576, qui privait les mères de la succession de leurs enfans.

Le Code de procédure, art. 1041, porte que: « à dater du 1er janvier 1807, toutes les lois, coutumes, usages, et réglemens relatifs à la procédure civile, seront *abrogés.* »

Les autres codes prononcent également l'*abrogation* de toutes les lois rendues antérieurement sur les matières qui font l'objet de ces codes.

---

scrites par la Charte constitutionnelle, donnée et décrétée par le roi Don Pedro, le 29 avril 1826, *sans qu'on puisse altérer aucun de ses articles.* Nous nous obligeons à exécuter et à tenir pour valide tout ce que les députés feront *dans les limites indiquées.* Donné à... »

[1] HEINECCII *Antiquit. roman.*, lib. 1, tit. 3, n° 8 (5).

Les lois ne sont pas seulement abrogées par la volonté expresse du législateur; elles peuvent aussi l'être par la *désuétude*, c'est-à-dire, lorsque pendant un long temps on s'est accordé à ne les point exécuter.

Cette inexécution, quoiqu'elle ne soit qu'un fait négatif, a cependant une force positive dont le législateur lui-même est obligé de reconnaître l'empire.

Ainsi, les auteurs des lois romaines reconnaissent que c'est avec très-grande raison qu'on a admis que les lois seraient valablement abrogées, non-seulement par le suffrage exprès du législateur, mais aussi par le tacite consentement de tous, si l'on s'accordait généralement à les laisser tomber en désuétude[1].

Chez nous, l'ordonnance de 1629 en avait aussi une disposition expresse dans son art. 1er, qui enjoint l'exécution de toutes les ordonnances qui ne sont spécialement révoquées *ni abrogées par usage contraire reçu et approuvé de nos prédécesseurs et de nous.* — Et à cet égard, il faut remarquer que cette approbation elle-même n'a besoin que d'être tacite, et qu'elle résulte suffisamment de ce que l'autorité, qui a le pouvoir de faire exécuter toutes les lois, s'est dispensée de tenir la main à cette exécution, et a laissé pratiquer ouvertement le contraire.

Cela explique pourquoi le chancelier d'Aguesseau, consulté par une cour de parlement sur l'exécution d'une loi dont l'autorité semblait contestée, répondit, le 14 mars 1743 : « Il faut savoir s'il a été d'usage jusqu'à présent, dans votre pays, de suivre à la rigueur les dispositions des édits et déclarations du roi..., ou si l'on use de tolérance ou de dissimulation dans des cas semblables[2]. »

Dans un autre endroit de ses œuvres, le même chancelier reconnaît tellement la puissance *du non-usage*, qu'il dit qu'on ne peut pas recourir en cassation pour violation d'une loi *abrogée par désuétude.*

La désuétude peut affecter les bonnes et les mauvaises lois. Les bonnes lois, celles, par exemple, qui sont favorables aux libertés publiques, lorsque par violence, abus de

[1] *Rectissimè etiam illud receptum est ut leges, non solo suffragio legislatoris, sed etiam tacito consensu omnium per desuetudinem abrogentur.* L. 32, § 1, ff. *De legibus.*

[2] Tome 12, lettre 319.

pouvoir de la part des dépositaires de l'autorité, par insouciance de la part des peuples et connivence de la part des fonctionnaires chargés d'en surveiller ou d'en réclamer l'exécution, on les laisse tomber en oubli. Mais, en pareil cas, l'impuissance où est la nation d'agir, l'état de tutelle où elle est placée en présence du pouvoir, empêchent qu'on ne puisse présumer son acquiescement. Le droit ne périt point, il se conserve au profit des générations futures; car, ainsi que l'a très-bien dit Bossuet en parlant des lois constitutionnelles et fondamentales de l'État, « leur vigilance et » leur action est immortelle, et tout ce qui se fait contre » elles étant nulles de droit, *il y a toujours à revenir contre.* »

Au contraire, si le pouvoir qui a tous les moyens d'action, laisse cependant tomber une loi en désuétude, le peuple profite de son abrogation, soit parce qu'il s'est soustrait à l'exécution d'une mauvaise loi, soit parce qu'on a reconnu l'impossibilité ou l'injustice de l'exécuter.

Cette abrogation, en effet, s'applique principalement aux méchantes lois, aux lois peu réfléchies, à celles qu'on appelle lois de *circonstance*, lois d'*exception*, lois *de parti*.

On peut opposer à ces dernières lois ce qu'en a dit Cochin (tome III, cause 75, pag. 433) : « Le calme et la paix ont succédé aux tempêtes, et par conséquent des lois *passagères*, faites pour un temps de troubles, ne reçoivent plus d'application. »

Combien de lois de cette espèce se trouvent par milliers dans le *Bulletin des lois*, et ont cessé d'exister, sans aucune abrogation formelle, par le seul effet du mépris universel où elles sont tombées avec le temps !

Il y a aussi des lois violentes, absurdes, injustes, qui, à l'instant même où elles sont portées, révoltent l'opinion et sont repoussées par elle. Dans ce cas, la lutte ne peut être longue, et la loi ne résiste pas long-temps.

« Une loi, disent les auteurs des *Maximes* de notre droit public, une loi contre laquelle sont prévenus et câbrés, pour ainsi dire, tous ceux qui la doivent exécuter, n'a pas, au moins pour le moment actuel, tous les caractères nécessaires à une loi[1]. »

M. de Pradt avait donc grandement raison, lorsqu'il disait dans le livre pour lequel on l'a si injustement accusé, « que

[1] Tom. 2, pag. 351.

la puissance législative ne va pas jusqu'à commander l'*adhésion de l'esprit et du cœur* et qu'il y a toujours un retour de vote émis par la majorité législative au tribunal de la majorité nationale, qui le confirme ou qui l'infirme [1]. »

Son sentiment se trouve fortifié par l'opinion d'un des plus vigoureux penseurs de notre époque, M. Royer-Collard : « Les peuples barbares, disait-il à la séance de la chambre des députés du 22 janvier 1822, font tout avec les armes; les gouvernemens corrompus des peuples civilisés s'imaginent qu'ils peuvent tout faire avec les lois. Ils se trompent : les lois qui s'adressent à une nation éclairée et attentive, *ont besoin de l'acceptation tacite de la raison publique*; si elles ne l'obtiennent pas, elles n'ont pas le principe de vie, *elles meurent.* »

Et tel a été le sort de cette déplorable loi des *suspects* portée le 26 mars 1820, par laquelle le ministère d'alors avait demandé et obtenu *l'arbitraire pur* en matière de liberté individuelle. L'opinion publique, manifestée par la *souscription nationale* au profit des futures victimes de la loi, se souleva avec tant de force, qu'après une accusation très-vive dont les auteurs de la souscription sortirent victorieux malgré le talent de l'accusateur (M. de Broë), la loi demeura frappée d'un tel discrédit, qu'elle est morte sans que le ministère ait osé l'appliquer une seule fois.

Tant il est vrai, « qu'à côté de l'autorité suprême du législateur, on ne peut s'empêcher de reconnaître l'opinion publique, qui sans affecter la souveraineté ni employer les formes hautaines du pouvoir absolu, a cependant aussi sa volonté, ses dédains, son mépris, sa puissance [2]. »

Il est arrivé que le gouvernement, après avoir négligé quelque temps de faire exécuter une loi, a ensuite reconnu la nécessité de la publier de nouveau et de la remettre en vigueur. Mais l'équité veut, qu'en pareil cas, cette résurrection d'une loi tenue pour morte n'ait pas d'effet rétroactif.

« L'autorité publique, dit Cochin, n'est établie que pour maintenir le bon ordre et pour la tranquillité des peuples; mais lorsqu'une déférence trop scrupuleuse aux lois qu'elle a établies jetterait au contraire les familles dans le trouble et porterait partout la désolation, il est indispensablement

[1] Voyez le *Procès de M. de Pradt*, p. 153.

[2] Procès de la souscription, réplique pour Mérilhou, p. 360.

nécessaire alors que cette même autorité se prête à des circonstances si délicates. Ainsi, quand les lois sont demeurées *sans exécution et qu'un usage contraire a prévalu*, on ne peut plus invoquer leur sagesse ni leur puissance. On peut bien les renouveler *pour l'avenir*, et arrêter le cours des contraventions par une attention exacte à les faire exécuter; mais tout ce qui a été fait auparavant subsiste et demeure inébranlable, comme s'il était muni du sceau même de la loi [1]. »

La consultation de Cochin est conforme au rescript de Trajan. Consulté par Pline sur l'exécution d'une ancienne loi contre laquelle un usage contraire avait prévalu, Trajan lui répondit qu'il avait bien fait de surseoir; qu'il ne fallait pas priver de leurs droits acquis ceux qui en étaient en possession; que ce serait une source de trouble et d'injustice, et qu'il fallait se contenter de faire exécuter la loi à l'avenir [2].

Tout en reconnaissant l'empire de la désuétude, je ne puis m'empêcher de dire qu'il vaudrait beaucoup mieux que le législateur abrogeât lui-même les lois inutiles ou nuisibles, que de laisser le peuple se faire justice à soi-même en les méprisant. C'est ce qui détermina l'empereur Léon à abroger formellement une loi qu'il avouait lui-même être depuis long-temps tombée en désuétude. Il motive ainsi cette abrogation.

« Comme la réformation des lois a pour objet, non-seulement celles qui sont nuisibles, mais encore celles qui, *abolies par le temps et tombées en désuétude*, doivent être effacées des registres, nous devons retrancher du code et placer dans le nombre des choses inutiles la loi du consulat, puisque cette dignité ne va pas et n'appartient plus à l'état actuel de la république. » Après avoir rappelé l'ancienne magnificence des consuls, et attribué leur avilissement au temps qui détruit tout, Léon déclare que cette loi du consulat, si long-temps restée *dans un vaste silence*, et ce-

[1] Tom. 3, consult. 52, p. 707.

[2] *Meritò hæsisti..... nam et legis autoritas, et* longa consuetudò usurpata contrà legem, *in diversum movere te potuit. Mihi hoc* temperamentum *ejus placuit : ut et* præteritò nihil novaremus; *sed manerent*, quamvis contrà legem *adsciti, quarumcunque civitatum cives ; in* futurum *autem lex Pompeia observaretur*, cujus vim si retro quoque voluimus custodire, multa necesse est perturbari. *Epistol. Trajani ad Plinium, lib.* X, *epist.* CXVI.

pendant encore confondue avec les lois vivantes, doit en être retranchée, et rangée dans la classe des choses inutiles[1]. »

Cette décision impériale donne lieu à deux observations: la première, que les Romains adoptaient non-seulement l'abrogation *écrite*, prononcée par un plébiscite, un sénatus-consulte, un édit, une loi; mais encore l'abrogation tacite, opérée par le seul fait de la non-exécution de la part du peuple, par un long silence, par la désuétude enfin.

La seconde observation est que, bien qu'une loi fût ainsi tombée en désuétude, quoique depuis long-temps elle ne fût pas exécutée, Rome pensait que le caractère sacré des lois, la connaissance que l'on en supposait à chaque citoyen, et l'ordre public, exigeaient encore que chaque loi, abolie par le temps, fût cependant abrogée par un décret formel, écrit et publié, en vertu duquel cette loi était effacée, retranchée du code, et rejetée parmi les dispositions inutiles.

Le dauphin, père de Louis XV, était pénétré de cette vérité, lorsqu'il disait que « toutes les lois, et surtout celles qui concernent l'ordre public et la police générale[2] du royaume, doivent être en vigueur; et qu'il vaudrait mieux abroger une loi utile, que de la laisser subsister sans tenir la main à son exécution[3].

On retrouve de quoi confirmer cette doctrine sur l'abrogation des lois, dans une adresse de l'assemblée constituante aux Français[4]. « Un code des lois civiles (y est-il dit), confié à des juges désignés par votre suffrage et rendant gratuitement la justice, fera disparaître toutes ces lois obscures, compliquées, contradictoires, dont l'incohérence et la multitude semblaient laisser même au juge intègre le droit d'appeler justice, sa volonté, son erreur, quelquefois son ignorance; mais jusqu'à ce moment vous obéirez religieusement à ces mêmes lois, parce que *vous savez que le respect pour toute loi non encore révoquée est la marque distinctive du vrai citoyen.* »

Une loi déroge à une autre, lorsque sans abroger celle-ci dans son entier, elle change ou modifie quelqu'une de ses

[1] *Illam de* consulatu *legem, quam præterea* altum silentium occupavit, *cum aliis inutilibus frustrà legalibus constitutionibus immixtam, decreto Majestatis nostræ illinc eximimus.* Novell. 94.

[2] Ce mot n'avait pas alors le sens qu'on lui a donné depuis.

[3] *Vie du dauphin*, père de Louis XV, t. 1er, pag. 434.

[4] Du 11 fév. 1790, collect. in-4°, tom. 1er, p. 527.

dispositions. Ainsi, toutes les lois d'exception sont dérogatoires au droit commun, mais elles ne l'abrogent pas, et il continue de subsister dans tous les cas autres que celui qui fait la matière de l'exception. On dit par manière d'axiome : *exceptio firmat regulam in casibus non exceptis*.

De même que l'abrogation peut être expresse ou tacite, de même aussi la dérogation peut être explicite ou implicite.

Elle est explicite lorsque le législateur déclare en termes exprès que son intention, en faisant telle disposition, est de déroger à tel article d'une loi préexistante.

La dérogation n'est qu'implicite lorsqu'une loi, sans relater les anciennes, sans s'y référer textuellement, renferme cependant des dispositions qui ne s'accordent pas avec ces mêmes lois.

Dans ce cas, il est certain que la nouvelle loi doit encore l'emporter sur les autres, d'après la règle : *posteriora derogant prioribus*[1].

Il est entendu néanmoins que, si la dérogation n'est qu'implicite, la loi ancienne ne souffre d'atteinte que dans celles de ses dispositions qui sont inconciliables avec la loi nouvelle.

Cette doctrine est consignée dans un avis du conseil d'état, du 4 nivôse an VIII. « C'est un principe éternel (y est-il dit), qu'une loi nouvelle fait cesser toute loi précédente, ou toute disposition de loi précédente contraire à son texte. »

Ainsi, par exemple, la Charte veut, art. 68, que « les lois actuellement en vigueur *qui ne sont pas contraires à ses dispositions*, restent en vigueur jusqu'à ce qu'il y soit légalement dérogé[2]. »

A l'appui de cet article on peut citer l'arrêt de cassation du 26 décembre 1825, qui (en matière d'expropriation pour cause d'utilité publique) reconnaît que différentes lois qu'il qualifie *lois de circonstance*, « sont non-seulement *virtuellement abrogées* par cela seul qu'elles sont inconciliables avec les articles 9 et 10 de la Charte, mais qu'elles se trouvent de

[1] Loi dernière, ff. *de const. princ.*

[2] Voyez plusieurs exemples de dérogations implicites dans les espèces particulières, rapportés dans les *Questions de droit*, 1re édit. aux mots *Délits ruraux*, *Douanes*, § 5; *Huissiers des juges de paix*, § 2; *Trib. d'appel*, § 3. Voy. aussi *ibid.*, tom. 3, p. 292; t. 4, p. 35; t. 5, p. 126; et t. 9, p. 303 et 307.

plus révoquées par l'article 68, qui ne maintient que les lois existantes qui ne sont pas contraires à la Charte. »

On ne peut nier néanmoins que ce mode de dérogation implicite ne soit le plus vicieux de tous. Il est la source d'une foule de dispositions surprises à l'inattention, ou mal expliquées.

Un ancien jurisconsulte hollandais, GRÆNEVEGEN, était dominé par cette pensée lorsqu'il composa son traité *de legibus abrogatis in Hollandiâ. Amstelod.* 1659, in-4°.

Dès l'année 1563, BUGNYON en avait publié un semblable pour la France, sous le titre de PHILIBERTI BUGNYON, *legum abrogatarum et inusitatarum in omnibus curiis, terris, juridictionibus, et dominiis regis Franciæ Tractatus.*

La première édition de ce traité formait déjà un volume in-4° en 1563. La troisième édition, imprimée à Bruxelles en 1721, s'était accrue au point de former un in-folio de 696 pages, non compris les tables.

Que ne produirait pas aujourd'hui la notice de toutes les lois abrogées tacitement ou par écrit, depuis lors jusqu'à présent! Les seules lois promulguées depuis 1789, la plupart de circonstance, transitoires, tenant à la forme des gouvernemens qui se sont succédé tour à tour, ne fourniraient-elles pas un volume dix fois plus épais que celui qui ne renfermerait que les lois du même temps restées en vigueur?

§. XXII.

Révision et classification des lois.

Il ne suffirait pas de séparer les lois abrogées ou tombées en désuétude, de celles qui ont conservé leur force et leur vertu; il serait encore à désirer que celles-ci fussent refondues et soumises à une bonne *classification.*

Je ne répéterai point ici tout ce que j'ai déjà dit et redit à ce sujet depuis douze ans [1], je me contenterai de renvoyer le lecteur à quelques-uns de mes précédens écrits :

1° *De la nécessité de réviser toutes les lois promulguées depuis* 1789. Paris, 1814, brochure in-8°.

2° *Des magistrats d'autrefois, des magistrats à venir.* Paris, 1814, in-8° première édition, pag. 62, et la seconde édition en 1824, pag. 135.

[1] De 1814 à 1826.

3° La préface de mon *Recueil des lois de compétence*, l'un de ceux que j'ai publiés en exécution de l'avis du conseil d'état du 7 janvier 1813; j'y ai consigné des *observations particulières sur le mode de révision adopté par l'ordonnance du 21 août 1824.*

4° J'ajouterai ce que disait Whitelocke d'une semblable *révision* qu'il proposait pour l'Angleterre :

« Je me ressouviens, disait-il, de l'opinion d'un savant jurisconsulte, d'un grand homme d'État (le chancelier Oxenstiern) : il pensait que la multiplicité des lois écrites ne servait qu'à jeter de la confusion dans l'esprit des juges et rendre la loi moins certaine; que quand la loi a établi des limites justes et claires entre la prérogative royale et les droits du peuple, et qu'elle règle la décision des causes privées, il est inutile d'augmenter le nombre des lois, car c'est augmenter en même temps les procès. Ce serait un travail *digne du parlement, et qui ne peut être fait que par lui*, de s'occuper de la *révision de tous nos statuts*, de rejeter ceux qu'il ne trouverait pas convenable de maintenir en vigueur, de confirmer ceux qu'il croirait dignes d'être conservés, et de ramener à des décisions certaines le grand nombre de ces statuts qui offrent de la confusion, qui sont quelquefois en opposition entre eux, et dont plusieurs traitent la même matière, en ayant soin de *réunir en un seul statut tous ceux qui ont rapport au même objet*, de sorte que nos lois écrites présentent un ordre et une clarté que peu de savans ou de sages y peuvent remarquer aujourd'hui[1]. »

5°. Enfin, je terminerai en rappelant la réponse faite par Charles X, au rapport de la commission de révision sur l'état actuel de ses travaux[2].

« Je sais, Messieurs, combien la tâche dont vous êtes chargés est importante; en vous la confiant, j'étais sûr de la remettre en de bonnes mains. Je vous remercie du zèle et de l'assiduité avec lesquels vous l'avez remplie. UN ROI NE DOIT RÉGNER QUE PAR LES LOIS. Il est nécessaire que les nôtres soient *en harmonie avec l'état actuel des choses* : c'est mon vœu et ma volonté. J'espère que tous mes sujets

[1] WHITELOCKE, *Commentary on parliamentary Writ*, t. 1, p. 409.

[2] *Moniteur* du 25 déc. 1825.

concourront à l'accomplir. Continuez, Messieurs, votre intéressant travail; *mettez dans notre législation l'ordre et l'accord dont elle est susceptible.* Rien de plus utile aux sujets que des *lois bien ordonnées*; rien ne rend plus faciles les devoirs du trône. »

§. XXIII.

DU DROIT NON ÉCRIT.

Le juge ne peut, à peine de se rendre coupable de déni de justice, refuser de juger sous prétexte du silence, de l'obscurité, ou de l'insuffisance de la loi.

A défaut de loi positive, il doit se décider par les règles de l'équité, qu'une bonne conscience révèle aux esprits justes; et qui forment le supplément naturel des lois écrites : *Æquitas est jus quod lex scripta prætermisit.*

Rien de plus séduisant pour l'homme que ce recours à l'équité naturelle : mais aussi rien n'est quelquefois plus trompeur; et si l'on réfléchit à la variété des opinions et à l'incertitude des jugemens humains, on ne peut qu'être effrayé de l'arbitraire qui peut s'emparer des esprits quand ils ne sont plus contenus par une règle précise. Bacon a donc eu raison de dire que la meilleure loi est celle qui laisse le moins à l'arbitraire du juge, et le meilleur juge celui qui s'en permet le moins.

La première règle, en pareille occurrence, est de ne point mettre une prétendue équité à la place de la loi écrite, lorsque celle-ci est claire. Le devoir du juge est alors, non de juger la loi, mais de juger conformément à ses dispositions. Elle ne serait plus loi, si la volonté de l'homme pouvait arbitrairement se substituer à celle du législateur [1].

Lors même que la loi nous manque et nous abandonne aux seules inspirations de notre conscience et de notre raison, la prudence veut encore qu'on ne s'en rapporte pas entièrement à soi-même, et que l'on cherche à s'environner, au moins à titre de conseil, de tout ce qui peut éclairer notre jugement.

[1] Je n'insiste pas davantage sur ce point, que j'ai traité avec plus d'étendue dans ma *Jurisprudence des Arrêts*, section XIII, *des Arrêts dits d'équité*. (Vide *infrà*.)

A défaut de loi, on consulte ordinairement l'usage, les auteurs et les arrêts.

I. — De l'usage.

L'usage est le plus ancien législateur des nations [1]. Il précède les lois écrites, il les accompagne, il les suit; quelquefois même il prévaut sur elles, comme nous l'avons vu en parlant de la *désuétude*.

Un usage bien constaté a donc réellement force de loi, et les lois elles-mêmes le reconnaissent en renvoyant souvent à l'usage des lieux [2].

Nous disons un usage bien constaté, car il ne suffirait pas d'un ou deux précédens pour autoriser à dire que telle chose est d'usage. Il faut un certain nombre d'exemples pratiqués pendant un temps assez long pour qu'on puisse en conclure que ces précédens constituent véritablement un usage, c'est-à-dire une habitude générale d'en user de telle ou telle façon [3].

Avant la rédaction des coutumes, les usages allégués par les plaideurs se prouvaient à l'aide *d'enquêtes par turbes*, genre de procédure incertain et dispendieux, supprimé avec raison par l'ordonnance de 1667.

Depuis, on a remplacé plus utilement ces enquêtes par des *actes de notoriété*, qui se donnaient par les juges des lieux, après avoir pris d'exactes informations auprès des praticiens et des avocats, et avoir entendu les gens du roi [4].

L'usage est encore utilement attesté par le sentiment des auteurs et par les arrêts [5].

[1] *Uso, legislatore il più ordinario delle nazioni.* BECCARIA, *Trattato dei Delitti*, n° 42.

[2] *Cod. civ.*, articles 1135, 1159, 1160, 1736.

[3] Diuturni *mores, consensu utentium comprobati; legem imitantur.* INSTIT. § 9. *De jur. nat. et gent.* — Inveterata *consuetudo pro lege non immeritò custoditur. Et hoc est jus quod dicitur* moribus *constitutum.* L. 32, § 1. ff. *De legibus.*

[4] C'est ainsi qu'ont été donnés les *Actes de notoriété* du Châtelet de Paris, recueillis par Denizart en un vol. in-4°.

[5] *Quùm de consuetudine civitatis vel provinciæ confidere quis videtur, primùm illud explorandum arbitror, an etiam* contradicto aliquandò judicio *consuetudo firmata sit.* L. 34 ff. *De legibus.*

On ne peut pas toujours rendre raison des usages [1], surtout quand ils sont anciens : mais ce n'est pas un motif pour ne point y déférer ; car l'usage consiste surtout dans le fait : et il y en a tout à la fois de si bizarres et de si constans, qu'on ne peut s'empêcher de sourire à la vérité de ce vers de Viennet :

L'usage est un vieux sot qui gouverne le monde [2].

II. — Des auteurs.

Rien de plus fréquent, en toutes matières, que de voir alléguer le sentiment des auteurs.

A Rome, ils jouissaient d'une autorité si grande, qu'il fut un temps où les juges étaient tenus de déférer à leur autorité. En cas de dissidence d'opinion entre eux, on allait, pour ainsi dire, aux voix, donnant gain de cause à celui qui en réunissait un plus grand nombre en sa faveur. Papinien obtint cet honneur qu'il aurait voix prépondérante en cas de partage.

Chez nous, les docteurs n'ont jamais joui d'un tel crédit ; on ne les compte pas, on les pèse ; on estime leurs raisons ce qu'elles valent, et personne n'est tenu d'y déférer.

Mais les jurisconsultes réellement dignes de ce nom, n'en exercent pas moins une grande influence sur la décision des procès, par l'ascendant naturel qu'obtiennent les esprits supérieurs sur ceux qui leur sont subordonnés.

III.—De la jurisprudence des arrêts.

Régulièrement, on doit se gouverner par les lois et non par les exemples : *Non exemplis sed legibus judicandum* [3].

Mais dans le silence, l'obscurité ou l'insuffisance des lois, on ne peut nier que la jurisprudence des arrêts, c'est-à-dire la manière uniforme dont une question a été jugée en plusieurs occasions par les cours de justice, ne forme un préjugé puissant, et ne constitue une véritable autorité, à laquelle il convient souvent de déférer [4].

[1] *Non omnium quæ à majoribus instituta sunt, ratio reddi potest.* L. 20, ff. *De legibus.*

[2] *Consuetudo facit jus.*

[3] Et cependant rien n'est plus ordinaire que de céder aux exemples, même mauvais : *Nec ad rationem, sed ad similitudinem vivimus*, a dit Sénèque.

[4] *In ambiguitatibus quæ ex lege proficiscuntur ; rerum perpe-*

C'est ainsi que la *jurisprudence des arrêts* devient le supplément de la législation. Cette jurisprudence était en grand honneur chez les Romains. On appelait cette partie du droit *jus honorarium*, par honneur pour les préteurs et leurs décisions. On regardait ces magistrats comme la *vive voix* du droit civil, *jus honorarium viva vox est juris civilis*, dit le jurisconsulte Marcianus dans la loi 8, au Digeste, *de justitiâ et jure*.

Je ne m'étendrai pas davantage sur la *jurisprudence des arrêts*, ayant traité ailleurs cette matière *ex professo*.

§. XXIV.

DES OBJETS DU DROIT CIVIL.

Le droit civil a trois objets principaux :

1° Les *personnes*, dont il règle l'état, la condition, la capacité ;

2° les *biens* (res) selon leur diverse nature, la propriété absolue ou modifiée dont ils sont susceptibles, et les différentes manières de les acquérir et de les transmettre, soit par le droit naturel, soit par le droit civil ; ce qui comprend spécialement les successions, les donations, et tous les contrats ;

3° Les *actions*, c'est-à-dire, la manière dont nous devons procéder en justice pour exercer nos droits et obtenir ce qui nous est dû.

Un jurisconsulte (Wesembechius) a exprimé cette division très-brièvement, en disant : *Omne jus redditur personis, de rebus, per actiones et judicia*.

Je terminerai ces élémens par une pensée de Cicéron, qui renferme un conseil qu'un homme de bien ne doit point perdre de vue : c'est que, sans jamais faire violence à la loi écrite, il faut toujours, autant qu'il se peut, l'interpréter dans le sens de l'équité naturelle : *Jus semper quærendum est æquabile; neque enim aliter jus esset.*

tuò similiter *judicatarum auctoritas, vim legis obtinet*. L. 88, ff. *De legibus*.

DES

MAGISTRATS D'AUTREFOIS,

DES

MAGISTRATS DE LA RÉVOLUTION,

DES

MAGISTRATS A VENIR.

« .... Alors même que les états de Justice
« étaient donnés à vertu. »

BODIN, en 1583.

Première édit., 1814, in-8°. Seconde édit., 1824, in-18.

PRÉFACE DE L'ÉDITION DE 1824.

La première édition de cet écrit a paru au mois de juin 1814, après le départ des étrangers, et presque aussitôt que la Charte.

Avant de le publier de nouveau, j'en ai refait la plus grande partie : plusieurs de mes premières observations étaient devenues sans objet ; il m'a paru nécessaire d'en ajouter d'autres.

Ce sujet est des plus importans.

Si l'on considère la justice en elle-même, on ne peut oublier que « les royaumes sans bon ordre de justice ne » peuvent avoir durée ni fermeté aucune [1]. »

Si l'on porte ses regards sur ceux qui sont chargés de l'administrer, la magistrature s'offre à nos yeux comme une espèce de sacerdoce, qu'on ne saurait environner de trop de respects.

En effet, le magistrat rend la justice au nom du souverain ; il représente la cité entière dans toute sa majesté ; il est spécialement chargé d'en soutenir l'honneur et la dignité ; d'observer et faire observer ses lois : la paix publique est confiée à sa droiture et à sa fidélité [2].

Mais, si tel est l'office du juge, on ne peut se dissimuler qu'il ne peut le remplir dans toute son étendue, qu'autant que les lois et les institutions lui en offrent les moyens.

Sans cela, on ne s'expliquerait pas pourquoi la justice, qui en soi est toujours la même, est cependant plus ou moins bien administrée, selon les temps, les lieux, la forme des législations et l'esprit des gouvernemens.

C'est ce qui m'a décidé à jeter un coup d'œil sur les *magistrats d'autrefois*, les *magistrats de la révolution*, et les *magistrats à venir*.

On a trouvé que le portrait que je traçais des *anciens*

[1] Préambule de l'ordonnance de 1453.

[2] Est proprium munus *Magistratûs* intelligere, se gerere personam civitatis, debereque ejus dignitatem et decus sustinere, servare leges, jura describere, ea fidei suæ commissa meminisse. CIC. *de Officiis* I, 124.

magistrats était flatté ; que je leur prêtais une perfection imaginaire. — Quand cela serait vrai, qu'importe? Si j'ai donné le modèle, même idéal, des vrais magistrats, l'utilité n'en demeure-t-elle pas la même? Il s'agit toujours de les imiter.

Lorsque j'ai parlé des *magistrats de la révolution*, je n'ai pas prétendu confondre les époques, ni appliquer à des temps devenus meilleurs ce qui n'a dû se dire que des époques les plus désastreuses ; et même pour celles-ci, je suis loin d'exclure les exceptions honorables que peuvent réclamer un petit nombre d'hommes justes qui, dans tous les temps, valent mieux que les institutions qu'ils sont destinés à faire marcher.

Je n'ai rien dit des *magistrats actuels* [1]. S'ils réalisent par avance, autant qu'il est en eux, les espérances de l'*avenir*, ils savent bien aussi que l'organisation judiciaire est loin d'avoir atteint la perfection dont elle est susceptible. D'ailleurs on conçoit que je n'ai point eu à traiter la question des personnes, mais uniquement celle des institutions, dont l'appréciation peut seule, sans inconvenance, devenir l'objet d'une honnête critique.

Les améliorations que je propose, toutes prises dans l'intérêt de l'ordre judiciaire, ne sont point des vues qui me soient personnelles, et que l'on puisse supposer n'avoir point été réfléchies. Mes conversations avec plusieurs hommes distingués par leur savoir et leur expérience m'ont dès long-temps convaincu que les changemens que j'indique auraient l'assentiment de la Magistrature. Sur le plus grand nombre des points que je discute, je ne suis que l'interprète du vœu public et d'un besoin assez généralement senti pour être hautement exprimé :

Questi non sono pensieri del solo autore, ma del pubblico.

GIORDANI.

Les lois, quelles qu'elles soient, doivent toujours être exécutées tant qu'elles existent; mais il n'est pas défendu d'en désirer de meilleures. Il est bon même qu'avant d'opérer des changemens, ils aient été longuement médités. Et je ne me dissimule pas cette vérité : « qu'à côté de l'a» vantage d'améliorer est le danger d'innover. »

[1] Année 1824.

Mais pour que le législateur lui-même soit plus à portée d'apprécier les besoins et les vœux du public, il importe que ceux qui croient les avoir aperçus, les présentent et les expriment avec sincérité.

LOYSEAU avait décrit *les abus des justices de village* long-temps avant l'époque où elles furent supprimées.

Avec moins d'habileté que ce grand maître, mais autant d'amour pour la justice et de respect pour la Magistrature, il est permis de désirer aussi des améliorations appropriées au temps où nous vivons.

Si je me suis trompé, mes intentions n'en auront pas moins été pures; si mes vues sont justes, elles seront utiles à mon pays, et j'aurai rempli mon devoir de jurisconsulte et de citoyen.

J'eusse pu faire sur ce sujet un gros volume: mais à quoi bon? Il ne s'agit pas de réformer tous les abus; mais quelques-uns, mais les plus graves. Un petit nombre de pages suffit toujours pour les signaler; quelques instans suffiront pour les lire; le lecteur, me saisissant avec plus de facilité, me jugera peut-être avec plus d'indulgence: et ceux-là même qui trouvent que tout est bien, me sauront gré de n'en avoir pas dit davantage:

Magis offendit nimiùm quàm parùm.

DES MAGISTRATS D'AUTREFOIS,

DES MAGISTRATS DE LA RÉVOLUTION,

DES MAGISTRATS A VENIR.

1. Dès que les Romains eurent chassé les Gaulois, leur premier soin fut de rétablir le culte des dieux protecteurs du Capitole, de rassembler les traités de paix et d'alliance jurés avec les peuples voisins, et de réviser leurs lois [1]. Les sages qui gouvernaient ce grand peuple étaient trop éclairés pour ne pas voir qu'il ne suffisait pas d'avoir relevé des édifices et réparé des toits, si en même temps on ne rappelait pas les maximes fondamentales de l'Etat; et si l'on négligeait de consolider les institutions qui avaient fait la gloire et la prospérité de la nation. Ils pensaient, avec raison, que ce n'est pas avec des changemens perpétuels qu'on assure la félicité des peuples, et que la stabilité de la république dépendait du maintien des mœurs antiques et du respect pour les hommes qui avaient vieilli au service de la patrie.

Moribus antiquis stat res romana, virisque.

Ainsi nous avons vu qu'après avoir donné la paix à la France, Louis XVIII s'est hâté « de chercher les principes » de notre Charte constitutionnelle dans le caractère fran» çais et dans les monumens vénérables des siècles passés. » (*Préambule de la Charte.*)

2. Et ce fut sagement fait; car, à mon avis, il en est des peuples comme des individus : chacun d'eux se distingue des autres par une humeur particulière, un caractère propre, un naturel à part, que rien ne saurait altérer, vaincre, ni changer; qui peut être contrarié, retenu, comprimé quelque temps; mais qui tôt ou tard fermente, renaît et se manifeste avec plus d'impétuosité, d'éclat et d'énergie [2].

[1] Ii ex interregno cùm extemplò magistratum iniissent *nullâ de re priùs*, quàm de religionibus senatum consuluêre. *In primis*, fœdera ac leges conquiri jusserunt, etc. TIT.-LIV. *Decad.* 1, *lib.* 6, *cap.* 1.

[2] *Naturam expellas furcâ, tamen usque recurret.* HORAT.

Le Français est tel aujourd'hui qu'il fut dans tous les temps : inconstant, léger ; mais brave, généreux, loyal, passionné pour la gloire ; enthousiaste de ses bons rois [1], mais ennemi déclaré de la servitude et de l'injustice : il est et sera toujours FRANC.

Nos rois, francs et français comme nous, ont eu leurs défauts aussi ; mais nos qualités nationales n'ont jamais brillé plus éminemment que chez quelques-uns d'entre eux ; et la France s'enorgueillit également de la sagesse et de la piété de saint Louis, de la popularité de Louis XII, des manières chevaleresques de François Ier, de la bonté de Henri IV et de la grandeur de Louis XIV.

3. Mais ce qui forme le caractère distinctif, et comme le fond du cœur de nos meilleurs rois, c'est cette attention soutenue qu'ils ont constamment apportée à ce que dans leurs États la puissance publique fût exercée *par justice et non à discrétion* [2].

Leurs plus belles ordonnances avaient pour objet « de » pourvoir aux biens de leur justice, abréviation des procès » et soulagement de leurs subjects [3]. » Et si quelque guerre ou révolution venait déranger l'ordre établi, ils n'avaient rien plus à cœur que d'y promptement remédier, daignant parfois s'excuser de ne l'avoir fait plus tôt, « parce qu'il restoit beaucoup de reliques des troubles passez en plusieurs » provinces du royaume, esquelles il étoit besoin auparavant restablir le repos [4]. »

Notre siècle a été témoin de tout le mal que peut enfanter la discorde : mais nous respirons enfin ; le règne des lois s'annonce ; et le temps est venu d'espérer « que le roi aura » regard aussi à la grant nécessité de ce royaume, qui sans » bonne justice ne peut estre bien gouverné [5]. »

4. En France « toute justice émane du roi : elle s'admi-

[1] Hanc summam, quâ pollebant reges nostri, auctoritatem, non supercilio in populos..... sed amore in populos et mutuo popularium in regem amore, qui in Francorum cordibus à naturâ insitus videtur. RUINART, *in præfat. ad* GREG. TURON. *Hist.* apud D. BOUQUET., *tom.* 2, *p.* 80, *in fine*.

[2] LOYSEAU, *des Seigneuries*, *chap.* 2, *n°* 9.

[3] Préambule de l'ordonnance de Villers-Cotterets, de l'an 1519.

[4] Préambule de l'ordonnance de Henri III, de mai 1579.

[5] Lettres-patentes du 16 février 1417.

» nistre en son nom par des juges qu'il nomme et qu'il in-
» stitue [1]. »

Dieu en soit loué, et fasse à sa majesté la grâce de ne mettre et préposer en cet office que des gens en état *de le bien et loyaument remplir et exercer!*

Car c'est du choix des juges que tout dépend. Même avec de mauvaises lois, de bons juges (à qui on laisse une certaine latitude) trouvent encore moyen de faire le bien; mais les meilleures lois n'empêchent pas les mauvais juges d'en abuser pour faire le mal [2].

Et pourtant il ne faut pas se dissimuler que les bons choix sont moins aisés aujourd'hui qu'autrefois. Les états plus ou moins confondus, les anciennes familles en partie déchues; parmi les nouvelles, quelques-unes trop peu ou trop malheureusement éprouvées; chacun plus ou moins déprimé sous le poids de ses antécédans; les titres luttant avec les prétentions; des sollicitations de toutes parts; que d'obstacles à vaincre! que de difficultés à surmonter!

5. Cependant on se fait naturellement les questions suivantes :

1° Pourquoi l'ancienne magistrature était-elle si fort considérée?

2° Pourquoi les tribunaux de la révolution l'ont-ils été si peu?

3° Comment serait-il possible de rendre à l'ordre judiciaire une partie de son ancien lustre?

Telles sont du moins les questions que je me suis proposées, et que j'ai cherché à résoudre, dans l'espoir de présenter quelques vues utiles.

CHAPITRE Ier.

Pourquoi l'ancienne magistrature était-elle si fort considérée?

6. La considération la plus étendue était anciennement attachée à l'ordre judiciaire.

[1] Charte constitutionnelle, art. 57.

[2] Plus valent boni mores quàm bonæ leges. TACITE, *de Morib. Germanorum*, cap. 19.

Quid leges sine moribus vanæ
Proficiunt? HORAT.

J'entends par considération, non le frisson révérentiel qu'nn esclave éprouve en présence de son maître, ou le respect intéressé qu'un particulier faible ou ambitieux affecte pour un homme puissant et en crédit; mais cette opinion libre, ce concert spontané de toutes les voix qui s'accordent à célébrer les louanges de l'homme vertueux.

Un monarque peut élever le plus humble de ses serviteurs au faîte de la puissance; le charger d'honneurs et de décorations; en faire une espèce d'idole que personne n'aura droit d'abattre, et que chacun sera tenu d'encenser; mais il ne sera pas plus en son pouvoir de faire estimer le vice que de faire mépriser la vertu. La considération dépendra éternellement de l'opinion publique; et l'opinion publique ne se déclarera jamais qu'en faveur de ceux qui l'auront mérité.

7. Nos anciens magistrats se distinguaient par une éminente piété; ils rendaient la justice *par conscience*. Dieu était sans cesse devant leurs yeux; ses commandemens étaient toujours présens à leur mémoire; leur devoir était écrit dans ses saintes lois; et c'est là qu'ils trouvaient ces belles maximes :

Non facies quod iniquum est, nec injustè judicabis.

Non consideres personam pauperis, nec honores vultum potentis.

Justè judica proximo tuo. LEV. XIX. 15.

8. Ils y puisaient ce courage si nécessaire au magistrat pour repousser les séductions qui l'assiégent de toutes parts; cet amour ardent du bien public qui leur inspirait la volonté ferme de s'opposer à tout ce qui attaquait les lois et les principes de la monarchie; et cet héroïsme avec lequel ils résistaient au roi lui-même, quand l'intérêt du roi demandait qu'on le contredît.

Noli quærere fieri judex, nisi valeas virtute irrumpere iniquitates; ne fortè extimescas faciem potentis, et ponas scandalum in æquitate tuâ. ECCLES. cap. VII, v. 6.

La crainte de perdre son état, ses biens, et même la vie, ne pouvait rien sur eux. Des païens disaient en pareil cas: *Dulce et decorum est pro patriâ mori*; ces magistrats chrétiens s'écriaient : *Beati qui persecutionem patiuntur propter justitiam.*

9. Leur zèle n'était pas aveugle, leur courage ne dégénérait pas en témérité. Leur amour pour la patrie et pour le prince était éclairé par une science profonde qui

leur découvrait avec certitude les limites de leurs attributions et l'étendue de leurs devoirs. Egalement versés dans la connaissance de l'histoire sacrée et de l'histoire profane, des lois canoniques et des lois de l'Etat, rien n'était capable de leur en imposer sur la nature des droits et des prétentions, l'origine des usurpations et des franchises, les abus de pouvoir, les coups d'autorité, les mesures arbitraires : tout dans la balance de leurs arrêts, pesé avec une égale sévérité, se décidait avec la même justice.

10. Leur grande naissance ne leur inspirait pas une vanité ridicule : on a même remarqué qu'ils dédaignaient de s'intituler *ducs*, *marquis*, *comtes* ou *barons*, pour ne prendre que la qualité *de conseiller*, de *président* ou d'*avocat-général*. — Mais elle leur donnait la hauteur et la fierté nécessaires pour déconcerter l'importance des gens de cour, et résister aux sollicitations hardies des hommes puissans.

11. Ils étaient tous riches ; et l'opulence dont ils étaient environnés ne servait pas seulement à soutenir la dignité de leurs charges, mais encore à les rendre insensibles aux séductions de la fortune, qui ne sont jamais plus dangereuses que pour ceux à qui le besoin dit : *Accepte.*

12. Du reste, leurs grands biens n'étaient pas pour eux une occasion de dissipation et de prodigalité. Ils ne demandaient pas, comme Trimalcion, *qu'est-ce qu'un pauvre?* La majeure partie de leurs revenus était consacrée au soulagement des indigens et des prisonniers. Tout le temps que ne réclamait pas l'administration de la justice, ils le consacraient à s'instruire dans le recueillement du cabinet. Ils n'avaient guère d'autre société que celle de leurs pareils[1], évitant avec soin les distractions étrangères, les jeux, les fêtes, les spectacles, et toute familiarité[2] avec les gens qui n'étaient pas de leur état.

Qu'on ne croie pas cependant qu'ils fussent de difficile accès. La rudesse et la brusquerie n'habitaient point aux portes de leurs palais ; quiconque les abordait était également frappé de leur dignité et de leur modestie, de leur grandeur et de leur affabilité, de leur élévation et de leur patience. Pleins de bonté pour les faibles et les opprimés, ils te-

[1] *Disparem vites.* HORAT. IV. Od. 11. v. 31.

[2] Ex conversatione æquali nascitur contemptus dignitatis. *L.* 19. *ff. de officio præsidis.*

naient leur orgueil en réserve seulement pour ceux qui venaient en habit doré les prier d'être injustes.

13. S'ils savaient se concilier l'estime et l'amour du peuple par la pureté de leurs mœurs, la sagesse de leur vie privée, et la simplicité de leurs manières, ils savaient également s'attirer le respect et la vénération dans l'exercice public de leurs charges. Quelle majesté dans ces audiences où la justice se rendait avec toute la pompe et la gravité qui semblent réservées au culte de la divinité ! Quelle attention aux plaidoiries ! Quelle rare patience dans la recherche de la vérité ! Et puis, quelle maturité dans les délibérations ! Quelle dignité dans la prononciation des arrêts ! Quelle mâle vigueur dans le maintien des principes, des mœurs, et des lois, soit qu'il s'agît de conserver les *bonnes coutumes du royaume*, soit qu'il fût question de prévenir l'introduction des mauvaises ! Et dans ces occasions solennelles où l'état entier de la France semblait intéressé à la conservation d'une liberté, à la répression d'un abus, à la punition d'un grand coupable, quel noble caractère [1] déployaient les officiers du ministère public ! Comme leur voix était éloquente ! Avec quelle véhémence elle s'élevait tour à tour contre le séditieux et l'oppresseur ; contre l'esprit de fanatisme et l'esprit de novation ; en faveur des lois contre quiconque avait osé les enfreindre [2] !

14. De tels magistrats étaient dignes d'exercer un grand pouvoir. Leur compétence s'étendait à la fois sur les affaires publiques et sur celles des particuliers. Le criminel, le civil, la haute police, tout était de leur ressort. Le roi lui-même était leur justiciable ; et ce qu'il y avait peut-être de plus admirable en France, c'est que « l'on avait justice et « raison à l'encontre du roi, aussi bien [3] qu'à l'encontre des « sujets [4], ès matières civiles. » SEYSSEL, *de la monarchie, p. 14, édit. de* 1540, *et folio* 10 *de* 1519.

[1] Servinum una dies pro libertate loquentem
Vidit, et oppressâ pro libertate cadentem.

[2] *Sans nul espargner.* (Lettres-patentes du 16 février 1417.)

[3] Mieux même ; car c'était un adage au Palais *qu'il fallait que le roi eût deux fois raison pour gagner son procès.*

[4] Cette liberté laissée aux tribunaux de juger, suivant les formes ordinaires, entre le prince et les sujets, a quelque chose de si noble, que Tacite n'a pu s'empêcher de louer Tibère de l'avoir

15. Les juges étaient *inamovibles*; et cela ne contribuait pas peu à augmenter en eux le sentiment de leurs forces et leur attachement à leur devoir. C'était aussi une des raisons pour lesquelles les Etats tenus à Tours, en 1483, désiraient l'inamovibilité des officiers, alléguant que « sans cela ils ne » seraient vertueux, ni si hardis de garder et bien défendre » les droits du roi, comme ils sont tenus de le faire. [1] »

16. L'étendue des ressorts, en diminuant le nombre des cours, servait encore à accroître la considération dont elles étaient environnées. On se familiarise aisément avec ce qu'on voit de trop près et trop souvent; on a une plus grande idée de ce qu'on n'aperçoit que dans le lointain: *Major è longinquo reverentia.*

Le respect qu'on portait aux cours souveraines s'étendait aux siéges inférieurs; parce qu'il ne se peut guère que les chefs d'un ordre soient considérés sans que tous les membres n'en ressentent les effets. D'ailleurs, les cours souveraines mettaient beaucoup de soin à réprimer toutes les atteintes portées au respect dû aux moindres jurisdictions.

17. Si l'on ajoute à tout ce qui vient d'être dit, que ces cours rendaient la justice aux peuples depuis plusieurs siècles [2], et que, pendant ce long espace de temps [3], leur réputation s'était fortifiée de tout ce que leurs membres avaient fait d'utile, de grand et de sage; on aura les principales causes de la considération qu'avait obtenue l'ancienne magistrature; la plus illustre qui jamais ait existé chez aucun peuple; honneur éternel de notre patrie; modèle vénéré de tout ce que les hommes peuvent réunir de sagesse et de courage, de savoir et de vertus!

CHAPITRE II.

Des tribunaux de la révolution.

18. A la fin du dernier siècle, on ne se dissimulait pas que, si les parlemens avaient mérité de justes éloges, il s'en

respectée. *Tiberius, si quandò cum privatis disceptaret,* FORUM ET JUS. (Annal. IV, 7.)

[1] Recueil des États tenus en France; part. 1, p. 103.

[2] Cela est vrai au moins du parlement de Paris.

[3] *Adeò sanctum est vetus omne!*

HOR. II, Epist. I, v. 54.

fallait beaucoup qu'ils eussent toujours été exempts de blâme. Leur résistance aux ordres de la cour n'avait pas toujours été légitimée par des motifs de salut public ; l'ambition, l'intérêt personnel, avaient quelquefois inspiré leurs remontrances, et présidé à leurs délibérations.

On reprochait aussi *à ces seigneurs de parlement*, une morgue qui rendait leur voisinage dangereux et leurs prétentions accablantes. Dès long-temps le chancelier de l'Hôpital[1] leur avait dit : « On vous accuse de beaucoup de violences ; vous menacez les gens de vos jugemens ; et plusieurs sont scandalisés de la manière dont vous faites vos affaires, et surtout vos mariages : quand on sait quelque riche héritière, *c'est pour monsieur le conseiller*, et on passe outre malgré les inhibitions[2]. »

J'ai même ouï dire qu'en certaines contrées, lorsqu'on mettait un héritage en vente, on avait grand soin de prévenir les enchérisseurs qu'il *n'était voisin d'aucun conseiller au parlement*.

19. Mais c'est surtout dans les justices de village que les abus étaient, sinon plus graves, parce que le pouvoir y était plus restreint, au moins plus multipliés, parce qu'ils désolaient un plus grand nombre d'individus.

Loyseau (que je suis tenté d'appeler le Montaigne des jurisconsultes) en fait une peinture si naïve et si énergique, que je ne puis m'empêcher de transcrire ici ce qu'il en dit dans son *Discours* sur *l'abus des justices de village*.

« Outre que les justices de village sont abusives en tant de façons, le pis est qu'elles sont infiniment pernicieuses, et qu'il en redonde de grandes incommodités au pauvre peuple ; ce qu'il faut représenter maintenant.

» Premièrement, il est notoire que cette multiplication de degrez de jurisdiction rend les procès immortels... Car qui est le pauvre paysan qui, plaidant, comme dit le procès-verbal de la coutume de Poictou, de ses brebis et de ses vaches, n'aime mieux les abandonner à celui qui les retient injustement, qu'estre contraint de passer par cinq ou six justices avant qu'avoir arrest : et s'il se résout de

[1] *Mémoires et harangues* imprimés chez Chevalier.

[2] Il était défendu aux juges, ainsi qu'à leurs fils, filles, neveux et nièces, de contracter mariage avec des familles de leur ressort. *Ordonnance de Charles* VI, de 1488.

plaider jusqu'au bout, *y a-t-il brebis ny vache qui puisse tant vivre?* mesme que le maistre mourra avant que son procez soit jugé en dernier ressort. Qui est le mineur qui, poursuivant la reddition de son compte aux lieux où il y a tant de degrez de jurisdiction, ne devienne vieil avant que d'avoir son bien, si son tuteur se résout à plaider jusqu'à la fin? Quelle injustice est-ce là, qu'un pauvre homme passe tout son âge, emploie tout son labeur et consomme tout son bien en un méchant procez!.. et certainement aux endroits où il y a tant de degrez de jurisdiction, il est plus expédient de tout quitter que de plaider contre un opiniastre... D'où il s'ensuit, puisque la fin de la justice est de faire rendre à un chacun ce qui lui appartient, qu'il n'y a rien de plus contraire à la justice que ces justices de village.

» Et ne faut point dire que c'est le soulagement du peuple, de luy rendre la justice sur le lieu; car, à bien entendre, les frais sont plus grands en ces petites mangeries de village, qu'aux amples justices des villes : où premièrement les juges ne prennent rien des expéditions de l'audience; et au village, pour avoir un méchant appointement de continuation de cause, il faut saouler le juge, le greffier et les procureurs de la cause en belle taverne, qui est le lieu d'honneur, *locus majorum*, où les actes sont composez, et où bien souvent les causes sont vuidées à l'avantage de celui qui paye l'écot. Et quant aux causes appointées en droit, il les faut porter aux bonnes villes, pour avoir du conseil, et sous ce prétexte, les épices n'en sont pas moindres. Outre que quand ces mangeurs et sangsues de village ont une riche partie en main, ils savent bien allonger pratique et faire durer la cause autant que son argent.

Non missura cutem, nisi plena cruoris hirudo.

» Mais voicy le comble du mal : c'est que non-seulement la justice est longue et de grand coust aux villages, mais surtout elle y est très-mauvaise, et ce pour trois raisons principales.

» Premièrement, parce qu'elle est rendue par gens de peu, sans honneur, sans conscience; gens qui dès leur jeunesse n'ayant appris à travailler, ont fait estat de vivre aux dépens et de la misère d'autruy ; ou qui ayant consommé leurs moyens, taschent à se recourre sur leurs voisins, par la chicanerie qu'ils ont apprise en plaidant : gens accoutumez à vivre en débauche aux tavernes, où ils s'habituent à faire toute sorte de marchez : gens qui s'allient ensemble pour courir les villages et les marchez, et changent tous les jours de personnage, pour ce que celui qui est aujourd'hui juge en un village, est demain greffier en l'autre, après demain procureur de seigneurie en un autre, puis sergent en un autre, et encore en un autre il postule pour les parties : et ainsi vivans ensemble et s'entr'entendans, ils se renvoient la pelote, ou pour mieux dire la bourse l'un à l'autre comme larrons en foire.

» Secondement, quand ils seroient gens de bien (ce qui arrive bien rarement), ce sont ordinairement gens non lettrés ny exprimentez, qui, sous prétexte d'un peu de routine qu'ils ont appris estans records de sergens, ou clercs de procureurs, accommodent ce qu'ils savent à toute cause, et instruisent si mal les procez, que bien souvent après qu'ils les ont traînés un an ou deux devant eux, quand ils sont dévolus par appel devant un juge capable, il est contraint d'en recommencer l'instruction ; et néanmoins c'est la vérité que l'instruction des procez en ces petites justices est la partie de notre estat et la plus difficile et la plus importante. — Plus difficile, pour ce qu'il y arrive bien souvent des occurrences et difficultez toutes nouvelles qui ne se trouvent dans les livres, principalement entre paysans, qui ne peuvent pas donner leur fait à entendre nettement comme feroient de bons avocats bien préparez. Et toutefois il faut vuider ces pointilles sur-le-champ sans conseil ; car les causes de village ne méritent pas d'être appointées sur un point d'instruction. Et je puis dire que tel juge notable de compagnie qui prononcerait très-bien, estant assisté de conseillers en une audience fournie de bons avocats, se trouveroit bien empesché s'il s'estoit rencontré tout seul à tenir *sous l'orme* les plaids de sa justice, et à déchiffrer le jargon et le patois des paysans. Que fera donc en tel accessoire un praticien de village, sinon de juger à tort et à travers ? — Plus importante aussi, pour ce que la faute ou mauvais jugement qui survient en la définitive, se peut bien réparer en cause d'appel ; celle qui se fait en l'instruction est ordinairement irréparable ; et d'ailleurs il est assez aisé de bien juger en un procez bien instruit; mais il est presque impossible de bien juger celui qui est mal instruit.

» En troisième lieu, la justice des villages ne peut qu'elle ne soit mauvaise, pour ce que ces petits juges dépendent entièrement du pouvoir de leur gentil-homme, qui les peut destituer à sa volonté, et en fait ordinairement comme de ses valets, n'osant manquer à ce qu'il commande...

» Il y a encore un autre grand inconvénient qui provient de ces justices; c'est que chaque gentil-homme veut avoir son notaire à sa poste, qui refera, trois fois, s'il est besoin, son contract de mariage; ou lui fera tant d'obligations antidatées qu'il voudra, si ses affaires se portent mal, ou s'il a un coup à faire : notaire qui de longue main sait se pourvoir de témoins aussi bons que luy, ou bien qui en sait choisir, après leur mort, de ceux qui ne savoient pas signer. Et s'il a reçu quelques vrais contracts qui soient d'importance, il n'oseroit faillir d'en mettre les minutes ès-mains et à la merci de son gentil-homme, s'il les demande, qui par après les vend, et en compose ainsi qu'il luy plaist.

» Voilà comment la foi publique est observée aux villages...

» De ce discours il paroît clairement, dit Loyseau, que le plus grand et le plus important abus et désordre qui soit en France, ce sont ces mangeries de village que je ne puis appeler justices, pour ce qu'il ne s'y fait rien moins que la justice : et je diray, en passant, que j'ay balancé en moymesme si je devois mettre ce discours en lumière, de crainte que les étrangers qui admirent les lois de France, ne se scandalisent que nous ayons enduré si long-temps un tel désordre..... »

20. Tous ces abus, qui n'avaient fait que devenir de plus en plus crians, appelaient sans doute une réforme. Mais parce qu'un édifice a besoin d'être réparé, faut-il donc le détruire entièrement et le raser de fond en comble? On devait se dire avec Loyseau : « Si ne faut-il pas faire comme les mauvais chirurgiens qui ne peuvent retrancher la chair morte sans anticiper sur la vive. Il faut couper seulement ce qui est corrompu, et conserver entièrement ce qui est sain. Gardons-nous de tomber d'une extrémité en l'autre [1]. »

Un conseil si sage ne fut pas suivi; il semblait arrêté, au

[1] Suite du *Discours sur l'abus des justices de village.*

contraire, qu'on ne donnerait que dans les extrêmes; que la modération serait un délit punissable; qu'on ne réformerait rien, mais que provisoirement on abolirait tout; que la désorganisation serait complète, et qu'on ne serait rappelé au bien que par l'excès du mal [1].

21. La démoralisation conduisit promptement à l'anarchie (1793); un faux patriotisme, qui exaltait toutes les têtes, remplaça cet amour éclairé du bien public, qui, dans les beaux temps de notre histoire, n'échauffait que les cœurs: tout fut dans la confusion.

22. Le désordre s'augmenta encore par l'imperfection de la législation. On avait commencé par anéantir même ce qu'il y avait de sage, et rien ne l'avait encore remplacé. Ce n'est pas que l'assemblée constituante n'eût donné plusieurs bonnes lois; mais bientôt elles se succédèrent sans suite et se multiplièrent sans raison [2]. Chacun pouvant proposer ses fantaisies à la sanction improvisée de ses collègues, la législation prit en peu de temps la teinte du caractère et des passions de tous ceux qui s'en mêlèrent; et voilà pourquoi il n'est pas d'idée folle, gigantesque, atroce même, qui n'ait été mise en avant et convertie en loi [3].

[1] Sous un sceptre de fer tout ce peuple abattu,
A force de malheur a repris sa vertu.

[2] Secutæ leges, etsi aliquandò in maleficos ex delicto, sæpiùs tamen dissentione ordinum, et adipiscendi illicitos honores, aut pellendi claros viros, aliaque ob prava, per vim latæ sunt. TACIT., Ann. III, 37.— *Correptissimâ republicâ, plurimæ leges*, ibid., 27.

[3] Nous avons compté jusqu'à *cent cinquante et une lois* ou décrets, portés en *cinq jours* de temps (les 11, 12, 13, 14 et 15 août 1792). Dans le nombre, 1° il y en a dont la rédaction n'est pas même française; exemple: par la loi du 12 août 1792 « l'assemblée nationale met lesdits citoyens sous la sauvegarde de la loi, » *également que tous* les autres citoyens. » 2° D'autres sont ridiculement conçues; exemples: décret du 19 brumaire an II, *qui invite à faire des offrandes à la patrie en chemise.* Autre décret du 14 mars 1793, portant qu'on peut faire des culottes de *toute étoffe.* 3° Lois de rage et d'impuissance; exemples: décret du 12 octobre 1792 qui ordonne « qu'un guidon pris sur les émigrés sera livré » au bourreau pour être brûlé. » Le 15 septembre 1793, la Convention, après avoir entendu le comité de *salut public*, décrète *qu'elle renonce désormais à toute idée de philantropie.* Le 27 brumaire an II, elle déclare *sa résolution constante d'être terrible envers ses ennemis.* Le 7 prairial an II, elle prescrit aux armées de

23. Quelque odieuses que fussent ces lois, l'application qu'on en faisait était plus odieuse encore. Elles consacraient en apparence la liberté, la propriété ; et par interprétation d'icelles, les plus honnêtes gens de la nation souffraient l'exil, les fers ou la mort, après avoir été au préalable scrupuleusement dépouillés de leurs biens par les Fabricius et les Aristides qui nous prêchaient le mépris des richesses et l'égalité.

Car telle était la barbare ignorance de ces prétendus républicains, qu'en se couvrant de toute espèce de crimes, ils se vantaient d'imiter les grands hommes de l'antiquité dont ils usurpaient si ridiculement les noms :

Curios simulant et Bacchanalia vivunt.

Au milieu de ce chaos anarchique, si quelque voix s'élevait encore pour demander justice, elle n'était plus, comme autrefois, entendue par des magistrats protecteurs de l'innocence et de la faiblesse ; les uns avaient péri, d'autres avaient pris la fuite, le reste se tenait caché.

Sous cet affreux régime, un juge courageux, un juge incorruptible, un juge honnête homme, un juge enfin, était une exception à la règle qu'on s'était faite de les prendre de préférence parmi ceux qui n'avaient ni âme, ni cœur, ni esprit; et qui, par bassesse, par férocité ou par ignorance, étaient également propres à protéger le crime et à condamner la vertu.

Quelle vie menaient alors ces magistrats jugeant au milieu des cris de la populace, vêtus comme elle, ayant pour toge une carmagnole [1], pour mortier un bonnet rouge, pour code les décrets de la convention ! Tutoyés par les parties et par leurs défenseurs ; les tutuyant par réciprocité ; frater-

ne faire aucun prisonnier anglais ou hanovrien. Décret du 7 août 1793, qui *déclare William Pitt ennemi du genre humain.* 4° Lois atroces ; elles sont innombrables ; nous ne donnerons pour exemple que celle du 5 septembre 1793, portant (art. 11.) que « ceux » qui seront découverts sous un déguisement ou travestissement » quelconque, ou *qui seront supposés* d'une nation différente de » celle sur le territoire de laquelle ils sont nés, seront *punis de » mort.* » 5° Lois immorales : il suffira de rappeler celle qui accorde une *prime aux filles-mères.* — Arrêtons-nous. . .

[1] On ne pouvait pas même *saluer leur robe*, car ils n'en portaient pas.

nisant avec le premier venu; sortant d'un club furieux pour monter au tribunal, et quittant le sanctuaire de la justice pour se livrer à la débauche !

His manè edictum, post prandia Callirhoën.
PERS. sat. 1.

24. Ce n'est pas que cet ordre de choses ait long-temps subsisté; *ce qui est trop fort ne peut pas durer*, dit le proverbe. Dès les premiers temps du consulat, (ventôse an VIII) il se fit des changemens notables et des améliorations sensibles. Mais au lieu d'aller à la racine du mal pour l'extirper tout-à-fait, on se contenta de ces palliatifs qui ne font que calmer momentanément la douleur sans opérer la guérison.

Les lieux où l'on rendait la justice furent assainis, les costumes rendus plus décens, les hommes mieux choisis : mais les mœurs n'avaient pas encore repris leur pureté, les lois n'avaient pas cessé d'être absurdes, injustes, contradictoires; les mêmes idées dominaient toujours en secret; et comme les déplacemens avaient porté plutôt sur un petit nombre de chefs que sur la foule des subordonnés, la masse n'en offrait pas moins un mélange impur de méchans accolés à des gens de bien.

De nouveaux changemens parurent donc nécessaires, et ne tardèrent pas à suivre les premiers; mais au lieu du bien qu'on attendait, ces mutations trop fréquentes, ces réorganisations trop multipliées, ces épurations si bien conçues et si mal exécutées, eurent le double inconvénient d'attiédir le zèle de ceux qui auraient pu s'attacher à leur état, et d'éveiller l'ambition de ceux qui voulaient s'élever. Véritables Sisyphes, ils roulaient sans cesse le rocher de leur ambition vers le sommet des honneurs, et n'exerçaient leurs charges qu'avec la mobile inquiétude d'un candidat

Quem ducit hiantem
Cretata ambitio. PERS. sat. 5.

25. Cela fut vrai surtout sous l'empire...

Mais, sous ce régime, d'autres causes encore s'opposèrent à ce que l'ordre judiciaire fût respecté comme il aurait dû l'être, comme il était à désirer qu'il le fût.

26. Les juges ne se regardaient pas comme *inamovibles* : vainement quelques lois avaient annoncé qu'ils seraient désormais *nommés à vie* ; leur exécution avait toujours été

différée, ou du moins les destitutions arbitraires prononcées au mépris de ces lois faisaient que les citoyens ne comptaient pas plus sur leurs juges, que les juges ne comptaient sur leurs places : leur unique peur était de les perdre, leur plus grand soin de travailler à s'y maintenir[1].

27. Les cours étaient trop multipliées, les ressorts trop peu étendus.

28. La compétence était trop restreinte. L'administration attirait tout à soi : c'était elle, à proprement parler, qui exerçait la juridiction ordinaire, et qui décidait des plus grands intérêts : les tribunaux et les cours n'avaient conservé que ce qu'il n'avait pas été possible de leur enlever. Loin de remarquer parmi les magistrats cette ardeur avec laquelle un corps défend ordinairement ses prérogatives, on les voyait assez souvent se déporter d'affaires dont la connaissance leur était exclusivement réservée[2]. Le ministère public, au lieu d'être l'organe du tribunal ou de la cour, semblait s'en détacher, et n'être là que comme une vedette placée en observation par le chef.

29. Ces causes expliquent assez *pourquoi nos tribunaux modernes n'ont pas obtenu la même estime que les anciens.*

CHAPITRE III.

Des moyens de rendre à la Magistrature son ancien lustre.

Non, si malè nunc, et olim
Sic erit. HORAT. II, od. 10.

30. J'abandonne volontiers les tristes réflexions qu'a fait naître un retour inévitable sur des temps malheureux, et j'en reviens à chercher ce qui peut les faire oublier.

Nunc ego mitibus
Mutare quæro tristia. HORAT. I, od. 17.

[1] Voyez le discours sur *l'inamovibilité des juges*, que j'ai fait imprimer à la fin du tome II de mon recueil des *lois concernant l'organisation judiciaire*, et ce que j'y dis de la *vénalité des charges*.

[2] Cette timidité s'explique en partie par la crainte qu'avaient les juges d'encourir les peines que certaines lois prononçaient personnellement contre eux en cas d'empiétement sur le territoire administratif. — Ces lois, au surplus, sont encore moins absurdes que celles qui depuis ont transporté sur la tête des

31. On trouve dans le Recueil des *Ordonnances du Louvre*, t. X, p. 436, des *lettres-patentes* données à Troyes, le 16 février 1417, dans des circonstances qui ne sont pas sans analogie avec les temps calamiteux de notre révolution.

Ces lettres débutent par un éloge pompeux du parlement de Paris, sous les règnes précédens. « Jadis, par récitation » des anciennes histoires..... fut ce dit royaume moult ho- » noré,.... parce que *justice en grant équité y estait brief-* » *vement administrée* par les pères (pairs) de France, et » royaux conseillers... *rendant à chacun ce que sien estait,* » exhaussants et rémunérants les bons, corrigeants et pu- » nissants les mauvais, selon leurs démérites, *sans nul es-* » *pargner*; dont la renommée fut si grande et si glorieuse » par le monde universel, que les nations et provinces, tant » voisines dudit royaume comme estranges et très-loing- » taines, souventes fois y affluoient, les aucunes pour con- » templer l'état de la justice qu'ils réputaient plus à miracle » qu'à l'œuvre humaine; les autres libéralement se y sou- » mettoient pour y avoir droit et appaisement de leurs grans » desbats et haultes querelles, *et y trouvoient en tout temps* » *équité, justice et loyal jugement*; et si long-temps que » de telles vertus ledit royaume a esté adorné, tant longue- » ment il demoura en prospérité et félicité. »

On reproche ensuite aux factieux qui avaient renvoyé l'ancien parlement, d'avoir « opprimé en diverses manières » très-grant nombre de personnes... qui désiroient et re- » quéroient la paix et bon gouvernement dudit royaume... » en jettant les uns à la rivière, en bannissant les autres, » les boutant hors de leurs emplois, les envoyant en exil en » loingtain pays, ravissant leurs biens meubles et revenus, » et tant de leurs bénéfices et offices comme de leur patri- » moine et aultrement, iceux biens appliquants à leur sin- » gulier profit; fait mutation de monnaie très-préjudiciable et » dommageable à la chose publique de ce dit royaume, et » fait fondre les reliques et joyaux tant de mondict seigneur » (roi), comme de l'église de Notre-Dame de Paris, et d'au- » tres églises pour en faire à leur plaisir; — bouté feu en » divers lieux de ce royaume, tué, rançonné et pillé indif- » féremment toutes personnes... et fait tant d'autres cruel-

greffiers les peines encourues par la faute des juges... *plectuntur Archivi.*

» les et inhumaines oppressions, que entendement humain
» pouvait penser. »

On leur impute aussi d'avoir « pour plus longuement de-
» mourer en leur violent gouvernement et torcionnaire au-
» thorité, mis et préposé, au lieu de prud'hommes pour
» exercer tant la justice souveraine du parlement à Paris,
» comme d'ailleurs, *gens de nulle auctorité et prudence*,
» confédérés à eux, séditieux, perturbateurs de paix, conspi-
» rateurs, cruels, ignorants, ennemis et adversaires du bien
» commun, *persécuteurs des bons et sousteneurs des mau-
» vais*; dont la justice souveraine et autres justices de ce
» royaume *ont été et sont depuis ledit temps violentées,
» corrompues, peureuses, aveugles, subjectes et au dernier
» point mesprisées.* »

On considère ensuite qu'on ne peut « pourvoir convena-
» blement aux inconvénients dessus dicts, *se justice n'a lieu
» et cours en ce royaume*... justice *sans laquelle royaumes
» et polices ne peuvent longuement durer.* »

En conséquence on y montre la nécessité de créer une autre cour de parlement « en laquelle doivent être mises
» et préposées notables et solennelles personnes de grant
» science, loyauté, prudence et expérience de justice, ayant
» Dieu devant les yeux, aimants mondit seigneur, sa sei-
» gneurie et le bien commun du royaume; qui, pour doubte
» de menaces, faveur, ou acception de personnes, rejettées
» toutes haines et corruptions, ne laissent ou différent à
» faire loyale justice, tant aux grants comme aux petits, à
» la semblance et manière des vrais et loyaux juges qui, en
» la cour souveraine et capitale de ce royaume, souloient
» (*solebant*), par grant diligence, rendre droit, justice et
» raison à un chacun. »

32. L'état où la restauration a trouvé l'ordre judiciaire est incontestablement le meilleur de tous ceux qui se sont succédé depuis 1790.

La jurisprudence commençait à ne plus se ressentir de l'esprit de parti : cet ennemi si actif de l'équité!

Le rétablissement des écoles de droit avait fourni des membres distingués à la magistrature et au barreau.

Depuis la chute des parlemens, les tribunaux n'avaient pas offert une composition plus rassurante. On y voyait figurer des noms illustres, d'anciens magistrats, de vieux jurisconsultes, de jeunes légistes, pleins de zèle et d'activité.

Il y avait peu de changemens à faire pour arriver à de bons résultats[1].

33. Si la première organisation est bien faite, disais-je en 1814, les recrutemens seront bons; les sujets indignes n'oseront plus se mettre en ligne; ils ne trouveraient ni appui ni complaisance auprès des sages dont il s'agirait de devenir les collègues; ils ne seraient pas admis à siéger à côté d'eux. — Mais si l'esprit de parti envahit le sanctuaire de la justice; si ce qu'on appelle *opinion* tient lieu de vertu, de science, de désintéressement, d'indépendance, de patriotisme et d'énergie, tout sera perdu; et au lieu d'avoir des magistrats justement et universellement respectés, on aura dès à présent et pour long-temps, une magistrature équivoque, aussi peu digne du prince que peu rassurante pour les citoyens.

Recherchons donc avant tout quelles précautions on doit prendre pour s'assurer de bons choix.

§ Ier.

Du choix des Magistrats.

34. Une organisation judiciaire n'est pas chose facile. On a bientôt fait d'énumérer toutes les qualités qui constituent le bon juge, le vrai magistrat : mais où trouver des hommes réunissant ces qualités au degré désirable?

Celui-ci sera noble, mais ignorant; celui-là docte, mais déloyal; un troisième s'étudiera à paraître tout autre qu'il n'est réellement; on le croira pieux, et ce ne sera au fond qu'un hypocrite; il aura le ciel dans les yeux et l'enfer dans le cœur.

35. Au défaut de certitude, et puisqu'on ne peut pas

> à des signes certains
> Reconnaître le cœur des perfides humains,

il est bien force de s'en tenir aux apparences : elles ne trompent pas toujours ceux qui savent les interroger.

Ainsi, par exemple, quoique l'héritier d'un grand nom puisse n'être qu'un sujet très-médiocre, cependant il est à croire que, s'il ne remplit pas ses fonctions avec éclat, il attachera quelque importance à ne pas se déshonorer par des

[1] En effet, on a conservé beaucoup d'anciens magistrats.

actions indignes de ses aïeux. Son peu de mérite personnel ne l'empêchera pas d'être fier du génie de ses ancêtres; et si le souvenir qu'il en aura conservé ne suffit pas pour le rendre capable de grandes choses, il l'empêchera du moins de s'avilir.

Il est rare, sans doute, qu'un homme très-riche soit en même temps un homme laborieux, un érudit; mais s'il n'a pas beaucoup de science, il a ordinairement reçu une éducation première qui a façonné son esprit et l'a disposé à acquérir de l'instruction; comme une terre bien cultivée est propre à recevoir toute espèce de semence, quoiqu'elle n'ait encore porté aucun fruit. Il est enfin à espérer que l'homme comblé des dons de la fortune ne sera pas corruptible comme celui qui n'a que sa place pour vivre; et ce n'est pas un médiocre avantage.

La vie qu'un homme a menée peut servir beaucoup à se fixer sur son compte. Il est naturel de penser que celui qui est né dans la robe, qui a pris ses grades dans une faculté de droit, exercé ensuite la profession d'avocat ou géré quelque emploi judiciaire, a acquis une expérience conforme à la nature de ses occupations, et proportionnée au temps qu'il y a consacré, à la réputation qu'il s'y est faite.

36. Il est vrai que ces règles fléchissent le plus souvent sous le poids des recommandations; et cette cause influe si puissamment et si généralement sur les mauvais choix, qu'en déplorant ses tristes effets, je ne puis me dissimuler d'avance l'inutilité des réflexions que je vais présenter.

On dira bien, avec Horace, à ceux qui font métier de de recommander autrui :

Qualem commendes, etiam atque etiam adspice; ne mox
Incutiant aliena tibi peccata pudorem :

mais ils n'en feront rien.

On dira encore aux personnes à qui ces recommandations s'adressent : *N'y ayez aucun égard, toutes les fois qu'elles s'appliqueront à des sujets indignes.* Mais ils vous répondront : *Comment faire? Monsieur un tel est recommandé par M. le Prince..., par Monseigneur..., par Madame la Duchesse..., par son Éminence..., je ne puis pas m'empêcher de le présenter.* On le présente donc; mais par événement, il se trouve que le sujet nommé n'est qu'un mauvais praticien qui a su en imposer à un brave militaire, ou un faux dévot qui a surpris la religion d'un saint prélat, ou un fat qui a fait des vers pour la femme d'un homme en crédit.

37. Au milieu de tous ces piéges, le ministre que le prince honore de sa confiance au point de se reposer sur lui du soin des présentations, doit s'appliquer à distinguer :

Les intrigans qui veulent percer, des gens qui ne font que céder à l'impulsion d'une vocation réelle ;

L'homme indépendant qui ne cherche que l'honneur, de l'homme avide qui court uniquement après les appointemens ;

L'homme qui demande une chose méritée, de celui qui poursuit une faveur injuste ;

L'homme exercé, de l'homme incapable ;

L'homme vertueux, de l'homme taré ;

L'homme généralement estimé, de celui dont la réputation est mauvaise, ou équivoque, ou nulle ;

Des gens dont les places aient besoin ; et non pas des gens qui aient besoin des places ;

En un mot, il ne doit pas perdre de vue que, la justice étant la première dette de la souveraineté, il faut que ceux qui sont chargés d'en acquitter la conscience du roi, la rendent comme il la rendrait lui-même, s'il était encore d'usage en France que le roi jugeât en personne, à l'exemple de *saint Louis*.

38. Le système impérial avait en horreur ce qu'on appelle les *gens du pays*. Préfets, sous-préfets, juges, il fallait que tout fonctionnaire fût *étranger à la localité*, afin qu'au premier ordre arrivé de Paris, il pût se ruer sans ménagement sur les conscrits, les contribuables et les accusés.

De là, d'insuffisans traitemens pour des fonctionnaires qu'on éloignait ainsi de leurs foyers domestiques ; tandis que des appointemens plus modérés eussent suffi à l'homme qui avait déjà dans le pays sa maison, son petit domaine. La perpétuité de ce système a singulièrement influé sur la faible composition des tribunaux de première instance. Comment, en effet, espère-t-on trouver des hommes riches et capables qui consentent à se déplacer pour aller juger au loin, moyennant 1,200 francs, et souvent en triste compagnie ? L'homme qui n'a rien, absolument rien, prendra volontiers cette somme : c'est toujours cela ; mais alors vous avez un pauvre juge, un homme dépendant de tout ce qui l'entoure. Au lieu que, si l'on voulait revenir au principe de l'ancienne magistrature, et prendre les juges sur les lieux [1], au sein du pays qui les a vus naître, *au milieu de la considération qu'ils se sont acquise, de la bonne réputation qu'ils se sont créée*; on trouverait des hommes déjà riches de leur patrimoine et de leur expérience, qui consentiraient à être juges dans leur pays natal, pour le seul honneur d'être juges! Mais proposer à ces mêmes hommes de tout quitter, famille, amis, fortune, pour aller juger à vingt, trente et quarante lieues de leur pays natal, moyennant 1,200 francs! ils aimeront mieux rester chez eux, ou bien ces messieurs voudront *venir à Paris*.

Si les fonctions judiciaires étaient déférées aux notables de chaque ressort, cela satisferait beaucoup d'ambitions qui se trouveraient par-là casées et immobilisées.

On remédierait ainsi à l'un des plus grands maux de l'époque actuelle; à cette ardeur, cette espèce de prurit, qu'ont tous les ambitieux (par l'exemple alléchés) d'affluer vers la capitale, parce qu'il n'y a qu'à Paris où soit et d'où vienne le pouvoir...

Si l'on n'adopte pas cette mesure, il faut au moins augmenter le traitement des juges, ou exiger qu'ils paient un cens de quelque importance; car, en vérité, il est bien peu rassurant pour les citoyens de voir leur fortune, leur honneur, leur existence entière dépendre de gens qui sont en proie aux premiers besoins.

Autrement on les verra réduits à devenir les commensaux des avoués; et, comme dit Loyseau, ils paieront leur écot aux dépens de la justice...

39. Si la loi a sagement fait d'établir certaines *incompatibilités*, dont l'effet est d'empêcher que des parens en certain degré ne soient à la fois juges, greffiers, ou procureurs du roi dans le même siége, de manière à composer ainsi une espèce de tribunal de famille, il serait également essentiel d'empêcher, par exemple, que, le père ou l'oncle étant *ju-*

[1] On opposera l'inconvénient qu'il y a à donner du pouvoir à un homme dans le pays où il a ses parens, ses amis, ses propriétés. On redoute les prédilections et les influences. Mais si c'est un motif pour ne pas prendre tous les fonctionnaires, sans exception, dans le pays qui les a vus naître; ce n'est pas une raison pour se faire une loi de ne nommer que des étrangers. *Inter utrumque tene.*

ges, le fils ou le neveu ne fussent *avoués* dans le même tribunal. On ne se fait pas une idée du triste effet que de pareilles rencontres produisent sur l'esprit des justiciables.

Il y a tel tribunal de province composé de trois faibles juges ; l'un est président, son neveu est avoué ; un second juge a son fils avocat ; un suppléant (qui unit à ce titre celui de notaire), a également un fils avoué. Qu'arrive-t-il ? Un plaideur avisé se hâte de constituer le neveu du président, et charge le fils du juge de plaider sa cause ; un intervenant s'empare du fils du suppléant ; et voilà l'autre partie désolée, s'imaginant, à tort sans doute, mais avec douleur cependant, que la parenté influera sur la décision du procès. Ajoutez à cela que la tendance que le plaideur a naturellement vers la plainte est encore augmentée par la rivalité des autres avoués, qui se croient lésés par l'esprit de népotisme ou de paternité.

La crainte est-elle fondée? C'est une calamité !... Est-elle chimérique? — C'est toujours une chose fâcheuse que des magistrats soient ainsi exposés au soupçon.

Si du moins le grand parent, qui siége, ne taxait pas les dépens du petit parent qui postule ! Mais que de plaintes encore à ce sujet !... C'est à l'autorité, qui surveille les abus, à prévenir ceux-là : il suffit d'avertir qu'ils existent dans plus d'un tribunal de province. . . . .

. . . .

40. Que les juges suppléans ne soient pas pris parmi les *avoués en exercice*, ils s'en font un moyen d'augmenter leur pratique. D'ailleurs, il peut arriver qu'un avoué ait dans son étude un procès sur une question semblable à celle qu'il est accidentellement appelé à juger, et l'on doit craindre qu'il ne profite de l'occasion pour faire prévaloir l'opinion qui sera favorable à sa propre cause.

L'abus est plus grand encore quand ce sont des *notaires*. Ils ne briguent la suppléance que pour en trafiquer en se faisant *commettre d'office* dans les inventaires, liquidations, comptes et partages judiciaires, ce qui contrarie souvent les parties, et donne à leurs confrères de justes sujets de plainte.

41. Un moyen très-efficace pour faire de bons choix, serait de rendre aux cours l'ancien droit de *présentation* [1]. Pendant un temps, il a bien été d'usage de les *consulter*; mais à présent on s'en dispense, et l'on tient que cela n'est plus nécessaire. Autrefois, quoique le pouvoir royal fût plus absolu qu'aujourd'hui, les cours n'étaient cependant pas tenues d'admettre les sujets qui n'avaient point obtenu leur agrément [2]. Le monarque permettait que l'on fît des remontrances au sujet des nominations où il paraissait que sa religion avait été surprise [3]; parce que si son droit était de nommer les juges, son premier intérêt était de les bien choisir. L'influence qui serait ici restituée aux cours, diminuerait un peu l'autorité des commis de la chancellerie : on doit donc s'attendre à leur résistance; ils parleront de la *prérogative royale*, qui, au fond, n'en recevrait pas plus d'atteinte aujourd'hui que jadis; mais, en réalité, il s'agit de la *prérogative des bureaux*; c'est là, pour la France entière, tout le secret de la *centralisation*, dans ce qu'elle a d'excessif.

42. L'essentiel est sans doute de choisir de bons juges : mais il ne suffit pas de porter son attention sur les *individus*; l'organisation judiciaire *en général* nous paraît susceptible de quelques amendemens que nous allons indiquer.

« Français (disait Louis XVI dans une de ses proclama-

[1] . . . « En ce temps-là le nombre des officiers de justice était fort petit, et l'ordre qu'on observait pour remplir les charges des parlemens parfaitement beau. On avait accoutumé d'y tenir un registre de tous les habiles avocats et jurisconsultes; et *quand quelque office venait à vaquer, on en choisissait trois, desquels on portait les noms au roi, qui préférait celui qui lui plaisait.* — Mais les favoris et les courtisans corrompirent bientôt cet ordre : ils persuadèrent au roi *de ne point s'arrêter à ceux qu'on leur présentait*, mais d'en donner un *de leur propre mouvement*. Ce que ces gens-là faisaient pour retirer quelque présent de celui qui était nommé par leur recommendation; et l'abus y était si grand, que souvent ces charges étaient remplies d'ignorans et de faquins; à cause de quoi les gens de mérite tenaient la condition d'avocat beaucoup plus honorable que celle de conseiller. » (Extrait de la *vie de Henri IV*, par Hardouin de Péréfixe.)

[2] On en voit un bien notable exemple dans la vie de Cujas, en tête de l'édition que Fabrot a donnée de ses œuvres.

[3] Pro æquitate servandâ, et nobis patimur contradici, cui etiam oportet obediri. CASSIOD.

tions), le pouvoir judiciaire est le véritable lien des institutions sociales; sans lui, aucun citoyen ne pourrait compter sur la libre jouissance de ses premiers droits, sur la propriété de sa personne et de ses biens; sans lui, votre législation nouvelle vous promettrait en vain de si grands avantages. »

Ces paroles suffisent sans donte pour faire sentir toute l'importance du sujet que nous allons traiter.

§ II.

Étendue des ressorts. —Réduction des Tribunaux.

43. Il n'y a que douze juges pour toute l'Angleterre; et chez nous on les compte par milliers!

Tout le monde convient qu'il y a trop de tribunaux en France; on sent généralement le besoin d'en réduire le nombre : pourquoi n'opère-t-on pas cette réduction?

On y trouve de grandes difficultés, parce qu'on entrevoit que chaque député réclamera pour son département, et chaque ville pour elle-même : et l'on craint que les résistances de détail n'empêchent la loi de passer.

Je n'examine pas quant à présent cette difficulté, que je ne crois pas insurmontable. Les ministres essaient tous les jours des choses plus difficiles. Il est plus aisé de réduire le nombre des juges que de réduire le taux de la rente... Ne considérons donc que l'utilité d'une réduction en soi, dans le nombre des cours et des tribunaux, en donnant pour chaque juridiction les raisons qui lui sont propres.

1° *Des Cours d'appel.*

44. Elles sont trop multipliées. Il est à désirer qu'on en diminue le nombre, et qu'on agrandisse leur ressort.

Dans le nombre des cours, il en est plusieurs qui n'ont pas de quoi fournir leurs audiences.

A la vérité, dans les comptes rendus au ministre, celles qui craignent la suppression ont grand soin d'enfler leurs rôles, en faisant de chaque incident une affaire particulière; et en présentant, par exemple, des arrêts sur des questions de compétence, et de simples arrêts préparatoires, pour faire nombre dans le tableau des causes jugées. Mais il est de fait, facile à vérifier, et bien avéré, je pense, qu'il y a pénurie d'affaires dans plusieurs ressorts.

Et dès-lors, pourquoi ne pas opérer quelques suppressions?

2° *Tribunaux de première instance.*

45. Ces tribunaux sont aussi trop nombreux, pour que leur personnel puisse être aussi bien composé que s'ils étaient en moindre nombre. Mais ce ne serait pas assez d'un seul par département. En les réduisant, il faudrait avoir égard aux localités, chercher le point central des affaires, plutôt que le point central sur la carte, etc., etc.

Je ne vois pas non plus pourquoi l'on se piquerait d'une trop rigoureuse uniformité. La France est-elle donc un échiquier, dont toutes les cases doivent absolument être égales? Au lieu d'établir sans exception dans chaque arrondissement un tribunal essentiellement composé de trois juges, trois suppléans, un procureur du roi, son substitut, un greffier, un commis-greffier; en tout dix personnes, dont sept sont salariées, qui empêcherait de se contenter, dans les villes où il y aurait peu de population et de commerce, d'établir un gros juge de paix, avec un assesseur; en réservant, pour les villes plus importantes, les tribunaux de première instance, que l'on composerait de cinq juges au moins, afin de conjurer la trop grande influence que les présidens ne manquent jamais d'exercer dans les tribunaux composés seulement de trois juges?

Je n'entre ici dans aucun détail sur la compétence, la procédure, les traitemens, etc., etc., parce que c'est seulement une idée que je mets en avant, et non un projet de réglement tout fait que je propose. Mais si l'on veut s'y attacher, on trouvera certainement qu'il n'en résultera pas seulement une épargne d'argent pour le trésor, mais une économie d'hommes qui permettra de faire à l'avenir de meilleurs choix.

3° *Des justices de paix.*

46. L'institution des justices de paix est excellente, mais susceptible de perfectionnement.

N'y a-t-il plus de ces juges *guêtrés* dont parle Loyseau, qui convertissent leurs justices en mangeries; qu'il faut *saouler* avec leur greffier, et qui *vuident les causes à l'avantage de celui qui paie l'écot?* — De ces *sangsues* de village *qui grugent Pierre et Paul?* — de ces défenseurs officieux, qui, *sous prétexte d'un peu de routine qu'ils ont apprise étant recors de sergens ou clercs de procureur, s'ingèrent à postuler pour les parties;* et qui, *quand ils ont une riche partie en main, savent bien allonger pratique et faire durer la cause autant que son argent?*

« Il est donc très-expédient, répéterons-nous avec Loyseau, de remédier à ces abus et malversations, pour le grand soulagement du pauvre peuple, tant diminué pendant les guerres, et tant surchargé de subsides, bien que nécessaires depuis la paix; afin qu'il ne soit plus tant diverty par les procès, de son labeur et trafic, et que son argent lui demeure pour fournir aux tailles du Roi. »

47. Le meilleur moyen serait assurément d'interdire avec sévérité toute espèce de postulation dans ces justices, et d'exiger que les parties s'y défendent elles-mêmes; ou si elles ne peuvent comparaître en personne, qu'elles ne puissent du moins s'y faire représenter que par des mandataires qui ne se mêlent pas habituellement de *pratique*.

La loi du 6 mars 1791, art. 16, porte textuellement: « Aucuns avoués, greffiers, huissiers, et ci-devant hommes de loi ou procureurs, ne pourront représenter les parties aux bureaux de paix. Les autres citoyens ne seront admis à les représenter, que lorsqu'ils seront revêtus de pouvoirs suffisans pour transiger. »

Le Code de procédure, article 53, a eu le tort de ne pas reproduire la disposition de la loi du 6 mars 1791. Et cependant, il importe non-seulement de la maintenir, mais d'étendre à toutes les affaires portées devant le juge de paix ce que cette loi a seulement établi pour les citations en *conciliation*. En effet, il ne faut point perdre de vue que cette juridiction est essentiellement *conciliatrice*; et que son but est encore plus d'assoupir les procès par des accomodemens que de les terminer par jugemens. Or, c'est une expérience faite, que le juge de paix ne peut agir utilement pour la conciliation des parties qu'autant qu'elles ne sont pas représentées devant lui par des personnes interposées, et par *ces chicaneurs* dont parle Loyseau.— A Paris, il n'y a jamais de conciliations; pourquoi? parce que les parties y sont constamment représentées, au mépris de la loi, par des clercs d'avoué, qui ont le pouvoir ostensible de transiger, mais avec l'instruction secrète de n'en rien faire. Il en résulte que le préliminaire dit *de conciliation* dégénère en une vaine forme, qui ne fait qu'engendrer des frais inutiles et retarder l'expédition des affaires.

Au contraire, dans toutes les justices de paix de campagne, où se trouve un bon juge de paix, homme ferme, de conscience, et possédant bien l'esprit de ses fonctions, il écarte les parasites, entend les parties elles-mêmes, et arrange presque tous les procès.

48. Pour avoir un plus grand nombre de juges de paix de cette qualité, il conviendrait aussi, je pense, de ne les prendre que parmi les hommes doués de quelque propriété : les juges de paix auraient certainement, en leur qualité de propriétaire qui viendrait appuyer celle de magistrat, plus de consistance personnelle et plus d'ascendant sur la population, que le juge de paix qui ne possède rien, et n'a que son traitement *pour vivre*.

L'auteur d'un ouvrage d'ailleurs recommandable [1] a observé que cela serait *peu démocratique*. Je pense, au contraire, que l'amélioration que je propose serait dans les intérêts bien entendus de la partie la plus nombreuse de la démocratie, de ce *pauvre peuple* dont parle le vieux jurisconsulte que j'aime tant à citer. Car l'impôt le plus dur qui se lève sur les paysans, n'est pas l'impôt personnel ou mobilier, qui est presque nul dans les villages ; ni l'impôt foncier, qui n'a rien de disproportionné avec les fruits qu'ils retirent d'une terre qu'ils cultivent eux-mêmes ; mais ce sont les frais dits *de justice*. Le moindre procès, s'il ne se termine pas dans son principe, peut entraîner l'expropriation et la ruine du litigateur campagnard qui se laisse traduire au Tribunal de première instance, et de là, en appel. Eh ! les scellés ! les inventaires ! les avis de parens !

49. Il serait bon d'étendre un peu la compétence des juges de paix.

D'après la loi du 24 août 1790, dans les causes purement personnelles et mobilières, les juges de paix jugent en dernier ressort jusqu'à concurrence de 50 livres, et à la charge de l'appel jusqu'à la valeur de 100 livres.

Ainsi, dès que le procès excède 50 livres, le jugement est susceptible d'appel ; et s'il s'agit de plus de 100 livres, il faut que le laboureur quitte sa charrue pour aller *à la ville* remettre ses pièces à un avoué.

[1] De l'administration de la justice et de l'ordre judiciaire en France, *chap.* XXXI. — Par M. D***, 2 vol. in-8°. Paris, Crapelet, 1821.

On devrait considérer que, depuis 1790, presque tout a doublé de prix; et que 50 francs (valeur de 1790) sont aujourd'hui fort au-dessous de la valeur d'un bœuf, d'une jument, et de ce qui fait le plus souvent l'objet d'une contestation entre paysans. On pourrait donc sans danger laisser les juges de paix prononcer jusqu'à 100 francs en dernier ressort, et leur permettre de connaître des autres causes, à charge d'appel jusqu'à la valeur de 200 francs.

50. J'ai aussi indiqué, en parlant de la réduction des tribunaux de première instance, de la possibilité d'en remplacer utilement plusieurs par des juges de paix qu'on pourrait appeler de première classe, à qui l'on donnerait une compétence plus élevée que celle attribuée aux juges de paix des campagnes. On pourrait exiger que ces juges de paix de première classe, appelés à rendre la justice dans les petites villes qui ne comporteraient pas un tribunal de première instance, eussent été reçus licenciés en droit, et qu'ils payassent au moins 500 francs d'impôt foncier.

51. Dans mon *Introduction aux lois des communes*, je propose de lier l'institution des juges de paix au régime municipal; de leur donner le droit de connaître notamment des contestations relatives aux chemins vicinaux, pour éviter aux passans les inconvéniens d'aller devant le conseil de préfecture, et par suite au conseil d'état, pour une voiture versée, une réparation mal faite, etc., etc.; enfin, d'autoriser les juges de paix du même arrondissement à se réunir en *assises* trois ou quatre fois par an, sous la présidence du plus ancien d'entre eux, pour décider certaines affaires plus importantes, qui exigeraient une connaissance des localités, et qu'ils seraient ainsi plus à portée de bien juger qu'un tribunal éloigné.

On pourrait aussi combiner l'action de cette juridiction avec celle des conseils généraux et d'arrondissement pour les questions de voirie, de propriétés communales, etc.

4° *Tribunaux de commerce.*

52. Pourquoi tant de petits tribunaux de commerce? Ne serait-il donc pas suffisant d'en conserver dans les principales villes maritimes, et dans celles des grandes places de l'intérieur où les manufactures abondent davantage, et où les affaires commerciales, plus importantes, plus multipliées, plus délicates, exigent réellement un tribunal

d'exception qui les juge dans un autre esprit et avec plus de célérité que les affaires civiles ?

Dans les autres lieux, les affaires de commerce seraient portées aux tribunaux ordinaires, mais avec *injonction précise*, 1° d'en hâter l'expédition en les jugeant sur un rôle particulier et à des jours fixés ; 2° de n'accorder *aucun délai, sous aucun prétexte, à aucun débiteur, pour aucune dette* ; car il est désespérant pour la foi publique qu'un créancier ne puisse pas compter avec certitude sur les termes de paiement qu'il a pris soin de stipuler, et de voir les tribunaux s'arroger le droit d'éloigner l'époque des échéances, au mépris des conventions le plus formellement, le plus solennellement contractées !

§ III.

Inamovibilité des gens du Roi.

53. Les avocats du roi n'étaient, dans le principe, que des avocats ordinaires que le roi choisissait, comme tout autre plaideur, pour défendre les causes dans lesquelles il était intéressé [1].

Par trait de temps, ces avocats devinrent permanens ; on érigea leurs charges en titre d'office ; alors ils cessèrent d'être, comme on les appelait, *avocats généraux du commun*, c'est-à-dire, de tout le monde ; on les nomma les *gens du Roi*. Ils conservèrent cependant, mais sous un autre point de vue, le titre d'*avocats et procureurs généraux* ; et ce fut à bon droit ; car, ainsi que le disait fort bien l'avocat général Talon, « Quoiqu'on nous appelle *les gens du Roi*, nous sommes aussi *les gens de la Nation*. »

Cette pensée était d'autant plus juste, que les gens du roi avaient pour mission expresse de protéger le peuple contre la tyrannie et les vexations des seigneurs, qu'ils étaient constitués les défenseurs nécessaires des corps et communautés, des mineurs, des orphelins, des pauvres, des absens, et de tous ceux que leur faiblesse mettait hors d'état de se défendre eux-mêmes.

Quel beau ministère !

[1] Dialogue des avocats de Loysel, p. 166 et suiv. et 181 et suiv., dans le premier volume de mon édition des *Lettres sur la profession d'avocat*. Paris, Alex. Goblet, 1832.

54. Autrefois on tenait que les officiers du ministère public étaient *dans la Cour* près de laquelle ils étaient attachés; ils en faisaient partie; on ne les distinguait pas des autres magistrats. Ils étaient inamovibles comme eux; et, quoique nommés avec la clause *tant qu'il nous plaira*, elle s'interprétait par cette autre: *tant qu'ils se conduiront bien*; ce qui ne voulait pas dire, tant qu'ils feront à la volonté de nos ministres, mais, tant qu'ils n'auront pas forfait, et, à ce titre, mérité qu'on leur fasse leur procès.

La révolution opérée contre les parlemens a subverti ces idées. Le directoire exécutif, au lieu de faire des magistrats, a nommé des *commissaires du gouvernement*. Bonaparte a établi les cours impériales, et leur a rendu la robe rouge, l'hermine, les mortiers galonnés; il a rétabli les anciens titres de *procureurs généraux*, *d'avocats généraux*; mais, à voir le fond des choses, on pouvait dire avec Tacite: *Eadem magistratuum vocabula, nihil prisci et integri moris superesse.*

Sous ce règne militaire et de centralisation, les magistrats eux-mêmes n'étaient inamovibles que par destination; ils ne le furent jamais par le fait. Le ministère public fut institué pour exercer ses fonctions *près les Cours et Tribunaux.*

Il en est résulté qu'il n'a pas conservé, à beaucoup près, la même indépendance qu'autrefois.

On n'a pas encore remédié à ces abus.

Les gens du roi sont encore aujourd'hui révocables *ad nutum*, quoique, d'après la Charte, la justice doive être administrée par des *magistrats inamovibles.*

Pour moi [1], je leur souhaite l'inamovibilité, comme garantie de leur indépendance et de notre sécurité.

Je prie aussi le lecteur de se reporter à un nouvel ouvrage que j'ai déjà cité : *De l'administration de la justice et de l'ordre judiciaire en France*, par M. D***.

Il y verra, au chapitre XXX, intitulé, *du Ministère public*, de bonnes réflexions sur la trop grande influence que les ministres exercent sur les officiers du parquet, et le danger qu'il y a pour ceux-ci et pour le public à se laisser trop préoccuper par les idées politiques.

[1] J'écrivais cela en 1824, et j'étais avocat. Aujourd'hui, je suis procureur-général, et je me borne à désirer qu'on ne destitue pas légèrement.

On peut aussi voir ce qui est dit dans les *Maximes du droit public français*, publiées en 1771, qu'on a quelquefois reproché aux gens du roi « d'être les plus ardens promo» teurs du despotisme. » — Ce reproche, fait aux anciens officiers du parquet, empêchera sûrement les nouveaux de le mériter.

§ IV.

De la compétence des Tribunaux.

55. Quoique, dans les dernières années du gouvernement impérial, on ait fait quelques efforts pour tirer l'ordre judiciaire de l'état d'humiliation où il se trouvait, et pour rendre à la magistrature la considération dont il importe qu'elle soit environnée, il s'en faut beaucoup que l'autorité judiciaire soit entièrement sortie de l'état de dépression où elle fut placée dans les premiers temps de la révolution.

Les parlemens avaient toujours été les défenseurs des maximes monarchiques : le premier effort de la révolution se dirigea contre eux. D'ailleurs, que devenait le droit d'Enregistrement, et celui de Remontrance, en présence d'une assemblée unique, nombreuse, élective, annale, animée au plus haut point de l'esprit d'innovation, et qui, dès l'abord, revendiqua pour elle, comme son principal attribut, le droit de faire et de dicter des lois ?

On ne se borna pas à ôter aux parlemens toute participation au pouvoir politique, qui ne leur était demeurée de fait qu'en l'absence des Etats-généraux ; mais, comme on affectait toujours de craindre qu'ils ne se relevassent de leur ruine, on affaiblit *l'autorité judiciaire*, en attribuant une grande partie de sa compétence *à l'autorité administrative.*

A mesure qu'on s'est avancé dans cette nouvelle carrière, les prérogatives de l'administration ont reçu plus d'extension. La raison en est sensible : l'ordre judiciaire est mesuré, réfléchi, craintif ; il pèse, il écoute, il examine, il appréhende de blesser le droit d'autrui. Rien de plus embarrassant que des gens qui, à chaque instant, se demandent : *Cela est-il juste ? cela est-il permis ?*

Au contraire, l'administration, expéditive comme ceux dont elle reçoit l'impulsion, entrait avec une merveilleuse docilité dans toutes les vues du gouvernement ; et, comme pour lui obéir elle était souvent obligée d'employer l'*arbi-*

traire, il fallait bien empêcher que *la Justice* ne pût contrarier ses mesures, en protégeant les victimes de ses hardiesses et de ses usurpations.

De là est née la maxime qu'il ne faut *recourir qu'à l'administration pour obtenir réparation des torts de l'administration*. Il en est résulté que l'administration, juge et partie [1] tout ensemble, ne se condamnait presque jamais.

56. Il en faut dire autant de la police. Elle est convenue elle-même, que « pendant long-temps elle a été l'instru-» ment aveugle de la tyrannie... qu'elle a contraint les es-» prits par de secrètes persécutions... comprimé la pensée... » répandu la terreur... violé, dans l'ombre de la nuit, l'a-» sile des citoyens... attenté, avec une effrayante légèreté, » à la sûreté individuelle [2] ».

A quoi cela tenait-il? A ce que la police faisait *tout à discrétion*. Elle ne s'astreignait à aucune forme, ne tenait et ne rendait compte ni des choses ni des individus. Au lieu de se borner à prévenir les délits, elle s'autorisait des moindres soupçons pour vous jeter dans ses cachots, et vous y retenir des années entières, sans qu'elle entreprît de vous faire condamner, et sans qu'il fût possible de se faire absoudre. Voilà pourquoi les Français l'ont prise en aversion. — Remettez la police ordinaire dans les mains de l'autorité judiciaire, elle n'aura plus rien d'effrayant pour les citoyens, parce que tout homme *arrêté* sera sûr de pouvoir être *jugé*, et qu'il entreverra avec certitude le moment de faire valoir tous les moyens propres à faire éclater son innocence; sans cela, *pas de liberté individuelle*.

57. Sans doute la division des pouvoirs est une des garanties de la liberté publique; et je ne propose point ici de les confondre, en effaçant une ligne de séparation que je voudrais, au contraire, voir mieux marquée.

[1] Ce n'est pas d'aujourd'hui que je me récrie contre cet abus. Témoin cette note insérée au tome III de mes *Principia juris*, imprimés en 1808, et où j'ai pu dire en latin ce qu'il n'eût peut-être pas été permis de dire en français : *Apud Romanos vel ab imperatoribus vexatos, jura reipublicæ et fisci eâdem quâ privatorum librâ ponderabantur Nec sibi finxerant, legitimè fieri posse, ut una pars existeret adversæ partis* ANTAGONISTA SIMUL ET JUDEX. (Page 196.)

[2] Circulaire de M. Beugnot, du 2 juin 1814.

Mais il importe que chacun ait le sien ; et si l'on a dû enlever aux tribunaux toute la partie politique qui entrait jadis dans leurs attributions, et qui ne pourrait pas leur être attribuée de nouveau, sans changer dans son principe la constitution actuelle de l'état, *au moins devrait-on leur rendre ce qui rentre naturellement dans leur juridiction.* Il faut absolument revenir de cette pernicieuse idée, que l'administration seule est amie du gouvernement, et que l'esprit des Tribunaux, c'est-à-dire l'esprit de justice, lui est opposé. Sans doute la Justice est ennemie déclarée de tout ce qui porte atteinte à la liberté individuelle, à la propriété, à l'honneur des citoyens; et l'on conçoit très-bien que des gouvernemens révolutionnaires, absolus, arbitraires, devaient se défier de la Justice, et ne compter que sur l'aveugle obéissance d'agens révocables et dépendans.

Mais un gouvernement sage, un gouvernement qui reconnaît que *sans bonne justice ce royaume ne peut être gouverné*, n'a pas à redouter de voir ses légitimes desseins contrariés par des magistrats de son choix, dont le premier sentiment sera toujours l'amour du prince, comme leur premier devoir est le soulagement des opprimés; leur unique vœu, la prospérité de la monarchie.

Administrateurs et magistrats, tous sont les mandataires du même chef, tous concourent à la même fin, marchent au même but, chacun sur la ligne de ses devoirs. Loin de nous donc toute prévention injurieuse à la magistrature française; que l'administration conserve ses droits, et que la justice recouvre les siens.

Voyons ceux qu'il conviendrait de lui rendre.

1° *Questions de propriété.*

58. Il est manifeste que les *questions de propriété* sont essentiellement placées sous la sauvegarde des Tribunaux. Cependant l'administration a plus d'une fois essayé de s'en attribuer la connaissance.

Quelques décrets impériaux faisant fonction d'arrêts du conseil avaient déjà cassé plusieurs arrêtés de préfets rendus en ce sens, et décidé que les Tribunaux étaient seuls juges des questions de propriété : c'était un retour au principe. Mais ici la compétence n'est en quelque sorte établie que négativement ; elle est fondée sur des décisions isolées par lesquelles le conseil d'état a bien voulu se dessaisir de quelques questions de ce genre qui lui avaient été déférées, et les a renvoyées aux Tribunaux. Ne vaudrait-il pas mieux que cette règle de compétence fût nettement tracée par un article de loi?

Sans cela, la lutte existera toujours entre les deux pouvoirs. On a pour exemple la loi de 1810, qui a rendu aux Tribunaux le droit de prononcer jusqu'à certain point, dans les *expropriations pour cause d'utilité publique*; ce qui n'empêche pas l'administration de prétendre toujours modifier l'exécution de cette loi par celle de 1807, qui laisse à MM. les Préfets la haute main dans cette matière [1]. Elle est assez grave pour mériter une décision positive, qui place généralement et sans exception toutes les questions de propriété dans la juridiction des Tribunaux.

2° *Contentieux des domaines nationaux.*

59. Les questions relatives aux domaines nationaux, qui peuvent s'élever entre le domaine et les acquéreurs, ou entre les acquéreurs et les anciens propriétaires, sont assurément des *questions de propriété*. Cependant les lois de la révolution et celles de l'empire avaient réservé à l'autorité administrative, ce qu'on appelait le *contentieux des domaines nationaux*: et cela, en haine de l'esprit d'opposition que l'on supposait aux tribunaux contre le nouvel ordre de choses. Ce motif se trouve très-naïvement exposé dans un rapport du ministre de la justice du 2 nivôse an VI, inséré au Bulletin des lois. Il suffit de le lire pour être convaincu que ces motifs sont aujourd'hui sans application.

D'ailleurs, la Charte constitutionnelle ayant dit que toutes les propriétés sont inviolables, *sans distinction* de celles qu'on appelle *nationales*, n'est-ce pas une raison de plus pour renvoyer aux tribunaux, *sans distinction*, toutes les questions de propriété, même celles qui s'élèveraient à l'occasion des ventes de domaines nationaux? Les constestations nées de ces ventes peuvent être appréciées par les Tribunaux avec autant d'impartialité et d'indépendance

[1] Cet abus a cessé par la loi rendue le 7 juillet 1833 sur l'*expropriation pour cause d'utilité publique*.

que par l'administration. J'ajoute que la publicité des audiences est pour les plaideurs une garantie que ne leur donnent pas les formes silencieuses du conseil d'état [1].

3° *Questions nées de contrats avec les administrations.*

60. Lorsque l'administration a fait des conventions, et contracté des engagemens envers les citoyens, elle devient *partie* pour tout ce qui concerne l'exécution. Pourquoi veut-elle donc rester seule arbitre des difficultés; interpréter ses propres marchés; se condamner ou s'absoudre, en un mot, être *juge et partie?* N'est-ce pas évidemment le cas de recourir aux Tribunaux, comme autorité indépendante, pour tenir la balance entre les contractans? — Je n'excepterais que les contrats de fournitures ou d'entreprises de travaux publics, par lesquels les parties se seraient expressément soumises à la juridiction administrative : *volenti non fit injuria.*

4° *Vente et échange des biens de l'État, des Communes et des Etablissemens publics.*

61. Que ces biens ne puissent être vendus ou échangés qu'en vertu d'une *loi* : je le conçois. Mais, lorsqu'il ne s'agit plus que d'accomplir la vente ou l'échange, d'exécuter et d'entrer dans le détail des expertises, des désignations, des clauses, croit-on qu'une assemblée de 400 députés soit plus à l'abri d'une surprise qu'une compagnie de 12 ou 15 magistrats? Les députés, se croyant réservés spécialement aux grandes questions politiques, écoutent avec indifférence un rapport auquel ils ne s'intéressent pas, un détail auquel ils n'entendent rien et ne veulent rien entendre. Tandis qu'une Cour accoutumée, par la nature même de ses fonctions, à l'examen des pièces, des titres, des contrats, vérifie, délibère et juge en pleine connaissance de cause, après le rapport d'un de ses membres, communication préalablement faite au ministère public, et sauf le droit d'opposition possible de la part des tiers intéressés.

Par cette distinction, on épargnerait au pouvoir législatif

[1] Depuis la révolution de 1830, on a introduit la publicité pour les audiences du comité contentieux.

des détails fastidieux; et, par l'attribution aux Cours de la surveillance sur ce qui est d'exécution, on s'assurerait qu'aucune surprise, aucune lésion ne serait pratiquée au détriment de l'état ou des établissemens placés sous sa tutelle.

Dans tous les cas un *examen préalable* par ces Cours avec leur avis serait une garantie pour les chambres législatives.

5° *Appels comme d'abus.*

62. Pourquoi ne rendrait-on pas aux Cours souveraines la connaissance des *appels comme d'abus?* A-t-on donc oublié que les jurisconsultes [1] et les magistrats ont été parmi nous les plus zélés défenseurs des *libertés de l'Église gallicane* [2]? Dans ces temps de ténèbres et de barbarie, où la tiare prétendait subjuguer toutes les couronnes, n'est-ce donc pas à leurs lumières et à leur courage que la

[1] « Le pape JULES III avait dénoncé la guerre au roi HENRI II, » et s'y portait avec tant d'animosité et de fureur, qu'il ne pouvait » être surmonté ni par prières, ni par argent, ni par la force » des armes; et cependant ce pontife fut tellement troublé et ef- » frayé par un livret (le commentaire de l'*édit des petites dates*) » que DUMOULIN fit contre lui, qu'il le contraignit non-seule- » ment de mettre bas les armes, mais aussi, comme se reconnais- » sant vaincu, de donner la carte blanche, demander la paix et » en accorder toutes les conditions, etc. »

C'est aussi le témoignage qu'en rendit au roi le connétable Anne de Montmorency, qui, en présentant notre jurisconsulte à la cour, dit : « Sire, ce que V. M. n'a pu faire et exécuter avec » trente mille hommes, de contraindre le pape Jules à lui deman- » der la paix, ce petit homme (car Dumoulin était de petite sta- » ture) l'a achevé avec un petit livret. » (Vie de Dumoulin, *liv.* 2, *chap.* 2.) — Doit-on s'étonner après cela que les œuvres de ce jurisconsulte aient été mises à l'*index?*

[2] Ce que le législateur n'eût pas osé tenter, Pierre Pithou l'exécuta : il rédigea en un seul CODE les articles des *Libertés de l'Église gallicane;* et quoique ce recueil de maximes ne soit que l'ouvrage d'un particulier, « cet ouvrage, dit M. d'Aguesseau, » est si estimé et en effet si estimable, qu'on l'a regardé comme » le *palladium* de la France, et qu'il a acquis une sorte d'autorité » plus flatteuse pour son auteur que celle des lois mêmes, puis- » qu'elle n'est fondée que sur le mérite et la perfection de son » travail » (D'Aguess., 1, p. 427.) — Le président Hénault atteste que « les maximes de Pithou ont, en quelque sorte, force de loi, » quoiquelles n'en aient pas l'authenticité. »

France fut redevable de ces savans écrits, de ces vigoureux arrêts qui, au milieu de l'Europe prosternée, conservèrent l'indépendance de la monarchie [1], et présentèrent au monde obédient le spectacle, unique alors, d'une nation saintement jalouse de sa première discipline, aussi modérée que ferme dans ses maximes, également éloignée de la licence et de la servitude, sans que jamais sa soumission ait diminué sa liberté, ni que jamais sa liberté ait porté la moindre atteinte à sa soumission? — Ce que les Tribunaux et les avocats ont fait pour l'affermissement de nos libertés n'est-il pas un sûr garant de leur empressement à les défendre encore de toute entreprise ultramontaine?

63. La connaissance des appels comme d'abus fut attribuée au conseil d'état par la loi du 18 germinal an X.

Elle fut ensuite restituée aux cours impériales par décret du 25 mars 1813.

Elle a été transportée de nouveau au conseil d'état par l'ordonnance du 29 juin 1814.

N'était-ce point le cas de faire *une loi?* et, en faisant cette loi si désirable (si jamais on la fait!) n'y aurait-il pas un moyen de conciliation?

Parmi les cas d'abus, il y en a qui peuvent intéresser *la politique*; d'autres qui n'intéressent que *les particuliers*.

On peut ranger dans la première classe la publication des bulles, brefs, rescrits, décrets, mandats, et autres expéditions de la cour de Rome; les usurpations et excès de pouvoirs des ecclésiastiques, l'infraction des règles consacrées par les canons reçus en France, et en général les attentats aux libertés, franchises et coutumes de l'Église gallicane.

Dans la seconde classe se trouvent les entreprises et procédés qui, dans l'exercice du culte, peuvent compromettre l'honneur des citoyens, troubler arbitrairement leur conscience, dégénérer contre eux en oppression ou en injure, ou en scandale public.

Suivant cette distinction, on réserverait au conseil d'état la connaissance des appels comme d'abus qui rentrent

[1] Voyez l'*Histoire des avocats*, par M. FOURNEL, t. I, p. 16 et suiv., et mon traité des *Libertés de l'Église gallicane*.

dans la première classe; et on laisserait ceux de la seconde catégorie dans le domaine des tribunaux [1].

N'est-il pas singulier, en effet, que, pour un refus de sacrement, une parole indiscrète prononcée en chaire contre un particulier, une difficulté née subitement à l'occasion d'un mariage, d'un baptême ou d'une inhumation, il faille recourir de tous les points de la France au conseil d'état, comme s'il s'agissait du salut de la monarchie? N'est-il pas plus convenable d'abandonner aux cours le jugement de ces débats purement privés?

64. Du reste, on conçoit que ces sortes de contestations devront être, comme autrefois, portées devant les cours, sans qu'on soit obligé de subir un premier degré de juridiction : parce que le jugement de ces affaires exige des connaissances que n'ont pas les tribunaux de première instance.

6° *Modification de l'article 75 de la constitution de l'an* VIII.

65. Il est fâcheux qu'on ait pu croire que cet article avait survécu à l'abolition de la constitution de l'an VIII.

Il était nécessaire sous l'empire, parce que le gouvernement, étant absolu, commandait à ses agens en despote, et ne leur permettait pas de refuser ni de différer l'obéissance.

Mais, sous un gouvernement monarchique et constitutionnel, où la responsabilité des fonctionnaires est la première garantie de la sûreté et de la liberté des citoyens, l'abolition, ou du moins une forte modification de cet article semblait aller de droit.

En effet, il a pour but d'enchaîner l'action des citoyens; il leur enlève le droit de se plaindre, et le moyen d'obtenir réparation du tort le plus éclatant, de l'injustice la plus révoltante, de l'exaction la plus manifeste : il entrave l'action des tribunaux : il force les magistrats au silence en présence du crime qui serait d'ailleurs le mieux avéré.

Autrefois les parlemens pouvaient décréter même un gouverneur de province! Cela s'appelait rendre justice *aux grands comme aux petits, sans nul épargner*. Ac-

[1] Devant la chambre des députés j'ai plusieurs fois émis la même opinion, surtout à la séance du 26 juillet 1828.

tuellement il faut un arrêt du conseil pour pouvoir attaquer un simple commis !

Ces trois mots, *je suis percepteur*, *je suis agent*, *je suis préposé*, ont la même puissance que *le civis romanus sum* de l'antiquité ! ou la *clameur de haro* des vieux Normands [1] !

§ V.

Des Conflits [2].

66. Les conflits sont la plus grande plaie de l'ordre judiciaire. C'est une sorte d'interdit lancé sur les tribunaux. A l'aide d'un conflit que peut élever même un préfet de police [3], il n'est pas de cour dont la juridiction ne puisse être à l'instant paralysée ; il n'est pas de question personnelle ou de propriété qui ne puisse être transportée au conseil d'état et jugée par des fonctionnaires amovibles, sous la présidence du ministre qui les nomme et qui peut les révoquer.

A quoi donc a servi d'abolir par une loi expresse [4] les évocations et les committimus ! les committimus contre lesquels on a tant réclamé ! et qui n'avaient cependant pas pour effet d'enlever les affaires à la connaissance des tribunaux ; mais seulement d'abréger les degrés de juridiction, et de transporter immédiatement la cause en appel !

67. Les conflits ont-ils pu survivre à la Charte, qui a proclamé solennellement que *nul ne peut être distrait de ses juges naturels* ? — Je ne le pense pas. J'ai soutenu devant la cour, et je soutiens encore en termes de droit, que la pratique des conflits est incompatible avec cette disposition de la Charte. — Je le plaiderai en toute occasion, et

[1] La charte de 1830 a promis une loi sur la *responsabilité des agens du pouvoir*.

[2] La plupart des griefs énoncés sous ce § ont été redressés par l'ordonnance du 1er juin 1828.

[3] Non-seulement pendant le cours d'un procès, mais après qu'il a été *jugé par arrêt* ; à l'occasion, par exemple, d'un cœur desséché depuis plusieurs années dans une urne de métal, sur l'allégation que la translation d'une pareille momie intéresse *la salubrité publique !* (Cela s'est vu pour le cœur de Grétry.)

[4] Loi du 3 septembre 1791, tit. 3, art. 4. Loi du 16 août 1790, tit. 14, art. 13.

j'espère bien tôt ou tard le faire juger ainsi. La jurisprudence m'apprendra si je me suis mépris.

Déjà, dans une occasion mémorable, j'ai obtenu arrêt, qui a prononcé, en présence d'un conflit, par voie de simple *sursis*; et qui, en même temps, a ordonné sur le fond un *toutes choses demeurant en état*, qui paralysait la décision du premier juge. La cour, en cela, n'a fait qu'user de son droit.

Dans l'état actuel des choses, l'ordre judiciaire est indépendant : il a une juridiction qui lui est propre, et dans laquelle il faut bien apparemment qu'il ait le pouvoir de se maintenir.

Si, de fait, on porte devant un tribunal une affaire qui ne soit pas de sa compétence, chaque partie a le droit de décliner sa juridiction; le gouvernement le peut comme tous les autres plaideurs, par le ministère des gens du roi. Des tribunaux sont même tenus de se départir d'office, s'ils s'aperçoivent les premiers de leur propre incapacité.

Les conflits viennent donc aujourd'hui se fondre dans l'*exception d'incompétence* [1]. Si le moyen est fondé, le tribunal doit se départir; non, parce qu'il y a conflit, mais parce qu'il reconnaîtra son incompétence : dans le cas contraire, il doit passer outre au jugement, sans s'arrêter au déclinatoire; le tout, sauf à la partie lésée, partie privée ou partie publique, à se pourvoir par appel ou devant la Cour de cassation.

Si cette Cour, qui certes a autant de lumières que le conseil d'état, et qui, par son organisation légale et l'inamovibilité de ses membres, a plus d'indépendance et offre incomparablement plus de garantie, juge qu'il n'y a pas eu excès de pouvoir, la décision tiendra : si elle casse, on reproduira l'incompétence devant un nouveau tribunal.

Ces formes suffisent à l'intérêt du pouvoir en même temps qu'elles protégent le droit des citoyens. Elles n'offrent point le scandale qui accompagne toujours la brusque apparition d'un conflit. Une Cour monte sur le siége; ses magistrats y paraissent revêtus des ornemens de leur magistrature; et tout à coup un préfet, se disant instruit par la *notoriété publique*, dicte à un commis un arrêté de conflit, et, sur la notification de cette espèce de firman, il

[1] L'ordonnance du 1er juin 1828 a fini par le reconnaître.

faut quitter l'audience et suspendre le cours de la justice !

Cette forme a pris naissance en l'an III [1], force en l'an VIII ; bientôt on en a fait le plus criant abus ; on l'a employée même après des arrêts déjà rendus ! on a ainsi remplacé la chose *jugée* par la chose *administrée !* Il est digne du gouvernement constitutionnel de supprimer par le fait une forme incompatible avec la dignité des tribunaux, et la confiance qu'ils inspirent ; confiance assez attestée au surplus par les lamentations des plaideurs, chaque fois qu'ils se voient arrachés des autels de la justice.

Ce n'est pas que les conseillers d'état ne soient réputés aussi capables et aussi intègres que les membres des tribunaux et des cours. Mais il y a certainement une grande différence entre l'indépendance présumée qui se tire du caractère personnel des individus et l'indépendance légale attachée à l'inamovibilité des magistrats. Cette distinction a été trop bien marquée par M. le garde des sceaux, dans l'exposé des motifs du *projet de loi sur les retraites*, pour que je ne m'empresse pas de retracer ici les expressions dont il s'est servi.

« L'inamovibilité des juges est de l'essence même de la justice, parce qu'il n'y a point de justice sans indépendance, ni d'indépendance complète sans la sécurité précieuse que produit l'inamovibilité.

» Souvent le caractère du magistrat est plus indépendant que sa condition. L'honneur supplée en lui à la confiance que ses fonctions ne lui donnent point, et le sentiment du devoir dissipe ou prévient les craintes que l'intérêt personnel aurait inspirées.

» Mais cette indépendance, dont le principe est si noble, serait cependant imparfaite et insuffisante. Plus honorable que l'indépendance légale pour le magistrat qui l'exerce, elle est moins utile à la société, parce qu'elle manque d'apparence extérieure et de certitude. Ce n'est pas assez que les juges soient indépendans, il faut, pour ainsi parler, que les peuples *le voient et le sentent ;* car l'autorité de la justice ne s'établit pas seulement par l'exactitude et l'impartialité de ses décisions, mais *par l'opinion qu'on en a.* »

[1] Loi de la convention nationale du 21 fructidor an III, art. 27.

S'il en est ainsi, pourquoi donc ne pas réorganiser le conseil d'état, et ne pas conférer l'inamovibilité au moins à la section qui *juge* les affaires contentieuses [1] ?

§ VI.

Retraite des Juges.

68. On vient de présenter aux chambres un *projet de loi tendant à accorder des pensions de retraite aux juges infirmes.*

A la simple annonce de ce projet, les plus ombrageux ont cru que cette loi ouvrirait un moyen indirect de porter atteinte au principe constitutionnel de l'*inamovibilité des juges.*

En effet, à moins d'être doué, par exception, de ces santés robustes que l'on ne rencontre guère chez les hommes qui se vouent aux travaux de cabinet, il n'est pas de juge qui ne pût, à l'occasion d'une maladie ou d'une infirmité survenue, être privé de sa place : en telle sorte, qu'au lieu d'être nommés sous l'ancienne clause, *tant qu'ils se comporteront bien*, c'est-à-dire jusqu'à ce qu'ils aient encouru forfaiture, les magistrats ne seraient plus institués que sous cette condition tacite : *tant qu'ils se porteront bien.*

Si cette appréhension est exagérée, il est du moins difficile de penser avec le ministre promoteur de la loi que, « bien loin d'altérer le principe de l'inamovibilité, elle le confirme *et le fortifie.* »

Toutefois on ne peut se dissimuler qu'en remettant aux Cours royales l'appréciation des causes de retraite, le projet semble rendre l'abus impossible. Comment croire, en effet, que la magistrature tourne jamais contre elle-même un pouvoir qui lui est remis pour ne l'exercer que dans l'intérêt de ses membres [2] ?

[1] Voyez le discours que j'ai prononcé sur la réforme du conseil d'état, à la séance de la chambre des députés du 10 avril 1828.

[2] Du reste, M. De Sèze a très-judicieusement remarqué que, puisqu'on remettait aux Cours le soin d'informer, il ne fallait pas que le ministre se réservât le droit d'ordonner ensuite selon son bon plaisir. « A quoi bon, disait-il à la chambre des pairs ; le » projet de loi ordonne-t-il de prendre l'opinion des magistrats,

Mais on peut se demander si une telle loi est bien nécessaire.

Nous conviendrons sans peine avec le ministre « qu'il » serait absurde d'imaginer que les effets de l'inamovibi- » lité dussent s'étendre jusqu'à ce point, qu'un magistrat » dont la raison serait aliénée, conservât le droit de siéger » parmi ses collègues, et pût les contraindre à compter » sa voix dans leurs délibérations. » — Mais est-il donc besoin, même en ce cas, quoique le plus grave de tous, de priver un juge de son titre, de lui ôter son traitement, et de le mettre en demi-solde ?

Ne suffirait-il pas en pareille occurrence d'établir que le juge fou ou infirme cessera de siéger tant que durera le mal dont il est atteint ? Et lors même qu'il n'y aurait que peu ou point d'espérance de guérison, quelle nécessité de le dépouiller tout vif de sa charge, de le priver d'un traitement qui lui devient plus que jamais nécessaire, et de le condamner à une retraite qui l'afflige au moral, et l'atteint jusque dans les moyens pécuniaires de soulager ses maux ?

On objecte (dans l'exposé des motifs du projet) « que, si la loi ne passait pas, il ne resterait que le décret du 2 octobre 1807, lequel établit des formes si brèves (*imperatoria brevitas*), et prescrit des précautions si peu efficaces, qu'elles ne peuvent rassurer ni la magistrature, *ni le gouvernement*... » Cette crainte n'a aucun fondement. N'est-il donc pas aisé de répondre que le décret de 1807, rendu à une époque où les juges étaient *révocables à volonté*, a été abrogé de plein droit par la Charte, qui a posé, au contraire, le principe de l'*inamovibilité ?*

Mais la société resterait donc sans garantie ? — Non, certes ; et il est facile de le prouver par l'exemple de l'honnête passé.

Autrefois, comme aujourd'hui, les juges étaient exposés à devenir fous ; on en voyait quelques-uns atteints d'infirmités graves, contractées souvent dans l'exercice de leurs pénibles et honorables fonctions : mais les privait-on pour cela de leur office ? — Nullement.

» si en même temps il permet au ministre de n'en faire aucun cas » ni aucun usage ?.... Il dépendra du ministre de mettre cette » opinion de côté, pour mettre à la place la sienne propre. »

Les familles avaient soin de retenir au logis ceux qui avaient eu le malheur de perdre la raison; et, quant aux infirmes, s'ils poussaient le zèle au point de surmonter leurs souffrances pour venir encore partager les travaux de leurs collègues, personne ne s'indignait de la patience avec laquelle ceux-ci toléraient l'aspect et le voisinage de leurs maux. Que si la chose devenait tout-à-fait incommode et préjudiciable au bien de la justice, on persuadait aisément aux malades de rester chez eux; mais pour cela, et tant que la moralité était demeurée sans reproche, on ne les forçait point à se démettre de leurs charges; ils conservaient, en état de maladie, les titres et les honneurs qu'ils avaient auparavant; et ils continuaient à recevoir l'*intégralité de leurs gages.*

On peut se donner la peine de consulter à ce sujet le recueil des arrêts de Duluc, intitulé *Placitorum curiæ arresta*, liv. 13, tit. 5, chap. 12 et 13; et voir dans Larocheflavin, *des parlemens de France*, liv. 6, chap. 5 et suiv., ce qu'il dit des magistrats *furieux*, *boiteux* et *bossus*, des *goutteux* et *podagres;* et ce qu'il dit notamment « d'un conseiller d'enqueste si petit et bossu, qu'allant et » revenant du Palais sur une mule, avec un grand chapeau, les parties demandant aux gens du voisinage s'ils » l'avoient vu passer, ils répondoient avoir vu passer *un* » *chapeau sur une mule.* »

Après avoir interrogé ces anciens usages pour s'assurer du scrupule avec lequel on maintenait chacun dans son état, malgré les infirmités survenues, on se demandera si l'*inamovibilité*, stipulée par la Charte, ne doit pas protéger les magistrats à l'égal de l'*ancienne inamovibilité* établie par l'ordonnance de 1467, dans laquelle Louis XI s'exprime en ces termes : « Statuons et ordonnons que désormais nous ne donnerons aucun de nos offices, s'il n'est vacant par mort, ou par résignation faite *de bon gré* et consentement du résignant, dont il apparoisse duement, ou par forfaiture préalablement jugée et déclarée judiciairement, et selon les termes de justice par juge compétent. »

69. Un mot sur les présidens et juges *honoraires*.

Quand un juge est démissionnaire et admis à la retraite, rien de mieux, sans doute, que de lui conserver un titre avec lequel il a long-temps vécu, et quelques honneurs dans lesquels il se survit à lui-même : la vieillesse a besoin de hochets comme l'enfance. Mais pourquoi conserver à des magistrats qui ne se sont déportés de leurs fonctions que parce qu'ils ne pouvaient ou ne voulaient plus les exercer, le droit de siéger *avec voix délibérative* dans les audiences solennelles, c'est-à-dire dans celles où se jugent les plus grands procès ?

Tous les juges *honoraires* n'ont pas ce droit, je le sais : il n'appartient qu'à ceux à qui une ordonnance royale l'a spécialement accordé. Mais pourquoi ce privilége, même pour quelques-uns ? S'ils étaient encore en état d'exercer leurs fonctions, pourquoi les ont-ils abdiquées ? S'ils n'en pouvaient plus, pourquoi ne gardent-ils pas le repos qu'ils ont cherché ? Pourquoi enfin sont-ils encore *juges par occasion*, après avoir cessé de l'être d'habitude ? Cette position mixte d'un magistrat qui ne l'est plus et qui l'est encore, à qui il est interdit de connaître des plus petites affaires, et qui se mêle cependant des grandes ; qui n'est plus un magistrat inamovible, mais seulement un pensionnaire du gouvernement, est-elle bien conforme à la dignité et aux véritables intérêts de la magistrature telle qu'elle a été instituée par la Charte ?

§ VII.

De la Révision générale des Lois.

70. Semblable à la statue de Glaucus, que le temps, la mer et les orages avaient tellement défigurée, qu'elle ressemblait moins à un dieu qu'à une bête féroce, la législation, altérée au sein de nos troubles politiques, par mille causes sans cesse renaissantes, par l'acquisition d'une multitude de connaissances et d'erreurs, par les changemens arrivés à la constitution de l'Etat, et par le choc continuel des factions, a changé d'apparence au point d'être méconnaissable ; et l'on n'y trouve plus, au lieu d'une volonté agissant toujours par des principes certains et invariables, au lieu de cette céleste et majestueuse simplicité qui devrait en faire le noble caractère, qu'une mer sans rivage, un abîme sans fond, un chaos qui attend une nouvelle création.

71. Il serait donc à propos que l'on vît paraître une loi

semblable à l'édit que donna Henri IV. au mois de janvier 1597. « Les guerres (disait ce bon roi) et les divi-
» sions dont notre royaume a été affligé depuis qu'il a plu
» à Dieu nous y appeler, ont tellement *obscurci la force*
» *des bonnes lois* ,que non-seulement l'observation en a été
» intermise, mais pour la plupart ont été du tout perver-
» ties ou mises en oubli entre les confusions et désordres
» des guerres civiles ; ce qu'ayant bien et meurement con-
» sidéré, même sur les plaintes qui nous ont été faites de
» divers endroits, et ne désirant rien plus que le soulage-
» ment de nos sujets, et *la justice, solide fondement de*
» *tous royaumes*, leur être administrée et rendue comme
» il appartient, nous avons estimé devoir déclarer notre
» intention sur l'observation des ordonnances, de laquelle
» la licence du temps peut avoir fait dispenser aucuns de
» nos officiers et sujets. POUR CES CAUSES, etc. »

On *réviserait* toutes les lois existantes.

On *abrogerait* formellement celles qui ne conviennent plus à notre gouvernement ni à nos mœurs [1].

On classerait les autres *par ordre de matières* [2], et l'on en composerait différens *codes*.

72. « Toutes les lois organiques nous manquent, disait il y a seulement quelques jours M. de Martignac [3]. Nous vivons sous une monarchie légitime et tempérée ; et notre système d'administration marche encore sur des ressorts préparés pour une république ou pour une puissance despotique. »

[1] Dans la première édition, en 1814, je réclamais plusieurs abolitions qui depuis ont été prononcées; notamment celle du *divorce*.

[2] J'ai tâché, autant qu'il a dépendu de moi, de préparer l'accomplissement de cette refonte générale de toutes nos lois, en publiant, d'abord avec l'autorisation du gouvernement, depuis 1813 jusqu'en 1823; et ensuite, de mon chef, divers Recueils contenant distinctement les lois *civiles*, de *commerce*, de *procédure*, *criminelles*, *forestières*, des *communes*, de *compétence*, etc., qui pourraient être remplacées par autant de *codes* ou *lois générales* sur ces diverses matières.

[3] Rapport de M. de Martignac sur l'*acte septennal* (Journal des Débats, du 31 mai 1824.)— *Voyez* l'ouvrage de M. Legraverend, intitulé : *Des lacunes et des besoins de la législation française en matière politique et en matière criminelle*. 1824, 2 vol. in-8°.

M. Desèze a aussi demandé la réforme de notre législation, dans le discours qu'il a prononcé, le 1er mai 1824, devant la chambre des pairs; et son suffrage est trop imposant pour que je néglige de m'en autoriser.

« Dans les circonstances où nous nous trouvons, dit cet illustre magistrat, les grands intérêts politiques qui nous absorbent, nous distraient nécessairement des intérêts judiciaires; mais cependant ces intérêts judiciaires sont si importans, ils sont si graves, ils touchent de si près à tous les individus, ils ont des rapports si intimes avec la fortune, l'état, la vie, l'honneur de chaque citoyen, qu'il faudra bien qu'on s'en occupe avec tout le soin qu'ils exigent.

» On ne peut pas se dissimuler qu'une grande partie de notre législation est *incohérente*, ou *défectueuse*, ou *incomplète*, et mêlée, entre autres, de plusieurs législations qui se *contredisent*.

. . . .

. . . .

» Ce mélange si extraordinaire ne peut pas naturellement subsister.

» Il est nécessaire qu'il disparaisse, *et que la législation soit réformée.*

» Ce sera, à la vérité, un travail pénible, qui exigera du temps, qui demandera même une main courageuse pour l'entreprendre, qui demandera aussi *de la sagesse pour l'exécuter*, et qui ne pourra guère avoir lieu qu'à une époque où notre situation politique sera entièrement affermie. Mais aussi ce beau travail, Messieurs, s'il vient à être achevé, répandra encore un nouvel éclat sur le règne du monarque. »

Simplification de certaines lois.

73. Il ne suffirait pas d'agir sur la législation par une espèce de travail purement matériel, qui consisterait à la débarrasser des dispositions absurdes, inutiles ou abrogées, et à y rétablir un peu d'ensemble et d'unité.

Il y a aussi des lois (et je ne parle ici que dans l'ordre civil) qui exigeraient l'attention spéciale du législateur. J'en veux seulement indiquer quelques-unes.

1° Les lois sur *les faillites*. Cette partie du Code de commerce a été portée, en apparence, dans l'intérêt des créanciers; mais par le fait, l'exécution en est ruineuse pour eux [1]. Il en résulte que les faillites pourraient actuellement se définir, *un moyen de libération à titre universel*.

2° Les lois sur les *expropriations forcées*. Ces lois rendent le paiement des créanciers long, coûteux, difficile, incertain; elles privent les propriétaires de la facilité de trouver à emprunter sur hypothèque, et deviennent ainsi l'une des principales causes qui entretiennent l'usure, et empêchent la baisse de l'intérêt de l'argent. J'ai indiqué le moyen de simplifier les formes de l'expropriation, sans rien ôter au droit du fisc, ni rien retrancher aux vacations des officiers ministériels; dans *l'introduction* placée en tête de mon *Recueil des Lois de procédure*, page XXXI et suivantes.

3° J'ai aussi exprimé, au même endroit, page XLVI et suivantes, le désir de voir simplifier, dans l'intérêt des mineurs peu fortunés, quelques-unes des solennités, selon moi un peu trop coûteuses, que le Code de procédure a prescrites pour la conservation des biens des mineurs en général.

Ancien droit de Remontrances.

74. Dans l'ancien régime, « les parlemens et les cours souveraines avaient le dépôt des lois, étaient chargés d'examiner et vérifier celles qu'il plaisait au roi de leur adresser, de faire des remontrances que l'intérêt de l'Etat ou l'utilité des citoyens pouvaient rendre nécessaires, et de porter même leur zèle et leur fidélité jusqu'au refus d'enregistrer, dans les occasions où ils ne pouvaient se prêter à l'exécution de la nouvelle loi, sans trahir le devoir et la conscience. » (*Maximes du droit public français*, t. II, p. I.)

Ce droit d'examen et de remontrances n'existe plus; les tribunaux n'ont aucune participation au pouvoir législatif. (Chart. constit. *art.* 15.) Leur unique devoir est de faire lire, publier et enregistrer les lois, purement et simple-

[1] En ce moment (août 1834) on prépare un projet de loi qui sera soumis aux chambres dans la prochaine session.

ment, sans retard ni modification, de s'y conformer ponctuellement, et d'en procurer la stricte et prompte exécution.

Il serait néanmoins très-utile que chaque année les cours rédigeassent les *observations* qu'elles auraient eu occasion de faire sur les vices et les inconvéniens nés de l'application de telle ou telle loi. Ces observations seraient adressées au ministre de la justice, qui les mettrait sous les yeux du roi et des deux Chambres, afin que l'on pût, avec une entière connaissance de cause, proposer, dans la forme constitutionnelle, les changemens qui seraient reconnus nécessaires. Sans cela, on ne découvrira que difficilement les abus qui se glisseront dans l'administration de la justice; car tout le monde, je pense, est d'accord en ceci, que celui qui *applique* journellement les lois est plus à portée que le législateur d'en connaître le fort et le faible, et d'indiquer le moyen de corriger ce qui est défectueux. Il faut donc que l'un soit *averti* par l'autre.

La Cour de cassation était autorisée « à envoyer chaque année au gouvernement une députation pour lui indiquer les points sur lesquels l'expérience lui aurait fait connaître les vices ou l'insuffisance de la législation. » (Loi du 27 ventôse an VIII, art. 86.) — Cette forme paraît être tombée en désuétude. Tant pis [1].

§ VIII.

Observations générales.

75. Aux observations particulières qui précèdent, j'ajouterai quelques observations générales qui révèlent le secret de la grande popularité qu'avaient acquise les parlemens.

1re *Observation*. Les cours ne doivent jamais se montrer fiscales. *La cause du fisc n'est mauvaise*, dit-on, *que sous un bon prince* [2] : elle ne doit donc pas être favorable sous un prince constitutionnel. Cela ne veut pas dire qu'il

[1] Je n'ai jamais pu décider la Cour de cassation à se ressaisir de ce droit, dont j'ai parlé dans ma mercuriale de rentrée, du 3 novembre 1830.

[2] Magna principis gloria est, si sæpè vincatur *fiscus*, *cujus mala causa nunquàm est, nisi sub bono principe*. PLIN. AD TRAJ. Fiscus post omnes. Voyez *Max. du Dr. pub. fr.*, tome II., p. 330.

faut toujours juger contre le trésor public. Là aussi est un intérêt général et puissant ; mais cela signifie que le fisc ne doit gagner qu'à bon escient, et que, *dans le doute*, on doit plutôt décider contre lui que d'aggraver l'impôt par une interprétation onéreuse.

IIe *Observation*. Quand le roi plaide, il faut *qu'il ait deux fois raison pour gagner son procès*, sinon il doit le perdre. La cour royale de Paris a donné un bel exemple de l'application de cette règle dans l'affaire du chevalier Desgraviers.....

IIIe *Observation*. Une courageuse indépendance est la première vertu du magistrat. Il doit, au criminel, *juger chacun selon ses mérites et ses démérites*, SANS NUL ÉPARGNER, *et sans nul vexer* : — au civil, ne point avoir égard aux sollicitations des gens puissans, et *faire loyale justice, tant aux grands comme aux petits*.

Il est besoin de relever les âmes [1] ; elles ont pris, comme les corps, une courbure [2] qui a détruit leur élasticité ; il est digne du roi de la leur rendre : « Il importe à sa gloire que nous soyons des hommes libres, et non pas des esclaves ; la grandeur de son état et la dignité de sa couronne se mesurent par la qualité de ceux qui lui obéissent. [3] »

S'adressant aux juges, il leur dira comme l'un de ses prédécesseurs : « *Que chacun de vous veille* avec attention, à l'avenir, à ce que personne ne se porte, par des motifs particuliers de cupidité, de liaison du sang ou de l'amitié, *à nous suggérer choses irrégulières*, et ne nous engage, par importunité ou autrement, à rien faire *qui blesse la justice, la raison, la dignité de notre nom*, et *l'équité* de notre gouvernement. — Si cependant, par le malheur attaché à l'humanité, il arrivait que nous fussions *surpris*, votre zèle et votre fidélité prendront soin de nous en *avertir*, afin que telle méprise *soit corrigée*, conformément à la raison, et avec cette justice et cette

[1] *Libertate opus est ; non hâc*, etc. PERS.
[2] *O curvæ in terras animæ!* PERS., *sat.* 2.
O homines ad servitutem paratos! TACIT. *Annales*, III, 65.
[3] XVe *Discours d'Omer Talon*, dans le recueil de ses œuvres, publié par J.-B, Rives, tome I.

bonne foi qui conviennent à la majesté royale et au bien de nos sujets [1]. »

Ou encore il leur rappellera ces paroles de Charles V (dit *le Sage*, devenu roi). « Nous sommes assez recors que » aucunes fois nous avons mandé *par importunité de re-* » *quérans*, de surseoir à prononcer les arrêts jusqu'à cer- » tain temps, sur aucune cause; et aussi *par l'infestation* » *des gens de notre hôtel* et autres, nous avons voulu ouïr » par-devant nous la plaidoirie d'aucune petite cause, » dont il n'appartient point; et pour ce que nous avons » naguères été et sommes acertenés que par le délai des- » dits arrêts, *le droit des parties a été* et *est appétitié con-* » *tre raison*, et semblablement pour ouïr telles mêmes » causes notre dit parlement a été empêché : *Nous vous* » *mandons que* DORÉNAVANT, *pour quelconque lettre ou* » *mandement que vous ayez de nous* au contraire, vous » ne sursoyez ou délayez à prononcer et donner lesdits ar- » rêts; *sur ce procédiez toutefois qu'il vous semblera bon* » *à faire*, SELON JUSTICE ET RAISON. » (Ord. du 22 juillet 1370.) — Il y a loin de là aux conflits!

Stimulés de la sorte *par le roi lui-même*, les magistrats n'appréhenderont pas de lui déplaire en défendant leurs prérogatives, et en refusant d'avoir égard à toutes *choses irrégulières* qui lui seraient *surprises* et qui renfermeraient :

Ou des *évocations* au mépris de l'art. 62 de la Charte constitutionnelle;

[1] Capitul. Karol.-Calv., t. 2, fol. 6. *Adde*, ordonnances de mars et de décembre 1344; du 19 mars 1359; du 15 août 1389; de 1433, art. 66 et 67; du 22 décembre 1499; du 18 mai 1529; du mois d'août 1539, art. 170 et 171; de mars 1545; de février 1566, art. 70 et 71; de mai 1579, art. 91, 92, 97, 98 et 200. Édits de janvier 1587, et mai 1616. Déclarations du 31 juillet 1648, art. 1; 22 octobre, même année, art. 14 et 15. Lettres-patentes du 11 janvier 1657. Ordonnance d'août 1669, art. 4 et 38; d'août 1737, art. 4, 22, 26, 60. — Je cite cette série de lois, qui toutes consacrent le même principe, afin de mieux convaincre certains juges par trop obséquieux, qui, dès qu'il leur apparaît d'une ordonnance, d'un arrêt, ou même d'une circulaire ministérielle, se croient dessaisis du droit de préférer la loi à des textes qui lui sont évidemment subordonnés.

Ou *création de commissions et tribunaux extraordinaires*, contrairement à l'art. 63 de la même Charte [1].

Les cours retrouveront alors des présidens qui, au besoin, sauront dire aux ministres l'équivalent de ce que le P. P. de Harlay disait au roi lui-même [2] : « — Sire, devez » recevoir de bonne part ce qui vous est remontré en toute » humilité, car il nous est commandé de craindre Dieu et » honorer notre roi. *La crainte de Dieu est la première, et* » *que nous devons préférer à toutes choses...* C'est pour» quoi, sire, quand vous nous faites commander quelque » chose à laquelle *il nous semble en nos consciences ne* » *pouvoir acquiescer*, votre majesté ne le doit prendre en » mauvaise part, ni juger désobéissance le devoir que nous » faisons en nos états ; parce que nous estimons que vous » ne la voulez, sinon d'autant qu'elle est juste et raisonnable ; » et qu'ayant entendu qu'elle n'est telle, ne serez pas of» fensé de n'avoir pas été obéi ; etc., etc. »

Un tel langage honore également le sujet qui parle et le monarque qui écoute. Voilà la liberté dont jouissaient nos pères ; nous devons nous montrer jaloux de la reconquérir.

Ajoutons cette parole moderne : « La Cour rend des ar» rêts, et non pas des services. »

[1] L'art. 63 de la Charte de 1814 permettait le rétablissement des *juridictions prévôtales*, et malheureusement on en a usé. L'art. 54 de la Charte de 1830 prohibe, sans exception, tous les tribunaux extraordinaires, sous quelque dénomination que ce soit.

[2] Cérémonial français, tome 2, p. 597.

DE LA

JURISPRUDENCE

DES ARRÊTS,

A L'USAGE DE CEUX QUI LES FONT,

ET DE CEUX QUI LES CITENT.

(GENERALITER), non exemplis, sed legibus judicandum est. L. 13, Cod. *de Sententiis.*

(At in silentio legum, nec non) in ambiguitatibus quæ ex lege proficiscuntur (rescriptum est), rerum perpetuò similiter judicatarum auctoritatem, vim legis obtinere debere. L. 38, ff. *de Legibus.*

Ire édition, 1812, in-4°. 2e, 1822, in-18. 3e, 1824, in-18.

DE LA JURISPRUDENCE

DES ARRÊTS.

SECTION PREMIÈRE.

Définition, étymologie du mot arrêt.

Les décisions des cours souveraines s'appellent *arrêts*, parce que, n'étant pas susceptibles d'être réformées sur appel par un tribunal supérieur, elles mettent ordinairement fin aux procès, et *arrêtent* toutes contestations ultérieures entre les parties.

BOUTILHIER confirme cette étymologie : « Si sachez que d'arrest de parlement ne peut être appelé; et, pour ce, l'appelle-t-on *arrêt*, que tellement est arresté que nulz appeaux n'y chéent[1]. »

On lit encore dans le *Glossaire du Droit français*, au mot *arrêt*, que : « c'est le dernier et souverain jugement auquel il faut *se tenir et arrêter*, et contre lequel il n'y a pas d'appel. »

Il ne faut pourtant pas conclure de ces définitions que toute décision qui termine un procès soit pour cela ce que nous entendons par *arrêt*.

Les tribunaux inférieurs ont dans leurs attributions des matières sur lesquelles ils statuent aussi en dernier ressort; contre lesquelles, par conséquent, on ne peut revenir par voie d'appel : les plus petites juridictions jouissent de cette prérogative. Les juges de paix ont même cet avantage que leurs jugemens ne sont pas susceptibles de recours en cassation, si ce n'est pour cause d'incompétence ou d'excès de pouvoir; et pourtant ces jugemens, bien que rendus en dernier ressort et non sujets à être réformés, ne sont pas des *arrêts*.

Ce nom est, comme nous l'avons dit, réservé aux *décisions des cours* souveraines; il leur est attribué par une sorte d'honneur.

[1] *Somme rurale*, tit. XXI, page 93, édit. de 1603.

Aussi voyons-nous que, dans l'ancien ordre de choses, il est plusieurs fois arrivé que des juges subalternes ont été repris pour avoir usurpé cette dénomination, et l'avoir ambitieusement appliquée à leurs prononciations.

A plus forte raison en serait-il de même aujourd'hui depuis qu'une loi précise [1] a déclaré que les *cours* seules pourraient donner à leurs actes d'audience le titre d'*arrêts.*

Cette expression est d'un style bien ancien ; et toutefois il ne faut pas s'y méprendre.

Plusieurs auteurs, en rapportant de vieux jugemens, les ont appelés *arrêts*, quoique ce nom ne leur eût jamais appartenu [2], et qu'en recourant à la source, on les trouve simplement qualifiés de *jugemens* ou *décrets*.

C'est dans le dispositif d'un arrêt rendu en 1278 contre le roi, en faveur du duc d'Alençon, qu'on lit pour la première fois : *Dictum fuit per arrestum*, etc.

On trouve dans un registre des Grands-Jours de Champagne une décision de l'an 1288 qui en relate une antérieure sous le titre d'*Arrêt.*

Le mot *arrestum* est employé dans l'article 6 de l'ordonnance de Philippe-le-Bel, de l'année 1291. (*Ordonnances du Louvre*, t. 1, p. 320.)

Enfin l'expression française *arrêt*, déjà employée en 1338 dans une décision de la cour du duc de Bourgogne, *portée en langue vulgaire*, fut généralement adoptée, surtout depuis que François Ier, par son ordonnance de 1539, art. 111, eut ordonné que « d'oresnavant tous *arrêts*..... et autres actes quelconques, seraient prononcés, enregistrés et délivrés aux parties *en langage maternel français*, et non autrement. »

SECTION II.

Des diverses espèces d'arrêts.

Il y avait autrefois différentes espèces d'arrêts.

On distinguait ceux qui tenaient à l'ordre public de ceux qui ne concernaient que les intérêts des particuliers.

[1] Sénatus-consulte du 28 floréal an XII, art. 134.

[2] PAPON parle des *Arrêts* de l'Aréopage « qui estoit (dit-il), l'un des *Parlemens de Grèce* estably à Athènes pour le criminel. »

Parmi les premiers, les plus remarquables étaient les *arrêts d'enregistrement* et les *arrêts de règlement*.

Les *arrêts d'enregistrement* des édits, déclarations, lettres-patentes, etc., étaient les plus solennels de tous. Ils associaient en quelque sorte le parlement à l'exercice du pouvoir législatif, par la faculté [1] dont usait ce corps de ne point enregistrer, ou de n'enregistrer qu'avec modification, ou même d'adresser des *remontrances* au roi, qui, *pour le plus grand bien et avantage de son royaume* [2], souffrait que ceux qui lui devaient obéissance devinssent quelquefois ses contradicteurs. *Pro æquitate servandâ, et nobis patimur contradici, cui etiam oportet obediri* [3].

Les *arrêts de règlement* étaient aussi des actes législatifs. Ils portaient ordinairement sur des points de droit coutumier, de haute police, de discipline, de procédure, de voirie, etc. Ils étaient lus et publiés dans le ressort du

[1] On pourrait même dire le *droit;* car il existe une ordonnance de Charles V, dit *le Sage* (du 19 mai 1369), qui défend au parlement d'obéir aux *Lettres closes du roi* qui ne seraient pas revêtues du sceau royal, ni à quelque ordre quelconque qui serait donné, *s'il jugeait que ces lettres fussent en* OPPOSITION AVEC LES LOIS DU ROYAUME. Les autres rois consacrèrent aussi la nécessité de cette *sanction parlementaire*, et le danger de son omission, en exigeant l'*enregistrement*, soit de gré, soit de force, et à travers les exils, les emprisonnemens et les confiscations. A quelque prix que ce fût, il leur fallait un enregistrement pour valider leur loi, ou au moins un simulacre d'enregistrement. Cette opiniâtreté des rois de France à se procurer la *sanction du parlement* avait communiqué aux puissances étrangères l'opinion qu'aucun traité avec la France n'était solide qu'autant qu'il était revêtu de l'*approbation du parlement*, et les puissances y attachaient tant d'importance qu'elles ne manquaient pas de stipuler que le traité serait *approuvé et enregistré par le parlement*. On peut voir, à ce sujet, de curieux développemens dans l'*Histoire des Avocats*, par FOURNEL, tome 2, p. 200 et 325.

[2] En effet, on ne peut, sans injustice, nier que le parlement de Paris n'ait rendu les plus signalés services à la monarchie et aux monarques. — Il résistait!.... — oui; mais *il n'y a que ce qui résiste qui soutient*. (Voyez ci-dev. *Hist. du Droit fr.* p. 186 et suiv.)

[3] «Enfant de saint Louis (disait l'archevêque de Cambray à son élève le duc de Bourgogne), ne montrez de la confiance qu'à ceux qui ont le courage de vous contredire avec respect, et qui aiment mieux votre réputation que votre faveur.» (Lettres rapportées à la fin de la *Direction pour la conscience d'un roi*, p. 92.)

parlement qui les avait rendus, et ils y avaient *force de loi*, jusqu'à ce que le monarque eût lui-même expliqué sa volonté royale par un édit, une ordonnance, etc.

Des arrêts de cette importance, préparés avec maturité, prononcés solennellement, et soutenus du pouvoir de ces grands corps de magistrature, du respect des peuples et de l'acquiescement des rois, entraient dans nos mœurs et faisaient réellement partie du *droit français*.

SECTION III.

Origine et fondement de la jurisprudence des arrêts.

Les arrêts même rendus entre de simples particuliers, sur des matières purement privées, n'en jouissaient pas moins d'une grande autorité. Prononcés dans le temple de la justice, on les révérait comme ses oracles, on les citait comme des lois; et de l'habitude où l'on fut de les invoquer dans les espèces qui paraissaient semblables, naquit ce qu'on a depuis appelé la *jurisprudence des arrêts*.

Ce mot *jurisprudence*, dans son acception primitive, et tel qu'il est employé dans les lois romaines, signifie la connaissance du droit, *prudentia juris*.

Nous l'employons encore en ce sens. Mais, par un caprice de la langue, il est arrivé que chez nous le mot *jurisprudence*, qui d'abord était générique et servait à nommer la science même du droit, est devenu spécial au point de ne plus guère désigner que l'usage où l'on est dans les tribunaux de juger telle ou telle question de telle ou telle manière. Rien de plus fréquent même que de voir opposer la *jurisprudence* au *droit*, comme deux choses si distinctes, si différentes, qu'on n'hésite pas à s'exprimer ainsi: « Il est de *principe en droit* que... mais la *jurisprudence* est contraire (c'est-à-dire les *arrêts* ont jugé autrement). »

Quoi qu'il en soit des termes (ainsi expliqués), cette *jurisprudence des arrêts* est née de la nécessité où sont les tribunaux, par le titre même de leur institution, d'interpréter les lois pour les appliquer aux questions particulières qui leur sont soumises.

Car, quoiqu'en général l'interprétation de la loi n'appartienne qu'à son auteur (*vide suprà*, p. 386 et suiv.), cependant on conçoit aisément quelles lenteurs et quels embarras (pour ne pas dire quels abus) naîtraient de l'obligation imposée aux juges de recourir au prince toutes les fois que la loi leur paraîtrait douteuse, obscure, ambiguë ou insuffisante. « Ce serait (disait PORTALIS) *renouveler parmi nous la désastreuse législation des rescrits*. Car, lorsque le législateur intervient pour prononcer sur des affaires nées et vivement agitées entre particuliers, il n'est pas plus à l'abri des surprises que les tribunaux. On a moins à redouter l'arbitraire réglé, timide et circonspect d'un magistrat, qui peut être réformé et qui est soumis à l'action en forfaiture, que l'arbitraire absolu d'un pouvoir indépendant qui n'est jamais responsable.....

« Il y a une science pour les législateurs, comme il y en a une pour les magistrats; et l'une ne ressemble pas à l'autre. La science du législateur consiste à trouver dans chaque matière les principes les plus favorables au bien commun : la science du magistrat est de mettre ces principes en action, de les ramifier, de les étendre, par une application sage et raisonnée, aux hypothèses privées; d'étudier l'esprit de la loi quand la lettre tue, et de ne pas s'exposer aux risques d'être tour à tour esclave et rebelle, et de désobéir par esprit de servitude.

» Il faut que le législateur veille sur la jurisprudence; il peut être éclairé par elle, et il peut, de son côté, la corriger; mais *il faut qu'il y en ait une.* Dans cette immensité d'objets divers qui composent les matières civiles, et dont le jugement, dans le plus grand nombre des cas, est moins l'application d'un texte précis que la combinaison de plusieurs *textes qui conduisent à la décision bien plus qu'ils ne la renferment*, ON NE PEUT PAS PLUS SE PASSER DE JURISPRUDENCE QUE DE LOIS. Or, c'est à la jurisprudence que nous abandonnons les cas rares et extraordinaires qui ne sauraient entrer dans le plan d'une législation raisonnable, les détails trop variables et trop contentieux qui ne doivent point occuper le législateur, et tous les objets que l'on s'efforcerait inutilement de prévoir, ou qu'une prévoyance précipitée ne pourrait définir sans danger. » (*Discours préliminaire du projet du Code civil.*)

Tirons de là deux conséquences : la première, que le juge saisi d'une contestation ne peut pas (sans se rendre coupable de déni de justice) refuser de juger sous prétexte du silence, de l'obscurité ou de l'insuffisance de la loi. (*Cod. civil*, *art.* 4.)

La seconde, que, pour satisfaire à cette obligation de juger, le magistrat peut interpréter la loi (*L.* 64, *ff. de condit. et demonst.*), c'est-à-dire donner à ses dispositions le sens qu'il croit être le plus droit, le plus équitable, le plus conforme à l'esprit du législateur ; et l'appliquer, dans ce sens, à la cause qui lui est soumise, sans pouvoir toutefois statuer par voie de disposition générale et réglementaire. (*Code civil*, *art.* 5.)

En un mot, si la loi est claire, il doit la suivre ponctuellement ; si elle est obscure, il peut aider à la lettre ; si elle est insuffisante, il doit la suppléer, et pour cela recourir à tout ce qui peut éclairer son esprit et guider sa raison [1].

Et comme, dans les doutes qui viennent assiéger notre intelligence, le moyen le plus naturel est d'appeler les lumières d'autrui à notre secours, voilà comment il est arrivé qu'à côté des lois il s'est formé un dépôt de maximes, d'usages et d'autorités qui, de l'aveu même du législateur, est devenu le supplément de la législation. *Imperator Severus rescripsit, in ambiguitatibus quœ ex Legibus proficiscuntur, consuetudinem, aut* RERUM PERPETUÒ SIMILITER JUDICATARUM AUCTORITATEM, VIM LEGIS OBTINERE DEBERE. *L.* 38, *ff. de Legibus.*

C'est ce que développe avec sa profondeur ordinaire l'orateur que nous avons déjà cité.

« Nous nous sommes (dit-il) préservés de la dangereuse ambition de vouloir tout régler et tout prévoir. Qui pourrait penser que ce sont ceux même auxquels un Code paraît trop volumineux, qui osent prescrire impérieusement au législateur la terrible tâche de ne rien abandonner à la décision du juge ?

» Quoi que l'on fasse, les lois positives ne sauraient jamais entièrement remplacer l'usage de la raison naturelle dans les affaires de la vie. Les besoins de la société sont si variés, la communication des hommes est si active, leurs

[1] *Quod legibus omissum est, non omittetur religione judicantium. L.* 13, *ff. de Testibus.*

intérêts sont si multipliés et leurs rapports si étendus, qu'il est impossible au législateur de pourvoir à tout.

» Dans les matières mêmes qui fixent particulièrement son attention, il est une foule de détails qui lui échappent, ou qui sont trop contentieux et trop mobiles pour pouvoir devenir l'objet d'un texte de loi.

» D'ailleurs, comment enchaîner l'action du temps? Comment s'opposer au cours des événemens ou à la pente insensible des mœurs? Comment connaître et calculer d'avance ce que l'expérience seule peut nous révéler? La prévoyance peut-elle jamais s'étendre à des objets que la pensée ne peut atteindre?

» Un Code, quelque complet qu'il puisse paraître, n'est pas plus tôt achevé que mille questions inattendues viennent s'offrir au magistrat : car les lois, une fois rédigées, demeurent telles qu'elles ont été écrites. Les hommes, au contraire, ne se reposent jamais, ils agissent toujours; et ce mouvement qui ne s'arrête pas et dont les effets sont diversement modifiés par les circonstances, produit à chaque instant quelque combinaison nouvelle, quelque nouveau fait, quelque résultat nouveau.

» Une foule de choses sont donc nécessairement abandonnées à l'empire de l'usage, à la discussion des hommes instruits, à l'arbitrage du juge.

» L'office de la loi est de fixer par de grandes vues les maximes générales du droit, d'établir des principes féconds en conséquences, et non de descendre dans le détail des questions qui peuvent naître sur chaque matière.

» C'est au magistrat et au jurisconsulte, pénétrés de l'esprit général des lois, à en diriger l'application.

» De là, chez toutes les nations policées, on voit toujours se former, à côté du sanctuaire des lois et sous la surveillance du législateur, un *dépôt de maximes, de décisions et de doctrines* qui s'épure journellement par la pratique et par le choc des débats judiciaires; qui s'accroît sans cesse de toutes les connaissances acquises, et qui a constamment été regardé *comme le vrai supplément de la législation....* [1].

[1] *Jus honorarium (ad honorem judicum sit nominatum)* VIVA VOX *est juris civilis*. L. 8, ff. *de Just. et jure*.

» Il serait, sans doute, bien désirable que toutes les matières pussent être réglées par les lois.

» Mais à défaut de texte précis sur chaque matière, un usage ancien, constant et bien établi, *une suite non interrompue de décisions semblables*, une opinion ou une maxime reçue, *tiennent lieu de loi.* »

Voilà donc l'origine de la *jurisprudence des arrêts* bien marquée. Elle est fondée, d'une part, sur la nécessité de décider la question proposée; et, de l'autre, sur l'opinion que ce qui a déjà été examiné plusieurs fois et décidé constamment de même par un grand nombre d'hommes réputés probes et instruits, est la vérité même, et qu'on ne peut plus s'égarer en jugeant comme eux.

SECTION IV.

Quelle est l'autorité des arrêts. — Controverse établie à ce sujet entre les avocats de Metz.

Il ne faut pas croire que la *jurisprudence des arrêts* se soit établie sans contradiction. On peut dire, au contraire, qu'il n'y a peut-être jamais eu de question plus controversée que celle de savoir quel cas on doit faire des *compilations d'arrêts*, et quelle autorité on doit accorder aux décisions qu'elles renferment. — Cette question fut solennellement agitée le 12 juin 1763, dans une conférence de l'ordre des avocats du parlement de Metz. — Un de ces avocats soutint d'abord qu'il n'y avait pas d'autorité plus forte que celle des arrêtistes, et qu'un point de droit jugé par un arrêt ne devait plus être remis en question. — Un second avocat chercha, au contraire, à établir que les arrêtistes sont des guides peu sûrs, et que le jurisconsulte doit se déterminer par les principes et par les lois, beaucoup plus que par les préjugés et les exemples. — Enfin, un troisième avocat, après avoir balancé les raisons des deux antagonistes, ouvrit un avis de conciliation qui fut adopté à l'unanimité des suffrages.

Cette controverse (qui se trouve dans le *Journal de Bouillon*, septembre 1763, *pag.* 141) est assez curieuse pour que le lecteur nous sache gré de l'analyser ici.

Raisons pour l'affirmative. Une question de droit qui ne diffère pas sensiblement d'une autre déjà terminée par un arrêt ne doit plus être soumise à la discussion : la raison exige qu'on s'en tienne au préjugé. Tout nous fait un devoir d'acquiescer aux jugemens émanés d'un tribunal suprême : ce serait une témérité inexcusable et dangereuse de vouloir s'y soustraire. En vain affecterait-on le plus grand respect pour les décisions des cours souveraines, lorsqu'on leur opposerait les opinions particulières : on déguiserait mal une présomption que rien ne peut justifier. Quelque idée qu'on ait des lumières, de la sagacité d'un jurisconsulte, balancera-t-il l'autorité d'un tribunal entier ? Le prétendre, ne serait-ce pas dégrader ce tribunal, en faisant perdre aux magistrats qui le composent la confiance des citoyens, sans laquelle l'ordre public ne saurait se maintenir ? Quels soupçons odieux répandus, quoique indirectement, sur leur intégrité, leur bonne foi, leur application ! A quoi se réduit la dignité de leur ministère, si une seule voix peut jeter l'épouvante dans les esprits, et donner à penser un seul instant qu'il n'y a rien que d'incertain et d'arbitraire dans les jugemens les plus solennels ?

Le premier différend qui survint dans une société naissante fut soumis à la décision d'un sage. L'équité du jugement dut faire une impression assez forte pour qu'il fût rappelé et suivi dans toutes les contestations de même nature. Pourquoi ce sage fut-il consulté ? Sans doute on distinguait en lui une probité et des lumières peu communes ; et la multitude apprécia son jugement, guidée par ce sentiment intime du vrai et du juste, qui discerne sans peine tout ce qui est conforme à la vérité et à la justice.

Ici se présentent quelques réflexions avantageuses à ce premier système. La multitude reconnaissait dans l'arbitre choisi assez de sagacité et de droiture pour faire une application convenable des principes d'équité dont elle n'avait que des notions vagues et confuses. Elle attribuait cette supériorité à l'habitude d'une réflexion profonde par laquelle l'esprit exercé à saisir, dans les justes proportions, tous les rapports sociaux, assigne à chaque individu ses droits, toujours assujettis et liés aux grands principes de la justice et à l'intérêt général de la société. Elle ne pouvait se dissimuler que les travaux auxquels elle était obligée la rendaient incapable de pareilles spéculations; la raison et l'expérience lui démontraient la nécessité d'une entière soumission à des jugemens dont tout lui garantissait la sagesse et l'impartialité. Tels sont, dans toutes les sociétés, les fondemens du respect et de la confiance qu'on a pour les tribunaux souverains. Sans ce double sentiment, qui est la vie du corps politique, le malfaiteur bravera les décisions des magistrats, le citoyen honnête ne pourra se flatter d'obtenir d'eux une protection efficace.

Les premiers Codes furent sans doute simples, courts et précis. Proportionnés aux mœurs et aux besoins des particuliers, aux plans bornés de l'administration publique, ils facilitaient aux juges les moyens de bien se pénétrer de l'esprit de la Loi. Mais avec la population, les richesses et les prétentions des Etats, le nombre des lois s'accrut, ce qui les rendit nécessairement plus compliquées. Tite-Live dit que chez les Romains le Droit devint un véritable abîme de lois confondues les unes avec les autres: *In immenso aliarum super alias acervatarum legum cumulo fons omnis publici privatique erat juris.* (Lib. 3, n° 34.)

Ces fiers conquérans, jaloux d'une domination absolue et sans bornes, donnèrent ces lois compliquées aux nations vaincues. Les Barbares, dans la suite, en envahissant les provinces de l'empire, dédaignèrent d'adopter la législation d'un peuple qui leur était odieux. Voulant eux-mêmes jouir du privilége des vainqueurs, ils travaillèrent à faire régner leurs propres lois avec eux. De là ce chaos immense de tant de coutumes disparates, qui mettent à une si rude épreuve la sagacité des jurisconsultes; source intarissable d'inconvéniens auxquels n'a pu remédier entièrement la sagesse qui caractérise les ordonnances de nos rois. Un auteur justement célèbre a dit à ce sujet: « Un corps de lois parfaites serait le chef-d'œuvre de l'esprit humain.... Des ordonnances claires et précises ne donneraient jamais lieu au litige; elles consisteraient dans un choix exquis de tout ce que les lois civiles ont de meilleur, et dans une application ingénieuse et simple aux usages de la nation.... Mais, ajoute-t-il, ces choses parfaites ne sont pas du ressort de l'humanité. » (*Dissertation sur les raisons d'abroger les lois*, par l'auteur des *Mémoires de Brandebourg*.)

La loi n'ayant pu prévoir toutes les modifications dont les différens cas sont susceptibles, il y a souvent, dans les diverses applications qu'on doit en faire, une incertitude dont l'homme de mauvaise foi profite d'autant plus hardiment que le vrai jurisconsulte marche alors, par délicatesse, avec plus de circonspection et de réserve. Une collection de décisions particulières peut en imposer à l'un et raffermir l'autre dans sa marche, en multipliant sur ses pas les ressources et les points d'appui.

Nos monarques rendaient eux-mêmes autrefois la justice au peuple, entourés des grands de la nation et des citoyens les plus versés dans la connaissance des lois et du droit public. Par la convocation de ces augustes assemblées, ils ne voulaient pas se donner simplement un appareil de grandeur dont ils n'avaient pas besoin : ils cherchaient à réunir plus de lumières autour du trône ; ils voulaient exercer plus sûrement la première des fonctions de la souveraineté, dont ils connaissaient trop bien l'importance pour ne pas redouter la moindre erreur, toujours dangereuse dans l'administration de la justice. Ces assemblées, célèbres dans notre histoire, ont changé de forme et non pas de nature. Nos rois, depuis long-temps forcés de se livrer entièrement aux autres parties du gouvernement, en confiant l'exercice de la jurisdiction à un ordre de citoyens dont les vertus et les lumières font le caractère distinctif, lui ont remis cette portion plénière de leur autorité, qui assure et maintient l'exécution des lois. C'est entre leurs mains que réside une partie du pouvoir législatif : c'est aux tribunaux formés par cet ordre que les peuples doivent soumettre et leurs prétentions et leurs lumières.

Tels furent les parlemens de France dès les premières époques de la monarchie. En les rendant sédentaires, Philippe-le-Bel n'a point altéré leur constitution ; dans tous les temps ils ont eu le même ministère, les mêmes devoirs et les mêmes droits. La première fonction de ces augustes tribunaux est de donner aux lois, par l'enregistrement, la sanction nécessaire. A ce motif, sans doute bien suffisant, d'étudier l'esprit d'une ordonnance nouvelle, d'en connaître exactement l'intention et le but, de se préparer à en rendre l'exécution sûre et générale, et à en faire partout une application juste et sage, se joint un autre motif plus puissant peut-être, et capable d'intéresser toute la délicatesse des magistrats à l'examen le plus réfléchi ; c'est cette brillante prérogative d'éclairer le législateur lui-même sur les inconvéniens qu'ils peuvent apercevoir dans les lois qu'il promulgue. Les magistrats connaîtraient-ils assez peu le prix d'une si noble fonction pour laisser au temps et au public le soin de découvrir ces inconvéniens? Voudraient-ils, d'une autre part, se décréditer auprès du souverain, en lui communiquant des craintes imaginaires, qu'on pardonne à peine à l'ignorance et à la pusillanimité? Quels soins et quels efforts pour bien saisir l'objet de toutes les ordonnances, et ne pas s'exposer à perdre, par une démarche précipitée ou une négligence coupable, la confiance du monarque et de la nation! Mais combien ces soins et ces efforts perfectionnent le discernement, développent la sagacité, donnent aux idées de la grandeur et de l'exactitude! Combien cet exercice est propre à former ce coup d'œil supérieur, aussi vaste que prompt et juste, qui saisit dans un instant et compare tous les rapports!

D'ailleurs, ce ne sont point ici des hommes isolés que toute leur pénétration ne garantit pas de l'habitude dangereuse de considérer toujours le même objet sous un même point de vue. Ce sont des hommes choisis, soutenus dans leurs travaux par la dignité du plus noble ministère. Moins jaloux d'une réputation personnelle que de la gloire d'un corps placé entre le souverain et le peuple, ils mettent en commun, pour les unir par des liens plus puissans, toutes leurs lumières, leurs idées, leurs sentimens, enfin tous les produits d'une longue expérience.... Quels trésors pour la jurisprudence! Qui ne serait flatté de pouvoir y participer? Eh bien! ces trésors sont déposés dans les *arrêts* suprêmes qui émanent de ces tribunaux augustes. On peut facilement s'y enrichir, et l'on hésiterait à le faire!

Quel jurisconsulte oserait espérer de trouver dans lui-même plus de lumières? En vain voudrait-on se prévaloir de quelque différence dans les faits nouveaux, si le fond de la cause se rapporte à une autre déjà déterminée par un *arrêt*. Il est bien plus sûr de s'en tenir au préjugé, de respecter les grands motifs qui ont déterminé le jugement. L'esprit d'équité qui a déjà prononcé sur un cas doit être consulté sur celui qui se présente. Sans cela, plus de conformité dans les interprétations; chacun produisant ses opinions avec trop de confiance, on ouvrira un vaste champ aux conjectures, on s'égarera avec une malheureuse sécurité, on répandra peu à peu de l'incertitude dans les principes mêmes, et on multipliera les routes qui éloignent du vrai. D'ailleurs est-il bien facile de résister à la prévention qu'inspire un client? On se pénètre de ses intérêts, on adopte insensiblement toutes ses passions, on finit par ne plus voir que conformément à ses désirs.

Le juge, élevé au-dessus de ces faiblesses, ayant sans cesse la loi devant les yeux, apprend et s'accoutume à devenir incorruptible comme elle. Son cœur, dégagé de tout intérêt particulier, laisse à son esprit la liberté de saisir l'ensemble de la discussion, de comparer les divers moyens, de les rapprocher des principes, et de les apprécier à leur juste valeur. Son *arrêt*, toujours bien fondé, toujours sagement motivé, acquiert la consistance et l'autorité d'une loi. D'ailleurs, de quelle importance n'est-il pas de fixer la jurisprudence? Laissons à chaque particulier le droit d'interpréter les lois au gré de ses caprices; quelle source intarissable de désordres! que de vives alarmes pour tous les membres du corps social! Le seul moyen de prévenir tant de malheurs est de respecter l'*autorité des arrêts*; que ce soit là notre point de ralliement, ne le perdons jamais de vue.

On objectera peut-être, pour justifier un excès de liberté, que les *arrêts* n'ont pas prévu tous les cas : *Non possunt omnes articuli singillatim, aut legibus, aut senatusconsultis comprehendi.* (*L.* 12, *D. de Legibus.*) Mais la loi elle-même les a-t-elle tous prévus? et prendra-t-on de là un prétexte de méconnaître son autorité? Ce qui ne peut être un vice dans la loi, pourquoi le reprocher aux *arrêts?* Non, on ne saurait trop le dire, ne nous éloignons pas de leur esprit, quand il y a une parité de raison : *Sed, cùm in aliquâ causâ sententia eorum manifesta est, is qui jurisdictioni præest, ad similia procedere, atque ità jus dicere debet.* (*Ibid.*)

Enfin, si la loi veut que nous appliquions l'esprit des sénatus-consultes même à des cas qui ne sont pas pleinement conformes aux points prévus, croira-t-on pouvoir s'éloigner du préjugé, quand la parité est incontestable?

Raisons pour la négative. Quel est le but de l'Avocat? En quoi consiste la noblesse de son ministère? Tous ses efforts tendent à découvrir une vérité ou de fait ou de droit, dont la démonstration servira de base au jugement sollicité. C'est au magistrat, organe de la loi, et qui en possède l'esprit, à en faire une application juste et dans les proportions convenables ; mais il ne peut, il ne doit pas descendre jusqu'aux détails; il s'exposerait trop à adopter des préventions bien plus à craindre dans le juge que dans le simple jurisconsulte; c'est à celui-ci à présenter au tribunal les motifs qui doivent déterminer un jugement équitable. Mais cette vérité, dont la connaissance est l'objet de toutes les discussions juridiques, se trouve obscurcie par les nuages que les passions sont intéressées à accumuler autour d'elle ; il faut donc combattre et démasquer ces passions. Dans cette espèce de lutte, on risque de manquer la véritable route. Pour éviter tout écart, nous n'avons qu'un point d'appui, dont la solidité soit à toute épreuve, ce sont les principes généraux réduits en maximes particulières. C'est dans cette rédaction que sont contenues les lois ; c'est donc sur nos lois mêmes que l'avocat doit régler toutes ses déterminations. On nous vante les *arrêtistes* comme les seuls dépositaires du véritable esprit des lois ; mais qui nous garantira une fidélité scrupuleuse dans ces compilateurs ? S'il est difficile à un avocat de ne point partager les préventions de son client, contre lesquelles il n'ignore pas qu'il doit se tenir en garde, que n'a-t-il pas à craindre d'un oubli de l'*arrêtiste*, de la plus légère altération dans les circonstances, d'une réflexion hasardée ? Et ici une déférence aveugle peut avoir des suites d'autant plus funestes, que rien n'inquiète ; on va plein de sécurité au-devant de l'erreur présentée avec les attributs apparens de la vérité.

Outre ce premier inconvénient, qui n'est certainement pas chimérique, n'a-t-on pas à craindre quelquefois l'erreur des juges ? Quelque habileté, quelque intégrité qu'ils aient en partage, ils sont hommes; et l'erreur est l'apanage de l'humanité : *Humanum est errare.* Qu'ils fassent sur eux-mêmes les plus grands efforts, peuvent-ils si bien défendre leur cœur, que quelque sentiment louable et légitime dans l'homme privé ne fasse un peu pencher la balance ? Qu'il est difficile d'être toujours et parfaitement impassible ! Ne nous faisons point illusion : l'enthousiasme pour le juste et le vrai n'a-t-il pas ses dangers ? Calculez en même temps tous les effets possibles de la logique séduisante d'un avocat, de son éloquence, de sa célébrité ; rappelez-vous combien est puissant le charme secret qui fait incliner les cœurs et les esprits pour des familles ou respectables ou malheureuses : que de causes d'erreurs involontaires et bien excusables! Loin de nous de prétendre porter ici aucune atteinte aux droits que les cours souveraines ont sur notre profond respect! les faits justifient notre raisonnement; souvent un tribunal a réformé les décisions d'un autre tribunal, et l'on n'a entendu aucune plainte de celui qui voyait réformer ses *arrêts*.

A quoi réduirait-on les fonctions du jurisconsulte, condamné à se traîner servilement sur les pas des *arrêtistes?* Il n'osera se permettre de penser sans leur aveu; il faudra qu'il étouffe ses propres idées, quelque heureuses qu'elles soient; il ne fera plus que citer froidement les *arrêts*. Dégradé par cette triste et lâche habitude, quand des circonstances inconnues se présenteront, aura-t-il le courage, aura-t-il la force de prendre un libre essor?

Ayons pour les lois une déférence absolue; réservons pour elles seules notre soumission. Elles sont justes, sans doute; mais ce caractère sacré n'appartient pas toujours aux conséquences que les juges en ont tirées. Leurs *arrêts* peuvent avoir le même effet que les lois, mais ils ne peuvent en avoir l'autorité. L'expression des lois est générale, celle des *arrêts* est particulière et personnelle. Le sort qu'ils assignent à quelques individus ne peut servir de règle pour l'universalité des citoyens. On voit bien qu'il ne s'agit point ici des ARRÊTS DE RÉGLEMENT, auxquels personne ne peut se soustraire.

Il faut sans doute de l'uniformité dans les jugemens; mais cette uniformité est celle d'un esprit de sagesse et d'équité qui fait toujours à propos l'application des principes. Au lieu de chercher une règle dans un *arrêt*, élevons-nous directement, avec une noble confiance, jusqu'à la loi elle-même; ne mettons rien entre elle et le juge : il en sera plus à l'abri d'une erreur. Quand nous avons besoin de la lumière et de la chaleur du soleil, nous contentons-nous des corps qui réfléchissent ses rayons? S'astreindre à cette marche servile, c'est s'engager à ne pas revenir d'une erreur, quand même on ne pourrait se la dissimuler.

On est certainement bien moins en danger de s'égarer quand on juge une question comme si elle était nouvelle. On y porte plus de soin, plus d'attention. L'espérance de trouver des ressources dans les *arrêtistes* nourrit l'indolence, arrête ces nobles efforts de la raison, ces heureux élans du génie auxquels la justice est redevable de ses triomphes les plus brillans. D'ailleurs, est-il beaucoup de questions parfaitement semblables? Et comment peut-on faire intervenir sans crainte dans une affaire les motifs sur lesquels on en a jugé une autre? Dumoulin n'a-t-il pas dit (*tom.* 1, *p.* 755, *n.* 164), et avec raison, que la moindre différence dans le fait opère une très-grande différence dans le droit? *Modica enim circumstantia facti inducit magnam juris diversitatem.* C'est d'après cette disparité ordinaire dans les espèces, qu'on a fait valoir cette idée, que *la Loi n'a pas prévu tous les cas possibles.* Mais par là même que ces cas sont prodigieusement multipliés, ils ne peuvent être décidés par les mêmes *arrêts.* Cependant l'avocat persuadé de la justice de sa cause ne saisit pas aisément les différences. De fausses ressemblances le séduisent, lui cachent les vrais motifs de la décision. *L'arrêtiste* lui-même a-t-il pu se flatter de les bien connaître, puisque souvent l'avocat qui a plaidé dans la cause les a ignorés? Le Barreau n'a pas perdu de vue ce qui arriva à M. Manory. Cet avocat de la capitale, chargé d'attaquer une donation faite par la marquise de Montgommery, eut gain de cause : il s'applaudissait de ses moyens; mais il reconnut que le seul qu'il n'avait point employé, le défaut de l'insinuation de la donation, était le grand motif annoncé dans l'expédition de l'*arrêt.* (*OEuvres de* Manory, *t.* 1, *p.* 131 *à* 189.)

Les oracles de la justice n'expliquant point les causes de leurs dispositions [1], les *arrêts* offrent aux prétentions les plus opposées des titres que la prévention fait toujours valoir. Souvent des préjugés contraires fournissent des armes pour et contre dans la même affaire; espèce de contradiction qui ne surprendra point, si on considère que, par la différence des circonstances, deux *arrêts* qui ont des dispositions conformes peuvent avoir des motifs différens, tandis que deux *arrêts* différens peuvent être fondés sur le même principe. Aussi les *arrêtistes* eux-mêmes, et les plus célèbres docteurs, nous avertissent-ils qu'on doit préférer « la raison et l'autorité des lois à celle des *arrêts*..... La disposition des lois étant claire et générale, il faut religieusement s'y arrêter, sans avoir égard à des *arrêts* qui peuvent avoir été ren-

[1] Voyez ci-après, Section V.

dus sur des circonstances particulières que les auteurs qui les rapportent ont ignorées. » (*Journ. du Pal. t.* 2, *p.* 56, *c.* 2.)

La règle de conduite la plus sûre pour ne jamais se tromper en jugeant les hommes, c'est qu'il faut se décider par les lois, et non par les exemples : *Cùm non exemplis, sed legibus judicandum sit.* (*L.* 13, *C. de sent. int.*)

Le vrai magistrat ne s'asservit point à suivre scrupuleusement les traces de ses prédécesseurs ; il est persuadé qu'il doit à la justice un service personnel, et que les travaux des autres ne l'autorisent pas à vivre dans l'inaction. Son devoir est de juger par équité et non par comparaison. Il verra dans l'uniformité soutenue d'une suite d'*arrêts*, non un aveugle instinct d'imitation, mais une conformité de conséquences déduites rigoureusement des mêmes principes. Combien ne s'égarerait-il pas en jugeant par comparaison d'*arrêt* à *arrêt !* En procédant de l'un à l'autre, il pourrait, par des nuances insensibles, se trouver à la fin bien plus éloigné du vrai qu'il ne l'aurait soupçonné. Ainsi, dans les démonstrations géométriques, après une longue suite de propositions, on ne peut plus comparer les extrêmes.

Si les lois étaient perdues, peut-être serait-il possible d'en retrouver l'esprit dans les *arrêts* ; mais elles subsistent et offrent toujours aux juges les mêmes moyens d'en faire de justes applications. Leur proposer ce qui a été décidé par d'autres comme le modèle de ce qu'ils doivent décider eux-mêmes, c'est les réduire à un personnage bien médiocre. Pour relever l'autorité de l'exemple, n'ôtons point à la raison ses droits ni sa force. Un avocat peut sans doute se prévaloir des préjugés ; mais qu'il ne réduise pas ses ressources aux avantages qu'ils lui présentent. La loi elle-même doit fixer la détermination du jurisconsulte ; qu'il redoute d'appliquer à son ministère cet adage qui entraînerait à des abus : La voie des préceptes est longue, celle des exemples est courte ; *longum iter per præcepta, breve per exempla.* En effet, il suffit qu'une voie soit plus sûre pour qu'elle ne doive paraître jamais trop longue.

AVIS DE CONCILIATION. La jurisprudence des *arrêts* a autant de force qu'une loi précise ; on ne la trouve que chez les arrêtistes ; il est donc de la plus grande importance pour un avocat de faire une étude réfléchie de leurs compilations. Sans cette précaution vraiment essentielle, la connaissance des lois ne suffirait pas dans bien des circonstances. Quelle présomption n'y aurait-il pas à ne compter presque pour rien les idées des magistrats supérieurs, à dédaigner, pour ainsi dire, de partager le fruit de leurs travaux, de profiter de leur expérience, qui est d'autant plus sûre que leur position est plus avantageuse pour démêler le vrai d'avec le faux?

Mais évitons soigneusement tous les extrêmes. Tout *arrêt* (ceux de *règlement* exceptés) n'offre que la décision d'un cas singulier, distingué de tout autre par quelque particularité. Or, on ne peut argumenter du particulier au général; par conséquent, on ne doit point ériger en principe absolu, applicable à toutes les hypothèses, la décision intervenue sur une hypothèse particulière. Ainsi le jurisconsulte fera bien de ne jamais chercher hors de la loi de prétendues maximes générales, uniquement fondées sur des préjugés peut-être mal interprétés ou mal entendus. « Ce n'est pas de la règle que vient le droit, c'est, au contraire, du droit que la règle tient son origine et sa force. » *Non ut ex regulâ jus sumatur, sed ex jure quod est, regula fiat.* (*L.* 2, *D. de reg. juris.*)

Si on est exposé à faire une mauvaise application des règles générales prescrites par la loi, quel danger n'y a-t-il pas à vouloir en créer soi-même? On ne doit donc jamais perdre de vue cette réflexion : *Pour peu qu'il se trouve de différence dans les faits, la règle alors demeure inutile, et ne peut plus être d'aucun usage pour la décision de la cause.* (D'Antoine, *Règles du Droit civil*, p. 586.)

C'est sans doute une faiblesse indigne du vrai jurisconsulte de ne voir, ne penser, n'oser prendre une détermination que d'après les *arrêtistes*. Mais aussi il y aurait bien de la témérité à dédaigner tous les secours qu'ils nous présentent pour des questions si difficiles, que les lois mêmes semblent avoir cédé au juge le droit de les résoudre. La connaissance profonde des maximes reçues dans la jurisprudence ne fournit pas à l'avocat tous les moyens de remplir dignement son ministère. Il faut avoir réfléchi long-temps sur l'usage et l'abus qu'on peut faire de ces maximes, pour distinguer les cas absolument décidés de ceux qui forment les exceptions. Il n'appartient qu'à une justesse exquise de l'esprit de bien saisir ces nuances, qui échappent aisément à ceux qui n'ont pas su contracter l'heureuse habitude de réfléchir. Il faut ici savoir bien se garantir des illusions de l'amour-propre, quelque sagacité qu'on ait reçue de la nature. L'usage seul, et un grand usage, donne ce jugement fin et sûr qui fait l'application des principes dans les plus justes proportions. On ne peut calculer tous les cas singuliers. Les *arrêtistes* en présentent beaucoup. Il ne suffit pas de les voir, il faut les méditer.

Les recueils d'*arrêts* peuvent donc fournir au jurisconsulte des ressources précieuses. Mais ils n'ont pas tous un mérite égal; les plus utiles, sans contredit, sont ceux qui détaillent exactement les espèces et les moyens des parties. L'avocat peut y puiser de grandes lumières, et concevoir, en les méditant, de nouvelles idées. Cependant il doit mesurer sa confiance sur le degré de savoir et de discernement dont l'*arrêtiste* fait preuve par le choix des *arrêts* et la manière de les rapporter.

Il est rare de trouver chez deux compilateurs le même *arrêt* cité sans quelque différence notable. L'un relève ce que l'autre néglige, et ils donnent ordinairement les *arrêts* comme ayant jugé des questions générales indépendantes de toute particularité, ce qui n'est presque jamais véritable. Le grand art du jurisconsulte est de se tenir bien sur ses gardes avec eux; *il faut avoir appris à les estimer ce qu'ils valent.*

Les lois sont justes, a dit l'ennemi des *arrêts* et des *arrêtistes*, parce qu'indépendamment de l'autorité souveraine dans celui qui les publie, elles ont pour fondement la vérité. Mais ne pourrait-on pas attribuer le même caractère aux *arrêts*, puisque la chose souverainement jugée est censée la vérité même? *Res judicata pro veritate accipitur.* (*L.* 207, *D. de reg. juris.*) Cependant la soumission due aux *arrêts* a d'autres fondemens que cette présomption légale. L'opinion des particuliers doit céder autant aux lumières supérieures, à l'équité des tribunaux souverains, qu'à l'autorité suprême dont ils sont dépositaires. Une pareille déférence n'a rien de pénible pour l'amour-propre.

Tout *arrêt* est, en quelque manière, aussi respectable que la loi; cependant ils diffèrent l'un de l'autre par leur objet. La loi établit une règle générale, abstraction faite de toutes les circonstances. Un *arrêt*, qui ne détermine le droit que d'après le fait, ne règle que les intérêts de ceux entre lesquels il prononce; dès que les cours ne statuent rien par forme de réglement, elles annoncent simplement qu'elles ont jugé une discussion particulière soumise à leur autorité et à leurs lumières.

On s'était flatté autrefois, en généralisant les décisions de certains *arrêts notables*, de faire cesser toute variété et toute incertitude dans l'administration de la justice. C'était le but des *arrêts* prononcés *en robe rouge*. On sentit bientôt combien il était dangereux d'ériger une décision juste pour une espèce, en une règle générale et commune à toutes les autres. Les cours furent obligées de reprendre la liberté nécessaire de juger différemment les mêmes points de droit, selon la diversité des circonstances.

Elles ne les décident donc plus uniformément que par les *réglemens généraux*, annoncés avec le caractère et l'autorité des lois, d'après la permission du souverain qui leur assure ce caractère : *Non ambigitur Senatum jus facere posse.* (*L. 9, D. de Legibus.*) Mais, puisque dans ce cas elles font connaître leur intention, on ne doit point attribuer à *tout Arrêt l'autorité d'un Règlement.*

Ces réflexions n'offrent rien sans doute qui tende à affaiblir le profond respect dû aux tribunaux suprêmes. On ne peut se permettre de penser qu'un *arrêt* n'est pas d'une justice exacte. Les jurisconsultes, quand ils ont adopté une opinion, doivent se tenir en garde contre l'obstination, d'autant plus prochaine et dangereuse qu'elle se déguise plus facilement par des dehors séduisans. On est assuré de la pureté de son zèle, de la droiture de ses intentions, et cette confiance légitime en de si nobles motifs nous aveugle souvent sur la faiblesse de nos lumières, sur les écarts de l'esprit, et sur l'erreur d'un premier jugement. Si la décision d'un tribunal contredit notre opinion, ne couronne pas nos efforts et nos moyens, quand même nous en ignorerions les motifs, il est de notre devoir d'en supposer de bien solides, qui n'ont pas pu échapper à des vues supérieures. Un avocat peut céder sans honte à une cour souveraine. Mais ce respect indispensable ne va pas jusqu'à étendre l'autorité d'un *arrêt* au-delà de l'intention qu'avaient les magistrats eux-mêmes qui l'ont prononcé. Cette sorte de déférence serait plutôt une censure indiscrète des cours souveraines qu'un hommage rendu à leur sagesse et à leur équité, surtout si l'on osait se prévaloir des *arrêts* pour éluder des principes incontestables. Un pareil abus (on ne doit pas craindre de le dire) ferait justement soupçonner la droiture du jurisconsulte, et annoncerait, au lieu d'un généreux défenseur de la vérité et de la justice, un sophiste dangereux qui se déshonore par un lâche trafic de ses talens, et immole à son ambition criminelle cette même justice à laquelle il s'est irrévocablement consacré par les sermens les plus solennels.

Il existe un proverbe qu'on suppose accrédité par un grand magistrat (le premier président de Thou), et auquel les esprits faux, ou légers, ou caustiques, ont donné une tournure triviale et une interprétation qui ne tend à rien moins qu'à affaiblir l'opinion qu'on doit avoir des ministres des lois : *Les arrêts*, dit-on communément, *sont bons pour ceux qui les obtiennent*. On voudrait faire entendre qu'il n'y a que de l'arbitraire dans l'administration de la justice. Mais quand on y réfléchit bien, l'homme grave et judicieux peut découvrir dans ce peu de mots des idées fort importantes et bien saines. Il sentira qu'une exacte et profonde connaissance des principes ne suffit pas aux vrais magistrats; qu'il leur faut encore un discernement exquis pour apprécier toutes les circonstances, et faire, aux détails comme à l'ensemble, une juste application de l'esprit de la loi; il conclura sans peine qu'une décision très-équitable dans une cause n'aurait pas ce caractère dans une autre toute semblable en apparence, mais dont les particularités, imperceptibles pour le grand nombre, détermineraient cependant, de la part des magistrats qui les approfondiraient, une décision toute différente.

Ce n'est pas que nous prétendions interdire à l'avocat les avantages qu'il peut tirer des arrêts favorables à sa cause : qu'il les fasse valoir, mais comme de simples préjugés qui disposent les esprits à sentir mieux la force et la solidité de ses moyens. Pour le faire avec succès et sans compromettre la dignité de son ministère, qu'il prouve clairement que ces préjugés et les rapports qui les lient à la question qu'il défend, bien loin d'altérer les principes, y ramènent, au contraire, par un enchaînement sûr et simple; mais il ne doit jamais attribuer sans restriction, aux arrêts cités comme préjugés, toute la force et l'autorité des démonstrations qui résultent des faits et des circonstances propres à chaque cause. Un pareil abus serait très-dangereux; l'avocat serait responsable de l'illusion qu'il aurait pu produire; et ce qu'il regarderait comme un triomphe honorable ne serait qu'un délit dans l'ordre de la justice.

Les lois même justifient cette façon de penser sur l'autorité des arrêts. On en trouve plusieurs qui répètent à l'envi la maxime si connue : « Les choses jugées ne sont utiles ni nuisibles à ceux qui n'ont pas été parties dans la contestation. » *Res inter alios judicatæ, neque emolumentum afferre, his qui judicio non interfuerunt, neque præjudicium solent irrogare.* (*L.* 2, *C. quibus res judic.* et toto tit. *eod.*) Mais si cette maxime est d'usage lorsqu'il s'agit individuellement du même objet, à plus forte raison l'est-elle lorsque le sujet de la discussion est différent, et qu'on se fonde seulement sur une prétendue ressemblance entre une affaire jugée et celle qui doit l'être. Aussi la loi nous dit-elle que personne ne doit souffrir ni profiter de ce qui s'est fait dans une affaire du même genre, *in simili negotio* (*L.* 4, *eod.*)

Ce ne sont jamais quelques arrêts particuliers qu'il faut suivre; la jurisprudence constante et fixée par des arrêts tous semblables, établit seule des règles générales. Elle seule peut interdire la discussion des problèmes déjà résolus. Un empereur philosophe l'a dit : ce n'est qu'à une suite non interrompue de décisions conformes qu'il faut attribuer l'autorité de la loi : *Imperator noster Severus rescripsit.... rerum perpetuò similiter judicatarum autoritatem, vim legis obtinere.* (*L.* 38, *D. de leg.*) Il faut pouvoir opposer à tous les doutes, l'uniformité soutenue des arrêts qui de tout temps (*perpetuò*) ont jugé sans variation (*similiter*) le même point de droit, malgré les particularités qui différencient les espèces. C'est cette jurisprudence qui seule a par elle-même force de loi, *vim legis obtinet.* Le juge et le jurisconsulte éclairés savent bien distinguer des arrêts, lors même que les espèces offrent assez de parité pour établir des préjugés dont on peut tirer avantage : ils ne se dissimulent pas que le préjugé n'est qu'un exemple et non pas une raison. « Qu'aucun juge, *a dit Justinien*, qu'aucun arbitre n'imagine devoir se conformer dans ses décisions à des jugemens isolés qui n'ont pas acquis une autorité suffisante ; qu'il ne croie pas non plus pouvoir adopter les sentences des préfets et des autres juges plus éminens en dignité : il courrait le hasard de commettre des injustices, telles que ces magistrats en ont pu commettre eux-mêmes. Qu'il ne se détermine donc jamais d'*après des exemples*, mais qu'il juge toujours d'*après la Loi*..... Tous les juges, en un mot, ne doivent prononcer leurs décisions que d'après ce qui est vrai, ce qui est juste, ce qui est réglé par les lois vivantes. » *Nemo Judex vel Arbiter existimet, neque consultationes quas non rité judicatas esse putaverit sequendum, et multò magis sententias eminentissimorum Præfectorum, vel aliorum Procerum (non enim, si quid non benè dirimatur, hoc et in aliorum judicum vitium extendi oportet;* CUM NON EXEMPLIS, SED LEGIBUS JUDICANDUM SIT)..... *Sed omnes Judices nostros veritatem et legum et justitiæ sequi vestigia sancimus.* (*L.* 13, *C. de sent. et interl.*)

Cependant, malgré toutes ces réflexions, appuyées de tant d'autorités, quelques esprits peuvent conserver des scrupules estimables, sans doute, mais qu'ils doivent bannir en se rappelant les changemens survenus dans une quantité d'articles qui semblaient avoir acquis toute la consistance d'une jurisprudence invariable. Le temps perfectionne les idées des hommes, parce qu'il amène des circonstances nouvelles qui présentent un même objet sous des aspects différens. C'est une imprudence, une témérité dangereuse d'innover sans de puissans motifs; mais ce serait aussi une pusillanimité bien nuisible aux progrès des lumières, de vouer à l'usage une soumission aveugle et servile, de redouter une prudente réforme, lorsque les inconvéniens en démontrent la nécessité, et de vouloir maintenir les abus, parce que l'ancienneté leur a donné une sorte de consécration. N'oublions pas que l'homme est condamné à lutter péniblement et long-temps contre les erreurs avant de pouvoir en secouer le joug; que la découverte d'une seule vérité lui coûte toujours de grands efforts; qu'il faut quelquefois, pour y parvenir, les travaux soutenus et combinés de plusieurs générations. S'il y a tant d'obstacles à surmonter dans la carrière des sciences, nous flatterons-nous, dans celle de la jurisprudence, d'un accès plus facile à la vérité, lorsqu'avec toutes les épines semées sur la route du jurisconsulte qui aspire à la connaître, il faut encore détruire tant de moyens qu'emploient les passions les plus exaltées, pour l'obscurcir, l'altérer et la rendre méconnaissable?

Aussi les tribunaux souverains s'attachent-ils tous journellement à perfectionner la jurisprudence sur des questions très-importantes. Des arrêts ultérieurs opposés aux précédens font presque toujours connaître l'équité d'une cour par le sacrifice qu'elle fait de ses anciennes décisions à la vérité mieux connue ou à la différence mieux sentie des espèces.

D'après cela, quoique l'autorité des préjugés soit telle qu'elle ne le cède qu'à l'autorité des Lois et des principes, l'avocat doit s'interdire seulement l'examen des questions décidées par des *arrêts de réglement* : on ne peut balancer à s'y soumettre que quand on a l'évidence à leur opposer. Dans ces cas, très-rares sans doute, mais dont il y a des exemples, les cours n'exigent point une soumission aveugle. Elles ont pris pour devise la déclaration que faisait à ses sujets un monarque auquel l'histoire a donné le nom de grand: « Nous ne craindrons jamais d'éprouver quelques contrariétés de la part de ceux qui, trouvant nos ordres contraires à l'exacte justice, croiront devoir en suspendre l'exécution.» (Theodoricus, *apud* Cassiodorum, *lib.* 6, *variar. formul.* 5.)

De toutes ces discussions « on peut conclure que l'étude des arrêtistes est non-seulement utile, mais nécessaire à l'avocat; qu'il doit cependant se défier de tout ce qui ne peut être appuyé que par leur autorité; que la jurisprudence constante des arrêts a force de loi, mais qu'elle ne se forme que par une longue suite d'arrêts, qui, dans tous les temps, ont décidé un point de droit de la même manière, malgré la diversité des circonstances; qu'il est très-avantageux de pouvoir s'appuyer sur des arrêts rendus en pareil cas; mais qu'ils ne forment que des préjugés et non des moyens; que les préjugés confirment toujours les principes, les expliquent quelquefois et ne les détruisent jamais; en sorte que, quand on est fondé à réclamer les vraies maximes, il n'est ni téméraire, ni indécent de remettre en question ce qui paraît avoir été le plus formellement décidé entre d'autres parties. »

— Si cette controverse ne résout pas *toutes* les objections qui ont été faites pour ou contre la *jurisprudence des arrêts*, au moins l'avis de conciliation est assez sagement motivé pour démontrer que les *compilations d'arrêts*, malgré leurs défauts et leurs imperfections, sont extrêmement utiles, et que (suivant le sentiment de LACOMBE) « le mauvais usage qu'on peut faire des arrêts ne détruit pas les avantages qu'on peut en retirer. »

SECTION V.

Avantages de la Jurisprudence actuelle sur l'ancienne.

Les avantages qu'on peut retirer de la *jurisprudence des arrêts* sont plus grands aujourd'hui qu'autrefois.

Si l'on remonte bien haut, on verra qu'*anciennement* « les juges soulaient [1] insérer en leurs jugemens, sentences et arrêts, la *cause* ou le *motif* de la condamnation ou absolution. » (LAROCHEFLAVIN, *des Parlemens*, liv. 13, ch. 61, n° 28.)

Mais insensiblement cet usage était tombé dans l'oubli, et depuis plusieurs siècles on trouve que « les arrêts et jugemens ne contiennent que ce qui est ordonné *simplement sans autre raisonnement*, soit en civil ou en criminel, la cause dépendant du faict, discours, circonstances et mérite du procès et des actes produits. » (LAROCHEFLAVIN, *ibidem.*)

Le même auteur semble vouloir justifier ce dernier état des choses par la citation d'un passage où « Sénèque, en son Epistre 94, reprend Platon d'avoir accompagné ses lois de motifs et de préambules; *quòd legibus suis*, PROŒMIA *et* RATIONES *adjiceret : legem* (inquit) *brevem esse oportet quò faciliùs ab imperitiis teneatur; velut emissa divinitùs vox sit: jubeat, non disputet.* »

Mais ici Larocheflavin n'a pas fait attention qu'il y a une grande différence entre une *loi* et un *arrêt*.

L'office de la loi est de commander, permettre, défendre et punir [2]. Sa rédaction est toujours bonne quand elle est claire

[1] *Solebant*, avaient coutume.

[2] *L. 7, ff. de Legibus*

et précise : *ita ut quidquid ex legali fonte prodierit, in rivulis audientium sine retardatione recurrat*[1]. Elle doit être courte ; sa brièveté aide à la retenir, et lui donne plus de majesté, *imperatoria brevitas*. Le législateur doit parler en maître, et non disputer en rhéteur, *non disceptatione debet uti, sed jure*[2]; et nous convenons avec Sénèque, qu'une loi peut marcher sans préambule : *Nihil videri frigidiùs, nihil ineptiùs quàm legem cum prologo.* (Epist. 94.)

Aussi avons-nous déjà remarqué ailleurs[3] que la plupart des législateurs ne donnent pas la raison de leurs lois, ou qu'il leur arrive souvent d'en donner une fausse[4], s'ils ont intérêt à déguiser la véritable.

Mais il n'en est pas des arrêts comme des lois.

La loi parle, il suffit ; ce sont là nos oracles.

Les magistrats, au contraire, doivent *compte* de leurs décisions au souverain et aux parties : il ne suffit pas de prononcer par un :

Sic volo, sic jubeo ; stet pro ratione voluntas ;

il faut que, pour éloigner d'eux tout soupçon d'arbitraire, l'équité de leurs arrêts soit enseignée par la sagesse de leurs *motifs*.

Si, avec le temps, les parlemens étaient parvenus à s'affranchir de l'obligation de motiver leurs arrêts, on n'avait pas cessé de désirer qu'ils y fussent derechef assujettis.

Dans le seizième siècle, RAOUL SPIFAME (dans un ouvrage qui ne se distingue pas seulement par son originalité, mais qui se recommande quelquefois par d'excellentes vues)

[1] LEX WISIGOTH. *lib.* 1, *cap.* 6.

[2] LEX WISIGOTH. *lib.* 1, *cap.* 2.

[3] *Réflexion sur l'Enseignement du Droit*, n° 28.

[4] Voyez à ce sujet le passage de Guy-Coquille, cité page 10.

a supposé qu'en 1556 Henri II avait rendu, sur le mode de rédaction des arrêts, une décision ainsi conçue : « Le Roy... ordonne que désormais tous juges royaux et subalternes, souverains et inférieurs, exprimeront aux dictons de leurs sentences et jugemens, la cause expresse et spéciale d'iceux pour en faire une loi générale et donner forme au jugement des procès *fondés sur mesmes raisons et différends*, comme portant l'interprétation de ses statuts et ordonnances; à ceste fin ordonne que tous dictons, sentences et arrests seront imprimés avec les *qualités des parties*, à ce que chacun en puisse recouvrer pour son ayde, conseil et adresse. » (*Dicæarchiæ Henrici Regis Progymnasmatum*, page 93.)

Cette décision, quoique apocryphe [1], a frappé par sa justesse, et a fini par être adoptée.

L'Assemblée constituante a rendu, le 16 août 1790, une loi portant (*tit.* 5, *art.* 15) que « dorénavant la rédaction des jugemens, tant sur l'appel qu'en première instance, contiendra *quatre* parties distinctes :

« Dans la première, les *noms et qualités* des parties seront énoncés.

» Dans la seconde, les *questions de fait et de droit* qui constituent le procès seront posées avec précision.

» Dans la troisième, le résultat des faits reconnus ou constatés par l'instruction et les MOTIFS *qui auront déterminé le jugement*, seront exprimés.

» La quatrième enfin contiendra le *dispositif* du jugement. »

[1] SPIFAME *, avocat au parlement de Paris, poussa l'originalité si loin, que sa famille le fit interdire pour cause de démence. Mais il n'était rien moins que fou. Témoin le livre rare et curieux auquel il donna pour titre *Dicæarchiæ Henrici regis christianissimi progymnasmata*. Ce volume (de format in-8°) contient 309 arrêts *de sa composition*, qu'il suppose avoir été rendus par Henri II, en 1556. Il y en a qui ne sont remarquables que par leur étrange bizarrerie; mais il s'en trouve aussi de très-sensés, qui depuis ont été convertis en loi. Tels sont ceux relatifs au commencement de l'année au premier de janvier, à l'abolition des justices seigneuriales dans les grandes villes, aux embellissemens de Paris, au projet d'augmenter la bibliothéque du roi, en lui donnant un exemplaire de tous les livres qui s'impriment, à l'obligation imposée aux juges de motiver leurs arrêts, etc.

* Voyez le trait que rapporte Loisel, sur son compte, dans son *Dialogue des Avocats*, Opuscules, p. 524.

Depuis que cette loi existe, il est donc devenu plus facile qu'autrefois de donner de bons recueils d'arrêts.

Les compilateurs n'en sont plus réduits à chercher péniblement, à deviner même quelles ont pu être les raisons de décider; ils les trouvent écrites dans les arrêts.

Ils ne peuvent errer sur les faits; car ils se trouvent également consignés dans l'arrêt, et méritent d'autant plus de confiance, que l'obligation où est la partie qui lève un arrêt d'en signifier les *qualités* à son adversaire, est une garantie qu'il ne s'y sera rien glissé d'inexact.

En un mot, un arrêtiste moderne trouve dans l'arrêt même dont il rend compte, tous les élémens nécessaires pour faire un article qui donne une idée parfaitement juste des *circonstances du fait*, des *moyens de droit*, et des *motifs de décision*.

La promulgation des nouveaux codes est une autre cause qui doit contribuer, de nos jours, à fixer la *jurisprudence des arrêts*. Autrefois elle variait suivant les lieux, les juridictions, les coutumes et les usages; il en résultait une bigarrure telle qu'on ne savait plus à quels signes reconnaître les bons arrêts. Mais aujourd'hui, à l'exception des *questions transitoires*, qui portent encore l'empreinte d'une législation imparfaite, tous les arrêts se rendent d'après des lois uniformes, par des tribunaux animés du même esprit: *color est è pluribus unus*; et s'il arrive encore quelquefois qu'ils diffèrent entre eux (parce que tous les hommes, quelque instruits qu'ils soient, ne sont pas toujours du même avis), on conçoit néanmoins qu'il est plus aisé de les concilier entre eux qu'à une époque où la France était régie par une foule de coutumes qui n'opéraient chacune que dans son territoire; par des ordonnances, des déclarations, des édits observés dans les parlemens où ils avaient été enregistrés; méconnus là où cet enregistrement n'avait pas eu lieu...

Cette unité de loi, en un mot, désirée dans tous les âges de la monarchie, conçue par tout ce que nous avons eu de grands rois, préparée par nos plus illustres magistrats, consommée par nos plus doctes jurisconsultes, est le plus grand bienfait que la France pût recevoir.

L'uniformité de jurisprudence est garantie d'ailleurs par l'institution de cette cour régulatrice qui, prenant pour devise *la loi*, a pour mission de ramener à ce point, comme à un centre unique, tous les arrêts qui tenteraient de s'en écarter.

Il en résulte que la jurisprudence n'est point, comme autrefois, vacillante, incertaine, contradictoire, diversifiée, suivant le caprice des cours, et la différence des climats; ou du moins, que, s'il existe une variété d'opinions sur quelques points entre les arrêts de plusieurs cours, cette divergence est de nature à cesser bientôt par un recours qui amène une décision de la Cour suprême.

Nous disons suprême, *supremus est enim quem nemo sequitur (aut superat); L. 92, ff. de Verb. signif.* Or, il n'existe aucune autorité qui, dans l'ordre de la hiérarchie judiciaire, soit placée au-dessus de la Cour de cassation[1]. Toutes les autres cours doivent déférer à sa puissance, non pas en ce sens que les arrêts de cette cour soient comme des lois auxquelles les autres doivent absolument se soumettre, car elles conservent à cet égard une parfaite indépendance; mais en ce sens, que si un arrêt de cour royale est jugé contraire à la loi, il est cassé et réduit *ad non esse;* en ce sens encore, que si, après une première cassation, et sur le renvoi ordonné devant une autre cour, il intervient sur le fond un second arrêt qui soit attaqué par les mêmes moyens que le premier, la question doit être portée devant toutes les sections réunies de la cour de cassation, qui, sous la présidence du garde-des-sceaux, peut, ou casser une deuxième fois, ou demander l'interprétation de la loi. — Cette interprétation est de droit si le troisième arrêt est attaqué[2].

La jurisprudence de la Cour de cassation est consignée dans un *bulletin* officiel[3] où se trouvent tout à la fois et une courte notice du fait, et le texte même de l'arrêt. Chaque

[1] « La Cour de cassation, *la première* de nos cours dans l'ordre hiérarchique des tribunaux. » (*Ord. royale du* 15 *février* 1815.)

[2] Suivant la loi du 30 juillet 1828, après une seconde cassation, le jugement du fond est renvoyé à une cour royale. Ainsi de fait la Cour de cassation n'a plus le dernier mot. Les cours royales l'ont promptement senti; et chacune, depuis ce temps, défère moins à la Cour de cassation. Les seconds recours sont plus fréquens; et la bigarrure dans la jurisprudence, qu'on a voulu éviter par l'institution de la Cour de cassation, ne tardera pas à s'introduire de nouveau, si l'on ne revient à la loi primitive de cette institution.

[3] C'était encore une des bonnes idées mises en avant par Spi-

article de ce bulletin est rédigé par le conseiller qui a rapporté l'affaire : ainsi nulle compilation ne peut obtenir plus de confiance, et ne la mérite mieux en effet.

SECTION VI.

Ancienneté et multiplicité des compilations d'arrêts.

Cette pratique de recueillir les décisions judiciaires est bien ancienne.

Craterus, favori d'Alexandre-le-Grand, était auteur d'un ouvrage dont les savans regrettent vivement la perte; c'était un recueil des décrets d'Athènes, dans lequel se trouvaient les décisions de l'Aréopage et du conseil des Amphyctions.

Les jurisconsultes romains citent souvent dans leurs ouvrages les jugemens des préteurs et les ordonnances des autres magistrats.

En France, les premiers ouvrages de droit n'ont été que

fame; dans le recueil déjà cité, il avait supposé que Henri II avait rendu l'ordonnance suivante :

« Le roy. . . . . ordonne que tous ses présidens en ses courts de parlement, qui feront solennelle prononciation des arrêts d'icelles, seront tenus de faire *ung abrégé des loix et décisions juridiques que porteront lesdicts arrests*, pour s'en ayder en semblables cas, sauf à les faire gloser et augmenter par les anciens avocats d'icelle court; et huict jours après ladicte prononciation faite, *sera ledict abrégé délivré à l'imprimeur* ordinaire de ladicte court, *pour l'imprimer et exposer en vente,* à ce que chacun de ses subjects le puisse facilement recouvrer pour l'estudier et mettre en mémoire, le alléguer et s'en ayder en temps et lieu, comme loy universelle de ce royaulme, terres et pays de l'obéissance du roy. Et ordonne le dict seigneur roy que les juges inférieurs seront tenus de se conformer à iceulx arrests et donner leur jugement selon iceulx, pourveu qu'ils porteront par exprès *la cause* de leurs jugemens. » — SALVIAT* a été dupe de cette supposition, et il cite de bonne foi, comme existante, « une déclaration de 1556, qui enjoint aux présidens des courts supérieures de faire un abrégé des décisions des arrests, de les faire imprimer et mettre en vente. »

* Et quelques autres encore que le président Bouhier cite dans ses *Observations sur la Coutume de Bourgogne,* chap. 4, t. 1, p. 218.

des *Styles de pratique* et des *Recueils d'arrêts*; et c'est avec ces matériaux, d'abord informes, puis dégrossis, que nos meilleurs auteurs ont posé les bases de notre droit français.

Ce genre d'ouvrage s'est ensuite multiplié d'une manière effrayante, chacun se piquant de recueillir les arrêts de son parlement, tantôt par *ordre de date*, tantôt par *ordre alphabétique*, ou enfin suivant un *ordre de matières*.

Fournel n'a pas manqué d'en faire la remarque dans son *Histoire des Avocats*. Au livre V, portant pour rubrique, *Des Avocats au XVIIe siècle*, il s'exprime ainsi : — « Il paraît que le goût dominant des jurisconsultes de cette époque se tourna vers les *Compilations d'arrêts* et les *Recueils de plaidoyers*. C'est dans ce siècle qu'on trouve cette *foule* d'arrêtistes qui *encombrent* les bibliothéques de *Jurisprudence*, tels que ceux-ci :

1312. Monluc.
1602. Chenu.
1602. Chorier, *sur Guy-Pape*.
1606. Duvair.
1612. Barnabé Levest.
1617. B. De Larocheflavin.
1618. Maynard.
1620. Recueil de Néron et Girard.
1622. Bellordeau.
1625. Anne Robert.
1628. Bouvot.
1628. Jacques Corbin. (*Code Louis XIII*.)
1630. Laurent Bouchel.
1631. Tournet.
1631. Fillau.
1636. Expilly.
1643. Louet (depuis *allongé* par Brodeau).
1645. Leprestre.
1646. D'Olive.
1647. Bouguier.
1654. Dufail.
1664. Catelan.
1668. Guy Basset.
1669. Desmaisons.
1670. Boniface.
1672. *Journal du Palais*

1675. La Peyrère.
1680. *Journal des Audiences.*
1681. Cambolas.
1682. Soëfve.
1684. Frain.
1686. Albert.
1690. Bardet.
1692. Laville.
1727. Brillon.
1736. Du Rousseau de Lacombe.
1736. Mathieu Augiard.
1738. Gayot de Pittaval. (*Causes célèbres.*)
1783. Nouveau Denisart.
1784. Répertoire de Jurisprudence, etc. [1]

D'après cette liste, où l'on est loin d'avoir épuisé tous les noms, on conçoit aisément que Maussac avait sujet de se plaindre de ce qu'à l'époque où il écrivait, l'art de l'imprimerie semblait réservé exclusivement à perpétuer les futiles rapsodies des *collecteurs d'arrêts*, tandis que les doctes élucubrations des savans, dédaignées par les typographes, accusaient ces derniers d'avarice et le siècle d'impéritie. *Hodiè in Galliâ nos hujusmodi homines è trivio vocamus*, COLLECTEURS D'ARRÊTS, *ad quorum nugas et somnia excudenda et typis mandanda, divina hæc excudendi ars potiùs inventa videtur, quàm ad serias et non ità futiles doctorum virorum lucubrationes, posteris imperitiam sequioris hujus seculi hominum miraturis, et typographorum avaritiam contempturis relinquendas.* (Not. in Harpocrat. *voce* Ἀρκτεῦσαι.)

Aujourd'hui même qu'il existe tant d'ouvrages où toutes les parties du droit sont traitées *ex professo*, le goût pour les compilations d'arrêts n'a pas diminué, et l'ardeur des arrestographes ne s'est pas ralentie.

Ainsi nous avons, *à Paris* :

Le *Recueil d'arrêts* de Sirey;

Celui de Denevers;

[1] BRUNEAU a joint à son Traité des Criées (édit. de 1686 et de 1704) un tableau des diverses compilations d'Arrêts. — PROST DE ROYER, au mot *Arrêtiste*, en nomme jusqu'à cent dix-huit, et il avoue lui-même que sa liste est loin d'être complète. Il les range sous chaque parlement, et, pour le parlement de Paris seul, il en compte quarante-trois; encore finit-il par un *etc.*

Le *Journal du Palais* ;
La *Jurisprudence du Code civil* ;
Le *Journal des Avoués,—des Notaires,—des Avocats* ;
Le *Journal du Barreau* ;
Le *Recueil des causes célèbres* ;
Le *Journal de l'enregistrement* ;
Le *Journal commercial*, etc.
La *Gazette des Tribunaux* (voy. p. 514).

Et, *dans les départemens*, il n'est presque pas de cour royale qui n'ait aussi son arrestographe [1].

Au-dessus de toutes ces collections se trouve, sans comparaison, le *Nouveau répertoire de Jurisprudence*. Cet immense ouvrage n'est pas seulement un *Recueil d'arrêts*, c'est, avant tout, un vaste répertoire de principes. Chaque article y est traité méthodiquement; on y trouve des définitions exactes et des divisions commodes; l'indication des lois, des coutumes, des auteurs, et l'exposé des questions avec les raisons de douter et de décider.

Les arrêts n'y sont pas rapportés nuement. Dans les espèces que l'auteur n'a pas eu occasion de traiter lui-même, une analyse courte et bien raisonnée donne une idée suffisante de l'arrêt. Dans les autres, l'arrêt est précédé du plaidoyer de l'auteur, c'est-à-dire d'une dissertation où la science et la dialectique se prêtent mutuellement toutes leurs forces.

La collection de M. Dalloz est également digne d'éloges. Si l'on n'y rencontre pas les doctes dissertations de M. Merlin, on y trouve du moins des analyses fort bien faites, une jurisprudence plus moderne, et aussi bien classée que le permet la diversité des arrêts.

Mais il s'en faut bien que toutes les autres collections de jurisprudence moderne soient aussi voisines de la perfection.

Plusieurs d'entre elles jouissent d'un crédit qu'on ne veut pas leur disputer; mais quelques-unes aussi ne sont pas exemptes des défauts qu'on a de tout temps reprochés aux compilations d'arrêts.

[1] En corrigeant les épreuves de la première édition, le prote avait lu *arrestophage* (croqueur d'arrêts); j'avoue que j'ai été tenté de ne pas considérer cette méprise comme une faute; car la plupart de ces compilateurs sont moins en effet des *descripteurs*, que des *croqueurs d'arrêts*.

Pour généraliser nos idées sur ce point, nous allons examiner :

1° Quels sont les défauts les plus ordinaires des recueils d'arrêts ;

2° Quelles sont les qualités que ce genre de travail exige.

SECTION VII.

Défauts reprochés aux compilations d'arrêts.

Remarquons d'abord une différence bien grande entre les anciens et les nouveaux recueils, quant à la manière dont ils sont faits et publiés.

Anciennement un arrêtiste était ou un magistrat qui publiait les arrêts à la délibération desquels il avait concouru ; ou un avocat, peu employé peut-être, mais assidu aux audiences, et recueillant tout ce qui s'y passait [1]. Chacun ne donnait ordinairement que les arrêts du parlement ou du siége auquel il était attaché [2] : il était donc plus à portée d'en rendre un compte exact, soit qu'il parlât d'après ce qu'il avait ouï en personne, soit qu'il écrivît sur le rapport de ses confrères.

Aujourd'hui il n'en est pas de même. Nos recueils embrassent les arrêts de toutes les cours de l'empire, et ces arrêts sont cités partout avec autant de confiance que si l'arrêtiste les avait tous vu rendre.

Il en résulte un avantage, en ce que les questions sont plus nombreuses, les espèces plus diversifiées ; mais il y a aussi cet inconvénient, que l'arrêtiste de Paris ne peut guère se flatter de connaître dans tous ses détails une af-

[1] « Tel étoit maistre Jean Bacquet, duquel on n'a pas tant parlé de son vivant, qu'après son décès : car il plaidoit fort peu souvent, se rendant néanmoins assidu aux audiences, où il se tenoit derrière les barreaux, et remarquoit soigneusement ce que l'on disoit, et les arrests qui s'y donnoient, jusques à demander aux avocats les noms des parties, et les principaux poincts de leurs causes dont il a si bien fait son profit, que vous en voyez les fruits par ses livres qui sont bien recherchez. » LOISEL, Opusc., p. 531.

[2] « *Chacun en sa chacune*, je veux dire en sa cour de parlement. » PASQUIER, *liv.* 30, *Lett.* 15, p. 578.

faire qui a été commencée, instruite et jugée à deux cents lieues de lui, dans un pays, sur des actes et entre des personnes dont souvent il arrive qu'il ne sait pas même la langue [1].

Remarquons, en outre, que les anciens arrêtistes ne publiaient pas leurs recueils feuille par feuille, comme font les modernes. Ils faisaient un choix d'arrêts, les classaient à leur manière, et établissaient entre eux, par des rapprochemens ou des renvois, une concordance telle que leur ouvrage venant à paraître, offrait, sinon sur toutes les questions, au moins sur le plus grand nombre, un corps de jurisprudence à peu près fixe.

« Autant qu'il m'a été possible (dit BRILLON), je me suis exactement attaché à concilier les décisions contraires, soit pour empêcher que les jeunes avocats ne s'égarent sur des routes douteuses, soit pour ôter aux parties, naturellement passionnées, les motifs d'entreprendre des procès téméraires, sur le fondement de décisions mal entendues ou peu digérées en quelques-uns de nos *journaux*. »

Il y avait, en effet, des recueils d'arrêts intitulés *journaux*; mais ce n'étaient pas des *journaux* dans le sens qu'on attache aujourd'hui à ce mot. Ce n'étaient pas des ouvrages périodiques distribués régulièrement et à jour fixe à des *abonnés*; ils n'avaient pris ou reçu la dénomination de *journaux* que de l'ordre chronologique dans lequel les arrêts s'y trouvaient rangés.

Maintenant, au contraire, un *journal* est, avant tout, une branche de revenu, une spéculation, un négoce qui rend l'arrêtiste justiciable des tribunaux de commerce, et contraignable par corps s'il manque à l'exécution de ses engagemens *journaliers* envers le papetier, l'imprimeur, etc.

Le chef du journal, tout occupé de ses registres d'abonnement, n'est le plus souvent qu'un capitaliste qui soudoie un certain nombre de rédacteurs en sous-ordre, souvent fort négligens ou inexpérimentés.

Ce n'est pas tout. Les feuilles se succèdent, mais ne se ressemblent pas ; les dernières peuvent bien renvoyer aux premières, mais celles-ci ne peuvent plus renvoyer aux

[1] Ceci a été écrit en 1813 ; à cette époque, les arrêts des cours de Turin, Bruxelles, etc., entraient dans nos compilations.

suivantes : *Nescit vox missa reverti*. Lorsqu'à la page 20 se trouve un arrêt de cour impériale qui a jugé *blanc*, à la page 50 se rencontre souvent un autre arrêt qui a jugé *noir*; et plus loin un troisième arrêt qui n'a jugé comme aucun des précédens. Rien de plus fréquent encore que de voir un arrêt de 1807 cassé en 1808. Il en résulte qu'on peut moins faire dans ces recueils des recherches que des rencontres; que le rapprochement des arrêts y est fort difficile, et qu'un *recueil d'arrêts* n'est pas toujours un *recueil de jurisprudence*.

La *Gazette des Tribunaux* a un caractère particulier : elle ne rend pas seulement compte des procès *jugés*, mais aussi des procès *pendant qu'ils se débattent*, et lorsque personne n'en peut encore prévoir l'issue. Elle enregistre les paroles des avocats; elle offre aux anciens un moyen d'accroître et d'étendre leur célébrité; aux plus jeunes, elle fournit les moyens de se faire connaître du public. Les réputations ne sont plus renfermées dans l'enceinte du Palais. A la longue, ce journal, par sa variété, offrira l'histoire du Barreau et des mœurs judiciaires.

On a fait aux anciens arrêtistes un reproche dont les nouveaux ne savent pas toujours se garantir; c'est de présenter, comme établissant une *règle générale*, un arrêt qui, en y recourant, se trouve n'avoir jugé qu'un *cas tout particulier*. Qui ne sait, en effet, qu'il se rencontre souvent telle espèce où la conscience des magistrats ne se croit rassurée que par une sorte de violence faite au principe général ? Un tel arrêt, s'il peut être justifié par la faveur ou la singularité des circonstances, la qualité ou les rapports des parties, ne doit certainement pas être tiré à conséquence. Le devoir de l'arrêtiste est donc d'avertir son lecteur du danger qu'il y aurait à étendre à tous les cas ce qui n'a été jugé que pour un seul, et de prémunir ainsi contre l'abus que des gens ignorans ou peu délicats pourraient faire d'une décision *dangereuse dans ses conséquences, quoique louable dans son principe*. Il doit se rappeler le mot de César : *Omnia mala exempla ex bonis initiis orta sunt : sed ubi imperium ad ignaros aut minus probos pervenit, novum illud exemplum ab dignis et idoneis ad indignos et non idoneos transfertur*. (Sallust. in Catilin. cap. 51.)

SECTION VIII.

Qualités désirables dans un recueil d'arrêts.

Si, des défauts justement reprochés aux compilations d'arrêts, nous passons aux qualités qu'exige ce genre de labeur, nous allons trouver plus à désirer que nous n'avons trouvé à reprendre.

Dans un ouvrage aussi recommandable par sa brièveté que par sa profondeur, BACON donne plusieurs bonnes règles sur la meilleure manière de recueillir et d'alléguer les arrêts.

1. Il faut faire choix des arrêts rendus dans des temps calmes et modérés, et non à des époques de tyrannie, de factions et de désordres. Ces exemples illégitimes nuisent plus qu'ils n'instruisent : *Magis nocent quàm docent.* (*Aphor.* 22.)

2. Le plus sûr est de préférer les nouveaux arrêts aux anciens : car pourquoi ne pas continuer à pratiquer ce qui l'a été peu de temps auparavant, sans qu'il en soit résulté d'inconvénient? Cependant les exemples récens ont moins d'autorité que les anciens ; et quand l'ordre actuel des choses a besoin d'amélioration, il n'est que trop commun de rencontrer des arrêts dans lesquels l'esprit du temps se fait plus remarquer que la droite raison : *Magis sæculum suum sapiunt, quàm rectam rationem.* (*Aphor.* 23.)

3. Les anciens arrêts doivent être reçus avec précaution et discernement : d'autres temps, d'autres soins ; et tel arrêt, vieux par sa date, peut paraître bien nouveau par son peu de conformité avec l'état présent. Les meilleurs sont donc ceux d'un temps intermédiaire, ou d'un temps qui ait rapport au nouveau ; conformité qui quelquefois a lieu entre des époques bien éloignées, et ne se rencontre pas toujours entre des temps plus rapprochés. (*Aphor.* 24.)

4. Il faut se renfermer dans l'espèce de l'arrêt, et se tenir en-deçà plutôt qu'au-delà ; car où la loi manque, tout est suspect ; et dans le doute, la circonspection vaut mieux que trop de hardiesse. (*Aphor.* 25.) Autrement à force d'aller de proche en proche, sous prétexte d'analogie, on finirait

par arriver aux conséquences les plus opposées au principe dont on est parti. (Voyez *Aphor.* 16.)

5. Il importe beaucoup de remarquer par quelles mains ont passé les arrêts qu'on cite. Si ce sont des actes obscurs, tirés de la poudre du greffe, et qui ne sont pas l'ouvrage même des magistrats (par exemple des *Arrêts d'expédient*); ou si le souvenir ne s'en est conservé dans la mémoire publique que par une tradition incertaine, on doit en faire peu de cas, ou même les écarter tout-à-fait. (*Aphor.* 27.)

6. Il convient de donner la préférence à ceux qui ont été rendus publics, et que chacun a pu critiquer ou invoquer à son gré ; à la différence de ceux qui, restés comme ensevelis dans les registres et les archives, semblent avoir été condamnés à l'oubli : car il en est des exemples comme de l'eau, qui n'est jamais plus saine que lorsqu'elle est courante : *Exempla enim, sicut aquæ; in profluente sanissima.* (*Aphor.* 28.)

7. Les décisions judiciaires ne doivent pas être extraites des historiens, mais des registres mêmes, ou être fondées sur des traditions parfaitement sûres. Il semble, en effet, que, par une sorte de fatalité, les historiens, même les meilleurs, ne parlent des lois et des actes judiciaires que d'une manière imparfaite : si elle est exacte au fond, elle diffère toujours beaucoup de ce qu'on trouve dans les pièces originales. (*Aphor.* 29.)

8. Une jurisprudence aussitôt abandonnée que reçue doit être rejetée; car l'usage qu'on en a fait pendant quelque temps prouve moins en sa faveur, que le discrédit où elle est presque aussitôt tombée ne prouve contre. (*Aphor.* 30.)

9. On cite les arrêts comme exemples bons à suivre, et non comme des lois auxquelles il faille absolument céder. *In consilium adhibentur, non utique jubent, aut imperant.* Loin de contrarier l'usage présent, il faut donc, au contraire, qu'ils s'y prêtent et s'y puissent accommoder. (*Aphor.* 31.)

10. Suivant Bacon, les compilateurs des *arrêts* devraient être choisis parmi les avocats les plus savans, et le gouvernement fournirait aux honoraires de leurs travaux : *Honorarium liberale ex publico excipiunto.* On ne devrait, en aucun cas, confier ces soins importans aux juges, de crainte qu'un trop grand attachement à leurs opinions et trop de confiance dans leur propre autorité, ne les fit

s'écarter des simples fonctions de référendaires. (*Aphor.* 75.)[1]

11. Il faudrait, dit-il, énoncer l'espèce avec précision, donner exactement le texte de l'arrêt, avec les motifs sur lesquels il est basé; et ne rien dire des plaidoyers des avocats, à moins qu'ils n'offrissent quelque chose de bien saillant. (*Aphor.* 74.)

12. Enfin, on disposerait les arrêts suivant l'ordre des temps, et non suivant l'ordre des matières; en effet, les recueils de ce genre forment une histoire exacte, et présentent un tableau suivi des progrès de la science des lois. Un juge éclairé s'instruit autant lorsqu'il médite sur les époques des différens arrêts, que lorsqu'il en approfondit les espèces. (*Aphor.* 77.)

Lacombe veut qu'un arrêtiste n'avance rien qu'il n'ait été à portée de vérifier par lui-même. « Il en est, dit-il, des arrêts comme de l'histoire : l'on ne se fie aux historiens éloignés qu'à bonne caution, au lieu que les contemporains font une foi pleine et entière. »

Tous les devoirs d'un bon arrêtiste semblent réunis dans cet éloge de Dufresne, auteur du premier volume du *Journal des Audiences*. « Rien n'a égalé son exactitude... Il a été non-seulement présent aux audiences, mais il s'est encore conformé scrupuleusement aux lois de la vérité, en rédigeant avec beaucoup de netteté les moyens de fait et de droit, et en rapportant la plupart des arrêts en forme. — Dans les causes où le fait ne paraissait pas bien éclairci, il s'est donné la peine d'examiner attentivement les Mémoires de ses confrères et même ceux des parties, *afin de saisir la question de fait, et de la présenter dans son véritable point de vue*[2].

[1] Ces appréhensions que manifeste Bacon doivent, sans doute, engager à se tenir en garde contre les effets d'un amour-propre toujours partial; cependant il est, à mon avis, des avantages qui peuvent balancer cet inconvénient. Voy., ci-après, Section xiv, *Règle V*.

[2] D'Aguesseau n'en juge pas aussi favorablement. Dans sa 420e Lettre (t. 8, p. 585) il écrit : « ..... Je me contenterai de vous dire, en général, que le *Journal des Audiences* du parlement de Paris, où vous avez pris apparemment *ce qu'il me fait dire de la cause* ..... *n'est pas un garant bien sûr* des maximes que l'auteur de ce journal y met dans la bouche des avocats géné-

Salviat nous apprend que, pour s'assurer de l'exactitude des arrêts qu'il rapporte, il s'est servi principalement des *attestations* en usage au barreau du parlement de Bordeaux. « Ces actes, dit-il, qui ne sont délivrés qu'après de *mûres délibérations de la compagnie entière* de MM. les avocats, jouissent parmi nous de la plus grande authenticité; ils ne sont pas à Bordeaux, comme ailleurs, l'ouvrage de deux ou trois personnes, mais celui d'un *corps entier*, etc. » — On conçoit, en effet, que des arrêts ainsi *attestés* ne pouvaient pas manquer d'être présentés sous leur vrai jour.

SECTION IX.

Moyen de concilier les arrêts contraires.

Après l'exactitude dans le récit des faits, l'exposé des moyens et le texte de l'arrêt, le principal devoir d'un arrêtiste est de rapprocher les arrêts qui semblent contraires et d'en marquer l'opposition, d'indiquer les nuances qui les séparent ou le moyen de les concilier. (*Voyez ci-après* 8e *règle.*)

« On sait, dit M. Delaville, que la doctrine des arrêts *est grandement mêlée de pour et de contre*; les *circonstances particulières* en peuvent être la cause, ou bien *quelques autres choses* qui peuvent se présenter à la pensée, et qu'il n'est pas besoin d'expliquer. »

D'Argentré ne laisse pas échapper l'occasion de remarquer que *de iisdem non eadem judicantur*; et tous nos auteurs sont remplis de doléances sur l'éternelle contradiction des arrêts.

On les concilie le plus souvent en distinguant avec soin les *temps*, les *lieux*, les *personnes*, les *circonstances particulières* de la cause.

raux. Les précis qu'il y rapporte de leurs plaidoyers sont ordinairement *assez mal faits*. Quoiqu'il rencontre quelquefois bien dans les maximes qu'il leur fait avancer, *l'ouvrage n'en mérite pas pour cela plus de confiance*; et il a ce caractère *commun avec la plupart des recueils de cette espèce*, qui ont souvent plus d'autorité de loin que de près. » — *Avis aux provinces.*

Les lois n'ont pas d'effet rétroactif ; chaque cause doit se juger suivant les règles en vigueur au moment où elle a pris naissance. Un premier moyen de concilier certains arrêts est donc de faire observer que l'un, par exemple, a été rendu depuis le code civil, tandis que l'autre a été rendu sur une espèce antérieure. L'arrêtiste en conclura que ce dernier arrêt, qui n'est que *transitoire*, ne peut être d'aucune influence sur l'avenir.

Souvent un arrêt est fondé sur un usage qui n'est que local ; on a donc pu juger autrement dans un pays où l'usage n'était pas le même.

Ce qui se juge en faveur d'un Français, d'un mineur, d'une femme mariée, d'une administration publique, etc., etc., est rarement d'accord avec les décisions portées dans la cause d'un étranger, d'un majeur, d'une veuve, d'un simple particulier, etc.

Enfin, il peut y avoir eu des circonstances particulières qui aient exigé que, dans l'espèce où elles se rencontraient, on jugeât autrement que dans une espèce où elles ne se rencontraient pas. (*Voyez ci-après règle* IX, 6°.)

SECTION X.

Qu'il ne faut pas négliger d'apostiller un mauvais arrêt.

Sans entrer ici dans le détail de ces *autres choses* dont parle M. Delaville, et qui, en effet, *peuvent se présenter à la pensée sans avoir besoin d'être dites*, ne peut-il pas arriver qu'une cause mal entendue soit encore plus mal jugée ? il est alors du devoir de l'arrêtiste de faire comme Bretonnier sur Henrys, *tom.* 2, *pag.* 153, *liv.* 3, *quest.* 75. « Il faut observer (dit cet annotateur) que les emphytéotes ne s'attachèrent qu'à contester le droit en soi : *il n'y en eut pas un qui s'avisât d'objecter* que la mort civile n'était pas suffisante pour donner ouverture à un semblable droit ; et les juges de ce temps ne connaissaient guère le titre du droit, *Ut quæ desunt advocatis partium, judex suppleat.* — J'ai cru (ajoute-t-il) devoir faire cette observation pour montrer *que ces arrêts ne doivent pas être tirés à conséquence*, etc. »

Nos modernes[1] n'ont pas assez de cette franchise gauloise qui met la vérité au-dessus de tout ; et tel article qui devrait être terminé par une remarque semblable à celle de Bretonnier, au lieu d'offrir une salutaire critique, ne renferme souvent que des éloges ridiculement accumulés. Sans doute, en reprenant le jugé d'un arrêt, on ne doit s'écarter *en rien* du profond respect dû aux magistrats qui l'ont rendu : mais il est un juste milieu[2] entre des réflexions offensantes et une fade adulation, qui transforme tous les avocats en *Gerbiers*, tous les gens du roi en *Seguiers*, tous les présidens en *Lamoignons*, toutes les cours en *Aréopages!*

On plaide, on écrit, on imprime qu'un tribunal de première instance a *mal jugé*; on plaide, on écrit, on imprime qu'un arrêt *doit être cassé* pour avoir *violé*, *méconnu*, *faussement appliqué la Loi* : qui donc empêche un arrêtiste de s'élever aussi contre une doctrine qui lui semble erronée, et de reconnaître, avec Ulpien, que souvent l'*arrêt* qui réforme ne vaut pas la *sentence* infirmée ? *Nonnunquàm benè latas sententias in pejus reformant. L. 1, ff. de appellationibus*[3].

SECTION XI.

A quoi il faut faire attention pour distinguer les bons arrêts d'avec les mauvais.

Nous ne prétendons pas qu'en fait d'arrêts, il soit si facile de distinguer les bons des mauvais.

Quand vous m'opposez un arrêt, disait DUMOULIN,

[1] Ils font, le plus souvent, comme cet avocat vénitien, qui, plaidant devant les Sérénissimes Sénateurs, leur disait : *Il mese passato le vostre Excellenze hannò giudicato cosi ; e questo mese, nella medesima causa, hannò giudicato tutto 'l contrario* : E SEMPRE BEN ! « Vos Excellences, le mois passé, jugèrent de cette façon ; et ce mois-ci, dans la même cause, elles ont jugé tout le contraire ; et *toujours à merveille !* »

[2] *Licet inter abruptam contumaciam et turpe obsequium pergere iter ambitione et periculis vacuum.* TACIT. *Annal.* IV, 20.

[3] Ainsi, dans mon opinion, l'arrêt de la Cour royale de Paris, dans l'affaire du chevalier Desgraviers, me paraît plus conforme aux principes que l'arrêt qui l'a cassé.

veuillez en même temps m'apprendre par qui, contre qui, en faveur de qui il a été rendu, et sur la plaidoierie de quel avocat. *Quando mihi opponas arrestum, dic etiam mihi, pro quo, contra quem, à quo judice datum sit, et quo tuente advocato*[1].

On ne peut nier que le mérite des avocats qui plaident une cause n'influe puissamment sur l'arrêt qui la décidera. L'avocat jurisconsulte démontrera jusqu'à l'évidence des propositions qu'un avocat moins habile n'abordera point, ou qu'il présentera maladroitement. Un orateur emportera d'emblée un arrêt qu'un froid parleur n'aurait jamais obtenu, parce que celui-là aura fait valoir avec véhémence des considérations qui, froidement exposées, n'auraient excité qu'un médiocre intérêt.

Les officiers du parquet influent plus puissamment encore sur l'événement de l'arrêt. N'ayant d'autre vue que celle du bien public, d'autre langage que celui de la vérité, avec quelle confiance les juges ne reçoivent-ils pas et les faits qu'ils leur présentent comme certains, et les principes dont ils leur signalent l'application! Cela explique l'empressement avec lequel les arrêtistes nous informent que tel arrêt a été rendu sur les conclusions de M. Daniels, sur celles de M. ***, etc.

Mais *c'est surtout le bon juge qui fait le bon arrêt.* « Bien juger, dit Fénelon, c'est juger selon les lois; et pour juger selon les lois, il faut les connaître[2]. » Aussi l'Ecriture recommande aux juges de s'instruire, *erudimini qui judicatis terram*; le prince suppose qu'ils savent, le public le croit, le barreau n'est jamais plus satisfait que lorsque réellement il en est ainsi.

Quel bonheur, en effet, pour les avocats et leurs cliens,

[1] Aussi D'ARGENTRÉ conseille-t-il, avant d'intenter une action, d'observer *quid tempora, quid conditio hominum, quid judicantium mentes agitet. Quid cùm sic dicitur, illo judice vinces, illo excides eâdem in causâ? Sunt quædam temporum inopportunitates et alia quæ homini prudenti despici oporteat antequàm rem aggrediatur.* (*Ad art.* 487, *Consuet. Brit.*, *p.* 1731, *edit.* 1646.) — A ce propos, BRETONNIER s'écrie : « Voilà le danger qu'il y a d'établir une jurisprudence sur des arrêts qui varient souvent suivant l'*humeur des juges*, *le crédit des parties*, et l'*habileté des avocats!* » (Sur HENRYS, tom. 2, pag. 90, liv. 3, quest. 67.)

[2] *Directions pour la conscience d'un roi*, p. 65.

d'être jugés par de « notables et solennelles personnes, de grant science, loyauté, prudence et expérience de justice; ayant Dieu devant les yeux, aimant mondict seigneur, sa seigneurie et le bien commun du royaume; qui, pour doutes de menaces, faveur ou acceptations de personnes, rejetées toutes haines et corruptions, ne laissent ou diffèrent à faire loyalle justice, tant aux grants comme aux petits, à la semblance et manière des vrais et loyauts juges qui, en la cour souveraine et capitale de ce royaume, souloient par grande diligence rendre droit et justice à chascun. » (*Lettres-patentes du 16 février 1417.*)

Mais il ne suffit pas, pour qu'un arrêt soit bon, que le magistrat dont il émane ait le cœur droit et l'esprit juste : *Bien juge qui tard juge*, a dit LOISEL, et il a eu raison; car de *fol juge briève sentence.* — La *patience* est donc une des qualités les plus essentielles du magistrat, c'est *une grande partie de sa justice.*

Rappelons les préceptes et citons des exemples.

Lorsqu'un juge ouvre l'audience, a dit THÉODOSE, qu'il écoute *patiemment* les assertions et les réponses des plaideurs; qu'il approfondisse tout avec le plus grand soin. Qu'il n'aille pas leur débiter sa sentence avant qu'ils n'aient pleinement exposé toutes les raisons qu'ils ont à proposer pour leur défense; qu'on plaide jusqu'à ce que la vérité soit connue, qu'il demande ce qu'on oublierait de lui dire, afin qu'aucun moyen ne soit négligé. *Judex quùm causam audire cœperit, litigatorum assertiones vel responsiones* PATIENTER *accipiat, et omnia plenâ discussione perquirat. Nec priùs litigantibus suâ sententiâ velit obviare, nisi quando ipsi, peractis omnibus, jam nihil ampliùs in contentione habuerint quod proponant, et tandiù actio ventiletur, quousque rei veritas perveniatur : frequenter interrogari oportet, ne aliquid prætermissum fortassè remaneat. L.* 1, C. Theod. *de judiciis.*

Qu'il dise, comme PLINE le jeune : J'accorderai tout le temps qu'on me demandera; car j'estime qu'il y a de la présomption à deviner d'avance quelle sera la juste étendue d'une cause non encore expliquée, et à borner la durée d'une affaire dont on ignore les développemens [1]; la première qua-

[1] Je pourrais citer telle affaire de la plus haute importance, où

lité d'un juge religieusement attaché à ses devoirs étant par-dessus tout la *patience*, qui est une grande partie de la justice. *Equidem quoties judico, quantùm quis plurimùm postulat aquæ, do; etenim temerarium existimo divinare, quàm spatiosa sit causa inaudita, tempusque negotio finire, cujus modum ignores : præsertim cùm primùm religioni suæ judex* PATIENTIAM *debeat,* QUÆ PARS MAGNA JUSTITIÆ EST. (Lib. 6, Epist. 2.)

Cela néanmoins ne veut pas dire qu'on doive écouter jusqu'à satiété ceux qui parleraient jusqu'à épuisement. Aussi, de tout temps les présidens des cours ont usé du droit d'arrêter le flux d'une plaidoirie trop longue, par un *c'est entendu*[1]. Mais n'est-il jamais arrivé qu'une cause ait été réputée *entendue* avant que d'avoir été réellement *écoutée?* N'a-t-on pas vu quelquefois un intimé dont la cause était *entendue*, perdre, à la suite d'un délibéré où s'était élevée pour la première fois une objection restée sans réponse, parce que son avocat avait été prématurément interrompu? Est-il sans exemple qu'un arrêt sur le point d'être prononcé dans une cause *ainsi entendue*, ait été suspendu par la généreuse insistance d'un avocat qui, suppliant avec force qu'on daignât l'écouter, est parvenu à faire rasseoir les juges qui allaient le condamner, a ramené aux voies de la justice ceux que la précipitation en allait écarter? La patience est donc nécessaire au juge, tellement que, s'il n'a pas également écouté les deux parties[2], il passera pour injuste alors même que son prononcé ne le sera pas :

Qui statuit aliquid, parte inauditâ alterâ[3].
Æquum licèt statuerit, haud æquus fuit.

il a été dit à l'avocat : La Cour ne vous accorde qu'une heure pour votre plaidoirie. (Affaire du chevalier D*. en cassation.)

[1] Voyez toutefois dans la nouvelle édition que j'ai donnée, en 1818, des Lettres sur la profession d'avocat, tome I, p. 495, une Lettre de M***, *où l'on examine si les juges qui président aux audiences, peuvent légitimement interrompre les avocats lorsqu'ils plaident.*

[2] C'est pour cela qu'on met dans tous les jugemens *parties ouïes*; et autrefois : *Quibus rationibus* utriusque partis *hinc indè* auditis, dictum fuit per arrestum Curiæ. (Voyez DUCANGE, 2e Dissertat. sur Joinville, p. 143.)

[3] L'empereur Claude faisait encore mieux que cela : car il ju-

Aussi, entre tant d'éloges qu'a mérités le président de Lamoignon, on a surtout vanté cette rare *patience* avec laquelle il écoutait les plaideurs. « *Laissons-leur*, disait-il, *la liberté de dire les choses nécessaires, et la consolation d'en dire de superflues. N'ajoutons pas au malheur qu'ils ont d'avoir des procès celui d'être mal reçus de leurs juges : nous sommes établis pour examiner leur droit, et non pas pour éprouver leur patience* ; » et il leur laissait éprouver la sienne. (*Vie du Président de Lamoignon*, page 36[1].)

Il n'y a pas de *patience* sans *attention*. La patience ne consiste pas *à endurer une plaidoierie* qu'on n'écoute pas ; et autant vaudrait interrompre l'avocat que de s'occuper de tout autre chose que de ce qu'il dit. Si l'avocat n'est pas habile orateur, s'il fatigue, s'il ennuie, c'est un malheur; mais une audience n'est pas un spectacle où l'on ne doive prendre plaisir qu'au débit des bons acteurs ; ceux qui s'énoncent désagréablement n'en demandent pas moins justice; le devoir des juges est donc de les écouter, et non « *de se demander et raconter nouvelles et esbattemens*, » au mépris de la loi[2] qui le leur défend, au détriment des parties qui en souffrent, au regret du public qui en gémit, au déplaisir du barreau qui s'en plaint.

Le visage du juge doit être aussi serein que sa conscience doit être pure. S'il lui est défendu de s'ouvrir légèrement de son opinion par des discours prématurés, il ne lui est pas plus permis de révéler sa pensée par des airs de tête et des jeux de physionomie : *Id enim non est constantis et recti judicis, cujus animi motum vultus detegit.* (*L.* 19, *ff. de Officio Præsidis.*)

Si la *patience* et l'*attention* sont nécessaires pour prépa-

geait quelquefois sans avoir entendu aucune des parties. C'est le sujet d'une raillerie de Sénèque (*in Apolocynt.*), où il a l'air de louer S. M. I. de cette étonnante facilité :

Quo, non alius,	Unâ tantum
Potuit citiùs	Parte auditâ,
Discere causas;	Sæpè et neutrâ.

[1] On pouvait dire du président de Lamoignon ce que Cicéron a dit de Muréna : *Sapiens prætor, qualis is fuit, offensionem vitat æquabilitate decernendi ; benevolentiam adjungit, lenitate audiendi.* (Orat. *pro Murenâ*, n. XX.)

[2] Ordonnance de décembre 1320.

rer un bon arrêt, le soin que le juge apporte à sa *rédaction* n'est pas moins nécessaire pour qu'en effet l'arrêt soit bon. — « La chicane vaincue a encore ses ressources. A peine se voit-elle accablée sous le poids de l'équité, qu'elle pense déjà à réparer ses pertes et à relever les débris de son injustice. Il n'est rien que sa subtilité ne tente pour dérober au vainqueur tout le fruit de sa victoire; et qui sait si elle n'osera pas porter ses vues sacriléges jusque sur l'oracle même, pour y glisser, s'il était possible, des termes obscurs, des expressions équivoques dont elle puisse se servir un jour pour en combattre la foi ou pour l'éluder?—Efforts impuissans, artifices inutiles contre un magistrat attentif! *Il pèse toutes les paroles de son jugement avec autant de religion qu'il a pesé son jugement même*; et par cette dernière attention, il imprime, pour ainsi dire, le sceau de l'éternité sur tous les ouvrages de sa justice. » (D'AGUESSEAU, tome 1, page 170, 14e Mercuriale, *de l'Attention*.)

L'obligation où sont aujourd'hui tous les juges de motiver leurs décisions doit être une raison de plus pour eux d'en soigner la rédaction. Sans doute un arrêt peut être juste dans son dispositif, quoique mal raisonné dans ses considérans; mais alors il a moins de poids que si, par un heureux enchaînement de propositions également claires et vraies, on trouvait dans les motifs même une démonstration irrécusable de la bonté du dispositif.

A ce sujet, rappelons qu'il y a deux manières de motiver un arrêt : l'une infiniment simple, et qui se fait en *adoptant les motifs des premiers juges*; l'autre plus laborieuse, et qui consiste à donner à l'arrêt une rédaction qui lui soit propre. Celle-ci s'emploie toujours lorsqu'on infirme; celle-là lorsqu'on confirme, à moins que les motifs donnés n'aient été combattus avec assez d'avantage pour montrer qu'ils soutiennent mal le dispositif. Entre ces deux formes, nous n'hésitons pas à donner la préférence à la seconde. Ce n'est pas que nous prétendions que jamais il soit arrivé que l'ennui de rédiger de nouveaux motifs ait porté les magistrats à confirmer, par la formule *adoptant*, des jugemens qui peut-être eussent dû être réformés, au moins à certains égards; mais il nous semble que, dans les lumières supérieures qui éclairent les magistrats d'une cour souveraine, il est impossible qu'on ne trouve pas toujours le moyen, sinon d'apporter de plus solides raisons que celles trouvées en première instance, au moins de donner à ces raisons adoptives une tournure nouvelle, qui, plus concise ou plus étendue, suivant les cas, leur donnerait un degré d'évidence de plus. Pour moi, je n'ai presque point vu de jugemens qui, avec un peu de soin, n'eussent pu être rédigés *in meliùs*. Et d'ailleurs, la méthode à laquelle je donne ici la préférence aurait, si elle était généralement observée, l'avantage de dispenser de recourir à un premier jugement (que souvent on n'a pas, ou dont on n'a qu'une copie illisible) pour connaître les motifs d'un arrêt dont on ne tient que le dispositif.

SECTION XII.

Comment un Arrêt peut être bon dans un sens et mauvais dans un autre.

Nous mettons en avant une sorte de paradoxe qui cependant nous semble pouvoir être démontré : c'est qu'un mauvais arrêt peut quelquefois être bon ; c'est-à-dire mauvais pour la partie dont il a mal apprécié les droits en point de fait, et n'en être pas moins bien raisonné en point de droit. S'il est jamais arrivé qu'un arrêt ait été accordé à la faveur ou à la haine, et que des magistrats aient cédé à la peur ou à l'ambition, à coup sûr ils ont dû mettre tous leurs soins à ce que leur arrêt, injuste au fond, fût si bien coloré dans les termes, si adroitement conçu dans toutes ses parties, que le public, étranger à l'affaire, ne s'en aperçût point : car, pour commettre une iniquité, il n'est pas besoin de faire violence au droit pour l'adapter au fait ; il suffit de changer le fait pour l'accommoder au droit qu'on veut établir. — Si une prescription de vingt ans est décidément acquise, et que pourtant on veuille favoriser celui contre qui elle milite, le juge qui se sera laissé séduire ne sera pas imprudent au point de dire que, si le possesseur actuel a joui pendant si long-temps, il est bien juste que l'autre jouisse à son tour : mais il supposera, ou que ce possesseur n'a pas été de bonne foi, quoique rien ne prouve qu'il ait été constitué en mauvaise foi ; ou que son titre est vicieux, quoique de fait il ne soit entaché d'aucun vice. On conçoit très-bien qu'un arrêt ainsi tourné présentera un *raisonnement exact en droit*, et n'en couvrira pas moins une *injustice en point de fait;* et que si la partie injustement dépouillée a de bonnes raisons pour se plaindre, les arrêtistes et les jurisconsultes n'en pourront pas moins raisonner avec sécurité sur un arrêt où les principes paraissent avoir été appliqués avec justesse aux faits qu'il a déclarés constans, quoiqu'ils ne le fussent pas.

Il est facile de démontrer maintenant la proposition inverse, c'est-à-dire qu'un arrêt juste au fond peut être mal raisonné dans ses termes. Prenons toujours pour exemple la prescription. Un fermier l'oppose à son maître pour se dispenser de lui rendre le bien dont celui-ci lui a fait bail; arrêt qui rejette cette prescription, et qui, en cela, juge bien. Mais, au lieu d'être motivé sur l'article 2236 du Code, portant que « ceux qui possèdent pour autrui ne prescrivent jamais par quelque laps de temps que ce soit, etc.; » on le suppose motivé, 1° sur ce que celui qui invoque la prescription n'a joui que *neuf* années, tandis qu'il lui en aurait fallu *dix;* 2° sur ce que d'ailleurs la prescription est un moyen odieux et contraire au droit naturel : voilà, certes, un mauvais arrêt; car des deux raisons qui le motivent, la première n'était pas applicable, et la seconde est en opposition avec la loi civile qui a admis la prescription. On conçoit donc qu'il ne sera pas possible d'argumenter de cet arrêt dans d'autres espèces, quoiqu'au fond il ait bien jugé.

Il en faut dire autant des arrêts qui renfermeraient une pétition de principe, c'est-à-dire qui décideraient la question par la question, comme, par exemple, si ayant à examiner dans une affaire *s'il y a eu délégation parfaite*, l'arrêt donnait pour tout motif : *Attendu qu'il y a eu délégation parfaite*, sans dire pourquoi ni comment [1].

Je ne sais même si un tel arrêt ne devrait pas être cassé [2]; car, en vérité, il n'y a aucune différence entre motiver ainsi un arrêt, et ne le pas motiver du tout.

[1] Cette espèce n'est pas une fiction; l'arrêt dont je parle a été rendu en ces termes.

[2] Il l'a été en effet.

SECTION XIII.

Des Arrêts d'équité.

Il y a des arrêts qu'on appelle d'*équité*.

Rien, en apparence d'aussi louable et d'aussi bon : *Nam æquitas in omnibus quidem rebus, maximè tamen in jure spectanda est. L.* 90, *ff. de reg. jur.* Mais il n'y a rien où l'on soit si sujet à se tromper, et c'est ce qui m'engage à entrer sur cela dans quelques éclaircissemens [1].

Communément on entend par *équité* cette lueur de raison que la nature a répandue dans tous les esprits; et l'on ne peut nier, en effet, qu'elle ne soit le fond de la saine jurisprudence. Cependant, comme cette lueur pourrait dégénérer en illusion, et souvent même devenir arbitraire, suivant le caprice ou l'intérêt des hommes, les législateurs ont senti le besoin d'en fixer les règles par des décisions réfléchies et méditées, qu'ils ont appelées *équité civile* [2].

Cette équité *civile* n'est pas toujours d'accord avec l'équité *naturelle*, et c'est dans le conflit qui paraît quelquefois s'élever entre elles que le juge hésite, parce qu'il croit sa conscience en danger.

Prenons un exemple.

L'équité *naturelle* nous dicte que tout possesseur de la chose d'autrui doit être forcé de la lui rendre, en quelque temps qu'elle lui soit demandée. Mais l'équité *civile* a sagement rectifié ce principe général. Le suivre sans restriction, ce serait tenir la propriété des choses éternellement en suspens, et par conséquent troubler la société. Il a donc été à propos d'y apporter ce tempérament, qu'au bout d'un

[1] J'emprunte ici quelques réflexions au P. BOUHIER, dans ses *Observations sur la Coutume de Bourgogne*.

[2] *Credo fuisse tempora aliquandò quæ solam et nudam justitiæ haberent æstimationem. Sed quoniam hæc ingeniis in diversum trahebatur, nec unquàm satis constitui poterat, quid oporteret, certa forma, ad quam viveremus, instituta est. Hanc illi auctores legum verbis complexi sunt; quam si mutare, et ad utilitates suas pervertere licet, omnis vis juris, omnis usus eripitur. Nam quid interest, nullæ sint, an incertæ leges?* QUINTILIAN. Declam. 264.

certain nombre d'années le propriétaire serait censé avoir renoncé aux droits qu'il avait sur sa chose, et que le possesseur, soit qu'il fût en bonne ou mauvaise foi, ne pourrait plus être inquiété ni troublé dans sa jouissance.

Si quelque juge s'avisait de mépriser ce réglement politique, sous prétexte que l'équité *naturelle* semble y résister, il serait certainement injuste, non-seulement pour avoir contrevenu à la loi, mais encore pour avoir enlevé au possesseur une chose dont il était devenu légitime propriétaire après le laps de temps prescrit : ce qui prouve que quand on nous ordonne de suivre l'équité, ce n'est pas toujours celle que nous inspire la nature et qui pourrait quelquefois nous abuser, mais, avant tout, celle qui est dirigée par les lois. *In his quæ scripto palàm comprehensa sunt, etiamsi prædura* [1] *videantur, judex à scripto recedere non potest. In his autem, quæ palàm scripto comprehensa non sunt, judex spectare debet æquitatem;... Æ*QUITAS ENIM NIHIL ALIUD EST, QUAM JUS QUOD LEX SCRIPTA PRÆTERMISIT. (CUJACIUS, in tit. 1, lib. 2, *de Feudis.*)

C'est donc une espèce de prévarication de la part des juges que de s'écarter de la résolution de la loi, *parce qu'elle n'est pas conforme aux idées qu'ils se sont faites de l'équité*; et c'est, par conséquent, une des choses contre lesquelles ils doivent être le plus en garde, d'autant mieux qu'il n'y a rien à quoi ils se laissent plus volontiers aller, et par où les avocats cherchent davantage à les éblouir; c'est une règle de leur rhétorique. *Plerumquè in fine causarum, de æquitate tractabitur, quia nihil libentiùs judices audiunt.* (QUINTIL. Instit. Orat. lib. 7, cap. 1, *sub fine.*)

Et où en serait-on, s'il était permis aux Magistrats de préférer, en jugeant, ce qu'ils s'imaginent être le plus équitable, à ce qui est ordonné par le législateur ?

« Folle est la sagesse qui veut se montrer plus sage que la loi, » disait d'Argentré, qui apostrophant ensuite les juges de ce caractère, les gourmandait en ces termes : « Pourquoi jugez-vous *la loi*, vous qui n'êtes institués que pour juger *suivant elle?* Vous imaginant être plus sages que les lois, vous leur insultez, et vous raidissez vos prétendues consciences contre le droit public. Ou cessez de siéger, ou jugez selon les lois. *Stulta videtur sapientia quæ lege vult*

[1] Il faut dire avec le chancelier D'Aguesseau : *Dura lex, sed lex.*

sapientior videri.—Cur de lege judicas, qui sedes ut secundùm legem judices?—Plus sibi sapere visi, insultant legibus, et sibi conscientias architectantur contra publicas leges. Aut igitur sedere desinant, aut secundùm leges judicent[1]. » (*Argentrœus*, in antiq. Consuet. Brit., § 323. *glos.* 1, *n.* 5, et in nov. Consuet., *art.* 627. Voyez aussi ses annotations sur l'art. 685, et principalement sur l'art. 14 du titre *des appropriances.*

D'Argentré n'est pas le seul qui se soit élevé contre cette manie de préférer, à la règle toujours fixe de la loi, les prestiges si souvent trompeurs de l'*équité*. Il n'y a rien de plus dangereux, rien de plus pernicieux (suivant le P. FAVRE), que de voir des juges se moquer ouvertement des lois, sous le vain prétexte d'une équité qu'ils se créent arbitrairement[2], et traiter de vaines subtilités les décisions des Papinien et des autres pères de la jurisprudence.

DUMOULIN, si souvent opposé à d'Argentré, était ici du même sentiment, et se plaignait comme lui de la liberté qu'on prenait de pervertir le droit à force d'équité: *Prætextu apparentis cujusdam, sed imperfectæ, et velut truncatæ æquitatis.* (MOLINŒUS, in antiq. Consuet. Paris. § 41, n. 86 et 87, *et passim.*)

« Tout sera donc incertain, arbitraire, dit un autre; et sur quoi donc les avocats fonderont-ils leurs consultations? Sur quel fondement pourra se conduire celui qui voudra entreprendre un procès? Il est aisé de voir en quelle absurdité l'on tomberait, etc. » (BOUGUIER, *Préf. de ses Arrêts*[3].)

Ces inconvéniens, qui ne sont que trop vrais, rappellent deux traits d'histoire assez singuliers sur le fait de cette prétendue équité. L'un est de Caligula, qui ne put imaginer de plus grande menace contre les jurisconsultes de son temps, qu'en disant qu'il les forcerait à ne plus donner d'avis que selon l'équité, ce qui était la même chose que dire

[1] Ajoutons pour quelques-uns, que saint Augustin (*de Verâ Religione, cap.* 31) a dit aussi, que *non licet judicibus de legibus judicare, sed secundùm ipsas.*

[2] *Quam ideò non malè* CEREBRINAM *quidam vocarunt.* (Jurisprud. Papin. tit. 1, Prin. 2, illat. 2.)

[3] *Adde* Guill. RANCHIN, *Variar. lect., lib.* 2, *cap.* 3; LAROCHEFLAVIN, des Parlemens, chap. 9, chap. 19, n° 1.

qu'il abolirait les lois. *De Juris quoque consultis, quasi scientiæ eorum omnem usum aboliturus, sæpè jactavit, se, meherclè, effecturum, ne quid respondere possint* præter æquum. (SUETONE, in Calig. *cap.* 34.) — L'autre trait est celui des peuples de Savoie, qui, après avoir été conquis par François Ier, lui demandèrent par grâce de *n'être point jugés d'équité*; requête qui parut d'abord assez étrange, mais que dans la suite on trouva fort sensée quand on y eut fait réflexion, et qui peut-être donna lieu à cet ancien proverbe que CHARONDAS (*Responses liv.* 4, *chap.* 77) nous assure avoir été autrefois en usage au Palais : *Dieu nous garde de l'équité du Parlement!*

« Mais à mon avis, dit le président BOUHIER (*loco citato*), ce ne serait pas seulement aux peuples à faire cette demande : elle ne serait pas moins raisonnable dans la bouche des magistrats eux-mêmes, pour peu qu'ils eussent de zèle pour la justice : car, comment un juge qui aura la raison pour lui, pourra-t-il le persuader à un autre qui se sera entêté de quelque apparence d'équité? *Qui est-ce qui ne croit pas avoir autant de bon sens que son compagnon?* Qui est-ce aussi qui n'hésite pas quelquefois sur ce qui paraît juste ou injuste? Il est donc à propos, pour les juges pleins de probité, d'avoir des lois qui fixent leur incertitude, et qui lèvent en quelque manière le partage entre les avis différens. » — Car si la meilleure loi est celle qui laisse le moins à l'arbitraire du juge, le meilleur juge aussi est à coup sûr celui qui s'en permet le moins : *Optima Lex est quæ minimùm relinquit arbitrio Judicis; optimus Judex qui minimùm sibi*. (BACON, Aphor. 8 et 46.)

Le danger, au surplus, est bien moins grand aujourd'hui qu'autrefois. On ne peut plus appréhender, avec BOUGUIER, que tout devienne *d'autant plus incertain, que les Conseillers des Cours souveraines ne sont sujets au jugement et à la correction de personne*. La Cour de cassation, qui ne juge jamais par *équité*, mais toujours et uniquement d'après *la loi*, ne manquerait pas de casser tout Arrêt qui, dans une opposition apparente entre l'*équité naturelle* et la *Loi civile*, aurait négligé celle-ci pour n'écouter que celle-là.

SECTION XIV.

Règles à observer dans la citation des Arrêts.

L'écrivain qui rapporte un arrêt est toujours moins embarrassé que l'avocat qui le cite. L'un écrit sans contradiction, l'autre est sûr d'avance d'en éprouver.

Cependant la vérité est une; elle n'admet pas à la fois le pour et le contre; et dans la nécessité où l'on est de s'arrêter à une opinion, il est des règles qui séparent la certitude de la simple probabilité.

Un mauvais raisonnement prend toujours sa source dans la mésintelligence des idées : on pose comme principe ce qui n'est souvent qu'une erreur; ou d'un principe vrai on tire une conséquence inexacte, forcée; on regarde comme semblable ce qui est différent; on confond ce qu'il faudrait distinguer, ou bien l'on distingue ce qu'il ne faudrait pas séparer; il est des nuances qui échappent, des rapports qu'on saisit mal, des disparates dont on n'est point frappé.

C'est surtout ce qui arrive lorsqu'au lieu de raisonner d'après les principes, on argumente sur des exemples particuliers. Aveuglé par une prévention intéressée, celui qui analyse un arrêt y voit toujours son espèce quand il lui est favorable, et n'y trouve plus aucune analogie avec sa cause quand il lui est contraire.

Tâchons donc d'établir quelques *règles sur la citation des arrêts*, et sur les remarques qu'on y doit faire, soit pour les alléguer avec succès, soit pour les combattre avec avantage.

PREMIÈRE RÈGLE : *Il ne faut citer les arrêts qu'à défaut de Loi précise.*

S'il existe une loi, à quoi peuvent servir des arrêts? Ou ils sont conformes à ses dispositions, et leur allégation devient superflue; ou ils en diffèrent en quelque chose, et la loi doit l'emporter sur les exemples contraires. *Non exemplis sed Legibus judicandum* [1].

[1] Il peut cependant arriver que les arrêts abrogent les lois,

Il en serait autrement si la loi était obscure ou équivoque ; alors on conçoit que des arrêts qui en auraient aplani les difficultés, expliqué les termes, développé l'esprit, seraient d'un secours proportionné à la solidité de leurs motifs. C'est en ce sens qu'un professeur moderne, assez entiché d'ailleurs de ses opinions individuelles, avoue cependant qu'*il est* FORT SATISFAIT *quand, après avoir établi un principe ou donné une solution, il peut l'appuyer du suffrage de quelque cour, et surtout de la Cour de cassation.*

IIe RÈGLE. *S'il n'existe pas de loi qui décide nettement la question, on peut recourir aux arrêts ; mais avant de les citer, il faut les avoir vus tous.*

Si l'on néglige d'observer cette règle, il arrivera souvent que celui qui citera un arrêt à l'audience, verra son adversaire lui en opposer d'autres qui paraîtront contraires, et auxquels il ne pourra pas répliquer faute de les avoir vus d'avance, et de s'être préparé à répondre sur toutes les circonstances propres à démontrer qu'ils ont jugé des espèces différentes, ou consacré d'autres principes que ceux dont il est maintenant question. *Quarè, si adfertur aresti alicujus auctoritas, facilè eliditur, si contrarium arestum opponatur, nisi fortè per posteriùs derogatum sit specialiter priori, atque eo viso et expenso, maturâ deliberatione contrà sit judicatum. Hinc fit, ut* AD JUS CERTUM EX ARRESTIS CONSTITUENDUM, OMNIA ARRESTA NOTA HABERE OPORTEAT ; *quod quis præstare potest, maximè cùm eâ in re fidem alienam sequi necesse sit. Atque indè fit, ut in magnos errores sæpè incidamus, quùm unius aut alterius arresti auctoritate exterriti, contra arrestorum contrariorum, quæ nobis nota non erant, auctoritatem, aut judicamus, aut consilium damus; et sic in fraudem quamvis sine fraude clientem impellimus.* HÉRAULT, *de rer. judic. auct. Lib.* II, *c.* 24, § 5, *in Thes. Otton.* t. 2, p. 1274.

sinon de droit, au moins de fait, et avec une force d'autorité qui finit par constituer un véritable droit. Voyez BOUHIER, dans ses *Observations sur la Coutume de Bourgogne*, chap. XIII, n°s 48 et suiv.

IIIe RÈGLE. *Il ne suffit pas de voir tous les arrêts dans un seul arrêtiste, il faut conférer les arrêtistes entre eux.*

L'on peut avoir omis une circonstance essentielle qu'un autre n'aura pas négligée [1]; celui-ci aura donné plus d'étendue aux faits, celui-là plus de développement aux moyens; en les voyant tous, on profite de ce qu'il y a de bon dans chacun, et l'on est plus en état de faire valoir l'arrêt s'il nous est propice, ou d'en conjurer l'influence s'il nous est désavantageux. Souvent même on trouvera la réfutation toute faite dans un auteur qui, ayant mieux examiné l'arrêt, a pris soin de relever les fautes d'un rédacteur mal informé ou peu attentif. Par exemple, on trouve dans SIREY (*an* 1811, *pag.* 65, *Suppl.*) un arrêt de la cour d'Aix, du 5 août 1810, qui, en matière de divorce, admet une fin de non-recevoir contre le mari qui s'est d'abord contenté de demander la séparation de corps. M. TOULLIER, dans *son cours de Droit français* (*tom.* 2, *pag.* 71, *n.* 710), cite aussi cet arrêt; mais il a soin de mettre en note: « La cour d'Aix a cru trouver les motifs de sa décision dans la discussion au conseil d'état; mais, *en recourant aux sources*, il nous paraît qu'elle a tiré des conséquences inexactes des passages cités. » — Par-là le lecteur est averti de les vérifier; et en les méditant avec soin, il trouve qu'en effet la décision de l'arrêt est fautive.

Dans une autre note, le même auteur (*t.* 5, *p.* 433, *n.* 430), s'appuyant d'un arrêt de la cour de Paris, faisait la remarque suivante : « Cet arrêt est encore rapporté par Sirey, en 1812, 2e partie, pag. 35; mais il en rend le sens d'une manière *très-inexacte*, et qui pourrait induire en erreur des lecteurs superficiels. La rubrique porte : *Il n'est pas nécessaire, à peine de nullité, qu'un testament porte la mention littérale qu'il a été lu en présence des témoins; il suffit que l'accomplissement de cette formalité résulte de la contexture entière du testament.* Ce n'est point ce qu'a jugé l'arrêt; et s'il l'avait jugé, il serait mal rendu.

[1] « Outre qu'il n'est pas nouveau de voir les mêmes arrêts rapportés par différens auteurs, *chacun selon son génie*, n'y ayant rien de plus commun et de plus fréquent dans nos livres. » (*Soëfve.*)

On trouve *beaucoup d'autres inexactitudes* dans ce Recueil. »

La remarque est juste en ce qui touche l'arrêt; mais l'auteur a cru devoir mitiger la réflexion qui la termine, et après avoir fait *cartonner* [1] la page, il s'est contenté de remarquer que la question était posée *d'une manière peu exacte* dans le sommaire... et il a ajouté : « Ces *petites* inexactitudes échappent aux auteurs *les plus exacts*, et n'arrêtent que les esprits superficiels, *sans nuire à la bonté du Recueil*. »

Nous sommes aussi de ce dernier avis; mais quoique *la remarque* de M. Toullier ne *subsiste* qu'avec l'adoucissement qu'il y a apporté, il n'en est pas moins prouvé, par cet exemple, qu'en fait de recherches, il est bon d'ouvrir plus d'un livre et souvent plus d'une édition du même ouvrage.

IVe RÈGLE. *Quelquefois il ne suffit pas de compulser différens Recueils et de les conférer entre eux; et la vérification d'un arrêt peut être assez importante pour exiger qu'on recoure aux registres de la cour à laquelle on l'attribue* [2].

Cette précaution serait inutile si jamais on n'avait *supposé* d'arrêts; mais il suffit que le fait soit arrivé, pour qu'en *certains cas* où l'on aurait quelque motif de soupçonner une telle supercherie, on recoure au seul moyen propre à la mettre au jour.

Dans une note curieuse sur l'ancien style du parlement, DUMOULIN assure qu'il est arrivé *souvent*, qu'on faisait sortir du greffe des arrêts que la cour n'avait jamais rendus. UT SÆPÈ *acciderit, multa falsa arresta exivisse quæ nunquàm Curia intellexit*. En 1549, le conseil du roi se

[1] Voilà pourquoi la première note ne se trouve pas dans tous les exemplaires.

[2] A plus forte raison il ne faut pas s'arrêter à de simples *extraits*, *fragmens* ou *abrégés*. Cette recommandation est du chancelier Bacon : *Cavendum ab exemplorum* fragmentis et compendiis, atque integrum exemplum, et universus ejus processus *introspiciendus. Si enim incivile sit, nisi totâ lege perspectâ, de parte ejus judicare; multò magis hoc valere debet in exemplis, quæ ancipitis sunt usûs, nisi valdè quadrent.* (Aphor. 26.)

vit obligé d'admettre à l'appel d'un *prétendu* arrêt fabriqué par deux conseillers. *Admissa à rege appellatio à simili arresto à duobus fabricato.* On connaît au Palais, dit toujours DUMOULIN, des magistrats notés pour des suppositions de ce genre, et j'en ai vu un qui, pris sur le fait, en soutint les reproches et ne sut pas rougir, tant il était accoutumé à de pareilles manœuvres. *Plures etiam vulgò in hoc Palatio noti et diffamati sunt : vidi unum in facie reprehensum nec negare, nec erubescere, adeò, his malis assuetus, frontem perfricuerat.* (Styl. Parlam., part. 3, tit. 17, n° 4, in notâ marginali, pag. 179.)

On ne met pas au rang des arrêts supposés l'arrêt burlesque que Despréaux (aidé de Racine et de Bernier, de concert avec le greffier Dongois, neveu de Despréaux) essaya de surprendre au Premier Président de Lamoignon, au sujet d'Aristote. Ce n'était là qu'un jeu d'esprit.

Mais on citera l'exemple d'une supposition d'arrêt trop sérieuse et en même temps trop singulière pour n'être pas signalée.

Dans une cause importante, évoquée du Parlement de Bordeaux à celui de Toulouse, entre M. de Brassier, Conseiller au premier de ces Parlemens, et M. de Ségur, Président à mortier en la même cour :

Il s'agissait de juger si M. de Ségur, héritier bénéficiaire de son père, pouvait, sans répudier sa succession, obtenir la révocation de la vente faite par ce dernier, du fonds dotal de sa mère, aux auteurs de M. de Brassier.

M. de Brassier soutenait la négative, et son assertion était justifiée par les Lois romaines, par la jurisprudence de toutes les cours, et par la décision de tous les auteurs. Il invoquait la maxime: *Quem de evictione tenet actio, eumdem agentem repellit exceptio.* Il opposait la Loi *Scimus* (*Cod. de jure deliberandi*), la glose sur le mot *confundatur* de cette loi; enfin l'avis de Brodeau sur Louet (Lettre *H*, *somm.* 13), du président Fabre (*Cod. livre 7, titre 11, déf.* 6) et du président Boyer (*décision* 23, n° 17), etc.

Les gens d'affaires de M. de Ségur soutenaient l'affirmative, d'après un prétendu usage du Parlement de Bordeaux, attesté, disaient-ils, par Lapeirère (*lett. H*, n. 22), qui rapportait un arrêt de cette cour, du 14 juillet 1725.

M. de Brassier ayant prouvé que cet arrêt n'était point

contraire aux principes de la matière, et qu'il avait été rendu dans une espèce différente, les gens d'affaires de M. de Ségur remirent au rapporteur un nouveau Lapeirère, édition de 1725, avec une addition intitulée *Arrêts notables*, renfermant un arrêt du 20 juillet 1725, qui paraissait avoir été rendu en la première chambre des enquêtes, au rapport de M. Le Comte, et avoir jugé l'affirmative de la question.

Sur ce préjugé isolé, arrêt du Parlement de Toulouse, du 12 avril 1726, qui ordonne « qu'avant dire droit sur les appels, lettres et requêtes, les parties seront plus amplement ouïes dans trois mois, dans lequel délai M. de Ségur rapportera un certificat des gens du Roi, et autres pièces, si bon lui semble, pour justifier que, suivant l'usage du Parlement de Bordeaux, l'héritier sous bénéfice d'inventaire peut révoquer l'aliénation de son bien faite par le défunt, sans répudier l'hérédité, et lorsqu'il se trouve dans l'hérédité de quoi se dédommager de l'aliénation, dépens réservés. »

M. de Brassier, instruit qu'il paraissait un nouveau Lapeirère, imprimé en 1725, qui avait motivé l'*arrêt* interlocutoire du Parlement de Toulouse, s'empresse d'aller chez M. Le Comte, qui lui assure n'avoir fait rendre aucun arrêt le 20 juillet 1725, et qu'il n'y en a d'autre que celui du 14 juillet de la même année; M. le Président de Lavie et les autres Juges de la chambre lui assurent la même chose, et se plaignent hautement de la témérité qu'on a eue de donner au public un arrêt falsifié dans sa date et dans sa décision, pour appuyer une proposition erronée et contraire à l'usage.

On vérifie et l'on reconnaît que la prétendue édition de Lapeirère, de 1725, n'est autre chose que celle de 1717, avec un frontispice substitué, à la date de 1725, et treize nouvelles feuilles formant ce prétendu recueil d'arrêts notables, où l'on avait altéré la décision de l'auteur, et falsifié l'arrêt rendu au rapport de M. Le Comte.

La supercherie découverte, M. de Brassier somme les sieurs Charles et Labotière, imprimeurs à Bordeaux, de déclarer quelles sont les personnes qui leur ont donné ces faux mémoires; par quelles raisons ils ont mis à la tête de ce livre, et dans quelques exemplaires récemment *artisés*, qu'il a été imprimé en 1725, quoique la dernière impression soit de 1717 ; qui leur a permis cette impression, qui a examiné et approuvé ces arrêts; quelles personnes ont fourni aux frais de l'impression ; en quel temps ils ont commencé à y travailler, et faute par ces imprimeurs de rendre raison du tout, M. de Brassier proteste de les poursuivre extraordinairement comme auteurs de cette falsification.

Les sieurs Charles et Labotière ayant gardé le silence sur cette interpellation, M. de Brassier en fit passer un extrait à M. le Garde-des-Sceaux, qui voulut seul connaître de cette affaire, et donna ordre à l'intendant de Guyenne de s'informer de la vérité de l'arrêt cité dans l'addition postiche, et des autres faits relatifs à cette affaire singulière.

M. Le Comte et les autres juges rendirent hommage à la vérité. Les sieurs Charles et Labotière répondirent que la dernière impression de Lapeirère avait été conduite par le sieur Boudé, qui avait obtenu le privilége d'imprimer cet ouvrage en 1717, mais qu'il était mort.

Sur le rapport de l'intendant, M. le garde-des-sceaux étouffa dans son principe cette affaire, qui pouvait avoir des suites fâcheuses. Il ordonna de retirer tous les exemplaires de la fausse addition, et de les faire brûler. Il en écrivit aussi à M. le premier président, qui avertit les avocats de ne faire aucun usage de ce recueil d'arrêts supposés, et de ne jamais les citer. (PROST DE ROYER, v° *Arrêts, p.* 661.)

Voici un autre exemple qui démontrera la nécessité de recourir aux sources, surtout dans les affaires majeures.

L'université de Paris ayant dénoncé au parlement, en 1644, la doctrine d'un père Ayrault, « les jésuites, au rapport de M. Talon, ont *appréhendé la justice du parlement*; et bien qu'il soit établi pour rendre la justice aux sujets du roi également, que les ecclésiastiques et tous les religieux du royaume subissent sa jurisdiction, *les jésuites ont cherché grâce et faveur à la cour*; ils ont mieux aimé être jugés dans le *cabinet* de la reine que dans la *grand'-chambre* du parlement. » — La reine manda les présidens et les gens du roi, pour leur apprendre que l'affaire avait été terminée par un arrêt de son conseil, et M. le chancelier voulut que les gens du roi en rendissent compte au parlement. « Je demandai à M. le chancelier (poursuit

M. Talon), qu'il lui plût nous donner l'arrêt du conseil pour le voir et le porter à la compagnie. M. le chancelier nous dit qu'il en avoit envoyé la copie à M. le procureur général, et *que cela suffisoit.* J'insistai au contraire, m'imaginant qu'une copie n'étoit pas suffisante; *que l'original ne seroit pas trop bon* ; qu'il étoit sans exemple de persuader au parlement qu'une affaire fût terminée par un arrêt du conseil, duquel nous ne ferions voir que la copie. — Enfin, après plusieurs discours, M. le chancelier dit qu'il n'étoit pas difficile d'avoir en grosse l'arrêt du conseil, qu'il le feroit expédier par M. le comte de Brienne, secrétaire d'Etat, et ensuite il dit qu'il en parleroit à M. le duc d'Orléans... De sorte qu'il étoit vrai de dire que, lorsqu'il nous parloit, il n'y avoit point encore d'arrêt expédié, et que, si nous eussions suivi ses ordres, nous eussions porté au parlement *la copie d'un arrêt qui n'étoit point.* » (Mémoires de Talon, *tome* 3, *p.* 262 et 264.)

Il suffit que ces sortes de supercheries aient été pratiquées quelquefois, pour qu'il soit toujours utile de se prémunir contre la possibilité de les voir se reproduire.

V

Ve RÈGLE. *En cas de dissidence entre les divers arrêtistes, il faut faire attention si l'un d'eux n'était pas ou avocat, ou juge dans la cause, et s'il n'y a pas quelque autre raison qui décide de la préférence entre eux.*

Un magistrat qui recueille les arrêts de sa cour, un officier du ministère public qui rapporte l'arrêt rendu à la suite de ses conclusions, un avocat qui rend compte de ce qui a été jugé sur sa plaidoirie, est, à coup sûr, mieux instruit que tout autre, soit des faits, soit des moyens sur lesquels l'arrêt est intervenu. Son témoignage est donc préférable à celui des autres arrêtistes, qui, le plus souvent, n'en ont parlé que d'après ce qu'il en avait d'abord dit.

Ceci néanmoins souffre exception dans le cas où, l'arrêt ayant passé contre l'avis, les conclusions ou la plaidoirie de l'arrêtiste, on aurait quelque bonne raison de croire que, par un attachement trop vif à sa première opinion, il a affaibli les moyens qui avaient prévalu, pour conserver plus de force à ceux que l'arrêt n'a point accueillis.

Nous n'avons pas toujours la modestie, la bonne foi ou

la résignation de nous ranger à l'autorité d'un arrêt qui a jugé contre notre sentiment.

VIe RÈGLE. *Entre plusieurs arrêts, préférer ceux de cassation, à moins qu'il n'apparaisse que la cour s'est trompée, ou que sa jurisprudence n'est pas encore bien fixée.*

Régulièrement, on doit préférer l'arrêt qui casse à celui qui est cassé, par une bonne raison : c'est que l'arrêt qui jugerait comme le premier serait probablement cassé de même. Ainsi, lorsqu'une question a déjà été jugée par la Cour de cassation, et qu'elle se présente de nouveau, s'il y a vraiment identité dans les espèces, s'il n'existe pas dans les circonstances du procès de nuances capables de motiver une différence dans l'application de la loi, on peut d'avance présumer qu'elle sera jugée dans le même sens.

Mais, quoique cela soit vrai en général, cependant ce pronostic n'est pas toujours infaillible : la Cour de cassation est quelquefois revenue sur ses premiers arrêts ; et en cela, loin d'avoir fait preuve d'une versatilité dangereuse, elle a seulement montré que, fidèle au principe de son institution, elle ne sacrifiait pas à d'autre idole que la loi, et qu'elle n'hésitait pas à lui immoler, au besoin, sa propre jurisprudence [1].

Ainsi, nous ne prétendons pas qu'on doive préférer l'autorité à la doctrine. Mais, sans exclure le droit sacré de démontrer que l'arrêt le plus puissant n'est pas toujours le plus juste [2], nous croyons pouvoir établir qu'en fait de *jurisprudence*, le préjugé le plus fort, le plus raisonnable,

[1] — « Si l'on était toujours demeuré aux termes des premiers arrêts, notre jurisprudence n'aurait pas si heureusement changé qu'elle a fait en plusieurs circonstances. Ce changement procède ou de ce qu'on cherche mieux les principes, ou de ce que l'étude et l'expérience nous donnent de nouvelles lumières, etc. » (HENRYS, *t.* 2, *p.* 748.)

[2] « Quelque respect que l'on doive avoir pour les jugemens des tribunaux supérieurs, il ne serait pas raisonnable qu'ils gênassent la conscience des juges quand la même question se présente de nouveau. « *Observations* du P. BOUHIER, *sur la Coutume de Bourgogne*, chap. 13, n. 49.

le plus souvent justifié par l'événement, est celui qui résulte des *arrêts de cassation.*

VIIe RÈGLE. *A défaut d'arrêts de cassation, on invoque les arrêts des cours d'appel.*

Nous disons toujours, *à défaut d'arrêts de cassation*, car des arrêts qui ne jugent jamais qu'*en droit et en loi* établissent une jurisprudence bien plus pure que des arrêts qui n'ont souvent pour considérant que la formule : *Attendu ce qui résulte des faits et des circonstances de la cause.*

Mais quoiqu'à ce titre les arrêts de cassation méritent la préférence que nous leur avons assignée, il n'en faut pas conclure qu'il n'y ait de *jurisprudence* qu'autant qu'elle est établie sur des arrêts de cette cour.

Les arrêts des cours royales se font également remarquer par la sagesse de leurs dispositions et la profondeur de leurs motifs. Très-fréquemment la Cour de cassation est réduite à ne prononcer que des rejets, et à proclamer que les arrêts qui lui sont déférés n'ont fait qu'une juste application de la loi.

Soumettons-nous donc aussi à l'autorité de ces arrêts, et plaisons-nous à reconnaître que, s'ils ne dispensent pas toujours de recourir aux sources, ils ne laissent ordinairement que la satisfaction de voir que la doctrine qu'ils consacrent y a été puisée avec discernement, et que l'intelligence la plus exacte du droit s'y trouve unie à une connaissance éclairée des maximes de l'équité.

VIIIe RÈGLE. *Il ne suffit pas de citer un seul arrêt pour en inférer qu'il y a jurisprudence*[1].

Sans doute dix arrêts uniformes ne valent pas mieux qu'un seul; mais on ne peut nier que le préjugé qui résulte

[1] Un jugement unique ne fait point loi. PITHOU, cité par GROSLEY, dans ses *Recherches sur la Noblesse de la Champagne*, p. 238. Il y avait autrefois une exception à cette maxime, pour les *arrêts de règlement* donnés *consultis classibus*. Ces arrêts ayant précisément pour objet de fixer l'usage, sur un point controversé, chacun d'eux faisait loi par lui-même. BOUHIER, *Observ. sur la Cout. de Bourg.* chap. 13, n. 51 et suiv. — Cette exception n'a plus lieu aujourd'hui, Code civil, *art.* 5.

d'un arrêt *solitaire*, ne peut jamais être aussi fort que celui qui s'attache à une suite d'arrêts constamment rendus dans le même sens, par la même cour ou par plusieurs.

Le caractère propre de ce qu'on est convenu d'appeler *jurisprudence* est de reposer, non sur des exemples uniques, mais sur une continuité d'exemples uniformes : *Ex rebus judicatis exstitit jus illud quod dicitur moribus constitutum*, SED EX REBUS PERPETUÒ SIMILITER JUDICATIS. *Nam ubi contrăria inveniuntur decreta, ubi modò hoc, modò illo judicatum reperitur; nihil ex eo certè constitui potest, nec potest jus ex eo formari*, etc. (HÉRAULT, *de Rer. judicat. auctor. lib.* 2, *c.* 1, *n.* 6, in Thesaur. Otton. t. 2, p. 1151.)

Il ne faut cependant pas prendre à la lettre ces mots *perpetuò similiter*, quoique ce soient ceux de la loi 38, *ff. de legibus*. Il faut les entendre en ce sens, qu'il suffit que pendant long-temps la jurisprudence ait été uniforme sur un même point. Cette interprétation est même fondée sur une autre loi, qui porte que la coutume peut être prouvée par des jugemens, pourvu qu'ils aient été *fréquemment* rendus sur une même matière et d'une façon uniforme. *Probatis his, quæ frequenter in eodem controversiarum genere servata sunt*, *L.* 1. Cod. *quæ sit longa consuetudo*.

IXe RÈGLE. *Il faut que celui qui invoque un arrêt prouve l'identité des espèces; celui qui nie que l'arrêt soit applicable, doit en faire ressortir les différences.*

Ici reviennent quelques-unes de nos précédentes remarques :

1° *Sur la différence des temps :* Par exemple, ce qui a été jugé sous la loi du 11 brumaire an VII peut n'être pas applicable à ce qui est à juger sous le code de procédure, etc.

2° *Sur la différence des lieux :* Quand on peut prouver qu'un arrêt est fondé sur un usage *local*, sur un statut *réel*, etc.

3° *Sur la différence des personnes :* Les arrêts rendus dans la cause d'un mineur ou d'une femme mariée, etc., s'ils sont motivés sur des considérations prises de la qualité *privilégiée* de ces personnes, ne pourront pas s'appliquer à des majeurs, à des veuves que rien ne soustrait à l'empire du *droit commun*.

4° *Sur la différence des matières* : Les arrêts rendus en matière fiscale, par exemple, dans les affaires de la Régie de l'enregistrement, ne peuvent pas être étendus aux matières ordinaires.

5° *Sur la force ou la faiblesse des motifs.* — « Notre premier but, en consultant les recueils d'arrêts, est surtout d'y trouver une décision sur une question qui nous paraît douteuse comme juge, ou d'y chercher une autorité qui puisse faire valoir une opinion que nous avons intérêt de faire réussir si nous avons le malheur d'être partie : mais nos doutes ne seront jamais entièrement dissipés, ou nous ne serons pas en état de nous servir avec avantage de cette autorité, si nous ne faisons autant [1] d'attention *au motif* du jugement qu'aux dispositions mêmes qu'il contient. » (*de l'Utilité des recueils d'arrêts*, par M***, conseiller en la quatrième chambre des enquêtes.)

6° *Sur les circonstances particulières* : C'est ici surtout que s'établit le siége du combat entre celui qui cite et celui qui repousse un arrêt, et que l'un met autant d'efforts à établir des rapprochemens entre les espèces, que l'autre à faire ressortir les points de dissemblance.

En abordant cette difficulté, chaque arrêtiste se dit avec BOUGUIER : « Je sçay bien, et j'oy desjà quelques-uns me dire que ceste science des arrêts est fort douteuse, *quia nullum simile idem*, et qu'ils sont donnés sur des faits particuliers, etc. »

On rappelle l'anecdote du président de Thou, racontée par PASQUIER. Celui-ci, dans sa quinzième lettre à Robert, *loue la diligence avec laquelle* cet avocat *a doctement et judicieusement déduit le pour et le contre des parties avant que d'insérer les arrêts* dans son recueil ; mais, tout en faisant l'éloge de ces *guidons de pratique*, il objecte à l'auteur la maxime *nullum simile idem*, *atque adeò non exemplis, sed legibus judicandum est;* et il ajoute:

[1] *Illud Ciceronis objicere solèo, non exempla majorum quærenda esse, sed consilium eorum à quo exempla nata sunt.* CORASIUS, *ad l.* 25, *ff. de stat. homin.*

Voyez ce que nous avons dit ci-dessus *sur les motifs des arrêts*, section XI.

« Ce fut la cause pour laquelle notre bon et sage premier président de Thou, quand un avoat plaidant se prévaloit d'un arrest donné en cas semblable, au profit de quelqu'un, avoit accoutumé de dire, *bon pour lui* [1], et commandoit que, sans s'arrêter à cela, l'avocat deffendist sa cause par bonnes et valables raisons; sentence qui ne mérite pas d'estre moins trompettée que le *cui bono* du vieux juriconsulte Cassius [2], tant solemnisé par Cicéron, dans ses plaidoyers. » (*Tome* 2, *p.* 578.)

Ceux mêmes qui se montrent moins prévenus que Pasquier contre les arrêts ne se dissimulent pas combien l'usage en est épineux.

Le judicieux commentateur de notre coutume de Nivernois avoue que « l'autorité des arrêts est grande et a force de loi; mais (ajoute-t-il) parce que les arrêts se donnent sur les négoces particuliers des litigateurs ès-quels ordinairement se trouvent plusieurs circonstances, dont aucunes ont pu mouvoir la cour... il sembleroit fort périlleux d'en faire une loi précise, nécessaire et générale. » (Coquille, *Quest. et rép. sur les art. des cout. quest.* 109, *l.* 2, *part.* 2, *p.* 209, *col.* 2, *édit. de* 1703.)

Loyseau, ce modeste auteur du plus profond de nos traités, s'exprime aussi là-dessus avec cette bonhomie qu'on retrouve seulement dans nos vieux auteurs français. Après avoir résolu une question difficile, il termine de la manière qui suit : « C'est ce qui se peut dire de part et d'autre sur cette question ambiguë, outre que *de chaque côté* on cite plusieurs arrests que j'obmets expressément; car j'ai résolu de n'en point alléguer dans cet œuvre, que

[1] De là s'est formé l'adage : *Les arrêts sont bons.... pour ceux qui les obtiennent.*

[2] Cujas n'aimait pas non plus les arrêts, à en juger par ce qu'il dit dans ses *Paratit. Cod. liv.* VIII, *tit.* 45, *de sent. et interloc.*, que ce sont des *conjectures de droit*, dont les praticiens de mauvaise foi se servent pour surprendre les juges, renverser les principes, et éluder la disposition des lois. A moins qu'on n'aime mieux croire qu'il ne s'exprime ainsi que pour amener la citation de ce passage, qu'il attribue à saint Cyprien : *Callidi argumentatores et juris periti fallaces qui dùm cupiunt prævaricari, controversias actionesque causarum, etiam ipsa jura transvertunt, et cùm nolunt competentibus coerceri jussionibus legum, ad illudendos judices inconvenientibus exemplis*, velut similes conjecturas juris *objiciunt*. (Adde, Mémoires du Clergé, *t.* 7, *p.* 1552.)

je désire plutôt munir de raisons que d'autorités : non que je ne fasse très-grand estat des arrests des cours souveraines, notamment de *l'auguste parlement de Paris, premier sénat du monde, près duquel j'ai eu cet honneur d'avoir été nourri de père en fils;* mais pour ce que, révérant les arrests comme oracles, je crains de les citer en vain, estant *trop jeune pour en avoir beaucoup ouy, et d'ailleurs ne les osant alléguer sur le récit d'autruy*, pour ce que le plus souvent il y a *tant de particularités et tant de circonstances aux faits* sur lesquels ils interviennent, qu'il est mal aisé, sur le simple récit d'iceux, d'y pouvoir reconnoître l'intention de la cour, et encore plus d'en tirer des maximes et décisions générales, *modica quippè facti differentia magnam inducit juris diversitatem.* » (LOYSEAU, *du déguerpissement*, livre 2, chapitre 7, nº 15.)

On trouve dans les *Responses du droit françois de* CHARONDAS (*liv.* 12, *resp.* 53) *un discours sur un arrêt de la cour de parlement, et observation sur ce qu'il faut remarquer aux arrêts des cours souveraines pour les tirer à conséquence.* L'auteur rapporte l'espèce de cet arrêt, qu'il montre avoir été rendu dans des circonstances effectivement très-particulières, et il fait les réflexions suivantes : « Certainement quelquefois les cours souveraines, en leurs arrêts, se fondent sur des *particulières circonstances et singulières considérations qu'il ne faut toujours tirer en conséquence*, comme si c'étoient arrêts généraux; encore que telles considérations particulières soient aidées de raisons justes et équitables. » — Ces réflexions sont aussi les nôtres, et deviendront probablement celles du lecteur.

Xe RÈGLE. *S'il n'existe pas entre les espèces de différence capable d'écarter toute application de l'arrêt, on peut, pour en augmenter l'influence, relever toutes les circonstances capables d'ajouter du poids à sa décision.*

Par exemple :

1° *Le nom de l'avocat* qui a plaidé la cause, quand c'est un homme d'une grande réputation pour son savoir ou pour son éloquence;

2° *Le nom de l'avocat-général* qui a porté la parole, si ce magistrat s'est acquis une haute renommée dans l'exercice de ses fonctions;

3° *Le nom d'un président* célèbre par sa droiture, sa science, son impartialité, la patience et l'attention soutenue qu'il donne aux affaires, le soin qu'il met à la rédaction de ses arrêts;

4° Si l'arrêt a été rendu *consultis classibus*, ce que nous appelons *en audience solennelle*, et ce qu'on nommait autrefois arrêt *en robes rouges* : car ce qu'on a dit plaisamment, que *la couleur n'y fait rien*, n'empêche pas qu'un arrêt rendu par un plus grand nombre de magistrats, sur des plaidoiries plus soigneusement préparées, et quelquefois encore après un long délibéré, ne soit un arrêt préférable à une décision dépouillée de toutes ces solennités.

Remarquons néanmoins que les arrêts qui se prononcent aujourd'hui en *robes rouges* ne ressemblent pas à ceux qui, autrefois, se donnaient en cette forme. Aujourd'hui un arrêt de cette espèce, quoique rendu avec solennité, n'est toujours, et ne peut pas être autre chose qu'un arrêt particulier. (*Code civil, art.* 5.) Souvent il ne juge pas de question de droit; il n'apprécie que des faits de séparation, de dol ou de fraude, etc., et ne tire nullement à conséquence pour les autres affaires du même genre, où les faits n'ont plus la même gravité, ou bien en ont davantage. Autrefois, au contraire, « on faisoit choix des arrests qui se prononçoient *en robes rouges solemnellement*, comme estant des arrests que la cour choisissoit et recognoissoit *devoir faire loy pour la résolution des questions jugées par iceux*. »

MONTHOLON, d'après lequel nous parlons, et qui a recueilli les arrêts prononcés en *robes rouges* au parlement de Paris, nous apprend pourquoi ces arrêts étaient si *célébrement prononcés*. « La cour ne veut pas (dit-il) que l'on abuse des arrests, et que l'on prenne tel arrest qui aura été donné sur une hypothèse et question particulière, sur quelques circonstances, ou *sur ce qui étoit de faict entre les parties*, pour des résolutions générales, et dont il se faille servir en toutes occurrences, encore qu'il semble qu'elles soient pareilles, parce que l'on ne sçait pas les particularités du procès, et que l'on s'y pourroit tromper. Elle faict choix des arrests qui ont vuidé et décidé les questions qui se pourroient rencontrer au faict desdits arrests, et pour cela l'on les appelle *arrests généraux;* et souvent après la prononciation d'iceux, messieurs les présidens qui les prononcent nous advertissent de ce que nous devons apprendre de l'arrest qui a esté prononcé, et quelle maxime a esté jugée, quelle question, quelle difficulté : ce que nous sçavons tous avoir esté soigneusement observé par feu monsieur le premier président DE HARLAY, et à présent fort particulièrement par monsieur le premier président DE VERDUN, et entre autres de messieurs les autres présidens, par monsieur le président SÉGUIER. »

5° *La célébrité d'une cour* ajoute un poids infini à ses arrêts : car quoique toutes soient égales en pouvoir, quoique toutes aient des droits égaux à nos respects, cependant on ne peut empêcher que l'opinion n'attache plus de crédit à telle cour qu'à telle autre. — Qu'un magistrat, d'un nom révéré au palais depuis plusieurs siècles, occupe le même siége que ses aïeux ont rempli avec tant de gloire ; que, par son application et sa suffisance aux affaires, il ajoute à l'honneur et à l'éclat de sa naissance tout le poids de son mérite personnel ; qu'à ses côtés soient des hommes également recommandables, les uns par une longue habitude de leurs fonctions, d'autres par une expérience prématurée, tous par leur amour pour la justice et le bien public ; qu'une telle cour habite au centre du royaume [1], entourée des lumières que répand sans cesse autour d'elle un barreau nombreux, dont les membres, zélés pour la prospérité de leur état, « s'efforcent de conserver à leur ORDRE le rang et l'honneur que nos ancêtres lui ont acquis par leur mérite et leurs travaux » : cette cour, disons-nous, n'a-t-elle pas tout ce qu'il faut pour concilier à ses arrêts la vénération et les hommages publics ?

6° *D'autres cours* peuvent aussi, indépendamment du rang qu'elles occupent dans l'opinion générale, concilier à leurs arrêts un genre de crédit particulier, fondé sur ce que dans telle province, la nature du sol, les produits de l'industrie, le genre de commerce, les mœurs des habitans, donnent à croire que les mêmes questions, plus souvent présentées, y ont été mieux approfondies. Ainsi, pour les matières de droit romain, les cours des ci-devant pays de droit écrit ; pour les affaires de commerce, certaines villes

[1] *Attamen, non tam spectandum quid Romæ factum est, quàm quid fieri debeat.* L. 32, ff. de Legibus.

telles que Lyon, Bordeaux, Rouen, semblent mériter quelque préférence.

Enfin, il est du devoir de l'écrivain qui recueille un arrêt, comme de l'habileté de l'avocat qui le cite, de rassembler et de faire ressortir toutes les circonstances propres à fixer l'opinion sur le plus ou moins de confiance que mérite cet arrêt, et sur les points caractéristiques de l'espèce qu'il a jugée, afin qu'on puisse aisément voir si cette espèce est conforme ou opposée à celle qu'on présente comme analogue.

XIe RÈGLE. *Quand il existe des arrêts contraires, il faut les concilier s'il se peut, ou montrer quels sont ceux qui ont le mieux jugé.*

Nous avons déjà remarqué qu'il devait y avoir moins de contrariété aujourd'hui qu'autrefois dans la jurisprudence, et nous en avons assigné, pour causes principales, l'uniformité de loi qui avait remplacé la bigarrure de nos anciennes coutumes, et l'institution d'une cour suprême chargée de ramener toutes les autres à l'observation de la loi.

Mais cela n'empêche pas que, sur beaucoup de points, il n'existe des arrêts contraires, rendus par des cours différentes, ou encore par les diverses chambres d'une même cour.

Si la contrariété est manifeste, « N'y a autre chose à dire, sinon que les hommes se reluctent souvent en jugemens et opinions, et qu'en une mesme cour, et sous mesme couvert, telle chose se voit. » (PAPON; *Prologue de ses arrêts.*)

Mais si la contrariété n'est qu'apparente, on la fait disparaître en relevant toutes les circonstances qui différencient les espèces, et qui peuvent expliquer la diversité des décisions.

Que si l'on en est absolument réduit à opter entre deux arrêts contraires, on n'a plus de ressource qu'en prouvant que l'un vaut mieux que l'autre. Si, par exemple, on cite un arrêt de la cour de.... et qu'il en existe un autre de la même cour qui ait jugé en sens inverse, l'avocat essaiera de démontrer que le dernier est préférable, parce que la cour a reconnu elle-même la nécessité d'abandonner sa jurisprudence pour s'en faire une meilleure : car « le temps ameine souvent nouvelles raisons, ou bien descouvre la vraye intelligence des doubtes, et lors est nécessaire juger autrement, et au contraire de ce qui a été jugé. » (PAPON, *ibidem.*)

Souvent, en pareille occurrence, une cour a ordonné qu'*elle verrait les arrêts*, c'est-à-dire les registres, pour s'assurer qu'en jugeant elle ne se mettrait pas en opposition avec sa propre jurisprudence. (*Voy.* BRILLON, verbo *Caution*, n° 300; et *Communauté*, n° 8.)

Quelquefois, en citant un arrêt, on relève avec empressement qu'il a été rendu sur la plaidoirie même de l'avocat à qui on l'oppose, et qui par là se trouve dans une position difficile. Il doit alors se servir de la connaissance plus particulière qu'il a des circonstances de cet arrêt, pour en fixer le vrai sens et en détourner l'application. C'est ainsi que s'en tira COCHIN, dans la cause du duc de Wirtemberg-Montbelliard (*tome 5 de ses œuvres*, p. 493, à l'endroit indiqué en marge par ce singulier sommaire : *Façon de se servir d'un arrêt rendu contre son propre sentiment.*)

CONCLUSION.

De tout ce que nous venons de dire sur les arrêts, on peut conclure que l'étude des arrêtistes est non-seulement utile, mais nécessaire à l'avocat; qu'il doit cependant se défier de tout ce qui ne peut être appuyé que par leur autorité; que la jurisprudence constante des *arrêts* a force de loi; mais qu'elle ne se forme que par une longue *suite d'arrêts*, qui, dans tous les temps, ont décidé un point de droit de la même manière, malgré la diversité des circonstances : qu'il est très-avantageux de pouvoir s'appuyer sur des *arrêts* rendus en pareil cas; mais qu'ils ne forment que des préjugés, et non des moyens; que les préjugés confirment toujours les principes, les expliquent quelquefois, et ne les détruisent jamais, en sorte que, quand on est fondé à réclamer les vraies maximes, il n'est ni téméraire ni indécent de remettre en question ce qui paraît avoir été le plus formellement décidé entre d'autres parties.

SECTION ADDITIONNELLE.

De la publicité et de l'impression des Arrêts.

Les arrêts sont-ils des actes publics ou secrets? Est-il permis ou défendu à l'imprimerie de s'en emparer? — Ces questions jusqu'ici n'avaient point paru douteuses, et je n'aurais pas songé à les traiter, si elles n'eussent été récemment agitées devant les tribunaux.

A la suite du volume intitulé : *Procès fait aux chansons de Béranger*, l'éditeur avait fait imprimer sous le titre de *pièces justificatives*, les *réquisitoires* du ministère public, *l'ordonnance* de la chambre du conseil, et L'ARRÊT de la chambre d'accusation qui avait renvoyé l'affaire devant la cour d'assises.

On crut voir dans la publication de cet arrêt (qui, en conformité de l'article 15 de la loi du 26 mai 1819, contenait les couplets incriminés,) une *réimpression* de l'écrit condamné, une sorte de récidive, qui, dès-lors, suivant l'article 27 de la même loi, eût entraîné le maximum de la peine, sans rémission ni modération.

Je défendais Béranger, en disant qu'il avait publié textuellement et dans son entier l'arrêt de la cour, sans y changer un seul mot; et que la publication, toujours permise, d'un arrêt de cour souveraine, ne pouvait pas être assimilée à la réimpression prohibée d'un écrit condamné, encore bien que cet arrêt contînt des passages condamnés en effet.

Mon intention n'est pas de reproduire ici tout ce que j'ai dit à l'audience [1] pour la défense de Béranger; mais je veux seulement indiquer quelques-uns des principaux motifs que j'ai allégués, *en point de droit*, pour justifier cette publication.

En thèse générale, la publicité des actes de l'autorité, loin de présenter aucun danger, n'offre que des avantages. L'autorité est instituée pour éclairer les citoyens, pour les diriger, les instruire, et leur enseigner ce qu'il leur est permis de faire ou défendu de pratiquer.

[1] Le 15 mars 1822.

De tels actes ne peuvent donc être trop répandus parmi les citoyens.

Ainsi, en prenant pour exemple les actes les plus solennels, les lois; il est si peu défendu de les publier, qu'il est de règle, au contraire, qu'elles n'obligent qu'autant qu'elles ont été *promulguées*; et, comme après cette promulgation, personne n'est recevable à prétendre qu'il les a ignorées, il est clair que le législateur n'a dû interdire aucun moyen de les faire connaître et de les divulguer.

Cette publicité qui est de l'essence des lois, des ordonnances et des arrêtés de l'administration publique, doit exister également pour les arrêts des cours souveraines; et il est aisé de le démontrer par les principes comme par les faits.

C'est une maxime qui nous est venue de l'ancien palais, que *tout arrêt lu à l'audience appartient au public.*

Aussi voyons-nous que, de toute ancienneté, les écrivains ont été en possession de publier, d'imprimer et de commenter les *arrêts*.

Nous avons montré (ci-devant, pages 509 à 511) à quel point les *collections d'arrêts* étaient multipliées sous l'ancien régime, et nous ne voyons pas que jamais ce genre de publication ait été entravé.

Objectera-t-on que les collections que nous avons citées ne renferment le plus souvent que des arrêts *en matière civile?* — Mais quelle serait donc la raison de différence? — On peut voir de l'inconvénient à publier les secrets d'une famille, à l'occasion d'un procès en nullité de mariage, en séparation de corps, en désaveu de paternité; ou dans une cause fondée sur des faits de dol et de fraude, de captation et de suggestion : et toutefois cet inconvénient n'a jamais paru assez grave pour contrebalancer l'avantage de faire connaître des décisions qui fournissent des précédens aux jurisconsultes, dans les causes semblables, et méritent, par leur sagesse, de suppléer au silence ou à l'obscurité des lois. — Mais ce résultat est-il donc comparable à celui qu'on obtient par la publicité des arrêts en matière criminelle, soit sous le rapport des garanties sociales, soit à cause de *l'exemple?*

Il est aisé d'ailleurs de prouver, en point de fait, que l'on a toujours librement usé du droit de publier les *procès criminels*, aussi bien que les espèces des arrêts en matière civile.

Sans rappeler ici le *procès de Calas*, qui a exercé tant de plumes généreuses, celui des *Trois Roués*, dans lequel un magistrat courageux s'est acquis une gloire immortelle par son infatigable ardeur à demander justice de la justice même; qui ne connaît le recueil général des *Causes célèbres?* qui ne sait également qu'une foule de *procès criminels* ont été imprimés et publiés séparément, avec toutes les procédures et les arrêts intervenus à la suite?

De ce nombre est le *procès* du régicide Damiens, qui fut imprimé in-4°, sans qu'on ait redouté que l'atrocité des faits l'emportât dans l'opinion publique sur la rigueur de la peine.

En 1731, on a imprimé en deux volumes in-folio le *procès de la Cadière et du père Girard* [1]. On y trouve les scènes les plus lubriques racontées avec une incroyable naïveté; toute la fantasmagorie dont le bon père s'était entouré pour frapper l'imagination de sa pénitente; les stations qu'il lui a fait faire en plusieurs couvens; les interrogatoires, les dépositions des témoins, etc., etc.; enfin, l'arrêt du parlement du 10 octobre 1731, qui, malgré les faits reconnus constans, se borne à renvoyer le père Girard devant le juge ecclésiastique, et toutefois, pour l'honneur des jésuites, condamne la pauvre fille aux dépens, et ordonne qu'elle sera remise à sa mère *pour en avoir soin*.

Ces mêmes jésuites ayant, à la fin, mérité d'être chassés par arrêt du parlement de Paris, cet arrêt, en date du 6 août 1762, fut publié sous toutes les formes; la spéculation s'en empara, et il fut réimprimé en placard dans un cartouche, dont les vignettes offrent la réunion de quatorze figures, qui représentent les principaux vices reprochés à ces messieurs; tels que l'arrogance, la trahison, la fourberie, la perfidie, l'ambition, la calomnie, l'homicide, l'hypocrisie, le larcin, avec guirlande de serpens entrelacés, etc., etc. On lit au bas que *le prix est de 16 sous*.

[1] Recueil général des Pièces concernant le procès entre la demoiselle Cadière, de la ville de Toulon, et le père Girard, jésuite, recteur du séminaire royal de ladite ville. 2 vol. in-folio, 1731. Quelques exemplaires sont avec gravures. — Il y a à la bibliothèque des avocats un très-bel exemplaire de ce procès, qui a appartenu à la bibliothèque des *Carmes*.

Certes, le droit général d'imprimer, de publier et de mettre en vente les arrêts des cours, est bien établi par des exemples aussi saillans; mais comme on opposerait peut-être que ces exemples sont en matière criminelle ordinaire, et non en matière de *délits de la presse*, il me reste à montrer que la même publicité avait également lieu pour les arrêts rendus contre les livres ou écrits réputés dangereux.

Les réquisitoires des avocats-généraux contre les ouvrages qu'ils déféraient à la cour, *contenaient toujours le texte des passages* qui leur paraissaient devoir en entraîner la suppression.

J'ai cité à l'audience les deux exemples suivans :

Il parut, en 1776, une brochure intitulée, *des inconvéniens*[1] *des droits féodaux*; on y remarquait entre autres cette assertion : que *le roi peut affranchir les serfs, même sans le consentement des seigneurs, dans leurs fiefs*; et que, s'il en usait ainsi, *la liberté adorerait son auteur, et l'indépendance serait l'hommage perpétuel et le premier titre de la vassalité.* — L'aristocratie n'avait garde de laisser impunie une telle insolence! — Réquisitoire dans lequel ce passage est textuellement rapporté : et, le 23 février 1776, ARRÊT du parlement qui condamne l'écrit à être lacéré et brûlé au pied du grand escalier (car alors on condamnait les écrits *à la peine capitale*). — Cet arrêt a été *imprimé, lu, publié et affiché*, avec le réquisitoire, et dans le réquisitoire le passage qui avait motivé la condamnation.

Quelques années après, parut l'*Histoire philosophique* de Raynal. L'ouvrage était plus important, la matière plus étendue, les propositions plus hardies. On y disait notamment que *la philosophie commençait à éclairer le monde...* L'auteur avait ajouté : *L'imposture parle dans tous les temples et la flatterie dans toutes les cours. — Tout écrivain de génie est magistrat né dans sa patrie; son tribunal, c'est la nation entière; le public, son juge; non le ministre qui ne l'entend pas, ou le despote qui ne veut pas l'écouter; c'est aux sages de la terre qu'il appartient de*

[1] Ce qu'il n'était pas permis impunément, en 1776, de signaler comme un *inconvénient*, fut supprimé, en 1789, comme une *usurpation*, un *abus*. . . . .

faire des lois, et tous les peuples doivent s'empresser de *les adopter.* — Réquisitoire dans lequel toutes ces propositions et plusieurs autres encore plus *étranges* sont relevées et combattues; — 25 mai 1781, arrêt du parlement qui condamne l'ouvrage entier à être *lacéré et brûlé par l'exécuteur de la haute-justice.* Cet arrêt a été également imprimé avec le réquisitoire et tous les passages sur lesquels il était basé.

Ces exemples prouvent donc, non-seulement qu'en général on pouvait imprimer à volonté les procès et arrêts criminels; mais ils prouvent en particulier qu'en matière d'écrits réputés dangereux et condamnés comme tels, il était permis d'imprimer les réquisitoires dans lesquels se trouvaient transcrits les passages incriminés.

Deux faits importans serviront encore à prouver jusqu'où allait le droit, ou, si l'on veut, la tolérance sur ce point.

Lorsque l'archevêque de Paris lança son mandement contre l'*Emile*, que le parlement venait de condamner, il transcrivit plusieurs passages du livre qu'il attaquait; il eut même soin de choisir les plus énergiques. Le mandement fut publié dans toutes les églises; il fut affiché sur tous les murs de la capitale; cependant le parlement ne songea pas à poursuivre l'archevêque ni l'imprimeur, comme ayant *réimprimé* des passages d'un livre condamné.

Les censures de la Sorbonne contenaient aussi les passages des écrits censurés. Elle désigna de cette manière et condamna plusieurs passages de Buffon, dont les systèmes paraissaient contrarier la doctrine de l'Ecriture sainte sur le déluge universel. Buffon, que ces censures n'arrêtèrent pas, continua l'impression de son ouvrage, et fit insérer dans le tome IV de son *Histoire universelle* l'arrêt de la Sorbonne avec les quatorze passages censurés; il y joignit même une réfutation. Et ce qui est fort remarquable, cette édition sortit des presses de l'*Imprimerie royale!* Or, pour publier les écrits par cette voie, l'on sait qu'il fallait, non-seulement le privilége ordinaire, mais une permission spéciale.

Voilà ce qui se pratiquait librement autrefois : et pourtant alors la procédure était secrète; on n'accordait pas de défenseurs aux accusés; les cours pouvaient condamner sans autre explication, *pour les cas résultant du procès;*

on pouvait ordonner que les gens seraient *étranglés entre deux guichets* ; il y avait torture, censure et Bastille !

Comment se ferait-il donc que ce qui était permis sous un tel régime, fût défendu sous le régime actuel ?

En 1788, Louis XVI abolit la torture.

Turgot et Malesherbes laissent la presse libre.

Le 14 juillet 1789, la Bastille est détruite.

Le 3 novembre suivant, Louis XVI donne des lettres-patentes portant défenses de plus *jamais* employer la formule *pour les cas résultant du procès*.

La loi du 24 août 1790, veut que tout jugement contienne le *résultat des faits* reconnus et constatés par l'*instruction*, et les *motifs* qui auront déterminé la condamnation [1].

Une loi du 1er décembre de la même année, ordonne que tout arrêt de la Cour de cassation sera *imprimé*.

Des lois et réglemens postérieurs ont également prescrit l'*impression* et même l'*affiche* des arrêts en matière criminelle [2]. Si cette impression n'a lieu que *par extrait*, ce n'est point par prudence et dans la crainte d'en trop apprendre au public, mais uniquement par économie.

La procédure a cessé d'être secrète ; on a donné des défenseurs aux accusés, et nos diverses constitutions ont proclamé le principe que *les débats sont publics en matière criminelle*.

Sous ce nouvel ordre de choses, la publicité des arrêts et des procédures criminelles est donc devenue bien évidemment une publicité de droit, une publicité légale.

Pendant la révolution, nulle entrave ne fut apportée à la publication intégrale des procédures criminelles. Les fu-

[1] *Adde* article 195 du Code d'instruction criminelle de 1810, pour les cas ordinaires ; et pour les délits de la presse, l'art. 15 de la loi du 26 mai 1819.

[2] S'il était besoin d'apporter un exemple bien ancien de la publicité accordée de tout temps aux *arrêts* en matière criminelle, on le trouverait dans les quatre lettres initiales J. N. R. J. qui sont au-dessus de la croix de N. S. Jésus-Christ, et qui ne sont que l'abrégé de l'injuste sentence portée contre lui par le proconsul romain : *Jesus Nazarenus rex Judæorum* : « Jésus de Nazareth, » condamné à mort, comme criminel de lèse-majesté, pour s'être intitulé roi des Juifs. » — Cet usage, de placer la sentence des condamnés, écrite en gros caractères, au-dessus de leur tête, s'est perpétué jusqu'à nous.

reurs de la Convention n'empêchèrent pas de publier le procès de Louis XVI. Les susceptibilités du consulat n'empêchèrent point la publication de l'éloquent plaidoyer de Me Bellard pour mademoiselle de Cicé. L'empire a laissé paraître le procès de Moreau, avec tous les débats, tous les plaidoyers, tous les interrogatoires, toutes les réponses même de l'illustre accusé, beaucoup plus dangereuses pour un gouvernement nouveau que ne sauraient l'être des couplets de chansons!

La Charte a conservé le principe que *les débats sont publics en matière criminelle* [1].

Cette publicité n'est pas établie pour quelques-uns, mais pour tous; elle ne doit pas seulement avoir lieu au profit de ceux qui sont admis dans l'enceinte de l'audience, elle est instituée dans l'intérêt de la société tout entière.

Et, en effet, depuis la Charte comme auparavant, on n'a pas cessé de rendre compte au public des débats en matière criminelle.

L'article 15 de la loi du 26 mai oblige à articuler les faits, et cette articulation consiste précisément à transcrire les passages incriminés dans les arrêts de renvoi. Ces arrêts sont lus à l'audience par le greffier, à haute voix, devant tout le public, à qui, par cette lecture, on en fait la tradition. L'article 26 de cette même loi veut que les arrêts de condamnation soient rendus publics par leur insertion dans le journal officiel. L'impression de ces arrêts est si peu regardée comme un délit, qu'elle peut être infligée à titre de peine, ainsi que l'affiche, suivant l'article 26.

Ainsi, rien n'est mieux établi, sous le droit actuel, que la publicité des arrêts criminels en général, et spécialement la publicité des arrêts dans les affaires pour délits de la presse.

Maintenant, consultons l'usage; et il le faut bien, car l'usage est le meilleur interprète des lois [2], surtout en ma-

[1] Lors même que, par exception à cette règle, les débats ont lieu *à huis clos* dans les cas où la loi le permet, l'*arrêt* doit toujours être prononcé *en audience publique*.

[2] Optima est legum interpres consuetudo. *L. 37, ff. de Legibus.* — L'erreur même, quand elle est généralement répandue, constitue une sorte de droit. Error communis facit jus. *L. 3, § 5, ff. de suppellect. leg.* Recti apud nos tenet error ubi publicus factus est. *Senec.* Epist. 123.

tière criminelle, puisqu'il établit dans les esprits l'opinion que la loi permet sans doute ce que l'autorité laisse impunément pratiquer.

Or, il n'est pas un des nombreux procès suscités depuis quelques années, crimes ordinaires, accusations politiques, délits de la presse, dont les journaux n'aient rendu un compte détaillé. Liste de jurés, actes d'accusation, interrogatoires, dépositions de témoins, réquisitoires, plaidoyers des avocats, résumés des présidens, *arrêts*, tout a été imprimé avec plus ou moins de liberté sans doute, selon que la censure existait ou n'existait pas; mais enfin, si cette détestable institution a quelquefois exercé sa partialité sur la défense des accusés, au moins il est constant qu'elle a toujours laissé un libre champ au compte-rendu des accusations et des condamnations.

Une seule fois cette censure agonisante a cru devoir porter une main criminelle sur un arrêt de la cour; elle en a retranché le considérant qui blessait un de ses membres...[1]; mais cet attentat, jusqu'alors inouï, a excité une indignation générale; elle n'eût pas osé le renouveler.

Indépendamment du compte rendu des procès criminels par les journaux censurés ou non censurés, n'avons-nous pas vu constamment tous les *procès célèbres* publiés séparément en corps d'ouvrage?

Dans le premier procès jugé par la cour des Pairs (2 vol. in-8), Évariste Dumoulin a poussé l'exactitude du récit jusqu'à donner le vote individuel de chacun des pairs qui avaient concouru au jugement.

On a publié le procès de La Bédoyère, celui de Linois et Boyer, ceux de Drouot et de Cambrone, celui du duc de Rovigo.

Veut-on des exemples dans les accusations pour délits de la presse? — *La Bibliothèque historique* a publié le récit des condamnations dont elle s'est vue l'objet. — *Le Censeur* est devenu son propre historien. — Le célèbre auteur de Sylla s'est vengé de l'injustice de la censure, en faisant imprimer le *Procès de l'Hermite en province*, avec une préface où il dévoue les censeurs au mépris des âges futurs.

M. l'archevêque de Malines a usé du même droit avec non moins d'énergie. — M. Fiévée, ayant remarqué que

[1] Voyez mes *Observations sur la législation criminelle*, p. 108.

sa condamnation ne signalait que par des chiffres les pages de son livre où se trouvaient les passages incriminés, a cru devoir, *pour la commodité des lecteurs*, en leur faisant l'histoire de son procès, transcrire littéralement, à la suite, les divers passages qui avaient motivé sa condamnation, et dont ses juges avaient ordonné la suppression.

En l'année 1821, la *Souscription nationale* a donné lieu à un procès, dans lequel les auteurs de la Souscription ont été renvoyés absous, et les journalistes qui l'avaient annoncée ont été condamnés. Eh bien! on a imprimé ce procès, et en tête se trouvent tous les articles des journaux que l'arrêt a condamnés.

Ainsi, tout dépose en fait du droit dont on a constamment joui, anciennement, pendant la révolution, et depuis la Charte, de rendre compte des procès criminels, et de publier les procédures et les arrêts.

Non-seulement cette publicité est permise; j'ajoute qu'elle est désirable, car elle est utile; et pour le prouver, je puis invoquer le suffrage de l'éloquent ministre auquel la France est redevable des lois de 1819 sur la presse. — M. Syrieys de Marinhac avait proposé à la Chambre des députés un amendement tendant à empêcher qu'on ne publiât les phrases qui auraient motivé le rappel à l'ordre et la déportation d'un député sur son banc : il y voyait je ne sais quel danger. M. de Serres s'éleva contre cette proposition. « L'amendement (disait-il), dans une discussion publique, » rendrait une partie de la discussion secrète. Ce serait une » chose *contraire à ce qui se passe* ailleurs. Quelque atroce » que soit un fait, quelque infâme que soit un libelle, *on* » *permet* aux journaux, en rendant compte des arrêts des » tribunaux, de citer les passages incriminés. Cela est » même *dans l'intérêt de la morale publique.* » — Voilà ce qu'a dit en propres termes, à la séance du 16 avril 1821, M. de Serres, alors garde-des-sceaux, chef de la justice.

Et il a eu raison de s'exprimer ainsi. Oui, sans doute, une telle publicité est *dans l'intérêt de la morale publique;* car la justice, en matière criminelle, n'agit que pour l'exemple et par l'exemple; elle ne punit les criminels que pour effrayer ceux qui seraient tentés de les imiter. Et quoi de plus propre à les en détourner, que la publicité des condamnations accompagnée de toutes les circonstances qui peuvent en justifier la sévérité?

La seule condition exigée de ceux qui se constituent les historiens de ces sortes de drames, c'est la fidélité. La fidélité au second degré, si je puis m'exprimer ainsi, consiste à donner une analyse exacte des faits. Mais il y a fidélité au suprême degré, quand on donne *les pièces mêmes du procès.*

Or, parmi les pièces, celles qui méritent le plus de confiance et de respect, ce sont sans contredit les arrêts, puisqu'ils sont l'œuvre de la justice elle-même. Qu'il s'agisse d'un arrêt définitif ou d'un arrêt de renvoi, son caractère est également respectable. Disons mieux : en matière de délits de la presse, l'arrêt de renvoi est la pièce fondamentale du procès.

En effet, c'est dans cet arrêt qu'on trouve les *faits articulés et précisés.* Dans les délits de la presse, l'arrêt de renvoi tient lieu d'*acte d'accusation*; il remplace les réquisitoires des avocats-généraux qui, autrefois, contenaient tous *les passages argués*, et qui faisaient corps avec l'arrêt définitif, dont ils constituaient inséparablement le préambule.

La loi actuelle n'a vu aucun danger dans la publicité des arrêts de renvoi, puisqu'après avoir exigé qu'ils continssent ces passages, c'est elle encore qui prescrit d'en donner lecture en pleine audience; or, puisque le greffier lit l'*arrêt tel qu'il est écrit*, pourquoi serait-il interdit de le publier *tel qu'il a été lu?*

D'ailleurs c'est faire injure aux magistrats, que de supposer qu'un arrêt qui est leur ouvrage puisse offrir aucun danger. Vainement voudrait-on établir une différence entre les diverses espèces d'accusations : cette distinction n'est pas dans la loi ; elle autorise indéfiniment la publicité en matière criminelle. Et puis, en toute espèce d'accusation, ne faut-il pas, pour l'honneur des lois et de la justice, supposer que la partie de l'arrêt qui condamne, agira plus efficacement sur l'esprit des citoyens, que la partie où l'on expose le fait punissable? Ne serait-il donc pas insultant de penser que le corps du délit sera plus puissant que la peine? Malheur aux arrêts qu'on jugerait ne pouvoir supporter cette concurrence, et pour lesquels on redouterait, pour cette raison, la publicité.

La déclaration du jury, que les accusés n'étaient pas coupables, a consacré de nouveau les principes que je viens d'exposer.

LIBRE DÉFENSE

DES ACCUSÉS.

Provident humano generi CAUSARUM PATRONI, qui gloriosæ vocis confisi munimine, laborantium spem, vitam et posteros defendunt.
L. 14, Cod. *de Advocat. divers. judic.*

1re édition, 1815, in-8°; 2e édit., 1824, in-18.

LIBRE DÉFENSE

DES ACCUSÉS.

Un avocat n'a pas seulement à défendre les intérêts pécuniaires de ses cliens dans les procès purement civils; il doit aussi se préparer à défendre la liberté, l'honneur, la vie des accusés en matière criminelle [1].

Cette tâche difficile peut lui être imposée ou par le choix des parties elles-mêmes qui réclameront son ministère, ou par celui de la justice qui le désignera d'office pour remplir cette noble fonction.

Il doit donc se mettre de bonne heure au fait de l'instruction criminelle et des lois pénales.

Cette étude n'est pas moins importante que celle du droit civil; on pourrait même dire qu'elle l'est davantage, à ne considérer que la gravité des intérêts et la sévérité des conséquences.

Mais autant la conscience de l'avocat doit être effrayée de l'importance des devoirs que lui impose la défense des accusés en matière criminelle, autant sa raison doit l'armer de courage pour les remplir dans toute leur étendue.

Il doit, avant tout, se bien pénétrer de cette idée, que la défense des accusés, sans cesser d'être respectueuse, doit essentiellement être libre; que tout ce qui la gêne empêche qu'elle ne soit complète, et par là même compromet le sort de son client.

Rarement, sans doute, quelquefois pourtant, il s'élève dans le cours d'un débat une sorte de lutte entre l'avocat et les magistrats qui soutiennent ou dirigent l'accusation : celui-là, revendiquant le droit de parler; ceux-ci lui imposant l'obligation de se taire, ou de ne parler que comme il leur plaît. L'autorité est toujours d'un côté, mais la raison

[1] Il en est autrement en Angleterre : l'ancienne loi refuse un conseil aux individus traduits en justice pour crime de félonie! Et, même en 1824, la proposition faite par M. Lamb de changer cette loi fut rejetée par une majorité de 80 voix!

peut quelquefois être de l'autre. Qui cependant tiendra la balance, entre l'avocat qui réclame et le juge qui décide? Il est à cet égard des principes qui règlent la conduite du magistrat et celle du défenseur.

J'avais entrepris, il y a déjà plusieurs années, de rassembler quelques idées sur ce sujet important, dans un écrit auquel j'ai donné pour titre : *De la libre défense des accusés*[1].

En le composant, j'avais principalement pour objet de réfuter l'erreur d'hommes passionnés qui avaient eu l'imprudence d'avancer, « que des avocats ne pouvaient pas » défendre des accusés de crimes d'Etat, sans se rendre, » pour ainsi dire, leurs complices ! »

La réfutation fut assez bien accueillie du public, qui, en effet, avait plus à perdre qu'à gagner à une doctrine qui tendait à intimider ses défenseurs.

C'est ce même écrit que j'adresse aujourd'hui aux jeunes avocats, après l'avoir relu et y avoir fait quelques additions.

Heureux si ces réflexions, inspirées par la nature du sujet, et aussi par le malheur des temps où elles furent tracées, peuvent contribuer à affermir chacun de nous dans la noble pensée que le premier comme le plus saint de nos devoirs est de travailler sans relâche à la défense des accusés[2] ! car c'est la Sagesse même qui nous dit dans ses sublimes conseils : Allez au secours de vos semblables; arrachez-les au péril dont ils sont menacés, et disputez, tant que vous le pourrez, à la mort, ceux qu'on s'efforce d'y conduire. *Erue eos qui ducuntur ad mortem, et qui trahuntur ad interitum liberare ne cesses.* PROVERBES, XXIV, II.

§ Ier.

De la justice.

On nous représente la justice comme une divinité tutélaire, dont le temple toujours ouvert et de facile accès offre

[1] Paris, octobre 1815, chez Arthus-Bertrand, un mois avant le jugement du maréchal Ney, réimprimé en 1818 chez Warée, in-8°, et en 1824, chez le même, 1 vol. in-18.

[2] Tant que j'ai exercé la profession d'avocat, mon cachet portait pour devise : Libre défense des accusés !

en tout temps un refuge assuré au pauvre contre le riche, au faible contre le fort, à l'opprimé contre l'oppresseur.

Les magistrats sont les ministres de ce temple. Notre imagination se les figure avec complaisance revêtus d'une espèce de sacerdoce, tant est pieuse l'idée que nous nous faisons de la sainteté de leurs fonctions !

Prêtres de la justice, ils veillent à l'accomplissement de ses lois, ils attirent les hommes vers son culte, par le respect dont ils font profession pour elle ; ils marchent dans ses voies avec une constance inébranlable ; rien ne peut se comparer à la régularité qu'ils apportent dans l'observation de ses rites et de ses solennités.

Toutes ces fictions reposent sur un fond vrai. De même qu'on ne pourrait, sans affaiblir la religion dans l'esprit des peuples, l'isoler de la pompe extérieure et des augustes cérémonies qui rehaussent son culte à leurs yeux ; de même aussi l'on ne pourrait pas, sans blesser la justice, la séparer des formes qui lui sont propres, et sans lesquelles l'opinion publique ne la conçoit plus.

Ces formes, qui, dans les matières civiles ordinaires, sont simplement conservatrices, deviennent sacramentelles en matière criminelle, lorsqu'il s'agit, non plus seulement de la fortune, mais de l'honneur, mais de la vie des citoyens.

§ II.

Ne pas juger sans entendre.

Il est surtout une règle dont on ne peut s'écarter, sans fouler aux pieds toutes les lois de la justice : elle consiste à *entendre avant que de juger* [1].

Il est de principe, en effet, que *personne ne peut être condamné, qu'au préalable il n'ait été entendu* [2].

[1] Reum enim non audiri, latrocinium est, non judicium. AMMIEN MARCELLIN.

[2] « Nul ne peut être jugé qu'après avoir été entendu ou légalement appelé. » (*Constitution de l'an III*, art. 11.)— Une constitution de Clotaire, de l'an 560, renferme une semblable disposition. Aussi voyons-nous que tous les jugemens commencent par ces mots : *parties ouïes*, ou autres équivalens.

De ce principe naît pour le juge l'obligation d'écouter l'accusé, et de lui laisser toute la latitude désirable pour qu'il puisse se défendre tant verbalement que par écrit.

Car il est encore une maxime, devenue triviale à force d'être répandue; savoir : que *la Défense est de droit naturel.*

C'est la loi des animaux vivans sous le terrible empire de la force; c'est la loi des hommes réunis en société; ce serait la loi des dieux immortels, si l'on pouvait en concevoir plus d'un seul.

Cette loi est vraie dans l'ordre physique; *vim vi repellere licet*, il est permis de *repousser la force par la force.* Le meurtre lui-même cesse d'être un crime dans la personne qui ne l'a commis qu'*à son corps défendant*[1].

Elle est vraie dans l'ordre moral; et celui qui gémit sous le poids d'une accusation a le droit de parer le coup qui le menace, en se défendant par les moyens que son intelligence lui suggère, c'est-à-dire par le raisonnement et par la parole, qui ne nous ont été donnés par la bonté divine que pour apprendre, enseigner, discuter, communiquer entre nous, resserrer les nœuds de la société civile, et faire régner la justice parmi les hommes[2].

Cette *loi de la défense naturelle* ne comporte pas d'exceptions; elle est de tous les temps, de tous les pays, pour tous les cas, pour tous les hommes.

S'il en était autrement, je demanderais pourquoi celui qui a commis un assassinat au milieu d'une place publique, dans l'enceinte d'un palais, à la vue d'un grand nombre de témoins; qui est pris sur le fait, *en flagrant délit;* pourquoi, dis-je, un homme si évidemment coupable n'est pas tué sur l'heure, *sans autre forme de procès?* — Pourquoi

[1] « Il n'y a ni crime, ni délit, lorsque l'homicide, les blessures » et coups étaient commandés par la nécessité actuelle *de la légi-* » *time défense de soi-même* ou d'autrui. » *Code d'instruction criminelle*, art. 328.

[2] Societatis humanæ vinculum est ratio et oratio; quæ docendo, discendo, communicando, disceptando, judicando conciliat inter se homines, conjungitque naturali quâdam societate. Neque ullâ re longiùs absumus à naturâ ferarum. Cic., *de Officiis*, lib. 1, cap. 16.

l'on n'agit pas avec lui comme on ferait en Turquie [1]? Pourquoi l'on prend la peine d'entendre des témoins, de les confronter, d'interroger l'accusé, d'écouter ses défenses, comme si le fait était douteux? —Il est donc clair que, si l'on fait une instruction, même en ce cas, c'est pour satisfaire à la justice, dont la première règle est de *ne condamner jamais personne, sans, au préalable, l'avoir entendu.*

Dieu lui-même, dont la connaissance embrasse tous les temps, qui lit au fond de nos consciences et qui en sonde les plus secrets replis, Dieu qui juge les justices, nous offre des applications de cette règle.

Il connaissait la faute dont le premier homme s'était rendu coupable : que ne l'en punissait-il aussitôt? Mais non; il l'appelle, il l'interroge sur le fait même de sa désobéissance, et sur les motifs qui ont pu l'y porter : *Adam, ubi es? quid fecisti? quare hoc fecisti?*

Il en usa de même envers Caïn : *Où est votre frère Abel? Caïn, qu'avez-vous fait?*

Dans cet autre endroit de la Genèse : « Le cri contre Sodome et Gomorrhe s'est augmenté, et leurs crimes se sont multipliés à l'excès. JE DESCENDRAI, dit le Seigneur, ET JE VERRAI si la clameur qui s'est élevée contre ces villes est bien fondée, ou s'il en est autrement, *afin que je le sache* [2]. »

Or quel a été dans tout ceci le dessein de Dieu, sinon de nous instruire, par son exemple, *qu'on ne doit jamais juger un homme, quelque coupable qu'il soit ou qu'il paraisse, sans l'avoir entendu*; qu'il faut examiner avec soin les choses mêmes dont on croit être le mieux assuré; et ne négliger aucun moyen pour vérifier si une accusation est bien

[1] Aussitôt pris, aussitôt pendu : maxime expéditive.

> Plût à Dieu qu'on réglât ainsi tous les procès!
> Que des Turcs en cela l'on suivît la méthode!

Tel est le vœu de certaines gens. Heureusement que cette procédure, si elle est de leur goût, n'est pas, du moins, dans les mœurs de notre nation.

[2] *Descendam, et videbo*, utrùm clamorem qui venit ad me, opere compleverint, an non est ità, *ut sciam*. GENÈSE, XVIII, 20 et 21.

ou mal fondée? *Je descendrai..... je verrai..... afin que je sache* [1].

§ III.

Du choix d'un conseil.

Le principe de la défense étant incontestable, il faut, pour qu'il ne soit pas stérile, que l'accusé, qui souvent n'a pas le talent ou la présence d'esprit nécessaires pour se défendre soi-même, puisse se choisir un conseil.

S'il néglige d'en choisir un, le juge doit l'en pourvoir d'office, à peine de nullité de la procédure [2].

Cette désignation de la part du juge ne doit avoir lieu que faute par l'accusé d'avoir fait son choix : car, s'il est un droit qu'on ne puisse refuser à un accusé, c'est assurément de choisir librement l'homme auquel il doit confier le secret de ses pensées, de ses erreurs, de ses faiblesses, de son existence tout entière.

Qui donc pourrait circonscrire ce choix? Il ne l'est point par le droit naturel : il ne l'a été que je sache chez aucun peuple de l'antiquité.

A Rome, l'esclave même devait être défendu par son maître, ou par le fondé de pouvoir de son maître. (*L.* 11, *ff. de public. Judic.*) Si celui-ci l'abandonnait, il pouvait se faire défendre par un autre esclave de son choix. (*L.* 19, *ff. de Pœnis.*)

Et pour nous, hommes libres du dix-neuvième siècle, le choix d'un défenseur est entouré d'obstacles et de restrictions ! il faut des permissions ! il est possible de les refuser !

Aux termes du Code impérial de 1810, art. 295, « le » conseil de l'accusé *ne pourra* être choisi par lui, ou dé-

[1] Ambrosius, liber 1, *de Abrah.*, in cap. 18 Genes. Bossuet, *Politique tirée de l'Écriture Sainte*, tome II, page 124.

[2] *Si non habebunt advocatum, ego dabo*, dit le préteur dans la loi 1, § 4, ff. *de Postulando.* Code d'instruction criminelle, art. 429. — Cet usage est bien ancien, même parmi nous ; car nous voyons que saint Louis, en 1251, donna un procureur et un avocat d'*office* à un gentilhomme qui ne pouvait pas en trouver, parce qu'ils redoutaient tous la puissance et le caractère violent de la partie adverse, qui était Charles, comte d'Anjou, frère du roi. (Fournel, *Histoire des Avocats*, tome I, page 65.)

» signé par le juge que parmi les avocats ou avoués de la » Cour royale ou de son ressort, à moins que l'accusé n'ob- » tienne du président de la cour d'assises *la permission* de » prendre pour conseil un de ses parens ou amis. »

Que l'avocat désigné *d'office* ne puisse être choisi que sur les lieux, je le conçois; aucun lien ne l'attache à l'accusé; tout devient indifférent à celui qui, pouvant choisir, ne l'a pas voulu; et, d'ailleurs, il ne serait pas juste que, sur une désignation d'office, un conseil fût obligé de se déplacer.

Mais, quand l'accusé se choisit lui-même un défenseur, pourquoi l'astreindre à ne le prendre que dans le ressort de la cour qui doit le juger? Pourquoi exiger, en pareil cas, une permission du président, qui, s'il peut permettre, pourra donc aussi refuser à l'avocat, au parent, à l'ami?

Pourquoi cette première restriction est-elle encore accrue par la nécessité qu'impose le décret impérial du 14 décembre 1810, de recourir à l'autorité du ministre de la justice, pour avoir la permission d'aller plaider hors du ressort?

Pourquoi le ministre lui-même a-t-il ajouté aux difficultés existantes, en exigeant, par sa circulaire du 25 avril 1821, une attestation que l'avocat n'avait été puni d'aucune peine de discipline, et des renseignemens particuliers sur *ses opinions politiques?*

Pourquoi la dernière ordonnance du 20 novembre 1822, rendue cependant en vue *d'affranchir la profession d'avocat du joug inutile d'une surveillance directe et habituelle*, a-t-elle, elle-même, ajouté aux *précautions* jugées *excessives* qu'avait prises le décret du 14 décembre 1810?

En effet l'art. 39 est ainsi conçu :

« Les avocats inscrits aux tableaux de nos cours royales » pourront seuls plaider devant elles.

» Ils ne pourront plaider hors du ressort de la cour près » laquelle ils exercent, qu'après avoir obtenu, sur l'*avis* » du conseil de discipline, l'*agrément* du premier pré- » sident de cette cour, et l'*autorisation* de notre garde » des sceaux, ministre secrétaire d'État au département de » la justice. »

La disposition du premier paragraphe de cet article est absolue : celle du décret ne l'était pas. Le décret n'exigeait, pour qu'un avocat pût aller plaider hors du ressort de la cour, que *la permission* du ministre : d'après l'ordonnance, avant d'obtenir cette autorisation suprême, il faut l'avis du conseil de discipline, et l'agrément du président. N'est-ce pas avoir inutilement multiplié les difficultés? n'est-ce pas avoir renchéri encore sur « ces *précautions excessives*, » qu'on blâme dans le décret!

On l'a dit très-justement : cette triple précaution est injuste, injurieuse, inutile, impolitique.

Injuste, car elle porte atteinte au droit naturel de la défense.

Injurieuse, puisqu'elle met les avocats dans une sorte de prévention de licence.

Inutile, puisque jamais l'ordre public n'est sans garantie devant des magistrats.

Enfin, elle est impolitique, car la défense des justiciables dépendra du bon plaisir d'un ministre, et c'est le gouvernement qui en portera toute la responsabilité [1].

A ces réflexions, que j'emprunte à l'excellent écrit d'un de nos jeunes confrères, sur l'ordonnance de 1822 [2], il est possible encore d'en ajouter d'autres.

Le médecin, le chirurgien domiciliés à Paris, ont-ils besoin d'une autorisation de la Faculté pour aller guérir un malade en province? Les infirmes des départemens sont-ils réduits à se faire traiter et panser par le frater de leur village? Leur est-il défendu d'élever leur confiance?

Et que dire encore de ces contrées où l'on a vu des avocats manquer à leur état et se manquer à eux-mêmes au point de refuser leur ministère à de malheureux accusés? Dans ce cas, au moins, s'il se présentait de nouveau, l'au-

[1] Voyez, dans *le Constitutionnel* des 10 et 27 juillet 1822, les pétitions de cinq accusés de province, qui réclament contre le refus fait par le ministère d'autoriser deux avocats du barreau de Paris à les venir défendre dans un procès politique. — Eh! que dire de ces mêmes refus appliqués aux affaires civiles, telles que questions d'état, donations, testamens, en un mot, à toutes les questions de propriété? Refusera-t-on à une partie de prendre un avocat capable de lutter contre celui dont son adversaire aura eu l'art de s'emparer? Concourra-t-on ainsi, sans le vouloir, mais cependant par le fait, à l'injustice des décisions par l'inégalité des moyens de défense?

[2] Examen de l'ordonnance du 20 novembre 1822, par M. Daviel, avocat à la Cour royale de Rouen.

torisation d'aller prendre un défenseur ailleurs sera-t-elle encore discrétionnaire ou de droit?

Pourquoi donc cette appréhension de l'autorité, cette crainte qu'elle affecte de voir l'avocat fixé habituellement dans le ressort d'une cour aller plaider dans une autre? Est-ce la peur qu'il ne défende trop mal son client? que l'accusation ne soit pas assez fortement combattue? que le procureur-général n'ait trop beau jeu? — Non, sans doute. C'est donc la crainte du contraire; la crainte que cet avocat qu'on aura choisi, sûrement en raison de sa grande réputation, ne déploie trop de courage, de talent, d'énergie; qu'il ne soit trop bon avocat, qu'il ne fasse trop bien son devoir, qu'il ne produise trop d'impression; en un mot, qu'il ne sauve l'accusé? — Mais cette crainte serait odieuse, cruelle, inhumaine.

L'avocat est l'homme de tous les temps, de tous les lieux, le protecteur de toutes les infortunes, le défenseur-né de tous les citoyens. Circonscrire son ministère, c'est porter atteinte au droit de tous : la liberté qu'il réclame et dont il use est la liberté de tous, puisque c'est au profit de tous qu'il l'exerce.

L'avocat qui est digne de plaider devant une cour est également digne de plaider devant toutes les autres, et il n'y a aucune bonne raison à restreindre ainsi l'exercice de notre ministère et le choix des accusés.

§ IV.

Communication de l'accusé avec son conseil.

Il ne suffirait pas à la liberté de la défense que l'accusé eût pu se choisir librement un conseil, ou que la justice lui en eût nommé un d'office, s'il ne lui était pas permis de *communiquer librement* avec lui.

Comment se fait-il cependant qu'un prévenu ou un accusé, même sans être au secret [1], et quoiqu'il ait la faculté de communiquer avec ses parens ou avec des étrangers, n'ait pas encore celle de communiquer avec son con-

[1] Voyez ce que j'ai dit *du secret*, dans mes *Observations sur la législation criminelle*, § 8.

seil? C'est ce que j'ai vu singulièrement pratiquer dans l'affaire des trois Anglais. On leur permettait de voir leurs compatriotes et quelques Français de leur connaissance, tandis qu'il était encore interdit à leur avocat de les voir et de converser avec eux; et même après que le conseil a pu pénétrer dans leur prison, il lui a été interdit de prendre communication de la procédure.

Le prétexte à l'aide duquel on colore ce refus de communiquer avec la personne des détenus et de prendre communication des pièces est que *l'instruction doit être secrète.*

Telle était, sans doute, l'ancienne pratique; mais elle ne paraît pas avoir survécu à l'ordonnance de 1670.

Les décrets de 1789 avaient si peu voulu que l'instruction fût secrète, que celui du 9 octobre, donné pour la *réformation de quelques points de la jurisprudence criminelle*, prescrivait aux municipalités de nommer des *notables* pour assister, sous le titre d'*adjoints*, à l'instruction des procès criminels. D'après l'art. 6, ces adjoints étaient tenus de faire au juge instructeur les *observations à charge et à décharge* qui leur paraîtraient nécessaires [1].

Le législateur de cette époque n'avait vu là, comme l'indique le préambule du décret, « qu'une précaution qui,
» sans subvertir l'ordre de procéder, devait rassurer l'inno-
» cence et faciliter la justification des accusés, en même
» temps qu'elle honorerait davantage le ministère des ju-
» ges dans l'opinion publique. »

Plus tard, on n'a pas maintenu la nécessité de l'intervention des *adjoints;* mais ce n'a pas été dans l'intention que la procédure redevînt obscure, ténébreuse, *secrète*, en un mot.

[1] Autrefois il y avait aussi des *adjoints* qui veillaient à la sincérité de l'information. Ils furent supprimés par l'influence et les intrigues du ministre Pussort, qui fit passer, malgré la résistance du parlement, l'article 8 du titre 6 de l'ordonnance criminelle de 1670. (Voyez Jousse sur l'art. 8 précité.) Ce fut le même indigne ministre qui, renouvelant les attentats de Poyet en 1539, et parlant toujours au nom d'un maître absolu, fit insérer dans l'art. 15 du titre 6, les défenses de communiquer l'information; dans l'art. 7 du titre 14, la nécessité du serment de l'accusé, parce que c'était l'usage de l'inquisition en Italie et en Espagne; et dans l'art. 8 du même titre 14, l'abolition des conseils des accusés, malgré la touchante réclamation du vertueux et bon Lamoignon, le Fénelon de la jurisprudence.

On n'a pas voulu se départir de cette base salutaire, *qu'il fallait rassurer l'innocence, et faciliter la justification des accusés.*

Nos lois subséquentes ont conservé le principe que l'instruction devait être faite *à charge* et *à décharge*. Or, comment se fait-elle à charge ? En déployant de la part des juges d'instruction, ou des procureurs généraux, toute l'activité de leur caractère, pour rassembler les indices du crime et les preuves de culpabilité. — Comment pourrait-elle se faire à décharge ? En déployant de la part du prévenu une activité semblable, sinon par lui-même, puisqu'il est et doit être détenu, au moins par son conseil. Mais, s'il est au secret, si on lui interdit de prendre un avocat et de conférer avec lui avant que l'instruction ne soit parvenue à son terme; si, avant la même époque, et en supposant qu'il lui ait été permis de communiquer avec un conseil, il n'est pas permis à ce conseil de prendre communication des charges, comment empêchera-t-il la prévention de se former ? Comment donnera-t-il au juge les indications nécessaires pour opérer à décharge aussi bien qu'à charge ? La partie civile est bien reçue à prendre cette communication, elle s'associe à la poursuite, le ministère public l'admet comme auxiliaire; pourquoi cette faveur accordée à la *plainte* serait-elle refusée aux gémissemens du prisonnier ? Pourquoi la défense ne serait-elle pas ici mise à portée de se faire entendre à côté de l'accusation ?

Est-elle donc abrogée, cette loi de 1789 suivant laquelle « tout citoyen décrété de prise de corps, pour quelque crime » que ce soit, aura le *droit* de se choisir un ou plusieurs » conseils avec lesquels il pourra *conférer librement en* » *tout état de cause*, et l'entrée de la prison *sera toujours* » *permise auxdits conseils ?* » (Décret du 9 octobre, art. 10.)

Mais, diront les hommes de l'accusation, si on laisse ainsi pénétrer les conseils près de l'accusé, ils lui indiqueront les moyens de se justifier; si on leur permet de présenter des défenses *ab ovo*, ils étourdiront le juge de la prétendue innocence de leurs cliens, et, à les entendre, il n'y en aura pas un qui puisse être mis en accusation ? Cela ressemble merveilleusement au mot de ce capitaine suisse qui, chargé après une bataille de faire enterrer les morts, faisait jeter tous les corps, pêle-mêle, dans une large fosse; et sur l'observation que plusieurs donnaient encore signe de vie, répondit : « Bah! si on voulait les croire, il n'y en aurait pas » un de mort. »

L'humanité commande plus de ménagemens à ceux qui enterrent et à ceux qui accusent.

D'ailleurs, la loi précitée a pourvu au danger des suggestions, en disant que le conseil de l'accusé « aura le droit » d'être présent à tous les actes de l'instruction, *sans y » parler au nom de l'accusé, ni lui suggérer ce qu'il doit » dire ou répondre.* » (Décret du 9 octobre 1789, art. 18.)

Une preuve enfin que la loi actuelle ne prescrit pas aux juges de garder ce mystérieux *secret* de l'instruction ; la preuve qu'elle ne leur défend pas d'instruire à *découvert*, c'est qu'il y a des exemples, et même très-récens, de conseils admis à assister leur client dans l'instruction.

Je puis citer, pour mon compte, l'affaire suscitée au duc de Vicence, en 1820, pour attaque contre la personne et l'autorité constitutionnelle du roi, prétendue commise par lui en publiant un fragment de ses instructions diplomatiques au congrès de Châtillon. Choisi pour son conseil, il me fut permis d'assister à son interrogatoire ; je n'ai eu occasion d'y relever aucune irrégularité ; mais enfin, j'ai pu me convaincre par mes yeux, dans l'intérêt de mon client, que tout s'était passé dans les formes.

Il est vrai qu'on a jugé par suite qu'il n'y avait pas lieu à accusation ; mais ce résultat est loin de prouver contre l'exemple et contre l'opinion que j'émets ici.

On objectera peut-être qu'il arrive une époque où copie des pièces doit être signifiée à l'accusé.

Mais cela ne résout pas la difficulté, puisque cette copie n'est jamais délivrée qu'après que l'instruction est totalement terminée, et, pour ainsi dire, à la veille de l'audience.

D'ailleurs, l'art. 305 porte « qu'il ne sera délivré gratuitement aux accusés, *en quelque nombre qu'ils puissent » être, et, dans tous les cas, qu'une seule copie* des procès-» verbaux constatant le délit et des déclarations écrites des » témoins [1]. »

[1] D'après l'art. 320 du Code des délits et des peines, de brumaire an IV, copie devait être délivrée gratis *à chaque accusé*. Voyez encore la loi du 29 frimaire an X.

Ainsi, y eût-il cinquante accusés, il faut que les cinquante avocats chargés de les défendre se morfondent sur la même copie.....

A la vérité, l'art. 305 leur permet de prendre ou faire prendre *à leurs frais* copie de telles pièces qu'ils jugeront utiles à leur défense; mais l'embarras reste le même, si, comme il arrive le plus souvent, l'accusé n'a pas de quoi fournir à ces frais..... [1].

Voilà pour les pièces. Quant à la personne même de l'accusé, s'il est impossible d'obtenir la permission de communiquer avec lui aussitôt après son arrestation; au moins, lorsque le moment de communiquer sera enfin venu, que cette communication soit complétement libre; je veux dire sans témoins. Comment, en effet, un accusé qui n'a pas été jusqu'au crime, mais qui a pu avoir quelque tort, qui a fait quelque fausse démarche, pourra-t-il en faire l'aveu à son conseil en présence de gendarmes ou autres gens de police, qui, l'oreille tendue et les yeux ouverts, iront répéter des demi-mots, des expressions surprises ou mal entendues, et interpréteront même les gestes et les inflexions de voix de l'accusé? Je ne ferais pas cette remarque, s'il n'y avait des exemples d'avocats réduits à ne pouvoir communiquer avec

[1] A Rome, le libelle de l'accusation devait être rédigé et communiqué *à limine litis*. — L'accusateur jurait ensuite qu'il était déterminé par la vérité et par l'amour du bien public; non par intérêt, non par envie de fatiguer ou de perdre l'accusé par des mensonges.—Son libelle devait être rédigé avec détail et précision. Voyez les lois 3 et 17, ff. *de Accusationibus*. — A tant de rigueur dans la forme de l'accusation, se joignait la crainte de succomber; car l'accusateur se soumettait à la peine du talion, comme l'atteste cette formule conservée par le président Brisson: *Si te injustè interpellavero, et victus exindè apparuero, eâdem pœnâ quam in te vindicare pulsavi, me constringo partibus tuis esse damnandum atque subiturum.* (De formul. et solemn. popul. rom. verbis, lib. v, pag. 523; 1583, in-fol.)

Chez nous, par suite de la jurisprudence des Poyet et des Pussort, rajeunie sous le régime impérial, à peine si, en certains cas, un accusé peut, même *après* son acquittement, obliger le ministère public à lui nommer son dénonciateur. (Art. 358 *du Code d'instruction criminelle.*)

On peut voir ce que dit Ayrault, pages 308 et 311, du *Danger des interrogatoires sur accusations non communiquées.*

les accusés, qu'entre deux guichets, à voix haute, et en présence de la gendarmerie[1].

§ V.

De la libre défense à l'audience.

Le caractère du juge est de se montrer doux et patient. Il tient la balance entre l'accusateur et l'accusé; entre le crime et la peine.

Il ne doit ni s'irriter contre ceux qu'il croit coupables, ni s'attendrir sur le sort de ceux dont les plaintes attaquent sa sensibilité[2]; son devoir est de demeurer impassible et de rechercher imperturbablement la vérité.

Lorsqu'à cette question, *qu'avez-vous fait de votre frère?* Caïn répond : *Je ne sais : suis-je le gardien de mon frère?* Dieu n'entre point en courroux; il ne se montre point offensé de cette réponse insultante; il n'appelle point son tonnerre; il continue ces questions : *Le Seigneur repartit : Caïn, qu'avez-vous fait?*

Or, si Dieu a montré cette patience et cette douceur en-

[1] Une lettre insérée dans *le Constitutionnel* du 5 août 1822, contient les détails suivans :

« L'ouverture des assises à Poitiers, pour le jugement du général B***, est toujours fixée au 26 août. — Le ministère public a fait assigner cent soixante-onze témoins à charge. — La plupart des accusés n'ayant pu jusqu'à ce jour obtenir des avocats de leur choix, qu'ils voulaient prendre en partie dans le barreau de Paris, il leur en a été nommé d'*office*. Ceux-ci ne peuvent entrer dans la prison que sur *un permis* du procureur-général, lequel permis doit être *visé* par le commandant de la place, et ensuite par le général commandant le département. Ce permis n'est bon que *pour une fois*. Il doit donc être *renouvelé* toutes les fois que les avocats ont à communiquer avec leurs cliens, et ces formalités prennent du temps. — Les défenseurs ne peuvent voir les accusés qu'*entre deux guichets*, et *en présence* des guichetiers. Les grilles des guichets sont si distantes l'une de l'autre, qu'il faut parler *très-haut* pour se faire entendre. On a réclamé à ce sujet auprès du procureur-général, qui a renvoyé cette réclamation au préfet; on attend sa réponse... »

[2] In cognoscendo, neque excandescere adversùs eos quos malos putat, neque precibus calamitosorum inlacrymari oportet. Loi 19, ff. *de officio præsidis.*

vers sa créature, quelle longanimité n'a-t-on pas droit d'attendre d'un mortel qui juge son semblable! avec quelle indulgence ne doit-il pas écouter jusqu'aux moindres circonstances de la justification!

Je n'entends pas seulement parler ici de l'obligation où est le juge d'interroger l'accusé avec austérité, mais sans rudesse; avec droiture, et sans trop de subtilité; sans mettre non plus son amour-propre [1] à embarrasser par des questions captieuses un malheureux qui, d'ordinaire, a plus besoin d'être rassuré que circonvenu. Je ne parle pas seulement du devoir qui lui est imposé de faire aux témoins toutes les questions à charge et à décharge, et toutes les interpellations jugées nécessaires par l'accusé et ses conseils.

Mais j'ai principalement en vue cette défense qui ne commence proprement, que là où l'instruction finit, et qui consiste dans la réfutation suivie des chefs d'accusation, et la discussion raisonnée de toutes les charges produites contre l'accusé.

DÉNIER CETTE DÉFENSE SERAIT UN CRIME [2].

LA DONNER, MAIS NON PAS LIBRE, C'EST TYRANNIE [3].

Le décemvir Appius ne refusa pas précisément d'entendre Virginius; mais à chaque instant il coupait le fil de son discours par de brusques interpellations; tandis que, d'autre part, il écoutait son affidé Claudius avec une complaisance marquée [4].

Polyperchon se comporta avec la même indécence vis-à-vis de Phocion, accusé par Agonidès. Pour montrer son iniquité, Plutarque dit: « Mais les parties n'étoient point » également ouyes, pour ce que Polyperchon rabrouoit » souvent Phocion, et lui rompoit à tous coups son pro- » pos, ainsi comme il cuidoit (voulait) déduire ces justifi- » cations; jusques à frapper par cholère d'un baston qu'il

[1] Tel était Tibère, avec lequel *sæpè confitendum erat, ne frustrà quæsivisset*. TACIT. III, annal. 69.

[2] Ammien Marcellin appelle cela *nefas ultimum*.

[3] Ayrault, de l'*Ordre, formalité et instruction judiciaire*, liv. 1[r], n° 8. — Cet auteur était lieutenant criminel au siége présidial d'Angers, sous les règnes de Charles IX et Henri III.

[4] Tite-Live.

» tenoit à la main contre terre ; et à la fin, fut si cruel, qu'il » lui commanda tout résolument de se taire [1]. »

Tacite [2] reproche à Tibère d'avoir montré une semblable partialité contre Sillanus. « On pensait bien, dit-il, que Sillanus s'était rendu coupable d'actes arbitraires et de concussion ; mais on l'environna d'entraves qui eussent mis l'homme du monde le plus innocent en péril. Car, après lui avoir donné pour adversaires un grand nombre de sénateurs, tous très-éloquens, Tibère le força de répondre *seul* à leurs accusations concertées ; et de plaider *en personne*, quoiqu'il n'eût aucun usage de la parole, et qu'il éprouvât sur l'issue de sa cause des craintes qui eussent diminué l'assurance de l'orateur le mieux aguerri. Non content de cela, Tibère, qui ne pouvait ni contenir sa voix, ni arrêter sa physionomie [3], l'apostrophait à chaque instant par des interrogations qui ne lui permettaient ni de réfuter ni d'éluder l'accusation. » — On pense bien que Sillanus fut condamné.

Mais aussi je demande quel juge voudrait s'exposer à la honte d'être assimilé par sa conduite au décemvir Appius, à Polyperchon, à Tibère ?

J'ai entendu des présidens répéter à chaque instant, *vous avez toute latitude pour vous défendre; mais*... et de *mais* en *mais* la défense était accablée de restrictions et d'interruptions qui fatiguaient l'avocat, lassaient sa patience, ou le troublaient au point de le réduire à se taire ou à ne faire que balbutier.

Depuis surtout qu'il a été mis à l'ordre du jour de déclamer contre les doctrines, de réprimer les doctrines, quelques présidens se sont empressés, comme à l'envi, d'in-

[1] Plutarque, traduction d'Amyot, tome VI, page 309, édition de Clavier, 1801.

[2] Nec dubium habebatur, sævitiæ captarumque pecuniarum teneri reum ; sed multa adgerebantur etiam insontibus periculosa, quùm super tot senatores adversos, facundissimis totius Asiæ eòque ad accusandum delectis responderet solus, et orandi nescius, proprio in metu, qui exercitam quoque eloquentiam debilitat : non temperante Tiberio, quin premeret voce, vultu ; eò quòd ipse creberrimè interrogabat : neque refellere, aut eludere dabatur. TACIT. III, annal. 67.

[3] C'est ce que Tacite appelle ailleurs *accipere vultu truci defensionem*.

terrompre les avocats, de les rabrouer, et d'entrer en réfutation avec eux, sous prétexte de rétablir les saines doctrines.

Il semble que le juge aurait été solidaire avec l'avocat, s'il l'eût laissé achever sans l'interrompre! De là, le trop vif empressement qu'on les a vus mettre à ces interruptions, faites d'ailleurs avec trop peu de sang-froid pour qu'on n'ait pas dû quelquefois les attribuer au désir de faire parade de telle opinion.

Je crois que ces interruptions sont essentiellement opposées au devoir du juge. Quand la défense est une fois entamée, le juge doit se faire une loi de ne pas l'interrompre, et s'interdire ces petites tracasseries qui renversent l'ordre des idées, syncopent l'établissement d'une preuve, refroidissent le développement d'un moyen de considération, et déconcertent l'orateur.

D'ailleurs, telle proposition, telle phrase, tel mot, qui déplaisent au président, plairont peut-être aux jurés. On ne sait de quoi l'un se fâche; peut-on deviner de quoi l'autre ne s'accommodera pas? Il faut des raisons à toutes les adresses.

Le cœur humain nous appartient tout entier; nous pouvons en sonder les plus secrets replis. Partout où nous entrevoyons une passion honteuse, il nous appartient de la combattre; un sentiment généreux, il nous convient de nous en emparer; une émotion favorable, il importe de l'exciter. La loi s'en rapporte à la conscience des jurés; donc tout ce qui agit sur les consciences, faits, raisonnemens, images, doctrines, est de notre ressort. La loi porte que le président avertira le conseil de l'accusé qu'il ne doit rien dire contre sa conscience, ou contre le respect dû aux lois, et qu'il doit s'exprimer avec décence et modération (art. 311). Mais elle n'autorise pas pour cela un président à interrompre à tout propos l'avocat, sous prétexte qu'il n'observe pas rigoureusement toutes ces règles. Loin de là, l'art. 328 du Code d'instruction criminelle dit que « pendant l'examen, les jurés, le procureur-général et les juges pourront prendre *note* de ce qui leur paraîtra important, soit dans les dépositions des témoins, *soit dans la défense de l'accusé*, pourvu que la discussion *n'en soit pas interrompue*. »

Donc, ces interruptions d'un zèle qui souvent n'a d'autre

mobile que l'opinion et une première impression trop peu réfléchie, ne sont pas dans le vœu de la loi [1].

Que le ministère public, lorsqu'il répondra, ou le président, lorsqu'il résumera l'affaire, se servent des notes qu'ils auront prises et des réflexions qu'ils auront faites pour relever les contradictions, rétablir les faits dans toute leur exactitude, réfuter les doctrines erronées, blâmer ce qui s'est dit d'inconvenant, et mettre de côté ce qui n'est pas de la cause; à la bonne heure. Mais, tant que la défense dure, le juge, religieux auditeur de cette défense, ne doit pas plus en troubler le cours qu'il ne s'est permis d'interrompre ou de critiquer l'accusation.

Dans une affaire de la presse, quelques conseillers insistaient auprès de M. le premier président Séguier pour qu'il interrompît l'avocat; il leur répondit froidement et à demi-voix : « Puisque vous voulez le condamner, il faut bien l'en- » tendre jusqu'au bout [2]. »

Hermolaüs, accusé d'avoir conspiré contre Alexandre, au lieu de se laver de cette accusation, donna une autre tournure à sa défense. Il poussa l'audace jusqu'à soutenir qu'il avait bien fait d'essayer à se venger, parce qu'Alexandre l'avait fait fouetter comme un esclave [3], et qu'il était permis de tuer un tyran. A ces mots, tous les assistans, et surtout Sopolis, père de l'accusé, voulurent l'em-

[1] J'ai ouï un avocat-général interrompre le défenseur d'un accusé pour lui faire remarquer qu'*il n'avait pas répondu à telle ou telle charge*.

Ceci a le plus grand danger.

Quid, en effet, s'il n'y a pas de bonne réponse? Forcerez-vous l'avocat à en convenir au préjudice de son client? La prétérition sera-t-elle une figure interdite à son art? Et s'il y a une réponse, mais qu'elle ne s'offre pas immédiatement à l'esprit du défenseur, qu'il se trouble, qu'il se taise, l'interruption n'aura-t-elle pas eu le triste effet de compromettre la défense?

Écoutez, Messieurs, écoutez! vous répondrez ensuite, et vous vous prévaudrez alors, si vous le voulez, du silence qu'aura gardé la défense sur les points qu'elle n'aura pas cru devoir aborder. Mais ne commettez pas des interruptions qui peuvent intimider l'avocat, et diminuer les impressions de la défense!

[2] Voy. Notice sur lord Erskine en tête de ses plaidoyers, pag. 14 à 25.

[3] Pour avoir tué un sanglier sur lequel Alexandre-le-Grand voulait tirer!

pêcher de continuer; mais Alexandre ne le voulut pas. « Qu'on lui laisse tout dire, s'écria-t-il, parce que c'est l'ordinaire que tous les accusés se persuadent qu'on procède contre eux avec plus de modération et de clémence, quand on les entend jusqu'au bout. S'ils disent bien, cela leur sert; sinon, ils comblent la mesure de leur crime, et rendent leur punition plus certaine. [1] »

Cicéron fut exposé à de tristes représailles, parce que, dans une occasion mémorable, il s'était lui-même écarté des formes de procéder : et lorsque le tribun Métellus, ennemi de ce grand orateur, s'opposa à ce qu'il haranguât le peuple, il n'en donna pas d'autre raison, si ce n'est qu'on ne devait pas accorder la permission de faire sa propre apologie à un homme qui avait sévi contre d'autres, sans les admettre à plaider librement leur cause : *qui in alios animadvertisset indictâ causâ, ei dicendi potestatem fieri non oportere.* C'était sans doute se venger d'une injustice par une autre injustice; mais cela prouve le danger qu'on court pour soi-même, en violant dans la cause d'autrui des droits qu'on aura peut-être un jour besoin d'invoquer dans son intérêt propre.

Ce droit sacré d'une libre défense était tellement enraciné dans l'esprit des Romains, que Tibère ne crut pas toujours pouvoir en priver les accusés. Pison (dit Tacite, *Annal.* III.) était accusé d'avoir empoisonné Germanicus; Tibère, après avoir écouté les charges des accusateurs et les prières de l'accusé, renvoya l'affaire au sénat. Cinq orateurs, choisis par Pison, refusèrent de se charger de sa défense, qui fut acceptée par trois autres. Tibère parut au sénat. Si Pison, dit-il, a aigri et bravé la jeunesse de mon fils, s'il lui a manqué d'égards, s'il a vu sa mort et ma douleur avec joie, je le haïrai, je l'éloignerai de mon cœur, je vengerai ainsi Tibère, et non l'empereur. Mais si Pison est convaincu d'un crime dont les lois vengent même le dernier des hommes, c'est à vous, sénateurs, à consoler par une juste sévérité les enfans de Germanicus et son père. Je pleure, sans doute, et je pleurerai toujours mon fils; mais je n'empêche point de dire *hardiment* tout ce qui pourra servir à la *défense* de Pison, ou même d'accuser

[1] Quinte-Curce, liv. VIII, nos 24 et suivans. *Adde* Ayrault, liv. I, no 11.

Germanicus! Que le triste intérêt que je prends à cette affaire ne vous fasse point regarder des imputations comme des preuves. Dans le danger où est Pison, que ses parens ou ses amis le soutiennent de leur zèle et de toute leur éloquence. *Si quos propinquus sanguis, aut fides sua patronos dedit, quantùm quisque eloquentiâ et curâ valet,* JUVATE PERICLITANTEM.

L'indulgence pour les défenseurs est d'autant plus nécessaire dans nos tribunaux modernes, que souvent les accusés sont défendus d'*office* par de jeunes stagiaires, qui, s'ils ne sont pas encore recommandables par de grands talens, le sont au moins par le zèle et le désintéressement qu'ils apportent à une défense dont le soin leur est confié par la justice même. — Quelque respect que mérite le ministère public, on ne doit pas avoir moins d'égards pour l'homme qui se voue gratuitement à la défense de ses concitoyens, et dont le ministère est aussi nécessaire à l'accomplissement de la justice, que l'accusation même; puisque, sans défense, il ne peut pas y avoir de condamnation légale.

Si le juge doit se montrer indulgent envers le défenseur, à plus forte raison envers l'accusé. Il doit lui pardonner quelque chaleur dans sa propre cause, et lorsqu'il s'agit de sa perte ou de son salut. J'ai entendu un accusé interrompu dans sa défense dire au président : « Monsieur, le soin » de défendre mon honneur l'emporte sur tout. En sortant » d'ici, vous rentrez bien tranquille chez vous; et moi je » rentre en prison [1]... »

Les lois romaines, qui sont pleines d'excellentes maximes, recommandent au magistrat d'être impassible, et de s'interdire ces airs de tête et ces crispations de physionomie qui décèlent les mouvemens de son ame, et mettent à découvert les passions dont elle est secrètement agitée [2].

Si, en matière civile, il est vrai que *sage est le juge qui écoute, et tard juge; car de fol juge briève sentence;* et

[1] *Journal des Débats* du 16 mars 1821.

[2] Id enim non est constantis et recti judicis, cujus animi motum vultus detegit. Loi 10, ff. *de officio præsidis*.

qui veut bien juger écoute partie [1] : cela est bien plus rigoureusement exigé en matière criminelle.

Qu'on ne m'objecte pas la perte de temps. L'audience peut se prolonger d'un quart d'heure sans qu'il en coûte aucun regret à la justice. Il est toujours temps de condamner [2].

Il était à propos d'employer la clepsydre [3] dans les assemblées politiques ; mais on ne peut limiter ainsi la défense des accusés. Toutes les fois que je monte sur le tribunal, disait Pline le jeune [4], j'accorde tout le temps qu'on me demande ; car je dois surtout à ma religion, comme juge, d'écouter avec cette patience qui est elle-même une grande partie de la justice [5].

[1] Loisel, *Institutes coutumières*, liv. VI, tit. 3, n° 12. Le même auteur dit encore au numéro suivant :

Qui tost juge, et qui n'entend,
Faire ne peut bon jugement.

Tel était l'empereur Claude :

Quo non alius
potuit citiùs
discere causas;
unâ tantum
parte auditâ,
Sæpè et neutrâ.

[2] Nulla unquàm de morte hominis cunctatio longa est.
JUVEN.

[3] On appelait ainsi chez les anciens, une espèce d'horloge qui servait à mesurer le temps par le moyen de l'eau. L'orateur devait se taire quand l'eau était écoulée. *Apud veteres, oratoribus præscribebatur tempus dicendi, datis clepsydris; quibus exhaustis, ampliùs dicere vetabantur.* CIC. III, *de Orat.* 76. — Beaucoup d'avocats aimeraient mieux être assurés de n'être écoutés que pendant un temps donné (dans lequel alors ils s'arrangeraient pour resserrer tous les moyens), que de se voir exposés au hasard d'être brusquement interrompus au milieu de leur discussion.

[4] Equidem quoties judico, quantùm plurimùm quis postulat aquæ, do..... præsertìm cùm primùm religioni suæ judex *patientiam* debeat, *quæ pars magna justitiæ est.* PLIN. VI, epist. 2.

[5] Rien n'est comparable aux facilités que les anciens donnaient aux accusés pour se défendre, et à la patience qu'on mettait à écouter leur justification. Il était permis à l'accusé de mêler son apologie à sa défense, et d'opposer le bien qu'il avait fait au mal qui lui était imputé. *Poterat uti laudationibus et advocationibus.* On était même dans l'usage d'entendre des personnes appelées *laudatores*, parce qu'elles étaient appelées pour rendre un bon témoignage de l'accusé. Ces *louangeurs* étaient ordinairement au

La patience doit même entrer dans *l'hygiène* des présidens. Car, outre qu'il est toujours inconvenant, il n'est pas toujours sain de se mettre en colère, témoin le fait suivant :

Une dame Milfort, qui avait voulu *opérer des miracles*, fut arrêtée sur le réquisitoire de M. le procureur du roi et conduite dans les prisons de *Sédan*. Elle fut ensuite traduite devant le tribunal de *Charleville* comme prévenue d'escroquerie, et elle y comparut le 17 juillet 1822. Son avocat, voulant tirer tout le parti possible de sa cause, appela la religion à son secours, et voulut lire quelques passages de l'Évangile. Rappelé à l'ordre sous prétexte qu'il sortait de sa cause, il s'emporta et irrita tellement le président, que celui-ci mourut subitement, au moment où il ordonnait qu'on fît sortir l'avocat de la salle. Le jugement ne fut pas prononcé, et le peuple, croyant voir dans cet événement une punition du Ciel et le triomphe de madame Milfort, se mit à crier *miracle*[1] *!*

La raison doit s'emparer de ce fait pour dire au juge : *Frappe, mais écoute.*

§ VI.

Nouvelles observations qui achèvent de prouver combien la libre défense est nécessaire dans l'intérêt de la justice, et pour l'honneur même de l'accusation.

Ce que j'ai dit jusqu'ici du *droit de défense naturelle* est si fort dans le vœu de notre *législation positive*, que le Code d'instruction criminelle porte expressément (*art.* 335),

nombre de dix, et quelquefois plus. Leurs dépositions précédaient ou suivaient la défense, ou se liaient avec elle, selon le plan que s'était fait l'avocat de l'accusé. (Pothier, *ad Pandectas*, titre *de Accusationibus*, n° 33.) — Nos témoins *à décharge* ont quelque rapport avec les *laudatores*. Il est vrai qu'on ne leur laisse pas le temps d'en débiter bien long ; et dès qu'ils ont une fois déclaré *avoir toujours connu l'accusé pour bon père, bon mari, bon citoyen*, on leur dit bien vite, *allez vous asseoir*. — Cicéron, dans son oraison *pro Domo*, n° 17, fait une assez longue énumération de toutes les *facilités* accordées par les lois romaines aux accusés.

[1] *Journal de Paris* du 27 juillet 1822.

que l'accusé ou son conseil auront toujours la parole les derniers.

Il est même d'usage qu'avant de clore les débats, et quelque longuement que l'avocat ait plaidé, le président dise encore à l'accusé : *N'avez-vous plus rien à ajouter à votre défense?* L'interpellation du juge anglais est encore plus touchante : *N'y a-t-il personne*, dit-il, *qui veuille encore prendre la défense de ce malheureux accusé?*

Il est sans doute des cas où la culpabilité est si évidente, qu'il n'y a réellement aucun moyen de défendre avec succès[1].

N'importe, la défense est quelque chose de si indispensable, que, dans tous les cas, sans en excepter aucun, la loi veut, *à peine de nullité*, que l'accusé ait un défenseur. Dût ce défenseur ne dire que deux mots, alléguer la démence de son client, implorer la clémence des juges, ou présenter quelque autre lieu-commun, il suffit qu'il élève la voix en faveur de l'accusé[2].

Sans cela, on ne pourrait pas dire que justice a été faite : on serait toujours tenté de croire que, si l'accusé a été condamné, c'est parce qu'il était inhabile à se défendre lui-même; et cette manière de penser est si générale, qu'on peut dire que la défense est autant exigée dans l'intérêt de la justice que dans l'intérêt de l'accusé.

L'antiquité nous offre bien quelques exemples d'absolutions prononcées sans qu'on eût entendu les accusés.

Périclès fut accusé d'avoir dissipé en folles dépenses les finances de l'État. « Pensez-vous, dit-il à l'assemblée, que « la dépense soit trop forte? — Beaucoup trop, répondit-» on. — Hé bien ! reprit Périclès, elle roulera tout entière » sur mon compte, et j'inscrirai mon nom sur les monu-

[1] Quædam ità manifesta afferuntur, ut responderi nil possit. Cicero, *in Verrem*. — Quoiqu'on puisse regarder les accusés à qui la justice est obligée de donner un défenseur d'office comme des *malades abandonnés des médecins*; et que, le plus souvent, les défenseurs nommés d'office soient, par la nature même de la cause, réduits *ad metam non loqui*, cependant on a vu plusieurs de ces accusés sauvés par l'adresse et le talent de leur patron. On ne peut trop louer à cet égard le zèle désintéressé de nos jeunes stagiaires.

[2] Est vera defensio; est et inanis, ut tamen aliquid dici videatur. Asconius *in Divinationem*.

» mens. — Non, non, » s'écria le peuple; et Périclès, sans autre examen, fut dispensé de rendre compte de son administration [1].

Le respect de Théophraste pour la divinité était si connu des Athéniens, que, quelqu'un ayant osé l'accuser d'impiété, le peuple, non-seulement ne lui laissa pas entreprendre de se justifier, mais voulait à toute force condamner l'accusateur, par cela seul qu'il avait accusé Théophraste. Il semblait qu'attaquer ce philosophe, ce fût attaquer la vertu elle-même [2].

Un tribun nommé Varius, homme de mauvaise réputation, accusa Marcus Scaurus d'avoir trahi les intérêts de Rome. Scaurus, après avoir écouté jusqu'au bout son accusateur, ne dit que ce peu de mots : *Q. Varius, Espagnol de naissance, accuse M. Scaurus, prince du sénat, d'avoir soulevé les alliés; M. Scaurus, prince du sénat, le nie. Auquel des deux, Romains, ajouterez-vous plutôt foi?* Le peuple ne voulut pas en entendre davantage, et l'accusation n'eut aucune suite[3].

Mais l'exemple le plus brillant est celui de Scipion l'Africain. Il eut aussi le désagrément d'être accusé devant le peuple; mais, au lieu de plier son courage à se justifier d'une calomnie[4], il se contenta de dire aux Romains : « A » pareil jour, j'ai vaincu Annibal et les Carthaginois en » Afrique; allons en rendre grâces aux dieux immortels! » et toute l'assemblée le suivit comme en triomphe au Capitole [5].

De telles absolutions portent avec elles un caractère de grandeur et de moralité qui les justifie : elles n'ont rien qui blesse l'équité.

Mais il en est autrement des condamnations. Quelque évident que paraisse le crime, quelque odieux que soit le

[1] Plutarque, *Vie de Périclès ; Voyages du jeune Anacharsis*, tom. 1, page 365.

[2] Diogène Laerce, *in vita Theophrasti*, lib. V.

[3] Voyez Asconius Pœdianus, *in orat. pro M. Scauro.*

[4] Major animus et natura erat, ac majori fortunæ assuetus, quàm ut reus esse sciret, et summittere se in humilitatem causam dicentium. *Tit. Livius.*

[5] Celebratior is propè dies favore hominum, et æstimatione veræ magnitudinis ejus fuit, quàm quo triumphans de Syphace rege et Carthaginiensibus urbem est invectus. *Tit. Livius.*

criminel, leur effet sur la multitude est toujours manqué, si les formes ont été violées, et si l'accusé n'a pas été pleinement entendu, ou mis à portée de se faire entendre.

« On dit d'Aristide qu'il avoit accusé quelques malfai» teurs, et les poursuivoit si asprement, qu'ayant déduit » toutes les charges, les juges se trouvèrent animés au » point que, *sans autre plaid*, ils les vouloient condamner » sur-le-champ; mais Aristide ne le put souffrir, il se leva » de sa place, alla en celle des accusés, et se joignant à » eux, se jeta aux pieds des juges, et les supplia qu'ils ne » les condamnassent pas sans les entendre : *Que ce ne se» roit pas justice, mais violence*[1]. »

On conviendra qu'Aristide méritait bien d'être surnommé *le Juste*.

Dans une autre occasion, la pétulance des juges athéniens fut encore mise à l'épreuve. L'accusation d'Agonidès contre Phocion et ses prétendus complices avait été renvoyée devant le peuple; tous les honnêtes gens étaient frappés de terreur, « tellement qu'il n'y eut plus personne » qui ozast parler pour Phocion; mais ayant difficilement » et à grand peine obtenu un moment de silence, il leur » demanda : — *Seigneurs athéniens, comment nous vou» lez-vous faire mourir, justement ou injustement?* — » Quelques-uns lui répondirent, *Justement*. — *Et com» ment*, répliqua-t-il, *le pouvez-vous faire, si vous ne » nous oyez en noz justifications?* — Non pour cela en» core ne purent-ils avoir audience[2]. »

Le peuple sollicite quelquefois des condamnations par ses clameurs; cela arriva dans une cause où l'orateur Lysias s'était rendu accusateur contre des marchands de blé dont le monople avait fait hausser le prix du pain. L'indignation contre eux était si grande, qu'on voulait les condamner sans les entendre : ce qu'on eût certainement fait, si Lysias, en cette occasion, n'eût fait comme Aristide, et n'eût supplié les juges d'entendre d'abord leurs défenses[3].

Le devoir des magistrats, en pareil cas, est de se montrer impassibles; ils doivent, comme le sage dont parle Horace, aller ferme à leur but, qui est la justice, sans se

[1] Ce trait est rapporté par Ayrault, liv. 1, n° 5.
[2] Plutarque, traduction d'Amyot, tome VI, pag. 310 et 311.
[3] Lysias rapporte lui-même ce trait.

laisser entraîner ni émouvoir par les clameurs populaires[1], et ne pas faire comme Pilate, *qui Jesum maximè optabat liberare; sed cùm mollis erat, eorum cedebat affectionibus.* Il eût bien voulu sauver Jésus, mais, comme il était facile de caractère et fonctionnaire pusillanime, il cédait aux passions et à l'esprit de secte déchaînés autour de lui[2].

Le gouverneur Félix sut donner un autre exemple. Les Juifs voulaient l'obliger à condamner Paul à la peine de mort, mais il ne le voulut point; et Festus, son successeur, rendant compte de ce refus au roi Agrippa, en donne pour raison que l'usage des Romains n'est pas de condamner qui que ce soit autrement qu'en présence de l'accusateur et de ses témoins, et en laissant à l'accusé toutes les facilités dont il a besoin pour se laver de l'accusation[3].

Le peuple, d'ailleurs, est si léger, si inconstant, si mobile[4]; il faut si peu de chose pour le faire changer d'ex-

[1] Non sequeris turbam ad faciendum malum; nec in judicio plurimorum acquiesces sententiæ, ut à vero devies. *Exode*, chap. 23, *v.* 2. — Vanæ voces populi non sunt audiendæ; quandò aut noxium crimine absolvi, aut innocentem condemnari desiderat. Lib. XII, C. *de Pœnis.*

> Justum ac tenacem propositi virum
> Non *civium ardor prava jubentium*,
> Non vultus instantis tyranni
> Mente quatit solidâ.
>
> HORAT., lib. III, od. 3.

[2] Voyez mon Opuscule intitulé: *Procès de Jésus-Christ*, qu'on a dû appeler *la Passion;* car, en effet, il a souffert, *passus est*, et n'a réellement point été *jugé*. On y voit le juste trahi par un de ses disciples que la police avait gagné, poursuivi par l'esprit de secte, pire encore que l'esprit de parti: là se développe la politique haineuse des pontifes juifs, l'orgueil des pharisiens, et la colère des scribes; accusé sans être défendu, condamné sans qu'on ait pu le convaincre, mis à mort avec insulte: il n'y a que souffrance dans cette longue scène d'iniquité.

[3] Quia non est Romanis consuetudo, damnare aliquem hominem priusquàm is qui accusatur præsentes habeat accusatores, *locumque defendendi accipiat* ad abluenda crimina. *Act. Apost.*, XXV, 16.

Lorsqu'on déféra la femme adultère à Jésus-Christ, sa première question fut celle-ci: *Ubi sunt qui te accusabant?* Joan. VII, 10.

[4] *Vulgus mutabile subitis*, dit Tacite.

trême, qu'en un instant il fait taire sa haine pour n'écouter plus que la pitié.

On peut même dire que ce dernier sentiment est plus généralement répandu dans la multitude, parce qu'il est plus conforme à la nature humaine. L'absolution des accusés est presque toujours reçue avec acclamation; les condamnations, au contraire, laissent une impression de tristesse que l'accusateur même, réduit au silence, semble partager [1].

Le plus sûr moyen de fixer l'opinion publique sur un jugement est donc d'observer, en le rendant, les solennités prescrites par les lois.

Quand le crime est légalement prouvé, les accusés pleinement convaincus, que leur défense a été épuisée, que la compétence de leurs juges ne peut pas être révoquée en doute, c'est alors que la punition est efficace, parce que le peuple, convaincu lui-même de leur culpabilité, unit ses exécrations à la sentence des juges. Mais si, au contraire, on s'est contenté de présomptions vagues, d'indices peu certains, de conjectures hasardées; si l'on a négligé quelque forme, si l'accusé n'a pas été traduit devant ses juges naturels, que son avocat ait été interrompu, brusqué, *rabroué*, l'effet est manqué, et le même peuple, passant subitement de la colère à la commisération, cesse d'applaudir à la mort des coupables pour plaindre le sort de ceux qu'il regarde comme illégalement condamnés [2].

Tant il est vrai que l'*observation scrupuleuse des formes*, et la *liberté de la défense*, sont, pour les accusés, comme pour le public, la meilleure garantie de l'équité des condamnations!

§ VII.

Apologie des Avocats.

Tout ce que nous avons dit de la nécessité de la défense, non-seulement dans l'intérêt des accusés, mais aussi dans

[1] Absolutos publica illa acclamatio sequitur; à damnato tristes recedunt, et victoris quoque partis silentium est. *Quintilien.*

[2] Playdoyer pour Saget, dans l'affaire des *employés de la guerre*, en 1812.

l'intérêt de tous, absout assez les avocats des reproches injustes que leur a quelquefois adressés l'ignorance ou l'esprit de parti.

Loin qu'on doive s'étonner de voir les avocats se vouer à la défense des accusés, il faudrait plutôt s'étonner s'ils refusaient de les aider de leur ministère. Et non-seulement on ne peut pas leur savoir mauvais gré du zèle avec lequel ils s'y emploient, mais on doit reconnaître qu'en cela ils font preuve d'humanité, d'attachement à leur devoir, et d'amour pour la justice.

Ils font preuve d'humanité, puisqu'ils prêtent leur secours à des infortunés : pour eux, le malheur est sacré : *res est sacra miser.*

Ils font preuve d'attachement à leur devoir; car, quoi qu'en puisse dire l'envie ou la malignité, il y a quelque vertu à descendre dans les cachots pour y relever l'espoir d'un accusé, et lui porter des consolations. Il est vrai que, si c'est la partie la plus pénible de notre profession, c'est aussi la plus honorable; et les lois elles-mêmes nous en rendent un beau témoignage, en disant : que l'État n'est pas seulement défendu par les soldats qui combattent avec la cuirasse et l'épée, mais aussi par les avocats, ces valeureux champions, qui, forts de leur éloquence, soutiennent l'espérance des malheureux en se consacrant à la défense de leur honneur, de leur vie et de ce qu'ils ont de plus cher[1].

« Il est, n'en doutons point, des héros de tous les temps » et de toutes les professions : la paix a les siens comme la » guerre[2]; et ceux que la justice consacre, ont au moins » la gloire d'être plus utiles au genre humain[3]. »

Mais, disent nos adversaires, quels si grands services

[1] Advocati qui dirimunt ambigua fata causarum, suæque defensionis viribus in rebus sæpè publicis ac privatis, lapsa erigunt, fatigata reparant, non minùs provident humano generi quàm si præliis et vulneribus patriam parentesque salvarent. Nec enim solos nostro imperio militare credimus illos qui gladiis, clypeis et thoracibus nituntur; sed etiam advocatos. Militant namque causarum patroni, qui gloriosæ vocis confisi munimine, laborantium spem, vitam et posteros defendunt. Liv. XIV, *Cod. de Advocat. divers. judic.*

[2] Sunt domesticæ fortitudines, non inferiores militaribus. Cicero, *de Officiis*, lib. 1, n° 18.

[3] D'Aguesseau, tome 1, pages 64 et 65.

rendent donc à la société ces avocats dont la principale occupation est de revendiquer pour elle des hommes qu'elle repousse de son sein ?

Hommes injustes qui tenez ce cruel discours, à vos yeux un accusé est donc nécessairement un coupable ! il suffit donc d'être poursuivi, pour être atteint et convaincu ! Ah ! que vous changeriez promptement de langage, si vous étiez quelque jour l'objet d'une accusation ! Avec quelle facilité vous comprendriez alors que la vengeance, la calomnie, et, parfois, je ne sais quelle fatalité, peuvent accumuler sur une tête innocente des présomptions si adroitement liées qu'il est bien plus facile de leur faire prendre la consistance de preuves que de les dissiper sans retour ! Vous vous estimeriez heureux de trouver des défenseurs dans notre Ordre ! Et vous nous accuseriez de lâcheté ou d'injustice, si, partageant les préventions populaires dont vous seriez l'objet, aucun de nous n'osait se charger du pénible soin de vous justifier !

Mais écoutons à ce sujet un homme bien digne de nous donner des préceptes sûrs, après nous avoir laissé de si éloquentes leçons. On ne l'accusera pas d'être d'une morale relâchée : je veux parler de Cicéron.

Dans son immortel Traité des Offices, il dit d'abord qu'il faut *accuser rarement*, et seulement pour des causes très-graves, parce qu'il y a de la dureté et même de l'inhumanité à *quêter des victimes pour la justice, et à recruter pour le bourreau*.

« Mais, quand il s'agit de défendre (ajoute Cicéron), il » ne faut pas être si strict, ni se faire un scrupule de se » charger quelquefois de la cause d'un homme *coupable*, » pourvu que ce ne soit pas un monstre ni un impie. L'in» térêt du grand nombre le demande, l'usage le permet, » l'humanité le comporte. Le juge ne doit chercher que le » *vrai*, l'orateur se contente de la *probabilité*. Je n'oserais » avancer cette maxime, surtout dans un ouvrage de *mo*» *rale*, si je n'avais pour garant Panétius, *le plus austère* » *des stoïciens*. La gloire et la bienveillance publique sont » donc le prix de celui qui défend les accusés, surtout s'il » exerce son zèle en faveur de ceux qui sont opprimés par » un homme puissant [1]. »

[1] Cicero, *de Officiis*, lib. II, cap. XIV, nos 50 et 51.

A plus forte raison, s'il défend ceux que l'opinion publique paraît accabler du poids de sa toute-puissance.

Car, si la justice et l'humanité veulent qu'un homme, accusé de vol, de meurtre, de viol, de parricide, soit défendu ; elles veulent également que l'on défende ceux que le gouvernement signale comme ses ennemis, en les accusant de crimes d'État [1].

Quelle serait effectivement la raison de différence? — La crainte qu'aurait l'avocat de voir confondre sa manière de penser avec les opinions et la conduite des accusés? — Cela ne peut pas être.

Ce serait faire injure au public que de le croire capable d'une telle injustice. Il ne regarde pas l'avocat d'un voleur comme étant voleur lui-même ; il ne suppose pas que celui qui défend un assassin serait homme à se souiller d'un meurtre. Qui jamais a fait un grief de son humanité au médecin qui soigne un prisonnier, quel que soit le crime dont celui-ci est accusé? Qui oserait blâmer la charité du prêtre qui assiste et console, non plus seulement un accusé, mais un criminel convaincu du plus horrible forfait? Pourquoi donc, injuste envers une seule classe d'accusés, le public regarderait-il comme un factieux et un ennemi de l'État, l'avocat qui défendrait un homme accusé de monopole, d'embauchage, ou de conspiration?

Je veux bien supposer cependant qu'une prévention aussi révoltante existe réellement dans quelques esprits ; et j'admets que, dans la crainte de s'y exposer, tous les avocats refusent de défendre cette espèce d'accusés ; que, par envie de plaire, par crainte de déplaire, ou autrement, tous s'accordent à dénier leurs secours aux accusés : qu'en pourrait-on conclure, soit pour les avocats en particulier, soit pour les citoyens en général? — Non-seulement j'ose dire qu'il n'en résulterait rien d'honorable pour les avocats, mais j'affirme que ce serait une honte pour eux, et une véritable calamité publique.

Aussi jamais on n'a vu le barreau manquer à ce point à

[1] Il en est autrement en Angleterre : l'ancienne loi refuse un conseil aux individus traduits en justice pour cause de félonie ! et même en 1824, la proposition, faite par M. Lamb, de changer cette loi, fut rejetée par une majorité de 80 voix !

la société, ni la société méconnaître ainsi les services du barreau.

Sous tous les régimes, il y a eu des avocats courageux qui ont mis de côté tout esprit de parti, pour ne montrer que l'esprit de justice; que la crainte n'a pu intimider, que l'ambition n'a pu séduire; et qui ont mieux aimé se mettre en opposition avec la faveur qu'en opposition avec leur devoir.

Dans tous les temps, il a été honorable de défendre les accusés, pour ceux qui les ont honorablement défendus.

Depuis la création du parlement, nous voyons que dans tous [1] les procès d'Etat, complots, trahisons, crimes de lèse-majesté, les plus fameux avocats ont libéralement entrepris et glorieusement soutenu la cause des plus illustres accusés, et leur nom transmis avec éloge à la postérité nous prouve que l'estime publique a été la récompense de leur noble dévouement.

Notre malheureuse révolution en a offert des exemples de tous les genres : la fureur révolutionnaire a respecté ceux qui les ont donnés, et l'opinion a flétri ceux qu'une lâche pusillanimité a empêchés de faire leur devoir [2].

[1] Je trouve cependant trois grands procès où les accusés (Enguerrand de Marigny, Jacques Cœur et le maréchal de Gié) furent condamnés sans avoir été assistés d'avocats.

Mais il faut remarquer : 1° que ces trois procès ne furent pas jugés *par la justice*, mais par des commissaires; 2° que, si ces commissaires abusèrent indignement de leur pouvoir en privant les accusés du droit d'appeler des avocats pour conseils, ce ne fut pas la faute des avocats. — En effet, *Raoul de Presle* (célèbre avocat de ce temps-là, qui fut depuis maître des requêtes sous Charles V) fut incarcéré pour empêcher qu'il ne défendît Enguerrand, dont il était l'ami.

Quant à Jacques Cœur, M. Fournel remarque, dans son *Histoire des Avocats*, tome II, page 141, « qu'on alla jusqu'à paralyser par la terreur tout avocat qui oserait entreprendre sa justification. » — Les avocats ne purent pas défendre le maréchal de Gié devant la commission, puisqu'elle leur avait *défendu* d'y paraître.

[2] On ne trouve qu'une infâme loi qui, dans ces temps désastreux, ait porté atteinte au principe sacré de la libre défense des accusés : c'est celle du 22 prairial an II, dont l'article 16 est ainsi conçu : « La loi donne pour défenseur aux patriotes calomniés des jurés patriotes; *la loi n'en accorde point aux conspira-*

La domination de Bonaparte a aussi fourni à nos avocats l'occasion de signaler leur courage : son despotisme en a frémi, mais il n'a pas osé les atteindre ; il savait que l'opinion les eût puissamment soutenus [1].

Opinion, reine du monde, il est donc vrai que, malgré ta juste sévérité pour les coupables, tu distingues honorablement ceux qui se consacrent à la défense des accusés !

Mais il ne suffit pas d'avoir établi qu'en cela les avocats font preuve d'humanité et d'attachement aux devoirs de leur état ; j'ajoute qu'ils font preuve de zèle pour la justice, d'amour pour le prince, et de respect pour les lois.

Ils font preuve de zèle pour la justice, en remplissant dans toute son étendue un ministère sans lequel il n'y a pas justice, puisque la défense seule peut légitimer la condamnation.

Ils font preuve de respect pour les lois, puisque les lois veulent, *à peine de nullité*, que tout accusé ait un défenseur.

Enfin ils font preuve d'amour pour le prince ; car les princes sont loués ou blâmés par l'histoire, en proportion de ce que la justice a été bien ou mal rendue sous leur règne. Ce qu'un gouvernement croit gagner en gênant la défense, ne vaut pas ce qu'il perd certainement par l'opinion qui se répand aussitôt que la défense n'a pas été libre. Il n'y a rien qui révolte davantage le public contre une condamnation. C'est donc servir le monarque, que de réclamer perpétuellement l'exécution des lois, de protester contre la violation des formes, contre les incompétences et les abus de pouvoir. « Aussi bien, comme l'a dit un sa-
» vant magistrat [2], il est très-périlleux et d'une conséquence
» trop pernicieuse de donner ouverture au prince à mettre
» la main au sang *contre les lois et les formalités ordi-*
» *naires*. Il s'en dispenserait après trop aisément. »

Je sais qu'il est dur pour les partisans du pouvoir arbi-

» *teurs*. » Voyez le rapport sur cette loi, dans la Collection de Baudoin, page 104 et suivantes ; et l'*Histoire philosophique de la Révolution*, liv. IV, n° 88, par Fantin des Odoards.

[1] L'histoire lui reprochera éternellement, et le procès du duc d'Enghien *qui ne fut pas défendu*, et celui du maire d'Anvers, qui fut de nouveau mis en jugement, *malgré la déclaration favorable du jury*.

[2] Ayrault, liv. I, n° 27.

traire d'entendre invoquer les règles dans les occasions où ils voudraient s'en affranchir. Mais tel homme qui raisonnait ainsi, lorsqu'il était placé au faîte des honneurs, s'est estimé bien heureux ensuite de retrouver, au fort de sa disgrâce, ces mêmes avocats dont l'énergie l'avait autrefois révolté!

Les avocats, sans doute, ont des ménagemens à garder, et je ne prétends ici les dispenser d'aucune de leurs obligations.

Je mets au premier rang le désintéressement. Je trouve aussi méprisable qu'odieux de se porter par un vil intérêt à un acte qui, pour être méritoire, doit ne tenir en rien de la spéculation. *Turpe est linguâ emptâ reos defendere.*

Un avocat doit ensuite se tenir pour averti, « qu'il ne » peut rien dire contre sa conscience ou contre le respect » dû aux lois, et qu'il doit toujours s'exprimer avec dé» cence et modération[1]. »

Du reste, rien ne l'empêche d'user de toutes les ressources de son éloquence pour diminuer l'odieux de l'accusation[2], faire valoir les circonstances qui l'atténuent, opposer les témoignages entre eux, alléger les charges, débiliter les preuves, et montrer que, s'il y a quelque chose de vrai dans l'accusation, la malignité, la calomnie, la haine d'un grand[3], ont envenimé dans ses conséquences ce qui était peu important dans son principe.

Il examinera s'il ne peut pas appeler le droit au secours du fait[4]. Car souvent on peut justifier par le droit un fait avoué et reconnu[5]: par exemple, si l'accusé avoue qu'il a commis un meurte; et qu'il y ait lieu de soutenir qu'il ne l'a fait que dans la nécessité d'une juste défense.

S'il se rencontre des nullités dans l'instruction, il les fera valoir.

[1] *Code d'instruction criminelle*, art. 311.

[2] Propter periculum concessa est fingendi licentia. Cicero, *pro Murenâ*.

[3] Il y a tel accusé dont on peut dire : *non inveni in te quidquam mali*, SED SATRAPIS NON PLACES. Liv. I, *des Rois*, chap. 29, v. 6.

[4] Quintilien appelle cela, *aliquo jure adjutorio uti*.

[5] Juris defensionem suscipi posse, etiam in confessione facti. Cicero, *pro Milone*, II.

Si les juges sont incompétens, il déclinera leur juridiction.

Les moyens dilatoires doivent surtout être employés lorsqu'il y a un grand nombre d'accusés pour le même fait : comme autrefois dans les informations pour crime d'hérésie. « En pareil cas, en usent bien sagement ceux » qui laissent faire l'entrée aux autres, et se présentent en » seconde ligne pour se justifier ; parce que les dernières » accusations sont toujours plus douces et plus mollement » poursuivies [1]. »

Pour dernière ressource, l'avocat descendra jusqu'à la prière ; il tâchera d'intéresser l'humanité des juges en faveur de son client ; d'obtenir une peine moins forte, s'il désespère d'un acquittement complet ; il invoquera la conduite antérieure de l'accusé, si sa vie passée offre des traits recommandables ; enfin il fera valoir des moyens de considérations ; par exemple, *que la société est plus intéressée à prévenir les crimes qu'à multiplier les supplices.*

L'emploi de tous ces moyens n'a rien que de licite ; et l'avocat qui les propose, se fait honneur en proportion du talent avec lequel il sait les manier.

Mais il y a surtout une partie de la défense qui doit être touchée très-délicatement ; c'est la partie des considérations, qui revient à ce que les anciens appelaient *laudationes.* — Il faut bien de l'adresse pour faire écouter à des juges l'éloge d'un accusé. C'est l'art que nos contemporains ont pu remarquer dans la défense du général Moreau [2].

[1] Ayrault, liv. III, n° 31.

[2] A la suite d'une interruption déplacée que s'était permise l'accusateur public dans cette célèbre affaire ; Me Bonnet, saisi d'indignation, lui repartit avec vigueur : « Monsieur le procureur-» général, ni vous ni moi n'étions rien, que déjà le général Mo-» reau avait vaincu l'archiduc en Hollande, passé le Rhin et le » Danube, en présence d'un ennemi formidable, et gagné les ba-» tailles de Memmingen, de Biberach et de Hohenlinden ! » — On conçoit l'immense effet de cette brillante et subite apologie de l'accusé.

En bonne logique, ce n'est pas répondre à l'accusation que d'y répondre par un éloge ; mais, oratoirement parlant, ce genre

Heureux les avocats qui, dans les circonstances semblables, sauront déployer le même courage et le même talent que son éloquent défenseur ! Heureux ceux qui, étrangers à tout esprit de faction, ne se proposent que d'agir en gens de bien, et de faire leur devoir, ADVIENNE QUE POURRA ! Leurs intentions sont quelquefois mal interprétées ; l'envie peut verser sur leurs actions les poisons de sa bouche, mais tôt ou tard arrive une époque où la justice chasse les passions de son empire, et rend à chacun selon ses œuvres [1].

Qu'il me soit permis, en finissant, d'exprimer un vœu. Ne verrons-nous point donner, en France, l'exemple d'un procès criminel qui offrirait la réunion des phénomènes suivans ?

1° Ne pas adresser à l'accusé de question qui ait pour

de défense est admis, et la morale est loin de le désapprouver. « Je ne sais, dit Labruyère, chap. XII, s'il est permis de juger » des hommes par une faute qui est unique ; et si un besoin ex» trême, ou une violente passion, ou un premier mouvement » tirent à conséquence ? » — De même qu'une seule faute ternit l'éclat des plus belles actions ; de même, il semble qu'une vie remplie de traits dignes d'éloges peut servir à l'atténuation d'une faute unique. En ce sens, la pensée de Labruyère s'appliquerait aux crimes et délits commis dans un *extrême besoin*, une *violente passion*, ou un *premier mouvement*, au milieu d'un *entraînement populaire*, par des hommes en faveur desquels tout le passé déposerait d'ailleurs.

— La peinture représente le grand Condé déchirant de sa main une page de sa propre histoire. Quelle plus noble preuve qu'on peut faillir une fois sans cesser d'être un héros ?

« Les belles actions doivent quelquefois couvrir les mauvaises ; » le mérite exempter de la peine, et la gloire emporter le » crime. » Pélisson, *Défense de Fouquet*, 1er *disc. au Roi*, tom. II, page 70.

Les lois de Rome condamnaient l'action d'Horace ; mais l'héroïsme couvrit le parricide, et le crime de l'accusé se perdit dans les rayons de sa gloire. *Citavere leges nefas : sed abstulit virtus parricidam, et facinus intra glorium fuit*. L. Florus, lib. I, cap. 3.

[1] Le temps est un galant homme qui rend justice à tout le monde, dit le proverbe italien. Ou, pour exprimer la même pensée en termes plus relevés : *Suum cuique decus posteritas rependit*.

but de l'amener à s'incriminer lui-même : au contraire, le défendre, le protéger contre l'imprudence de ses propres discours ;

2° Ne pas lire aux témoins leurs dépositions écrites, ce qui les réduit souvent à ne répondre que oui ou non, et les sauve ainsi de certaines contradictions dont l'accusé profiterait ; mais se contenter de les ouïr sur les faits tels qu'il leur plaira de les déclarer oralement devant les jurés ;

3° Repousser les lettres, notes et documens et la police ; et ne pas admettre à l'office sacré de témoins, les espions, les forçats libérés, les agens provocateurs, et tous les scélérats soi-disant convertis, qu'elle emploie, dit-elle, à notre *sûreté*, et dont l'audition est toujours si peu édifiante pour le public ;

4° Ecouter la défense patiemment, sans l'interrompre ni la troubler sous aucun prétexte, même de redresser les doctrines ; sauf au ministère public, lorsque son tour de parler sera venu, à répondre, faire, dire et requérir, et à la cour à statuer ainsi qu'il appartiendra ;

5° En résumant l'affaire, se borner, de la part du président, à présenter l'analyse froide et sévère de ce qui aura été dit, sans rien ôter à la défense, et sans rien ajouter non plus au développement de l'accusation, puisqu'il ne sera plus permis à l'accusé d'y répondre.

Certainement, en procédant de cette manière, un coupable n'en sera pas moins condamné ; il le sera peut-être plus sévèrement ; car rien ne dispose le jury à la fermeté comme la modération du juge : jamais aussi un innocent ne verra son salut compromis.....

Et le juge, au lieu de faire servir son *pouvoir discrétionnaire*, à ajouter des sévérités pratiques aux rigueurs de la législation ; aura eu la gloire d'introduire de fait chez nous, par l'exemple qu'il aura donné, un mode de procéder qui honore au plus haut degré la personne du magistrat, en attestant ses égards pour le malheur et son respect pour *la libre défense des accusés.*

L'IMPROVISATION.

L'IMPROVISATION [1] :

EXTRAIT

DE MON DISCOURS DE RÉCEPTION

A L'ACADÉMIE FRANÇAISE,

Le 30 août 1832.

Est non scripta, sed nata.....

. . . .

La tribune, telle que nos institutions nous l'ont faite, a eu ses vicissitudes comme le barreau. Ici, messieurs, je vous demande la permission d'émettre quelques idées générales sur ce genre particulier d'éloquence délibérative qui datera parmi nous de la même époque que nos assemblées nationales.

Il est une éloquence écrite qui s'élabore à loisir dans le silence du cabinet. Le patriotisme aussi l'échauffe et l'inspire; la philosophie la règle, la réflexion la tempère, le goût la polit. Ces doctes harangues, préparées avec art, jettent une vive lumière sur les discussions. Aucune improvisation ne peut égaler leur construction savante, l'enchaînement calculé des preuves, la solidité des déductions. Plaçons, il y a justice, cet immense labeur au premier rang.

Mais n'est-il pas juste aussi de tenir compte, même sous le point de vue littéraire, des difficultés que présente l'action indélibérée de la parole? Voyez ce qu'a de méri-

[1] J'ai traité ce sujet avec plus d'étendue dans un écrit composé pour le duc de Chartres, et publié dans la *Revue Encyclopédique* de novembre 1829, et dans le livre des *Cent-un*, tome 7, page 277.

toire et de périlleux la situation dévouée de ces hommes publics qui, ne consultant que le besoin des affaires, et cédant aux mouvemens impétueux d'un cœur vivement ému par les intérêts de la patrie, volent au combat sans prendre le temps de polir leurs armes! Ah! sans doute, et si l'on ne veut considérer que le style, ils sont mal écrits ces discours improvisés, car ils ne furent jamais écrits! Est-ce donc sous ce point de vue qu'il en faut juger?

Dans une composition purement littéraire, la précipitation ne saurait excuser les défauts de l'ouvrage. Qui vous pressait de *le montrer aux gens?* Mais quand les plus grands intérêts de l'État sont en délibération, si une mesure désastreuse est audacieusement proposée, si de funestes passions habilement excitées sont sur le point de prévaloir, le temps, Messieurs, fait beaucoup à l'affaire. Il faut alors excuser ceux qui, seuls avec eux-mêmes, obligés de se décider à l'instant, ayant aussi leurs propres passions à contenir, vont sur-le-champ, au risque de moins bien dire, s'exposer sur cette mer agitée; car, vous le savez, dans cette région brûlante éclatent les tempêtes; il faut y tenir tête à l'orage, et se hâter de saisir le trident!

Vous relirez ce discours, si heurté en le prononçant, et quelquefois si imparfaitement reproduit; vous y chercherez en vain la symétrie d'une composition conforme à toutes les règles de l'art; l'invention, la disposition, le style : il eût fallu du temps! Mais pendant ce temps aussi, une question vitale eût été décidée à contre-sens, et le beau discours fût arrivé comme la seconde édition de *la Milonienne*, après la cause perdue.

C'est ainsi qu'à l'attaque imprévue d'un camp mal gardé, le premier qui s'aperçoit du péril jette un cri, saisit ses armes, et s'élance à l'encontre des assaillans; d'autres le suivent et se pressent, jusqu'à ce que cette résistance tumultueuse ait permis à la troupe entière de prendre ses rangs.

Invoquons de grands souvenirs et de grands exemples! Nos orateurs politiques les plus renommés, Mirabeau, Barnave, de Serres, le général Foy, n'ont-ils pas prouvé que celui qui s'abandonne au milieu de ces circonstances ardentes à tous les hasards de l'improvisation trouve quelquefois, dans l'embarras même de sa situation, des secours inespérés?

Quoique non préparé sur les mots, s'il connaît bien les choses, s'il sent vivement, s'il est soutenu par la conscience du bien; au milieu même de tant d'isolement, dans ce trouble incessamment apporté au développement de sa pensée par les interruptions les plus vives, et les clameurs parfois les plus insensées; dans ce tourment de toutes ses facultés, il lui arrivera de rencontrer des tours, des expressions, des hardiesses qui ne viendraient pas trouver un homme moins fortement excité.

Ce que perdront le style et la belle ordonnance, l'orateur le regagnera du côté de l'action, de cette action oratoire à laquelle les anciens accordaient les trois premiers rangs. Sa main ne tiendra pas un cahier; son œil ne sera pas fixé sur son écriture; il retrouvera l'arme du regard; son esprit ne sera pas livré aux incertitudes de la mémoire; libre dans son allure, comme ces cavaliers numides qui montaient à cru et sans frein, il luttera corps à corps avec son auditoire, maître de resserrer ou de laisser aller son discours, de glisser sur ce qui commencerait à déplaire, comme d'insister sur ce qui aura fait sensation; et s'il est bien inspiré, son succès dépassera l'effet des discours les plus étudiés! Alors éclateront ces vives sympathies, ces retours électriques de l'assemblée sur l'orateur, qui l'avertiront qu'il a conquis les votes, et que la majorité vient à lui!...

BIOGRAPHIE

ABRÉGÉE

DES

PRINCIPAUX AUTEURS DE DROIT,

JURISCONSULTES, MAGISTRATS,

PUBLICISTES, ETC.

PRÉFACE.

J'ai toujours attaché une véritable importance à la *Biographie des hommes célèbres.* On aime à voir par quel chemin ils ont traversé la vie, quelle a été leur origine, le lieu où ils sont nés, la direction donnée à leurs études, la profession qu'ils ont exercée, les emplois qu'ils ont remplis; quelles ont été leurs opinions, leur caractère, leurs actes; et, s'ils ont écrit, quel genre de mérite et de crédit peut s'attacher à leurs ouvrages.

Cette connaissance est utile, surtout quand on veut citer un livre et s'en faire une autorité. On a dit avec raison que

> Le vers se sent toujours des bassesses du cœur.

Il en est de même de la prose; et la confiance que l'on accorde à un livre se mesure presque toujours par l'estime que l'on fait de l'auteur.

Surtout quand les hommes célèbres sont placés à une grande distance; lorsque dans l'intervalle, le progrès des lumières, de grandes révolutions dans le gouvernement et dans l'état social ont changé ou modifié les idées, tout le passé aurait besoin d'être revu avec soin. Les mêmes choses ne seraient plus considérées sous le même point de vue. Avec le temps, les préventions, les haines s'effacent; on juge plus sainement, car on est désintéressé. Que de choses aussi, négligées à une époque, acquièrent du prix au bout d'un certain laps de temps!

Une condition qui semble inséparablement attachée à la destinée des grands hommes, est d'exciter d'abord l'envie, puis la haine, et fréquemment la persécution. Leur mérite offusque leurs rivaux, les gouvernemens s'alarment de leur indépendance, une juste fierté les empêche de s'assouplir et de ramper; on s'en autorise pour les rendre odieux : la médiocrité n'a jamais manqué de prétexte pour calomnier le génie!

Je voudrais que, dans chaque genre, on refît la *Biographie des hommes célèbres*; en retraçant l'histoire des personnes, on referait aussi l'histoire de l'art ou de la science qu'ils ont illustrés. Ce serait une source féconde d'instruction et d'enseignement.

Les éloges pour les jurisconsultes et les magistrats pourraient être proposés comme moyen d'exercice oratoire dans les conférences d'avocats; [1] les procureurs-généraux pourraient quelquefois les prendre pour texte de leurs mercuriales de rentrée: c'est ce que vient de faire le procureur-général à la cour royale de Rennes, M. Hello (novembre 1834), en tra ant à grands traits l'éloge de Mathieu

[1] C'est ainsi que M. Henrion de Pansey a fait l'éloge de Dumoulin, et, dans ces derniers temps, la conférence de la bibliothéque des avocats du barreau de Paris a entendu celui de M. Delacroix-Frainville, écrit avec talent par un jeune stagiaire.

Molé, et en présentant sa vie comme le type du *courage civil*, qui doit surtout distinguer le magistrat.

J'ai fait aussi quelques biographies : celles de l'Hôpital, à une époque où les sceaux étaient confiés à un homme qui ne lui ressemblait guère ; la vie de Pothier, d'Omer Talon celle de Billecoq, parmi les modernes.

Ce que je publie maintenant, sous le titre de *Biographie des Jurisconsultes*, n'est qu'un *abrégé* de ce que je voudrais voir exécuter d'une manière plus complète et plus en grand.

Je cours au plus pressé. Dans le dessein d'accumuler dans un seul volume les *notions les plus élémentaires et les plus usuelles*, il a fallu que je me fisse un plan approprié à ce but : *multa paucis*.

Je ne voulais ni indiquer tous les jurisconsultes, ni me borner à un trop petit nombre. Entre près de *quatre mille* auteurs qui ont écrit sur le droit et qui sont indiqués dans les *bibliographies*, j'ai dû me borner *à ceux qu'on cite le plus ordinairement*, et qui ont eu véritablement de la *réputation*. Pour ceux-là même j'ai dû encore distinguer entre les hommes éminens et ceux qui n'ont obtenu qu'une médiocre célébrité.

Pour ceux-ci, je me suis borné à indiquer, autant que je l'ai pu, l'époque précise de leur naissance et de leur mort.[1]

Pour les autres, je me suis appliqué à résumer en peu de

[1] Celle-ci est quelquefois mieux connue que celle-là ; et la raison en est simple : un homme naît, on ignore ce qu'il sera, son origine est obscure, il sera le fils de ses œuvres : Cujas, par exemple. Mais s'il meurt en possession d'une grande réputation, la gloire éclaire son tombeau, et la postérité ne peut plus le perdre de vue.

mots les circonstances principales et caractéristiques de leur vie : un astérisque (*) placé à côté de leur nom en avertit le lecteur.

On remarquera que la célébrité de plusieurs d'entre eux est due *à l'éducation qu'ils ont reçue de leur père.* D'Argentré, le président Bouhier, d'Aguesseau, de Thou, L'Hôpital, J. Bignon, ont reçu dans la maison paternelle leur première et leur plus solide instruction. Au contraire, après ces grands hommes, apparemment trop préoccupés de leur gloire pour surveiller leurs propres enfans, on ne trouve plus que de déplorables médiocrités. A quelques exceptions près, on pourrait presque assigner trois termes à leur généalogie : un père homme de mérite et de vertu, un fils homme supérieur, un homme insignifiant pour dernier rejeton.

A la suite de cette *biographie de poche* (car j'ai voulu que l'étudiant, le stagiaire pût porter le livre avec lui), j'ai placé : 1° une nomenclature des jurisconsultes romains; 2° la suite des chanceliers de France et gardes-des-sceaux, ministres de la justice ; 3° celle des premiers présidens et procureurs-généraux au parlement de Paris; 4° celle des premiers présidens et procureurs-généraux à la cour de Cassation.—Si l'on n'a pas la biographie de tous les magistrats, on aura du moins les noms de tous ceux qui ont été placés à la tête de l'ordre judiciaire; et, comme ils sont rangés dans l'ordre chronologique, c'est encore, en peu de mots, et, à l'aide des dates, une portion de l'*Histoire de la magistrature.*

Ceux qui ne se contenteront pas de cette *biographie abrégée*, à laquelle je me réserve d'ailleurs de donner un peu plus de dévelopement dans une prochaine édition, pourront consulter les ouvrages suivans :

Les vies particulières des jurisconsultes, indiquées dans la *Bibliothèque des livres de droit*, édition 1832, depuis le n° 51 jusqu'au n° 102;

— Papire Masson, *éloges des jurisconsultes*;

—Mornac, *Feriæ forenses;*

— Taisand, *Vie des plus célèbres jurisconsultes* (près de cinq cents, dont quatre-vingt-dix Français);

— Terrasson, vie des jurisconsultes français qui ont écrit sur le droit romain, dans son *Histoire de la jurisprudence romaine*, page 446-484;

— Blanchard, *Éloge de tous les premiers présidens du parlement de Paris*, in-folio;

— Bretonnier, vie des jurisconsultes les plus célèbres de France, *moins ceux de Paris*.

—Pothier dans les *Pandectes*, notices en tête du tome 3.

—Et enfin, par curiosité, l'ouvrage intitulé : *Elogia sanctorum quinquaginta jurisconsultorum*. Leodii, 1632, in-12.

BIOGRAPHIE

ABRÉGÉE

DES PRINCIPAUX AUTEURS DE DROIT, JURISCONSULTES, MAGISTRATS ET PUBLICISTES.

A.

AGIER (PIERRE-JEAN), né le 28 décembre 1748, à Paris, où il est mort le 28 septembre 1823, âgé de 75 ans. Reçu avocat en 1769, député suppléant du tiers-état de Paris aux états-généraux ; juge à Paris en 1790, dans l'un des tribunaux nouvellement établis ; président du tribunal chargé de juger Fouquier-Tainville et autres accusés qui formaient la *queue de Robespierre*. A sa mort, il était doyen d'âge et de services des présidens de chambre à la Cour royale de Paris. Jurisconsulte instruit, magistrat grave, assidu, consciencieux, réputé janséniste, auteur de plusieurs ouvrages de droit : *Le Jurisconsulte national*, ou *Principes sur les droits les plus importans de la nation*, 1789; *Vues sur la réformation des lois civiles*, 1793, *Traité sur le mariage dans ses rapports avec la religion et les lois nouvelles de la France*, 1800, 2 vol. in-8°. Défenseur des libertés de l'Eglise gallicane, il a lutté avec persévérance contre les empiétemens de l'ultra-montanisme.

AGUESSEAU. *Voyez* DAGUESSEAU.

*ALCIAT (ANDRÉ), en italien *Alciato*, né à Milan le 8 mai 1492, mort à Pavie le 12 janvier 1550.—Il fit ses humanités à Milan, et son droit à Pavie et à Bologne. A 22 ans, il obtint le grade de docteur. Sept ans auparavant (à l'âge de 15 ans), il avait publié ses *Paradoxes du droit civil*.

Nommé, en 1521, professeur de droit à l'université d'Avignon, Alciat fut un des premiers à sentir que l'histoire et la haute littérature étaient indispensables pour l'étude de la jurisprudence et surtout pour l'interprétation du droit romain. Le lustre que cette méthode répandit sur ses leçons lui attira une grande vogue. Les chaires des autres professeurs demeurèrent désertes : cela méritait persécution, et il l'obtint. Obligé de se réfugier en France, en 1529, il reçut un asyle de François Ier, qui lui donna la chaire de Bourges avec de forts appointemens. Alciat professa encore à Milan, à Pavie, à Bologne, à Ferrare, partout où de meilleures conditions lui étaient offertes ; *avarior habitus est*, dit un de ses biographes. Alciat a prodigieusement écrit, mais on ne le lit plus.

ALTESERRA (ANN. DAD.), né en 1602, à Cahors, professeur de droit à Toulouse, y est mort en 1682. Il est auteur d'un traité *De fictionibus juris*.

* ARGENTRÉ (BERTRAND D'), né à Vitré, en 1519, mort le 13 janvier 1590, à l'âge de 71 ans. Il succéda à la place de sénéchal et président du Présidial de Rennes en 1546, n'ayant encore que 27 ans. Il s'acquit une si grande réputation que Charles IX, à son passage à Chateaubriand, en 1570, *le manda pour le veoir*. « Les ligueurs, qui étaient parvenus à s'introduire dans Rennes, en furent bientôt chassés (1589); mais le parti du roi, qui redoutait leurs entreprises, fit sortir de la ville les *gens suspects*. D'Argentré fut du nombre des *bannis*.» Il fut grandement affecté de cet exil, et mourut l'année suivante au château de Tizé, en Cesson, chez Mathurin Bouan, son ami, qui lui avait donné asile. Son corps fut apporté à Rennes, et inhumé dans l'église des Cordeliers, le 17 février. Au mois de juillet 1820, on a retrouvé dans les fouilles de cette église son cercueil en plomb. Il porte l'épitaphe suivante :

Messire Bertrand d'Argentré, sir de Gones. 1590, *le* 17 *février*, *Lézarique M^e d'otel d'y* (son maître d'hôtel) *le feist enterrer...*

D'Argentré est sans contredit le plus grand jurisconsulte qu'ait produit la Bretagne. Son *Commentaire latin sur la coutume* est un ouvrage du premier ordre. Le style du noble Breton est parfois tranchant, despotique et dédaigneux.

Il est plus pur que celui de Dumoulin, et n'a pas moins d'énergie.

Brodeau impute à d'Argentré de s'être attaché à « contre-» pointer Dumoulin, bien plus souvent par jalousie et » émulation que par raison. » Il est de fait que ces deux grands auteurs ont été souvent divisés d'opinion. Mais pourquoi ne pas supposer que c'était par conviction et non par jalousie ? D'Argentré attaque quelquefois Dumoulin avec rudesse; par exemple sur l'art. 218 de la coutume, il termine en disant : *Quod verum est etiamsi contradicendo rumpatur Molinæus*. Enfoncé Dumoulin, diraient les étudians de nos jours. Mais un peu plus loin, sa colère étant apaisée, d'Argentré s'exprime en termes plus convenables, et rend pleine justice à Dumoulin : *Molinæus præstanti vir ingenio et eruditione incomparabili*. M. Henrion de Pansey concilie tout en conseillant « l'étude combinée de ces *deux* grands hommes. »

ARGOU (Gabriel), né en Vivarais, avocat en Parlement, est mort au commencement du 18e siècle. Il est auteur d'un livre élémentaire qui a pour titre *Institution au droit français*, en 2 vol. in-12. Il confère les principes du droit coutumier avec ceux du droit écrit. Cet ouvrage a eu un grand nombre d'éditions, et il était fort utile pour l'étude de l'ancien droit : mais à présent il est à peu près hors d'usage. Voyez ce qu'en dit Darragon dans son avertissement en tête du droit public de la France, imputé à l'abbé Fleury.

AUGEARD (Matthieu), avocat au parlement de Paris, de 1710 à 1736, auteur d'un recueil d'arrêts estimé.

AUGUSTINUS (Ant.), né en 1516 à Sarragosse, mort en 1586, à 70 ans, archevêque de Tarragone, auditeur de rote, légat sous les papes Paul III, Jules III et Paul IV. Archéologue et critique en même temps que publiciste et théologien, il a appliqué la connaissance des antiquités à l'intelligence du droit romain.

AUTOMNE (Bernard), né en 1587 dans l'Agénois, mort à 79 ans, en 1666, avocat au parlement de Bordeaux, en a commenté la coutume.

AUZANET (Barthélemy), avocat au parlement de Paris, né en 1591, mort en 1673, à 82 ans, ayant le titre de conseiller d'État.

AVERANI (Joseph), né à Florence en 1662, professeur de droit à Pise, y est mort à 76 ans, le 24 août 1738. Il a écrit sur le droit romain, *Interpretationes juris.*

* AYRAUT (PIERRE), *Petrus Ærodius*, né à Angers en 1536, mort en 1601, à 65 ans. Il étudia le droit sous Duaren et Cujas, et professa ensuite à Angers. Il plaida avec succès comme avocat au parlement de Paris. Nommé lieutenant-criminel au présidial d'Angers, en 1568, dans les temps les plus orageux de la ligue, il exerça ses fonctions avec une grande impartialité. Il n'en fallut pas davantage pour qu'on l'accusât de servir le parti de la ligue. Mais il avait pour appui le duc d'Anjou, depuis Henri III, qui le nomma maître des requêtes, et il put résister à ses ennemis.

Son principal ouvrage est celui qui a pour titre : *De l'ordre, formalité et instruction judiciaire dont les anciens Grecs et Romains ont usé ès accusations publiques conférés au style et usage de notre France.* On trouve dans cet ouvrage un esprit droit, éclairé, ami de la justice et des formes qu'il regarde partout comme essentielles à son administration. Il révèle le danger des nouvelles procédures établies par le chancelier Poyet. Il veut que l'instruction soit publique et solennelle, que l'accusé ait tout le temps nécessaire pour se justifier, que sa défense ne soit entravée ni interrompue. C'est de lui qu'est cette belle sentence dont j'ai paré le frontispice de ma *Libre défense des accusés* : « Dénièr la défense, c'est un crime; » la donner, mais non pas libre, c'est tyrannie. »

Les jésuites, contre lesquels il avait plaidé avec vigueur, débauchèrent son fils, le firent entrer secrètement dans leur société, et résistèrent obstinément à toutes les injonctions qui leur furent faites de le représenter. Cet événement fut cause qu'il composa son traité *sur la puissance paternelle*, traité fort estimé, et qui se ressent nécessairement de la situation d'esprit où il était quand il l'a composé.

Ménage, petit-fils d'Ayraut, a écrit sa *vie* en latin, Paris, 1675, in-4°.

AZUNI (DOMINIQUE-ALBERT), né en 1760 à Sassari (Sardaigne), mort en 1827 à 67 ans, sénateur-juge au tribunal de commerce de Cagliari, occupait à Nice, avant

1792, ces mêmes fonctions de magistrature consulaire. Député de Gênes au corps législatif en 1806, l'un des présidens de cette cour impériale en 1811, il a laissé plusieurs ouvrages sur le droit commercial et maritime.

B.

* BACON (François), né à Londres, le 22 janvier 1561, mort le 9 avril 1626, à 65 ans.

Bolingbroke a dit de lui : « C'est un si grand homme, » que j'ai oublié ses vices. » L'histoire ne peut être aussi complaisante. Chacun est d'accord que sa gloire serait parfaite, s'il n'avait été que savant et homme de lettres. Mais il n'en est pas ainsi de sa vie politique. Il fut ingrat envers son bienfaiteur, le comte d'Essex. Devenu successivement solliciteur général en 1607, garde des sceaux en 1617, et enfin lord chancelier, avec le titre de baron de Verulam, en 1619, il déshonora cette haute magistrature par des actes de vénalité dont il fut accusé, qu'il avoua, et pour lesquels il fut condamné, par la chambre des pairs, à l'amende, à la prison, et déclaré incapable de siéger au parlement et d'occuper aucun emploi public.

Mais, en tirant un voile sur cette déplorable partie de son histoire, Bacon n'en reste pas moins un des génies les plus extraordinaires que l'Angleterre ait produits. Il avait étudié presque toutes les sciences; et, dans ses deux grands ouvrages intitulés, l'un *De dignitate et augmentis scientiarum*, et l'autre *Novum organum scientiarum*, « il avait marqué le point où chacune était parvenue, les fausses directions qui avaient égaré les esprits dans la marche qu'on avait suivie, et la véritable méthode qui pouvait les ramener dans la route de la vérité. »

L'opuscule divisé en *aphorismes*, que j'ai fait imprimer sous le titre de *Legum leges*, avec un commentaire latin, n'est qu'une des sections de ce grand ouvrage, où il avait pour objet ce qu'il appelait *la grande instauration des sciences*.

Dans ces aphorismes, Bacon se montre législateur et philosophe autant que jurisconsulte; il donne *des lois aux lois* avec toute l'autorité d'une raison élevée, qui s'exprime dans un style toujours énergique, précis et animé.

BACQUET (JEAN), avocat du roi en la chambre du trésor, mort en 1597, a laissé des traités sur les droits de justice, d'aubaine et de déshérence, sur la chambre du trésor, et sur quelques autres matières. « René Chopin se plaignait de ce que Bacquet lui avait pris une bonne partie de ses livres *de Domanio*, qui sont en un langage latin assez rude. — « Je vous promets, répondit Bacquet, qu'il n'en est rien. De vérité, je les ai voulu lire, mais il faut que je vous confesse que je n'entends pas votre latin. » (*Dialogue des avocats*, de Loisel.)

BALDE DE UBALDIS (PIERRE), né vers 1324, à Pérouse, professa le droit dans cette ville, puis à Padoue, et à Pavie, où il mourut, à 76 ans, le 28 avril 1400, de la morsure d'un chien enragé. Il fut le disciple et bientôt l'émule de Bartole, et compta parmi ses élèves Pierre de Beaufort, depuis pape sous le nom de Grégoire XI.

BALDUINUS (F.), *Voy.* BAUDOUIN.

* BALUZE (ÉTIENNE), né à Tulle, le 24 décembre 1630, mort à Paris, le 28 juillet 1718, à l'âge de 88 ans, fut bibliothécaire de Colbert, professeur de droit canon au Collége-Royal, puis inspecteur de ce collége. Tombé dans la disgrâce de Louis XIV, après la retraite du cardinal de Bouillon en pays étranger, à cause de son *Histoire généalogique de la maison d'Auvergne*, il fut exilé successivement à Rouen, à Blois, à Tours, à Orléans. Modèle d'un vrai et utile savant, il a rendu de grands services par la connaissance qu'il avait des manuscrits, par leur recherche, et leurs publications avec de savantes notes. Il ordonna, dans son testament, que sa bibliothèque, contenant 10799 livres, et plus de 1500 manuscrits, fût vendue en détail, afin que les particuliers trouvassent à se pourvoir facilement des livres qui lui avaient donné tant de peine à rechercher et à trouver. Ses ouvrages imprimés sont au nombre de quarante-cinq, la plupart historiques; quelques-uns, tels que les *Capitulaires des rois de France*, la *Collection des conciles*, se rapportent plus spécialement à l'histoire du droit.

BANNELIER (JEAN), avocat au parlement de Bourgogne et doyen de l'université de Dijon, vivait dans la première moitié du dix-huitième siècle.

BARBEYRAC (JEAN), né à Béziers, le 15 mars 1674, mort dans sa 55e année, en 1729, professeur de droit public à Groningue. Forcé de s'expatrier pour cause de religion après la révocation de l'édit de Nantes, il occupa d'abord une chaire de belles-lettres au collége français de Berlin, d'où il passa à Lausanne, comme professeur de droit public et d'histoire. La qualité dominante de ce laborieux écrivain, est l'érudition. Il est moins auteur que annotateur. On lui doit des éditions de Puffendorf, de Grotius et de Cumberland.

BARBOSA (AUGUSTIN), prélat portugais, connu surtout comme auteur du traité *De officio episcopi*, naquit en 1590 à Guimaraens, et mourut en 1649, évêque d'Urgento, dans le royaume de Naples, âgé de 59 ans. Parmi ses ouvrages imprimés collectivement (*opera omnia*), il en est un que la critique lui conteste; c'est le *Traité du droit ecclésiastique*. — Quarante-cinq ans auparavant florissait un autre BARBOSA (Pierre), grand-chancelier de Portugal, mort en 1606. Bien différent d'Augustin, qui ne dut les faveurs qu'il obtint de Philippe IV qu'au zèle ardent qu'il avait montré pour les intérêts de la cour espagnole, au milieu des contestations que termina la révolution de 1640, Pierre Barbosa mérite d'être cité pour ses courageuses déclarations contre l'usurpation de la couronne de Portugal par Philippe II. Il existe de lui plusieurs traités ou commentaires du Digeste: *De Soluto Matrimonio*, Madrid, 1595, in-fol.; *de Judiciis*, Lyon, 1622, in-fol.; *de Donationibus*, Francof., 1623, in-fol., etc., etc.

BARDET (PIERRE), né le 15 décembre 1591, à Montarguet, dans le Bourbonnais, mort à Moulins, le 20 septembre 1685, âgé de 68 ans, avait été reçu avocat au parlement de Paris en 1617. Arrêtiste.

* BARTOLE, dit *Bartholus à Saxo-Ferrato*, du lieu de sa naissance, Sasso-Ferrato, dans l'Ombrie, où il naquit vers 1310. Reçu à vingt ans docteur en droit à l'université de Bologne, il renonça à la magistrature pour se

vouer à l'enseignement, occupa onze ans une chaire à Pise, passa de là à Pérouse, et y mourut en 1356, âgé de 46 ans. Bartole fut, de son temps, l'un des flambeaux de la jurisprudence; par allusion à la fermeté de son savoir et de sa doctrine, on disait proverbialement : *résolu comme Bartole.* Dumoulin l'appelle le *Coryphée des interprètes du droit*, et Pasquier dit de lui « qu'il avait autant d'avantage sur tous les autres docteurs ses contemporains que ceux-ci en avaient sur leurs écoliers. » De tant de gloire, le temps et les progrès de la science n'ont laissé à Bartole que des droits à un reconnaissant souvenir. Ses ouvrages ne peuvent plus être consultés que pour l'histoire de la science; son *Processus Satanæ contra Virginem, coram judice Jesu*, dont j'ai donné l'analyse dans mes *Notices bibliographiques*, est un monument du mauvais goût de son siècle; il n'est remarquable que par sa bizarrerie.

BASNAGE (Henri) *du Fraquenay*, désigné par ce surnom pour le distinguer d'un autre Henri Basnage, dit *de Beauval*, également avocat à Rouen à la même époque, et qui n'est guère connu que comme littérateur. La même famille, issue d'un ministre protestant dont le nom est encore honoré dans sa communion, compte six personnages dont la biographie a recueilli les titres. Né à Ste.-Mère-Eglise près Carentan, le 16 octobre 1615, H. Basnage de Fraquenay mourut à l'âge de 80 ans le 20 octobre 1695 à Rouen, où il avait exercé long-temps avec la réputation d'un des plus éloquens et des plus habiles avocats du parlement. Bayle, son co-religionnaire, parle de lui avec éloge, quoiqu'il ait vécu dans des relations d'amitié avec les catholiques, dont il posséda l'estime à un degré remarquable pour ce temps. Il fut le père de l'historien Jacques Basnage, le plus célèbre de la famille, et dont Voltaire dit *qu'il était plus propre à être ministre d'état que d'une paroisse.*

BAUDOUIN (François), *Balduinus*, né à Arras le 1er janvier 1520, mort à Paris, âgé de 53 ans, le 11 novembre 1573, professa le droit à Bourges, à Heidelberg, à Angers. Sa vie fut pleine d'agitations et de traverses; et après sa mort il fut encore poursuivi par l'animosité de ses envieux. Heineccius, qui a recueilli ses opuscules dans la *Jurispr.*

Rom. et Att., lui a consacré (*vid.* Præfat.) une ample notice où sont rapportés plusieurs faits honorables pour son caractère. Par exemple, il refusa, quoique nécessiteux, une somme considérable qui lui était offerte pour qu'il se portât l'apologiste de la Saint-Barthélemy.

BEAUMANOIR (PHILIPPE DE); il signait *de Biaumanoir.* — « *Desfontaines* était contemporain de St. Louis; *Beaumanoir* écrivait après lui; les autres ont *vécu* depuis lui. » (Montesquieu, liv. 28. Chap. 23.)

La Thaumassière dit que « les coutumes de Beauvoisis, écrites par Philippe de Beaumanoir, sont *les plus anciennes* qui aient paru. Elles contiennent toutes les maximes de notre ancien droit coutumier, et sont *l'origine et la source* de celui qui est à présent en usage.

Montesquieu appelle l'ouvrage de Beaumanoir un *admirable ouvrage* : il le cite fréquemment.

Ducange dit aussi : « qu'entre les traités qui ont été écrits sur notre ancien droit, *le plus curieux* est celui de Philippe de Beaumanoir. »

« Dumoulin en a tiré les plus belles maximes du droit français. » (Ricard sur Senlis.)

Beaumanoir fait peu d'usage de la loi romaine; il semble surtout s'être attaché à concilier l'ancienne jurisprudence avec les réglemens de saint Louis.

* BECCARIA (CÉSAR BONESANA, marquis de), né en 1735 à Milan, se livra avec passion aux études philosophiques, eut des relations intimes avec les hommes qui, en France, s'étaient donné la mission de réformer les théories sociales, créa dans sa patrie, sur le modèle du fameux cercle d'Helvétius, une société qui eut pour patron le comte de Firmiani, *gouverneur autrichien* de la Lombardie, et il s'annonça par quelques petits écrits aussi originaux que piquans, insérés dans le recueil de cette société, intitulé le *Café.* Bientôt parut son *Traité des délits et des peines* (1764), et le nom de Beccaria devint européen. Mais l'envie réussit à troubler ses triomphes, et il se résigna sans peine à briser sa plume, quand la régence autrichienne ayant créé pour lui à Milan une chaire d'économie publique, il s'y vit entouré de disciples. Ses affections domestiques, et sa tendre piété pour un père, dont il devait, disait-il, « respecter jusqu'aux préjugés, » le confirmaient d'ailleurs dans ce

parti. Le marquis de Beccaria mourut d'apoplexie, dans sa ville natale, au mois de novembre 1793, âgé de 68 ans.

BELLARD (NICOLAS-FRANÇOIS), procureur-général, sous la restauration, près la cour royale de Paris, né dans cette ville en 1761, y mourut en 1826, à l'âge de 65 ans. Comme avocat, il mérita au barreau la réputation d'un défenseur habile, éloquent et désintéressé. Il fut moins heureux dans la carrière politique. Ses œuvres ont été publiées après sa mort, en 6 vol. in-8°.

BELORDEAU (P.), connu seulement comme annotateur des *Coutumes de Bretagne*, dont sept éditions portent son nom : la première à la date de 1624, et la dernière à celle de 1674. Taisand, qui écrivait dès cette époque, ne parle pas de lui dans ses *Vies des plus célèbres jurisconsultes*; et il faut s'étonner du succès qu'a obtenu l'ouvrage de Belordeau, si l'entreprise était au-dessus de ses forces comme le prétend son continuateur, P. Hévin, dont le livre n'a cependant pas eu un si grand nombre d'éditions.

* BENTHAM (JÉRÉMIE), né en 1747 à Londres, où il mourut le 2 juin 1832, à 85 ans; son père, avocat distingué, cultiva soigneusement ses dispositions précoces. On assure qu'à trois ans Bentham se récréait à lire *l'Histoire d'Angleterre* de Rapin Thoyras. Il débuta au barreau de Londres en 1772. Il fut choqué des abus qui étaient en usage à la Cour de Chancellerie, et conçut la noble ambition de les déraciner. Résolu à se tenir éloigné des emplois et des honneurs, pour donner tout son temps à l'amélioration des institutions nationales, il se partagea entre les travaux du jurisconsulte et ceux du publiciste, et vécut ainsi satisfait du modeste héritage de son père. Il a contribué puissamment à préparer la réforme parlementaire; sur la fin de sa carrière, il eut la joie de voir mettre en application les importans essais qui en ouvrent désormais l'inévitable marche.

Il était par excellence homme de bonne foi. Sa sincérité ne pactisait avec aucunes considérations : il était wigh envers et contre tous. Dans un de ses voyages à Paris, il voulut assister à une audience de la Cour royale; et le barreau, pour lui rendre honneur, se leva à son entrée.

Le docteur Bowring, légataire des papiers, correspondance et manuscrits de Bentham, publie une édition complète de ses *OEuvres*.

Par une des clauses de son testament, Bentham ordonna que son corps serait livré à la dissection; voulant fronder jusqu'après sa fin ce qu'il regardait comme un absurde préjugé.

BÉRAULT (JOSIAS), né en 1563, mort vers 1640 à Saint-Fulvien, près l'Aigle, âgé de 77 ans, fut avocat au parlement de Rouen sous Henri III. Il a commenté la coutume de Normandie. Il ne faut pas le confondre avec un autre BÉRAULT (Christophe), avocat au même parlement, qui publia en 1625, un traité *sur les droits de tiers et danger*, in-8°.

BERNARDI (JOSEPH-ELZÉAR-DOMINIQUE), né le 16 mars 1751, à Montjeu (Provence), où il mourut en 1824, membre de l'Institut. Il avait occupé long-temps une place de chef de division au ministère de la Justice, et trouvé dans cet emploi assez de loisirs pour publier un certain nombre de compilations ou commentaires, et se charger de la rédaction des notices sur les jurisconsultes dans la *Biographie universelle*. Ces notices sont, avec son livre *de l'origine et des progrès de la législation française*, 1816, in-8°, ce qu'il a fait de mieux ; il est seulement à regretter qu'il y montre quelquefois de la partialité contre les défenseurs des principes de la liberté civile et religieuse.

BERROYER (CLAUDE), avocat au parlement de Paris, mort le 7 mars 1735, fut l'ami de P. Bardet, dont il a annoté le recueil d'*Arrêts*, et le collaborateur de Laurière et Loger, pour la *Bibliothèque des Coutumes*, et la *Table chronologique des ordonnances des Rois de la troisième race*.

BIARNOY DE MERVILLE, mort au mois de décembre 1740, a laissé un opuscule intitulé *Règles pour former un Avocat*, imprimé après sa mort, en 1778, in-12. Voyez BOUCHER D'ARGIS.

BIGNON (JÉROME), né le 24 août 1589, à Paris, où il est mort le 7 avril 1656. Il eut pour précepteur son père; il voyagea en Italie; à son retour en France, suivit le barreau; fut avocat-général au grand conseil en 1620, avocat-général au parlement en 1625, et grand-maître de la Bibliothèque du Roi, en 1642, après la mort de de Thou. Il a publié de savans ouvrages, parmi lesquels on distingue son *Traité de l'excellence des Rois et du royaume de France; —Marculfi monachi formulæ.*

BILLECOQ, lieutenant particulier au bailliage de Roye, au commencement du XVIIIe siècle. Loysel parle de lui dans son *Dialogue des Avocats.*

BILLECOCQ (JEAN-BAPTISTE-LOUIS-JOSEPH), né le 31 janvier 1765, à Paris, où il est mort en 1829, homme vertueux, avocat distingué, bâtonnier en 1821, auteur de plusieurs ouvrages de droit et de politique; élève de l'ancien collége de Sainte-Barbe, il cultivait aussi la poésie, et chacune de ses vacances était marquée par une pièce de vers latins.

*BLACKSTONE (GUILLAUME), né à Londres en 1723, mort le 4 février 1780, âgé de 57 ans. Avocat, reçu associé dans un collége d'Oxford, il ouvrit le premier un *Cours sur la Constitution et les lois d'Angleterre.* Le succès de ce cours inspira à un testateur des dispositions destinées à la fondation de la première chaire sur le *droit commun* en Angleterre. Blackstone fut choisi à l'unanimité pour remplir cette chaire. Il fut ensuite nommé juge au tribunal des *plaids-communs;* membre de la chambre des communes, où il siégea pendant plusieurs parlemens, mais où il n'exerça aucune influence. Ses commentaires sur les lois d'Angleterre ont rendu sa réputation européenne.

BLANCHARD (FRANÇOIS), auteur de trois recueils biographiques (sur les *Premiers Présidens du parlement de Paris*, les *Présidens à mortier*, et les *Maîtres des requêtes*), était avocat à Paris, où il mourut en 1660. — Son fils, *Guillaume* BLANCHARD, mort le 24 septembre 1704, avocat au parlement de Paris, eut plus de célébrité au palais, mais n'a fait qu'une compilation plus médiocre encore que celle de son père.

BLONDEL (J.-J.-M.), légiste, bibliothécaire du duc de Penthièvre; il avait entrepris de publier, sous le titre de *Mémoires du Parlement*, un recueil de ses délibérations secrètes, arrêtés et remontrances, avec les lits de justice qui y ont été tenus depuis Philippe-le-Bel, jusqu'à sa suppression en 1790. Ce recueil devait avoir 40 volumes; il n'en a paru que 4.

*BODIN (JEAN), naquit à Angers, vers 1300, et mourut de la peste, à Laon, en 1596. Il vint à Paris pour y exercer la profession d'avocat; mais il ne réussit ni dans la plaidoirie, ni dans la consultation; il écrivit. Les *Six livres de la République* sont le plus célèbre de ses ouvrages. Cette composition est mal distribuée, mais on y trouve de l'indépendance et de l'érudition. Après avoir été quelque temps procureur du Roi à Laon, il fut député aux états-généraux de 1576, par le tiers-état de Vermandois. Il s'y comporta *en bon et loyal député;* s'opposa à la révocation des édits de pacification, combattit la proposition d'aliéner les domaines de l'Etat et s'éleva surtout contre le projet de déléguer les pouvoirs des trois ordres à une commission que la cour eût choisie parmi les plus dociles afin d'en venir plus aisément à bout. Henri III trouvant ainsi Bodin contraire à ses desseins, lui retira ses bonnes graces; il trouva un asile auprès du duc d'Alençon, qu'il accompagna dans tous ses voyages et près duquel il remplit différentes charges. Comme il n'était pas pour l'extermination des *Huguenots*, on prétendit qu'il était tout à la fois protestant, déiste, sorcier, juif, athée. « Le vrai, dit un auteur, est qu'il avait montré quelque penchant pour la réformation; il eut cela de commun avec presque tous les hommes distingués de son siècle, qui, sans renoncer à la religion de leurs pères, ne disconvenaient point des abus qui l'avaient entachée. » Bodin a laissé un petit *Journal des états de Blois*, in-18.

BOEHMER (JUST-HENNING), *Boehmerus,* né à Hanovre, en 1674, mort le 11 août 1749, à 75 ans, chancelier du gouvernement au duché de Magdebourg, et chancelier ordinaire de la faculté de droit, avait d'abord professé à Hall, et y était devenu directeur de l'université. Il mérite de faire autorité dans les matières de droit canonique, principal objet de ses études. Il a écrit également avec distinction sur le droit civil. — Son fils, *Jean-Frédéric-Samuel* BOEHMER, né le 29 décembre 1704, à Hall, mort à Francfort-sur-l'Oder, le 20 mai 1772, à 68 ans, avait été anobli par Frédéric II, dont il fut conseiller intime, après avoir d'abord occupé une chaire de droit. Ses ouvrages lui assignent un rang distingué parmi les criminalistes. — *Georges-Louis* BOEHMER, second fils de Just-Henning, né le 18 février 1715, à Hall, mort à 82 ans, le 17 août 1797, conseiller aulique et doyen de la faculté de jurisprudence, à Gœttingue, s'est particulièrement occupé du droit féodal et du droit canonique, et ses ouvrages ont eu du succès.

BOERIUS. *Voy.* BOYER (Nic.).

BOICEAU, seigneur DE LA BORDERIE (NICOLAS), *Bosselius Borderius*, mort le 14 avril 1589, avocat gentilhomme et bel esprit poitevin, rimait le sonnet, la pastorale, et faisait de *beaux* vers latins dans la seconde moitié du XVIe siècle. Malgré les louanges que lui ont données les poètes ses contemporains, il n'eût pas échappé à l'oubli s'il n'avait écrit, sur l'article 54 de l'*Ordonnance de Moulins de* 1556, concernant la PREUVE PAR TÉMOINS, un Commentaire latin qu'il livra à l'impression, Poitiers, 1582, in-4°, et dont Gabriel Michel fit, en 1606, une traduction française. Bourdin, après avoir fait à ce commentaire des additions tirées des Mémoires de Boiceau, le publia en 1615 avec la *Paraphrase de l'ordonnance de* 1539, trad. du lat. de Fontanon. En 1697, Danty le fit réimprimer avec de nouvelles additions, Paris, in-4°; il le réunit ensuite au Commentaire de Levayer de Boutigny, sur la *Preuve par comparaison d'écritures*, ibid., 1715, in-4°; et depuis il a été fait jusqu'à sept autres éditions de ce commentaire, qui ne manque pas de méthode et de solidité.

BOILEAU (MARIE-LOUIS-JOSEPH de), avocat né à Dunkerque, en 1741, mort à Paris, le 7 avril 1817, dans sa soixante-dix-septième année, fut poète, auteur dramatique, historien et moraliste. Il a aussi écrit cinq opuscules en faveur de la liberté individuelle, publiés en 1816, des *Entretiens critiques, philosophiques et historiques sur les procès*, 1806, in-12, troisième édition; une *Histoire du droit français*, Paris, 1806, in-12; et un *Recueil de réglemens* et recherches concernant la municipalité, *ibid.*, 1785, 5 vol. in-12, anonyme. C'est son premier et plus important ouvrage.

BONCERF (PIERRE-FRANÇOIS), d'abord avocat au parlement de Besançon, puis secrétaire du duc d'Orléans en 1790, et ensuite officier municipal de la ville de Paris, où il mourut au commencement de 1794, était né vers 1745, à Chasaulx en Franche-Comté. Une brochure intitulée *Les Inconvéniens des Droits féodaux*, qu'il publia en 1776 (sous le pseudonyme de *Francaleu*), avec l'agrément de M. Turgot, dans les bureaux duquel il occupait un emploi, fut dénoncée, par le prince de Conti, au parlement, qui, par arrêt du 23 février, la condamna à être brûlée. Il ne fallut rien moins que la médiation du ministre et qu'un ordre du roi pour arrêter les poursuites qui allaient être dirigées contre l'auteur : elles donnèrent plus de relief à son livre; il eut un nombre considérable d'éditions et fut traduit dans toutes les langues de l'Europe : cet écrit servit de base aux décrets rendus par l'assemblée constituante le 4 août 1789. Boncerf s'est occupé surtout d'économie politique; on lui doit encore *de l'Aliénabilité et de l'Aliénation du Domaine*, 1791, in-8°.

BONIFACE (HYACINTHE de), arrêtiste estimé, né le 14 octobre 1612, à Forcalquier, mort à 87 ans, le 28 juillet 1699, avocat au parlement d'Aix, avait été syndic de sa compagnie, recteur de l'université de cette ville, et procureur des trois états de Provence.

BONNEFOI (ENNEMOND), *Enemundus Bonefidius*, professeur de droit à Valence, où il fut collègue de Cujas, naquit à Chabeuil, le 20 octobre 1536. Forcé de s'expatrier pour cause de religion après la Saint-Barthélemy dont il faillit être victime, il se réfugia à Genève, y obtint des lettres de bourgeoisie, avec une chaire de droit et de belles-lettres, et mourut dans cette ville, le 8 février 1574, à 38 ans. Il est à croire qu'Ennemond Bonnefoi eût enrichi la jurisprudence d'importans travaux si les persécutions religieuses n'eussent pas troublé et abrégé sa carrière, car Cujas porte le témoignage le plus favorable de ses talens. Mais une mort prématurée ne lui a laissé que le temps d'achever ses *Juris orientalis libri III*, impr. en 1573 chez H. Estienne, in-8°.

BOSSELIUS BORDERIUS (NIC.), *voyez* BOICEAU DE LA BORDERIE.

BOUCHARD (AMAURY, *Amalaricus*), président à Saintes, maître des requêtes et chancelier du roi de Navarre, était né à Saint-Jean-d'Angely vers 1485. Rabelais, qui lui dédiait un de ses opuscules en 1532, nomme dans l'épître liminaire, comme devant paraître prochainement, un ouvrage du président Bouchard, intitulé : *de Architectura orbis*; mais ce livre n'a pas vu le jour. Quoi qu'il en soit, le président Bouchard avait pris rang de bonne heure parmi les jurisconsultes, en s'attaquant, dans un opuscule intitulé *Feminei sexûs apologia*, Paris, 1522, in-4°, à la doctrine émise par André Tiraqueau, le *Varron du siècle*, dans son traité *de legibus connubialibus et opere maritali*. Cette réfutation apologétique n'aurait pas suffi pour conserver jusqu'à nous le nom de Bouchard; mais il avait édité les *Institutes* de Gaïus; et à ce titre il méritait la place qu'il occupe dans la *Bibliothèque de droit*. (N° 524 de l'édition de 1832).--Un avocat au parlement de Rennes, *Alain* BOUCHARD, qui vivait au commencement du 16e siècle, s'est fait connaître par ses *Grandes chroniques de Bretaigne*, in-folio, Paris, Galliot-Dupré, 1531.--*Alexis Daniel* BOUCHARD, prêtre, docteur en droit et en théologie, né vers 1680, à Besançon, où il mourut en 1758, à 78 ans, a laissé entre autres ouvrages : *Juris cœsarei, seu civilis, institutiones breves*, etc., Paris, 1713, 2 vol. in-12.--On a d'un autre BOUCHARD (*François*) : les *Coutumes générales du duché de Lorraine*, Metz, 1682, in-12. Mais le nom de ce dernier est échappé à tous les biographes.

BOUCHAUD (MATTHIEU-ANTOINE), né le 16 avril 1719, à Paris, où il mourut dans sa 85e année, le 1er février 1804, membre de l'Institut (académie des inscript. et belles-lettres), et professeur du droit de la nature et des gens au collége de France, était fils d'un avocat aux Conseils. Il perdit son père à 16 ans; mais il ne resta pas sans guides : il avait pour oncles maternels deux professeurs en droit. Agrégé lui-même à la faculté dès 1747, ses liaisons avec d'Alembert et sa coopération à l'*Encyclopédie*, où il rédigea les articles *Concile, Décret de Gratien*, *Décrétales* et *fausses décrétales*, le firent écarter d'abord de la chaire pour laquelle il eut à concourir pendant 15 ans. Bouchaud était arrière-neveu de Gassendi par sa mère, et il se trouva le sixième professeur en droit de sa famille : ces deux circonstances étaient pour lui l'objet d'un légitime orgueil. Sa passion pour la musique lui avait fait épouser une cantatrice du Théâtre-Italien en 1752; il avait ajouté ainsi, l'on n'en peut douter, un prétexte assez plausible aux motifs qu'on avait eus pour l'arrêter à l'entrée de sa carrière. Un nouveau mariage qu'il contracta 20 ans plus tard, avec une demoiselle de famille noble, devint, par contre, un puissant motif d'avancement, et il lui dut apparemment le titre de Conseiller d'État que le roi lui conféra en 1785. La plupart de ses ouvrages sont mentionnés dans la *Bibliothèque de Droit*. Le plus considérable est son *Commentaire sur la loi des XII Tables*. Peu de jurisconsultes ont fourni autant que lui aux *Mémoires de l'Acad. des Inscript. et Belles-Lettres*. Mais on observera qu'il n'a rien publié sur le droit des gens depuis qu'il fut chargé de l'enseigner, et même le seul de ses ouvrages qui ait quelque trait à cette spécialité est sa *Théorie des traités de commerce entre les nations*, in-12, qu'il avait fait paraître en 1773. Bouchaud a traduit divers ouvrages de l'italien et de l'anglais.

BOUCHEL (Laurent). Quelques biographes induits en erreur par la traduction latine de son nom (*Bochelus*), l'ont nommé Bochel. Il naquit à Crespy en 1559, et mourut le 29 avril 1629, âgé de soixante-dix ans. Il a exercé pendant cinquante ans, avec une grande distinction, la profession d'avocat au parlement de Paris. Le crédit de quelques ennemis le fit enfermer, par lettre de cachet, à la Bastille, d'où la protection du premier président Le Jay le fit sortir au bout de quelques mois. Il est auteur de plusieurs compilations de droit qui ont joui d'une estime méritée.

BOUCHER D'ARGIS (Antoine-Gaspard), né à Lyon en 1708, est mort vers 1780, à l'âge de 72 ans environ. Avocat, conseiller au conseil souverain de Dombes, et ensuite au Châtelet de Paris, il a laissé quelques ouvrages de Droit, et, entre autres, les *Règles pour former un avocat*, de Biarnoy de Merville, qu'il retoucha et auxquelles il joignit une *histoire abrégée de l'ordre des avocats et des prérogatives attachées à cet ordre*.

BOUCHER D'ARGIS (A.....-J.....), fils du précédent, né à Paris en 1750, fut avocat, conseiller au Châtelet. Il avait été le premier à dénoncer les feuilles de Marat : incarcéré à l'Abbaye, et condamné à mort par le tribunal révolutionnaire, le 23 juillet 1794, il mourut âgé à peine de 44 ans. On remarque parmi ses ouvrages, ses *Observations sur les lois criminelles de France* (1788), et *la Bienfaisance de l'ordre judiciaire* (1788), dont les vues philanthropiques ont précédé notre réforme sociale et législative. Il a pris part avec Camus à la publication d'un *Recueil d'ordonnances* en 18 vol. in-32, accompagné de notes instructives.

BOUCHEUL (Joseph), avocat au siége royal du Dorat, capitale de la Basse-Marche, lieu de sa naissance, y mourut en 1706 à l'âge de 67 ans. Son ouvrage principal : *Corps et compilation de tous les commentateurs sur la coutume du Poitou*, a été rendu public par R. Boucheul, son fils.

BOUGUIER (Jean), sieur Descharcon, était conseiller au Parlement de Paris. Il a recueilli les *Arrêts de la Cour prononcés en robes rouges*. La 1re édition de ce recueil parut en 1622, sans nom d'auteur et sans son aveu : il retoucha l'édition de 1629 et il la dédia au cardinal de Richelieu.

*BOUHIER (Jean), né à Dijon le 16 mars 1673, mort le 17 mars 1746, président à mortier au Parlement de Dijon. Son grand père Jean Bouhier, conseiller au même Parlement, lui laissa une fort belle bibliothèque où il trouva les principaux élémens de ses recherches. Il l'augmenta beaucoup lui-même, et il l'ouvrait libéralement à tous ceux qui désiraient y puiser des secours. Le président Bouhier était un savant du premier ordre : « Jurisprudence, philologie, critique, langues savantes et étrangères, histoire moderne, traductions, éloquence et poésie, il remua tout, dit d'Alembert, il embrassa tout. » En 1727, il fut élu membre de l'Académie Française sur la promesse qu'il donna de venir s'établir à Paris.

Les *Observations* du président Bouhier *sur la Coutume de Bourgogne* sont une suite de dissertations très-remarquables : l'auteur y déploie toutes les richesses de son érudition. Ses opinions sont fermes, hardies ; c'est le d'Argentré de la Bourgogne.

BOULAINVILLIERS (Henri de), comte de Saint-Saire, etc., né le 21 octobre 1658, à Saint-Saire en Normandie, mort à Paris le 23 janvier 1722, dans sa 64e année, est resté l'un des champions les plus naïfs de la *liberté féodale*. A une époque où l'érudition n'était pas en grand honneur parmi les gentilshommes, il devint un érudit en cherchant seulement à satisfaire sa vanité et sa fantaisie décidée pour l'étude des vieilles institutions politiques de la France dans leurs rapports avec l'histoire de la monarchie. Il s'y était senti entraîné en compulsant les *parchemins* de sa famille. Poussé par une pareille inspiration, plus il apprit, plus il s'engoua pour le régime féodal. C'est l'impression qui domine dans tous ses écrits relatifs au droit public; il en a été publié une collection à Londres, 1727 et 1728, 3 vol. in-fol., indépendamment des éditions isolées. H. de Boulainvilliers a fait aussi, dans le même esprit, et avec une très-notable emphase, une *Vie de Mahomet*, une *Histoire des Arabes*, et même des traités d'*astrologie judiciaire*. C'est à cela que le cardinal Fleury a fait allusion en disant de lui qu'*il ne savait ni le passé, ni le présent, ni l'avenir*. Mais ce jugement est plus spirituel que vrai. Il faut reconnaître, pour être plus juste à l'égard de Boulainvilliers, que son appréciation n'ôte rien de leur importance aux faits qu'il établit comme les degrés successifs d'impiétemens de l'autorité religieuse et de la puissance politique sur la liberté et les droits de la nation.

BOULAY-PATY (PIERRE-SÉBASTIEN), né à Abaretz près Chateaubriand, le 10 août 1763, mort le 16 juin 1830. Avocat, sénéchal de la ville de Paimbœuf en 1789, commissaire du pouvoir exécutif près les Tribunaux; en l'an VI, élu au conseil des Cinq-Cents. En 1810, il fit à l'école de Droit un cours de Jurisp. commerciale et maritime. A sa mort il était doyen des conseillers à la Cour royale de Rennes. On a de lui, *Cours de droit commercial et maritime*, 4 vol. in-8°; un *Traité des faillites*, 2 vol. in-8°; une édition du Traité des *Assurances* d'Emérigon conféré avec le nouveau Code, 2 vol. in-4°.

BOULLENOIS (LOUIS), avocat au Parlement de Paris, naquit dans cette ville le 14 septembre 1680, et y mourut le 23 décembre 1762, à 82 ans. Son ouvrage le plus important est le *Traité de la personnalité et de la réalité des lois*, etc., Paris, 1766, 2 vol. in-4°. En tête du 1er volume, se trouve un abrégé de la *Vie* de Louis Boullenois.

BOURGUIGNON-DUMOLARD (CLAUDE-SÉBASTIEN), conseiller honoraire à la Cour royale de Paris, où il mourut en avril 1829, à 69 ans, était né à Vif, près Grenoble, en 1760. Echappé aux dangers de la terreur, il occupa de hauts emplois après le 9 thermidor, fut le prédécesseur de Fouché à la police, sous le directoire; devint, après le 18 brumaire, régisseur de l'enregistrement et des domaines, siégea comme conseiller à la Cour de justice criminelle, puis à la haute Cour impériale, et enfin à la Cour royale de Paris, où, après les *cent jours*, il fut mis à la retraite. Depuis cette époque, Bourguignon se voua uniquement aux travaux du Jurisconsulte. Ses ouvrages sont presque tous relatifs au droit criminel. — Son fils (HENRI-FRÉDÉRIC), mort en 1825, à 40 ans, conseiller à la Cour royale de Paris, avait exercé les fonctions d'avocat du roi. Il parlait avec grace et facilité.

BOURJON (FR.), auteur de l'ouvrage intitulé : *Droit commun de la France.*

BOUTARIC (FRANÇOIS DE), professeur de droit français, capitoul, puis chef de consistoire à Toulouse, où il mourut à 61 ans, le 2 octobre 1733, était né à Figeac, le 10 août 1672. Les *Institutes de Justinien conférées avec le droit français*, et le *Traité sur les libertés de l'église gallicane* n'ont été publiés qu'après sa mort.

* BOUTEILLIER ou BOUTILLER (JEAN), né à Mortagne, près de Valenciennes, dans le quatorzième siècle. Il était conseiller au parlement de Paris. L'ouvrage qu'il a publié sous le titre de *Somme rurale*, est un de nos plus anciens livres de droit français. Il a joui d'une grande réputation. Cujas l'appelle *optimus liber*. Toutefois, Ducange le plaçait au-dessous de Beaumanoir. L'auteur de la préface latine qu'on lit en tête de l'édition de 1611 de la *Somme rurale*, explique ce titre en disant : *Non immeritò quidem hæc* SUMMA *appellata est, utpotè quæ de omnibus* SUMMATIM *et optimè tractet*. Carondas Le Caron vante le mérite de la *Somme rurale* « pour l'autorité qu'elle auroit justement acquise, tant pour la doctrine mêlée qui s'en peut recueillir, que pour les marques de l'*antiquité françoise* qu'on y peut observer en diverses manières, non-seulement pour les coustumes du pays, et principalement de la Gaule-Belgique, ains (mais) aussi pour les anciens droits et prérogatives de la couronne de France. » Fournel dit que cet ouvrage parut en 1360. La première édition que nous ayons est l'édition in-folio de 1479. Le testament de l'auteur, qui est imprimé dans l'ouvrage même, au 69e feuillet de la 2e partie, est daté du 16 septembre 1402. L'auteur est mort peu de temps après.

BOUTIGNY (ROLAND LE VAYER DE), maître des requêtes et intendant de Soissons, né en novembre 1627, mort à 58 ans, le 5 décembre 1685, avait été d'abord avocat au parlement. C'est à ce titre qu'il donna, en 1665, le *Traité de la peine du péculat*, in-4°, à l'occasion du procès du ministre Fouquet. L'année suivante parut son *Traité de la preuve par comparaison d'écritures*. (*Voy.* J. Boiceau.) Mais celui de ses ouvrages qui a fait le plus de bruit est le *Traité de l'autorité des rois, touchant l'administration de l'Église*. Long-temps anonyme, cet écrit eut de nombreuses éditions, sous différens titres, quelques-unes même parurent sous le nom de Talon, etc. A l'occasion de son *Traité de l'autorité du roi, touchant l'âge nécessaire à la profession solennelle des religieux*, un dominicain alla jusqu'à voir dans l'auteur une *nouvelle apparition de Luther et de Calvin*.

BOUVOT (Job), avocat à Paris, puis à Dijon, était né en 1558, à Châlons-sur-Saône, où il mourut en juillet 1636, dans sa 78e année. C'est, au jugement de Bouhier, un arrêtiste peu sûr.

BOYER (Nicolas), *Boerius*, mort en 1538, président au parlement de Bordeaux, avait été d'abord avocat, puis professeur de droit à Bourges. Son *Commentaire* sur l'anciennne coutume de Berri, dont la première édition est de 1508, et qui a été plusieurs fois réimprimé, passe pour le premier écrit qui ait été consacré à l'interprétation des coutumes du royaume.

BRÉDÉRODE (Pierre-Corneille), né à La Haye, mort postérieurement à 1587, avait rempli pour les États-Généraux plusieurs ambassades près les cours d'Allemagne. Le plus considérable de ses ouvrages est le *Repertorium sentent. et regul.*, table très-commode, dont il y a plusieurs éditions.

BREQUIGNY (Louis-Georges-Oudard FEUDRIX de), né en 1716, à Granville, dans le pays de Caux, mort à Paris, âgé de 79 ans, le 3 juillet 1795, membre de l'académie des inscriptions et belles-lettres depuis 1759, et de l'académie française depuis 1772. Envoyé en Angleterre par le gouvernement, à la paix de 1763, pour compulser, dans les dépôts de la Tour de Londres et autres, les titres qui se rattachaient à l'histoire de France, il passa près de trois ans à explorer ces richesses scientifiques, enfouies sous la poussière du charbon de terre, et rapporta avec lui un monceau de documens précieux. Il publia en 1791, avec M. Laporte du Theil: *Diplomata, chartæ, epistolæ*, etc., 3 vol. in-fol. Dès 1754, il avait été chargé, avec M. de Villevaut, de continuer la collection des *Ordonnances des rois de France de la troisième race* (*Voy.* LAURIÈRE et SECOUSSE); ils publièrent quatre volumes en commun, et Brequigny resta seul pour le suivant, c'est-à-dire le tome XIV, qui contient les ordonnances de Charles VII, jusqu'au 27 février 1460. Dans une note qui, par sa brièveté, correspond très-bien à tout ce qu'il a mis du sien dans cette collection, il annonce la mort de Villevaut. Là aussi s'arrêta le travail de Brequigny. Les préfaces qu'il a mises en tête des cinq volumes de la *Collection des Ordonnances*, composent, dans leur ensemble, une histoire de notre législation. Après lui cette collection a été continuée par Camus et le comte Pastoret, rédacteurs en commun du quinzième volume.

BRETONNIER (BARTHÉLEMY-JOSEPH), avocat au parlement de Paris, ville où il mourut dans sa 71e année, était né à Montrotier, près de Lyon, en 1656. C'est par les conseils de d'Aguesseau qu'il entreprit son *Recueil, par ordre alphabétique, des principales questions de droit*; et ce recueil put être, en effet, très-utile au chancelier pour la rédaction de ses diverses ordonnances. On trouve, dans la préface, un précis de la vie des jurisconsultes les plus célèbres de France, *moins ceux du parlement de Paris.*

BREUIL ou BRUEIL (GUILLAUME DU), avocat au parlement de Paris, vivait dans le quatorzième siècle. « C'est en 1330 qu'il composa son livre du parlement. » (Loysel, *Dialogue des avocats.*) — Dumoulin a revu et publié cet ouvrage sous le titre de *Stylus parlementi.*

* BRISSON (BARNABÉ), avocat-général au parlement de Paris en 1575, président à mortier en 1583. Henri III disait « qu'il n'y avait aucun prince dans le monde qui pût se vanter d'avoir un homme aussi savant que son Brisson. » Ce fut par son ordre que Brisson composa le recueil connu sous le titre de *Code de Henri III*, publié en 1587 in f°. Très-savant, mais politique malavisé, « il montra, ainsi que dit Loysel, un jugement certain en toutes choses, fors en celle

qui l'a conduit à la destinée de son malheur. » — Pendant les troubles de la ligue, il eut le tort de se séparer de sa compagnie, et de se laisser nommer premier président par les ligueurs à la place d'Achille de Harlai, qu'ils avaient emprisonné. Mais bientôt Brisson leur ayant donné lieu de douter de sa fidélité, il devint suspect aux Seize, par ordre desquels il fut sacrifié le 15 novembre 1591. En allant au Palais, il fut arrêté à neuf heures du matin, confessé à dix, pendu à onze à une poutre de la chambre du conseil.

BRISSOT (JEAN-PIERRE), dit de *Warville*, du village de ce nom (près Chartres), où il naquit le 14 janvier 1754. Député à l'assemblée législative, membre de la convention, où son nom servit de dénomination à un parti, fraction de celui des Girondins ; il fut proscrit avec ceux-ci le 31 mai 1793, arrêté à Moulins, et traîné à Paris, où il fut décapité le 31 octobre suivant dans sa 39e année. Dès l'âge de 20 ans, il s'était fait connaître par un discours que couronna l'académie de Châlons-sur-Marne, et qui avait pour titre : *Moyens d'adoucir la rigueur des lois pénales en France sans nuire à la sûreté publique.* L'année suivante, il s'annonça comme membre du barreau par l'opuscule intitulé : *Un indépendant de l'ordre des avocats, sur la décadence du barreau en France.* Brissot, qui était venu de bonne heure à Paris, se fit mettre à la Bastille pour la hardiesse de sa plume. Mais ce n'est qu'après qu'il fut devenu un homme politique, et un adversaire redoutable du parti des anciens privilégiés, qu'on imagina de lui attribuer les singuliers écrits de la *Théorie du vol* et l'*Apologie du vol.* C'est sur ce point que les royalistes s'appuyèrent pour le dénigrer.

BRODEAU (JULIEN), né à.... le.... mourut à Paris en 1653. Il ne faut pas prendre à la lettre ce que dit Boileau de cet avocat.

> Et feuilletant Louet, *allongé par Brodeau*.
> D'une robe à longs plis balayer le barreau.

Brodeau était un savant jurisconsulte. Ce qu'il a ajouté à Louet vaut mieux que Louet lui-même. Son commentaire sur la coutume de Paris est très-estimé. Il est auteur de la vie de Dumoulin qui est en tête de l'édition de 1681.

BRONCHORST (EVERARD), fils d'un célèbre professeur de mathématiques et de philosophie aux Universités de Rostock, Cologne et Deventer, naquit dans cette dernière ville en 1554 et mourut le 27 mai 1627, professeur en droit à Leyde. Il avait rempli d'abord une chaire de jurisprudence à Wittemberg, puis à Erfurth. Lipenius indique dix éditions de ses *Regulæ juris*, et Camus en cite cinq de ses *Centuriæ II miscell. juris Controv.*

BRUNEAU, né à le . Il avait pris pour sa devise, au frontispice de son Traité des criées : *Non sum sicut cæteri hominum.* En effet, il était ce qu'on appelle dans le monde *un original*, et son livre *des criées*, dans lequel il a mis une foule de choses étrangères au titre du livre, mais curieuses, porte le cachet de son caractère.

BRUNNEMANN (JEAN), né le 7 avril 1608, à Cologne sur la Sprée, mort dans sa 65e année, le 5 décembre 1672; professeur de droit à Francfort-sur-l'Oder, s'était destiné d'abord à la carrière évangélique, et y avait renoncé à cause de la faiblesse de sa voix. Ses *Comment. in L. lib. Pandect.* ont été publiés par Sam. Stryckius, ainsi que ses *Comment. in Codicem*, et on les a réunis depuis dans deux éditions publiées à Genève, 1755 et 1762, 4 vol. in-fol. Dans ces commentaires, Brunnemann s'est écarté de la doctrine de B. Carpzow et des autres jurisconsultes saxons: ce qui a occasionné d'assez vifs débats et donné naissance à beaucoup d'écrits dont Lipenius fait l'énumération (Vº *Brunnemann*).—*Jacques* BRUNNEMANN, neveu du précédent, né en 1674 à Colbert, mort à Stuttgard en 1735, âgé de 61 ans, est auteur d'un ouvrage intitulé : *Introductio in juris publici prudentiam*, Hall, 1702, in-4°.

BRUSSEL (NICOLAS), auditeur des Comptes, est mort à Paris en 1750. Il est auteur du *Nouvel examen de l'usage général des fiefs en France, pendant les* 11e, 12e, 13e et 14e *siècles*. Ouvrage savant, et qu'on peut lire encore avec intérêt aujourd'hui.

BUDDÆUS (J.-FRANÇOIS), né à Anclam, en Poméranie, le 25 juin 1667, est moins connu comme jurisconsulte, que comme auteur d'ouvrages de théologie, d'histoire et de philosophie. Il a pourtant publié quelques écrits qui se rattachent à la science du droit, notamment ses *Selecta juris naturæ et gentium*. Il ne faut pas confondre J.-F. Buddæus avec Guillaume Budé.

BUDÉ (GUILLAUME), né à Paris en 1467, y est mort au mois d'août 1540, âgé de 73 ans. Il est le premier qui ait porté le titre de *maître de la librairie*, c'est-à-dire de garde de la Bibliothèque royale. Secrétaire du Roi Louis XII, maître des requêtes sous François Ier, il fut aussi prevôt des marchands de la ville de Paris. Il eut la réputation d'un des plus savans hommes de son siècle dans les diverses branches des sciences cultivées alors. Son livre *De asse*, dans lequel il traite avec érudition des monnaies et des mesures des anciens, est celui qui lui a fait le plus d'honneur; il publia aussi plusieurs ouvrages de droit. Ce fut lui qui, étant à travailler dans son cabinet, répondit froidement et sans discontinuer son travail, à ceux qui lui annonçaient que le feu venait de prendre à sa maison : « Avertissez ma femme, vous savez que je ne me mêle point du ménage. »

BURCHARD ou BOUCHARD, *Buchardus* ou *Burchardus*, savant prélat du 11e siècle, mort en 1026, évêque de Worms, avait été précepteur du jeune Conrad le Salique. Il est surtout connu par son recueil de canons, appelé *Magnum volumen canonum*, où les fausses décrétales se trouvent confondues avec les véritables. Il en existe plusieurs éditions sous divers titres. L'une des plus correctes est celle qu'a donnée J. Foucher, 1549, in-8°. On cite comme la plus ancienne celle de Cologne, 1548, in-fol.

BURIDAN (J.-BAPT. DE), principalement connu par deux commentaires, l'un sur la coutume de *Vermandois*, l'autre sur celle de *Reims*, naquit à Guise en .... et mourut en 1633 à Reims où il avait été professeur en droit.

* BURLAMAQUI (JEAN-JACQUES), originaire de Lucques en Italie, naquit à Genève en 1694, et y mourut au mois d'avril 1750, âgé de 56 ans. Professeur honoraire à Genève, dès l'âge de vingt-six ans, il y enseigna le droit pendant plus de vingt ans. Ses écrits sur le Droit naturel et politique l'ont rendu justement célèbre. J'ai donné une édition de son principal ouvrage intitulé : *Principes du Droit de la nature et des gens*, avec une introduction et une table très ample dont je garantis la parfaite exactitude.

BYNCKERSHOECK (CORNEILLE VAN), célèbre avocat de La Haye, président du grand conseil de Hollande, naquit à Middelbourg le 29 mars 1673, et mourut le 16 avril 1743, âgé de 70 ans. On a fait plusieurs éditions complètes de ses ouvrages. Il traite les questions avec beaucoup d'élévation.

C.

CALVINUS (JEAN), dont le vrai nom, suivant certains biographes, est Kahl, professeur de droit à Heidelberg, écrivait vers la fin du seizième siècle et au commencement du dix-septième. On lui doit un *Lexique de droit* en 2 vol. in-folio.

CAMBACÉRÈS (JEAN-JACQUES-RÉGIS), naquit à Montpellier, le 18 octobre 1753, fut avocat, et mourut à Paris le 8 mars 1824, à 71 ans, ayant été sous l'empire duc de Parme, archichancelier, membre de l'Institut. Il est auteur d'un discours préliminaire qui précède le projet du Code civil. Aussitôt après sa mort, ses manuscrits furent saisis, par la police, parmi des pièces qu'on prétendait appartenir à l'Etat. Cambacérès avait l'esprit juste et lumineux, le discours laconique, la tenue grave. Il fut un des plus sages conseillers et des plus fidèles serviteurs de la couronne impériale.

CAMUS (ARMAND-GASTON), né le 2 avril 1740, à Paris, où il est mort le 2 novembre 1804. Avocat du clergé de France, à ce titre adonné surtout aux matières canoniques; janséniste fervent, rigide comme les plus rigides de cette secte, grand adversaire de l'ultramontanisme, l'un des auteurs de la constitution civile du clergé en 1791; il fut membre de plusieurs de nos assemblées législatives et portant dans toute sa conduite la roideur de ses principes; l'un des captifs d'Olmutz jusqu'à l'époque où il fut échangé contre la fille de Louis XVI. Camus était grand travailleur; archiviste et bibliothécaire du corps législatif, il a mis de l'ordre partout, fait des tables, publié des recueils utiles. Il fut un des membres de l'Institut lors de sa formation. Ses

Lettres sur la profession d'avocat ont eu plusieurs éditions. La *Bibliothèque des livres de droit*, qu'il a mise à la suite, a reçu depuis beaucoup d'accroissement. Son éloge a été prononcé par M. de Toulongeon.

CARON dit CHARONDAS (LOYS LE), avocat de Paris et lieutenant-général au bailliage de Clermont, est né en 1536, à Paris, où il mourut en 1617, à l'âge de 80 ans. Son *Grand coutumier de France* est fort utile pour l'intelligence de l'ancienne procédure. C'est un jurisconsulte savant et exact.

CARPENTIER (PIERRE), bénédictin de la congrégation de Saint-Maur, naquit à Charleville, le 2 février 1697, et mourut à Paris, en 1767, à 70 ans. Il eut la principale part à l'édition du *Glossarium mediæ et infimæ latinitatis*, de Ducange, publiée de 1733 à 1736. Ayant entrée aux archives de la couronne, en qualité de prieur de Donchery, il y prit un grand nombre de notes pour la composition de son *Glossarium novum seu supplementum ad auctiorem Glossarii Cangiani editionem*. (*Voy.* DUCANGE.)

CARPZOV (BENOÎT), *Carpzovius*, jurisconsulte allemand, né dans le Brandebourg, en 1565, docteur et assesseur en droit à Francfort-sur-l'Oder, est mort en 1624, à 59 ans, chancelier et conseiller de l'électeur de Saxe.

CARRÉ (GUILLAUME-LOUIS-JULIEN), né à Rennes, le 21 octobre 1777, avocat, professeur et doyen à la faculté de droit de cette ville. Ce laborieux jurisconsulte est mort subitement, le Code à la main, au moment de faire son cours, le 21 mars 1832, à 55 ans. Il a laissé de nombreux ouvrages de jurisprudence : *Lois de compétence*; *Analyse raisonnée du Code de procédure*; *Questions de procédure*, etc.

CATELAN (JEAN DE), conseiller au parlement de Toulouse, en 1664, mort en 1700, a laissé un recueil *des Arrêts notables du parlement de Toulouse*, publié et augmenté par François de Catelan, son neveu.

CHABOT *de l'Allier* (GEORGES-ANTOINE), né à Montluçon, en 1758, auteur du *Commentaire sur la loi des successions* et des *Questions transitoires sur le Code civil*, est mort conseiller à la Cour de cassation en 1819, âgé de 61 ans. Il a été inspecteur-général de l'Université, et a fait successivement partie de la convention et de différentes assemblées nationales. M. Chabot était plutôt légiste que jurisconsulte; homme de sens et bon juge, plutôt qu'érudit. Il savait à peine le latin, et cependant il a quelquefois eu la témérité de transporter quelques sentences du droit romain dans ses commentaires français.

CHABROL (GUILLAUME-MICHEL), avocat du roi au présidial de Riom, né dans cette ville en 1714, anobli par Louis XV, en 1767, appelé par Louis XVI au conseil d'État, est mort en 1792, à 78 ans, auteur estimé d'un *Commentaire sur les coutumes d'Auvergne*.

CHANTEREAU LE FÈVRE (LOUIS), né à Paris, le 12 septembre 1588, intendant des duchés de Lorraine et de Bar, est mort en 1658, à 70 ans, laissant un *Traité des fiefs et de leur origine, avec les preuves*, publié par son fils Denis, en 1662.

CHARLES DE LOUVIERS, conseiller du roi Charles V. Il est un de ceux à qui l'on a attribué *le Songe du vergier*, composé en 1370 ou 1374.

CHASSANEUS (ALEX.), auteur de *Paratitla Institutionum Juris civilis*.

CHASSANEUX (BARTHÉLEMI DE), né à Issy-l'Évêque, près Autun, avocat du roi au bailliage de cette dernière ville en 1508, conseiller au parlement de Paris en 1531, président d'Aix en 1532, était à la tête du parlement de Provence lors du fameux arrêt du 18 novembre 1540, qui condamnait à mort ou à l'exil, par contumace, un reste des anciens Vaudois, que la fermentation causée par la nouvelle doctrine de Luther avait rendus *suspects*. Il avait obtenu de suspendre l'exécution de cet arrêt, qui n'eut lieu qu'après sa mort arrivée en 1541. Il est auteur d'un *Commentaire sur les coutumes de Bourgogne* (en latin).

CHENU (JEAN), né à Bourges, le 29 décembre 1559, avocat près les tribunaux de cette ville, mourut le 16 décembre 1627, à 68 ans, laissant, sur l'histoire et la jurisprudence, plusieurs écrits indiqués dans les mémoires du P. Niceron, tom. XL, p. 163.

CHENU, auteur de la suite de la table chronologique

des édits, déclarations, etc., enregistrés au parlement de Metz.

CHINIAC DE LA BASTIDE DUCLAUX (PIERRE), né en Limousin, avocat au parlement de Paris, lieutenant de la sénéchaussée d'Uzerches, président du tribunal de la Seine, en 1796, mourut vers 1804, laissant plusieurs ouvrages : *Capitularia regum Francorum*, etc.

* CHOPIN (RENÉ) est né à Bailleul, près la Flèche en Anjou, en mai 1537; il mourut à Paris, le 2 février 1606, âgé de 69 ans. Il a publié beaucoup de bons ouvrages, et c'est avec raison que l'on a dit de lui, dans son épitaphe : *Pluribus horis rei publicæ vixit quàm suæ.* Mais il fut ligueur, et très-entêté ligueur, encore qu'il eût reçu de Henri III, entre autres faveurs, des lettres de noblesse, pour ses traités du domaine et de la police ecclésiastique. La défense qu'il prit, en 1591, d'un bref de Grégoire XIV contre Henri IV, ne l'empêcha pas d'écrire, trois ans après, un panégyrique de ce dernier prince, auquel il dédia même, en 1596, son *Commentaire sur la Coutume de Paris.* Ainsi paraît justifiée la *Turlupinade* que lui a adressée J. Hotman.

CHORIER (NICOLAS), né à Vienne en Dauphiné, en 1609, fut avocat au parlement de Grenoble, où il mourut le 14 août 1692, à 83 ans, auteur de *la Jurisprudence de Guy-Pape, dans ses décisions*, etc., son meilleur ouvrage.

CLAVIER (ÉTIENNE), né à Lyon en 1762, conseiller au Châtelet de Paris, juge à la cour criminelle du département de la Seine en 1804, membre de l'académie des inscriptions et belles-lettres, professeur au Collége de France, l'un des collaborateurs de la *Biographie universelle*, est mort à Paris, le 18 novembre 1817, à 55 ans, célèbre par ses écrits et par son courage dans le procès du général Moreau. « Condamnez-le, lui disait-on; l'empereur lui fera grace. — Eh nous! qui nous absoudra? » répondit Clavier. Il est le premier qui se soit élevé contre le concordat de 1817.

CLEIRIAC (ÉTIENNE), avocat au parlement de Bordeaux, dans le dix-septième siècle, auteur, entre autres écrits, de *Us et Coutumes de la mer*, ouvrage qui a servi de base à l'ordonnance de la marine de 1681.

COCCEJI (HENRI, baron de), *Coccejus*, né à Brême, en 1644, jurisconsulte, professa le droit à Heidelberg, à Utrecht, à Francfort-sur-l'Oder, et mourut dans cette dernière ville, le 18 août 1719, à 76 ans.

COCCEJI (SAMUEL), fils du précédent, naquit à Francfort-sur-l'Oder, en 1679, fut ministre d'État, puis chancelier du roi de Prusse, Frédéric II, et mourut en 1719, à 40 ans. On a de lui le *Code Frédéric*, etc.

* COCHIN (HENRI), né à Paris, le 10 juin 1687, y mourut le 24 février 1747, à l'âge de 68 ans. Avocat célèbre du parlement de Paris, il fut considéré par ses contemporains comme un modèle de l'éloquence du barreau. Le recueil de ses œuvres, ne contenant que des mémoires ou des plaidoyers réduits à cette forme, ne peut nous donner une juste idée de son talent d'orateur. Ces Mémoires eux-mêmes ne traitent, pour la plupart, que de questions hors d'usage à présent : il est probable que Cochin sera peu lu à l'avenir. On rendrait service à sa mémoire en faisant un abrégé de ce qu'il a écrit de mieux en un volume in-8°.

COEPOLLA (BARTHÉLEMI), né à Vérone, savant jurisconsulte, professa le droit à Padoue, fut élevé au rang de comte palatin, et mourut vers 1477, laissant quelques ouvrages, dont le plus estimé a pour titre : *Cœpollæ, tractatus de servitutibus*.

COKE ou COOKE (Sir EDOUARD), né à Mileham, en Angleterre, avocat, solliciteur de la reine Elisabeth en 1592, orateur de la chambre des communes et procureur-général à peu près en même temps, président (*chief justice*) de la cour des plaids-communs en 1606, premier juge *du banc du Roi*, en 1613, se montra, jusque dans une extrême vieillesse, l'ardent défenseur des droits du peuple anglais et mourut en 1634. On a de lui plusieurs ouvrages, notamment, *Institutes des Lois d'Angleterre*.

CONNAN (FRANÇOIS de), né à Paris, en 1508, maître des requêtes sous François Ier, mourut le 1er septembre

1551, à 43 ans, auteur des *Commentariorum Juris civilis libri decem.*

CONTIUS (ANTONIUS), né à Neuvy en Berry dans le XVIe siècle, professa le droit à Bourges et à Aurillac, et mourut dans la première de ces villes en 1586; laissant *Corpus juris civilis; opera omnia*, etc. *Sepultus est*, dit Pothier, *in ecclesiâ Divi-Hippolyti; juxtà corpus* DUARENI (*infrà*), *à quo vivens perpetuò dissenserat.* C'est ainsi que Boileau s'est trouvé enterré dans la Sainte-Chapelle basse, précisément au-dessous du lutrin qu'il avait chanté.

COQUELEY DE CHAUSSEPIERRE (C.-G.), dont Linguet prononçait le nom d'une manière si plaisante, mourut à Paris vers 1791, après avoir été avocat au parlement, en 1736, et censeur royal pour la jurisprudence. Il a publié sous le titre de *Code de Louis XV, un recueil d'édits, déclarations, ordonnances*, etc.

*COQUILLE (GUY), sieur de Romenai, en latin *Conchylius*, suivant l'usage du temps, né à Decize, en Nivernais, le 11 novembre 1523. Il étudia en Italie où il eut pour maître le célèbre Marianus Socin *Junior* qu'il vante en plusieurs endroits de ses ouvrages. A son retour en France, il continua ses études à Orléans et suivit le barreau de Paris. L'amour du pays natal le fit ensuite retourner à Decize d'où il eut peine à s'arracher pour aller se fixer à Nevers. Sa réputation s'étendit bientôt au loin; consulté de toutes parts, il réservait aux pauvres la dîme de ses honoraires. Il fut député du Nivernais aux états d'Orléans de 1560, et à ceux de Blois de 1576 et 1588, où il rédigea le cahier du tiers. Il s'y lia d'amitié avec Jean Bodin; il était en relation avec tous les hommes célèbres de son temps et correspondait avec le chancelier Bacon.

Coquille fut un bon et loyal député, un savant jurisconsulte, un grand citoyen. Ses ouvrages, où se révèlent à chaque instant le publiciste et l'homme d'État, respirent l'amour de la patrie et du bien public. Son dialogue *sur les Causes des Misères de la France*, est écrit dans le style de Montaigne. Son traité des *Libertés de l'Église gallicane* lui avait été dérobé de son vivant, et n'a été retrouvé que vers le milieu du XVIIe siècle. Il avait laissé plusieurs écrits politiques, particulièrement sur les états de Blois et d'Orléans. Le maudit *chanoine*, éditeur de ses œuvres, ne jugea pas à propos de faire imprimer ces écrits, « étant, dit-il, des matières d'estat qui sont au-dessus de » la portée de notre jugement.... » Aujourd'hui ces manuscrits sont perdus : je n'ai pu en retrouver aucun, quelques recherches que j'aie faites à Nevers et dans les grandes bibliothèques.

Après la clôture des états, Coquille revint dans sa province, où Louis de Gonzague, duc de Nevers, eut beaucoup de peine à lui faire accepter la place de procureur fiscal. Il s'occupa dans cette place à la réforme de plusieurs abus, en vue de procurer quelques soulagemens à la province. Vainement Henri IV voulut l'attirer à Paris, en lui faisant offrir une place de conseiller d'État ; il refusa.

Ses *Institutes coutumières*, son *Commentaire sur la Coutume de Nivernais* lui ont assuré un rang élevé parmi les jurisconsultes. Il est remarquable surtout par la sûreté de sa doctrine, et la solidité de ses décisions; D'Aguesseau ne l'appelle jamais que le *judicieux Coquille*.

A l'exemple de tous les savans de son temps, Coquille cultiva la poésie latine. Le recueil de ses poésies, 1 petit vol. in-12 de 161 pages, est même le seul de ses ouvrages qu'il ait fait imprimer lui-même à Nevers en 1590. Il y déplore la Saint-Barthélemy, comme le faisait de son côté le chancelier de l'Hôpital. Il loue la ville de Nevers d'avoir été presque la seule qui n'eût pas trempé les mains dans le sang de ses citoyens.

. . . . . Sed sola ferè urbs Nivernica
Clemens abstinuit miserâ et crudeli cœde suorum.

Ailleurs il laisse percer le chagrin que lui causait la corruption à prix d'argent et de places, exercée au sein même des états, sur plusieurs députés qui avaient, dit-il, *fait leurs affaires au lieu de faire celles de la France*.

Maxima pars terno quæ regnat in Ordine nummos
Largita, ad summos pertigit usque gradus.
Omnibus his populi commissa est causa : veremur
Ne pro re populi, rem sibi quisque gerat.

Le dégoût qu'il en ressentit fut sans doute cause qu'il renonça à se mêler d'affaires publiques. En allant aux états il rêvait ce qu'il appelle *spes libertatis honestæ*. Mais son illusion dura peu.

> Quondam libera gens et Franci viximus ; at nunc
> Mancipia, et vilis nil nisi turba sumus.

Guy Coquille mourut le 11 mars 1603, à 80 ans. La Niêvre doit un monument à sa mémoire.

CORBIN (JACQUES), né en Berry, vers 1580, avocat au parlement de Paris, conseiller du roi et maître des requêtes ordinaire de la reine Anne d'Autriche, mourut en 1653, âgé de 73 ans.

CORVINUS (ANT.), auteur du traité *De Personis et beneficiis ecclesiasticis*.

COSTA. *Voy.* LACOSTE.

* CUJAS (JACQUES), naquit à Toulouse en 1520 (selon Bernardi) et 1522 (selon Berryat Saint-Prix). Son vrai nom était *Cujaus*; il en retrancha l'*u* par euphonie. Son père était foulon : mais assez à son aise pour lui procurer une bonne éducation. On prétend qu'il apprit seul, et sans maître, le grec et le latin : il y réussit à merveille, car Daguesseau a dit de lui : « Cujas a mieux parlé la langue du » droit qu'aucun moderne, et peut-être aussi bien qu'aucun » ancien. » Il apprit les élémens du droit sous Arnoul Ferrier, professeur à Toulouse, auquel il dédia son premier ouvrage. En 1547, Cujas commença à professer les Institutes, et il le fit avec un immense succès et sur un plan nouveau, opposé à la vieille routine des *Bartholistes*. Cependant, malgré cela, ou peut-être à cause de cela, une chaire étant venue à vaquer à Toulouse, en 1554, Cujas ne put l'obtenir, et il eut la douleur de se voir préférer un Forcadel dont le nom n'est resté célèbre que par l'injustice faite à Cujas par cette ignoble préférence. Cujas indigné, quitta sa ville natale en proférant cette imprécation : *ingrata patria, non habebis ossa*; et, de fait, il n'y remit jamais le pied. Dans le XVIIe siècle les Toulousains ont voulu se laver de ce reproche : mais les dissertations publiées à cette occasion n'ont pu détruire le fait. (Voyez à ce sujet les éclaircissemens *donnés sur la vie de Cujas* par M. Berryat Saint-Prix, §. VII. p. 481, à la suite de son *Histoire du droit rom.*)

Cujas a professé à Cahors, puis à Bourges, où il fut appelé par Michel L'Hôpital, alors chancelier de Marguerite de Valois, duchesse de Berry, fille de François Ier. La supériorité que déploya le jeune Cujas excita la jalousie du vieux Duaren, et le conflit qui en résulta obligea Cujas à quitter la ville. Il alla professer à Valence; mais bientôt après il fut rappellé à Bourges par ordre de la duchesse de Berry, et il y professa jusqu'en 1567. Il professa encore à Avignon en 1570, puis encore à Valence, à Turin, revint à Bourges en 1575 et alla quelque temps à Angers pendant les troubles. Appelé à Paris en 1576 pour professer le droit civil à l'Université, où ce genre d'étude était précédemment interdit, il n'y resta qu'un an, et revint en 1577 se fixer à Bourges. En 1584, il résista aux instances de Grégoire XIII, qui voulait l'attirer à Bologne.

L'étude de la jurisprudence jouissait alors de la plus haute faveur. Le droit romain était apparu dans le moyen âge comme le plus grand monument de civilisation. D'ailleurs toutes les littératures venaient se grouper autour de cette étude : l'histoire, les langues anciennes, la critique, la philosophie, etc.

Cujas eut le mérite d'effacer et de rendre inutiles tous ceux qui l'avaient précédé. Il les avait tous lus, médités, extraits. Il leur prit tout ce qu'ils avaient de bon; et se créant à lui-même une manière nouvelle d'enseigner, il fut bientôt le plus célèbre des interprètes du droit romain : la jurisprudence romaine devint *elegantior*, et Nettelbladt (p. 268) nous apprend que cette jurisprudence, mieux cultivée, plus polie, fut nommée *jurisprudentia cujaciana*. Pasquier ne nomme jamais Cujas qu'avec cette épithète *le grand* Cujas, « qui n'eut, dit-il, selon mon jugement, n'a et n'aura par aventure, jamais son pareil. » (*Recherches*, liv. 9, chap. 39.)

Voyez l'indication de ses œuvres dans la *Bibliographie*, ci-devant, page 32, n. 39, et sur la méthode qu'il a suivie, *voyez* page 34, n. 40.

Cujas avait le plus vif attachement pour ses élèves : il prêtait souvent de l'argent aux moins fortunés, pour les aider dans leurs études. Il s'intéressait à leurs progrès, aimait à les distinguer et à faire connaître leur mérite. Plusieurs lui ont dû leur avancement et leur élévation. Parmi les plus célèbres, je citerai Gui du Faur de Pibrac; le président Fabre (Petrus Faber); Paul de Foix; Antoine

Loisel, Pasquier et Pierre Pithou; il aimait ce dernier comme un frère, et lui en donna quelquefois le nom.

En 1573, pendant le séjour de Cujas à Valence, Charles IX, sans doute par le conseil du chancelier de L'Hôpital, le fit conseiller honoraire au parlement de Grenoble. C'était une nouveauté! et toutefois les lettres furent enregistrées. Toutes les pièces relatives à cet incident de la vie de Cujas sont imprimées en tête de sa vie au tome Ier de l'édition de Fabrot.

Malgré la prudente réserve avec laquelle Cujas s'était abstenu des querelles théologiques, répondant à ceux qui l'interpellaient sur ce sujet, *nil hoc ad edictum prætoris*, il fut cependant sur le point d'être victime des fureurs de la ligue. La jalousie qui d'ailleurs en ce temps comme toujours envenime l'esprit de parti, lui avait fait des ennemis qui excitèrent contre lui la populace: « Peu s'en est fallu qu'elle ne m'ait massacré, » écrit-il à Antoine Loisel.

CUMBERLAND (RICHARD), prélat anglais très distingué par son savoir et sa modestie, né en 1632, mourut en 1718, à 86 ans, évêque de Pétersborough : on a de lui *De legibus naturæ disquisitio philosophica, etc.; traité philosophique des lois naturelles, etc.*

D.

* DAGUESSEAU. (C'est ainsi qu'il signait son nom, sans apostrophe.)

Henri-François Daguesseau, né à Limoges le 7 novembre 1668, mort le 9 février 1751, à 83 ans. En 1690, avocat du roi au Châtelet; peu de mois après avocat général au Parlement de Paris, à l'âge de 22 ans. Procureur-général six ans après; menacé de disgrâce à cause de sa résistance à l'enregistrement de la bulle *Unigenitus*, source de tant de persécutions contre les hommes les plus distingués. Chancelier en 1717, il occupa cette première magistrature du royaume pendant 34 ans; il en passa dix dans l'exil. Retiré à sa maison de campagne de Fresnes, le nonce Quirini vint le visiter, et lui dit: « C'est ici que l'on forge des armes » contre Rome. » — « Non, Monsieur, reprit vivement

» Daguesseau ; ce ne sont point des armes, ce sont des » boucliers. » Il avait raison, et donnait ainsi la meilleure définition des *libertés de l'église gallicane*.

Daguesseau est justement célèbre par son zèle comme procureur-général, l'éloquence de ses plaidoyers, son érudition, sa connaissance du droit public du royaume, sa défense des droits du domaine ; et comme chancelier, par les belles ordonnances dont il a dirigé la rédaction, par les encouragemens qu'il a donnés à Domat, à Pothier, qu'il sut distinguer et honorer de son amitié et de ses conseils.

Daguesseau n'a pas cette rude énergie et cette trempe de caractère qui ont fait de l'Hôpital le premier de nos chanceliers ; mais il est, sans contredit, le plus lettré de nos magistrats, celui dont le style est le plus pur et le plus gracieux : c'est le Massillon du barreau.

Sa statue a été placée en 1810 devant le péristyle du Corps législatif. Foy donnait pour supplice aux mauvais ministres de la regarder en passant.

Les œuvres du chancelier Daguesseau sont dans toutes nos bibliothèques. Ses citations ont une grande autorité. Il honorait au plus haut degré la profession d'avocat, qu'il appelait « un Ordre aussi ancien que la magistrature, aussi » nécessaire que la justice, aussi noble que la vertu. »

DAMHOUDÈRE (JOSSE DE), ou peut-être mieux DAMHAUDER, était né à Bruges en 1507 ; il mourut à Anvers le 22 janvier 1581, à l'âge de 74 ans. Il a exercé les premières charges de judicature dans les Pays-Bas, et écrit sur diverses matières de droit. Il a fait lui-même une traduction française de sa *pratique criminelle*. Cet ouvrage est accompagné de gravures en bois qui représentent les divers crimes et les supplices destinés à leur punition. Le duel, l'inceste, l'adultère, etc. Il a quelquefois des idées singulières : ainsi l'une de ces gravures représente une maison incendiée, dont le propriétaire au désespoir saisit au corps l'auteur présumé du crime et le jette tout vif dans les flammes. Damhoudère prétend que cela est permis *par analogie* de la loi romaine qui permet au mari de tuer sa femme surprise en adultère.

DANIELS. Dans un discours de M. de Gerlache, premier président de la Cour de cassation du royaume de Belgique, prononcé en audience solennelle, le 7 juin 1834, lors de l'installation du procureur-général, on trouve le passage suivant : « J'ai ouï répéter qu'un illustre et vénérable magistrat du parquet, que vous avez connu presque tous, avait été victime de la malveillance et de l'envie (ces éternelles maladies du cœur humain), malgré toute l'honnêteté de son caractère ; qu'on l'avait renvoyé d'abord de Paris à Bruxelles, puis de Bruxelles à l'étranger. Mais, si nous avions le bonheur de posséder encore aujourd'hui M. Daniels, j'ose affirmer que sa seule vertu le rendrait plus puissant que les hommes les plus élevés en dignité. »

En effet, M. Daniels, appelé à la Cour de cassation sous le règne de Napoléon, y exerça les fonctions d'avocat-général avec une haute réputation de science et de vertu : Il avait aussi professé le Droit romain à l'académie de législation, où j'ai suivi son cours pendant une année. La restauration des Bourbons le renvoya à Bruxelles ; et il fut ensuite repoussé jusqu'à Cologne, où le roi de Prusse, juste appréciateur de son mérite, le fit premier président de la Cour d'appel. Il est mort investi de cette dignité en 1827, âgé de 76 ans. Il était né à Cologne en 1750.

DANTOINE (J.-C.), auteur des *Règles du droit civil et du droit canon.*

DAOYZ (Étienne), chanoine de Pampelune, auteur de tables ou *index* très-étendus pour le Droit civil et canonique, mourut en 1619.

DAREAU (François), né à Sainte-Feyre près Guéret, le 19 mars 1736, avocat au présidial de cette ville, auteur du *Traité des injures considérées dans l'ordre judiciaire*, a travaillé au *répertoire de Jurisprudence* de Guyot, et est mort à Paris en 1783 ou 1784.

DAVOT (Gabriel), professeur de Droit à Dijon, auteur de *Traités sur diverses matières de Droit français*, mourut en 1743.

* DEFONTAINES (Pierre), vivait sous Saint Louis. Il fut maître des requêtes sous ce grand roi. « Cet auteur, » dit le président Hénault, peut être regardé comme le » plus ancien Jurisconsulte de notre droit français. »

Le conseil que Pierre Defontaines donna à son ami et à tous les autres ; tel est le titre d'un ouvrage qu'il composa en 1253, à la prière d'un seigneur qui voulait que son fils *s'entendît ès lois afin qu'il sût faire droit à ses sujets et retenir sa terre selon les lois du Pays, et qu'il sût aussi ses amis conseiller dans l'occasion.*

Montesquieu dit que « cet ouvrage est en quelque façon » le résultat de l'ancienne jurisprudence française, des lois » ou établissemens de saint Louis, et de la loi romaine. »

On lui attribue aussi *le livre de la Reine Blanche;* mais il est à croire que ce prétendu livre est le même que le *Conseil de Pierre Defontaines*, dont un exemplaire appartenant à la Reine Blanche portait ce titre au dos : *Ducange* est de cet avis.

C'est de Pierre Defontaines que Joinville a dit : « qu'il estoit souvent appellé avec messire Geoffroy de Villette par le roy Saint Loys, pour lui ayder à rendre justice à ses subjects. »

DELACROIX FRAINVILLE, né à Chartres le 27 janvier 1749; il y fit son droit et vint exercer à Paris la profession d'avocat à l'âge de 25 ans. Il fut inscrit sur le tableau de 1774. Après la suppression du Parlement, il continua sa profession sous le titre d'*homme de loi*. Depuis le rétablissement de l'ordre des avocats, il fut élu bâtonnier en 1812, et il eut l'heureuse idée de rouvrir les *conférences du palais* qui se sont continuées depuis. En 1814, chevalier de la légion-d'honneur, trois fois président du conseil général de Chartres, membre de la chambre des députés en 1819; il est mort le 28 décembre 1831, ayant exercé 57 ans la profession d'avocat. Il avait fait d'excellentes études, se distinguait par la solidité de son jugement; comme avocat plaidant, toute sa force était dans sa science et dans sa logique; émule des Tronchet, des Férey, des Poirier, il partagea avec eux la confiance du public et resta le dernier à la tête de la consultation. On aura une idée de ses travaux, quand on saura qu'il a laissé 34 volumes de mémoires imprimés, 35 volumes de consultations manuscrites et 26 volumes d'extraits de plaidoiries. Un peu rude dans les premiers temps, il était devenu plus tard un modèle de douceur et de bonté, plein de bienveillance pour ses jeunes confrères dont il fut le père et l'ami comme bâtonnier. Son testament contient une disposition en faveur de l'Ordre des avocats, et de touchans adieux à ses confrères.

» C'est, dit-il, un dernier hommage que je rends à la » noble profession que j'ai eu l'honneur d'exercer avec eux » pendant près de 60 ans ; je les prie de recevoir la der- » nière expression des sentimens d'estime et d'amitié qui » ont été la base de nos relations, ainsi que de ma profonde » gratitude pour les égards de bienveillance dont ils ont » bien voulu honorer ma vieillesse. »

DELAMALLE (GASP.-GIL.), avocat au Parlement de Paris, a plaidé avec éclat devant tous les tribunaux successivement établis depuis la suppression des Parlemens. Il a laissé un grand nombre de plaidoyers manuscrits, qu'il a déposés à la bibliothèque de l'Ordre des avocats dont il a été bâtonnier. On a imprimé un choix de ces plaidoyers en 4 vol. in-8°. Il a aussi publié 2 volumes sous le titre de *Institutions oratoires à l'usage de ceux qui se destinent au barreau.* M. Delamalle est mort conseiller d'Etat. Comme avocat, il avait toujours signé son nom d'un seul mot : *Delamalle.* Son éloge a été prononcé à l'ouverture de la conférence des avocats de 1834, par M. Richomme, avocat stagiaire.

DELAMALLE (CHARLES), fils du précédent, fut successivement avocat du roi près le tribunal de la Seine, substitut du procureur-général, puis procureur-général près la cour royale d'Angers. Il est mort à Paris en novembre 1827, à 36 ans. On a remarqué sa harangue sur la *modération du magistrat*, prononcée en 1826.

DELOLME (JEAN-LOUIS), né en 1740, à Genève, où il fut membre du conseil des deux cents en 1775, est mort en 1806, à 66 ans. On a de lui : *The constitution of England, or an account of the english government*, etc.

DELVINCOURT (CLAUDE-ÉTIENNE), né à Reims en 1762, professeur de code civil et doyen de la faculté de Droit de Paris, fut nommé censeur en 1814, fonction qui allait à merveille à son caractère sec et morose. On le récompensa en le nommant ensuite membre du conseil royal de l'instruction publique en 1824. Il est mort en 1831, à 69 ans. Il est auteur d'un *Cours de code civil ;* qui a dû sa vogue à sa qualité de *professeur*. Depuis la mort de l'auteur, il a cessé d'être suivi à l'école de droit. On le cite rarement dans les tribunaux.

DERNUSSON. *Voyez* RENUSSON.

DESESSARTS (NICOLAS-LEMOYNE), né à Paris en 1744, avocat, puis libraire, mort en 1810, à 66 ans, est auteur d'ouvrages très-nombreux : *Causes célèbres; Essai sur l'histoire générale des tribunaux des peuples, tant anciens que modernes*, etc.

DESÈZE (RAYMOND), l'un des trois défenseurs de Louis XVI, naquit en 1750 à Bordeaux, où il débuta dans la carrière du barreau ; nommé, par la Restauration, premier président de la Cour de cassation, en 1815, et ensuite pair de France, il mourut à Paris le 2 mai 1828, dans sa 78e année.

DESGODETS (ANTOINE), né en 1653 à Paris, professeur de l'académie d'architecture de cette ville, y est mort le 20 mai 1728, à 75 ans : auteur *des lois des bâtimens suivant la coutume de Paris*.

DESMARES (JEAN), avocat en 1350, conseiller au parlement de Paris, en 1372, avocat-général sous les rois Charles V et Charles VI. Il mourut en 1383, victime de la haine des princes qui ne lui pardonnèrent pas d'avoir servi l'État préférablement à leurs intérêts particuliers. Juvénal des Ursins dit que c'était un *notable clerc et de grande prudence ;* Nicole Gille l'appelle *grand et sage homme et fort authorisé ;* Papire Masson l'appelle aussi *advocatus magnæ authoritatis*.

Nous lui devons les *Décisions* qui portent son nom. C'est un recueil d'*arrêts*, de *consultations* et de *jugemens sur arbitrage*.

Brodeau a le premier fait imprimer ces *Décisions* à la suite de son commentaire sur la coutume de Paris. « Je les ai fait imprimer à la suite du présent commentaire, dit-il, parce qu'elles contiennent les principaux articles de la coutume de Paris, c'est-à-dire, *du droit commun et coutumier de la France.* » — Voyez sur Jean Desmares et ses décisions mes *Notices biographiques*, pag. 710, édit. de 1832.

DESPEISSES (ANTOINE), né près d'Alais, en 1574, avocat au parlement de Paris, puis à Montpellier où il est mort, en 1658, à 84 ans, a laissé des compilations recueillies sous le titre d'*Œuvres de Despeisses*.

* DOMAT (Jean), né à Clermont, en Auvergne, le 30 novembre 1625, mort à Paris le 14 mars 1695, âgé de 70 ans. Savant et modeste; pieux, mais gallican : ami de Pascal. Avocat du roi au présidial de Clermont, il ne voulut jamais céder à aucune proposition d'avancement. d'Aguesseau l'appelait *le jurisconsulte des magistrats*. Boileau, le satirique, l'appelle *le restaurateur de la raison dans la jurisprudence*.

En effet, nous dirons avec le chancelier d'Aguesseau : « Personne n'a mieux approfondi le véritable principe de » la législation. Il descend jusqu'aux dernières consé- » quences : il les développe dans un ordre presque géomé- » trique : toutes les différentes espèces de lois y sont dé- » taillées avec les caractères qui les distinguent. C'est le » plan général de la société civile le mieux fait et le plus » achevé qui ait jamais paru, et je l'ai toujours regardé » comme un ouvrage précieux que j'ai vu croître et pres- » que naître entre mes mains.

Prévot de la Jannès, conseiller au présidial d'Orléans, avait écrit une vie de Domat, dont le manuscrit, après avoir essuyé un refus d'impression de la censure royale, fut déposé à la bibliothèque publique d'Orléans. Ce manuscrit ne s'est pas retrouvé : on pense qu'il a été soustrait par les jésuites.

DONEAU (Hugues) Donellus, né à Châlons-sur-Saône en 1527, professait le droit à Bourges lors du massacre de la Saint-Barthélemy; il s'enfuit en Allemagne, enseigna successivement à Heidelberg, à Leyde et à Altorf, où il mourut en 1591, à 64 ans, laissant des *traités* ou *commentaires* sur divers titres du Digeste ou du Code.

DOUJAT (Jean), né à Toulouse vers 1608, doyen des docteurs-régens de la faculté de droit de Paris, *premier* professeur royal en droit canon, historiographe de France, membre de l'Académie française, mort à Paris en 1688, à 82 ans, auteur de plusieurs ouvrages, notamment des *histoires du droit civil et canonique*.

DOULCET (Louis), né à Paris en 1716, savant jurisconsulte et dans son temps renommé comme orateur, mourut le 17 janvier 1766, à 50 ans.

DOULCET (Jean-Louis), avocat, fils du précédent, se distingua aussi au barreau et mourut à Paris en 1805.

DROZ (François-Nicolas-Eugène), né à Pontarlier en 1735, avocat, conseiller au parlement de Besançon, secrétaire de l'académie de cette ville, mourut en 1805, à 70 ans, laissant entre autres ouvrages, *Essai sur l'histoire des bourgeoisies du roi, des seigneurs et des villes*, etc.

DUBREUIL. *Voyez* Breuil.

* DU CANGE (Charles Dufresne), glossateur et historien, né à Amiens en 1610, mort à Paris en 1688 âgé de 78 ans, a donné un *Glossaire de la basse latinité*, fort utile pour l'étude des lois barbares, des capitulaires et des ordonnances sous la 1re et la 2e races des rois. Rien ne put lasser sa constance dans l'exécution laborieuse de cet immense ouvrage. Aussi disait-il à ses amis qu'il avait choisi *la partie la plus rebutante de la littérature.* Il est juste d'ajouter, *et des plus utiles*: sans son dictionnaire il serait bien difficile aujourd'hui d'entendre nos vieux monumens de législation et d'histoire. C'est le *Henri Etienne* des historiens, des publicistes et des jurisconsultes. — Voyez Dufresne.

DUCK (Arthur), né en 1580, près d'Exeter (Angleterre), docteur ès-lois à Oxford, était chancelier de Londres lors de la guerre entre le parlement et Charles Ier, qu'il défendit aux dépens de sa place et de sa fortune; il mourut en 1649, à 69 ans: auteur de *de usu et autoritate juris civilis Romanorum per dominia principum christianorum*.

DUFAIL (Noel), conseiller au parlement de Rennes vers la fin du XVIe siècle, a publié: *Arrêts et réglemens du parlement de Bretagne*.

DUFRESNE (Jean), l'un des frères puînés du célèbre Ducange, naquit à Amiens vers la fin du XVIe siècle et mourut en 1675. Avocat distingué, il publia un *Commentaire sur la coutume d'Amiens*, et un recueil d'arrêts in-folio, sous le titre de *Journal des audiences*. Voyez ci-devant, page 517, le jugement porté sur ce dernier ouvrage et le degré de confiance qu'il mérite.

DUMARSAIS est auteur de l'*Exposition de la doctrine de l'Eglise gallicane, par rapport aux prétentions de la cour de Rome.*—Il ne faut pas le confondre avec le grammairien.

DUMESNIL, avocat, a laissé des *plaidoyers*, en 1544. Loysel en parle dans le préambule de son *Dialogue des avocats*.

DUMONT (JEAN), né en France vers le milieu du XVIIe siècle, réfugié en Allemagne, fut conseiller et historiographe de l'empereur, qui le nomma baron de Carlscroon. Il mourut à Vienne en 1726, laissant entre autres écrits, *Corps universel diplomatique du droit des gens, ou recueil des traités de paix*, etc.

DUMONT (ET.), membre du conseil représentatif et souverain de Genève, né dans cette ville en juillet 1759, mort à Milan le 29 septembre 1828, est éditeur des *OEuvres de Jérémie Bentham*. Ses biographes prétendent que Mirabeau lui doit beaucoup. C'est possible : mais s'il a fourni le bois, certainement Mirabeau a fourni le feu.

* DUMOULIN (CHARLES), signait Du Molin, en latin *Molinœus*, né à Paris en 1500, mort le 27 décembre 1566. Sa famille était alliée à Anne de Boulen, mère d'Elisabeth, reine d'Angleterre, qui ne désavouait pas cette alliance. Dumoulin fit ses premières études à Paris, et son droit à Poitiers et à Orléans, où il professa en 1521. Reçu avocat en 1522, il réussit mal dans la plaidoirie, ce qui lui valut à l'audience, de la part du président de Thou, une apostrophe désobligeante, bientôt suivie d'une éclatante réparation. (Voyez ci-dessus, p. 14.)

Il se livra au travail avec une ardeur incroyable, et il eut bientôt porté ses études au point de devenir un des plus savans hommes de son temps. Il fut pour le *droit français*, ce que Cujas était pour le *droit romain*, le premier de tous les interprètes. Son commentaire sur le titre des *Fiefs* de la coutume de Paris, fut accueilli comme un chef d'œuvre de bon sens, de logique, de profondeur et d'érudition. Seulement, il avait les défauts des commentaires; il était peu méthodique et diffus. M. Henrion de Pansey a dû sa première réputation à l'analyse qu'il en a faite, et en tête de laquelle il a placé un éloge de Dumoulin où se trouve ce magnifique portrait de l'avocat que j'ai cité plus haut à la page

13. Ce que M. Henrion de Pansey fit pour les fiefs, Pothier l'avait fait sur le fameux traité *de dividuo et individuo*, dans lequel Dumoulin avait poussé au plus haut degré l'esprit d'analyse et la métaphysique du droit. Pothier en fit d'abord un abrégé en latin qui n'est pas venu jusqu'à nous; et il s'en est approprié ensuite la substance dans son *Traité des Obligations*, qui est certainement le plus beau traité de droit français que nous ayions. Une génie comme celui de Dumoulin était trop à l'étroit dans les limites de la législation ordinaire. Déjà il avait porté ses regards sur l'ensemble de nos coutumes, avait cherché à les concilier, à les ramener à des principes fixes et uniformes; il rêvait le projet *d'un seul Code* pour toute la France.

Sa femme était la compagne de ses travaux : sa vertu, sa douceur, et l'attachement pour son ménage furent d'un grand soulagement pour Dumoulin au milieu des orages presque continuels dont il fut assailli. Le repos qu'il désirait avec tant d'ardeur sembla le fuir sans cesse. « Il avait une ame vive, ardente, passionnée; incapable de dissimuler sur rien, surtout quand il croyait la justice ou la vérité compromise, ou qu'il s'agissait des intérêts de son pays, qu'il aimait au-delà de toute expression, dit le président de Thou. » Il n'avait garde de rester neutre au milieu des grandes questions qui, au XVIe siècle, partageaient le monde chrétien et politique. Il ne disait pas comme Cujas : *Nil hoc ad edictum Prætoris*. Loin de là, il se lança avec ardeur dans la dispute; il n'entendait pas prononcer de sang-froid les mots *droit*, *usurpation*, *abus*; il fallait qu'il en dît son sentiment.

Il consulta contre les jésuites, que le chancelier de L'Hospital protégeait au contraire, ne prévoyant pas tout ce que l'introduction de ce nouvel institut apporterait de conflits au sein de la religion et de l'Etat. Mais, lorsqu'il s'agit du Concile de Trente, ces deux grands hommes se trouvèrent d'accord pour s'opposer à sa réception et publication dans le royaume. Sollicité d'appuyer de son avis la décision du conseil où L'Hospital l'avait emporté sur le cardinal de Lorraine, Dumoulin publia son *Conseil sur le fait du Concile de Trente*, Lyon, 1564, in-8° : c'est une consultation en cent articles, dans laquelle il examine en détail les décrets du Concile, et où il démontre l'abus, l'excès de pouvoir, l'illégalité qui avait dominé dans cette assemblée, et quel danger il y aurait pour les libertés du royaume à recevoir ses décrets comme loi de l'État.

Son écrit contre l'édit des petites dates et les abus de la chancellerie romaine produisirent aussi le plus grand effet. Voyez ce qu'en disait le connétable de Montmorency à Henry II, suprà, p. 8.

De tels combats, sur des sujets aussi ardens, lui attirèrent de nombreux et puissans ennemis. D'ailleurs il ne les ménageait pas, et la force de ses argumens était encore accrue par la rudesse de ses expressions. Ses ouvrages furent mis à *l'index* par le pape; et comme il ne manquait pas en France de gens qui étaient *plus Romains que Français*, l'autorité même du parlement eut peine à le soustraire aux persécutions que lui suscitèrent ses adversaires. On n'avait pu le perdre légalement, on l'attaqua par la violence : *une émeute* fut dirigée contre sa maison; elle fut pillée et sa vie mise en danger. Réduit à fuir en Allemagne, il y fut bien accueilli, professa quelque temps à Tubingue, et, de retour en France, donna aussi quelques leçons à Strasbourg, à Dôle, à Besançon : attirant partout un concours prodigieux d'auditeurs.

Plusieurs de ses contemporains furent ses émules et peut-être ses envieux. Jean Bodin eut à se reprocher une sorte d'hostilité à l'encontre de Dumoulin. On a accusé d'Argentré de l'avoir quelquefois contredit moins par raison que par esprit de rivalité. (Voyez D'ARGENTRÉ.)

Mais Dumoulin n'en reste pas moins supérieur à tous. Il le savait trop, et du moins il eut le tort de le dire; car, dans les derniers temps, il mettait en tête de ses consultations cette formule pompeuse : *Ego qui nemini cedo, et à nemine doceri possum.*

De Thou, l'historien, parlant de Dumoulin, en fait cet éloge : « Charles Dumoulin, grand et célèbre jurisconsulte, dont le nom fut en grande vénération; non seulement par son jugement solide et sa profonde érudition, mais aussi par la probité et la sainteté de ses mœurs; homme consommé dans la science du droit français ancien et moderne et très-zélé pour sa patrie! »

La vie de Dumoulin a été écrite par Brodeau, 1654, in-4°. Elle se trouve en tête du tome Ier de ses œuvres.

DUPATY (CHARLES-MARGUERITE-JEAN-BAPTISTE MERCIER), né à la Rochelle en 1744, fut d'abord avocat-général au parlement de Bordeaux; rendu à la liberté dont il avait été privé à cause de la part chaleureuse qu'il prit, en 1770, aux affaires des cours souveraines du royaume, il fut fait président à mortier dans le même parlement, dont il avait été l'honneur et où cependant d'orgueilleux magistrats ne lui permirent de siéger qu'après des ordres et des menaces réitérées du roi. Il mourut à Paris le 17 septembre 1788, à 44 ans, laissant, comme monument de son éloquence, le mémoire qui sauva la vie à trois hommes injustement condamnés à la *roue*; etc.

Il a eu trois fils, l'un conseiller à la Cour royale, puis à la Cour de cassation, l'autre sculpteur, et le troisième poète dramatique. J'ai plaidé pour celui-ci en 1821 dans l'affaire du *Miroir*.

DUPÉRIER (SCIPION), né à Aix en 1588, avocat au parlement de Provence, savant jurisconsulte, est mort en juillet 1667, à 79 ans, laissant ses *Œuvres*. Il ne doit pas être confondu avec Dupérier (Charles), vivant dans le même temps, l'un de nos meilleurs poètes latins, quoiqu'on lise de lui, dans l'*Art poétique* :

> Gardez-vous d'imiter ce rimeur furieux,
> Qui de ses vains écrits lecteur harmonieux,
> Aborde en récitant quiconque le salue,
> Et poursuit de ses vers les passans dans la rue.

DUPERRAY (MICHEL), né au Mans en 1640, avocat au parlement de Paris en 1661, mort en cette ville en 1730, à l'âge de 90 ans. On a de lui : *Questions et Observations sur le concordat; Observations sur l'édit de la jurisdiction ecclésiastique*, etc.

* DUPIN (LOUIS ELLIES), né le 17 juin 1657, en Normandie ; mort à Paris, le 6 juin 1719, âgé de 62 ans. Son père fut son premier maître. Après avoir achevé ses humanités au collége d'Harcourt, il se décida à embrasser l'état ecclésiastique et fit son cours de Sorbonne. Bachelier en 1680, docteur en 1684, professeur de philosophie au collége royal, Louis-Ellies Dupin fut un des auteurs les plus laborieux et les plus féconds. Sa lecture était immense. Son

principal ouvrage est sa *Bibliothèque des auteurs ecclésiastiques, contenant l'histoire de leur vie, le catalogue, la critique, la chronologie de leurs ouvrages.* 58 vol. in-8°. Cet ouvrage lui valut d'amères critiques, auxquelles il répondit lui-même avec trop d'amertume. Bossuet, un instant son adversaire, lui rendit son amitié. Le grand Arnauld le défendit contre d'injustes attaques.

— Son *Traité de la puissance ecclésiastique et temporelle* est d'un savant canoniste et d'un bon jurisconsulte.

On a de lui un grand nombre d'autres ouvrages; le père Niceron en a donné le catalogue. « Sa plume féconde, dit ce savant biographe, embrassait tous les genres de littérature. Il a été en même temps interprète, théologien, canoniste, historien sacré et profane, critique, philosophe, et tout cela avec la même facilité, quoique quelquefois aux dépens de sa réputation... (Il composait trop vite). Mais on ne peut du moins, continue Niceron, lui refuser la louange d'avoir un goût excellent, une grande exemption des préjugés ordinaires, un esprit net, précis, méthodique, une lecture immense, une mémoire heureuse, une imagination vive, mais réglée, un style léger et noble, un caractère équitable et modéré, sans parti, sans violence, sans prévention....» On ne peut voir un éloge plus complet; j'ai voulu l'emprunter à une plume étrangère pour qu'on ne m'accusât point de faveur et de partialité.

Dupin était l'ami du grand Arnauld, de Racine, et de Rollin, qui lui fit une épitaphe que j'ai rapportée dans la préface du volume que j'ai publié sur les *Libertés de l'Eglise gallicane.*

DUPIN (PIERRE), avocat au parlement de Bordeaux, né à Tartas en 1681, mort à Bordeaux le 22 novembre 1745, à l'âge de 64 ans, éditeur de Commentaires d'Automne et de Ferron sur la coutume de Bordeaux. Auteur d'un *Traité sur les peines des secondes noces.* Paris, 1743, in-4°.

DUPIN (CHARLES), né à Clamecy en Nivernais, le 11 août 1731, oncle de Charles-André, avocat; receveur de l'enregistrement à Saulieu, et à Bourg en Bresse, puis inspecteur à Aix et à Montpellier; secrétaire général de l'intendant du Languedoc; procureur-général syndic du département de l'Hérault, conseiller à la Cour de cassation;

directeur-général des domaines à Montpellier, où il est mort le 9 novembre 1808, environné de l'estime publique. Il publia en 1787 et 1788, des *Instructions sur diverses questions relatives aux droits de contrôles*, in-4°. Ouvrages entrepris à la demande des états du Languedoc, pour restreindre dans de justes bornes les prétentions excessives des agens du fisc. *La Biographie des contemporains*, édition de Paris, 1822, cite de lui de beaux traits de désintéressement.

DUPIN (CHARLES-ANDRÉ), né à Clamecy en Nivernais, le 20 juin 1758. Il était neveu par sa mère du docteur Berryat, intendant des eaux minérales de France sous Louis XV, et auteur des quatre premiers volumes des Mémoires de l'académie des inscriptions et belles lettres. Son père, André Dupin, était un fort habile médecin, contemporain et ami du célèbre Tissot, avec lequel il avait fait ses cours à Montpellier. Il a composé sur la médecine, plusieurs ouvrages restés inédits, et qui sont mentionnés avec éloge dans le catalogue des manuscrits de la bibliothèque de Lyon, par M. Delandine, 3 vol. in-8°. Charles-André, son fils, après avoir fait d'excellentes études au collége de Sainte-Barbe, à Paris, prit ses degrés en droit, et prêta le serment d'avocat au parlement sur la présentation de M. Treilhard. En 1779, il fut pourvu avec dispense d'âge d'une charge de procureur du roi. En 1785, le duc de Nivernais le nomma conseiller, lieutenant particulier au bailliage ducal de Clamecy. En 1787, il fut nommé par Louis XVI, procureur syndic dans l'administration provinciale de l'Orléanais, et ensuite du Nivernais. Il exerça cumulativement ces différentes fonctions jusqu'à la suppression des anciens offices de magistrature. Il fut élu membre de la première législature, en 1791. Il exerça ses fonctions n'étant encore âgé que de 33 ans, du 1er octobre 1791 au 21 septembre 1792. Ecarté de la tribune par une surdité contractée dès l'enfance, il se fit remarquer par sa facilité dans le travail et l'étendue de ses connaissances dans les différens comités dont il fut membre, et principalement dans celui *d'instruction publique*, où il se lia d'amitié avec MM. de Lacépède, Condorcet, Carnot, Baudin des Ardennes, etc.

En 1793, il fut, comme la plupart des gens de bien, enveloppé dans les proscriptions, et détenu dans les prisons de Nevers et de Clamecy pendant plusieurs mois. Cet orage passé, il rentra dans les affaires publiques; et, après avoir exercé successivement les fonctions de juge et du ministère public (Arrêté du 3 fructidor an IV), et celle de commissaire central près l'administration départementale de la Nièvre, (du 18 germinal an VI au 16 germinal an VII), il fut élu de nouveau membre du corps législatif, (conseil des anciens), où il siégea depuis le 1er prairial an VII, jusqu'en 1804. Pendant le cours de sa législature, il fut successivement appelé aux fonctions de président du tribunal criminel de Paris, de secrétaire général du ministère de la police, et d'avocat-général en cassation; mais il refusa tous ces emplois, et préféra s'en tenir à sa qualité de député. Lorsqu'il sortit du corps législatif en 1804, il accepta, pour suivre l'éducation de ses fils à Paris, les fonctions de chef de division à l'inspection générale de la gendarmerie, alors confiée à M. le maréchal Moncey. Trois ans après, il désira retourner dans son pays natal : il revint à Clamecy avec le titre de procureur impérial (Décret du 31 janvier 1806). Il en a exercé les fonctions jusqu'au 22 août 1815. Appelé à cette époque aux fonctions de sous-préfet (Ordonnance du 2 août), il se trouva ainsi, après un intervalle de 28 ans, occuper la même place qu'il avait exercée en 1787. En 1820, il a été nommé chevalier de la Légion-d'Honneur, puis officier de cette légion, par ordonnance du 8 juin 1825. Au mois d'août 1830, il fut fait conseiller d'Etat.—« Dans toutes ces situations, M. Dupin s'est toujours montré ennemi de toutes les exagérations. On l'a persécuté comme *modéré* : il méritait effectivement ce titre. Simple dans ses goûts, ami de l'étude, entièrement adonné à l'accomplissement de ses devoirs et à l'éducation de ses enfans, il s'est constamment fait respecter par son éminente piété, une inflexible droiture et un grand désintéressement. » Il a eu trois fils, André, Charles et Philippe. (Cet article est extrait de la *Biographie des contemporains*, par MM. Arnault, Jay et Jouy).

DUPIN (Claude-François-Étienne), né à Metz, le 30 novembre 1767. Sa branche était originaire de Donzy en Nivernais. Il fut successivement secrétaire-général du département de la Seine, commissaire du pouvoir exécutif près cette administration, préfet des Deux-Sèvres après le 18 brumaire, jusqu'en 1813, et enfin conseiller-maître à la Cour des comptes. Il est mort le 11 novembre 1829, avec la réputation d'un homme intègre, laborieux, capable. On a de lui : *Statistique du département des Deux-Sèvres; Précis historique de l'administration et de la comptabilité des communes* : *Histoire de l'administration des secours publics*; *du Régime commercial et départemental.* Ce dernier ouvrage a été publié par les soins de son fils, conseiller référendaire à la Cour des comptes, qui a mis en tête une notice biographique sur son père. La préface est de moi.

DUPINEAU (GABRIEL), né à Angers en 1573, conseiller au présidial de cette ville, est mort en 1644, à 71 ans: auteur des *Observations sur la coutume d'Anjou.*

DUPLESSIS (CLAUDE), né dans le Perche au 17e siècle, avocat distingué, consulté fréquemment par le ministre Colbert pour les affaires du roi et de l'Etat, est mort en 1683, laissant des *Traités sur la coutume de Paris.*

DUPORT (ADRIEN), conseiller au parlement de Paris, député aux états-généraux, fut un des quarante-six qui se réunirent au tiers-état. Victime de la révolution, qu'il avait favorisée, il mourut en août 1798, en Suisse, où il s'était réfugié, laissant ses *Discours sur l'établissement des jurés, de la police de sûreté et la justice criminelle.*

DUPRAT. *Voyez* PRAT (DU).

DUPUY (PIERRE), fils de *Claude*, frère de *Christophe* et de *Jacques* (ce dernier fut son collaborateur), naquit à Agen le 27 novembre 1582. Il s'attacha principalement à l'étude du droit et de l'histoire. Il était parent et ami du président de Thou, et il publia les éditions de son histoire qui parurent en 1620 et en 1626. On lui doit le célèbre recueil intitulé : *Preuves des libertés de l'église gallicane*; un *Traité de la majorité de nos rois, et des régences du royaume avec les preuves*, et d'autres ouvrages renommés pour leur exactitude. Il fut conseiller du roi, son bibliothécaire, chargé de l'inventaire du trésor des chartres : il eut ainsi tous les moyens de puiser aux meilleures sources de notre histoire. Il est mort le 14 décembre 1651. Pierre Dupuy trouva un collaborateur distingué dans son frère.

DUPUY (JACQUES), prieur de Saint-Sauveur, qui fut

également garde de la bibliothèque du roi, à laquelle il eut la générosité de léguer les livres rassemblés par son frère et par lui, au nombre de 9,000 volumes imprimés, et d'environ 300 manuscrits anciens.

DURAND DE MAILLANE (Pierre-Toussaint), né en 1729, à Saint-Remi en Provence, mort vers 1810, juge de la cour d'appel d'Aix, était très-versé dans l'étude du droit canonique, sur lequel il a écrit plusieurs ouvrages estimés. Il fut incarcéré au Temple, après la journée du 18 fructidor an v, comme accusé d'avoir favorisé la rentrée des émigrés, et il y resta pendant près de six mois. Il était fort lié avec l'archiviste Camus.

DURET (Jean), né à Moulins vers 1540, mort avocat du roi au présidial de cette ville, au commencement du XVIIe siècle, a publié, entre autres ouvrages : *Traité de l'origine du gouvernement français; Commentaire sur la coutume du duché de Bourbonnois*, etc. Il ne doit pas être confondu avec un autre Duret (Jean), auteur des *Commentaires sur la coutume de l'Orléanais*, et d'un in-4°, intitulé : *Alliance des lois romaines avec le droit français*, Paris, 1600.

DUTILLET (Jean), sieur de la Bussière, greffier du parlement de Paris, protonotaire et secrétaire du roi, était versé dans la connaissance des anciennes chartes et des titres authentiques. Ses *Mémoires et Advis sur les libertés de l'église gallicane*, son *Recueil de guerres et traités*, et son *Recueil des rois de France*, sont des ouvrages aussi utiles pour l'étude de l'ancien droit public que pour celle de l'histoire. Il mourut à Paris, en 1570.

DUVAIR (Guillaume), né à Paris en 1556, fut successivement conseiller au parlement, maître des requêtes, premier président au parlement de Provence, et enfin garde-des-sceaux de France. Comme premier président, il déploya un grand zèle pour les droits de la couronne et les libertés de l'église gallicane. Ayant été fait garde-des-sceaux en 1616, les courtisans redoutèrent son intégrité; aussi lui ôta-t-on les sceaux, qu'on lui rendit cependant quelques mois après, à condition qu'il serait un peu plus maniable. Disgracié encore une fois, il embrassa ensuite l'état ecclésiastique, fut fait évêque de Lisieux en

1618, et mourut à Tonneins en 1621, à 75 ans. Il a laissé plusieurs ouvrages sur l'art oratoire, et sur le barreau.

E.

ÉLIE DE BEAUMONT (JEAN-BAPTISTE-JACQUES), né en 1732 à Carentan, avocat au parlement de Paris, où il est mort en 1786, à 54 ans; célèbre par ses Mémoires, et surtout par celui qu'il publia *pour les Calas*.

ÉMÉRIGON (BALTHAZAR-MARIE), né à . . . . le . . . . . . , avocat au parlement d'Aix, puis conseiller à l'amirauté de Marseille, où il est mort, le 2 avril 1784, est auteur d'un *Traité sur les assurances, et les contrats à la grosse*, etc. Cet ouvrage est justement estimé; il méritait qu'on en donnât une nouvelle édition avec les additions commandées par les changemens survenus dans la législation. (Voyez BOULAY-PATY). Émérigon était fort savant; il aida généreusement de ses recherches Valin, pour le Commentaire que cet auteur a donné de l'ordonnance de la marine de 1681. *Voyez* VALIN.

ÉRARD (CLAUDE), avocat au parlement de Paris en 1664, est mort en 1700, laissant ses *Plaidoyers*. Voyez les *Annales du barreau français*, édition de Warée, tome II, p. 309.

*ERSKINE (THOMAS, lord), célèbre avocat du barreau anglais, naquit en 1750, et mourut en 1823. Il avait débuté par la carrière militaire, et servi dans la marine et l'armée de terre, avant de se livrer à l'étude du droit. Membre du parlement, où il se montra zélé défenseur de la liberté de la presse et du jugement par jury, il fut nommé, en 1806, lord grand-chancelier d'Angleterre; ce poste lui fut retiré l'année suivante, à la chute du ministère de lord Grenville. Il avait pris pour devise dans ses armoiries : *Jugement par jurés*. On trouve plusieurs de ses plaidoyers dans la collection que Panckoucke a publiée sous le titre de *Barreau anglais*. L'éloquence de lord Erskine est grande et forte; sa logique est pressante, et un vif sentiment du droit constitutionnel et des libertés du pays forme le caractère distinctif de ses plaidoyers politiques.

ESCALOPIER DE NOURAR (L'), maître des requêtes, a traduit l'ouvrage *H. Grotii, de imperio summarum potestatum circà sacra, commentarius posthumus*, sous ce titre : *du Droit du magistrat politique sur les choses sacrées.*

ESCORNAY. *Voyez* L'ESCORNAY.

EXPILLY (CLAUDE D'), né à Voiron en Dauphiné, l'an 1561, fut successivement avocat, avocat-général et président au parlement de Grenoble. Après la prise de Chambéry, en 1630, il fut fait premier président du sénat. Chambéry ayant été rendu au duc de Savoie, il retourna au barreau, où il finit son honorable carrière, en 1636, à l'âge de 75 ans; il était orateur, jurisconsulte, historien et poëte. On cite ses plaidoyers et ses arrêts.

F.

FABER, en français FAVRE (ANTOINE), premier président du sénat de Chambéry, gouverneur de Savoie et des pays en-deçà des monts, était né le 4 octobre 1557; il mourut le 1er mars 1624, à l'âge de 67 ans. Cujas, en voyant son ouvrage intitulé *Conjecturæ juris civilis*, avait prédit qu'il serait un jour un grand jurisconsulte. Ses commentaires sur les Pandectes et ses autres écrits justifièrent cette prédiction.

FABER ou DUFAUR (PIERRE) fut premier président au parlement de Toulouse. Il est mort en 1600, âgé de 60 ans. Grotius, dans son traité *De jure belli ac pacis*, l'a nommé *vir eminentissimæ eruditionis.*

FABRICIUS (JEAN-ALBERT), né à Leipsig en 1668, mort à Hambourg en 1736, à 68 ans, recteur de l'école de St-Jean, a laissé 128 ouvrages qui tous peuvent donner une haute opinion de son savoir et de sa vie laborieuse

FABROTUS en français FABROT (CHARLES-ANNI-

BAL), né en 1530 à Aix, fut professeur de droit à l'université, et avocat au parlement de cette ville. Il a donné, entre autres ouvrages, des traductions latines des *Basiliques*, et de la paraphrase grecque des *Institutes de Justinien* par Théophile, ainsi qu'une édition de toutes les œuvres de *Cujas*, avec des notes.

FACHINÆUS (ANDREAS), professeur de droit en 1595 à Ingolstadt en Bavière, puis à Pise en 1601, est auteur de *Controversiarum juris libri XIII*.

FARINACCI (PROSPER) FARINACIUS, né à Rome en 1554, avocat et procureur fiscal, mort en 1618, à 64 ans, a laissé des ouvrages qu'on ne consulte guère aujourd'hui.

FAVARD DE LANGLADE (GUILLAUME-JEAN), né à Saint-Florent le 20 avril 1762, est mort à Paris le 14 novembre 1831, à l'âge de 69 ans. Il a été membre du Conseil des cinq-cents, tribun, président du Tribunat, président de la section de l'intérieur au Corps législatif, conseiller d'Etat, et président de chambre à la Cour de cassation. Jurisconsulte laborieux, auteur d'ouvrages utiles, rapporteur de lois importantes, magistrat intègre et assidu, excellent collègue, il joignait aux vertus qui font estimer l'homme cette douceur de mœurs qui le fait aimer.

FAUCHET (CLAUDE), né à Paris en 1529, fut premier président de la Cour des monnaies, et mourut en 1601, âgé de 72 ans. On peut citer de lui ses *Œuvres*, et séparément *Origine des dignités et magistrats de France*.

FAVIN ou FAVYN (ANDRÉ), avocat à Paris au commencement du dix-septième siècle, s'appliqua à l'étude des antiquités de la monarchie française. On a de lui *Traité des premiers offices de la couronne de France*, etc.

FAVRE. *Voyez* FABER.

FAYE (LA) a augmenté l'édition de 1621 des Arrêts notables des cours souveraines de France recueillis par J. Papon.

FELICE (FORTUNÉ-BARTHÉLEMI DE) né à Rome en 1723, est mort, en 1789, à Yverdun, où il avait établi une imprimerie. Il est connu dans la science du droit comme publiciste par des travaux sur le droit naturel et des gens. On lui doit une édition de Burlamaqui avec des additions et des notes.

FÉREY, célèbre avocat consultant, mort à Paris le 5 juillet 1807. Il était d'une santé frêle, mais avec une vie sobre et réglée, il parvint à un âge avancé. Le travail épuise moins que les plaisirs. Napoléon distingua M. Férey, il le nomma inspecteur des écoles de droit, et chevalier de la Légion-d'Honneur. Par son testament, du 26 septembre 1806, M. Férey légua tous *ses livres de droit à l'Ordre des avocats*, non encore rétabli, mais dont il espérait la résurrection. Son espoir fut réalisé par le décret du 14 décembre 1810. — C'est avec M. Férey que j'ai fait ma *première consultation*. Je lui fus présenté par M. Babille, ami de mon père, conseiller à la Cour de cassation. J'ai fait son éloge dans une brochure intitulée : Tronchet, Férey, Poirier, *Dialogue*, imprimée en 1810, in-12.

FERRIÈRE (CLAUDE DE), né en 1639 à Paris, docteur en droit, professeur de jurisprudence, mort le 11 mai 1714 à 75 ans. Il a publié plusieurs ouvrages utiles dans leur temps, mais superficiels ; pratiques, mais sans véritable érudition.

FERRIÈRE (CLAUDE-JOSEPH DE), fils du précédent, doyen de la faculté de droit de Paris, perfectionna les ouvrages de son père. L'*Introduction à la pratique* devint par ses soins un *dictionnaire de droit*, et il porta à 2 volumes in-4° la *Science parfaite des notaires*, que M. Massé a augmentée depuis sous ce titre : *Le nouveau parfait Notaire*, etc.

FERRIÈRE (ANT.) est auteur d'un *Traité des Tutelles*.

FEVRET (CHARLES), né à Semur en 1583, est mort à Dijon en 1661, à l'âge de 78 ans. Il fut avocat et ensuite conseiller au parlement de Bourgogne. Son *Traité de l'abus*, en deux volumes in-folio, est le plus remarquable et le plus connu de ses écrits.

FILANGIERI (GAETANO), né à Naples en 1752, est mort en 1788, à l'âge de 36 ans, laissant imparfait le cinquième et dernier livre de son bel ouvrage sur la science de la législation (*Scienza della legislazione*). Cet ouvrage, qui a été traduit dans la plupart des langues européennes, a placé son auteur au rang des plus savans publicistes.

FLAUST (JEAN-BAPTISTE), né à Vire en 1709, avocat au parlement de Rouen, mourut le 21 mai 1783, à 74 ans, après avoir employé 40 ans de sa vie à l'ouvrage intitulé : *Explication de la coutume et de la jurisprudence de Normandie dans un ordre simple et facile.*

*FLEURY (CLAUDE), né à Paris le 6 décembre 1640, mort le 14 juillet 1723. Son père était avocat. Il suivit la même carrière, et fut reçu avocat au parlement de Paris en 1658. Il suivit le palais pendant 9 ans; il fut ensuite précepteur des princes. C'était un de ces philosophes chrétiens qui aiment la solitude, et qui disent librement ce qu'ils pensent, même sur les matières les plus ardues et les plus délicates. Son ouvrage le plus important est son *Histoire ecclésiastique.* La jurisprudence revendique : 1° son *Histoire abrégée du droit français*, voyez ci-devant page 121; 2° son *Institution au droit ecclésiastique;* 3° son discours sur les *Libertés de l'église gallicane*, qui a donné lieu à une controverse que j'ai rapportée dans la préface du livre que j'ai publié sur le même sujet.

FLEURY. *Voyez* JOLY DE FLEURY.

FONTANON (ANTOINE), avocat au parlement de Paris vers la fin du seizième siècle, publia les *Edits et Ordonnances des rois de France, depuis Louis-le-Gros, l'an 1108, jusqu'à Henri IV*, que de la Rochemaillet a revus et augmentés.

FONTETTE. *Voyez* FÉVRET.

FOURNEL (JEAN-FRANÇOIS), né en 1745, est mort à Paris en 1820, à l'âge de 75 ans. Doyen des avocats, et bâtonnier de son ordre, il a écrit l'histoire ancienne du barreau de Paris; il s'occupait de l'histoire moderne, et en avait déjà publié une partie correspondant aux premières époques de la révolution, lorsque la mort arrêta ses travaux.

FRAIN (SÉBASTIEN), savant avocat au parlement de Rennes, mort en 1645, est auteur d'un *Recueil d'arrêts du parlement de Bretagne.*

FRÉMINVILLE (EDME DE LA POIX DE), né en 1680, à Verdun, en Bourgogne; mort à Lyon le 14 novembre 1773. Il s'était adonné principalement aux matières féodales. Il a publié, entre autres ouvrages, 1° la pratique des Terriers, 5 vol. in-4°; 2° Traité général du gouvernement des biens et affaires des communautés d'habitans. Ces ouvrages peuvent encore être consultés utilement aujourd'hui. Fréminville n'était pas ce qu'on appelait, parmi les feudistes, *une plume seigneuriale*. Il met des bornes aux prétentions des seigneurs.

FROLAND (LOUIS), avocat au parlement de Paris, est né à Rouen vers la fin du 17e siècle, et mort en 1746. Son ouvrage sur la nature et la qualité des *statuts* fait autorité en cette matière, qui a aussi été traitée par *Boullenois*.

FROMAGEOT (JEAN-BAPTISTE), né à Dijon en 1724; professeur en droit à l'université de cette ville, auteur *des lois ecclésiastiques tirées des seuls livres saints*, ouvrage qui n'est que le commencement de l'exécution d'un plan plus vaste, que sa mort, arrivée en 1753, l'a empêché de remplir. Il n'avait que 29 ans.

FURGOLE (JEAN-BAPTISTE), naquit le 24 octobre 1690 à Castel-Ferrus, diocèse de Montauban, et mourut à Toulouse, dans le mois de mai 1761, à l'âge de 71 ans. Il était avocat au parlement de Toulouse, et fut nommé capitoul de cette ville. Le chancelier d'Aguesseau l'honora de son amitié. Son nom et ses ouvrages font autorité dans les matières de l'ancien droit qu'il a traitées.

G.

GAIUS (TITIUS), jurisconsulte romain, contemporain d'Adrien et de Marc-Aurèle. Il était auteur de *commentaires* de droit que je ne cite ici que parce qu'ils ont été découverts en 1816, dans la bibliothèque du chapitre de Vérone. Ce manuscrit, qui a révélé presque dans son entier la législation romaine au siècle d'Adrien, a été reçu avec avidité par les jurisconsultes. On en a donné une édition à Berlin en 1820 et 1824, une à Leipsig en 1825, une à Paris, avec des notes, en 1827. Les commentateurs se sont vivement exercés sur ce texte, en Hollande et en Allemagne.

GALLAND (Auguste), né vers 1570, avocat au parlement de Paris, membre du conseil d'Etat et du conseil privé, auteur du *traité du Franc-alleu sans titre*, est mort vers 1645, à 75 ans. Parmi les manuscrits qu'il a laissés se trouve un *Traité des Albigeois et des Vaudois.*

GALLI (Joannes) ou Jean du Coq, avocat du roi au parlement de Paris dans le 14e siècle, a laissé un *recueil d'arrêts* qui se trouve dans les œuvres de Dumoulin, avec des notes de ce célèbre jurisconsulte.

GAUTHIER (Jean), avocat au parlement, naquit en 1590. Il fut contemporain et rival de Lemaistre et de Patru, mais il n'eut ni l'invention du premier ni la pureté du second; s'il faut en croire l'annotateur Brossette, on le surnomma *Gaultier La Gueule*, et quand un plaideur voulait intimider sa partie adverse, il la menaçait de lui lâcher *Gaultier*. C'est de lui que Boileau a dit :

> Dans vos discours chagrins, plus aigre et plus mordant
> Qu'une femme en furie, ou *Gaultier en plaidant.*

GAUTHIER (Ambroise-Georges-Joseph), né à Chevreuse (Seine-et-Oise), le 4 avril 1776, est mort à Paris le 23 janvier 1829. Il était fort employé au palais, d'un esprit net et vif. Il a laissé en manuscrit des *Etudes de droit commercial* qui ont été imprimées après sa mort en un volume in-8°, en tête duquel j'ai donné une notice biographique sur l'auteur.

GAYOT DE PITAVAL (François), né à Lyon en 1673, fut successivement abbé, militaire et avocat, et mourut en 1743, à 73 ans. On lui doit le recueil intitulé : *Causes célèbres et intéressantes*, etc.

GENTILIS (Albéric), né dans la Marche d'Ancône, en 1551, docteur en droit civil à 21 ans, juge à Ascoli, professeur de droit à l'université d'Oxford, mort le 19 juin 1611, à 60 ans, avec le titre d'*avocat perpétuel des sujets du roi d'Espagne pour les causes qu'ils auraient en An-*

gleterre. Il a laissé entre autres ouvrages, *De juris interpretibus dialogi sex.*

GENTILIS (SCIPION), frère du précédent, jurisconsulte comme lui, né aussi dans la Marche d'Ancône, en 1563, docteur en droit, professeur de droit à Altorf, où il est mort le 7 août 1616, à 53 ans, a laissé ses *OEuvres* renfermant des traités de droit, de la littérature, de la poésie, et même de la théologie.

* GERBIER (PIERRE-JEAN-BAPTISTE), célèbre avocat au parlement de Paris, né à Rennes le 29 juin 1725, mort le 26 mars 1788 à 63 ans. Il était fils, frère, neveu et cousin d'avocats. Son père donna les plus grands soins à son éducation; à 17 ans il fit son droit, et fut reçu avocat à Paris en 1745. Ce ne fut qu'après 8 ans de stage qu'il débuta, mais il le fit avec un grand éclat. De ce moment, toutes ses plaidoiries furent des triomphes. Il possédait l'action oratoire dans un rare degré de perfection; toute sa personne ajoutait à la puissance de son organe et aux effets qu'il savait en tirer. On a dit de lui « que l'aigle du barreau en avait la physionomie. »

En 1771, lors de l'exil du parlement, il eut la faiblesse de se laisser séduire par le chancelier Meaupeou et de plaider devant la commission qui remplaçait le parlement. De cruels désagrémens lui firent expier cette défection après la rentrée du Parlement en 1774. Cependant ses confrères, qui l'aimaient et l'honoraient, l'élurent bâtonnier en 1787. Il mourut quelques mois après. On n'a conservé de lui que des mémoires fort médiocres. Toute sa gloire vit dans les souvenirs de ceux qui l'ont entendu: Férey, Poirier, Delacroix-Frainville, tous ceux de mes anciens amis qui avaient occasion de parler de lui ne le faisaient jamais qu'avec enthousiasme; ils racontaient ses plaidoiries comme un vieux soldat raconte de belles batailles auxquelles il a pris part dans sa jeunesse. M. Delamalle, qui avait été son contemporain, a dit de lui: « Il effaça tout ce qui avait » brillé au barreau depuis Cochin.» Voyez l'éloge qu'en fait M. Delacroix-Frainville dans le fragment rapporté p. 263 de la Profession d'Avocat, édition de 1832.

GIBERT (JEAN-PIERRE), né à Aix en Provence, l'an 1660, savant canoniste, mort à Paris, en 1736, à 76 ans.

Il est auteur du *Corpus juris canonici per regulas naturali ordine digestas*; etc.

*GILBERT DE VOISINS (PIERRE), d'une très ancienne famille de magistrature, naquit le 16 avril 1684. D'abord avocat plaidant, puis avocat du roi au châtelet et conseiller au parlement; quelque temps au conseil d'Etat (maître des requêtes), puis avocat-général de 1718 à 1739. Le *Journal des audiences* a recueilli des extraits de ses plaidoyers. Il en a laissé plus de 60 en manuscrits. Son réquisitoire avec l'arrêt du 22 juillet 1729, portant suppression de l'office anti-monarchique de Grégoire VII, a été imprimé en entier. On lui doit la table en 3 vol. in-4° de l'immense recueil des manuscrits de Brienne: il y travailla 18 ans. Conseiller d'Etat en 1740, et premier président du grand conseil pour l'année 1744, il mourut le 20 avril 1769, âgé de 85 ans. Ce n'est qu'en 1787 qu'on a fait imprimer deux *Mémoires sur les moyens de donner aux protestans un état civil en France, composés de l'ordre du roi Louis XV, par M. Gilbert de Voisins*, et suivi *d'un projet de déclaration*.

GILBERT DE VOISINS (PIERRE, VIIe du nom), fils du précédent, fut avocat-général sur la démission de son père en 1739, et ensuite président à mortier. Il mourut en 1754 à Soissons, où il était en exil avec une partie du parlement.

GILBERT DE VOISINS (PIERRE-PAUL), petit-fils de Pierre, fut comme lui avocat du roi au châtelet, puis greffier en chef du Parlement, président à mortier en 1775 et périt en novembre 1793, victime du tribunal révolutionnaire. A sa mort, la belle bibliothèque de sa famille fut entièrement dispersée.—Son fils est actuellement conseiller à la Cour de cassation.

GIPHANIUS ou GIFFEN (HUBERT VAN), né en Allemagne en 1534, professa successivement le droit civil à Strasbourg, à l'université d'Altorf et à celle d'Ingolstadt, fut nommé conseiller et référendaire de l'empereur Rodolphe II, et mourut à Prague en 1604, à 70 ans, laissant un grand nombre d'écrits sur le droit civil et le droit canon, les belles-lettres, la politique, les antiquités grecques et romaines, etc.

GIRARD (ÉTIENNE), est auteur de *trois livres des of*

fices de France, etc.; il a travaillé avec P. Néron à un *Recueil d'édits et ordonnances royaux.*

GODEFROY. La famille des Godefroy (Gothofredus, Gottfried) a produit plusieurs hommes célèbres par leur érudition et par leurs œuvres; il faut un peu d'attention pour les distinguer les uns des autres. Je n'en citerai que :

* GODEFROY (Denis, surnommé l'Ancien et le Jurisconsulte), né à Paris le 17 octobre 1549, mort le 7 septembre 1622, à 73 ans. Son père était conseiller au Châtelet. Il jouissait d'une grande réputation auprès du parlement; mais ayant embrassé la réforme, il fut obligé de se retirer à Genève. Il enseigna le droit dans plusieurs universités de l'Allemagne. D'Aguesseau, t. v. p. 223, dit de lui «qu'on » peut justement l'appeler le plus docte et le plus profond de » tous les interprètes des lois civiles.» La publication du Corps de droit de D. Godefroy fait époque parmi les jurisconsultes. Je l'appellerais volontiers l'*édition officielle* du droit romain. Ses notes, courtes et substantielles, sont justement estimées.

GODEFROY (Théodore), fils aîné du précédent, né à Genève le 15 juillet 1580, pendant l'exil de son père, vint à Paris, en 1602, embrassa la religion catholique, que son père avait quittée. Avocat au parlement, chargé de travailler avec Pierre Dupuy à l'inventaire du trésor des Chartes; historiographe de France en 1632, conseiller au conseil souverain de Nancy en 1634, conseiller d'Etat en 1643, mort le 5 octobre 1649. Auteur d'un grand nombre d'ouvrages sur le droit, l'histoire, les titres du royaume; le principal est le *Cérémonial de France*, 2 vol. in-folio.

* GODEFROY (Jacques), frère de Théodore, et fils puîné de Denis, né à Genève en septembre 1587, fut élevé aux premières charges de cette république : il en fut cinq fois syndic; professa le droit en 1619, et mourut dans cette ville le 24 juin 1652. Il a publié un grand nombre d'ouvrages de droit, le principal est son édition et son commentaire du *Code Théodosien*, ouvrage d'une érudition immense et fort utile pour l'intelligence de l'histoire du Bas-Empire. Son *manuale juris* a eu 17 éditions.

GOMEZ (Louis), Gomezius, jurisconsulte espagnol, né à Orihuela en 1484, mourut en 1543, évêque de Fano, après avoir rempli les principaux emplois dans la chancellerie de Rome. Il a laissé : *Variarum resolutionum juris civilis communis.*

GOUDELIN (PIERRE), jurisconsulte, né à Ath, dans le Hainaut, en 1550, professa le droit à Malines, puis à Louvain, où il mourut en 1619, à 89 ans, laissant *De jure novissimo*, etc.

GRÆFE ou GRÆVIUS (JEAN-GEORGES), né en 1632, à Naumbourg en Saxe, quitta la jurisprudence pour les lettres, qu'il cultiva avec célébrité, et mourut à Utrecht, professeur d'histoire, en 1703, à 71 ans. On a de lui, entre autres ouvrages, le *Trésor des antiquités romaines.*

GRATIANUS, en français GRATIEN, est renommé comme Canoniste, par ses compilations et ses travaux sur les canons des apôtres, des conciles, sur les décrétales des papes, etc. Il naquit à Chiusi, petite ville de Toscane, et mourut vers le milieu du 12e siècle.

Gratien était-il moine ? Le fait est controversé; moine, ou non, il est devenu à jamais célèbre par la publication de la compilation intitulée *Décret* ou *concordantia, discordantium canonum*, parce qu'il tâche d'y concilier les canons qui semblent contraires les uns aux autres. Il la publia vers 1151. Comme il s'est trompé quelquefois en prenant un canon d'un concile, ou un passage d'un père pour un autre, et qu'il a souvent cité de *fausses décrétales*, divers auteurs ont travaillé à corriger ses défauts, et principalement Antoine Augustin dans son ouvrage intitulé : *De emendatione Gratiani*, dont Baluze a donné une excellente édition. C'est principalement au *décret de Gratien*, que les papes sont redevables de l'immense autorité qu'ils ont exercée dans le 13e siècle et dans les suivans ; toutes leurs prétentions y sont appuyées de *canons supposés;* mais alors on n'avait pas assez de critique pour en découvrir et en démontrer la fausseté. Le décret de Gratien fait une des principales parties du droit canon.

GRAVINA (JEAN-VINCENT), né dans la Calabre, le 18 janvier 1664, fut professeur en droit au collége de la Sapience à Rome ; il est mort dans cette ville en 1718, âgé de 54 ans. Son ouvrage principal, sur l'origine et les progrès du droit civil, est écrit d'un style élégant et fleuri, avec beaucoup d'ordre et de netteté : on lui a reproché de n'être pas assez profond.

GRÉGOIRE XIII, (HUGUES BUONCOMPAGNO), né à Bologne à la fin du 16e siècle, succéda au pape Pie V en 1552, et mourut en 1585, âgé de 83 ans. Très-instruit dans la jurisprudence civile et canonique, il en avait donné des leçons dans sa patrie et il parut avec distinction au concile de Trente. Il fit célébrer à Rome le massacre de la Saint-Barthélemy, et accorda, à cette occasion, des indulgences plénières. Il refusa néanmoins d'excommunier Henri IV et le prince de Condé. C'est sous lui qu'eut lieu la réformation du calendrier appelé aujourd'hui *Grégorien*, du nom de son auteur.

GRIMAUDET (FRANÇOIS), avocat du roi au présidial d'Angers sa ville natale, et ensuite conseiller au même siége, mort en 1580 à 68 ans. Ses *œuvres* comprennent plusieurs traités de droit, réunis en 1 vol. in-8°.

GROSLEY (PIERRE-JEAN), naquit à Troyes (Champagne) le 18 novembre 1718. Après s'être fait recevoir avocat, il alla en Italie en 1745, fit la campagne de 1746, revint ensuite à Troyes exercer sa profession, et fut nommé syndic de son ordre en 1751. Il fit de nouveaux voyages en Italie, en Angleterre, en Hollande, et mourut le 4 novembre 1785. Il était associé de l'académie des inscriptions et belles-lettres. Il a laissé plusieurs ouvrages de droit, d'histoire et de littérature. On lit avec intérêt ses *recherches pour servir à l'histoire du Droit français*. Sa vie écrite par lui-même est curieuse, et peint à merveille son originalité.

GRONOVIUS (JEAN-FRÉDÉRIC), né à Hambourg en 1611, professeur à l'université de Leyde, mort en cette ville le 28 décembre 1671, à 60 ans, a laissé *Notæ ad lib. H. Grotii de jure belli ac pacis*.

GROTIUS (HUGUES, en flamand, *van Groot*, c'est-à-dire, Le Grand, l'un des plus grands publicistes et des plus savans hommes qui aient paru en Europe, naquit à Delft le 10 avril 1583. Il n'avait pas encore 16 ans accomplis quand il publia son *Martianus Cappella* avec des notes.

Il accompagna en 1598, Barnevelt, ambassadeur de Hollande en France, il plaida avant l'âge de 17 ans, et fut fait avocat-général à 24. En 1613 on le nomma syndic de Rotterdam; son attachement pour Barnevelt le fit condamner à une prison perpétuelle, et renfermer dans le château de Lovenstein. Le 6 juin 1619, il se sauva par l'adresse de Regerbeg sa femme, qui lui envoya des livres dans un grand coffre, où il se mit un jour, et sortit ainsi de prison. Il se retira en France, où Louis XIII, lui donna une pension. Il rentra ensuite en grâce auprès du prince d'Orange, mais de nouvelles persécutions suscitées par l'intolérance, le forcèrent encore à chercher un asyle au dehors. Il fut accueilli par la reine de Suède, Christine, qui l'envoya comme ambassadeur en France, où il resta onze ans. Il mourut le 28 août 1645 à 62 ans; son principal ouvrage est son traité de *jure belli ac pacis*, qui fut accepté en Europe comme l'expression la plus exacte du droit des nations. Il composa cet ouvrage en français à Balagni, près Senlis; il le dédia à Louis XIII.

Cet ouvrage a été souvent traduit, annoté et commenté. Daguesseau en faisait grande estime, et le préférait à celui de Puffendorf dont il n'avait jamais pu achever la lecture, dit-il, t. 1, p. 296.

GROTIUS (GUILLAUME), frère puîné de Hugues, né à La Haye en 1597, mort en 1662, à l'âge de 65 ans, était avocat; il a écrit sur la vie des jurisconsultes cités aux Pandectes, et sur les principes élémentaires du droit naturel.

GUDELINUS. *Voyez* GOUDELIN.

GUENOIS (PIERRE), lieutenant particulier à Issoudun (Berry) dans le 16e siècle, est auteur de la *Conférence des ordonnances* publiée en 1578, et *Conférence des coutumes* en 1596, ouvrages de patience, utiles pour faciliter les recherches.

GUESLE (JACQUES DE LA), fils d'un illustre magistrat de ce nom, (mort dans la Beauce en 1588, après s'être démis de sa place de président à mortier), naquit en 1557, et succéda à son père dans les fonctions de procureur-général au parlement de Paris, où il se distingua comme lui. Il eut le malheur d'avoir en quelque sorte causé la mort de Henri III, en introduisant Jacques-Clément dans la chambre de ce monarque : mais, indigné de ce lâche assassinat, il frappa le meurtrier de son épée et le blessa grièvement.

Quoique très-attaché à la religion catholique, il servit Henri IV avec beaucoup de zèle, et mourut en 1612 à 55 ans, laissant un *recueil de remontrances*; etc.

GUNDLING (NICOLAS-JÉRÔME), *Gundlingius*, né à Nuremberg en 1671, professa successivement la philosophie, l'éloquence et la jurisprudence à l'université de Halle où il est mort, recteur, en 1729 à 58 ans. On a de lui *jus naturæ et gentium*; etc.

GUY DU ROUSSEAU DE LACOMBE, avocat au parlement de Paris, y est mort en 1749. Il est auteur d'un *recueil de Jurisprudence*, in-4° en forme de dictionnaire, sur un plan très-analytique, et qui aurait mérité d'être continué.

GUYOT (PIERRE-JEAN-JACQUES-GUILLAUME), natif d'Orléans, a été juge au tribunal de cassation. C'est lui qui a mis en ordre et publié le *Répertoire universel et raisonné de jurisprudence criminelle, canonique et bénéficiale*, dont M. Merlin, ancien procureur-général à la Cour de cassation a donné plusieurs éditions augmentées de ses savans plaidoyers devant la Cour de cassation, avec l'indication du droit nouveau.

GUY-PAPE et mieux (GUY DE LA PAPE), était originaire de la ville de Lyon, où il exerça pendant quelque temps la profession d'avocat; il s'établit à Grenoble, où il fut avocat consistorial, puis conseiller au conseil Delphinal, érigé depuis en parlement par Louis XI qui, étant sorti de la cour par l'ordre de Charles VII son père, s'était retiré en Dauphiné. Ce prince envoya Guy de la Pape à la cour pour tâcher de faire sa paix avec le roi, qui ne voulut point écouter sa prière en faveur d'un fils dont il avait apprécié le sombre caractère. Louis XI, qui jugeait des services qu'on lui rendait par le succès, conçut contre Guy de la Pape une haine qui l'obligea à donner la démission de sa charge; il mourut en 1472. Auteur de *Decisiones*.

H.

HALOANDER (Greg.) naquit dans l'électorat de Saxe. Il se servit, pour former le texte de son édition des *Pandectes*, du manuscrit de Florence, de quelques autres manuscrits et des notes d'un grand nombre de savans; il consulta, à ce que l'on prétend, 15 manuscrits pour publier le *Code.* Il avait dessein de donner une nouvelle édition des *Pandectes* avec des corrections, et il avait entrepris dans cette vue un voyage en Italie; mais la mort le surprit à Venise, en 1532. Ménage a dit de lui : *Tot locos Pandectarum corrigendo corrupit, ut nescias plus-ne obfuerit quam profuerit juris scientiæ.*

* HARLAY (Achille de), premier président au parlement de Paris, naquit le 7 mars 1536, de Christophe de Harlay, président à mortier au même parlement, et l'un des plus doctes et des plus intègres magistrats de son temps. Achille fut conseiller au parlement à 22 ans, président à 36, et premier président après la mort de Christophe de Thou, son beau-père. Il exerça sa charge avec une sagesse et une intégrité admirables. On trouve en lui un des types de ce courage civil dont les magistrats français ont offert les plus beaux exemples. Il répondit courageusement aux chefs de la ligue : « Mon ame est à Dieu, mon cœur au » roi, quoique mon corps soit au pouvoir des méchants. » Il mourut le 23 octobre 1616 à 80 ans.

* HARLAY (Achille de), fils d'Achille de Harlay, deuxième du nom, fut conseiller, procureur-général, puis premier président au parlement de Paris; il se démit de cette dernière charge en 1707, et mourut le 23 juillet 1712, à 73 ans. Ce fut aussi un magistrat très distingué, mais enclin à la plaisanterie plus que ne le comportait la gravité de ses fonctions. — On cite de lui une foule de bons mots, et peut-être lui en a-t-on prêté qui ne sont pas de lui. Je n'en citerai qu'un : dans une affaire de rapport, un tiers des juges causait, un tiers dormait, et l'autre tiers était assez attentif. « Si messieurs qui causent, dit le premier président, fai-

» saient comme ceux qui dorment, messieurs qui écoutent » pourraient entendre. »

*HEINECCIUS (JEAN-GOTLIEB), né à Eisenberg, dans la principauté d'Altenbourg, en 1681, quitta le ministère et la prédication pour se livrer tout entier à l'étude de la jurisprudence. A l'exemple des jurisconsultes romains, il commença par l'étude de la philosophie : le cours qu'il en fit à Halle en 1710, et les ouvrages qu'il publia sur cette science, n'étaient pour lui qu'une préparation. En 1716, il se fit agréger à la faculté de droit : il était alors âgé de 36 ans. En 1721 il obtint une chaire de droit, avec le titre de conseiller de cour. Sa grande réputation le fit appeler à Franeker en 1724 par les états de Frise; mais trois ans après le roi de Prusse le décida à accepter une chaire de droit à Francfort-sur-l'Oder. Il y resta jusqu'en 1723, et retourna ensuite professer à Halle, où il resta jusqu'à sa mort, arrivée en 1741. Heineccius a publié un grand nombre d'ouvrages sur toutes les parties du droit. Ses œuvres, *Opera ad universam jurisprudentiam pertinentia*, composent 9 volumes in-4°. Les humanistes estiment sa rhétorique qui a pour titre : *Fondamenta styli cultioris*. Les jurisconsultes mettent au premier rang ses *Antiquités* du droit romain; les professeurs et les étudians ne se lassent point de relire ses *Elementa institutionum*, ses *Recitationes*; son analyse des *Pandectes* est un chef-d'œuvre de précision. Ses *Dissertations académiques* offrent tous les genres d'érudition. En un mot, il est peu d'auteurs de droit qu'on lise avec autant de plaisir, et que l'on puisse étudier avec autant de fruit.

HÉNAULT (CHARLES-JEAN-FRANÇOIS), né en 1685 à Paris, où il est mort le 24 novembre 1770. Président honoraire au parlement, auteur d'un *Abrégé chronologique* de l'histoire de France, qui contient sur la législation et les institutions plus de notions et surtout des notions plus exactes que celles qu'on trouve dans d'autres histoires beaucoup plus étendues.

*HENRION DE PANSEY (PIERRE-PAUL-NICOLAS), né en 1742 à Tréveray, près Ligny (Lorraine), est mort à Paris dans sa quatre-vingt-huitième année, le 23 avril 1829. D'abord avocat au parlement de Paris, il fut, sous le gouvernement directorial, administrateur du département de la Marne. Il ne dédaigna point une modeste chaire de législation à l'école centrale de Chaumont. Élu ensuite membre de la Cour de cassation, il en est devenu successivement l'un des présidens de chambre et le premier président. Il a été aussi conseiller d'Etat, président du conseil d'Orléans, et ministre de la justice pendant quelques jours, sous le gouvernement provisoire, en 1814. Par sa haute vertu, sa science profonde, et la modeste simplicité de ses mœurs, il offrait dans sa personne le modèle accompli du vrai magistrat. Il n'avait pas seulement une intelligence parfaite de toutes les parties de notre législation et de nos antiquités historiques, sa raison éclairée avait su comprendre tous les avantages de notre constitution politique; et la connaissance exacte du passé était chez lui le principe le plus actif de son admiration pour nos institutions modernes. Voyez au commencement de ce volume, page 13.

HÉRICOURT (Louis de), [c'est ainsi qu'il signait], savant jurisconsulte, et le plus célèbre des canonistes français, né à Soissons en 1687, est mort le 18 octobre 1752, dans sa soixante-cinquième année. Il avait été de la congrégation de l'Oratoire.

HERVÉ (François) avait été reçu avocat au parlement de Rennes, le 2 mai 1775; en 1777 il s'était fixé à Paris. Il a laissé une *Théorie des matières féodales et censuelles*, qui comprend l'histoire de la formation des fiefs, et les questions qui s'élèvent sur les droits féodaux et sur les droits censuels. Ce traité est clair, méthodique et presque complet.

HEVIN (Pierre), né à Rennes en 1621, avocat distingué du parlement de Bretagne, mourut en 1692 à 71 ans; il a publié les *Arrêts du parlement de Bretagne*, etc.

HOFACKER (C.), auteur de *Elementa juris civilis Romanorum*, et de *Principia juris civilis romano-germanici*, ouvrage très-analytique.

HOFFMANN (Chrétien-Godefroi), né à Lauban (Lusace) en 1692, professa le droit naturel à Leipsig et à Francfort-sur-l'Oder, où il mourut en 1735, à 43 ans, laissant *Historia juris romani*, etc.

HOSPITAL. *Voyez* L'HOSPITAL.

HOTMANUS, HOTTOMANNUS, ou HOTOMANUS, en français HOTMAN (FRANÇOIS), naquit à Paris le 23 août 1524, d'une famille originaire de Silésie. Il professa le droit à Strasbourg, à Valence, à Bourges, où ses écoliers le sauvèrent du massacre de la St-Barthélemy. Il avait embrassé la réforme religieuse. Il quitta la France, et mourut à Bâle en 1590, dans sa soixante-sixième année. Il a laissé beaucoup d'ouvrages de droit, *Opera juridica*, 3 vol. in-fol.

HOTMAN (ANTOINE), frère du précédent, fut avocat-général au parlement de Paris du temps de la ligue et sous Henri IV. Il mourut en 1596. Il a aussi laissé plusieurs ouvrages.

HOUARD (DAVID), né à Dieppe en 1725, avocat, membre associé de l'Académie des inscriptions, et ensuite associé de l'Institut, est mort à Abbeville en 1802, à l'âge de 77 ans. Ses travaux ont eu principalement pour but l'histoire des *Lois et des coutumes anglo-normandes*. Voyez l'analyse que j'ai donnée sur ces ouvrages dans mes *Notices bibliographiques* à la suite de ma *Bibliothèque de droit*, tome 2, p. 680, édit. de 1832.

HUBER (ULRIC), *Huberus*, né à Dockum en 1636, professeur de droit à Franeker, auteur de *De jure civitatis*; *Prælectiones juris civilis*, etc., est mort en 1694, à 58 ans, laissant un fils, HUBER (ZACHARIE), qui mourut en 1732, et qui, professeur de droit à Franeker, comme son père, est auteur d'un livre intitulé : *De vero sensu atque interpret. legis IX*, etc.

HUSSON (MARTIN). On a de lui : *De advocato*, Paris, 1666, in-4°.

I.

IBELIN (JEAN D'), comte de Japhe et d'Ascalon, rédigea par écrit, vers l'an 1250, les lois et usages connus sous le nom d'*Assises de Jérusalem*, publiées pour la première fois en l'année 1099, mais qui avaient été corrigées et augmentées depuis à diverses reprises par Godefroy et ses successeurs. *Voyez* sur *les Assises de Jérusalem* la notice que j'ai insérée à la fin de la *Bibliothèque de droit*, édition de 1832, page 674.

IMBERT (JEAN), né à la Rochelle, avocat à Fontenay-le-Comte, depuis lieutenant-criminel au même siége. *Sa practique judiciaire* est un des plus vieux ouvrages que nous ayons sur le droit français. Il le composa d'abord en latin sous le titre de *Institutiones forenses*; il y en eut successivement trois éditions, dont une parut en 1542. Il le traduisit ensuite en français. Il s'était proposé de *rassembler tout ce qu'il avoit trouvé espars en plusieurs livres et auteurs, et autres lieux, et tout confus*, et de n'en faire *qu'un seul corps de pratique* tant civile que criminelle, « afin que dorénavant on n'eût plus la peine d'aller chercher en divers lieux de plus de cent volumes. » — Cet ouvrage a mérité les éloges des plus grands jurisconsultes. Cujas dit qu'il n'y en a pas de meilleur pour apprendre la triture de affaires : *quo ad trituram forensem nullus melior*. Dumoulin, dans sa préface sur l'ancien style du Parlement, parle des *institutiones forenses doctissimi et experientissimi viri Joannis Imberti Rupellani gallico sermone ab eodem donatæ*.

IRNERIUS, *studiorum juris in Occidente restaurator sæculo XII*, dit Pothier. *Voyez* ci-dessus *Histoire du droit français*, page 159 et suiv. et *Histoire du droit romain*, page 116.

ISIDORE DE SÉVILLE (St.), ISIDORUS HISPALENSIS, né à Carthagène vers 570, succéda à St. Léandre, son frère, sur le siége épiscopal de Séville en 600 ou 601, et mourut le 4 avril 636 à 66 ans, ou environ. On a de lui *Recueil de Canons*, etc. Ses *Etymologies* sont souvent citées par les interprêtes du droit romain.

IVES ou YVES (St.), évêque de Chartres, est mort en 1115, âgé de 80 ans. On a ses *OEuvres*. *Voyez*, dans la *Profession d'Avocat*, au *Dialogue des avocats* de Loisel, édit. de 1832, p. 172, une anecdote qui prouve sa probité et sa sagacité. Il a été canonisé, et il est ainsi devenu le *patron des avocats*. — On chante dans l'hymne de sa fête :

Advocatus, et non latro,
Res miranda populo,

dans ce temps-là.

St. Yves n'est pas le seul jurisconsulte qui ait été canonisé.—*Voyez* le livre assez curieux intitulé : *Joannis Roberti Elogia sanctorum quinquaginta juris peritorum.* Leodii (Liège), 1632, in-12. On trouvera ci-après la liste de ces 50 noms.

J.

*JEANNIN (Pierre), appelé communément le président Jeannin, né à Autun, en 1540; son père était tanneur. Il fut élève de Cujas. Avocat en 1569, choisi pour conseil des états de Bourgogne, en 1571; député du tiers-état aux états de Blois, où il se lia d'amitié avec Bodin et Guy Coquille; comme eux opposé aux Guises, opposé à la Saint-Barthélemy. Du reste, il fut du parti de la ligue par attachement pour la religion catholique. En 1595, Henri IV chercha à se l'attacher. Jeannin en parut surpris : « *Monsieur*, lui dit Henri, *j'ai toujours couru après les gens de bien, et je m'en suis bien trouvé.* » Jeannin s'attacha sincèrement à Henri IV, qui le fit d'abord conseiller, puis président au parlement de Bourgogne. Il l'envoya ensuite en ambassade, et l'employa à des *négociations* dont il se tira avec le plus grand succès. Sully en était presque jaloux. Le président Jeannin est mort à Paris, le 31 octobre 1622. En 1656 on a publié ses *Négociations*, ouvrage estimé des diplomates et dont Richelieu faisait son bréviaire pendant sa retraite à Avignon, disant qu'il trouvait sans cesse à y apprendre.

JOLY (Claude), né en 1607 à Paris, où il mourut le 15 janvier 1700, âgé de 93 ans, fut d'abord avocat, puis chanoine, chantre et official de l'église de Paris. Il était de la famille d'Antoine Loisel, et vivait avec lui dans l'intimité des frères Pithou. Éditeur des *Opuscules* de Loisel en 1656, il y inséra les vies de quelques jurisconsultes.

JOLY de FLEURY (Guillaume-François), né a Paris, le 11 novembre 1665, reçu avocat en 1695; avocat-général à la Cour des aides en 1700, et encore avocat-général au parlement de Paris en 1704, après la mort de son frère; en 1717 il devint procureur-général en remplacement de d'Aguesseau, promu à la dignité de chancelier de France. Joly de Fleury avait des connaissances très-étendues; instruit dans toutes les parties du droit, il s'était surtout appliqué à l'étude du droit et de la discipline ecclésiastiques. Cette étude lui fut fort utile dans toutes les questions qui s'agitèrent de son temps à l'occasion des refus de sacremens et de la bulle *Unigenitus*, et dans la commission ecclésiastique dont il fut membre en 1752. Il est mort le 25 mars 1756 à 81 ans, laissant des mémoires, des plaidoyers et des observations sur diverses parties de notre droit public. « Son nom, dit un journal du temps, passera à la » postérité avec ceux des L'Hospital, des Harlay, des Molé » et des d'Aguesseau. » Il a laissé trois fils, dont l'un lui succéda dans la place de procureur-général; l'autre fut avocat-général, et président à mortier; et le troisième fut conseiller d'Etat et contrôleur-général des finances. J'ai cité une lettre du procureur-général en tête de ma notice sur Omer-Talon, qui était de la même famille.

JOURDAN (Athanase-Jean-Léger), né en 1791, à Saint-Aubin-des-Chaumes, (Nièvre), se livra de bonne heure à l'étude du droit. Il était mon compatriote, et il a suivi quelque temps mes cours particuliers. Il fut reçu docteur en droit à la faculté de Paris en 1812. Il se mit en relation avec les principaux jurisconsultes d'Allemagne: envoyé en 1820 en Angleterre pour y étudier l'organisation des justices de paix, il étendit ses recherches à toutes les institutions judiciaires et politiques de ce pays. Il rapportait en France une riche provision d'extraits, de notes et d'observations, lorsqu'il mourut à Deal près de Douvres, le 27 avril 1826. Sa mort prématurée a excité de vifs regrets. Il fut un des collaborateurs de la *Thémis*, a travaillé au *Recueil des anciennes lois françaises* avec Isambert et Decrusy, a publié divers fragmens de droit romain récemment découverts à Rome par l'abbé Mai. Athanase Jourdan eût certainement fait un très-savant jurisconsulte.

JOUSSE (Daniel), conseiller au présidial d'Orléans, était né dans cette ville le 15 février 1704; il est mort en

1781, dans sa 77e année. Il fut le contemporain et l'ami de Pothier, son compatriote. Jurisconsulte aussi laborieux qu'instruit, il a commenté la plupart des ordonnances qui réglèrent les diverses matières du droit sous le règne de Louis XIV. Il a aussi travaillé au Commentaire de la coutume d'Orléans, de Pothier.

JOUY (Louis-François de), né à Paris, en 1714, avocat au parlement; se livra particulièrement aux matières ecclésiastiques et fut chargé des affaires du clergé; il mourut en 1771, à 57 ans, laissant: *Arrêts de règlemens; Usage de dîmes*, etc.

JULIEN (J.-Jos.) est l'auteur d'un *Nouveau Commentaire sur les statuts de Provence* et des *Élémens de jurisprudence selon les lois romaines et celles du royaume.*

JUSSIEUX de MONTLUEL, auteur des Instructions faciles sur les Conventions et Engagemens qu'on peut prendre dans la société.

JUSTINIEN. Son nom doit trouver place ici comme législateur. Il naquit le 11 mai 483, et parvint à l'empire le premier août 527. Le code qui porte son nom fut publié par son ordre en 529; revu et publié de nouveau en 534 sous le titre de *Codex repetitæ prælectionis*. Dans l'intervalle, l'an 530, il avait fait publier les *Pandectes*. *Voyez* ci-devant *Histoire du droit romain*, page 110.

K.

KAHL. *Voyez* Calvinus.

KOCH (Christophe-Guillaume de), né à Buchsweiler ou Bouxwiler, le 9 mai 1737, a été professeur à Strasbourg, correspondant de l'Institut National, membre du Tribunat, recteur de l'Université de Strasbourg, où il mourut le 25 octobre 1813, à 76 ans.—On a de lui *Abrégé et Tables des Traités de Paix*, etc.

L.

LABAT (Daniel-Pierre), né à Saint-Séver en 1725, bénédictin des Blancs-Manteaux, principal éditeur de *Conciliorum Galliæ tam editorum quàm ineditorum collectio*, et est mort à Saint-Denis en 1803, à 78 ans. Il avait fait profession à 17. Ses manuscrits ont passé entre les mains de D. Brial, son ancien confrère, et continuateur du *Recueil des Historiens de la France et des Gaules.*

LABBE (Philippe), né à Bourges en 1607, professa la rhétorique, la philosophie et la théologie dans différens colléges de son ordre, en province et à Paris, où il mourut en 1667 à 60 ans, laissant un grand nombre d'ouvrages. La *Nouvelle collection des Conciles* fut continuée après sa mort, par le père Cossart; Labbe était jésuite.

LACOSTE (Jean), Janus a Costa, né à Cahors vers 1560, professeur de droit à Toulouse, mourut en 1637, laissant : *Commentarius ad institutiones juris civilis*, etc.

LALAURE (Cl.-Nic.), né en 1722 à Paris, où il fut reçu avocat en 1746; nommé censeur royal en 1764; mort en 1781, à 59 ans. Son principal ouvrage est un *Traité des servitudes réelles*, etc.

LALLY-TOLLENDAL (Trophime-Gérard, *marquis* de), né à Paris le 5 mars 1751, y est mort le 11 mars 1830, a 79 ans, membre de l'Académie française. Fils du lieutenant général Lally, baron de Tollendal en Irlande, qui périt sur l'échafaud, il entreprit de réhabiliter la mémoire de son père et il y eût sans doute réussi, si la révolution ne fût venue détruire la cour souveraine de Rouen. Les mémoires qu'il publia dans cette occasion lui valurent l'honneur d'être mis sur le tableau des avocats du Parlement de Bordeaux. Député par la noblesse aux états généraux de 1789, il fit l'éloge de Necker dont il avait approuvé les projets de réforme. Il fut élevé à la pairie en 1815. On a de lui un *Plaidoyer* en faveur de Louis XVI, des mémoires et quelques écrits politiques.

LAMARE, *Voyez* MARE.

*LAMOIGNON. Dans l'oraison funèbre du P. de Lamoignon, mort en 1677, Fléchier dépeint cette famille comme une de celles, « où l'on ne semble né que pour » exercer la justice et la charité; où la vertu se commu» nique avec le sang, s'entretient par les bons conseils, » s'excite par les grands exemples. »

— C'était, parmi les enfans des Lamoignon, un devoir héréditaire de piété filiale d'écrire la vie de leurs pères, et de continuer ainsi des annales qui devenaient des leçons domestiques pour chaque génération.

LAMOIGNON (CHARLES DE), né le 1er juin 1514, d'une ancienne famille du Nivernais qui possédait dans cette province le fief de Cœurs. Ses ancêtres s'étaient distingués dans les armes; il fut le premier de son nom qui entra dans la magistrature. Il étudia en droit à Ferrare sous Alciat; suivit le barreau de Paris, et fut maître des requêtes et conseiller d'Etat. Il mourut en 1572, avant le chancelier L'Hospital, auquel il devait succéder.

LAMOIGNON (CHRÉTIEN DE), dixième fils de Charles, né en 1567, étudia le droit sous Cujas, devint successivement conseiller au Parlement en 1595, président aux enquêtes, conseiller de grand' chambre, et président à mortier en 1633.

*LAMOIGNON (GUILLAUME DE), premier président au Parlement de Paris, né en 1617, était le second fils de Chrétien de Lamoignon, seigneur de Baville. Jérôme Bignon lui donna des leçons et des conseils. Conseiller au Parlement, puis maître des requêtes en 1644, le jeune roi disait de lui : « Je n'entends bien que les affaires que M. de » Lamoignon rapporte. » Il devint premier président le 2 octobre 1658. En conférant de pareilles places, il faudrait que les rois pussent dire ce que Louis XIV disait de Lamoignon : « Si j'avais connu un plus homme de bien, et » un plus digne sujet, je l'aurais choisi. » — Lamoignon, appelé d'abord à connaître du procès de Fouquet qui avait été son ami, parvint à s'exempter de cette mission. Les efforts qu'il vit faire au ministère dans ce procès pour arriver à une condamnation, en faussant quelques règles, furent peut-être cause de la générosité avec laquelle ce grand magistrat soutint la cause des accusés dans la discussion de l'ordonnance criminelle de 1670, où il eut à lutter contre les tendances despotiques de Pussort et de Colbert. On doit à des conférences tenues chez lui par les meilleurs avocats d'alors, le volume in-4° connu sous le titre *d'Arrêtés de Lamoignon*. Il montra de la fermeté et de l'habileté dans la discussion des affaires ecclésiastiques. Ce fut lui qui prononça (sur les conclusions de son fils) l'abolition de l'indécente et ridicule procédure du congrès. C'est à lui que *le Lutrin* de Boileau fut en quelque sorte dédié. Il mourut le 10 décembre 1677. Son oraison funèbre fut prononcée par Fléchier.

LAMOIGNON (Chrétien-François de), fils aîné du précédent, naquit à Paris le 26 juin 1644. « Son père voulut être son premier maître, et ne se reposa sur personne » du soin de son éducation. » — Il voulut que son fils parût d'abord au barreau comme simple avocat; il plaida pendant deux ans; en 1666, il fut nommé conseiller au Parlement, maître des requêtes, et avocat-général. Ce fut sur ses conclusions que l'arrêt d'abolition du congrès fut prononcé par le premier président son père. Il fut fait président à mortier en 1690, se démit en 1707, et mourut le 7 août 1709. Il sut résister même à Louis XIV dans une occasion où l'on voulait l'obliger à livrer à ce monarque un dépôt de papiers qu'il tenait d'une personne compromise aux yeux du gouvernement.

LAMOIGNON (Guillaume II de), seigneur de Malesherbes, second fils du président Chrétien-François, né en 1683, avocat-général, président du Parlement, premier président de la Cour des aides, chancelier en 1750, mais sans avoir les sceaux. En 1763, Maupeou, qui voulait le supplanter, se fit donner le titre de vice-chancelier, que le Parlement refusa de reconnaître. En 1768 il se démit, et mourut en 1772, à 90 ans.

* LAMOIGNON de MALESHERBES (Chrétien-Guillaume), né à Paris en 1721, fils du précédent, et petit-fils du célèbre premier président. Il suivit la même carrière. Substitut du procureur-général, conseiller au Parlement, et après son père président de la Cour des aides.

En cette qualité, il porta devant Louis XV les célèbres remontrances de 1770 et 1771. Là se trouve cette réflexion si vraie et si souvent citée : « Personne n'est assez grand » pour être à l'abri de la haine d'un ministre, ni assez pe- » tit pour n'être pas digne de celle d'un commis. » Après la suppression du Parlement et de la Cour des aides, il fut exilé de Paris. Rappelé sous Louis XVI, il professa les mêmes principes de liberté. Choisi pour ministre en 1775, il fit le bien qu'il put, et se retira en même tems que Turgot avec lequel il était entré au conseil. Il s'y déplaisait, et a dit lui même « qu'un magistrat accoutumé à résister au » gouvernement et à lutter contre les abus de l'adminis- » tration, était peu propre à des fonctions ministérielles ; » et qu'on avait tort de les lui confier. »

Les lettres et les sciences occupèrent ses loisirs. Il était devenu membre de l'Académie des sciences en 1750, des inscriptions, en 1759 ; de l'Academie française, en 1775. — Il voyagea. A son retour, en 1787, peu de temps après l'assemblée des notables, on le rappela au ministère. « Mais, comme on n'avait voulu que se couvrir de la fa- » veur de son nom, on ne lui confia aucun pouvoir, et les » avis qu'il donna furent à peine écoutés. » Il se hâta de quitter cette position fausse, et donna sa démission.

Le roi ne pouvant le retenir, lui dit : « Vous êtes plus » heureux que moi ; vous pouvez abdiquer. »

Mais Louis XVI ayant été mis en accusation, Malesherbes se hâta de sortir de sa retraite, et vint offrir à ce roi malheureux des secours et des consolations. Voyez ci-devant, page 6. Après la mort de Louis, Malesherbes lui-même tomba sous la hache révolutionnaire le 22 avril 1794.

LANGLOIX (S.-Fr.), notaire, est auteur du *Traité des droits, priviléges et fonctions des notaires ; Principes généraux de la coutume de Paris.*

* LANJUINAIS (Jean-Denis), né en 1753 à Rennes, mort à Paris le 13 janvier 1827. Avocat, professeur en droit à l'université de Rennes, conseiller des états de Bretagne en 1779 : député aux états généraux de 1789, il prit une grande part aux travaux de l'assemblée constituante. Membre de la convention, il lutta contre les excès, réclama pour Louis XVI la garantie des accusés, montra en toute occasion un grand courage, et ne se sauva de la

proscription que par le dévouement de sa femme et d'une fidèle servante. Après la terreur il rentra au conseil des anciens par les votes simultanés de 73 départemens. Sénateur sous l'Empire, pair sous la Restauration, on l'a trouvé constamment parmi les défenseurs des principes constitutionnels et de la liberté. Ardent janséniste, il combattit sous toutes les formes et dans toutes les occasions les prétentions des ultramontains. C'est lui qui a dit : « qu'il y a » autant de *Libertés de l'Église Gallicane*, que Rome a » d'injustes prétentions. » M. de Lanjuinais a laissé un grand nombre d'opuscules. Il était fort lié avec l'abbé Grégoire.

LAURIÈRE (Eusèbe-Jacob de), né à Paris le 31 juillet 1650, mort le 9 janvier 1728, moins célèbre comme avocat, que comme jurisconsulte et comme érudit. Il a laissé des ouvrages justement estimés, a travaillé au recueil in-folio des *ordonnances*, fait un *Glossaire* du droit français utile pour l'intelligence des coutumes ; il a donné un commentaire exact, savant et analytique sur la coutume de Paris. M. Secousse, son collaborateur, a placé son éloge en tête du tome 2 des Ordonnances du Louvre.

LEBRET (Cardin), né en 1558 à Paris, où il est mort en 1655, dans sa 97e année, est auteur d'un *Traité de la Souveraineté du Roi.*—Un autre LEBRET (Alex.-Jean), avocat au Parlement de Paris, né à Beaune en 1693, mort à Paris en 1772, a écrit une *Instruction sur les Procédures civiles*.

LEBRUN (Denis), avocat, auteur du *Traité de la Communauté entre mari et femme*, est mort en 1708, avant que son livre parût. Il a laissé d'autres ouvrages.

LEEUVEN (Simon Van), *Leewius*, jurisconsulte hollandais, né à Leyde en 1625, exerça long-temps la profession d'avocat avec beaucoup de réputation dans sa ville natale ; il mourut à la Haye le 13 janvier 1682, à 57 ans. Il est auteur du recueil : *De origine et progressu juris civilis romani Authores, et fragmenta veterum jurisconsultorum, cum notis Arn. Vinnii et variorum*; etc. Il est peu de livres aussi utiles et qui renferment autant de choses.

LEGRAND, conseiller au présidial de Troyes, écrivit

son *Commentaire* sur les coutumes du bailliage de cette ville, en 1659.

LEGRAVEREND (JEAN-MARIE-EMMANUEL), né à Rennes en 1776, ancien chef de division des affaires criminelles au ministère de la justice, nommé député pendant les Cent-Jours, réélu en 1817, est mort en 1827, à 71 ans. Il a laissé un savant traité, en 2 vol. in-4°, sur la *Législation criminelle*, qu'il entendait fort bien.

LEIBNITZ (GODEFROY-GUILLAUME, baron de), *Leibnitius*, naquit à Leipsig, en 1649, du professeur de philosophie Frédéric Leibnitz. Docteur en droit à 20 ans; conseiller de la chancellerie de Mayence en 1669, conseiller aulique en 1676, président de l'Académie de Berlin en 1700; il reçut des distinctions de plusieurs souverains, et mourut en Hanôvre en 1716, âgé de 70 ans, après s'être distingué dans toutes les sciences et avoir cultivé plusieurs branches de la littérature. Il fut membre de la société royale de Londres. Il l'aurait été à Paris de l'Académie des sciences, s'il avait voulu embrasser la religion catholique. On a de lui un très-grand nombre d'ouvrages sur le droit, la philosophie, etc., etc.

LE MAISTRE (GILLES), né à Montlhéry vers l'an 1499, mort en 1562, premier président au Parlement de Paris, a laissé un recueil de ses *Œuvres*, contenant divers traités, notamment celui *des Criées*, qu'il a mis, dit-il, le premier, parce que *la misère des temps l'a rendu le plus nécessaire*.

*LE MAISTRE (ANTOINE), célèbre avocat au Parlement de Paris, où il est né le 2 mai 1608. Son père était maître des comptes, et sa mère était sœur du grand Arnauld. Son éducation fut commencée par son oncle Antoine Arnauld, qui avait quitté deux places de magistrature, et refusé celle d'avocat-général au Parlement de Paris, et de premier président au Parlement de Provence, pour se livrer à la profession d'avocat, dans laquelle il avait acquis une si grande réputation, que Henri IV et Sully voulurent l'entendre, et le faire entendre au duc de Savoie, qui était venu à la cour de France. C'est dans cette circonstance que Henri IV dit, après avoir entendu aussi Robert, adversaire de M. Arnauld : *Ventre Saint-Gris, il a raison*. Et après avoir en-

endu M. Arnauld : *Ventre Saint-Gris, il a raison aussi; je ne croyais pas le métier de juge si mal aisé.* En 1594, il plaida pour l'Université contre les Jésuites, au rappel desquels il s'opposa de tout son pouvoir. « C'était, dit l'au» teur de la notice sur Le Maistre dans les *Annales du Bar» reau*, un homme d'un talent distingué, d'une vertu sé» vère, d'une piété qui l'éloignait également des fureurs de » la Ligue et des écarts de la religion réformée. » C'était le *juste-milieu* de ce temps-là.

L'éducation de Le Maistre n'était pas achevée lorsque son oncle mourut; mais il termina de bonne heure son cours de droit, et commença à plaider dès l'âge de 21 ans. Il le fit avec un succès prodigieux. L'auteur des Mémoires de Port-Royal dit que : « C'était l'honneur et la langue du » Parlement. Quand il devait parler, il se faisait un con» cours prodigieux, et les plus fameux prédicateurs de» mandaient permission de ne pas prêcher ces jours-là, » afin de pouvoir assister aux plaidoyers de M. Le Maistre.» — Son mérite le fit nommer conseiller d'État. Le Maistre dut tant d'applaudissemens à ses qualités oratoires, à sa forte logique, à la correction et à l'élégance inaccoutumée de son style. Du reste, ses plaidoyers ont le défaut d'être trop chargés de citations; c'était un travers de l'époque auquel il n'a pu entièrement se soustraire; car s'il est donné aux orateurs de subjuguer la volonté des auditeurs, c'est un peu à condition de s'accommoder à leur goût.

Au milieu de tous ses succès, à peine âgé de 29 ans, Le Maistre prit subitement la résolution de quitter le monde, et il se retira à Port-Royal, où, pendant 20 ans, il se livra à d'autres études. — Il y mourut le 4 novembre 1698, à 51 ans. Ses *Plaidoyers*, qu'on ne lit guère aujourd'hui, ont été imprimés in-folio et in-4°. On peut prendre une idée de son genre d'éloquence dans les morceaux qui sont rappelés dans le tome Ier des *Annales du Barreau*, édit. de Warée, avec une notice de M. Philippe Dupin, aujourd'hui bâtonnier de l'ordre des avocats.

LENFANT (JACQUES), né à Bazoches, en Beauce, en 1661, fut ministre protestant à Berlin, et prédicateur du roi de Prusse. Il mourut en 1728, à 67 ans, laissant, entre autres ouvrages, l'histoire des Conciles de *Pise*, de *Constance* et de *Bâle*, histoire d'autant plus importante pour nous, que les maximes sur lesquelles portent nos libertés y ont été authentiquement reconnues. *Voyez* la Déclaration de 1682.

LESCHASSIER (JACQUES), jurisconsulte, né à Paris en 1550, avocat au Parlement, puis substitut du procureur-général. Il mourut en 1625 à 75 ans. Ses *OEuvres* ont été publiées par son neveu, Leschassier (Christophe), conseiller à la Cour des Comptes.

L'ESCORNAY (JACQUES DE), avocat, a publié, en 1650, *Apologie pour l'Honoraire, ou reconnaissance due aux Avocats, à cause de leur travail*, etc.

LEUNCLAV (JEAN), LEUNCLAVIUS, *en allemand* LOEWENKLAU, naquit en 1533 en Westphalie. Il mourut en 1593, à 60 ans. Ce fut un très-savant homme. Il a laissé *Librorum Basilicon*, etc., etc.

LEUVEN (VAN), *voyez* LEEUVEN.

LEYSER (AUGUSTIN), LEYSERUS, savant jurisconsulte, né à Wittemberg en 1663, fut professeur de droit dans cette ville en 1708, et à Helmstadt en 1712, président du consistoire général de la principauté, etc., et mourut en 1752, à 89 ans, laissant *Meditationes ad Pandectas*, etc.

LEYSER (A.), auteur de *Proxenetis*.

L'HOMMEAU (P. DE), auteur de *Maximes de Droit français; Commentaire sur la coutume d'Anjou*.

*L'HOSPITAL (MICHEL DE), naquit à Aigueperse en 1505, et mourut dans la retraite, en sa maison de campagne de Vignai, le 13 mars 1573, à 68 ans. Son père était médecin du connétable de Bourbon. Pendant l'exil de ce prince, l'Hospital suivit son père en Italie et il y acheva ses études. De retour en France, il fut successivement avocat, conseiller au Parlement de Paris, chancelier de la princesse Marguerite, chancelier de France. Il avait pour maxime : *Le bien du royaume*. Il était pour la tolérance religieuse; il détestait les guerres civiles et la persécution. *Excidat illa dies!* s'écriait-il douloureusement en parlant de la Saint-Barthélemy. On lui doit de bonnes lois et de beaux exemples de civisme, de grandeur d'ame et de courage civil; et, pour récompense, il faillit être assassiné! Pasquier désirait que tous les chanceliers et gardes-des-sceaux *moulassent leur vie sur la sienne.* Il a laissé des harangues, de belles *Poésies latines*, des *Mémoires* et des *Manuscrits*. J'ai donné l'analyse de ses pensées les plus saillantes, comme ministre, dans l'opuscule que j'ai publié en 1829 sous le titre de *Budget du XVIe siècle*, avec une *Notice* sur la vie, les œuvres et le caractère de ce *grand homme et rude magistrat*, comme l'appelait Brantôme.

Tous les traits dont peut se composer l'éloge de l'Hospital sont réunis dans ce passage que j'extrais du beau discours prononcé par M. Mallevergne, substitut du procureur-général à la cour royale de Limoges, à la rentrée de novembre 1834 :

« Magistrat infatigable, au palais avant le jour, au palais encore après la nuit ; — ministre courageux, résistant avec une inflexible fermeté à la violence des hommes de guerre, à l'ambition des hommes d'église, à l'avidité des hommes de cour ; — législateur profond, portant la lumière dans le chaos féodal du seixième siècle ; — préparant avec patience, au milieu des déchiremens de la guerre civile, et publiant avec courage, malgré la résistance opiniâtre des parlemens, les grands travaux de législation dont le siècle de Louis XIV devait accepter avec respect l'héritage ; — homme dont les idées et les mœurs formaient un vivant contraste avec les mœurs et les idées de son siècle ; — Philosophe au milieu d'une nation barbare ; tolérant au milieu d'un peuple fanatique ; fermement attaché aux vieilles institutions de son pays, et cependant défenseur intrépide des novateurs persécutés ; — fortement dévoué à l'antique religion de ses pères, et cependant adversaire infatigable des supplices infligés aux réformateurs ; — homme qui fut grand aux yeux de son siècle, et qui grandira chaque jour aux yeux de la postérité ! »

LINGUET (Simon-Nicolas-Henri), né à Reims le 14 juillet 1736, mort révolutionnairement le 9 thermidor an II. L'inconstance qui le tourmenta toute sa vie se manifesta dès le commencement de sa carrière ; littérateur, poète, journaliste, pamphlétaire, ce fut seulement à 28 ans qu'il se décida à entrer au barreau, moins dans l'intention d'exercer cette noble profession avec des dispositions vertueuses, qu'avec le dessein avoué d'y gagner de l'argent. Aussi ne fut-il reçu qu'avec répugnance dans un ordre où les stages étaient sévères, et où de semblables précédens trouvaient peu de sympathie. Dans toute sa vie, Linguet se montra paradoxal; il soutenait indifféremment les thèses les plus contradictoires, visant seulement à l'effet, et ne rencontrant le plus souvent que le scandale. Il eut toutefois des succès éclatans; les plus notables sont ceux qu'il obtint par ses mémoires pour le duc d'Aiguillon, et par son plaidoyer pour le comte de Morangiez. Il ne tarda pas à se replonger dans une polémique virulente et passionnée qui appela sur lui les sévérités de son ordre, et il fut rayé du tableau le 11 février 1774. Cet échec augmenta ses emportemens; sa plume ne respecta rien; et ses excès lui valurent l'emprisonnement et l'exil. Il voyagea, et ne fut pas plus heureux en pays étranger. Survint la révolution, et quoique, de fait, on puisse dire que toute sa vie avait été *révolutionnaire*, il périt victime du tribunal révolutionnaire. Dans sa jeunesse il avait écrit *pour les jésuites*, plus tard il écrivit contre *La Chalotais*; c'est peut-être la seule fois qu'il ait été conséquent avec lui-même. Le malicieux Voltaire trouvait Linguet trop mordant : *Cet homme*, disait-il, *est pire que l'Arétin.* Si je lui ai donné place dans cette notice, c'est comme un exemple à éviter au milieu de tant de modèles à suivre. Dans les *Annales du Barreau français*, tome 6, M. Philippe Dupin a donné sur Linguet une notice assez étendue et très-instructive. Linguet a laissé une multitude d'écrits.

LIPENIUS (MARTIN), né à Gortze (Brandebourg) en 1630, fut successivement co-recteur du gymnase de Halle, recteur et professeur du gymnase Carolin de Stettin, co-recteur de l'Académie de Lubeck, où il mourut en 1692, à 62 ans. On a de lui *Bibliotheca realis juridica*, etc.

LIPSE (JUSTE), LIPSIUS, né à Isque (Overhissche) en 1547, professeur d'histoire à Iéna, à Leyde et à Louvain, historiographe de Philippe II, roi d'Espagne, conseiller d'Etat de l'archiduc Albert, mourut en 1606, à 59 ans. *Justi Lipsii leges regiæ et decemvirales*, le rattachent à la jurisprudence.

LITTLETON (THOMAS), né à Frankley (Angleterre) vers le commencement du quinzième siècle, juge de la Cour du Palais, puis successivement sergent du roi, shérif du comté du Worcester, juge des plaids-communs, chevalier du Bain, mourut le 23 août 1481. On a de ce célèbre magistrat *Anciennes Lois des Français, conservées dans les coutumes anglaises, etc.* — *Voyez* dans mes *notices bibliographiques*, page 680, celle que j'ai donnée sur les lois *anglo-francaises*.

Il ne faut pas confondre Thomas Littleton avec LITTLETON ou LYTTLETON (EDOUARD, lord), garde du grand-sceau d'Angleterre sous Charles Ier, qui mourut à Oxford en 1645, considéré comme l'un des plus profonds jurisconsultes d'Angleterre.

LIZET (PIERRE), né à Saint-Flour en Auvergne, vers 1482, fut successivement avocat, conseiller, avocat-général, premier président au Parlement de Paris en 1529. Ayant indisposé contre lui la maison de Lorraine, alors toute-puissante à la cour, il fut forcé de donner sa démission en 1550, et mourut en 1554, après avoir obtenu, en considération de sa pauvreté, l'abbaye de Saint-Victor.

LOGER (CLAUDE), auteur des *Conjectures sur l'Origine du Droit français*. On lit avec intérêt cette dissertation, qui se trouve au commencement de la *Bibliothèque des Coutumes*.

*LOISEL (ANTOINE), né à Beauvais en 1536, fut élève du célèbre Ramus, qui le nomma son exécuteur testamentaire. Suivant le barreau à Toulouse, il se lia avec Cujas et Pithou; accompagna le premier à Cahors, à Bourges, à Paris, à Valence, et fut ensuite reçu avocat au Parlement de Paris. Puis il fut successivement substitut du procureur-général, conseiller au trésor, avocat de Monsieur, frère du roi, de la reine Catherine de Médicis, du duc d'Anjou; avocat du roi en la chambre de justice de Guyenne, procureur du roi en la chambre de justice de Limoges, et mourut à Paris en 1617 à 81 ans, laissant plusieurs ouvrages tous remarquables : *Institutes coutumières*, *Pasquier, ou Dialogue des Avocats du Parlement de Paris*. Antoine Loisel est un des hommes dont l'Ordre des avocats doit le plus honorer la mémoire. On trouve au commencement de ses opuscules sa vie écrite par Claude Joly, Paris, 1652 in-4°.

LORRY (PAUL-CHARLES), né à Paris en 1719, avocat

au Parlement, conseiller d'Etat, professeur de droit à l'Université de Paris, où il s'acquit une grande réputation comme jurisconsulte. Il mourut en 1766 à l'âge de 47 ans, laissant plusieurs ouvrages de droit.

LOYSEAU DE MAULÉON (Alexandre-Jérome), avocat au Parlement de Paris, né en 1728, se fit une réputation par son éloquence et par son désintéressement; il fut lié avec J.-J. Rousseau : ayant quitté de bonne heure le barreau, il acheta une charge de maître des comptes à Nancy. Il mourut à Paris en 1771 dans sa 43e année. Ses *plaidoyers* ont été imprimés en 2 vol. in-4°.

*LOYSEAU (Charles), né à Nogent-le-Roi en 1566, avocat au Parlement de Paris, est mort en 1627, à l'âge de de 61 ans. Il tient un rang distingué dans le petit nombre des *bons jurisconsultes*. Ses ouvrages sur des matières qui ont cessé d'être en usage (par exemple son *Traité des Offices*), conservent encore un très-grand mérite sous le rapport historique; leur lecture est extrêmement instructive, et son style très-piquant. (V. ci-devant pp. 7 et 432.) Feu M. Henrion de Pansey professait la plus haute estime pour cet auteur.

M.

MAISTRE, *voyez* le Maistre.

MALESHERBES, *voyez* Lamoignon.

MANTICA (Franc.), né à Udine en 1534, professeur de droit à l'Université de Padoue, puis auditeur de Rote, est mort cardinal, à Rome, en 1614, âgé de 80 ans. On a de lui *De conjecturis ultimarum voluntatum*, et *Lucubrationes de tacitis et ambiguis conventionibus*.

MARCA (Pierre de), né à Gant, en Béarn, en 1594, mourut en 1662, dans sa 68e année. Conseiller au conseil souverain de Pau, président de ce conseil érigé en parlement par Louis XIII, devenu conseiller d'Etat en 1639; il entra plus tard dans les ordres, et il fut évêque de Couserans, de Toulouse et archevêque de Paris. Sa réputation est celle d'un savant théologien ; elle lui a été acquise principalement par son traité : *De concordiâ sacerdotii et imperii, et de libertatibus ecclesiæ gallicanæ.*

MARE (Nicolas de La), né en 1639 à Noisy-le-Grand, procureur, puis commissaire au Châtelet, fut engagé à entreprendre le *Traité de la police* par le premier président de Lamoignon. Il y travailla jusqu'à sa mort, arrivée le 25 avril 1723 ; il était alors dans sa 84e année.

MARILLAC (Michel de), né à Paris en 1563, fut successivement conseiller au parlement de Paris, maître des requêtes, conseiller d'Etat, surintendant des finances et garde des sceaux. Entré dans le parti de la reine-mère contre Richelieu, et compromis dans le complot formé pour renverser le cardinal-ministre, il fut arrêté et transféré de prison en prison : du château de Caen à Lisieux, et de Lisieux à Châteaudun, où il mourut le 7 août 1632, dans la 69e année de son âge, deux mois après l'exécution de son frère le maréchal, laissant à peine de quoi fournir aux frais de ses funérailles. Le garde des sceaux Marillac a laissé dans les fastes de la législation une grande et belle ordonnance, qu'il rédigea sous le règne de Louis XIII, sur les plaintes et doléances des états-généraux tenus à Paris en 1614. Elle fut publiée en parlement le 15 janvier 1629 ; mais comme elle blessait quelques préjugés aristocratiques, elle resta sans exécution. Pothier l'appelle *la belle ordonnance.* Ceux auxquels elle avait déplu l'ont appelée le *code Michau*, par dérision et par allusion au nom de Michel qui était celui du garde des sceaux.

MARION (Simon), né à Nevers, avocat, plaida pendant 35 ans avec un grand succès ; il devint ensuite président aux enquêtes, puis avocat-général au parlement de Paris, où il mourut le 15 février 1605, à 65 ans. Ses plaidoyers ont été imprimés en 1594. L'historien de Thou, le cardinal du Perron, et les autres savans de son temps, font de lui le plus grand éloge. Catherine Marion, sa fille, épousa Antoine Arnauld et fut mère de *vingt enfans célèbres.*

MARTENS (Guillaume-Frédéric de), né à Hambourg le 22 février 1756, mort à Francfort en 1821, fut successivement professeur de droit public à Gœttingue, conseiller aulique de Hanovre, rédacteur des procès-verbaux des conférences au Congrès de Vienne en 1814. Il a publié un *Recueil des principaux traités de paix, d'alliance*, etc.

MARTENS (CHARLES, baron DE). On a de lui : *Causes célèbres du droit des gens; Précis du droit des gens moderne de l'Europe.*

MARVILIUS (ANT.) donna ses soins à une nouvelle édition du *Codex Theodosianus cum perpetuis commentariis Jac. Gothofredi*, etc.

MASCARDI (JOSEPH), ecclésiastique et juriconsulte italien, né à Sarzana vers la fin du 16e siècle, fut vicaire général de Saint-Charles-de-Borromée. Il n'en cultiva pas moins la jurisprudence avec succès, et mourut vers 1630, dans sa patrie, laissant : *De probationibus conclusiones*, etc.

MASUER, né en Auvergne, avocat à la sénéchaussée du Bourbonnais en 1560, mort en 1588, auteur de l'ouvrage intitulé *de practicâ forensi*, traduit en français par Fontanon, avec des notes. Dans sa dédicace latine, ce traducteur dit qu'il s'est déterminé à travailler sur Masuer parce qu'il le voyait *fréquemment cité par les meilleurs auteurs*, et qu'en y recourant il a en effet reconnu qu'il expliquait non-seulement les règles de la procédure, mais aussi les principes du droit, *dilucidè, acutè ac breviter.*

MAULTROT (GABRIEL-NICOLAS), né à Paris en 1714, reçu avocat le 6 juillet 1733, est mort au mois de ventôse an XI, à 89 ans, après avoir publié de nombreux écrits. Il a travaillé au bel ouvrage intitulé *Maximes du droit public français.*

MEERMAN (GÉRARD), né à Leyde en 1722, fut conseiller-pensionnaire de Rotterdam en 1748 et conseiller au haut tribunal de la Vénerie de Hollande et de West-Frise en 1766. Il mourut en 1771 à 49 ans, connu surtout par ses *Origines typographicæ*. C'est entre ses mains qu'ont passé, à l'exception d'un petit nombre, les manuscrits du collége de Clermont ou des jésuites à Paris. Avant de publier son *Thesaurus juris civilis et canonici*, il en avait donné le programme sous le titre de *Conspectus thesauri*. La table des pièces comprises dans le trésor de Meerman se trouve dans la *Bibliothèque de droit*, édit. de 1832, sous le nº 800.

MEERMAN (JEAN), fils unique du précédent. Il naquit en 1753 et mourut en 1815, à 62 ans. Directeur des beaux-arts et de l'instruction publique sous Louis Bonaparte, comte de l'empire et sénateur lors de la réunion de la Hollande à la France. Il a laissé plusieurs ouvrages, et a légué à la ville de La Haye la riche bibliothèque de son père, augmentée par lui.

MENOCHIUS (JACQUES), né à Pavie en 1532, fut professeur de droit à Mondovi, à Padoue et dans sa ville natale. Philippe II, roi d'Espagne, le nomma sénateur et l'un des présidens du conseil du Milanez. Il mourut en 1607, à 75 ans, laissant : *De præsumptionibus, conjecturis, signis et indiciis*, etc.

MÉRILLE (EDMOND), MERILLUS, né à Troyes en 1479, fut professeur de droit à Cahors et à Bourges, et mourut en 1547, à 68 ans, auteur de *Commentarii in institutionum quatuor libros*. Ses autres ouvrages ont été rassemblés dans une édition donnée à Naples, par Gennaro, en 1720. Mérille fut un des plus grands adversaires de Cujas; les critiques et les répliques auxquelles donna lieu cette controverse ont été insérées dans le *Promptuarium Albunensis*, qui forme le complément de l'édition donnée à Naples des œuvres de Cujas; mais Fabrot ne voulut pas les insérer dans la sienne, *ne manes iratos Cujacii haberet*.

MEY (CLAUDE), né à Lyon, le 16 janvier 1712, reçu avocat à Paris le 14 août 1739, est mort le 24 prairial an IV, dans sa 56e année. Son principal titre dans la science du droit est sa coopération aux *Maximes du droit public français*, ouvrage dans lequel, dit Camus, on développe avec une érudition immense et une libre énergie, les principes de tout gouvernement en général, et ceux du gouvernement français en particulier. La flatterie qui enhardit le despotisme et la mollesse qui le laisse régner paisiblement, y sont combattus avec une égale force.

MILLELOT (JEAN-ÉTIENNE), né à Clamecy (Nièvre), le 6 octobre 1795, mort en 1822, au moment où il commençait à réaliser les plus belles espérances. Il fit son droit sous ma direction. Il plaida avec une éloquence remarquable dans la cause de Rosa Marcen, femme du fameux comte de Sainte-Hélène. Il fut l'un des principaux rédacteurs de la *Thémis*, et donna sur Patru une notice pleine d'intérêt en tête de ses plaidoyers dans les *Annales du barreau français*.

MIRAULMONT (Pierre de), né à Amiens vers 1550, fut conseiller du roi en la chambre du trésor, puis lieutenant-général et prévôt de l'hôtel et grande prévôté de France. Il a laissé des *Mémoires sur l'origine et institutions des cours souveraines et justices royales étant dans l'enclos du palais*, etc.

MOLÉ (Édouard), né vers 1550, était fils de Nicolas Molé, conseiller au parlement de Paris, dont la famille était originaire de Troyes, où elle avait exercé des fonctions municipales dès l'année 1429. — Édouard Molé n'était encore que conseiller au Parlement de Paris, lorsqu'il se trouva enveloppé, avec toute sa compagnie, dans les événemens de 1589. Les ligueurs le jetèrent dans les cachots de la Bastille. N'ayant pu s'échapper, il fut contraint d'accepter le titre de procureur-général de la fraction du Parlement restée à Paris, et de prêter serment à la Ligue. Cependant il tenait toujours pour Henri IV; il négocia en secret son abjuration, et ce fut sur ses conclusions que le Parlement rendit, le 28 juin 1593, le célèbre arrêt qui maintient la loi salique, en déclarant que : « La couronne » de France ne pouvait passer ni à des femmes ni à des » étrangers. » Henri IV donna à Molé une charge de président à mortier, qui est restée dans sa famille jusqu'à la suppression du Parlement, en 1790. Molé mourut en 1614.

*MOLÉ (Matthieu), fils du précédent, né à Paris en 1584, fut successivement conseiller au Parlement en 1606, président de chambre aux enquêtes en 1610, procureur-général en 1614, premier président en novembre 1641, garde-des-sceaux dix ans après, en 1651. Il eut à lutter contre le despotisme de Richelieu, contre les intrigues de la Fronde, l'ambition des princes et la rouerie séditieuse du cardinal de Retz, les actes arbitraires de Mazarin, et les actes violens des émeutiers de la Fronde. Dans ces situations si diverses, toujours le même, par sa droiture et son intrépidité il surmonta toutes les difficultés et força ses ennemis même, non pas à l'aimer ni à le ménager, mais du moins à l'admirer. Comme procureur-général il revendiqua en faveur de Marillac le renvoi devant ses juges naturels. Lavalette est condamné irrégulièrement, le procureur-général refuse de se charger de l'exécution de l'arrêt. L'abbé de Saint-Cyran a déplu à Richelieu qui voudrait lui faire éprouver le sort d'Urbain Grandier; les instances de Molé font ajourner le procès, et la mort de Richelieu vaut absolution pour l'accusé. Devenu premier président il marche à la tête de sa compagnie, et va *à travers les barricades* réclamer au Palais-Royal deux conseillers enlevés arbitrairement par ordre de la cour. Assailli à son retour par les factieux, il reste presque seul au milieu de la dispersion des siens, n'ayant pour égide que son sang-froid, la dignité de son maintien, la fermeté de ses discours, et ce qui, même à la guerre, est réputé le plus difficile, il opère sa retraite en présence de l'ennemi, au *petit pas*, au milieu des injures, des exécrations et des blasphèmes de ces furieux. Dans une autre circonstance, un des émeutiers appuie son mousqueton sur le front du premier président, menaçant de le tuer. Molé, sans détourner la tête, sans écarter l'arme, lui dit froidement : « Quand vous m'aurez » tué, il ne me faudra que six pieds de terre. » Cela rappelle le mot de l'abbé Maury qu'on voulait mettre à la lanterne : « Eh bien! dit-il à ceux qui vociféraient contre lui, » quand vous m'aurez mis à la lanterne, en verrez-vous » plus clair? »

— Le cardinal de Retz, qui raconte lui-même ces faits, ajoute immédiatement : « Si ce n'était une espèce de blas- » phème de dire qu'il y a quelqu'un, dans notre siècle, de » plus intrépide que le grand Gustave et le prince de Condé, » je dirais que ç'a été M. Molé, premier président. »

On conçoit que ce *courage civil* si rare, tandis que le *courage militaire* est si commun, ait fourni le sujet d'un tableau dont la copie devrait se trouver dans l'enceinte de toutes les cours souveraines, *Matthieu Molé imposant aux factieux*. [1]

[1] Ce tableau, peint par Vincent, est dans la salle des conférences de la Chambre des députés.

— Il était garde-des-sceaux quand son hôtel fut assailli par une émeute. Ses gens effrayés se barricadent; Schomberg lui offre des troupes pour le protéger; Molé refuse, et, à l'exemple du chancelier de l'Hospital, il ordonne d'ouvrir les portes. Il se présente seul aux factieux : — *Si vous ne vous retirez à l'instant*, leur dit-il, *je vous fais tous pendre.* Et ces misérables s'enfuirent épouvantés, comme si la main de justice eût été ouverte sur chacun d'eux.

— Le cardinal de Retz rend encore à Molé ce témoignage, *qu'il voulait le bien de l'État préférablement à toutes choses.* Molé mourut le 3 janvier 1656. Il ne nous reste aucun monument de son éloquence. Elle était, dit-on, inculte et même incorrecte; mais d'une incomparable énergie. « Cet homme, dit le cardinal de Retz, ne parlait jamais mieux que dans le péril. » Cependant ce grand homme, qui répandit tant de lustre sur sa compagnie, devait aussi éprouver l'ingratitude et l'injustice des partis. Sa situation après des luttes si glorieuses est représentée avec une grande vérité dans le discours que M. Hello, procureur-général à la cour royale de Rennes, vient de prononcer en l'honneur de Matthieu Molé, à la rentrée de novembre 1834. Je livre ce passage à la méditation des hommes d'Etat, à ceux dont la situation politique, sans être aussi élevée, aurait cependant quelque analogie avec celle de Matthieu Molé : « C'est ainsi, dit-il, que se passa la vie d'un des grands magistrats dont la France s'honore, à résister aux uns, à contenir les autres, à courir de l'incendie qu'il venait d'éteindre à l'incendie qui éclatait quelques pas plus loin. En dehors de tous les partis, chacun d'eux tentait de se l'attirer, mais il était dans sa nature de ne céder à aucun entraînement. L'immobilité de cet homme, au sein de tant de mouvemens contraires, ne pouvait manquer d'être importune à ceux qui venaient s'y heurter. Son indépendance leur déplut à tous; en refusant également leur joug, il mérita leur admiration et leur haine, et vit tomber son crédit politique en même temps que croître son autorité morale. Auquel, en effet, des trois partis qui se disputaient sa conquête, sa loyauté eût-elle pu s'allier sans réserve? »

MOLÉ (Matthieu-François), petit-fils de Matthieu Molé, né en 1705, fut premier président du parlement de

Paris, après la démission de R.-Ch. de Maupeou, en 1757. Il mourut à Paris en 1793.

MOLÉ DE CHAMPLATREUX (ÉDOUARD-FRANÇOIS-MATTHIEU), fils du précédent, né en 1760, devint président à mortier en 1788, émigra l'année suivante, rentra en France, et périt sur l'échafaud révolutionnaire en 1794. — Il est le père de M. le comte Molé, aujourd'hui pair de France, et qui fut grand-juge-ministre de la justice sous l'Empire; garde-des-sceaux sous la Restauration; ministre des affaires étrangères en 1830.

* MONTESQUIEU (CHARLES DE SECONDAT DE), né à La Brède, près de Bordeaux, le 18 janvier 1689, fut conseiller en 1714, et deux ans après président à mortier au parlement de Bordeaux. Les gens de Bordeaux ont toujours la prétention de ne payer, pour ainsi dire, aucun impôt pour leurs vins; en 1722, le parlement chargea le président de Montesquieu de présenter des remontrances à l'occasion d'un impôt de ce genre, dont son éloquence et son zèle, dit un biographe, obtinrent d'abord la suppression, mais *qui reparut ensuite sous une autre forme*. Les *Lettres persanes*, ouvrage littéraire, firent d'abord une grande réputation à M. de Montesquieu; elles lui ouvraient les portes de l'Académie, dont on voulut toutefois lui interdire l'entrée, à cause des *sarcasmes impies* que ce livre contenait. Il finit cependant par y être admis. En 1726, Montesquieu vendit sa charge pour se livrer entièrement à ses études. Il se mit ensuite à voyager, et visita la plupart des États de l'Europe. De retour en France, il se retira à son château de La Brède, publia en 1734 ses considérations sur les *Causes de la grandeur et de la décadence des Romains*, suivies du *Dialogue de Sylla et d'Eucrate*. — Quatorze ans après, en 1748, parut son grand ouvrage sur *l'Esprit des Lois*, qui l'a mis à la tête de tous les publicistes de l'Europe. *L'Esprit des Lois* a été attaqué, défendu, analysé, commenté. *Voyez* dans la *Bibliothèque de Droit* de 1832, n° 127, l'indication de tous ces ouvrages. — Montesquieu mourut à Paris le 10 février 1755.

MONTLUC (JEAN DE), greffier du parlement de Paris, s'avisa, le *premier*, de faire des recueils de plusieurs arrêts qu'il fit relier ensemble, et qui se nommèrent *Regestum*, *quasi iterùm gestum*, parce que c'étaient des copies : ils sont encore dans le dépôt du parlement, et on les nomme *Olim* (Hénault, année 1313). *Voyez* mes *Notices bibliographiques*, page 708. — Il y a eu un autre MONTLUC, évêque de Valence, en 1560, et deux autres qui ont été maréchaux de France.

MONTHOLON (JACQUES), avocat au parlement de Paris, est connu par le plaidoyer qu'il prononça en 1611, pour les jésuites attaqués par quelques membres de l'Université; il mourut en 1622, peu après avoir publié les *arrêts de la cour, prononcés en robes rouges, depuis 1580 jusqu'en 1621*.

MORNAC (ANTOINE), MORNACUS, naquit près de Tours, demeura 34 ans attaché au barreau où il avait débuté en 1580, et mourut en 1620, sans avoir eu le temps d'achever ses *observationes in XXIV libros Pandectarum et IV Codicis libros*. On a aussi de lui *Feriæ forenses*.

MORE (THOMAS), MORUS, né à Londres en 1480, avocat, puis membre du Parlement, trésorier de l'échiquier, et grand chancelier d'Angleterre, eut la tête tranchée sur la plate-forme de la Tour de Londres, en 1535, pour avoir refusé de prêter le serment de suprématie à Henri VIII. Il était âgé de 55 ans. On a de lui : *de optimo reipublicæ statu*.

MOURRE (le baron), avocat au commencement de la révolution, fut successivement secrétaire du conseil établi près le ministère de la justice, en 1793, procureur-général près la cour d'appel de Paris, après la révolution du 18 brumaire an VIII; l'un des présidens de la Cour de cassation sous l'empire; enfin procureur-général à la même cour, sous la Restauration. M. Mourre n'était pas un jurisconsulte profond, ni un orateur habile : il ne parlait jamais que par écrit; c'était un homme modeste, timide et consciencieux. Pendant les Cent-Jours, il refusa de signer l'adresse de la Cour de cassation au chef du gouvernement, et se démit de ses fonctions de procureur-général, qu'il reprit ensuite. Il cessa de les exercer après la révolution de 1830. Il est mort à Paris en septembre 1832, laissant ses *OEuvres* ou *recueil contenant ses plaidoyers, discours et réquisitoires*.

MUYART DE VOUGLANS (Pierre-Franç.), né à Moirans, près de St.-Claude, en 1713, d'abord avocat, fit partie du *Parlement Maupeou* [1] et devint ensuite conseiller au grand-conseil. Il mourut à Paris en 1791, à 78 ans, laissant : *Lettres sur le système de l'Esprit des lois*; *Instruction criminelle*, etc., etc. Camus reproche à ce dernier ouvrage d'être l'expression la plus dure d'un mode de procédure institué pour faire succomber les accusés avec le moins de formalités possible.

N.

NAPOLÉON doit figurer ici, ainsi que Justinien, comme législateur; son *Code civil*, publié d'abord sous le titre de *Code Napoléon*, et ses autres codes resteront comme un de ses plus beaux titres de gloire aux yeux de la postérité.

NÉE DE LA ROCHELLE (Jean), avocat et subdélégué à Clamecy en Nivernais, où il était né en 1692, et où il mourut en 1772, est auteur de divers ouvrages d'histoire et de jurisprudence, notamment des *Mémoires pour servir à l'histoire du Nivernais et du Donziois*.

NÉRON (P.) travailla avec Étienne Girard à un *recueil d'Édits et Ordonnances royaux*, qui a été augmenté depuis par de Laurière et de Ferrière.

NETTELBLAD (Daniel), né à Rostock en 1719, professeur de droit à Halle, puis membre du conseil privé et directeur de l'Université, mourut à Halle en 1791, à 72 ans. Il a beaucoup écrit sur les matières de droit, particulièrement sur les études préliminaires. Son essai d'*Histoire littéraire* du droit est bon et d'un usage commode.

NOODT (Gérard), né à Nimègue, le 4 septembre 1647, fut professeur en droit à Leyde, et mourut le 15 août 1725, à 79 ans. Ses œuvres ont été publiées en deux volumes in-folio. On peut le ranger parmi les controversistes qui ont travaillé à concilier les antinomies du droit.

[1] Voyez ci-dessus, *Histoire du Droit français*, p. 190.

O.

OLIVE (SIMON D'), savant magistrat, fut nommé conseiller au Parlement de Toulouse, sa ville natale, en 1628. Après la soumission de Montauban, il fut chargé d'exécuter l'arrêt qui réglait l'instruction publique. Il fut à la fois orateur et jurisconsulte. Il sentit l'un des premiers que l'éloquence était incompatible avec cet amas de citations que l'on prodiguait dans les plaidoyers. Son style n'est pas dépourvu d'élégance, son raisonnement est solide et ses décisions judicieuses. Ses *OEuvres* ont été recueillies.

OTTON (EVER.), né en 1686 à Hamm en Westphalie, fut professeur de droit à Utrecht, ensuite syndic de Brême où il est mort le 20 juillet 1756. Le nombre des ouvrages recueillis dans son *Thesaurus juris romani*, est de 97 titres, dont j'ai donné la table dans ma *Bibliothèque de droit*, édit. de 1832, n° 799.

P.

PACE (JULES) *Pacius à Berigâ*, né à Vicence en Italie l'an 1550, professa le droit dans les universités d'Allemagne, de France et d'Italie ; et mourut à Valence en 1635, à 85 ans, laissant *Corpus Juris civilis; Analysis institutionum*.

PANCIROLI (GUID.), *Panzirolus*, professeur de droit à Padoue, puis à Turin, né en 1523 à Reggio, mort à Padoue en 1599, a laissé *De claris legum interpretibus libri IV*, et autres ouvrages mentionnés au t. 9 des *Mémoires* de Niceron. On a le recueil de ses œuvres : *Tractatus universi juris*.

PAPIRE-MASSON (JEAN) né en 1544 à Saint-Germain-Laval, bourg du Forez, mort à Paris en 1611, à l'âge de 67 ans, fut substitut du procureur-général au Parlement. Il a écrit les éloges de plusieurs jurisconsultes célèbres.

PAPON (JEAN), né en 1505, près Roanne, fut successivement lieutenant-général du bailliage et maître des requêtes à Montbrison, et mourut dans cette ville en 1590, à 85 ans. Son nom est plus connu que ne le méritent ses ouvrages. Cujas appelait son *Recueil d'Arrêts* le *pessimum* des livres. Coquille, dans le préambule de son commentaire de la coutume de notre Nivernais, page 4, colonne 2, dit qu'il a cité quelques arrêts, mais qu'il ne les a pas empruntés au recueil de Papon, « qui, par endroits, rapporte bons témoignages; en d'autres a *sommeillé*, et ne s'est pas rendu bien certain de ce qu'il alléguait. »

*PASQUIER (Étienne), né à Paris en 1529, reçut les premières leçons de droit de Cujas à Toulouse, et de Marianus Socin à Bologne. Avocat en 1549, il resta quelque temps sans emploi. La publication de ses *Recherches sur la France* révéla son existence, et fit pour sa réputation au seizième siècle, ce que les *Lettres persanes* firent au dix-huitième pour la célébrité de Montesquieu. En 1564, une circonstance extraordinaire le mit tout-à-fait au premier rang. Les jésuites qui s'étaient glissés en France, y étaient d'abord restés inaperçus; on ne savait trop quels ils étaient : *tales quales*, disaient-ils eux-mêmes. Au bout de quelque temps ils essayèrent de se faire admettre dans l'Université de Paris : mais ce corps célèbre les repoussa. Ils se pourvurent au parlement, et Pasquier fut chargé de plaider contre eux. Au lieu de s'attaquer aux personnes, comme on l'a fait trop souvent depuis, Pasquier s'attaqua au corps même de l'institut. Il entreprit de prouver que les jésuites avaient d'autres intérêts que ceux de la France, et démontra avec une évidence trop bien justifiée par la suite du temps, que de cet institut il ne peut résulter que corruption de la religion et troubles chez les peuples. Le parlement ne prononça pas, appointa seulement la cause, et laissa les parties en présence. Mais Pasquier se trouva porté par-là au premier rang des avocats, et employé dans les procès les plus célèbres. En 1579, il suivit la commission du parlement, qui alla tenir les grands jours à Poitiers, et y séjourna quelques années. En 1585, il fut nommé par Henri III avocat-général à la chambre des comptes. Député aux Etats généraux de 1588, il fut témoin à Blois de l'assassinat du duc de Guise, et il en a laissé un récit exact et impartial. Deux ans après la reddition de Paris à Henri IV, Pasquier fit paraître la suite de ses *recherches*, y inséra son *plaidoyer* contre les jésuites, et y ajouta de nouvelles attaques. Il s'ensuivit une vive polémique entre les pères et leur courageux adversaire. Garasse, le Thersite de la société, imprima contre Pasquier des injures qui sont citées comme le type de la plus insigne grossièreté. Pasquier est mort en 1615; ses ouvrages, après avoir éte oubliés de son vivant, ou peu après sa mort, furent réunis en 1723 en 2 volumes in-folio, à Trévoux. Dans cette édition, qualifiée de complète, il manque plusieurs opuscules, notamment le *Catéchisme des Jésuites*. La haine des bons pères contre Pasquier n'est pas encore calmée; on le voit dans toutes les biographies sur la rédaction desquelles ils ont eu quelque influence. Pasquier vivait dans l'intimité savante d'Antoine Loisel et des frères Pithou. Il est le principal interlocuteur dans *le Dialogue des avocats*.

*PATRU (OLIVIER), né à Paris en 1604, contemporain de Le Maistre. Mais ces deux orateurs, à en juger par ce qui nous reste d'eux, semblent appartenir à des âges différens. Le Maistre est plus incorrect, il donne encore dans l'abus des citations; c'était, avons-nous dit, le défaut de l'époque. (*V.* LE MAISTRE.) Patru, au contraire, quoiqu'il ait écrit aussi dans ce temps où la langue n'était pas fixée, à une diction pure, naturelle, sans redondance, et constamment appropriée au sujet. Telle est la différence entre eux pour le style et pour le goût; mais quant à ce qui fait le fond de l'éloquence même, aux mouvemens passionnés et véhémens, Le Maistre s'est élevé plus haut que Patru. Celui-ci est meilleur écrivain, celui-là est plus véritablement orateur. Aussi Patru fut reçu à l'Académie française en 1640. Le remercîment qu'il lui adressa eut tant de succès qu'elle voulut que cet exemple fût suivi depuis, et c'est de ce moment que date l'usage des discours prononcés par les récipiendaires. Patru vécut pauvre; on sait qu'ayant été forcé de vendre sa bibliothéque, Boileau l'acheta pour lui en conserver la jouissance pendant sa vie. Il mourut en 1681 à 77 ans. *Voyez* dans les *Annales du barreau français*, édit. de Warée, un choix de ses *plaidoyers*, précédés d'une *notice* de M. Millelot.

PELLETIER (CLAUDE LE), né à Paris en 1630, contrôleur-général des finances, se démit de cette charge, dans laquelle il avait succédé à Colbert, pour passer le reste de sa vie dans la retraite. Il avait été prévôt des marchands en 1668, époque à laquelle il fit construire le quai de Paris qui porte son nom. On a de lui *Codex canonum*.

PEREGRINI (M. Ant.), professeur de droit à Padoue, mourut en 1616, laissant *De fideicommissis*.

PEREZ (Antoine), Espagnol, né à Alforo-sur-l'Ebre vers 1585, fut professeur de droit à Louvain, et mourut vers 1672. Il a annoté le Code et les vingt-huit premiers livres des Pandectes. Perez tient un rang distingué parmi les jurisconsultes.

PERREAU (Jean-André) naquit à Nemours en 1749 et mourut à Toulouse en 1813, à 64 ans. Il fut successivement professeur de législation à l'école centrale de la Seine, professeur suppléant du droit de la nature et des gens au Collége-de-France, membre du Tribunat, et enfin inspecteur des nouvelles écoles, organisées en l'an XII. Ses *Élémens de Législation naturelle* sont le meilleur de ses ouvrages.

PETIT (Samuel), ministre et professeur à Nîmes, était né en cette ville le 22 décembre 1594, et il y est mort en 1643, à 49 ans. Il a publié *Leges atticæ*, etc.

PFEFFEL (Jean-Conrad), né à Moundinger en 1684, mourut en 1738, à 54 ans. Il fut jurisconsulte du roi de France en Alsace, et stettmestre de Colmar.

Son fils aîné, PFEFFEL (Christian-Frédéric) lui succéda dans sa charge de jurisconsulte du roi, qu'il remplit avec distinction; né à Colmar, en 1726, il mourut en 1807, à 81 ans, laissant: *Abrégé chronologique de l'histoire et du droit public de l'Allemagne*, etc.

PIALES (Jean-Jacques), de la ville de Mur-de-Barrez et non de Rhodez), né vers 1720, reçu avocat au Parlement le 4 décembre 1747, est mort le 4 août 1789. Il avait fait d'excellentes études sur le droit canonique avec l'abbé Mey; celui-ci s'attacha davantage aux grandes questions de droit public, de juridiction, etc. Piales se livra tout entier à la pratique bénéficiale. Il n'y a pas de jurisconsulte au monde, dit Camus, qui ait *dicté* plus de consultations que lui. *Dicté* est le mot propre. Piales avait à peu près perdu la vue dès 1763. Il fut extrêmement recommandable par sa piété, sa modestie, sa frugalité, sa bienfaisance. Il a laissé plusieurs *traités*; c'est le Pothier du droit canonique.

* PIGEAU (Eustache-Nicolas), né à Mont-Levêque, près de Senlis, en 1750, d'une famille pauvre, est mort à Paris le 22 décembre 1818. Destiné à une profession mécanique, il reçut d'un ecclésiastique les premiers élémens de l'instruction; il entra chez le procureur, fit son droit, et fut reçu avocat le 22 décembre 1774. Il devint secrétaire de M. Hérault de Séchelles, avocat-général au parlement de Paris, et n'y fit pas fortune. Pigeau avait un esprit méthodique; il était peu profond, mais il s'entendait bien à diviser une matière, et remplissait avec clarté le cadre qu'il s'était tracé. Son *Introduction à la procédure civile*, in-18, est certainement le meilleur livre élémentaire qui eût paru sur cette matière. Sa *procédure du châtelet*, 2 vol. in-4°, jouissait d'une grande réputation avant la révolution. En 1804, M. Pigeau fut un des commissaires chargés de rédiger le projet de Code de procédure civile. En 1805, on créa pour lui, à la Faculté de droit de Paris, une chaire de procédure civile qu'il avait déjà professée gratuitement à l'Académie de législation. Les ouvrages que M. Pigeau a publiés depuis n'ont pas à beaucoup près obtenu la même autorité que ceux qui avaient fait sa réputation. Cela tient, je crois, à deux causes: 1° depuis 1806, on a plus cité le Code de procédure que ses commentateurs; 2° avant le Code, M. Pigeau n'avait pour rivaux que des livres de pratique plutôt que des livres de doctrine. Mais depuis la promulgation du Code, plusieurs auteurs tels que MM. Berryat-Saint-Prix, Carré, Bonsenne, etc., ont eu plus de crédit.

PINSSON (Francois), né à Bourges en 1612, mourut à Paris en 1691, à 79 ans, avocat au parlement. Il a publié *la Pragmatique-Sanction de saint Louis*, et celle de *Charles VII*, avec des commentaires, etc.

* PITHOU (Pierre), P. Pithœus, né à Troyes, en Champagne, en 1539. Il reçut sa première éducation dans la maison de son père, savant homme, qui, comme avocat, était l'oracle de sa province. Il acheva ses études à Paris sous la direction de Turnèbe, et fit son droit sous

Cujas, dont il suivit les cours pendant cinq ans. Cujas l'aimait comme son fils, ainsi que son frère François. Il dit, en parlant d'eux: *Pithœi fratres clarissima lumina*. P. Pithou fut reçu avocat à 21 ans; à 25 il débuta au barreau, et le fit avec succès; mais son goût l'entraînait de préférence vers les études de cabinet. Il se contenta de suivre les audiences et de consulter. A l'approche des troubles religieux, il vint chercher un asile dans sa ville natale, dont le barreau le repoussa comme calviniste. Il se retira en pays étranger. Ramené par l'édit de pacification de 1570, il faillit être enveloppé dans les massacres de la Saint-Barthélemy. Il rentra ensuite dans le sein de l'Église romaine et ne perdit pas pour cela l'estime de ses anciens amis. Il ne dédaigna pas d'occuper les modestes fonctions de bailli de Tonnerre. Plus tard, il consentit à exercer les fonctions de procureur-général près la chambre de justice établie en Guienne, parce que c'était une mission *temporaire*, et qu'il voulait absolument revenir à ses études. Il s'y livra avec assiduité pendant les troubles de la Ligue. Dévoué de cœur à Henri IV, il fut un des auteurs de la satire *Ménippée*, qui contribua beaucoup à démolir les chefs de la *Sainte-Union*, en les vouant au ridicule, si puissant sur l'esprit français. Après son entrée dans Paris, Henri IV, pour l'en récompenser, voulut absolument que P. Pithou exerçât les fonctions de procureur-général au parlement, installé *provisoirement* dans la capitale. Pithou y consentit, et dès qu'il le put, il se dégagea, retourna à ses livres et se confondit de nouveau avec les avocats. Il mourut à Nogent-sur-Seine en 1596. Ses principaux ouvrages sont : *Corpus juris canonici*; — *Codex canonum*,—des *Observations sur le Code et les Novelles*. —Les *articles des libertés de l'Église gallicane*, dont j'ai donné deux éditions avec des notes en 1824 et 1825; un volume in-4° d' *opuscules*. Pithou était lié d'amitié avec Loysel et Pasquier.

* PITHOU (FRANÇOIS), frère puîné du précédent, né à Troyes en 1543, suivit aussi les leçons de Cujas, et adopta les principes de Calvin. Il s'exila d'abord pour éviter la persécution; il revint ensuite au catholicisme, et fut reçu avocat au parlement de Paris en 1580. Il travailla au *Corpus juris canonici*; il a laissé encore un *Traité de la*

grandeur des droits, prééminences et prérogatives des rois et du royaume de France; un autre, *De l'excomunication et de l'interdit*, — un glossaire pour l'intelligence de la législation du moyen âge. Il mourut à Troyes en 1621. Son testament atteste par une clause spéciale son aversion pour les jésuites.

POCQUET DE LIVONNIÈRE (CLAUDE), conseiller au présidial d'Angers où il est mort le 31 mai 1726, professeur de droit dans la même ville, auteur de *Règles de droit français*, in-12, ouvrage qui a joui d'une réputation méritée, sous l'ancien droit, et qui a eu un grand nombre d'éditions.

POIRIER (JEAN-ÉTIENNE), célèbre avocat consultant du barreau de Paris, disciple et ami de Pothier, commença sa carrière dans l'intimité de Tronchet, et conserva une partie de sa clientelle, quand ce dernier fut appelé au conseil d'Etat par l'empereur. M. Poirier a joui d'une confiance générale et méritée par la justesse de son esprit, la droiture de son jugement, sa modestie, sa charité; c'était l'avocat des pauvres; il était affable envers les jeunes gens et se plaisait à les encourager. J'ai consulté plusieurs années avec lui. Il est mort à Paris en 1811, laissant 6 volumes in-folio de consultations manuscrites, et un très-grand nombre de mémoires imprimés. Il était de la famille de Prévot de la Jannès. *Voyez Bibliothèque de droit*, n° 1266. *Voyez* aussi l'opuscule que j'ai publié en 1811 sous le titre de *Tronchet, Ferey, Poirier*, DIALOGUE.

*PORTALIS (JEAN-ETIENNE-MARIE), que j'appelais un jour à la Chambre Portalis *le père*, comme on disait à Rome Caton *l'ancien*, naquit au Bausset, en Provence, en 1746, et fut reçu avocat au parlement d'Aix à l'âge de 21 ans. Il se fit connaître par des *Mémoires* remarquables, notamment par sa *consultation sur la validité des mariages des protestants en France*, en 1770. Portalis avait un grand talent pour la parole; il se signala dans la défense de deux causes célèbres qu'il eut à plaider contre Beaumarchais et contre Mirabeau. Député au conseil des anciens, il fit de l'opposition contre le directoire; proscrit au 18 fructidor, (4 septembre 1797), il se réfugia en Allemagne et revint après le 18 brumaire, en 1800. Entré au conseil d'Etat en 1801, il eut la direction des cultes érigée bientôt en ministère, et il y apporta tolérance, modération et fermeté. En l'an 1812, il signala l'introduction furtive des jésuites sous le titre trompeur de *Pères de la foi*, et prépara le décret qui remit en vigueur les lois contre les congrégations. M. Portalis concourut à la rédaction du Code Napoléon. Le discours préliminaire est son ouvrage. Il a aussi fait l'exposé des motifs du titre des lois et du titre du mariage. En 1804, il fut ministre de l'intérieur; presque aveugle, il n'en était pas moins apte à tous les travaux du cabinet et de la tribune. Il est mort le 25 août 1807. Napoléon ordonna qu'il serait élevé une statue à Portalis dans le conseil d'État.—M. Portalis, son fils, est premier président de la Cour de cassation, et vice-président de la chambre des pairs.

* POTHIER (ROBERT-JOSEPH), né le 9 janvier 1699, à Orléans, où il est mort le 2 mars 1772, à 73 ans. Professeur de droit, conseiller au présidial d'Orléans, auteur des *Pandectes* et des *Traités de droit français*. Les titres du *Code civil* relatifs aux contrats, ne sont qu'une analyse de ses traités sur les mêmes matières. Ses mœurs étaient d'une grande simplicité. J'ai écrit sa *Vie* en tête de l'édition que j'ai donnée de ses *Œuvres*, en 10 volumes in-8. Paris, Béchet, 1824.

Sur la méthode suivie par Pothier dans la composition de ses *Pandectes*, voyez ci-devant *bibliographie*, page 34, nº 40.

* POULLAIN DU PARC (AUGUSTIN-MARIE), né à Rennes, en 1701, suivit la carrière du barreau comme son père, Poullain de Belair, auteur d'une traduction abrégée du *Commentaire de d'Argentré* sur la coutume de Bretagne. L'étendue de ses connaissances en jurisprudence l'appelèrent bientôt aux fonctions de l'enseignement, et il partagea sa vie entre les travaux de la consultation et ceux de la chaire du droit civil dans sa ville natale. Il fut l'émule du célèbre Pothier, et l'égala au moins comme professeur, mais il lui est resté inférieur comme auteur. Il est mort à Rennes en 1782. M. Toullier, dans son excellent ouvrage sur notre Code civil, cite souvent avec éloge ses différens ouvrages, qui sont classiques en Bretagne.

* PRAT (ANTOINE DU), issu d'une ancienne famille

d'Auvergne, fut d'abord avocat, et plaida avec distinction; il fut ensuite lieutenant-général au bailliage de Montferrant, avocat-général au parlement de Toulouse, maître des requêtes de l'hôtel du roi Louis XII; présida en cette qualité les Etats du Languedoc, devint premier président au parlement de Paris en 1507, et chancelier le 7 janvier 1515. Du Prat eut de grands talens et de grands torts. Il fut un des auteurs du procès élevé contre Louise de Savoie, mère de François Ier, et le connétable de Bourbon; il introduisit la vénalité des charges de judicature, faussa l'ancienne loi fondamentale du royaume en persuadant à François Ier d'augmenter les impôts sans attendre l'octroi des états-généraux; il souleva un conflit entre le conseil et les parlemens, en osant dire au roi que sa volonté était la suprême loi, et que ceux qui invoquaient les lois de l'Etat contre sa volonté, étaient les ennemis de l'Etat. C'est lui qui a formulé la maxime illibérale : *nulle terre sans seigneur*, qui tendait à donner un seigneur à toutes les terres, tandis qu'en principe les terres comme les personnes devaient être réputées *franches* jusqu'à preuve contraire. Il engagea François Ier à abolir la *Pragmatique sanction* de St Louis, et à la remplacer par le Concordat fait dans la célèbre conférence tenue à Bologne, le 19 décembre 1515, entre ce monarque et le pape, *qui se donnèrent par-là l'un à l'autre ce qui n'appartenait à aucun des deux.* Le chancelier, par ce dernier trait, avait ménagé le changement d'état qu'il méditait. Sa femme étant morte, il se fit prêtre, et en peu de temps il fut successivement évêque de Meaux, d'Albi, de Valence, de Die, de Gap, archevêque de Sens, abbé de Fleury, et enfin cardinal en 1527. Il fut légat *à latere* en France, et mourut dans son château de Nantouillet, le 9 juillet 1535, à 72 ans, ayant mieux mérité de l'église romaine que du royaume de France.

* POYET (GUILLAUME), fils d'un avocat d'Angers, parut avec éclat au barreau de Paris; sa réputation le fit choisir par Louise de Savoie, mère de François Ier, pour soutenir ses prétentions contre le connétable de Bourbon. Il gagna son procès, et obtint pour honoraires une charge d'avocat-général au parlement de Paris. Il devint ensuite président à mortier, puis chancelier de France en 1538. Mais sa haute fortune se défit comme elle s'était faite : la

faveur l'avait élevé, une disgrâce l'abattit. « Quand à force d'injustices, dit un biographe, il eut de la répugnance à en faire de nouvelles; les méchants, dont il avait été d'abord l'instrument, se servirent, pour l'opprimer, des actes illégaux qu'il avait faits pour leur plaire. Ce ne fut pas l'amour de la justice, mais la vengeance qui causa sa disgrâce, elle vint du refus qu'il fit de sceller des lettres qui lui étaient recommandées par la duchesse d'Étampes. Ayant ensuite été obligé de les sceller par un ordre exprès du roi, et la reine de Navarre le sollicitant en ce moment pour un de ses domestiques accusé de rapt, il dit à la reine en lui montrant les lettres qu'il venait de sceller : *Voilà le bien que les dames font à la cour. Elles ne se contentent pas d'y exercer leur empire, elles entreprennent même de violer les lois et de faire des leçons aux magistrats les plus consommés dans l'exercice de leurs charges.* Ces paroles, que Poyet n'entendait que de la duchesse, piquèrent la reine qui se les appliqua; et le chancelier, qui était d'ailleurs coupable de plusieurs délits, ne put se soustraire à leur vengeance. » — On lui fit son procès, il fut arrêté en 1542, et par arrêt du parlement, auquel on avait joint un certain nombre de juges tirés de divers parlemens qu'il avait consentis lui-même, il fut privé, le 23 avril 1545, de toutes ses dignités, déclaré inhabile à tenir aucune charge, et condamné à 100,000 livres d'amende : somme énorme pour ce temps, et qu'il paya pour obtenir sa liberté.

Ce procès, qui traîna plus de trois ans, offrit plusieurs incidens remarquables. Le roi lui-même déposa contre lui. Poyet, qui avait fait l'ordonnance de 1539, dont les dispositions plus que rigoureuses envers les accusés pesaient maintenant sur lui, se récriait sur la dureté des nouvelles formes de justice. Il aurait voulu se faire assister d'un conseil, il réclamait la faculté de *suspecter* les témoins après la lecture de leurs dépositions. « *Patere legem quam ipse tulisti!* lui dit le juge pour toute réponse; il n'eut rien à répliquer. « Ah! dit-il, quand je fis cette loi, je ne pensais pas à me trouver où je suis! » Il paraît néanmoins qu'il montra, dans l'instruction, plus de courage et de présence d'esprit qu'on n'en attendait de sa part. L'avocat du roi lui reprochant sa morgue et son avarice : « Je remercie la cour, dit-il, de vouloir bien m'avertir de mes imperfections, mais ce ne sont point là choses que justice ait à reprendre. » Il put encore s'estimer heureux d'en être quitte avec la vie sauve, car il devait craindre pour sa tête. « J'avais toujours ouï dire dans ma jeunesse qu'un chancelier, perdant son office, devait perdre la vie, » s'écria François Ier quand on vint lui apporter l'arrêt du parlement. Mais précédemment cette compagnie n'avait pas donné au roi satisfaction plus complète quand, par son chancelier Poyet, il faisait instruire devant elle le procès de l'amiral Chabot, poursuivi sur vingt-cinq chefs d'accusation, dont chacun emportait la peine capitale. Car ce fut pour obtenir contre lui un arrêt de mort, qu'avait été faite la fameuse ordonnance de 1539, à l'aide de laquelle le chancelier put choisir et présider les commissaires chargés de le juger. Maintenant Chabot était rentré en grâce. Poyet ne désespérait pas d'un pareil retour de fortune. Rendu à la liberté, il alla habiter l'hôtel de Nemours, et reprit les fonctions d'avocat consultant. Malgré l'amende énorme qu'il avait eue à payer au roi, il lui restait, d'après ses propres déclarations, dix mille livres de rente et deux abbayes. Ainsi que Du Prat, qu'il semblait avoir pris pour modèle, Poyet s'était fait prêtre à plus de 60 ans. Après s'être encore bercé de rêves ambitieux jusqu'à son dernier moment, il mourut au mois d'avril 1548, laissant un nom justement flétri. Dumoulin, qui dans sa rude franchise lui reproche ses actes législatifs l'appelle, s'il m'en souvient bien, *bipedum nequissimus*.

PRESLE (Raoul de), avocat du 14e siècle, secrétaire de Philippe-le-Bel, accusé de complicité avec Pierre Latilly dans l'empoisonnement de ce prince, fut emprisonné et eut ses biens confisqués ; mais son innocence reconnue, il rentra dans tous ses droits et fut nommé conseiller au Parlement en 1319 : il mourut quelques années après. — Raoul de Presle, fils naturel du précédent, maître des requêtes de Charles V, mort en 1382, a écrit un *Traité de la puissance ecclésiastique et séculière*. Il est un des auteurs présumés du *Songe du verger*, sur lequel *voyez* mes *Notices bibliographiques*, page 702 et suivantes.

PRESTRE (Le), a laissé : *Questions notables de droit, décidées par arrêts de la cour du Parlement de Paris*.

* PREVOST DE LA JANNÈS (Michel), magistrat et jurisconsulte, professeur de droit français à l'Université

d'Orléans, né dans cette ville en 1695, mort en 1749. Il a travaillé en commun avec M. Jousse au commentaire de la coutume d'Orléans publié sous le nom de Pothier. *Voyez* dans la *Bibliothèque de droit* sous le n° 1266, les titres auxquels il a travaillé. On a encore de lui : *Principes de la jurisprudence française*, en 2 volumes in-12, 1750 à 1771 : c'est à mon avis le meilleur ouvrage élémentaire sur notre ancien droit coutumier. Il avait fait un *Éloge de Domat* qui s'est trouvé perdu. *Voyez* DOMAT.

PROST DE ROYER (ANTOINE-FRANÇOIS), lieutenant-général de police à Lyon, né dans cette ville en 1729, se montra administrateur habile, magistrat désintéressé; il était de son temps le seul homme à Lyon qui connût le droit public; il mourut dans l'indigence en 1784, à l'âge de 55 ans. Il a publié 4 volumes in-4° d'un *Dictionnaire de jurisprudence*, continué après sa mort par Fr. Armand Riolz, ancien avocat à Lyon, mort en 1816, conseiller à la cour royale de cette ville. La continuation de Riolz (3 volumes in-4°) finit au mot *assignation*.

* PUFENDORF (SAMUEL), naquit en 1632, à Chemnitz, bourg de la Misnie, et mourut à Berlin en 1694, dans sa 62e année. Il fut le premier professeur de droit de la nature et des gens établi en Allemagne; il fut ensuite appelé successivement comme historien et secrétaire d'État par le roi de Suède, et comme historien et conseiller intime par le roi de Prusse. Son traité sur le droit de la nature et des gens reçut à peu près les mêmes honneurs que celui de Grotius.

R.

RAGUEAU (FRANÇOIS), professeur de droit dans l'université de Bourges, mourut en 1605. Il est principalement connu par son *Glossaire* du droit français.

RASSICOD (ÉTIENNE), avocat au parlement de Paris, mort en 1718. Outre les notes (*notæ et restitutiones*) qu'il a faites au *Commentaire* de Dumoulin *sur les Fiefs*, on a de lui des *Notes sur le Concile de Trente*, Cologne, 1706, in-8°, contenant une dissertation sur la réception et l'autorité de ce Concile en France.

REAL DE CURBAN (GASPAR DE), né à Sisteron en 1682, mort à Paris, dans sa 70ᵉ année, le 8 février 1752, grand-sénéchal de Forcalquier et conseiller du roi en ses conseils. Le 8ᵉ et dernier volume de son ouvrage, intitulé la *Science du Gouvernement*, est consacré à l'*Examen des principaux ouvrages composés sur les matières de gouvernement*: c'est une bibliographie raisonnée de cette spécialité; elle ne comprend pas moins de 380 auteurs.

REBUFFI (PIERRE), né au village de Baillargues, près Montpellier, en 1487, enseigna le droit dans cette ville, puis à Cahors, à Poitiers, à Paris, entra dans les ordres sacrés à 60 ans, et mourut 10 ans après, le 2 novembre 1557. On trouve sa *Vie* en tête de la 3ᵉ édition de son commentaire *de Verborum Significatione*. La collection de ses *OEuvres*, en 5 vol. in-folio, a été publiée à Lyon en 1586.

RENAZZI (PHILIPPE-MARIE), né en 1747 à Rome, où il mourut le 29 juin 1808, à 61 ans, eut de la réputation comme avocat dans sa patrie, et y publia, entre autres ouvrages, des *Elementa juris criminalis*, dont la 8ᵉ édition parut à Bologne en 1826, 5 vol. in-12. Il en existait déjà 5 en italien. On en a fait des traductions en plusieurs langues. Les adversaires des principes de Beccaria lui opposent la doctrine de Renazzi. Celui-ci avait entrepris une réfutation du *Contrat social* qu'il s'abstint de publier.

RENUSSON (PHILIPPE DE), né au Mans en 1632, mort à Paris en 1699, à l'âge de 67 ans, est auteur de Traités qui, publiés d'abord séparément, ont été recueillis par Sérieux sous le titre d'*OEuvres*, etc., Paris, 1760, 1777 et 1780, in-fol.; la meilleure édition est celle de 1780. Le nom de ce laborieux jurisconsulte a échappé aux biographes modernes : dans les anciens, on le trouve quelquefois sous le nom de DERNUSSON.

RICARD (JEAN-MARIE), avocat au parlement de Paris, né à Beauvais en 1622, est mort en 1678, à 56 ans. On a loué surtout sa probité et son désintéressement dans l'exercice de sa profession. Il a laissé ses *OEuvres*, dans lesquelles son *Traité des Donations* a toujours fait autorité.

RICHEBOURG (CHARLES-ANTOINE BOURDOT DE) avait été reçu avocat au parlement de Paris le 21 juillet 1689. Il est mort le 11 décembre 1735, à 75 ans ou environ, après avoir publié un *Coutumier général de France*. Il eût été à désirer qu'au texte des coutumes on eût joint des *cartes géographiques* indiquant exactement le territoire de chaque coutume.

* RICHER (EDM.), syndic de Sorbonne, né en 1560 et mort en 1631, à 71 ans, homme savant et courageux, fut l'objet de longues persécutions à cause de son écrit : *De ecclesiasticâ et politicâ Potestate.* Il a fait l'apologie de Gerson ; et Maultrot, à son tour, *l'Apologie de Richer.*

RICHER (FRANÇOIS), né à Avranches vers 1718, mourut à Paris en 1790. Il a laissé plusieurs ouvrages : *Causes célèbres; édition des arrêts d'Augeard*, etc.

RIDANT, avocat, est auteur d'un *Code matrimonial* dont Camus a revu l'édition de 1770. C'est un bon ouvrage.

RIOLZ (FRANÇOIS-ARMAND), ancien avocat à Lyon, mort en 1816, conseiller à la cour royale de cette ville, fut le collaborateur et continuateur de Prost-du-Royer dans la publication du *Dictionnaire de Jurisprudence et des Arrêts. Voyez* PROST DE ROYER.

* RIPARFONDS (DE), avocat au parlement de Paris. Son nom est resté cher au barreau par le don qu'il fit à ses confrères de sa bibliothèque en 1704, selon Boucher d'Argis, ou en 1708, si l'on en croit le journal de Verdun (1708, p. 69). Ce fut vers cette époque que s'ouvrirent dans le local de cette *Bibliothèque* les *Conférences* de doctrines établies par le fondateur, et devenues si célèbres depuis. (*Voyez* mon ouvrage sur *la Profession d'Avocat*, édition de 1832, pages 83, 139 et 498.) Ayant trouvé son portrait par hasard, je l'ai fait restaurer, et j'en ai fait don à la bibliothèque des avocats. Riparfonds y est peint *en robe rouge*, suivant le droit que les avocats avaient jadis de porter *mêmes robes et chaperons que Messieurs. Voyez* le dialogue des avocats de Loisel, édition de 1832, page 157.

RITTER (J.-DAN.), RITTERUS, né en 1709 à Slanz en

Silésie, professeur et bibliothécaire à Wittemberg, est mort le 15 mai 1775, à 66 ans. Ses observations sont du nombre de celles qui sont venues augmenter les commentaires du *Codex Theodosianus*.

RITTERSCHUTZ (CONR.), RITTERSHUSIUS, est né à Brunswick en 1560, et mort à Altdorf le 25 mai 1613. Il s'est fait un nom dans la jurisprudence et dans la littérature. On a de lui : *Commentarius ad institutiones*, etc.

ROBERT (ANNE), avocat au Parlement de Paris, fut assassiné dans cette ville, le 24 août 1572; victime des réactions de la Saint-Barthélemy. Outre ses *Plaidoyers* il a laissé : *Rerum judicatarum Libri IV*, etc.

ROCHE-FLAVIN (BERNARD DE LA), né en 1552, à Saint-Cernin en Rouergue, président aux requêtes du palais à Toulouse, conseiller d'Etat, mourut en 1627, à 75 ans. Son livre intitulé : *Treize livres des Parlemens de France*, a été condamné par arrêt du Parlement de Toulouse en 1617.

ROCHE-MAILLET (GABR.-MICHEL DE LA), doyen des avocats au Parlement de Paris, auteur laborieux, dont la vie et l'éloge en latin se trouvent dans la Bibliothéque des coutumes, page 59. Il naquit à Angers en 1561 et mourut en 1642 à 83 ans. Il a publié : *Coutumes générales et particulières du royaume de France et des Gaules*, etc.

RODIER (MARC-ANTOINE), né à Carcassonne en 1701, avocat au Parlement de Toulouse, mourut en 1778, à 77 ans, laissant : *Recueil d'édits, Arrêts du Parlement de Toulouse*, etc.

RONDONNEAU (L.) était libraire, et ne peut être rangé parmi les auteurs de droit proprement dits. Et cependant il a rendu des services réels à la jurisprudence par ses *Collections de Lois* et par les *Codes*, *Répertoires*, et *Tables* généralement très-exactes qu'il a publiés. Il est mort aux Batignolles près Paris, en août 1834.

RUFFINUS (LICINIUS) vivait sur la fin du 2me et au commencement du 3me siècle de l'Eglise. Il parut avec éclat sous l'empire de Caracalla, d'Alexandre Sévère, de Gordien et de Décius, qui avaient pour lui une estime particulière. Il a composé 12 livres des règles de droit, dont on voit une partie au Digeste. On a de lui *Mosaïcarum legum collatio*. *Voyez* STRYK.

RUTILIUS (BERNARDIN), né à Cologne, est mort à Venise vers 1537, laissant : *Veterum jurisconsultorum vitæ*, etc.

RYMER (THOMAS), naquit dans le nord de l'Angleterre vers 1650. On a de lui : *Fœdera*, *Conventiones*, *litteræ*, etc.; collection connue aussi sous le nom *d'Actes de Rymer* : c'est un recueil de traités et de pièces historiques souvent consultés et cités par les publicistes.

S.

SALLÉ (JACQ.-ANT.), né à Paris le 4 juin 1712, y est mort le 14 octobre 1778, à 66 ans. Voyez, dans le 4e vol. du *Code des Curés*, son éloge historique par Forestier, avocat au Parlement, son gendre. Le *Code des Curés* était peu avancé lorsque Sallé est mort; Forestier l'a achevé. On a aussi de Sallé des commentaires sur les grandes ordonnances de Louis XIV et de Louis XV.

SALVAING (DENIS), seigneur de Boissieu, né à Vienne en Dauphiné en 1600, fut premier président en la chambre des comptes de cette province, et mourut en 1683, à 83 ans. Il avait quitté la carrière des armes pour la magistrature. Le cardinal de Richelieu le chargea de quelques négociations avec la République de Venise et le nomma conseiller d'État. On a de lui : *Traité de l'usage des Fiefs et autres droits seigneuriaux*.

SALVIAT (DE), auteur de : *Jurisprudence du Parlement de Bordeaux*; *Traité de l'usufruit*, etc.

SARPI (PIERRE ou FRA-PAOLO), né à Venise en 1552, théologien et conseiller de la République de Venise : il mourut en 1623 à 71 ans. Son opposition à la cour de Rome lui valut quelques persécutions. En 1606, il fut excommunié par le pape. Sa mort, comme celle d'un souverain, fut notifiée à toutes les puissances de l'Europe. Parmi les nombreux ouvrages qu'il a laissés, on estime principalement : *Histoire du Concile de Trente*; *Traité des bénéfices*.

SAVARON (JEAN) naquit à Clermont-Ferrand vers 1550, et mourut en 1622. Il était lieutenant-général de la sénéchaussée d'Auvergne, lorsqu'il fut député du tiers-état aux états généraux de 1614, où il se fit remarquer par son éloquence et son courage. Il a laissé : *Chronologie des Etats généraux*; *Souveraineté du Roi*, etc.

SAVARY (JACQUES), naquit à Doué en Anjou, le 22 septembre 1622, s'adonna au commerce, et fut membre de la commission qui rédigea l'édit de 1673, vulgairement appelé : *Ordonnance du commerce*. L'habitude qu'il avait des affaires et des usages du commerce parut extraordinaire, dans un temps où personne n'en faisait l'objet de ses études; ce qui valut un grand succès à son *Parfait négociant* et aux *Parères* qu'il publia à la suite. Il mourut à Paris le 17 octobre 1690, à 68 ans.

SAVARY-DES-BRULONS (JACQUES), fils du précédent, naquit en 1657, fut inspecteur-général de la douane de Paris, et mourut en 1716 à 59 ans, laissant inachevé le *Dictionnaire universel du Commerce*, donné au public après sa mort, par Philippe-Louis Savary, son frère, qui s'était consacré à l'état ecclésiastique et aux lettres.

SAVIGNY, Allemand, est auteur d'une *Histoire du Droit Romain au moyen âge*, etc.

SCHULTING (ANTOINE) est né à Nimweg en Gueldre l'an 1659; il fut professeur de droit à Harderwyk, à Franeker et à Leyde, où il mourut en 1734, à 75 ans. Il est auteur des notes qui accompagnent *Jurisprudentia vetus ante-Justinianea*, etc.

SECOUSSE (DENIS-FRANÇOIS), né à Paris, le 8 janvier 1691, avocat au Parlement en 1710, quitta cette carrière pour se livrer tout entier à des études historiques. En 1722, il fut admis à l'Académie des inscriptions et belles-lettres, à laquelle il communiqua plusieurs *Mémoires* critiques qui répandirent un nouveau jour sur différens points de l'histoire de France, jusqu'alors fort négligés. En 1738, il fut chargé par le chancelier d'Aguesseau de continuer la collection des *Ordonnances* des rois de la 3e race. Laurière avait publié le 1er, et commencé le 2e vol.; Secousse publia le 2e et les suivans jusqu'au 9e. Ses premières études de jurisprudence lui servirent autant que ses études historiques pour cette importante compilation. Secousse est mort en 1754.

* SÉGUIER (PIERRE), né à Paris en 1504, d'abord simple avocat; nommé par François 1er avocat-général à la Cour des aides, et presqu'en même temps chancelier de la reine Eléonore d'Autriche. Sous Henri, avocat-général au Parlement de Paris. Ce fut en cette qualité qu'il s'opposa aux prétentions élevées par le pape Jules II, contre la couronne de France; lutte dans laquelle le Parlement fut soutenu par Dumoulin. (Voyez ci-devant p. 8.) On voulait introduire en France l'inquisition; le Parlement s'y opposa, fit des remontrances; Séguier les porta au pied du trône, et l'édit fut rapporté. P. Séguier, par son talent et son caractère, a mérité d'être placé au rang des plus grands magistrats dont la France s'honore. Il mourut en 1680, laissant six fils qui tous ont été magistrats.

* SÉGUIER (ANTOINE), cinquième fils de Pierre, né à Paris en 1552, fut successivement conseiller au Parlement, maître des requêtes, surintendant de justice en province après les cruautés exercées par le président d'Oppède, contre les calvinistes, conseiller d'Etat, avocat-général, président à mortier, ambassadeur à Venise. Il mourut en 1626. Séguier, comme tous les grands magistrats, se montra défenseur des droits de la couronne et des libertés de l'Eglise gallicane. Ce fut sur ses conclusions que la bulle de Grégoire XIV *se disant pape*, fut condamnée à être lacérée par arrêt du 5 avril 1591.

* SÉGUIER (PIERRE III), petit-fils de Pierre 1er, né à Paris en 1588, fut successivement conseiller au Parlement, maître des requêtes, intendant de Guienne, président à mortier, garde-des-sceaux en 1633, chancelier en 1635. Il dut son élévation à Richelieu, mais il n'en fut pas moins un magistrat indépendant. Il présida le conseil chargé de discuter et de rédiger les ordonnances de 1669 et 1670. Il tenait à honneur d'avoir été un des premiers fondateurs de l'Académie française, dont il avait donné l'idée et le plan au cardinal de Richelieu : et il en devint le protec-

teur après la mort de ce ministre. Le chancelier Séguier mourut en 1672.

* SÉGUIER (ANTOINE-LOUIS), né à Paris en 1726, fils de Louis-Anne, descendant de Nicolas Séguier, seigneur de St-Cyr, l'un des frères du P. Pierre Ier.

Son père avait refusé la place de premier président du Parlement de Metz. Après de brillantes études, A.-L. Séguier devint, en 1748, avocat du roi au Châtelet de Paris, et successivement avocat-général au grand conseil (1751), avocat-général au Parlement de Paris (1755) jusqu'en 1790, époque de la suppression des cours souveraines. Il entra à l'Académie française en 1757. Ses réquisitoires contre les nouvelles doctrines politiques qui s'introduisaient dans les écrits publiés à cette époque, lui valurent la haine de la *secte philosophique*. Tant que dura ce qu'on a nommé le *Parlement Maupeou*, Séguier resta fidèle au vrai Parlement et rentra avec lui en 1774. Après la suppression des cours souveraines, il se retira à Tournai, où il mourut en 1792. M. l'avocat-général Séguier a laissé après lui une grande réputation d'éloquence. Plusieurs de ses *plaidoyers* ont été imprimés; les autres sont restés *manuscrits*, en la possession de son fils, premier président de la cour royale de Paris, vice-président de la chambre des pairs.

SÉRIEUX a édité les œuvres de Renusson et augmenté le *Traité des contrats de mariage* par Duperray.

SERPILLON a publié en 1774, 1776 et 1784 : *Code Criminel, Code du Faux; Code Civil*, ou *Commentaire sur l'ordonnance de 1667*.

SERRES (CLAUDE), auteur des *Institutions du Droit français, suivant l'ordre de celles de Justinien*, était professeur en droit français à Montpellier.

SERVAN (JOSEPH-MICHEL-ANTOINE), avocat-général au Parlement de Grenoble, naquit à Romans en 1737. Il est célèbre surtout pour avoir employé son savoir et son éloquence à signaler, à flétrir chaleureusement les abus et les vices de notre ancienne législation criminelle, et pour avoir appelé les réformes qu'il vit plus tard se réaliser. Membre du Corps-Législatif, sous l'empire, il refusa d'y siéger, et il mourut dans la retraite, en 1807, âgé de 70 ans.

*SERVIN (LOUIS), conseiller d'État, avocat-général au Parlement de Paris, et l'un des plus savans magistrats de son temps, servit avec zèle les rois Henri III, Henri IV et Louis XIII. Le 19 mars 1626, ce dernier prince tenant son lit de justice, en Parlement, au sujet de quelques édits bursaux, Servin mourut subitement à ses pieds en lui faisant des remontrances. On a de Louis Servin des *Plaidoyers*, plusieurs *harangues* et d'autres ouvrages, Paris, 1640, in-fol. M. Rougier, conseiller en la grand' chambre du Parlement, auteur du recueil des arrêts qui porte son nom, fit sur la mort de Servin, à laquelle il était présent, les deux vers suivans :

Servinum una dies pro libertate loquentem
Vidit, et oppressâ pro libertate cadentem.

*SEYSSEL (CLAUDE DE), célèbre archevêque de Turin, né à Aix en Savoie, ou selon d'autres à Seyssel, petite ville du Bugey. Il professa le droit à Turin avec un applaudissement universel, et devint ensuite maître des requêtes et conseiller de Louis XII, roi de France. Il fut nommé à l'évêché de Marseille en 1510, puis à l'archevêché de Turin en 1517. Il mourut le 31 mai 1520. On a de lui plusieurs savans ouvrages. On estime surtout son *Histoire de Louis XII*, 1615, in-4°; *La grande monarchie de France*, 1519, in-8°. Dans ce dernier ouvrage « il met le Parlement au-« dessus du roi, » proposition bien hardie pour l'époque où il écrivait.

SIDNEY (ALGERNON), ambassadeur de la république d'Angleterre près le roi de Suède, auteur du *Discours sur le gouvernement*, était né à Londres en 1617. Victime de la tyrannie et de la perfidie, il fut traduit devant un jury présidé par l'infâme Jefferies ; condamné à mort, il eut la tête tranchée le 7 décembre 1683, dans sa 66e année. Il avait pris pour devise ces deux beaux vers :

. . . . . Manus hæc inimica tyrannis
Morte petit placidam sub libertate quietem.

SIGONIO (CHARLES), SIGONIUS, né à Modène vers 1520, y est mort en 1584, laissant : *De antiquo jure populi romani, lib. XI*, etc. Il avait été professeur de belles-lettres à Venise et professeur d'éloquence à Padoue. C'est un érudit.

SILBERRADT (J.-MART.) fut professeur de droit à Strasbourg. Il est auteur de : *Historiæ juris gallicani epitome*, abrégé qui se trouve à la suite de l'histoire du droit romain par Heineccius.

SOEFVE (LUCIEN), arrêtiste, a recueilli *plusieurs questions notables de droit et de coutume jugées par arrêts du Parlement de Paris, depuis* 1640.

SPELMAN (Sir HENRI), né en Angleterre à Congham, près Lynn-Regis, en 1562, fut remarquable par son érudition, qui lui valut plusieurs missions honorables du gouvernement anglais. Il mourut à Londres en 1641, à 79 ans, laissant : *Concilia, decreta, leges, constitutiones in re ecclesiarum orbis Britannici*, etc.

* SPIFAME (RAOUL), avocat au Parlement de Paris. Il poussa l'originalité si loin que sa famille le fit interdire pour cause de démence : c'était seulement un esprit bizarre ; témoin le livre curieux auquel il donna pour titre : *Dicæarchiæ Henrici regis progymnasmata*. Ce volume contient 309 arrêts de *sa composition*, qu'il suppose avoir été rendus par Henri II en 1556. Quoique le titre de cet ouvrage soit en latin, toutes les pièces dont il se compose sont en français. Plusieurs de ces arrêts qui ne sont que des idées jetées en avant, ont été repris plus tard et sont devenus l'objet d'utiles réglemens. Plusieurs auteurs, savans d'ailleurs, n'ont pas soupçonné la supposition de ces arrêts, et les ont cités de bonne foi, comme autorité. *Voyez* dans mes *Notices bibliographiques*, pages 728 et suivantes, l'article SPIFAME; *voyez* aussi *suprà*, page 505, à la note.

STOCKMANS (PIERRE), né à Anvers, en 1608, enseigna le droit à Louvain, puis fut conseiller à la cour souveraine de Brabant, après avoir été chargé de plusieurs négociations; il mourut le 7 mai 1671, à Bruxelles, âgé de 63 ans. Les Brabançons le regardent comme un de leurs plus grands jurisconsultes. On a de lui : *Opera omnia, nunc primùm in unum corpus collecta*, etc. 4 volumes in-8°.

STRACCHA (BENEV.), jurisconsulte à Ancône, vivait dans le 16e siècle. Il est le premier qui ait traité de la jurisprudence commerciale comme science particulière, dans l'ouvrage intitulé : *Tractatus de mercaturâ seu mercatore.*

STRAUCHIUS (Joh.) est auteur de *Vitæ aliquot veterum jurisconsultorum.*

STRUVE (George-Adam) naquit à Magdebourg, en 1619. Il remplit pendant quatre ans les fonctions de premier conseiller de la ville de Brunswick, fut professeur de droit canonique à Iéna, et mourut en 1692, à 73 ans, après avoir été élu président du sénat et du consistoire. Il a laissé : *Jurisprudentiæ civilis syntagmata*, et *Evolutiones controversiarum.* Mais son ouvrage le plus remarquable est celui qu'il a intitulé *Immò Gothofredi*, et dans lequel il a entrepris de concilier toutes les lois auxquelles D. Godefroy renvoie, en les indiquant comme contraires par le mot *immò*.

STRUVE (Burkhard-Gotthelf), né en 1671, fut bibliothécaire à l'Académie d'Iéna, où il professa successivement la physique, la littérature, l'histoire et enfin le droit public et féodal. Il mourut le 25 mai 1738, à 67 ans, conseiller de l'électeur de Saxe. Sa *Bibliotheca juris selecta* est un excellent ouvrage. Il a laissé plusieurs autres écrits.

STRYK (Samuel), Strychius, né le 22 novembre 1640, mourut à l'âge de 70 ans, le 23 juillet 1710, à Halle, en Saxe, où il professait le droit. — Jean-Samuel, son fils, né le 12 mars 1668, professeur de droit à Halle, mourut le 20 juin 1715, à 47 ans. Ils ont laissé : *Sam. et Jo. Sam.* Strychii *Opera omnia*. Le premier a laissé de plus : *Leges forenses mosaïcæ cum jure romano collatæ.* *V.* Ruffinus.

T.

TABARAUD (Matthieu-Mathurin), prêtre ci-devant de l'Oratoire, d'un zèle encore vif contre le concordat de 1801, était né en 1744 à Limoges, où il est mort le 9 janvier 1831. Parmi ses ouvrages, on peut citer, comme un des plus curieux et des plus savans : *Observations d'un ancien canoniste sur la convention conclue à Rome le 11 juin 1817.*

TAISAND (PIERRE), né le 7 janvier 1644 à Dijon, y est mort le 12 mars 1715, à 71 ans. L'acquisition qu'il fit d'une charge de trésorier de France, ne l'empêcha pas de se livrer à l'étude de la jurisprudence, dans laquelle il s'était d'abord distingué comme avocat. On a de lui : *Coutume générale du duché de Bourgogne*, etc.

* TALON (OMER), né vers 1595, se fit recevoir avocat en 1613; et quoiqu'il exerçât au barreau depuis déjà *dix-huit ans*, il hésitait encore à se risquer dans les fonctions du ministère public. Enfin il céda aux instances de sa famille, et il fut reçu avocat-général à la place de son frère le 15 novembre 1631. Il exerça ces fonctions pendant 22 ans avec une vigueur et un talent qui l'ont mis au rang des premiers magistrats dont la France s'honore. Sa noble conduite pendant les troubles de la Fronde nous est attestée et par les mémoires du temps, et par ceux que lui-même a laissés : *Mémoires utiles*, dit Voltaire, *dignes d'un bon magistrat et d'un bon citoyen*. Il en faut dire autant des *Discours politiques* qu'il prononça dans le parlement à l'occasion des affaires les plus difficiles, et dans les conjonctures les plus embarrassantes; les plus remarquables ont été recueillis et publiés avec ses *Plaidoyers* et ceux de Denis Talon, son fils, par M. Rives, conseiller à la Cour de cassation, en 6 vol. in-8°. — Omer Talon justifie partout la vérité de cette parole émanée de lui, que *les gens du roi sont aussi les gens de la nation*. Il ne sépare pas les intérêts du prince de ceux de son peuple. Il nous révèle, dans un de ses discours, tout le secret de l'opposition parlementaire. « Je sais bien, dit-il, que lorsque nos rois désirent quelque chose que nous estimons être contraire aux lois de l'Etat, nous avons *infinis moyens* pour nous en dispenser; *infinies voies obliques* par lesquelles, *demeurant dans les termes du respect*, nous faisons entendre nos plaintes et celles des peuples, et *résistons avec courage aux choses extraordinaires*.» Dans un procès de haute trahison, il déclara hautement « qu'il n'était point de sa charge de soutenir une procédure irrégulière dont l'accusé était appelant; que c'était servir le roi que d'abandonner ce qui avait été fait pour le roi, mais contre les formes. » Mémoires de Pelisson pour Fouquet, tome 3, page 38.—Il y avait d'autant plus de vertu à Omer Talon de faire ainsi résis-

tance dans l'occasion, qu'il n'ignorait pas les dangers auxquels il s'exposait. Un jour où il avait parlé avec le plus d'élévation et d'indépendance, il sut que Mazarin en avait témoigné son déplaisir avec paroles *de colère, d'aigreur, et de mauvaise volonté.* « J'en fus averti, dit M. Talon, et m'étant donné la peine de savoir ce qui s'était passé, j'ai appris que *la Cour est un pays de mensonge dans lequel il est difficile de réussir aux hommes de cœur, de probité et de vérité.* » Le style de Talon est quelquefois empreint du mauvais goût de son siècle; mais, du reste, il est généralement pur, surtout si l'on considère l'époque où il a écrit. Sa première mercuriale est de 1632, c'est-à-dire quatre ans après l'apparition *du Cid*, et plus de vingt ans avant celle des *Provinciales*, qui ne parurent qu'en 1656. Omer Talon mourut le 29 décembre 1652.

TALON (DENIS), fils du précédent, né en 1628, succéda à la charge de son père le 30 décembre 1652, fut président à mortier en 1693, et mourut le 2 mars 1698. — J'ai publié sur Omer et Denis Talon, et sur leurs œuvres, une notice qui a paru dans la *Revue encyclopédique* de mai 1822, et qui a été réimprimée in-12, avec les vies de Pothier, de l'Hôpital, etc. Paris, Béchet aîné, 1827.

* TARGET (GUI-JEAN-BAPTISTE), né à Paris en 1733, mort en 1807, célèbre avocat du barreau de Paris, se fit une grande réputation par ses plaidoiries, même contre Gerbier, quoiqu'il eût infiniment moins de talent oratoire. Target avait le débit lourd, il était diffus; mais il compensait ces défauts par son érudition et sa dialectique. Ces qualités le firent rechercher davantage pour la consultation. Il quitta le barreau tant que siégea le *Parlement Maupeou*, et lorsqu'il revint au Palais, devant le vrai parlement, il mérita le surnom de *Vierge du Palais.* Target fut élu aux États-Généraux de 1789; il y défendit les intérêts du Tiers-État, mais il n'y accrut point sa réputation comme orateur. Il refusa de défendre Louis XVI, et il en donna plus tard les motifs dans un écrit qu'il intitula : *Le Républicain Target.* En 1798, il fut nommé juge à la Cour de cassation, et mérita d'être compté parmi les membres les plus distingués. Target a laissé un fils, qui, après avoir suivi le barreau de Paris, est entré dans la haute administration. Il est actuellement préfet.

TARRIBLE (JEAN-DOMINIQUE-LÉONARD), jurisconsulte, né à Auch en 1753, mort à Paris le 27 février 1821, à 68 ans, conseiller à la Cour des comptes, est auteur de plusieurs articles insérés dans le *Répertoire de Jurisprudence* de M. Merlin, et il a eu part à la confection de nos Codes. On a de lui : *Manuel des Justices de Paix*, etc.

TERRASSON (MATTHIEU), né à Lyon en 1669, est mort à Paris le 30 septembre 1734, à 65 ans. Il fut associé pendant cinq ans au travail du *Journal des Savans*, et donna des consultations qui lui acquirent le surnom de *plume dorée*. M. Lacretelle, dans son livre sur l'éloquence judiciaire, en dit beaucoup de bien. On a ses *OEuvres* publiées par son fils. *Voyez* la notice suivante.

TERRASSON (ANTOINE), fils du précédent, naquit à Paris le 1er novembre 1705, fut censeur royal, conseiller au conseil souverain de Dombes, puis chancelier de cette principauté, avocat et professeur royal de droit canon au Collége de France. Il mourut le 30 octobre 1782, à 77 ans, laissant : *Histoire de la Jurisprudence romaine*, etc.

THAUMAS DE LA THAUMASSIÈRE (GASP.) est né à Bourges vers le milieu du XVIIe siècle, et y est mort en 1712, laissant *Questions* et *Réponses* sur la coutume de Berry. Il a publié l'ouvrage de *Beaumanoir*, et les *Assises de Jérusalem*. *Voyez*, sur ces deux publications, mes *Notices bibliographiques*, édition de 1832, pages 674 et 706.

THEVENOT DES SAULES (CLAUDE-FRANÇOIS), né en 1723, à Coiffi-la-Ville (Champagne), mort à Vesoul en 1797, était avocat au parlement lorsqu'en 1771 le chancelier Maupeou forma les conseils supérieurs. Il fut avocat-général au conseil supérieur de Blois. Il est auteur du *Traité des Substitutions fidéicommissaires*, etc.

THOMASEN (CHRISTIAN), THOMASIUS, né à Leipsig en 1655, fut d'abord professeur dans sa ville natale; il fut ensuite fondateur et directeur de l'université de Halle, au duché de Magdebourg, où il est mort en 1728, à 73 ans, conseiller intime de Frédéric. Il est auteur de : *Institutiones Jurisprudentiæ divinæ*, etc.; *Fondamenta Juris naturæ et gentium*, etc., etc.

THOMASSIN (LOUIS), oratorien, naquit à Aix en 1619,

fut professeur, et mourut à Paris en 1695, à 76 ans, laissant : *Ancienne et nouvelle Discipline de l'Église*, etc.

*THOU (JACQUES-AUGUSTE DE), troisième fils de Christophe de Thou, premier président au parlement de Paris, mort en 1582, dont Pasquier a dit que *sa vie fut belle et honorable, et sa fin comme sa vie*. Jacques-Auguste de Thou, surnommé *l'Historien*, naquit à Paris en 1553. En sa qualité de *cadet*, on le destina d'abord à l'état ecclésiastique. En 1573, il voyagea en Italie, et ne revint que sous le règne de Henri III. En 1576, il fut pourvu d'une charge de conseiller-clerc au parlement de Paris, quitta l'état ecclésiastique, devint maître des requêtes, président à mortier en survivance, et il se maria. En 1588, le roi le nomma conseiller d'État et l'employa aux plus grandes affaires. Le parlement ayant été transféré à Tours, il y exerça la place de président, dont il n'avait auparavant que la survivance. Il fut un des rédacteurs de l'édit de Nantes en 1598. Il défendit avec fermeté les libertés de l'Église gallicane et les droits de la couronne contre les prétentions ultramontaines, et s'opposa à la publication du concile de Trente. La charge de premier président au parlement de Paris lui semblait réservée; mais Rome lui gardait rancune et s'y opposa : la place fut donnée à Nicolas de Verdun en 1611. Déjà en 1609, sa grande histoire avait été mise à l'*index*. De Thou, affecté de ces disgraces, le fut surtout par les calomnies dont les envieux vinrent affliger ses dernières années. Il mourut en 1617. L'histoire du P. de Thou est un de ses plus beaux titres de gloire : on y retrouve l'empreinte de son caractère, un grand esprit de tolérance dans un siècle de persécution, une vertueuse franchise à une époque « d'intrigues, de mensonges et de pieuses barbaries. »

THOU (FRANÇOIS-AUGUSTE DE), fils aîné de *l'Historien*, né à Paris en 1607, accusé de *non révélation* dans le procès de Cinq-Mars, condamné à mort par Laubardemont, fut décapité en 1642.

TILLET (JEAN DU), greffier en chef du parlement de Paris, mort le 2 octobre 1570, a profité de sa position et de la facilité qu'il avait de consulter les archives et les titres originaux, pour publier des ouvrages aussi intéressans qu'utiles pour l'histoire de France et pour notre droit public. Son *Recueil des Rois de France*, dont la meilleure édition est de 1618, in-4°, et son *Traité de la Majorité des Rois*, 1560, in-4°, attestent son érudition et son exactitude.

TIRAQUEAU (ANDRÉ) TIRAQUELLUS, surnommé le *Varron* de son siècle à cause de son vaste savoir, naquit à Fontenai-le-Comte vers 1480. Il fut successivement sénéchal dans sa ville natale, conseiller au Parlement de Bordeaux et ensuite à celui de Paris, où, par une distinction sans exemple, il fut admis à la grand' chambre, sans débuter par les enquêtes. Il mourut en 1558. On a de lui : *De Judicio in rebus exiguis*, etc.

* TREILHARD (JEAN-BAPTISTE), né à Brives en 1742, mourut à Paris en 1810, à l'âge de 68 ans. Avocat au Parlement de Paris, il refusa de plaider devant le Parlement Maupeou. Au retour du Parlement, il fut un des avocats les plus employés. Élu aux états-généraux en 1789, il prit une grande part aux travaux de l'assemblée et il eut beaucoup d'influence sur les décrets relatifs à la constitution civile et aux biens du clergé. Il insista fortement pour que les actes de l'état civil fussent confiés à l'autorité municipale. Il présida l'assemblée de 1791 avec fermeté, et plus tard il présida le tribunal criminel avec faiblesse. Il fut aussi un des présidens de la Convention, et du conseil des Cinq-Cents. En 1798 il entra au tribunal de cassation. Sous le consulat il devint président du tribunal (depuis Cour d'appel) de Paris; il fut ensuite appelé au Conseil d'État où il prit une part très-active à la rédaction de nos codes. M. Treilhard avait un esprit ferme, de la dureté dans les formes; mais en tout ce fut un homme très-capable et fort utile.

* TRONCHET (FRANÇOIS-DENIS), né à Paris en 1726. Malhabile comme avocat, mais profond jurisconsulte, renommé surtout pour la justesse et la sagacité de son jugement. Gerbier ne se croyait fort que lorsqu'il avait dans son dossier une consultation de Tronchet. Après la suppression du Parlement Maupeou, il employa tous ses efforts à réconcilier les avocats qui avaient plaidé devant ce Parlement avec ceux qui s'étaient abstenus. Il était bâtonnier de l'ordre, quand il fut élu député aux états géné-

raux. La tribune n'était pas son fait. Mirabeau obtint un jour le silence pour lui, en disant de sa voix de tonnerre: *Écoutez, Messieurs, c'est M. Tronchet qui parle; il n'a pas autant d'éloquence que de lumières.* Il était président de l'assemblée lors de la mort de Mirabeau. Louis XVI le choisit pour l'un de ses défenseurs. En l'an IV il fut député au conseil des Anciens; après le 18 brumaire, Bonaparte le nomma premier président de la Cour de cassation. Il fut chargé de rédiger un projet de code civil, avec MM. Portalis, Maleville et Bigot Préameneu. Il contribua beaucoup à faire adopter les principes de notre droit coutumier, de préférence à ceux du droit romain. En 1801, Bonaparte le nomma sénateur avec la sénatorerie d'Amiens. Tronchet mourut en 1806, et son cercueil fut déposé dans les caveaux du Panthéon.

TROSNE (GUILLAUME-FRANÇOIS LE), né à Orléans en 1728, fut avocat du roi et conseiller honoraire au bailliage de cette ville, et mourut à Paris en 1780, à 52 ans, laissant : *Éloge de Pothier*, dont il avait été l'élève; *Commerce des grains*, etc.

U.

* URSINS (JEAN-JUVENEL, JOUVENEL OU JUVÉNAL DES), né en 1360 à Troyes. Avocat distingué au barreau de Paris : Loisel le cite avec honneur dans son *Dialogue des avocats*. En 1388, prévôt des marchands, il rétablit l'ordre troublé par les émeutes, et sortit victorieux d'une accusation calomnieuse dirigée contre lui par le duc de Bourgogne. En 1400 avocat-général, il défendit les droits de la couronne contre les prétentions du Saint-Siége, et soutint que « le roi a le droit d'assembler son clergé, de le » présider, de lui proposer toutes les mesures qu'il croit » utiles à la nation, et d'en assurer l'exécution. » Il montra contre le duc de Bourgogne une fermeté qui lui valut le titre de chancelier. « Mais, ayant voulu s'opposer aux dilapidations des courtisans, il fut remplacé dans la charge de chancelier par un ministre plus complaisant et moins désintéressé. » Il mourut le 1er avril 1431.

URSINS (Jean-Juvenel des), fils du précédent, naquit à Paris en 1388, fut conseiller, maître des requêtes en 1416, avocat-général au Parlement séant alors à Poitiers; puis ayant embrassé l'état ecclésiastique, il devint en 1432, évêque de Beauvais, en 1444 évêque de Laon, et en 1449, archevêque de Reims; il sacra Louis XI, et à cette occasion lui adressa de vigoureuses remontrances *sur le droit de lever des impôts*: « Ce qui est le mien n'est point » vôtre, etc. » Il mourut le 14 juillet 1473.

URSINS (Guillaume-Juvenel des), frère du précédent, naquit à Paris le 15 mars 1401. Conseiller au Parlement en 1431, chancelier en 1445; destitué par Louis XI, reintégré en 1465. Il mourut à Paris le 23 juin 1472.

V.

* VACQUERIE (Jean de La), premier président du parlement de Paris sous le règne de Louis XI, se fit admirer par sa probité, par sa fermeté, par son intrépidité à soutenir les intérêts du peuple, et par son désintéressement. Quelque absolu que fût Louis XI, il ne put résister à ce discours de La Vacquerie à la tête du parlement: « Sire, nous venons remettre nos charges entre vos mains, et souffrir tout ce qu'il vous plaîra plutôt que d'offenser nos consciences. » Le roi retira ses édits; mais il pouvait ne pas céder, et alors la perte de leurs charges eût laissé les officiers du Parlement sans ressources. La Vacquerie mourut en 1497. Le chancelier de L'Hospital a fait de lui cet éloge: « qu'il était beaucoup plus recommandable par sa pauvreté que Raulin, chancelier du duc de Bourgogne, par ses richesses. » C'est à lui qu'on disait: *c'est trop Raulin*. La Vacquerie est un des douze magistrats dont j'ai fait choix pour faire placer leurs portraits dans le vestibule de la chambre des requêtes de la Cour de cassation.

VALIN (René-Josué), naquit à la Rochelle en 1695, y fut avocat et procureur du roi, de l'amirauté et de l'hôtel-de-ville. Il mourut en 1765, à 70 ans, membre de l'Académie de sa ville natale. On a de lui: *Nouveau commen-*

taire sur l'Ordonnance de la marine du mois d'août 1681 ; etc. Les principaux matériaux de ce commentaire lui furent généreusement fournis par Émérigon, auquel il en témoigna sa reconnaissance dans sa préface. *Voyez* ÉMÉRIGON.

* VAN-ESPEN (ZEGER-BERNARD) naquit à Louvain le 9 juillet 1646. Il s'y fit recevoir docteur en droit, et y enseigna avec réputation. A 65 ans, il perdit la vue, qu'il recouvra deux ans après par l'opération de la cataracte. Son attachement à Port-Royal, son opposition à la bulle *Unigenitus*, et l'approbation qu'il donna au sacre de l'archevêque d'Utrecht lui attirèrent des persécutions qui remplirent d'amertume la fin de sa vie. Il fut obligé de se retirer à Maëstricht, puis à Amersfort, où il mourut le 2 octobre 1728, à 83 ans. Ainsi il n'est pas mort de chagrin. Le plus parfait de ses ouvrages est son *Jus ecclesiasticum universum*, en 4 vol. in-folio, qui annonce le plus savant, le plus judicieux, le plus exact des canonistes. L'abbé du Pac de Bellegarde a donné, en 1759, un supplément aux œuvres de Van-Espen, 1 vol. in-folio ; il renferme sa vie, ses consultations, etc. Les bibliographes recommandent de s'assurer en achetant ce supplément qu'il n'y ait point de lacune de la page 416 à la page 484. Au reste les mémoires qui remplissent cet espace, ne sont pas l'ouvrage de Van-Espen ; ce sont des écrits faits en France à la demande du régent, à l'occasion d'une brouillerie qui s'éleva entre la cour et le pape en 1728. Leur objet est de rechercher la conduite qu'on aurait à tenir si le pape refusait des bulles aux évêques nommés par le régent, et ils tendent à prouver « que des évêques canoniquement élus ou nommés peuvent être sacrés sans la participation du pape. » On les a imprimés depuis séparément in-12, sous le titre d'*Avis aux princes catholiques*.

VARSAVAUX, avocat, est auteur d'un *Traité des droits des communes et des bourgeoisies*.

VATTEL, auteur des *Principes de la loi naturelle appliquée à la conduite et aux affaires des nations et des souverains*, est né dans la principauté de Neufchâtel en Suisse, au mois d'avril 1714 ; il y est mort le 20 décembre 1767, âgé de 53 ans. Son ouvrage est justement estimé.

VICAT (Beat-Philippe), professeur de droit à Lausanne, né à Aigle, dans le pays de Vaud, en 1715, mourut en 1770. Son *Vocabularium juris*, en 4 volumes in-8°, est plus commode que les 2 volumes in-folio de Calvin.

VOET (Jean), né à Utrecht en 1647, professa successivement le droit à Herborn, à Utrecht et à Leyde, où il mourut en 1714, âgé de 67 ans. Il y a peu de livres de droit qui aient joui d'une estime plus générale que ses commentaires sur les Pandectes; ils sont fréquemment cités dans les écoles et dans les tribunaux.

W.

WICQUEFORT (Abraham de), né à Amsterdam vers 1598, est mort en 1682. On a de lui l'ouvrage intitulé *l'Ambassadeur et ses fonctions*.

WOLF ou WOLFF (Jean-Chrétien, baron de), Wolfius, né à Breslaw, en Silésie, en 1679, fut premier professeur de mathématiques et de philosophie dans l'Académie de Marbourg, professeur honoraire de Saint-Pétersbourg, membre des sociétés royales des sciences de Londres et de Berlin, conseiller de régence du roi de Prusse, associé étranger de l'Académie des sciences. Tant de titres accumulés annoncent une grande variété de connaissances, et expliquent la célébrité à laquelle Wolf est en effet parvenu. Il est mort à Halle, dans le duché de Magdebourg, le 9 avril 1754, à 75 ans, laissant : *Jus naturæ methodo scientificâ pertractatum*, etc., etc.

Z.

ZACCHIAS (Paul), né à Rome en 1584, fut médecin du pape Innocent X, puis proto-médecin des états pontificaux. Il mourut dans sa ville natale en 1659, à 75 ans, auteur de *Quæstiones medico-legales*, etc. C'est le commencement de la *médecine légale*, qui depuis a donné lieu à d'autres ouvrages plus savans et plus complets.

ZILETTI (JEAN-BAPTISTE), ZILETTUS, naquit à Venise dans le 16e siècle. Il est auteur de *Index librorum omnium juris tàm pontificii quàm cæsarei*.

ZOES (HENRI), ZOESIUS, naquit à Amersfort en 1571, et mourut en 1627, à 56 ans, après avoir expliqué les Institutes et les Pandectes à l'université de Louvain, laissant: *Commentarius ad Digestorum seu Pandectarum juris civilis libros quinquaginta*, etc.

Parmi ces hommes fameux qui ont illustré la magistrature et le barreau, ayant à choisir douze noms pour orner la galerie de la Cour de Cassation qui conduit à la Chambre des Requêtes (autrefois la *Chambre de Saint-Louis*), j'ai désigné ceux-ci (novembre 1834) : L'Hospital, Daguesseau, Matthieu Molé, La Vacquerie, Henrion de Pansey, Séguier, Servin, Omer Talon, Cujas, Dumoulin, Patru et Gerbier.

TABLEAU CHRONOLOGIQUE

DES JURISCONSULTES ROMAINS

CITÉS DANS LE *DIGESTE*.

Nota. Parmi ces jurisconsultes, au nombre de 107, il y en a 29 dont les ouvrages ont fourni des citations et des lois; 68 qui n'ont fourni que des citations et pas de lois; et 10 dont on a tiré des lois, sans citations.

I. *Jurisconsultes antérieurs au siècle de Cicéron.*

	Citations.	Lois.
1. P. ou C. Papyrius.	2	»
2. Appius Claudius, décemvir.	2	»
3. App. Claudius Centumanus Cæcus	3	»
4. Cn. Flavius.	2	»
5. P. Sempronius Longus Sophus.	1	»
6. Tib. Coruncanius.	2	»
7. Q. Mutius.	1	»
8. S. Ælius Pœtus Catus.	6	»
9. P. Attilius.	1	»
10. P. Scipion Nasica.	1	»
11. M. Caton.	5	»
12. P. Mutius Scævola.	4	»
13. M. Manilius.	3	»
14. M. Brutus.	7	»
15. C. Livius Drusus.	1	»

II. *Jurisconsultes de la fin de la République.*

	Citations.	Lois.
16. Cicéron.	7	»
17. P. Rutilius.	5	»
18. Q. Ælius Tubéron.	1	»
19. Q. Mucius Scævola, le pontife.	50	4

	Citations.	Lois.
20. C. Aquilius Gallus.	16	»
21. S. Sulpicius Rufus.	93	»
22. Q. Cornelius Maximus.	2	»
23. Antistius Labéon père.	1	»
24. Gr. Flaccus.	1	»
25. Æl. Gallus.	2	1

III. *Du temps de César et d'Auguste.*

	Citations.	Lois.
26. A. Ofilius.	73	»
27. A. Cascellius.	16	»
28. Trebatius Testa.	96	»
29. Q. Ælius Tubéron, élève d'Ofilius.	17	»
30. Cinna.	3	»
31. Alfenus Varus.	19	54
32. Aufid. Namusa.	6	»
33. C. Ateïus Pacuvius.	1	»
34. P. Gellius.	1	»
35. Antilius Labéon, fils.	541	63
36. Ateïus Capiton.	7	»
37. Blæsus.	1	»
38. Vitellius.	1	»

IV. *Depuis Tibère jusqu'à Vespasien.*

	Citations.	Lois.
39. Massur. Sabinus.	220	»
40. Cocc. Nerva, père.	34	»
41. C. Cassius Longinus.	160	»
42. Sempronins Proculus	136	»
43. Fulcinius (Priscus).	16	»
44. Fabius Mela.	39	»
45. Cartilius.	2	»
46. Cocc. Nerva, fils.	15	»
47. Attilicinus.	27	»

V. *Depuis Vespasien jusqu'à Adrien.*

	Citations.	Lois.
48. Cælius Sabinus.	18	»
49. Pegasus.	28	»
50. Juvent. Celsus, père.	5	»
51. Priscus Javolenus.	11	206
52. Ariston.	81	»
53. Neratius Priscus.	128	64
54. Arrianus.	6	»
55. Plautius.	4	»
56. Minitius Natalis.	3	»
57. Urseius Ferox.	4	»

	Citations.	Lois.
58. Varius Lucullus.	1	»
59. Fufidius.	3	»
60. Servilius.	1	»

VI. *Temps d'Adrien et d'Antonin-le-Pieux.*

	Citations.	Lois.
61. L. Celsus, fils.	173	142
62. Salv. Julien.	778	457
63. Aburnius ou Aburnus Valens.	4	20
64. Lælius Félix.	2	»
65. Vindius Verus.	4	»
66. S. Cæcilius Africanus.	3	131
67. Volus Mæcianus.	18	44
68. Ulp. Marcellus.	256	158
69. Val. Severus.	4	»
70. Ter. Clemens.	1	35
71. Publicius.	3	»
72. Pactumeius Clemens.	1	»
73. Campanus.	2	»
74. Octavenus.	23	»
75. Vivianus.	23	»
76. S. Pedius.	60	»
77. Tuscius-Fuscianus.	1	»

VII. *Temps de Marc-Aurèle et de Commode.*

	Citations.	Lois.
78. Caius ou Gaius.	4	»
79. S. Pomponius.	409	588
80. Q. Cervidius Scævola.	63	307
81. J. Mauricianus.	6	4
82. Papyrius Justus.	»	16
83. Papyrius Fronton.	4	»
84. Claudius Saturnin.	»	1
85. Tarentenus Paternus.	1	2

VIII. *Depuis Sévère jusqu'aux Gordiens.*

	Citations.	Lois.
86. Callistrate.	»	101
87. Œm. Papinien.	153	596
88. Arrius Menander.	5	6
89. Tertullien.	3	5
90. Jul. Paul.	45	2087
91. Dom. Ulpien.	20	2461
92. Venuleius Saturnin.	4	71
93. Messius.	1	»
94. Æl. Marcien.	6	282
95. Cl. Triphoninus.	21	79

	Citations.	Lois.
96. Lic. Rufin.	1	17
97. Æm. Macer.	»	62
98. Heren. Modestin.	2	345
99. Florentin.	»	42

IX. *Depuis les Gordiens jusqu'à Constantin.*

. . . .

. . . .

X. *Depuis Constantin jusqu'à Justinien.*

100. Hermogénien.	»	107
101. Aurel. Arcadius Charisius.	»	6
102. Julius ou Gallus Aquila.	»	2

XI. *Jurisconsultes dans le temps incertain.*

103. Puteolanus.	1	»
104. Paconius.	1	»
105. Furius Antianus.	»	3
106. Rutilius Maximus.	»	1
107. Antæus.	1	»

INDEX

QUO NOMINA ET VARIÆ FUNCTIONES

SANCTORUM QUINQUAGINTA JURIS-PERITORUM

INDICANTUR.

1 — Aaron. . . . . Judex (obiit anno ante Christum 1470).

2 — Ambrosius. . . . . Advocatus, judex (obiit anno Christi 397).

3 — Aper. . . . . Advocatus, judex (floruit anno Christi 40).

4 — Athanasius. . . . . Juris-peritus (obiit anno Christi 372).

5 — Augustinus. . . . . Advocatus (obiit anno Christi 430).

6 — Basilius. . . . . . . Juris-peritus (obiit anno Christi 778).

7 — Bonifacius Ferrarius. . Judex (floruit anno Christi 1400).

8 — Carolus Borromæus. . Juris-peritus (obiit anno Christi 1584).

9 — Carolus Magnus. . . Judex, legislator (obiit anno Christi 814).

10 — Cassiodorus. . . . . Advocatus, judex (obiit anno Christi 562).

11 — Cyprianus. . . . . Advocatus (obiit anno Christi 259).

12 — Daniel. . . . . . . Judex (obiit anno ante Christum 518).

13 — Dionysius Areopagita. . Judex (floruit anno Christi 48).

14 — Ebrulphus. . . . . Advocatus (obiit anno Christi 525).

15 — Elzearius. . . . . . . Advocatus (obiit anno Christi 1325).

16 — Franciscus Salesius. . Juris-peritus (obiit anno Christi 1622).

17 — Genesius. . . . . . . Notarius (obiit anno Christi 280).

18 — Germanus. . . . . Advocatus (obiit anno Christi 435).

19 — Godegrandus. . . . Advocatus (obiit anno Christi 765).

20 — Greg. Magnus. . . . Judex, legislator (obiit anno Christi 604).

21 — Greg. Nazianzenus. . Juris-peritus (obiit anno Christi 389).

22 — Greg. Thaumaturgus. . Juris-peritus (obiit anno Christi 266).

23 — Hieronymus. . . . . Advocatus (obiit anno Christi 420).

24 — Hierotheus. . . . . Judex (floruit anno Christi 48).

25 — Hubertus. . . . . Judex (obiit anno Christi 727).

26 — Hugo. . . . . . . Juris-peritus (obiit anno Christi 1132).

27 — Jacoponus. . . . . Advocatus (obiit quo die Christus natus).

28 — Joannes Capistranus. . Juris-peritus (obiit anno Christi 1456).

29 — Joannes Chrysostomus. Advocatus (obiit anno Christi 407).

30 — Joannes Damascenus. . Juris-peritus (floruit anno Christi 725).

31 — Joannes de Florentiâ. . Juris-peritus (floruit anno Christi 1227).

32 — Job. . . . . Judex (obiit anno ante Christum 1509).

33 — Juo. . . . . Advocatus, judex (floruit anno Christi 1285).

34 — Kanutus. . . . . . Judex, legislator (obiit anno Christi 1081).

35 — Lierbertus. . . . . Juris-peritus (obiit anno Christi 1076).

36 — Moyses. . . . . . Judex, legislator (obiit anno ante Christum 1470).

37 — Notarius Anonymus. . Notarius (obiit circa annum Christi 1250).

38 — Paulus IV. . . . . Judex, legislator (obiit anno Christi 1559).

39 — Philogonius. . . . . Advocatus (floruit anno Christi 320).

40 — Primarius. . . . . Judex (floruit anno Christi 325).

41 — Richardus. . . . . Juris-peritus (floruit anno Christi 1250).

42 — Severinus Boëtius. . . . Advocatus, judex (obiit anno Christi 526).
43 — Sidonius Apollinaris. . Advocatus (floruit anno Christi 480).
44 — Sulpitius. . . . . . . Juris-peritus (floruit anno Christi 400).
45 — Symmachus. . . . . Advocatus, judex (obiit anno Christi 526).
46 — Theophilus. . . . . Advocatus (obiit anno Christi 500).
47 — Thomas Cantuariensis. Judex (obiit anno Christi 1170).
48 — Thomas Morus. . . Advocatus, judex (obiit anno Christi 1535).
49 — Vetius Epagathus. . . Juris-peritus (floruit anno Christi 170).
50 — Wolbodo. . . . . Juris-peritus (obiit anno Christi 1021).

Les faits et gestes de ces jurisconsultes saints, ou réputés saints, se trouvent dans l'ouvrage intitulé : *Joannis Roberti Elogia sanctorum quinquaginta juris-peritorum*. Leodii (Liége), 1662, in-12. — Voyez aussi ci-devant, page 683, la biographie de *Saint-Ives*, patron des avocats.

CHRONOLOGIE HISTORIQUE

DES

CHANCELIERS DE FRANCE ET GARDES-DES-SCEAUX,

MINISTRES DE LA JUSTICE,

Depuis l'époque où le Parlement fut rendu sédentaire sous Philippe-le-Bel, en 1302.

Depuis Clovis, vers l'an 500, jusqu'en 1302, on trouve 86 dignitaires qui ont été chefs suprêmes de la justice : sous les titres divers de *grand-référendaire*, *apocrysiaire*, *souverain chancelier*, *archi-chancelier*, *grand-chancelier*, *archi-notaire*, puis enfin *chancelier*. — La plupart de ces fonctionnaires étaient pris dans l'ordre ecclésiastique, qui dominait alors les affaires civiles et politiques. — Depuis l'établissement fixe des parlemens, la dignité de chancelier a suivi les progrès de la magistrature et a fini à la longue par n'être plus conférée qu'à des hommes de robe, jurisconsultes ou magistrats.

1. ÉTIENNE DE SUIZY, dit l'archidiacre de Flandre, fut chancelier de France depuis 1302 jusqu'en 1304. Il devint cardinal en 1305, et mourut le 10 décembre 1311.

2. PIERRE DE MORNAY, évêque d'Orléans, puis d'Auxerre, succéda au précédent en 1304, jusqu'à sa mort en 1306.

3. PIERRE DE BELLEPERCHE, évêque d'Auxerre, chancelier en 1306, mourut le 17 janvier 1307.

4. PIERRE DE CORBEIL DE GREZ, chantre de l'église de Paris, chancelier jusqu'en septembre 1307.

5. GUILLAUME DE NOGARET DE CALVISSON. Philippe-le-Bel, dans une charte de l'an 1308, l'appelle *son cher et fidèle chancelier*. Il mourut en 1313.

6. GILLES AYCELIN DE MONTAGU, 1er du nom, archevêque de Narbonne, puis de Rouen, garde du scel royal en 1309, a fondé le collége Montagu, à Paris, en 1314; il mourut le 23 juin 1318.

7. PIERRE DE LATILLY, évêque de Châlons, chancelier depuis le 26 avril 1313-1314, mourut le 15 mars 1327.

8. ÉTIENNE DE MORNAY, chanoine d'Auxerre, était chancelier de Charles de France, comte de Valois, en 1313. Il fut créé chancelier de France en 1314, exerça jusqu'en 1316, mourut le 31 août 1332.

9. PIERRE D'ARRABLAY, archidiacre de Narbonne, chancelier en 1316.

(Fut fait cardinal en 1317.)

10. PIERRE DE CHAPPES, chancelier de France en 1317 jusqu'en 1320, mort le 24 mars 1336.

(Il avait été évêque et cardinal.)

11. JEAN DE CHERCHEMONT, chancelier de Philippe-le-Long en 1320, privé de sa dignité en 1321, rétabli en 1323 par Charles-le-Bel, jusqu'à sa mort, 25 octobre 1328.

12. PIERRE RODIER, évêque de Carcassonne, chancelier en 1321, après la disgrâce du précédent, se démet et cède la place au même, en 1323.

13. MATTHIEU FERRAND, chanoine de Saint-Quentin, succéda à Cherchemont en 1328, fut remercié le 20 avril 1329, rétabli le 6 juillet jusqu'au 7 septembre même année 1329.

14. JEAN DE MARIGNY, évêque de Beauvais, archevêque de Rouen (frère d'Enguerrand de Marigny), chancelier le 30 avril 1329. Il rendit les sceaux le 6 juillet, les reprit le 7 septembre et les conserva jusqu'au 10 novembre 1329. Il mourut le 26 décembre 1351.

15. GUILLAUME DE SAINTE-MAURE DE MONTGAUGIER, doyen de la cathédrale de Tours, fut chancelier de 1329 à 1334.

16. PIERRE ROGIER DE BEAUFORT-TURENNE, archevêque de Sens et de Rouen, cardinal en 1337, pape sous le nom de Clément VI en 1342, avait été chancelier de France en 1334, seulement pendant quelques mois. Il mourut le 6 décembre 1352.

17. GUI BAUDET, évêque duc de Langres, chancelier le 16 mars 1334, mourut en 1338.

18. ÉTIENNE DE VISSAC, se démit en 1339.

19. GUILLAUME FLOTTE (fils de Pierre Flotte, chancelier en 1301), le devint lui-même en 1339, et se démit en 1347.

20. FIRMIN DE COCQUEREL, évêque de Noyon, chancelier le 6 janvier 1347, mourut en 1349.

21. PIERRE DE LA FOREST, évêque de Tournay, puis archevêque de Rouen, fut créé chancelier le 14 juillet 1349. « Charles V, Dauphin, qui gouvernait en 1357 pendant la captivité de son père en Angleterre, fut contraint, par les Etats-généraux, de destituer le chancelier et plusieurs autres magistrats dont les vertus étaient suspectes à ceux qui voulaient profiter des malheurs publics; » mais Pierre de la Forest fut rétabli en 1359. Dès 1356, il avait été fait cardinal; il mourut le 27 juin 1361.

Foulque Bardoul, conseiller au parlement de Paris, tint les sceaux de France pendant la captivité du roi Jean.

22. Gilles Aycelin de Montagu, 2e du nom, chancelier de France, tint les sceaux en Angleterre, auprès du roi Jean, en 1357 Il se démit en 1358, et revint en France, mais étant retourné en 1360 auprès du roi il eut la douleur de sceller les abandons forcés que ce monarque faisait aux Anglais, et d'assister au traité de Bréquigny. Il fut évêque de Lavaur, puis de Thérouanne, et enfin cardinal en 1361. Il mourut le 5 décembre 1378.

23. Jean de Dormans, évêque de Beauvais, puis cardinal, avait les sceaux pendant la régence du dauphin. Chancelier en 1361, il se démit en 1371

24. Guillaume de Dormans, avocat du roi au parlement de Paris, frère du précédent, lui succéda comme chancelier en 1371 jusqu'à sa mort le 11 juillet 1373

Jean de Dormans reprend les fonctions de chancelier après la mort de son frère, et les garde jusqu'à sa mort, le 7 novembre 1373.

25 * Pierre d'Orgemont, premier président du Parlement de Paris, fut fait chancelier de France par Charles V, dit *le sage*, le 20 novembre 1373, après avoir été élu, *par voie de scrutin*, en présence du roi, dans une assemblée tenue au Louvre, où les princes, les barons, les seigneurs du Parlement, les membres des cours des comptes et autres, jusqu'au nombre de 130, assistèrent en grande cérémonie. — Il se démit en 1380 et mourut le 3 juin 1389.

26. * Miles de Dormans, évêque d'Angers, de Bayonne, de Beauvais, fils de Guillaume de Dormans (N° 24); fut élu chancelier de France *par bon et légitime scrutin, et délibération du grand conseil du roi*. Il se démit en juillet 1383.

27. Pierre de Giac, chancelier le 19 juillet 1383, se démit en 1388; il mourut en 1407.

28. * Arnaud de Corbie, premier président du Parlement de Paris, chancelier en 1388, destitué le 12 novembre 1398, rétabli en 1400; déposé en 1405, rétabli en 1409, définitivement congédié en 1412, par Charles VI, à l'instigation de la faction des Bourguignons et des Cabochiens contre lesquels il s'était prononcé. Il mourut le 24 mars 1413.

29. Nicolas Dubois Dubosc, évêque de Bayeux, premier président de la chambre des comptes, chancelier en novembre 1398, se démit en 1400, et mourut le 20 septembre 1408.

30. Jean de montagu (d'une autre famille que les Aycelin; ci-devant Nos 6 et 22), évêque de Chartres, archevêque de Sens, et premier président de la chambre des comptes; chancelier en 1405, destitué en 1413, fut tué à la bataille d'Azincourt en 1415.

(Son frère, Jean de Montagu, surintendant des finances, avait eu la tête tranchée en 1409.)

31. **Eustache Delaistre**, premier président de la chambre des comptes, gendre d'Arnaud de Corbie (N° 28), fut fait chancelier le 14 juin 1413, et révoqué le 8 août. *Voyez* N° 32 in fine.

32. **Henri le Corgne de Marle**, président au Parlement de Paris, chancelier le 8 août 1413. Embrassa en 1418 la faction d'Orléans contre celle du duc de Bourgogne, et fut massacré en prison le 12 juin 1418.

Eustache Delaistre (*Voyez* N° 31), est rétabli après le meurtre du chancelier de Marle. Il exerça jusqu'en 1420.

33. **Jean le Clerc de la Motte**, chancelier le 16 novembre 1420, se démit le 7 février 1423.

34. **Louis de Luxembgourg**, évêque de Thérouanne, premier président de la cour des comptes, fait chancelier le 7 février 1423 par *Henri VI, roi d'Angleterre, se disant roi de France*. Il exerça jusqu'en 1435. Cardinal en 1439. Mort le 18 septembre 1443.

35. **Thomas Hoo de Hasting**, Anglais de nation, et nommé par le roi d'Angleterre, *se disant roi de France*, fut chancelier jusqu'au 1er octobre 1449.

36. **Robert le Maçon**, institué chancelier en 1418 par le dauphin, depuis Charles VII. Exclu par la faction de Bourgogne. Rétabli ensuite et maintenu jusqu'en 1421. Il mourut le 28 janvier 1442.

37. **Martin Gouge de Charpaignes**, évêque de Chartres, de Clermont, chancelier par lettres-patentes du 3 février 1421. Destitué le 6 avril 1424. Rétabli le 6 août suivant et remercié définitivement le 8 novembre 1428. Mort le 25 novembre 1444.

38. **Renaud de Chartres**, archevêque de Rheims, chancelier le 28 avril 1424, démissionnaire le 6 avril, lors du rétablissement de Martin de Gouge, réintégré le 8 novembre 1428. Il sacra Charles VII en 1429, en présence de la pucelle d'Orléans: cardinal en 1439, il mourut le 4 avril 1445.

39.* **Guillaume Jouvenel des Ursins**, chancelier le 16 juin 1445, destitué par Louis XI en 1461. (Voyez après le numéro suivant.)

40. **Pierre de Morvilliers**, chancelier le 3 septembre 1461 —1465. Mort le 15 novembre 1476.

Guillaume Jouvenel des Ursins, rétabli le 9 novembre 1365, exerce jusqu'à sa mort, 23 juin 1472. V *Biographie*, V° *Ursins*.

41. **Pierre d'Oriolle**, chancelier le 26 juin 1472, congédié par Louis XI, le 11 mai 1483, malgré ses bons services: devint premier président de la chambre des comptes en 1483, et mourut le 14 septembre 1485.

42. **Guillaume de Rochefort**, chancelier de France du 12 mai 1483, jusqu'à sa mort le 12 août 1492.

Adam Fumée, médecin des rois Charles VII et Louis XI, et maître des requêtes, a les sceaux jusqu'à sa mort en 1494.

43. ROBERT BRIÇONNET, président aux enquêtes, garde des sceaux et chancelier le 30 août 1495. Mort le 26 juin 1497.

44. * GUY DE ROCHEFORT, frère puiné de Guillaume (N° 42), chancelier le 9 juillet 1497. Il fit organiser le grand conseil, et a été admis au rang de nos plus illustres chanceliers. Il mourut en janvier 1507.

45. JEAN DE GANAY DE SAVIGNY, premier président du Parlement de Paris, accompagna Charles VIII à la conquête de Naples, et fut fait chancelier de ce royaume en 1495. A son retour Louis XII le fit chancelier de France par lettres patentes du 31 janvier 1507. Il mourut en 1512.

ÉTIENNE PONCHER, président aux enquêtes, évêque de Paris, archevêque de Sens, fut préposé à la garde des sceaux jusqu'au 2 janvier 1514.

46 * ANTOINE DUPRAT, premier président du Parlement de Paris, chancelier le 7 janvier 1514. Il mourut le 9 juillet 1535. Voyez son article dans la *Biographie*, V° *Prat*.

47. ANTOINE DUBOURG, Président au Parlement de Paris, chancelier le 16 juillet 1535. Il mourut en 1538.

MATTHIEU DE LONGUEJOUE, évêque de Soissons, tient provisoirement les sceaux en 1538.

48. * GUILLAUME POYET, président au Parlement de Paris, chancelier le 12 novembre 1538, accusé en 1542, et condamné pour concussion le 23 avril 1545, mort en 1548. *Voyez* son article dans la *Biographie*, V° *Poyet*.

FRANÇOIS DE MONTHOLON, président au parlement de Paris, où il avait été avocat-général, tient les sceaux en 1542, et meurt le 12 juin 1543.

FRANÇOIS ERRAULT, garde-des-sceaux le 12 juin 1543, est destitué et meurt le 3 septembre 1544.

MATTHIEU DE LONGUEJOUE (déjà nommé sous le n. 47), reprend les sceaux en 1544, les rend en 1545, et meurt le 7 décembre 1558.

49. FRANÇOIS OLIVIER, président au Parlement de Paris, chancelier le 18 avril 1545, se démit en 1550.

* JEAN BERTRAND, *premier garde des sceaux en titre d'office*, cette charge ayant été érigée en office de la couronne par édit de Henri II, du mois d'avril 1551. Il l'exerça jusqu'en 1559, et mourut le 4 décembre 1560.

FRANÇOIS OLIVIER, rappelé par François II, reprend les sceaux en 1559, et meurt le 30 mars 1560.

50. * MICHEL DE L'HOSPITAL, premier président de la chambre des comptes, fut élevé à la dignité de chancelier de France, le 30 juin 1560. Il se démit en 1568, et mourut dans sa retraite, à Vignay, le 13 mars 1573.

Voyez dans la *Biographie*, V° *L'Hospital*.

JEAN DE MORVILLIER, évêque d'Orléans, reçut les sceaux en

1568, après la démission de L'Hospital, et s'en démit en 1570. Il mourut le 25 octobre 1577.

51. * RENÉ DE BIRAGUE, Italien d'origine, naturalisé par Charles IX, en 1565, garde des sceaux en 1570, chancelier le 17 mars 1573. Il se fit ensuite prêtre et devint cardinal et évêque de Lavaur. « Il était pauvre à raison des grandes charges qu'il avait exercées dans l'Etat : aussi disait-il qu'il *mourait cardinal sans titre, chancelier sans sceaux, et prêtre sans bénéfice.* » Mort le 24 novembre 1583.

52. PHILIPPE HURAULT, comte DE CHEVERNY, garde des sceaux, le 26 septembre 1578, chancelier, en 1583. On lui reprit les sceaux pendant la ligue, en 1588.

FRANÇOIS DE MONTHOLON, deuxième du nom, reçut les sceaux de Henri III le 6 septembre 1588, les garda jusqu'en 1589, et mourut en 1590.

* CHARLES DE BOURBON-CONDÉ, cardinal de Vendôme, chef du conseil, tint les sceaux le 1 août 1589 jusqu'au mois de décembre suivant.

PHILIPPE HURAULT, chancelier, est rappelé par Henri IV, en 1590. Il exerce jusqu'à sa mort, 30 juillet 1599.

53. * PONPONNE DE BELLIÈVRE, surintendant des finances en 1575 et président du Parlement de Paris, chancelier le 2 août 1599, remit les sceaux en 1605, et mourut le 9 septembre 1607.

54. NICOLAS BRULART, marquis DE SILLERY, président aux enquêtes, ambassadeur en Suisse et en Italie, sous Henri III et Henri IV, fut fait garde des sceaux le 2 janvier 1605, et chancelier le 10 septembre 1607. Le maréchal d'Ancre lui fit retirer les sceaux, en mai 1616.

Gardes-des-Sceaux ;

— * GUILLAUME DU VAIR, en mars 1616, jusqu'au 25 novembre suivant.

— CLAUDE MANGOT DE VILLARCEAU, premier président du parlement de Bordeaux, du 25 novembre 1616 jusqu'au 24 avril 1617.

— GUILLAUME DU VAIR (pour la seconde fois), du 25 avril 1617 jusqu'au 3 août 1621.

— CHARLES D'ALBERT, duc DE LUYNES, connétable, du 3 août 1621 au 15 décembre suivant.

— MERY DE VIC, du 24 décembre 1621 au 22 septembre 1622, date de sa mort.

— LOUIS LE FEVRE DE CAUMARTIN, du 23 septembre 1622 au 21 janvier 1623.

NICOLAS BRULART, marquis DE SILLERY, chancelier, reprend les sceaux le 23 janvier 1623, et s'en démet le 2 janvier 1624. Il mourut le 1er octobre 1624.

55. ÉTIENNE D'ALIGRE, était président au parlement de Bretagne, lorsque Louis XIII le créa garde des sceaux, en janvier 1624, et chancelier au mois d'octobre suivant. Des intrigues de

cour l'obligèrent à rendre les sceaux, le 1er juin 1626. Il mourut le 11 décembre 1635.

*MICHEL DE MARILLAC, fut garde-des-sceaux en 1626, et les rendit le 12 novembre 1630, le lendemain de la journée *des dupes*, qui ruina son parti, opposé à celui de Richelieu. V. son article dans la *Biographie*.

— CHARLES DE L'AUBESPINE, marquis DE CHATEAUNEUF, reçut les sceaux le 14 novembre 1630. Devenu *suspect* à Richelieu, il fallut les rendre le 25 février 1633, et aller en prison, où il resta dix ans.

56. * PIERRE SÉGUIER, duc de Villemor, président à mortier au Parlement de Paris, garde des sceaux en 1633, chancelier le 19 décembre 1635, perdit les sceaux en 1650.

Voyez son article dans la *Biographie*, ci-dessus, page 724.

CHARLES DE L'AUBESPINE reprit les sceaux le 2 mars 1650, et les rendit le 3 avril 1651. Mort le 17 septembre 1653.

— * MATTHIEU MOLÉ DE CHAMPLATREUX, premier président du parlement de Paris, fut fait garde-des-sceaux le 3 avril 1651. V. sa *Biographie*.

PIERRE SÉGUIER, chancelier, recouvre les sceaux, et les conserve jusqu'à sa mort, arrivée le 28 janvier 1672.

LOUIS XIV garde les sceaux depuis le 6 février 1672 jusqu'au 23 avril suivant.

57. ÉTIENNE D'ALIGRE (2e chancelier de ce nom. Voyez no 55), fut fait garde des sceaux, par Louis XIV, le 24 avril 1672, et chancelier en janvier 1674. Mort le 25 octobre 1677.

58. *MICHEL LE TELLIER, d'abord ministre de la guerre en 1643, fut fait chancelier et garde des sceaux le 29 octobre 1677. Il a contribué beaucoup à la révocation de l'édit de Nantes, et a mieux mérité par-là la censure de la postérité, que l'éloge de Bossuet, qui l'a loué comme un grand homme. Il mourut le 30 octobre 1685.

59. LOUIS BOUCHERAT, chancelier avec les sceaux, du 1er novembre 1685, jusqu'au 2 septembre 1699.

60. LOUIS PHELIPPEAUX DE PONTCHARTRAIN, chancelier, en 1699, retiré en 1714, mort le 22 décembre 1727.

61. * HENRI-FRANÇOIS D'AGUESSEAU, procureur-général au Parlement de Paris, chancelier le 2 février 1717. Sa résistance *au système* de Law, lui valut la disgrace du régent, qui lui fit demander les sceaux en 1718, et l'exila à sa terre de Fresne.

Voyez son article dans la *Biographie*, Vo *Daguesseau*.

MARC-RENÉ DE VOYER DE PAULMY, marquis D'ARGENSON, de l'Académie française, ancien lieutenant-général de police, garde-des-sceaux en janvier 1718, fut fait ministre d'État en 1720, rendit les sceaux la même année, « et passa le reste de sa vie dans la retraite après avoir bien servi l'État. » Il mourut le 8 mai 1721.

Henri-François d'Aguesseau reprend les sceaux en 1720. Une nouvelle disgrace les lui fit ôter en 1722.

Gardes-des-Sceaux :

Joseph-Jean-Baptiste Fleuriau d'Armenonville, du 28 février 1722 au 15 août 1727. Mort le 27 novembre 1728.

Germain-Louis de Chauvelin, du 17 août 1727 jusqu'en 1737. Mort en 1762. Il avait été avocat-général et président à mortier au parlement de Paris.

D'Aguesseau, chancelier, rappelé d'exil au mois d'août 1727, par l'influence du cardinal de Fleury, ne reprit les sceaux qu'en 1737, après la disgrace de Chauvelin. Il se démit de ses emplois en 1750, et mourut le 9 février 1751.

62. * Guillaume de Lamoignon Malesherbes, premier président de la cour des aides, fut nommé chancelier le 9 décembre 1750. Il se démit, en 1768 et mourut le 12 juillet 1772.

Son fils fut ministre et défenseur de Louis XVI.

Voyez la *Biographie*, page 688.

Jean-Baptiste de Machault d'Arnouville, garde-des-sceaux le 9 décembre 1750, exilé le 2 février 1757.

— Louis XV tint lui-même les sceaux depuis le 14 mars 1757 jusqu'au 13 octobre 1761.

— Nicolas-René Berryer les obtient le 13 octobre 1761, et meurt le 15 août 1762.

— Paul-Esprit Feydeau de Brou fut nommé garde-des-sceaux le 1 octobre 1762, se démit en octobre 1763, et mourut en 1767.

63. René-Charles de Maupeou, premier président du Parlement de Paris, garde-des-sceaux et *vice-chancelier* [1] en 1763, puis chancelier le 15 septembre 1768. Il donna sa démission le lendemain, en faveur de son fils.

64. *René-Nicolas-Charles-Augustin de Maupeou, premier président du parlement en 1763, chancelier le 16 septembre 1768. Ce fut lui qui, pour punir les parlemens d'avoir résisté aux volontés du roi, fit supprimer, en 1771, tous les anciens parlemens, et les remplaça par des conseils. (Voyez, ci-devant, *Histoire du Droit français*, page 190). Mais en 1774, sous le règne de Louis XVI, son système fut abandonné, les parlemens furent rétablis, et le chancelier exilé à son tour. Il mourut en 1792.

[1] C'est la première fois que ce titre de *vice-chancelier* apparaît. On trouve à ce sujet dans un noël du 31 décembre 1763 sur divers personnages de la cour, deux couplets, dont le second finit par ces vers :

Pourquoi donc, messeigneurs, ainsi entrer en lice?
Grâce au conseil sage et prudent,
Entre vous deux tout incident
Est sauvé par un *vice*.

ARMAND-THOMAS HUE DE MIROMÉNIL, premier président du parlement de Rouen, eut les sceaux du 24 août 1774 jusqu'au 8 avril 1787.

CHRÉTIEN-FRANÇOIS-GUILLAUME DE LAMOIGNON DE BAVILLE, président à mortier au parlement de Paris, garde-des-sceaux en 1787, disgracié le 14 septembre 1788, se suicide en 1789.

CHARLES-LOUIS-FRANÇOIS-DE-PAULE DE BARENTIN, ancien avocat-général au Parlement de Paris, puis premier président de la cour des aides, garde-des-sceaux le 19 septembre 1788, se démet en 1789.

— JÉRÔME-MARIE CHAMPION DE CICÉ, archevêque de Bordeaux, garde-des-sceaux et ministre d'État en 1789, se démet le 20 novembre 1790.

Les *parlemens* furent supprimés avec tous les tribunaux d'ancienne création, par le décret des 16-24 août 1790.

Les titres de *chancelier* et de *garde-des-sceaux* furent également changés par une loi de 1791, en celui de *ministre de la justice*, chargé de la garde du sceau de l'État, et les fonctions de ces deux charges demeurèrent réunies.

---

65. DUPORT DU TERTRE (Marguerite-Louis-François), succède à Champion de Cicé, dans la dignité de garde du sceau, le 21 novembre 1790. Il fut continué comme *ministre de la justice* en 1791, se démit le 22 mars 1792, et périt victime d'une condamnation révolutionnaire le 30 novembre 1793.

Roland, ministre de l'intérieur, remplit l'intérim jusqu'au 13 avril 1792.

66. DURANTON (Antoine), avocat au Parlement de Bordeaux, *ministre de la justice* le 13 avril 1792, se démit le 3 juillet. Mort révolutionnairement le 20 décembre 1793.

67. DE JOLY (Etienne-Louis-Hector), ministre de la justice le 3 juillet 1792, se démit le 10 août.

68. DANTON (Georges-Jacques), nommé le 10 août 1792 ministre de la justice, se démet le 21 septembre, succombe révolutionnairement le 25 août 1794.

François de Neufchâteau, nommé à sa place, refuse d'accepter.

69. GARAT (Dominique-Joseph), ministre de la justice le 9 octobre 1792, passe à d'autres fonctions le 20 mars 1793.

70. GOHIER (Louis-Jérôme), ministre de la justice le 20 mars 1793, administre jusqu'à l'installation des *commissions*, établies par la loi du 1er avril 1794 pour *remplacer les ministères*.

En vertu de cette loi :

— HERMAN, commissaire; LANNE, adjoint au commissaire; le 18 avril 1794 (29 germinal an II).

— AUMONT, commissaire; MOURRE, adjoint au commissaire, en août 1794 (thermidor an II).

Le 3 novembre 1795 (12 brumaire an IV), les *ministères* sont rétablis.

71. * MERLIN (Philippe-Antoine), ministre de la justice le 3 novembre 1795, passe au ministère de la police le 5 janvier 1796. Voyez n° 72.

72. GÉNISSIEU (Charles) remplace Merlin le 5 janvier 1796 (15 nivôse an IV), et se démet le 3 avril 1797.

MERLIN (Philippe-Antoine) rentre à la justice le 3 avril 1796 (14 germinal an IV), jusqu'au 20 septembre 1797.

73. LAMBRECHTS (Charles-Louis), Belge réuni à la France, est nommé ministre de la justice le 24 septembre 1797 (3 vendémiaire an VI), exerce jusqu'au 20 juillet 1799.

74. * CAMBACÉRÈS (Jean-Jacques-Régis), ministre de la justice le 20 juillet 1799 (2 thermidor an VII), exerce jusqu'au 25 décembre suivant. Voyez nos 76 et 79.

75. ABRIAL (André-Joseph) succède à Cambacérès le 25 décembre 1799 (4 nivôse an VIII), et administre jusqu'au 14 septembre 1802.

76. RÉGNIER (Claude-Ambroise), duc de MASSA, est nommé *grand-juge, ministre de la justice*, le 14 septembre 1802 (27 fructidor an X), reste jusqu'en 1813.

Dans cet intervalle, et dans le même temps, CAMBACÉRÈS, archi-chancelier de l'Empire, A. S., prince, duc de Parme, etc.

77. MOLÉ (Louis-Matthieu), ministre de la justice le 20 novembre 1813, jusqu'à la chute de l'empire en 1814.

78. HENRION DE PANSEY, commissaire provisoire le 3 avril 1814, sous le gouvernement provisoire.

Voyez la *Biographie*, page 679.

79. DAMBRAY (Charles), avocat-général à la Cour des aides, à dix-neuf ans, en janvier 1788, puis au Parlement de Paris, émigré rentré, membre du conseil-général de la Loire-Inférieure, auteur d'adresses de félicitation à Napoléon (sans préjudice de la correspondance entretenue avec les Bourbons), chancelier de France, en 1814 [1], ayant les sceaux, le 13 mai de la même année, jusqu'au 20 mars 1815. Président de la chambre des pairs.

80. CAMBACÉRÈS, archi-chancelier de l'empire, fut chargé du ministère de la justice le 20 mars 1815. Voyez sa *Biographie*.

81. PASQUIER (Étienne-Denis), préfet de police sous l'empire, né à Paris, le 2 avril 1767, d'une autre famille que celle d'Étienne Pasquier, adversaire des jésuites (Voyez Pasquier dans la BIOGRAPHIE *suprà*, p. 708; garde-des sceaux, ministre de la justice le 9 juillet 1815.

[1] Et son beau-père, M. de BARENTIN, *chancelier* HONORAIRE.

82. Barbé-Marbois (François), né à Metz, le 31 janvier 1745 ; avant la révolution, intendant de St-Domingue ; membre du conseil des anciens, fructidorisé en l'an V (1797), conseiller d'état en 1800, ministre du trésor public en 1801, président de la Cour des comptes en 1808 ; sénateur en 1813, pair de France le 4 juin 1814, garde-des-sceaux le 26 septembre 1815. (En 1816, il redevint P. président de la Cour des comptes, et résigna cette place à M. Barthe, en 1834.)

83. Dambray, chancelier de France, reprend provisoirement les sceaux du royaume, et est chargé par *interim* du portefeuille de la justice, 7 mai 1816.

84. Pasquier (supra, n° 81) redevient garde-des-sceaux, ministre de la justice, le 19 janvier 1817. (Après la révolution de 1830, président de la chambre des pairs).

85. De Serre (Hercule), émigré fort jeune ; à son retour, avocat à Metz, magistrat à la cour de Colmar, député, président de la chambre, garde-des-sceaux, ministre de la justice le 29 décembre 1818.

86. De Peyronnet, avocat de Bordeaux, procureur-général à Bourges, député, garde-des-sceaux le 14 décembre 1821, un des signataires des ordonnances du 25 juillet 1830, détenu à Ham par arrêt de la Cour des pairs.

87. Portalis (le comte Joseph-Marie), fils de *Portalis l'Ancien*. (V. ci-devant p. 713.) D'abord voué à la carrière diplomatique, ensuite maître des requêtes et conseiller d'Etat, après une disgrace momentanée, il devint P. P. de la cour royale d'Angers. — Après la restauration en 1814, il resta P. président, et fut fait conseiller-d'Etat en service extraordinaire ; député au champ de mai, dans les cent-jours. Sous la seconde restauration il fut successivement conseiller-d'Etat, conseiller à la Cour de cassation, garde-des-sceaux le 4 janvier 1828 ; premier président de la Cour de cassation le 1er août 1829, vice-président de la chambre des pairs en 1834.

88. Bourdeau, d'abord avocat, puis procureur-général à la cour royale de Limoges en 1814, député en 1815, a prononcé une sorte d'anathème contre « ceux, disait-il, qui veulent l'ancien ré» gime avec la Charte de moins, et les jésuites de plus. » Il fut créé garde-des-sceaux le 14 mai 1829.

89 Courvoisier (Jean-Joseph-Antoine), fils d'un avocat au parlement de Besançon ; émigré fort jeune, revint en 1815, fut avocat-général à Besançon en 1816, député pendant les sessions de 1816, 1817 et 1818, se fit distinguer comme orateur. Procureur-général près la cour de Lyon en 1818, député assez indépendant dans les sessions qui suivirent, garde-des-sceaux le 8 août 1829 ; mais s'étant démis un mois avant les fatales ordonnances du 25 juillet 1830.

90. Chantelauze, avocat, député, garde-des-sceaux le 19 mai 1830, fut un des signataires des fatales ordonnances du 25

juillet, et condamné en décembre par arrêt de la Cour des pairs, détenu au château de Ham. Il a été defendu par l éloquent Sauzet.

Après la révolution de juillet. la commission municipale établie à l'Hôtel-de-Ville s'étant déclarée *gouvernement provisoire*, organisa un ministère, et désigna pour garde-des-sceaux :

— D'abord DUPIN (de la Nièvre);

Et sur son refus d'accepter, motivé sur le défaut de pouvoir de la *commission municipale*,

— DUPONT DE L'EURE fut désigné et accepta. Il fut d'abord installé sous le titre de *commissaire du gouvernement provisoire*, le 31 juillet 1830, ensuite sous le titre de *commissaire au département de la justice*, le 7 août 1830; et enfin avec le titre de *garde-des-sceaux*.

91. DUPONT (de l'Eure), ancien avocat, conseiller à la cour royale de Rouen, destitué sous la restauration, député de l'Eure, fut nommé garde-des-sceaux par Louis-Philippe Ier, le 11 août 1830.

92. MÉRILHOU, avocat, défenseur éloquent et courageux des accusés politiques sous la restauration, membre de la chambre des députés, garde des-sceaux le 27 décembre 1830.

8 mars 1831, le ministre de l'intérieur est chargé par interim du portefeuille de la justice.

93. BARTHE, avocat très-libéral sous la restauration, orateur chaleureux, député, garde-des-sceaux le 13 mars 1831.

(En 1834 est nommé premier président de la Cour des comptes, en remplacement de M. Barbé-Marbois.)

94. PERSIL, avocat, jurisconsulte instruit, bon logicien, auteur d'ouvrages sur le droit civil, député, garde-des-sceaux le 4 avril 1834.

CHRONOLOGIE HISTORIQUE

DES PREMIERS PRÉSIDENS

DU PARLEMENT DE PARIS.

1. Jacques de BRULART, *premier maître* du parlement, le 28 juin 1325.

Jean DE CHERCHEMONT, chancelier de France, fut commis pour présider le parlement en 1326.

2. Bertrand de CARDAILLAC, élu *premier maître* du parlement dans l'assemblée tenue au Louvre, vers Pâques de l'an 1331.

3. Hugues de COURCY, dit par quelques-uns Hugues de CRUSY, prévôt de Paris sous Charles-le-Bel en 1327, élu sous Philippe de Valois *premier maître* du Parlement en 1334. Il exerça jusqu'à sa mort, arrivée en 1336.

Pierre DE CUIGNIÈRES, que quelques-uns appellent Philippe, déjà avocat-général au Parlement, fut commis pour le présider momentanément en 1336, d'autres disent 1343.

4. Guillaume BERTRAND succède à Hugues de Courcy, et se trouve mentionné dans un privilége accordé à l'Université de Paris, par Philippe-de-Valois. Il y est nommé immédiatement après le chancelier de France et qualifié de *premier et souverain* du Parlement, en 1340.

Simon DE BUCY,
Jean DE CASTEL-SÉRIS,
Pierre DE SENNEVILLE, dont les articles vont suivre, sont mentionnés dans le même acte avec le même titre de *premiers et souverains* du Parlement.

5. Simon de BUCY fut établi chef du Parlement, avec le titre de *premier président* [1], par ordonnance du roi Philippe de Va-

[1] La plupart des auteurs ne commencent qu'à lui la chronologie des *premiers présidens*, parce qu'il fut le premier à qui ce titre fut déféré d'une manière précise et officielle, ses prédécesseurs n'ayant exercé cette charge que sous le nom de *premiers-maîtres*, ou simplement de *maîtres* du Parlement.

lois, du 11 mars 1344. Il prit part au traité de Brétigny, et mourut le 7 mai 1368.

6. Pierre de SENNEVILLE ou de DEMEVILLE, est qualifié *premier président* dans des lettres de Charles V, du 2 août 1370. Il mourut à la fin de la même année 1370.

7. Guillaume de SENS ou de SÉRIS, fut créé premier président par Charles V, et installé le 17 juin 1371, par le cardinal de Dormans, alors chancelier de France. Il mourut le 7 novembre 1373.

8. Pierre D'ORGEMONT succéda à Guillaume de Séris le 12 novembre 1373; il devint chancelier de France presque aussitôt, et mourut le 3 juin 1389.

9. Arnauld de CORBIE, reçu premier président le 1er janvier 1374, devint chancelier de France en 1388; mourut le 24 mars 1413.

10. Guillaume de SENS ou de SÉRIS, neveu de celui dont il est question à l'art. 7, fut fait premier président par le roi Charles VI, en 1388. Il mourut le 11 avril 1400.

11. Jean de POPINCOURT, avocat-général au Parlement de Paris, fut créé premier président après la mort de Guillaume de Séris. Son installation se fit avec la plus grande pompe le 14 avril 1400. Il mourut le 21 mai 1403.

12. Henri le CORGNE de MARLE, fut nommé premier président par le roi Charles VI, le 22 mai 1403, puis élevé à la dignité de chancelier en 1413. Il fut assassiné avec le connétable d'Armagnac, par la faction des Bourguignons, le 12 juin 1418.

13. Robert MAUGER, vicomte d'AMBRIÈRES, premier président le 13 août 1413. La faction du duc de Bourgogne le fit déposer le 25 juin 1418. Il mourut le jour de Noël de la même année 1418.

14. Philippe de MORVILLIERS, créé premier président, par ordonnance de Charles VI, le 18 juillet 1418. « Ce magistrat s'étant déclaré pour la faction de Bourgogne, et ayant continué l'exercice de sa charge sous l'autorité de Henri VI, roi d'Angleterre, qui s'était emparé d'une grande partie du royaume de France, fut destitué de ses fonctions et chassé de Paris, lorsque cette ville rentra, en 1436, sous l'obéissance du vrai roi de France Charles VII. » Il mourut le 25 juillet 1438.

15. Jean de VAILLY, fut nommé par Charles VII premier président du Parlement de Paris, siégeant à Poitiers pendant l'occupation de la capitale par les Anglais. Il mourut le 9 mars 1434

16. Adam de CAMBRAY, succéda à Jean de Vailly dans la présidence du Parlement de Paris, siégeant à Poitiers, et fut pourvu de la charge de premier président, après la déposition de Philippe de Morvilliers, lorsque le roi rentra dans la capitale. Il exerça jusqu'à l'époque de sa mort arrivée, le 15 mars 1456.

17. Yves de SCÉPEAUX, créé premier président le 19 août

1457, par édit du roi Charles, VII exerça jusqu'à sa mort, arrivée en 1461.

18. Hélie de TOURRETTES fut élu premier président le 11 septembre 1461; son installation se fit le même jour par Pierre Morvilliers, chancelier de France; mais il n'exerça que quelques mois.

19. Matthieu de NANTERRE, fils de Simon de Nanterre, président à mortier au Parlement de Paris, fut élu premier président le 26 décembre 1461. « Louis XI qui lui préférait Jean Dauvet, président du parlement de Toulouse, ordonna leur mutation en 1465. Matthieu de Nanterre ayant été rappelé quelques mois après, ne fit aucune difficulté d'exercer la charge de second président, sous Jean de Dauvet, bien persuadé que la véritable dignité des places dépend de la vertu de ceux qui les remplissent. » Il exerça jusqu'à sa mort, arrivée en 1487.

20. Jean DAUVET, déjà premier président du parlement de Toulouse, fut appelé par Louis XI, le 18 novembre 1465, pour présider en chef celui de Paris. Il avait été ambassadeur de Charles VII, à Rome et au concile de Bâle, et Louis XI l'employa dans ses négociations avec les princes, lors de la guerre dite *du bien-public*. Il mourut le 22 novembre 1471.

21. Jean LE BOULANGER, élu premier président, le 8 décembre 1471, présida avec le chancelier Pierre d'Oriolle, au procès du connétable de Saint-Pol, et à celui de Jacques d'Armagnac, duc de Nemours. Il mourut le 24 février 1481.

22. Jean de LA VACQUERIE fut élu premier président par le roi Louis XI, en 1481. « Il exerça sa charge avec une telle intégrité et un si noble désintéressement, qu'à sa mort on ne trouva pas de quoi marier trois filles qu'il laissait. Louis XI, en reconnaissance de ses services, se chargea de les établir, et les dota selon leur condition. » Le premier président de La Vacquerie mourut le 24 juillet 1497.

23. Pierre COTHARDY, avocat-général, fut élu premier président le 28 juillet 1497, et mourut le 25 octobre 1505.

24. Jean de GANAY de SAVIGNY avait été employé à plusieurs ambassades par le roi Charles VIII, lorsque Louis XII lui conféra, en 1505, la charge de premier président. Il devint chancelier de France en 1507, et mourut en 1512.

25. Antoine du PRAT fut créé premier président par le roi Louis XII, le 8 février 1507, et devint chancelier de France, puis cardinal. Il mourut le 9 juillet 1535.

26. Pierre MONDOT de MARTHONIE était premier président du Parlement de Bordeaux, lorsque François Ier le créa premier président du parlement de Paris, le 3 février 1514. Il prit une part très-active aux affaires de son temps, et mourut en 1517.

27. Jacques OLIVIER (selon d'autres Jean), avocat-général au Parlement de Paris, fut créé premier président par François Ier

le 29 mai 1517. Il fut père de François-Olivier de Leuville, chancelier de France. Il mourut le 20 novembre 1519.

28. Jean de SELVES avait été premier président des parlemens de Bordeaux et de Rouen, lorsqu'il fut créé par le roi François Ier premier président du Parlement de Paris, en 1520. Après la bataille de Pavie, où ce monarque fut fait prisonnier, le président de Selves fut un des ambassadeurs envoyés à Charles-Quint pour traiter de la liberté du roi, qu'il obtint par le traité conclu à Madrid le 14 janvier 1526. Il mourut au mois d'août 1529.

29. Pierre LIZET, avocat-général au Parlement de Paris, en fut nommé premier président le 20 décembre 1529. « Un zèle outré contre les protestans, dont il devint le persécuteur le plus cruel, et son inimitié contre le cardinal de Lorraine et Diane de Poitiers, furent cause de sa disgrâce en 1550. N'ayant pour vivre d'autres moyens que ceux qui lui étaient fournis par les émolumens de sa charge, il obtint l'abbaye de Saint-Victor à Paris. » Il y mourut en 1554.

30. Jean BERTRAND ou BERTRANDI, premier président le 11 juillet 1550, devint garde-des-sceaux en 1551. Après son veuvage, il embrassa l'état ecclésiastique, et fut fait évêque de Comminges, archevêque de Sens, puis cardinal. Il mourut le 4 décembre 1560.

31. Gilles LE MAISTRE, petit-fils de Jean Le Maistre, avocat-général au Parlement de Paris, fut lui-même revêtu de cette charge en 1540, puis élevé par le roi Henri II à la dignité de premier président, le 12 juin 1551. Il mourut le 5 décembre 1562.

32. Christophe de THOU, prévôt des marchands de la ville de Paris, fils d'Augustin de Thou, président à mortier, fut nommé par le roi Charles IX premier président, en 1562, sur la recommandation de la reine Marie de Médicis. Il mourut le 1er novembre 1582.

Il fut père de l'historien.

33. Achille de HARLAY, comte de Beaumont, fils de Christophe de Harlay, président à mortier au Parlement de Paris, fut élevé à la charge de premier président en 1582, après la mort de Christophe de Thou, son beau-père. Il porta dans cette première charge de la magistrature toutes les vertus d'un homme de bien, et résista avec la plus grande fermeté aux séductions des ligueurs, qui le persécutèrent pour s'en venger. Il mourut le 23 octobre 1616.

Son petit-fils, du même nom d'Achille, fut aussi premier président en 1689.

34. Nicolas de VERDUN, premier président du parlement de Toulouse, fut promu à la dignité de premier président du Parlement de Paris le 9 avril 1616, sur la démission d'Achille de Harlay. Il exerça cette charge jusqu'à l'époque de sa mort, arrivée le 22 mars 1627.

35. Jérôme de HACQUEVILLE, premier président sous Louis XIII, en 1627. Il mourut le 4 novembre 1628.

36. Jean BOCHART fut créé premier président par Louis XIII au mois de novembre 1628. Il avait été contrôleur-général et surintendant des finances en 1620. Il mourut le 27 avril 1636.

37. Nicolas LE JAY fut créé premier président du Parlement de Paris en 1630. « Il avait été lieutenant civil, et sut faire usage de l'influence qu'il avait acquise sur le peuple de cette capitale pour calmer l'orage que quelques mécontens voulurent élever lors de la mort funeste d'Henri IV. » Il mourut le 30 décembre 1640.

38. Matthieu MOLÉ, seigneur de CHAMPLATREUX, procureur-général au Parlement de Paris, fut créé premier président par Louis XIII le 19 novembre 1641. voyez son article dans la Biographie, page 701.

En 1648, Anne d'Autriche, régente de France pendant la minorité de Louis XIV, et le cardinal Mazarin, son principal ministre, firent arrêter les présidens *Gayan*, *Barillon*, et *René Potier de Blancménil*; le peuple furieux de l'arrestation de ses magistrats se souleva, et força, dans la journée dite des *Barricades*, la reine-mère à donner la liberté aux prisonniers. La France fut alors déchirée par la guerre de la *Fronde*.

39. POMPONNE de BELLIÈVRE, petit-fils du chancelier de France (n° 53), avait été ambassadeur en Italie, en Angleterre et en Hollande, lorsqu'il fut élevé, en 1651, à la dignité de premier président du Parlement de Paris. Au procès de Lavalette, il s'opposa à ce que Louis XIII opinât avec les juges. On lui doit la création de l'Hôpital-Général de Paris. Il mourut le 13 mars 1657.

40. Guillaume de LAMOIGNON, marquis de BASVILLE, fut créé par Louis XIV premier président du parlement de Paris, le 2 octobre 1658. Voyez sa Biographie pag. 687. *Fléchier* prononça son oraison funèbre le 18 février 1679. Il mourut le 10 décembre 1677.

41. Nicolas POTIER de NOVION, membre de l'Académie française, fut pourvu par Louis XIV de la dignité de premier président le 13 juin 1678; il se démit en 1689, et mourut le 1er septembre 1693.

Il eut pour fils André Potier de Novion, avocat-général au grand-conseil, et pour petit-fils le premier président André Potier de Novion, dont il est question à l'article 45.

42. Achille de HARLAY, procureur-général au Parlement de Paris, était fils d'Achille de Harlay, aussi procureur-général au même parlement, et arrière-petit-fils du premier président de ce nom, mentionné article 33. Il fut pourvu par le roi Louis XIV de l'office de premier président, le 18 novembre 1689. « Quoique Mme de Sévigné, M. de Saint-Simon et Anquetil le peignent sous des nuances diverses, il n'en a pas moins laissé après lui la réputation bien méritée d'un magistrat intègre et éclairé. » Il se démit en avril 1707, et mourut le 23 juillet 1712.

Il fut père de Achille de HARLAY, quatrième du nom, avocat-général au Parlement de Paris.

43. Louis LE PELLETIER de MORFONTAINE fut nommé premier président en avril 1707, et reçu le 5 mai suivant; il exerça jusqu'en janvier 1712, époque à laquelle il se démit. Il mourut le 31 janvier 1730.

44. Jean-Antoine de MESMES, comte d'AVAUX, l'un des quarante de l'Académie française, fut créé premier président le 5 janvier 1712. Il sut maintenir par sa présence d'esprit et sa fermeté de caractère les prérogatives et les droit du Parlement sous la régence du duc d'Orléans. Il mourut le 23 août 1723.

45. André POTIER, seigneur de NOVION, petit-fils de celui dont il est question à l'article 41, fut reçu premier président le 30 décembre 1723. Il donna sa démission le 9 septembre 1724, et mourut le 22 septembre 1731.

46. Antoine PORTAIL, créé premier président le 24 septembre 1724, et installé le 13 novembre suivant, mourut le 3 mai 1736.

47. Louis LE PELLETIER, seigneur de ROSAMBO, fils de celui dont il est question à l'article 43, fut reçu premier président le 20 mai 1736. Il se démit le 1er octobre 1743, et se retira à la Chartreuse de Paris. Il mourut le 20 janvier 1770.

48. René-Charles de MAUPEOU fut reçu premier président le 12 novembre 1743. Il donna sa démission de cette charge en septembre 1757, et fut créé garde-des-sceaux, puis vice-chancelier en 1763, et chancelier le 15 septembre 1768.

Les querelles qui s'élevèrent entre le clergé et le Parlement à l'occasion de la bulle *Unigenitus* et de l'administration des sacremens, firent exiler le Parlement à Pontoise et à Soissons en mai 1753. On remplaça alors le Parlement par une chambre royale qui en avait toutes les attributions, mais elle n'exerça que jusqu'au 4 septembre 1754, époque à laquelle le Parlement fut rappelé.

49. Matthieu-François MOLÉ, seigneur de CHAMPLATREUX, arrière-petit-fils de celui dont il est question à l'article 38, fut pourvu de la charge de premier président le 12 novembre 1757. Il se démit en octobre 1763.

50. René-Nicolas-Charles-Augustin de MAUPEOU, fils de celui dont il est question à l'article 48, fut nommé premier président du parlement de Paris le 12 octobre 1763. Il devint chancelier de France en 1768.

51. Etienne-François d'ALIGRE, comte de MARAN, arrière-petit-fils du chancelier de France dont il est question, n° 55 des *Chanceliers*, fut reçu premier président le 12 novembre 1768. Il cessa ses fonctions en 1771.

Les discussions du Parlement avec le ministère, à l'occasion de l'affaire du duc *d'Aiguillon*, des lits de justice, et de la cherté des grains, amenèrent un conflit à la suite duquel un édit supprima les anciens parlemens, que l'on essaya de remplacer par des conseils supérieurs. Les nouveaux magistrats furent installés par le chancelier de Maupeou, le 17 avril 1771. Voyez ci-dessus, page 190.

52. Louis-Jean BERTIER de SAUVIGNY, intendant de Paris, conseiller d'État, fut reçu premier président du nouveau parlement le 17 avril 1771. Il exerça cette charge jusqu'au rappel de l'ancien parlement, en 1774. Ce magistrat mourut victime de la fureur populaire dans les premiers jours de la révolution de 1789.

Le 12 novembre 1774, l'ancien Parlement est rétabli.

Etienne-François d'ALIGRE, comte de MARAN, reprend l'exercice de ses fonctions de premier président le 12 novembre 1774. C'est sous sa présidence que le parlement fit d'énergiques remontrances contre les impôts et les plans du ministère en 1787 et 1788, « et pour demander la convocation des états-généraux, comme le seul corps en France qui eût le droit d'établir des impôts. » Il mourut à Hambourg dans le commencement du dix-neuvième siècle.

Cette résistance du Parlement décida le gouvernement à l'exiler à Troyes le 15 avril 1787; mais il le rappela le 20 septembre suivant. *D'Espréménil*, *Robert de Saint-Vincent*, *Fréteau* et *Sabatier* ne s'en opposèrent pas moins à l'enregistrement des édits qui portaient création de nouveaux impôts. MM. *d'Espréménil* et *Goislard de Monsabert* furent arrêtés, en 1788, au milieu même de la grand'chambre, et exilés. Voyez ci-devant, *Hist. du Dr. Fr.*, page 194.

53. Louis-François-de-Paule LE FÈVRE D'ORMESSON, seigneur de Noyseau, ancien avocat-général au grand conseil, et président à mortier au parlement de Paris, fut reçu premier président le 12 novembre 1788. Il mourut le 2 février 1789.

54. Jean-Baptiste-Gaspard BOCHARD de SARON, membre de l'Académie des sciences, et arrière-petit-fils de celui dont il est question à l'article 36, fut créé premier président du parlement de Paris le 6 février 1789. Il périt révolutionnairement le 20 avril 1794.

Tous les parlemens furent suspendus par une loi du 3 novembre 1789, et définitivement supprimés par le décret du 24 août 1790, qui établit une nouvelle organisation judiciaire.

CHRONOLOGIE

DES PROCUREURS - GÉNÉRAUX

AU PARLEMENT DE PARIS.

1. Simon de BUCY, qui fut depuis premier président, voyez ci-dessus page 758, avait été procureur-général, *procurator regis*, disent les anciens registres, en 1312.

2. Guillaume de la MAGDELAINE, nommé en janvier 1319.

3. Guillaume de SAINT-GERMAIN, nommé en 1368, mort le 6 mars 1384.

4. Jean ANCHIER, exerçant en 1385.

5. Pierre LE CERF, en 1389.

6. Denis de MAUROY, en 1404.

7. Jean AGUENIN, en 1412.

Guillaume LE TUR, avocat du roi au parlement, fut commis, en 1417, pour exercer en l'absence de Jean Aguenin.

8. Gauthier JAYER, destitué en 1421.

9. Guillaume BARTHÉLEMY, reçu le 21 février 1422

10. Pierre COUSINOT, en 1456

11. Jean DAUVET (Voyez aux *Premiers Présidens*, le n° 20), en 1458.

12. * Jean de SAINT-ROMAIN, en 1461 (s'opposa à l'enregistrement du concordat); vivait encore en 1483.

13. Michel de PONS, exerce conjointement avec le précédent, depuis le 8 juin 1479.

14. Jean de NANTERRE, en 1485, se démet en 1489.

15. Christophe-Guillaume de CARMONE, en 1489.

16. Jean LUILLIER, en 1496, mort en 1498.

17. Jean BURDELOT, reçu le 13 décembre 1498, mourut en 1507.

18. Guillaume ROGIER, en 1508, mourut le 2 mai 1523

19. Nicolas THIBAUT de MONTIGNY, en 1553. Il mourut en 1541.

20. Noël BRULARD, 29 août 1541, mourut en 1557.

21. Gilles BOURDIN, en 1557, mourut en 1570.

22. Jean de LA GUESLE, en 1570, se démit en 1585.

23. Jacques de LA GUESLE, fils du précédent, reçu en 1583, mourut en 1612.

Pierre PITHOU, nommé lors de la réduction de Paris pour exercer jusqu'au retour de Jacques de La Guesle, qui était à Tours.
Eustache de MESGRIGNY exerce à Châlons.

24. Nicolas de BELLIÈVRE, reçu le 11 janvier 1612, exerce jusqu'en 1614.
25. Matthieu MOLÉ (*voyez* ci-dessus aux *Premiers Présidens*, n° 38), procureur-général en 1614.
26. Blaise MÉLIAND, en 1641.
27. Nicolas FOUCQUET, en 1660 jusqu'en 1661.
28. Achille de HARLAY, reçu le 20 août 1661, mourut le 7 juin 1671,
29. Achille de HARLAY, fils du précédent, fut reçu le 4 juin 1667 (*voyez* aux *Premiers Présidens*, n° 42). Il mourut le 23 juillet 1712.
30. Jean ARNAUD de LA BRIFFE, reçu en 1689, mourut en 1700.
31. Henri-Franc. d'AGUESSEAU, reçu en 1700 (*voyez* aux *Chanceliers*, n° 60), mourut en 1751.
32. Guillaume-François JOLY DE FLEURY, reçu le 17 février 1717, se démit en 1746 (voyez sa *Biographie*, page 683). Il mourut le 25 mars 1756.
33. Guillaume-François-Louis JOLY DE FLEURY, fils du précédent, reçu en survivance le 12 décembre 1740, exerça comme titulaire en juillet 1746. Il mourut en 1788.
34. Omer-Louis-François JOLY DE FLEURY, neveu du précédent, et fils d'un président à mortier du même nom, fut reçu procureur-général lors de la création du nouveau parlement, le 13 avril 1771,
35. Armand-Guillaume-Marie-Joseph JOLY DE FLEURY, frère du précédent, procureur-général en survivance le 13 juillet 1778, exerça en 1788.

Les parlemens furent supprimés en 1790.

AVOCATS-GÉNÉRAUX

AU PARLEMENT DE PARIS.

Le procureur-général du parlement de Paris était assisté, dans l'exercice de ses fonctions, de *trois avocats-généraux*, qui portaient habituellement la parole aux audiences.

Les fonctions d'*avocat-général* ont été remplies par des hommes éminens en savoir et en éloquence, dont plusieurs sont devenus procureurs-généraux, premiers présidens et chanceliers.

Je ne veux pas en donner ici une liste complète, mais seulement rappeler les plus célèbres, principalement parmi ceux dont l'illustration s'est bornée à cette fonction.

1315. Raoul de Presles.
1329. Pierre de Cuignières.
1364. Jean Desmarets.
1392. Jean Le Cocq.
1550. Pierre Séguier.
1554. Gilles Bourdin.
1565. Gui du Faur de Pibrac.
1567. Augustin de Thou.
1570. Barnabé Brisson.
1589. Louis Servin.
1597. Simon Marion (Niverniste).
1626. Jérôme Bignon.
1652. Omer Talon.

Enfin les Daguesseau, les Lamoignon, les Gilbert de Voysins, les Joly de Fleury ont été *avocats-généraux* avant de monter aux degrés supérieurs de la magistrature.

COUR DE CASSATION,

Cour suprême instituée pour toute la France par les lois des 24 mai et 1er décembre 1790.

PREMIERS PRÉSIDENS.

A partir de 1790 jusqu'à la loi du 27 ventôse an VIII, *chaque section du tribunal* de cassation (tel était alors son titre) nommait son *président* tous les six mois.

Le plus ancien des présidens de section présidait les *sections réunies*.

Parmi les magistrats qui ont présidé le Tribunal de cassation durant cette période, figurent messieurs: Boucher de la Richarderie, Coffinhal, (aujourd'hui conseiller sous le nom de baron Dunoyer) Lyons, Giraudet, Garran, Brun, Bailly, Lalonde, Malleville, Chasset, Chabroud, Gandon, Pajon, Target, Meaulle, Chasle, Rousseau, Seignette, Barris, Gauthier-Biauzat, Gohier.

La loi du 27 ventôse an VIII, ayant établi que le *tribunal entier* nommerait *un président* dont les fonctions, en cette qualité, dureraient trois ans,

M. Tronchet fut nommé président du tribunal le 2 floréal an VIII.

M. Muraire le remplaça le 15 ventôse an IX, au même titre.

Le même fut ensuite nommé PREMIER PRÉSIDENT par décret du 29 floréal an XII (19 mai 1804).

M. Desèze fut nommé *premier président* à sa place, le 21 février 1815.

M. Muraire reprit ses fonctions le 21 mars 1815, et les quitta le 8 juillet suivant.

M. Desèze les reprit et les exerça jusqu'à sa mort, arrivée le 2 juin 1828.

M. Henrion de Pansey fut nommé prémier président, en juin 1829.

M. Portalis, premier président actuel, a été nommé le 17 août 1829.

Nota. Depuis que la Cour a eu un *premier président*, les présidens de chambre ont été MM. Malleville, Vieillart, Barris, Henrion de Pansey, Mourre, Portalis, Brisson, Favard de Langlade: et présentement, les trois présidens en exercice sont: MM. Boyer, de Bastard, Zangiacomi.

MINISTÈRE PUBLIC.

Les officiers du ministère public près la Cour de cassation ont d'abord été qualifiés de *commissaires du gouvernement*, et de *substituts*. — Ensuite, sous l'empire, le chef du parquet a reçu le titre de *procureur-général*, et ses substituts se sont appelés *avocats-généraux*.

COMMISSAIRES ou procureurs-généraux.		DATE de la prestation du serment.
Messieurs,		
Hérault de Séchelles, commissaire,		16 mai 1791.
Abrial	id.	13 octobre 1791
Mouricault	id.	5 ventôse an VII.
Jourde	id.	1er prairial an VII.
Abrial	id.	11 thermidor an VII.
Bigot-Préameneu	id.	25 pluviôse an VIII.
MERLIN, qui avait exercé les fonctions de substitut depuis le mois de floréal an VIII, fut installé comme *commissaire*, le		11 nivôse an X.
Et fut nommé *procureur-général* le		19 mai 1804.
MOURRE, procureur-général le		21 février 1815.
MERLIN, réintégré le		12 avril 1815.
MOURRE, réintégré le		8 juillet 1815.
DUPIN, procureur-général le		23 août 1830.

Parmi les *substituts* ou *avocats-généraux*, on voit figurer les noms de MM. Cellier, Bayard, Lasaudade, Génissieu, Bezard, Berlier, Bouteville, Dubois, Jourde, Zangiacomi, Garran-Coulon, Duport, Havin, Roux, Bourguignon, Lefessier-Grandpré, Arnauld (nommé sur le refus de M. Dupin, mon père) Pons de Verdun, Lecoutour, Merlin, Siméon, Daniels, Lebeau, Fréteau de Pény, Joubert, Martin (du Nord). — Et présentement : MM. Laplagne-Barris, Voysin de Gartempe fils, Nicod, Tarbé, Parant et Viger.

Le 29 décembre 1791, un ecclésiastique, nommé Constant Berthalio, ayant été nommé substitut du commissaire du roi au tribunal de cassation, « le tribunal, après en avoir délibéré : vu la » disposition de l'article 1er de la loi du 11 septembre 1790, *qui* » *exclut les ecclésiastiques des fonctions de juges* ; la loi du 1er » décembre 1791, qui exige les mêmes qualités pour l'exercice des » fonctions de substitut du commissaire du roi au tribunal de cassation que pour celles de juges, Déclare qu'il n'y a pas lieu de » procéder à la réception de Constant Berthalio. » Il justifiait d'ailleurs de sa matricule d'ancien avocat au Parlement de Paris.

BATONNIERS DE L'ORDRE DES AVOCATS.

La première occasion où il soit parlé du bâtonnier des avocats au Parlement de Paris, c'est dans l'affaire de 1602, au sujet de l'art. 161 de l'ordonnance de Blois; il est dit que le *bâtonnier des avocats fut mandé;* mais son nom n'est pas marqué : ce ne fut pas lui qui porta la parole; ce fut Nicolas Duhamel, ancien et célèbre avocat. — Le plus ancien bâtonnier dont on ait gardé le souvenir est Denis Doujat, en 1617. La plupart sont inconnus jusqu'à François de Montholon, en 1661; et l'on n'en trouve la suite, avec quelque régularité, que depuis Jacques Pousset de Montauban, qui fut bâtonnier en 1681; le roi l'honora d'un brevet de conseiller d'État.

Doujat en 1617
Maréchal en 1618
Amariton en 1619
. . . .
De Montholon en 1661
. . . .
Pousset de Montauban en 1681
. . . .
De Berlize en 1708
Guyné en 1709
Nivelle en 1710
Euffroy en 1711
Gueau en 1712
Roberton en 1713
Chenüot en 1714
Robert en 1715
Duperray en 1716
Chubéré en 1717
Arault en 1718
Ducornet en 1719
Taupinart de Tilière en 1720
Babel en 1721
Vezin en 1722
Blanche-Barbe en 1723
Vaillant de Guelis en 1724
Tripolet en 1725
G. Leroy en 1726
Guyot de Chesne en 1727
Groteste en 1728
Berroyer en 1729
Rousselet en 1730
G. Tartarin en 1731
Leroy de Valières en 1732
Nouët en 1733
Delavigne en 1734
Froland en 1735
Lepoupet en 1736
Amb. C. Guerin en 1737
Maillart en 1738
Denyau en 1739
Nivelle en 1740
Alixant de Chamenet en 1741
. . . .
Guillet de Blaru en 1743
Ramonet en 1744
C. Pajon en 1745
F.-S. Pothouin en 1746
Maignan en 1747
Gin en 1748
Visinier en 1749
Sarazin en 1750
Doulcet en 1751
Pillon en 1752
Doulcet en 1753
Rassicod en 1754
Le même en 1755
Demahis en 1756
Pons en 1757
Le même en 1758
Lherminier en 1759
De La Marnierre en 1760
Dains en 1761
Gillet en 1762
Le même en 1763
Grojard de Mongenault en 1764
Paignon en 1765
Estienne en 1766
Le Prestre de La Motte en 1767

Rousselet en 1768
Boys de Maisonneuve en 1769
Rigault en 1770
De Lambon en 1771
. . . .
De Lambon en 1775
Pothouin en 1776
Lefebvre de Dampierre en 1777
J.-P. Duvert d'Emalleville en 1778
Caillau en 1779
D'Outremont en 1780
Laget-Bardelin en 1781
Babille en 1782
Aubry en 1783
Le Camus d'Houlouve en 1784
Rouhette en 1785
Dandasne en 1786
Sanson en 1787
Gerbier de la Massillaye en 1788
Sanson en 1788
Le même en 1789
Tronchet en 1790

L'ordre des avocats fut aboli par le décret du 2—11 septembre 1790 (art. 10, § 5). Le titre d'*avocat* fut rétabli par la loi du 22 ventôse an XII (1804), relative aux *écoles de droit;* mais le titre d'*Ordre des avocats* ne fut restitué que par le décret du 14 décembre 1810, et ce ne fut qu'à partir de cette époque que les avocats à la Cour royale de Paris se reconstituèrent, et eurent de nouveau un bâtonnier.

Delamalle en 1811
Delacroix-Frainville en 1812
Le même en 1813
Le même en 1814
Le même en 1815
Fournel en 1816
Bonnet en 1817
Archambault en 1818
Le même en 1819
Delahaye en 1820
Billecocq en 1821
Le même en 1822
Le même en 1823
Gairal en 1824
Le même en 1825
Pantin en 1826
Thévenin en 1827
Le même en 1828
Louis en 1829
Dupin aîné en 1830
Mauguin en 1831
Le même en 1832
Parquin en 1833
Le même en 1834
Dupin (Philippe) en 1835

VOCABULAIRE

DES

TERMES DE DROIT.

Omnis definitio in jure civili periculosa est;
Parùm est enim ut non subverti possit.
L. 202, ff. *de regulis juris.*

A.

ABANDON. Action de se déssaisir d'une chose ou d'un droit; abandon de biens par un père à ses enfans, ou par un débiteur à ses créanciers. Voy. *Cession.* — Une chose abandonnée. Voy. *Epave.*

ABATTAGE (Frais d'). Se dit entre marchands de bois des frais à faire pour abattre le bois étant sur pied.

ABDICATION. Abandon volontaire et définitif d'un droit, d'une dignité, de sa patrie, de sa propriété, etc.

ABIGEAT. Crime de celui qui *chassait devant lui* des bestiaux, et qui les emmenait en vue de se les approprier.

AB INTESTAT (Succession). *Ab intestato.* Celle d'une personne morte sans testament : héritier *ab intestat*, celui qui recueille une pareille succession.

AB IRATO. *Par un homme en colère* : donation, testament *ab irato.*

ABOUTISSANS. *Voy. Tenans.*

ABORNEMENT. *Voy. Bornage.*

ABROGATION. Annulation, anéantissement d'une loi, d'une coutume, d'un usage. *Voy. Dérogation*, et ci-devant *Notions sur le droit*, pag. 401 et suivantes,

ABSENT. Celui dont on ignore la résidence actuelle, ou dont on n'a pas de nouvelles, et dont, par cette raison, l'existence est incertaine.

ABSTENTION. Renonciation tacite (autrefois en usage) d'un héritier à une succession.

ABUS (APPEL COMME D'). Recours contre les supérieurs et autres personnes ecclésiastiques dans les cas d'usurpation ou d'excès de pouvoir.

ACCEPTATION. Action de recevoir ou d'agréer ce qui est offert ou déféré : acceptation d'une communauté, donation, lettre de change, transport ou délégation, charge ou fonction publiques, etc.

ACCEPTILATION. Voy. *Remise de dettes.*

ACCESSION. Mode d'acquérir la propriété de la chose qui s'unit ou s'incorpore à celle dont on était déjà propriétaire; — réunion ou incorporation elles-mêmes; — chose unie ou incorporée.

ACCROISSEMENT. Droit d'un héritier ou légataire à la portion de son co-héritier ou co-légataire qui n'a pu en profiter ou qui y a renoncé.

ACQUETS ou CONQUETS. Tout ce qui est acquis durant la communauté conjugale et qui doit en faire partie; (autrefois) immeuble acquis autrement que par succession, ou don en ligne directe, v. g. par achat.

ACQUIESCEMENT. Consentement motivé ou adhésion simple à un acte, à une demande, à un jugement.

ACQUIT. Décharge mise au bas d'un titre négociable : *pour acquit, N.*; — espèce de quittance ou bulletin délivrée dans les bureaux des douanes et des impositions indirectes : *Acquit à caution.*

ACTE. *Instrumentum.* Écrit constatant qu'une chose a été faite, dite, convenue : Acte authentique, privé; — action, manière d'agir, fait accompli même sans écrit : Faire acte d'héritier. — Voy. *Authentique, Primordial, Privé.*

ACTIF. S'oppose à passif. Actions, créances, biens, abstraction faite des charges et des dettes : actif d'une communauté, d'une société; etc. *Dettes actives* se dit des créances.

ACTION. *Jus persequendi in judicio quod sibi debetur*; — demande elle-même. *Voyez* ci-devant page 417, 3°.

ADHÉSION. Intervention et acquiescement à un arrangement, un contrat auquel nous n'avons pas concouru directement, ni personne pour nous. Voy. *Acquiescement.*

ADHÉSION (DEMANDE EN). Action formée par un des époux pour obliger l'autre à se réunir à lui et à vivre en commun.

ADIRÉ, ou *Adhiré*. Perdu, égaré. On dit de papiers ou pièces d'un procès qui ne se retrouvent plus, qu'ils sont *adhirés*.

ADITION *d'hérédité*. Acceptation d'une succession. *Ire ad hereditatem*.

ADJUDICATAIRE. Acquéreur par adjudication.

ADJUDICATION. Vente ou bail d'une chose aux enchères publiques.

ADMINICULE. Preuve imparfaite, conjecture, circonstance qui aide à la preuve, concourt à la former, à la fortifier.

ADMINISTRATION. Régie de biens, d'intérêts, d'affaires : administration des biens d'une succession, d'un mineur, d'un absent, d'un interdit, de la femme ; — administration du mari, du tuteur, du curateur, etc.

ADMINISTRATION PUBLIQUE. Portion de l'autorité qui s'exerce par certains fonctionnaires, tels que les maires, les sous-préfets, les préfets, les ministres.

ADMODIATEUR. — ADMODIATION. Voy. *Amodiation*.

ADOPTION. Acte par lequel on donne son nom, le titre et les droits d'enfant légitime à une personne prise dans une famille étrangère. Cependant les arrêts ont jugé qu'on peut aussi adopter son enfant naturel.

ADULTÈRE. Violation de la foi conjugale ; — celui qui la viole. femme adultère.

ADULTÉRIN (ENFANT). Celui qui est le fruit d'un adultère.

ADVENTIFS. Biens acquis (autrefois) par toute autre voie que les successions directes. *Quæ aliundi adveniebant*.

AFFAIRE. Tout ce qui concerne la fortune et les intérêts du public et des particuliers ; — contestation, procès.

AFFICHE. Placard qui s'appose dans un lieu public.

AFFINITÉ ou ALLIANCE. Lien unissant un des époux aux parens de l'autre.

AFFIRMATION. Assurance avec serment qu'une chose est vraie ou fausse. On affirme un compte, une créance, la déclaration d'une dette saisie, un inventaire, un jet à la mer, un procès-verbal, un voyage, etc. Voyez *Serment*.

AFFOUAGE. Droit de chauffage, c'est-à-dire de prendre ou se faire délivrer du bois à brûler.

AFFRÉTEMENT. Voyez *Charte partie*.

AFFIRMATIVE. Proposition qui affirme, ou par laquelle on affirme ; est opposé à la négative.

AFFRÉTEUR. Celui qui prend un navire à louage.

AGENT DE CHANGE. Intermédiaire préposé par la loi pour la négociation des effets susceptibles d'être cotés à la bourse.

AGIOTAGE. Trafic des effets publics fait en vue de hausse ou de baisse. Souvent pris en mauvaise part et réputé, en certains cas, jeu, délit, escroquerie.

AGRÉÉS ou POSTULANS. Gens d'affaires qui ont l'*agrément* des tribunaux de commerce pour postuler devant eux.

AJOURNEMENT. Voyez *Assignation*.

ALÉATOIRE (CONTRAT). Convention réciproque dans les effets quant aux avantages et aux pertes, soit pour toutes les parties, soit pour l'une ou plusieurs d'entre elles, dépendant d'un événement incertain.

ALIÉNATION. Toute manière de transmettre à autrui la propriété d'une chose.

ALIGNEMENT. Plan arrêté par l'autorité administrative pour la construction des bâtimens qui bordent les rues ou les chemins publics. Prendre l'alignement, c'est se conformer au plan. Donner l'alignement, c'est appliquer le plan sur les lieux.

ALIMENS. Tout ce qui est nécessaire à la vie : la nourriture, le logement, le vêtement.

ALLIANCE. Mariage. Voyez *Affinité*.

ALLIÉS. Ceux entre lesquels existe l'alliance.

ALLUVION. *Incrementum latens*. Accroissement qui se forme successivement et imperceptiblement au fonds riverain d'un fleuve ou d'une rivière ; — mode d'acquisition.

AMÉNAGEMENT. Art de combiner le repeuplement, la coupe et la réserve des bois, sur la nature du sol, l'essence de bois qui y croît, l'usage auquel il est propre, les besoins des consommateurs et la facilité des débouchés. L'aménagement une fois fixé, se dit du retour périodique des coupes. Observer, garder, suivre l'aménagement d'une forêt.

AMENDE. Peine pécuniaire prononcée en matière de police correctionnelle ou criminelle.

AMEUBLISSEMENT (CLAUSE D'). Celle par laquelle on fait entrer des immeubles en communauté, en leur donnant fictivement la qualité de meuble, à la différence de l'*immobilisation*. *Voyez* ce mot.

AMIABLE COMPOSITEUR. Arbitre dispensé de juger selon la rigueur du droit.

AMNISTIE. Pardon général accordé avant jugement à des individus qui ont pris part à des actes qualifiés crime ou délit, L'amnistie prévient la condamnation; la grâce fait remise de la condamnation prononcée. L'amnistie arrête le juge; la grâce n'arrête que le bourreau, le geôlier ou le percepteur.

AMODIATION. Bail à ferme dont le prix est en grain. Le preneur prend le nom d'*amodiateur*. Ce mot vient de *modius*, boisseau.

AMORTISSEMENT. Concession du roi faite (autrefois) aux gens dits de main-morte, du droit de posséder des biens-fonds, à condition de ne pouvoir les revendre. Tenir en main-morte. On appelle aussi amortissement, le rachat, l'extinction d'une rente, d'une redevance de la dette publique. Dans ce dernier sens on dit *caisse d'amortissement*.

AMPLIATION. Grosse délivrée sur la grosse originale déposée; — copie d'une première expédition.

ANATOCISME. Stipulation de l'intérêt d'un capital déjà formé d'intérêts.

ANNUITÉ. Engagement, productif d'intérêts semestriels, mis en circulation par le trésor, à l'occasion d'un emprunt public dont le capital est remboursable par fraction, à des échéances déterminées; — emprunt dont on se libère, soit en payant annuellement, pendant un temps limité, une portion du capital avec les intérêts, soit en payant chaque année, pendant toute sa vie, une somme fixe; — mode de libération de cet emprunt.

ANTICHRÈSE. Nantissement d'une chose immobilière.

ANTIDATE. Antidater un acte, c'est lui donner une date antérieure à l'époque où il a été réellement passé.

ANTINOMIE. Contradiction réelle ou apparente entre deux dispositions de lois. (Loi contre loi.)

APANAGE. Genre particulier de dotation affecté aux princes de la maison de France, fils ou frères de roi, pour soutenir leur rang, et être transmise à leur descendance directe et légitime, avec clause de retour à la couronne à défaut de mâles. L'apanage d'Orléans, aujourd'hui réuni à la couronne.

APPEL. Voie par laquelle on demande au juge supérieur la réformation de la décision d'un juge inférieur. L'acte d'appel se dit *appellation*; le demandeur, *appelant*; et le défendeur, *intimé*.

APPEL COMME D'ABUS. Voyez *Abus*.

APPELÉS. Ceux qui doivent recueillir une substitution.

APPORT. Ce que les époux apportent en mariage ; — ce que l'un d'eux promet d'apporter en communauté. Voyez *Reprises.*

APPROBATION D'ÉCRITURE. *Bon* ou *approuvé* mis au bas de certains écrits sous seing-privé.

APURER UN COMPTE. Le débattre, l'arrêter, le clore : apurement de compte.

ARBITRES. Simples particuliers qui ont reçu de la volonté des parties ou de la loi, le droit de juger un différent. Cette espèce de jurisdiction s'appelle *arbitrage.*

ARRENTEMENT. Action de donner ou de prendre à rente un héritage.

ARRÉRAGES. Revenu d'une rente, d'une pension ou autre redevance ; loyers, fermages.

ARRESTATION ou ARRÊT. Action d'arrêter ou de saisir une personne. Voyez *Mandat.*

ARRÊT. Décision d'une cour souveraine : arrêts de la Cour de cassation, de la Cour des comptes, des cours royales et d'assises. Voyez *Jurisprudence des Arrêts,* pag. 479 et suiv.

ARRÊTS DU CONSEIL. Ordonnances du Roi rendues d'après l'avis du comité contentieux du Conseil d'Etat.

ARRÊTÉ. Décision ou acte de l'autorité administrative ; — délibération d'une compagnie de judicature sur des points de discipline ou autres objets d'ordre intérieur.

ARRÊTÉ DE COMPTE. Acte qui en fixe le reliquat.

ARRHES. Ce qui est donné comme signe, gage ou dédit de l'exécution d'un marché.

ARRONDISSEMENT. Voyez *Commune.*

ARTICLES DE MARIAGE. Projet des clauses et conditions du contrat.

ASCENDANS. Parens dont on descend en ligne directe : le père, la mère, les aïeux, etc.

ASSASSINAT. Meurtre commis avec préméditation, ou de guet-apens.

ASSESSEURS. Juges ou conseillers qui assistent un président de cour d'assises.

ASSIETTE. Voyez *Assignat.*

ASSIETTE DES COUPES DE BOIS. Désignation de l'endroit d'une forêt destiné à être coupé.

ASSIETTE DE L'IMPÔT. Répartition qui règle ce que chaque commune ou chaque habitant doit supporter pour sa quote-part.

ASSIGNAT. Affectation particulière d'une chose à l'acquit d'une obligation, d'un legs, d'une dette.

ASSIGNATS. Papier-monnaie qui a eu cours en France.

ASSIGNATION. Acte contenant sommation de comparaître devant le juge pour procéder sur les conclusions qui y sont énoncées.

ASSISES. Voyez *Cour d'assises*.

ASSOCIATION. Union de plusieurs personnes dans un intérêt convenu. Prend différens noms suivant son but ou son objet. Voyez *Compagnie*, *Société*.

ASSURANCE (CONTRAT D'). Convention par laquelle l'*assureur* garantit à l'*assuré*, moyennant une prime, tous ou certains risques auxquels une chose peut être exposée : assurance maritime ; assurance contre l'incendie.

ATERMOIEMENT. Traité par lequel un débiteur obtient de ses créanciers un délai avec ou sans réduction de la dette.

ATTÉRISSEMENT. Agglomération subite et patente qui se forme aux fonds riverains d'un fleuve ou d'une rivière. Voyez *Alluvion*.

AUBAINE (DROIT D'). Celui qui attribuait au fisc la succession de l'étranger ou *aubain* (alibi natus).

AUDIENCE. Séance dans laquelle les juges écoutent les demandes et contestations portées devant eux.

AUDIENCIER. Huissier qui fait le service des audiences.

AUDITEUR (CONSEILLER OU JUGE), Voy. *Juge auditeur*.

AUDITEURS AU CONSEIL D'ÉTAT. Stagiaires établis auprès des sections du Conseil d'État, pour s'exercer aux affaires et se rendre capables de remplir des places administratives ou judiciaires.

AUDITION. Action d'écouter et d'examiner : audition de témoins, audition d'un compte.

AUDITOIRE. Lieu public où se tiennent les audiences ;—réunion des personnes qui y sont présentes : Dans l'auditoire, auditoire nombreux.

AUGMENT DE DOT. Portion des biens du mari attribuée à la femme, en pays de droit écrit, par la loi, l'usage ou le contrat de mariage, à la charge de retour aux enfans.

AUTEUR. Celui dont on tient un droit, une chose.

AUTHENTIQUE (ACTE). Celui qui, étant reçu par officiers publics ayant le droit d'instrumenter dans le lieu où l'acte a été rédigé, et avec les solennités requises, fait foi jusqu'à inscription de faux.

AUTHENTIQUES. Collection des Novelles de Justinien, faite par un anonyme. *Voyez* ci-devant page 117.

AUTORISATION. Consentement à un acte qui ne peut être fait sans notre participation : Autorisation maritale, autorisation pour plaider.

AUTORITÉ. Pouvoir légitime auquel on doit soumission : autorité publique, autorité du juge, autorité de la loi.

AUTORITÉS. Lois, arrêts, opinions d'auteurs cités à l'appui d'un point de droit, en vue de s'en autoriser. *Voyez* ci-devant page 9 et 416.

AVAL. Cautionnement d'une lettre de change ou d'un billet à ordre, *ut valeant*.

AVANCEMENT D'HOIRIE. Donation faite à un successible, sans dispense de rapport, et seulement à valoir sur la succession future.

AVANCES. Voyez *Déboursés*.

AVANTAGE. Don, libéralité : avantage entre époux. Voyez *Préciput*.

AVARIE. Toute espèce de perte arrivée par l'effet de la navigation, de l'incendie, de la grêle, du transport par terre, etc.

AVENIR. Acte par lequel un avoué somme l'autre de venir et se trouver à l'audience pour y plaider.

AVERTISSEMENT. Espèce de congé de bailleur à preneur, qui se donne avant l'expiration des trois ou six premières années d'un bail; — invitation de payer l'impôt ou autres droits dus au trésor, adressée aux contribuables ou redevables par les percepteurs ou receveurs, avec avertissement qu'ils seront poursuivis à défaut de paiement.

AVEU. Reconnaissance de la vérité d'un fait, d'une dette, d'une convention : aveu judiciaire.

AVEU DE MATERNITÉ. Adhésion donnée par la mère à la demande formée contre elle à fin de reconnaissance d'un enfant qui se prétend issu d'elle.

AVIS. Conseil d'un jurisconsulte sur une affaire qui lui est soumise; — déclaration de façon de penser : avis de parens, avis de la chambre des notaires.

AVIS DU CONSEIL D'ÉTAT. Décision de ce conseil sur un point de législation.

AVITAILLEMENT. Achat de vivres et frais de radoub d'un vaisseau dans le cours d'un voyage.

AVOCAT. Titre de celui qui, après avoir étudié le droit dans les écoles publiques, pris ses grades et prêté serment, se voue à la défense du droit et des intérêts de ses concitoyens.

AVOCAT-GÉNÉRAL. Magistrat qui exerce le ministère public sous la direction du procureur-général et immédiatement après lui.

AVOUÉS. Officiers ministériels attachés aux cours royales et aux tribunaux de première instance pour y représenter les parties.

AYANT-CAUSE. Celui qui tire ses droits d'une personne à titre singulier, v. g., par legs, donation, vente, échange, etc

AYANT DROIT. Ayant-cause exerçant ses droits.

B.

BAIL. Contrat par lequel l'une des parties s'oblige, moyennant un prix convenu, à faire jouir l'autre d'une chose pendant un certain temps, ou à faire quelque chose pour elle; — se prend aussi pour l'acte qui contient le contrat.

BAILLEUR. Qui donne à bail.

BAILLEUR DE FONDS. Qui prête pour payer une acquisition, pour fournir un cautionnement, ou pour une entreprise.

BALIVEAUX. Arbres qui n'ont pas été coupés en même temps que les bois taillis, et qui doivent croître en futaie.

BAN. Ordre, défense. Bannissement : rompre son ban; — publication de mariage dans l'église : faire publier ses bans; — réglement municipal fixant l'ouverture des vendanges pour les vignes non closes : ban de vendange.

BANALITÉ. Droit de contraindre une classe ou communauté d'habitans à venir moudre à un moulin, cuire à un four, pressurer à un pressoir, etc., en payant un prix ou une redevance.

BANNISSEMENT. Peine infamante qui contraint quelqu'un à sortir temporairement du royaume.

BANQUE. Établissement fondé pour faciliter les opérations commerciales : Banque de France; — trafic ou commerce d'argent par traites et remises de place en place : faire la banque.

BANQUEROUTE. Faillite provenant de faute grave ou de fraude.

BANQUIERS. Ceux qui se livrent à des opérations de banque.

BARREAU. Lieu réservé aux avocats à l'audience : prendre place au barreau ; — Ordre des avocats : le barreau a été consulté ; — profession même d'avocat : suivre le barreau.

BASOCHE. Jurisdiction tenue anciennement par les clercs de procureurs, relativement à leur discipline et à la connaissance des différends élevés entre eux.

BATONNIER. Chef de l'ordre des avocats dans chaque barreau.

BÉNÉFICE. Avantage ou privilége résultant d'une convention ou de la loi.

BÉNÉFICE DE CESSION. Faculté qu'a un débiteur de céder tous ses biens à ses créanciers pour se soustraire à la contrainte par corps.

BÉNÉFICE DE DISCUSSION. Exception qui oblige les cautions, tiers-détenteurs et cessionnaires, à discuter d'abord les biens du débiteur principal.

BÉNÉFICE DE DIVISION. Exception obligeant le créancier de plusieurs co-obligés non solidaires à diviser son action contre eux.

BÉNÉFICE D'INVENTAIRE. Privilége d'un héritier d'accepter la succession, sans être tenu des dettes au-delà des biens qu'il y trouve.

BIENS. Toute chose qui se trouve dans le domaine de l'homme.

BIENS-MEUBLES. Voyez *Mobilier*.

BIGAMIE. État de l'individu (bigame) marié à deux personnes en même temps.

BILAN. État passif et actif des affaires du failli.

BILLET. Écrit sous seing-privé contenant promesse de payer une dette. Reçoit différens noms suivant la nature spéciale de l'obligation qu'il contient : billet au porteur, billet à domicile.

BILLET A ORDRE. Celui qui oblige le souscripteur à payer à un autre, ou à son ordre, une certaine somme à une époque déterminée.

BILLETS DE BANQUE. Espèce de papier-monnaie mis en circulation par des banques légalement autorisées.

BLANC. Espace non rempli dans les actes.

BLANC-SEING. Signature mise sur un papier blanc destiné à recevoir un acte au-dessus.

BOIS-MORT. Voyez *Mort-bois*.

BON. Mandat de paiement ; — billet de très-courte échéance : bons du trésor. Voyez *Approuvé*.

BON PÈRE DE FAMILLE (ADMINISTRER EN). Gérer avec ordre et économie.

BORDEREAU. Extrait ou analyse d'une opération ou d'un acte.

BORDEREAU D'AGENT DE CHANGE OU DE COURTIER. Acte ou arrêté constatant leurs opérations.

BORDEREAU DE CAISSE. État de la caisse d'un individu.

BORDEREAU DE COLLOCATION. Extrait d'un procès-verbal d'ordre délivré aux créanciers, utilement colloqués.

BORDEREAU D'INSCRIPTION HYPOTHÉCAIRE. État des créances à l'égard desquelles on requiert l'inscription d'une hypothèque.

BORNAGE. Plantation de bornes entre deux héritages. *Borne*, se dit du signe qui sert à les séparer.

BOULET. Peine afflictive infligée aux militaires.

BOULINE. Peine afflictive infligée sur les vaisseaux.

BOURSE DE COMMERCE. Réunion, sous l'autorité du roi, des commerçans, capitaines de navires, agens de change et courtiers ; — lieu de la réunion.

BOURSE COMMUNE. Mise en commun, par les associés d'un même corps, d'une partie de leurs droits ou vacations, pour des dépenses communes.

BRANCHE. Individus issus de la même souche. Se dit par opposition aux individus d'une autre branche.

BRANDON. Voyez *Saisie-brandon*.

BREF. Lettre, acte du pape, sans préface ni préambule, scellé de l'anneau du pêcheur.

BREVET. Acte non scellé par lequel le roi accorde un don, une pension, un titre, une dignité, etc. : Brevet de lieutenant-colonel.

BREVET (ACTE EN). Celui dont il ne reste pas de minute.

BREVET D'INVENTION. Acte par lequel la propriété d'une découverte ou nouvelle invention est reconnue et garantie exclusivement à son auteur pendant un temps déterminé.

BRIS DE CLÔTURE. Destruction de ce qui sert à clore un héritage.

BRIS DE SCELLÉS. Rupture illégale de scellés apposés.

BUDGET. Loi qui, chaque année, détermine le montant des

dépenses à faire par le gouvernement, et les moyens d'y subvenir.

BULLE. Lettre du pape, scellée d'un sceau de plomb pendant, et portant l'empreinte des images de St. Pierre et de St. Paul.

BULLETIN DES LOIS. Recueil officiel des lois, ordonnances royales et avis du conseil d'Etat, publié par le gouvernement.

C.

CABOTAGE. Navigation de cap en cap, de port en port le long des côtes.

CADASTRE. Registre public contenant en détail la quantité, la qualité et la nature des terres de chaque commune.

CADUCITÉ, de *cadere*, tomber. État des dispositions entre-vifs ou testamentaires, qui, bien que régulières dans leur principe, *tombent*, deviennent inutiles, sans exécution légale possible: legs caduc.

CAHIER DES CHARGES. Acte qui règle les conditions d'une adjudication publique.

CAISSE D'AMORTISSEMENT. Administration chargée de l'extinction de la dette publique.

CAISSE DES DÉPÔTS ET CONSIGNATIONS. Administration publique chargée de recevoir les dépôts et consignations volontaires et judiciaires.

CALE. Peine afflictive infligée sur les vaisseaux: on attache le coupable à la vergue du grand mât et on le plonge dans la mer.

CANON. Redevance, prestation annuelle: canon emphythéotique.

CANONS. Règles émanées des conciles touchant la foi, la conduite des fidèles, la discipline ecclésiastique: droit canon, droit canonique.

CANTON. Voyez *Commune*.

CANTONNEMENT. Opération forestière qui fait cesser l'indivision entre le propriétaire et l'usager de bois ou forêts, en attribuant à celui-ci une part quelconque en toute propriété, à condition que le surplus du bois auparavant soumis à l'usage, en demeurera affranchi dans les mains du propriétaire.

CAPACITÉ. Habileté à contracter, à disposer, à donner ou à recevoir, à succéder, à se marier, etc.

CAPITAL. Somme d'argent par opposition aux intérêts qu'elle produit.

CAPITULAIRES. Lois sous les rois de la 1re et de la 2e races. Voyez ci-devant *Histoire du Droit français*, page 144.

CAPTATION. Présens, services, démonstrations d'affection, etc., ayant pour but de s'attirer des libéralités; — tout moyen à l'aide duquel on parvient à la suggestion; — la suggestion elle-même.

CARENCE (PROCES-VERBAL DE). Acte constatant qu'il n'y a, dans un lieu, aucun effet mobilier susceptible d'être mis sous le scellé, inventorié ou saisi.

CASSATION. Annulation par la cour suprême d'une décision ou d'un acte judiciaire : Cour de Cassation.

CAUSE. Procès : mauvaise cause; — Instance : cause d'appel; — Action : cause réelle; — Le motif de droit qu produit, qui engendre une obligation : cause de l'obligation.

CAUTION *Cautio*, sûreté. Garantie donnée au créancier par un tiers qui s'engage envers lui à satisfaire à l'obligation du débiteur, si celui-ci n'y satisfait pas lui-même; — se dit aussi de la personne elle-même qui cautionne.

CAUTION JUDICATUM SOLVI. Celle qu'on exige de l'étranger demandeur dans un procès, pour garantir le paiement des frais et des condamnations.

CAUTION JURATOIRE. Sûreté, par serment fait en justice, d'accomplir ce qui est ordonné.

CAUTIONNEMENT. Le contrat par lequel s'engage la caution; — Somme que certains officiers ou fonctionnaires versent au trésor pour garantie de leur gestion : cautionnement des notaires, des conservateurs des hypothèques, etc.

CÉDULE. Acte que délivre un juge de paix pour permettre d'assigner *à bref délai*, ordonner l'exécution d'un interlocutoire, ou faire d'office quelque nomination; — sous-seing-privé par lequel on reconnaît une dette.

CENS. Tribut ou impôt public. — Cette expression s'emploie aujourd'hui principalement de l'impôt considéré par rapport aux droits qu'il confère : cens électoral, avoir le cens; — (autrefois) redevance seigneuriale.

CENSURE. Peine disciplinaire applicable aux magistrats, avocats, notaires, officiers ministériels; — examen préalable des écrits, pour en permettre ou pour en prohiber la publication. « *La censure ne pourra jamais être rétablie.* » (Art. 7 de la Charte.)

CERTIFICAT. Attestation d'un fait qui intéresse un tiers : certificat de capacité, de propriété.

CERTIFICATEUR DE CAUTION. Celui qui cautionne, non le débiteur, mais simplement la caution.

CESSION. Voyez *Transport-cession*.

CESSION DE BIENS. Abandon qu'un débiteur, hors d'état de payer ses dettes, fait de tous ses biens à ses créanciers. Voyez *Bénéfice de cession*.

CHAINE. Peine afflictive prononcée contre les auteurs de certains délits dans les ports et arsenaux, et contre les marins déserteurs à l'étranger ; — la réunion des condamnés aux travaux forcés, conduits par la force publique à leur destination : le départ de la chaîne, la chaîne est arrivée.

CHAMBRE. Lieu où se tiennent les assemblées d'un corps, d'une compagnie ; — le corps ou la compagnie eux-mêmes : chambre des députés, chambre des avocats, chambre du commerce ; — subdivision des tribunaux ou des cours : première, seconde chambre, chambre civile, chambre criminelle.

CHAMBRE DE DISCIPLINE. Voyez *Conseil de discipline*.

CHAMBRE DES VACATIONS. Portion de la cour ou du tribunal qui siége pendant les vacances.

CHAMPART. Redevance en fruits recueillis sur l'héritage assujéti ; — Prestation en nature.

CHANCELIER. (Autrefois) chef de la justice et des conseils du roi. — (En 1814) président de la chambre des pairs. Voyez ci-devant *Notions sur le Droit*, pages 343 et suiv., et *Chronologie historique des chanceliers de France*, page 746.

CHANCELIER DE LÉGATION ET CONSULAT. Officier attaché au consul de France en pays étranger.

CHANCELLERIE. (Anciennement) partie de la haute administration confiée au chancelier de France ; — (actuellement) ministère de la justice, confié au garde-des-sceaux.

CHARGES. Dettes, dépenses, obligations, etc. : charges de communauté, de mariage, de succession. Voyez *office ; fonction publique*.

CHARTE. *Charta*. Acte écrit constatant les droits reconnus, concédés ou vendus par les souverains à une corporation, à une communauté, à une province, à un pays ; — (aujourd'hui) loi fondamentale qui établit le droit public et constitutionnel d'un Etat.

CHARTE NORMANDE. La seconde des deux lettres-patentes par

lesquelles Louis X, le Hutin, confirma les priviléges des Normands.

CHARTE-PARTIE. Acte d'affrètement ou nolissement, c'est-à-dire de louage, d'un navire; — à proprement parler, l'écrit constatant ce louage, destiné primitivement à être divisé en deux parties, l'une pour le fréteur, l'autre pour l'affréteur.

CHARTRE-PRIVÉE. Lieu où l'on est détenu sans autorité de justice.

CHEPTEL (BAIL A). Contrat par lequel l'une des parties donne à l'autre un fonds de bétail, pour le garder, le nourrir et le soigner, sous les conditions convenues entre elles.

CHOSE JUGÉE. Point décidé par le juge, et devenu inattaquable par les voies ordinaires.

CIRCUIT D'ACTIONS. Série d'actions dirigées successivement contre différentes personnes, de manière à faire retour les unes sur les autres.

CITATION. Voyez *Assignation*.

CLAUSE. Stipulation particulière d'un traité, d'un contrat, d'un acte : clause pénale, révocatoire.

CLÉMENTINES. Collection des décrétales du pape Clément V; —Recueil de plusieurs pièces anciennes mal à propos attribuées à saint Clément, évêque de Rome.

CLERC. Celui qui travaille dans l'étude d'un officier ministériel : clerc d'avoué.

CLIENS. Parties à l'égard de leurs avocats, de leurs avoués, de leurs notaires ; — *clientelle*, ensemble des cliens.

CODE. Recueil de lois : code de Justinien, civil, de commerce, pénal, etc. Voyez ci-devant *Notions sur le Droit*, page 325.

CODICILLE. Appendice à un testament anterieur, dans le but d'ajouter aux dispositions précédentes, de les modifier ou de les révoquer en partie.

COHABITATION. Fait de deux personnes qui vivent ensemble.

COLLATÉRAUX. Ceux qui descendent d'un auteur commun sans descendre les uns des autres.

COLLATION DE PIÈCES. Comparaison de la copie avec l'original.

COLLOCATION. Classement des créanciers dans l'ordre suivant lequel ils doivent être payés ; — rang occupé par chacun d'eux : collocation utile.

COLON PARTIAIRE. Celui qui cultive un fonds de terre sous la condition d'un partage de fruits avec le bailleur.

COMMAND. Celui pour qui l'on asquiert, et qu'on doit désigner plus tard.

COMMANDEMENT. Sommation, par huissier ou autre officier ayant qualité, de faire une chose ou remplir une obligation.

COMMANDITE. Acte par lequel on participe à une société commerciale en qualité de simple bailleur de fonds, et jusqu'à concurrence seulement de la somme versée ou promise : société en commandite; associés en commandite ; — se dit aussi de l'intérêt qu'on acquiert ainsi dans la société : avoir une telle commandite dans telle société ; — ou du montant de la somme versée : sa commandite est de tant.

COMMANDITAIRE. Celui qui participe en qualité de simple bailleur de fonds à une société en commandite.

COMMENCEMENT DE PREUVES PAR ECRIT. Écrit émané de celui contre lequel la demande est formée, ou de celui qu'il représente, et qui rend vraisemblable le fait allégué.

COMMERÇANT. Celui qui exerce des actes de commerce, et en fait sa profession habituelle.

COMMERCE. Négoce ou trafic de marchandises, d'effets ou d'argent.

COMMISSAIRE. Personne chargée d'une commission publique ou de justice : juge-commissaire.

COMMISSAIRE DE POLICE. Fonctionnaire chargé de veiller à l'observation des lois de police et de sûreté.

COMMISSAIRE-PRISEUR. Officier public chargé de priser ou estimer les meubles et effets mobiliers, et de les vendre aux enchères.

COMMISSION. Opération commerciale qui consiste à agir en son propre nom, ou sous un nom social, pour le compte des commettans.

COMMISSION ROGATOIRE. Mandat donné à des juges d'un tribunal différent pour procéder à une opération judiciaire, à un examen de lieux, à une vérification de registres, à une enquête, etc.

COMMISSIONNAIRE. Celui qui fait la commission.

COMMODAT. Prêt à usage, contrat par lequel l'une des parties livre une chose à l'autre pour s'en servir, à la charge par le preneur de la rendre après s'en être servi.

COMMUNAUTÉ (RÉGIME EN). Société de biens entre époux, dont la loi ou une convention règle les effets.

COMMUNE. Aggrégation d'habitans, considérés dans les rapports qui naissent de leur réunion dans les villes et dans certaines circonscriptions du territoire des campagnes. — Plusieurs communes forment un canton; plusieurs cantons, un arrondissement, plusieurs arrondissemens, un département.

COMMUNE (FEMME). Celle qui est mariée sous le régime de la communauté.

COMMUNE RENOMMÉE (PREUVE PAR). Preuve résultant de l'opinion généralement répandue, de l'audition de témoins appelés à déposer, non-seulement sur ce qu'ils ont vu ou entendu, mais encore sur les bruits publics, sur les ouï-dire.

COMMUNICATION. Action de donner connaissance d'actes, pièces, registres.

COMMUNISTE. Qui possède en commun, co-propriétaire.

COMMUTATIF (CONTRAT). Celui par lequel on donne l'équivalent de ce qu'on reçoit.

COMMUTATION DE PEINE. Changement d'une peine en une plus légère.

COMPAGNIE. Corps de personnes remplissant les mêmes fonctions : compagnie des agens de change ; — société commerciale : compagnie d'assurance.

COMPARAISON D'ÉCRITURES. Confrontation de deux écritures.

COMPAROIR ou COMPARAITRE. Se présenter devant la justice ou devant un officier public.

COMPENSATION. Extinction simultanée de deux dettes entre deux personnes qui se trouvent respectivement créancières et débitrices l'une envers l'autre.

COMPÉTENCE. Pouvoir qu'a le juge d'exercer sa juridiction dans certains lieux et sur certaines matières ou relativement à certaines personnes déterminées par la loi.

COMPLAINTE. Action possessoire qui a pour objet le maintien de la possession dans laquelle on est troublé.

COMPROMIS. Acte par lequel on soumet à des arbitres désignés la décision d'une contestation.

COMPTE. État des recettes et dépenses des biens qu'on a administrés : compte de communauté, de tutelle.

COMPTE COURANT. Celui que deux négocians en relation d'affaires tiennent de leur *doit* et *avoir* mutuels.

COMPTE DE RETOUR. Celui des frais et intérêts occasionés par le non paiement d'un effet de commerce protesté, dont on s'est remboursé par une retraite.

COMPULSOIRE. Ordre à un officier public de donner communication, expédition ou extrait d'un acte dans lequel on n'a pas été partie; procès-verbal dressé à cette occasion.

CONCILIATION. Procédure préliminaire devant le juge de paix, exigée, dans certaines contestations, dans le but de prévenir un procès.

CONCLUSIONS. Demandes et prétentions dont les parties demandent l'adjudication en justice; — Acte qui les contient.

CONCLUSIONS DU MINISTÈRE PUBLIC. Ses observations, avis et réquisitions.

CONCORDAT. Traité entre le failli et ses créanciers; — Traité entre un gouvernement et le Saint-Siége, pour régler des affaires relatives à la religion dans ses rapports avec le pouvoir temporel du pays.

CONCORDAT FRANÇAIS. Convention du 26 messidor an IX (15 juillet 1800): entre le gouvernement français et le Saint-Siége, sur le rétablissement du culte catholique en France.

CONCUSSION. Crime d'un fonctionnaire public qui, dans l'exercice de ses fonctions, exige ou reçoit ce qui ne lui est pas dû.

CONDAMNATION. Décision qui condamne; — ce à quoi on a été condamné.

CONDITION. Chance d'un événement futur et incertain d'où dépend l'accomplissement ou la résolution d'une obligation ou d'une disposition: condition suspensive, condition résolutoire; *clause, charge* : conditions d'un marché.

CONFISCATION. Attribution au fisc des biens d'un condamné.

CONFLIT. Contestation entre deux jurisdictions sur le droit de connaître d'une affaire. Le conflit est *positif,* lorsque chacune des jurisdictions prétend s'attribuer ce droit; il est *négatif,* lorsqu'elles se le renvoient chacune l'une à l'autre: Conflit de juridiction; conflit d'attributions. Voyez ci-devant, *des Magistrats,* page 463.

CONFUSION. Réunion dans la même personne des qualités de créancier et de débiteur. Voyez *accession et consolidation.*

CONGÉ. Permission d'absence. Voyez, *Passavant.*

CONGÉ D'ACQUIT. Certificat donné à l'ouvrier à l'expiration de son engagement.

CONGÉ (DÉFAUT). Jugement qui renvoie le défendeur de la demande, lorsque le demandeur ne comparaît.

CONGÉ (LOUAGE). Mise en demeure de quitter ou reprendre la chose louée.

CONGÉ DE COUR. Décharge qu'obtient l'adjudicataire après le récolement d'une vente exploitée.

CONJOINTS. Le mari et la femme; — Ceux qui ont collectivement des droits ou des obligations : légataires conjoints.

CONNAISSEMENT. Acte contenant l'indication et la reconnaissance des marchandises qu'un capitaine de navire doit transporter.

CONNEXION ou CONNEXITÉ. Liaison de plusieurs affaires qui, par leurs rapports, demandent un jugement commun.

CONQUET. Voyez *Acquets*.

CONSANGUINS. Parens du côté du père. Leur état se dit *consanguinité*.

CONSEIL. Avis : bon conseil; — Celui qui le donne : conseil expérimenté; — Réunion ou assemblée de personnes : conseil municipal, d'arrondissement, de département, de fabrique; Conseil d'État, de préfecture, etc.

CONSEIL DE DISCIPLINE. Tribunal de famille formé au sein d'une compagnie, d'un ordre, d'un corps, pour leur discipline intérieure.

CONSEIL DE FAMILLE. Assemblée de parens, présidée par le juge de paix, appelée à délibérer, dans les cas déterminés par la loi, sur les intérêts d'un mineur, d'un interdit.

CONSEIL DE GUERRE. Tribunal militaire.

CONSEIL JUDICIAIRE. Personne imposée à une autre par jugement, pour l'assister dans certains actes déterminés par la loi.

CONSEIL MUNICIPAL. Corps de citoyens élus pour représenter une commune, et délibérer sur tous les objets relatifs à ses biens et à ses intérêts.

CONSEIL DE TUTELLE. Celui qui est donné à la mère survivante appelée à la tutelle de ses enfans mineurs.

CONSEILLERS. Membres de la Cour de cassation, de la cour des comptes, des cours royales, du Conseil d'État, du conseil municipal.

CONSENTEMENT. Acquiescement à quelque chose; — adhésion à la volonté d'un autre.

CONSERVATEUR DES HYPOTHÈQUES. Préposé de l'administration de l'enregistrement et des domaines, chargé de remplir les formalités hypothécaires.

CONSIGNATION. Dépôt d'une somme d'argent dans une caisse publique, par celui qui veut se libérer en justice.

CONSOMMATION (PRET DE). Contrat par lequel l'une des parties livre à l'autre une certaine quantité de choses qui se consomment par l'usage, à la charge par cette dernière de lui en rendre autant de même espèce et qualité.

CONSOLIDATION. Réunion en la même personne de différens droits qui avaient été séparés : l'usufruit se *consolide* à la propriété.

CONSTITUTION. Corps de lois fondamentales qui *constituent* le gouvernement, le droit public d'un peuple; — en droit Romain, terme générique des édits, rescripts et décrets des Empereurs; — loi, ordonnance, réglement : constitutions impériales, constitutions pontificales; — établissement d'une dot, d'une rente, d'une hypothèque, d'une pension : constitution de dot, de rente, d'hypothèque.

CONSTITUTION D'AVOUÉ. Désignation de l'avoué qui doit occuper dans une affaire.

CONSULTATION. Avis motivé d'un Avocat, d'un Jurisconsulte; — conférence de Jurisconsultes ou de Médecins.

CONTESTATION. Litige, différend.

CONTENTIEUX. Qui est l'objet d'une contestation.

CONTRACTUEL. Qui dérive d'un contrat : institution contractuelle.

CONTRADICTOIRE. Ce qui se fait en présence de toutes les parties ou de leurs représentans : jugement contradictoire.

CONTRAINTE. Voie d'exécution résultant d'une obligation, d'une condamnation; — Mandemens exercés contre les redevables du fisc.

CONTRAINTE PAR CORPS. Droit qu'a un créancier de faire emprisonner son débiteur.

CONTRARIÉTÉ D'ARRÊT. Opposition entre deux décisions en dernier ressort, concernant les mêmes parties, ayant le même objet et appuyées sur les mêmes moyens.

CONTRAT. Convention par laquelle une ou plusieurs personnes s'obligent, envers une ou plusieurs autres, à donner, à faire ou à ne pas faire quelque chose.

CONTRAT JUDICIAIRE. Accord des parties devant le juge.

CONTRAT DE MARIAGE. Celui qui en règle les conditions quant aux biens.

CONTRAVENTION. Infraction que les lois punissent des peines de police ; — Toute action contre une loi, une ordonnance, un réglement, un traité, une convention.

CONTRE-AUGMENT. Gain nuptial et de survie par lequel le Mari survivant retenait autrefois une portion de la dot de sa femme.

CONTREDIT. Écritures fournies par une partie contre la production de l'autre, dans les affaires qui s'instruisent par écrit.

CONTRE-FAÇON. Copie, imitation d'une chose au préjudice de l'auteur ou inventeur.

CONTRE-LETTRE. Acte ordinairement secret, dérogeant à un autre qui est ostensible.

CONTRIBUTION. Répartition d'une chose entre plusieurs; contribution aux dettes.

CONTRIBUTION DE DENIERS. Distribution, entre des créanciers, d'une somme mobilière saisie sur leur débiteur, ou provenant de la vente de ses meubles.

CONTRIBUTIONS PUBLIQUES. Impositions qui se lèvent au profit de l'État : Contributions *directes*, établies directement sur les biens, les facultés, les personnes ; — contributions *indirectes*, levées indirectement sur les contribuables parce qu'elles sont assises sur la fabrication, la vente, le transport et l'introduction de divers objets de commerce et de consommation.

CONTUMACE. État du contumax ; — Procédure qui s'instruit contre lui.

CONTUMAX ou CONTUMACE. Accusé d'un crime, qui refuse d'obéir à la justice, ou qui se soustrait à la recherche faite de sa personne.

CONVENTION. Tout accord entre deux ou plusieurs individus; — sur une chose qu'il s'agit de donner, de faire, ou de ne pas faire.

CONVENTIONS MATRIMONIALES. Celles qui sont faites par les futurs époux en vue du mariage.

CONVERSION. Changement d'un acte en un autre : conversion de rente, conversion de saisie immobilière en vente sur publications judiciaires.

CONVOLER. Contracter un second mariage.

COPIE. Écrit qui n'est que la reproduction d'un autre : copie de l'original, copie de copie.

COPIE COLLATIONNÉE. Celle qui est constatée conforme à la pièce sur laquelle elle a été prise.

CORVÉE. Travail qu'on était tenu de faire gratuitement pour le Seigneur avant la révolution.

COTE. Indication du n° d'ordre des feuillets composant un registre : cote et paraphe ; — lettre, ou chiffre avec paraphe mis sur chaque pièce d'une liasse : cote d'inventaire ; — toutes les pièces qui se rapportent à un même objet : cote A ; — enveloppe de pièces portant en titre les noms des parties, de l'avocat, des avoués : cote d'un dossier ; — composition en gros sur des sommes ou élémens de compte dont on ne veut pas rechercher les détails : cote mal taillée. Voy. *Quote*.

COUR. Tribunal souverain : cour de cassation, cour des comptes, cour des pairs, cour royale, cour d'assise.

COURTAGE. Entremise pour faire vendre, acheter ou échanger des marchandises ; — salaire de l'entremetteur, (*Courtier*).

COUT. Montant d'un acte.

COUTUME. Droit consacré par l'usage non écrit à son origine : coutume de Paris.

COUVRIR. On COUVRE une enchère, en enchérissant au dessus ; — une nullité, en défendant au fond ; — une fin de non-recevoir, en la proposant trop tard.

CRÉANCE. De *credere*, se confier. Chose due ; — droit de l'exiger ; — titre de celui à qui on doit (du créancier) ; — instruction secrète à un envoyé.

CRÉDIT (OUVERTURE DE). Droit de se faire fournir des fonds ou effets négociables : *crédité* : celui qui les reçoit ; *créditeur* : celui qui les fournit.

CRIÉES. Adjudications faites en justice : audience des criées.

CRIME. Infraction que les lois punissent d'une peine afflictive ou infamante.

CROIT. Produit des animaux.

CRUE. Supplément de prix autrefois dû dans certains cas.

CURATEUR. Chargé de prendre soin des biens et intérêts d'autrui : curateur d'un mineur émancipé, curateur au ventre, curateur d'une succession vacante. *Curatelle* charge de curateur.

D.

DATE. Indication du jour, du mois et de l'an où un acte a été passé.

DATE CERTAINE. Celle qui est devenue telle par une des circonstances indiquées dans l'article 1328 C. civ.; par exemple, par la mort de celui qui a écrit l'acte.

DATION. N'est pas donation, mais délivrance: *dare*, *tradere*, et non pas *donare*; par exemple, *dation en paiement*: délivrer un cheval pour se libérer d'une somme de 500 fr. que l'on doit.

DATIVE (TUTELLE). Celle qui est déférée par le conseil de famille.

DÉBATS. Partie de l'instruction qui se fait publiquement en matière criminelle.

DÉBATS DE COMPTE. Contestations élevées par l'oyant sur le compte qu'il reçoit.

DÉBET. Reliquat d'un compte. Enregistrement en *débet*: enregistrement sans paiement actuel du droit qui sera perçu plus tard.

DÉBIT. Ce qu'on doit dans un compte courant.

DÉBITEUR. Celui qui doit, qui est obligé.

DÉBOURSÉS. Avance faite pour la gestion des affaires d'autrui.

DÉBOUTER. Démettre, renvoyer d'une demande. Jugement de *débouté*: celui par lequel le demandeur est déclaré mal fondé.

DÉCÈS. Mort naturelle d'une personne.

DÉCHARGE. Acte qui libère ou tient quitte d'une obligation: décharge de compte, de dépôt. Voyez *Quittance*.

DÉCHÉANCE. Perte d'un droit, encourue faute de l'avoir exercé à temps ou d'avoir rempli certaines formalités.

DÉCISION. Sentence, jugement, arrêt, résolution prise sur quelque objet: décision arbitrale, ministérielle.

DÉCISOIRE (SERMENT). Celui qu'une partie défère à l'autre pour en faire dépendre le jugement de la cause.

DÉCLARATION. Toute manifestation soit d'une volonté, soit d'un fait: déclaration d'accouchement, de propriété, d'un témoin, etc.

DÉCLARATION D'ABSENCE. Jugement qui constate celle d'un

individu qui a disparu, et dont on n'a pas eu de nouvelles depuis un certain temps.

DÉCLARATION AFFIRMATIVE. Celle qu'est tenu de faire le tiers-saisi de ce qu'il doit à la partie saisie.

DÉCLARATION DE COMMAND. Acte par lequel on désigne la personne restée inconnue pour laquelle on a acquis.

DÉCLARATION D'HYPOTHÈQUE. Celle qui est faite au tiers-détenteur d'un immeuble hypothéqué, à l'effet d'interrompre la prescription contre l'action hypothécaire; et réciproquement, déclaration de ce détenteur qu'il reconnaît l'hypothèque.

DÉCLINATOIRE. Exception par laquelle le défendeur conteste la juridiction d'un juge incompétent, et demande son renvoi devant un autre juge.

DÉCOMPTE. Action de déduire ce qui a été payé d'une dette.

DÉCONFITURE. État d'un non-commerçant insolvable.

DÉCRET. Nom donné à certains actes du pouvoir : décret de la Convention, décret de l'Empereur.

DÉCRÉTALES. Lettres ou épîtres des anciens papes, en réponse aux questions soumises à leur décision. Il y a de *fausses décrétales*.

DÉDIT. Peine stipulée contre celui des contractans qui se rétractera de sa promesse ou de son obligation; — la rétractation elle-même.

DÉFAUT. Non comparution d'une personne assignée. L'acte ou décision qui la constate. Voyez *Congé*.

DÉFAUTS. Vices.

DÉFENDEUR. Qui défend à une demande en justice.

DÉFENSABLE (BOIS). Celui qui est déclaré être assez âgé, assez fort pour se défendre contre la dent des bestiaux.

DÉFENSE. Moyen opposé à une demande judiciaire; — prohibition de faire : défense d'aliéner, de construire.

DÉFENSEUR. Qui se charge de défendre devant la justice.

DÉFRICHEMENT. Action d'arracher un bois pour livrer le sol à un autre genre de culture.

DÉGRADATION CIVIQUE. Déclaration d'incapacité de toutes fonctions ou emplois publics, prononcée contre un condamné avec privation des droits énoncés en l'art. 28 du Code pénal.

DEGRÉ. Grade que l'on obtient dans une faculté; — rang qu'un tribunal occupe dans la hiérarchie judiciaire; — distance entre ceux qui sont unis par les liens du sang (chaque génération) ; — place qu'occupe un substitué.

DÉGUERPISSEMENT. Abandon d'un immeuble, afin de se soustraire à la charge dont il est grevé.

DÉLAI. Temps accordé pour faire quelque chose : délai d'ajournement, délai pour faire inventaire et délibérer.

DÉLAI DE GRACE. Celui qu'accorde le juge pour satisfaire à une condamnation.

DÉLAISSEMENT. Abandon d'une chose assurée pour obtenir le montant de l'assurance ; — abandon d'un immeuble hypothéqué pour se décharger des poursuites des créanciers d'un précédent propriétaire : délaissement par hypothèque.

DÉLÉGATION. Acte par lequel un débiteur indique à son créancier un autre débiteur pour payer à sa place.

DÉLÉGATION DE CONTRIBUTIONS. Celle qui a pour objet de faire compter les contributions foncières d'une veuve à un de ses descendans ou de ses gendres, pour les rendre électeurs.

DÉLIBATION. Distraction d'une chose particulière sur la masse des biens d'une succession, d'une communauté.

DÉLIBÉRATION. Résolution prise dans une assemblée ; — temps pendant lequel on la prend.

DÉLIBÉRÉ. Examen d'un procès par les juges : affaire en *délibéré* ; — jugement qui l'ordonne.

DÉLIMITATION. Opération pour arriver à la démarcation de deux héritages.

DÉLINQUANT. Celui qui a commis un délit.

DÉLIT. Infraction que les lois punissent de peines correctionnelles ; — toute infraction à la loi pénale.

DÉLIVRANCE. Mise en possession d'un droit ou d'une chose : délivrance de legs.

DEMANDE. Action intentée en justice pour obtenir une chose à laquelle on prétend avoir droit. *Demandeur :* celui qui forme la demande.

DÉMISSION DE BIENS. Ancienne forme d'abandon anticipé d'une succession à ses héritiers.

DENI DE JUSTICE. Refus de juger.

DENIER A DIEU. Arrhes d'un marché.

DENIERS D'ENTRÉE. Étrennes, épingles ou pot de vin payés en sus du prix d'une vente ou d'un bail.

DENIERS PUBLICS. Ceux de l'Etat.

DÉPARTEMENT. Voyez *Commune.*

DÉPENS. Frais dans la poursuite d'un procès.

DÉPORT. Abstention du juge qui a cause de récusation en sa personne.

DÉPORTATION. Peine afflictive et infamante, consistant à être transporté et à demeurer à perpétuité dans un lieu déterminé par le gouvernement, hors du territoire continental de la France.

DÉPOSITAIRE. Chargé d'un dépôt.

DÉPOSITION. Témoignage ou déclaration d'un témoin en justice sous la foi du serment.

DÉPOT. Acte par lequel on reçoit la chose d'autrui à la charge de la garder et de la restituer en nature. *Volontaire*, quand il se forme par le consentement réciproque des parties; *nécessaire*, quand il a été forcé par quelque accident ou événement imprévu. — Dépôt se dit aussi de la chose déposée elle-même.

DÉPOT DE MENDICITÉ. Refuge forcé des mendians.

DÉPUTÉ. Membre de la chambre élective, formant l'une des trois branches de la puissance législative et parlementaire.

DÉROGATION. Abrogation partielle d'une loi; — changement apporté à une convention.

DÉSAVEU. Action intentée contre l'officier ministériel qui a agi sans mandat ou hors les limites de son mandat.

DÉSAVEU DE PATERNITÉ. Celui que fait le mari, ou ses héritiers, d'un enfant conçu pendant le mariage.

DESCENDANS. On appelle ainsi les enfans, petits-enfans, arrière-petits-enfans, etc., par rapport à l'auteur dont ils sont nés en ligne directe.

DESCENTE SUR LES LIEUX. Visite qu'en fait le juge. Voyez *Visite des lieux.*

DÉSHÉRENCE (DROIT DE). Celui de l'État, soit sur les biens acquis par un condamné, depuis la mort civile encourue, et dont il se trouve en possession au jour de sa mort naturelle; soit les biens vacans et sans maître, et les successions auxquelles ne se trouve appelée aucune des personnes désignées par la loi.

DÉSHÉRITER. Priver un successible de tout ou partie de ses droits.

DÉSISTEMENT. Abandon d'une demande, d'un appel, d'un droit : désistement d'hypothèque, de plainte, d'action.

DESTINATION DU PÈRE DE FAMILLE. Disposition de lieux, dans les héritages, d'où résulte une servitude quand ils cessent d'appartenir au même propriétaire.

DÉSUÉTUDE. Non usage d'une loi, d'une disposition.

DÉTENTEUR. Celui qui possède de fait, pour lui-même ou pour autrui.

DÉTENTION. Possession du détenteur. L'état de celui qui est privé de sa liberté.

DETTE. Ce qui est dû. *Active* relativement au créancier, et *passive* relativement au débiteur.

DETTE PUBLIQUE. Celle de l'État.

DEVIS. État détaillé d'ouvrages à faire, et du prix qu'ils doivent coûter.

DEVOIR. Obligation.

DÉVOLUTION. Transport, dans certains cas, à l'une des deux lignes paternelle ou maternelle, de la portion de biens affectée à l'autre.

DIFFAMATION. Allégation ou imputation d'un fait qui porte atteinte à l'honneur ou à la considération d'une personne ou d'un corps.

DIGESTE. Recueil des décisions de jurisconsultes, compilées et converties en lois sous Justinien. Voyez ci-devant, *Histoire du Droit romain*, pag. 110 et suiv.

DILATOIRE (EXCEPTION). Celle qui tend à retarder l'instruction ou le jugement d'un procès.

DIME. Portion de fruits prélevée (autrefois) au profit de certaines personnes (du clergé).

DIRE. Contestation, réquisition ou observation d'une partie sur un procès-verbal.

DIRECTE (LIGNE). Suite de degrés entre personnes issues les unes des autres.

DIRIMANT (EMPÊCHEMENT). Obstacle emportant nullité du mariage.

DISCUTION. Recherche et exécution des biens ou partie des biens d'un débiteur, auxquelles le créancier est tenu, dans certains cas, avant et pour exercer son recours.

DISJONCTION. Séparation de deux demandes jointes.

DISPENSE. Exemption de la loi commune : dispense d'âge, dispense de stage.

DISPONIBLE. Voy. *Portion disponible.*

DISPOSITIF. Partie du jugement qui suit immédiatement les *motifs*, et contient ce qui a été ordonné.

DISPOSITION. Expression de la volonté de l'homme ou de la loi.

DISSOLUTION. Anéantissement d'un lien, d'un acte, de l'état d'une chose : dissolution de mariage, de communauté, de société.

DISTRACTION (DEMANDE EN), ou retranchement de ce qui a été mal à propos compris dans une saisie immobilière.

DISTRACTION DE DÉPENS. Demande de l'avoué en prélèvement de ses frais sur les dépens adjugés à sa partie.

DISTRIBUTION. Voyez *Contribution.*

DIVERTISSEMENT. Détournement, soustraction de deniers ou d'effets dont on doit compte. Voyez *Recélé.*

DIVIDENDE. Quote-part afférente à chacun des ayans-droit dans la liquidation d'une société, d'une faillite.

DIVISIBLE (OBLIGATION). Celle qui a pour objet une chose susceptible d'être acquittée par parties.

DIVISION. Partage, séparation d'une chose en une ou plusieurs parties. Voyez *Bénéfice de division.*

DIVORCE. Dissolution de mariage du vivant des époux.

DOL. Surprise, ruse, artifice, manœuvre, mis en usage pour tromper ou nuire.

DOMAINE. Droit de propriété, corps de biens-fonds.

DOMAINE CONGÉABLE. Immeuble rural dont le bailleur a transmis la superficie moyennant une redevance, avec réserve de *congédier* le preneur en l'indemnisant.

DOMAINE DE LA COURONNE. Portion du domaine de l'État dont l'administration et les revenus sont abandonnés à la liste civile du roi.

DOMAINE ENGAGÉ OU ÉCHANGÉ. Biens qui, appartenant avant 1789 au domaine de la couronne, et en ayant été distraits par aliénation ou échange, devaient y retourner en vertu d'une convention ou de la loi.

DOMAINE DE L'ÉTAT. On nomme ainsi l'ensemble des biens et droits que l'État possède au même titre de propriété que les particuliers.

DOMAINE PRIVÉ. Biens que le roi acquiert personnellement comme simple particulier, et dont il peut disposer.

DOMAINE PUBLIC. Biens qui, à cause de leur destination et de leur usage actuel, et en tant que le public en a la jouissance et la possession, ne sont pas susceptibles d'une propriété privée.

DOMAINES NATIONAUX. Biens provenant de l'ancien domaine du roi, du clergé, des anciennes corporations, des émigrés, déportés et condamnés révolutionnairement, qui ont été confisqués et vendus par l'État depuis 1790.

DOMESTIQUE. Qui fait partie de la maison, *e domo,* et reçoit des gages du maître.

DOMICILE. Lieu où l'on a son principal établissement.

DOMICILE ÉLU. Celui qu'on a choisi pour l'exécution de certains actes, ou l'exercice de certains droits.

DOMICILE POLITIQUE. Celui où l'on peut exercer ses droits politiques.

DOMICILE DE SECOURS. Lieu où l'homme nécessiteux reçoit des secours publics.

DOMINANT (FONDS). Celui en faveur duquel existe une servitude.

DOMMAGE. Perte, tort, préjudice.

DOMMAGES-INTÉRÊTS. Perte qu'on a faite, et gain dont on a été privé : *Lucrum cessans et damnum emergens.*

DON. Présent, libéralité : don alimentaire, manuel ; — ce qui en fait l'objet.

DONATION. Libéralité faite à une personne qui l'accepte. Acte par lequel on transmet la propriété à titre gratuit.

DONATION PAR CONTRAT DE MARIAGE Celle qui est faite par un tiers, dans le contrat de mariage, aux époux ou à l'un d'eux.

DONATION ENTRE VIFS. Acte par lequel le *donateur* se dépouille actuellement et irrévocablement de la chose donnée en faveur du *donataire*, qui l'accepte.

DONATAIRE, DONATEUR. Voy. donation entre vifs.

DOSSIER. Collection des pièces qui concernent une même affaire.

DOT. Bien que la femme apporte au mari pour supporter les charges du mariage.

DOT DE RELIGIEUSE. Ce qui est donné à un couvent par la personne qui y est admise, ou par ses parents.

DOTAL. Qui appartient à la dot : bien dotal, deniers dotaux.

DOTAL (RÉGIME). Mode d'association conjugale sous lequel les biens des époux sont distincts et séparés, et ceux que la femme s'est constitués en dot, demeurent inaliénables.

DOTATION. Acte par lequel on donne des biens à un établissement que l'on fonde ; — biens donnés au titulaire d'un majorat.

DOUAIRE. Jouissance d'une portion des biens du mari accordée par les coutumes ou les conventions matrimoniales à la femme survivante ; — même portion en propriété réservée, par quelques coutumes, aux enfans qui ne se portaient pas héritiers de leur père.

DOUBLE ÉCRIT. Acte sous seing privé qui doit être fait en autant d'originaux qu'il y a de parties ayant un intérêt distinct.

DROIT. Collection de lois : droit naturel, droit positif ; — jurisprudence ou science du droit : étudier le droit ; — LOI : avoir le droit pour soi ; — JUSTICE : faire droit à une demande ; — FACULTÉ : droit de voter ; — CE QUI EST DU, poursuivre ses droits. Voy. ci-devant *Prolegomena juris*, page 275, et *Notions sur le droit*, page 323 et suiv.

DUPLICATA. Double d'un acte quelconque.

E.

ÉCHANGE. Contrat par lequel une personne acquiert une chose en donnant une autre chose à la place.

ÉCHÉANCE. Expiration de délai, jour où l'on doit payer, faire, effectuer un engagement quelconque.

ÉCRITURES. Toute espèce d'écrits ou d'actes : écritures publiques, privées.

ÉCROU. Insertions sur les registres des emprisonnemens, du nom du prisonnier, du jour de son entrée en prison, et de la cause de sa détention.

ÉDIT. Loi, constitution du prince, (chez les Romains et sous nos rois de la 1re et 3me race) : édit du préteur, du contrôle.

EFFET RÉTROACTIF. Celui d'une loi qui, revenant sur le passé, enlève un droit acquis. Voy. ci-devant *Legum Leges*, page 243 et suiv., et *Notions sur le droit*, page 379 et suiv.

EFFETS MOBILIERS. Voy. *Mobilier*.

EFFETS DE COMMERCE. Ceux qui sont négociables et payables au porteur: lettres de change, billets à ordre.

EFFETS PUBLICS. Obligations consenties par l'Etat et mises dans le commerce.

EFFIGIE (XECUTION PAR). Exposition sur l'échafaud d'un tableau indiquant le nom et l'arrêt de condamnation d'un criminel en fuite.

EFFRACTION. Forcement, rupture, dégradation, etc., à l'aide desquels un vol est commis

ÉLARGISSEMENT. Mise en liberté d'un prisonnier.

ÉLECTIONS. Choix de fonctionnaires par le libre vote des citoyens chargés par la loi de leur désignation.

ÉMANCIPATION. Acte qui confère au mineur le droit d'administrer sa personne et ses biens.

EMBARGO ou ARRÊT DE PUISSANCE. Arrêt des navires dans un port par ordre du gouvernement.

ÉMENDER, *emendare*. Corriger, réformer: la cour émendant, etc., c'est-à-dire, reformant la décision des 1ers juges.

ÉMIGRATION. Abandon de son pays.

EMPHYTHÉOSE. Bail du domaine utile, à perpétuité ou à longues années, à condition qu'on l'améliorera, ou moyennant une redevance annuelle.

EMPLOI DE DENIERS. Placement obligé d'une somme en acquisition ou autrement.

EMPOISONNEMENT. Attentat à la vie d'une personne par l'effet de subtances qui peuvent donner la mort.

EMPRISONNEMENT. Exécution du droit de contraindre par corps.

EMPRUNT. Action d'emprunter ; — chose empruntée.

ENCAISSEMENT. Réception du montant d'une créance ; — son inscription sur le livre de caisse.

ENCAN. Criée des enchères dans une vente publique.

ENCHÈRE. Offre faite au-dessus d'une autre pour les choses adjugées au plus offrant.

ENCISE. Meurtre d'une femme enceinte ou de l'enfant qu'elle porte dans son sein.

ENDOSSEMENT. Acte par lequel on transmet la propriété d'un effet négociable, ou le pouvoir d'en toucher le montant.

ENFANT. Descendant. Voy. adultérin, naturel, etc.

ENGAGEMENT. Obligation.

ENLÈVEMENT. Déplacement, détournement d'un mineur, d'une femme ou d'une fille, voy. code pénal, art 354 et suiv.

ENQUÊTE. Voie d'instruction par l'audition de témoins.

ENQUÊTE DE COMMODO ET INCOMMODO. Recherche des avantages ou inconvénients d'une acquisition ou entreprise industrielle, ou publique.

ENREGISTREMENT. Mention des actes et des mutations de propriété sur un registre public; — droit que perçoit le fisc à cette occasion.

ENROLEMENT. Engagement militaire.

ENSAISINEMENT. Mise en possession.

ENTÉRINEMENT. Approbation, acceptation, enregistrement par justice. On entérine un rapport d'experts, des lettres de grace.

ENTRÉE (DROITS D'). Ceux qui sont perçus à l'entrée du royaume, d'une ville, d'une commune.

ENTREPOT. Lieu où l'on dépose des marchandises pour un certain temps.

ENVOI EN POSSESSION. Acte de justice qui met en possession. Voy. *Absent.*

ÉPAVES. Choses égarées dont on ne connaît pas le propriétaire.

ÉPICES. Honoraires qu'autrefois les parties devaient au juge.

ÉPINGLE. Don fait en sus du prix de la vente ou du marché conclus.

ERREMENTS (DERNIERS). Derniers actes de procédure dans un procès discontinué et repris.

ERREUR COMMUNE. Opinion erronée, mais généralement répandue, sur un fait ou sur un droit.

ERREUR DE DROIT, **ERREUR** DE FAIT. Ignorance de ce qui est prescrit, ignorance de ce qui a eu lieu.

ESCALADE. Circonstance aggravante du vol, consistant dans l'entrée dans les maisons, bâtiments, etc., *è scala*, par dessus les murs, portes, clôtures, etc.

ESCOMPTE. Paiement actuel d'une créance à terme, moyennant une déduction sur la somme due; — déduction elle-même.

ESCROQUERIE. Moyen de s'emparer du bien d'autrui à l'aide de faux noms ou de fausses qualités, ou en employant des manœuvres frauduleuses pour persuader l'existence de fausses entreprises, d'un pouvoir ou crédit imaginaire, ou pour faire naître l'espérance ou la crainte d'un succès, d'un accident ou de tout autre événement chimérique.

ESPÈCE. Fait ou cas particulier.

ESPÈCES. Monnaie : payable *en espèces*, et non en papiers ou billets.

ESPRIT DE RETOUR. Intention de revenir.

ESTER EN JUGEMENT. *Stare in judicio*, en demandant ou en défendant.

ESTIMATION. Valeur à laquelle une chose est évaluée ; — opération d'estimer ; — procès-verbal d'estimation.

ÉTAT. Disposition d'une chose : procès en état (d'être jugé) ; — mémoire, inventaire : état de compte, de lieux ; — charge, office : avoir un état ; — condition d'une personne : état civil, possession d'état ; — nation, gouvernement : biens de l'Etat.

ÉTUDE. Lieu de travail : étude d'avoué, de notaire.

ÉVALUATION. Appréciation, estimation.

ÉVENTUEL. Qui dépend d'un événement incertain.

ÉVICTION. Dépossession juridique, par suite d'une action réelle exercée par un tiers.

ÉVOCATION. Transport de la connaissance d'une affaire d'un juge inférieur à un juge supérieur.

EXACTION. Voy. *Concussion*.

EXCEPTIONS. Moyens opposés contre une demande pour en différer la conclusion ou l'écarter sans retour. Voy. *Déclinatoire*, *Dilatoire*, *Fins de non recevoir*, *Péremptoire*.

EXCÈS DE POUVOIR. Acte du juge qui sort des limites de ses attributions.

EXCÈS, SÉVICES, INJURES GRAVES. Actes de violence qui mettent la vie en danger, mauvais traitements qui ne compromettent pas l'existence, paroles ou écrits portant atteinte à la réputation en attaquant la probité ou les mœurs ; — tous ces actes sont une cause de révocation des donations, un motif de séparation de corps.

EXÉAT. Permission de sortir ; — permis donné à un ecclésiastique pour exercer hors du diocèse.

EXÉCUTEUR TESTAMENTAIRE. Celui qui est chargé d'exécuter ou de faire exécuter un testament.

EXÉCUTION. Accomplissement d'un acte, d'un jugement ; —

action d'infliger sa peine au condamné. Voy. *Saisie-exécution.*

EXÉCUTION PARÉE (*parata*). Celle qui a lieu sans recours aux tribunaux : les actes notariés, les jugements en dernier ressort emportent exécution parée. *Parata sunt ad executionem.*

EXÉCUTION PROVISOIRE. Celle qui a lieu non-obstant opposition ou appel, sous la réserve du fond.

EXÉCUTOIRE. Acte du juge qui confère le droit de procéder à une exécution judiciaire: exécutoire de dépens. Voy. *titre exécutoire.*

EXÉQUATUR (ORDONNANCE D'). Celle qui rend exécutoire une sentence arbitrale; — permission du gouvernement à un consul étranger pour entrer en fonctions.

EXHÉRÉDER. Déshériter.

EXIGIBILITÉ. État d'une créance dont on peut actuellement exiger le paiement.

EXOINE. Acte constatant que celui qui devait comparaître en justice, ne peut le faire pour cause de maladie, ou autre cause légitime.

EXPÉDITION. Copie d'un acte délivré par un officier pubic. Voy. *Grosse.*

EXPERT. Homme de l'art nommé par le juge pour donner son avis sur une chose. *Expertise :* opération à laquelle il se livre.

EXPLOIT. Acte constatant qu'on a fait sommation, signification, saisie ou toute autre exécution semblable.

EXPOSITION DE PART. Abandon d'un enfant nouveau-né.

EXPROPRIATION FORCÉE. Vente des immeubles d'un débiteur, par autorité de justice, sur la poursuite de ses créanciers. Voy. *Saisie immobilière.*

EXTRADITION. Remise du prévenu d'un crime à la puissance à laquelle il appartient, pour le faire juger.

EXTINCTION. Anéantissement d'une dette, d'une obligation, d'une chose.

EXTRAIT. Analyse ou copie partielle d'un acte

EXTRAJUDICIAIRE. Qui se fait hors justice, sans relation à un procès actuellement pendant devant les tribunaux.

EXTRAVAGANTES. Constitutions des papes postérieures aux clémentinses, non comprises dans le décret, *vagantes extra decretum.*

F.

FABRIQUE. Assemblée chargée d'administrer les fonds et revenus affectés à l'entretien et la conservation des églises.

FACTEUR. Préposé ou mandataire salarié d'un négociant ou autre propriétaire d'un établissement commercial.

FAILLITE. État d'un commerçant qui a cessé ses paiemens.

FAIT. Action, acte, chose faite.

FAIT. opposé à droit : possession de fait.

FAIT (ESPÈCE). Exposition des circonstances d'une affaire litigieuse : point de fait, question de fait.

FAIT D'AUTRUI. Ce qui a été fait par une autre personne sans notre participation.

FAIT DE CHARGE. Fait répréhensible d'un officier public dans l'exercice de ses fonctions.

FAIT ET CAUSE. Droit et intérêt d'un tiers : prendre fait et cause pour lui.

FAITS ET ARTICLES. Ceux sur lesquels une partie fait interroger l'autre en matière civile.

FALCIDIE. Voyez *Quarte Falcidie*.

FAMILLE. Réunion de toutes les personnes unies par les liens du sang ; — (Chez les Romains) personnes soumises à la puissance d'une autre, d'où *paterfamilias*.

FAUX. Tout ce qui est opposé à la vérité ; — crime résultant d'une supposition frauduleuse, pour cacher ou altérer la vérité au préjudice d'un tiers. *Principal*, lorsque les poursuites qu'il entraîne ne se rattachent à aucune action antérieure ; et *incident*, lorsqu'il est dirigé contre une pièce produite dans le cours d'un procès engagé.

FAUX-FRAIS. Dépenses nécessitées pour arriver à la conclusion d'une affaire, et qui n'entrent point en taxe.

FÉODALITÉ. Régime des fiefs.

FERMAGES. Prix d'un bail d'héritages ruraux.

FERME. Corps d'un domaine rural ; — location : prendre à ferme.

FERME (BAIL A). Location des héritages ruraux. *Fermier* se dit du locataire.

FERMIER PARTIAIRE. Voyez *Colon partiaire*.

FEUILLE D'AUDIENCE. Voyez *Plumitif*.

FIANÇAILLES. Promesse de mariage.

FICTION. Supposition autorisée par la loi : par ex., l'enfant conçu est réputé né quand il s'agit de ses intérêts ; le mort saisit le vif.

FIDÉICOMMIS. Disposition par laquelle on est chargé de rendre à un autre la chose dont on a été gratifié.

FIDÉICOMMIS TACITE. Disposition au profit d'une personne, faite avec l'intention secrète d'en faire profiter une autre.

FIDÉICOMMISSAIRE. Voyez *Grevé*.

FIDÉJUSSEUR. Voyez *Caution*.

FIDUCIE. Disposition par laquelle un héritier, institué *pour la forme*, est chargé d'administrer et tenir en dépôt une succession, jusqu'à ce qu'elle soit remise au véritable héritier. *Fiduciaire* se dit de l'héritier grevé.

FIEF. Concession perpétuelle et gratuite d'un héritage avec rétention de foi et hommage et de seigneurie directe ; — héritage concédé : la partie restée au seigneur s'appelait fief *dominant*, et l'autre fief *servant*. Voyez ci-devant *Histoire du Droit français*, p. 153 et suiv.

FILIATION. Descendance du fils et de la fille à l'égard de ses père et mère et de ses aïeux.

FILS DE FAMILLE. Celui qui, en pays de droit écrit, était sous la puissance de son père ou d'un autre ascendant paternel.

FINS. Objet de la demande, des conclusions : répondre aux fins de la demande ; — demandes et conclusions elles-mêmes : défendre à toutes fins, fins civiles.

FINS DE NON-RECEVOIR. Moyens par lesquels une partie soutient, sans aborder le fonds, que son adversaire n'est pas recevable dans son action ou sa demande. Voyez *Péremptoire*.

FISC. Trésor public, domaine de l'Etat.

FLAGRANT DÉLIT. Celui qui se commet actuellement ou qui vient de se commettre.

FLOTTAGE. Transport de bois par eau, à buche perdue ou en train.

FOLIO RECTO. Première page d'un feuillet.

FOLIO VERSO. Seconde page.

FONCIER. Ce qui est relatif, inhérent à un fonds : droit foncier, rente foncière.

FOND. Ce qu'il y a de plus essentiel dans une contestation, et cependant la forme emporte le fond.

FOND (TRÈS) OU TRÉFONDS. Le plus profond de la terre; — fond et tout ce qui en dépend, en superficie et en profondeur.

FONDATION. Libéralité ayant pour objet des œuvres pies ou quelque établissement louable, v. g. un hôpital, ou un ou plusieurs lits dans un hôpital; — établissement lui-même.

FONDÉ DE POUVOIR. Mandataire.

FONDS. *Fundus.* Sol d'un immeuble, d'un héritage; — se dit aussi des capitaux : argent amassé, avoir des fonds disponibles.

FONDS (BIENS). Biens *réels*, terres, maisons, héritages.

FONDS DE COMMERCE. Propriété d'un établissement commercial.

FONDS DOTAL. Immeuble constitué en dot à la femme.

FONDS PERDU. Capital aliéné sans retour moyennant un revenu.

FONDS DE SUCCESSION. Tout ce qui en compose l'actif et le passif.

FONGIBLE (CHOSE). Celle qui périt *in functione suâ*, et peut être remplacée par une autre de même nature; V. g. des fruits qui périssent en les consommant.

FOR EXTÉRIEUR. Tribunal de la justice humaine, autorité de la loi positive.

FOR INTÉRIEUR. Tribunal de la conscience, autorité de la loi naturelle ou divine.

FORÇAT. Condamné qui subit sa peine au bagne.

FORCE DE CHOSE JUGÉE. Autorité de la chose jugée. Voyez ce mot.

FORCE MAJEURE. Celle à laquelle on ne peut résister.

FORCE PUBLIQUE. Réunion des forces individuelles, organisée par la constitution pour maintenir les droits de tous et assurer l'exécution de la volonté générale, de la loi.

FORCLUSION. Déchéance encourue, en matière d'ordre et de contribution, par un créancier qui n'a pas produit ou pris communication dans le délai prescrit.

FORFAIT. Marché à perte ou à gain; — crime atroce et réfléchi.

FORFAITURE. Malversation d'un fonctionnaire public dans l'exercice de ses fonctions.

FORMALITÉS. Règles à observer pour la régularité et la validité des actes. *Forme* se dit de l'observation de ces règles.

FORMULE. Modèle d'acte.

FORMULE OU FORME EXÉCUTOIRE. Celle qui confère l'exécution parée. Voyez ces mots.

FORT (SE PORTER). S'engager à faire exécuter une convention par un tiers.

FORTUNE DE MER. Voyez *Sinistres*.

FORTUITS (CAS). Événemens de force majeure imprévue, tels que grêle, feu du ciel.

FOURRIÈRE (MISE EN). Dépôt ou séquestre de bestiaux abandonnés ou trouvés en délit.

FRAIS. Toutes dépenses faites à l'occasion d'un procès.

FRAIS DE JUSTICE. Ceux faits en plaidant, ou par ordre du juge.

FRAIS ET LOYAUX COUTS. Voyez *Loyaux coûts*.

FRAIS ET MISES D'EXÉCUTION. Ceux faits pour parvenir à l'exécution d'un acte, d'un jugement.

FRANC-ALEU. Qualité d'un immeuble exempt de tout lien féodal.

FRANC et QUITTE. Affranchi, déchargé.

FRANC D'AVARIE. Stipulation par laquelle l'assureur maritime n'est tenu que des pertes susceptibles de donner lieu au délaissement.

FRANCHISE. Immunité, exemption, asile.

FRANCISATION (ACTE DE). Celui qui prouve qu'un navire est français.

FRAUDE. Manœuvre pratiquée pour tromper et nuire.

FRÈRES et SŒURS. Enfans de sexe différent, nés des mêmes père et mère, ou de l'un des deux seulement. Voyez *Germain, consanguin, utérin*.

FRÊT (sur l'Océan), **NOLIS** (sur la Méditerranée). Prix du loyer d'un navire. *Frêteur* se dit du bailleur.

FRUITS. Ce que produit une chose ou qui se perçoit à son occasion; — revenu d'une terre, d'une maison, d'une rente : fruits *naturels* et *industriels*, fruits *civils*.

FRUSTRATOIRE. Qui se fait sans objet légitime : frais frustratoires.

G.

GAGE. Nantissement d'une chose mobilière; — la chose donnée en nantissement. Voyez *Nantissement*.

GAGES. Salaire fixe d'un serviteur.

GAGERIE (SAISIE). Voyez *Saisie-gagerie*.

GAGEURE. Voyez *Pari*.

GAIN. Produit d'un travail, d'une industrie.

GAINS NUPTIAUX ET DE SURVIE. Avantage entre époux au profit du survivant.

GARANTIE. Obligation d'indemniser quelqu'un d'un trouble, d'une éviction, du vice d'une chose, d'un dommage quelconque : garantie légale, garantie conventionnelle.

GARDE NOBLE ET BOURGEOISE. (Autrefois) droit de jouissance des ascendans, nobles ou bourgeois, sur les biens des enfans mineurs.

GARDE DE VENTE, OU FACTEUR. Commis assermenté, et agréé par l'agent forestier local, préposé par l'adjudicataire à la garde d'une coupe de bois.

GARDES CHAMPÊTRES. Officiers de police judiciaire, chargés de la recherche et de la constatation des délits et contraventions portant atteinte aux propriétés rurales.

GARDES DU COMMERCE. Officiers ministériels exclusivement chargés, pour le département de la Seine, de l'exécution des jugements emportant contrainte par corps.

GARDES FORESTIERS. Officiers de police judiciaire, chargés de rechercher et constater les délits dans les bois et forêts.

GARDIEN. Préposé à la garde d'une chose qui intéresse plusieurs personnes. Voy. *Séquestre*.

GARNISAIRE. Homme placé chez un redevable en retard de payer les impositions.

GENDARMERIE. Force instituée pour assurer à l'intérieur le maintien de l'ordre et l'exécution des lois.

GENDRE. Époux d'une fille relativement aux père et mère de celle-ci.

GÉNÉALOGIE. Tableau indiquant la filiation et les degrés de parenté entre les membres d'une famille; — filiation et degrés eux-mêmes.

GERMAINS (FRÈRES). Ceux qui ont le même père et la même mère.

GÉRANT. Chargé d'une gestion : associé gérant.

GESTION. Administration : gestion de tutelle.

GLANAGE. Usage, établi dans certains lieux, de prendre sur les champs d'autrui ce qui a pu y rester après l'enlèvement des récoltes.

GLANDÉE. Récolte du gland et de la faine ; — droit de les enlever ou de les faire manger aux porcs sur les lieux.

GREFFE. Dépôt des actes de justice. On dit aussi le greffe d'une maison d'arrêt.

GREFFIER. Officier qui tient un greffe. Il assiste à l'audience, écrit les actes et procès-verbaux du ministère du juge, en garde les minutes et en délivre des expéditions. Le greffier, dit Bacon, est le doigt de la cour: *Digitus curiæ*. *Supra*, page 269.

GREVÉ. Gratifié à la charge de rendre : grevé de substitution.

GRIEFS. Moyens contre le jugement dont est appel.

GROSSE. Copie, en forme exécutoire, des minutes des actes authentiques.

H.

HABILE. Qui réunit toutes les conditions requises pour avoir un droit : habile à succéder.

HABITATION (DROIT D'). Celui de demeurer dans la maison d'autrui.

HALAGE (CHEMIN DE). Chemin le long des fleuves et rivières navigables ou flottables, pour haler les bateaux.

HÉBERGE. Point où un mur séparatif de deux bâtimens de hauteur inégale, cesse d'appuyer l'un d'eux.

HÉRÉDITAIRE. Qui provient d'une hérédité : portion héréditaire.

HÉRÉDITÉ. Voy. *Succession*.

HÉRITAGE. Immeuble réel étant dans le patrimoine des hommes ; — succession.

HÉRITIER. A proprement parler celui qui, appelé à recueillir tout ou partie des droits actifs et passifs d'une personne décédée, a accepté : faire acte d'héritier, prendre qualité d'héritier ; — se dit également de celui qui est appelé à la succession, sans préjuger son acceptation.

HOIRIE. Hérédité, succession : avancement d'hoirie.

HOIRS. Héritiers.

HOMICIDE. *Hominis cædes.* Meurtre d'un homme.

HOMOLOGATION. Approbation de justice : homologation de la délibération d'un conseil de famille.

HONORAIRES. Rétribution due pour leurs services à ceux qui exercent une profession libérale : honoraires de l'avocat.

HORS DE CAUSE. Renvoi d'une demande sans objet ou sans intérêt.

HORS LA LOI (METTRE). Déclarer qu'un individu n'est plus protégé par elle.

HUIS-CLOS. Portes fermées : juger à huis-clos.

HUISSIER, de *huis*, porte. Officier ministériel chargé de faire *tous* exploits nécessaires pour l'exécution des conventions, ordonnances, jugements et arrêts.

HUISSIER AUDIENCIER. Huissier attaché au service des audiences, chargé d'y maintenir le silence, d'y faire exécuter les ordres du président, et d'y servir aux communications judiciaires des avocats ou des parties avec les juges ou le greffier.

HYPOTHÉQUE. Droit réel sur les immeubles affectés à l'acquittement d'une obligation.

I.

IDENTITÉ. *Idem.* Fait qu'une personne ou une chose est la même que telle personne ou telle chose : prouver l'identité, contester l'identité d'une personne avec telle autre.

IDOINE. *Idoneus* : apte et idoine.

IMMATRICULE. Inscription d'un officier public au nombre des membres de sa compagnie : immatricule d'un huissier ; — registre sur lequel elle s'opère.

IMMÉMORIALE (POSSESSION). Celle dont le commencement est inconnu de mémoire d'homme.

IMMEUBLES. Choses qui ne peuvent se transporter d'un lieu dans un autre ; — telles que fonds de terre, maisons, Bâtimens. Voy. *code civil*, art. 517 et suiv.

IMMOBILIER. Qui a des immeubles réels ou fictifs pour objet: action immobilière, droits immobiliers.

IMMOBILISATION. Action de faire prendre à des meubles la qualité d'immeubles : rente immobilisée

IMMIXTION. Résultat d'un fait ou d'un acte qui emporte acceptation d'une succession, d'une communauté.

IMMUNITÉ. Exemption d'une charge, devoir, imposition.

IMPENSES. Dépenses faites pour l'entretien, l'amélioration, l'embellissement d'un bien.

IMPÉTRANT. Qui sollicite du prince un acte de grace, ou de justice sur une requête : impétrer requête.

IMPRESCRIPTIBILITÉ. Caractère des choses non sujettes à prescription.

IMPUBÈRE. Non pubère. Voy. puberté.

IMPUISSANCE. Incapacité de procréer : impuissance du mari.

IMPUTATION. Déduction, retranchement d'une somme sur une autre.

IMPUTATION DE PAIEMENT. Application d'un paiement à une des dettes, lorsque le débiteur en a plusieurs.

INALIÉNABILITÉ. État des choses dont la propriété ne peut être transférée à autrui.

INAMOVIBILITÉ. Caractère d'une fonction qui ne peut se perdre que par mort, démission, forfaiture jugée.

INCAPACITÉ. Défaut de qualité pour avoir, ou pour exercer un droit.

INCESTE. Conjonction de l'homme et de la femme, parents ou alliés à un degré prohibitif du mariage. *Incestueux* se dit de l'enfant qui en est le fruit.

INCIDENT. Contestation qui survient dans le cours d'une action principale : demande incidente.

INCIDENT (FAUX). Celui qui survient à l'occasion d'une inscription de faux dans une contestation civile.

INCOMPÉTENCE. Défaut de compétence. Voy. ce dernier mot.

INDEMNITÉ. Dédommagement du tort souffert ou à souffrir.

INDICATION DE PAIEMENT. Convention qui indique un tiers pour recevoir le paiement à faire à l'une des parties.

INDIGNITÉ. État de ceux qui, pour avoir manqué au défunt ou à sa mémoire, sont privés d'une succession à laquelle ils étaient appelés.

INDISPONIBLE. Voy. *Réserve*.

INDIVISION. État entre plusieurs co-propriétaires auxquels une chose ou un droit appartiennent en commun : succession indivise.

INDIVISIBILITÉ. État de l'obligation qui, soit par sa nature, soit par le rapport sous lequel les parties l'ont considérée, n'est pas susceptible, dans son acquittement, de division, d'exécution partielle.

INHIBITION. Prohibition, défense.

INFANTICIDE. Meurtre ou assassinat d'un enfant nouveau-né ; — le meurtrier ou l'assassin.

INFÉODATION. Aliénation d'une terre qui devait être tenue en fief.

INJURES GRAVES. Voy. *Excès*, etc.

INOFFICIOSITÉ. Caractère de la disposition qui (à Rome et en pays de droit écrit) prononçait une exhérédation sans cause légitime : testament inofficieux.

INSCRIPTION DE FAUX. Acte par lequel on soutient fausse une pièce produite.

INSCRIPTION SUR LE GRAND-LIVRE. Titre d'une rente due par le trésor.

INSCRIPTION HYPOTHÉCAIRE. Déclaration sur un registre public, du privilége ou de l'hypothéque qui grèvent les biens d'un débiteur.

INSOLVABILITÉ. État de celui qui n'a pas assez de biens pour payer ses dettes.

INSTANCE. *In stare.* Toute demande ou poursuite judiciaires.

INSTITUTES ou INSTITUTS. Premiers élémens de Jurisprudence ; — Principes de droit romain, rédigés par ordre de Justinien. Voy. ci-devant *Histoire du droit romain*, page 110 et suiv.

INSTITUTION CONTRACTUELLE. Disposition irrévocable, par contrat de mariage, de tout ou partie d'une succession, au profit des époux ou de l'un d'eux, et des enfans à naître du mariage.

INSTRUMENTER. Passer des actes, faire des procès-verbaux, donner des assignations, etc.

INTERDICTION. Etat d'un individu jugé incapable des actes de la vie civile, et, comme tel, assimilé au mineur pour sa personne et pour ses biens; — Peine emportant privation de certains droits.

INTENTER UNE ACTION. Former une demande en justice.

INTERDITS. Ceux qui sont en état d'*interdiction*; — (à Rome) Décision du préteur sur des matières urgentes, et notamment sur les questions possessoires.

INTÉRÊT, *quod interest*. Ce qui importe à l'utilité ou à l'honneur des personnes : l'intérêt est la mesure des actions, point d'intérêt, point d'action; — part dans une compagnie ou société.

INTÉRÊTS. Fruits civils d'une somme due.

INTERLOCUTOIRE. Jugement qui, sans décider le fond, accorde à une partie contradictoirement à l'autre, une mesure pour l'instruction ou pour l'éclaircissement de la contestation.

INTERPRÉTATION. Explication de ce qui semble obscur ou ambigu : interprétation des lois, des conventions.

INTERROGATOIRE SUR FAITS ET ARTICLES. Voie d'instruction employée pour obtenir d'un adversaire des aveux, ou éclaircissemens pouvant influer sur la décision d'un procès.

INTERVENTION. Action d'intervenir dans une instance, un procès, un acte où l'on prétend avoir intérêt.

INTESTAT. Qui est mort sans avoir testé ou sans testament valable.

INTIMÉ. Défendeur en appel. Voy. ce mot.

INTITULÉ D'INVENTAIRE. Préambule qui précède la description des objets à inventorier.

INVENTAIRE. État détaillé, article par article, de différens objets; — Acte constatant l'état d'une succession, d'une communauté, des biens d'un absent, d'un interdit, d'un failli, etc., afin de maintenir les droits de ceux qui peuvent y avoir intérêt.

IRRITANT. Ce qui annulle un acte, une disposition : Clause irritante.

J.

JACENT. Bien sans maître; — succession dont les héritiers ne se présentent pas.

JET A LA MER. Celui d'une partie du chargement d'un vaisseau, pour l'alléger et éviter un danger imminent.

JEU DE BOURSE. Spéculation sur la hausse ou la baisse des effets publics.

JONCTION. Union d'une instance à une autre, d'un incident à une demande principale, pour qu'il soit statué sur le tout en même temps.

JOUISSANCE. Droit de retirer d'une chose tout le profit qu'elle peut procurer. Voyez *Possession*.

JOUISSANCE LÉGALE. Celle qui résulte des dispositions de la loi : telle est celle des père et mère sur les biens de leurs enfans mineurs non émancipés, jusqu'à l'âge de 18 ans.

JOURS FRANCS. Qui ne se comptent pas dans les délais.

JOURS DE SERVITUDE. Ouvertures destinées à éclairer un lieu, sans procurer les moyens de voir à l'extérieur. Voy. *Vues*.

JUDICATURE. Office de juge ; — sa durée.

JUDICIAIRE. Qui concerne la justice.

JUGE. Magistrat chargé de rendre la justice au nom du roi ; — Tribunal lui-même.

JUGE COMMISSAIRE. Celui qui est commis pour une opération, un partage, une enquête.

JUGE D'INSTRUCTION. Celui qui, dans la juridiction criminelle, est chargé de l'instruction des affaires.

JUGE DE PAIX. Magistrat amovible, institué pour concilier les parties avant qu'elles n'aillent devant les tribunaux, et pour juger sommairement, et sans ministère d'avoué, certaines contestations.

JUGEMENT. Décision des tribunaux sur une contestation.

JUGEMENT ARBITRAL. Celui qui est rendu par des arbitres.

JURÉ. Citoyen appelé à donner sa déclaration sur des faits soumis à son examen en cour d'assises, ou son avis sur une indemnité à accorder dans une expropriation pour cause d'utilité publique.

JURIDICTION. *Juris dictio*. Droit ou pouvoir d'appliquer judiciairement la loi : *Notio*, *vocatio*, *coercitio*, *judicium*, *executio*.

JURIDICTION CONSULAIRE. Tribunal de commerce.

JURIDICTION (DEGRÉ DE). Voy. *Degré*.

JURIDIQUE. Ce qui est selon les lois et la justice : action juridique.

JURISCONSULTE. Celui qui, versé dans la science des lois, fait profession du droit et donne des conseils. Voy. ci-devant *Notions sur le droit*, page 323.

JURISPRUDENCE. *Divinarum atque humanarum rerum noti-*

tia, justi atque injusti scientia; — Manière particulière à un tribunal de juger une question : jurisprudence de la Cour de cassation ; — série de décisions : recueil de jurisprudence. Voy. ci-devant *Prolegomena Juris*, page 275, *Notions sur le droit*, page 323, et *Jurisprudence des arrêts*, page 482.

JURY. Réunion de Jurés.

JUSTICE. Conformité de nos actions et de notre volonté aux lois : être juste ; — Pouvoir de juger : la justice émane du roi ; — Ses organes eux-mêmes : recourir à justice. Voy. ci-devant *Prolegomena Juris*, page 275, et *Notions sur le droit*, pag. 323.

JUSTICIABLES. Se dit, relativement à une juridiction, de ceux qui y sont soumis.

L.

LACÉRATION. Déchirement d'un acte, d'un écrit.

LÉGAL. Ce qui est conforme à la loi, ou établi par elle : ordre légal, hypothèque légale.

LÉGALISATION. Attestation d'un magistrat, d'un ordre supérieur, de la vérité des signatures apposées à un acte, et des qualités de ceux qui l'ont fait ou expédié.

LÉGATAIRE. Celui qui est gratifié par testament.

LÉGISLATEUR. Celui qui fait la loi ou qui concourt à sa formation.

LÉGISLATIF (CORPS). C'est, en France, le Roi, la Chambre des Pairs et la Chambre des Députés collectivement.

LÉGISLATION. Corps des lois ; — Principes d'après lesquels les lois doivent être faites.

LÉGISLATURE. Corps législatif en activité ; — temps pendant lequel il peut légalement s'assembler : la 1re, la 2e législature.

LÉGISTE. Qui se livre à l'étude des lois ; — Se dit de ceux qui ont acquis quelques notions du droit, mais pas assez pour mériter le nom de Jurisconsultes.

LÉGITIMATION. Fiction de la loi qui place un enfant naturel au rang des enfans légitimes.

LÉGITIME. Ce qui est conforme à la loi, à la justice ou à l'équité ; — Portion indisponible. Voyez *Réserve légale*.

LÉGITIMITÉ. État de l'enfant né du mariage (de l'enfant légitime).

LEGS. Don fait par testament. *Universel*, s'il comprend l'universalité des biens du défunt; *A titre universel*, s'il ne comprend qu'une quote-part ou qu'une quotité fixe de tous ses immeubles ou de tout son mobilier;—*Particulier*, s'il n'est ni l'un ni l'autre, et qu'il ne comprenne que des objets particuliers.

LÈZE-MAJESTÉ (CRIME DE). Attentat contre le souverain ou l'État.

LÉSION. Préjudice éprouvé dans un contrat, par suite d'erreur dans l'appréciation des choses qui en font l'objet.

LETTRE DE CACHET. Celle qui, sous l'ancien régime, avait pour objet l'enlèvement d'un citoyen, et son emprisonnement ou son exil sans jugement préalable.

LETTRE DE CHANGE. Celle par laquelle on mande à son correspondant, dans un autre lieu, d'y compter à un tiers, ou à son ordre, une somme en échange d'une autre somme ou autre valeur reçue de ce tiers, soit réellement, soit en compte, dans l'endroit d'où la lettre est tirée.

LETTRE DE VOITURE. Celle qui forme le contrat entre un expéditeur et un voiturier, ou entre un expediteur. un commissionnaire et un voiturier, relativement à un transport de marchandises.

LETTRES-PATENTES. Lettres délivrées ouvertes, avec le sceau du Roi et le contre-seing d'un ministre, pour des actes de la juridiction gracieuse : lettres de grace, de naturalité, etc.

LIBELLÉ. Justifié, motivé : exploit libellé; — Ce que contient un acte : le libellé de la demande.

LIBÉRALITÉ. Toute espèce de don.

LIBÉRATION. Décharge d'une obligation, d'une poursuite.

LIBERTÉ. Droit de pouvoir ou non agir, sans s'écarter des lois : *sub lege libertas*, liberté des cultes, *individuelle, de la presse*. Voyez *Charte de* 1830, art. 3, 4, 8.

LIBERTÉS DE L'ÉGLISE GALLICANE. « Ces libertés ne sont point des passe-droits ni des priviléges, mais plutôt des franchises naturelles et ingénuités ou droits communs. » (P. Pithou.) C'est un reste de l'ancien droit de l'église, maintenu contre l'usurpation des papes « Chaque église, dit Lanjuinais, a autant de libertés que la Cour de Rome a d'injustes prétentions. » Ainsi que le disait d'Aguesseau au nonce Quirini, « Ce ne sont point des *armes*, ce sont des *boucliers*. »

LICENCIÉ EN DROIT. Celui qui a pris ses inscriptions dans une faculté de droit, subi 4 examens, et soutenu une thêse publique. Le grade ainsi obtenu se nomme *licence*.

LICITATION. Vente aux enchères d'un immeuble appartenant par indivis à plusieurs co-héritiers ou co-propriétaires.

LICITE. *Quod non est legibus prohibitum ; quamobrem, quod lege permittente, fit, pœnam non meretur.* Ajoutez que : *non omne quod licet, honestum est.*

LIGNE. Suite des degrés entre parens : ligne collatérale, directe, etc.

LIQUIDATION. Fixation, réglement, évaluation : liquidation de succession, de dépens, de dommages et intérêts.

LIQUIDE. Ce dont la quantité ou la valeur est déterminée : créance liquide, c'est-à-dire, fixe, claire, positive, 10,000 fr., par exemple, et non pas un *compte à faire.*

LISTE CIVILE. Dotation et revenu du roi régnant.

LIT. Mariage : enfant du premier lit.

LIT DE JUSTICE. Séance du roi aux anciennes cours souveraines ; — Trône où il était assis. Voy. ci-dessus *Histoire du Droit français*, page 194, not. 1.

LITIGE ; LITIGIEUX. Contestation en justice, ce qui y est ou peut y être contesté.

LITISPENDANCE. État d'un procès pendant que le juge en est saisi.

LITTÉRALE (PREUVE). Celle qui résulte d'un écrit.

LIVRES. Voy. *Papiers domestiques.*

LIVRES DE COMMERCE. Registres dans lesquels les commerçans consignent leurs opérations.

LIVRET. Petit registre nécessaire à l'ouvrier pour qu'il ne soit pas réputé vagabond, constatant ses engagemens envers son maître. — Les soldats ont aussi un livret.

LOCATAIRE. Qui tient à louage.

LOCATERIE PERPÉTUELLE. Bail qui transférait à perpétuité la jouissance d'un immeuble, moyennant une rente.

LOCATION. Voy. *Louage.*

LODS ET VENTES. Redevance due au seigneur à l'occasion des mutations, par vente ou acte équipollent, d'immeubles dépendant de son fief.

LOI. Règle de conduite prescrite par une autorité à laquelle on est tenu d'obéir. Voy. *Salique* (Loi). Voy. ci-devant *Prolegomena Juris*, page 277 et suiv., et *Notions sur le droit*, page 323 et suiv.

LOT. Portion d'un tout partagé entre plusieurs.

LOUAGE. Contrat par lequel on cède, pour un temps, et moyennant un prix, son temps, son travail ou son industrie, ou la jouissance d'une chose.

LOYAUX COUTS. Tout ce que l'acquéreur est obligé de payer outre le prix principal de son acquisition.

LOYER. Prix d'une location : le loyer d'une maison, d'un cheval.

M.

MACÉDONIEN (SENATUS-CONSULTE). Décret du Sénat de Rome, qui annulait les obligations contractées par les fils de famille.

MAGISTRAT. Officier qui rend la justice ou maintient la police : ne devrait se dire que des fonctionnaires d'un ordre élevé, *Magistri; qui habent majorem auctoritatem.* Mais on abuse souvent de ce mot. On dit quelquefois d'une manière absolue, *le Magistrat*, pour indiquer l'autorité municipale, dans ce qu'on a long-temps appelé les *villes libres* d'Allemagne.

MAGISTRATURE. Dignité du magistrat; — Sa durée ; — Corps des magistrats.

MAIN. Indique la puissance. *Habere in manu.* Voy. *Main de justice, Manumission.*

MAIN-FORTE. Secours prêté à la Justice, pour que force lui demeure ; — et que ses ordres soient exécutés.

MAIN DE JUSTICE. Autorité publique exercée par les officiers de justice ; — Symbole de la puissance souveraine.

MAIN-LEVÉE. Acte qui détruit ou restreint une inscription hypothécaire, une opposition, une saisie, un écrou.

MAIN-MORTE. Droit seigneurial qui réduisait les hommes à la condition servile, et les attachait à la glèbe dans l'étendue d'une seigneurie.

MAIN-MORTE (GENS DE). Corps, Communautés qui, par une subrogation successive de personnes, étant censés toujours les mêmes, ne produisent aucune mutation par mort et ne peuvent disposer de leurs biens qu'avec l'autorisation du gouvernement.

MAINTENUE Confirmation par le Juge dans la possession d'un bien ou d'un droit litigieux : maintenir et garder.

MAIRE. Chef (*major*) du corps municipal, ayant le double caractère de magistrat ou mandataire de la commune et d'agent du pouvoir exécutif.

MAIRIE. Charge du Maire; — Sa durée. Voy. *Maison commune*.

MAISON D'ARRÊT. Lieu de détention des prévenus de crimes ou délits, contre lesquels il a été lancé un mandat d'arrêt ou de dépôt.

MAISON COMMUNE. Siège de l'administration municipale. s'appelle aussi *Hôtel-de-Ville*.

MAISON CONJUGALE. Domicile commun des époux.

MAISON DE CORRECTION. Lieu contenant les accusés de moins de 16 ans, acquittés pour défaut de discernement, les femmes condamnées pour adultère, les enfans rebelles à l'autorité paternelle, les condamnés à des peines correctionnelles.

MAISON DE DÉPÔT. Lieu où l'on détient les prévenus contre lesquels a été lancé un mandat de dépôt.

MAISON DE DÉTENTION OU DE FORCE. Lieu où sont renfermés les réclusionnaires.

MAISON DE JUSTICE. Lieu où sont les prévenus, en attendant leur jugement. On disait autrefois la *Conciergerie*.

MAITRE. Titre donné aux avocats, aux avoués, aux greffiers, aux notaires. Les Conseillers s'appelaient autrefois les *Maîtres du parlement*; — On dit encore *Maître des comptes*.

MAITRE DES REQUÊTES. Magistrat chargé de faire le rapport au conseil d'État sur les requêtes qui y sont présentées.

MAJEUR. Celui qui a 21 ans accomplis.

MAJORAT. Réminiscence impériale des fiefs, instituée par décrets rappelés seulement par énonciation dans quelques lois, et qui consiste dans un titre affecté à une terre ou à une rente, immobilisée par fiction, et transmissible avec elle de mâle en mâle, par ordre de primogéniture, mais sans qu'il en résulte, du reste, aucune prééminence ni de l'homme titré, ni de sa terre, sur les autres citoyens ou sur les autres propriétés.

MAJORITÉ. État du majeur.

MAL-JUGÉ, Fausse appréciation de *faits* ou d'*intention*, qui ne donne pas ouverture à cassation.

MALVERSATION. Faute grave et punissable commise dans l'exercice d'une charge.

MANDAT. Acte par lequel une personne se charge de faire une chose pour une autre et en son nom. Celle-ci s'appelle *mandant*, celle-là *mandataire*.

MANDAT (EN MATIÈRE CRIMINELLE). Ordonnance en vertu de laquelle une personne est obligée de comparaître devant le magistrat ou de se rendre en prison. Voy. *cod. d'instruction crim.*, art. 91 et suiv.

MANDEMENT. Ordre par écrit publié par un chef, un juge, un évêque, etc.; — billet portant ordre à un comptable de payer.

MANDEMENT ou MANDAT DE COLLOCATION. Extrait du procès-verbal d'ordre ou du réglement du juge, assignant à chaque créancier la portion des deniers du débiteur qui lui est allouée.

MANDEMENT D'EXÉCUTION. Formule exécutoire qui termine les grosses des actes et jugemens.

MANUMISSION. Affranchissement de l'esclave; — sa mise hors de la main, de la puissance de son maître. Voy. *Main*.

MARAUDAGE. Vol des productions de la terre, commis dans les propriétés rurales.

MARC LE FRANC. Quote-part attribuée, proportionnellement à ce qui lui est dû, à chacun des créanciers du débiteur qui ne peut pas les payer intégralement.

MARCHAND. Celui qui vend en détail. Voy. *Commerçant*.

MARCHANDISE. Objet de trafic ou de négoce.

MARCHÉ. Lieu public où se vendent les denrées; — Vente de ce qui s'y débite; — Assemblée de ceux qui y sont; — Prix et condition de la vente.

MARCHÉ (DEVIS ET) Convention entre le propriétaire et l'entrepreneur d'un ouvrage, tel qu'une construction.

MARCHÉ A TERME. Vente, au cours de bourse, d'effets publics ou marchandises à livrer à une époque fixe. Marché à terme n'est souvent qu'un *jeu*.

MARIAGE. Union légitime de l'homme et de la femme.

MARRONAGE. Droit de prendre des arbres dans le bois d'autrui, pour réparations et constructions de bâtimens.

MARTELAGE. Impression d'un marteau, tant sur les *Baliveaux* que sur les autres arbres de réserve, appelés *pieds corniers*, *tournans*, *parois de lisière*, et sur les bûches.

MASSE. Fonds composant une communauté, faillite, société, succession: masse active, passive.

MATERNITÉ. État, qualité de mère.

MATIÈRES SOMMAIRES. Affaires qui, d'après leur nature ou la modicité de leur objet, doivent être jugées promptement, et sans les formalités ordinaires de la procédure.

MATRIMONIAL. Qui appartient au mariage : conventions matrimoniales.

MÉMOIRE. Écrit contenant les faits et les moyens d'une affaire ; — Détail par articles des frais ou fournitures dont on demande le paiement.

MENSE. Revenu : mense abbatiale, mense, *mensa*, table, vie commune ; de là, *commensaux*.

MERCURIALES. Assemblées du parlement, tenues ordinairement le mercredi, où le ministère public prenait la parole sur l'observation des lois et le maintien de la discipline ; — Discours prononcés à cette occasion ; — Se dit aussi des relevés des ventes de denrées dans les marchés, pour en constater le prix commun.

MEUBLES. Objets pouvant se transporter d'un lieu dans un autre, sans détérioration. Voy. *Cod. civ.* art. 527 et suiv.

MEURTRE. Homicide commis volontairement.

MINEUR. Celui qui n'a pas encore vingt et un ans accomplis.

MINISTÈRE PUBLIC. Fonction des magistrats établis près les cours et tribunaux, pour représenter la société et le prince, et requérir l'application et l'exécution de la loi ; — Nom collectif de ces magistrats. En ce sens, on dit aussi le *parquet*.

MINISTRE. Haut fonctionnaire que le roi charge de l'une des grandes divisions de l'administration publique.

MINORITÉ. État de mineur.

MINUTE. Original de l'acte qui reste en possession d'un officier public, tel qu'un notaire.

MISE EN CAUSE. Appel d'une personne dans un procès.

MISE EN DEMEURE. Interpellation faite au débiteur de remplir son obligation ; — Constatation de son défaut ou refus d'y satisfaire.

MISE EN JUGEMENT. Traduction d'une personne devant la justice.

MISE À PRIX. Prix d'un objet saisi ou mis en vente, avant les enchères.

MITOYENNETÉ. Co-propriété de la clôture séparant deux héritages contigus : mur mitoyen.

MIXTES (ACTIONS). Celles qui sont réelles et personnelles à la fois.

MOBILIER. Tout ce qui est censé meuble d'après les règles établies par la loi.

MOHATRA. Contrat usuraire par lequel on vend très-cher à crédit ce qu'on rachète à vil prix au comptant.

MONITOIRE. Mandement d'un prélat ayant juridiction, pour obliger, sous peine des censures *ecclésiastiques*, à venir à révélation sur un fait.

MORATOIRES (INTÉRÊTS). Ceux qui ne courent que par l'effet d'une demande en justice, ou par l'effet d'une mise en demeure *in morâ*.

MORT-BOIS. Est tenu et réputé tel, bois non portant fruit et bois échu, abattu ou sec debout, qui ne peut servir qu'à brûler. (Coutume de Nivernais, chap. XVII, art. 12).

MORT CIVILE. Privation de toute participation aux droits civils.

MOTIFS. Partie qui, dans les jugements et arrêts, précède le *dispositif*.

MUTATION. Changement qui s'opère dans la propriété d'un bien par la transmission d'une personne à une autre : mutation par décès, donation, etc. ; — droit perçu à cette occasion.

MYSTIQUE (TESTAMENT). Celui que le testateur signe et présente clos et cacheté à un notaire, pour qu'il le garde en dépôt.

MUNICIPALITÉ. Ensemble des membres exerçant le pouvoir municipal; — Lieu où le conseil municipal se réunit.

N.

NANTISSEMENT. Contrat par lequel un débiteur remet une chose à son créancier pour sûreté de la dette.

NATURALISATION ou (LETTRES DE). Acte qui confère à un étranger la qualité de membre ou sujet d'un état. Les lettres de *grande naturalisation* doivent être sanctionnées par le vote des deux chambres.

NATURALITÉ, État de la personne née dans le pays qu'elle habite ; — Droit dont elle jouit.

NATURALITÉ (LETTRES DE DÉCLARATION DE). Celles qui, constatant qu'on n'a pas cessé de jouir de la qualité de français, déclarent un *droit acquis*, à la différence de celles de *naturalisation*, qui octroient un *droit nouveau*.

NÉGATIVE. Proposition qui nie : adopter la négative.

NOCES (SECONDES). Mariage précédé d'un autre.

NOLIS. Voy. *Frêt*.

NOLISSEMENT. Voy. *Charte-Partie*.

NON-VALEUR. *Actio quam excludit inopia debitoris*; — Manque de produit (d'un terme, d'une ferme); — Ce qu'on n'a pas recouvré *ou* levé d'impôt. Là où il n'y a rien, le roi perd ses droits; — On ne peut peigner un pauvre diable qui n'a pas de cheveux.

NOTAIRE. Officier public qui reçoit et passe les actes, leur confère l'authenticité, en conserve le dépôt, en délivre des grosses ou expéditions, etc. Notaire *instrumentaire* ou *en premier*, celui qui reçoit directement l'acte, par opposition au *notaire en second*, qui ne fait que le signer.

NOTAIRE CERTIFICATEUR. Celui qui est commissionné par le Roi pour délivrer les certificats de vie aux rentiers, pensionnaires, etc.

NOTIFICATION. Acte par lequel on fait connaître une chose (le plus souvent par l'entremise d'un officier ministériel).

NOTORIÉTÉ (ACTE DE). Attestation qu'un fait est *notoire*, par plusieurs personnes devant un officier public.

NOUVEL ŒUVRE. Travaux entrepris sur un héritage, et qui sont de nature à changer les rapports de cet héritage avec les héritages voisins. De là, la nécessité de *dénoncer le nouvel œuvre* au voisin, c'est-à-dire, de l'avertir de l'intention où l'on est de construire ou de reconstruire.

NOVATION. *Veteris obligationis in novam Translatio et* CONFUSIO.

NOVELLES. Constitutions de plusieurs empereurs romains, notamment de Justinien, publiées postérieurement à des lois qu'elles avaient pour objet de compléter ou de réformer. Voy. ci-devant *Histoire du Droit romain*, page 110 et suiv.

NUE-PROPRIÉTÉ. Celle qui est dépouillée du droit d'usufruit.

NULLITÉ. Vice qui empêche un acte de produire son effet. *Quod nullum est nullum producit effectum.*

NUNCUPATIF. Testament fait (autrefois) verbalement.

O.

OBLIGATION. Lien de droit (naturel ou civil), qui astreint à donner, à faire ou à ne pas faire; — Se dit aussi de l'acte qui oblige et plus spécialement de celui qui constate un prêt, et en règle les effets.

OBREPTICES. Titres ou concessions obtenues par obreption.

OBREPTION. Réticence d'un fait vrai que, dans l'obtention de quelque grace, titre ou concession, il eût été nécessaire d'énoncer pour leur validité. Voy. *Subreption*.

OCCUPANT. Celui qui occupe, qui possède une chose, habite une maison. Le premier occupant, celui qui prend le premier possession d'une chose.

OCCUPANT (AVOUÉ). Celui qui est constitué dans une cause.

OCTROIS. Droits sur les denrées et marchandises imposées par les communes pour subvenir à leurs dépenses; — Lieux où ils se perçoivent.

OFFICE. (Autrefois) *dignité avec fonction publique*; (aujourd'hui) emploi d'un officier ministériel, d'un notaire, d'un avoué.

OFFICIAL. (Autrefois) membre d'un tribunal ecclésiastique, appelé *officialité*; — Local de ce tribunal.

OFFICIEL. Publié, déclaré par l'autorité : avis officiel.

OFFICIER DE L'ÉTAT CIVIL. Fonctionnaire municipal (maire ou adjoint), chargé, dans chaque commune, de constater les naissances, mariages et décès.

OFFICIER MINISTÉRIEL. Celui qui est obligé de prêter son ministère aux juges ou aux parties : greffier, avoué, huissier; — se dit aussi du notaire.

OFFICIER DE POLICE JUDICIAIRE. Celui qui l'exerce. Voy. *Police judiciaire*.

OFFRES LABIALES. Qui ne sont pas accompagnées de la représentation effective de la chose due.

OFFRES RÉELLES. Celles qui sont accompagnées des espèces offertes.

OLOGRAPHE (TESTAMENT). Celui qui est écrit en entier, daté et signé de la main du testateur.

ONÉREUX (CONTRAT A TITRE). Celui qui assujétit chacune des parties à donner ou à faire quelque chose.

OPPOSITION. Acte ayant pour objet d'empêcher la confection ou l'exécution d'un acte : opposition à une contrainte, à un jugement, à un mariage, etc. Voy. *Tierce opposition* et *Saisie-arrêt*.

ORDALIE. Épreuve *par les élémens*, dans les jugemens de Dieu.

ORDONNANCE. Ordre, mandement de justice : ordonnance d'envoi en possession, de prise de corps, de référé.

ORDONNANCES DU ROI, OU ROYALES. Actes du gouvernement du roi; — Décisions signées par le roi, chef suprême de l'État; — réglemens approuvés et signés par le roi pour l'exécution des Lois.

ORDONNANCES ROYALES. Lois faites (autrefois) par le souverain.

ORDRE (DES AVOCATS). Ensemble des membres d'un barreau. Les avocats ne font point un corps; mais, unis entre eux par l'exercice d'une même profession, ils ont, pour le plus grand avantage de l'ordre, des conseils de discipline chargés de la formation du tableau et du maintien des règles de la discipline.

ORDRE EN MATIÈRE DE COMMERCE. Endossement ou écrit succinct mis sur un titre négociable pour en opérer le transport à un tiers. Voy. *Billet à ordre*.

ORDRE EN MATIÈRE D'HYPOTHÈQUE. Rang assigné, d'après la date de leurs inscriptions ou la qualité de leurs créances, aux créanciers hypothécaires ou privilégiés sur le prix de la chose appartenant à leur débiteur; — État dressé ou opération effectuée pour déterminer ce rang.

ORDRE JUDICIAIRE. Ensemble des corps de magistrature chargés de l'administration de la justice.

ORDRE EN MATIÈRE DE MANDAT. Agir en vertu de l'ordre de quelqu'un.

ORDRE POLITIQUE. Corps qui composent un état : l'ordre (autrefois) du clergé, de la noblesse, du tiers état; aujourd'hui, les *autorités constituées*, le *gouvernement représentatif*, la *monarchie constitutionnelle*.

ORDRE PUBLIC. Ensemble des règles qui sont d'un intérêt général pour la société.

ORDRES DE CHEVALERIE. Institutions destinées à récompenser des services rendus au pays ou de grandes actions : ordre de la *Légion d'honneur*.

ORIGINAL. Écrit primitif sur lequel on fait des expéditions ou copies.

OUTRAGE. Ce qui peut porter atteinte à l'honneur et à la considération; — se dit aussi de certaines voies de fait.

OUVERTURE. Époque à laquelle remonte l'exercice de certains droits ou actions : ouverture d'une succession, d'une faillite; — *Moyen* : ouverture à cassation.

OYANT. Celui à qui on rend un compte.

P.

PACAGE. Lieu où l'on fait paître les bestiaux; — Faculté de les y envoyer.

PACOTILLE. Petite quantité de marchandises que les gens de mer embarquent gratis avec eux pour leur compte.

PACTE. Accord, convention.

PAIEMENT. Acquittement d'une dette, d'une obligation; — Chose payée.

PANAGE ou PAISSON. Droit d'introduire les porcs dans les bois où ils mangent le gland et la faîne; — Lieu où l'on mène paître les bestiaux; action de faire pacager.

PANDECTES. Voy. *Digeste*.

PAPIER TERRIER. Voy. *Cadastre*.

PAPIERS DOMESTIQUES. Écrits, tels que titres, registres, tablettes et cahiers, destinés à inscrire les revenus et dépenses d'une personne, ses dettes actives et passives, et, en général, tout ce qui peut intéresser sa fortune, sa famille, ou les gens de sa maison.

PAPIER-MONNAIE. Effet créé par l'État pour avoir cours de monnaie.

PARAPHE. Traits de plume qui s'ajoutent à la signature.

PARAPHERNAL (BIEN). Celui de la femme mariée sous le régime dotal, qui n'a pas été constitué en dot.

PARCOURS (DROIT DE). Celui qui résulte de l'usage établi entre communes voisines, ou entre habitans d'une même commune qui envoient respectivement paître leurs troupeaux sur leurs territoires respectifs.

PARÉATIS. Permission (autrefois nécessaire), pour l'exécution des arrêts, jugemens et contrats hors du ressort dont ils émanaient.

PARENTÉ. Rapport entre personnes unies par les liens du sang.

PARÈRE. Avis de négocians sur un point d'usage, en matière de commerce.

PARFAIRE (SAUF A). Sauf à compléter. Termes employés dans les offres réelles, relativement au montant des frais *non liquidés*.

PARI. Contrat aléatoire, qui diffère de la gageure en ce qu'il suppose un simple engagement, sans déposition de gages en mains tierces.

PARISIS. Monnaie battue à Paris, par opposition à *Tournois*, qui l'était à Tours.

PARJURE. Celui qui fait sciemment un faux serment en justice; — Le crime lui-même.

PARLEMENTS. Anciennes cours souveraines du royaume. Voy. ci-devant *Histoire du Droit français*, page 185 et suiv.

PARQUET. Espace où sont à l'audience les juges et le barreau; — Lieu où les officiers du ministère public tiennent leurs séances pour recevoir les communications; — Ces officiers eux-mêmes.

PARRICIDE. Crime de celui qui a tué un de ses ascendants légitimes, ou son souverain; — L'auteur de ce crime.

PART. Portion: part avantageuse.

PART. Enfant: suppression de part. Voy. ces derniers mots.

PART D'ENFANT LE MOINS PRENANT. Celle qui revient à l'enfant le moins avantagé.

PARTAGE. Division d'une chose entre plusieurs personnes; — Acte qui l'opère: Partage de communauté, provisionnel, de succession, etc.

PARTAGE ANTICIPÉ. Celui qui est fait par les ascendans entre leurs descendans.

PARTAGE D'OPINIONS. A lieu lorsque, pour le jugement d'une affaire, il y a autant de voix d'un côté que de l'autre.

PARTIE. Personne qui figure en son nom dans une convention ou un procès.

PARTIE CIVILE. Celle qui, devant un tribunal de répression, demande des dommages-intérêts, à raison d'un crime, d'un délit, d'une contravention, par opposition à la *partie publique* (le ministère pub'ic), qui requiert seule l'application de la peine dans l'intérêt de la société et de la loi.

PASSAGE. Droit de passer sur le fonds d'autrui; — Lieu où ce droit s'exerce.

PASSAVANT. (En matière de douanes et de contributions indirectes) ordre de laisser passer des denrées ou marchandises exemptes de droit, ou qui l'ont déjà payé. Diffère du *congé*, qui n'autorise que le transport des *boissons vendues qui ont payé ce droit*. Voy. *Acquit à caution*.

PASSE-DEBOUT. Ordre de laisser passer, sans droit, dans un

lieu, des boissons qui ne doivent que le traverser ou y séjourner moins de 24 heures.

PASSE-PORT. Acte de l'autorité publique délivré pour le passage libre des personnes.

PASSIF. Ensemble des dettes; — Frais et charges d'une communauté, d'une faillite, d'une société, d'une succession. Voy, *Actif*.

PATENTE. Impôt auquel sont assujétis ceux qui exercent un commerce, un métier, une industrie, ou certaines professions; — Brevet taxé qu'on reçoit en payant cet impôt.

PATERNITÉ. Titre, état, qualité de père.

PATRIMOINE. Bien ancien dans la famille, ou qu'on a reçu d'un ascendant; — Universalité des biens d'un individu.

PATURAGE. Voy. *Pacage*.

PAYS DE DROIT ÉCRIT. Provinces de France régies par le droit romain, par opposition à *pays coutumier*, qui l'était par diverses coutumes.

PÉAGE. Droit pour le passage, sur un chemin, sur un pont.

PÉCULAT. Soustraction des deniers de l'État, de la part de ses préposés; —Profit fait par eux sur ces deniers.

PÉCULE. Bien exclu de l'usufruit légal des père et mère au profit de l'enfant: pécule des fils de famille castrense ou quasi-castrense (droit romain), pécule de l'esclave.

PEINE. Châtiment infligé pour un crime, un délit, une contravention.

PÈRE DE FAMILLE. Quiconque (en droit romain), n'était pas sous la puissance paternelle, et qui, par ce motif, pouvait acquérir pour lui-même.

PÉREMPTION. Anéantissement, après un certain temps, de procédures non continuées, de jugemens par défaut non exécutés, d'inscriptions hypothécaires non renouvelées.

PÉREMPTOIRE (EXCEPTION). Celle qui est fondée sur l'irrégularité de la procédure, sur la nullité d'un exploit; — tout moyen opposable au fond de la demande, comme paiement, prescription, défaut ou nullité du titre.

PÉRIL EN LA DEMEURE (dans le retard). Urgence de faire des actes conservatoires ou d'exécution.

PERMUTATION. Voy. *Échange*.

PERQUISITION (ACTE DE). Recherche du vrai domicile

d'une personne à laquelle un exploit (un protêt) est signifié; — recherche d'objets volés. Voy. *Visite domiciliaire*..

PERSONNE (EN JURISPRUDENCE). L'homme considéré selon son état dans la société, relativement à ses droits et à ses devoirs. *Incertaine*, quand elle n'est pas suffisamment désignée; *interposée*, quand elle prête son nom à un incapable dans une libéralité.

PERTE. Privation d'une chose ou d'un droit; — dommage.

PERTINENT. Qui a un trait direct à la chose.

PÉTITION. Demande adressée à l'autorité pour obtenir le redressement d'un grief, ou une faveur, ou le plus souvent pour obtenir *un emploi quelconque*, n'importe lequel, *pourvu qu'il rapporte tant*....

PÉTITION D'HÉRÉDITÉ. Demande en délaissement de biens successifs contre celui qui les détient à titre d'héritier.

PÉTITOIRE. Action ou demande pour obtenir la propriété d'une chose.

PIÈCES. Actes, papiers, titres produits à l'appui d'une demande, d'un droit, d'une exception, d'un dire quelconque.

PIED-CORNIER. Arbres qu'on marque dans les angles, sortans des ventes, autrement dit *à la corne du bois*. Lorsqu'il se trouve sur des angles rentrans, on l'appelle *pied tournant*.

PIGNORATIF. Contrat par lequel un débiteur vend, sous faculté de rachat, un héritage à son créancier qui le lui laisse en location.

PLACET. Écrit adressé au roi pour obtenir une grâce ou réparation d'un tort, et à une cour ou à un tribunal pour obtenir audience.

PLACITÉS. Articles arrêtés par le parlement de Rouen, sur plusieurs points de jurisprudence pour la province de Normandie. Voy. ci-devant *Notions sur le droit*, page 351.

PLAIDER. Contester judiciairement.

PLAIDOIERIE. Discours prononcés à l'audience, pour la défense des plaideurs : longue plaidoirie, belle plaidoirie.

PLAIDOYER. Discours prononcé à l'audience pour défendre une cause.

PLAIDS. (Autrefois) assemblée de justice : tenir les plaids.

PLAINTE. Acte par lequel on informe la justice, qu'on a souffert d'un crime, d'un délit ou d'une contravention.

PLÉBISCITE. Décret émané du peuple romain, sans le concours des sénateurs et des praticiens.

PLEIN DROIT (DE). *Ipso jure*. Par la seule force de la loi.

PLUMITIF. Papier primitif sur lequel on écrit sommairement tout ce qui se passe à l'audience. Diffère de la *feuille d'audience* qui contient la rédaction des jugements et arrêts.

PLUS-PÉTITION. Demande trop forte, qui excède ce qu'on a droit d'obtenir du Juge.

PLUS-VALUE. Ce que vaut une chose au-delà de sa valeur primitive, ou de ce qu'elle a été estimée.

POLICE D'ASSURANCE. Acte qui renferme la convention passée entre l'assureur et l'assuré. Voy. *Assurance*.

POLICE JUDICIAIRE. Celle qui recherche les crimes, les délits et les contraventions, qui en rassemble les preuves et en livre les auteurs aux tribunaux chargés de les punir.

POLYGAME. Personne (homme ou femme), mariée à plusieurs en même temps. Son état se dit *Polygamie*. La Polygamie est un cas pendable: c'est-à-dire punissable.

PORTABLE (RENTE). Celle qui a été stipulée payable chez le créancier, ou en tel autre lieu convenu.

PORTION DISPONIBLE. Portion de biens dont il est permis à chacun de disposer à titre gratuit au préjudice de son héritier. Voy. *Légitime*.

PORTION VIRILE. La part qui revient à un héritier dans une succession.

POSSESSION. Détention ou jouissance d'une chose ou d'un droit que nous tenons ou que nous exerçons par nous-mêmes, ou par un autre qui la tient ou qui l'exerce en notre nom.

POSSESSION D'ÉTAT. Série de faits servant à établir la preuve d'une qualité, telle que celle d'enfant légitime. Voy. *cod. civ.*, art. 321 et suiv.

POSSESSOIRE. Action ou demande pour se faire maintenir ou réintégrer dans la possession d'un bien. Voy. *Petitoire*.

POST-DATE. Celle qui est postérieure à la vraie.

POSTULATION. Usurpation des fonctions d'avoué; — procédures et actes judiciaires faits pour une partie. Les procédures faites par un individu qui n'est pas *avoué*, constituent le *délit de postulation*.

POT DE VIN. Somme payée au vendeur ou au bailleur, en sus du prix de la vente ou du louage.

POURSUITE. Actes faits en vertu d'un droit ou d'un titre pour contraindre quelqu'un à remplir une obligation ; — l'action elle-même ; — l'instruction ou l'instance.

POURSUIVANT. Celui qui provoque des poursuites d'expropriation, d'ordre, ou de contribution de deniers.

POURVOI. Acte par lequel on demande la cassation d'un arrêt ; — on dit aussi le recours en cassation.

POUVOIR. Autorité qui gouverne la société ; — droit, autorisation ; — mission d'agir ; — mandat.

POUVOIR EXÉCUTIF. Autorité suprême qui fait exécuter les lois ; — le gouvernement.

POUVOIR JUDICIAIRE. Émanation du pouvoir exécutif instituée pour administrer la justice ; — les cours et tribunaux.

POUVOIR LÉGISLATIF. Celui de faire les lois, qui s'exerce (en France), par le roi et les deux chambres ; voy. ci-devant *Notions sur le droit*, pag. 327 et suiv.

PRAGMATIQUE SANCTION. Édit de Charles VII, établissant des points de discipline ecclésiastique, constitutifs des libertés de l'église gallicane ; — réglement en matière ecclésiastique.

PRATICIEN. Qui est expert dans la rédaction des actes de procédure.

PRATIQUE. Usage, coutume, façon d'agir sur un point de fait, de procédure ou de droit ; — procédure, style des actes.

PRÉAMBULE. Espèce d'introduction qui commence un acte, un procès-verbal, une loi. Voy. ci-devant *Notions sur le droit*, page 340 et suiv.

PRÉCAIRE. Qui s'exerce à tout autre titre qu'à celui de propriétaire ; — (en droit romain) prêt révocable à la volonté de celui qui l'avait fait.

PRÉCEPTE NU. Disposition dépourvue de sanction.

PRECIPUT HORS PART. Avantage fait à un héritier en sus de sa part héréditaire avec dispense de rapport. Voy. *Prélèvement*.

PRÉFET. Magistrat qui administre un département.

PRÉLEGS. Legs fait par préciput.

PRÉLÈVEMENT. Déduction sur une masse à partager de ce qui est dû à des créanciers ou à des co-partageants avantagés.

PRESCRIPTION. Moyen d'acquérir ou de se libérer par un certain laps de temps, et sous les conditions déterminées par la loi.

PRÉSÉANCE. Droit de prendre place au-dessus de quelqu'un.

PRÉSIDENT. Chef d'une assemblée, d'une compagnie.

PRÉSIDIAL. Tribunal qui, dans les villes considérables, connaissait en dernier ressort de différentes matières, jusqu'à concur de 2,000 livres.

PRÉSOMPTIONS. Conséquences que la loi ou le magistrat tire d'un fait connu à un fait inconnu.

PRESTATION. Action de fournir quelque chose ; — la chose même ; — redevance, rente.

PRÊT. Contrat par lequel un des contractans (le prêteur), livre une chose à l'autre (l'emprunteur), pour qu'il s'en serve et qu'il la rende après en nature, ou en même quantité, espèce et qualité : prêt à usage ou commodat, prêt de consommation.

PRÊT A LA GROSSE AVENTURE. Celui qui suit les chances des objets exposés aux risques de la mer, sur lesquels il est consenti.

PRÉTÉRITION. Omission, dans un testament, d'un héritier à qui était due une portion légitimaire.

PREUVE. Ce qui établit qu'une convention, un fait, une proposition, etc., est véritable ou ne l'est pas.

PRÉVARICATION. Manquement par mauvaise foi d'un magistrat, d'un fonctionnaire public, contre les devoirs de sa charge, contre les obligations de son ministère.

PRÉVENU. Celui qui est dans les liens d'un mandat d'amener, de dépôt ou d'arrêt.

PRIME. Montant d'une assurance ; — prix d'encouragement donné au commerce pour la morue, la betterave !....

PRIMOGÉNITURE. État de l'enfant premier né ; — droit d'aînesse.

PRIMORDIAL. Premier titre constitutif d'un droit.

PRINCIPAL. Ce qu'on a particulièrement en vue dans une chose, dans une obligation ; — somme capitale.

PRISE. Ce qui est pris sur l'ennemi : prise maritime.

PRISE DE CORPS. Voy. *Contrainte par corps*.

PRISE A PARTIE. Recours personnel d'un plaideur contre un magistrat de l'ordre judiciaire dont il a fait sa partie, c'est-à-dire son adversaire, pour le tort qu'il lui a causé par abus de ses fonctions.

PRISÉE. Estimation des meubles.

PRISON. Habitation des condamnés à l'emprisonnement et des débiteurs contraints par corps.

PRIVILÉGE. Droit que la qualité de la créance donne à un créancier, d'être préféré aux autres, même aux hypothécaires.

PRIVÉ (ACTE SOUS SEING). Celui qui est passé sans l'intervention d'un officier public.

PRIX. Valeur, estimation d'une chose; — ce qui est à payer pour une vente, une location, un ouvrage, un marché quelconque.

PRIX FAIT. Celui qui est convenu d'avance; — voy. *Marché (devis et)*.

PROCÉDURE. Règles à observer, actes à faire pour obtenir jugement.

PROCÈS. Instance liée devant un juge.

PROCÈS-VERBAL. Acte par lequel les officiers publics constatent ce qui s'est fait ou dit en leur présence.

PROCURATION. Acte (*instrumentum*) qui contient un mandat, ou pouvoir d'agir en notre nom.

PROCUREUR. Chargé de procuration; — (autrefois) celui qui occupait, postulait en justice, aujourd'hui *avoué*.

PROCUREUR-GÉNÉRAL. Chef du ministère public près une cour.

PROCUREUR DU ROI. Chef du ministère public près un tribunal de première instance.

PRODUCTION. Présentation des titres et écritures dans un procès réglé par écrit, ou dans une contribution de deniers ou un ordre entre créanciers; — ensemble des pièces produites.

PROMESSE. Acte annonçant la volonté de s'obliger.

PROMOTEUR. Celui qui faisait les fonctions de partie publique dans les tribunaux ecclésiastiques.

PROMULGATION. Acte par lequel le roi atteste au corps social l'existence de la loi, et commande aux autorités de la faire exécuter. Voy. ci-devant *Notions sur le droit*, pag. 357 et suiv.

PROPRE. Bien qui n'est pas acquet ou conquet de communauté, et qui appartient à l'un des époux privativement à l'autre.

PROPRIÉTAIRE. Celui qui possède en propriété.

PROPRIÉTÉ. Droit de jouir et de disposer des choses de la manière la plus absolue, dans les limites tracées par les lois et réglemens.

PRORATA (AU). A proportion. *Pro ratâ portione*.

PROROGATION. Remise; — concession de délai.

PROROGATION DE JURIDICTION. Pouvoir de juger, conféré à un Juge dont, sans cela, on ne serait pas justiciable.

PROTESTATION. Déclaration qu'on ne laisse faire une chose que parce qu'on ne peut l'empêcher et qu'on agira, par les voies judiciaires, pour la faire détruire ou condamner dès qu'on le pourra.

PROTÊT. Acte constatant le refus d'acceptation ou de paiement d'un effet de commerce.

PROTOCOLE. Formulaire ; — style adopté pour l'intitulé et la clôture des actes de même nature. Protocole en matière diplomatique, se dit d'une série indéterminée de procès-verbaux, de décrets, de conférences, pour arriver à la conclusion d'une affaire : protocoles de la Belgique et de la Hollande.

PROTUTEUR. Celui qui administre les biens d'un mineur éloigné du domicile du tuteur.

PROVISION. Ce qui est adjugé provisoirement en attendant le jugement définitif ; — existence, entre les mains de celui sur qui une lettre de change est tirée, des fonds destinés à la payer.

PROXÉNÈTE. Entremetteur pour la conclusion d'un marché.

PRUD'HOMMES (CONSEIL DES). Juridiction composée de négocians, fabricans, chefs d'ateliers et ouvriers, établie dans les principales villes de commerce pour la police des manufactures et la surveillance des ouvriers.

PRUD'HOMMES PÊCHEURS. Officiers chargés de terminer les contestations qui s'élèvent entre les pêcheurs relativement à la pêche maritime.

PUBERTÉ. Age où l'on peut se marier, (15 ans pour la femme et 18 pour l'homme). On appelle *pubère*, celui qui a atteint cet âge.

PUISAGE. Droit de prendre de l'eau chez autrui.

PUISSANCE MARITALE. Autorité du mari sur la personne et les biens de la femme. Voy. *Main*.

PUISSANCE PATERNELLE. Autorité du père et de la mère sur la personne et les biens de leurs enfans.

PUPILLE. Mineur sous l'autorité d'un tuteur.

PURGE. Procédure prescrite pour affranchir les immeubles des privilèges et hypothèques.

PUTATIF, PRÉSUMÉ. Celui qui est réputé être ce qu'il n'est pas : héritier putatif, père putatif.

Q.

QUALITÉ. État des personnes ; — capacité ; — droit d'agir.

QUALITÉS DE JUGEMENT. Énonciations et narré qui précèdent le dispositif, et contiennent les noms, professions et demeures des parties, leurs conclusions, les points de fait et de droit.

QUARTE FALCIDIE. Quart des biens revenant (autrefois) à l'héritier chargé de legs excessifs.

QUARTE TRÉBELLIANIQUE. Portion réservée à l'institué chargé de rendre l'hérédité à un autre.

QUASI-CONTRATS. Engagements qui dérivent de certains faits et que néanmoins, on ne peut nommer contrats, parce que la convention qui est de l'essence des contrats proprement dits, ne s'y rencontre pas. Par exemple : le fait d'avoir géré les affaires d'un absent sans sa procuration, oblige à lui rendre compte.

QUASI-DÉLIT. Tout fait quelconque de l'homme qui, sans être punissable, cause à autrui un dommage qui exige réparation.

QUÉRABLE (RENTE). Celle qui doit se payer au domicile du débiteur; — rente *portable*, celle qui doit être payée au domicile du créancier.

QUESTION D'ÉTAT. Celle qui concerne la qualité des personnes, — leur liberté, leur naissance, leur mariage.

QUESTION PRÉJUDICIELLE. Celle qui, dans un procès, pouvant en rendre une autre sans objet, doit être décidée avant elle.

QUITTANCE. Acte par lequel le créancier reconnaît et déclare avoir reçu, et tient quitte le débiteur.

QUITUS. Quittance pour solde d'un compte en matière de finance.

QUOTE OU COTE. Portion que chacun doit recevoir ou payer dans une somme totale. Quote-part, cote personnelle.

QUOTITÉ DISPONIBLE. Voy. *Légitime*, *Portion disponible*, *Réserve légale*.

R.

RABATTRE UN DÉFAUT. Rapporter ou rétracter un jugement par défaut.

RACHAT. Action de racheter; — Recouvrement de l'objet vendu en rendant le prix. Voy. *Réméré*.

RADIATION. Suppression, anéantissement : radiation d'une cause du rôle, d'une inscription hypothécaire.

RADOUB. Réparation d'un navire.

RAISON ÉCRITE. Loi qui, n'ayant pas d'autorité coactive, n'est suivie qu'à cause de sa conformité aux principes généraux et à la saine raison, *non ratione imperii, sed rationis imperio.*

RAISON SOCIALE. Nom sous lequel une société est connue, et contracte ses engagemens.

RANÇON. Prix qu'on donne pour la délivrance d'un captif, d'un prisonnier, d'un vaisseau capturé.

RAPPEL A SUCCESSION. Disposition par laquelle un testateur rappelait à sa succession celui qui en était exclu par défaut de représentation, exhérédation, exclusion coutumière des filles dotées, renonciation à la succession future.

RAPPORT D'EXPERTS. Exposé par écrit de leurs opérations et avis.

RAPPORT DE JUGE. Exposé qu'il fait d'un procès devant le tribunal qui l'a nommé.

RAPPORT A SUCCESSION. Remise que l'héritier fait avant partage, à la masse de la succession des objets à lui donnés par le défunt.

RAPT. Voy. *Enlèvement.*

RATIFICATION. Confirmation, approbation d'un acte.

RAVISSEUR. Coupable de rapt.

RÉALISATION. Accomplissement de l'offre ou promesse faite; — paiement ou consignation des offres réelles.

RÉALISATION (CLAUSE DE). Celle par laquelle on stipule que des meubles resteront propres à l'un ou à chacun des futurs époux, et n'entreront pas en communauté.

RÉASSURANCE. Contrat par lequel l'assureur se fait lui-même garantir, par un tiers, des risques qu'il a pris sur lui.

RÉBELLION. Empêchement apporté par violence et voies de fait à l'exécution des ordres de l'autorité publique.

RECÉLÉ. Détournement de quelque objet d'une communauté, société ou succession auxquelles on a droit; — Acte de celui qui reçoit et cache des objets qu'il sait avoir été volés.

RÉCÉPISSÉ. Écrit constatant qu'on a reçu des pièces, des papiers en communication ou dépôt; — reconnaissance de sommes versées dans une caisse publique ou dans les mains d'un tiers.

RECEVABLE. Admissible : partie, demande non recevables.

RECEVEUR DE L'ENREGISTREMENT. Préposé chargé de percevoir les droits d'enregistrement et de timbre, les amendes, les frais de justice, etc.

RECHANGE. Opération par laquelle le porteur d'un effet de commerce protesté, tire sur le tireur ou l'un des endosseurs une nouvelle lettre, appelée *retraite*, pour se rembourser de la valeur de l'effet protesté, de ses frais et du change payé à celui qui lui fournit le montant de la retraite; — Le change même reçu par ce dernier. Voy. *Retraite*.

RÉCIDIVE. Crime ou délit du même genre que celui pour lequel il y a déjà eu condamnation prononcée contre l'auteur de l'action.

RÉCLUSION. Peine afflictive et infamante, consistant à être renfermé dans une maison de force, pendant 5 ans au moins et 10 au plus.

RÉCOGNITIF (ACTE). Celui par lequel on reconnaît une précédente obligation.

RÉCOLEMENT. Vérification des effets compris dans un inventaire, un procès-verbal de saisie; — visite d'une coupe de bois pour constater si elle a été faite conformément à l'adjudication, et s'il n'a été commis ni abus, ni délit en exploitant.

RECOMMANDATION D'UN PRISONNIER. Opposition qu'un de ses créanciers, ayant le droit de le contraindre par corps, met à sa sortie de prison.

RÉCOMPENSE. Indemnité; — ce qu'un époux doit à l'autre pour avoir profité de son bien.

RÉCONDUCTION Voy. *Tacite réconduction*.

RECONNAISSANCE. Billet; — aveu par écrit d'un fait, d'une obligation préexistante : reconnaissance d'écriture, d'enfant naturel.

RÉCONVENTION. Demande que forment réciproquement le défendeur contre le demandeur dans le cours d'une instance.

RECORS. Témoins assistant les huissiers dans certains actes de leur ministère.

RECOURS. Action en garantie ou en dommages-intérêts. Voy. *Pourvoi*.

RECOUVREMENT. Rentrée de sommes dues; — ces sommes elles-mêmes; — Diligences faites pour les recouvrer.

RECRUTEMENT. Mode d'après lequel on complète les cadres de l'armée.

RECTIFICATION. Action de rendre régulier ce qui ne l'était pas : rectification d'actes de l'état civil.

RÉCURSOIRE (ACTION). Voy. *Recours*.

RÉCUSATION. Exercice du droit de refuser un juge, un juré, un expert; — Droit lui-même.

REDDITION DE COMPTE. Action de le rendre.

REDEVANCE. Prestation annuelle.

RÉDHIBITOIRE Qui peut faire casser la vente d'une chose défectueuse. — Voy. *Vices rédhibitoires*.

RÉDIMER (SE). S'affranchir d'une charge ou obligation, d'une servitude, d'une rente.

RÉDUCTION D'HYPOTHÈQUE. Diminution de la somme énoncée dans l'inscription, ou des biens affectés.

RÉDUCTION DE LIBÉRALITÉ. Retranchement fait aux donataires et légataires de ce qui excède la portion disponible.

RÉELLE (ACTION). Celle qui a pour objet l'attribution d'une chose ou d'un droit, indépendamment de toute considération de la personne.

RÉFÉRÉ. Affaire qui, en raison de son urgence et de son caractère provisoire, est portée devant le président d'une cour ou d'un tribunal : audience de référé, ordonnance de référé.

RÉGICIDE. Meurtre, assassinat d'un roi; — celui qui le commet.

RÉGIME. Ensemble des règles auxquelles sont soumis certaines personnes ou certains biens : — régime dotal, régime de la communauté, régime pénitentiaire.

REGISTRE. Livre où l'on écrit les actes, les affaires de chaque jour, pour y recourir : registre privé, public.

RÈGLE DE DROIT. Énonciation succincte d'un principe ou d'une maxime générale. Voy. ci-devant *Prolegomena Juris*, pag. 290.

RÉGLEMENT. Ce qui est prescrit, ordonné pour l'exécution des lois ou le maintien de l'ordre ou de la discipline.

RÉGLEMENT DE JUGES. Décision sur un conflit de juridiction élevé entre juges indépendans les uns des autres.

REGNICOLE. Celui qui, né sujet français, est domicilié dans le royaume.

RÉHABILITATION. Réintégration dans les droits civils et politiques dont on est déchu.

RÉINTÉGRANDE. Action tendant au rétablissement dans la possession d'un héritage dont on a été dépouillé par force.

RELEVÉ. Dépouillement, extrait.

RELEVÉE. Temps de l'après-midi : audience de relevée.

RELIQUAT. Ce qui reste dû après compte fait.

RELIQUATAIRE. Débiteur d'un reliquat.

REMBOURSEMENT. Acquittement d'une somme déboursée ; — paiement quelconque.

REMBOURSEMENT DE RENTE. Celui du capital d'une rente qu'on veut éteindre.

RÉMÉRÉ (FACULTÉ DE). Pacte par lequel le vendeur se réserve de reprendre la chose vendue, moyennant la restitution du prix principal et le remboursement des frais, loyaux coûts et impenses.

REMISE. Abandon, relâchement d'un droit ; — délai, ajournement ; — argent remis par des négotians à leurs correspondans ; — traité d'un failli ou déconfit avec ses créanciers ; — acte par lequel un créancier libère gratuitement son débiteur.

REMPLACEMENT MILITAIRE. Contrat par lequel on s'engage à faire le service militaire à la place d'un autre.

REMPLOI. Remplacement d'un bien propre à l'un des époux, qu'on a aliéné ou dénaturé ; — ce bien lui-même.

RENDANT. Comptable, gérant, qui présente son compte.

RENFORT DE CAUTION. Celui qui, cautionnant un débiteur, s'oblige avec une première caution.

RENONCIATION. Abdication d'un droit, d'une chose : renonciation à communauté, à succession.

RENTE. Revenu annuel en argent ou en denrées.

RENTE ALBERGUE. Redevance due au domaine ; — droit qu'avaient quelques seigneurs de loger ou de faire loger chez leurs vassaux.

RENTE CONSTITUÉE. Intérêt perpétuel stipulé pour le prix de l'aliénation d'un capital mobilier.

RENTE SUR L'ÉTAT. Intérêt garanti par le gouvernement, moyennant un capital non remboursable provenant d'emprunt.

RENTE FONCIÈRE. Celle qui forme le prix de la cession d'un immeuble.

RENTE PERPÉTUELLE. Voy. *Rente constituée*.

RENTE VIAGÈRE. Celle dont la durée est bornée au temps de la vie d'une ou de plusieurs personnes.

RENVOI. Addition écrite en marge, ou à la fin d'un écrit et devant faire partie du texte ; — Marque qui l'indique.

RENVOI (DEMANDE EN). Celle qui tend à dessaisir un tribunal d'une affaire, pour en saisir un autre.

RÉPARATIONS CIVILES. Ce qui est accordé par le juge en dédommagement du tort causé par une action punissable.

RÉPERTOIRE. Journal sur lequel certains officiers publics sont tenus d'inscrire sommairement les actes de leur ministère : répertoire des notaires.

RÉPÉTITION. *Condictio indebiti.* Action en restitution de ce qui a été indûment payé.

RÉPIT. Délai, surséance : lettres de répit.

RÉPLIQUE. Réponse à ce qui a été déjà répondu.

REPORT. Replacement en tête de chaque page d'un compte ou autre acte, du montant des calculs de la page qui précède.

REPRÉSAILLES. Mal causé à l'ennemi, en vengeance ou réparation de ce qu'il a fait à notre préjudice, au mépris du droit des gens.

REPRÉSAILLES (LETTRES DE). Autorisation accordée par le souverain au citoyen qui veut s'indemniser, sur quelqu'un du pays ennemi, d'un dommage qu'il a souffert.

REPRÉSENTATION. Fiction de la loi, dont l'effet est de faire entrer les *représentans* dans la place, dans le degré et dans les droits du *représenté.*

RÉPRIMANDE. Peine de discipline.

REPRISE. Ce qu'un comptable emploie en dépense à la fin de son compte, parce qu'il l'a porté en recette sans l'avoir reçu.

REPRISE D'INSTANCE. Acte par lequel on reprend la poursuite d'une affaire, avec une personne autre que la partie ou l'avoué avec qui elle avait commencé.

REPRISES. Objets qu'un des époux doit reprendre, créances qu'il a droit d'exercer, avant partage, lors de la dissolution de la communauté.

REPROCHES. Moyens employés pour la récusation d'un témoin.

RÉPUDIATION. Voy. *Renonciation.*

REQUÊTE. Supplique adressée au juge pour obtenir quelque chose ; — défenses ou mémoires fournis par les avoués.

REQUÊTE CIVILE. Voie extraordinaire pour attaquer, devant les juges qui l'ont rendue, une décision en dernier ressort.

RÉQUISITOIRE. Acte par lequel le ministère public expose sa demande.

RESCINDANT. Moyen servant à faire annuler un acte ou jugement.

RESCISION. Annulation d'un acte pour cause de dol, violence, erreur, lésion ; — action tendant à cette fin.

RESCISOIRE. Ce qu'on obtient en vertu du rescindant.

RESCRIPTION. Lettre par laquelle nous mandons à quelqu'un de payer ou compter pour nous à un tiers une certaine somme; — mandat tiré par une caisse publique sur une autre.

RESCRITS. Réponses des Empereurs romains aux gouverneurs des provinces qui les consultaient; — lettres de la chancellerie que le Roi *adressait* aux juges pour l'exécution de ses ordres.

RÉSERVE. Portion de biens dont on ne peut disposer à titre gratuit au préjudice des héritiers en ligne directe ; — restriction ayant pour objet de soustraire une chose aux dispositions d'un acte.

RÉSIDU. Pièces inutiles et non produites dans une affaire.

RÉSIGNATAIRE. Celui au profit de qui on se démet d'une charge, d'un emploi.

RÉSILIATION, RÉSILIEMENT. Acte par lequel on rend une convention comme non avenue.

RÉSOLUTION. Cassation d'un contrat pour défaut d'exécution de la part d'une des parties.

RESPECTUEUX (ACTE). Celui par lequel on demande le conseil de ses ascendans pour se marier.

RESPONSABILITÉ. Garantie, obligation légale de répondre civilement du fait des personnes ou des choses qu'on a sous sa garde.

RESSORT. Étendue d'une juridiction.

RESTITUTION. Remise de ce qui a été indûment exigé ; — action de se faire relever d'un engagement qu'on n'avait pas la capacité de contracter.

RESTRICTION. Clause limitative d'un droit, d'une disposition.

RÉTABLISSEMENT DE COMMUNAUTÉ. Acte par lequel des époux judiciairement séparés se remettent en communauté.

RÉTENTION (DROIT DE). Celui de conserver une chose jusqu'au remboursement des avances faites à son occasion.

RETENUE. Action ou droit de retenir une somme d'argent sur un paiement : retenue de contribution, de traitement.

RÉTORSION. Voy. *Représailles*.

RETOUR. Renvoi, après protêt, d'un effet de commerce au lieu d'où il a été tiré : compte de retour ; — droit de reprendre la chose donnée : retour conventionnel, légal ; — ce qui est fourni pour compenser l'inégalité des lots en nature.

RETRAIT. Action, faculté de reprendre ce qu'on avait aliéné.

RETRAIT SUCCESSORAL. Celui qui a pour but d'écarter du partage l'étranger cessionnaire des droits successifs, en lui remboursant le prix de sa cession.

RETRAITE. Nouvelle lettre de change, au moyen de laquelle le porteur se rembourse sur le tireur, ou sur l'un des endosseurs, du principal de la lettre protestée, de ses frais et du nouveau change qu'il paie.

RÉTROCESSION. Acte par lequel nous rendons à quelqu'un le droit qu'il nous avait cédé : rétrocession de bail.

REVENDICATION. Réclamation d'une chose dont on se prétend propriétaire.

REVENU. Ce qui revient d'une chose ; — arrérages, intérêts ; — produits quelconques.

RÉVERSION. Voy. *Retour*.

RÉVISION. Nouvel examen d'un compte, d'un procès.

RÉVOCATION. Rétractation d'un acte, d'une disposition : révocation de donation, de legs.

RISCONTRE. Paiemens fictifs : le débiteur qui n'a point de compensation à opposer à son créancier, mais qui a lui-même une créance sur le débiteur de ce dernier, s'entend avec eux pour que sa créance éteigne sa dette, ou bien le créancier cherche lui-même parmi ses propres créanciers une personne débitrice de son propre débiteur, pour arriver au même résultat.

RISTOURNE. Résolution d'un contrat d'assurance pour défaut de risques ou fausse déclaration à cet égard.

ROLE. Une feuille, ou deux pages d'écriture ; — registre où le greffier inscrit, par ordre de présentation, les causes à juger ; — état des citoyens imposés pour contribution publique ; — registre où sont inscrites les personnes qui montent un navire : rôle d'équipage.

ROULEMENT. Mouvement qui s'opère chaque année dans les cours et tribunaux, par le passage des juges d'une chambre à une autre.

RUBRIQUE. Titre d'un livre, d'un chapitre, d'une section, etc. Voy. ci-devant, page 512.

S.

SACRILÈGE. Profanation des choses consacrées au culte; — action impie.

SAISI. Voy. *Saisie-arrêt.*

SAISIE. Mise de biens ou effets sous la main de la justice; — exploit ou acte qui la contient.

SAISIE-ARRÊT ou OPPOSITION. Celle que fait un créancier (le saisissant), contre son débiteur (le saisi), entre les mains du débiteur de celui-ci (le tiers-saisi).

SAISIE-BRANDON. Saisie exécution des fruits pendans par racines.

SAISIE-EXÉCUTION. Celle du mobilier d'un débiteur, pour être vendu et le prix employé à payer ses créanciers.

SAISIE-GAGERIE. Celle des fruits et effets trouvés sur les terres ou dans les maisons louées, pour paiement, par privilége, des fermages et loyers.

SAISIE-IMMOBILIÈRE. Celle des immeubles d'un débiteur, pour qu'ils soient vendus au profit de ses créanciers. Voy. *Expropriation forcée.*

SAISIE-RÉELLE. Voy. *Saisie-immobilière.*

SAISIE-REVENDICATION. Celle d'un objet étant en la possession d'un tiers, et sur lequel on prétend avoir un droit de propriété ou un gage privilégié.

SAISINE. Prise de possession; — possession elle-même; — fiction de la loi en vertu de laquelle *le mort* (le défunt) *saisit le vif* (l'héritier), relativement à ses biens, droits et actions : saisine légale.

SAISISSANT. Voy. *Saisie-arrêt.*

SALAIRE. Ce qui est payé pour un travail, pour des services.

SALIQUE (LOI). Code rédigé par les Francs, remarquable surtout parce qu'on y puise encore aujourd'hui le principe de l'exclusion des femmes de la couronne de France. Voy. ci-devant *Histoire du Droit français*, page 138.

SALIQUES (TERRES). Celles dont les femmes étaient exclues, et qui avaient été données aux Francs lors de la conquête, à la charge du service militaire.

SANCTION. Récompense ou peine attachées à l'observation ou inobservation d'une loi; — adoption par le roi des projets de loi votés par les deux chambres. Voy. ci-devant *Notions sur le droit*, page 342 et suiv.

SALVATIONS. Écritures en réplique, pour *sauver* sa défense des objections dont elle a été l'objet.

SAUF-CONDUIT. Acte du juge qui accorde momentanément la liberté à un contraignable par corps.

SAUVE-GARDE. Lettres de protection que délivrait le roi contre les oppressions ou vexations des gens puissans.

SAUVETAGE. Action de sauver les effets provenant d'un naufrage ; — recouvrement qui en est fait.

SCEAU DE L'ÉTAT. Grand cachet qui représente des armoieries ou emblèmes, avec l'indication de l'autorité qui doit l'employer. Voy. ci-devant *Notions sur le droit*. page. 343.

SCEAU NOTARIAL. Celui dont les actes notariés doivent porter l'empreinte.

SCELLÉ. Empreinte du sceau d'un juge ou d'un officier public, sur des effets mobiliers, pour en empêcher le détournement ; — apposition, levée du scellé.

SCRUTIN. Vote par suffrages secrets ; — urne ou vase qui les contient.

SÉANCE. Temps pendant lequel une compagnie reste assemblée.

SÉDITION. Emeute populaire; — soulèvement contre l'autorité.

SEIGNEURIE. Titre des anciens possesseurs de fiefs (des seigneurs), indiquant leur domination sur les personnes et les propriétés qui en relevaient. Voy. ci-devant *Histoire du droit français*, page 150 et suiv.

SEING-PRIVÉ. Signature d'un particulier. Voy. *Privé* (acte sous seing).

SELLETTE. Petit siége de bois occupé (jadis) par l'accusé aux derniers interrogatoires.

SEMI-PREUVE OU PREUVE SEMI-PLEINE. Commencement de preuve ; — présomption.

SÉNATUS-CONSULTE. Décret du sénat romain ou du sénat français sous le consulat et l'empire. Voy. *Macédonien* et *Velleien*.

SÉNÉCHAL. Nom d'un ancien officier de justice.

SÉNÉCHAUSSÉE. Siége de la juridiction du sénéchal ; — son étendue.

SENTENCE. Décision des juges inférieurs ; — Jugement.

SÉPARATION DE BIENS. Etat de deux époux qui vivent sans communauté et jouissent séparément de leurs biens. *Contractuelle*, si elle est stipulée par contrat de mariage; *judiciaire*, si elle est prononcée pendant le mariage.

SÉPARATION DE CORPS. État de deux époux autorisés par justice à ne plus habiter ensemble.

SÉPARATION DES PATRIMOINES. Celle que peuvent demander les créanciers d'une succession, du patrimoine du défunt d'avec celui de l'héritier; afin d'être payés sur les biens du premier de préférence aux créanciers personnels du dernier.

SÉQUESTRATION DE PERSONNES. Crime de celui qui garde illégalement des personnes dans un lieu déterminé.

SÉQUESTRE. Remise à un tiers d'une chose litigieuse, pour qu'elle soit conservée à qui de droit; — nom de celui à qui la remise est faite; — chose remise; — son état. *Conventionnel*, s'il est fait du consentement des parties; *judiciaire*, s'il l'est par ordonnance du juge.

SERF. Celui dont la personne et les biens, dépendans d'un maître (d'un seigneur), étaient assujétis à des droits contraires à la liberté naturelle, à la liberté civile, à la propriété. En France, il n'y a plus de serfs.

SERGENT. Nom donné anciennement aux huissiers chargés des exécutions et des saisies, des arrestations de personnes. *Serre-gens.*

SERMENT. Affirmation de la sincérité d'une promesse ou de la vérité d'un fait, en prenant à témoin Dieu, son honneur, etc. Voy. *Décisoire*, *Supplétoire.*

SERVANT (FONDS). Fonds qui doit la servitude.

SERVICES FONCIERS. Voyez *Servitude.*

SERVITUDE. Charge imposée sur un héritage pour l'usage et l'utilité d'un héritage appartenant à un autre propriétaire. *Apparente*, quand elle s'annonce par des ouvrages extérieurs, une porte, etc.; *continue*, quand l'usage est ou peut être continuel, sans avoir besoin du fait actuel de l'homme, par exemple le droit d'égoût; *discontinue*, si le fait actuel de l'homme est nécessaire à son exercice, la servitude de passage, par exemple; *négative*, quand elle oblige à ne pas faire certains actes de propriété, par exemple à ne pas bâtir; *affirmative*, si elle oblige le propriétaire à souffrir qu'on fasse quelque chose sur son fonds, qu'on y aille puiser de l'eau, par exemple; *urbaine*, quand elle est établie pour l'usage des bâtimens, par exemple, pour soutenir le bâtiment du voisin; *rurale*, si elle doit servir aux fonds de terre, tel est le droit de passer dans le champ d'autrui.

SÉVICES. Voy. *Excès*, etc.

SESSION. Période de temps d'une tenue d'assises, d'une législature, d'une assemblée de corps quelconque.

SIGNATURE. Nom d'une personne écrit de sa main à la fin d'un acte, pour le certifier.

SIGNIFICATION. Voy. *Notification*.

SIMPLE ACTE. Acte unique, tel qu'un *avenir*, une *sommation*.

SIMULATION. Déguisement d'un acte dans l'intérêt *des parties*, abstraction faite du dessein de nuire à des tiers; — concert ou intelligence des parties à ce sujet.

SINISTRES. Accidens, cas fortuit entraînant la perte ou la détérioration des objets assurés.

SOCIÉTÉ. Contrat par lequel deux ou plusieurs personnes conviennent de mettre quelque chose en commun, dans la vue de partager le bénéfice qui pourra en résulter; — corps moral formé par la réunion des divers associés : sociétés particulières, universelles.

SOCIÉTÉ D'ACQUETS. Celle que des époux, non communs en biens, établissent entre eux, et qui a pour objet les acquisitions qui auront lieu durant le mariage.

SŒURS. Voy. *Frères*.

SOLDE. Paiement intégral; — paie des militaires.

SOLENNEL (ACTE). Celui qui, à raison de son importance, est soumis à certaines formalités nécessaires à sa validité.

SOLIDARITÉ. Droit qu'a chacun des créanciers d'une même chose, de se la faire payer en totalité, *in solidum* : ou obligation imposée à plusieurs débiteurs de payer, un seul pour tous, ce qu'ils doivent en commun : solidarité entre créanciers ou entre débiteurs.

SOLUTION. Éclaircissement, décision d'une difficulté, d'une question.

SOLVABLE. Qui a de quoi payer.

SOMMATION. Interpellation (le plus souvent par avoué ou par huissier) de dire ou de faire; — acte qui la constate.

SOMMAIRES. Voy. *Matières sommaires*.

SORT PRINCIPAL. Capital d'une rente, par opposition aux arrérages.

SOUCHE. Auteur d'une génération; — le premier d'une suite de descendans.

SOUCHETAGE. Recherche et reconnaissance des souches des arbres qui ont été coupés dans une vente de bois.

SOULTE. Ce qui est payé dans un partage ou un échange, pour égaliser les parts ou les objets échangés.

SOUMISSION. Déclaration de l'intention d'obtenir, à telle condition, l'adjudication d'une entreprise, d'un marché, d'un emprunt avec le gouvernement; — obligation qui en résulte; — acte qui établit la caution légale ou judiciaire.

SOUS-BAIL. Voy. *Sous-location*.

SOUSCRIPTION. Concours, participation à une entreprise ou une œuvre d'utilité publique ou privée; — soumission écrite par laquelle on s'engage à cet égard; — prix ou produit de la souscription; — signature mise au bas d'un écrit; — approbation qui en résulte.

SOUS-LOCATAIRE. Celui qui tient à bail d'un précédent locataire.

SOUS-LOCATION. Acte par lequel on donne à bail ce qu'on tient soi-même à pareil titre.

SOUS-ORDRE. Répartition d'une somme, adjugée à un créancier colloqué dans un ordre entre ses créanciers intervenus.

SOUS-PRÉFET. Magistrat qui veille en chef, dans chaque arrondissement communal, aux intérêts des communes, à l'exécution des lois et à l'ordre public.

SOUSTRACTION. Enlèvement furtif, détournement.

SOUTÈNEMENT. Justification des articles du compte qu'on présente.

SOUVERAINETÉ. Autorité suprême; — ensemble des pouvoirs gouvernementaux d'un état.

SPÉCIFICATION. Sorte d'accession consistant dans la formation d'une nouvelle espèce, avec une matière appartenant à autrui.

STAGE. Temps d'étude prescrit aux aspirans à certaines fonctions; par ex., à celles d'avocat, de notaire.

STAGIAIRE. Qui fait son stage.

STATUT. Loi, réglement: statut réel, personnel.

STATUTS D'UNE SOCIÉTÉ. Clauses et conditions de son existence.

STELLIONAT. Fraude de celui (du stellionataire) qui vend ou hypothèque un immeuble dont il sait n'être pas propriétaire, qui présente comme libre des biens hypothéqués, ou qui déclare des hypothèques moindres que celles dont les biens sont chargés.

STIPULATION. Toute clause, tout engagement inséré dans un acte ; — convention par laquelle on oblige quelqu'un envers soi (est opposée alors à *promesse.*)

STYLE. Méthode adoptée pour certaines rédactions ; — formules : *Eà quæ sunt styli, nôn operantur.*

SUBORNATION. Crime de celui qui a porté un témoin à faire un faux témoignage.

SUBREPTICES. Titres ou concessions surpris par subreption. Voy. le mot suivant.

SUBREPTION. Fraude commise dans l'obtention de quelque grâce, titre ou concession, en avançant des faits contraires à la vérité. Voy. *Obreption.*

SUBROGATION. Substitution, dans les droits du créancier, d'une tierce personne qui le paie : subrogation conventionnelle, légale.

SUBROGÉ-TUTEUR. Celui qui est chargé de surveiller l'administration du tuteur, et d'agir contre lui pour le mineur quand ils ont des intérêts opposés.

SUBSIDIAIRE (MOYEN). Celui dont on se sert, en seconde ligne, pour *fortifier* ou suppléer le moyen principal. *Conclusions subsidiaires*, celles où les moyens sont échelonnés de cette manière.

SUBSTANTIELLE (FORMALITÉ). Celle dont l'omission emporte nullité de l'acte.

SUBSTITUT. Officier du ministère public, sous le procureur-général ou le procureur du roi.

SUBSTITUTION. Disposition par laquelle on est mis à la place d'un autre, pour recueillir le bénéfice d'un don ou d'un legs. *Fidéicommissaire*, si quelqu'un (le grevé) est gratifié à la charge de conserver et de rendre la chose à un tiers (l'appelé), gratifié en second ordre ; *vulgaire*, si le tiers n'est appelé qu'à défaut de l'héritier ou du légataire.

SUBSTITUTION DE POUVOIRS. Acte par lequel on confie à un autre le mandat qu'on a reçu.

SUCCÉDER. Entrer en lieu et place de quelqu'un ; — recueillir ses droits actifs et passifs.

SUCCESSEUR. Celui qui est aux droits d'un autre, soit qu'il recueille les biens d'un défunt ou remplace quelqu'un dans une charge ou fonctions publiques.

SUCCESSIBLE. Celui qui est en ordre de succéder. Voy. *Héritier*.

SUCCESSIFS (DROITS). Ceux qu'on a dans une succession.

SUCCESSION. Transmission générale des biens et charges d'un défunt à la personne de son héritier ; — ces biens et charges eux-mêmes.

SUCCESSIONS IRRÉGULIÈRES Celles des enfans naturels, du conjoint survivant, du domaine, des hospices, par opposition à la succession des parens légitimes.

SUCCESSORAL. Voy. *Retrait*.

SUFFRAGE. Déclaration d'un choix dans une délibération, une élection ; — assentiment.

SUGGESTION. Surprise de la volonté d'un testateur, en lui inspirant une volonté différente de celle qu'il avait en vue, et qu'il aurait eue si on l'eût laissé à lui-même. Voy. *Captation*.

SUITE (DROIT DE). Celui de suivre dans les mains des tiers les immeubles sur lesquels on a une hypothèque ou un privilége.

SUPPLÉANT (JUGE). Celui qui est nommé pour faire les fonctions du juge, à défaut de celui-ci.

SUPPLÉTOIRE (SERMENT). Celui que le juge défère d'*office*, ou pour en faire dépendre la décision de la cause, ou seulement pour déterminer le montant de la condamnation : serment *supplétif*, *in litem*.

SUPPLICE. Punition corporelle ordonnée par justice. *Supplicié*, celui qui l'a subie ; — exécuté à mort.

SUPPOSITION D'ENFANT OU DE PART. Crime de faux consistant à attribuer un enfant à qui il ne doit pas le jour.

SUPPRESSION D'ETAT. Crime de celui qui fait disparaître les preuves de l'état civil d'une personne.

SUPPRESSION DE PART. Crime de celui qui fait disparaître les preuves de l'existence d'un enfant, ou qui dissimule le vrai nom de ses père et mère.

SUPPRESSION DE TITRES. Action de les enlever par ruse ou de les détruire par violence.

SUR-ARBITRE. Voy. *Tiers-arbitre*.

SURCHARGE. Mot mis sur un autre dans un écrit.

SURENCHÈRE. Enchère au-dessus d'une autre.

SURSÉANCE ou SURSIS. Délai ; — suspension de la poursuite d'une affaire ; — sa durée.

SURVEILLANCE DE LA HAUTE POLICE (RENVOI SOUS LA). Celui dont l'effet est de donner au gouvernement le droit de déterminer certains lieux dans lesquels il sera interdit au condamné de paraître, après qu'il aura subi sa peine, et de lui imposer certaines obligations relativement à la fixation et au changement de sa résidence.

SURVIE. Prolongation de la vie au-delà de celle d'une autre personne.

SUSCRIPTION (ACTE DE). Celui que dresse un notaire, en présence de six témoins, sur l'enveloppe d'un testament mystique.

SUSPENSION. Interdiction temporaire de l'exercice d'une fonction ; — état de celui qui est suspendu.

SUSPENSIVE. Voy. *Condition*.

SUSPICION LÉGITIME. Motif de crainte ou de méfiance ; — état de celui dont on soupçonne l'impartialité, ou dont on révoque en doute l'indépendance.

SYNALLAGMATIQUE (CONTRAT). Celui dans lequel les contractans s'obligent réciproquement l'un envers l'autre.

SYNDIC. Mandataire chargé des affaires d'un corps, d'une masse de créanciers.

T.

TABELLION. Officier public chargé (autrefois) de grossoyer les actes des notaires et d'en délivrer des expéditions.

TABLE DE MARBRE. Ancienne table qui occupait toute la largeur de la grand'salle du palais à Paris, et sur laquelle tenaient juridiction le connétable, l'amiral et le grand-maître des eaux et forêts. Delà est venu qu'on a appelé *table de marbre*, chacune de ces trois juridictions.

TABLES (LOIS DES 12). Celles que les Romains envoyèrent chercher en Grèce, qu'ils approprièrent à leurs mœurs, qu'ils augmentèrent et qu'ils firent graver sur 12 tables d'airain. Voy. ci-devant *Histoire du droit romain*, pag 92 et suiv.

TABLEAU. Table, liste, état : tableau des avocats ; des demandes en séparation, des créances inscrites.

TACITE RÉCONDUCTION. Nouveau bail dont l'effet est réglé par les dispositions relatives aux locations sans écrit, et qui s'opère lorsque, à l'expiration des baux écrits, le preneur reste et est laissé en possession, sans congé signifié.

TAILLE. Petit bâton fendu en deux parties, (la *souche* gardée par le fournisseur, l'*échantillon* laissé à la personne fournie,) sur lesquelles se marquent certaines fournitures; (autrefois impôt ou contribution.

TALION. Punition pareille au crime commis.

TARIF. Réglement des droits dus pour la confection des actes judiciaires ou pour l'entrée de certaines marchandises; — tableau marquant le prix de certaines denrées.

TAUX. Prix auquel une rente ou des intérêts sont fixés.

TAXE. Réglement par le Juge, des frais réclamés par un officier de Justice; — prix fixé pour certaines denrées.

TÉMOIN. Celui qui atteste ou peut attester l'existence de ce qu'il a vu ou entendu: témoin oculaire, auriculaire.

TÉMOIN INSTRUMENTAIRE. Ceux qui assistent les notaires dans la passation d'un acte.

TENANS ET ABOUTISSANS. Limites; — bouts des héritages qui en touchent un autre; — ces héritages eux-mêmes.

TENEUR. Contenu d'un acte, d'une loi, d'une disposition.

TENTATIVE DE CRIME OU DE DÉLIT. Celle qui, manifestée par un commencement d'exécution, n'a été suspendue ou n'a manqué son effet que par des circonstances indépendantes de la volonté de son auteur.

TERME. Espace de temps accordé au débiteur pour se libérer; — quartier de l'année; — terme de loyer. Voy. *délai de grâce.*

TERRAGE. Voy. *Champart.*

TERRES VAINES ET VAGUES. Terres incultes qui ne peuvent produire que quelques herbes ou broussailles, et qui sont abandonnées à la pâture des bestiaux. Voy. *Vaine pâture.*

TERRIER. Voy. *Cadastre.*

TERRITOIRE. Étendue d'un royaume, d'une commune, d'une juridiction.

TESTAMENT. Disposition révocable de tout ou partie de ses biens, pour le temps où l'on n'existera plus; — acte qui la contient.

TESTAMENT AUTHENTIQUE OU PAR ACTE PUBLIC. Celui qui est reçu par deux notaires, en présence de deux témoins, ou par un notaire en présence de quatre témoins. Voy. *Mystique. Nuncupatif*, *Olographe.*

TESTIMONIALE (PREUVE). Celle qui est faite par témoins.

TÊTE. Individu : succéder par tête.

TIERCE OPPOSITION. Voie extraordinaire ouverte, contre un

jugement en matière civile, au tiers intéressé qui n'y a pas été appelé.

TIERCEMENT. Surenchère du *tiers* de l'adjudication d'une coupe de bois.

TIERS. Celui qui n'a point été partie dans un acte, dans un jugement.

TIERS-ACQUÉREUR. Sous-acquéreur, par rapport au vendeur ou donateur originaire.

TIERS-ARBITRE. Celui qui est nommé pour départager deux arbitres.

TIERS-COÛTUMIER. Douaire des enfans dans la coutume de Normandie.

TIERS-DÉTENTEUR. Possesseur d'immeubles affectés à des droits réels, tels que priviléges ou hypothèques, consentis par un précédent propriétaire.

TIERS-PORTEUR. Celui à qui un effet de commerce a été passé.

TIERS-SAISI. Voy. *Saisie-arrêt*.

TIMBRE. Contribution du droit perçu sur les papiers destinés aux actes, affiches, avis imprimés, journaux, et à certains livres de commerce; — empreinte apposée sur ces papiers.

TIRÉ. Celui sur qui une lettre de change est *tirée*, tant qu'il ne l'a pas acceptée.

TIREUR. Celui qui fournit et signe une lettre de change, en mandant à un tiers domicilié dans une autre ville, d'en payer le montant.

TITRE. Tout acte écrit et signé, établissant un droit, une qualité: titre authentique, privé;—le droit, la qualité eux-mêmes: fondé en titre, posséder à différens titres; — fonction, dignité; — inscription à la tête d'un livre, d'un chapitre. Voy. *authentique*, *primordial*, *privé*.

TITRE COLORÉ. Celui qui, légitime ou de bonne foi en apparence, n'est cependant pas valable ni translatif de droits sans le secours de la prescription.

TITRE EXÉCUTOIRE. Celui qui, outre l'authenticité, réunit les conditions nécessaires pour qu'on puisse le mettre immédiatement à exécution.

TITRE NOUVEL. Celui par lequel le débiteur d'une rente la reconnait et s'engage à en continuer le paiement.

TITULAIRE. Révêtu d'un titre, d'une fonction.

TOLÉRANCE (ACTE DE SIMPLE). Celui qui étant purement précaire, ne peut fonder ni possession, ni prescription.

TONTINE. Association par laquelle plusieurs personnes mettent des biens en commun, à condition que ceux des prédécédés accroitront aux survivans en tout ou en partie.

TOUR DU CHAT. Espace à laisser entre le mur du voisin et certaines constructions, comme four, forge.

TOUR DE L'ÉCHELLE. Servitude qui donne le droit de poser des échelles et faire passer des ouvriers sur le fonds du voisin pour les réparations d'un édifice; — espace laissé pour l'exercice de ce droit.

TOURNOIS. Voy. *Parisis*.

TRADITION. Livraison, mise en possession d'une chose vendue.

TRAITE. Lettre de change qu'un banquier tire sur son correspondant, et que celui-ci est chargé d'acquitter.

TRAITE DES NOIRS. Infâme commerce, qui consiste à acheter des nègres pour aller les vendre là où l'esclavage est admis.

TRAITÉ. Conventions de toute nature ;—vente d'office ;—traité de paix, d'alliance.

TRAITEMENT. Indemnité, appointemens attachés à une charge, une fonction.

TRANSACTION. Contrat, qui doit être rédigé par écrit, par lequel les parties terminent une contestation née, ou en préviennent une à naître.

TRANSCRIPTION. Copie littérale d'un acte translatif d'immeubles, sur un registre du bureau des hypothèques, dans l'arrondissement duquel ils sont situés.

TRANSFERT. Transport de rentes dues par l'État, ou d'actions d'une société anonyme ou de la Banque de France.

TRANSIT. Faculté de transporter, sans payer de droits, des marchandises étrangères à travers un territoire défendu par une ligne de douane.

TRANSPORT. Aliénation d'un droit, d'une chose.

TRANSPORT-CESSION. Celui qui a pour objet des créances ou autres droits incorporels. *Cédant*, celui qui fait le transport; — *cessionnaire* : celui à qui il est fait.

TRANSPORT PAR TERRE ET PAR EAU. Convention entre un *voiturier* ou *roulier*, *patron* ou *batelier*, et un *chargeur* ou *expéditeur* pour la conduite, moyennant un prix, de personnes ou de choses ; — fait même de cette conduite.

TRAVAUX FORCÉS. Peine afflictive et infamante: les condamnés sont employés aux travaux les plus pénibles (ordinairement au service des chiourmes); ils traînent à leurs pieds un boulet, ou sont attachés deux à deux avec une chaîne.

TRAVAUX PUBLICS. Ceux dont l'utilité intéresse une universalité d'habitans, et que la loi soumet à des règles exceptionnelles, d'adjudicature, de publicité, d'expropriation et de compétence.

TRÉBELLIANIQUE. Voy. *quarte trébellianique.*

TRÉFONDS. Voy. *Fonds* (*très*).

TRÉSOR. Toute chose cachée ou enfouie sur laquelle personne ne peut justifier sa propriété, et qui est découverte par le pur effet du hasard; — amas d'or, d'argent; — richesses.

TRIAGE. Droit en vertu duquel un seigneur faisait distraire à son profit, le *tiers* des bois communaux d'une paroisse à laquelle il les avait concédés gratuitement dans le principe; — bois même sur lequel ce droit avait été exercé.

TRIBUNAL. Juges composant une juridiction inférieure; — lieu où ils siègent; juridiction quelconque. Prend différents noms suivant les matières dont la connaissance lui est attribuée: tribunal civil, de commerce, correctionnel, de paix, de police, etc.

TROUBLE. Acte, demande judiciaire tendant à interrompre la jouissance du possesseur: Trouble de *fait*, de *droit*.

TROUVAILLE. Chose trouvée inopinément et par hasard, sans qu'on en connaisse le propriétaire. Voy. *Épaves*.

TUTELLE. Autorité et fonctions du tuteur. Prend différens noms suivant qu'elle est déférée par la loi ou la volonté des parens, ou suivant les individus auxquels elle s'applique: tutelle légale des ascendans, des interdits, etc.

TUTELLE DATIVE. Celle qui est déférée par un conseil de famille légalement assemblée devant le juge de paix et présidé par lui, ou que le dernier mourant des père et mère confère lui-même, dans la prévision de sa mort, à un tuteur de son choix.

TUTELLE OFFICIEUSE. Contrat de bienfaisance par lequel une personne, âgée de plus de 50 ans et sans descendans légitimes, se charge d'administrer la personne et les biens d'un enfant de moins de 15 ans, de le nourrir, l'élever et le mettre en état de gagner sa vie.

TUTEUR. Celui qui est chargé de prendre soin de la personne

d'un mineur non émancipé ou d'un interdit, d'administrer ses biens, de le représenter dans tous les actes civils.

TUTEUR AD HOC. Celui qui est nommé pour un objet déterminé.

U.

ULTRA PETITA. Voy. *Plus petition*.

UNILATÉRAL (CONTRAT). Celui où une ou plusieurs personnes sont obligées envers une ou plusieurs autres, sans que, de la part de ces dernières, il y ait d'engagement.

UNION. Contrat par lequel les créanciers d'un failli ou déconfit qui n'ont pas obtenu de concordat, s'unissent pour recouvrer en commun le plus qu'ils pourront de leurs créances ; — les créanciers pris collectivement.

UNIVERSALITÉ. Totalité ; — droits actifs et passifs d'une personne dans une chose, *V. Gr.* dans une hérédité.

UNIVERSITÉ. Corps chargé de l'enseignement et de l'éducation publique dans tout le royaume, comprenant les académies, les facultés, les colléges royaux, les colléges communaux, les institutions et pensions, les écoles primaires.

USAGE. Coutume, pratique reçue. Voy. ci-devant *Notions sur le Droit,* page 415.

USAGE (DROIT D'). Droit de se servir de la chose d'autrui.

USAGES. Droits, tels que ceux de pâturage, chauffage, etc., accordés à des particuliers ou à une commune dans un bois dont ils ne sont pas propriétaires ; — lieux où ces droits s'exercent. Se dit aussi abusivement des bois communaux, c'est-à-dire, de ceux dont les communes sont bien réellement propriétaires, parce qu'on a principalement égard au mode de jouissance des habitans, qui, en effet, n'en ont que l'usage, la propriété demeurant grevée de substitution perpétuelle, au profit des membres futurs de la communauté.

USAGER. Celui qui a un droit d'usage.

USANCE. Délai de trente jours, à partir du lendemain de la date d'un effet de commerce ; — exploitation de la coupe d'une vente de bois, comprenant l'abattage et les façons.

USUCAPION. Prescription (en droit romain) à l'effet d'acquérir.

USUFRUIT. Droit de jouir des choses dont un autre a la propriété, comme le propriétaire lui-même, mais à la charge d'en conserver la substance.

USUFRUIT LÉGAL. Jouissance qu'ont, le père durant le mariage, et, après sa dissolution, le survivant des père et mère, des biens de leurs enfans, jusqu'à l'âge de dix-huit ans accomplis, ou jusqu'à l'émancipation qui pourrait avoir lieu avant cet âge.

USUFRUITIER. Celui qui a un usufruit.

USURE. Gain d'un prêt d'argent à un taux prohibé par la loi.

UTÉRIN. Parent du côté de la mère seulement.

UTILITÉ PUBLIQUE. Cause d'expropriation, de servitude. Voy. *Travaux publics*.

V.

VACANCES. Temps pendant lequel les séances des cours et tribunaux sont suspendues. Voy. *Vacant* et *Vacation*.

VACANT. Ce qui n'est plus occupé, ni possédé : biens vacans. Lorsqu'après l'expiration des délais pour faire inventaire et pour délibérer, il ne se présente personne qui réclame une succession, qu'il n'y a pas d'héritier connu, ou que les héritiers connus y ont renoncé, cette succession est réputée *vacante*.

VACATION. Temps que des personnes publiques emploient à travailler à quelque affaire; — leur salaire à ce sujet; heures consacrées par le juge au jugement des procès; — vacances des tribunaux. Voy. *Chambre des vacations*.

VAGABONDAGE. État de ceux (des *vagabonds* ou gens sans aveu), qui n'ont ni domicile certain, ni moyen de subsistance, et qui n'exercent habituellement ni métier, ni profession.

VAINE PATURE. Sorte de servitude locale, en vertu de laquelle les habitans d'une commune font paître leurs bestiaux sur les héritages les uns des autres non clos, et où ne se trouvent ni semences, ni fruits.

VASSAL. Celui qui relevait d'un seigneur, à cause d'un fief.

VELLÉIEN (SÉNATUS-CONSULTE). Décret du Sénat de Rome, qui annulait les obligations que les femmes contractaient pour autrui.

VENTE. Convention par laquelle l'un vend à l'autre la propriété d'une chose, moyennant une somme d'argent.

VENTE SUR FOLLE ENCHÈRE. Revente qui se fait aux périls

d'un premier adjudicataire, pour inexécution des clauses de l'adjudication.

VENTE A FONDS PERDU. Celle dont le prix consiste en une rente ou prestation viagère au profit du vendeur.

VENTILATION. Évaluation de parties d'un bien non d'après leur valeur réelle, mais en proportion relative du prix fixé pour le tout.

VÉRIFICATION D'ÉCRITURE. Examen fait en justice, soit d'une écriture privée, pour savoir de quelle main elle est, soit d'une pièce authentique contre laquelle existe une inscription de faux, pour connaître si elle est vraie ou fausse.

VIABLE (ENFANT). Celui qui est né assez bien constitué pour faire espérer qu'il vivra.

VICES RÉDHIBITOIRES. Défauts cachés de la chose vendue, existant au moment de la vente, et donnant lieu à garantie.

VIDANGE. Transport hors de la forêt des coupes de bois qu'on y a abattues; — temps accordé à cet effet.

VILLES D'ARRÊT. Celles dont les habitans avaient le privilége de faire *arrêt* sur la personne et les biens de leurs débiteurs forains, sans titre ni condamnation préalable.

VINDICTE PUBLIQUE. Satisfaction due à la société, à raison des crimes et délits; — poursuite exercée à cet effet par le ministère public.

VIRILE. Voy. *Portion virile.*

VISA. CHOSE VUE. Acte énonçant le *vu* d'un fonctionnaire public sur une pièce, pour la rendre exécutoire ou constater un fait.

VISA POUR TIMBRE. Celui qui, apposé par le receveur de l'enregistrement sur les papiers présentés par les parties, tient lieu de l'empreinte du timbre.

VISITE DOMICILIAIRE. Perquisition chez les particuliers, par un officier de police judiciaire, pour constater un crime, un délit ou une contravention, ou pour en arrêter l'auteur et le livrer aux tribunaux, ou pour rechercher des choses prohibées, des objets volés, ou des pièces de conviction.

VISITE DES LIEUX. Celle qu'ordonne le juge avant de prononcer sur le fond du litige. Voy. *Descente sur les lieux.*

VOIE D'ACTION. Droit d'intenter une demande en justice comme partie principale: en matière civile, le ministère public n'a pas la voie d'*action*, mais seulement la voie de *réquisition.*

VOIE DE DROIT. Moyens indiqués par la loi pour l'exercice d'un droit ou l'exécution d'un acte.

VOIE DE FAIT. Toute action illicite qui blesse une personne dans son corps, son honneur ou ses biens; — (plus souvent) acte de violence.

VOIE PUBLIQUE, ou VOIRIE. Ensemble des voies de communication, tant par terre que par eau; — leur régime ou police.

VOISINAGE. Proximité des lieux ou des personnes; — rapport ou intérêt qui en résulte.

VOITURIERS. Tous ceux qui se chargent du transport des personnes ou des marchandises.

VOL. Soustraction frauduleuse d'une chose qui appartient à autrui.

VOL DU CHAPON. *Un arpent de terre féodale joignant le manoir, si tant il y en avait,* que quelques coutumes accordaient à l'aîné par préciput dans le partage du fief.

VOLUPTUAIRE DÉPENSE. Celle qui orne la chose sans en augmenter le revenu.

VOTE. Suffrage; — vœu émis; — action de voter.

VUE. Toute espèce d'ouvertures pratiquées dans un édifice pour regarder au dehors. Voy. *Jour*.

CATALOGUE

DES

OUVRAGES DE M. DUPIN AINÉ.

Tous ces Ouvrages se trouvent à la Librairie de Joubert, rue des Grés, n° 14.

Profession d'avocat. — Défense des accusés. — Législation criminelle; procès célèbres. — Mémoires, Plaidoyers et Consultations.

1. DISCOURS d'installation comme bâtonnier des avocats, prononcé à l'ouverture des conférences de la Bibliothèque, à la rentrée de 1829. In-8°. Trois éditions.

2. LETTRES sur la profession d'avocat, et Bibliothèque choisie des livres de Droit, avec un supplément contenant des NOTICES historiques et bibliographiques sur plusieurs ouvrages de droit et de pratique, remarquables par leur antiquité ou leur originalité. Paris, Warée, 1818, 2 vol. in-8°. — 1832, nouvelle édition très-augmentée.

— Les Notices ont été imprimées séparément in-8°.

3. DE LA LIBRE DÉFENSE des accusés. Paris, Arthus-Bertrand, octobre 1815, un mois avant le jugement du maréchal Ney. Brochure in-8°. Nouvelle édition, revue et augmentée, 1824. Warée, 1 vol. in-18.

4. OBSERVATIONS sur plusieurs points importans de notre législation criminelle. 1821; in-8°.

5. MÉMOIRES et PLAIDOYERS, depuis 1806 jusqu'au 1er janvier 1830. 20 vol. in-4°.

6. CONSULTATION et PLAIDOYER pour l'exécution du testament de NAPOLÉON, 1821.

7. PLAIDOYERS et RÉPLIQUES dans l'affaire du chevalier

Desgraviers, créancier de Louis XVIII, avec un recueil de pièces historiques et l'arrêt de la Cour royale de Paris. Paris, Baudouin, 1821. Un vol. in-8°.

8. Choix de Plaidoyers en matière politique, contenant les plaidoyers Ney, Brune, Rovigo, les trois Anglais, Marinet, Troubles de Lyon, Bavoux, Souscription nationale, Jay, Jouy, de Pradt, Béranger, les rédacteurs du *Miroir* (Arnault, Tissot, Cauchois-Lemaire, Em. Dupaty, Lacretelle aîné, etc.). Paris, Warée, 1 vol. in-8°. Tome X des *Annales du Barreau*, 1823, première partie.

9. Choix de Plaidoyers en matière civile. 1 vol. in-8° Tome X des *Annales du Barreau*, deuxième partie.

10. Examen et Discussion des actes de la commission militaire instituée en l'an XII pour juger le duc d'Enghien. In-8°. Trois éditions en 1823. — La quatrième fait partie de la *Collection de Mémoires sur la Révolution*, publiée par Baudouin. — On y trouve aussi la réponse pour le comte Hullin, et l'examen impartial sur M. de Caulaincourt, duc de Vicence, par M. Dupin.

11. Procès des Naufragés de Calais; in-8°. Discussion historique et légale insérée dans la *Revue encyclopédique* de janvier 1824, et dans la seconde édition des *Mémoires du duc de Choiseul*.

Liberté individuelle.

12. Plaidoyer et Réplique pour Isambert, devant le Tribunal de première instance, en décembre 1826. In-8°.

— Plaidoyer et Réplique pour le même, devant la Cour royale; mars 1827. Paul Ledoux, in-8°.

Liberté de la presse.

13. Plaidoyer pour le *Constitutionnel*, accusé de tendance. Paris, 1825. Édition Warée et Baudouin, in-18. — Troisième édition, chez Baudouin; in-18.

Libertés religieuses.

14. Consultation pour M. le comte de Montlosier, contre l'illégalité des Jésuites. Août 1829, in-8°.

— Procès fait à la congrégation des Bacchanales, traduit de Tite-Live. 1826. In-25; deux éditions, la première sans nom d'auteur.

— Opinion dans la Commission ecclésiastique pour la fermeture des petits séminaires non autorisés.

— Discours sur le même sujet à la Chambre des Députés dans la séance du 21 juin 1828.

15. Les Libertés de l'Église gallicane. Paris, Baudouin, 1824, 1 vol. in-12; deuxième édition, 1826, in-18.

16. Procès du Christ, ou Réfutation du chapitre de M. Salvador, intitulé : *Jugement et condamnation de Jésus*; Dissertation historico-légale. 1828, Paul Ledoux, in-18.

Ouvrages élémentaires sur le Droit français.

17. Réflexions sur l'enseignement de l'étude du Droit, suivies de régles logiques sur la manière d'argumenter et de soutenir thèse dans les actes publics. Paris, Everat, 1807. Première édition, broch. in-8. — Nouvelle édition, 1821, in-18.

18. Bibliothèque choisie, à l'usage des étudians en Droit, ou Notice des livres qui leur sont le plus nécessaires. 1 vol. in-18. Deuxième édition, 1821.

19. Manuel des étudians en Droit et des jeunes avocats, contenant un plan d'études et des instructions. 1824; — nouv. édit. 1835, 1 vol. in-18.

20. Précis historique du Droit français, dédié à S. A. R. Mgr le Duc de Chartres. 1826, in-18.

21. Notions élémentaires sur la justice, le droit et les lois, professées à S. A. R. Mgr le Duc de Chartres. Janvier 1827, 1 vol. in-18. — Deuxième édition, mars 1827, avec quelques additions.

Ouvrages élémentaires sur le Droit romain.

22. Précis historique du Droit romain, 1 vol. in-18, a eu huit éditions; la première est de 1809 (elle a été supprimée par la police impériale); la dernière de 1824, elle est épuisée.

23. Legum leges, sive Baconii Tractatus de fontibus universi Juris, per aphorismos, etc., cum annolationibus. 1 vol. in-18, Paris, 1822; deuxième édition, 1824.

24. Prolegomena Juris ad usum scholæ et fori. 1820, in-18.

25. Examen sur les élémens du Droit romain, selon l'ordre des Institutes de Justinien, traduit du latin de Perreau. Paris, 1820, 1 vol. in-12.

26. Synopsis elementorum Juris romani. Parisiis, Durand, 1811, in-18.

27. Principia Juris civilis cùm romani tùm gallici, seu Selecta legum romanarum cum civili Gallorum Codice aptè concordantium, etc. Parisiis, Everat, 1806, 5 vol. in-12.

28. Jo. Gotlieb. Heineccii Recitationes in elementa Juris civilis secundùm ordinem Institutionum. Accesserunt operâ et curâ A. M. J.-J. Dupin notæ et observationes quibus textus vel explanatur, vel emendatur, vel illustratur, quibusque sedula ac perpetua romanarum et gallicarum legum collatio continetur. Parisiis, 1810, Warrée, 2 vol. in-8.

Traités particuliers sur plusieurs matières de droit public et de droit privé.

29. Traité des Successions ab intestat. Paris, 1804, in-12.

— DISSERTATION sur les rapports entre co-héritiers, avec une dédicace latine à M. Poirier. 1810, in-12.

30. DU DROIT D'AINESSE; Discussion du projet de loi présenté par M. de Peyronnet, en 1826, dédié à mes frères.

31. DISSERTATION sur le domaine des mers et la contrebande. Paris, Warée, 1811, broch. in-12.

32. DES APANAGES en général, et de l'apanage d'Orléans en particulier; mars 1817, 1 vol. in-18.

Jurisprudence des arrêts.

33. DISSERTATION SUR LA JURISPRUDENCE DES ARRÊTS, à l'usage de ceux qui les font et de ceux qui les citent. 1822, in-18. — Deuxième édition, 1824.

34. DICTIONNAIRE des Arrêts modernes. Paris, Nève, 1812, 2 vol. in-4.

— Articles dans la continuation du *Nouveau Denizart*. Paris, Lamy, 1805.

— Articles dans le *Journal du Palais*, depuis 1808 jusqu'en 1812.

De la magistrature.

35. DES MAGISTRATS d'autrefois, des Magistrats de la Révolution, des Magistrats à venir. Paris, Warée, 1814. in-8. — Nouv. édit. 1824, in-18.

— DISCOURS en faveur de l'inamovibilité des juges. Première édition, 1816. Réimprimé dans le Recueil des lois sur l'organisation judiciaire. 1819.

— Autres discours sur le même sujet et dans le même sens en 1830 et 1831.

Opuscules divers.

36. NOTICES biographiques sur L'Hospital, Omer Talon, Pothier, Lanjuinais, Billecocq, Loyseau.

— BUDGET *de l'Hospital*, harangue prononcée dans l'assemblée des états-généraux.

Sous ce titre se trouvent encadrés divers centons extraits des œuvres du chancelier L'Hospital, et qui contiennent ses pensées sur la situation de la France à cette époque, et sur les principales branches de l'administration publique. 1re édition. 1828. Firmin Didot en a donné une seconde et fort belle édition in-8., avec gravures, en 1829, etc.

— ANALYSES et compte-rendu des ouvrages de divers jurisconsultes, notammment de MM. Berryat-Saint-Prix, Carnot, Favard de Langlade, Merlin, Dalloz, Persil, Fournel, Pigeau,

Toullier, Carré, Boulay-Paty, Gaschon, Duranton, Henrion de Pansey, Aignan, Legraverend, Duvergier de Hauranne, Isambert et Jourdan, Rénouard, Latruffe, etc., insérés dans divers journaux et recueils périodiques.

— LETTRE sur les titres contestés aux maréchaux de France par le gouvernement autrichien. 29 janvier 1827.

Éditions de Burlamaqui et de Potier, etc.

37. ÉDITION nouvelle des principes du Droit de la nature et des gens, de Burlamaqui, augmentée d'une introduction historique sur les divers systèmes de philosophie ancienne et moderne, et d'une table analytique et raisonnée, par M. Dupin. Paris, Warée, 1820, 5 vol. in-8.

38. ÉDITION DE POTHIER, avec une dissertation préliminaire sur la vie et les ouvrages de Pothier, par M. Dupin. 1825, 11 vol. in-8.

— La dissertation séparément, 1 vol. in-8, avec un portrait de Pothier et un *fac simile* de son écriture.

— La même, réimprimée, en 1827, format in-12.

39. Préface de l'édition de l'administration des revenus des communes, par M. Dupin, conseiller-maître des comptes.

40. Préface des études commerciales d'Ambroise Gauthier, avocat, avec une notice biographique sur l'auteur.

Compilations. Révision des Lois : Collection par ordre de matières, publiées par la commission du gouvernement.

41. DE LA NÉCESSITÉ de réviser et de classer toutes les lois promulguées depuis 1789. 1814, brochure in-8.

42. LOIS des Lois, ou Recueil de toutes les dispositions législatives concernant les lois, etc. Paris, 1817, Guillaume et comp. In 12.

43. Lois sur l'organisation judiciaire; Recueil extrait de la collection in-4 et du Bulletin des Lois, en exécution de l'avis du Conseil-d'État du 7 janvier 1813, sur la commission spéciale du garde-des-sceaux. Guillaume et comp., 1819, 2 vol. in-8.

44. LOIS CIVILES, servant de supplément au Code civil, suivies d'un Recueil particulier des lois concernant spécialement le droit des tiers, avec cette épigraphe : *Sauf en autres choses notre droit, et l'autrui en toutes.* 1819, 2 vol. in-8.

45. LOIS COMMERCIALES, servant de supplément au Code de commerce. 1820. 1 vol. in-8.

46. LOIS et ACTES sur les majorats; 1820. In-8.

47. LOIS DE PROCÉDURE. 1821, In-8.

48. LOIS CRIMINELLES. 1821, In-8.

49. LOIS FORESTIÈRES. 1822, In-8.

50. CODE FORESTIER, avec des notes et la jurisprudence, chez Paul Ledoux; 1828. In-18. — Deuxième édition, avec la nouvelle jurisprudence; 1834. In-18.

51. CODE DE COMMERCE de bois et de charbon. Paris, 1817, 2 vol. in-8°, avec cartes.

52. LOIS DES COMMUNES, avec une *Introduction historique* de 300 pages in-8; 1823, 2 vol. in-8. — Cette introduction a eu une édition séparée. 1 vol. in-8°.

53. LOIS DE COMPÉTENCE des fonctionnaires publics de toutes les hiérarchies. 4 vol. in-8.

Discussions parlementaires.

54. DISCOURS POLITIQUES prononcés à la Chambre des Représentans, sur le *Serment*, le projet de *Constitution*, et la seconde *abdication* de Napoléon. Imprimés au tome X des *Annales du Barreau*, première partie.

— COMPTE RENDU à mes commettans, comme député de la Nièvre. Le 6 juillet 1815, in-8.

55. DISCOURS prononcés à la Chambre des Députés, pendant les sessions des années 1828, 1829, 1830, 1831, 1832, 1833 et 1834.

Ces discours, ayant tous été improvisés, n'ont été recueillis que dans les journaux et par les soins des sténographes. Plusieurs ont été réimprimés in-8. La collection formerait 6 vol. in-8.

56. Révolution de juillet 1830. Caractère légal et politique de cette révolution; avec cette épigraphe, *quoique Bourbon*. Paris, novembre 1832, broch. in-8°. 2ᵉ édition en 1833 avec les pièces.

Réquisitoires et plaidoyers comme procureur-général.

57. RÉQUISITOIRES du Procureur général à la Cour de cassation, de 1830 à 1835. — Ceux en matière criminelle dans l'intérêt de la loi, ont été imprimés avec les arrêts dans le bulletin de la Cour. — Les plaidoyers prononcés à l'audience, presque tous improvisés, ont été recueillis, au moins par forme d'analyse, par la Gazette des Tribunaux. — Plusieurs ont été réimprimés in-8°, ainsi que les mercuriales prononcées chaque année à la rentrée de la Cour.

TABLE DES MATIÈRES

CONTENUES DANS CE VOLUME.

I.

INTRODUCTION. — *Profession d'avocat.* — Discours prononcé à l'ouverture des conférences de la bibliothèque des avocats, le 1er décembre 1829, par M. Dupin aîné, bâtonnier de l'ordre. 1

II.

BIBIOTHÉQUE CHOISIE *à l'usage des étudians en droit et des jeunes avocats.*

Dessein de l'auteur. 21
Chapitre 1er. Introduction à l'Étude du droit en général. 23
Chap. II. Du Droit naturel et du droit des gens. 24
Chap. III. De la législation. 26
Chap. IV. Droit romain. 27
Section 1re. Préliminaires. *Ibid.*
Section II. Textes du Droit romain. 28
Section III. Commentateurs. 30
Section IV. Droit romain appliqué au Droit français. 36
Chap. V. Droit français. 37
Section 1re. Histoire du Droit français. *Ibid.*
Section II. Droit public français. 39
Section III. Ancien droit français. 40
§ 1. Texte des anciennes lois. *Ibid.*
§ 2. Anciens Traités de Droit français qui conservent encore aujourd'hui leur utilité. 42
Section IV. Droit intermédiaire. — Observation. 43
Section V. Droit nouveau. *Ibid.*
§ 1. Observation générale sur les cinq codes. *Ibid.*
§ 2. Code civil. 45
§ 3. Code de procédure. 47
§ 4. Droit commercial. 49
§ 5. Droit criminel. *Ibid.*
§ 6. Code forestier. 51

73.

Chap. VI. Droit administratif. 51
Chap. VII. Droit canonique. 52
Chap. VIII. Éloquence du barreau. *Ibid.*
Chap. IX. Lexicographes. 53
Chap. X. Bibliographes, où l'on pourra trouver les auteurs qu'il n'entrait pas dans mon plan d'indiquer. 55

III.

RÉFLEXIONS SUR L'ENSEIGNEMENT ET L'ÉTUDE DU DROIT.

Chap. Ier. Des qualités de l'enseignement en général. 59
Section 1re. De la clarté dans l'exposition des préceptes. 60
Section II. De la liaison des préceptes. *Ibid.*
Section III. De la démonstration des principes. 61
Section IV. Du style des leçons. *Ibid.*
Section V. De l'esprit d'innovation. 63
Chap. II. Application de quelques-unes des règles ci-dessus à l'enseignement du droit. 64
Section 1re. Des définitions. 65
Section II. Des divisions. 66
Section III. De l'explication des termes techniques. 67
Section IV. Des exemples. 68
Section V. De l'abus des citations. 70
Section VI. De la raison des principes. 71
Section VII. Des subtilités. 73
Section VIII. Des déclamations. 74
Section IX. Du choix d'un livre élémentaire. 78
Chapitre III. Des examens et des thèses. *Ibid.*

IV.

PRÉCIS HISTORIQUE DU DROIT ROMAIN.

Dédicace à l'académie ionienne. 89
Chap. Ier. Droit romain sous les rois. 91
Chap. II. Droit romain jusqu'aux douze Tables. *Ibid.*
Chap. III. Droit romain depuis les douze Tables jusqu'au temps d'Auguste. 94
Chap. IV. Droit romain depuis Auguste jusqu'à Constantin. 99
Chap. V. Droit romain depuis Constantin jusqu'à Justinien. 107
Chap. VI. Composition des corps de Droit. 110
Chap. VII. Quel fut, après Justinien, le sort de la législation. 113
Chap. VIII. Droit romain dans le dix-neuvième siècle. 119

V.

PRÉCIS HISTORIQUE DU DROIT FRANÇAIS AVEC LA CONTINUATION DEPUIS 1674 JUSQU'EN 1834.

DÉDICACE au Duc de chartres. 123
PRÉFACE de l'Édition de 1826. 125
§ I. Dessein de ce traité. 130
§ II. Droit des Gaulois. 130
§ III. Droit romain en Gaule. 131
§ IV. Parties du Droit romain. 133
§ V. Mœurs des barbares. 134
§ VI. Lois des Visigoths. 136
§ VII. Lois des Bourguignons. 137
§ VIII. Lois des Francs. 138
§ IX. Des lois barbares en général. 139
§ X. Droit français sous la première race. 142
§ XI. Droit français sous la seconde race. 143
§ XII. Capitulaires. 144
§ XIII. Loi romaine sous la seconde race. 147
§ XIV. Désordre du dixième siècle. 148
§ XV. Nouvelles seigneuries. 150
§ XVI. Des fiefs et droits seigneuriaux. 153
§ XVII. Droits des communes. 154
§ XVIII. Juridiction ecclésiastique. 155
§ XIX. Origine des coutumes. 156
§ XX. Renouvellement du droit romain. 157
§ XXI. Effet de l'étude du droit romain. 163
§ XXII. Premières rédactions des coutumes. 166
§ XXIII. Rédactions solennelles. 171
§ XXIV. Ordonnances des rois. 174
Continuation du précis historique du droit français. 177
PREMIERE PARTIE. Suite de l'histoire de l'ancien droit. 180
§ I. Ordonnances de Louis XIV, Louis XV et Louis XVI. *Ibid.*
§ II. De quelle manière le parlement intervenait dans la législation. 185
§ III. Des atteintes portées à l'existence du parlement, et de sa suppression. 188
SECONDE PARTIE comprenant de 1789 à 1834. 198
§ I. Constitution de 1791. *Ibid.*
§ II. Gouvernement révolutionnaire. 200
§ III. Gouvernement directorial. *Ibid.*
§ IV. Constitution de l'an VIII. Gouvernement consulaire. 201
§ V. Gouvernement impérial. 202
§ VI. Gouvernement royal. 204
§ VII. Gouvernement fondé en juillet 1830. 209

CHARTE DE 1830. 213
Droit public des français. *Ibid.*
Formes du gouvernement du roi. 214
De la chambre des Pairs. *Ibid.*
De la chambre des Députés. 215
Des ministres. 216
De l'ordre judiciaire. *Ibid.*
Droits particuliers garantis par l'état. 217
Dispositions particulières. 218

VI.

APHORISMES DE BACON.

Juris studiosis. 221
Procemium. 225
Sect. I. De primâ dignitate legùm, ut sint certæ. 227
Sect. II. De casibus omissis à lege. 228
Sect. III. De processu ad similia, et extensionibus legum. 229
Sect. IV. De exemplis et usu eorum. 233
Sect. V. De curiis prætoriis et censoriis. 237
Sect. VI. De restrospectione legum. 243
Sect. VII. De obscuritate legum. 244
Sect. VIII. De accumulatione legum nimiâ. 245
Sect. IX. De novis digestis legum. 247
Sect. X. De descriptione legum perplexâ et obscurâ. 251
Sect. XI. De modis enucleandi Juris, et tollendi ambigua. 254
Sect. XII. De perscriptione judiciorum. *Ibid.*
Sect. XIII. De scriptoribus authenticis. 256
Sect. XIV. De libris auxiliaribus. 257
Sect. XV. De responsis et consultis. 261
Sect. XVI. De prælectionibus. 263
Sect. XVII. De vacillatione judiciorum. 264
APPENDIX. De officio judicis. 266

VII.

PROLEGOMENA JURIS AD USUM SCHOLÆ ET FORI.

Ad lectorem. 274
TITULUS PRIMUS de justitiâ et jure. 275
Caput primum. De Jure scripto. 277
Sectio prima. De legibus. *Ibid.*
Articulus 1. De legibus propriè dictis et earum virtute. *Ibid.*
Articulus 2. De legibus constituendis. 278
Articulus 3. De legibus interpretandis et applicandis. 279
Articulus 4. De legibus abrogandis. 283
Sectio II. De Constitutionibus principum. 285
Caput II. De Jure non scripto. 288

Sectio prima De responsis prudentum. 288
Sectio II. De judiciis. *Ibid.*
Sectio III. De consuetudine et usu. 289
TITULUS II. De regulis Juris generalibus. 290
Caput primum. De regulis ipsis. *Ibid.*
Caput II. Regulæ generales tam naturalis quàm civilis juris. 292
Sectio prima. Regulæ generales ex jure naturali deductæ. *Ibid.*
Sectio II. Regulæ generales ex jure civili depromptæ. 299
Observatio. 310
De officio advocati. 311
Clef des ABRÉVIATIONS usitées en citant les auteurs. 312

VIII.

NOTIONS élémentaires sur la justice, le droit et les lois.

AVANT-PROPOS. 318
Introduction. 320
§ 1. De la Justice et du Droit. 324
§ 2. Définition de la loi. 325
§ 3. Du pouvoir législatif. 327
§ 4. Des diverses espèces de lois. 330
§ 5. Comment se fait la loi. 334
§ 6. Date des lois. 336
§ 7. Intitulé des lois. 337
§ 8. Préambule. 340
§ 9. Sanction. 342
§ 10. Sceau des lois. 343
§ 11. Contre-seing. 347
§ 12. Formule exécutoire. 349
—— Formule : *Car tel est notre plaisir*. 351
§ 13. Impression des lois. 352
§ 14. Envoi des lois. 355
§ 15. Promulgation des lois. 357
—— Promulgations ecclésiastiques. 371
—— Lois concernant la religion. 372
§ 16. Exécution des lois. 373
§ 17. Effet des lois. 378
§ 18. De la rétroactivité des lois. 379
§ 19. De l'interprétation des lois. 386
§ 20. Du droit de critiquer les lois. 401
§ 21. De l'abrogation des lois. *ibid.*
§ 22. Révision et classification des lois. 412
§ 23. Du droit non écrit. 414
—— 1. De l'usage. 415
—— 2. Des auteurs. 416
—— 3. Jurisprudence des arrêts. *ibid.*
§ 24. Des objets du droit civil. 417

IX.

DES MAGISTRATS.

PRÉFACE de l'édition de 1824. 421
BUT de cet écrit. 426
CHAP. Ier. Pourquoi l'ancienne magistrature était-elle si fort considérée? 427
— Piété des anciens magistrats. 428
— Amour du bien public. *Ibid.*
— Science. *Ibid.*
— Naissance. 429
— Richesse. *Ibid.*
— Vie privée. *Ibid.*
— Vie publique. *Ibid.*
— Étendue de la compétence. 430
— Inamovibilité. 431
— Étendue des ressorts. *Ibid.*
— Ancienneté. *Ibid.*
CHAP. II. Des tribunaux de la révolution. *Ibid.*
— Transition. Anciens abus. *Ibid.*
— Abus des justices de village. 432
— Réformes poussées trop loin. 435
— Anarchie de 1793. 436
— Consulat. 438
— Empire. *Ibid.*
CHAP. III. Des moyens de rendre à la magistrature une partie de son ancien lustre. 439
— Ancienne ordonnance sur un sujet analogue. 440
— Etat de l'ordre judiciaire au jour de la restauration. 441
— Réorganisation espérée à cette époque. 442
§ 1er Du choix des magistrats. *Ibid.*
— Difficulté à bien choisir. 443
— Règles à observer. *Ibid.*
— Abus des recommandations. *Ibid.*
— Devoirs d'un bon ministre de la justice. 444
— Ne pas se faire un système de repousser *les gens du pays.* *Ibid.*
— Incompatibilités. 445
— Suite. 446
— Ancien droit de présentation 447
— Observations générales. *Ibid.*
§ II. Étendue des ressorts. — Réduction des tribunaux. 448
1° Des Cours d'appel. *Ibid.*
2° Tribunaux de 1re instance. 449
3° Des Justices de paix. *Ibid.*
4° Tribunaux de commerce. 452
§ III. Inamovibilité des gens du Roi. 453

§ IV. De la compétence des tribunaux. 455
1° Questions de propriété. 457
2° Contentieux des domaines nationaux. 458
3° Questions nées de contrats avec l'administration. 459
4° Vente et échange des biens de l'État, des communes et des établissemens publics. *Ibid.*
5° Appels comme d'abus. 460
6° Modifications de l'art. 75 de la constitution de l'an VIII. 462
§ V. Des conflits. 465
§ VI. Retraite des juges. 466
— Présidens et juges honoraires. 468
§ VII. De la révision générale des lois. 469
— Simplification de certaines lois. 471
— Ancien droit de remontrances. 472
§ VIII. Observations générales. 473
1° Procès du fisc. *Ibid.*
2° Procès du Roi. 474
3° Indépendance. *Ibid.*

X.

DE LA JURISPRUDENCE DES ARRÊTS.

Section Ire. Définition, étymologie du mot arrêt. 479
Section II. Des diverses espèces d'arrêts. 480
Section III. Origine et fondement de la jurisprudence des arrêts. 482
Section IV. Quelle est l'autorité des arrêts. — Controverse établie à ce sujet entre les avocats de Metz. 486
Section V. Avantages de la jurisprudence actuelle sur l'ancienne. 503
Section VI. Ancienneté et multiplicité des compilations d'arrêts. 508
Section VII. Défauts reprochés aux compilations d'arrêts. 512
Section VIII. Qualités désirables dans un recueil d'arrêts. 515
Section IX. Moyen de concilier les arrêts contraires. 518
Section X. Qu'il ne faut pas négliger d'apostiller un mauvais arrêt. 519
Section XI. A quoi il faut faire attention pour distinguer les bons arrêts d'avec les mauvais. 520
Section XII. Comment un arrêt peut être bon dans un sens, et mauvais dans un autre. 526
Section XIII. Des arrêts d'équité. 528
Section XIV. Règles à observer dans la citation des arrêts. 532
Conclusion. 549

Section additionnelle. De la publicité et de l'impression des arrêts. 550

XI.

LIBRE DÉFENSE DES ACCUSÉS. 563
§ Ier. De la justice. 564
§ II. Ne pas juger sans entendre. 565
§ III. Du choix d'un conseil. 568
§ IV. Communication de l'accusé avec son conseil. 571
§ V. De la libre défense à l'audience. 576
§ VI. Nouvelles observations qui achèvent de prouver combien la libre défense est nécessaire dans l'intérêt de la justice, et pour l'honneur même de l'accusation. 584
§ VII. Apologie des avocats. 589

XII.

DE L'IMPROVISATION. 601

XIII.

BIOGRAPHIE DES MAGISTRATS, JURISCONSULTES. 607
TABLEAU CHRONOLOGIQUE *des Juriconsultes romains cités dans le Digeste.* 738
INDEX *quo nomina et variæ functiones sanctorum quinquaginta juris-peritorum indicantur.* 743
CHRONOLOGIE HISTORIQUE *des chanceliers de France et gardes-des-sceaux, ministres de la justice.* 746
CHRONOLOGIE HISTORIQUE *des premiers présidens du Parlement de Paris.* 758
CHRONOLOGIE *des procureurs-généraux au Parlement de Paris.* 765
AVOCATS-GÉNÉRAUX au Parlement de Paris. 767
COUR DE CASSATION, 768
— Premiers présidens. *Ibid.*
— Ministère public. 769
BATONNIERS de l'ordre des Avocats. 670

XIV.

VOCABULAIRE des termes de droit. 675

XV.

Catalogue des ouvrages de M. Dupin. 805

FIN.

ERRATA

DE LA BIOGRAPHIE.

Page 647, ajoutez: Cujas mourut à Bourges, le 4 octobre 1590. Une clause de son testament enjoint « de ne vendre nul de ses livres à des jésuites, et de prendre garde à ceux à qui on en vendrait qu'ils ne s'*interposassent* pour lesdits jésuites. »

Page 704, Molé, ligne 9, garde-des-sceaux, lisez: Ministre de la marine.

Page 724, Pierre Séguier, ligne 18, il mourut en 1680, lisez: 1580.

Même page, Ant. Séguier, ligne 22, en province, lisez: *en Provence.*

Page 767, ajoutez parmi les avocats généraux les plus célèbres: *Antoine-Louis* Séguier.

www.ingramcontent.com/pod-product-compliance
Lightning Source LLC
LaVergne TN
LVHW020957300926
849160LV00007B/174
* 9 7 8 2 0 1 2 7 4 8 5 5 2 *